LEXIQUE
DES TERMES
JURIDIQUES
2012

LEXIQUE
DES TERMES
JURIDIQUES

19e édition 2012

Sous la direction de

Serge Guinchard

Professeur émérite de l'Université
Panthéon-Assas (Paris II)
Doyen honoraire
de la Faculté de droit de Lyon
Recteur honoraire

Thierry Debard

Professeur à la Faculté de droit
de l'Université Jean Moulin
(Lyon III)

Avec le concours,
pour la présente édition, de

Jean-Luc Albert
Louis d'Avout
Dominique Bailleux
Cécile Chainais
Adrien-Charles Dana
Thierry Debard
Sylvie Ferré-André
Serge Frossard
Emmanuel Guinchard
Serge Guinchard
Yves Mayaud
Christian Philip
Yves Reinhard
Henri Roland
Gérard Vachet
André Varinard

Liste des symboles utilisés

→ *Lexique* Cette flèche indique au lecteur les termes (définis dans le lexique) susceptibles de compléter sa recherche.

Lexique Cette **couleur** indique que le terme est défini dans le lexique.

Ce symbole signale les articles de code correspondant à la définition.

Ce symbole signale les références aux grands arrêts de la jurisprudence.

DALLOZ

31-35 rue Froidevaux, 75685 Paris cedex 14

ISBN 978-2-247-10762-9
ISBN 978-2-247-10784-1

Avertissement pour la 19e édition

Fort de son succès auprès d'un large public auquel il a toujours été destiné – et, notamment, celui des étudiants – d'une utilisation qui reste simple et pratique, enrichi de nombreux mots nouveaux liés à l'activité législative la plus actuelle (*cf.* notamment, Absentéisme scolaire, Conflit d'intérêts, Convention de procédure participative, Dissimulation du visage, Mariage forcé, Question prioritaire de constitutionnalité, Saisine par un justiciable du Conseil supérieur de la magistrature, Violences au sein des couples, etc.), le *Lexique des termes juridiques* est à jour, dans sa 19e édition, des textes publiés au 15 avril 2011. Il demeure un instrument de travail indispensable à tous ceux qui lui font confiance depuis plus de quarante ans, riche de sa pluridisciplinarité dont toute l'équipe des auteurs est le reflet le plus tangible, en même temps qu'elle constitue le gage du sérieux de l'actualisation de l'ouvrage.

Le lecteur trouvera dans cette édition, comme lors des précédentes, le renvoi aux Codes officiels et l'intégration des apports de très nombreuses réformes qui ont profondément marqué l'année écoulée. Sont aussi référencées les grandes décisions de la jurisprudence telles qu'elles sont commentées dans la collection des grands arrêts publiée par les éditions Dalloz. Ainsi se dessine le mouvement du droit vers plus de clarté dans la présentation de ses normes et, surtout, d'accessibilité. L'accès au droit, que le législateur a érigé en principe, n'était-ce pas, dès la première édition du *Lexique*, en 1970, l'objectif visé par ses promoteurs, dont on mesure mieux, à plus de quarante ans d'écart, la fabuleuse prémonition des besoins de nos concitoyens ?

Leurs héritiers espèrent que cette édition du *Lexique des termes juridiques* continuera à satisfaire ses utilisateurs dont la fidélité est le plus beau des encouragements à œuvrer dans le sens d'une plus grande diffusion de la norme juridique, à partir de ce qui en constitue la raison d'être, à savoir l'accessibilité au droit dans la clarté et la précision de la définition terminologique de ses concepts.

Serge Guinchard
Thierry Debard

Paris, Chamonix et Lyon, le 15 avril 2011

Avertissement pour la première édition

Le présent et modeste Lexique des termes juridiques tente de prendre rang parmi d'autres ouvrages de genres voisins, mais non identiques, parus depuis peu. Nombreux sont ceux, en effet, qui éprouvent le besoin de posséder un ouvrage de définitions, simple et facilement utilisable. Celui-ci est destiné à éviter cette rupture que provoque parfois dans la lecture d'un passage juridique, d'un article de journal ou de revue, l'apparition d'un mot, d'une formule dont le sens est peu connu ou totalement ignoré du lecteur.

Utile donc à tout juriste novice ou hésitant, ce petit livre est conçu spécialement pour les étudiants de première et de deuxième années de licence ou de capacité, mais aussi pour les élèves qui, dès l'enseignement du second degré, songent, plus tôt que naguère, à poursuivre des études à caractère juridique.

Or l'expérience révèle que l'initiation juridique, pour l'élève d'une classe « terminale », pour le jeune étudiant, devient de plus en plus difficile.

C'est ainsi qu'un certain fonds de formules latines, suffisamment accessible jadis grâce aux études classiques, va maintenant se perdant sans recours dans le langage ordinaire. Le fonds latin, réduit à vrai dire au minimum, se maintient encore dans le domaine du droit et sa disparition totale n'irait pas sans dommage pour la clarté des raisonnements juridiques.

Fait plus important et d'ailleurs très heureux, le recrutement des étudiants des Facultés de droit (qu'on accepte un instant ce mot du passé) s'installe dans des milieux plus différenciés qu'autrefois. Souvent privés, dorénavant, d'une certaine éducation juridique, aussi réelle que peu perceptible, éducation venue de contacts quotidiens de tels milieux familiaux, nos étudiants ont besoin d'être aidés alors qu'ils entrent dans un monde qui leur est tout à fait inconnu. Disons qu'ils ont droit à cette aide, si élémentaire et modeste soit-elle.

Les auteurs de ce lexique n'oublient pas non plus que la « pluridisciplinarité », institutionnalisée par la célèbre loi d'orientation du 12 novembre 1968, devrait permettre à un étudiant de puiser plus librement qu'autrefois dans des spécialités diverses. Or, il se heurtera à des difficultés sérieuses s'il veut en particulier aborder certaines matières juridiques. On a donc tenté de parer aux premiers risques de l'éducation juridique toujours malaisée, accusée si souvent de reposer sur un vocabulaire hermétique, suranné, soupçonné de chicane et de traîtrise.

Il est exact que, dès qu'ils sont examinés sous l'angle du droit, les faits sociaux prennent une coloration propre. Si le langage des juristes semble abstrait, c'est qu'il traduit la superposition d'une science normative et d'un art. Le langage des juristes présente pour le non-initié une particularité déroutante. Le droit est si étroitement lié aux manifestations spontanées des groupes sociaux que les instruments de la pensée juridique ont été puisés parmi les termes les plus courants, les plus communs, ceux de la vie quotidienne.

En pénétrant dans la sphère du droit, le mot usuel subit une inflexion, parfois même une mutation qui lui confère la précision technique, facteur nécessaire de la sécurité juridique, mais l'isole et le rend peu à peu incompréhensible au non-spécialiste. Ainsi en va-t-il, pour ne retenir que quelques exemples, des mots : « acte, action, aliment, compagnie, demande, exception, office, ordre ». Ce langage est étrangement « bariolé »; certains termes gardent l'aspect du granit et défient les siècles; d'autres s'effritent qui n'auront joué le rôle que de passerelles légères et provisoires; d'autres encore subissent des avatars étonnants. Alors que certains sont connus de tous, en dépit de leur vêtement juridique, d'autres demeurent obstinément ésotériques. Ce vocabulaire se renouvelle sans cesse comme le prouvent les termes « bail à construction », « contrat de *leasing* », « de *factoring* ou de *know how* », car le droit est si profondément enraciné dans la vie économique et sociale qu'il en traduit toutes les manifestations, dans son jaillissement continu, dans son exubérance tour à tour joyeuse ou tragique.

Ces quelques remarques montrent le but qui a été visé. Ce lexique n'a aucune ambition scientifique : il ne contient que peu d'exemples et aucune référence jurisprudentielle ou doctrinale; il a écarté presque tous les termes correspondant aux disciplines spécialisées. Il n'est présenté qu'une liste de mots usuels, nécessaires à une initiation juridique.

Ce n'est pas sans quelque appréhension que les auteurs *(1)* de ce petit livre le confient au public; ils en connaissent les limites et l'imperfection. Sans doute n'avaient-ils pas pleinement mesuré l'ampleur et la difficulté de la tâche. Leur témérité trouvera son excuse, ils l'espèrent, dans leur souci de faciliter les premiers pas, parfois hésitants, de leurs jeunes étudiants.

Raymond Guillien
Professeur honoraire à la Faculté de droit de l'Université de Lyon

Jean Vincent
Professeur à la Faculté de droit de l'Université Jean-Moulin (Lyon III)
Doyen honoraire

Lyon, le 24 juin 1970

(1) Le lexique, composé sous la direction initiale des Professeurs *Raymond Guillien* (droit public) et *Jean Vincent* (droit privé), puis des Professeurs *Serge Guinchard* et *Gabriel Montagnier*, et désormais de *Serge Guinchard* et *Thierry Debard*, a été rédigé :

– Pour le *droit administratif*: par Raymond GUILLIEN † et Gabriel MONTAGNIER †, Professeurs; puis par Gabriel MONTAGNIER †; puis par Thierry DEBARD, Professeur.

– Pour le *droit civil*: par Joseph FROSSARD † et Serge GUINCHARD, Professeurs; puis par Laurent BOYER, Serge GUINCHARD et Henri ROLAND, Professeurs; puis par Cécile CHAINAIS, Serge GUINCHARD et Henri ROLAND, Professeurs.

– Pour le *droit commercial* et des notions de *droit maritime*: par Jacques AZÉMA, Professeur, Danièle MASSOT-DURIN, Maître de conférences et Yves REINHARD, Professeur; puis par Yves REINHARD; puis par Louis D'AVOUT et Yves REINHARD, Professeurs.

– Pour le *droit constitutionnel*: par Raoul PADIRAC †, Maître-assistant; puis par Christian PHILIP, Professeur; puis par Thierry DEBARD et Christian PHILIP, Professeurs.

– Pour le *droit de l'environnement*: par Thierry DEBARD, Sylvie FERRÉ-ANDRÉ et Henri ROLAND, Professeurs.

– Pour le *droit européen*: par Christian PHILIP, Professeur; puis par Thierry DEBARD et Christian PHILIP, Professeurs, pour les aspects de droit public. Par Emmanuel GUINCHARD, *Senior Lecturer in law*, pour les aspects de droit privé.

– Pour *droit financier et le droit fiscal*: par Gabriel MONTAGNIER †; puis par Jean-Luc ALBERT, Professeur.

– Pour le *droit international privé*: par Jacques PRÉVAULT †, Professeur; puis par Emmanuel GUINCHARD, *Senior Lecturer in law.*

– Pour le *droit international public*: par Raoul PADIRAC †, Maître-assistant; puis par Christian PHILIP, Professeur.

– Pour le *droit rural*: par Jacques PRÉVAULT †, Professeur; puis par Dominique GRILLET, Maître de conférences; puis par Sylvie FERRÉ-ANDRÉ, Professeur.

– Pour le *droit de la sécurité sociale*: par Marie-Andrée GUERICOLAS, Docteur en droit, ancienne collaboratrice technique à l'Institut d'études du travail; puis par Gérard VACHET, Professeur; puis par Gérard VACHET, Professeur et Dominique BAILLEUX, Maître de conférences.

– Pour le *droit du travail*: par Joseph FROSSARD †, Professeur et Marie-Andrée GUERICOLAS; puis par Joseph FROSSARD †, Professeur; puis par Serge FROSSARD, Maître de conférences.

– Pour le *droit pénal* et la *procédure pénale*: par Albert CHAVANNE †, André DECOCQ, Professeurs et Marie-Claude FAYARD †, Maître-assistant; puis par Adrien-Charles DANA, Yves MAYAUD et André VARINARD, Professeurs.

– Pour la *procédure civile et les voies d'exécution*: par Henri ROLAND et Jean VINCENT †, Professeurs; puis par Henri ROLAND, Professeur.

– Pour les *expressions et mots latins*: par Laurent BOYER, Professeur.

Sélection de quelques sites sur Internet

Agence bibliographique de l'enseignement supérieur, www.abes.fr
Assemblée nationale, www.assemblee-nationale.fr
Autorité de la concurrence, www.autoritedelaconcurrence.fr
Autorité de régulation des communications électroniques et de la poste, www.arcep.fr
Autorité des marchés financiers, www.amf-france.org
Banque de France, www.banque-france.fr
Banque mondiale, www.worldbank.org
Bibliothèque Cujas (à Paris), http://biu-cujas.univ-paris1.fr
Bibliothèque nationale de France, www.bnf.fr/
Bibliothèque Sainte Geneviève (Paris), www-bsg.univ-paris1.fr
Centre d'analyse stratégique, www.strategie.gouv.fr
Centre national de documentation pédagogique, www.cndp.fr/
Chambre nationale des huissiers de justice, www.huissier-justice.fr/
Circulaires, www.circulaires.gouv.fr
CNRS, www.sg.cnrs.fr
Codes et lois, site Legifrance, www.legifrance.gouv.fr
Commission nationale Informatique et Libertés, www.cnil.fr
Conseil constitutionnel, www.conseil-constitutionnel.fr
Conseil économique et social, www.conseil-economique-et-social.fr
Conseil d'État et juridictions administratives, www.conseil-etat.fr
Conseil de l'Europe, www.coe.int
Conseil national des barreaux, cnb.avocat.fr
Conseil supérieur de l'audiovisuel, www.csa.fr
Conseil supérieur des experts comptables, www.experts-comptables.fr
Conseil supérieur de la fonction publique, www.fonction-publique.gouv.fr
Conseil supérieur de la fonction publique territoriale, www.csfpt.org
Conseil supérieur de la magistrature, conseil-superieur-magistrature.fr
Conseil supérieur du notariat, www.notaires.fr
Conseil des ventes volontaires de meubles aux enchères publiques, www.conseildesventes.fr
Cour de cassation, www.courdecassation.fr
Cour des comptes et autres juridictions financières, www.ccomptes.fr
Cour des comptes européenne, www.eca.europa.eu
Cour de justice des Communautés européennes, www.curia.europa.eu
Cour européenne des droits de l'Homme, www.echr.coe.int
Cour internationale de justice de La Haye, www.icj-cij.org
Cour pénale internationale, www.icc-cpi.int
Cyberlex, www.cyberlex.org
Cyber Tribunal, www.cybertribunal.org
Dalloz, www.dalloz.fr

Dalloz étudiants, www.dalloz-etudiant.fr
Droit et institutions communautaires, www.europa.eu
et aussi : pour l'accès au droit de l'Union européenne, www.eur-lex.europa.eu; pour les synthèses législatives, www.europa.eu/legislation
Fonds monétaire international, www.imf.org
INED, www.ined.fr/
INSEE, www.insee.frInstitut national de l'audiovisuel, www.ina.fr
Institut national de la propriété intellectuelle (INPI), www.inpi.fr
Journal officiel, www.journal-officiel.gouv.fr
Jurinet, www.legalis.net
La Documentation française, www.ladocumentationfrancaise.gouv.fr
LégalisNet, www.legalis.net
Legifrance, www.legifrance.gouv.fr
Ministère de la Justice, www.justice.gouv.fr
Ministère des Finances, www.minefi.gouv.fr et www.bercy.gouv.fr
OCDE, www.oecd.org
Ordre des avocats de Paris, www.avocatparis.org
Ordre des experts comptables, www.experts-comptables.com
Organisation mondiale du commerce, www.wto.org/
Organisation mondiale de la propriété intellectuelle (OMPI), http://www.wipo.int
Organisation mondiale de la santé, www.who.int
Organisation des Nations unies (ONU), www.un.org
Portail du droit français, www.droit.org
Portail de l'Union européenne, www.europa.eu
Premier ministre, www.premier-ministre.gouv.fr
Ridi (réseau internet pour le droit international), www.ridi.org
Sénat, www.senat.fr
Service public, www.service-public.fr
Sites officiels français et étrangers, www.vie-publique.fr
Système universitaire de documentation, www.sudoc.abes.fr
Tribunaux pénaux internationaux, www.un.org
Unesco (conventions internationales), www.unesco.org
USA (Bibliothèque du Congrès), www.loc.gov
Village de la Justice, www.village-justice.com

Liste des abréviations[1]

Al.	Alinéa.
Art.	Article.
CASF	Code de l'action sociale et des familles.
Cass.	Cour de cassation.
C. adm.	Code administratif.
C. assur.	Code des assurances.
C. aviat.	Code de l'aviation civile.
Cons. const.	Conseil constitutionnel.
C. civ.	Code civil.
C. com.	Code de commerce.
CCH	Code de la construction et de l'habitation.
C. consom.	Code de la consommation.
C. déf.	Code de la défense.
C. dom. Ét.	Code du domaine de l'État
C. dom. publ. fluv.	Code du domaine public fluvial et de la navigation intérieure.
CE	Conseil d'État.
C. éduc.	Code de l'éducation.
C. envir.	Code de l'environnement.
CESEDA	Code de l'entrée et du séjour des étrangers et du droit d'asile.
C. expr.	Code de l'expropriation.
C. for.	Code forestier.
CGCT	Code général des collectivités territoriales.
CGI	Code général des impôts.
CGPPP	Code général de la propriété des personnes publiques.
Charte UE	Charte des droits fondamentaux de l'Union européenne.
CJF	Code des juridictions financières.
CJA	Code de justice administrative.
CJM	Code de justice militaire.
C. marchés	Code des marchés publics.
C. mon. fin.	Code monétaire et financier.
C. mut.	Code de la mutualité.
Conv. EDH	Convention européenne de sauvegarde des droits de l'Homme et des libertés fondamentales.

1. Voir également la liste des sigles en fin d'ouvrage.

COJ	Code de l'organisation judiciaire.
Cons. const.	Conseil constitutionnel.
Const.	Constitution.
Cour EDH	Cour européenne des droits de l'Homme.
CPC	Code de procédure civile.
C. P et T	Code des postes et télécommunications.
C. patr.	Code du patrimoine.
C. pens. mil.	Code des pensions militaires d'invalidité et des victimes de guerre.
C. pén.	Code pénal.
C. pr. pén.	Code de procédure pénale.
C. propr. indus.	Code de la propriété industrielle.
CPI	Code de la propriété intellectuelle.
C. route	Code de la route.
C. rur.	Code rural et de la pêche maritime.
C. serv. nat.	Code de service national
CSP	Code de la santé publique.
CSS	Code de la Sécurité sociale.
C. transp.	Code des transports.
C. trav.	Code du travail.
C. urb.	Code de l'urbanisme.
C. voirie rout.	Code de la voirie routière.
Contra	Solution contraire.
Décr.	Décret.
GACA	*Grands arrêts du contentieux administratif*, 2e éd.
GACE	*Grands avis du Conseil d'État*, 3e éd.
GADIP	*Grands arrêts de droit international privé*, 5e éd.
GADPG	*Grands arrêts du droit pénal général*, 7e éd.
GADSS	*Grands arrêts de la sécurité sociale*, 2e éd.
GADT	*Grands arrêts de droit du travail*, 4e éd.
GAJA	*Grands arrêts de la jurisprudence administrative*, 17e éd.
GAJC	*Grands arrêts de la jurisprudence civile*, 12e éd.
GAJF	*Grands arrêts de la jurisprudence fiscale*, 5e éd.
GAJUE	*Grands arrêts de la jurisprudence de l'Union européenne, 1re éd.*
GAPP	*Grands arrêts de la procédure pénale*, 6e éd.
GDCC	*Grandes décisions du Conseil constitutionnel*, 15e éd.
JO	*Journal officiel.*
JOUE	*Journal officiel de l'Union européenne.*
L.	Loi.
LC	Loi constitutionnelle.

LO	Loi organique.
Liv.	Livre.
LF	Loi de finances.
LFSS	Loi de financement de la sécurité sociale.
LOLF	Loi organique relative aux lois de finances.
LOLFSS	Loi organique relative aux lois de financement de la sécurité sociale.
LPF	Livre des procédures fiscales.
Mod.	Modifié.
Ord.	Ordonnance.
Rect.	Rectification.
Règl.	Règlement.
TC	Tribunal des conflits.

A

Abandon

[Droit civil]

1° Acte juridique par lequel une personne renonce à un droit. L'abandon suppose une intention, à la différence de la perte.

→ *Renonciation.*

2° Fait de délaisser une personne ou un lieu.

→ *Abandon de domicile, Abandon d'enfant, Abandon de famille.*

Abandon de domicile

[Droit civil]

Fait pour un époux de délaisser le domicile conjugal, sans l'accord de son conjoint. Lorsque les époux vivent séparés depuis 2 ans, il y a altération définitive du lien conjugal, cause de divorce.

C. civ., art. 238.

Abandon d'enfant

[Droit civil]

Les enfants recueillis par un particulier ou certaines œuvres spécialisées, dont les parents se sont manifestement désintéressés depuis plus d'un an, peuvent être déclarés abandonnés par le tribunal de grande instance en vue de leur adoption, sauf en cas de détresse des parents ou si un membre de leur famille a demandé, pendant ce délai, à assumer leur charge et que cette demande a été jugée conforme à leur intérêt.

C. civ., art. 350; CPC, art. 1158 s.

[Droit pénal]

Crime ou délit, selon les circonstances, consistant dans le fait d'exposer ou de faire exposer, de délaisser ou de faire délaisser, en un lieu solitaire ou non, un mineur de moins de 15 ans.

C. pén., art. 223-3 s. et 227-1 s.

→ *Délaissement.*

Abandon de biens

[Droit civil]

→ *Déguerpissement, Délaissement.*

Abandon de famille

[Droit pénal]

Fait :

1° de ne pas exécuter intégralement pendant plus de 2 mois, une décision judiciaire ou une convention judiciairement homologuée, qui impose le versement de prestations ou pensions au profit d'un enfant mineur, d'un descendant, d'un ascendant ou du conjoint;

2° ou de s'abstenir de notifier un changement de domicile au créancier de ces prestations ou pensions, dans le délai d'un mois à compter de ce changement.

Depuis le 1er mars 1994, date d'entrée en vigueur du nouveau Code pénal, ne sont plus des délits l'abandon physique du foyer familial par le père ou la mère, ainsi que l'abandon par le mari de sa femme enceinte. Quant à l'abandon moral des enfants, qui était lui aussi incriminé, il s'agit désormais d'une hypothèse de *mise en péril des mineurs*.

C. pén., art. 227-3 s.

Abattement

[Droit financier ou fiscal]

→ *Réfaction.*

Abattement supplémentaire

[Sécurité sociale]

Possibilité offerte à certaines professions limitativement énumérées de déduire de la base de cotisations de Sécurité sociale une somme égale au montant de la déduction supplémentaire pour frais professionnels dont elles bénéficiaient en matière fiscale avant le 1er janvier 2001.

CSS, Arrêté 20 déc. 2002, art. 9.

Ab intestat

[Droit civil]

Littéralement « sans testament ».

Se dit d'une succession dont les biens sont attribués aux héritiers selon les règles fixées par le législateur lorsque le défunt n'a pas laissé de testament ou, lorsqu'ayant rédigé un testament, celui-ci est nul ou caduc. Se dit aussi des héritiers qui sont appelés à ce type de succession.

C. civ., art. 720 s.; CPC, art. 1304 s.

Ab irato

[Droit général]

Un acte est fait *ab irato* lorsqu'il est accompli dans un mouvement de colère. Cet acte n'est pas nul du seul fait de la colère qui l'inspire.

Abondement

[Droit du travail]

→ *Plan d'épargne d'entreprise.*

À bon droit

[Procédure civile)]

Formule par laquelle la Cour de cassation approuve la qualification adoptée par le juge du fond et rejette, en conséquence, le pourvoi. D'autres formules sont équivalentes, telles que : l'arrêt (de cour d'appel) a pu estimer, l'arrêt retient exactement, l'arrêt se trouve légalement justifié.

Abordage

[Droit maritime]

Collision de 2 navires de mer ou entre un navire de mer et un ou plusieurs bateaux de navigation intérieure. La réglementation légale de l'abordage est, toutefois, étendue aux avaries sans collision, résultant par exemple des remous occasionnés par le déplacement de l'un des navires.

L. n° 67-745 du 7 juill. 1967.

[Droit fluvial]

Le droit fluvial connaît un régime analogue d'imputation des responsabilités et de réparation des préjudices nés de la collision entre bateaux de navigation intérieure.

L. du 5 juill. 1934.

Abornement

[Droit civil]

Marquage matériel sur le terrain, notamment par des bornes, de la délimitation d'une frontière.

→ *Bornage.*

Aboutissants

[Droit civil]

Désigne, s'agissant d'une propriété foncière, les pièces de terre qui sont adjacentes à ses petits côtés.

→ *Tenants.*

Abrogation

[Droit général]

Suppression d'une règle de droit pour l'avenir.

La loi fait obligation à l'autorité administrative d'abroger expressément, d'office ou à la demande d'une personne intéressée, tout règlement illégal dont elle est l'auteur, ainsi que tout règlement *sans objet*, que cette situation existe dès l'origine ou qu'elle résulte de circonstances de droit ou de fait postérieures à la publication du règlement (L. nº 321 du 12 avr. 2000, art. 16-1).

GAJA nº 92.

→ *Retrait.*

[Droit pénal]

Depuis la réforme du Code pénal, la peine cesse de recevoir exécution quand elle a été prononcée pour un fait qui, en vertu d'une loi postérieure au jugement, n'a plus le caractère d'une infraction pénale.

C. pén., art. 112-4.

Absence

[Droit civil]

État d'une personne dont on ignore si elle est encore en vie, alors qu'aucun événement particulier ne fait présumer son décès. Il autorise une demande de constatation, par le juge des tutelles, d'une *présomption* d'absence et, sous condition de l'écoulement d'un certain délai (10 ans depuis un jugement de présomption d'absence ou, à défaut, 20 ans depuis le jour des dernières nouvelles), une demande de *déclaration* d'absence par le tribunal de grande instance. La première de ces situations emporte présomption que la personne est vivante en vue de préserver ses intérêts d'ici son retour. La seconde produit les effets du décès.

C. civ., art. 112 s.; CPC, art. 1062 s.

→ *Disparition.*

Absentéisme

[Droit du travail]

Phénomène traduisant, dans une période donnée, l'absence autorisée ou non des salariés de leur lieu de travail. Le taux d'absentéisme est le rapport entre les salariés absents et les effectifs de l'entreprise à une date déterminée.

Absentéisme scolaire

[Droit administratif/Droit pénal/Sécurité sociale]

Manquement à l'obligation scolaire pour des motifs non légitimes, susceptible, après avertissement, de sanctions administratives et pénales pesant sur les personnes responsables de l'enfant, voire d'une suspension des allocations familiales.

C. éduc., art. L. 131-8, réd. L. nº 2010-1127 du 28 sept. 2010.

Absolu

[Droit civil/Procédure civile]

1° Qui est opposable à tous. Les jugements relatifs à la nationalité ont autorité absolue de chose jugée.

2° Qui est illimité. Les mineurs non émancipés ont une incapacité absolue de disposer à titre gratuit entre vifs ou par testament.

3° Qui est insusceptible d'abus. Le droit du père ou de la mère de refuser le consentement au mariage de leur enfant mineur est absolu, ne pouvant engendrer aucune responsabilité.

→ *Droit absolu.*

Absolution

[Droit pénal]

→ *Exemption de peine.*

Absolutisme

[Droit constitutionnel]

Système politique où tous les pouvoirs sont concentrés dans les mains du souverain.

Abstention

[Droit général]

Attitude consistant à ne pas exercer un droit ou une fonction ou à ne pas exécuter un devoir.

C. civ, art. 1383.

[Procédure (principes généraux)]

Acte par lequel un juge renonce spontanément à connaître du procès, soit parce qu'il existe une cause de récusation en sa personne, soit parce qu'il y a pour lui un motif de conscience rendant souhaitable son abstention. On dit que le juge se déporte.

CPC, art. 339; COJ, art. L. 111-7; CJA, art. R. 721-1.

GACA nº 4.

→ *Déport, Récusation.*

Abstention délictueuse

[Droit pénal]

→ *Omission de porter secours.*

Abstentionnisme électoral

[Droit constitutionnel]

Phénomène de non-participation à une élection ou à un référendum qui se définit par la différence entre le nombre des électeurs inscrits et le total des votants (*suffrages exprimés* + *bulletins blancs et nuls*).

Abstrat

[Droit général]

Énumération des mots-clefs d'un arrêt, placée en tête ou au pied de son texte, dont la reproduction dans les tables des revues permet d'identifier la solution et de faciliter les recherches.

Abus

[Droit général]

Usage excessif et sanctionné en tant que tel, d'une prérogative ou d'une situation en elles-mêmes licites.

→ *Abus de droit.*

Abus d'autorité

[Droit civil]

Contrainte morale, prenant appui sur une autorité de fait ou de droit, exercée sur une personne, pour l'amener à accomplir un acte juridique (mariage, contrat, etc.) ou non (séduction dolosive par ex.).

[Droit pénal]

Expression désignant l'ensemble des qualifications pénales s'appliquant aux fonctionnaires qui commettent un délit dans l'exercice de leurs fonctions, soit contre un particulier, soit contre la chose publique.

C. pén., art. 432-1 s.

Abus de biens sociaux

[Droit commercial/Droit pénal]

Délit dont se rendent coupables les dirigeants de sociétés par actions ou de SARL, qui, de mauvaise foi, font des biens ou du crédit de la société un usage qu'ils savent contraire à l'intérêt de celle-ci, à des fins personnelles ou pour favoriser une autre société ou entreprise dans laquelle ils sont intéressés directement ou indirectement.

C. com., art. L. 241-3-4°, 242-6-3°, L. 243-1, 244-1 et 244-5.

Abus de blanc-seing

[Droit pénal]

Mention frauduleuse, au-dessus d'une signature, d'une obligation ou décharge, ou de tout autre acte pouvant compromettre la personne ou la fortune du signataire.

L'abus de blanc-seing n'est plus un délit spécifique depuis la réforme du Code pénal, mais il peut être sanctionné au titre de l'*abus de confiance* ou du *faux en écriture* lorsqu'il en recoupe les éléments constitutifs.

Abus de confiance

[Droit pénal]

Fait par une personne de détourner, au préjudice d'autrui, des fonds, des valeurs, ou un bien quelconque qui lui ont été remis et qu'elle a acceptés à charge de les rendre, de les représenter ou d'en faire un usage déterminé.

C. pén., art. 314-1.

Abus de domination

[Droit commercial/Droit pénal]

Comportement d'une entreprise ou d'un groupe d'entreprises consistant à abuser de sa puissance économique.

La domination économique n'est pas en elle-même condamnable, seul l'abus est sanctionné lorsqu'il est de nature à fausser ou restreindre le jeu de la concurrence. Cet abus de domination peut revêtir 2 formes.

La première, appelée *abus de position dominante*, consiste pour une entreprise ou un groupe d'entreprises, disposant d'une place prépondérante sur un marché déterminé à profiter de sa situation pour adopter certains comportements nocifs pour la concurrence.

La seconde, appelée abus de l'état de dépendance économique, consiste à se comporter, à l'égard d'un client ou d'un fournisseur qui ne dispose pas de solution équivalente, de manière inacceptable.

C. com., art. L. 420-2.

Abus de droit

[Droit privé/Procédure (principes généraux)]

Théorie d'origine jurisprudentielle selon laquelle est constitutif d'une faute pouvant donner lieu à réparation civile dans les conditions du droit commun, le fait, pour le titulaire d'un droit, de le mettre en œuvre soit de manière anormale, en dehors de sa finalité, soit dans le seul but de nuire à autrui.

C. civ., art. 1382; CPC, art. 32-1, 559, 581 et 628; Conv. EDH, art. 17.

GAJC, t. 1, n° 67; GAJF n° 10.

→ *Amende, Dilatoire, Trouble de voisinage.*

[Droit du travail]

→ *Rupture abusive.*

Abus de droit fiscal

[Droit fiscal]

Théorie fiscale qui s'est autonomisée par rapport à l'approche civiliste. Elle fonde la faculté pour l'administration d'écarter (comme ne lui étant pas opposables) des actes réguliers de contribuables lorsqu'ils sont simulés ou motivés exclusivement par la volonté d'échapper à l'impôt. S'inspirant de la jurisprudence, le législateur en a reprécisé la portée au travers de la loi de finances rectificative pour 2008 en identifiant « l'abus de droit fiscal » au travers soit d'actes ayant un caractère fictif soit que, recherchant le bénéfice d'une application littérale des textes ou de décisions à l'encontre des objectifs, poursuivis par leurs auteurs, ils n'ont pu être inspirés par aucun autre motif que celui d'éluder ou d'atténuer les charges fiscales que l'intéressé aurait dû normalement supporter eu égard à sa situation ou à ses activités réelles. Un comité de l'abus de droit fiscal peut être consulté à la demande du contribuable en cas de désaccord sur les rectifications qui lui ont été notifiées.

LPF, art. L. 64 et L. 64 B.

Abus de faiblesse

[Droit civil/Droit commercial/Droit pénal]

Exploitation de l'état d'ignorance, de vulnérabilité ou de sujétion psychologique ou physique d'une personne pour l'amener à prendre des engagements dont elle est incapable d'apprécier la portée. L'abus de faiblesse est traité comme un vice du consentement, tantôt dol, tantôt violence, et constitue un délit pénal, lequel est aggravé lorsqu'il est commis par le dirigeant d'une secte.

C. consom., art. L. 122-8; C. pén., art. 223-15-2.

Abus de majorité

[Droit commercial]

Décision prise par un actionnaire ou un groupe d'actionnaires détenteurs de la majorité du capital, contrairement à l'intérêt social et dans l'unique dessein de favoriser le groupe majoritaire au détriment de la minorité.

La sanction de l'abus peut consister en l'allocation de dommages et intérêts ou en l'annulation de l'opération abusive.

Abus de marché

[Droit commercial]

Expression d'origine européenne (dir. 2003/6/CE) désignant les manquements aux règles spécifiques de bon fonctionnement des marchés financiers. Autrefois dénommés « délits d'initiés », ces manquements sont pénalement sanctionnés.

C. mon. fin., art. L. 465-1.

Abus de minorité

[Droit commercial]

Décision des associés minoritaires contraire à l'intérêt social et prise dans l'unique dessein de favoriser les intérêts minoritaires au détriment des autres associés.

La sanction de l'abus peut consister en l'allocation de dommages et intérêts ou dans la désignation d'un mandataire chargé de voter au nom des associés minoritaires.

Abus de position dominante

[Droit européen]

Prévu à l'article 102 TFUE, il résulte des comportements d'une entreprise en position dominante de nature à influencer la structure d'un marché conduisant ainsi à faire obstacle au maintien d'une concurrence minimale. Il est constaté par la Commission qui oblige la ou les entreprises concernées à y mettre fin et peut leur infliger des sanctions financières. La décision de la Commission est susceptible de recours devant le Tribunal de l'Union européenne.

[Droit commercial/Droit pénal]

→ *Abus de domination.*

Abusus

[Droit civil]

Mot latin désignant l'un des attributs du droit de propriété, le droit de disposer (disposition juridique par l'aliénation ou disposition matérielle par la destruction).

→ *Disposer, Fructus, Usus.*

Académie

[Droit administratif]

Circonscription régionale de l'administration scolaire et universitaire englobant, d'ordinaire, plusieurs départements et placée sous l'autorité d'un recteur d'académie qui est aussi chancelier des universités de son ressort. Dans les 5 *départements d'outre-mer*, l'académie ne comprend qu'un seul département et le *recteur* est, de ce fait, directeur des services départementaux de l'Éducation nationale.

À cause de mort

[Droit civil]

Qualifie les actes qui ne développent leurs effets qu'après la mort de leurs auteurs. Le testament est l'acte à cause de mort par excellence. On dit en latin *mortis causa*.

→ *Entre vifs.*

Acceptation

[Droit civil]

1° Acte par lequel une personne donne son agrément à une offre légale ou provenant d'un tiers, lui permettant de se prévaloir, si elle le désire, d'une situation juridique (acceptation d'une succession, d'un legs, d'une *stipulation pour autrui*, d'une *cession de créance*, d'une demande en divorce).

2° Manifestation de volonté par laquelle une personne donne son accord à une offre de contrat qui lui est faite.

[Droit commercial]

Engagement par lequel le tiré s'engage à payer à l'échéance le montant de la *lettre de change*, au *bénéficiaire* de celle-ci ou plus généralement à son porteur. L'acceptation constitue le *tiré* débiteur principal du *bénéficiaire*.

C. com., art. L. 511-15 s.; C. mon. fin., art. L. 134-1.

Acceptation à concurrence de l'actif net

[Droit civil]

Acceptation d'une succession par un héritier, qui suppose un inventaire des biens du défunt (comportant une estimation de l'actif et du passif) et qui permet à cet héritier de ne payer les dettes qu'à concurrence de l'actif net recueilli, d'éviter la confusion de ses biens personnels avec ceux de la succession et de conserver contre celle-ci tous les droits qu'il avait antérieurement acquis sur les biens du défunt. Cette option, issue de la loi du 23 juin 2006, remplace l'*acceptation sous bénéfice d'inventaire*, mais en conserve l'esprit avec une procédure simplifiée et dont la publicité (par voie électronique au Bulletin officiel des annonces civiles et commerciales) permet d'identifier rapidement les créanciers.

C. civ., art. 787 s.; CPC, art. 1334 s.

→ *Inventaire.*

Acceptation des risques (Théorie de l')

[Droit civil]

Selon cette théorie, celui qui cause un dommage à autrui lors de la pratique d'une activité dangereuse peut néanmoins s'exonérer de sa responsabilité si la victime a participé librement à cette activité (par ex. une compétition sportive).

Acceptation de succession sous bénéfice d'inventaire

[Droit civil]

Acceptation qui, jointe à l'inventaire des biens transmis, limitait le poids des dettes successorales à l'actif de la succession. A été remplacée par l'*acceptation à concurrence de l'actif net*, le 1er janvier 2007.

→ *Inventaire.*

Acceptation pure et simple

[Droit civil]

Acceptation d'une succession par un héritier sans la réserve de ne payer les dettes qu'à concurrence de l'actif net. Cette option l'oblige à répondre des dettes de la succession au-delà de l'actif recueilli, au besoin sur son propre patrimoine. Cependant, depuis la loi du 23 juin 2006, cet héritier peut demander au juge d'être déchargé de tout ou partie d'une dette successorale, s'il avait des motifs légitimes d'ignorer l'existence de cette dette au jour de son acceptation et si l'acquittement de cette dette aurait pour effet d'obérer gravement son patrimoine personnel; cette demande doit être présentée dans les 5 mois de la connaissance de cette dette.

C. civ., art. 782 s.

Accès à un juge (Droit d')

[Procédure (Principes généraux)]

Droit pour tout individu de s'adresser aux tribunaux, en toute liberté et égalité, pour la défense de ses intérêts. Le principe du libre accès à la justice est reconnu par la Cour EDH comme un droit fondamental faisant partie du droit à un procès équitable énoncé par l'article 6-1 de la Convention EDH. Ce droit à un recours juridictionnel doit être effectif et ne pas être compromis par l'insuffisance des ressources du plaideur (arrêt *Golder c/Roy. Uni*, 21 févr. 1975).

Il est également garanti par la Charte des droits fondamentaux de l'Union européenne (art. 47).

Conv. EDH, art. 6; CPC, art. 30.

→ *Aide à l'accès au droit, Aide juridictionnelle, Due process of law, Exécution (Droit à l'), Procès équitable.*

Accès aux documents administratifs (Droit d')

[Droit administratif]

Droit reconnu aux administrés d'accéder à la plupart des documents administratifs non nominatifs, ou des documents nominatifs les concernant. En outre, toute personne a le droit de connaître les informations contenues dans un document administratif dont les conclusions lui sont opposées.

En cas de refus, les intéressés peuvent saisir la *Commission d'accès aux documents administratifs (CADA)*. Ils sont irrecevables à saisir directement du refus la juridiction administrative compétente.

Accession

[Droit civil]

Extension légale du droit de propriété sur une chose à tout ce qu'elle produit et à tout ce qui s'unit ou s'incorpore à elle.

Si une personne construit avec ses matériaux sur un terrain appartenant à un tiers, le propriétaire du sol devient propriétaire de la construction par accession.

C. civ., art. 546 s. et 712.

GAJC, t. 1, n° 72.

→ *Alluvions, Avulsion, Spécification.*

[Droit international public]

→ *Adhésion.*

Accessoire

[Droit civil]

Élément annexe si intimement lié à un objet principal que l'acte de transfert (vente, legs, cession de créance) ou la constitution de sûreté (hypothèque, cautionnement) portant sur cet objet principal s'étend à tous ses accessoires. Par exemple, la cession de créance comprend les accessoires de la créance cédée, tels que caution, privilège et hypothèque.

Selon la théorie de l'accessoire, le principe est que tout élément dépendant d'un élément principal suit le régime juridique de celui-ci.

C. civ., art. 1018, 1615, 1692, 2293, 2397, 2423.

→ *Accessorium sequitur principale.*

Accessorium sequitur principale

[Droit civil]

L'accessoire suit le principal en ce sens que le bien principal communique sa condition juridique au bien qui s'agglomère à lui.

C. civ., art. 546, 566, 1018, 1406, 1615 et 1692.

→ *Accession.*

Accident bénin

[Sécurité sociale]

Accident n'entraînant ni arrêt de travail, ni soins médicaux, donnant lieu à une prise en charge par les organismes de Sécurité sociale. L'entreprise peut être autorisée à ne pas déclarer les accidents « bénins » sous réserve de tenir un registre ouvert à cet effet.

CSS, art. L. 441-4.

Accident de mission

[Sécurité sociale]

Accident survenant sur le parcours aller-retour entre le domicile et le lieu inhabituel de travail. Accident assimilé à un *accident du travail* et non à un *accident de trajet*.

CSS, art. L. 411-1.

Accident de trajet

[Sécurité sociale]

L'accident de trajet est l'accident survenant à un travailleur pendant le trajet d'aller et retour entre :

1° la résidence principale, une résidence secondaire présentant un caractère de stabilité ou tout autre lieu où le travailleur se rend de façon habituelle pour des motifs d'ordre familial et le lieu de travail. Ce trajet peut ne pas être le plus direct lorsque le détour effectué est rendu nécessaire dans le cadre d'un covoiturage régulier ;

2° le lieu de travail et le restaurant, la cantine ou d'une manière plus générale, le lieu où le travailleur prend habituellement ses repas, et dans la mesure où le parcours n'a pas été interrompu ou détourné pour un motif dicté par l'intérêt personnel et étranger aux nécessités essentielles de la vie courante ou indépendant de l'emploi.

L'accident de trajet donne droit aux mêmes réparations qu'un *accident du travail*. Toutefois, la victime et ses ayants droit disposent d'un recours selon le droit commun contre l'auteur de l'accident, même si celui-ci est l'employeur ou l'un de ses préposés.

CSS, art. L. 411-2.

Accident du travail

[Sécurité sociale]

Accident, quelle qu'en soit la cause, survenu par le fait ou à l'occasion du travail à toute personne salariée ou travaillant à quelque titre ou à quelque lieu que ce soit pour un ou plusieurs employeurs ou chefs d'entreprise.

L'accident du travail ouvre droit aux prestations en nature de l'assurance-maladie sans *ticket modérateur* et avec système de *tiers-payant* et aux prestations en espèces ; indemnités journalières en cas d'incapacité temporaire, rente en cas d'incapacité permanente ou accident mortel, capital en cas d'incapacité permanente inférieure à 10 %.

En cas d'accident du travail, la victime ne dispose d'aucun recours contre son employeur ou les préposés de celui-ci sauf faute intentionnelle, faute inexcusable ou s'il s'agit d'un accident de la circulation survenant sur une voie ouverte à la circulation publique et impliquant un véhicule terrestre à moteur.

CSS, art. L. 411-1 et L. 455-1-1.

Accipiens

[Droit civil]

Mot latin désignant la personne qui reçoit l'exécution d'une obligation, en pratique une somme d'argent, ou qui est qualifiée à cet effet. Généralement l'accipiens est le créancier.

→ *Adjectus solutionis gratia, Répétition de l'indû, Solvens.*

Accises

[Droit financier ou fiscal]

Terme désignant les impôts indirects frappant de manière spécifique tel ou tel produit, comme les taxes fiscales sur les alcools ou les cigarettes.

Habituellement dénommées : « contributions indirectes » dans le Code général des impôts complété par un Recueil des contributions indirectes et des réglementations assimilées.

Accompagnement du majeur en matière sociale et budgétaire

[Droit civil]

→ *Mesure d'accompagnement social personnalisé, Mesure judiciaire d'aide à la gestion du budget familial.*

Accompagnement parental

[Droit civil]

Mesure de suivi individualisé d'un mineur (par des actions de conseil et de soutien à la fonction éducative), proposé par le maire à ses parents ou représentant légal (ou à leur initiative), lorsqu'il ressort des constatations du maire ou des informations portées à sa connaissance, que l'ordre, la sécurité ou la tranquillité publics sont menacés à raison du défaut de surveillance ou d'assiduité scolaire de ce mineur; elle ne peut être proposée lorsqu'un *contrat de responsabilité parentale* a déjà été conclu avec les parents et si une mesure d'assistance éducative a été ordonnée.

CASF, art. L. 141-2.

Acconier

[Droit maritime]

Entrepreneur de manutention, chargé des opérations de chargement et de déchargement d'un navire; peut se voir aussi confier des opérations juridiques, telles que la réception, la reconnaissance, la garde et la délivrance des marchandises.

L. n° 66-420, 18 juin 1966, art. 50 à 57; Décr. n° 66-1078, 31 déc. 1966, art. 80 à 83.

Accord

[Droit général]

Rencontre des volontés en vue de produire l'effet de droit recherché par les parties : contrat, mariage, divorce par consentement mutuel, concordat…

Accord amiable

[Droit commercial]

→ *Conciliation.*

Accord atypique

[Droit du travail]

Accord collectif ne respectant pas les conditions substantielles de conclusion des conventions et accords collectifs de travail. Le plus souvent ces accords, au lieu d'être négociés avec les organisations syndicales représentatives, sont conclus avec des représentants du personnel, en dehors des règles spécifiques qui régissent cette hypothèse. De tels accords ne sont pas nuls, mais n'ont qu'une efficacité restreinte.

GADT n° 158 et 176.

Accord-cadre

[Droit administratif]

Contrat pouvant être passé entre une *personne publique* et des fournisseurs, en vue de déterminer à l'avance certains termes (relatifs à la nature des biens ou services à livrer, aux prix, éventuellement aux quantités) régissant des *marchés publics* à passer au cours d'une période déterminée. Les marchés ultérieurement passés dans le cadre de cet accord seront conclus selon un formalisme très allégé. Pour garantir l'égal accès des fournisseurs à la *commande publique*, l'accord-cadre, qui n'est pas en soi un marché public, doit être conclu en respectant les modalités prévues par ceux-ci.

C. marchés, art. 179.

Accord collectif

[Droit du travail]

L'accord collectif se différencie de la *convention collective* en ce qu'il ne traite que de points particuliers.

C. trav., art. L. 2221-2.

Accord de méthode

[Droit du travail]

Expression issue du langage des juristes pour désigner 2 types d'*accords collectifs*. Une première catégorie est constituée par les accords collectifs de branche qui déterminent, dans le cadre des dispositions du Code du travail, le cas échéant, la portée des textes conventionnels de branche face aux textes conventionnels d'entreprise.

Dans le domaine des *licenciements* pour motif économique, les accords de méthode sont des accords de groupe, de branche ou d'entreprise dont l'objet est relatif à la procédure de licenciement. On encadre ainsi par la négociation les modalités de consultation du comité d'entreprise et on offre aux acteurs sociaux la possibilité de substituer dans une certaine mesure une procédure conventionnelle à une procédure légale.

C. trav., art. L. 2253-3 et L. 1233-21 s.

→ *Accord collectif, Convention collective.*

Accord de modulation

[Droit du travail]

→ *Heures supplémentaires.*

Accord dérogatoire

[Droit du travail]

Accord d'entreprise ou de branche qui, sous certaines conditions, peut déroger soit à des dispositions légales considérées comme d'ordre public, soit à des clauses d'un texte conventionnel couvrant un champ d'application plus large. C'est ainsi qu'un accord de modulation qui répartit les heures de travail dans un cadre annuel est un accord dérogatoire au régime juridique des heures supplémentaires, qui se décomptent d'ordinaire dans un cadre hebdomadaire.

C. trav., art. L. 2252-1, 2253-2 et 3122-9 s.

→ *Accord collectif, Convention collective.*

Accord de siège

[Droit international public]

Traité conclu entre une organisation internationale et l'État sur le territoire duquel elle est établie, pour régler les problèmes soulevés par cette situation.

Accord en forme simplifiée

[Droit international public]

Traité non soumis à *ratification* ou approbation et qui entre donc en vigueur dès sa signature. Ces accords en forme simplifiée se développent beaucoup à l'époque contemporaine et portent souvent sur des traités importants. Ils sont aux États-Unis (*executive agreements*) de l'ordre de 3 pour 2 traités ratifiés et représentent en France au moins 30 % des accords conclus. Le fait de savoir si l'État peut ou non s'engager sous cette forme relève du droit interne.

Accord procédural

[Droit international privé]

Lorsque les parties à un litige ont la libre disposition de leurs droits, elles peuvent s'accorder sur l'application de la loi du for. Cet accord est valable malgré l'existence d'une convention internationale ou d'une clause contractuelle désignant la loi normalement compétente. Il peut être exprès ou implicite.

GADIP n° 84.

Accord régional

[Droit international public]

Accord entre des États unis par une solidarité géographique en vue de renforcer leur sécurité mutuelle.

Les conditions de la compatibilité des accords régionaux avec l'ONU sont définies par le chapitre 8 de la Charte des Nations unies.

Accords de Schengen

[Droit européen/Procédure pénale]

→ *Schengen.*

Accouchement sous X

[Droit civil]

Accouchement voulu anonyme par la parturiente qui a demandé que le secret de son admission et de son identité soit préservé. Étant donné les conséquences d'une telle demande et l'importance pour toute personne de connaître ses origines, la mère est invitée à laisser, si elle l'accepte, des renseignements sur sa santé et celle du père, sur les origines de l'enfant et sur les circonstances de la naissance ainsi que sur son identité sous pli fermé. Depuis la loi du 16 janvier 2009 (nº 2009-61), ce type d'accouchement ne constitue plus une fin de non-recevoir à l'action en recherche de maternité.

C. civ., art. 326; CASF, art. L. 222-6.

GAJC, t. 1, nº 47 (en note, IV).

Accréditer

[Droit international public]

Donner qualité à une personne pour représenter un État auprès d'un autre État (comme agent diplomatique) ou auprès d'une organisation internationale.

→ *Agent diplomatique, Agrément, Persona grata.*

Accréditif

[Droit commercial]

Nom sous lequel on désigne généralement la lettre de crédit remise par un banquier à son client pour lui permettre de toucher des fonds ou de se faire ouvrir un crédit par un banquier sur une autre place.

→ *Lettre de crédit.*

Accroissement

[Droit civil]

1° Droit en vertu duquel, en cas de pluralité d'héritiers ou de légataires, la part du renonçant ou défaillant augmente de plein droit la part de ceux qui viennent à la succession, en proportion de leur vocation respective : la part de l'héritier renonçant échoit à ses représentants, à défaut à ses cohéritiers et, s'il est seul, elle est dévolue au degré subséquent; le legs échoit à ses colégataires, lorsqu'il aura été fait à plusieurs conjointement. Ce droit entre en mouvement, principalement, par la renonciation à l'hérédité ou au legs ou par la caducité de celui-ci.

C. civ., art. 805, al. 2 et 1044.

2° Désigne aussi la clause d'un contrat prévoyant la réversibilité de la portion des prémourants au profit des survivants (rente viagère, *tontine*, achat en commun).

GAJC, t. 1, nº 133-136.

3° Désigne enfin une forme d'accession naturelle qui résulte d'un apport de terres par un fleuve ou une rivière à un fonds riverain et qui profite au propriétaire de ce fonds; encore appelée *alluvion* ou *atterrissement*.

C. civ., art. 556.

Accueil de l'embryon

[Droit civil]

Possibilité offerte à un couple (marié ou pouvant apporter la preuve d'une vie commune d'au moins 2 ans) qui a été autorisé à recourir à l'*assistance médicale à la procréation* (pour cause d'infertilité pathologique ou pour éviter la transmission à l'enfant d'une maladie particulièrement grave) de décider que sera tentée la fécondation d'un certain nombre d'ovocytes pouvant rendre nécessaire la conservation d'embryons, dans l'intention de réaliser leur demande parentale dans un délai de 5 ans. À titre exceptionnel, et sur autorisation du président du TGI, les 2 membres du couple (ou le survivant en cas de décès) peuvent consentir, par écrit, à ce que les embryons conservés soient accueillis par un autre couple pour lequel une assistance médicale à la procréation sans recours à un tiers donneur ne peut aboutir.

CSP, art. L. 152-1 s.

→ *Embryon humain, Fœtus, Procréation médicalement assistée, Surnuméraire.*

Accusatoire (Procédure)

[Procédure (principes généraux)]

→ *Procédure accusatoire.*

Accusé

[Procédure pénale]

Au sens strict, personne soupçonnée d'un crime et traduite, pour ce fait, devant la cour d'assises, afin d'y être jugée. Au sens large de la jurisprudence de la Cour européenne des droits de l'Homme, toute personne soupçonnée d'une infraction et traduite devant un juge pour être entendue et jugée.

C. pr. pén., art. 214 s.

→ *Prévenu.*

Achalandage

[Droit commercial]

Partie de la clientèle davantage retenue par l'emplacement du fonds de commerce que par la personne ou l'activité du commerçant.

→ *Clientèle.*

À charge d'appel

[Procédure civile]

Se dit des jugements dont il est possible de demander la réformation ou l'annulation par la voie de l'appel.

COJ, art. R. 211-3, 221-3 et 221-37; C. com., art. R. 721-6; C. trav., art. D. 1462-3; C. rur., art. L. 493-1.

Acompte

[Droit administratif/Droit financier ou fiscal]

Paiement partiel effectué en règlement de la fraction exécutée d'une fourniture convenue de biens ou de services.

→ *Avance.*

[Droit civil]

Paiement partiel qui est imputé sur le montant de la dette. Le versement d'un acompte, à la différence de celui d'*arrhes*, retire toute possibilité de rétractation : en cas de désistement la somme versée est perdue et le solde est dû.

→ *Dédit.*

A contrario

[Droit général]

Raisonnement par lequel on déduit que si une règle est posée pour une situation déterminée, la règle inverse vaut pour les situations non visées. Par exemple, s'il m'est interdit de déroger, par convention, aux lois d'ordre public (C. civ., art. 6), *a contrario*, je peux déroger à celles qui ne sont pas d'ordre public.

→ *A fortiori, A pari.*

Acquêts

[Droit civil]

Dans les régimes de communauté, biens acquis à titre onéreux par les époux, pendant le mariage, ensemble ou séparément, grâce aux revenus tirés de leur travail ou aux économies faites sur les fruits et revenus de leurs biens propres. Ils sont communs.

C. civ., art. 1401 s. et 1498 s.

→ *Communauté réduite aux acquêts, Participation aux acquêts.*

Acquiescement

[Procédure civile]

Fait, de la part d'un plaideur, de se soumettre aux prétentions de l'autre.

L'acquiescement à la demande emporte reconnaissance du bien-fondé des prétentions de l'adversaire et renonciation à l'action.

L'acquiescement au jugement emporte soumission aux chefs de celui-ci et renonciation aux voies de recours.

CPC, art. 408 et 409.

Acquisition dérivée

[Droit civil]

Acquisition de la propriété consécutive à une aliénation, c'est-à-dire une manifestation de volonté émise par le précédent propriétaire (vente, donation, legs...).

Acquisition intraeuropéenne

[Droit financier ou fiscal]

Dans l'actuel régime transitoire de TVA au sein de l'Union européenne, achat fait par une entreprise (assujettie à la TVA) dans un autre État membre de l'Union. La TVA est due dans l'État de l'acheteur.

→ *Exportations, Importations, Livraisons.*

Acquisition originaire

[Droit civil]

Acquisition non consécutive à une aliénation par le précédent propriétaire. Il peut s'agir de l'appropriation d'un bien sans maître (bien nouvellement créé acquis par spécification ou chose abandonnée acquise par occupation, accession par production), mais aussi de l'acquisition consécutive à une perte de la propriété non volontaire par le précédent propriétaire (accession par incorporation, prescription, expropriation...).

Acquit

[Droit civil]

Mention portée sur un titre par le créancier, suivie de sa signature et destinée à prouver le paiement de la dette. Elle est précédée de la préposition « pour ».

→ *Quittance.*

Acquit-à-caution

[Droit financier ou fiscal]

Pour prévenir la fraude sur les vins et les alcools, ceux-ci ne peuvent circuler que si leur détenteur possède une sorte de quittance prouvant le paiement de l'impôt (« congé »), ou un document lui permettant, sous la garantie d'une caution, de les déplacer en suspension d'impôt (« acquit-à-caution »).

Acquittement

[Procédure pénale]

Décision de la cour d'assises déclarant non coupable l'accusé traduit devant elle.

C. pr. pén., art. 363.

GAPP n° 47.

Acte

[Droit civil]

1° En la forme, un acte est un écrit nécessaire à la validité ou à la preuve d'une situation juridique : on désigne parfois l'acte, au sens formel, par le mot *instrumentum.*

→ *Écrit, Negotium.*

2° Au fond, un acte, désigné généralement par l'expression « *acte juridique* », est une manifestation de volonté destinée à produire des effets de droit. En ce sens, l'acte est appelé parfois *negotium.*

→ *Fait juridique, Fond, Forme, Instrumentum, Negotium.*

Acte abstrait

[Droit civil]

Acte juridique valable indépendamment de sa cause, par exemple une lettre de change ou un chèque.

Acte à cause de mort

[Droit civil]

Acte juridique ne produisant d'effets qu'à la mort d'une personne (*testament*).

→ *Acte entre vifs.*

Acte administratif

[Droit administratif]

Notion fondamentale du droit administratif, pouvant être analysée à partir de plusieurs points de vue conduisant à des définitions différentes :

1° Considéré sous l'angle de ses caractères propres :

- du point de vue organique, l'acte administratif est signé par une autorité administrative;

- du point de vue formel, l'acte administratif peut être unilatéral ou contractuel;

- du point de vue matériel, l'acte administratif unilatéral peut être un *acte individuel*, ou au contraire avoir une portée générale, et être alors un acte réglementaire.

2° Considéré sous l'angle de son régime juridique, l'acte administratif est tout acte relevant du droit administratif et de la compétence de la juridiction administrative, que cet acte soit unilatéral ou conventionnel, qu'il émane ou non d'une autorité administrative.

Acte (anormal) de gestion

[Droit fiscal]

Acte de gestion qui apparaît comme contraire aux intérêts de l'entreprise. L'acte en question, sur le plan fiscal, peut se traduire par des charges imputées à l'entreprise sans contreparties suffisantes, imputation ayant pour effet de réduire le résultat imposable. L'administration peut contester telle ou telle déduction opérée qui paraît ne pas relever d'une gestion commerciale normale mais elle doit apporter la preuve du caractère anormal de l'acte de gestion en cause. S'agissant des *Bénéfices industriels et commerciaux (BIC)*, sont en particulier visées au titre des frais généraux de toute nature les dépenses qui n'auraient pas un caractère utile pour l'entreprise c'est-à-dire qui ne seraient pas assurées dans son intérêt. En matière de Bénéfices non commerciaux (BNC), l'approche est quelque peu différente car sont ici visées les dépenses nécessitées par l'exercice de la profession.

CGI, art. 35, 39, 93.

Acte apparent

[Droit civil]

Acte révélant une situation juridique différente de la situation véritable, laquelle se cache dans un acte secret.

L'acte apparent est appelé également « acte ostensible ».

C. civ., art. 1321.

→ *Acte déguisé, Acte fictif, Acte secret, Apparence, Contre-lettre, Déguisement, Dissimulation, Simulation.*

Acte à titre gratuit

[Droit civil]

Acte juridique par lequel une personne s'oblige ou dispose d'un droit avec une intention généreuse, sans contrepartie (ex. : *remise de dettes*).

C. civ., art. 1105.

→ *Acte à titre onéreux.*

Acte à titre onéreux

[Droit civil]

Acte par lequel chacune des parties recherche un avantage. Il ne faut pas confondre l'acte à titre onéreux et le *contrat synallagmatique* qui comporte des obligations réciproques : l'acte à titre onéreux, bien que procurant des avantages pour chaque contractant ne crée pas nécessairement des obligations juridiques réciproques.

C. civ., art. 1106.

→ *Acte à titre gratuit, Remise de dettes.*

Acte authentique

[Droit civil/Procédure civile]

Écrit établi par un officier public (notaire par ex.), sur support papier ou électronique, et dont les affirmations font foi jusqu'à *inscription de faux* et dont les *grosses*, revêtues de la formule exécutoire, sont susceptibles d'exécution forcée.

Lorsqu'il est établi par un notaire, l'acte authentique est dispensé de toute mention

manuscrite exigée par la loi, sauf disposition contraire expresse.
Un acte reçu en la forme authentique par un notaire est nécessaire pour l'accomplissement des formalités de publicité foncière.

C. civ., art. 710-1, 1317 s.; CPC, art. 303 s.

→ *Acte sous seing privé, Copie exécutoire, Notaire.*

Acte bilatéral

[Droit civil]

Acte juridique résultant de la volonté de 2 personnes.

→ *Acte unilatéral.*

Acte-condition

[Droit civil]

Acte dont le résultat est de rendre applicable à un individu une norme juridique (ou un ensemble de normes juridiques) qui ne lui était pas applicable jusqu'alors. L'acte-condition, qui place cet individu dans une situation juridique entièrement préétablie par le droit, peut être un acte juridique (mariage, nomination d'un fonctionnaire) ou un fait juridique (tirage au sort d'un juré).

Acte confirmatif

[Droit civil]

Acte par lequel une personne renonce à demander l'annulation d'un *acte juridique* entaché de nullité relative.

C. civ., art. 1338 s.

Acte consensuel

[Droit civil]

Acte juridique ne nécessitant pour sa formation aucune formalité particulière et qui résulte du seul échange des consentements.
Le consensualisme est la règle.

C. civ., art. 1108.

→ *Acte solennel.*

Acte conservatoire

[Droit civil]

Acte juridique ayant pour seul objet de sauvegarder un droit (ex. : renouvellement d'une inscription hypothécaire, interruption d'une prescription...) ou d'éviter la perte d'un bien (ex. : réparation d'un bâtiment dégradé). C'est un acte nécessaire et urgent, qui nécessite moins de pouvoir que les *actes d'administration* et de *disposition*.

→ *Mesures conservatoires.*

Acte constitutif

[Droit civil]

Acte juridique créant des droits nouveaux ou modifiant une situation antérieure. Par exemple, acte constitutif d'une hypothèque ou jugement de divorce.

→ *Acte déclaratif.*

ACTU

Acte contresigné par avocat

[Droit civil]

Acte privé comportant, outre la signature des parties, celle de leur avocat commun ou des avocats de chacune d'entre elles par laquelle l'avocat contresignataire atteste avoir éclairé pleinement son client sur les conséquences juridiques de cet acte.
À la différence de l'acte sous seing privé ordinaire, l'acte contresigné par avocat fait pleine foi de l'écriture et de la signature des parties tant à leur égard que vis-à-vis de leurs héritiers ou ayants cause.
Il est dispensé de toute mention manuscrite exigée par la loi, sauf disposition dérogatoire expresse. Cet acte se distingue de l'*acte authentique* en ce qu'il n'a ni date certaine, ni force exécutoire.

L. n° 71-1130 du 31 déc. 1971, art. 66-3-1 à 66-3-3.

→ *Acte sous seing privé.*

Acte d'administration

[Droit civil]

1° *Au sens large*, acte ayant pour but la gestion normale d'un patrimoine, en conservant sa valeur et en le faisant fructifier, tel un bail.

2° *Au sens étroit*, on oppose acte d'administration à *acte de disposition* : l'acte d'administration tend à maintenir les droits dans le patrimoine et ne peut de ce fait entraîner leur transmission. On l'oppose aussi à l'*acte conservatoire* qui ne vise pas à mettre en valeur le patrimoine, mais à le conserver en l'état.

3° Dans le droit des incapables, les actes d'administration sont définis comme des actes d'exploitation ou de mise en valeur du patrimoine de la personne protégée dénués de risque anormal. Le décret n° 1484 du 22 décembre 2008 dresse d'une part une liste des actes qui sont regardés comme des actes d'administration en toutes circonstances, d'autre part une liste des actes regardés comme tels sauf circonstances d'espèce contraires.

C. civ., art. 496.

Acte d'administration judiciaire

[Procédure (principes généraux)]

→ *Mesure d'administration judiciaire.*

Acte d'appel

[Procédure civile]

Acte formalisant l'appel sous le régime abrogé de l'ancien Code de procédure civile.

→ *Déclaration d'appel.*

Acte d'avocat à avocat

[Procédure civile]

Acte de procédure rédigé par l'avocat près le tribunal de grande instance et signifié à son confrère au palais par un huissier audiencier; on emploie aussi l'expression acte du palais.

Il peut aussi être procédé à une notification directe, c'est-à-dire à la remise de l'acte en double exemplaire à l'avocat destinataire, lequel restitue aussitôt à son confrère l'un des exemplaires après l'avoir daté et visé.

CPC, art. 671 à 673.

→ *Acte d'avoué à avoué.*

Acte d'avoué à avoué

[Procédure civile]

Acte de procédure qui était rédigé par l'*avoué* près la cour d'appel et signifié à son confrère au palais par un huissier audiencier ou par notification directe. Ils disparaissent au 1er janvier 2012 avec la suppression de la profession d'avoué à cette date.

CPC, art. 674.

→ *Acte d'avocat à avocat.*

Acte déclaratif

[Droit civil]

Acte constatant une situation juridique préexistante. Par exemple, reconnaissance volontaire d'un enfant naturel ou déclaration judiciaire de paternité.

→ *Acte constitutif.*

Acte de commerce

[Droit commercial]

Acte juridique ou *fait juridique* soumis aux règles du droit commercial, en raison de sa nature (ainsi l'achat pour revendre), de sa forme (ainsi la lettre de change), ou en raison de la qualité de commerçant de son auteur.

C. com., art. L. 110-1 et L. 110-2.

Acte de décès

[Droit civil]

Acte dressé par l'officier d'état civil pour constater légalement le décès d'une personne, généralement sur la déclaration d'un parent du défunt. Ses énonciations peuvent être combattues par l'apport de la preuve contraire.

C. civ., art. 78 s.

→ *Certificat de décès, Décès.*

Acte de disposition

[Droit civil]

Acte juridique comportant transmission d'un droit réel ou souscription d'un engagement juridique important et pouvant avoir pour effet de diminuer la valeur du patrimoine. Par exemple, la vente ou la donation d'un bien, ou la signature d'un bail de plus de 9 ans, ou la souscription d'un emprunt.

Le droit des incapacités définit l'acte de disposition comme l'acte qui engage le patrimoine de la personne protégée, pour le présent et l'avenir, par une modification importante de son contenu, une dépréciation significative de sa valeur en capital ou une altération durable des prérogatives de son titulaire. De tels actes sont énumérés par le décret n° 1484 du 22 décembre 2008, mais certains d'entre eux peuvent être écartés d'une telle qualification en raison de leur faible incidence sur le patrimoine, les prérogatives ou le mode de vie de la personne protégée.

C. civ., art. 496.

→ *Acte d'administration, Acte conservatoire.*

Acte de gouvernement

[Droit public]

Qualification à prétention explicative donnée à certains actes émanant d'autorités de l'État, dont les juridictions tant administratives que judiciaires se refusent à connaître et qui en général soit concernent les relations du gouvernement et du Parlement, soit mettent directement en cause l'appréciation de la conduite des relations internationales par l'État. Exemples : décision d'engager les forces militaires françaises dans une opération de maintien de la paix, nomination par le président de la République d'un membre du Conseil constitutionnel.

GAJA n° 3 et 80.

Acte déguisé

[Droit civil]

Acte juridique destiné à demeurer secret, que les parties travestissent en un acte apparent qui ne reflète pas leur volonté (ex. : donation déguisée en vente).

C. civ., art. 911.

→ *Acte apparent, Acte fictif, Acte secret, Apparence, Contre-lettre, Déguisement, Dissimulation, Simulation.*

Acte de l'état civil

[Droit civil]

Acte instrumentaire, dressé par l'*officier de l'état civil* ou sous sa responsabilité, destiné à prouver l'*état des personnes*.

C. civ., art. 34 s.

Acte de naissance

[Droit civil]

Acte de naissance d'une personne née vivante et viable, et qui contient l'indication du jour, de l'heure et du lieu de sa naissance, ainsi que son sexe, ses nom et prénoms et, au cas où ils sont désignés, l'identité de ses père et mère.

C. civ., art. 55 s.

→ *Acte d'un enfant né sans vie, Conception, Enfant sans vie, Infans conceptus pro nato habetur quoties de comodis ejus agitur, Naissance.*

Acte de notoriété

[Droit civil]

1° Acte instrumentaire dressé, selon le cas, par un officier public (notaire, officier d'état civil, autorité diplomatique ou consulaire) ou un magistrat (juge d'instance), faisant état des déclarations de plusieurs personnes attestant de faits notoirement connus.

2° Depuis la loi du 20 décembre 2007 (n° 2007-1787), l'acte de notoriété destiné à établir la qualité d'héritier est établi exclusivement par un notaire. Il contient à la fois des constatations et des déclarations : les premières sont le visa de l'acte de décès et la mention des pièces justificatives produites; les secondes sont relatives à l'affirmation, signée du ou des ayants droit auteurs de la demande de leur vocation à recueillir la succession, ainsi que celles résultant de toute personne dont les propos peuvent être utiles; mais depuis la loi du 20 décembre 2007, l'intervention de 2 témoins étrangers à la succession et attestant qu'à leur connaissance personnelle, il est notoire que tel individu a la qualité d'héritier du *de cujus*, n'est plus nécessaire tout en restant possible. Cet acte fait foi jusqu'à preuve contraire et non pas jusqu'à inscription de faux, car le notaire n'a pas constaté personnellement la vocation successorale de l'intéressé et n'a pas à juger de la valeur du titre qui lui est présenté (par ex. par un légataire). Il n'en demeure pas moins fort utile en pratique et permet aux héritiers désignés dans l'acte d'avoir la libre disposition des biens ou des fonds de la succession, notamment à l'égard d'éventuels détenteurs (établissements bancaires par ex.). Il doit être mentionné en marge de l'acte de décès.

3° Depuis la loi du 28 mars 2011 (n° 2011-331), l'acte de notoriété dressé pour suppléer à l'acte de naissance d'une personne en vue de son mariage est dressé par un notaire ou, à l'étranger, par les autorités diplomatiques ou consulaires françaises.

C. civ. : acte de naissance en vue d'un mariage, art. 71 (notaire); possession d'état d'enfant, art. 310-3, 317 et 335 (juge); qualité d'héritier, art. 730-1 s. et 815-11 (notaire); CPC, art. 1157 et 1157-1 (juge pour la possession d'état d'enfant).

→ *Attestation notariée immobilière, Certificat d'hérédité/d'héritier, Certificat de propriété, Intitulé d'inventaire.*

Acte de poursuite

[Procédure pénale]

Au sens large, tout acte qui déclenche l'*action publique* (avertissement, convocation par procès-verbal, comparution immédiate, comparution sur reconnaissance préalable de culpabilité, citation directe, plainte avec constitution de partie civile, réquisitoire introductif), ou qui permet son exercice jusqu'à son aboutissement (réquisitoire supplétif – définitif – exercice des voies de recours…).

Dans un sens plus restreint, acte interruptif de la prescription de l'action publique.

C. pr. pén., art. 7 s.

GAPP n° 8.

[Droit financier ou fiscal]

→ *Poursuites (Actes de).*

Acte de procédure

[Procédure (principes généraux)]

Acte soumis à certaines formes, effectué par un auxiliaire de justice ou un plaideur, destiné à entamer, alimenter, suspendre ou arrêter une instance (*assignation*, *conclusions*…).

CPC, art. 2, 112 s. et 411.

Acte détachable

[Droit administratif]

Terme désignant, dans un acte administratif complexe, constitué d'une mesure principale et d'actes connexes, ceux de ces actes que le juge administratif accepte de soumettre à un régime contentieux distinct de celui appliqué à la mesure principale.

GAJA n° 15.

Acte d'huissier de justice

[Procédure civile]

→ *Clerc d'huissier, Exploit d'huissier de justice, Huissier de justice.*

Acte d'instruction

[Procédure pénale]

Mesure d'information judiciaire utile à la manifestation de la vérité, prise ou ordonnée par une juridiction d'instruction, et qui a notamment pour effet d'interrompre la prescription de l'action publique.

C. pr. pén., art. 7 s. et 81.

L'acte d'instruction est souvent pris au sens large, et il est alors synonyme de toute mesure d'investigation.

GAPP nº 8.

Acte d'un enfant né sans vie

[Droit civil]

Les parents d'un tel enfant peuvent demander qu'il soit inscrit sur leur livret de famille et obtenir la délivrance d'un acte de l'état civil portant mention des circonstances de sa naissance. L'enfant ne bénéficie pas pour autant de la personnalité juridique; aucun lien de filiation ne le relie à ses parents et il ne porte donc pas de nom de famille, mais un prénom peut lui être attribué. Cet acte sera inscrit sur les registres de décès, rendant possible l'inhumation ou la crémation de l'enfant.

C. civ., art. 79-1, al. 2.

→ *Acte de naissance, Enfant sans vie, Infans conceptus pro nato habetur quoties de comodis ejus agitur, Naissance.*

Acte du Palais

[Procédure civile]

Terme recouvrant l'*acte d'avocat à avocat* et l'*acte d'avoué à avoué* dont la caractéristique est d'être notifié dans l'enceinte du Palais entre les représentants des parties.

Acte entre vifs

[Droit civil]

Acte juridique produisant ses effets du vivant des parties (ex. : *donation*).

→ *Acte à cause de mort.*

Acte exécutoire

[Procédure (principes généraux)]

→ *Titres exécutoires.*

Acte extrajudiciaire

[Procédure civile]

Acte intervenant en dehors d'une instance judiciaire, signifié par un huissier de justice et dont l'objet est l'exercice ou la conservation d'un droit; ainsi une sommation de payer, un protêt, un commandement de saisie.

→ *Acte judiciaire.*

Acte fictif

[Droit civil]

Acte simulé par lequel les parties créent l'apparence d'un lien de droit alors qu'elles n'ont pas entendu s'obliger, ou masquent une autre opération destinée à rester occulte.

→ *Acte apparent, Acte déguisé, Acte secret, Apparence, Contre-lettre, Déguisement, Dissimulation, Simulation.*

Acte gracieux

[Procédure civile]

→ *Décision gracieuse.*

Acte individuel

[Droit administratif]

Acte destiné à produire ses effets au profit, ou à l'encontre, d'un destinataire déterminé ou de plusieurs destinataires individualisés.

On l'oppose à l'*acte réglementaire*, qui a une portée générale et impersonnelle.

Acte instrumentaire

[Droit civil]

Écrit destiné à prouver l'existence d'une situation juridique, cette situation pouvant résulter d'un « acte » (au sens de *negotium*, *acte juridique*) ou d'un *fait juridique*.

→ *Écrit, Negotium.*

Acte judiciaire

[Procédure (principes généraux)]

Acte lié au déroulement d'une procédure contentieuse ou gracieuse, ou tendant à une exécution forcée, émanant des parties ou de certains auxiliaires de justice (avocat, avoué, huissier de justice, greffier) : ainsi une assignation, la convocation d'un témoin, la rédaction et la signification de conclusions.

→ *Acte extrajudiciaire.*

Acte juridictionnel

[Procédure (principes généraux)]

D'un point de vue *matériel*, s'entend de tout acte, quel qu'en soit l'auteur, par lequel une autorité compétente procède à une vérification de légalité sur un acte juridique ou matériel.

D'un point de vue *formel*, cette qualification est réservée aux actes matériellement juridictionnels émanant d'une juridiction (juge, tribunal).

Un tel acte possède l'autorité de la chose jugée, la force exécutoire, un caractère le plus souvent déclaratif. Le juge qui a posé un acte juridictionnel est dessaisi. Selon la majorité des auteurs, l'acte gracieux est de nature juridictionnelle, bien qu'il ne tranche aucun litige.

→ *Chose jugée, Décision gracieuse, Dessaisissement du juge, Jurisdictio, Juridiction provisoire, Mesure d'administration judiciaire.*

Acte juridique

[Droit général]

Manifestation de volonté destinée à produire des effets de droit. La théorie et les classifications fondamentales des actes juridiques, principalement présentées en France par l'École de Bordeaux du Doyen Léon Duguit et de ses élèves (Bonnard, Vizioz, Réglade) permettent une forme de synthèse analytique de toutes les branches du droit. L'acte juridique est alors l'acte qui apporte une modification à l'*ordonnancement juridique* (ou ordre juridique). Les principales catégories d'actes juridiques sont les suivantes :

• *Actes subjectifs et actes objectifs* : différenciés par la portée individuelle des premiers (qui peuvent être aussi bien des actes unilatéraux que conventionnels) et par la portée plus large des seconds (*Acte-règle*). Ces 2 sortes d'actes donnent naissance respectivement à des *situations juridiques subjectives* et *objectives*.

• *Actes collectifs* : ils se caractérisent par une pluralité de déclarations de volontés concordantes engagées dans la réalisation d'une opération juridique qui est généralement de droit public (ex. : vote d'une loi, élection d'un parlementaire, référendum), mais qui peut être aussi de droit privé (ex. : adhésions de nouveaux associés à une association préexistante).

• *Actes conventionnels* : ils se caractérisent par un concours de volontés (avec une interdépendance entre les vouloirs individuels, ce qui les distingue des actes collectifs) qui détermine tous les éléments et effets de l'acte sous réserve d'éléments complémentaires éventuellement prévus et imposés par le droit. Le contrat est l'exemple par excellence d'une convention.

→ *Acte, Acte-condition, Acte instrumentaire, Acte-règle, Fait juridique.*

Acte mixte

[Droit commercial]

Acte qui présente la caractéristique d'être commercial pour l'une des parties et civil pour l'autre.

Ainsi, la vente d'un appareil ménager par un commerçant à un simple particulier.

Il est soumis aux règles du droit commercial sur option de la partie non commerçante.

C. com., art. L. 110-3 et L. 721-3.

→ *Compétence, Prescription commerciale, Preuve.*

Acte notarié

[Droit civil]

→ *Acte authentique.*

Acte novatoire

[Droit civil]

→ *Novation.*

Acte recognitif

[Droit civil]

Acte instrumentaire par lequel une personne reconnaît l'existence d'une situation juridique attestée par un écrit antérieur, sans intention de modifier l'acte antérieur. Signé par les parties, il se distingue ainsi de la *copie*.

Il a pour effet soit de remplacer l'acte primordial perdu, soit d'interrompre une prescription.

C. civ., art. 1337.

Acte-règle

[Droit général]

Acte juridique dont l'effet est de créer, de modifier ou de supprimer une situation juridique dite objective, c'est-à-dire touchant un nombre de personnes physiques ou morales (souvent les 2 en même temps) constituant un groupe placé dans un cadre juridique uniforme du point de vue de l'acte générateur de cette situation.

Acte réglementaire

[Droit administratif]

→ *Acte individuel, Acte administratif, Règlement.*

Acte secret

[Droit civil]

Acte reflétant la véritable intention des parties et qui se cache derrière un *acte apparent*.

C. civ., art. 1321.

→ *Acte déguisé, Acte fictif, Apparence, Contre-lettre, Déguisement, Dissimulation, Simulation.*

Acte solennel

[Droit civil]

Acte juridique qui n'est valable que si la manifestation de volonté est accompagnée de l'accomplissement de certaines formalités exigées par la loi.

→ *Acte consensuel, Ad validitatem, Consensualisme, Formalisme.*

Acte sous seing privé

[Droit civil]

Acte écrit, généralement instrumentaire, plus rarement nécessaire à l'existence de la situation juridique, rédigé par un particulier et comportant la *signature* des parties.

L'acte sous seing privé n'a de force probante qu'autant qu'il n'y a pas dénégation ou méconnaissance de l'écriture ou de la signature par celui auquel on l'oppose, à moins que la partie qui s'en prévaut n'en démontre la sincérité.

C. civ., art. 1322 s.

→ *Acte authentique, Blanc-seing, Vérification d'écriture.*

Acte sous signature d'avocat

→ *Acte contresigné par avocat.*

Acte translatif

[Droit civil]

Acte juridique transférant un ou plusieurs droits ou une universalité de droits au profit d'une personne.

→ *Acte constitutif.*

Acte-type

[Droit administratif]

Nom donné à des modèles de rédaction d'actes juridiques, préparés par des autorités supérieures à celles auxquelles est imposé de manière plus ou moins directe le recours à ces sortes de formulaires.

Dans le cadre de la déconcentration, l'usage de ce procédé permet d'assurer une unité d'action très forte à l'intérieur de l'Administration.

Dans le cadre de la décentralisation, cette technique constitue au profit de l'État un moyen d'affaiblir la portée du principe selon lequel le pouvoir de tutelle, là où il subsiste, ne comporte pas de pouvoir d'instruction.

→ *Instruction (Pouvoir d').*

Acte unilatéral

[Droit civil]

Acte juridique résultant de la manifestation de volonté d'une seule personne (ex. : testament).

→ *Acte bilatéral.*

[Droit public]

Acte de puissance publique par lequel l'État, par exemple sous la forme d'une loi ou d'un décret, et d'autres personnes publiques, créent des droits ou obligations au profit ou à la charge des personnes privées.

Acte unique européen

[Droit européen]

Traité modifiant les textes constitutifs des Communautés européennes conclu en décembre 1985, signé en février 1986, et entré en vigueur en juillet 1987. Modifie certaines dispositions institutionnelles en renforçant, même si c'est de manière limitée, les pouvoirs du Parlement européen (*Procédure de coopération*). Intègre la coopération politique dans le système communautaire. Fixe au 31 décembre 1992 l'achèvement du marché intérieur et prévoit l'adoption des mesures nécessaires avant cette date. Son adoption a traduit une volonté de relance de la construction européenne.

Actes d'autorité et de gestion (Distinction des)

[Droit administratif]

Théorie émise par la doctrine du XIXe siècle, largement abandonnée aujourd'hui, qui fondait l'application de la compétence et du droit administratifs sur l'opposition des actes d'autorité (ou de puissance publique) mettant en œuvre les privilèges d'actions reconnus à l'Administration, et des actes de gestion ne mettant en jeu aucune des prérogatives conférées à celle-ci.

Actes de gestion

[Droit administratif]

→ *Actes d'autorité.*

Actes de pure faculté

[Droit civil]

Actes accomplis sur son fonds par le propriétaire, sans empiéter sur le fonds d'autrui, mais qui ne constituent pas un acte susceptible de faire acquérir, par usucapion, un droit sur ce fonds (par ex. une servitude). Ainsi le propriétaire d'un mur joignant le fonds voisin mais non mitoyen ne peut, s'il ouvre dans ce mur des jours de tolérance, acquérir, par possession prolongée, le droit d'interdire au voisin de les obstruer si celui-ci venait à acquérir la mitoyenneté du mur.

C. civ., art. 2262.

→ *Actes de tolérance, Faculté.*

Actes de tolérance

[Droit civil]

Actes de jouissance sur le fonds d'autrui que tolère le propriétaire de ce fonds, par bienveillance ou esprit de bon voisinage, insusceptibles, pour cette raison, de fonder un droit par prescription. On parle également d'actes de simple tolérance.

C. civ., art. 2262.

→ *Actes de pure faculté.*

Actes frustratoires

[Procédure (principes généraux)]

Actes de procédure ou d'exécution nuls ou inutiles dont les frais restent à la charge de l'auxiliaire de justice qui les a rédigés de façon irrégulière ou injustifiée.

CPC, art. 650 et 698.

→ *Dépens.*

Actes préparatoires

[Droit pénal]

Lors de la réalisation d'une infraction, actes qui s'inscrivent dans la phase immédiatement antérieure au commencement d'exécution, et qui ne constituent donc pas une tentative punissable.

C. pén., art. 121-5.

[Droit administratif]

Décision prise par une autorité administrative qui n'est qu'un élément dans le processus d'adoption d'une décision finale. Exemple : délibération d'un *conseil municipal* décidant de créer une commission d'étude en vue de construire une nouvelle mairie. Ne portant aucun effet juridique par elle-même, cette décision ne peut pas faire l'objet d'un recours contentieux; mais son illégalité éventuelle pourrait être invoquée à l'appui d'un recours formé contre la décision finale – si celle-ci intervient.

→ *Grief (Actes faisant).*

Actif

[Droit civil]

Lato sensu, ensemble des biens et droits qui constituent le patrimoine d'une personne. Dans son sens strict et technique, l'actif ne s'entend que de l'excédent du patrimoine, une fois déduit le passif. Il détermine l'état de solvabilité, c'est-à-dire l'aptitude à faire face à ses dettes.

GAJF n° 22.

→ *Insolvabilité, Passif.*

[Droit commercial]

Ensemble des biens, mobiliers et immobiliers, des créances et sommes d'argent que possède une entreprise, qui figure dans la partie gauche du bilan.

→ *Bilan (Théorie du).*

Action

[Procédure (principes généraux)]

→ *Action en justice.*

[Droit financier]

Dans le cadre de la présentation par objectifs du budget de l'État, l'action est la composante élémentaire du *programme*, qui peut en comprendre une ou plusieurs.

Exemple : la *mission* « Action extérieure de l'État » (pilotée par le ministère des Affaires étrangères) comporte (entre autres) un programme « Rayonnement culturel et scientifique », qui comporte (entre autres) une action « Renforcement des échanges scientifiques, techniques et culturels ».

[Droit commercial]

Titre négociable émis par les sociétés par actions, qui représente une fraction du capital social et constate le droit de l'associé dans la société.

Certaines actions, dites *actions de préférence*, peuvent conférer à leurs souscripteurs des droits supplémentaires, ou au contraire réduire leurs prérogatives, par exemple par suppression du droit de vote.

C. com., art. L. 228-7 s.

Action *ad exhibendum*

[Procédure civile]

Littéralement, « en vue d'exhiber ». S'applique à la demande d'un plaideur tendant à obtenir la production d'une pièce susceptible d'établir la réalité de ses allégations et que détient son adversaire ou un tiers. Le Code de procédure civile reconnaît au juge le pouvoir d'enjoindre, sous astreinte, la représentation de tous éléments de preuve utiles à la manifestation de la vérité, dès l'instant qu'il n'existe pas d'empêchement légitime.

CPC, art. 11 et 138 s.

Action à fins de subsides

[Droit civil/Procédure civile]

Action en justice qui appartient à tout enfant dont la filiation paternelle n'est pas légalement établie, pour obtenir de celui qui a eu des relations sexuelles avec sa mère pendant la période légale de la conception, une pension destinée à couvrir ses frais d'entretien et d'éducation, sans avoir à prouver la paternité. L'action peut être exercée pendant toute la minorité de l'enfant et, si elle ne l'a pas été pendant cette période, dans les 10 ans qui suivent sa majorité.

C. civ., art. 342 s.

Action à futur

[Procédure civile]

→ *In futurum.*

Action associationnelle

[Procédure (principes généraux)]

→ *Action collective.*

Action attitrée

[Procédure civile]

Action dont l'exercice est réservé aux seules personnes que la loi qualifie pour élever ou combattre une prétention, ou pour défendre un intérêt déterminé. Ainsi en est-il de l'action en divorce dont les sujets actif et passif ne peuvent être que les époux.

CPC, art. 31.

→ *Action banale, Intérêt pour agir, Qualité pour agir.*

Action au porteur

[Droit commercial]

C. com., art. L. 228-1.

→ *Titre au porteur.*

Action banale

[Procédure civile]

Dénomination doctrinale de l'action qui est ouverte à tous ceux qui ont un intérêt légitime au succès ou au rejet d'une prétention. L'action est donc doublement banale, activement et passivement.

CPC, art. 31.

→ *Action attitrée, Intérêt pour agir, Qualité pour agir.*

Action civile

[Procédure pénale]

Action en réparation d'un dommage directement causé par un crime, un délit ou une contravention. Appartenant à tous ceux qui ont personnellement souffert du dommage, elle peut être exercée, au choix de la victime, soit en même temps que l'action publique devant les juridictions répressives, soit séparément de l'action publique devant les juridictions civiles.

Elle doit être distinguée de la *constitution de partie civile*, qui permet à la victime de mettre en mouvement l'action publique indépendamment de son droit à réparation, et donc de toute demande de ce chef. Elle se distingue également de l'*action de nature civile*, qui est exercée devant les tribunaux civils en réparation d'un dommage, mais en l'absence de toute infraction pénale.

C. pr. pén., art. 2 s.

GAPP n° 9, 10 et 11.

Action collective

[Procédure (principes généraux)]

Action en justice exercée par une personne morale à but désintéressé – association, syndicat ou ordre professionnel – pour la défense des intérêts à caractère collectif entrant dans son objet.

Contrairement aux syndicats, qui peuvent devant toutes les juridictions exercer tous les droits réservés à la partie civile relativement aux faits portant un préjudice direct ou indirect à l'intérêt collectif de la profession qu'ils représentent (C. trav., art. L. 2132-3), les associations ne se voient pas reconnaître de façon générale la possibilité d'agir en justice pour la défense des intérêts qu'elles défendent : ce n'est en principe que si le législateur leur concède ce droit, en vertu de dispositions expresses, qu'elles peuvent se manifester auprès des tribunaux, tant civils que répressifs, qu'il y ait ou non infraction pénale.

Toutefois, s'agissant de défendre une cause d'intérêt général devant le juge civil, une jurisprudence récente adopte une position plus libérale. Selon un arrêt de la première chambre civile du 18 septembre 2008, « même hors habilitation législative, et en l'absence de prévision statutaire expresse quant à l'emprunt des voies judiciaires, une association peut agir en justice au nom d'intérêts collectifs, dès lors que ceux-ci entrent dans son objet social ».

C. pr. pén., art. 2 à 2-21; CPC, art. 31; C. consom., art. L. 421-1 s.

GAPP n° 12.

→ *Action de groupe, Action en représentation conjointe.*

Action confessoire

[Droit civil/Procédure civile]

Action réelle qui tend à la reconnaissance ou à l'exercice d'un droit à une servitude, à un usufruit ou à un usage.

→ *Action négatoire.*

Action d'apport

[Droit commercial]

Action remise à celui qui fait un apport en nature lors de la constitution de la société par actions ou de l'augmentation de son capital.

On l'oppose à l'action de numéraire dont le montant est libéré en espèces ou par compensation, ou qui est émise par suite d'une incorporation au capital des réserves, bénéfices ou primes d'émission.

C. com., art. L. 228-7.

Action de capital

[Droit commercial]

Action dont la valeur nominale n'a pas été remboursée à l'actionnaire. On l'oppose à l'*action de jouissance*.

C. com., art. L. 225-198.

Action déclaratoire

[Procédure civile]

Action tendant à faire reconnaître en justice, en dehors de tout intérêt né et actuel, la régularité ou l'irrégularité d'une situation juridique. Une telle action n'est pas toujours recevable.

→ *Action interrogatoire, Action de jactance, Mesures d'instruction.*

Action de concert

[Droit commercial]

Accord en vue d'acquérir ou de céder des droits de vote ou en vue d'exercer des droits de vote, pour mettre en œuvre une politique vis-à-vis de la société ou pour obtenir le contrôle de cette société.

Il est tenu compte de la totalité des actions détenues par les signataires de l'accord pour déterminer les seuils de participation dans les sociétés cotées.

C. com., art. L. 233-10 (mod. L. 22 oct. 2010).

Action de groupe

[Procédure civile]

Action visant à la réparation d'un préjudice collectif, celui subi par les consommateurs du fait de l'inexécution ou de la mauvaise exécution d'obligations contractuelles de la part du même professionnel, à l'occasion d'un même type de contrat relatif à une vente de produits ou une prestation de service.

L'objectif est de faciliter l'action du consommateur victime d'un préjudice personnel peu élevé, qui hésiterait pour ce motif à demander réparation.

L'action de groupe qu'une doctrine propose d'appeler « action en déclaration de responsabilité pour préjudice de masse » est à l'état de projet. Elle est connue dans le monde anglo-saxon, avec un schéma procédural différent, sous l'expression *class action.*

→ *Action collective, Action en représentation conjointe.*

Action *de in rem verso*

[Droit civil]

Action permettant d'agir dans le cas d'enrichissement sans cause, sanctionnant la règle que nul ne doit s'enrichir injustement aux dépens d'autrui. Cette action n'est recevable qu'à défaut de toute autre action.

GAJC, t. 2, n° 239 et 240.

→ *Enrichissement sans cause.*

Action de jactance

[Procédure civile]

Action en justice dirigée contre une personne qui se vante publiquement d'avoir un droit contre une autre, afin de l'obliger à établir la réalité de ses allégations, sous peine d'être vouée à un silence perpétuel. Est souvent irrecevable, lorsque le plaignant ne subit pas un préjudice matériel ou moral effectif.

Action de jouissance

[Droit commercial]

Titre remis à l'actionnaire au cours de la vie sociale, lorsque la société procède à l'amortissement de son capital, en remboursant par anticipation la valeur nominale des actions aux actionnaires.

C. com., art. L. 225-198.

Action de numéraire

[Droit commercial]

C. com., art. L. 228-7.

→ *Action d'apport.*

Action de préférence

[Droit commercial]

Catégorie d'actions offrant à leurs titulaires des prérogatives distinctes de celles associées aux actions ordinaires. Ce type d'action peut procurer un avantage pécuniaire (dividende prioritaire, dividende majoré...) à son détenteur. Le droit de vote peut aussi être affecté, soit parce qu'il est supprimé, soit parce qu'il est augmenté dans les conditions autorisées par les textes (vote double, limitation du nombre de voix). De tels droits sont attribués à titre temporaire ou permanent.

C. com., art. L. 228-11.

Action d'état

[Droit civil]

Action en justice portant sur l'état d'une personne.

On distingue les actions en réclamation d'état (ainsi des actions aux fins d'établissement de la filiation) et les actions en contestation d'état (ainsi des actions en contestation de la filiation); les premières permettent au demandeur d'obtenir en justice la reconnaissance de son véritable état alors que les secondes sont intentées par les personnes qui ont qualité pour nier devant le tribunal l'état apparent d'autrui.

C. civ., art. 325 s.

GAJC, t. 1, n° 43-47.

→ *Désaveu de paternité, État des personnes.*

Action directe

[Droit civil]

1° Action en justice exercée par un créancier, en son nom personnel et directement contre le tiers contractant de son propre débiteur. C'est ainsi que le bailleur peut exercer l'action en paiement du loyer contre le sous-locataire. On oppose l'action directe à l'*action oblique*.

C. civ., art. 1753, 1798, 1994.

GAJC, t. 2, n° 266.

→ *Action paulienne, Mandat, Sous-location, Sous-traitance.*

2° En assurance de responsabilité, l'expression désigne l'action exercée directement par la victime contre l'assureur du responsable de son dommage, afin de mettre en jeu la garantie prévue au contrat d'assurance.

C. civ., art. L. 124-3.

Action disciplinaire

[Procédure (principes généraux)]

Action dont l'objet est de réprimer un manquement aux règles déontologiques d'une profession (fonctionnaire, magistrat, avocat, officier ministériel…) dont le résultat – éventuel – consiste en une sanction de type professionnel : réprimande, *blâme*, suspension, *révocation*, etc. Se distingue à la fois de l'action publique, exercée dans l'intérêt général et de l'action civile qui n'existe qu'au profit du particulier lésé. Sa finalité est de préserver la considération due au corps auquel appartient la personne poursuivie.

→ *Déontologie, Discipline, Pouvoir disciplinaire.*

Action en contestation d'état

[Droit civil]

→ *Action d'état.*

Action en garantie

[Droit civil]

→ *Garantie (appel en).*

Action en inscription de faux

[Droit civil/Procédure civile]

→ *Acte authentique, Faux, Faux incident, Inscription de faux.*

Action en justice

[Procédure (principes généraux)]

Pouvoir reconnu aux sujets de droit de s'adresser à la justice pour obtenir le respect de leurs droits ou de leurs intérêts légitimes. Désigne aussi le droit pour l'adversaire de discuter le bien-fondé de la prétention émise contre lui.

CPC, art. 30.

→ *Action attitrée, Action banale, Intérêt pour agir, Qualité pour agir.*

Action en pétition d'hérédité

[Droit civil]

→ *Pétition d'hérédité.*

Action en réclamation d'état

[Droit civil]

→ *Action d'état.*

Action en réduction

[Droit civil]

→ *Réduction pour cause d'excès.*

Action en représentation conjointe

[Procédure civile]

Action en justice exercée par une association agréée de consommateurs et reconnue représentative sur le plan national, en vue d'obtenir la réparation du préjudice subi individuellement par des consommateurs, personnes physiques, identifiés, du fait du même professionnel; l'association doit obtenir un mandat à agir d'au moins 2 consommateurs et a qualité pour agir devant toute juridiction.

La même possibilité est ouverte aux associations de défense des investisseurs.

C. consom., art. L. 422-1 et R. 422-1 s.; C. mon. fin., art. L. 452-2.

→ *Action collective, Action de groupe.*

Action en revendication

[Droit civil/Procédure civile]

Action réelle, dite pétitoire, donnée au propriétaire contre qui détient indûment son bien et refuse de le restituer en contestant son droit. Aboutit, en cas de succès, à la reconnaissance du droit de propriété et à la restitution du bien en cause. Cette action est imprescriptible.

C. civ., art. 2276 et 2277.

GAJC, t. 1, n° 66 et 82 à 85.

→ *Action pétitoire, En fait de meubles, la possession vaut titre, Réserve de propriété.*

Action estimatoire

[Droit civil]

Action en justice par laquelle l'acquéreur d'une chose demande une diminution du prix en raison de vices cachés qui altèrent la valeur de cette chose.

C. civ., art. 1644.

→ *Action rédhibitoire, Vices cachés.*

Action illicite sur les prix

[Droit commercial/Droit pénal]

Délit consistant à diffuser par quelque moyen que ce soit, des informations mensongères ou calomnieuses, en jetant sur le marché des offres destinées à troubler les cours ou en utilisant tout autre moyen frauduleux afin d'opérer ou de tenter d'opérer la hausse ou la baisse artificielle du prix de biens ou de services.

Action immobilière

[Droit civil/Procédure civile]

Action en justice par laquelle on demande la reconnaissance d'un droit réel ou personnel sur un immeuble (ex. : *revendication*).

C. civ., art. 526; CPC, art. 44.

Action interrogatoire

[Procédure civile]

Action en justice visant à mettre le défendeur en demeure de prendre parti immédiatement, alors que la loi lui concède un délai, soit pour exercer une option (l'héritier a 4 mois pour prendre parti), soit pour élever une prétention (l'incapable a 5 ans pour demander la nullité d'un engagement). Une telle action est en principe irrecevable.

→ *Sommation interpellative.*

Action mixte

[Droit civil/Procédure civile]

Action en justice par laquelle on réclame à la fois la reconnaissance d'un droit réel et d'un droit personnel.

CPC, art. 46.

Action mobilière

[Droit civil/Procédure civile]

Action en justice sanctionnant un droit personnel ou réel portant sur un meuble, une créance.

C. civ., art. 529.

Action négatoire

[Procédure civile]

Action réelle par laquelle le demandeur soutient que son immeuble n'est pas grevé d'une servitude, d'un usufruit ou d'un droit d'usage.

→ *Action confessoire.*

Action nominative

[Droit commercial]

En principe, la forme nominative est obligatoirement revêtue par les titres qui ne sont pas admis aux négociations sur un marché réglementé.

C. com, art. L. 225-109; C. mon. fin., art. L. 212-3.

→ *Titre nominatif.*

Action oblique

[Droit civil]

Action en justice intentée par un créancier au nom et pour le compte de son débiteur négligent et insolvable contre un débiteur de son débiteur.

C. civ., art. 1166.

→ *Action directe, Action paulienne.*

Action paulienne

[Droit civil]

Action en justice (qui aurait été créée à Rome par le prêteur Paulus, d'où son nom) par laquelle le créancier demande la révocation des actes d'appauvrissement accomplis en fraude de ses droits par le débiteur insolvable. L'admission de la fraude a pour effet de révoquer rétroactivement l'acte frauduleux, mais la révocation ne se produisant que dans l'intérêt de celui qui agit et à la mesure de cet intérêt, l'aliénation subsiste au profit du tiers acquéreur pour tout ce qui excède l'intérêt du créancier demandeur; il y a donc inopposabilité de l'acte qui ne profite qu'aux créanciers parties à l'instance.

C. civ., art. 1167.

GAJC, t. 2, nº 249 et 250.

→ *Action directe, Action oblique.*

Action personnelle

[Procédure civile]

Action en justice par laquelle on demande la reconnaissance ou la sanction d'un droit personnel, quelle qu'en soit la source (convention, délit, loi, gestion d'affaires, enrichissement injuste).

Relative en général à un meuble corporel ou incorporel, une telle action peut, par exception, concerner un immeuble.

COJ, art. L. 221-4.

L'expression « action personnelle » est également utilisée pour désigner l'action exclusivement attachée à la personne, impliquant une appréciation d'ordre moral ou familial, et qui, pour cette raison, est insusceptible d'être transmise aux héritiers ou d'être exercée par la voie oblique.

C. civ., art. 1166.

Action pétitoire

[Droit civil/Procédure civile]

Action en justice mettant en cause l'existence d'un droit réel immobilier, notamment le droit de propriété immobilière.

CPC, art. 1265 s.; COJ, art. R. 211-4.

→ *Action possessoire.*

Action possessoire

[Droit civil/Procédure civile]

Action en justice tendant à protéger un fait juridique, la *possession* et même la détention paisible d'un immeuble. L'action possessoire relève de la compétence exclusive du tribunal de grande instance, comme l'action pétitoire.

C. civ., art. 2279; CPC, art. 1264 s.; COJ, art. R. 211-4.

→ *Action pétitoire, Complainte, Dénonciation de nouvel œuvre, Réintégrande.*

Action publique

[Procédure pénale]

Action en justice portée devant une juridiction répressive pour l'application des peines à l'auteur d'une infraction. Même si elle peut être mise en mouvement par la partie civile, elle est toujours exercée par les magistrats ou par les fonctionnaires auxquels elle est confiée par la loi.

C. pr. pén., art. 1er.

GAPP n° 7.

→ *Action civile.*

Action récursoire

[Droit civil]

Action en justice exercée par celui qui a dû exécuter une obligation dont un autre était tenu en tout ou en partie, soit contre le véritable débiteur pour lui faire supporter le poids de la condamnation, soit contre un coobligé pour obtenir le paiement de la part lui incombant.

C. civ., art. 1214 et 1216; C. éduc., art. L. 911-4.

[Droit administratif]

Lorsqu'une personne publique a été condamnée par le juge administratif à indemniser une victime, elle peut se retourner contre l'agent public auteur d'une *faute* personnelle à l'origine du dommage. À l'inverse, lorsque l'agent public a été condamné par un juge judiciaire, il peut chercher à obtenir du juge administratif qu'il mette à la charge de l'Administration une part au moins de la réparation.

GAJA n° 67 et 111.

Action rédhibitoire

[Droit civil/Procédure civile]

Action en justice par laquelle l'acheteur demande la résolution de la vente en raison des *vices cachés* de la chose.

C. civ., art. 1644.

→ *Action estimatoire.*

Action réelle

[Droit civil/Procédure civile]

Action en justice par laquelle on demande que soit reconnu ou protégé un droit réel principal ou accessoire sur un immeuble, plus rarement sur un meuble.

CPC, art. 44.

Action résolutoire

[Droit civil/Procédure civile]

Action en justice tendant à la libération de son engagement contractuel parce que l'autre partie refuse ou est hors d'état de remplir sa propre obligation.

C. civ., art. 1184.

→ *Résolution.*

Action révocatoire

[Droit civil/Procédure civile]

Synonyme d'*action paulienne*.

Action sanitaire et sociale

[Droit administratif]

Vaste ensemble d'aides financières et de prestations diverses, successeur de ce que l'on appelait jadis l'assistance publique, destiné à aider des catégories sociales en danger ou en difficulté, telles que l'enfance et l'adolescence défavorisées, les personnes âgées ou handicapées, ou à veiller à la protection de la santé notamment en matière maternelle et infantile.

Cette action est largement prise en charge par le département. Il existe d'autres formes d'action sanitaire et sociale assurées par la Sécurité sociale.

[Sécurité sociale]
Activité des caisses de Sécurité sociale ayant pour but de participer à l'amélioration de l'état sanitaire de l'ensemble de la population ou d'un groupe social déterminé (handicapés par ex.) et d'intervenir, tant sur le plan social que financier en faveur des individus ou groupes, sous forme de prestations supplémentaires (prestations extralégales).

Action syndicale

[Procédure (principes généraux)]
→ *Action collective.*

Actionnaire

[Droit commercial]
Titulaire d'une action de société de capitaux.
→ *Action.*

Actionnariat des salariés

[Droit du travail]
Accès des salariés au capital d'une société. Ce peut être la société où ils sont employés (actionnariat dans l'entreprise) ou toute autre société (capitalisme populaire). Le législateur s'est efforcé de faciliter l'actionnariat des salariés dans l'entreprise.

C. trav., art. L. 3332-15 s.

Activités sociales et culturelles

[Droit du travail]
Dans une entreprise ou un établissement, ensemble des actions ou institutions non obligatoires et indépendantes du contrat de travail, destinées à l'amélioration des conditions de bien-être des salariés, anciens salariés, et de leur famille. Il peut s'agir d'aides temporaires ou de services permanents (cantines, colonies de vacances, bibliothèques, animations culturelles…). Lorsqu'il en existe un, le *comité d'entreprise* a vocation à gérer ou à contrôler l'ensemble des actions sociales et culturelles. Avant la loi du 28 octobre 1982, les textes juridiques visaient les œuvres sociales.

C. trav., art. L. 2323-83 s. et R. 2323-20 s.

GADT n° 146.

Actor sequitur forum rei

[Procédure civile]
Le demandeur doit porter son action devant le tribunal du défendeur.
La même règle de rattachement est prévue, pour l'espace européen, par le règlement (CE) du Conseil n° 44/2001 du 22 décembre 2000 (Règlement de Bruxelles I); mais elle est écartée pour certains litiges qui ne peuvent être tranchés que par une juridiction impérativement désignée sans considération de domicile, par exemple en matière de droits réels immobiliers le tribunal de l'État membre où l'immeuble est situé.

CPC, art. 42.

Actori incumbit probatio

[Procédure civile]
La preuve incombe au demandeur.

C. civ., art. 1315; CPC, art. 6.

Adage

[Droit général]
→ *Aphorisme (Adage, Brocard).*

Ad agendum

[Procédure civile]
Littéralement, « en vue de l'action ». Locution accolée à un mandat pour en désigner l'objet spécifique. Par le mandat *ad agendum*, le titulaire de l'action en justice confie à une personne mission d'entreprendre et de conduire le procès à sa place, tant en demande qu'en défense, telle une assemblée de copropriétaires chargeant le syndic d'agir en responsabilité contre un tiers pour le compte de la copropriété. Se distingue du mandat *ad litem* qui ne vise que la représentation dans l'accomplissement des actes

de procédure et ne confère ni pouvoir d'initiative ni pouvoir de direction.

C. civ., art. 475, 504.

Ad exhibendum

[Procédure civile]

→ *Action ad exhibendum.*

Adhésion

[Droit civil]

→ *Contrat d'adhésion.*

[Droit du travail]

Acte en principe unilatéral par lequel les organisations professionnelles ou syndicales, ou les employeurs, entendent devenir partie à une convention collective déjà entrée en vigueur pour l'appliquer, soit dans son intégralité (parties normative et contractuelle), soit partiellement (partie normative seulement). L'adhésion déroge au droit commun des contrats.

C. trav., art. L. 2261-3 s.

[Droit international public]

1° Acte par lequel un État non partie à un traité se place sous l'empire de ses dispositions. On emploie aussi le mot accession.

2° Acte par lequel un État entre, sur simple déclaration de volonté de sa part, dans une organisation internationale.

→ *Admission.*

Ad hoc

[Droit général]

Expression voulant dire « pour cela »; ainsi on nomme un tuteur, un administrateur, un juge *ad hoc*.

Adjectus solutionis gratia

[Droit civil]

Tierce personne inscrite au contrat à qui le débiteur est autorisé à payer.

→ *Accipiens.*

Adjudicataire

[Procédure civile]

Personne qui, dans une vente aux enchères de meuble ou d'immeuble, porte la dernière et la plus forte enchère et qui est déclarée attributaire du bien enchéri.

C. civ., art. 2208 s., Décr. n° 92-755 du 31 juill. 1992, art. 114, 116 et 189.

Adjudication

[Droit administratif]

Ancien mode de passation des *marchés publics* dans lequel la commande était attribuée automatiquement au candidat consentant le prix le plus bas, après mise en concurrence préalable des candidats. En raison des critiques liées aux conséquences de cet automatisme, cette procédure a été supprimée (2001).

[Droit civil/Procédure civile]

Attribution d'un bien meuble ou immeuble mis aux enchères, à la personne offrant le prix le plus élevé. En matière de saisie immobilière, le jugement d'adjudication constitue un titre d'expulsion à l'encontre du saisi. Lorsqu'il ne statue sur aucun incident, le jugement d'adjudication ne fait que constater l'enchère et, faute de caractère juridictionnel, n'est pas susceptible de pourvoi en cassation.

C. civ., art. 2210; L. n° 91-650 du 9 juill. 1991, art. 53; Décr. n° 92-755 du 31 juill. 1992, art. 110.

→ *Adjudicataire.*

Adjudication de territoire

[Droit international public]

Attribution d'un territoire à un État par voie arbitrale ou juridictionnelle.

Adjugé

[Procédure civile/Droit civil]

Se dit de ce que le juge accorde à la partie conformément à ses prétentions : adjuger au demandeur le bénéfice de ses conclusions.

Dans une vente aux enchères, désigne l'attribution d'un bien à celui qui en offre le meilleur prix.

→ *Adjudication, Bien-fondé.*

Ad litem

[Procédure civile]

Expression employée pour préciser qu'un acte ou une décision est pris « en vue d'un procès », ainsi provision, mandat *ad litem*.

CPC, art. 18, 19, 122, 411 s.

→ *Ad agendum.*

Adminicule

[Droit civil]

Élément préalable de preuve, incomplet, mais qui rend vraisemblable un fait et qui est suffisamment grave pour que soit admise, en matière civile, la preuve par témoins.

C. civ., art. 1347.

→ *Commencement de preuve par écrit.*

Administrateur

[Droit civil]

Personne chargée de gérer un ou plusieurs biens ou un patrimoine appartenant à autrui ou en indivision avec lui.

→ *Ad hoc.*

Administrateur délégué

[Droit commercial]

Membre du conseil d'administration chargé par ce dernier des fonctions de président du conseil d'administration en cas d'empêchement temporaire ou de décès de ce dernier.

C. com., art. L. 225-50.

Administrateur de société

[Droit commercial]

Membre du conseil d'administration d'une société anonyme nommé par l'assemblée constitutive, ou par l'assemblée générale ordinaire, ou par les statuts pour une durée limitée : 6 ans au maximum dans les 2 premiers cas, 3 ans s'il y a désignation statutaire. Il est rééligible et révocable à tout moment par l'assemblée générale ordinaire. L'administrateur peut être une personne physique ou une personne morale. Dans ce dernier cas, celle-ci se fera représenter par une personne physique qui encourra les mêmes responsabilités qu'un administrateur personne physique.

C. com., art. L. 225-17 s.

ACTU

Administrateur (général) des finances publiques

[Droit financier]

Nouveau corps de fonctionnaires de l'État ayant vocation à diriger les services déconcentrés de la DGFIP mais aussi des services à compétence nationale et des directions spécialisées. Selon les fonctions, l'administrateur peut être assimilé à un comptable public ou un ordonnateur secondaire. C'est un décret du 20 février 2009 qui a créé et organisé ce corps. La conséquence de cette création est, d'ici au 31 décembre 2012, de voir disparaître un ensemble de fonctions financières « historiques » : Trésorier-payeur-général, Directeur départemental des impôts, Receveur des finances, Conservateur des hypothèques, Directeur des services fiscaux, Directeur départemental du trésor.

Administrateur judiciaire

[Droit commercial/Procédure civile]

Mandataire de justice désigné par un tribunal, généralement par le président statuant en référé, pour assurer la gestion provisoire d'une société civile ou commerciale, d'une association, d'un patrimoine.

C. civ., art. 815-6 et 1429; COJ, art. L. 311-14 et D. 311-11.

Administrateur judiciaire (dans les procédures de sauvegarde, de redressement et de liquidation judiciaires)

[Droit commercial/Procédure civile]

L'administrateur judiciaire est un mandataire chargé par décision de justice d'administrer les biens d'autrui ou d'exercer des fonctions d'assistance ou de surveillance dans la gestion de ces biens. La réglementation de cette profession figure dans le Code de commerce.

Dans la procédure de sauvegarde, il a la charge de surveiller le débiteur dans sa gestion ou de l'assister pour tous les actes de gestion ou pour certains d'entre eux. Le tribunal peut aussi le charger d'effectuer les actes nécessaires à la mise en œuvre du plan, qu'il détermine.

Dans la procédure de redressement judiciaire, il assiste le débiteur pour tous les actes relatifs à la gestion ou certains d'entre eux, ou assure seul, entièrement ou en partie, l'administration de l'entreprise, selon la décision prise par le tribunal.

Il peut exceptionnellement intervenir dans la procédure de liquidation judiciaire.

C. com., art. L. 622-1, 626-24, 631-12, 641-10 et 811-1 s.

→ *Mandataire judiciaire à la sauvegarde, au redressement ou à la liquidation judiciaire.*

Administrateur légal

[Droit civil]

Personne qui exerce les pouvoirs attribués par la loi dans le cadre de l'*administration légale* des biens d'autrui. Par exemple, le parent chargé d'administrer les biens de son enfant mineur.

C. civ., art. 389 s.

Administrateur provisoire

[Droit commercial]

→ *Administrateur judiciaire, Séquestre.*

Administrateur-séquestre

[Droit civil/Procédure civile]

Mandataire de justice chargé de la garde de biens placés sous *séquestre* : chose litigieuse, meubles saisis, prix consigné…

C. civ., art. 1961 s.; CPC, art. 1281-1 et 1281-2.

→ *Administrateur judiciaire, Séquestre.*

Administration

[Droit administratif]

1° Avec une minuscule : fait, activité d'administrer.

2° Avec une majuscule : synonyme de service public au sens *formel* du terme. Par extension, synonyme de la *puissance publique*.

[Droit civil]

1° Pouvoir d'accomplir les actes nécessaires à la conservation et à la mise en valeur d'un bien ou d'un patrimoine.

2° Ensemble des actes accomplis dans ce but.

Administration conjointe

[Droit civil]

Clause d'un contrat de mariage par laquelle les époux entendent cogérer l'ensemble des biens de la communauté. Seuls les actes conservatoires peuvent être faits séparément par chacun des époux.

C. civ., art. 1503.

Administration de mission

[Droit administratif]

On a pris coutume d'opposer à l'Administration traditionnelle, assurant le fonctionnement des services publics dans le cadre des règles du droit administratif et financier classique et que l'on désigne désormais sous les termes d'Administration de gestion, une Administration de mission dont la tâche est d'imaginer et de contribuer à mettre en place les solutions destinées à répondre à des problèmes inédits, considérés, à tort ou à raison, comme ne pouvant être résolus par la seule intervention de l'Administration traditionnelle et par le seul recours aux techniques administratives classiques.

L'ambiguïté de ce type d'action administrative naît de ce que l'Administration de mission nécessite une souplesse d'intervention qui la fait généralement bénéficier d'un régime juridique dérogeant, dans une mesure variable, à un droit commun administratif façonné par la loi et le juge en vue de garantir les droits des administrés et les exigences de l'intérêt général.

Administration judiciaire (Mesures d')

[Procédure civile]

→ *Mesures d'administration judiciaire.*

Administration légale

[Droit civil]

Administration d'un patrimoine ou d'un ensemble de biens dévolue par la loi à une personne déterminée.

Les biens des enfants mineurs sont en principe administrés par leurs parents ; le père et la mère sont conjointement administrateurs légaux s'ils exercent en commun l'*autorité parentale* ; l'administration légale est alors qualifiée de pure et simple. Dans les autres cas, l'administration légale appartient, sous le contrôle du juge, à celui des parents qui exerce l'autorité parentale.

Le juge des tutelles et le procureur de la République exercent une surveillance générale des administrations légales et des tutelles de leur ressort.

C. civ., art. 388-3 et 389 s.

→ *Jouissance légale, Tutelle.*

ACTU

Administration pénitentiaire

[Droit pénal/Procédure pénale]

Administration chargée du service public pénitentiaire sous l'autorité du garde des Sceaux, ministre de la Justice, avec le concours des autres services de l'État, des collectivités territoriales, des associations et d'autres personnes publiques ou privées. Elle comprend des personnels de direction, des personnels de surveillance, des personnels d'insertion et de probation et des personnels administratifs et techniques.

L'administration pénitentiaire doit assurer à chaque personne détenue une protection effective de son intégrité physique en tous lieux collectifs et individuels. Elle garantit aux mineurs détenus le respect des droits fondamentaux reconnus à l'enfant.

L. n° 2009-1436 du 24 nov. 2009 pénitentiaire.

Administré

[Droit administratif]

Terme traditionnellement employé pour désigner le citoyen dans ses rapports avec l'Administration. Sans traduction dans les langues des autres grands États, il est un vestige de la conception monarchique et napoléonienne ayant longtemps marqué les relations, fortement inégalitaires, entre les individus et la *puissance publique*.

Admissibilité

[Droit civil]

En matière probatoire, recevabilité d'un mode de preuve admise par la loi, obligeant le juge à l'examiner, mais lui laissant, en principe, toute liberté d'appréciation.

C. civ., art. 1341, 1348.

Admission

[Droit international public]

Décision d'une organisation internationale qui accepte un État comme nouveau membre.

Admission au travail

[Droit du travail]

→ *Âge d'admission au travail.*

Admission des créances

[Droit commercial]

Dans les procédures de sauvegarde, de redressement et de liquidation judiciaires, décision du juge-commissaire – prise au vu des propositions du mandataire judiciaire – admettant l'existence, la validité et le montant d'une créance régulièrement déclarée.

C. com., art. L. 624-1, 624-2, 631-18 et 641-14.

→ *Déclaration des créances.*

Admission en non-valeur

[Droit financier ou fiscal]

En matière de recouvrement des créances publiques, décision prise par des autorités administratives variant suivant la nature de la créance (fiscale, non fiscale) en vue de décharger un comptable public de sa responsabilité à l'égard d'une créance devenue irrécouvrable (insolvabilité du débiteur). Elle n'a d'effet que dans les relations du comptable public et de l'État; à la différence de la *remise de dette*, elle n'éteint pas la dette du redevable, qui peut toujours être recherchée en paiement.

[Sécurité sociale]

Décision qui consiste à autoriser le non-recouvrement de cotisations de Sécurité sociale eu égard à la situation spécifique du débiteur.

CSS, art. L. 243-3 et D. 243-2.

Admonestation

[Droit pénal]

Mesure de nature éducative consistant en des réprimandes, que peut prendre notamment le juge des enfants à l'encontre d'un mineur pénalement poursuivi.

Ord. 2 févr. 1945, art. 8 et 20-1.

ADN (Acide DésoxyriboNucléique)

[Droit civil/Droit pénal]

→ *Empreintes génétiques.*

Ad nutum

[Droit général]

Littéralement, « sur un hochement de tête ». La révocabilité *ad nutum* est celle qui peut être prononcée à tout moment par la décision souveraine d'une seule personne ou de l'organisme habilité à cet effet.

Adoptant

[Droit civil]

Qui adopte un enfant et devient ainsi son père ou sa mère.

→ *Adopté.*

Adopté

[Droit civil]

Qui a fait l'objet d'une adoption.

→ *Adoptant.*

Adoptif

[Droit civil]

Qui est relatif à l'adoption. On dit parfois « parent adoptif » ou « enfant adoptif ».

Adoption

[Droit civil]

Création par jugement d'un lien de filiation entre 2 personnes qui, sous le rapport du sang, sont généralement étrangères l'une à l'autre.

GAJC, t. 1, n° 51-55.

→ *Autorité centrale pour l'adoption internationale, Conseil national pour l'accès aux origines personnelles, Conseil supérieur de l'adoption (et les mots suivants).*

Adoption plénière

[Droit civil]

Adoption provoquant une rupture de tout lien juridique entre la famille d'origine et l'enfant adopté. L'adopté a, dans la famille de l'adoptant, les mêmes droits et les mêmes obligations qu'un enfant dont la filiation est légalement établie.

C. civ., art. 343 s.

GAJC, t. 1, n° 50.

→ *Adoption simple.*

Adoption simple

[Droit civil]

Adoption laissant subsister des liens juridiques entre l'enfant et sa famille d'origine, tout en créant des liens de filiation entre l'adoptant et l'adopté.

C. civ., art. 360 s.

GAJC, t. 1, n° 52.

→ *Adoption plénière.*

Ad probationem

[Droit général]

Littéralement, en vue de la preuve. Qualifie une exigence de forme qui ne constitue pas un élément intrinsèque de validité, mais qui est simplement requise pour établir l'existence ou la teneur d'un acte.

Ad solemnitatem

[Droit général]

Littéralement, pour la solennité. Expression signifiant que la forme prescrite est exigée pour la validité de l'acte et qu'en son absence il y a lieu à nullité.

Adultère

[Droit civil]

Relations sexuelles entre un époux et une personne autre que son conjoint. Jadis sanctionné par la loi pénale (jusqu'à la loi du 11 juill. 1975), il constitue, en tant que violation du devoir de fidélité, une faute, mais il ne peut être pris en considération comme motif de divorce qu'en cas de violation grave ou renouvelée des devoirs et obligations du mariage et à condition de rendre intolérable le maintien de la vie commune.

C. civ., art. 212 et 242.

GAJC, t. 1, n° 38.

Ad validitatem

[Droit général]

Littéralement, pour la validité. Synonyme de *Ad solemnitatem*.

Aéronef

[Droit commercial]

Appareil susceptible de s'élever, de se maintenir et d'évoluer dans les airs (ex. : avion, ballon, dirigeable, hélicoptère, etc.).

C. transp., art. L. 6100-1.

[Droit pénal]

→ *Piraterie.*

Affacturage

[Droit commercial]

Opération de crédit par laquelle un établissement de crédit, appelé « factor » ou « affactureur », règle, moyennant rémunération, les créances commerciales de l'un de ses adhérents. L'affactureur en devient alors titulaire par subrogation, mais ne dispose d'aucun recours contre son adhérent en cas de défaillance du débiteur cédé.

Outre sa fonction de mobilisation de créance, l'affacturage comprend également la fourniture par l'affactureur à son adhérent de divers services de gestion.

Affaire en état

[Procédure (principes généraux)]

Une affaire est dite en état lorsqu'elle est prête à être portée à l'audience des plaidoiries, audience qui sera suivie du jugement.

CPC, art. 779.

Affaires courantes

[Droit constitutionnel]

Questions auxquelles doit se limiter un gouvernement démissionnaire après le vote d'une motion de censure ou le rejet d'une question de confiance. Il expédie les affaires courantes et ne peut engager des mesures nouvelles.

Affectation

[Droit administratif]

En droit des biens, synonyme de *classement*. En droit de la fonction publique, détermination de l'emploi assigné à un agent.

[Droit civil]

Procédé technique original d'utilisation des biens qui consiste à soumettre ceux-ci à un usage précis, en prenant en considération, soit la protection des intérêts d'une ou plusieurs personnes (affectation personnelle), soit l'exploitation des biens indépendamment des intérêts d'une personne déterminée (affectation réelle); l'affectation d'un bien en détermine le régime juridique.

→ *Destination, Fiducie, Patrimoines d'affectation (Théorie des).*

[Droit financier ou fiscal]

Liaison juridique, réglementée restrictivement par le droit budgétaire, établie entre une recette et une dépense au financement de laquelle est en tout ou partie destinée la perception de la ressource.

[Droit pénal]

Destination particulière d'une somme d'argent ou d'un bien, convenue ou imposée, et dont la violation peut être constitutive d'abus de confiance.

Affection grave et incurable

[Droit civil]

Affection qui ouvre des droits à la personne qui en est atteinte, comme le droit d'être informée que son traitement pourrait avoir pour effet secondaire d'abréger sa vie, le droit de décider de limiter ou d'arrêter tout traitement lorsqu'elle est en phase avancée ou terminale de cette affection.

CSP, art. L. 1110-5 et 1111-10 à 13.

→ *Atteinte à la dignité de la personne humaine, Corps humain, Être humain, Fin de vie, Organe humain, Soins palliatifs.*

Affection iatrogène

[Droit civil]

Affection causée par le traitement médical, indépendante de toute faute dans le choix de celui-ci ou de tout défaut du produit médicamenteux, dont les conséquences dommageables sont réparées au titre de la solidarité nationale.

CSP, art. L. 1142-1.

→ *Risques sanitaires.*

Affection longue et coûteuse

[Sécurité sociale]

Maladie qui entraîne la suppression du ticket modérateur. Il y a une liste des maladies longues et coûteuses.

CSS, art. L. 322-3 3°.

Affectio societatis

[Droit commercial]

Intention, qui doit animer les associés, de collaborer sur un pied d'égalité.

L'*affectio societatis* implique non seulement un esprit de collaboration mais aussi le droit, pour chaque associé, d'exercer un contrôle sur les actes des personnes chargées d'administrer la société.
Tous les associés dans le contrat de société doivent se considérer comme unis à tous les autres avec la volonté de poursuivre ensemble l'œuvre commune.

C. civ., art. 1832 et 1833.

Affermage

[Droit administratif]

Mode de gestion déléguée de services publics, ou de bâtiments publics. Dans son principe, l'État ou une *collectivité territoriale*, qui a financé et réalisé lui-même les installations, à la différence de la *concession*, en confie la gestion à une personne privée (très généralement une société) moyennant le versement périodique d'une somme fixée forfaitairement. Le fermier est rémunéré par les sommes perçues sur les usagers. L'affermage est largement employé pour l'exploitation des réseaux d'eau potable.

Affermer

[Droit rural]

Donner à bail un fonds rural moyennant un prix indépendant des résultats de l'exploitation. En principe le prix du fermage est fixé en monnaie.

C. rur., art. L. 411-1.

→ *Métayage.*

Affichage

[Droit pénal]

Peine complémentaire encourue pour certains crimes ou délits, consistant à placarder la décision de condamnation en des lieux et pour une durée déterminée par la juridiction.

C. pén., art. 131-10, 131-35 et 131-39.

→ *Diffusion.*

Affidavit

[Procédure civile]

Terme latin signifiant : « Il a affirmé » ou « Il a attesté ». Certificat de déclaration faite sous serment devant une autorité compétente (en général étrangère) et présenté pour servir de preuve. Il est très utilisé dans le monde anglo-saxon pour désigner les déclarations faites sous serment.

[Droit commercial/Droit fiscal]

Certificat délivré au porteur étranger de valeurs mobilières afin de lui permettre d'être affranchi des impôts dont ces valeurs sont déjà frappées dans son pays d'origine.

Affiliation à la Sécurité sociale

[Sécurité sociale]

L'affiliation est une situation de droit qui consacre le rattachement d'un assuré social à une caisse déterminée. Le critère d'affiliation est, en principe, le lieu de résidence habituelle de l'assuré, cependant le lieu de travail reste utilisé pour certaines professions.

CSS, art. R. 312-1.

Affirmation

[Droit général]

Déclaration de sincérité et de véracité qui n'est exigée que dans les cas prescrits par la loi; par exemple, de l'avocat dans la distraction des dépens, des créanciers qui produisent dans un redressement judiciaire ou une liquidation de bien judiciaire, des rédacteurs de certains procès-verbaux (garde-pêche, garde-chasse), des tuteurs dans la reddition de leurs comptes en justice…

Affirmative action

[Droit constitutionnel]

Discrimination positive mise en place aux États-Unis au début des années 1960 pour favoriser la disparition de la ségrégation raciale.

Affouage

[Droit rural]

Droit de ramasser en forêt du bois, généralement à usage de chauffage, de construction ou de réparation. Dans les forêts communales, le conseil municipal peut fixer les conditions de la répartition des coupes délivrées pour l'affouage aux affouagistes.

C. for., art. L. 145-1.

Affrètement

[Droit commercial]

Contrat par lequel une personne (fréteur) s'engage, moyennant rémunération, à mettre un navire, un *aéronef* ou tout autre engin de transport (bateau, camion...), ainsi éventuellement que les moyens matériels et humains (équipage) nécessaires au fonctionnement de cet engin, à la disposition d'une autre (affréteur) pour le transport des marchandises ou de personnes.

L. n° 66-420, 18 juin 1966, art. 1 à 14; Décr. n° 66-1078, 31 déc. 1966, art. 1 à 30.

→ *Fret.*

A fortiori

[Droit général]

Raisonnement par lequel on étend l'application d'une règle juridique à une situation autre que celle prévue, parce que les raisons de le faire sont encore plus fortes.

→ *A contrario, A pari.*

Âge d'admission au travail

[Droit du travail]

C'est l'âge auquel cesse l'obligation scolaire, soit actuellement 16 ans.

C. trav., art. L. 4153-1.

Agence centrale des organismes de Sécurité sociale

[Sécurité sociale]

Organisme national ayant pour fonction de gérer la trésorerie des 3 *caisses* nationales de Sécurité sociale et d'assumer la direction et le contrôle des unions de recouvrement.

CSS, art. L. 225-1 s.

→ *Union de recouvrement.*

ACTU

Agence de gestion et de recouvrement des avoirs saisis et confisqués

[Procédure pénale]

Établissement public de l'État à caractère administratif, placé sous la tutelle conjointe du ministre de la Justice et du ministre chargé du Budget, chargé d'assurer, sur l'ensemble du territoire et sur mandat de justice, la gestion des sommes et biens saisis, confisqués ou faisant l'objet d'une mesure conservatoire au cours d'une procédure pénale, voire leur aliénation ou destruction.

C. pr. pén., art. 706-159 à 706-165, réd. L. n° 2010-768 du 9 juill. 2010.

Agence de la biomédecine

[Droit civil]

Établissement public administratif de l'État, placé sous la tutelle du ministre chargé de la Santé et compétent dans des domaines de la greffe, de la reproduction, de l'embryologie et de la génétique humaines. Elle se substitue à l'Établissement français des greffes et a notamment pour missions, dans son domaine de compétence, de participer à l'élaboration et l'application de la réglementation et de règles de bonnes pratiques et de formuler des recommandations; d'assurer une information permanente du Parlement et du gouvernement sur le développement des connaissances et des techniques; de suivre, d'évaluer et de contrôler les activités médicales et biologiques, notamment celles liées aux nanobiotechnologies et de veiller à la transparence de ces activités; de promouvoir le don d'organes, de tissus et de cellules issus du corps humains, ainsi que le don de gamètes; de mettre en œuvre un suivi de l'état de santé des donneurs d'organes et d'ovocytes, afin d'évaluer les conséquences du prélèvement sur la santé des donneurs; d'enregistrer et de gérer l'inscription des patients en attente de greffe, de gérer l'attribution des greffons, d'élaborer les règles de répartition et d'attribution des greffons en tenant compte du caractère d'urgence que peuvent revêtir certaines indications; de gérer les fichiers des donneurs volontaires de cellules hématopoïétiques ou de cellules mononucléées périphériques pour les malades qui ne peuvent recevoir une greffe apparentée, etc.

CSP, art. L. 1418-1 s.

ACTU

Agence de l'environnement et de la maîtrise de l'énergie

[Droit de l'environnement]

Établissement public à caractère industriel et commercial, placé sous la tutelle des ministres chargés de la Recherche, de l'Environnement et de l'Énergie, dont la mission est de susciter, animer, coordonner, faciliter ou réaliser toutes opérations ayant pour objet la lutte contre la pollution de l'air, la limitation et l'élimination des *déchets*, la réalisation d'économies d'énergie et le développement des énergies renouvelables, l'essor des technologies propres et économes, la lutte contre les nuisances sonores.

C. envir., art. L. 131-3, R. 131-1 à R. 131-26.

Agence de notation

[Droit commercial/Marchés financiers]

→ *Analyse financière.*

Agence départementale

[Droit administratif]

Organisme pouvant être créé, depuis 1982, par accord entre le département et des communes en vue de leur apporter une assistance d'ordre technique, juridique ou financier.

CGCT, art. L. 5511-1.

Agence du médicament

[Sécurité sociale]

Établissement public de l'État chargé de garantir l'indépendance, la compétence scientifique et l'efficacité administrative des études et des contrôles relatifs à la fabrication, aux essais, aux propriétés thérapeutiques et à l'usage des médicaments en vue d'assurer, au meilleur coût, la santé et la sécurité de la population et de contribuer au développement des activités industrielles et de recherches pharmaceutiques.

ACTU

Agence du service civique

[Droit général]

Groupement d'intérêt public, créé par la loi du 10 mars 2010 relative au *service civique*, ayant notamment pour mission de promouvoir et valoriser le service civique, d'en définir les orientations stratégiques et missions prioritaires, d'en évaluer et contrôler la mise en œuvre. À l'origine de la loi lorsqu'il siégeait au gouvernement, Martin Hirsch préside le conseil d'administration de l'agence.

Agence européenne

[Droit européen]

Organisme de droit public européen, distinct des institutions de l'Union (Conseil, Commission, Parlement) possédant une personnalité juridique propre. Créé par un acte de droit dérivé (règlement en principe) pour remplir une tâche de nature technique, scientifique ou de gestion précisée dans son acte constitutif. A ses propres organes et son propre budget (soumis au contrôle de la Commission et du Parlement). Se multiplient depuis quelques années (une trentaine). Exemple : le Centre européen pour le développement de la formation professionnelle (la plus ancienne, 1975), l'Agence européenne pour l'évaluation des médicaments (1993), l'Autorité européenne de sécurité alimentaire (2002), l'Agence européenne des droits fondamentaux (2007), Europol (1995), Eurojust (2002), l'Agence pour le contrôle des frontières, dite Frontex (2004), l'Agence européenne de défense (2004)…

Agence française de l'adoption

[Droit civil]

Créé par une loi du 4 juillet 2005, cet organisme prend la forme d'un groupement d'intérêt public entre l'État, les départements et des personnes morales de droit privé. Sa mission est d'informer, de conseiller et de servir d'intermédiaire pour l'adoption de mineurs étrangers de 15 ans.

CASF, art. L. 225-15 s.

→ *Autorité centrale pour l'adoption internationale.*

Agence française de sécurité sanitaire des aliments

[Droit civil]

Établissement public de l'État qui a pour mission de contribuer à assurer la sécurité sanitaire dans le domaine de l'alimentation, depuis la production des matières premières jusqu'à la distribution au consommateur final.

CSP, art. L. 1323-1 s. et R. 1323-1 s.

Agence française de sécurité sanitaire des produits de santé

[Droit civil]

Établissement public de l'État participant à l'application des lois et règlements relatifs à la fabrication, à la commercialisation, à l'utilisation des produits à finalité sanitaire destinés à l'homme et des produits à finalité cosmétique et d'hygiène corporelle.

CSP, art. L. 5311-1 s. et R. 5311-1 s.

Agence France Trésor

[Droit financier ou fiscal]

Service de la Direction générale du Trésor et de la politique économique au ministère des Finances, créé en 2001, chargé de la prévision et de la gestion de la *trésorerie* de l'État, et des opérations d'émission et de gestion de la *dette* de l'État.

→ *Dette publique.*

Agence internationale de l'énergie atomique

[Droit international public]

Organisation internationale créée en 1957 et reliée à l'ONU. S'efforce de développer la contribution de l'énergie atomique à la paix et à la prospérité, et contrôle le respect de l'utilisation pacifique des installations développées dans les États membres. *Siège :* Vienne.

Agence nationale de l'accueil des étrangers et des migrations

[Droit international public/Droit du travail]

Organisme public chargé de contrôler l'immigration en France des travailleurs étrangers. A remplacé l'office des migrations internationales, lequel avait remplacé l'office national d'immigration.

C. trav., art. L. 5223-1 s. et R. 5223-1 s.

ACTU

Agences régionales de santé

[Droit général]

Établissements publics de l'État à caractère administratif dont la mission est de mettre en œuvre un ensemble de programmes et d'actions concourant à la réalisation, à l'échelon régional, d'une part de la politique nationale de santé, d'autre part des principes de l'action sociale et médico-sociale, enfin des principes fondamentaux régissant l'assurance-maladie.

Les agences régionales de santé (au total 26) se substituent à de nombreux organismes : agences régionales de l'hospitalisation, unions régionales des caisses d'assurance-maladie, groupements régionaux de santé publique, etc.

CSP, art. L. 1431-1 s.

Agent commercial

[Droit commercial]

Intermédiaire du commerce, qui, en qualité de mandataire professionnel indépendant, sans être lié par un contrat de travail, négocie et conclut des contrats au nom et pour le compte des commerçants. N'étant pas lui-même commerçant, il est immatriculé sur un registre spécial tenu par le greffe du tribunal de commerce.

C. com., art. L. 134-1.

Agent comptable

[Droit financier ou fiscal]

Synonyme de comptable (public). Cette appellation est notamment donnée aux comptables des universités et de la plupart des établissements publics. On la trouve également employée dans le domaine de la *Sécurité sociale*, bien que la majeure partie des organismes gérant ce *service public* ait un statut de droit privé.

→ *Comptables publics.*

Agent d'affaires

[Droit commercial]

Personne qui, moyennant une rémunération, se charge professionnellement des intérêts des particuliers en les conseillant, et parfois en agissant à leur place.

Agent de change

[Droit commercial]

Officier ministériel et commerçant qui était investi du privilège de négocier les valeurs mobilières pour le compte de ses clients.

La loi du 22 janvier 1988 a mis fin à leur activité.

→ *Prestataires de services d'investissement.*

Agent de justice

[Procédure civile/Procédure pénale]

Agent contractuel de droit public recruté pour une durée maximale de 5 ans non renouvelable, en vue d'assurer des activités d'accueil et d'assistance auprès des justiciables et du public dans les juridictions et les maisons de justice et du droit, et de contribuer à la prise en charge et au suivi éducatif des mineurs et jeunes majeurs délinquants dans les services d'administration pénitentiaire et de la protection judiciaire de la jeunesse.

Décr. n° 99-916 du 27 oct. 1999, art. 1er.

Agent de maîtrise

[Droit du travail]

Catégorie professionnelle généralement prévue par les conventions collectives. L'agent de maîtrise est chargé de diriger, coordonner, contrôler le travail d'un certain nombre d'ouvriers ou d'employés dans l'exécution de tâches dont la responsabilité lui incombe (chefs d'équipe, contremaîtres, chefs d'atelier). La loi ne définit pas l'agent de maîtrise et l'assimile parfois au *cadre*.

Agent de police judiciaire

[Procédure pénale]

→ *Officiers (et agents) de police judiciaire.*

Agent de probation

[Droit pénal]

→ *Travailleur social.*

Agent diplomatique

[Droit international public]

Représentant d'un État auprès d'un autre État pour l'entretien des relations officielles d'une façon permanente (représentation et information de l'État accréditant, protection de ses intérêts et de ceux de ses ressortissants, négociations avec le gouvernement de l'État de résidence).

Agent général d'assurances

[Droit du travail]

Personne physique, justifiant de certaines connaissances, qui représente une ou plusieurs compagnies d'assurances dans une circonscription déterminée, en vertu d'un contrat de nomination.

L'agent d'assurances recherche la souscription de contrats pour le compte de sa compagnie et il gère ces contrats. Dans les branches Incendie, Accidents, Risques divers et Vie, les agents d'assurances bénéficient d'un statut.

C. assur., art. L. 511-1 s., 520-1, 520-2 et R. 511-1 s.

Agent immobilier

[Droit civil]

Personne physique ou morale qui exerce à titre habituel l'activité d'intermédiaire dans les opérations de vente, d'achat, de location et de gestion d'immeubles et de fonds de commerce, ainsi que les cessions de parts de sociétés donnant vocation à de tels biens.

L. n° 70-9, 2 janv. 1970; Décr. n° 72-678, 20 juill. 1972; Décr. n° 95-818, 29 juin 1995.

Agent international

[Droit international public]

Nom générique servant à désigner toute personne par qui une organisation internationale agit, qu'il s'agisse d'un collaborateur occasionnel (expert, arbitre...) ou d'un fonctionnaire international.

→ *Fonctionnaire international.*

Agent judiciaire du Trésor public

[Droit financier ou fiscal/Procédure civile]

Haut fonctionnaire du ministère de l'Économie et des Finances dont les attributions principales sont le recouvrement des créances de l'État étrangères à l'impôt et au domaine, et la représentation de l'État demandeur et défendeur devant les juridictions judiciaires (L. n° 366 du 3 avr. 1955, art. 38). Le directeur des affaires juridiques du ministère de l'Économie assure la fonction d'agent judiciaire du Trésor (*cf.* arrêté du 21 avr. 2009).

Agent public

[Droit administratif]

Expression générique désignant tout collaborateur d'un service public, le plus souvent administratif, associé pour une certaine durée à l'exécution directe de l'activité spécifique de celui-ci et relevant à ce titre du droit administratif.

Un grand nombre d'entre eux a la qualité juridique de *fonctionnaire* et est soumis à des règles générales uniformes. Les différents *services publics* emploient également des salariés soumis au droit privé, en nombre plus ou moins grand selon la nature de leurs activités.

ACTU

Agent sportif

[Droit général]

Personne qui met en rapport, moyennant rémunération, des parties intéressées à la conclusion d'un contrat relatif à l'exercice rémunéré d'une activité sportive ou d'entraînement ou qui prévoit la conclusion d'un contrat de travail ayant pour objet cet exercice. Cette profession ne peut être exercée que par une personne physique détentrice d'une licence d'agent sportif délivrée par la fédération sportive concernée.

C. sports, art. L. 222-7.

Agglomération

[Droit général]

Espace sur lequel sont groupés des immeubles bâtis rapprochés et dont l'entrée et la sortie sont signalées par des panneaux placés à cet effet le long de la route qui le traverse ou qui le borde.

C. route, art. R. 110-2.

[Droit administratif]

Conurbation pouvant être juridiquement structurée par un Établissement public de coopération intercommunale, notamment sous la forme de *communauté urbaine* ou d'agglomération.

→ *Communauté d'agglomération, EPCI.*

ACTU

Agglomération nouvelle

[Droit administratif]

Regroupement de communes reconnu par l'État, dont les entités constitutives disposent de 6 mois pour choisir le statut : commune; communauté d'agglomération nouvelle; syndicat d'agglomération nouvelle.

La communauté ou le syndicat exerce les compétences des communes en matière de programmation et d'investissement dans les domaines de l'urbanisme, du logement, des transports et réseaux divers.

Les opérations d'aménagement étant achevées, la communauté ou le syndicat peut être transformé(e) en communauté d'agglomération.

CGCT, art. L. 5311-1 et s.

Agios

[Droit commercial]

Frais qui grèvent les diverses opérations effectuées par un banquier.

AGIRC (Association générale des institutions de retraites des cadres)

[Sécurité sociale]

Association regroupant l'ensemble des institutions gestionnaires du régime complémentaire de retraite et de prévoyance des cadres. Ce régime a été créé pour s'ajouter au régime général de Sécurité sociale pour la partie de rémunération située au-delà de la tranche A des salaires (correspondant au plafond de Sécurité sociale).

→ *Plafond.*

Agissements parasitaires

[Droit civil/Droit commercial]

Comportement de l'industriel ou du commerçant qui cherche à tirer profit de la réputation acquise par un tiers, en appliquant au produit qu'il crée le nom célèbre ou la marque notoire d'un autre produit. La captation de la clientèle d'autrui ayant lieu sans recherche de confusion, il n'y a pas *concurrence déloyale*, mais une sorte d'*abus de droit* justiciable de la responsabilité civile.

C. civ., art. 1382.

→ *Parasitisme.*

Agréage

[Droit civil]

Acceptation de la marchandise par l'acheteur dans la vente comportant une faculté de dégustation, comme celle du vin dans un restaurant.

C. civ., art. 1587.

→ *Vente à la dégustation.*

Agréé

[Droit commercial/Procédure civile]

Avant l'unification des professions judiciaires, *auxiliaire de justice* habilité par un tribunal de commerce à assister et à représenter devant lui les plaideurs.

→ *Avocat.*

Agrément

[Droit administratif/Droit financier ou fiscal]

Accord devant être obtenu de l'Administration pour que certaines réalisations projetées par les particuliers puissent être exécutées, ou bénéficient d'un régime financier ou fiscal de faveur.

[Droit commercial]

Procédure par laquelle les associés de certaines sociétés approuvent ou refusent la cession ou la transmission de parts ou d'actions à une personne; ils peuvent ainsi s'opposer à l'admission de nouveaux associés ou à l'accroissement de la participation d'associés en place.

Le refus d'agrément entraîne le plus souvent obligation pour les associés de racheter les parts ou actions du cédant ou de les faire acquérir par un tiers. À défaut, la société procède à une réduction de son capital.

[Droit international public]

Acceptation, par l'État auprès duquel doit être accrédité un agent diplomatique, de la personne choisie à cet effet par un autre État.

→ *Persona grata.*

[Sécurité sociale]

Accord donné par l'autorité de tutelle à la nomination du personnel de direction, à l'établissement des statuts et des règlements intérieurs des caisses, à l'application des conventions collectives du travail du personnel des caisses.

Agression

[Droit international public]

« Emploi de la force armée par un État contre la souveraineté, l'intégrité territoriale ou l'indépendance politique d'un autre État, ou de toute autre manière incompatible avec la Charte des Nations unies » (définition formulée, au terme de longs travaux, par une résolution de l'Assemblée générale des Nations unies du 14 décembre 1974 qui, dans son art. 3, donne une énumération non limitative d'actes constitutifs d'une agression).

Agression sexuelle

[Droit pénal]

Toute *atteinte sexuelle* commise avec violence, contrainte, menace ou surprise.

La contrainte peut être physique ou morale. La contrainte morale peut résulter de la différence d'âge existant entre une victime mineure et l'auteur des faits et de l'autorité de droit ou de fait que celui-ci exerce sur cette victime.

C. pén., art. 222-22; art. 222-22-1, réd. L. n° 2010-121 du 8 févr. 2010.

Agriculture

[Droit rural]

La loi n° 2010-874 du 27 juillet 2010, en créant le « Code rural et de la pêche maritime », a substantiellement modifié la définition de l'activité agricole. Comme auparavant, « sont réputées agricoles toutes les activités correspondant à la maîtrise et à l'exploitation d'un cycle biologique de caractère végétal ou animal et constituant une ou plusieurs étapes nécessaires au déroulement de ce cycle ainsi que les activités exercées par un exploitant agricole qui sont dans le prolongement de l'acte de production ou qui ont pour support l'exploitation ». Sont désormais agricoles également, « les activités de cultures marines nonobstant le statut social dont relèvent ceux qui les pratiquent. ».

Il en est de même des activités de préparation et d'entraînement des équidés domestiques en vue de leur exploitation, à l'exclusion des activités de spectacle. Sur ce fondement, une décision du 24 juin 2009, de la 3e chambre civile de la Cour de cassation a admis pour la première fois la soumission d'un centre équestre au statut des baux ruraux.

Enfin, la loi du 27 juillet 2010 considère aussi de manière très innovante qu'« Il en est de même de la production et, le cas échéant, de la commercialisation, par un ou plusieurs exploitants agricoles, de biogaz, d'électricité et de chaleur par la méthanisation, lorsque cette production est issue pour au moins 50 % de matières provenant de ces exploitations. ».

Les activités agricoles ainsi définies ont un caractère civil.

C. rur., art. L. 311-1 et 411-1 s.

Aide à l'accès au droit

[Procédure (principes généraux)]

Aide, généralement financière, accordée aux citoyens qui en ont besoin en vue d'obtenir une information sur leurs droits et obligations, un accompagnement dans leur démarche, une assistance au cours des procédures non juridictionnelles, une consultation en matière juridique et une assistance à la rédaction et à la conclusion des actes juridiques.

L. n° 91-647, 10 juill. 1991, art. 53 s.

→ *Aide juridictionnelle, Aide juridique, Conseil départemental de l'accès au droit.*

Aide au recouvrement

[Procédure pénale]

Mesure par laquelle toute personne physique qui, s'étant constituée partie civile, a bénéficié d'une décision lui accordant des dommages et intérêts en réparation du préjudice qu'elle a subi du fait d'une infraction pénale, peut solliciter du fonds de garantie des victimes des actes de terrorisme et d'autres infractions qu'il intervienne pour en permettre le recouvrement, dès lors que la personne condamnée s'est abstenue de tout paiement volontaire dans un délai de 2 mois suivant le jour où la décision est devenue définitive.

Cette aide peut être obtenue y compris si l'auteur de l'infraction fait l'objet d'une obligation d'indemnisation de la victime dans le cadre d'une peine de sanction-réparation, d'un sursis avec mise à l'épreuve ou d'une décision d'aménagement de peine ou de libération conditionnelle.

C. pr. pén., art. 706-15-1 et 706-15-2; C. assur., art. L. 422-7 à L. 422-10.

Aide aux pays en voie de développement

[Droit international public]

1° *Aide économique* : aide consistant à assurer aux pays en voie de développement des débouchés et des prix stables pour leurs produits.

2° *Aide financière* : mise à la disposition des pays en voie de développement de ressources financières (prêts ou dons) pour leur permettre de procéder aux investissements nécessaires.

3° *Aide multilatérale* : aide fournie aux pays en voie de développement par les organisations internationales (par opposition à l'aide bilatérale fournie directement d'État à État). Un grand nombre d'organisations internationales, universelles (*ONU*, *CNU-*

CED, etc.) ou régionalisées (*OCDE*, *Union européenne*, etc.) participent à cette aide.

4° *Aide technique* : mise à la disposition des pays en voie de développement des connaissances techniques nécessaires à leur développement (bourses d'études, envoi d'experts, formation de cadres locaux, fourniture de matériel).

5° *Montant toujours insuffisant* : malgré de nombreuses déclarations, cette aide reste éloignée des objectifs fixés (0,7 % du PIB des pays industrialisés) surtout quand on intègre dans le calcul l'annulation de dettes.

Aide familial

[Droit rural/Sécurité sociale]

Notion propre au régime d'assurance-maladie des exploitants agricoles. Il s'agit de l'ascendant et, à partir de 16 ans, le descendant, frère, sœur ou allié au même degré du chef d'exploitation ou de son conjoint, à condition qu'il vive sur l'exploitation agricole et participe à sa mise en valeur sans y avoir la qualité de salarié, ni celle d'associé d'exploitation. Ce statut est désormais limité à 5 ans depuis la loi n° 2006-11 du 5 janvier 2006.

Il ne peut y avoir d'aides familiaux dans une société. La *Mutualité sociale agricole* ne peut procéder à l'affiliation d'un aide familial que dans une exploitation de forme individuelle, à l'exception du GAEC.

C. rur., art. L. 722-10-2°.

→ *Associé d'exploitation.*

Aide judiciaire

[Procédure (principes généraux)]

Institution créée en 1972 pour remplacer l'assistance judiciaire. Celle-ci avait été instituée en 1851, pour aider financièrement le plaideur, démuni de ressources, à mener ou à subir un procès devant une juridiction civile, pénale ou administrative. Elle a été remplacée par l'aide juridictionnelle en 1991.

→ *Aide juridictionnelle, Aide juridique.*

Aide juridictionnelle

[Procédure (principes généraux)]

Appellation actuelle (L. n° 91-647 du 10 juill. 1991) de l'aide judiciaire.

Cette institution est destinée à aider financièrement le plaideur dont les ressources ne dépassent pas une certaine somme. Elle lui permet de bénéficier totalement ou partiellement du concours gratuit d'un avocat, d'un avoué ou de plusieurs officiers ministériels, ainsi que de la dispense du paiement, de l'avance ou de la consignation des frais afférents aux instances, procédures ou actes pour lesquels elle a été accordée.

L'aide juridictionnelle fonctionne devant les juridictions civiles, pénales, administratives. Elle peut être accordée, également, en vue de parvenir à une transaction avant l'introduction de l'instance. Elle englobe l'intervention de l'avocat au cours de la garde à vue, lors de la médiation pénale, de la composition pénale et de la comparution sur reconnaissance de culpabilité.

L'aide juridictionnelle a un caractère subsidiaire; elle n'est pas accordée lorsque les frais couverts par cette aide sont pris en charge au titre d'un contrat d'assurance de protection juridique.

La demande d'aide juridictionnelle a un effet interruptif de *prescription* et de *péremption*.

Il existe un système spécial d'aide juridictionnelle pour les litiges transfrontaliers (L. n° 647 du 10 juill. 1991, art. 3-1, 6, 10, 40-1, 61).

GACA n° 3.

→ *Aide à l'accès au droit, Aide judiciaire, Aide juridique, Assistance judiciaire, Bureaux d'aide juridictionnelle.*

Aide juridique

[Procédure (principes généraux)]

Forme d'aide sociale comprenant l'*aide juridictionnelle* et l'aide à l'*accès au droit*.

Aide personnalisée au logement

[Sécurité sociale]

Aide destinée aux locataires, aux accédants à la propriété, aux propriétaires occupants pour leurs résidences neuves ou anciennes, à condition que leur logement ait bénéficié d'aides de l'État ou de prêts conventionnés ou que le bailleur du logement s'engage à respecter certaines obligations précisées par conventions passées avec l'État.

Cette aide est personnalisée en ce qu'elle tend à s'adapter précisément à l'évolution des ressources du ménage, à la charge relative du logement et à la situation familiale.

L'aide personnalisée au logement ne peut se cumuler avec l'*allocation de logement*, mais celle-ci continuera à être servie si le droit à l'aide personnalisée au logement n'est pas ouvert.

CCH, art. L. 351-2 s.

Aide sociale

[Sécurité sociale]

Secours apporté par les collectivités publiques aux personnes dont les ressources sont insuffisantes. L'aide sociale a succédé en 1953 à l'assistance publique. Elle prend diverses formes : aide médicale, aide aux personnes âgées, aux personnes handicapées, aide à l'enfance, etc. Elle est organisée au niveau départemental.

→ *Action sanitaire et sociale, Bureau d'aide sociale, Direction départementale.*

Aire piétonne

[Droit général]

Emprise affectée, de manière temporaire ou permanente, à la circulation des piétons et à l'intérieur du périmètre de laquelle la circulation des véhicules est soumise à des prescriptions particulières.

C. route, art. R. 110-2.

Aisances de voirie

[Droit administratif]

Terme générique désignant les droits reconnus aux riverains des voies publiques : droit d'accès (supprimé pour les autoroutes), de vue, d'écoulement des eaux (sous certaines restrictions).

→ *Voirie.*

Aisances et dépendances

[Droit civil]

Formule redondante utilisée par les notaires pour viser globalement les dépendances qui constituent l'accessoire de l'immeuble vendu et se dispenser ainsi de les énumérer avec précision.

Ajournement

[Procédure civile]

Expression de l'ancien Code de procédure civile de 1806 pour désigner l'*assignation*.

→ *Citation en justice.*

Ajournement du prononcé de la peine

[Droit pénal/Procédure pénale]

Mesure de personnalisation des peines, éventuellement assortie d'une injonction ou d'une mise à l'épreuve, au titre de laquelle la juridiction, en matière correctionnelle ou en matière contraventionnelle, décide de surseoir au prononcé de la sanction, lorsqu'il apparaît que le reclassement du coupable est en voie d'être acquis, que le dommage causé est en voie d'être réparé et que le trouble résultant de l'infraction va cesser.

C. pén., art. 132-58 et 132-60 s.; C. pr. pén., art. 747-3 s.

→ *Dispense de peine.*

Aléa thérapeutique

[Droit civil]

Événement dommageable survenant à la suite d'un acte de prévention, de diagnostic ou de soins, non imputable à faute à un professionnel ou à un établissement de santé.

CSP, art. 1142-1, I et II.

GAJC, t. 2, n° 162-163.

→ *Risques sanitaires.*

Alerte

[Droit commercial]

→ *Procédure d'alerte.*

Alibi

[Procédure pénale]

Littéralement, en latin, adverbe signifiant « ailleurs ». En français, nom désignant le moyen de défense par lequel celui qui l'invoque fait valoir qu'il ne peut être objectivement l'auteur d'une infraction, notamment en raison du fait qu'il se trouvait dans un lieu autre que celui où elle a été commise.

Aliénabilité

[Droit civil]

Caractéristique juridique d'un bien dont le propriétaire peut valablement transmettre son droit ou constituer un droit réel au profit d'un tiers.

→ *Inaliénabilité.*

Aliénation

[Droit civil]

Transmission volontaire d'un bien, procédant d'une volonté contractuelle ou extracontractuelle, par laquelle l'aliénateur renonce à son droit de propriété au profit de l'acquéreur, qui peut ainsi devenir propriétaire de la chose. L'aliénation peut être faite à titre onéreux ou à titre gratuit, entre vifs ou à cause de mort, à titre particulier ou à titre universel.

Aliénation mentale

[Droit civil]

Altération des facultés mentales telle que l'individu n'a pas pleinement conscience des actes ou des faits dont il est l'auteur.

Le droit protège la personne atteinte d'une telle affection, mais celui qui a causé un dommage alors qu'il était sous l'empire d'un trouble mental n'en est pas moins obligé à réparation.

C. civ., art. 414-1 s. et 425 s.

→ *Altération des facultés mentales ou corporelles, Démence, Hospitalisation d'un aliéné, Majeur protégé, Protection des majeurs.*

[Droit pénal/Procédure pénale]

L'aliénation mentale est une cause d'irresponsabilité pénale, dès lors qu'elle correspond à un trouble psychique ou neuropsychique ayant aboli le discernement ou le contrôle des actes de l'auteur de l'infraction. Elle fait l'objet d'une déclaration après une procédure contradictoire à laquelle sont associées les parties civiles, qui peut être accompagnée de la précision qu'il existe des charges suffisantes établissant que l'intéressé a commis les faits qui lui sont reprochés.

La juridiction peut ordonner, par décision motivée, l'hospitalisation d'office de la personne dans un établissement spécialisé, de même que des mesures de sûreté peuvent être prononcées.

C. pén., art. 122-1; C. pr. pén., art. 706-119 à 706-140.

→ *Responsabilité du fait des choses.*

Aliéné mental

[Droit civil]

Personne atteinte de troubles mentaux. On dit également un aliéné.

→ *Aliénation mentale, Hospitalisation d'un aliéné.*

Alignement

[Droit administratif]

Mode unilatéral d'établissement par l'Administration des limites matérielles de certaines dépendances du domaine public (voies publiques, voies ferrées), par rapport aux propriétés riveraines.

C. voirie rout., art. L. 112-1 s.

Aliment

[Droit civil]

Prestation ayant généralement pour objet une somme d'argent, destinée à assurer la satisfaction des besoins vitaux d'une personne qui ne peut plus assurer elle-même sa propre subsistance.

C. civ., art. 205 s.

→ *Pension alimentaire.*

Alinéa

[Droit général]

Depuis une circulaire du Premier ministre du 20 octobre 2000, pour les textes émanant du gouvernement et du Parlement, est compté pour un alinéa tout mot ou groupe de mots renvoyé à la ligne, quel que soit le signe de ponctuation placé à la fin de la ligne précédente (point, 2 points, virgule ou autre) ou au début de la ligne commençant le nouvel alinéa (guillemets, tiret, chiffre ou autre).

Allégation

[Procédure civile]

Doit s'entendre, strictement, de l'articulation des faits de nature à fonder une prétention. Première étape de la démonstration en justice, nécessairement suivie de la production des preuves et de la qualification juridique de ces faits.

CPC, art. 6.

→ *Demandeur, Pertinence, Principe de concentration des moyens.*

Alliance

[Droit civil]

Lien juridique existant, du fait du mariage, entre un époux et les parents de son conjoint. Il crée entre les alliés des droits, obligations et interdictions.

C. civ., art. 161, 164 et 206.

→ *Parenté.*

Allocataire

[Sécurité sociale]

Personne physique à qui est reconnu le droit aux prestations familiales. Ce droit est ouvert à toute personne, résidant en France et assumant la charge effective et permanente d'au moins un enfant résidant également en France.

CSS, art. L. 512-1.

Allocation

[Sécurité sociale]

Prestation en argent attribuée à une personne pour faire face à un besoin.

Allocation aux adultes handicapés

[Sécurité sociale]

Prestation destinée à donner un minimum de ressources aux adultes handicapés qui ne peuvent prétendre à un avantage de vieillesse ou d'invalidité d'un montant au moins égal à cette allocation.

CSS, art. L. 821-1.

Allocation de chômage

[Droit du travail]

Aide en espèces attribuée, sous certaines conditions, aux chômeurs. On distingue :

• *l'allocation unique dégressive*, attribuée au titre de l'assurance chômage. Elle est limitée dans le temps. Elle est composée d'une partie proportionnelle au salaire journalier de référence et d'une partie fixe.

C. trav., art. L. 5421-1 et R. 5422-1 s.

• *l'allocation de solidarité spécifique*, attribuée au titre du régime de solidarité et versée pour l'essentiel aux chômeurs qui ont épuisé leurs droits résultant de l'*assurance chômage*.

C. trav., art. L. 5423-1, 5423-2, 5423-6, 5423-1 s. et D. 5424-62.

→ *Pôle emploi.*

Allocation d'éducation de l'enfant handicapé

[Sécurité sociale]

Prestation familiale destinée aux enfants handicapés n'ayant pas dépassé 20 ans et dont l'incapacité permanente est au moins égale à 80 % ou 50 % si l'enfant fréquente un établissement d'éducation spéciale pour handicapés ou si l'état de l'enfant exige le recours à un service d'éducation spéciale ou de soins à domicile.

CSS, art. L. 541-1.

Allocation de logement

[Sécurité sociale]

Prestation familiale destinée à compenser la charge du loyer ou d'accession à la propriété de la résidence principale de l'allocataire, compte tenu de ses ressources, de la composition de son foyer et des conditions minimales de salubrité et de peuplement du logement. Contrairement à l'aide personnalisée au logement, ce ne sont pas certains logements qui sont éligibles à l'allocation, mais certaines personnes. On distingue 2 types d'allocations, dont les conditions d'attribution sont quasi identiques : l'allocation de logement dite « à caractère familial » destinée aux personnes chargées de famille, l'allocation de logement dite « à caractère social ».

CSS, art. L. 542-1 s.

Allocation de parent isolé

[Sécurité sociale]

Prestation familiale destinée à toute personne isolée résidant en France et assumant seule la charge d'un ou plusieurs enfants. Elle est attribuée sous condition de ressources. Elle cesse d'être versée si le bénéficiaire se marie ou vit maritalement. Ce dispositif est remplacé depuis le 1er juin 2009 par le *RSA*.

CSS, art. L. 524-1 s. et R. 524-1.

Allocation de rentrée scolaire

[Sécurité sociale]

Allocation attribuée sous condition de ressources aux ménages ou personnes qui ont bénéficié d'une prestation familiale au cours de tout ou partie de la période de 12 mois qui précède le 1er septembre de la rentrée scolaire du ou des enfants ouvrant droit à cette allocation.

CSS, art. L. 543-1 s.

Allocation de solidarité

[Droit du travail]

→ *Assurance chômage.*

Allocation de solidarité aux personnes âgées

[Sécurité sociale]

Allocation ayant remplacé les différentes prestations qui composaient le minimum vieillesse. Cette allocation, dont le montant varie en fonction de la composition du foyer, est accordée sous condition de résidence stable et régulière en France et de ressources.

CSS, art. L. 815-1.

Allocation de soutien familial

[Sécurité sociale]

Prestation familiale destinée à tout enfant orphelin de père et (ou) de mère, tout

enfant dont la filiation n'est pas légalement établie à l'égard de l'un et (ou) de l'autre de ses parents et tout enfant dont le père et (ou) la mère ne fait pas face à son obligation alimentaire.
Elle cesse d'être versée lorsque le père ou la mère se marie, vit maritalement ou conclut un pacte civil de solidarité.

CSS, art. L. 523-1 et 2.

Allocation familiale

[Sécurité sociale]

Prestation familiale d'entretien versée mensuellement à toute personne résidant en France pour chaque *enfant à charge* résidant en France à partir du second.

CSS, art. L. 521-1.

Allocation forfaitaire

[Sécurité sociale]

Somme destinée à couvrir le salarié des dépenses inhérentes à la fonction ou à l'emploi. La déduction des allocations forfaitaires de l'assiette des cotisations est subordonnée à leur utilisation effective conformément à leur objet.

CSS, Arrêté du 20 déc. 2002, art. 2.

Allocation forfaitaire de repos maternel

[Sécurité sociale]

Allocation accordée aux femmes chefs d'entreprise lorsqu'elles diminuent leur activité en raison de leur maternité.

CSS, art. L. 613-19, al. 1.

Allocation journalière de présence parentale

[Sécurité sociale]

Allocation attribuée à la personne qui interrompt ou réduit son activité dans le cadre d'un congé de présence parentale lorsque l'enfant dont elle assume la charge est atteint d'une maladie ou d'un handicap graves nécessitant une présence soutenue ou des soins contraignants pendant une durée minimale.

CSS, art. L. 544-1 s.

Allocation personnalisée d'autonomie

[Sécurité sociale]

Allocation destinée à aider son bénéficiaire à acquitter les tarifs dépendance de la structure d'accueil.

CASF, art. L. 232-8.

Allocation supplémentaire d'invalidité

[Sécurité sociale]

Allocation versée à un titulaire d'une pension vieillesse ou invalidité atteint d'une invalidité générale réduisant sa capacité de travail ou de gains.

CSS, art. L. 815-24.

Allotissement

[Droit civil]

Opération du partage consistant à former des lots en vue d'attribuer à chaque copartageant la part qui lui revient.

C. civ., art. 825 s.

[Droit administratif]

Division d'un *marché public* de travaux, de fournitures ou de services en plusieurs lots pouvant être attribués à des entreprises différentes, ce qui permet notamment à des entreprises de petite taille de participer à des marchés importants.

Alluvions

[Droit civil]

Dépôts de terre apportés par un cours d'eau, de manière successive et imperceptible, sans détachement, en amont d'une portion reconnaissable de la rive et accroissant la propriété du riverain.

C. civ., art. 556 s. et 596.

→ *Accroissement, Atterrissement.*

Altération des facultés mentales ou corporelles

[Droit civil]

Dégradation, médicalement constatée, des aptitudes de l'esprit ou du corps (en raison de la maladie, de l'infirmité ou de l'affaiblissement dû à l'âge). Elle confère à celui qu'elle affecte le bénéfice d'une mesure de protection juridique (par ordre croissant d'incapacité, *sauvegarde de justice*, *curatelle* et *tutelle*), à condition qu'elle le mette dans l'impossibilité de pourvoir seul à ses intérêts et qu'elle soit de nature à empêcher l'expression de sa volonté.

C. civ., art. 425 s.

→ *Aliénation mentale, Démence, Majeur protégé, Mandat de protection future, Protection des majeurs.*

Alternance

[Droit constitutionnel]

Sous-entendu : des partis à la direction de l'État. La reconnaissance de la légitimité des tendances politiques à se succéder au pouvoir en cas de modification des majorités dans le pays est un élément essentiel de la *démocratie pluraliste*.

Le phénomène d'alternance est facilité par le bipartisme ou, au moins, la bipolarité de la vie politique.

Alternatives à l'emprisonnement

[Droit pénal]

Toute peine susceptible d'être prononcée librement par le juge à la place de l'emprisonnement, sans jamais pouvoir se cumuler avec lui.

→ *Peines alternatives (Système des), Peines substitutives.*

Alternatives aux poursuites

[Procédure pénale]

Procédures se substituant à l'engagement d'un procès pénal, mises en œuvre par le procureur de la République sur le principe de l'opportunité des poursuites : la médiation et la composition pénale en sont les symboles les plus forts.

C. pr. pén., art. 41-1 et 41-2.

Ambassadeur

[Droit international public]

Représentant diplomatique d'un État, d'un souverain, auprès d'un État ou d'un souverain étranger.

→ *Agent diplomatique.*

Aménagement commercial

[Droit commercial]

Dispositif de contrôle des implantations commerciales (grandes surfaces et ensembles commerciaux de plus de 1 000 m²) confié à une commission administrative. Réunie au niveau du département, et présidée par le préfet, celle-ci délivre les autorisations d'exploitation commerciale, après avoir effectué un contrôle au regard des exigences d'aménagement du territoire, de la protection de l'environnement et de la qualité de l'urbanisme.

→ *C. com., art. L. 750-1 s.*

ACTU

Aménagement de peine

[Droit pénal/Procédure pénale]

Mesures destinées à éviter l'exécution de courtes peines d'emprisonnement (hors *récidive*, peine égale ou inférieure à 2 ans; en état de récidive, peine égale ou inférieure à un an), consistant à privilégier une *semi-liberté*, un placement à l'extérieur, un *placement sous surveillance électronique*, un fractionnement, une *sus-*

pension, une *libération conditionnelle*, ou une *conversion*.
Les aménagements en cause peuvent être prononcés par les juridictions de jugement, dans les conditions prévues aux articles 132-25 à 132-28 du Code pénal, et par les juridictions de l'application des peines, qui disposent de « procédures simplifiées » pour en permettre l'application, objet des articles 723-14 et suivants du Code de procédure pénale.

L. nº 2009-1436 du 24 nov. 2009 pénitentiaire.

Aménagement du territoire

[Droit administratif]

Expression synthétique utilisée pour désigner la politique, et les moyens, visant à une utilisation économique et humaine plus rationnelle de l'espace géographique national.

Aménagement foncier

[Droit administratif]

Ensemble des actions tendant à assurer aux propriétés et aux exploitations agricoles et forestières une utilisation rationnelle. Les moyens tendant à cette fin sont divers (remembrement, interdiction des cumuls, exécution de travaux d'infrastructure, exploitation en commun des terres...). L'État intervient tantôt par la contrainte (ex. : interdiction des cumuls), tantôt par l'incitation (ex. : formation de groupements volontaires d'exploitation en commun).

[Droit rural]

L'aménagement foncier est une compétence obligatoire du département. La loi nº 2005-157 du 23 février 2005 relative au développement des territoires ruraux a supprimé la procédure de *remembrement* au profit de celle de l'aménagement foncier agricole et forestier. Il existe 4 modes d'aménagement : l'« aménagement foncier agricole et forestier » qui a remplacé le remembrement rural, les « échanges et cessions d'immeubles ruraux », la « mise en valeur des terres incultes » et la « réglementation et la protection des boisements ».

C. rur., art. L. 123-1 s.

Amende

[Droit civil]

Au sens large, sanction pécuniaire prévue par une loi civile et prononcée par une juridiction civile en cas de violation de certaines règles juridiques limitativement énumérées.

C. civ., art. 10 et 50.

Dans un sens plus restreint, l'amende civile est une somme d'argent mise à la charge de l'auteur d'une faute, infligée par un particulier ayant reçu un pouvoir de type disciplinaire; le montant de l'amende n'est pas en relation directe avec la valeur du préjudice. C'est ainsi que le chef d'entreprise pouvait naguère infliger des amendes aux salariés.

→ *Droit du travail.*

[Droit pénal]

Peine pécuniaire obligeant le condamné à verser une certaine somme d'argent au Trésor public. L'amende pénale est à distinguer de l'amende fiscale, laquelle est à la fois une peine et une mesure de réparation destinée à récupérer les sommes dont le fisc a pu être privé.

GADPG nº 48.

[Droit du travail]

Sanction pécuniaire à caractère disciplinaire et non contractuel, infligée au salarié par le chef d'entreprise. L'amende, autrefois réglementée, a été interdite par la loi du 17 juillet 1978.

C. trav., art. L. 1331-2.

[Procédure civile]

Sanction pécuniaire pouvant être mise à la charge du plaideur, soit qu'il ait simplement succombé sur un incident de procédure qu'il avait soulevé (vérification d'écriture, inscription de faux, récusation), soit qu'il ait agi ou exercé une voie de recours de façon abusive ou dans une intention dilatoire (appel, pourvoi en cassation, tierce opposition, recours en révision…).

CPC, art. 32-1, 227, 295, 305, 353, 559, 581 et 628.

Amende forfaitaire

[Procédure pénale]

Modalité d'extinction de l'action publique propre à certaines contraventions des 4 premières classes, notamment au Code de la route, par laquelle le contrevenant évite toute poursuite en s'acquittant d'une amende soit immédiatement entre les mains de l'agent verbalisateur, soit de manière différée au moyen par exemple d'un timbre-amende.

L'amende forfaitaire est *majorée* lorsque les ultimes délais de paiement n'ont pas été respectés par le contrevenant.

À l'inverse, l'amende forfaitaire est *minorée* pour certaines contraventions au Code de la route (dont sont exclues celles relatives au stationnement) si le contrevenant en règle le montant dans des délais spécifiques.

C. pr. pén., art. 529 s. et R. 49 s.

Amendement

[Droit constitutionnel]

Modification proposée à un texte de loi au cours de sa discussion.

[Droit pénal]

Vertu attribuée à la sanction pénale, quelle qu'en soit la nature ou l'intensité, sous forme d'amélioration personnelle du délinquant et de sa réinsertion dans la société.

Ameubli

[Droit civil]

→ *Ameublissement.*

Ameublissement

[Droit civil]

La clause d'ameublissement figurant dans un contrat de mariage a pour objet de faire entrer dans la communauté un ou plusieurs immeubles qui, en vertu du régime matrimonial légal, seraient propres à l'un des époux. On dit que l'immeuble, objet d'une telle convention, est ameubli.

C. civ., art. 1497.

Amiable compositeur

[Procédure civile]

Arbitre ayant reçu des parties le droit de rendre sa décision non selon le droit, mais en équité et sans observer les règles ordinaires de la procédure.

Le même pouvoir peut être donné au juge d'État, en matière civile, lorsque les parties ont la libre disposition de leurs droits et sous réserve d'appel si les parties n'y ont pas spécialement renoncé.

CPC, art. 12, 57-1, 1478, 1490.

Amicus curiae

[Procédure (principes généraux)]

Personnalité faisant autorité dans un domaine d'activité et qu'une juridiction prend l'initiative, exceptionnelle car non prévue par les textes en vigueur, d'entendre comme « ami de la cour » (et non comme témoin ou expert), pour connaître son opinion sur le problème débattu devant elle, en vue de garantir, grâce à ses lumières, un procès équitable, au sens européen du terme.

CPC, art. 27, al. 2.

GAJC, t. 1, n° 50; GAJC, t. 1, n° 132.

Amnistie

[Droit pénal]

Synonyme de pardon légal. Sans effacer les faits matériels et leurs conséquences civiles, l'amnistie, prévue par une loi, éteint l'*action publique* et efface la peine prononcée.

C. pén., art. 133-9 s.

Amodiation

[Droit administratif]

Dans le droit des mines, nom donné à la convention par laquelle le titulaire du droit d'exploitation (État ou concessionnaire) procède à la location de la mine à un tiers, moyennant une redevance.

[Droit civil]

Bail d'un fonds de terre dont le paiement se fait à portion de fruits.

Amortissement de la dette publique

[Droit financier ou fiscal]

Extinction progressive de la *dette publique* par voie de remboursement.

→ *Caisse d'amortissement de la dette publique.*

Amortissement du capital

[Droit commercial]

Remboursement, en cours de vie sociale, de tout ou partie du montant des apports en capital aux porteurs de titres. Les actions ainsi amorties deviennent des *actions de jouissance*.

C. com., art. L. 225-198 s.

Amortissement industriel

[Droit commercial/Droit financier ou fiscal]

Technique consistant dans la constatation comptable de la dépréciation subie pendant l'exercice écoulé par une immobilisation de l'entreprise, assortie de la mise en réserve de la somme correspondante, en *franchise d'impôt*, en vue de son renouvellement ultérieur.

Ce point de vue comptable statique – l'amortissement simple enregistrement d'une perte de valeur – est aujourd'hui repoussé au second plan par une conception fiscale dynamique, encore que déformant trop souvent la réalité – l'amortissement, instrument d'une politique d'autofinancement de l'entreprise.

Amovibilité

[Droit administratif/Procédure civile/Procédure pénale]

→ *Inamovibilité.*

Ampliation

[Droit administratif]

Double, en la forme authentique, d'un acte administratif.

Amplitude

[Droit du travail]

Durée qui s'écoule dans une journée civile entre l'heure de la première prise de travail et l'heure à laquelle cesse la dernière période travaillée. Cette notion présente un intérêt pour mesurer l'emprise temporelle du travail sur la vie des salariés dont l'activité salariée journalière est morcelée en plusieurs périodes travaillées, comme c'est parfois le cas, notamment, pour les salariés à temps partiel.

C. trav., art. L. 3123-16.

Analogie

[Droit pénal]

→ *Interprétation stricte.*

Analyse financière

[Droit commercial]

Activité consistant à diligenter des travaux de recherche sur les instruments financiers et leurs émetteurs. La réglementation exige de leurs auteurs, par exemple les « agences de notation », transparence et indépendance, lorsqu'est diffusé auprès du public le résultat de ces travaux ou toute autre information susceptible d'être analysée en une recommandation d'investissement.

C. mon. fin., art. L. 544-1 s.

Anatocisme

[Droit civil]

Capitalisation des *intérêts* échus. Les intérêts, intégrés au capital, produisent eux-mêmes des revenus, ce qui tend à augmenter rapidement le poids de la dette.

C. civ., art. 1154 et 1155.

→ *Capital.*

Angarie

[Droit international public]

Réquisition, moyennant indemnité, d'un navire neutre par un État belligérant, dans les eaux soumises à la juridiction de ce dernier.

Le droit d'angarie a connu un élargissement dans la pratique des Première et Seconde Guerres mondiales, des États neutres l'ayant invoqué et exercé à l'égard de navires belligérants se trouvant dans leurs ports.

Animus

[Droit civil]

Littéralement, esprit, intention. État d'esprit d'une personne qui se comporte comme titulaire d'un droit sur une chose (*animus domini, possidendi*) pour l'exercer ou qui veut faire une libéralité (*animus donandi*).

On oppose l'*animus* au *corpus* qui n'est que l'exercice objectif d'un droit.

Animus necandi

[Droit pénal]

« Intention de tuer ». Élément moral du meurtre et de l'empoisonnement.

Année judiciaire

[Procédure civile]

L'année judiciaire coïncide avec l'année civile, commençant le 1er janvier et se terminant le 31 décembre, afin que la permanence et la continuité du service public de la justice demeurent toujours assurées.

COJ, art. R. 111-1.

Annexe

[Droit général]

Pièce jointe à un acte principal en vue de le compléter (ex. : annexe d'un traité, d'un décret…) ou de le justifier (ex. : annexes déposées au Registre du commerce, justifiant les inscriptions relatives à une société commerciale).

Annexe comptable

[Droit commercial]

Document comptable destiné à compléter et commenter l'information donnée par le bilan et le compte de résultat de manière à donner une image fidèle de la situation financière de l'entreprise.

C. com., art. L. 123-13.

Annexe de propres

[Droit civil]

Sous la communauté légale, bien acquis pendant le mariage qui, pour cette raison devrait être commun, mais qui est traité comme un propre par attraction d'un bien se trouvant déjà dans le patrimoine propre à l'un des époux. La communauté a droit à *récompense* pour la valeur de l'acquisition nouvelle.

C. civ., art. 1406.

→ *Communauté réduite aux acquêts.*

Annexion

[Droit international public]

Adjonction d'un nouveau territoire à un État.

L'annexion intervient le plus souvent à la suite d'une guerre, le vaincu étant obligé de signer un traité de paix qui ampute son territoire.

Annonce judiciaire et légale

[Procédure civile]

Publicité dans certains journaux habilités à cette fin (L. n° 55-4 du 4 janv. 1955, art. 2), ordonnée par le juge ou par la loi, destinée à annoncer ou à faire connaître certains actes juridiques ou judiciaires (extrait de jugement, vente aux enchères, constitution de société).

→ *Publicité d'actes juridiques.*

Annualisation

[Droit du travail]

Ce terme est relatif à la possibilité de répartir, par voie conventionnelle, sur l'année la durée légale du travail qui est en principe calculée sur la semaine civile.

C. trav., art. L. 3122-9 s.

→ *Modulation.*

Annualité

[Droit financier ou fiscal]

Principe le plus ancien du droit budgétaire, comportant aujourd'hui d'importants assouplissements surtout dans le cadre de l'État, selon lequel l'autorisation de percevoir les impôts et d'exécuter les dépenses publiques doit être donnée chaque année, par le vote du *budget*, et n'est valable que pour cette durée – ce qui entraîne à la fin de celle-ci l'annulation des *crédits budgétaires* non encore utilisés.

→ *Loi de programmation des finances publiques.*

Annuité

[Droit civil]

Somme d'argent que le débiteur doit remettre annuellement au créancier en vue de se libérer de sa dette. L'annuité comprend une partie du capital augmenté des intérêts.

Annuité d'emprunt

[Droit financier ou fiscal]

L'annuité est en principe la somme versée annuellement par l'emprunteur au prêteur, à la fois au titre de l'*amortissement* du capital et du service des intérêts. Cependant, certaines présentations statistiques excluent les intérêts annuels.

Annulabilité

[Droit général]

Caractère d'un acte entaché d'un vice de forme ou de fond de nature à en faire prononcer l'annulation.

Annulation

[Droit général]

Anéantissement rétroactif d'un acte juridique, pour inobservation de ses conditions de formation, ayant pour effet soit de dispenser les parties de toute exécution, soit de les obliger à des restitutions réciproques. La Cour de justice de l'Union européenne et le Conseil d'État ont admis que des annulations ne produisent effet que pour l'avenir. La Cour de cassation s'interroge à ce sujet.

On parle d'annulation *ex tunc*, pour l'annulation d'un acte juridique produisant ses effets depuis l'origine de celui-ci, c'est-à-dire avec effet rétroactif (règle de principe). Et d'annulation *ex nunc*, pour l'annulation dont les effets ne se produisent qu'à compter du jugement, voire à une date postérieure, en respectant les effets passés de l'acte (situation exceptionnelle pour tenir compte, essentiellement, d'exigences de *sécurité juridique*).

→ *Nullité, Rescision, Résiliation, Résolution.*

[Procédure civile]
Anéantissement d'une décision judiciaire pour irrégularité de forme ou de fond, à la suite d'un appel, d'un pourvoi en cassation ou d'un recours en révision.

CPC, art. 562, al. 2, 595 et 604.

→ *Appel-nullité.*

Anomal

→ *Succession anomale.*

A non domino

[Droit général]
Littéralement, « d'un non-maître », « d'un non-propriétaire ». Expression latine signifiant que l'on a reçu un bien d'une personne qui n'en était pas propriétaire.

ANPE (Agence nationale pour l'emploi)

[Droit du travail]
→ *Pôle emploi.*

Antériorité

[Droit commercial]
Droit ou fait plus ancien opposable à un titre de propriété industrielle et le rendant nul.

Anthropométrie

[Droit pénal]
Technique d'identification des délinquants fondée sur les mensurations du corps humain et certains signes particuliers (oreilles, nez, pieds, etc.).

Antichrèse

[Droit civil]
Mot qui désignait le *gage immobilier* avant l'entrée en vigueur de la loi n° 2009-526, 12 mai 2009.

C. civ., art. 2373 et 2387 s.

Antidate

[Droit civil/Droit commercial]
Erreur ou fraude consistant à donner à un écrit juridique une date antérieure à celle du jour où il a été signé par les parties. L'antidate ne débouche sur une sanction que dans les hypothèses où la date de l'acte est déterminante, soit pour fixer la priorité entre droits concurrents, soit pour marquer le point de départ d'une situation légale ou judiciaire.

→ *Postdate.*

Antitrust

[Droit commercial]
→ *Droit de la concurrence.*

A pari

[Droit général]
Raisonnement par lequel on étend l'application d'une règle juridique prévue pour une situation déterminée à une situation comparable.

GAJC, t. 2, n° 302.

→ *A contrario, A fortiori.*

Apartheid

[Droit international public]
Politique de ségrégation raciale appliquée en Afrique du Sud jusqu'en 1991 en vue d'assurer la primauté des Blancs.

Apatride

[Droit international privé]
Individu qui n'a aucune nationalité. On emploie aussi le terme allemand *Heimatlos*. Cette situation résulte généralement de la perte de la nationalité d'origine (par ex. : par suite d'une déchéance), sans acquisition d'une nationalité nouvelle.

C. civ., art. 20-3 et 25; CESEDA, art. L. 721-1 et R. 721-1.

Apériteur

[Droit civil]

Désigne, parmi les coassureurs d'un même risque, celui qui les représente tous (société apéritrice) auprès de l'assuré, notamment pour l'établissement de la police, l'encaissement des primes et le règlement des sinistres.

C. assur., art. L. 352-1.

→ *Coassurance.*

Aphorisme (Adage, Brocard)

[Droit général]

Mots, en langage juridique, tellement voisins que, rapprochés souvent du terme de *sentence* (pris dans son sens non juridictionnel), parfois du terme de proverbe, on les tient pour quasi-synonymes. Les nuances, toujours pour le juriste, paraissent néanmoins importantes. Seul le mot de brocard, de moins en moins utilisé dans le langage courant, désigne toujours une formule juridique, caractérisée par son extrême brièveté, mais sachant résumer tout le fond d'un problème de droit directement saisi sous ses aspects humains. Longtemps frappés en langue latine (*summun jus, summa injuria*), les brocards passent en langue française (en mariage il trompe qui peut; le mort saisit le vif). Constamment et magnifiquement utilisés par les vieux auteurs, non sans abus, ils sont délaissés souvent, non sans abus aussi, par les auteurs modernes. Le sens du mot brocard n'est plus guère distinct de celui d'aphorisme, devenu rare en matière juridique, dont le contenu est pourtant plus sociologique. Le sens du mot brocard se perd surtout dans celui du mot adage, de beaucoup le plus employé, voire presque le seul, mais qui a une forte résonance morale.

→ *Maxime.*

Apostille

[Droit civil]

Adjonction à un acte portée en marge, en bas de page, à la fin de l'écrit. L'apostille est annoncée par le renvoi qui n'est autre que le signe graphique (généralement une croix), porté dans le corps de l'acte et reproduit en marge, indiquant que le libellé du texte est modifié.

Apparence

[Droit civil/Droit commercial]

État d'une situation qui se présente sur la scène juridique de façon déformée.

La situation juridique apparente peut même être, en réalité, inexistante. Des motifs de *sécurité juridique* inclinent parfois à déduire des conséquences juridiques d'une situation apparente (héritier apparent, mandataire apparent), afin de permettre aux tiers qui ont légitimement cru en cette situation, de s'en prévaloir.

GAJC, t. 1, n° 103; GAJF n° 10.

→ *Acte apparent, Acte déguisé, Acte fictif, Acte secret, Confusion des patrimoines, Contre-lettre, Déguisement, Dissimulation, Simulation.*

Apparences (Théorie des)

[Droit fiscal]

Une imposition est établie sur la base des apparences que le contribuable a lui-même créées. Ces apparences sont ainsi opposables par l'administration au contribuable.

Apparentement

[Droit constitutionnel]

1° Affiliation relâchée d'un élu à un groupe parlementaire, qui requiert l'accord de ce groupe, mais n'impose pas strictement sa discipline.

Les élus d'un parti peuvent s'apparenter à un groupe proche de leurs convictions politiques lorsqu'ils sont insuffisamment nombreux pour former leur propre *groupe parlementaire*.

2° Dans le mode de scrutin mixte dit des apparentements, groupement des listes électorales présentées par différents partis en vue de gagner des sièges aux dépens des adversaires isolés.

L. 9 mai 1951.

Appel

[Procédure (principes généraux)]

Voie de recours de droit commun (ordinaire) de réformation ou d'annulation par laquelle un plaideur porte le procès devant une juridiction du degré supérieur, voire devant la même juridiction autrement composée (appel des décisions rendues par la cour d'assises en premier ressort).

En matière civile, l'appel a été longtemps, aussi, une voie d'achèvement du procès permettant de juger au second degré un litige quelque peu différent de celui débattu au premier degré. La tendance actuelle, au contraire, est à la restauration de la première instance dominée désormais par l'application stricte du *principe de concentration des moyens*.

CPC, art. 542; C. pr. pén., art. 380-1, 380-14; CJA, art. L. 321-1, art. L. et R. 811-1.

GACA n° 28.

Appel *a minima*

[Procédure pénale]

Acte d'appel émanant du *ministère public* par lequel il demande à la juridiction du second degré d'aggraver une peine qu'il estime insuffisante.

Appel des causes

[Procédure civile]

Audience au cours de laquelle, devant le tribunal de grande instance et devant la cour d'appel, le président décide, soit de l'ouverture d'une instruction, soit du renvoi immédiat à l'audience des plaidoiries, soit d'une conférence ultérieure avec les avocats s'il estime nécessaire un ultime échange de conclusions ou une ultime communication de pièces.

CPC, art. 759 s. et 910.

→ *Audience de procédure, Mise en état.*

Appel d'offres

[Droit administratif]

Procédure de *droit commun* de passation des *marchés publics* excédant certains montants, soumise à publicité préalable, dans laquelle la personne publique choisit, sans négociations avec les candidats, l'offre économiquement la plus avantageuse, sur la base de critères objectifs préalablement portés à la connaissance des candidats. L'appel d'offres est dit « ouvert » lorsque tout intéressé peut soumettre une offre, « restreint » lorsque seuls des candidats sélectionnés en ont le droit.

C. marchés, art. 26 et 33.

Appel en garantie

[Procédure civile]

→ *Garantie.*

Appel incident

[Procédure civile]

Appel formé en réplique à l'*appel principal*, par la partie intimée (le défendeur en appel), et qui est dirigé contre l'appelant ou contre les autres intimés.

Sur un appel principal ou sur un appel incident provoqué par le premier, un appel incident peut aussi être formé par toute partie, même non intimée.

L'appel incident n'est recevable que si l'appel principal l'est lui-même.

CPC, art. 548.

→ *Appel provoqué par l'appel principal.*

Appel-nullité

[Procédure civile]

Appel dont l'objet n'est pas la réformation du jugement mais la dénonciation de son irrégularité. Dans les cas où la loi a supprimé la voie de l'appel, la jurisprudence admet, néanmoins, sous le nom d'appel-nullité autonome ou restauré, un recours en annulation mais uniquement si le jugement est entaché d'*excès de pouvoir*, c'est-à-dire rendu en méconnaissance par les premiers juges de l'étendue de leurs pouvoirs juridictionnels. La violation de l'obligation de motivation ne constitue pas un excès de pouvoir.

Appel principal

[Procédure (principes généraux)]

Appel formé par le plaideur qui a perdu un procès en première instance, comme demandeur ou comme défendeur.

Le recours peut viser tous les points du débat judiciaire ou seulement certains d'entre eux.

CPC, art. 562; C. pr. pén., art. 380-3 et 515.

→ *Effet dévolutif des voies de recours, Quantum appellatum, Tantum devolutum.*

Appel provoqué par l'appel principal

[Procédure civile]

Dans un procès concernant plus de 2 parties, appel formé par un plaideur n'ayant pas la possibilité d'user d'un *appel incident*, faute d'avoir été l'objet d'un appel principal.

CPC, art. 549.

Appel public à l'épargne

[Droit commercial]

Procédé de financement d'une société consistant à placer et à faire coter ses titres sur un marché financier réglementé, ou à recourir à des modes de publicité, de démarchage, ou de placement par des établissements de crédit ou des prestataires de services d'investissement. A été supprimé par l'ordonnance du 22 janvier 2009 et remplacé par la notion européenne d'*offres au public de titres financiers*.

C. mon. fin., art. L. 411-1 s. (anciens et nouveaux).

Appelant

[Procédure civile]

Nom du demandeur en appel.

→ *Intimé.*

Appelé

[Droit civil]

Personne désignée par le disposant d'une libéralité pour bénéficier, à la mort du grevé ou pour le cas de sa déchéance ou de sa renonciation, de la restitution des biens composant la libéralité. On l'appelle aussi second gratifié.

C. civ., art. 1048 s.

→ *Gratifié, Libéralité graduelle.*

Appellation d'origine

[Droit commercial]

Dénomination d'un pays, d'une région ou d'une localité servant à désigner un produit qui en est originaire et dont la qualité ou les caractères sont dus au milieu géographique comprenant des facteurs naturels et des facteurs humains.

Son usage est à la disposition de tous les producteurs du bien envisagé.

C. consom., art. L. 115-1.

Appellation d'origine contrôlée

[Droit rural]

→ *Appellation d'origine protégée.*

Appellation d'origine protégée

[Droit rural]

L'appellation d'origine protégée (AOP) est un label qui désigne la dénomination d'un produit dont la production, la transformation et l'élaboration doivent avoir lieu dans une aire géographique déterminée avec un savoir-faire reconnu et constaté (ex. : mozzarella di buffala Campana). Le règlement CE n° 510/2006 a établi les règles relatives à la protection des appellations d'origine et des indications géographiques (AOP et IGP). Il a organisé un système d'enregistrement communautaire des dénominations géographiques qui leur assure une protection juridique dans l'Union européenne. Ce système visant à « fédérer » est similaire à l'appellation d'origine contrôlée (AOC) utilisé en France.

C. rur., L. 641-10.

→ *Indication géographique protégée.*

Applicabilité directe

[Droit européen]

Principe dégagé par la Cour de justice selon lequel certaines dispositions des traités ou des actes des institutions européennes peuvent en fonction de critères déterminés (clarté, précision et inconditionnalité) être invoquées par les justiciables devant les juridictions nationales car créant des droits en faveur de ceux-ci (arrêt *Van Gend en Loos*, 5 févr. 1963, *Rec.* 1963, p. 1).

Application immédiate des lois

[Droit général]

→ *Effet immédiat de la loi (Principe de l').*

Appoint

[Droit civil/Droit commercial]

Complément exact en petite monnaie de la somme due que le débiteur qui paie en billets et en pièces doit verser au créancier de telle sorte que celui-ci n'ait aucune monnaie à rendre.

C. mon. fin., art. L. 112-5.

Apport

[Droit civil/Droit commercial]

→ *Apport(s) en société.*

Apport(s) en société

[Droit civil/Droit commercial]

Biens mis en commun par les associés lors de la constitution d'une société.

Ces apports peuvent se présenter sous plusieurs formes : en numéraire, en nature ou en industrie (c'est-à-dire en travail ou en services). En contrepartie de ses apports, chaque associé reçoit des droits sociaux (parts ou actions).

C. civ., art. 1832, 1835 et 1843-1 à 1843-3; C. com., art. L. 222-1, 223-7, 223-9, 223-32, 225-3, 225-127.

Apport partiel d'actif

[Droit commercial]

Opération par laquelle une société apporte à une autre société, nouvelle ou préexistante, une partie seulement de son patrimoine, moyennant attribution, au profit de ses associés, de droits sociaux de la société bénéficiaire de l'apport.

Elle peut être soumise au régime des scissions et emporter alors, si elle a pour objet une branche autonome d'activité, transmission universelle du patrimoine.

C. com., art. L. 236-1 s., spéc. L. 236-22.

Appréciation de légalité (Recours en)

[Droit administratif]

→ *Recours en appréciation de légalité.*

Apprentissage

[Droit du travail]

L'apprentissage est une forme d'éducation alternée. Il a pour but de donner à des jeunes travailleurs ayant satisfait à l'obligation scolaire une formation générale, théorique et pratique, en vue de l'obtention d'une qualification professionnelle sanctionnée par un diplôme de l'enseignement professionnel ou technologique du second degré ou du supérieur ou un titre professionnel homologué (L. du 23 juill. 1987).

Le contrat d'apprentissage, qui peut être à durée déterminée, est un contrat de travail de type particulier par lequel un employeur s'engage, outre le versement d'un salaire, à assurer à un jeune travailleur une formation professionnelle méthodique et complète, dispensée pour partie en entreprise et pour partie en centre de formation d'apprentis.

C. trav., art. L. 6211-1.

Approbation

[Droit international public]

Procédure d'engagement de l'État qui doit être distinguée aussi bien de la ratification que des accords en forme simplifiée. Elle implique une formalité postérieure à la signature et peut nécessiter une autorisation parlementaire. Elle se distingue alors de la ratification, car elle émane non du président de la République mais du gouvernement, et en pratique du ministre des Affaires étrangères.

Apurement des comptes

[Droit financier ou fiscal]

En matière de contrôle des comptes des collectivités publiques, ensemble d'opérations administratives consistant à vérifier la régularité des opérations de recettes et de dépenses publiques exécutées par les comptables publics, ainsi que des mouvements de fonds et de valeurs auxquels ils ont procédé au cours de la période contrôlée, puis à arrêter ces comptes s'ils sont réguliers.

L'apurement (administratif) se distingue du jugement des comptes, opéré par des juridictions (Cour des comptes, chambres régionales des comptes), qui aboutit non à une décision administrative mais à un véritable arrêt ou jugement réglant définitivement dès son prononcé la situation du comptable, en le déclarant quitte, ou en *débet*.

→ *Trésorier-payeur général.*

Cette conception large de l'apurement est critiquée par certains spécialistes, qui réservent le terme à la constatation par l'autorité chargée de la vérification du compte de gestion du comptable « de l'exacte reprise des résultats actifs et passifs de ce compte au compte suivant ».

Aquilien

[Droit civil]

Équivalent savant de l'adjectif « délictuel ».

Arbitrage

[Droit du travail]

Procédure facultative de règlement des conflits collectifs de travail, qui consiste à confier à un tiers, choisi par les parties, la solution du conflit.

C. trav., art. L. 2524-1 s.

→ *Cour supérieure d'arbitrage.*

[Procédure civile]

Procédure de règlement des litiges par recours à une ou plusieurs personnes privées (en nombre impair) appelées arbitres, parfois même par recours à un juge d'État déclaré *amiable compositeur* par les plaideurs.

CPC, art. 1442 s.

→ *Arbitre, Clause compromissoire, Compromis, Sentence arbitrale.*

[Droit public]
Les personnes publiques peuvent dans certains cas recourir à un arbitre plutôt qu'à une juridiction étatique pour trancher un litige.

GACA nº 74.

Cependant, ce mot est utilisé pour dénommer un authentique pouvoir de décision dont dispose telle ou telle autorité en vue de trancher souverainement une opposition de points de vue administrative ou plus souvent politique (ex. : les « arbitrages budgétaires » du Premier ministre en matière de répartition des *crédits budgétaires* entre les différents ministères). C'est en ce sens que la pratique politique a fixé le sens du pouvoir d'arbitrage conféré au président de la République par l'article 5 de l'actuelle Constitution.

Arbitrage international

[Droit international privé]
Est international l'arbitrage qui met en cause des intérêts du commerce international. Le régime de l'arbitrage international a été modernisé par le décret nº 2011-48 du 13 janvier 2011 portant réforme de l'arbitrage.

CPC, art. 1504 s.

[Droit international public]
→ *Règlement pacifique des conflits.*

Arbitre

[Procédure civile]
Personne privée, ayant le plein exercice de ses droits civils, chargée d'instruire et de juger un litige, à la place d'un juge public, à la suite d'une convention d'arbitrage.

CPC, art. 1450 s.

→ *Amiable compositeur, Clause compromissoire.*

Arbitre-rapporteur

[Procédure civile]
Personne désignée naguère pour fournir au tribunal de commerce un avis technique après avoir tenté une conciliation. Cette fonction a été supprimée.

Archives

[Droit général]
Ensemble des documents produits ou reçus par toute personne physique ou morale et par tout service ou organisme public ou privé dans l'exercice de leur activité, conservés dans un intérêt public tant pour la justification des droits de toute personne que pour la documentation historique de la recherche.
Les archives sont dites publiques lorsqu'elles procèdent 1° de l'activité de l'État, des collectivités territoriales, des établissements publics; 2° de l'activité des organismes de droit privé chargés des services publics ou d'une mission de service public; 3° proviennent des minutes et répertoires des officiers publics et ministériels.

C. patr., art. 211-1 s.

Archives audiovisuelles de la justice

[Procédure (Principes généraux)]
Les audiences publiques devant les juridictions de l'ordre administratif ou judiciaire peuvent faire l'objet d'un enregistrement audiovisuel ou sonore lorsque cet enregistrement présente un intérêt pour la constitution d'archives historiques de la justice.
Les enregistrements sont autorisés par le chef de la juridiction; ils sont transmis à l'administration des Archives de France; leur consultation est libre à l'expiration d'un délai de 20 ans suivant la clôture du procès, mais leur reproduction et leur diffusion ne sont libres qu'après 50 ans.

C. patr., art. L. 221-1 s.

Argument

[Procédure (principes généraux)]

Raisonnement invoqué pour soutenir un *moyen* de procédure ou de fond.

→ *Cause.*

Aristocratie

[Droit constitutionnel]

(Du grec *aristoi*, les meilleurs, et *cratos*, gouvernement). Régime politique où le pouvoir est détenu par une classe considérée comme l'élite. Ex. : aristocratie militaire de Sparte, aristocratie ploutocratique de Venise.

Armateur

[Droit maritime]

Celui qui exploite un navire en son nom. Présumé être le propriétaire du navire; peut en être parfois l'affréteur.

L. n° 69-8 du 3 janv. 1969, art. 1 et 2.

Armes

[Droit pénal]

Est une *arme par nature* tout objet conçu pour tuer ou blesser.

Est une *arme par destination* tout autre objet susceptible de présenter un danger pour les personnes, dès lors qu'il est utilisé pour tuer, blesser ou menacer ou qu'il est destiné, par celui qui en est porteur, à tuer, blesser ou menacer.

Est une *arme dite « simulée »* tout objet qui, présentant avec une arme par nature une ressemblance à même de créer une confusion, est utilisé pour menacer de tuer ou de blesser ou est destiné, par celui qui en est porteur, à menacer de tuer ou de blesser.

L'*utilisation d'un animal* pour tuer, blesser ou menacer est assimilée à l'usage d'une arme.

C. pén., art. 132-75.

Armes à sous-munitions

[Droit pénal]

Armes conçues pour disperser un grand nombre de projectiles explosifs, laissant sur le terrain une importante quantité de sous-munitions non explosées. Constitutives d'une grave menace humanitaire, notamment pour les populations civiles, elles sont l'objet d'une interdiction, pénalement sanctionnée, en application de la convention multilatérale signée par la France à Oslo, le 3 décembre 2008.

C. déf., art. L. 2344-1 à L. 2344-11, réd. L. n° 2010-819 du 20 juill. 2010.

Armistice

[Droit international public]

Convention conclue entre belligérants pour l'interruption des hostilités, et qui, en fait, précède souvent les pourparlers de paix. Se distingue de la suspension d'armes, trêve de brève durée pour régler des intérêts pressants mais limités (par ex. : évacuation des morts et blessés).

Arpentage

[Droit civil]

Mesurage d'une terre, originairement par arpent (34,19 ares), aujourd'hui par toute unité du système métrique. L'arpentage est l'opération préalable de tout *bornage*.

ARRCO (Association pour les régimes de retraites complémentaires des salariés)

[Sécurité sociale]

Association regroupant des institutions de retraites complémentaires. Depuis le 1er janvier 1999, c'est un régime unique; toutes les institutions relevant de l'ARRCO appliquent une réglementation entièrement unifiée qui s'est substituée d'office aux règlements de chacun des régimes.

Relèvent de ces régimes non seulement les salariés non cadres, mais également les salariés cadres pour la partie de leur rémunération (tranche A) qui ne dépasse pas le plafond de Sécurité sociale.

→ *Plafond.*

Arrérages

[Droit civil]

Somme d'argent versée périodiquement à un créancier et résultant d'une rente ou d'une pension.

C. civ., art. 1978 s.

Arrestation

[Procédure pénale]

Fait d'appréhender une personne, en ayant recours à la force si besoin est, en vue de sa comparution devant une autorité judiciaire ou administrative, ou à des fins d'incarcération.

Hors le cas de flagrance, l'arrestation exige un *mandat*.

Arrêt

[Procédure (principes généraux)]

Décision de justice rendue par certaines juridictions (cours d'appel, Cour de cassation, juridictions administratives autres que les tribunaux administratifs..., juridictions européennes ou internationales).

→ *Jugement, Ordonnance, Verdict.*

Arrêt de règlement

[Procédure (principes généraux)]

Décision solennelle prise par une cour souveraine (Parlement de l'Ancien Régime), de portée générale, et liant les juridictions inférieures.

Il est interdit aux juridictions françaises de rendre des arrêts de règlement.

C. civ., art. 5.

→ *Cour de cassation.*

Arrêt des poursuites individuelles

[Droit commercial]

→ *Suspension des poursuites individuelles.*

Arrêté

[Droit administratif/Droit constitutionnel]

Acte exécutoire à portée générale ou individuelle émanant d'un ou de plusieurs ministres (arrêté ministériel ou interministériel) ou d'autres autorités administratives (arrêté préfectoral, municipal, etc.).

Arrêté de cessibilité

[Droit administratif]

Dans la procédure d'*expropriation pour cause d'utilité publique*, arrêté préfectoral déterminant la liste des parcelles foncières – ou des droits réels immobiliers – à exproprier, si cette liste ne résulte pas déjà de la déclaration d'utilité publique.

C. expr., art. L. 11-8 et R. 11-19.

Arrêté de compte

[Droit civil]

Approbation, après vérification, de l'état récapitulatif d'un compte, rendant ce compte intangible, sauf demande de redressement en cas d'erreur, d'omission ou de présentation inexacte.

C. civ., art. 511, 810-8, 2022; CPC, art. 1269.

Arrêté de conflit

[Droit administratif]

Décision préfectorale qui tend à dessaisir une juridiction judiciaire d'un litige à l'égard duquel l'Administration l'estime incompétente, et qui porte le problème de compétence devant le Tribunal des conflits.

Arrhes

[Droit civil]

Somme d'argent imputable sur le prix total, versée par le débiteur au moment de la con-

clusion du contrat et constituant un moyen de *dédit*, sauf stipulation contraire.
Les arrhes sont perdues si le débiteur revient sur son engagement, mais le solde n'est pas dû ; si c'est celui qui les a reçues qui revient sur son engagement, il doit les restituer au double. Il ne faut pas confondre « arrhes » et « *acompte* » bien que, dans la pratique, les 2 termes soient utilisés indistinctement.

C. civ., art. 1590; C. consom., art. L. 114-1 et 131-1 à 131-3.

Arrondissement

[Droit administratif]

1° Circonscription administrative, dépourvue de personnalité juridique, se situant entre le département et le canton, au nombre d'environ 330 en France métropolitaine.

→ *Sous-préfet.*

2° Division interne de certaines grandes villes.

→ *Conseil d'arrondissement, maire d'arrondissement.*

Artisan

[Droit commercial]

Celui qui exerce, pour son propre compte, un métier manuel pour lequel il justifie d'une qualification professionnelle et prend personnellement part à l'exécution du travail. Il doit être immatriculé au Répertoire de métiers.
L'activité artisanale a le caractère civil de sorte que l'artisan échappe à la compétence des tribunaux de commerce et au droit commercial. Néanmoins une tendance récente est d'étendre aux artisans le bénéfice des règles commerciales favorables, ainsi les procédures collectives de règlement de l'insolvabilité professionnelle issues du Livre VI du Code de commerce.
La définition jurisprudentielle de l'artisan est plus stricte que la définition administrative qui oblige à s'immatriculer au Répertoire de métiers celui qui n'emploie pas plus de 10 salariés et exerce à titre principal ou secondaire une activité professionnelle indépendante de production, de transformation, de réparation, ou de prestation de services, à l'exclusion de l'agriculture et de la pêche.
Elle est en revanche plus compréhensive que la définition du droit fiscal qui n'accorde le bénéfice de certains avantages qu'à ceux qui travaillent seuls ou avec le concours d'une main-d'œuvre familiale et d'un compagnon ou apprenti.

C. artisanat, L. 96-603 du 5 juill. 1996; Décr. nº 98-246 et -247 du 2 avr. 1998.

→ *Chambre des métiers et de l'artisanat.*

Artisan rural

[Sécurité sociale/Droit rural]

Est considéré comme artisan rural au regard de la législation sociale, le petit artisan inscrit au répertoire des métiers ou susceptible de l'être n'employant pas plus de 2 salariés de façon permanente et dont l'activité concourt à la satisfaction des besoins professionnels des agriculteurs.

C. rur., art. L. 722-4.

Ascendant

[Droit civil]

Personne dont un individu est juridiquement issu. Le Code civil consacre le droit de l'enfant à entretenir des relations personnelles avec ses ascendants, auquel seul son intérêt peut faire obstacle.

C. civ., art. 205, 371-4 et 734.

→ *Collatéral, Degré, Descendant, Enfant, Filiation, Ligne.*

Asile diplomatique

[Droit international public]

Protection qu'un État peut assurer, grâce à l'inviolabilité des locaux diplomatiques, aux personnes objets de poursuites qui s'y sont réfugiées, en refusant de les remettre aux autorités locales ou d'autoriser celles-ci à venir les arrêter.

Asile politique

[Droit international public]

Statut accordé à un étranger persécuté dans son État national lui permettant de séjourner dans un pays d'accueil. Les conditions d'octroi et les droits attachés à ce statut relèvent de la législation du pays d'accueil.

→ *Cour nationale du droit d'asile.*

Assassinat

[Droit pénal]

Meurtre commis avec *préméditation*.

C. pén., art. 221-3.

Assedic (Association pour l'emploi dans l'industrie et le commerce)

[Droit du travail]

Avant la loi n° 2008-126 du 13 février 2008, associations paritaires créées par convention collective, chargées d'indemniser les chômeurs (chômage total). Ces associations étaient regroupées en une union nationale (Unedic); cette dernière subsiste après la réforme et continue de gérer les fonds résultant des cotisations patronales et ouvrières et d'une subvention de l'État.

→ *Pôle emploi.*

Assemblée constituante

[Droit constitutionnel]

Assemblée parlementaire élue avec le mandat d'élaborer une Constitution; par exemple, en France, en 1871 ou en 1945-46.

Assemblée des chambres

[Procédure civile]

Réunion des 3 premières chambres à la Cour d'appel de Paris, des 2 premières chambres dans les autres cours d'appel, en vue de recevoir le serment des magistrats et de procéder à l'installation des membres de la cour et du parquet général ainsi que du directeur de greffe.

COJ, art. R. 312-10.

Assemblée des Français de l'étranger

[Droit constitutionnel]

Représente les Français établis hors de France. Élue par eux (plus quelques personnalités nommées). Désigne 12 sénateurs (mais l'article 24 de la Constitution, révisé en 2008 et à mettre en œuvre aux prochaines élections législatives, dispose que les Français de l'étranger sont représentés à la fois par des députés et des sénateurs).

Assemblée générale

[Droit civil/Droit commercial]

Réunion périodique de tous les membres d'une association ou d'une société (civile ou commerciale) pour approuver la gestion et prendre les décisions les plus importantes.

Outre les assemblées ordinaires, sont tenues des assemblées extraordinaires pour la modification des statuts.

L'assemblée statue à l'unanimité (dans les sociétés de personnes), sauf clause statutaire contraire; à titre exceptionnel dans les sociétés de capitaux), à la majorité simple (assemblée ordinaire) ou qualifiée (assemblée extraordinaire).

Assemblée générale des Nations unies

[Droit international public]

Organe plénier de l'ONU, où tous les États membres sont représentés sur un pied d'égalité, et dont les compétences s'étendent à l'ensemble des buts des Nations unies, mais avec la réserve que l'Assemblée générale ne dispose que d'un pouvoir de

recommandation (sauf quand il s'agit de la vie intérieure de l'Organisation).
→ *Conseil de sécurité.*

Assemblée nationale

[Droit constitutionnel]
Première chambre du Parlement français, élue au suffrage universel direct. L'Assemblée nationale exerce (avec le Sénat) le pouvoir législatif et financier : elle contrôle le gouvernement (questions, enquêtes), dont elle peut seule mettre en jeu la responsabilité politique, soit spontanément (motion de censure) soit sur question de confiance posée par le gouvernement. En contrepartie, elle peut être dissoute par le président de la République.
→ *Sénat.*

Assemblée plénière

[Procédure civile/Procédure pénale]
Formation de la Cour de cassation comprenant, sous la présidence du Premier président, les présidents et les doyens des chambres ainsi qu'un conseiller pris au sein de chaque chambre (19 membres). Elle intervient obligatoirement lorsque, la juridiction de renvoi ne s'étant pas inclinée, un second pourvoi est formé et fondé sur les mêmes moyens que le premier. Sa saisine est *facultative* lorsqu'il existe des solutions divergentes soit entre les juges du fond, soit entre les juges du fond et la Cour de cassation.
Dans tous les cas, sa décision s'impose à la juridiction de renvoi.
Elle peut, à titre exceptionnel, juger sans renvoyer.

COJ, art. L. 421-5, 431-6, 431-9, R. 431-12 et 431-13.

[Droit administratif]
Plus haute formation de jugement du Conseil d'État, l'Assemblée du contentieux, composée de membres des sections contentieuses et administratives, connaît en pratique, principalement, des questions nouvelles les plus importantes. Ses arrêts n'ont d'autre force que leur portée de principe.

Assemblées générales dans certaines juridictions de l'ordre judiciaire

[Procédure civile/Procédure pénale]
Réunion de tout ou partie des personnels d'une juridiction en vue de délibérer sur l'administration générale de cette juridiction, essentiellement en donnant des avis et en procédant à des échanges de vues sur l'activité de la juridiction.
La loi distingue, pour le tribunal de grande instance et la cour d'appel plusieurs formations : l'assemblée des magistrats du siège, l'assemblée des magistrats du parquet, l'assemblée des magistrats du siège et du parquet, les assemblées des fonctionnaires du greffe et du secrétariat de parquet autonome, l'assemblée plénière des magistrats et des fonctionnaires, cette dernière comportant une commission permanente.

COJ, art. R. 212-22, 312-27 s. et 435-1 s.

Assesseurs

[Procédure civile]
Manière de désigner les juges qui encadrent le président d'une juridiction collégiale. Ce juge assesseur peut être un magistrat de carrière (conseiller à la cour entourant le président de chambre) ou un juge non professionnel (représentant des bailleurs et des preneurs aux côtés du président du tribunal paritaire des baux ruraux).

COJ, art. R. 212-7.

[Procédure pénale]
Magistrats professionnels, au nombre de 2, qui siègent aux côtés du président de la cour d'assises.

C. pr. pén., art. 248 s.

[Procédure (principes généraux)]

→ *Collégialité.*

Assiette de l'impôt

[Droit financier ou fiscal]

1° Ensemble d'opérations administratives tendant à établir l'existence et le montant de la matière imposable, et à constater la présence du fait générateur de l'impôt, c'est-à-dire de l'acte ou de la situation qui est la condition de la naissance de la dette d'impôt.

2° L'élément lui-même retenu pour le calcul de l'impôt par l'application du tarif, par exemple le montant du revenu annuel.

Assiette des cotisations

[Sécurité sociale]

Base de calcul des cotisations. Elle comprend toutes les sommes versées aux travailleurs en contrepartie ou à l'occasion du travail.

CSS, art. L. 242-1.

Assignation

[Procédure civile]

Acte de procédure adressé par le demandeur au défendeur par l'intermédiaire d'un huissier de justice, pour l'inviter à comparaître devant une juridiction de l'ordre judiciaire et valant, devant le tribunal de grande instance, conclusions pour le demandeur.

CPC, art. 55, 56, 829, 854 s. et 908.

→ *Citation en justice, Conclusions, Procédure à jour fixe, Requête conjointe.*

Assignation à résidence

[Droit international privé]

Lorsqu'un étranger frappé par un arrêté d'*expulsion* ne peut pas quitter le territoire, il peut lui être assigné un lieu de résidence.

ACTU

Assignation à résidence avec surveillance électronique

[Procédure pénale]

Mesure obligeant une personne mise en examen à demeurer à son domicile ou dans une résidence fixée par le juge d'instruction ou le juge des libertés et de la détention, et de ne s'en absenter qu'aux conditions et pour les motifs déterminés par ce magistrat. Elle ne peut être ordonnée, par ordonnance motivée et après débat contradictoire, que si les obligations du *contrôle judiciaire* se révèlent insuffisantes. Elle est prononcée pour une durée qui ne peut excéder 6 mois, mais avec des prolongations possibles, sans que la durée totale du placement dépasse 2 ans.

La personne qui ne respecte pas les obligations résultant de l'assignation à résidence avec surveillance électronique peut faire l'objet d'un *mandat d'arrêt* ou *d'amener* et être placée en détention provisoire.

C. pr. pén., art. 137 et 142-5 à 142-13, réd. L. n° 2009-1436 du 24 nov. 2009 pénitentiaire, art. 71.

Assignation à toutes fins

[Procédure civile]

Citation en justice devant le tribunal d'instance dont l'objet est double : tenter de concilier les parties, à défaut statuer sur leurs prétentions.

CPC, art. 836 s.

Assises

[Procédure pénale]

Au sens strict, cour d'assises, compétente, en premier ressort ou en appel, pour connaître des *crimes*.

Par extension, période, dite « session d'assises », durant laquelle siège cette juridiction.

C. pr. pén., art. 231 s.

Assistance

[Droit civil]

1° Obligation mise à la charge d'un époux de venir en aide à son conjoint par des soins attentifs, une aide matérielle et morale (comparer avec le devoir de *secours*).

C. civ., art. 212.

2° Mesure de protection de certains incapables majeurs placés sous le régime de la curatelle. Le curateur, par son assistance, signe les actes à côté de l'incapable, ou lui donne préalablement l'autorisation d'agir. Celui qui assiste ne représente pas.

C. civ., art. 510.

→ *Représentation.*

[Droit pénal]

Modalité de complicité en matière de crime ou de délit, consistant à en faciliter la préparation ou la consommation.

C. pén., art. 121-7.

→ *Complicité.*

Assistance des plaideurs

[Procédure civile]

À la différence de la représentation en justice qui consiste en un véritable mandat emportant pouvoir et devoir d'accomplir au nom du mandant les actes de la procédure, l'assistance est une mission de conseil et de défense du plaideur qui n'oblige en rien la partie. Sauf disposition ou convention contraire, la mission d'assistance est incluse dans le mandat de représentation.

CPC, art. 411 s., 751, 827, 853, 899 s., 973 s.

→ *Ad litem, Aide juridique, Avocat, Défenseur, Mandat de représentation en justice, Représentation en justice des plaideurs.*

Assistance éducative

[Droit civil]

Ensemble de mesures qui peuvent être prises par le juge des enfants lorsque la santé, la sécurité, la moralité ou les conditions d'éducation, ou de développement physique, affectif, intellectuel et social d'un mineur non émancipé sont gravement compromises. Le juge peut ordonner le placement de l'enfant hors de sa famille ou le maintenir dans son milieu en imposant le respect de certaines obligations, sans supprimer l'*autorité parentale*.

C. civ., art. 375 s.

Assistance judiciaire

[Procédure civile]

→ *Aide juridique.*

Assistance maritime

[Droit commercial/Droit international]

Obligation coutumière consistant à porter secours aux navires en danger. Incombant à tout marin naviguant à proximité du bâtiment en détresse, l'assistance est en principe gratuite et ne donne qu'exceptionnellement lieu à rémunération, à proportion de la valeur des biens sauvés (règle *no cure, no pay*).

L. 67-745 du 7 juill. 1967 et notamment convention de Londres du 28 avr. 1989.

Assistance médicale à la procréation

[Droit civil]

Cette assistance s'entend des pratiques cliniques et biologiques permettant la conception *in vitro*, le transfert d'embryons et l'insémination artificielle, ainsi que toute technique d'effet équivalent permettant la procréation en dehors du processus naturel, dont la liste est fixée par un arrêté du ministre chargé de la Santé. Elle est destinée à répondre à la demande parentale d'un couple et a pour objet de remédier à l'infertilité dont le caractère pathologique a été médicalement diagnostiqué ou d'éviter la transmission à l'enfant ou à un membre du couple d'une maladie d'une particulière gravité.

CSP, art. L. 2141-1 et 2; C. civ., art. 311-19, 311-20; CPC, art. 1157-2, 1157-3.

→ *Procréation médicalement assistée.*

Assistance mutuelle

[Droit international public]

Aide que des États se promettent mutuellement par traité au cas où l'un d'eux serait victime d'une agression.

Assistance publique

[Sécurité sociale]

→ *Aide sociale.*

Assistant de justice

[Droit administratif]

Les assistants de justice auprès du Conseil d'État, des cours administratives d'appel et des tribunaux administratifs sont nommés pour une durée de 2 ans, renouvelable 2 fois. Leurs fonctions sont analogues.

CJA, art. L. 122-2 et 227-1.

[Procédure civile]

Auxiliaire du juge, diplômé d'études supérieures juridiques, recruté par engagement écrit pour une durée de 2 ans renouvelable 2 fois, chargé d'apporter son concours aux travaux préparatoires réalisés par les magistrats des tribunaux d'instance, des tribunaux de grande instance, des cours d'appel et de la Cour de cassation pour l'exercice de leurs attributions ainsi que pour les activités de l'École nationale de la magistrature.

Assistant(e) social(e)

[Droit social]

Personne titulaire du diplôme d'État d'assistant social, dont la mission générale est de faciliter l'adaptation des familles à la vie en société.

Assistante maternelle

[Droit du travail]

Personne qui accueille habituellement à son domicile, moyennant rémunération, un ou plusieurs mineurs confiés par des particuliers ou des personnes morales de droit privé. En fait, la catégorie des assistantes maternelles recouvre, depuis la loi du 17 mai 1977, les anciennes nourrices et gardiennes d'enfants. Agréées nécessairement par la Direction départementale de l'Action sanitaire et sociale, elles sont assimilées à des salariés et bénéficient, en conséquence, avec quelque aménagement parfois, des dispositions du Code du travail.

Association

[Droit administratif/Droit civil]

1° L'association, ou contrat d'association, est la convention par laquelle 2 ou plusieurs personnes mettent en commun leurs connaissances ou leur activité dans un but autre que de partager des bénéfices (L. 1er juill. 1901, art. 1er).

2° Personne morale issue de cette convention. Selon leur type (déclarée, reconnue d'utilité publique, composée en majeure partie d'étrangers, ou ayant son siège social à l'étranger), les associations bénéficient d'un régime de liberté plus ou moins étendu.

GAJC, t. 2, n° 290; GDCC n° 13.

→ *Contrat (Établissement d'enseignement privé sous), Société.*

Association d'avocats

[Procédure civile]

Contrat écrit que peuvent passer entre eux des avocats en constituant une association dont l'objet est la mise en commun des moyens et le partage des frais généraux. En principe, chacun des membres de l'association est tenu des actes accomplis par l'un d'eux, au nom de l'association, à proportion de ses droits dans l'association. Mais le contrat peut prévoir, à l'unanimité des associés, que la mise en cause de la responsabilité professionnelle de l'un de ses membres n'engagera pas celle des autres associés. Une telle association est dite « association d'avocats à responsabilité professionnelle individuelle ».

La transformation d'une *Société civile professionnelle* (SCP) en association d'Avocats à responsabilité professionnelle individuelle (AARPI) bénéficie de la neutralité fiscale, en ce sens que sont écartées les conséquences fiscales de la cessation d'entreprise.

L. nº 71-1130 du 31 déc 1971 (art. 7 s.); Décr. nº 91-1197 du 27 nov. 1991 (art. 124 s.).

Association de consommateurs

[Procédure civile/Procédure pénale]

Association agréée par arrêté conjoint du ministre chargé de la Consommation et du garde des Sceaux dont l'objet statutaire est la défense des intérêts des consommateurs, à laquelle la loi reconnaît qualité pour exercer les droits reconnus à la partie civile relativement aux faits portant un préjudice direct ou indirect à l'intérêt collectif des consommateurs et qui peut recevoir mandat d'agir devant les juridictions civiles au nom des consommateurs victimes d'un préjudice personnel dû au même professionnel.

C. consom., art. L. 421-1 s. et R. 411-1 s.

→ *Action en représentation conjointe.*

Association de défense des investisseurs

[Procédure civile/Procédure pénale]

Association dont l'objet statutaire est la défense des investisseurs en valeurs mobilières ou en produits financiers, pouvant agir devant toutes les juridictions, même par voie de constitution de partie civile, relativement aux faits portant un préjudice direct ou indirect à l'intérêt collectif des investisseurs, et pouvant recevoir mandat de demander réparation du préjudice personnel subi par au moins 2 investisseurs et causé par le même professionnel.

C. mon. fin., art. L. 452-1 s.

→ *Action en représentation conjointe.*

Association de malfaiteurs

[Droit pénal]

Tout groupement formé ou entente établie en vue de la préparation, caractérisée par un ou plusieurs faits matériels, d'un ou plusieurs crimes ou d'un ou plusieurs délits punis d'au moins 5 ans d'emprisonnement.

C. pén., art. 450-1.

Association en participation

[Droit commercial]

→ *Société en participation.*

Association européenne de libre-échange

[Droit international public]

Organisation internationale créée en 1960 par 7 États (Autriche, Danemark, Norvège, Portugal, Royaume-Uni, Suède, Suisse) qui ont décidé d'établir entre eux une *zone de libre-échange*.

La Finlande s'y est jointe en 1961, l'Islande en 1970, puis le Liechstenstein.

L'entrée progressive de certains de ses membres dans l'Union européenne, Danemark et Royaume-Uni d'abord, puis le Portugal, enfin en 1995 l'Autriche, la Finlande et la Suède, en fait un cadre quasiment vide. Conçue par les Anglais comme une « contre

CEE », l'AELE se fond, aujourd'hui, dans l'*Espace économique européen*.

Association foncière agricole

[Droit rural]

Les associations foncières agricoles et pastorales sont des associations syndicales de propriétaires fonciers constituées suivant le régime de la loi du 21 juin 1865. Elles ont pour objet la construction, l'entretien d'ouvrages et la réalisation de travaux visant à la mise en valeur des propriétés, la prévention des risques naturels ou sanitaires, l'environnement. Ce sont des établissements publics à caractère administratif.

C. rur., art. L. 136-1 à 136-12 et R. 136-1 à 136-11.

Association foncière pastorale

[Droit rural]

Groupement de propriétaires de terrains à destination agricole, pastorale ou boisés qui se situent dans des zones classées montagne où le maintien d'une activité pastorale extensive est de nature à protéger le milieu naturel et à sauvegarder la vie sociale. Elle propose un regroupement des terres dispersées des propriétaires pour créer une unité permettant une gestion adaptée. Elle a le statut d'établissement public à caractère administratif.

Les propriétaires réunis dans ces associations peuvent également rechercher des moyens de mise en valeur autres qu'agricoles, pastoraux ou forestiers tels que les loisirs et la détente. Pour ce faire, ces associations peuvent mettre en œuvre les investissements nécessaires tels que remonte-pentes, golfs, aires de jeux, gîtes ruraux, fermes-auberges. Elles sont le moyen, pour les propriétaires qu'elles réunissent, de décider eux-mêmes des utilisations de leurs terrains et d'en organiser la mise en valeur.

C. rur., art. L. 135-1 s.

Association intermédiaire

[Droit du travail]

Association, agréée par l'État, ayant pour objet d'embaucher des personnes dépourvues d'emploi afin de les mettre à titre onéreux à la disposition de personnes physiques ou morales pour exercer des activités qui ne sont pas assurées sur le plan local par l'initiative privée ou par les collectivités territoriales. Leur activité est réputée non lucrative.

C. trav., art. L. 5132-2 et 5132-7 s.

Association internationale de développement (AID)

[Droit international public]

Institution spécialisée des Nations unies créée en 1960 et affiliée à la *BIRD*.

Accorde des prêts à long terme (50 ans et sans intérêts) aux pays les moins avancés pour leur permettre de financer tous projets de développement (même non directement productifs). *Siège :* Washington.

Association pour la gestion du fonds de financement de l'AGIRC et de l'ARRCO (AGFF)

[Sécurité sociale]

Association créée par l'accord du 10 février 2001 sur les retraites complémentaires. Elle remplace l'association pour la structure financière (ASF). Elle assure le financement des retraites complémentaires *ARRCO* et *AGIRC* liquidées à partir de 60 ans.

Association syndicale

[Droit administratif]

Expression générique désignant plusieurs sortes de groupements de propriétaires fonciers réunis en vue de l'exécution de travaux destinés au profit commun de leurs fonds.

Les principaux types en sont représentés par : les associations libres (qui sont de simples personnes morales de droit privé), les associations autorisées (par l'Administration, et qui sont les plus nombreuses) et les associations forcées (qui sont des établissements publics, relevant à ce titre du droit administratif et bénéficiant de prérogatives de puissance publique).

Associations de protection de l'environnement

[Droit de l'environnement]

Associations dont l'objet statutaire est la protection de la nature, de l'eau, de l'air, des sols, des sites et paysages, la gestion de la faune sauvage, la lutte contre les pollutions et les nuisances. Ces associations peuvent être, sous certaines conditions, agréées par l'autorité administrative, ce qui leur donne qualité pour, 1° agir contre toute décision administrative produisant des effets dommageables pour l'environnement, 2° exercer les droits reconnus à la partie civile en cas d'infraction dans les domaines de leur activité, 3° être mandatées par les personnes ayant subi un préjudice individuel de même origine en vue d'en obtenir réparation devant toute juridiction au nom de celles-ci (*action en représentation conjointe*).

C. envir., art. L. 141-1 s., R. 141-1 à 142-9.

Associations familiales

[Droit civil/Procédure civile]

Associations de la loi du 1er juillet 1901 qui ont pour but essentiel la défense de l'ensemble des intérêts matériels et moraux soit de toutes les familles, soit de certaines catégories d'entre elles. Elles sont regroupées dans des unions départementales et une union nationale, lesquelles ont des compétences spécifiques dont celle d'exercer, sans le moindre agrément, l'action civile relativement aux faits de nature à nuire aux intérêts matériels et moraux des familles.

CASF, art. L. 211-1 s.

→ *Action collective, Action de groupe.*

Associé

[Droit civil/Droit commercial]

Membre d'une *société*, qui a effectué des apports et a vocation à participer au fonctionnement du groupement, à partager les bénéfices ou les pertes. Dans un sens plus étroit, désigne le membre d'une société de personnes, par opposition à l'*actionnaire*.

→ *Sociétaire.*

Associé d'exploitation

[Droit rural]

Membre de la famille de l'exploitant, l'associé d'exploitation est une personne âgée de 18 ans révolus à moins de 35 ans qui, bien qu'ayant pour activité principale la participation à la mise en œuvre de l'exploitation n'est pas salariée de l'entreprise. C'est un statut faiblement rémunérateur mais plus favorable que celui d'*aide familiale*. Il est réservé aux descendants, frère, sœur ou allié au même degré du chef d'exploitation ou de son conjoint.

L'associé d'exploitation bénéficie d'un statut particulier comportant notamment un intéressement au résultat de l'exploitation ou une allocation dont le montant est fixé à l'échelon national.

La condition d'associé d'exploitation prend fin, selon le cas : 2 ans après le mariage de l'associé d'exploitation, ou si l'associé d'exploitation s'installe en qualité d'exploitant ou de co-exploitant, ou enfin lorsque l'associé d'exploitation atteint son 35e anniversaire.

C. rur., art. L. 321-6 s.

Assujettissement

[Sécurité sociale]

Obligation d'affilier aux assurances sociales du régime général, quel que soit leur âge et même si elles sont titulaires d'une pension, toutes les personnes quelle que soit leur nationalité, salariées ou travaillant à quelque titre ou en quelque lieu que ce soit, pour un ou plusieurs employeurs et quels que soient le montant et la nature de leur rémunération, la forme, la nature ou la validité de leur contrat.

CSS, art. L. 311-2.

Assurance

[Droit civil/Droit commercial]

Contrat par lequel une partie, l'assuré, se fait remettre moyennant une rémunération (la prime), pour lui ou pour un tiers, en cas de réalisation d'un risque, une prestation par une autre partie, l'assureur, qui, prenant en charge un ensemble de risques, les compense conformément à la loi de la statistique.

C. civ., art. 1964.

Assurance accidents du travail et maladies professionnelles des exploitants agricoles (ATEXA)

[Sécurité sociale]

Assurance qui couvre les risques professionnels : accidents du travail, maladies professionnelles. Elle ouvre droit à des prestations en nature et en espèces.

C. rur., art. L. 752-1.

ACTU

Assurance capitalisation

[Droit civil]

Contrat par lequel en contrepartie de primes périodiquement versées par l'assuré, une société d'assurance s'engage à verser la *capitalisation* de ces sommes, augmentées des produits financiers issus de leur placement, diminuées des frais de gestion, soit à l'assuré s'il est toujours en vie, soit, en cas de décès, à un bénéficiaire désigné par lui. Dans la mesure où le capital sera nécessairement payé par l'assureur, l'application, à ces contrats, des articles L. 132-12 et L. 132-13 du Code des assurances, prévus pour l'*assurance-vie*, a été posée et résolue favorablement par la jurisprudence.

GAJC, t. 1, n° 132.

ACTU

Assurance chômage

[Droit du travail]

Système d'indemnisation du *chômage* total, à base conventionnelle, créé en 1958 par une convention nationale interprofessionnelle, étendue et rendue obligatoire en 1967. Le système a été unifié par une loi-cadre du 16 janvier 1979 qui a supprimé les allocations complémentaires d'aide publique, tout en imposant à l'État l'obligation de subventionner le régime géré par l'Unedic. La convention de 1958 a été remplacée par un protocole du 10 janvier 1984 suivi de la convention du 24 février qui distinguent l'assurance chômage proprement dite financée par les entreprises et les salariés, et le régime de solidarité pris en charge par les collectivités et destiné à aider les néodemandeurs d'emploi, les chômeurs en fin de droit, les chômeurs en formation et les préretraités. Le règlement du 1er janvier 2004, très ambitieux, met en place un Plan d'aide au retour à l'emploi (PARE) destiné à faciliter pour les chômeurs la recherche active et l'obtention qui permet de définir et de conclure un projet d'action personnalisé avec le

demandeur d'emploi. Cette même convention supprime toute dégressivité dans l'indemnisation du chômage.
Une loi n° 2008-126 du 13 février 2008 a organisé la fusion du réseau de l'Agence nationale pour l'emploi (ANPE) et des associations pour l'emploi dans l'industrie et le commerce (*Assedic*) dans une institution nationale publique, non dénommée légalement et couramment désigné par l'expression *Pôle emploi*, chargée à la fois de l'accompagnement des demandeurs d'emploi et du versement des allocations de chômage et des allocations du régime de solidarité. La perception des cotisations d'assurance chômage est transférée aux Urssaf au plus tard au 1er janvier 2012.

C. trav., art. L. 5312-1 s.

→ *Allocation-chômage.*

Assurance décès

[Sécurité sociale]

Assurance qui garantit aux ayants droit de l'assuré qui décède le paiement d'une somme appelée *capital-décès*.

CSS, art. L. 361-1 s.

→ *Assurance en cas de décès, Assurance en cas de vie, Assurance-vie.*

Assurance de protection juridique

[Procédure civile/Procédure pénale/Procédure administrative]

Opération par laquelle un assureur, moyennant paiement d'une prime ou d'une cotisation, prend en charge, en cas de litige opposant l'assuré à un tiers, les frais de la procédure civile, pénale ou administrative dans laquelle l'assuré est impliqué comme défendeur ou comme demandeur (dans la limite de certains plafonds) ou fournit des services pour aider l'assuré à résister à une réclamation dont il est l'objet ou à obtenir réparation à l'amiable du dommage qu'il subit.

L'assurance de protection juridique relaie opportunément l'*aide juridictionnelle* pour tous ceux qui n'y ont pas accès du fait de leurs ressources.

C. assur., art. L, 127-1 s.

Assurance en cas de décès

[Droit civil]

Assurance par laquelle l'assureur s'engage, moyennant payement d'une prime, à verser au tiers désigné dans le contrat un capital ou une rente en cas de mort de l'assuré souscripteur.

→ *Assurance en cas de vie, Assurance-vie.*

Assurance en cas de vie

[Droit civil]

Assurance dans laquelle le risque couvert est constitué par la survie de l'assuré à un âge déterminé ou à une date déterminée.

→ *Assurance capitalisation, Assurance décès, Assurance-vie.*

Assurance garantie des salaires

[Droit du travail]

Système d'assurance contre le risque de non-paiement des salaires et sommes assimilées, lorsque l'entreprise est en état de redressement ou de liquidation judiciaire. L'employeur est tenu d'assurer ses salariés et verse à cet effet une cotisation à l'association patronale « Assurance garantie des salaires » perçue par l'organisme gestionnaire du régime d'assurance chômage qui avance les fonds au profit des salariés bénéficiaires de la garantie.

C. trav., art. L. 3253-6 s.

→ *Pôle emploi.*

Assurance invalidité

[Sécurité sociale]

Assurance accordant une pension aux assurés ayant subi de manière durable une réduction de leur capacité de travail.

Le risque invalidité est couvert dans tous les régimes de Sécurité sociale.

CSS, art. L. 341-1 s.

Assurance-maladie

[Sécurité sociale]

Assurance procurant des « *prestations en espèces* » et des « *prestations en nature* » en cas de maladie. Le risque maladie est couvert dans tous les régimes de base obligatoires.

Toutefois certains régimes n'accordent pas de prestations en espèces, par exemple régime agricole pour les exploitants agricoles, régime des professions non salariées non agricoles, pour les professions libérales.

CSS, art. L. 321-1 s.

→ *Sécurité sociale.*

Assurance-maladie des exploitants agricoles (AXEMA)

[Sécurité sociale]

Cette assurance couvre les risques maladie, maternité, invalidité pour les exploitants agricoles. En cas de maladie, elle n'ouvre droit qu'à des prestations en nature.

Elle a été instituée par une loi du 25 janvier 1961.

C. rur., art. L. 732-3.

Assurance maternité

[Sécurité sociale]

Assurance procurant des prestations en espèces et des prestations en nature sans *ticket modérateur* en cas de maternité. Le régime maternité est couvert dans tous les régimes de base obligatoires.

Toutefois certains régimes n'accordent pas d'indemnité journalière mais des allocations forfaitaires par exemple régime des professions non salariées non agricoles.

CSS, art. L. 331-1 s.

→ *Sécurité sociale.*

Assurance veuvage

[Sécurité sociale]

Dispositif qui garantit au conjoint survivant de l'assuré du régime général une allocation de veuvage temporaire lorsque, résidant en France, il satisfait à des conditions d'âge et de ressources fixées par décret.

CSS, art. L. 356-1.

Assurance-vie

[Droit civil]

Contrat d'assurance par lequel une personne (le souscripteur) obtient d'une autre (l'assureur), moyennant paiement d'une prime, le versement, à elle-même si elle survit à une date déterminée ou, en cas de décès, à un tiers (l'assuré) qu'elle désigne, un capital ou une rente. Il bénéficie d'un régime fiscal de faveur.

C. assur., art. L. et R. 131 s.

GAJC, t. 1, n° 132; GAJC, t. 2, n° 171.

→ *Assurance capitalisation, Assurance décès, Assurance en cas de vie, Stipulation pour autrui.*

Assurance vieillesse

[Sécurité sociale]

Assurance accordant une pension aux personnes qui justifient d'une certaine durée d'assurance et qui partent à la retraite à 60 ans. Le risque vieillesse est couvert dans tous les régimes de base obligatoires. Certains régimes accordent toutefois des pensions à des personnes qui partent à la retraite avant 60 ans.

CSS, art. L. 351-1 s.

Assurance volontaire

[Sécurité sociale]

Régime facultatif couvrant les régimes vieillesse – veuvage – invalidité et accidents du travail et ouvert aux personnes qui ne sont pas couvertes contre ces risques par un régime obligatoire. Elle complète la *Couverture maladie universelle* (CMU).

CSS, art. L. 742-1 s.

Assuré social

[Sécurité sociale]

Toute personne affiliée à un régime de Sécurité sociale.

Astreinte

[Droit administratif]

Pour éviter l'inexécution d'une décision rendue par une juridiction administrative contre une personne morale de droit public, ou un organisme de droit privé chargé de la gestion d'un service public, cette juridiction peut prononcer une astreinte en vue d'en assurer l'exécution.

CJA, art. L. 911-3 s.

GAJA n° 90; GACA n° 72.

[Droit civil/Procédure civile]

Condamnation à une somme d'argent, à raison de tant par jour (ou semaine, ou mois) de retard, prononcée par le juge du fond ou le juge des référés, contre un débiteur récalcitrant, en vue de l'amener à exécuter en nature son obligation.

En principe *provisoire*, c'est-à-dire sujette à révision, l'astreinte peut être *définitive* si le tribunal en a ainsi expressément décidé. Mais une astreinte définitive ne peut être ordonnée qu'après le prononcé d'une astreinte provisoire et pour une durée que le juge détermine.

Tout juge peut, même d'office, ordonner une astreinte pour assurer l'exécution de sa décision.

Le juge de l'exécution a reçu des pouvoirs spéciaux en ce domaine.

CPC, art. 11, 134, 137, 139 et 491., L. n° 91-650 du 9 juill. 1991, art. 33 s.; Décr. n° 92-755 du 31 juill. 1992, art. 51 s.

GAJC, t. 2, n° 247-248.

→ *Liquidation de l'astreinte.*

[Droit européen]

Somme que la Cour de justice peut, dans certains cas prévus aux alinéas 2 et 3 de l'article 260 TFUE, mettre à la charge d'un État dans le cadre d'une procédure de manquement.

Astreinte (Période d')

[Droit du travail]

On distingue astreinte et temps de travail effectif; ce dernier suppose que le salarié est à la disposition de l'employeur sans pouvoir librement vaquer à des occupations personnelles. Au contraire, selon le législateur reprenant une analyse prétorienne antérieure, une période d'astreinte s'entend comme une période pendant laquelle le salarié, sans être à la disposition permanente et immédiate de l'employeur, a l'obligation de demeurer à son domicile ou à proximité afin d'être en mesure d'intervenir pour effectuer un travail au service de l'entreprise, la durée de cette intervention étant considérée comme un temps de travail effectif. L'astreinte doit donner lieu à des compensations (financières ou sous forme de repos).

C. trav., art. L. 3121-1 et 3121-5.

GADT n° 59.

Atermoiement

[Droit commercial]

Forme de concordat, selon lequel le débiteur s'engage à régler intégralement ses dettes, mais avec un certain retard. On parle aujourd'hui d'accord (ou règlement) amiable. La *procédure de conciliation* constitue actuellement une voie possible pour un tel règlement préventif des difficultés.

Atteinte à la dignité de la personne

[Droit civil/Droit pénal]

1° Manquement à la considération due à la personne humaine, sous forme notamment de discriminations, de proxénétisme, de recours à la prostitution d'un mineur, de conditions abusives de travail ou d'hébergement, de bizutage, ou de violation de sépulture.

Conv. EDH, art. 3; C. civ., art. 16, 1719; C. pén., art. 225-1 s.

2° Toute personne a le droit de recevoir les soins les plus appropriés à son état de santé et de bénéficier des thérapeutiques dont l'efficacité est reconnue; cependant, les actes de prévention, d'investigation ou de soins ne doivent pas, en l'état des connaissances médicales, lui faire courir de risques disproportionnés par rapport au bénéfice escompté; ils ne doivent pas non plus être poursuivis par une obstination déraisonnable; ils peuvent même être suspendus ou ne pas être entrepris s'ils apparaissent inutiles, disproportionnés ou n'ayant pas d'autre effet que le seul maintien artificiel de la vie; dans ce cas, le médecin sauvegarde la dignité du mourant et assure la qualité de sa vie en lui dispensant des *soins palliatifs*.

Les professionnels de santé doivent mettre en œuvre tous les moyens à leur disposition pour assurer à chacun une vie digne jusqu'à la mort. Si le médecin constate qu'il ne peut soulager la souffrance d'une personne, en phase avancée ou terminale d'une affection grave et incurable, qu'elle qu'en soit la cause, qu'en lui appliquant un traitement qui peut avoir pour effet secondaire d'abréger sa vie, il doit en informer le malade, la personne de confiance désignée par le malade pour le cas où il serait hors d'état de manifester sa volonté, la famille ou, à défaut, un des proches.

CSP, art. L. 1110-2, 1110-5, 1111-10, 1110-13.

→ *Corps humain, Dignité de la personne, Être humain, Fin de vie, Inviolabilité du corps humain, Logement décent, Organe humain.*

3° L'administration pénitentiaire garantit à toute personne détenue le respect de sa dignité et de ses droits. L'exercice de ceux-ci ne peut faire l'objet d'autres restrictions que celles résultant des contraintes inhérentes à la détention, du maintien de la sécurité et du bon ordre des établissements, de la prévention de la récidive et de la protection de l'intérêt des victimes. Ces restrictions tiennent compte de l'âge, de l'état de santé, du handicap et de la personnalité de la personne détenue.

L. n° 2009-1436 du 24 nov. 2009 pénitentiaire, art. 22.

Atteinte à la liberté du travail

[Droit du travail]

→ *Liberté du travail.*

Atteinte sexuelle

[Droit pénal]

Acte d'ordre sexuel, soit commis avec violence, contrainte, menace ou surprise, auquel cas il est constitutif d'une agression sexuelle toujours punissable, quelle qu'en soit la victime, soit réalisé sans violence, contrainte, menace ni surprise, auquel cas il n'est punissable qu'à l'égard des mineurs.

C. pén., art. 222-22 s. et 227-15 s.

→ *Agressions sexuelles, Mise en péril des mineurs.*

Atteintes à l'état civil

[Droit pénal]

Ensemble d'infractions, de caractère délictuel ou contraventionnel, qui compromettent l'état civil des personnes. Regroupées sous une division particulière du Code pénal, elles concernent le non-respect du nom assigné par l'état civil, la *bigamie*, la célébration d'un mariage religieux sans mariage civil préalable, l'entrave à la liberté des funérailles, le non-respect des règles de tenue des actes d'état civil, la non-déclaration d'une naissance, la non-déclaration de découverte d'un enfant nouveau-né, l'inhumation sans autorisation ou en violation des dispositions législatives et réglementaires.

C. pén., art. 433-19 s. et R. 645-3 s.

Atteintes à la filiation

[Droit pénal]

Infractions relatives, d'une part, à la provocation à l'*abandon* d'enfant, d'autre part, à la substitution volontaire d'enfant, ainsi qu'à la simulation ou dissimulation d'enfant.

C. pén., art. 227-12 s.

→ *Simulation d'enfant, Substitution d'enfant.*

Atteintes à la sûreté de l'État

[Droit pénal]

Ensemble de crimes et de délits qui compromettent, soit la défense nationale, soit les relations de la France avec l'étranger, soit la sécurité de l'État et la paix publique. Depuis la réforme du Code pénal, les atteintes à la sûreté de l'État sont référencées sous le titre des atteintes aux *intérêts fondamentaux de la nation*.

C. pén., art. 410-1.

Atteintes à la vie privée

[Droit civil/Droit pénal]

Fautes civiles ou pénales lésant le droit de chaque citoyen au respect de sa personnalité, dans le cadre de sa *vie privée* ou de l'intimité de celle-ci.

C. civ., art. 9; C. pén., art. 226-1 s.

GAJC, t. 1, n° 20, 21.

→ *État des personnes.*

Atteintes aux intérêts fondamentaux de la nation

→ *Intérêts fondamentaux de la nation.*

Atteintes involontaires

[Droit pénal]

Expression générique, qui regroupe l'homicide involontaire et les violences involontaires contre les personnes, par opposition aux atteintes volontaires, soit à la vie, soit à l'intégrité physique ou psychique des personnes.

C. pén., art. 221-6 s., 222-19 s., R. 622-1 et 625-2 s.

Attendu

[Procédure civile/Procédure pénale]

Nom donné aux alinéas de la partie d'une décision de justice contenant l'exposé factuel de l'affaire, les phases de la procédure et la motivation du juge. Chacun commence par les mots : « Attendu que… ». Cette partie précède l'énoncé du *dispositif*.

→ *Considérant.*

Attentat à la pudeur

[Droit pénal]

Acte illicite d'ordre sexuel, avec ou sans violence, auquel la victime, personne de l'un ou l'autre sexe, se trouve physiquement mêlée. Depuis la réforme du Code pénal, les attentats à la pudeur sont désormais qualifiés d'*atteintes sexuelles*, et relèvent, soit des *agressions sexuelles*, soit de la *mise en péril des mineurs*.

C. pén., art. 222-22 s. et 227-25 s.

Atterrissement

[Droit civil]

Mouvement de la terre dû à l'action d'un cours d'eau qui opère soit accroissement par dépôt sur la rive, soit constitution d'îles ou d'îlots par émergence au-dessus du lit.

C. civ., art. 556 et 560.

→ *Accroissement, Alluvions, Lais et relais.*

Attestation

[Procédure civile]

Déposition écrite rédigée par une personne qui pourrait être convoquée comme témoin dans une enquête. Elle peut être produite spontanément par un plaideur ou provoquée par le juge. Elle contient la relation des faits auxquels son auteur a assisté ou qu'il a personnellement constatés.

CPC, art. 199 s.

Attestation d'embauche

[Droit du travail]

Document écrit que doit remettre l'employeur au salarié au moment de l'embauche et attestant de celle-ci. Cette mesure tend à lutter contre le travail dissimulé.

C. trav., art. R. 1221-9.

ACTU

Attestation notariée immobilière

[Droit civil]

Acte établi par un notaire en vue de certifier la propriété (ou, plus généralement, un droit réel immobilier) d'héritiers sur un immeuble, après transmission par décès; l'acte certifie cette propriété après avoir visé les pièces qui établissent la dévolution. Il permet alors d'accomplir les formalités de publicité des mutations immobilières. Les tiers doivent tenir pour exacte l'attestation du notaire et peuvent considérer l'intéressé comme héritier et propriétaire apparent.

→ *Acte de notoriété, Certificat d'hérédité/d'héritier, Certificat de propriété, Intitulé d'inventaire.*

Attributaire

[Sécurité sociale]

Personne physique ou morale entre les mains de laquelle sont versées les prestations familiales. Généralement, l'attributaire est l'*allocataire*, mais ce peut être son conjoint ou concubin ou la personne qui assure l'entretien de l'enfant.

CSS, art. L. 513-1.

Attribution de juridiction

[Procédure civile]

→ *Clause attributive de juridiction, Prorogation de juridiction.*

Attribution préférentielle

[Droit civil]

Dans le partage d'une indivision (successorale, communautaire, sociale), attribution d'un bien à celui des indivisaires qui, en vertu des critères légaux, est jugé le plus apte à le recevoir.

C. civ., art. 831 s., 1476 et 1844-9.

GAJC, t. 1, n° 115.

Aubain

[Droit international privé]

Terme de l'époque féodale, désignant l'individu né hors de la seigneurie (du latin : *alibi natus*) et frappé, de ce fait, de certaines incapacités.

Audiatur altera pars

[Procédure civile]

Aucune partie ne peut être jugée si elle n'a pas été entendue au procès ou si elle n'y a pas été appelée. Cette exigence embrasse dans sa généralité tous les moments et actes de la procédure.

→ *Contradictoire (Principe du), Droits de la défense.*

Audience

[Procédure génrale]

Séance au cours de laquelle une juridiction prend connaissance des prétentions des parties, instruit le procès, entend les plaidoiries et rend son jugement.

Le plus souvent, l'audience est publique.

La loi organique du 7 novembre 1958 relative au Conseil constitutionnel prévoit, dans sa rédaction du 10 décembre 2009, la publicité de l'audience en matière de *question prioritaire de constitutionnalité* (art. 23-10).

CPC, art. 430 s.; CJA, art. L. 6 et 736-1.

GACA n° 60.

Audience de la Chambre

[Procédure civile]

Formation de chacune des chambres de la Cour de cassation composée de 5 de ses membres ayant voix délibérative, appelée à statuer sur les pourvois délicats qui ne peuvent être examinés par la formation ordinaire à 3 magistrats.

COJ, art. L. 431-1.

Audience de procédure

[Procédure civile]

Séance d'un tribunal non consacrée aux plaidoiries, au cours de laquelle le président ou le juge de la mise en état confère de l'avancement de la cause avec les représentants des parties pour déterminer la suite procédurale à lui donner (renvoi pour plaidoirie, renvoi pour instruction, renvoi pour conclusions complémentaires).

CPC, art. 759 s., 910.

→ *Appel des causes.*

Audience des plaidoiries

[Procédure civile]

Audience succédant à la phase d'*instruction* et précédant celle du *délibéré* au cours de laquelle les parties développent oralement leurs prétentions et répondent aux questions du juge et au terme de laquelle le ministère public présente ses observations.

CPC, art. 430 s.

Audience d'orientation

[Procédure civile]

Audience que tient le juge d'exécution au cours d'une procédure de *saisie immobilière* et dont l'objet est d'examiner la validité de la saisie, de statuer sur les contestations et demandes incidentes liées à celles-ci et de déterminer les modalités selon lesquelles la procédure sera poursuivie (vente amiable ou vente forcée).

C. civ., art. 2201 s.; Décr. n° 2006-936 du 27 juill. 2006, art. 49 s.

→ *Audience foraine*

[Procédure civile]

Audience qui se tient dans une commune autre que celle où est fixé le siège de la juridiction.

COJ, art. R. 124-2 et 232-3.

Audience solennelle

[Procédure civile]

Formation exceptionnelle de la cour d'appel composée du premier président et de conseillers appartenant à plusieurs chambres, constituée en vue de statuer sur les renvois après cassation, si le premier président en décide ainsi eu égard à la nature ou la complexité de l'affaire.

L'audience solennelle est également compétente pour connaître du contentieux des élections au Conseil national des barreaux, aux Conseils de l'ordre et au bâtonnat.

Devant toutes les juridictions se tient, pendant la première quinzaine de janvier, une audience solennelle de rentrée au cours de laquelle il est fait un exposé de l'activité de la juridiction durant l'année écoulée.

À la Cour de cassation, les chambres se réunissent en audience solennelle dans les cas prévus par les textes.

COJ, art. L. 312-2, R. 111-2, 212-1, 312-9 et 421-5.

Audiencer

[Procédure civile]

Fixer la date de l'audience à laquelle une affaire, prête à être jugée sur le fond, sera appelée pour être plaidée.

CPC, art. 760.

Audit

[Droit général]

Mission de vérification de la conformité d'une opération ou de la situation d'une entreprise aux règles de droit en vigueur; confiée à un professionnel indépendant (l'auditeur) par une personne (le prescripteur) souhaitant s'informer sur l'intérêt de cette opération ou de cette situation, elle peut aller jusqu'à évaluer les risques de l'initiative ou de l'activité vérifiée, ainsi que son degré d'efficacité. On parle ainsi d'audit juridique, d'audit fiscal, social, etc.

Auditeur

[Droit administratif/Droit financier ou fiscal]

Grade de début de carrière des membres du Conseil d'État et des magistrats de la Cour des comptes.

Auditeur à la Cour de cassation

[Procédure civile/Procédure pénale]

Magistrat, d'un rang moins élevé qu'un conseiller référendaire, exerçant auprès de la Cour de cassation des attributions administratives (documentation, travaux d'aide à la décision).

COJ, art. R. 421-7.

Auditeur de justice

[Procédure civile]

Élève à l'*École nationale de la magistrature* (ENM) recruté par concours, sur titres ou sur épreuves. Au cours de sa formation qui dure 31 mois, il participe à l'activité juridictionnelle des tribunaux auprès desquels il est affecté, notamment en assistant le juge d'instruction ou le ministère public et en participant, avec voix consultative, aux délibérations des juridictions civiles. À la sortie de l'École, l'auditeur de justice est nommé magistrat.

Ord. n° 58-1270 du 22 déc. 1958, art. 15 s.

Audition des parties

[Procédure civile]

Le magistrat peut à tout moment, et même d'office, entendre les parties en dehors d'une procédure de *comparution personnelle*.

CPC, art. 20.

Audition des témoins

[Procédure civile]

Devant les juridictions civiles, l'audition des témoins a lieu soit à la barre du tribunal, soit devant un juge commis à cet effet.

CPC, art. 208 s.

→ *Enquête, Témoins.*

[Procédure pénale]

En procédure pénale, les règles applicables à l'audition des témoins diffèrent sensiblement d'une phase de procédure à l'autre : alors qu'elles sont plutôt de type inquisitoire lors de l'enquête de police et pendant l'instruction préparatoire, elles connaissent un régime plus accusatoire lors de la procédure de jugement (témoignage oral, public et contradictoire).

Audition des tiers

[Procédure civile]

Le juge a la faculté d'entendre, sans formalités, les personnes qui peuvent l'éclairer ainsi que celles dont l'intérêt risque d'être affecté par la décision.

CPC, art. 27.

Au marc le franc

[Droit civil/Droit commercial/ Procédure civile]

Désigne la répartition proportionnelle d'une somme d'argent entre les *créanciers chirographaires* qui reçoivent un même dividende (40 %, 75 %) lorsque l'actif de leur débiteur commun est insuffisant pour couvrir le montant total de leurs créances. On parle aussi de *distribution par contribution*.

C. civ., art. 2285.

Au principal

[Procédure civile]

Quant au fond, par opposition à avant-dire droit.

→ *Jugement avant-dire droit, Principal.*

Auteur

[Droit civil]

Celui qui transmet un droit ou une obligation à une autre personne appelée *ayant cause*, par exemple le vendeur vis-à-vis de l'acquéreur.

[Droit pénal]

Personne à qui peut être imputée la commission d'une infraction ou sa tentative, pour en avoir personnellement réalisé les éléments constitutifs.

C. pén., art. 121-4.

→ *Co-activité, Complicité.*

Authenticité

[Droit civil]

→ *Acte authentique.*

Authentification

[Droit civil]

Opération destinée à conférer à un acte le caractère authentique.

→ *Acte authentique.*

Attestation de l'exacte provenance d'un objet ou d'un écrit.

→ *Certification conforme, Légalisation.*

Autocontrôle

[Droit commercial]

Situation dans laquelle une société possède directement ou indirectement, son propre capital.

L'autocontrôle fait l'objet d'une réglementation limitative.

C. com., art. L. 225-206 s. et 233-29 s.

Autocratie

[Droit constitutionnel]

Pouvoir absolu d'un homme.

Autodéfense

[Droit pénal]

Fait par une personne de prévenir une agression, sans respecter les conditions de nécessité et de proportionnalité de la *légitime défense* (engin piégé susceptible de tuer…).

C. pén., art. 122-5 et 122-6.

GADPG n° 22.

Autodétermination

[Droit constitutionnel]

Fait pour un peuple de choisir librement (par référendum) s'il entend ou non être souverain et constituer un État, déterminer son système politique et économique.

ACTU

Auto-entrepreneur

[Droit commercial]

Créé par la loi de modernisation de l'économie (L. n° 2008-1776 du 4 août 2008), et inspiré par le projet européen de promotion du *small business*, ce statut permet au particulier d'exercer, à titre accessoire ou principal, une activité professionnelle indépendante. Restant dans les limites réglementaires, il est dispensé de l'obligation d'immatriculation et de la comptabilité ordinaire. Il est soumis, sur option, à un prélèvement libératoire forfaitaire (fiscal et social). Peut, sur déclaration complémentaire de l'intéressé, se combiner avec le régime de l'*Entrepreneur individuel à responsabilité limitée* (EIRL).

→ *Micro-entreprises (Régime des).*

Autofinancement

[Droit commercial]

Politique d'une entreprise qui consiste à prélever une part importante des bénéfices distribuables pour assurer le financement des investissements.

C'est une source essentielle de financement pour les entreprises françaises, qui se manifeste par la constitution de *réserves*.

Autonomie de la volonté

[Droit général]

Principe de philosophie juridique et de théorie générale du droit en vertu duquel la volonté librement exprimée a le pouvoir de créer des obligations.

→ *Consensualisme, Liberté contractuelle.*

Autonomie financière

[Droit administratif/Droit financier ou fiscal]

Situation d'une collectivité ou d'un organisme disposant d'un pouvoir propre de gestion de ses recettes et de ses dépenses, regroupées en un budget ou dans un document équivalent. Pour être complète, elle suppose l'existence de ressources propres à la collectivité en cause.

Elle est souvent – mais pas forcément – accompagnée de la reconnaissance de la personnalité morale à l'organisme en cause.

Autopsie

[Sécurité sociale]

En cas de décès consécutif à un accident du travail, l'autopsie peut être sollicitée par les ayants droit de la victime ou requise par la caisse de Sécurité sociale afin de recueillir un avis médical sur la cause du décès.

Le refus des ayants droit qu'une autopsie soit effectuée leur fait perdre le bénéfice de la présomption d'imputabilité. Ils doivent apporter la preuve du lien de causalité entre l'accident et le décès.

CSS, art. L. 442-4.

Autorisation

[Droit administratif]

Procédure permettant à l'administration une surveillance particulièrement serrée de certaines activités. Elle impose que ces activités, examinées une à une, soient formellement acceptées par l'autorité au regard de conditions plus ou moins sévères selon les cas. Par la suite, un contrôle plus ou moins constant de l'autorité pourra aboutir au retrait de l'autorisation.

Peut prendre la forme d'une « attribution de licence » (ex. : ouverture d'un débit de boissons).

→ *Déclaration.*

Autorisation de travail

[Droit international privé]

Tout étranger qui désire exercer en France une profession salariée, doit présenter un contrat de travail visé par l'autorité administrative ou une autorisation de travail.

Une exception est faite pour les ressortissants d'un État membre de l'Union européenne, qui n'ont pas besoin de titre de travail et peuvent exercer tout emploi (en dehors de ceux dans l'administration publique, au sens strict de l'article 45 TFEU).

C. trav., art. L. 5221-2, 5221-5 s. et R. 5221-1 s.

Autorisations d'engagement

[Droit financier ou fiscal]

Dans le budget de l'État, autorisations budgétaires représentant la limite supérieure des dépenses pouvant être engagées au titre de l'année. Elles sont valables seulement pendant celle-ci (à la différence des anciennes *autorisations de programme*), mais leur montant non utilisé en fin d'année peut – sauf en matière de dépenses de personnel – être reporté sans limite sur l'année suivante.

→ *Crédits budgétaires, Crédits de paiement, Engagement.*

Autorisations de programme

[Droit financier ou fiscal]

1° *État* : avant 2006, autorisations budgétaires valables – par dérogation à la règle de l'annualité budgétaire – sans limitation de durée, ouvertes dans les *lois de finances* et permettant à l'administration de procéder à l'*engagement* de dépenses d'investissement (et, exceptionnellement, de fonctionnement) devant s'échelonner sur plusieurs années, mais non à leur paiement qui devait donner lieu à l'ouverture ultérieure de *crédits de paiement*. Remplacées depuis 2006 par les *autorisations d'engagement*.

2° *Collectivités territoriales* : les budgets des *régions*, des *départements* et des *communes* de plus de 3 500 habitants peuvent comporter, pour leurs dépenses d'investissement, des autorisations de programme analogues à celles qui existaient pour l'État.

→ *Délibération de programme.*

Autorité centrale pour l'adoption internationale

[Droit civil]

Organisme chargé, auprès du Premier ministre, d'orienter et de coordonner l'action des administrations et des autorités compétentes en matière d'adoption internationale.

CASF, art. L. 148-2, R. 148-4 s.

→ *Agence française de l'adoption.*

Autorité de chose jugée

[Procédure (principes généraux)]

→ *Chose jugée.*

ACTU

Autorité de contrôle prudentiel

[Droit commercial]

Autorité administrative indépendante depuis le 9 mars 2010 qui réalise la fusion des autorités d'agrément et de contrôle de la banque (Commission bancaire, Comité des établissements de crédit) et de l'assurance (Autorité de contrôle des assurances et des mutuelles, Comité des entreprises d'assurance). Elle veille à la préservation de la stabilité du système financier et à la protection des clients, assurés, adhérents et bénéficiaires des personnes soumises à son contrôle. Dans l'accomplissement de ses missions, elle prend en compte les objectifs de stabilité financière dans l'ensemble de l'Espace économique européen et de mise en œuvre convergente des dispositions nationales et communautaires en tenant compte des bonnes pratiques et recommandations issues des dispositifs de supervision communautaires. Elle coopère avec les autorités compétentes des autres États. En particulier, au sein de l'Espace économique européen, elle apporte son concours aux structures de supervision des groupes transfrontaliers. L'Autorité est en outre compétente pour examiner les politiques de rémunération des salariés des banques et prestataires de services d'investissement.

C. mon. et fin., art. L. 612-1 et s.

Autorité de la chose interprétée

[Droit européen]

1° Les arrêts interprétatifs de la *Cour de justice de l'Union européenne*, saisie par renvoi préjudiciel d'une juridiction nationale, ont force obligatoire à l'égard de cette juridiction.

2° Par extension, une certaine doctrine considère que les arrêts de la *Cour européenne des droits de l'Homme* ont autorité de la chose interprétée, en ce sens que, bien que n'ayant pas autorité de la chose jugée, les solutions qu'ils donnent doivent être respectées, à l'avenir, par les juges nationaux pour toutes les affaires soulevant une question similaire au regard de la Convention européenne, à condition que la solution dégagée par la Cour soit précise et complète; on parle aussi d'effet immédiat des arrêts de la Cour européenne. Le juge national doit considérer qu'un droit interne déclaré non conforme à la Convention est inapplicable à l'avenir. C'est l'autorité propre de la jurisprudence de la Cour en tant que celle-ci interprète les dispositions de la Convention européenne.

Autorité de la concurrence

[Droit commercial]

Succédant au *Conseil de la concurrence*, cette autorité administrative indépendante a été instituée par la loi du 4 août 2008, dite de modernisation de l'économie. Dotée d'une compétence consultative en matière de réglementation de la concurrence, *lato sensu*, elle est juge de première instance des pratiques anticoncurrentielles (ententes, abus de domination) et est nouvellement dotée d'un pouvoir décisionnel en matière de concentrations.

C. com., art. L. 461-1 s.

ACTU

Autorité de régulation des jeux en ligne

[Droit administratif/Droit pénal]

Autorité administrative indépendante créée par une loi du 12 mai 2010, chargée de veiller au respect des objectifs de la politique des jeux et des paris en ligne soumis à agrément. Elle exerce la surveillance des opérations de jeu ou de pari en ligne et participe à la lutte contre les sites illégaux et contre la fraude.

L. nº 2010-476 du 12 mai 2010, art. 34 à 45.

→ *Régulation.*

Autorité de régulation des télécommunications

[Droit administratif/Droit commercial]

Autorité professionnelle investie d'un pouvoir de contrôle et de sanction des opérateurs dans le domaine des télécommunications, suite à la déréglementation de ce secteur.

C. P et T, art. L. 36-8.

Autorité des marchés financiers

[Droit commercial/Droit européen]

L'Autorité des marchés financiers (AMF) est une *autorité publique indépendante* dotée de la personnalité morale. Son rôle consiste à veiller à la protection de l'épargne investie dans les instruments financiers et, plus généralement, dans les placements par offre au public (ex-appel public à l'épargne – voir ces mots), à l'information des investisseurs et au fonctionnement régulier des marchés d'instruments financiers.

Depuis la loi du 1er août 2003, l'AMF reçoit les attributions auparavant dévolues à la Commission des opérations de bourse, au Conseil des marchés financiers et au Conseil

de discipline de la gestion financière, de la fusion desquels elle est issue.
À partir du 1er janvier 2011, l'Union européenne a mis en place une Autorité européenne des marchés financiers (AEMF), dont le siège est à Paris.

C. mon. fin., art. L. 621-1 s.

ACTU

Autorité des normes comptables

[Droit commercial]

Créée par l'ordonnance nº 2009-79 du 22 janvier 2009, cette institution établit sous forme de règlement les normes comptables générales ou sectorielles que doivent respecter les entreprises. Elle participe à l'élaboration des normes comptables internationales.

→ *Conseil de modernisation des comptes publics.*

Autorité judiciaire

[Droit constitutionnel]

Expression de la loi constitutionnelle du 3 juin 1958, puis de la Constitution de 1958 (art. 64 à 66-1) désignant l'ensemble des magistrats assurant le service de la justice civile et pénale, par opposition à la justice administrative. Manière de ne pas reconnaître l'existence d'un véritable pouvoir *judiciaire*.

→ *Corps judiciaire, Magistrat.*

Autorité parentale

[Droit civil]

Ensemble des prérogatives conférées par la loi aux père et mère sur la personne et les biens de leur enfant mineur et non émancipé. Chaque prérogative est constituée d'un droit (agir) et d'un devoir (d'agir dans l'intérêt du mineur). Les parents doivent ainsi protéger l'enfant dans sa sécurité, sa santé et sa moralité, assurer son éducation et permettre son développement, dans le respect dû à la personne. Jadis conférée au seul père, sous le nom de « puissance paternelle », l'autorité parentale est, en principe, exercée en commun par les père et mère.

C. civ., art. 371-1 et 372 s.

GAJC, t. 1, nº 53-55.

→ *Administration légale, Contrat de responsabilité parentale, Jouissance légale, Puissance paternelle, Tutelle.*

Autorités administratives indépendantes

[Droit administratif]

Le plus souvent collégiales (v. pourtant, par ex. : *Défenseur des droits*, *Défenseur des enfants*, *Médiateur de la République*) ces autorités, qui sont des institutions de l'État agissant en son nom mais dont le statut s'efforce de garantir l'indépendance d'action aussi bien vis-à-vis du gouvernement que du Parlement, ont été créées en vue d'assurer dans leur domaine de compétence, sans intervention directe de l'*Administration*, un certain nombre de garanties telles que la protection des droits et des libertés (*Commission nationale de l'informatique et des libertés*), la protection de certaines catégories de personnes (*Défenseur des enfants*), ainsi que le bon fonctionnement de certains secteurs de l'économie (*Conseil supérieur de l'audiovisuel*). Selon les cas, elles disposent dans leur domaine – parfois cumulativement – d'un pouvoir d'avis, de recommandation, de sanction, de décision individuelle, voire d'un véritable pouvoir réglementaire. Un problème majeur – et non résolu actuellement – posé par ces autorités est de concilier leur indépendance et l'existence d'un contrôle démocratique de leur activité.
Le *Défenseur des droits* est une autorité constitutionnelle indépendante (art. C. 71-1).

GDCC nº 33.

→ *Autorités publiques indépendantes, Régulation.*

Autorités publiques

[Droit administratif/Droit constitutionnel]

→ *Pouvoirs publics.*

ACTU

Autorités publiques indépendantes

[Droit public]

Variantes des autorités administratives indépendantes, caractérisées par le fait qu'elles disposent de la personnalité morale (ex. : *Autorité des marchés financiers*, *Haute autorité pour la diffusion des œuvres et la protection des droits sur Internet*).

Auxiliaires

[Droit administratif]

Personnels non titulaires employés par l'État, les collectivités territoriales et leurs établissements publics, théoriquement pour occuper des emplois momentanément privés de leur titulaire, mais dont une notable partie en réalité occupe durablement ces postes, puis fait l'objet souvent d'une intégration dans le personnel titulaire.

Auxiliaires de justice

[Procédure civile]

Hommes de loi dont la mission est destinée à faciliter la marche de l'instance et la bonne administration de la justice, en assistant le juge (*greffier*, *huissier*) ou les parties (*avocat*).

→ *Administrateur judiciaire, Avocat au Conseil d'État et à la Cour de cassation, Avoué, Commissaire-priseur judiciaire, Mandataire judiciaire au rétablissement personnel des particuliers, Mandataire judiciaire à la sauvegarde, au redressement et à la liquidation des entreprises.*

Aval

[Droit commercial]

Garantie donnée sur un effet de commerce par une personne appelée « donneur d'aval » ou « avaliste » ou « avaliseur », qui s'engage à payer tout ou partie de son montant à l'échéance, si le ou les signataires pour lesquels l'aval a été donné, appelés les « avalisés », ne le font pas. L'opération s'apparente donc à un cautionnement cambiaire.

C. com., art. L. 511-21 et L. 512-4; C. mon. fin., art. L. 131-28 s.

Avance

[Droit administratif/Droit financier ou fiscal]

Paiement partiel effectué préalablement à l'exécution même fragmentaire d'une prestation convenue.

→ *Acompte.*

Avancement de part successorale

[Droit civil]

Libéralité, généralement une *donation*, faite à un *héritier* présomptif, par anticipation sur ce qu'il recevra au jour du décès et qui, rapportable à la *succession*, s'imputera sur sa part successorale, afin de respecter l'égalité entre les héritiers; pour ne pas être rapportable (on parle alors de libéralité hors part successorale), la libéralité doit avoir été faite expressément hors part successorale, auquel cas elle sera éventuellement réductible pour excès si elle porte atteinte à la réserve des héritiers réservataires.

C. civ., art. 843.

→ *Préciput, Rapport des dons et des legs à fin d'égalité, Rapport des dons et des legs à fin de réduction, Réservataire, Réserve.*

Avancement d'hoirie

[Droit civil]

Expression utilisée antérieurement au 1er janvier 2007, pour désigner l'actuelle *avance-*

ment de part successorale. Le mot « hoirie » devait être pris dans le sens de « la succession » et il s'agissait donc d'un avancement, par une libéralité à un héritier présomptif, sur une succession à venir.

Avantage en nature

[Sécurité sociale]

Bien, produit ou service servi gratuitement à un salarié ou économie réalisée par lui, qui doit être intégré dans l'assiette des cotisations (par ex. logement, nourriture, voiture...).

CSS, Arrêté du 10 déc. 2002.

Avantage matrimonial

[Droit civil]

Enrichissement procuré à l'un des époux par le simple jeu des règles du régime matrimonial et échappant en principe aux règles des libéralités.

Exemple : *Préciput*.

C. civ., art. 1516, 1525 et 1527.

Avantages acquis (Maintien des)

[Droit du travail]

Clause d'une convention collective nouvelle par laquelle certains des avantages contenus dans la convention collective précédente sont maintenus; cette clause est interprétée de façon restrictive en droit prétorien. La loi du 13 novembre 1982 a prévu sous certaines conditions le maintien des avantages individuels acquis, après dénonciation (ou mise en cause) d'une convention collective non suivie de l'entrée en vigueur d'une nouvelle convention collective négociée après la dénonciation.

C. trav., art. L. 2261-13 et 2261-14.

GADT n° 172.

Avantages contributifs

[Sécurité sociale]

Avantages servis en contrepartie de cotisations.

Avantages non contributifs

[Sécurité sociale]

Avantages servis sans contrepartie de cotisations.

Avant-contrat

[Droit civil]

Accord de volontés par lequel 2 ou plusieurs personnes décident de réaliser dans l'avenir un contrat définitif (par ex. : promesse de vente, promesse de prêt). On les appelle aussi contrats préalables, contrats préparatoires, contrats provisoires.

Avant-dire droit

[Procédure civile]

→ *Jugement avant-dire droit.*

Avarie

[Droit commercial]

Dommage subi par la marchandise transportée ou par l'engin de transport.

Avarie commune

[Droit maritime]

Sacrifice d'une partie de l'embarcation maritime (le navire et les marchandises transportées) effectué intentionnellement dans le but d'éviter le naufrage. Donne lieu à recours contributif, de la part des propriétaires des biens sacrifiés, contre les propriétaires des biens sauvés. Cette institution, expression de la solidarité humaine face au risque de mer (*assistance maritime*), fait l'objet d'une réglementation informelle d'origine internationale (les règles d'York et d'Anvers du Comité maritime international).

Avenant

[Droit civil/Droit commercial]

Modification apportée à un contrat antérieur ou à un contrat type. Document constatant cette modification.

C. assur., art. L. 112-3.

Avenir

[Procédure civile]

Acte invitant, dans le passé, l'adversaire à se rendre à l'audience de liaison de l'instance. Supprimé depuis la procédure de la *mise en état*.

Avertissement

[Droit financier ou fiscal]

Ancien nom de l'*avis d'imposition*.

[Droit administratif/Procédure civile]

Sanction disciplinaire.

→ *Poursuite disciplinaire.*

[Procédure pénale]

Moyen non formaliste utilisé par le *ministère public* pour déclencher l'action publique devant le tribunal correctionnel ou le tribunal de police. Le document qui en tient lieu doit indiquer l'infraction poursuivie et viser le texte de loi qui la réprime, et ne dispense de la citation directe que s'il est suivi de la comparution volontaire de la personne à laquelle il est adressé.

→ *Comparution volontaire.*

C. pr. pén., art. 389.

[Sécurité sociale]

Invitation par lettre recommandée de la direction régionale des affaires sanitaires et sociales au débiteur d'avoir à régulariser sa situation quant aux cotisations dues. Cet avertissement précède l'action en recouvrement. Elle peut être remplacée par une *mise en demeure*.

CSS, art. L. 244-2.

Aveu

[Droit civil/Procédure civile]

Déclaration par laquelle une personne tient pour vrai un fait qui peut produire contre elle des conséquences juridiques.

L'aveu est judiciaire lorsque la déclaration est faite en justice : il lie le juge. Au contraire, le tribunal conserve son libre pouvoir d'appréciation en présence d'un aveu extrajudiciaire.

C. civ., art. 1354 à 1356.

[Procédure pénale]

Reconnaissance par un délinquant du ou des faits délictueux qui lui sont imputés. L'aveu ne lie pas le juge pénal.

C. pr. pén., art. 428 et 536.

Avis

[Droit général]

Terme juridique s'appliquant dans toutes les branches du droit au résultat de consultations, facultatives ou obligatoires selon le cas, demandées aux organes les plus divers (personnes ou commissions, conseils, fonctionnaires qualifiés, Conseil d'État, etc.).

Ces consultations n'ont que rarement un caractère obligatoire dans leur contenu : on dit alors qu'une « décision sera prise sur avis conforme de… »

Avis à tiers-détenteur

[Droit financier ou fiscal]

Sorte de *saisie-attribution* ou de *saisie des rémunérations* en forme très simplifiée, permettant aux comptables publics de demander à tout tiers, détenant (ou devant) des sommes appartenant à un redevable d'impôts assortis du privilège du Trésor, de leur verser en l'acquit du redevable le montant de ces impôts jusqu'à concurrence de la somme qu'ils détiennent – à peine pour ces tiers d'en devenir personnellement débiteurs. Il est très souvent employé à l'égard, notamment, des employeurs ou des locataires des contribuables, ou de la banque où ils possèdent un compte. Des procédures analogues existent sous le nom d'opposition à tiers détenteur pour recouvrer les titres exécutoires des *collectivités territoriales* et, sous le nom d'opposition administrative, pour le *recouvrement* des amendes et condamnations pécuniaires.

LPF, art. L. 262; CGCT, art. L. 1617-5.

Avis consultatif

[Droit international public]

Opinion sans force juridique obligatoire que la Cour internationale de justice peut, à la demande d'un organe international qualifié (Conseil de sécurité, Assemblée générale, autres organes de l'ONU et institutions spécialisées autorisées par l'Assemblée générale), donner sur toute question juridique.

Avis contentieux

[Procédure civile/Droit administratif/ Procédure pénale]

Avis que peuvent solliciter les juridictions judiciaires civiles auprès de la *Cour de cassation*, les juridictions administratives auprès du *Conseil d'État*, lorsqu'elles sont saisies d'une question de droit nouvelle, présentant une difficulté sérieuse et se posant dans de nombreux litiges. Cet avis, qui doit être donné dans les 3 mois de la réception du dossier, ne lie pas la juridiction qui en a fait la demande.

La même possibilité a été concédée aux juridictions pénales, à l'exception des juridictions d'instruction et de la cour d'assises.

COJ, art. L. 441-1 s.; CJA, art. L. 113-1 et R. 113-1 s.; C. pr. pén., art. 706-64 s.

GACA n° 1.

Avis de la Cour de cassation

[Procédure civile]

→ *Cour de cassation.*

Avis de mise en recouvrement

[Droit financier ou fiscal]

Titre exécutoire émis par le comptable public de la DGFIP ou de la DGDDI en vue du recouvrement notamment de sommes, droits, taxes et redevances de toute nature lorsque le recouvrement n'a pas été effectué à la date exigible.

LPF, art. L. 256 et L. 257.

→ *Liquidation, Voies d'exécution.*

Avis d'imposition

[Droit financier ou fiscal]

Avis adressé à un redevable d'impôts directs perçus par voie de *rôle* pour l'informer du montant et des modalités de paiement de sa dette fiscale, appelé autrefois avertissement.

LPF, art. L. 253.

Avocat

[Procédure administrative/Procédure civile/ Procédure pénale]

Auxiliaire de justice exerçant l'ensemble des attributions antérieurement dévolues à des professions supprimées (en 1971, celle d'avoué prés le tribunal de grande instance, d'agréé prés le tribunal de commerce; en 1991, celle de conseil juridique; au 1er janvier 2012, celle d'avoué près les cours d'appel). L'avocat cumule actuellement les fonctions de conseil, de *mandataire* et de *défenseur* des plaideurs.

L'avocat peut plaider devant toutes les juridictions et tous les conseils disciplinaires, mais doit respecter le principe de territorialité en ce qui concerne la postulation devant le tribunal de grande instance et la cour d'appel.

La profession d'avocat peut être exercée de manière fort diverse :

- à titre purement individuel, ou bien en qualité de collaborateur (*Collaboration (Contrat de...), ...entre avocats*), ou de salarié (*Avocat salarié*);
- en association (*Association d'avocats*);
- en société (*Société civile professionnelle*, *Société d'exercice libéral*, *Société de participations financières de professions libérales*, *Société en participation*).

Avocat au Conseil d'État et à la Cour de cassation

[Droit administratif/Procédure civile/Procédure pénale]

Officier ministériel assistant et représentant les plaideurs devant le Conseil d'État et devant la Cour de cassation. Appelé parfois avocat aux Conseils.

Avocat aux Conseils

[Procédure (principes généraux)]

→ *Avocat au Conseil d'État et à la Cour de cassation.*

Avocat général

[Droit européen]

Auprès de la Cour de justice, les 8 avocats généraux ont une mission identique à celle des *commissaires du gouvernement*, devenus *rapporteurs publics*, devant les juridictions administratives : dans leurs conclusions, ils proposent en toute indépendance une solution à la Cour.

Auprès du Tribunal, un juge peut être désigné pour faire office d'avocat général dans une affaire déterminée.

[Procédure civile/Procédure pénale]

Membre du *Parquet général* exerçant les fonctions du *ministère public* dans le cadre de la Cour de cassation ou des cours d'appel. À la *Cour de cassation*, les premiers avocats généraux, les avocats généraux et les avocats généraux référendaires portent la parole, au nom du procureur général devant les chambres auxquelles ils sont affectés.

COJ, art. L. 432-3, R. 312-18 et 421-1 s.

Avocat salarié

[Procédure administrative/Procédure civile/Procédure pénale]

Le décret n° 91-1197 du 27 novembre 1991 (art. 136 s.) réglemente l'exercice de la profession par un avocat salarié. La rédaction d'un contrat écrit est alors exigée, soumise au conseil de l'Ordre et précisant le montant de la rémunération.

Cet avocat conserve son indépendance dans l'exercice de sa profession. Le contentieux éventuel, né de ce contrat, est soumis à l'arbitrage du *bâtonnier*.

Avoir

[Droit civil/Droit commercial]

Ensemble des biens constituant le patrimoine d'une personne physique ou morale.

Dans le compte relatif à une personne, la colonne « Avoir » représente ce qui est dû à cette personne, la colonne « *Doit* » ce qu'elle doit à des tiers.

→ *Actif, Passif.*

Avoir fiscal

[Droit financier ou fiscal]

Crédit d'impôt destiné à atténuer ou à supprimer, chez l'actionnaire d'une société soumise à l'*impôt sur les sociétés*, le montant de cet impôt ayant grevé les bénéfices qui lui ont été distribués (*dividende*). Supprimé à partir de 2005.

Avortement

[Droit civil]

→ *Interruption volontaire de grossesse.*

[Droit pénal]
Fait de procurer ou de tenter de procurer l'interruption de la grossesse d'autrui, avec ou sans le consentement de l'intéressée. Qualifié dans le Code pénal et dans le Code de la santé publique « d'interruption illégale de grossesse », ce fait est puni de peines correctionnelles, mais il est justifié lorsque l'interruption est pratiquée, soit avant la fin de la douzième semaine de grossesse, soit pour motif médical.

C. pén., art. 223-10; CSP, art. L. 2222-2 s.

→ *Faits justificatifs.*

ACTU

Avoué

[Procédure civile]
Officier ministériel chargé devant les cours d'appel de postuler (c'est-à-dire de faire tous les actes nécessaires à la procédure) et de conclure (faire connaître les prétentions de son client), dont le ministère est, en principe, obligatoire. Les avoués sont supprimés et leur fonction intégrée au sein de la profession d'avocat au 1er janvier 2012.

CPC, art. 899.

→ *Avocat, Conclusions, Postulation, Société d'exercice libéral.*

Avulsion

[Droit civil]
Déplacement, par l'effet brusque du courant, d'une « partie considérable et reconnaissable d'un champ riverain » avec projection sur le fonds inférieur ou sur la rive opposée. À la différence de l'alluvion qui déclenche le mécanisme de l'accession, l'accrue du terrain formée par avulsion ne donne lieu à accession qu'à défaut de revendication dans le délai d'un an.

C. civ., art. 559.

Ayant cause

[Droit civil]
Personne qui tient son droit d'une autre appelée *auteur*. Par exemple, l'acheteur est l'ayant cause du vendeur.

C. civ., art. 1122, 1319, 1322, 1324.

→ *Mots suivants.*

Ayant cause à titre particulier

[Droit civil]
Ayant cause n'ayant acquis de son *auteur* qu'un ou plusieurs droits déterminés (par opposition à une universalité qui comporte un actif et un passif).

C. civ., art. 1014 s.

→ *Ayant cause à titre universel, Ayant cause universel.*

Ayant cause à titre universel

[Droit civil]
Ayant cause recevant une fraction du patrimoine de son *auteur*, composée de droits et d'obligations (actif et passif).

C. civ., art. 1010 s.

→ *Ayant cause à titre particulier, Ayant cause universel.*

Ayant cause universel

[Droit civil]
Personne qui a vocation à recueillir l'ensemble du patrimoine de son *auteur*.

C. civ., art. 1003 s.

→ *Ayant cause à titre universel, Ayant cause particulier.*

Ayant droit

[Droit civil]
Celui qui est titulaire d'un droit. Expression volontiers employée comme synonyme d'ayant cause, mais à tort car l'ayant cause est celui auquel les droits d'une personne ont été transmis.

[Sécurité sociale]
Personnes qui bénéficient des prestations versées par un régime de Sécurité sociale, non à titre personnel mais du fait de ses liens avec l'assuré : conjoint, personne liée à l'assuré par un pacte civil de solidarité (PACS), enfant à charge, ascendant sous certaines conditions, concubin.

CSS, art. L. 161-14, 313-3 et 615-10.

B

Bail

[Droit civil]

Variété de *louage* de choses. Désigne aussi l'acte instrumentaire qui constate ce contrat.

C. civ., art. 1709, 1711 et 1713 s.

→ *Mots suivants.*

Bail à cheptel

[Droit rural]

Location d'un fonds de bétail que l'une des parties donne à l'autre pour le garder, le nourrir et le soigner, sous les conditions convenues entre elles; le bétail concerne toute espèce d'animaux susceptible de croît ou de profit pour l'agriculture ou le commerce.

- *Dans le cheptel simple*, la totalité du bétail est fournie par l'une des parties, le preneur profitant de la moitié du croît et supportant la moitié de la perte.

- *Dans le cheptel à moitié*, chacun des contractants fournit la moitié des bestiaux qui demeurent communs pour le profit ou pour la perte.

- *Dans le* cheptel donné *au* fermier, (appelé aussi cheptel de fer) *ou au métayer* (s'il s'agit d'un bail à cheptel donné au fermier), le propriétaire d'une exploitation rurale la donne à ferme à charge qu'à l'expiration du bail, le fermier laissera un même fonds de bétail que celui qu'il a reçu; de nature immobilière (car le fonds de bétail est un immeuble par destination), ce bail fait supporter en entier au fermier la perte, même totale et par cas fortuit, du bétail. Si en revanche il s'agit d'un bail à cheptel donné au métayer, lorsque le cheptel périt en entier sans la faute du métayer, la perte est pour le bailleur.

Il existe également dans le Code civil le bail improprement appelé cheptel mis en place lorsqu'une ou plusieurs vaches sont données pour les loger et les nourrir, le bailleur en conserve la propriété : il a seulement le profit des veaux qui en naissent.

C. civ., art. 1800 s.; C. rur., art. L. 421-1.

→ *Croît.*

Bail à colonat partiaire

[Droit rural]

Synonyme de *métayage*. La loi n° 2009-526 du 12 mai 2009 supprime l'expression au profit de celle de métayage.

C. rur., art. L. 462-1 s.

Bail à complant

[Droit rural]

Bail applicable au vignoble seulement, rare et dérogatoire au statut du fermage. Son particularisme majeur est de diviser la propriété du sol qui reste acquise au bailleur et la propriété de la vigne qui est transmise au preneur, qualifié « complanteur ». Les produits de la vigne, raisin et vin, sont partagés entre le bailleur et le preneur. Le complanteur est titulaire d'un droit réel cessible. En cas de cession de la vigne, le bailleur dispose d'un droit de préemption sur cette cession, quant au complanteur, il peut exercer un droit de préemption si le bailleur cède son fonds. Ce bail qui est exclu du statut de fermage se rencontre surtout dans le Languedoc et en région nantaise.

C. rur., art. L. 441-1 s.

Bail à construction

[Droit civil]

Contrat de bail de longue durée (de 18 ans minimum à 99 ans maximum) par lequel le preneur s'engage à édifier des constructions sur le terrain du bailleur dont il a la jouissance : il bénéficie du *droit de superficie*.

CCH, art. 251-1 s.

→ *Concession immobilière, Emphytéose.*

Bail à domaine congéable

[Droit rural]

Bail rural dont la particularité est qu'il prévoit la location du fonds de terre mais aussi la cession des superficies et constructions au preneur (le domanier). On désigne les droits du preneur à bail sur ces constructions et superficies par l'expression « droits réparatoires ». Ces droits sont cessibles. À la fin du bail, le preneur sortant peut céder ses droits réparatoires au preneur entrant. Né en Bretagne, ce bail est très peu utilisé, si ce n'est dans sa région d'origine parfois.

C. rur., art. L. 431-1 s.

→ *Droit de superficie.*

Bail à ferme

[Droit rural]

Bail ayant pour objet un fonds rural, conclu pour une période de 9 ans, renouvelable. Le preneur est qualifié fermier et le loyer fermage.

Le statut du fermage ne permet pas au fermier de disposer de son droit en raison de l'absence de valeur vénale du bail rural. La loi d'orientation agricole n° 2006-11 du 5 janvier 2006 a cependant créé le bail rural cessible hors du cadre familial.

C. civ., art. 1764 s.; C. rur., art. L. 411-1 s.

Bail à long terme

[Droit rural]

Forme moderne de bail rural de longue durée de 18 à 25 ans. Il permet une grande stabilité à l'exploitant et assure un loyer plus élevé au propriétaire ainsi que des avantages fiscaux substantiels en cas de transmission à titre gratuit (exonération de l'assiette taxable pouvant aller jusqu'à 75 %). À son terme, ce bail se renouvelle en principe ordinairement par périodes de 9 ans.

C. rur., art. L. 416-1 s.

Bail à nourriture

[Droit civil]

Contrat par lequel l'une des parties s'engage à nourrir, entretenir et loger le cocontractant sa vie durant, contre une rémunération ou, le plus souvent, l'aliénation d'un bien ou d'un capital.

Bail à réhabilitation

[Droit civil]

Contrat par lequel un organisme d'habitation à loyer modéré ou une société d'économie mixte dont l'objet est de donner à bail des logements s'engage à réaliser des travaux d'amélioration sur l'immeuble du bailleur, en vue de le sous-louer à un usage d'habitation pendant la durée du bail (12 ans). Le preneur est titulaire d'un droit réel qui est sujet à hypothèque et à saisie immobilière.

CCH, art. L. 252-1.

Bail commercial

[Droit commercial]

Bail d'un immeuble dans lequel le locataire exploite un fonds commercial ou artisanal dont il est propriétaire. Les baux commerciaux sont soumis à un régime juridique très particulier, caractérisé par un droit de renouvellement, au profit du commerçant locataire, lui conférant ce que l'on appelle faussement « propriété commerciale ».

Depuis la loi du 4 août 2008, les baux civils conclus pour un usage exclusivement professionnel (professions libérales notamment) peuvent être, sur option des parties, exclusivement et entièrement soumis au statut des baux commerciaux.

C. com., art. L. 145-1 s.

Bail d'habitation

[Droit civil]

Bail d'un immeuble à usage d'habitation régi, la plupart du temps, par les dispositions spécifiques de la loi n° 89-462 du 6 juillet 1989 protectrice des droits du locataire. Cette loi ne s'applique ni aux locations en meublé, ni aux locations saisonnières, ni aux logements de fonction; en revanche, elle gouverne également les locations à usage mixte professionnel et d'habitation principale.

Bail emphytéotique

[Droit civil/Droit rural]

→ *Emphytéose.*

Bail pastoral

[Droit rural]

Bail de pâturage, en zone d'économie montagnarde.

Bail rural

[Droit rural]

→ *Bail à cheptel, Bail à colonat partiaire, Bail à complant, Bail à domaine congéable, Bail à ferme, Bail à long terme, Bail emphytéotique, Bail pastoral.*

Bail rural cessible

[Droit rural]

La loi d'orientation agricole du 5 janvier 2006 a créé une nouvelle catégorie de bail rural, le bail rural cessible. Il offre la possibilité de transmettre une exploitation en faire-valoir indirect, hors du cadre familial. Sa durée minimale est de 18 ans. Le loyer d'un bail cessible est celui d'un fermage mais il peut être majoré de 50 %. Le régime fiscal du bail cessible est aligné sur celui des baux à long terme.

C. rur., art. L. 418-1 à L. 418-5.

Bailleur

[Droit civil]

Dans le contrat de bail, celui qui s'engage à procurer au cocontractant (*le locataire ou preneur*) la jouissance d'une chose mobilière ou immobilière, contre une rémunération.

Balance des paiements

[Droit général]

Document statistique présentant, pour une période donnée, l'ensemble des paiements intervenus entre un État et l'étranger.

On peut distinguer, à l'intérieur de ces mouvements, la balance commerciale correspondant au compte des biens (« transactions visibles ») et des services (« transactions invisibles ») importés et exportés, et les transferts – avec ou sans contrepartie – de capitaux et d'or monétaire.

Ballottage

[Droit constitutionnel]

Résultat non décisif obtenu dans une élection à 2 (ou plusieurs) tours lorsqu'aucun des candidats (ou aucune des listes) n'a recueilli la majorité absolue.

Bande cyclable

[Droit général]

Voie exclusivement réservée aux cycles à 2 ou 3 roues sur une *chaussée* à plusieurs *voies*.

C. route, art. R. 110-2.

Bande d'arrêt d'urgence

[Droit général]

Partie d'un accotement situé en bordure de la *chaussée* et spécialement réalisée pour permettre, en cas de nécessité absolue, l'arrêt ou le stationnement des véhicules.

C. route, art. R. 110-2.

Bande organisée

[Droit pénal]

Circonstance aggravante de certaines infractions, définie comme tout groupement formé ou toute entente établie en vue de la préparation, caractérisée par un ou plusieurs faits matériels d'une ou de plusieurs infractions.

C. pén., art. 132-71.

Bannissement

[Droit pénal]

Peine criminelle politique infamante, consistant dans l'interdiction de résider en France. Cette peine a disparu depuis la réforme du Code pénal.

Banque

[Droit commercial]

Établissement de crédit habilité de façon générale à recevoir du public des fonds à vue ou à moins de 2 ans de terme et à effectuer toutes les *opérations de banque*.

C. mon. fin., art. L. 511-1.

Banque centrale européenne (BCE)

[Droit européen]

Prévue par le traité de *Maastricht* pour gérer la monnaie unique et définir la politique monétaire de l'Union européenne (art. 127 et s. TFUE). Précédée, à partir du 1er janvier 1994, par un Institut monétaire européen (IME), elle a commencé ses activités le 1er janvier 1999. Dirigée par un Conseil des gouverneurs des banques centrales nationales et un directoire nommé par le Conseil européen. *Siège :* Francfort.

→ *Système européen de banques centrales.*

Banque de données juridiques

[Droit général]

Ensemble d'informations juridiques enregistrées sur des supports magnétiques et exploitées par un ordinateur.

Ces informations, variables d'une banque de données à une autre, concernent les textes législatifs et réglementaires, les décisions de jurisprudence, des références bibliographiques.

Sélectionnées à l'aide de mots-clés, les informations sont éditées sur un écran ou sur une imprimante.

Banque de France

[Droit financier ou fiscal]

Institution centrale du système monétaire et bancaire français, dont le capital est entièrement détenu par l'État, mais à l'égard duquel elle est pleinement indépendante, et dont le statut et les fonctions ont été profondément remaniés en 1993 et en 1998 pour les adapter aux exigences de l'Union économique et monétaire entrée en vigueur le 1er janvier 1999.

Elle est intégrée au *Système européen de banques centrales* (SEBC), et elle exerce ses fonctions dans le respect des missions et des objectifs fixés à celui-ci par les articles 105 et suivants du traité CE, devenus 127 et suivants TFUE, notamment de l'objectif prioritaire de stabilité des prix.

Depuis 1999 la définition de la politique monétaire relevant du SEBC, la définition de la politique de change du Conseil (de l'Union européenne) et sa conduite du SEBC, les missions fondamentales de la Banque de France sont, dans ce cadre juridique, de :

- participer à l'accomplissement des missions du SEBC;
- soutenir la politique économique du gouvernement sans préjudice de l'objectif principal de stabilité des prix;
- gérer les réserves de change de l'État;

- veiller au bon fonctionnement et à la sécurité des systèmes de paiement, sans préjudice de la responsabilité prioritaire du SEBC en ce domaine;

- exercer le monopole légal d'émission des billets de banque en France métropolitaine et dans les départements d'outre-mer.

Elle exerce en outre une série d'autres fonctions essentielles, notamment celles :

• de banque de refinancement au profit des établissements privés et publics de crédit;

• d'organe de réglementation et de contrôle des banques, directement ou par l'intermédiaire d'organismes auxquels elle est étroitement associée.

Elle tient également le compte du Trésor, sur lequel est centralisé l'essentiel des opérations budgétaires et de trésorerie de l'État, mais elle ne peut pas lui accorder des avances ou des concours financiers d'aucune sorte, ni acheter directement des titres de la *dette publique*.

C. mon. fin., art. L. 141-1 s.

Banque européenne d'investissement (BEI)

[Droit européen]

Créée par le Traité CEE et destinée au financement des investissements, en particulier dans les régions ou les secteurs économiques en difficulté. Indépendante des institutions communautaires, la BEI a ses propres organes et ses propres ressources et joue un rôle important. *Siège :* Luxembourg.

Banque européenne pour la reconstruction et le développement (BERD)

[Droit européen]

Créée en 1990 pour favoriser la transition vers l'économie de marché des pays d'Europe centrale et orientale. Regroupe les États membres de l'Union européenne et ceux non européens membres du FMI plus la Banque européenne d'investissement. *Siège :* Londres.

Banque internationale pour la reconstruction et le développement (BIRD)

[Droit international public]

Institution spécialisée des Nations unies créée en 1945. Favorise, au moyen de garanties et de prêts, les investissements de capitaux dans certains pays, essentiellement les *pays en voie de développement*. *Siège :* Washington.

Banqueroute

[Droit pénal]

Délit consistant en des faits de gestion frauduleuse par toute personne, physique ou morale, exerçant une activité commerciale ou artisanale, tout agriculteur et toute personne physique exerçant une activité professionnelle indépendante, y compris une profession libérale soumise à un statut législatif ou réglementaire ou dont le titre est protégé. Les poursuites nécessitent l'ouverture d'une procédure de redressement judiciaire ou de liquidation judiciaire.

C. com., art. L. 626-1 s., 654-1 s.

Bans

[Droit civil]

Publication du projet de mariage par affichage à la mairie du lieu de célébration et à la mairie du domicile de chacun des futurs époux pendant 10 jours.

C. civ., art. 63, 166 et 169.

Barre

[Procédure (Principes généraux)]

Endroit de la salle d'audience où se tiennent les avocats pour plaider et les témoins pour déposer. Autrefois, il existait une barrière qui séparait l'enceinte réservée aux magistrats de celle occupée par le public.

L'expression : « à la barre du tribunal » signifie que l'opération a lieu à l'audience, devant le juge.

→ *Barreau.*

Barreau

[Procédure civile]

Les avocats inscrits auprès d'un tribunal de grande instance constituent un ordre appelé barreau, doté de la personnalité civile. Il y a, en principe, un barreau auprès de chaque tribunal de grande instance. Plusieurs barreaux établis dans le ressort d'une même cour d'appel peuvent cependant décider de fusionner en un barreau unique.

Un avocat ne peut être inscrit qu'à un seul barreau. Chaque barreau est administré par un *conseil de l'Ordre* présidé par un *bâtonnier*.

L. n° 71-1130 du 31 déc; 1971, art. 15 s.; Décr. n° 91-1197 du 27 nov. 1991, art. 1er s.

→ *Bureau secondaire d'avocats, Ordre des avocats.*

Base légale

[Procédure civile]

Mots utilisés dans l'expression « manque de base légale » qui est un cas d'ouverture à cassation. Le manque de base légale réside dans une motivation insuffisante du jugement ne permettant pas à la Cour suprême de savoir si, en l'espèce, la règle de droit a été justement appliquée; ainsi en va-t-il en cas de motif dubitatif ou hypothétique, d'imprécision sur un fait utile à l'appréciation de la légalité ou même d'absence d'une constatation matérielle qu'il faut connaître pour savoir si la décision est fondée en droit.

→ *Pourvoi en cassation.*

Base mensuelle de calcul

[Sécurité sociale]

Base servant de calcul aux prestations familiales à l'exception de l'allocation de logement. Elle évolue en fonction de l'augmentation des prix et de la participation des familles aux progrès de l'économie. Elle peut aussi évoluer en fonction de la progression générale des salaires moyens ou du SMIC.

CSS, art. L. 551-1.

Bateau

[Droit commercial]

Toute construction flottante destinée principalement à la navigation sur les *eaux intérieures*.

C. transp., art. L. 4000-2, 4000-3.

→ *Navire.*

Bâtonnier

[Procédure civile]

Chef élu d'un *barreau* pour une durée de 2 ans. Il préside le conseil de l'*Ordre des avocats* et exerce des fonctions administratives et disciplinaires; notamment il règle les litiges nés d'un contrat de collaboration ou d'un contrat de travail et les différends entre avocats à l'occasion de leur exercice professionnel.

→ *Dauphin, Vice-bâtonnier.*

Beau-fils, belle-fille

[Droit civil]

1° Époux d'une fille (gendre) ou épouse d'un fils (bru).

2° Fils ou fille que le conjoint a eu d'un précédent lit. En ce sens-là, le beau-fils et la belle-fille, s'ils sont dans un rapport d'alliance avec leur *beau-père* (parâtre) et *belle-mère* (marâtre), ne peuvent ni souffrir, ni profiter de l'obligation alimentaire existant entre gendre et bru d'une part, beau-père, belle-mère d'autre part.

Beau-frère, belle-sœur

[Droit civil]

Frère ou sœur d'un conjoint et, réciproquement, conjoint d'un frère ou d'une sœur. Ces personnes, quoiqu'unies par un lien d'alliance, ne sont tenues ni à l'obligation alimentaire des alliés en ligne directe, ni à un empêchement à mariage une fois le mariage générateur de l'*alliance* dissous par décès ou divorce.

Beau-père, belle-mère

[Droit civil]

1° Père ou mère du conjoint.

2° Pour l'enfant d'un premier lit, l'homme (ou la femme) avec lequel (ou laquelle) son père (ou sa mère) s'est remarié(e). Dans ce cas, on parle de parâtre (ou de marâtre).

→ *Beau-fils, belle-fille.*

Bénéfice de discussion

[Droit civil]

Droit accordé à la caution poursuivie en exécution par le créancier, d'exiger de ce dernier que les biens du débiteur principal soient préalablement discutés, c'est-à-dire saisis et vendus.

C. civ., art. 2298 s.

Bénéfice de division

[Droit civil]

Exception de procédure par laquelle, en cas de cautionnement multiple, l'une des cautions poursuivie pour le tout exige du juge que l'action en paiement soit fractionnée entre toutes les cautions solvables au jour des poursuites.

C. civ., art. 2303 et 2304.

→ *Cofidéjusseurs.*

Bénéfice de l'exploitation agricole

[Droit rural/Droit fiscal]

Sont considérés comme bénéfices de l'exploitation agricole (BA) pour l'application de l'impôt sur le revenu, les revenus que l'exploitation de biens ruraux procure aux fermiers, métayers, ou aux propriétaires exploitants eux-mêmes. À titre d'exemples, il peut s'agir, des bénéfices provenant de la production forestière, apicole, des revenus issus des activités de préparation et d'entraînement des équidés domestiques, en vue de leur exploitation dans les activités autres que celles du spectacle, ou encore, des revenus provenant de la production d'énergie à partir de produits ou sous-produits majoritairement issus de l'exploitation agricole…

CGI, art. 63.

Bénéfice d'émolument

[Droit civil]

Droit reconnu à chaque époux commun en biens de ne supporter les dettes communes nées du chef de l'autre que dans la limite de la part d'actif qu'il recueille dans le partage de communauté, à condition d'avoir fait dresser inventaire.

Sous l'empire du Code civil encore applicable dans sa rédaction de 1804 aux personnes mariées avant le 1er février 1966, ce bénéfice ne peut être invoqué que par l'épouse.

C. civ., art. 1483 s.

Bénéfices

[Droit civil/Droit commercial]

Excédent des éléments d'actif sur les éléments passifs de l'entreprise. Cette somme apparaît au passif du bilan par une inscription qui en rétablit l'équilibre.

C. civ., art. 1832 et 1844-1; C. com., art. L. 232-10 s.

Bénéfices agricoles

[Droit fiscal]

Bénéfices tirés de l'exploitation agricole, à savoir revenus que l'exploitation de biens ruraux procure soit aux fermiers, métayers, colons, partiaires, soit aux propriétaires exploitant eux-mêmes. Le champ des bénéfices agricoles a été progressivement étendu par le législateur à différents types d'activités (forestière, piscicole, ostréicole…).

CGI, art. 63 et s.

Bénéfices industriels et commerciaux (BIC)

[Droit fiscal]

Au titre de l'impôt sur le revenu, il s'agit des bénéfices réalisés par des personnes physiques et provenant de l'exercice d'une profession commerciale, industrielle ou artisanale.

CGI, art. 34 et s.

Bénéfices des professions non commerciales

[Droit fiscal]

En réalité, catégorie de revenus identifiée souvent sous l'expression raccourcie de Bénéfices non commerciaux (BNC). Il s'agit des bénéfices des professions libérales des charges et offices dont les titulaires n'ont pas la qualité de commerçants. Cette catégorie fut longtemps considérée comme « fourre-tout » car à ce type de revenus sont rajoutés ceux tirés d'activités lucratives ne se rattachant pas à une autre catégorie de bénéfices ou de revenus.

CGI, art. 92 et s.

Benelux

[Droit international public]

Union douanière et économique entre la Belgique, les Pays-Bas et le Luxembourg (1944).

Bicamérisme ou Bicaméralisme

[Droit constitutionnel]

Système d'organisation du Parlement consistant dans sa division en 2 chambres.

Une seconde chambre peut être constituée pour assurer la représentation soit d'une classe sociale ou d'une élite, soit des groupes économiques et sociaux, soit des collectivités territoriales ou entités fédérées.

Aux yeux de ses partisans, la seconde chambre est un élément d'équilibre; elle permet d'assurer une meilleure représentation de l'opinion et garantit un meilleur travail législatif.

Bien

[Droit civil]

1° *Lato sensu*, objet possible des désirs ou besoins individuels des personnes, pouvant être satisfaits.

2° Au sens juridique, le terme recouvre, d'une part, toute chose, caractérisée par sa rareté, dont l'utilité justifie l'appropriation (qu'elle soit corporelle ou incorporelle), d'autre part, tout droit subjectif (réel ou personnel).

C. civ., art. 516 s.

GAJC, t. 1, n° 68-69.

→ *Chose, Droit, Droit personnel, Droit réel, Immeuble, Meuble.*

Bien corporel

[Droit civil]

Chose corporelle caractérisée par sa réalité, dont l'utilité justifie l'appropriation (ex. : une chaise, une table… ; contre-ex. : l'air).

→ *Biens incorporels, Choses corporelles, Droit corporel, Meuble.*

Bien-fondé

[Procédure (principes généraux)]

Conformité d'une demande en justice aux règles de droit qui lui sont applicables. Dans le cas contraire, on dit que la prétention est *mal fondée* ou non fondée.

CPC, art. 30 et 71.

→ *Défense au fond, Recevabilité.*

Biens à venir

[Droit civil]

→ *Bien présents et à venir.*

Biens incorporels

[Droit civil]

Biens immatériels artificiellement créés au sein du système juridique, par des techniques juridiques (par ex. un brevet, une clientèle). Les biens incorporels sont constitués, d'un côté, par les choses incorporelles dès lors que leur utilité en justifie l'appropriation, d'un autre côté, par les droits (qui sont par essence incorporels).

→ *Bien corporel, Droit incorporel, Meuble.*

Biens communaux

[Droit civil/Droit rural]

Biens fonciers, du domaine privé d'une commune, dont les habitants ont la jouissance en nature (pâturages, bois, marais). Les biens communaux occuperaient aujourd'hui encore 10 % du territoire.

C. civ., art. 542.

Biens communs

[Droit civil]

Biens qui font partie de la *communauté entre époux* et qui sont partagés par moitié après la dissolution du régime matrimonial, sauf stipulation de parts inégales.

C. civ., art. 1401, 1421 s., 1467 s., 1520 s.

→ *Biens propres.*

Biens consomptibles

[Droit civil]

→ *Choses consomptibles.*

Biens culturels

[Droit civil]

Expression utilisée dans de nombreux textes, mais dont le champ n'a pas été fixé avec précision par le législateur, alors que les biens ainsi visés sont soumis à des règles particulières. Ainsi, leur courtage aux enchères par voie électronique est soumis à l'autorisation du *Conseil des ventes volontaires de meubles aux enchères publiques;* ainsi leur exportation est subordonnée à l'obtention d'un certificat de l'autorité administrative. On y englobe généralement les œuvres d'art (tableaux, tapisseries, sculptures), les objets d'antiquité (objets ayant plus de 100 ans) et les objets de collection (timbres n'ayant plus cours...).

C. com., art. L. 321-1; L. nº 92-1477 du 31 déc. 1992, art. 5.

→ *Patrimoine culturel.*

Biens de famille

[Droit civil]

1° Biens qui, par la volonté du conjoint ou d'un ascendant, sont soumis à un régime juridique permettant leur conservation dans l'intérêt de la famille. Ainsi peuvent être déclarées insaisissables, comme biens de famille, une maison et les terres attenantes occupées et exploitées par la famille.

Par extension, on considère comme biens de famille les biens reçus par donation ou succession que la loi réserve, en l'absence de descendant et en cas de prédécès des père et mère, aux frères et sœurs du défunt ou à leurs descendants.

2° Dans un sens plus restreint, les *souvenirs de famille.*

C. civ., art. 757-3.

Biens d'occasion

[Droit commercial]

Sont considérés comme d'occasion « les biens qui, à un stade quelconque de la production ou de la distribution, sont entrés en la possession d'une personne pour son usage propre, par l'effet de tout acte à titre onéreux ou à titre gratuit ».

C. com., art. L. 321-1.

Biens dotaux

[Droit civil]

Dans le *régime dotal* (aujourd'hui abrogé), biens de l'épouse qui, par la volonté exprimée dans le contrat de mariage, étaient inaliénables et insaisissables.

C. civ., anciens art. 1540 s.

→ *Biens paraphernaux.*

ACTU

Biens indivis

[Droit civil]

Biens faisant l'objet d'une *indivision* dont la gestion est étroitement réglementée par la loi. Mises à part les mesures conservatoires qui peuvent être prises par un indivisaire seul, il est demandé l'unanimité des indivisaires pour les actes qui ne ressortissent pas à l'exploitation normale des biens ainsi que pour tous les actes de disposition, et la majorité des 2 tiers pour les actes d'administration, la vente de meubles indivis nécessaires au paiement de dettes, les baux à usage d'habitation, l'attribution d'un mandat général d'administration.

La règle de l'unanimité pour les actes de disposition est éventuellement écartée par le tribunal de grande instance qui peut autoriser l'aliénation d'un bien indivis à la demande de l'un ou des indivisaires titulaires d'au moins 2 tiers des droits indivis.

C. civ., art. 815-2, 815-3, 815-5-1.

→ *Partage.*

Biens insaisissables

[Procédure civile]

Biens échappant aux saisies soit totalement, soit partiellement, ou ne pouvant être saisis que par certains créanciers seulement (L. n° 91-650 du 9 juill. 1991, art. 14, Décr. n° 92-755 du 31 juill. 1992, art. 39 s.). Il s'agit essentiellement des biens que la loi déclare insaisissables (effets de commerce, prestations sociales, RSA...), des créances à caractère alimentaire sauf pour le paiement des aliments déjà fournis, des biens mobiliers nécessaires à la vie et au travail du saisi et de sa famille (vêtements, linge, table et chaises, animaux d'appartement, etc.), à moins que ce soit des biens de valeur en raison de leur importance, de leur matière, de leur rareté, de leur ancienneté ou de leur caractère luxueux ou que la cause de la saisie réside dans le paiement de leur prix.

L'*insaisissabilité* a, parfois, sa source dans la volonté. Ainsi une personne physique, immatriculée à un registre professionnel ou exerçant une activité professionnelle agricole ou indépendante, peut déclarer, dans un acte notarié qui sera publié au bureau des hypothèques, insaisissable sa résidence principale et tout bien immobilier non affecté à son usage professionnel.

C. com., art. L. 526-1 s.

→ *Biens de famille, Souvenirs de famille.*

Biens paraphernaux

[Droit civil]

Dans le *régime dotal* (aujourd'hui abrogé), biens de l'épouse qui par la volonté des époux exprimée dans le contrat de mariage, étaient soumis à son administration et qui échappaient ainsi à la dotalité.

C. civ., anciens art. 1574 s.

→ *Biens dotaux, Biens propres.*

Biens présents et à venir

[Droit civil]

On entend par biens présents les biens dont on est propriétaire au jour de la conclusion de l'acte juridique et par biens futurs ceux qu'on est susceptible d'acquérir par la suite ou qu'on laissera à son décès.

L'expression n'est technique que dans sa formulation conjonctive : elle désigne l'état actif du patrimoine tel qu'il apparaît au moment du dénouement de la situation juridique; c'est dans ce sens qu'il faut comprendre le droit de gage général reconnu à tout créancier par l'article 2284 du Code civil.

C. civ., art. 943.

→ *Donation de biens à venir.*

Biens propres

[Droit civil]

Dans un régime matrimonial de communauté, biens appartenant à l'un ou à l'autre des époux et qui ne tombent pas dans la masse des biens communs. À la dissolution de la communauté, chaque époux reprend ses biens propres.

C. civ., art. 225, 1403 s., 1428, 1434, 1435, 1467.

GAJC, t. 1, n° 96.

→ *Biens communs.*

Biens réservés

[Droit civil]

Autrefois dans les régimes de communauté et dans celui de la séparation de biens avec société d'acquêts, biens que la femme acquérait dans l'exercice d'une profession séparée de celle de son mari. Ces biens étaient communs, mais la femme en avait l'administration, la jouissance, et en principe la libre disposition.

C. civ., anciens art. 224 s.

GAJC, t. 1, n° 89.

Depuis la loi n° 85-1372 du 23 décembre 1985 ces biens sont confondus dans la masse des biens communs, le mari et la femme ayant sur eux les mêmes pouvoirs.

C. civ., art. 1401 et 1421 s.

Biens sans maître

[Droit civil]

Biens faisant partie d'une succession ouverte depuis plus de 30 ans et pour laquelle aucun successible ne s'est présenté, ou immeubles qui n'ont pas de propriétaire connu et pour lesquels depuis plus de 3 ans les taxes foncières n'ont pas été acquittées ou ont été acquittées par un tiers.

Ces biens sans maître appartiennent à la commune sur le territoire de laquelle ils sont situés; mais leur propriété est transférée de plein droit à l'État si la commune renonce à exercer ses droits.

C. civ., art. 539 et 713; CGPPP, art. L. 1123-1 s.

→ *Déshérence, Vacance.*

Biens vacants

[Droit civil]

→ *Vacance.*

Bigamie

[Droit civil/Droit pénal]

Fait, pour une personne déjà engagée dans les liens du mariage, d'en contracter un autre avant la dissolution du précédent. La bigamie est un délit attentatoire à l'état civil des personnes et entraîne la nullité du second mariage. La circonstance que la seconde union soit contractée entre les mêmes personnes que la première ne fait pas obstacle à l'existence d'une bigamie (cas d'un mariage coutumier monogamique suivi d'un mariage civil en France : Cass. civ. 1re, 3 févr. 2004, Bull. civ. I, n° 33).

C. civ., art. 147, 188 et 189; C. pén., art. 433-20.

Bijoux de famille

[Droit civil]

→ *Souvenirs de famille.*

Bilan (Théorie du)

[Droit financier ou fiscal]

Théorie fondant la conception fiscale du revenu pour les entreprises, et selon laquelle le bénéfice imposable est représenté par la différence entre les actifs nets des bilans de clôture et d'ouverture de chaque exercice comptable. Elle conduit à imposer non seulement les profits courants d'exploitation et les profits accessoires (ce qui correspondrait à la théorie de la source), mais aussi les profits exceptionnels comme les plus-values.

CGI, art. 38-2.

[Droit administratif]

Méthode de contrôle de la légalité d'un acte administratif élaborée par la juridiction administrative à propos du contentieux de la légalité des déclarations d'utilité publique, et qu'elle a étendue à d'autres domaines, selon laquelle cette utilité est absente lorsque la comparaison des inconvénients et des avantages de l'opération projetée lui fait apparaître que les premiers seraient excessifs par rapport aux seconds. On peut rapprocher cette théorie de celle de l'*erreur manifeste* d'appréciation.

GAJA nº 86.

Bilan consolidé

[Droit commercial]

→ *Comptes consolidés.*

Bilan de compétence

[Droit du travail]

Entrant dans le champ des dispositions relatives à la formation professionnelle, le bilan de compétence a pour objet de permettre à des travailleurs d'analyser leurs compétences professionnelles et personnelles ainsi que leurs aptitudes et leurs motivations afin de définir un projet professionnel et, le cas échéant, un projet de formation. La réalisation de ce bilan peut donner lieu à un congé.

C. trav., art. L. 6313-1 et 6322-42.

Bilan de santé

[Sécurité sociale]

Examen de santé gratuit dont l'assuré et les membres de sa famille peuvent bénéficier à certaines périodes de leur vie.

Bilan social

[Droit du travail]

Document chiffré, établi par le chef d'entreprise après consultation des représentants du personnel et faisant apparaître la situation de l'entreprise dans le domaine social. La loi du 12 juillet 1977 et les textes d'application déterminent de façon rigoureuse les indicateurs du bilan, afin que des comparaisons utiles puissent être faites sur une période minimum de 3 ans. Toutefois le bilan social n'est obligatoire que dans les entreprises ou établissements de 300 salariés au moins.

C. trav., art. L. 2323-68 s. et R. 2323-17.

Billet à ordre

[Droit commercial]

Titre négociable par lequel une personne, le souscripteur, s'engage à payer à une époque déterminée une somme d'argent à un *bénéficiaire* ou à son ordre. Ce titre n'est pas commercial par la forme, à la différence de la lettre de change.

C. com., art. L. 512-1 s.; C. mon. fin., art. L. 134-2.

→ *Effet de commerce.*

Billet à ordre-relevé (BOR)

[Droit commercial]

Billet à ordre circulant de façon informatique, selon le même procédé que la *lettre de change-relevé*. Le titre lui-même ne circule plus; seules les informations contenues dans ce titre sont transcrites sur support informatique et circulent par ce biais.

Billet au porteur

[Droit civil/Droit commercial]

Le billet au porteur, ou titre au porteur, est un titre de créance ne comportant pas le nom du bénéficiaire et qui se transmet par la tradition (remise de la main à la main). Négociable, non pas cessible (*cession de créances*), un titre stipulé au porteur peut se concevoir sous une forme dématérialisée. La remise du titre est alors remplacée, par prévision de la loi, par une formalité immatérielle, comme une inscription en compte.

→ *Dématérialisation, Titre négociable, Titre nominatif.*

Billet de banque

[Droit commercial/Droit financier ou fiscal]

Titre au porteur émis par la Banque de France et servant de monnaie.

→ *Cours forcé, Cours légal, Monnaie.*

Billet de fonds

[Droit commercial]

Billet à ordre signé par l'acquéreur d'un fonds de commerce pour le paiement du prix, payable à des échéances déterminées. Ce sont des effets de commerce susceptibles d'être escomptés.

Billet de passage

[Droit commercial]

Titre représentatif d'un contrat de transport de personnes. Cpr. Lettre de voiture pour le transport de marchandises.

Bioéthique

[Droit civil/Droit pénal]

Éthique gouvernant les recherches médicales et leurs applications pratiques à l'être humain. Désigne aussi la discipline qui réfléchit à cette question. Les lois de bioéthique, assorties de sanctions pénales, portent sur le respect du corps humain, l'étude génétique de la personne, le don et l'utilisation des éléments et produits du corps humain, l'assistance médicale à la procréation, la recherche biomédicale sur une personne aux fins thérapeutiques ou scientifiques, les diagnostics prénatal et préimplantatoire.

C. civ., art. 16 à 16-12; CSP, art. L. 1111-2 s., 1121-1 s., 1131-1 s., 1211-1 s., 1231-1 s.; C. pén., art. 226-25 s. et 511-2 s.

GDCC nº 37.

Biométrie

[Droit civil]

Technique d'identification de la personne par reconnaissance de certaines de ses caractéristiques physiques préalablement enregistrées (empreintes digitales, ADN, etc.). Le recours à la biométrie met en opposition les exigences de sécurité de la société et la nécessaire protection de la vie privée.

Biotope (Arrêté de)

[Droit de l'environnement/Droit rural]

Mesure de protection de l'environnement par des arrêtés préfectoraux créant des zones naturelles d'équilibre biologique. Ces arrêtés visent à prévenir la disparition des espèces énumérées par arrêté interministériel. À cette fin, ils prescrivent les mesures favorisant la conservation des biotopes nécessaires à l'alimentation, au repos et à la reproduction de ces espèces, tels que mares, marécages, landes, dunes; ils peuvent interdire l'écobuage, le brûlage des chaumes, la destruction des talus et des haies…

C. envir., art. R. 411-15, 415-1.

Bipartisme

[Droit constitutionnel]

Système de partis dans lequel 2 seulement des partis en présence ont une vocation majoritaire et alternent plus ou moins régulièrement au pouvoir, le parti vainqueur aux élections formant le gouvernement, le parti battu constituant l'opposition.

Cette alternance au pouvoir suppose l'accord des 2 partis sur les données fondamentales du régime.

Bipolarisation

[Droit constitutionnel]

Système dans lequel les partis tendent à se regrouper autour de 2 pôles, à s'organiser en 2 coalitions rivales. Terme souvent utilisé en France, sous la Vᵉ République, pour désigner le double regroupement des forces politiques : conservateurs et libéraux d'une part, communistes et socialistes d'autre part.

Blâme

[Procédure civile]

Sanction consistant dans la réprobation officielle de la conduite d'une personne soumise à un statut disciplinaire (avocat, huissier, magistrat...), de gravité moyenne, se situant après l'avertissement et avant la suspension et la radiation (destitution ou révocation).

→ *Action disciplinaire, Déontologie, Pouvoir disciplinaire.*

Blanc-seing

[Droit civil]

Signature apposée sur un titre avant la rédaction de l'acte par la personne à laquelle il est remis. Désigne aussi le document contenant cette signature.

C. civ., art. 1326.

→ *Abus de blanc-seing, Bon pour.*

Blanchiment de capitaux illicites

[Droit pénal]

Fait de faciliter, par tout moyen, la justification mensongère de l'origine des biens ou des revenus de l'auteur d'un crime ou d'un délit ayant procuré à celui-ci un profit direct ou indirect, ainsi que d'apporter un concours à une opération de placement, de dissimulation ou de conversion du produit de l'une de ces infractions.

C. pén., art. 324-1 s.

Bleus budgétaires

[Droit financier ou fiscal]

Jusqu'en 2005, fascicules (à la couverture bleue) détaillant, pour chaque ministère, les crédits budgétaires figurant dans le projet de loi de finances transmis par le gouvernement au Parlement. Ces annexes bleues sont désormais présentées par *mission* et par *programme*.

→ *Jaunes budgétaires, Loi de finances, Oranges budgétaires, Verts budgétaires.*

Bloc de constitutionnalité

[Droit constitutionnel]

Ensemble des normes constitutionnelles pris en compte lors du contrôle de la constitutionnalité des lois exercé par le Conseil constitutionnel et pour lequel il estime que le Parlement est lié dans l'exercice de son pouvoir législatif : la Constitution (Préambule compris, qui renvoie à la Déclaration des droits de l'Homme et du Citoyen de 1789, au Préambule de 1946 et à la *Charte de l'environnement* de 2004), les principes ou objectifs reconnus de valeur constitutionnelle ou « reconnus par les lois de la République ».

→ *Principes de valeur constitutionnelle.*

Bloc de contrôle

[Droit commercial]

Quantité de titres donnant le contrôle de la société émettrice.

Leur négociation obéit parfois à certaines règles particulières, notamment en cas de cession en bourse.

Blocs de compétence (Système des)

[Droit administratif]

Système de résolution des problèmes de répartition des compétences juridictionnelles entre les 2 ordres judiciaire et administratif, parfois utilisé par le juge administratif, et consistant, dans un but de simplification, à attribuer à la compétence d'un même ordre l'ensemble des litiges particuliers auquel peut donner lieu une même matière.

GAJA n° 91.

Blocus

[Droit international public]

Action visant à faire pression sur un État en lui interdisant par la force toute communication ou échanges économiques avec l'extérieur.

BODACC

[Droit civil/Droit commercial]

→ *Bulletin officiel des annonces civiles et commerciales*

Bon

[Droit commercial]

→ *Titres de créance négociables.*

Bona intelligentur nisi deducto aere alieno

[Droit civil]

L'actif n'existe que le passif déduit.

Bon de caisse

[Droit commercial]

Titre nominatif, au porteur ou à ordre, émis par une banque ou par une entreprise commerciale et représentatif d'un emprunt productif d'intérêts et remboursable par celui qui l'a émis à une échéance fixe.

C. mon. fin., art. L. 223-1.

Bon de délégation

[Droit du travail]

Formulaire rempli par un représentant du personnel ou un délégué syndical, faisant état de son absence momentanée de son poste de travail en raison de l'exercice de son mandat. Le bon de délégation, s'il peut être imposé en vue du contrôle du temps consacré aux fonctions représentatives, ne peut en aucun cas être soumis, pour sa délivrance, à une quelconque autorisation de l'employeur.

Ce système de contrôle est né de la pratique.

Bon père de famille

[Droit civil]

Homme de vertu ordinaire, normalement avisé, soigneux, diligent, servant de référence abstraite pour apprécier si tel comportement a été fautif ou non, ou pour déterminer si la personne en charge des intérêts d'autrui ou détentrice d'un de ses biens, a correctement rempli son obligation.

C. civ., art. 601, 627, 1137, 1374, 1728, 1766, 1806, 1880 et 1962.

→ *In abstracto, Standards juridiques.*

Bon pour

[Droit civil]

Formalité, aujourd'hui abrogée par une loi du 12 juillet 1980 et par laquelle celui qui s'engageait, dans un acte unilatéral non entièrement écrit de sa main, à remettre une somme d'argent ou des choses qui se comptent au poids, au nombre ou à la mesure, faisait précéder sa signature des mots manuscrits « Bon pour » ou toute autre expression équivalente, afin d'éviter les *abus de blancs-seings*. Cette formalité se trouve remplacée par une autre, consistant pour la partie qui s'engage à faire mention écrite par lui-même, dans l'acte juridique constatant cet engagement, de la somme ou la quantité en toutes lettres et en chiffres.

En cas de différence entre les 2 mentions, l'acte sous seing privé vaudra pour la somme écrite en toutes lettres.

C. civ., art. 1326.

→ *Blanc-seing, Reconnaissance de dette.*

Boni de liquidation

[Droit commercial]

Excédent d'actif apparaissant après la liquidation d'une société, lorsque les créanciers ont été payés et les associés remboursés de leur apport.

Ce boni de liquidation est partagé entre les associés et éventuellement entre les porteurs de parts de fondateur.

Bonification d'intérêt

[Droit financier ou fiscal]

Aide pouvant être apportée par l'État à un emprunteur, consistant à prendre à sa charge une partie de l'intérêt à verser au prêteur.

Bonne foi

[Droit civil]

Le terme est usité dans 2 acceptions. La bonne foi est, en premier lieu, la loyauté dans la conclusion et l'exécution des actes juridiques. Mais la bonne foi peut être également la croyance erronée et non fautive en l'existence ou l'inexistence d'un fait, d'un droit ou d'une règle juridique. La bonne foi est toujours présumée.

C. civ., art. 201, 220, 435, 549, 550, 555, 1134, 2272, 2274.

GAJC, t. 2, n° 164.

→ *Mauvaise foi.*

[Droit pénal]

→ *Intention.*

Bonnes mœurs

[Droit civil/Droit pénal]

Règles imposées par la morale sociale à une époque donnée et dont la violation, éventuellement constitutive d'infractions pénales, est susceptible de provoquer l'annulation d'une convention.

C. civ., art. 900, 1133, 1172, 1387.

→ *Outrage aux bonnes mœurs.*

Bons d'achat

[Droit du travail]

Documents remis à un salarié, à titre de rémunération, et l'autorisant à acheter des marchandises dans un magasin de l'employeur. Ce mode de rémunération est interdit par le Code du travail.

C. trav., art. L. 3154-1.

Bons du Trésor

[Droit financier ou fiscal]

Emprunts à court terme émis par l'État pour financer ses besoins de trésorerie. Destinés aux banques et aux investisseurs français et étrangers, ces bons sont des titres négociables sur le marché monétaire, représentés par des inscriptions en compte-courant. Ils sont de 2 sortes, les bons à taux fixe et intérêts payés d'avance (BTF) d'une durée maximale de 1 an, les bons du Trésor à taux annuel normalisé (BTAN) d'une durée de 2 à 5 ans.

Jusqu'en 1998 l'État a émis, pour les particuliers, des bons sur formules (c'est-à-dire matérialisés par des titres), d'une durée de 3 mois à 5 ans, avec un intérêt progressant avec la durée de détention.

→ *Dette publique, Obligations assimilables du Trésor, Valeurs du Trésor.*

Bons offices

[Droit international public]

Mode de règlement des conflits internationaux consistant dans l'interposition d'une tierce puissance qui cherche à rapprocher les parties pour les amener à entamer une négociation ou à recourir à un autre mode de règlement pacifique.

Bonus-Malus

[Droit civil]

Désigne, dans l'assurance automobile, la clause par l'effet de laquelle le montant de la prime est majoré ou minoré en fonction du nombre d'accidents dont a eu à répondre l'assuré.

C. assur., art. A. 121-1.

Bordereau Dailly

[Droit commercial]

→ *Bordereau de cession de créances professionnelles.*

Bordereau de cession de créances professionnelles

[Droit commercial]

Écrit par lequel une entreprise (le cédant), transfère la propriété des créances professionnelles déterminées, ainsi que des sûretés qui les garantissent, à un établissement de crédit (le cessionnaire), qui soit lui verse immédiatement le montant de la créance cédée, soit reçoit ces créances afin de garantir un crédit consenti au cédant.

Ce titre est encore appelé « bordereau Dailly », du nom du sénateur auteur de la proposition de loi.

C. mon. fin., art. L. 313-23 s.

→ *Cession professionnelle des créances.*

Bordereau de collocation

[Procédure civile]

Titre délivré à chaque créancier à l'issue d'une procédure d'ordre pour lui permettre de se faire payer ce qui lui revient (sa collocation).

La réforme des procédures de saisie immobilière et de distribution du prix d'un immeuble a supprimé les bordereaux de collocation. Il est simplement prévu que le séquestre ou le consignataire des fonds procède au paiement des créanciers dans le mois de la notification du document arrêtant l'état de répartition.

C. civ., art. 2214 s.; Décr. nº 2006-936 du 27 juill. 2006, art. 83 s.

→ *Ordre.*

Bordereau de communication de pièces

[Procédure civile]

Liste des pièces communiquées dans un procès civil, dressée par l'avocat qui procède à la communication et que signe l'avocat destinataire pour faire preuve de l'accomplissement de la formalité. Il est permis de recourir à la voie électronique si le destinataire des notifications y consent expressément.

CPC, art. 748-1 s., 753, 815 et 961.

→ *Pièces.*

Bordereau récapitulatif des cotisations

[Sécurité sociale]

Document accompagnant le versement des cotisations et indiquant, d'une part, le nombre de salariés de l'établissement ou de l'entreprise et, d'autre part, l'assiette et le montant des cotisations dues.

Bornage

[Droit civil/Droit rural]

Opération juridique de délimitation de 2 fonds de terre contigus. Le bornage consiste à déterminer par des marques apparentes (les bornes), la limite séparative de 2 propriétés.

La décision judiciaire qui statue sur une demande en bornage ne fixe qu'une ligne divisoire entre les fonds et ne fait pas obstacle à une action en revendication.

C. civ., art. 646; C. rur., art. D. 161-12 s.

ACTU

Bouclier fiscal

[Droit financier]

Appellation donnée au plafonnement du montant des *impôts directs* payés par un contribuable, lui garantissant que le total de l'*impôt sur le revenu*, de l'*impôt de solidarité sur la fortune*, des *taxes foncières et d'habitation* de son habitation principale et de différents prélèvements sociaux payés au cours d'une année (dont la CSG) ne doit pas dépasser 50 % de ses revenus nets de l'année précédente. Le droit à restitution est acquis au contribuable (le foyer fiscal) au 1er janvier de la deuxième année suivant celle de la réalisation des revenus visés si celui-ci en fait la demande avant la fin de la deuxième année suivant celle de la réalisation des revenus. Le contribuable peut aussi imputer cette créance détenue sur l'État pour le paiement de l'impôt de solidarité sur la fortune, la taxe d'habitation, les taxes foncières et prélèvements sociaux.

CGI, art. 1er, 1649-O A.

Bouquet

[Droit civil]

Dans l'aliénation d'un bien en viager, somme d'argent que le débirentier paye immédiatement; cette somme représente une partie du prix, tout le reste donnant lieu à des versements périodiques échelonnés durant la vie du crédirentier (*arrérages*).

Bourse commune

[Procédure civile]

Mise en commun de la portion des émoluments versés par les officiers ministériels en vue de subvenir aux dépenses de fonctionnement des organismes corporatifs et des œuvres sociales ainsi que de garantir la responsabilité professionnelle des membres de la compagnie.

Bourse de commerce ou de marchandises

[Droit commercial]

Lieu où s'effectuent des achats et des ventes, généralement à terme, de certaines marchandises courantes ayant un vaste marché (laines, café, cacao).

Bourse de marchandises

[Droit commercial]

→ *Bourse de commerce.*

Bourse de valeurs

[Droit commercial]

Lieu où se négociaient, au comptant ou à terme, des valeurs mobilières par l'intermédiaire des sociétés de bourse.

La loi du 2 juillet 1996 a supprimé les bourses de valeurs et a créé les *marchés réglementés*. La directive européenne, dite « MIF », y a ajouté les « Systèmes multilatéraux de négociation ».

Bourse du travail

[Droit du travail]

Ensemble des locaux mis à la disposition des syndicats par une municipalité. Les bourses du travail, sous l'aspect institutionnel, ont perdu leur fonction de placement; elles ont actuellement pour mission de permettre les réunions syndicales, de favoriser la documentation; généralement un service de renseignements et d'aide aux salariés est constitué.

Boycottage

[Droit commercial]

Action discriminatoire émanant d'une personne privée, fondée sur des motifs idéologiques, et ayant pour objet ou pour effet la mise à l'écart d'un professionnel. Peut être,

selon les cas, sanctionné civilement et pénalement.
→ *Mise à l'index.*

Branches d'un moyen

[Procédure (principes généraux)]
→ *Moyens.*

Brevet

[Droit civil]
L'acte dressé en brevet est établi par le notaire en un seul exemplaire qui est remis à l'intéressé (certificat de vie, procuration, acte de notoriété).

Décr. n° 71-941 du 26 nov. 1971, art. 26.
→ *Minute.*

Brevet d'invention

[Droit commercial]
Titre délivré par les pouvoirs publics (*INPI*), conférant un monopole temporaire d'exploitation (en principe 20 ans) sur une invention à celui qui la révèle, en donne une description suffisante et complète, et revendique ce monopole.

CPI, art. L. 611-1 et 611-2.

BRIC

[Droit international public]
Groupe particulièrement dynamique, sur le plan économique, et donc influent sur le plan politique, de pays émergents, composé du Brésil, de la Russie, de l'Inde et de la Chine.
→ *G 20.*

Brocard

[Droit général]
→ *Aphorisme.*

Bruxelles I

[Droit international privé/Droit européen/Procédure civile]
Expression désignant le règlement (CE) n° 44-2001 du 22 décembre 2000 concernant la compétence judiciaire, la reconnaissance et l'exécution des décisions en matière civile et commerciale. Ce règlement est actuellement en cours de révision.

Bruxelles II et II *bis*

[Droit européen/Procédure civile]
Dénomination des règlements communautaires relatifs à la compétence, la reconnaissance et l'exécution des décisions en matière matrimoniale et en matière de responsabilité parentale. Le règlement CE n° 2201/2003 du Conseil du 27 novembre 2003, dit règlement Bruxelles II *bis*, a abrogé le règlement 1347/2000 du Conseil du 29 mai 2000, dit règlement Bruxelles II, auquel il s'est substitué depuis le 1er mars 2005. Selon ce règlement abrogatif, le principe est que les décisions rendues dans un État membre sont reconnues dans les autres États membres sans qu'il soit nécessaire de recourir à aucune procédure.

Budget

[Droit financier ou fiscal]
1° *Collectivités territoriales et établissements publics* : *Acte* (*ce mot*, dans ses 2 sens) par lequel sont prévues et autorisées par le collège délibérant de ces personnes juridiques les recettes et les dépenses de celles-ci pour l'année en cause.
2° *État* : partie de la *loi de finances* correspondant aux autorisations de recettes et de dépenses de l'État pour l'année en cause. Ces autorisations sont réparties en 3 ensembles : le budget général, les budgets annexes, les *comptes spéciaux du Trésor*.
Budget général : de *droit commun*, les prévisions de recettes et les autorisations de dépenses de l'État sont inscrites au budget général, normalement sans affectation de certaines ressources à des charges déterminées (principe d'*universalité*).
Budgets annexes : comptes décrivant les charges et les recettes de services de l'État dont l'activité, au moins en théorie, tend à

produire des biens ou des services moyennant une rémunération, affectée au service qui les produit.
3° *État* : « budget » d'un ministère : expression souvent employée pour désigner les *crédits budgétaires* à la disposition de celui-ci (en pratique inclus dans le *décret de répartition* le concernant).
→ *Dotation, Mission, Performance (publique).*

Budget autonome

[Droit financier ou fiscal]
Nom donné aux budgets de toutes les entités publiques distinctes de l'État, et ainsi dotées de la personnalité juridique, fixant elles-mêmes le montant de leurs charges et de leurs ressources dans les conditions déterminées par la loi (ex. : *collectivités territoriales*, *établissements publics*).

Budget économique (de la nation)

[Finances publiques]
En matière de comptabilité économique nationale, exposé prévisionnel chiffré de l'ensemble des activités de l'économie nationale pour l'année en cause.

Budget social (de la nation)

[Finances publiques]
Document d'information regroupant sous forme chiffrée l'essentiel des actions conduites en matière sociale pendant l'année en cause.

Budgets annexes

[Droit financier]
→ *Budget.*

Budgets opérationnels de programme (BOP)

[Droit financier]
Segmentations des *programmes* budgétaires au niveau territorial adéquat (par ex. central, régional, départemental) en vue de l'exécution concrète de leur contenu par les *unités opérationnelles*. Ils ont à leur tête un responsable de BOP – qui peut en gérer plusieurs – qui est en pratique, dans les *régions*, le chef d'un service déconcentré de l'État (par ex. *préfet*, *recteur*, directeur régional de la protection judiciaire de la jeunesse). Ces fractionnements des programmes, au nombre d'environ 1 900 en 2008, obéissent aux mêmes règles que ceux-ci.

Bulletin de greffe

[Procédure civile]
Simple billet imprimé, daté et signé par le greffier servant à adresser des avis, convocations, ou injonctions aux avocats et déposé par celui-ci au lieu où sont effectuées, au siège du tribunal, les notifications entre avocats.

CPC, art. 826, al. 2 et 3.

Bulletin de paie

[Droit du travail]
Document obligatoirement délivré par l'employeur, au moment de la paie, à la personne qu'il emploie et qui permet à cette dernière de vérifier si elle a bien reçu son dû.

C. trav., art. L. 3243-1 s. et R. 3243-1 s.

Bulletin de vote

[Droit public]
Matérialisation d'une participation à un scrutin, sous forme d'un billet, d'une feuille portant, particulièrement dans les opérations électorales, les procédures d'assemblées, de plébiscite ou de référendum, la ou les mentions traduisant la volonté juridique du titulaire du droit de voter.

Bulletin officiel des annonces civiles et commerciales (BODACC)

[Droit civil/Droit commercial]
Bulletin annexe au *Journal officiel* de la République française dans lequel sont insé-

rées, par extrait, les déclarations faites au *Registre du commerce et des sociétés* en ce qui concerne les immatriculations des personnes physiques et morales, la modification du statut des sociétés et leur radiation, la cession des fonds de commerce, la location-gérance, etc.

C. com., art. R. 123-209 s.; Décr. nº 78-704 du 3 juill. 1978, art. 2 s.

Bulletin officiel du ministère de la Justice

[Procédure (Principes généraux)]

Bulletin, à périodicité mensuelle, dans lequel sont publiées, notamment, les directives, instructions, circulaires, notes qui comportent une interprétation du droit positif ou une description des procédures administratives n'ayant pas fait l'objet d'une publication au *Journal officiel*.

Bulletins (ou votes) blancs

[Droit public]

Votes n'exprimant pas un choix positif (enveloppes vides, ou contenant 2 bulletins de sens opposé ou un bulletin parfaitement vierge), mais dont la signification politique est incontestable, en ce qu'ils traduisent un refus du choix proposé, en même temps qu'une volonté de participation civique, par opposition aux abstentionnistes. Les bulletins blancs ne sont pourtant pas considérés comme des suffrages exprimés; ils sont comptés (abusivement selon certains) avec les bulletins nuls.

Bulletins nuls

[Droit public]

Bulletins de vote non conformes aux prescriptions de la loi électorale et qui, de ce fait, ne sont pas valables (ex. : bulletins portant des signes de reconnaissance). N'entrent pas en ligne de compte dans le dénombrement des suffrages exprimés.

Bundesrat

[Droit constitutionnel]

Seconde chambre du Parlement allemand composée de représentants des gouvernements des Länder, équivalent du Sénat français.

Bundestag

[Droit constitutionnel]

L'équivalent en Allemagne de l'*Assemblée nationale* française.

Bureau

[Droit civil]

Organe assurant la gestion d'une association et comprenant au moins un président, un secrétaire, un trésorier, choisis parmi les membres du Conseil.

[Droit constitutionnel]

Organe directeur des travaux d'une assemblée parlementaire. Il comprend : le président, des vice-présidents (qui suppléent le président), des secrétaires (chargés de contrôler les votes et la rédaction des procès-verbaux des séances), des questeurs (chargés des problèmes d'administration intérieure).

[Procédure civile]

Organe collégial fonctionnant dans le cadre d'une juridiction et dont les attributions sont tantôt administratives (bureau de la Cour de cassation), tantôt juridictionnelles (bureaux des conseils de prud'hommes), tantôt simplement judiciaires (bureaux d'aide juridictionnelle).

COJ, art. R. 411-7 et 421-2.

Bureau d'aide sociale

[Droit administratif]

→ *Centre communal d'action sociale.*

Bureau de conciliation

[Procédure civile]

Formation du conseil de prud'hommes se composant d'un représentant des employeurs et d'un représentant des salariés. Sa fonction primordiale est d'essayer de concilier les parties.

Il peut ordonner la délivrance de certificats de travail et de bulletins de paie, ainsi que le versement de provisions sur salaires et indemnités lorsque l'existence de l'obligation n'est pas sérieusement contestable.

C. trav., art. L. 1423-13, R. 1423-34, 1454-7 et 1454-14.

Bureau de jugement

[Procédure civile]

Formation du conseil de prud'hommes connaissant des conflits individuels du travail à l'égard desquels la conciliation n'a pas abouti. Elle comprend 2 représentants des employeurs, 2 représentants des salariés.

C. trav., art. L. 1411-1 s., 1423-12 et R. 1423-35.

Bureau de placement

[Droit du travail]

Entreprise privée qui se charge de rapprocher les employeurs cherchant du personnel et les demandeurs d'emploi.

Les bureaux de placement payants ont été en principe supprimés.

C. trav., art. L. 5321-1 s. et 5323-1 s.

Bureau de vote

[Droit constitutionnel]

Organisme, composé d'élus locaux et d'électeurs, qui, dans chaque commune ou section de vote, dirige et surveille le scrutin, reçoit les bulletins, les dépouille et dresse les procès-verbaux.

Bureau international du travail

[Droit du travail]

Organe administratif permanent de l'Organisation internationale du travail.

Bureau secondaire d'avocat

[Procédure civile]

L'avocat doit avoir son domicile professionnel dans le ressort du tribunal de grande instance auprès duquel il est inscrit.

Mais il peut, à certaines conditions, ouvrir un bureau secondaire dans le cadre territorial de son barreau, ou même dans le ressort d'un barreau différent (Décr. n° 1197 du 27 nov. 1991, art. 165 s.).

Bureaux d'aide juridictionnelle

[Procédure (principes généraux)]

Formation chargée de se prononcer sur les demandes d'admission à l'aide juridictionnelle relatives aux procédures, à l'exécution des décisions et aux transactions. Il existe un bureau au siège de chaque tribunal de grande instance pour les instances portées devant les juridictions du premier et du second degré tant administratives que judiciaires, un bureau auprès de la Cour de cassation, un bureau auprès du Conseil d'État. L'intéressé peut demander une nouvelle délibération lorsque le bénéfice de l'*aide juridictionnelle* lui a été refusé pour dépassement du plafond des ressources.

L. n° 91-647 du 10 juill. 1991, art. 12 s.

C

Cabinet ministériel

[Droit constitutionnel]

1° Ensemble des membres du gouvernement (sauf en Grande-Bretagne où le cabinet est une formation restreinte regroupant, choisis par le Premier ministre, les seuls ministres les plus importants et aux réunions duquel se prennent, et non pas en Conseil des ministres, les décisions essentielles).

2° Ensemble des collaborateurs directs d'un ministre, nommés et révoqués librement par lui (en principe directeur de cabinet, chargés de mission, chef de cabinet, conseillers techniques). Traditionnellement important en France et politisé, le cabinet assure la liaison avec les services administratifs du ministère (d'où le reproche d'être un instrument de pression sur l'Administration) et, ce qui est normal, les relations du ministre avec l'extérieur (Parlement, presse ou sa circonscription électorale par ex.).

Cabotage

[Droit commercial]

1° (Maritime) Navigation côtière.

2° (Transports en général) Opération de transport confinée à l'intérieur d'un territoire national. On parle de « liberté de cabotage » pour les transporteurs européens, ce qui vise le droit reconnu à ces professionnels d'effectuer des prestations de transport intérieur dans un pays de l'Union européenne autre que celui de leur établissement.

Cadastre

[Droit civil/Droit financier ou fiscal]

1° Représentation cartographique de l'ensemble du territoire national sur une base communale et selon sa division en parcelles de propriété.

Les feuillets correspondants, soumis à une publicité sur place et par extrait, et déposés auprès de l'Administration et dans chaque mairie, se composent de 3 séries de documents :

- la matrice, qui énumère les parcelles appartenant à chaque propriétaire dans la commune;
- les états de section, sorte de répertoire permettant la consultation du plan;
- le plan cadastral proprement dit, qui est une carte à grande échelle.

Il y a concordance du cadastre et du *fichier immobilier*.

2° Administration fiscale chargée d'établir, de mettre à jour et de conserver les documents précédents.

Décr. n° 55-22 du 4 janv. 1955, art. 2; Décr. n° 55-1350 du 14 oct. 1955, art. 17 s.

Cadavre

[Droit civil]

Le *corps humain*, même privé de vie, bénéficie d'une très forte protection. Sont prohibés, notamment, la fixation sans autorisation de l'image d'une personne décédée, l'exposition dans un musée de cadavres plastinés à des fins commerciales, l'identification par *empreintes génétiques*, sauf accord express de la personne manifesté de son vivant, le *prélèvement d'organes* dès lors que le décédé s'y est opposé de son vivant, serait-il à finalité thérapeutique ou scientifique, la pénalisation de toute atteinte portée à l'intégrité du cadavre…

C. civ., art. 16-1-1, 16-11; CSP, art. L. 1232-1 s., C. pén., art. 225-17.

→ *Atteinte à la dignité de la personne humaine, Crémation, Funérailles.*

Cadre

[Droit social]

En général : salarié appartenant à la catégorie des employés supérieurs en raison de la formation reçue ou de l'exercice d'un commandement.

Pour l'application de la convention collective nationale du 14 mars 1947 modifiée instituant un régime de retraite et de prévoyance des cadres, sont assimilés aux cadres certains salariés percevant une rémunération atteignant un seuil minimum déterminé.

[Droit du travail]

Pour l'application des dispositions relatives à la durée du travail, la loi du 19 janvier 2000 a distingué 3 catégories de cadres : les cadres « dirigeants » (qui ne sont pas soumis aux dispositions relatives à la durée du travail, au repos hebdomadaire et aux jours fériés), les cadres désignés comme tels dans les conventions de branche (ou à l'article 4 de la convention nationale du 14 mars 1947) et occupés selon l'horaire collectif applicable au sein de l'atelier, du service ou de l'équipe auquel ils sont intégrés et les cadres qui n'appartiennent à aucune des 2 premières catégories. Dans ce dernier cas, des dispositions particulières en matière de durée et d'aménagement du temps de travail sont envisagées par les textes, notamment des conventions de forfait.

C. trav., art. L. 3121-38 s.

Les VRP font partie de la section encadrement des conseils de prud'hommes.

C. trav., art. L. 1441-6.

Caducité

[Droit civil]

État d'un acte juridique valable mais privé d'effet en raison de la survenance d'un fait postérieurement à sa création. C'est ainsi que le testament est caduc si le légataire meurt avant le testateur.

C. civ., art. 1039 s.

→ *Nullité, Résiliation, Résolution.*

[Procédure civile]

Anéantissement de la citation entraînant extinction du lien d'instance, à titre de sanction d'une négligence : non-remise d'une copie de l'assignation au greffe du tribunal de grande instance dans les 4 mois de l'assignation, au greffe du tribunal d'instance ou du tribunal de commerce 8 jours au plus tard avant la date de l'audience, défaut de comparution sans motif légitime…

La caducité est déclarée d'office par le juge. Si la prescription n'a pas fait son œuvre, la demande peut être recommencée et une nouvelle assignation introduite.

CPC, art. 385, 406, 407, 468, 469, 757, 791, 839, 857 et 922.

Cahier des charges

[Droit administratif]

Document administratif détaillant, généralement avec minutie, les obligations et éventuellement les droits du titulaire de certains contrats administratifs (comme les *concessions*) et du bénéficiaire de certaines autorisations (*lotissement*), ou explicitant les modalités de réalisation de certaines décisions (par ex. *ZAC*).

[Procédure civile]
Document rédigé le plus souvent par l'avocat du créancier saisissant, dans la saisie d'immeuble, et contenant toutes les conditions de la prochaine vente par adjudication.
Déposé au greffe, il peut être l'objet de contestations.

CPC, art. 1275, 1377.

Caisse d'allocations familiales

[Sécurité sociale]
Caisse chargée de servir les prestations familiales dues aux salariés de toute profession, aux employeurs et travailleurs indépendants des professions non agricoles ainsi qu'à la population non active.

CSS, art. L. 212-1.

Caisse d'amortissement de la dette sociale (CADES)

[Droit financier ou fiscal]
Structure financière créée en 1996 pour apurer, à l'origine, les déficits accumulés par les organismes de Sécurité sociale depuis 1993. Son financement est assuré par des emprunts, et, à l'origine, par un impôt perçu sur tous les revenus (*Contribution pour le remboursement de la dette sociale* : CRDS) complété aujourd'hui par d'autres sources de financement comme la *Contribution sociale généralisée* (CSG). Cette caisse vient aussi de bénéficier du transfert du fonds de réserve des retraites. Désormais, l'horizon fixé par le législateur pour l'achèvement de cette mission paraît être 2025 (LO n° 2010-1380 du 13 nov. 2010 relative à la gestion de la dette sociale).

Caisse d'assurance retraite et de la santé au travail

[Sécurité sociale]
Caisse chargée de liquider et servir les pensions de l'assurance vieillesse du régime général, de fixer les cotisations accidents du travail et des maladies professionnelles et de mettre en œuvre les programmes d'action sanitaire et sociale.

CSS, art. L. 215-1.

Caisse de la dette publique

[Droit financier ou fiscal]
Établissement public administratif doté d'un comptable public, issu en 2003 de la fusion de la Caisse d'amortissement de la dette publique et du Fonds de soutien des rentes, chargé de concourir par des opérations diversifiées au maintien sur les marchés financiers de la qualité des emprunts émis ou garantis par l'État ainsi qu'à leur amortissement.

Caisse des dépôts et consignations

[Droit financier ou fiscal]
Puissant groupe d'épargne et de crédit, investisseur de long terme, revêtant la forme juridique d'une personne morale de droit public *sui generis* et de diverses filiales.
Créée en 1816, elle avait à l'origine pour mission de recevoir les dépôts obligés des notaires et les *consignations*; la caisse est principalement alimentée aujourd'hui par la collecte de fonds d'épargne et de retraite. L'emploi de ces fonds est très diversifié : certains sont placés au profit du Trésor, dont la Caisse est un *correspondant*, la majeure partie est utilisée pour des prises de participation et des prêts au profit de personnes publiques, spécialement des collectivités territoriales, et des organismes de logement social. La Caisse contribue également à la rénovation des universités, à la création d'entreprises et au *développement durable*.

C. mon. fin., art. L. 518-2.

Caisse des Français à l'étranger

[Sécurité sociale]

Caisse qui gère les personnes qui s'assurent volontairement à un régime français de Sécurité sociale.

CSS, art. L. 766-4.

Caisse noire

[Droit financier ou fiscal]

Masse de fonds que des agents publics peuvent arriver à réunir grâce à des procédures irrégulières et qui est gérée en dehors des règles de la comptabilité publique en vue, très généralement, d'accroître les ressources budgétaires normales du service.

Caisse primaire d'assurance-maladie

[Sécurité sociale]

Organisme chargé de servir les prestations en nature et en espèces maladie, maternité, invalidité, décès et risques professionnels du régime général.

CSS, art. L. 211-1.

Caisses d'épargne

[Droit financier ou fiscal]

Organisées sous la forme de sociétés coopératives, les Caisses d'épargne sont des établissements de crédit autorisées, malgré leur statut coopératif, à exercer toutes les opérations de banque, comme les dépôts de fonds du public (sur des livrets d'épargne, dont le « livret A » à statut privilégié, ou sur des comptes bancaires classiques), les opérations de crédit et de change, le placement et la gestion de valeurs mobilières, le conseil à la gestion de patrimoine – voire l'assurance-vie. Cependant leur particularisme est marqué par les missions d'intérêt général dont les investit l'article L. 512-85 du Code monétaire et financier, notamment l'affectation d'une partie de leurs excédents d'exploitation au financement de projets d'économie sociale, et locale (prêts aux *collectivités locales*). Le capital des caisses est détenu par des « sociétés locales d'épargne ». L'ensemble des caisses est organisé en réseau, dont le chef de file est la Caisse nationale des Caisses d'épargne.

Le groupe Caisse d'Épargne, fortement ébranlé par la crise financière de l'automne 2008, s'est engagé dans un processus d'adossement aux Banques populaires, et une loi du 18 juin 2009 a créé l'Organe central des caisses d'épargne et des banques populaires.

C. mon. fin., art. L. 512-85 s. et 512-106.

Caisses de Sécurité sociale

[Sécurité sociale]

Organismes de gestion du régime général de la Sécurité sociale. On distingue :

- la Caisse nationale d'assurance-maladie des travailleurs salariés, les Caisses régionales et primaires d'assurance-maladie, qui gèrent les risques maladie, maternité, invalidité, décès, accident du travail;
- la Caisse nationale d'allocations familiales, et les Caisses d'allocations familiales qui gèrent les allocations familiales;
- la Caisse nationale d'assurance vieillesse des travailleurs salariés, la Caisse régionale d'assurance vieillesse pour les départements du Haut-Rhin, Bas-Rhin et Moselle, affectées à la gestion du risque vieillesse;
- enfin des Caisses générales de Sécurité sociale pour les départements d'outre-mer.

Les Caisses nationales sont des établissements publics à caractère administratif.

En dehors du régime général, chaque régime de Sécurité sociale possède sa propre organisation, comportant des caisses particulières : caisses de mutualité agricole, caisses professionnelles et interprofessionnelles du régime des indépendants, sociétés de secours minières du régime des Mines, etc.

Calendrier de procédure

[Droit civil]

Programme chronologique de déroulement de l'instance établi par le juge de la mise en état en accord avec les avocats. Le calendrier de procédure fixe la date de l'échange des conclusions, celle de la clôture, celle des débats ainsi que la date du prononcé de la décision. Si l'un des avocats ne respecte pas ce calendrier, le juge peut clore l'instruction à son égard; si ce sont les 2 avocats qui n'agissent pas dans les délais impartis, le juge peut prendre une ordonnance de radiation de l'affaire.

CPC, art. 764, 780 et 781.

→ *Juge de la mise en état, Mise en état.*

Cambiaire

[Droit commercial]

Ce qui a trait à la lettre de change et, par extension, aux autres effets de commerce (ex. : le recours cambiaire).

→ *Droit cambiaire.*

Campagne électorale

[Droit constitutionnel]

Ensemble des opérations de propagande qui précèdent une élection ou un référendum.

ACTU

Campus France

[Droit administratif]

Agence nationale pour la promotion de l'enseignement supérieur français à l'étranger. La loi du 27 juillet 2010 lui confère le statut d'établissement public industriel et commercial.

Cancellation

[Droit général]

Suppression manuscrite de tout ou partie d'un acte juridique réalisée par rature, rayure, biffage. Selon les espèces et le moment où elle intervient, la cancellation opère d'elle-même ou requiert approbation. Surtout employée en matière testamentaire et lorsque la chambre de l'instruction ordonne la cancellation de certains actes dans l'exercice de son pouvoir de contrôle des actes de l'instruction.

Candidature

[Droit constitutionnel]

Action de se porter candidat à une fonction dont le titulaire est désigné par élection ou nomination.

Canon

[Droit général]

→ *Droit canonique.*

Canton

[Droit administratif]

Circonscription administrative, dépourvue de personnalité juridique, se situant entre l'arrondissement et la commune, au nombre d'environ 4 000 en France métropolitaine.

Cantonnement

[Droit civil]

Réduction judiciaire de l'assiette d'une garantie pour mieux l'ajuster au montant de la dette et ménager ainsi le crédit du débiteur : cantonnement de l'hypothèque légale ou judiciaire).

D'une manière générale, le juge de l'exécution a le pouvoir d'ordonner la mainlevée de toute mesure abusive. En cas de saisies simultanées de plusieurs immeubles, il peut réduire l'assiette de la saisie en suspendant les poursuites sur tel ou tel d'entre eux.

C. civ., art. 2196, 2444 s.; L. nº 91-650 du 9 juill. 1991, art. 22; Décr. nº 2006-936 du 27 juill. 2006, art. 24.

Capacité

[Droit civil]

Aptitude à acquérir et à exercer un droit.

On distingue 2 degrés dans la capacité juridique. La capacité de *jouissance* est l'aptitude à avoir des droits et des obligations (toute personne physique a en principe la capacité de jouissance). La capacité d'*exercice* est le pouvoir de mettre en œuvre soi-même et seul ses droits et ses obligations, sans assistance, ni représentation par un tiers.
→ *Incapacité.*

Capacité d'ester en justice

[Procédure (principes généraux)]
Le recours à la justice est une prérogative si importante que la *jouissance* de la faculté d'ester (d'agir) en justice est ouverte à toute personne physique ou morale, même étrangère.
En revanche, nombreuses sont les personnes (mineures, majeures en *tutelle* ou *curatelle*) qui n'ont pas la capacité d'*exercice*, c'est-à-dire l'aptitude à faire valoir, elles-mêmes ou elles seules, leurs droits et intérêts en justice.
C. civ., art. 468, 475, 504; CPC, art. 117.
→ *Ester en justice, Incapacité.*

Capitaine

[Droit commercial]
Premier des marins à bord d'un navire. Recruté par l'exploitant du navire, le capitaine commande la marche de celui-ci et assume, outre la direction nautique et commerciale de l'expédition, des responsabilités de puissance publique au cours du transport maritime (actes de l'état civil, police judiciaire).

Capital

[Droit civil]
1° Ensemble des biens figurant à l'actif d'un patrimoine, par opposition aux revenus qu'ils produisent.
[Droit commercial]
→ *Capital social.*
2° Principal de la dette de somme d'argent.
→ *Intérêt.*

Capital social

[Droit civil/Droit commercial]
La valeur des apports en numéraire et en nature forme le capital social, dont le montant minimum est déterminé par la loi pour certains types de société. Le capital peut être augmenté sous certaines conditions, mais le principe de l'intangibilité du capital social explique l'existence d'une réglementation plus rigoureuse des réductions de capital, dans l'intérêt des créanciers sociaux.
C. civ., art. 1835.

Capital variable

[Droit commercial]
→ *Société à capital variable.*
C. com., art. L. 231-1 s.

Capitalisation

[Droit civil/Droit commercial]
Transformation des intérêts perçus par un créancier en capital, en vue de la production de nouveaux intérêts.
C. civ., art. 1154.
→ *Anatocisme, Assurance capitalisation.*
[Sécurité sociale]
Système dans lequel les cotisations versées chaque année sont affectées au compte individuel de chaque *participant* et capitalisées à intérêts composés compte tenu de la mortalité.
À l'âge de la retraite, le participant reçoit le capital correspondant aux versements et intérêts ou une rente viagère correspondant à ce capital.

Capitaux de couverture

[Sécurité sociale]
Capitaux servant à garantir les prestations jusqu'à leur terme. Les régimes de prévoyance doivent désormais être gérés en

« capitaux de couverture », cette technique étant appelée également « *capitalisation* ».

Capitaux propres

[Droit commercial]

Les capitaux propres représentent l'ensemble des sommes qui reviendraient aux associés en cas de dissolution de la société. Ils regroupent l'ensemble des sommes investies par les détenteurs du capital par opposition aux ressources d'origine externe.

Le montant figure au passif du bilan comptable; il correspond à la somme algébrique du capital, des réserves et des résultats.

Capitulations (Régime des)

[Droit international public]

(De *capitulum* : chapitre, clause). Régime, aujourd'hui disparu, en vigueur dans des pays hors chrétienté (Turquie, Égypte, Chine) et consistant en ce que les étrangers échappaient à la compétence des autorités locales et restaient soumis à celle de leurs autorités nationales (spécialement de leurs consuls).

Captation d'héritage

[Droit civil]

Manœuvres dolosives exercées sur autrui ayant pour effet d'obtenir une libéralité; elles peuvent être le fait du bénéficiaire de la libéralité ou d'un tiers. La loi pose des présomptions irréfragables de captation d'héritage : ainsi le tuteur ne peut être gratifié par le mineur dont il a la charge.

C. civ., art. 907 s.

Captation de parole et d'image

[Droit civil]

→ *Atteintes à la vie privée.*

Carence

[Procédure civile]

Absence de biens meubles susceptibles de saisie entre les mains du débiteur. L'huissier de justice dresse alors un procès-verbal de carence. Il en va de même en cas d'apposition des scellés lorsque le greffier en chef du tribunal d'instance ne trouve aucun effet mobilier.

CPC, art. 1315; Décr. n° 92-755 du 31 juill. 1992, art. 92.

[Droit administratif]

On appelle carence de l'Administration l'inaction de celle-ci, spécialement dans les hypothèses où elle aurait dû agir, ce qui engage alors la responsabilité de la personne publique en cause si un préjudice est né de cette carence.

[Droit européen]

Recours organisé par l'article 265 TFUE permettant à la Cour de justice ou au Tribunal de l'Union européenne de constater l'illégalité d'une inaction du Conseil, du Conseil européen, de la Commission, du Parlement ou de la Banque centrale européenne.

Carnet de maternité

[Sécurité sociale]

Carnet remis à une femme enceinte et mentionnant les différents examens médicaux obligatoires.

CSS, art. R. 331-4.

Carrières

[Droit administratif/Droit civil]

Gisement de substances minérales ou fossiles défini par opposition aux mines, celles-ci étant fixées par énumération législative.

Les carrières comprennent les matériaux de construction, d'empierrement, d'amendement pour la culture des terres, etc. Elles appartiennent au propriétaire du sol qui peut les exploiter moyennant une autorisation administrative, à moins qu'un intérêt économique national ou régional ne conduise à accorder un permis de carrière à un autre que le propriétaire du sol.

C. minier, art. 1er, 105 s.; C. civ., art. 598.

Carte bancaire

[Droit civil/Droit commercial]

→ *Carte de paiement.*

Carte communale

[Droit administratif]

Les petites communes non dotées d'un *plan local d'urbanisme* peuvent établir un document délimitant les zones constructibles et les zones naturelles, en vue d'organiser leur évolution en matière d'urbanisme.

Elle doit être compatible avec les autres documents d'aménagement, tels que *schéma de cohérence territoriale* ou charte du *parc naturel* régional.

C. urb., art. L. 124-1 s.

Carte d'assurance-maladie (Vitale)

[Sécurité sociale]

Carte électronique individuelle délivrée à tout bénéficiaire de l'assurance-maladie et qui permet une télétransmission des feuilles de soins aux organismes de Sécurité sociale, en vue de faciliter le remboursement de l'assuré.

CSS, art. L. 161-31.

Carte de paiement

[Droit civil/Droit commercial]

Carte émise par un établissement de crédit ou par une institution ou un service autorisé à effectuer des opérations de banque et permettant à son titulaire de retirer ou de transférer des fonds.

En cas de perte ou de vol, le titulaire de la carte supporte la perte subie avant la mise en opposition dans la limite d'un plafond de 400 €.

La communication à distance des données figurant sur une carte bancaire (numéro à 16 chiffres, date de validité, cryptogramme visuel à 3 chiffres) ne vaut pas mandat de payer, sauf intention contraire de son titulaire.

C. mon. fin., art. L. 132-1 s.

Carte de travail

[Droit international privé]

→ *Autorisation de travail.*

Carte grise

[Droit administratif]

En matière de réglementation des véhicules, appellation familière synonyme de certificat d'immatriculation. Ce document comporte notamment le numéro minéralogique du véhicule délivré par la préfecture du domicile du titulaire.

ACTU

Carte judiciaire

[Procédure civile]

Document faisant apparaître le siège et le ressort des diverses juridictions de l'ensemble du territoire national. Les divisions judiciaires de la France obéissent à des considérations multiples, souvent peu conciliables entre elles : importance de la population, poids de l'activité économique, fréquence du contentieux, exigence de proximité, nécessité de spécialisation, coût budgétaire…

→ *Conseil de prud'hommes, Tribunal de commerce, Tribunal de grande instance, Tribunal des affaires de Sécurité sociale, Tribunal d'instance, Tribunal mixte de commerce, Tribunal paritaire des baux ruraux.*

Carte nationale d'identité

[Droit administratif/Droit pénal]

Document délivré par l'autorité publique à tout national en faisant la demande, et dont les mentions permettent d'établir l'identité de son titulaire en cas de vérification d'identité par la police. Sa possession est facultative, et l'identité peut être prouvée par tout autre moyen.

Carte professionnelle

[Droit du travail/Droit administratif (pour les nationaux)]

Dans certaines professions, carte délivrée par des organes administratifs ou corporatifs, et nécessaire en fait ou en droit pour l'exercice de cette activité. L'une des plus connues est la carte d'identité professionnelle de journaliste, qui permet de bénéficier des facilités accordées par les autorités administratives pour l'exercice de cette profession.

C. trav., art. L. 7111-6.

Carte verte

[Droit civil]

En matière d'assurance obligatoire des véhicules terrestres à moteur, pour la responsabilité civile de l'auteur d'un accident, appellation familière désignant le document établi par la société d'assurance pour faciliter la circulation internationale des véhicules assurés et valant attestation d'assurance.

C. assur., art. L. 211-4 et R. 211-17.

Cartel

[Droit commercial]

→ *Entente.*

Cas fortuit

[Droit civil]

Au sens large, synonyme de « *force majeure* ».

Dans un sens étroit et discuté, impossibilité d'exécuter une obligation tenant à des causes internes (vice du matériel par ex.).

C. civ., art. 1348, 1722.

→ *Cause étrangère.*

Casier civil

[Droit civil]

→ *Répertoire civil.*

Casier fiscal

[Droit fiscal]

Prévu par la loi du 6 janvier 1948, il est destiné à réunir au plan départemental « les divers documents d'informations intéressant la situation fiscale des redevables ».

CGI, art. 1649.

Casier judiciaire

[Droit pénal]

Relevé national et automatisé des condamnations pénales et de certaines autres décisions. Les informations ainsi centralisées font l'objet de 3 « bulletins » (B1 – B2 – B3), qui peuvent être délivrés à des destinataires précis, mais dont le contenu varie selon la qualité de ceux-ci.

Traditionnellement réservé aux personnes physiques, le casier judiciaire s'applique désormais aux personnes morales, dans la logique du principe de leur responsabilité pénale, tel qu'il est retenu depuis la réforme du Code pénal.

C. pr. pén., art. 768 s. et R. 62 s.

Cassation

[Procédure civile/pénale/administrative]

Annulation par la Cour suprême d'une décision passée en force de chose jugée et rendue en violation de la loi.

CPC, art. 567, 604 et 623 s.; CJA, art. L. 111-1 et 331-1.

GAJA nº 56.

Castration chimique

[Droit pénal]

→ *Traitement inhibiteur de la libido.*

Casus belli

[Droit international public]
Circonstance de nature à provoquer une déclaration de guerre.

Caucus

[Droit constitutionnel]
Système utilisé aux États-Unis dans les États n'organisant pas de primaires pour désigner les délégués aux conventions de chaque parti devant choisir leur candidat aux élections, particulièrement l'élection présidentielle. Seuls les électeurs enregistrés comme sympathisants du parti peuvent participer aux débats et, ensuite, au vote.

Causalité

[Droit administratif]
En matière de responsabilité, lien de cause à effet entre l'action de l'Administration et le dommage subi par une victime, établi selon la méthode de la causalité adéquate. Le lien causal peut être interrompu ou atténué par le fait du tiers, la faute de la victime ou la force majeure.
[Droit civil]
Dans le droit des *obligations*, lien de cause à effet entre la faute d'une personne ou le rôle d'une chose et le préjudice subi par un tiers. Plusieurs facteurs pouvant intervenir dans la réalisation d'un dommage, la doctrine s'est efforcée de préciser cette notion; on a parfois soutenu que toute cause est à l'origine de l'intégralité du dommage (théorie de l'équivalence des conditions); mais on a dit, à l'inverse, qu'il fallait rechercher la *cause adéquate*, c'est-à-dire celle qui, normalement, est de nature à provoquer le dommage considéré. La jurisprudence applique généralement la théorie de la causalité adéquate.
[Droit pénal]
Dans les délits *non intentionnels*, depuis la loi n° 2000-647 du 10 juillet 2000 tendant à en préciser la définition, la causalité est un critère d'appréciation de la responsabilité pénale des personnes physiques, pour se conjuguer désormais avec 2 catégories de fautes.
Lorsque la causalité est *directe*, une *faute simple* suffit à la responsabilité.
Lorsque la causalité est *indirecte*, c'est-à-dire lorsque les prévenus ont créé ou contribué à créer la situation qui a permis la réalisation du dommage ou n'ont pas pris les mesures permettant de l'éviter, une *faute qualifiée* est requise pour engager leur responsabilité, sous la forme, soit d'une violation manifestement délibérée d'une obligation particulière de prudence ou de sécurité prévue par la loi ou le règlement, soit d'une faute caractérisée ayant exposé autrui à un risque d'une particulière gravité qui ne pouvait être ignoré.

C. pén., art. 121-3.

→ *Délit non intentionnel.*

Cause

[Droit civil]
• *Existence de la cause.* Dans le droit des obligations, la *cause* de l'obligation du débiteur est le but immédiat et direct qui le conduit à s'engager. On oppose à la cause, ainsi définie, le *motif* qui est un mobile personnel, subjectif et lointain. La cause est, au contraire, objective; nécessaire à la validité des actes juridiques, elle est toujours la même pour chaque catégorie d'actes (par ex. : dans un contrat synallagmatique, la cause de l'obligation de l'une des parties réside dans l'objet de l'obligation de l'autre; dans un acte à titre gratuit, la cause est l'intention libérale).

C. civ., art. 1108 et 1131.

GAJC, t. 2, n° 156; GAJC, t. 2, n° 157.

• *Licéité de la cause.* La notion de cause, lorsqu'elle est envisagée sous l'aspect de sa licéité ou de sa légalité, recouvre les motifs personnels qui conduisent une partie à contracter. Lorsque le motif est illicite (contraire à la morale, à l'ordre public), il entraîne la nullité de l'acte à la double condition d'être la *cause impulsive et déterminante* de l'opération et d'avoir été connu de l'autre partie.

C. civ., art. 1131 et 1133.

GAJC, t. 1, n° 13; GAJC, t. 1, n° 121; GAJC, t. 1, n° 122; GAJC, t. 2, n° 158.

[Procédure civile]

La notion de cause intervient pour fixer les éléments de la demande en justice. Selon certains, la cause serait constituée par la règle de droit invoquée par le demandeur; pour d'autres, elle se ramènerait aux faits invoqués dans la prétention; pour d'autres enfin, elle est constituée par un ensemble de faits juridiquement qualifiés.

Elle intervient aussi pour vérifier si le litige n'a pas déjà été jugé (comparaison du dispositif d'un jugement et d'une demande en justice ultérieure dans leurs éléments de fait et de droit). Sous ce rapport, il semble que la notion de cause n'ait plus à intervenir; puisque le demandeur doit présenter, dès la première demande, l'ensemble des *moyens* qu'il estime de nature à fonder celle-ci, il y a nécessairement chose jugée quant à la cause.

→ *Moyen de pur droit, Principe de concentration des moyens.*

C. civ., art. 1351; CPC, art. 6 et 7.

Au sens large, contestation dont est saisi le juge. Ainsi entendue, la cause s'identifie au procès et se distingue du litige qui reste un conflit de prétentions dépourvu de formalisme tant que ne se produit pas l'élévation du contentieux. C'est de la cause définie comme un différend cristallisé dans une procédure qu'il est question dans les expressions *mettre en cause, être hors de cause, appeler la cause, état de la cause.*

CPC, art. 331 s., 336 et 759.

Cause étrangère

[Droit civil]

Événement (par ex. guerre, inondation) ou fait d'un tiers qui intervient dans la réalisation d'un dommage en présentant le triple caractère d'imprévisibilité, d'irrésistibilité et d'extériorité et qui, par ces caractères, exonère une personne de toute responsabilité délictuelle ou contractuelle. Le *cas fortuit* et la *force majeure* en constituent 2 espèces.

C. civ., art. 1148, 1348.

Cause réelle et sérieuse

[Droit du travail]

Depuis la loi du 13 juillet 1973, fait justifiant un licenciement. Elle n'est pas nécessairement une faute (ex. : longue absence pour maladie) et si elle consiste en un comportement sujet à reproche, son intensité est inférieure à celle de la faute grave. La cause réelle et sérieuse peut reposer sur un fait économique.

C. trav., art. L. 1232-1 et 1233-2.

GADT n° 101 à 103, 106 et 107.

Cautio judicatum solvi

[Procédure civile]

Caution qu'un Français, défendeur à une action, pouvait, avant 1972, exiger d'un demandeur étranger, pour garantir le recouvrement des sommes que ce dernier pouvait être condamné à lui payer.

Caution

[Droit civil]

Personne qui s'engage, envers le créancier, à satisfaire l'exécution de l'obligation, si le débiteur n'y satisfait pas lui-même.

Lorsque la caution accepte d'exécuter elle-même, dans le cas où le débiteur principal ne remplirait pas son engagement, elle est appelée « caution personnelle ». En cas de contrat conclu envers un créancier professionnel, il est exigé de la caution, à peine de nullité, l'écriture d'une mention manuscrite précédant sa signature, sauf si le cautionnement est consenti par acte authentique; en outre l'engagement de la caution ne doit pas être manifestement disproportionnée à ses biens et revenus.

Lorsque la caution, au lieu de s'engager à exécuter personnellement, offre en garantie une hypothèque sur un immeuble lui appartenant, elle est dite « caution réelle ». À vrai dire, cette dénomination est devenue incorrecte depuis que la Cour de cassation a jugé qu'une sûreté réelle consentie pour garantir la dette d'un tiers, n'est pas un cautionnement, parce qu'elle est nécessairement adaptée aux capacités financières du garant.

C. civ., art. 2288 s.; C. consom., art. L. 341-2 s.

→ *Bénéfice de discussion, Bénéfice de division.*

[Procédure civile]

Un plaideur peut parfois obtenir l'exécution provisoire d'un jugement en offrant de fournir caution (ou de consigner une certaine somme) pour répondre de toutes restitutions ou réparations.

CPC, art. 517 et 519.

→ *Cautionnement, Consignation.*

Cautionnement

[Droit civil/Droit commercial]

1° Contrat par lequel la caution s'engage.

C. civ., art. 2288 s.

GAJC, t. 2, n° 292-295; GAJC, t. 2, n° 291.

→ *Sûreté réelle.*

2° Dépôt de fonds ou de valeurs destinés à garantir une créance éventuelle.

→ *Caution, Consignation, Lettre d'intention.*

Cautionnement électoral

[Droit constitutionnel]

Somme d'argent que doit déposer le candidat à une élection et qui lui est remboursée s'il obtient un certain pourcentage de suffrages. But de l'institution : décourager les candidatures fantaisistes.

Cavalerie (Traite de)

[Droit commercial]

→ *Effet de complaisance.*

Cavalier budgétaire

[Droit financier ou fiscal]

Disposition législative étrangère, par sa nature, au domaine des lois de finances et irrégulièrement introduite dans l'une d'elles pour des raisons de simple opportunité, ce qui la voue à être privée d'effet par le *Conseil constitutionnel* en cas de saisine de celui-ci.

Cavalier social

[Droit financier]

Dispositions présentes dans une loi de financement de la Sécurité sociale et qui par leur contenu ne relèvent pas d'un tel type de texte et encourent de ce fait la censure du Conseil constitutionnel. Ce dernier a pu dégager plusieurs types de cavaliers sociaux : d'une part, des dispositions qui peuvent ne pas avoir « d'effet ou ont un effet trop indirect sur les dépenses des régimes obligatoires de base ou des organismes concourant à leur financement », d'autre part, des dispositions qui n'ont pas pour objet « d'améliorer l'information et le contrôle du Parlement sur l'application des lois de financement de la Sécurité sociale » ou, enfin, qui peuvent être étrangères à la partie de la loi de financement de la Sécurité sociale concernée.

→ *Cavalier budgétaire.*

Cédant, Cessionnaire

[Droit civil]

→ *Cession de créance.*

Cédule

[Droit financier ou fiscal]

Synonyme vieilli de catégorie administrative de revenus imposables à l'impôt sur le revenu. On parlait ainsi, par exemple, de cédules des traitements et salaires, ou des revenus fonciers.

Célibat (Clause de)

[Droit du travail]

Clause du contrat de travail qui prévoit la résiliation du contrat au cas de mariage du salarié.

La loi du 13 juillet 1982 interdit de prendre en considération la situation de famille; en conséquence de telles clauses sont nulles.

C. trav., art. L. 1132-1; C. pén., art. 225-1.

Censure

[Droit administratif]

Examen auquel l'État soumettait jadis les écrits et les spectacles avant d'en autoriser ou interdire la publication ou la représentation. En France, la censure a disparu pour la presse par l'effet de la loi du 22 juillet 1881 qui déclare que « tout journal, tout écrit périodique peut être publié sans autorisation préalable », et pour les représentations théâtrales par l'effet du décret du 8 juin 1906. Cependant, les films doivent avant leur exploitation recevoir le visa d'une commission qui peut en limiter la présentation à certains publics (voire, théoriquement, l'interdire totalement), et les livres et périodiques peuvent faire l'objet d'interdiction d'exposition ou de vente – généralement à certains publics – en raison de leur contenu (ex. : extrême violence, appel à la haine raciale...).

[Droit constitutionnel]

1° Procédure par laquelle une assemblée parlementaire met en jeu la responsabilité politique du gouvernement par un blâme motivé à l'adresse de ce dernier.

Le vote d'une motion de censure entraîne la démission forcée du gouvernement. En régime parlementaire rationalisé, la censure obéit à des règles précises concernant sa recevabilité, sa discussion et son vote.

Constitution de 1958, art. 49.

2° Sanction disciplinaire applicable à un parlementaire dans les conditions prévues par le règlement intérieur de l'assemblée.

[Procédure civile]

Sanction frappant un officier public ou ministériel pour infraction aux règles professionnelles ou manquement à la probité, à l'honneur ou à la délicatesse.

Se dit aussi du contrôle juridictionnel exercé par la Cour de cassation sur les décisions rendues par les juridictions dites inférieures.

→ *Pouvoir disciplinaire.*

Centrale d'achat

[Droit commercial]

Groupement de commerçants, constitué sous forme de société ou de groupement d'intérêt économique, qui effectue des achats pour le compte de ses membres, agissant le plus souvent en qualité de commissionnaire.

Il faut distinguer de la centrale d'achat proprement dite, le groupement d'achat consistant à réunir les membres désirant réaliser leurs achats en commun dans une structure coopérative.

Il existe enfin des organismes appelés centrales de référencement, qui, sans réaliser eux-mêmes les achats, se bornent à référencer les fournisseurs et à négocier avec eux les conditions d'approvisionnement. Le regroupement de la puissance d'achat que ces organismes permettent de réaliser peut dégénérer en *abus de domination*.

Centralisation

[Droit administratif]

Système d'administration reposant sur l'attribution des pouvoirs de décision à des autorités soumises, médiatement ou immédiatement, au pouvoir hiérarchique du gouvernement.

Du point de vue de la technique d'organisation, la centralisation peut revêtir 2 formes : la *concentration*, système irréalisable pratiquement, rassemblant au siège du gouvernement les autorités précitées; la *déconcentration*, système pratiqué en droit positif, consistant à confier les pouvoirs de décision à celles de ces autorités (par ex. les préfets) qui sont en fonction dans les différentes circonscriptions administratives.

Centralisme démocratique

[Droit constitutionnel]

Principe directeur de la structure des partis communistes. Ce principe signifie :

a) élection de tous les organes dirigeants du parti, de la base au sommet;

b) compte rendu périodique de gestion devant les militants;

c) discipline rigoureuse (interdiction des fractions) dans le parti et subordination de la minorité à la majorité;

d) obligation stricte pour les organismes inférieurs d'appliquer les décisions des organismes supérieurs.

Les points *a)* et *b)* représentent la partie démocratique du système, les points *c)* et *d)* la partie centraliste.

Centre communal d'action sociale

[Droit administratif]

Établissement public communal ou intercommunal, successeur depuis 1968 des anciens Bureaux d'aide sociale, chargé d'une mission générale de prévention et de développement social, et d'un rôle d'instruction des demandes d'aide sociale. Il distribue en outre des prestations en espèces ou en nature aux habitants les plus démunis.

Centre d'analyse stratégique

[Droit administratif]

Organisme consultatif rattaché au Premier ministre, chargé d'éclairer le gouvernement, par des rapports, des recommandations ou des avis, dans la définition des politiques publiques en matière économique, sociale, environnementale ou culturelle. Ses travaux sont publiés. A remplacé, en 2006, le Commissariat général au *Plan*.

Centre de formalités des entreprises (CFE)

[Sécurité sociale/Droit financier ou fiscal]

Centre permettant aux entreprises de souscrire en un même lieu et sur un même document les déclarations auxquelles elles sont tenues par les lois et règlements dans les domaines juridique, administratif, fiscal, social et statistique afférents à leur création, à la modification de leur situation et à la cessation de leur activité.

Centre de gestion agréé

[Droit financier ou fiscal]

Dans le cadre de la politique d'amélioration de la connaissance des revenus des professions non salariées, il a été institué des centres de gestion agréés, dénommés associations agréées pour les professions libérales, auxquels ces professionnels peuvent confier la tenue de leur comptabilité, ce qui confère plus d'exactitude à celle-ci et ouvre droit en conséquence à ces professionnels à des abattements sur leur bénéfice imposable sous certaines conditions. L'agrément est donné par l'Administration fiscale.

Centre de préparation à l'administration générale (CPAG)

[Droit administratif]

→ *Institut régional d'Administration (IRA).*

Centre des impôts

[Droit financier ou fiscal]

Ancienne cellule de base de l'organisation territoriale des services fiscaux, chargée du calcul de l'impôt des particuliers ou entreprises.

→ *Service des impôts.*

Centre d'étude des revenus et des coûts (CERC)

[Droit administratif]

→ *Conseil de l'emploi, des revenus et de la cohésion sociale.*

Centre européen de la recherche nucléaire (CERN)

[Droit international public]

Organisation internationale créée en 1953 dans le but de mettre en commun les ressources des États européens pour procéder à la recherche scientifique visant à l'utilisation pacifique de l'énergie nucléaire.

Gère, près de Genève, un accélérateur de particules d'une grande importance.

Centre national de la fonction publique territoriale (CNFPT)

[Droit administratif]

Établissement public administratif, créé en 1987, chargé notamment de contribuer au recrutement et à la formation des personnels des collectivités territoriales.

ACTU

Centre national de la recherche scientifique (CNRS)

[Droit administratif]

Établissement public à caractère scientifique et technologique, le CNRS, créé en 1939, est le plus grand organisme public français de recherche; son organisation a été réformée par un décret du 29 octobre 2009 afin d'en améliorer la gouvernance (par un conseil d'administration dont le président assure la direction générale de l'établissement).

Centre national d'études judiciaires

[Procédure civile]

→ *École nationale de la magistrature.*

Centre régional de formation professionnelle des avocats

[Procédure civile]

Établissement d'utilité publique, doté de la personnalité morale, et institué sur le plan régional par le décret n° 91-1197 du 27 novembre 1991 (art. 42 s.). Auparavant, un tel centre existait dans le cadre de chaque cour d'appel.

Chaque centre est administré par un conseil regroupant des magistrats, des avocats et un universitaire.

Il est chargé de former les candidats ayant réussi l'examen d'entrée au centre et d'assurer la préparation du certificat d'aptitude à la profession d'avocat. Il a aussi la mission de la formation permanente des membres des barreaux.

L. n° 71-1130 du 31 déc. 1971, art. 13 s.

Centres de détention

[Droit pénal]

Établissements pénitentiaires dont le régime est principalement orienté vers la resocialisation des condamnés. Parmi ces établissements figurent les centres pour jeunes condamnés et les établissements ouverts.

→ *Prisons.*

Centres de placement immédiat

[Droit pénal/Procédure pénale]

Établissements d'accueil en urgence de mineurs délinquants. Ils ont pour mission de réaliser, pendant un délai d'1 à 3 mois, un travail d'évaluation et d'observation de la situation personnelle, familiale, scolaire ou professionnelle des mineurs accueillis, afin de proposer au juge une orientation adaptée.

→ *Centres éducatifs fermés, Centres éducatifs renforcés.*

Centres éducatifs fermés

[Droit pénal/Procédure pénale]

Établissements publics ou établissements privés habilités dans lesquels les mineurs sont placés en application d'un contrôle judiciaire ou d'un sursis avec mise à l'épreuve. Au sein de ces centres, qui ne s'apparentent pas à des établissements pénitentiaires, pour être compatibles avec des sorties à l'extérieur, les mineurs font l'objet de mesures de surveillance et de contrôle permettant d'assurer un suivi éducatif et pédagogique renforcé et adapté à leur personnalité. La violation des obligations auxquelles le mineur est astreint peut entraîner, selon le cas, le placement en détention provisoire ou l'emprisonnement du mineur.

Ord. nº 45-174 du 2 févr. 1945, art. 33.

→ *Centres éducatifs renforcés, Centres de placement immédiat.*

Centres éducatifs renforcés

[Droit pénal/Procédure pénale]

Établissements d'accueil de mineurs délinquants multirécidivistes en grande difficulté ou en voie de marginalisation. Ils se caractérisent par des programmes d'activités intensifs pendant des sessions de 3 à 6 mois et un encadrement éducatif permanent.

→ *Centres éducatifs fermés, Centres de placement immédiat.*

Certain

[Droit civil/Procédure civile]

1° Qui ne peut être mis en doute autorisant la pratique d'une saisie (*créance* certaine).

2° Qui est déterminé (*corps certain*).

→ *Date certaine.*

Certificat complémentaire de protection

[Droit commercial]

Titre qui se substitue pour un certain temps au brevet à son expiration, conférant à son titulaire les mêmes droits et soumis aux mêmes limitations et qui permet de compléter la protection de l'invention en matière de médicaments, compensant ainsi l'impossibilité de l'exploiter avant d'avoir obtenu l'autorisation de mise sur le marché (AMM).

CPI, art. L. 611-3.

Certificat de coutume

[Droit international privé]

Attestation rédigée en français et délivrée par un jurisconsulte étranger (avocat, notaire, consul), affirmant l'existence d'une règle de droit étrangère ou en exposant le contenu.

Procédé utilisé fréquemment lorsque, dans un État étranger, n'existe pas de législation écrite, les règles de droit émanant soit de la coutume, soit de la jurisprudence.

Certificat de décès

[Droit civil]

Attestation du décès d'une personne, établie par un médecin et qui est nécessaire pour procéder aux funérailles.

CGCT, art. L. 2223-42.

→ *Acte de décès, Décès.*

Certificat de droit de vote

[Droit commercial]

→ *Certificat d'investissement.*

Certificat de nationalité

[Droit international privé]

Attestation délivrée par le greffier en chef du tribunal d'instance, au vu de pièces justificatives dont il est fait mention, selon laquelle la personne qui la demande a la nationalité française. Sa validité peut être judiciairement contestée.

C. civ., art. 31 s.

Certificat de non-paiement

[Droit commercial]

Titre institué par la loi n° 85-695 du 11 juillet 1985 en remplacement du protêt exécutoire. Délivré par le tiré au porteur du chèque impayé qui lui en fait la demande, ou automatiquement lorsque le chèque reste impayé au-delà d'un certain délai et après une nouvelle présentation infructueuse, il a pour but de faire constater officiellement le non-paiement du chèque et permet la délivrance par un huissier d'un titre exécutoire rendant possible toutes les formes de saisie.

C. mon. fin., art. L. 131-73.

→ *Protêt.*

Certificat de propriété

[Droit civil/Droit commercial]

Acte par lequel un officier public (notaire ou juge d'instance) atteste l'existence d'un droit de propriété sur une chose ou une valeur. Il ne peut concerner que des titres nominatifs (actions, obligations, rentes sur l'État) ou des créances sur des organismes publics ou privés (caisses d'épargne, caisses de Sécurité sociale), à l'exclusion des immeubles. Il vise donc le statut du bien, mais lorsqu'il est délivré à un héritier dont la propriété est ainsi certifiée, il lui donne la qualité d'héritier apparent, que les tiers doivent tenir pour exacte, sans pouvoir exiger la communication des actes visés au certificat.

C. civ., art. 730, al. 2.

→ *Acte de notoriété, Attestation notariée immobilière, Certificat d'hérédité/d'héritier, Intitulé d'inventaire.*

Certificat de travail

[Droit du travail]

Document obligatoirement remis par l'employeur au salarié à l'expiration de son contrat de travail, et qui mentionne l'identité des parties, la date d'entrée et de sortie du salarié, la nature de l'emploi qu'il a occupé.

Le certificat doit être signé par l'employeur.

C. trav., art. L. 1234-19 et D. 1234-6.

Certificat de vie

[Droit civil]

Acte par lequel certaines personnes qui exercent des fonctions publiques (notaire, président de tribunal, maire) attestent l'existence actuelle d'une personne. Ce certificat doit être, en principe, présenté par tout crédirentier désireux d'obtenir le paiement des arrérages auxquels il a droit.

Certificat d'hérédité/d'héritier

[Droit civil]

1° Hors départements d'Alsace-Moselle, le certificat d'hérédité est une attestation délivrée par le tribunal d'instance ou le maire, au vu de témoignages, aux fins d'établir la qualité d'héritier; entourée de faibles garanties, il présente moins d'intérêt qu'un acte de notoriété. Un *certificat de propriété* peut valoir certificat d'hérédité.

2° Dans les départements d'Alsace-Moselle, c'est le juge cantonal du lieu d'ouverture de la succession qui établit un certificat d'héritier pour attester de la qualité d'héritier et de la quotité des droits du successible. Il vaut acte de notoriété sur le reste du territoire, mais un héritier peut prouver sa qualité selon le droit commun de l'article 730, du Code civil.

→ *Attestation notariée immobilière, Intitulé d'inventaire.*

Certificat d'investissement

[Droit commercial]

Titre né du démembrement d'une action. Le certificat d'investissement est négociable et confère à son titulaire tous les droits pécuniaires attachés à l'action. Il se distingue d'un certificat de droit de vote, qui est lui en principe incessible. Ces titres sont en voie d'extinction, depuis que l'ordonnance du 24 juin 2004 les a pour l'avenir remplacés par les *actions de préférence*.

C. com., art. L. 225-186 et 228-30 s.; C. mon. fin., art. L. 212-11.

Certificat d'obtention végétale

[Droit commercial]

→ *Obtention végétale.*

Certificat d'urbanisme

[Droit administratif]

Document informatif pouvant être demandé à l'Administration, qui indique les dispositions d'urbanisme et les limitations administratives au droit de propriété et les taxes et participations d'urbanisme applicables à un terrain déterminé, ainsi que les équipements publics existants ou prévus.

En outre, lorsque la demande détaille l'opération de construction projetée, le certificat précise si le terrain peut être utilisé pour la réalisation de celle-ci.

Il est prudent, avant l'acquisition d'un terrain à bâtir, de demander la délivrance de ce document.

C. urb., art. L. 410-1.

Certificat d'utilité

[Droit commercial]

Titre de propriété industrielle susceptible de protéger une invention brevetable pendant une courte durée (6 ans) sans établissement d'un rapport de recherche.

CPI, art. L. 611-2.

Certification conforme

[Droit civil/Procédure civile]

Attestation de l'identité existant entre la copie et l'original d'un acte ou de l'exactitude de la consignation par écrit d'une déclaration verbale. Ainsi tout témoin est tenu de signer le procès-verbal d'enquête ou de le certifier conforme à sa déposition.

CPC, art. 220, al. 2.

[Droit administratif]

Depuis 2001, l'État, les *collectivités territoriales* et leurs *établissements publics*, les organismes de Sécurité sociale ne peuvent plus exiger la production de la copie certifiée conforme à l'original d'un document délivré par l'un d'entre eux. Les photocopies des originaux doivent être acceptées, mais en cas de doute la production de l'original peut être demandée.

→ *Collationnement.*

Certification de produits et de services

[Droit commercial]

Constitue une certification la délivrance par un tiers indépendant, accrédité par l'autorité publique, d'une attestation de conformité des biens commerciaux à un référentiel qualité. Cette attestation peut être répercutée sur l'étiquetage du produit ou la présentation du service sous forme d'un signe distinctif.

C. consom., art. L. 115-27 s. (L. du 4 août 2008, art. 137).

Certification en matière de chèque

[Droit commercial]

Procédé par lequel le tiré, en apposant sa signature au recto du chèque, bloque, sous sa responsabilité, la provision au profit du porteur, jusqu'à l'expiration du délai légal de présentation.

Décr. n° 92-456 du 22 mai 1992, art. 32.

Césarisme

[Droit constitutionnel]

Système de gouvernement dans lequel le pouvoir politique, qui appartient théoriquement au peuple, est en fait abandonné par celui-ci à un homme de confiance qui le concentre entre ses mains et l'exerce autoritairement (ex. : Premier et Second Empires, où l'instrument du césarisme a été le *plébiscite*).

Cessante ratione legis, cessat ejus dispositio

[Droit général]

La loi cesse de s'appliquer lorsque ses motifs ont disparu.

Cessation des paiements

[Droit commercial]

État du débiteur qui est dans l'impossibilité de faire face à son passif exigible avec son actif disponible. La cessation des paiements donne lieu à l'ouverture de la procédure de *redressement* et de *liquidation judiciaires*. La loi contemporaine tend à repousser la date de cessation des paiements, lorsqu'elle permet au débiteur en difficulté de faire état, pour une dette échue, d'une « réserve de crédit » ou d'un moratoire accordé par le créancier.

C. com., art. L. 631-1 (réformé par l'ord. n° 2008-1345 du 18 déc. 2008, art. 75).

Cessibilité

[Droit administratif]

→ *Arrêté de cessibilité.*

[Droit civil/Droit commercial]

Qualité d'un bien incorporel (part sociale, titre, fonds de commerce, etc.) permettant sa cession.

Cession

[Droit civil]

Transmission d'un droit entre vifs.

→ *Mots suivants, Vente.*

Cession à bail

[Droit international public]

Transfert temporaire de compétence opéré par un État au profit d'un autre État sur une portion de son territoire.

Procédé utilisé par les grandes puissances à la fin du XIXe siècle pour favoriser leur pénétration économique en Chine, et repris après la Seconde Guerre mondiale à la faveur de la politique des bases stratégiques.

Cession de créance

[Droit civil]

Convention par laquelle le créancier, appelé cédant, transmet sa créance contre son débiteur (débiteur cédé) à un tiers, appelé cessionnaire. Le cessionnaire n'est saisi à l'égard des tiers que si le débiteur cédé est informé du changement de créancier.

C. civ., art. 1689 s.

GAJC, t. 2, n° 254-255.

→ *Cession professionnelle de créances.*

Cession de dette

[Droit civil]

Convention par laquelle un débiteur transmet sa dette à un tiers qui sera désormais tenu à sa place envers le créancier. La cession de dette n'est possible que dans des cas exceptionnels.

Cession de droits litigieux

[Droit civil]

Cession d'une créance dont l'existence ou la validité fait l'objet d'un procès ou d'une contestation.

En raison des dangers que cette cession présente, le débiteur cédé peut éliminer le nouveau créancier en lui remboursant le prix réel de la cession (et non le montant nominal de la créance), avec les frais et loyaux coûts ainsi que les intérêts à compter du jour où le cessionnaire évincé s'est acquitté.

C. civ., art. 1699 s.

→ *Retrait litigieux.*

Cession de droits successifs

[Droit civil]

Convention par laquelle un héritier, appelé à la succession, cède à un tiers (cohéritier ou étranger) tout ou partie de ses droits dans la succession.

C. civ., art. 783, 1696.

→ *Pacte sur succession future.*

Cession de rémunération

[Droit du travail]

Délégation de tout ou partie du salaire faite par le salarié à un créancier, que l'employeur paiera directement.

La cession de salaire obéit à des règles strictes de quantum et de forme.

C. trav., art. R. 3252-1 s. et 3252-45 s.

Cession de terrain contre locaux futurs

[Droit civil]

Contrat par lequel un vendeur, généralement un particulier, cède un terrain à un tiers, généralement une société, qui s'engage à construire des édifices et à remettre certains appartements au vendeur à titre de paiement de tout ou partie du prix de vente.

Cession professionnelle de créances

[Droit commercial]

Entre professionnels, les opérations d'apport/cession de créances, effectuées à titre principal ou de garantie, peuvent se réaliser selon des voies simplifiées, dégagées du formalisme publicitaire de la cession civile de créance. En matière de refinancement bancaire, d'apport à un organisme de titrisation ou de constitution d'une fiducie, le législateur fixe expressément les conditions de prise d'effet de la cession à l'égard du débiteur cédé et des tiers et oblige parfois au recours à un bordereau formalisé.

C. mon. fin., art. L. 214-43; C. civ., art. 2018-2 (L. du 4 août 2008, art. 18, I. 4e).

→ *Bordereau de cession de créances professionnelles.*

Chaîne de contrats

[Droit civil/Droit commercial]

Lato sensu, l'expression est employée comme synonyme de *groupe de contrats*. Elle désigne une pluralité de conventions se succédant dans le temps et portant sur le même objet. *Stricto sensu*, l'expression est réservée à l'hypothèse où chaque contrat du groupe est translatif de propriété. Lorsque les contrats successifs sont de même nature, la chaîne est dite homogène (suite de ventes intervenant entre fabricant et grossiste, puis entre grossiste et détaillant, enfin entre détaillant et client). Lorsque les contrats sont de nature différente, la chaîne est *hétérogène* (ex. : succession d'une vente et d'un contrat d'entreprise : vente de matériaux à un entrepreneur qui construit une maison pour un particulier). La notion de chaîne de contrats est invoquée pour permettre à un membre quelconque de la chaîne d'exercer une action contractuelle (garantie des vices cachés, défaut de conformité, action résolutoire) contre une personne qui est partie à un autre contrat de la chaîne. La Cour de cassation n'admet une telle action contractuelle directe qu'en présence d'une série de contrats emportant transfert de propriété, ce qui permet de préserver l'effet relatif des conventions puisque le demandeur exerce l'action même qui lui a été transmise avec la chose.

GAJC, t. 2, n° 266.

Chambre

[Droit constitutionnel]

Assemblée législative. Dans un Parlement bicaméral, on appelait autrefois chambre basse la chambre élue et chambre haute la chambre nommée ou héréditaire (par ex., respectivement, la Chambre des communes et la Chambre des Lords en Grande-Bretagne).

→ *Parlement.*

[Procédure (principes généraux)]

Réunion de plusieurs magistrats d'un même tribunal tenue à des fins juridictionnelles, soit d'instruction, soit de jugement. En règle générale, les chambres d'une même juridiction n'ont pas de compétence propre et la décision rendue est considérée comme l'œuvre de la juridiction tout entière.

COJ, art. R. 212-3, 212-6, 312-1 et 421-3 s.

→ *Bureau, Section.*

Le terme désigne aussi, s'agissant des corporations d'auxiliaires de justice (avoués, notaires, commissaires-priseurs) l'organe représentatif des membres de la même profession ayant qualité pour délibérer sur les questions d'intérêt commun (règlement intérieur, discipline, etc.).

Chambre civile

[Procédure civile]

Chambre de la Cour de cassation chargée de l'examen des pourvois formés en matière de droit privé (droit civil, droit commercial, droit social, procédure civile, etc.).

Il existe 5 chambres civiles qui ont reçu les noms suivants : première, deuxième, troisième chambre civile, chambre commerciale et financière, chambre sociale.

COJ, art. R. 421-3 s., 431-1 et 431-2.

Chambre commerciale (départements alsaciens-mosellans)

[Procédure civile]

Juridiction commerciale particulière aux départements du Bas-Rhin, du Haut-Rhin et de la Moselle, composée d'un membre du tribunal de grande instance, président, et de 2 assesseurs, commerçants élus. La compétence de la chambre commerciale est celle des tribunaux de commerce.

C. com., art. L. 731-1 s.

→ *Tribunal de commerce, Tribunal mixte de commerce.*

Chambre commerciale et financière

[Procédure civile]

Nom donné à la quatrième chambre civile de la Cour de cassation.

Chambre criminelle

[Procédure pénale]

Formation de la Cour de cassation chargée de l'examen des pourvois en matière pénale.

C. pr. pén., art. 567.

Chambre d'accusation

[Procédure pénale]

→ *Chambre de l'instruction.*

Chambre d'agriculture

[Droit rural]

Organisme représentatif, dans le cadre du département, des intérêts des agriculteurs, composé de membres élus exerçant principalement des attributions consultatives.

C. rur., art. L. 511-1.

Chambre de commerce et d'industrie

[Droit commercial]

Établissement public composé de commerçants et d'industriels élus pour plusieurs années et chargés de défendre les intérêts généraux du commerce et de l'industrie.

Il y a au moins une chambre de commerce et d'industrie par département et une chambre régionale par région économique. L'ensemble de ces établissements publics forme un réseau, qui est représenté auprès de l'État et de l'Union européenne par l'Assemblée des chambres françaises de commerce et d'industrie.

C. com., art. L. 710-1, 711-1 s., mod. L. 2010-853 du 23 juill. 2010.

Chambre de commerce internationale

[Droit commercial/Droit international privé/ Procédure civile]

Organisme privé dont le siège est à Paris (CCI). Elle a pour objectif de recueillir et codifier les pratiques en vigueur dans certains secteurs du commerce international. Elle constitue aussi un centre d'arbitrage international pour les litiges entre professionnels.

Chambre de compensation

[Droit commercial]

À l'origine, lieu de réunion quotidienne ou pluriquotidienne des banquiers d'une même place afin de compenser leurs créances réciproques. Aujourd'hui, la *compensation* des *effets de commerce* est dématérialisée et s'effectue *via* le système bancaire de télé-compensation.

C. com., art. L. 511-26, al. 2.

→ *Clearing.*

Chambre de discipline

[Procédure civile]

Juridiction corporative chargée de statuer sur les infractions aux devoirs professionnels commises par un officier public ou ministériel, telle la chambre de discipline des notaires.

→ *Discipline, Pouvoir disciplinaire.*

Chambre de l'instruction

[Procédure pénale]

Formation de la cour d'appel, qui s'est substituée, depuis la loi n° 2000-516 du 15 juin 2000 renforçant la protection de la présomption d'innocence et les droits des victimes, à l'ancienne chambre d'accusation, et statuant :

- principalement :

• sur appel des ordonnances ou décisions rendues dans le cadre d'une instruction;

- accessoirement :

• comme juridiction disciplinaire des officiers et agents de police judiciaire;

• en matière d'extradition, de réhabilitation judiciaire, de contentieux de l'amnistie, de règlement de juges…

C. pr. pén., art. 191 s.

Chambre de métiers et de l'artisanat

[Droit commercial/Droit civil]

Établissement public créé généralement dans un cadre départemental, chargé, par l'intermédiaire de membres élus, de représenter auprès des autorités administratives les intérêts généraux des artisans.

Il existe un réseau des chambres de métiers et de l'artisanat constitutif d'un établissement public chargé de contribuer au développement des entreprises et des territoires relativement au secteur de l'artisanat.

C. artisanat, art. 5 s.; Décr. n° 99-433 du 27 mai 1999; Décr. n° 2004-1165 du 2 nov. 2004 (chambres régionales); Décr. n° 2010-1356 du 11 nov. 2010 (réseau des Chambres de métiers et de l'artisanat).

Chambre des appels correctionnels

[Procédure pénale]

Formation de la cour d'appel compétente pour statuer en appel sur les affaires jugées en premier ressort par les tribunaux correctionnels et par les tribunaux de police.

C. pr. pén., art. 510 s.

Chambre des députés

[Droit constitutionnel]

→ *Chambre.*

Chambre des requêtes

[Procédure civile]

Chambre de la Cour de cassation qui, avant 1947, statuait sur la recevabilité des pourvois, avant leur examen par la chambre civile.

Chambre détachée

[Procédure civile/Procédure pénale]

Formation de jugement du tribunal de grande instance implantée dans une des communes de son ressort et lui servant d'annexe locale, en vue de rapprocher la justice du justiciable.

COJ, art. R. 212-18 s.

Chambre du conseil

[Procédure civile]

Formation de toute juridiction civile siégeant sans publicité.

Les attributions de la chambre du conseil sont le plus souvent gracieuses, mais sont parfois aussi contentieuses.

CPC, art. 22, 433 s. et 1200-8.

→ *Huis clos, Juridiction gracieuse, Publicité des débats.*

Chambre mixte

[Procédure civile/Procédure pénale]

Formation de la Cour de cassation composée de magistrats appartenant au moins à 3 chambres de la Cour (au minimum 13 magistrats : le premier président et pour chaque chambre le président, le doyen, 2 conseillers).

Sa saisine est *obligatoire* en cas de partage égal des voix dans une chambre.

Sa saisine est *facultative* lorsqu'une affaire pose une question relevant des attributions de plusieurs chambres, lorsqu'une affaire a reçu ou est susceptible de recevoir des solutions divergentes.

COJ, art. L. 421-4, 431-5, 431-7 et R. 431-11.

Chambre régionale des comptes

[Droit financier ou fiscal]

Juridiction financière fonctionnant dans le cadre de chaque région, chargée d'un triple rôle :

1° Le jugement des comptes des *comptables publics* ou de *fait* des régions, des départements, des communes, et de leurs établissements publics, en vue de déterminer s'ils sont quittes ou en *débet*. Ces jugements peuvent faire l'objet d'un appel devant la Cour des comptes.

2° Un examen de leur gestion, de nature administrative, portant sur la régularité des actes de gestion, l'économie des moyens mis en œuvre et l'évaluation des résultats par rapport aux objectifs, pouvant donner lieu à des observations critiques qui leur sont adressées.

3° Un contrôle budgétaire, de nature administrative, éventuellement sanctionné par des décisions du *préfet*, quand le budget de ces collectivités n'est pas voté à temps, ou est voté ou exécuté en déficit, ou néglige de doter des dépenses obligatoires de crédits suffisants.

CJF, art. L. 210-1 s.

→ *Cour des comptes, Trésorier-Payeur Général.*

Chambre sociale

[Procédure civile]

Nom donné à la cinquième chambre civile de la Cour de cassation et à une chambre de la cour d'appel compétente pour les affaires de droit social.

C. trav., art. R. 1461-2; COJ, art. R. 311-6.

Chambres juridictionnelles

[Droit européen]

Le traité de Nice a prévu la possibilité pour le Conseil de créer des chambres juridictionnelles adjointes au *Tribunal de première instance* pour exercer dans un domaine spécifique des compétences juridictionnelles de première instance. Pourvoi et/ou appel, selon la décision les constituant, peuvent être formés devant le TPI. Une première chambre juridictionnelle a été créée en 2004 pour connaître du contentieux de la fonction publique européenne (« Tribunal de la fonction publique de l'Union européenne »).

Le traité de Lisbonne les dénomme désormais Tribunaux spécialisés, et confie leur création au Parlement et au Conseil (art. 257 TFUE).

Chambres réunies

[Procédure civile/Procédure pénale]

Formation de la Cour de cassation, remplacée depuis 1967 par l'*Assemblée plénière*.

Chance

[Droit civil]

→ *Perte d'une chance.*

Chancellerie

[Droit administratif]

Établissement public existant dans chaque académie, dirigé par le *recteur*, et gérant un budget concourant aux frais de représentation du recteur.

Désigne aussi le service qui, au sein d'un rectorat, assure la tutelle de l'État sur les universités de l'académie.

[Droit constitutionnel]

1° Bureaux ou résidence du chancelier, titre donné au Premier ministre dans certains pays (ex. : Allemagne ou Autriche).

2° Services en France du ministère de la Justice. Fréquemment utilisé pour désigner l'administration centrale de ce ministère.

[Droit international public]

Bureaux d'une ambassade ou d'un consulat où l'on délivre certains actes.

Change

[Droit commercial]

Échange d'une monnaie contre une autre. Le change peut avoir pour objet une monnaie métallique ou fiduciaire ou des instruments financiers.

On désigne également sous ce terme le bénéfice réalisé sur la différence des cours entre les 2 monnaies.

Changement de régime matrimonial

[Droit civil]

Modification partielle ou totale du *régime matrimonial*. Alors que le Code civil avait posé la règle de l'immutabilité des conventions matrimoniales, devenue celle d'une mutabilité contrôlée par la loi du 13 juillet 1965, depuis la loi du 23 juin 2006 les époux peuvent convenir, après 2 années d'application du régime matrimonial et dans l'intérêt de la famille, de modifier leur régime ou d'en changer entièrement par un acte notarié. Un droit d'opposition existe au profit des enfants majeurs de chaque époux et de toute personne qui aurait été partie au contrat de mariage modifié; il doit s'exercer dans les 3 mois de la notification qui leur a été faite personnellement du changement envisagé; notifiée au notaire qui a établi l'acte, cette opposition ouvre aux époux la possibilité de demander au TGI de la résidence de la famille, par requête, l'homologation du nouveau régime. Lorsque l'un ou l'autre des époux a des enfants mineurs, l'acte notarié est obligatoirement soumis à l'homologation du tribunal du domicile des époux. Les créanciers sont informés de la modification envisagée par la publication d'un avis dans un journal habilité à recevoir les annonces légales dans l'arrondissement ou le département du domicile des époux. Chacun d'eux peut s'opposer à la modification dans les 3 mois suivant la publication.

Le changement a effet entre les parties à la date de l'acte ou du jugement qui le prévoit et, à l'égard des tiers, 3 mois après que mention en a été portée en marge de l'acte de mariage. Toutefois, en l'absence même de cette mention, le changement n'en est pas moins opposable aux tiers si, dans les actes passés avec eux, les époux ont déclaré avoir modifié leur régime matrimonial.

C. civ., art. 1397 s.; CPC, art. 1300 s.

GAJC, t. 1, nº 90.

Chantage

[Droit pénal]

Fait d'obtenir ou de tenter d'obtenir, en menaçant de révéler ou d'imputer des faits de nature à porter atteinte à l'honneur où à la considération, soit une signature, un engagement ou une renonciation, soit la révélation d'un secret, soit la remise de fonds, de valeurs ou d'un bien quelconque.

C. pén., art. 312-10 s.

Chapeau

[Procédure civile]

Dans la terminologie du Palais, nom donné à l'énoncé, en termes abstraits, de la norme juridique qui a été violée (arrêt de cassation) ou respectée (arrêt de *rejet*) par la décision attaquée. Le chapeau est ainsi dénommé parce qu'il surmonte (il coiffe) les motifs qui suivent.

Le chapeau est dit « de tête » quand il figure immédiatement après le visa du texte de loi en cause; il est qualifié d'« intérieur » lorsqu'il apparaît dans le corps de l'arrêt et sert d'amorce au raisonnement de la Cour de cassation discutant le moyen du pourvoi.

Chapitre budgétaire

[Droit financier ou fiscal]

Avant 2006, unité fondamentale de division des *crédits budgétaires* au niveau de laquelle était réalisée la spécialisation de ceux-ci, selon leur nature (dépenses de personnel, de matériel…) ou leur destination.

Actuellement, la spécialisation des crédits est organisée par *programme*, de façon très différente.

Charge

[Procédure civile]

→ *Officier ministériel.*

Chargé d'affaires

[Droit international public]

→ *Agent diplomatique, Rang diplomatique.*

Charges

[Droit civil]

Dans les *libéralités* : obligations imposées par le disposant au gratifié qui accepte, sous peine pour ce dernier, s'il ne les exécute pas, de perdre la libéralité, sauf à solliciter leur révision en justice.

C. civ., art. 900-2.

Charges du *mariage* : dans un régime matrimonial, postes du passif comprenant essentiellement les dettes liées à l'entretien du ménage et à l'éducation des enfants. Chaque époux y contribue à proportion de ses facultés respectives, mais la communauté légale supporte définitivement les charges du mariage.

C. civ., art. 214, 1448, 1449 et 1537.

GAJF nº 20.

→ *Dettes ménagères.*

[Droit social]

Ensemble des contributions obligatoires versées par les employeurs à différents organismes à finalité sociale et liées à la masse salariale.

Charges indues

[Sécurité sociale]

Dépenses supportées actuellement par le régime général de la Sécurité sociale, qui devraient normalement incomber à la collectivité et être couvertes par l'impôt.

Chargeur

[Droit maritime]

Propriétaire des marchandises faisant l'objet d'un contrat de transport; lorsque le propriétaire procède à l'*affrètement* d'un navire, pour faire déplacer ses marchandises, il est dénommé affréteur, non pas chargeur.

Charte

[Droit constitutionnel]

Acte de l'ancien droit qui accordait un titre ou un privilège. En droit anglais, acte fondamental intéressant surtout les libertés publiques, concédé par le roi sous la pression armée des barons, du clergé, du peuple de Londres (Grande Charte de 1215). En droit français, actes constitutionnels de la Restauration (1814) et de la monarchie de Juillet (1830).

[Droit international public]

Acte constitutif d'une organisation internationale (ex. : Charte des Nations unies).

Charte de l'environnement

[Droit constitutionnel/Droit de l'environnement]

Texte à valeur constitutionnelle, qui place les principes de sauvegarde de l'environnement au même niveau que les droits de l'Homme et du citoyen. La France est le premier pays à avoir inclus dans sa Constitution une telle charte (adoptée par le Congrès le 28 février 2005), en l'intégrant dans le Préambule de la Constitution, au même titre que la Déclaration des droits de l'Homme et du Citoyen en 1789. Le Conseil constitutionnel (29 déc. 2009, *loi de finances*) et le Conseil d'État (3 oct. 2009, *commune d'Annecy*) lui ont reconnu un plein effet juridique.

→ *Précaution (Principe de), Principe de prévention, Principe pollueur-payeur.*

Charte des droits fondamentaux de l'Union européenne

[Droit européen]

Déclaration des principaux droits sociaux et politiques adoptée par le Conseil européen de Nice en décembre 2000. Non juridiquement obligatoire, elle a néanmoins été utilisée par la Cour au titre des principes généraux de droit dont elle assure le respect. Incorporée à la « Constitution européenne » de 2004 qui lui donnait donc une valeur juridique. Le traité de Lisbonne se contente d'un renvoi mais lui donne une valeur juridique contraignante (sous réserve d'un protocole spécial pour le Royaume-Uni et la Pologne, et d'une déclaration pour la Tchéquie).

Charte du travail

[Droit du travail]

Organisation des rapports collectifs sous le régime « de Vichy ». Elle se caractérisait par le principe du syndicat unique et obligatoire placé sous le contrôle de l'État.

Charte européenne des droits sociaux fondamentaux

[Droit européen]

Adoptée à Strasbourg le 9 décembre 1989 par le Conseil européen. N'a pas été signée par le Royaume-Uni, qui s'y est rallié en 1997. Simple déclaration solennelle mais définit les principaux droits sociaux qui seront garantis et mis en œuvre, selon les cas, par les États ou l'Union européenne.

Charte-partie

[Droit maritime]

Écrit qui constate un contrat d'*affrètement*.

Il doit contenir un certain nombre de mentions.

Décr. du 31 déc. 1966, art. 5.

Charte sociale européenne

[Droit du travail]

Traité international élaboré par le *Conseil de l'Europe* et relatif aux problèmes sociaux. Signée le 18 octobre 1961, elle ne fut ratifiée par la France qu'en 1973.

Charter

[Droit commercial]

Dérivé du vocabulaire technique des transports (*Charte-partie*), cette expression est employée pour désigner des compagnies de transport qui proposent des vols irréguliers, de groupe ou à bas prix.

Chaussée

[Droit général]

Partie(s) de la route normalement utilisée(s) pour la circulation des véhicules.

C. route, art. R. 110-2.

→ *Bande d'arrêt d'urgence, Voie de circulation.*

Chef

[Procédure civile]

Un des points de la prétention soumise au juge, lequel doit statuer sur chacun des chefs de la demande.

Le terme désigne, aussi, la disposition particulière d'un jugement répondant à un des articulats de la demande.

CPC, art. 5 et 562.

→ *Infra petita, Omnia petita, Ultra petita.*

Chef (De son)

[Droit civil]

À titre personnel, en son nom propre. Venir à une succession de son chef c'est y être appelé, non par représentation, mais en vertu d'une vocation propre correspondant à son degré de parenté vis-à-vis du défunt.

→ *Tête (Par).*

Chef d'entreprise

[Droit du travail]

Personne physique représentant l'employeur. C'est généralement le propriétaire de l'entreprise individuelle et, dans une société, le représentant statutaire.

→ *Employeur, Entreprise.*

Chef de famille

[Droit civil]

Qualité autrefois reconnue au mari pour assurer la direction matérielle et morale de la famille; depuis les lois des 13 juill. 1965, 4 juin 1970, 11 juill. 1975, 23 déc. 1985, les époux assurent ensemble cette direction.

→ *Administration légale, Autorité parentale.*

Chef de l'État

[Droit constitutionnel]

Titre apparu dans les monarchies constitutionnelles, à une époque où le roi avait une situation prééminente dans l'État, et qui a subsisté, alors même que se sont amenuisées (jusqu'à l'effacement dans certains régimes) les fonctions correspondantes. Le chef de l'État peut être héréditaire (roi) ou élu (président de la République), individuel ou collégial (Directoire, Présidium).

Chemin d'exploitation

[Droit rural/Procédure civile]

Chemin servant exclusivement à la communication entre divers fonds, présumés appartenir, en l'absence de titre, aux propriétaires riverains, chacun en droit soi, et dont l'usage est commun à tous les intéressés. Les litiges relatifs à l'entretien sont de la compétence du juge d'instance.

C. rur., art. L. 162-1 s.; COJ, art. R. 221-14, 6°.

Chemin rural

[Droit administratif/Procédure civile]

Chemin affecté à l'usage du public, appartenant au domaine privé de la commune. Les contestations s'y rapportant sont jugés par les tribunaux de l'ordre judiciaire.

C. rur., art. L. 162-1 s.; C. voirie rout., art. L. 161-1 et 161-2.

Cheptel

[Droit rural]

3 catégories de bail portant sur un fonds de bétail et réglementées aux articles 1800 à 1830 du Code civil. Elles ont en commun que l'une des parties donne à l'autre un fonds de bétail pour le garder, le nourrir et le soigner (cheptel simple ou ordinaire; cheptel à moitié; cheptel donné à fermier ou métayer). Désigne aussi un contrat improprement appelé cheptel par lequel une ou plusieurs vaches sont données pour les loger et les nourrir, le bailleur en conservant la propriété et ne profitant que du profit des veaux qui en naissent.

C. civ., art. 1831; C. rur., art. L. 421-1 s.

→ *Bail à cheptel, Bail à colonat partiaire.*

Chèque bancaire et postal

[Droit commercial]

Titre par lequel une personne appelée « tireur » donne l'ordre à un banquier ou à un établissement assimilé, le « tiré », de payer à vue une somme déterminée soit à son profit, soit à une troisième personne, le « bénéficiaire », ou porteur, soit à son ordre.

C. mon. fin., art. L. 131-1 s.

Chèque barré

[Droit commercial]

1° *Barrement général* : chèque au recto duquel figurent 2 barres parallèles ne comportant aucune inscription entre elles, dont le paiement ne peut être effectué par le tiré qu'à un banquier ou à un établissement assimilé, à un chef de bureau de chèques postaux, ou à un client connu du tiré.

2° *Barrement spécial* : chèque au recto duquel figurent 2 barres parallèles entre lesquelles est inscrit le nom d'un banquier, dont le paiement ne peut être effectué par le tiré qu'au banquier ainsi désigné.

Un barrement général peut être transformé en barrement spécial; l'inverse est impossible. Le barrement d'un chèque n'est pas une condition de validité du titre.

C. mon. fin., art. L. 131-44, 131-45 et 131-71, al. 3.

Chèque de voyage

[Droit commercial]

Chèque tiré à l'ordre d'un de ses clients par une banque sur l'un de ses établissements, ou sur l'une de ses succursales, moyennant le versement d'une somme égale à son montant, outre une certaine commission. Ce chèque permet au porteur (le client) de toucher des fonds dans toute ville où la banque émettrice a une succursale ou un correspondant.

→ *Chèque.*

Chèque emploi associatif

[Sécurité sociale]

Titre concernant les associations à but non lucratif employant au plus 3 salariés. Il vise à faciliter l'embauche et le paiement des salariés, à simplifier les déclarations et le calcul des charges sociales.

C. trav., art. L. 1272-1 à 1272-5.

Chèque emploi-service universel (CESU)

[Droit du travail/Sécurité sociale]

Le chèque emploi-service universel est un chèque ou un titre spécial de paiement permettant à un particulier ou bien de rémunérer et de déclarer des salariés occupant des emplois d'aide personnelle à domicile (comme garde des enfants, aide aux personnes âgées ou handicapées), d'aide à la mobilité dans l'environnement de proximité favorisant le maintien à domicile ou des assistants maternels agréés, ou bien d'acquitter tout ou partie du montant des prestations de services fournies par les organismes agréés pour exercer leur activité dans ces mêmes domaines.

Ce titre de paiement remplace le chèque emploi-service et le titre emploi-service depuis le 1er janvier 2007.

C. trav., art. L. 1271-1 s.

Chèque restaurant

[Droit commercial]

→ *Titre-restaurant.*

Chèque sans provision

[Droit pénal]

Chèque, soit émis sans provision préalable, soit privé de tout ou partie de sa provision après émission, soit frappé d'opposition à paiement.

Depuis la loi n° 91-1382 du 31 décembre 1991, le délit spécifique d'émission de chèque sans provision est supprimé, et les conséquences du défaut de provision sont désormais exclusivement bancaires, sous réserve de pénalités libératoires éventuellement versées au Trésor public. Seuls les 2 autres faits continuent à être érigés en délits, s'ils ont été commis avec l'intention de porter atteinte aux droits d'autrui.

C. mon. fin., art. L. 163-2.

Chèque sur le trésor

[Droit financier ou fiscal]

Mode ordinaire, avec le virement bancaire ou postal, de règlement des dépenses publiques, sous la forme d'un chèque établi à l'ordre du créancier et tiré par l'État sur lui-même. Au-delà d'un certain montant le paiement par virement est obligatoire, sauf exceptions.

→ *Comptable assignataire.*

Chèque syndical

[Droit du travail]

Subvention versée par l'employeur aux syndicats implantés dans l'entreprise; son montant est déterminé par l'audience respective de chaque syndicat et par le nombre de sympathisants. Cette pratique, qui ne résulte que d'accords d'entreprise, est controversée.

Chèque vacance

[Droit du travail]

Titre acquis par l'employeur et cédé à moindre coût aux salariés qui ont épargné à cet effet; les salariés dont les revenus sont peu élevés remettent ce titre en paiement des dépenses effectuées pour les vacances auprès des collectivités publiques et des prestataires de services agréés.

C. trav., art. L. 3263-1.

Chiffre noir de la délinquance

[Droit pénal]

Différence entre la criminalité réelle et la criminalité apparente telle qu'elle figure dans les statistiques de la police.

→ *Criminalité.*

Chirographaire

[Droit civil]

→ *Créancier chirographaire.*

Chômage

[Droit du travail]

Arrêt d'activité. Est en chômage, le travailleur apte au travail qui manque involontairement d'emploi. Le chômage peut être total, ou simplement partiel en cas de réduction anormale de la durée du travail.

• *Chômage cyclique* : situation de chômage se reproduisant avec une certaine régularité en raison des variations cycliques de l'économie ou de la production.

• *Chômage saisonnier* : chômage limité à une période de l'année et qui s'y reproduit régulièrement.

• *Chômage technique* : arrêt d'activité d'un établissement dont le fonctionnement est paralysé par un événement insurmontable (manque d'énergie, de matières premières, éventuellement grève).

• *Chômage structurel* : chômage causé par une modification des structures économiques.

C. trav., art. L. 5421-1 s. et L. 5122-1.

→ *Allocation de chômage, Pôle emploi.*

Chose jugée

[Procédure (principes généraux)]

Autorité attachée à un *acte juridictionnel*, qui en interdit la remise en cause en dehors des voies de recours légalement ouvertes. Elle crée une présomption de vérité légale au profit du jugement et sert de fondement à l'exécution forcée du droit judiciairement établi.

Il y a chose jugée lorsque la même demande, entre les mêmes parties, agissant en les mêmes qualités, portant sur le même objet, soutenue par la même cause, est à nouveau portée devant une juridiction. S'agissant de la *cause*, une évolution considérable s'est produite. En vertu du *principe de concentration des moyens*, on ne peut plus invoquer, dans une instance postérieure, un fondement juridique qu'on s'est abstenu de soulever en temps utile; la différence de cause ne suffit donc plus à faire obstacle à l'irrecevabilité de l'autorité de la chose jugée; cette autorité joue dès lors que la même chose est demandée au sujet des mêmes faits, quoique prenant appui sur un autre fondement juridique.

Le jugement a non seulement autorité de chose jugée, mais aussi *force de chose jugée*, lorsqu'une voie de recours suspensive de l'exécution (opposition, appel, pourvoi dans les rares cas où il est suspensif) ne peut pas ou plus être exercée contre lui, soit parce que le jugement a été rendu en dernier ressort, soit parce que le délai pour agir est expiré ou encore parce que les voies de recours ont déjà été exercées; en outre, le jugement est dit *irrévocable*, lorsque les voies de recours extraordinaires ont été utilisées ou ne peuvent plus l'être.

L'autorité de chose jugée est *relative* ou *absolue*. Elle est le plus souvent *relative* en droit civil et dans certaines formes du contentieux administratif notamment, ce qui signifie que la chose jugée ne crée de droits ou d'obligations qu'en faveur ou à l'encontre de ceux qui ont été parties ou représentés à l'instance. Pour autant, la décision ayant autorité de chose jugée est opposable aux tiers, qui doivent la respecter, sauf à former une tierce opposition.

Elle est invoquée par les parties au moyen d'une fin de non-recevoir (dite faussement exception de chose jugée), par les tiers à l'aide de l'exception de relativité de chose jugée. Elle peut être relevée d'office par le juge.

L'autorité est dite *absolue* ou *erga omnes* lorsque les effets juridiques de la décision rendue s'imposent à tous, non seulement aux parties à l'instance, mais également à l'ensemble des tiers *lato sensu* (individus, juges, administration…). Il en va ainsi, parfois, des jugements administratifs (ex. : décisions prononçant une annulation pour

excès de pouvoir). Cela a été longtemps le cas en procédure pénale, mais ce principe y est aujourd'hui en déclin.
Enfin, les décisions provisoires, si elles sont dépourvues de l'autorité de chose jugée au principal (elles ne lient pas le juge du fond), possèdent l'autorité de chose jugée au provisoire : elles ne peuvent être modifiées par le juge du provisoire qu'en cas de circonstances nouvelles.

C. civ., art. 1350 et 1351; CPC, art. 125, 480 et 500.

GAJA n° 13; GACA n° 65; GDCC n° 8.

→ *Autorité de la chose jugée, Cassation, Moyen de pur droit, Moyens, Opposabilité, Principe de concentration des moyens, Référé, Relevé d'office des moyens, Res inter alios judicata, alliis nec podesse, nec nocere potest, Tierce opposition, Validation.*

[Procédure pénale]
Situation dans laquelle une personne, jugée de façon définitive pour une infraction pénale, ne peut plus faire l'objet de poursuites pour les mêmes faits, y compris sous une qualification différente.

GAPP n° 43 à 46.

→ *Non bis in idem.*

Choses

[Droit civil]
1° Dans un premier sens et généralement au pluriel, *biens* matériels qui existent indépendamment du sujet, dont ils sont un objet de désir, et qui ne ressortissent pas exclusivement au monde juridique (par oppositions aux droits). Sur ces choses peuvent s'exercer des droits subjectifs.

→ *Droit à l'image, Droit réel, Immeuble, Meuble.*

2° Dans un second sens, au singulier, question, problème, affaire. Par exemple, la *chose jugée*.

→ *Droit.*

Choses communes

[Droit civil]
Choses qui ne sont pas susceptibles d'appropriation et qui sont à l'usage de tous, comme l'air, l'eau.

C. civ., art. 714.

→ *Res nullius.*

Choses consomptibles

[Droit civil]
Choses qui se consomment par le premier usage, leur utilisation provoquant leur destruction (ex. : les boissons, les denrées).

C. civ., art. 587 et 1874.

GAJC, t. 1, n° 77.

Choses corporelles

[Droit civil]
Choses du monde sensible et réel, qualifiées en droit romain comme celles « qui peuvent être touchées ». Sur ces choses sont exercés des droits.

→ *Bien corporel, Bien incorporel, Droit corporel, Droit incorporel.*

Choses de genre

[Droit civil]
Expression générique qui permet de désigner des corps certains de manière abstraite. L'opération intellectuelle de spécification permet de passer de la chose de genre, abstraite, au corps certain, concret.

→ *Choses fongibles.*

Choses fongibles

[Droit civil]
1° Parfois employé comme synonyme de choses de genre.
Par opposition, les choses non fongibles sont appelées « corps certains ».
2° Choses équivalentes (par ex. en paiement) et interchangeables les unes par rapport aux

autres (ex. : 100 kg de blé et la même quantité de cette denrée, une voiture de série).

C. civ., art. 1291.

→ *Fongibilité.*

Choses frugifères

[Droit civil]

Choses produisant des *fruits*.

C. civ., art. 520, 582 s., 815-10, 1614, 1652.

→ *Produits, Usufruit.*

Choses hors du commerce

[Droit général]

Choses susceptibles d'appropriation dont l'aliénation est interdite : elles sont hors du commerce juridique.

C. civ., art. 1128, 2260.

→ *Commercium.*

Choses incorporelles

[Droit civil]

Choses dépourvues de toute substance matérielle, qui se conçoivent uniquement par l'esprit. D'origine artificielle (ex. : information, inventions, savoir-faire, œuvres écrites ou composées) et non naturelle (contre-exemple : l'air), elles naissent des relations économiques, par lesquelles elles acquièrent une certaine valeur.

→ *Biens incorporels.*

Circonscription d'action régionale

[Droit administratif]

Nom donné à la *région* jusqu'à la loi du 5 juillet 1972. Les circonscriptions d'action régionale avaient elles-mêmes succédé en 1960 aux régions de programme créées en 1955.

Circonscription électorale

[Droit constitutionnel]

Portion du territoire dont la population a le droit d'élire un ou plusieurs représentants. Les circonscriptions électorales peuvent coïncider avec les circonscriptions administratives ou être des circonscriptions spéciales.

La délimitation des circonscriptions peut aboutir à des inégalités dans la représentation (si les circonscriptions ont un nombre inégal d'électeurs) ou donner lieu à des manipulations politiques (découpage favorable à tel parti : système connu aux États-Unis sous le nom de *gerrymandering*).

Circonstances aggravantes

[Droit pénal]

Événements ou qualités limitativement énumérés par la loi et dont la constatation entraîne l'application d'une peine plus lourde que celle normalement applicable.

C. pén., art. 132-71 s.

Circonstances atténuantes

[Droit pénal]

Événements entourant la commission d'une infraction, ou traits de caractère relatifs à la personne de son auteur, librement appréciés par le juge et entraînant une modulation de la peine dans le sens de la clémence.

Depuis la réforme du Code pénal, la notion même de circonstances atténuantes a disparu, comme une conséquence normale de la suppression des peines minimales. Mais cette disparition n'est que d'ordre conceptuel, puisque figurent expressément au titre des modes de personnalisation des peines, tant les circonstances de l'infraction, que la personnalité de son auteur.

C. pén., art. 132-24.

Circonstances exceptionnelles

[Droit administratif]

Théorie d'origine jurisprudentielle, s'analysant principalement en une extension temporaire des compétences normales de l'Administration dans la mesure nécessaire pour permettre la poursuite du fonctionnement des services publics, en présence de situations de fait exceptionnelles.

GAJA n° 31 et 33.

[Droit constitutionnel]

→ *Pouvoirs exceptionnels.*

Circulaires

[Droit administratif]

Instructions de service écrites adressées par une autorité supérieure à des agents subordonnés en vertu de son pouvoir hiérarchique.

Bien que juridiquement dépourvues de force obligatoire vis-à-vis des administrés en dehors du cas exceptionnel où leur auteur serait investi d'un pouvoir réglementaire, les circulaires jouent en fait un rôle majeur dans les relations de l'Administration avec les administrés. Ceux-ci peuvent se prévaloir des circulaires (légales) à l'encontre de l'Administration. De plus, en matière fiscale, pour des raisons de sécurité juridique, les circulaires dérogeant à la loi fiscale de façon favorable aux contribuables peuvent, malgré leur illégalité, être opposées au fisc dans certaines conditions.

Les circulaires sont tenues à la disposition du public sur un site Internet relevant du premier ministre (www.circulaires.gouv.fr) ; à défaut les services de l'État ne peuvent s'en prévaloir à l'égard des administrés.

Les circulaires déjà signées et non reprises sur le site Internet avant le 1er mai 2009 sont réputées abrogées.

GADPG, n° 6; GAJC, t. 1, n° 12; GAJA n° 112.

[Sécurité sociale]

Les circulaires et instructions ministérielles régulièrement publiées au Bulletin officiel du ministère sont opposables à l'Urssaf.

CSS, art. L. 243-6-2.

Citation directe

[Procédure pénale]

Acte de procédure par lequel le *ministère public* ou la victime saisit *directement* la juridiction de jugement en informant le prévenu des coordonnées de l'audience.

C. pr. pén., art. 550 s.

→ *Réquisitoire.*

Citation en justice

[Procédure civile]

Terme générique désignant l'acte de procédure par lequel on somme une personne ou un témoin de comparaître devant un juge, un tribunal ou un conseil de discipline.

→ *Assignation.*

Citoyen

[Droit constitutionnel]

Individu jouissant, sur le territoire de l'État dont il relève, des droits civils et politiques.

ACTU

Citoyenneté européenne

[Droit européen]

Instituée par le traité de *Maastricht* au profit de toute personne ayant la nationalité d'un État membre de l'Union européenne. S'ajoute aux droits et obligations liés à la qualité de citoyen de cet État.

Est prévu (art. 20 TFUE) un droit de vote et d'éligibilité aux élections municipales et européennes, une protection diplomatique pour l'ensemble des ressortissants de l'Union européenne dans les pays tiers, un droit de pétition devant le Parlement européen, ou de déposer plainte sur des cas de mauvaise administration née de l'action d'institutions ou d'organes de l'Union européenne à un médiateur nommé par le Parlement européen.

S'appuie aussi sur la liberté de circulation et de séjour pour tous dans l'espace de l'Union.
Le *traité de Lisbonne* ajoute un droit d'initiative populaire permettant de saisir la Commission d'une proposition de règlement ou directive.

Civilement responsable

[Droit civil]

Personne devant répondre des conséquences civiles d'une infraction commise par autrui; par exemple : chef d'entreprise et préposé; parents et enfant mineur.

Clandestinité

[Droit civil]

État d'une situation juridique (ex. : la possession) ou souvent d'un acte juridique (ex. : formation d'un mariage, constitution d'une société) qui demeure secret alors qu'il est de l'intérêt des tiers d'en avoir connaissance. La clandestinité est sanctionnée de façon diverse (obstacle à la prescription acquisitive pour la possession; nullité pour le mariage).

[Droit pénal]

État d'une infraction dont la réalisation peut ne pas être immédiatement apparente (abus de confiance, abus de biens sociaux...), ce qui soulève la question de savoir si le point de départ du délai de *prescription de l'action publique* ne mérite pas d'être reporté au jour de la connaissance effective de cette infraction, ou des possibilités objectives d'une telle connaissance.

C. civ., art. 191, 2261.

Class action

[Droit civil]

Expression anglaise traduite en français par *action de groupe*.

Classement

[Droit administratif]

Dans les hypothèses où l'exigence en est requise, acte réalisant l'incorporation juridique d'un bien dans le domaine public d'une collectivité, dans la mesure où il sera ensuite suivi d'effet concret.

Classement sans suite

[Procédure pénale]

Décision prise par le *ministère public* en vertu du principe de l'opportunité des poursuites, écartant momentanément la mise en mouvement de l'action publique.

C. pr. pén., art. 40.

Classification commune des actes médicaux (CCAM)

[Sécurité sociale]

La classification commune des actes médicaux est appelée à se substituer aux 2 nomenclatures déjà existantes : la nomenclature des actes professionnels (NGAP) en médecine de ville et le catalogue des actes médicaux (CDAM) en établissement hospitalier. La CCAM recense, classe et codifie 7 200 actes techniques différents.

Clause

[Droit civil]

Disposition particulière d'un acte juridique.

Clause abusive

[Droit civil]

Clause figurant dans un contrat conclu entre un professionnel et un non-professionnel ou consommateur qui a pour objet ou pour effet de créer au détriment du non-professionnel ou consommateur un déséquilibre significatif entre les droits et obligations des parties au contrat. Une telle clause est réputée non écrite.

Le décret n° 2009-302 du 18 mars 2009 établit 2 listes de clauses abusives : une liste « noire », une liste « grise ». La liste noire énumère 12 clauses présumées abusives de manière irréfragable eu égard à la gravité de l'atteinte qu'elles portent à l'équilibre du contrat (par ex., réserver au professionnel le droit de modifier unilatéralement les stipulations du contrat relatives à sa durée, aux caractéristiques ou au prix du bien à livrer ou du service à rendre). La *liste grise* désigne 10 clauses simplement présumées abusives, laissant au professionnel la possibilité d'apporter la preuve du caractère non abusif de la clause litigieuse (par ex., reconnaître au professionnel la faculté de résilier le contrat sans préavis d'une durée suffisante).

C. consom., art. L. 132-1 s., R. 132-1 s.

GAJC, t. 2, n° 159.

Clause « alsacienne »

[Droit civil]

Encore appelée clause de reprise d'apport ou de liquidation alternative, elle permet à chacun des époux de reprendre les biens tombés de son chef en communauté et non constitutifs d'acquêts, lors de la dissolution par divorce d'une communauté universelle. Validée par la loi du 23 juin 2006 à condition de figurer dans le contrat de mariage ou dans un acte modificatif du régime matrimonial, cette pratique notariale a longtemps été contestée.

C. civ., art. 265.

Clause attributive de compétence

[Procédure civile]

Disposition contractuelle confiant le règlement du litige à une juridiction légalement sans qualité pour en connaître, qu'il s'agisse de compétence d'attribution ou de compétence territoriale.

Cette clause n'est valable que dans certains cas et sous certaines conditions. En tout cas, elle est autonome de la convention principale dans laquelle elle s'insère.

CPC, art. 41 et 48; C. consom., art. L. 121-24.

→ *Attribution de juridiction, Prorogation de juridiction.*

Clause commerciale

[Droit civil]

Clause contenue dans un contrat de mariage permettant l'attribution à l'un des époux, à la dissolution de la communauté, d'un bien commun moyennant une indemnité maintenant l'égalité du partage, ou autorisant le survivant des époux à acquérir, contre indemnité aux héritiers, un bien propre au conjoint prédécédé.

Ce bien est le plus souvent un fonds de commerce, d'où le nom donné à la clause. Lorsque la clause porte sur un bien propre, elle constitue un *pacte sur succession future*, exceptionnellement autorisé.

C. civ., art. 1390 s. et 1511 s.

GAJC, t. 1, n° 133-136.

Clause compromissoire

[Droit international public]

Clause d'un traité stipulant le recours au règlement arbitral ou judiciaire pour les litiges concernant l'interprétation ou l'application dudit traité.

[Procédure civile]

Clause insérée dans un contrat, le plus souvent commercial et privé, par laquelle les parties s'engagent à recourir à l'arbitrage pour les différends qui surgiraient entre elles relativement à ce contrat. Cette clause est valable dans les contrats conclus à raison d'une activité professionnelle.

À ne pas confondre avec le *pacte commissoire*.

C. civ., art. 2061; CPC, art. 1442 s.

→ *Compromis.*

Clause d'accroissement

[Droit civil]

→ *Accroissement.*

Clause d'administration conjointe

[Droit civil]

→ *Main commune.*

Clause d'agrément

[Droit commercial]

→ *Agrément.*

Clause d'ameublissement

[Droit civil]

→ *Ameublissement.*

Clause de célibat

[Droit du travail]

→ *Célibat (clause de).*

Clause d'échelle mobile

[Droit civil]

Clause d'un contrat à exécution successive permettant d'actualiser le montant de la prestation en fonction des variations d'un certain indice de référence.

Dans les dispositions statutaires ou conventionnelles, seule est autorisée l'*indexation* sur les prix des biens, produits ou services ayant une relation directe avec l'objet du statut ou de la convention ou avec l'activité de l'une des parties; en principe, l'indexation sur le niveau général des prix ou des salaires est interdite.

C. mon. fin., art. L. 112-1 à L. 112-4.

GAJC, t. 2, nº 246.

→ *Échelle mobile des salaires, Nominalisme monétaire, Valorisme monétaire.*

Clause de conscience

[Droit du travail]

Disposition légale par laquelle le journaliste salarié qui quitte une entreprise de presse en raison de la cession du journal, de la cessation de publication ou d'un changement notable dans le caractère de l'orientation du journal, peut obtenir une indemnité. Dans la dernière hypothèse évoquée, l'octroi de l'indemnité n'a lieu que lorsque ce changement crée une situation de nature à porter atteinte à ses intérêts moraux.

C. trav., art. L. 7112-5.

Clause de dédit formation

[Droit du travail]

Clause par laquelle un salarié accepte, dans son contrat de travail, de demeurer un certain temps au service de l'entreprise en contrepartie d'une formation que cette dernière prend en charge. En cas de démission avant l'expiration du temps de fidélité, le salarié doit rembourser tout ou partie des frais de formation.

Clause de désignation

[Sécurité sociale]

Clause d'une convention collective désignant un organisme assureur unique qui perçoit les cotisations et sert les prestations d'un régime supplémentaire de prévoyance.

Clause de garantie de passif

[Droit commercial]

→ *Garantie de passif.*

Clause de liquidation alternative

[Droit civil]

→ *Clause « alsacienne ».*

Clause de la nation la plus favorisée

[Droit international public]

Clause par laquelle un État s'engage à étendre à son cocontractant les avantages qu'il viendrait à accorder conventionnellement par la suite à d'autres États. Cette clause, qui permet d'étendre les effets d'un traité à un État tiers, est une exception au principe de la relativité des traités.

Clause de mobilité

[Droit du travail]

Clause d'un contrat de travail par laquelle le salarié accepte par avance une mutation géographique (le plus souvent) ou professionnelle qui, sans cette clause, serait susceptible de constituer une modification du contrat et ne pourrait en ce cas être imposée unilatéralement. Elle doit définir de façon précise sa zone géographique d'application. Son existence et sa mise en œuvre doivent être justifiées par l'intérêt légitime de l'entreprise.

GADT n° 52.

Clause de non-concurrence

[Droit commercial/Droit du travail]

Clause d'un contrat par laquelle l'une des parties s'interdit, dans certaines limites de temps et de lieu, d'exercer une activité professionnelle déterminée susceptible de faire concurrence à l'autre partie. Cette clause se rencontre notamment dans les contrats portant sur le fonds de commerce.

On la trouve aussi dans les contrats de travail où elle est parfois appelée clause de non-réembauchage et par laquelle, dans les mêmes limites, un salarié s'interdit, lors de son départ de l'entreprise, de s'engager chez un concurrent ou de s'établir à son compte. La validité de cette clause a été subordonnée de manière prétorienne à un certain nombre de conditions : la clause doit ainsi être indispensable à la protection des intérêts légitimes de l'entreprise, limitée dans le temps et dans l'espace, tenir compte des spécificités de l'emploi du salarié, et comporter pour l'employeur l'obligation de verser au salarié une contrepartie financière.

GADT n° 45 et 46.

Clause de non-réembauchage

[Droit du travail]

→ *Clause de non-concurrence.*

Clause de non-responsabilité

[Droit civil]

Clause par laquelle une personne s'exonère d'avance de la responsabilité qu'elle risque d'encourir à la suite de tel ou tel dommage (accident, vol, perte). On dit aussi clause exclusive (ou élusive) de responsabilité, clause d'irresponsabilité.

La clause de non-responsabilité, nulle en matière délictuelle, est valable en matière contractuelle, sauf si le dommage provient d'un dol, d'une faute lourde ou d'une faute professionnelle.

Il existe un grand nombre d'exceptions légales à la validité des clauses d'irresponsabilité. De telles clauses sont, notamment, interdites dans les contrats entre professionnel et consommateur, les contrats relatifs à des produits défectueux, les contrats relatifs à la construction, les contrats de transport terrestre interne en ce qui concerne les marchandises, les ventes judiciaires et volontaires de meubles aux enchères publiques.

C. civ., art. 1386-15, 1792-5; C. consom., art. R. 132-1; C. com., art. L. 133-1, L. 321-14; CCH, art. L. 261-6.

GAJC, t. 2, n° 166-167.

Clause de non-rétablissement

[Droit civil/Droit du travail]

→ *Clause de non-concurrence.*

Clause de reprise d'apport

[Droit civil]

→ *Clause « alsacienne ».*

Clause de réserve de propriété

[Droit civil/Droit commercial]

Clause par laquelle un vendeur – pour garantir sa créance – se réserve la propriété de la chose vendue jusqu'au paiement intégral du prix par l'acheteur. Cette clause est opposable aux tiers, notamment aux créanciers de l'acquéreur mis en *redressement* ou en *liquidation judiciaires* lorsque certaines conditions sont réunies.

C. civ., art. 2367 s.; C. com., art. L. 624-16 s.

GAJC, t. 2, n° 301.

→ *Réserve de propriété.*

Clause de sauvegarde

[Sécurité sociale]

Garantie accordée au *participant* contre le non-paiement par l'employeur de ses cotisations au régime AGIRC et qui lui permet de conserver ses droits s'il a subi le précompte de sa part personnelle de cotisation.

Clause de sécurité syndicale

[Droit du travail]

Convention conclue entre un employeur et un syndicat et qui a pour objet de limiter la liberté d'adhésion syndicale au profit du syndicat signataire.

Les atteintes à la liberté sont plus ou moins importantes, et atteignent une efficacité particulièrement redoutable dans les « *closed shop* ». Elles sont interdites en France.

C. trav., art. L. 2141-1 s.

Clause de style

[Droit civil]

Clause que l'on retrouve souvent dans les actes de même genre.

Clause d'exclusivité

[Droit civil/Droit commercial]

Clause par laquelle l'acheteur, le cessionnaire ou le locataire de biens meubles s'engage vis-à-vis de son vendeur, de son cédant ou de son bailleur à ne pas faire usage d'objets semblables ou complémentaires en provenance d'un autre fournisseur. Sa durée de validité ne saurait excéder 10 ans.

C. com., art. L. 330-1.

Clause d'inaliénabilité

[Droit civil]

→ *Inaliénabilité.*

[Droit du travail]

Clause par laquelle un salarié s'engage auprès de son employeur à lui consacrer l'intégralité de son activité professionnelle. *A priori* nulle en ce qu'elle porte atteinte à la liberté du travail, elle n'est validée par la Cour de cassation que si elle est indispensable à la protection des intérêts légitimes de l'entreprise et si elle est justifiée par la nature de la tâche à accomplir et proportionnée au but recherché.

C. trav., art. L. 1121-1.

Clause exorbitante du droit commun

[Droit administratif]

Stipulation insérée dans un contrat passé par l'Administration ou pour son compte, et dont le caractère exorbitant du droit privé entraîne la qualification administrative de ce contrat.

Pour certains auteurs, il faudrait que le contenu de cette clause soit tel qu'elle serait illicite en droit privé; pour la jurisprudence administrative, il suffit qu'elle soit d'un type inusité dans les contrats entre particuliers.

GAJA n° 25.

Clause léonine

[Droit commercial/Droit civil]

Clause privant un associé de tout droit aux profits de la société ou lui attribuant la totalité des profits, mettant à sa charge la totalité des pertes ou l'exonérant de toute contribution au passif social.

Cette clause est réputée non écrite dans le contrat de société.

C. civ., art. 1844-1, al. 2.

Clause limitative de responsabilité

[Droit civil]

Clause qui fixe un plafond au montant des dommages et intérêts et qui obéit au même régime que la *clause de non-responsabilité*, étant pareillement tenue en échec en cas de faute dolosive ou lourde. Dans l'hypothèse de manquement à une obligation essentielle, il est nécessaire que la clause limitative de réparation contredise la portée de l'obligation essentielle en la vidant de toute substance pour qu'elle soit réputée non écrite.

Clause passerelle

[Droit européen]

Disposition du traité sur l'*Union européenne* (art. 42), abrogée par le traité de Lisbonne, permettant au *Conseil des ministres* statuant à l'unanimité de décider que, dans certains domaines, les décisions seraient prises à l'avenir à la majorité qualifiée (et non plus à l'unanimité). Permettait de modifier les procédures de décision du Conseil sans recourir à la procédure lourde de révision des traités. A été mise en œuvre pour l'asile et l'immigration.

Clause pénale

[Droit civil]

1° Dans un contrat, clause par laquelle le débiteur, s'il manque à son engagement ou l'exécute avec retard, devra verser au créancier une somme d'argent dont le montant, fixé à l'avance, est indépendant du préjudice causé.

C. civ., art. 1152 et 1226.

GAJC, t. 2, n° 168.

2° Dans un testament, clause par laquelle le testateur exclut de sa succession ou du bénéfice d'un legs, l'héritier ou le légataire qui n'accomplirait pas une condition qu'il lui impose.

Clause réputée non écrite

[Droit civil]

→ *Non écrit.*

Clause résolutoire

[Droit civil]

→ *Pacte commissoire.*

Clearing

[Droit commercial]

Procédé de règlement des créances et des dettes entre les banques, par *compensation*.

→ *Chambre de compensation.*

Clearing house

[Droit commercial]

→ *Chambre de compensation.*

Clerc

[Droit civil/Procédure civile]

Collaborateur d'un notaire, d'un huissier, d'un avoué, chargé de préparer les actes qui entrent dans le monopole du titulaire de l'office, parfois autorisé à les accomplir lui-même.

Dans le notariat, les clercs de notaire sont devenus « les collaborateurs des offices de notaire ».

Clerc d'huissier

[Procédure civile]

Le *clerc* d'huissier assermenté est légalement qualifié pour procéder aux significations à la place et sous la responsabilité de son patron. Il peut aussi, à condition de remplir certaines conditions, être habilité à procéder à des constats qui sont contresignés par l'huissier de justice, lequel est civilement responsable du fait de son clerc (ord. n° 45-2592 du 2 nov. 1945, art. 1 *bis*).

→ *Constat d'huissier de justice.*

Clientèle

[Droit commercial]

Ensemble des personnes (clients) qui sont en relations d'affaires avec un professionnel. Si ce professionnel est un commerçant la clientèle est dite commerciale. S'il exerce une profession civile et en particulier libérale (avocat, médecin, etc.) il s'agit d'une clientèle civile.

Clientèle (Droit de)

[Droit civil]

Droit portant sur la valeur représentative de la clientèle habituelle d'un commerçant ou d'une personne exerçant une profession libérale.

Clonage

[Droit civil/Droit pénal]

Intervention ayant pour but de faire naître un enfant génétiquement identique à une autre personne vivante ou décédée.

Le Code civil porte une interdiction générale du clonage que réitère le Code de la santé publique en condamnant la constitution par clonage d'embryons humains, que ce soit à des fins de recherche, à des fins commerciales ou industrielles, à des fins thérapeutiques.

Le Code pénal considère le clonage reproductif comme un crime qu'il punit de 30 ans de réclusion criminelle et réprime par 7 ans d'emprisonnement la constitution par clonage d'embryons humains quelle que soit la fin poursuivie.

C. civ., art. 16-4, al. 3; C. pén., art. 214-2, 511-1 s., 511-17 s.; CSP, art. L. 2151-1 s., 2163-1 s.

Closed-shop (Clause)

[Droit du travail]

La clause *closed-shop* (ou entreprise fermée) est une clause restrictive de la liberté syndicale pratiquée parfois dans les États nord-américains dans les conventions collectives. Le patron qui y souscrit s'interdit d'embaucher des salariés non membres du syndicat signataire.

→ *Clause de sécurité syndicale.*

Clôture des débats

[Procédure civile]

Fin de l'audience de jugement intervenant après l'audition du *ministère public*, partie jointe. Après la clôture, les parties ne peuvent déposer aucune note à l'appui de leurs observations, si ce n'est pour répondre aux arguments développés par le ministère public ou à la demande du président invitant les parties à fournir tels éclaircissements de fait ou de droit.

CPC, art. 445.

Co-activité

[Droit pénal]

Participation à une infraction de manière déterminante et nécessaire qui donne lieu à une poursuite de l'agent comme coauteur, dans les mêmes conditions que les autres auteurs.

C. pén., art. 121-4.

GADPG n° 36.

Coalition

[Droit du travail]

Groupement de patrons ou d'ouvriers en vue d'exercer une pression dans le sens de la baisse ou de la hausse des salaires. Interdites par la loi Le Chapelier (1791), les coalitions ont été érigées en délit par le Code pénal. Le délit de coalition a disparu en 1864.

Coassurance

[Droit civil]

Répartition d'un risque important (maritime, industriel, immobilier...) entre plusieurs assureurs.

Chaque assureur n'est engagé que pour le montant qu'il accepte de couvrir, dans la limite du « plein de souscription » (somme maximale garantie).

C. assur., art. L. 352-1 et R. 331-31.

→ *Apériteur.*

Cocontractant

[Droit civil]

Partie avec laquelle on contracte. Par exemple, dans la vente, le cocontractant de l'acheteur est le vendeur et réciproquement.

Code

[Droit général]

Ensemble de lois ordonnées regroupant les matières qui font partie d'une même branche du droit (ainsi C. civ., C. com., C. pén., CPC).

Les codes modernes ne constituent plus un tout organique, mais se présentent souvent comme de simples compilations réunissant dans un même texte les dispositions touchant à un ordre de matières déterminé (C. de la pharmacie, C. des Caisses d'épargne, C. du tourisme, C. de l'éducation, C. du patrimoine, C. général de la propriété des personnes publiques, etc.).

→ *Codification.*

Code de conduite

[Droit commercial]

Établi par un organisme indépendant de l'État, le code de conduite regroupe une liste d'engagements ou de standards correspondant aux bonnes pratiques professionnelles dans un secteur donné. Les entreprises peuvent décider d'y souscrire unilatéralement; en ce cas, leur violation est génératrice de responsabilité à l'égard des tiers victimes.

Codécision

[Droit européen]

Sur certains sujets, le traité de Maastricht, allant au-delà de la *procédure de coopération* instituée par l'*Acte unique européen* en 1986, accorde au Parlement européen un pouvoir dit de codécision. Le traité d'Amsterdam élargit le champ des domaines où joue la procédure de codécision, la coopération subsistant pour les dispositions du traité relatives à l'Union monétaire. La Constitution européenne disait clairement que la codécision était le principe décisionnel en matière législative. Le *traité de Lisbonne* en fait la « procédure législative ordinaire » (art. 294 TFUE).

La codécision permet au Parlement européen de rejeter la position commune du Conseil et, si tel est le cas, l'acte ne peut être adopté. S'il l'amende et si le Conseil ne retient pas ces amendements, un comité mixte de conciliation est réuni pour trouver un accord. Alors qu'à défaut d'accord, le traité de Maastricht permettait au Conseil d'imposer sa position (sauf vote contraire à la majorité absolue des membres du Parlement), depuis le traité d'Amsterdam l'acte n'est pas adopté dans cette hypothèse de non-accord entre Conseil et Parlement. S'il y a accord au comité mixte de conciliation, il doit être confirmé par un vote à la majorité des suffrages exprimés au Parlement et à la majorité qualifiée au Conseil faute de quoi la proposition d'acte n'est pas adoptée.

Codicille

[Droit civil]

Acte soumis aux formalités d'un testament et modifiant ou révoquant un testament antérieur.

Codification

[Droit administratif]

Regroupement dans un texte d'origine généralement gouvernementale d'un ensemble souvent complexe de dispositions législatives ou réglementaires intéressant une même matière; celles-ci conservent leur portée et leur force juridique originaires, ce qui pose des problèmes délicats lorsque la codification ne respecte pas strictement les textes qu'elle rassemble.

→ *Code.*

[Droit international public]

Opération, réalisée sous forme de traités collectifs, consistant à énoncer dans un ordre systématique et en termes précis les règles du droit international (en grande partie coutumières) relatives à une matière déterminée.

→ *Commission du droit international.*

Coefficient d'anticipation

[Sécurité sociale]

Coefficient de minoration appliqué à la retraite complémentaire lorsque le salarié part avant 60 ans ou 65 ans s'il n'a pas 160 trimestres d'assurance.

Coefficient d'occupation des sols (COS)

[Droit administratif]

Rapport exprimant le nombre de mètres carrés de plancher constructibles par mètre carré au sol, pour une catégorie donnée de terrains. Ce rapport, qui peut différer selon la destination de la construction à réaliser (habitations, bureaux, commerces…) est déterminé par les *plans locaux d'urbanisme*, qui peuvent ouvrir le droit d'accorder des *permis de construire* en dépassement du COS, en respectant le *plafond légal de densité* (PLD). La loi du 13 décembre 2000 a supprimé la possibilité d'exiger dans ce cas une participation financière pour dépassement du COS.

C. urb., art. L. 123-1 s. et R. 123-20-1.

Coexistence pacifique

[Droit international public]

Système international consistant dans une tolérance réciproque entre États à systèmes économiques et politiques opposés, qui renoncent à imposer l'un des systèmes par la force pour recourir à des formes pacifiques de compétition (compétition économique, scientifique, etc.).

→ *Guerre froide.*

Coface

[Droit public/Droit commercial]

Créée en 1946 par l'État, la Compagnie française pour le commerce extérieur est aujourd'hui une société anonyme, filiale de Natixis, spécialisée dans l'assurance-crédit, garantissant notamment les opérations d'exportation. Lorsque celles-ci présentent un intérêt stratégique pour l'économie française, la Coface agit pour le compte et sous le contrôle de l'État.

C. assur., art. R. 442-1 s.

Cofidéjusseurs

[Droit civil]

Désigne les personnes qui se sont rendues cautions d'un même débiteur pour une même dette.

C. civ., art. 2302 s. et 2310.

→ *Bénéfice de division.*

Cogestion

[Droit du travail]

Gestion de l'entreprise exercée en commun par le chef d'entreprise et les représentants des salariés, et impliquant pour ces derniers le pouvoir de participer aux décisions sans être nécessairement actionnaires ou bailleurs de fonds de l'entreprise.

L'institution des comités d'entreprise, en France, n'a pas réalisé la cogestion.

Cohabitation

[Droit civil]

État de 2 ou plusieurs personnes habitant ensemble.

Devoir des époux de partager le même toit, d'habiter ensemble. La cohabitation a pour corollaire l'obligation de partager le même lit, c'est-à-dire d'avoir des relations sexuelles, qui fonde, avec le principe d'exclusivité de ces relations, la *présomption de paternité*.

C. civ., art. 215.

GAJC, t. 1, nº 37.

→ *Communauté de vie, Séparation de corps, Séparation de fait.*

[Droit constitutionnel]

Expression utilisée pour caractériser le fonctionnement de la Ve République avec une majorité présidentielle et une majorité parlementaire opposées. Cette situation s'est produite entre mars 1986 et mai 1988, puis d'avril 1993 à mai 1995 et à nouveau de mai 1997 à mai 2002. Traduit un glissement de la réalité du pouvoir au profit du Premier ministre contraire à l'esprit de la Ve République.

Coin fiscal

[Droit financier ou fiscal]

Néologisme d'origine anglo-saxonne désignant la différence – née des prélèvements fiscaux – entre un revenu originaire avant impôt et ce même revenu demeurant disponible entre les mains du contribuable après les différents impôts ayant grevé ce revenu. Par exemple, la différence entre le bénéfice par action d'une société anonyme avant l'application de l'impôt sur les sociétés et le dividende disponible chez l'actionnaire après application de son impôt sur le revenu mesure le « coin fiscal » résultant de l'application successive de ces 2 impôts.

Colis

[Droit commercial]

Unité de marchandise transportée.

Colitigants

[Procédure civile]

Plaideurs qui, dans un procès à sujets multiples, occupent la même position procédurale, soit en qualité de demandeurs, soit en qualité de défendeurs.

→ *Consorts, Litisconsorts.*

Collaboration (Contrat de... entre avocats)

[Procédure civile]

Contrat écrit par lequel un avocat s'engage à exercer tout ou partie de son activité dans le cabinet d'un autre avocat, contre une rémunération sous la forme d'une rétrocession d'honoraires. L'avocat collaborateur demeure maître de l'argumentation qu'il développe.

Collatéral

[Droit civil]

Adjectif qualifiant le lien de parenté existant entre un individu et une ou plusieurs autres personnes *descendant* d'un auteur commun, mais ne descendant pas les uns des autres.

Le terme est également utilisé comme substantif (frère, sœur, oncle, tante...).

C. civ., art. 734 s.

→ *Ascendant, Degré de parenté, Enfant, Ligne.*

Collationnement

[Droit civil/Procédure civile]

Vérification que la copie d'un acte ou d'un document est conforme à l'original, que les objets compris dans une saisie de meubles ou dans un inventaire n'ont pas été détournés avant leur vente ou leur partage.

Décr. nº 92-755 du 31 juill. 1992, art. 113.

→ *Certification conforme, Récolement.*

Collectif

[Droit financier ou fiscal]

Terme autrefois employé pour désigner les *lois de finances rectificatives*.

Collectivités locales

[Droit administratif]

Expression souvent employée dans la pratique comme synonyme de *collectivités territoriales*, expression seule retenue par la Constitution.

ACTU

Collectivités territoriales

[Droit administratif]

Expression générique désignant des entités de droit public correspondant à des groupements humains géographiquement localisés sur une portion déterminée du territoire national, auxquels l'État a conféré la personnalité juridique et le pouvoir de s'administrer par des autorités élues. Elles disposent de ressources propres, essentiellement fiscales et – l'organisation de la France étant décentralisée – elles ont vocation à se voir attribuer par l'État les compétences qui peuvent le mieux être exercées à leur échelon (principe de subsidiarité). Depuis la révision constitutionnelle de 2003, les collectivités territoriales comprennent les communes, les départements de métropole et d'outre-mer (DOM), les régions de métropole et d'outre-mer (ROM), ainsi que les collectivités d'outre-mer à statut particulier fixé par la loi.

La loi n° 2010-1563 du 16 décembre 2010 de réforme des collectivités territoriales prévoit la création, à partir de 2014, des « conseillers territoriaux » en tant qu'administrateurs uniques, à la place des conseillers généraux et régionaux, des départements et régions ; pour le reste, la loi vise principalement à assurer l'extension et l'approfondissement de l'intercommunalité, surtout grâce aux établissements publics de coopération qu'elle crée (métropoles) ou dont elle renforce la légitimité et les pouvoirs (notamment les communautés urbaines, communautés d'agglomération et communautés de communes).

Const., art. 1er, 72 et 72-3, 73 et 74.

Collectivités territoriales d'outre-mer.

Collectivités territoriales d'outre-mer

[Droit administratif]

Au sens large, ensemble des collectivités territoriales situées outre-mer.

Dans un sens plus précis, catégorie de *collectivités territoriales* créée par la loi constitutionnelle du 28 mars 2003, distincte des départements et régions d'outre-mer, comprenant notamment la Polynésie française, Saint-Barthélémy, Saint-Martin, Saint-Pierre-et-Miquelon, et Wallis-et-Futuna. Chacune de ces collectivités dispose d'un statut particulier tenant compte de ses intérêts propres au sein de la République.

La Nouvelle-Calédonie bénéficie, depuis la loi constitutionnelle du 20 juillet 1998, d'un statut spécifique « transitoire », qui la place également hors de cette catégorie.

En vertu du dernier alinéa de l'article 73 de la Constitution, une telle collectivité peut être substituée par la loi, avec l'accord des populations intéressées, à un département et une région d'outre-mer.

Const., art. 72-3 s.

→ *Territoires d'outre-mer.*

Collège des magistrats

[Procédure civile/Procédure pénale]

Magistrats des cours et tribunaux et du ministère de la Justice élus par les magistrats de l'ordre judiciaire et dont la mission est de procéder à l'élection des magistrats appelés à siéger à la Commission d'avancement, laquelle est chargée de dresser et d'arrêter le tableau d'avancement ainsi que les listes d'aptitude aux fonctions (ord. n° 1270 du 22 déc. 1958, art. 13-1 s.).

Collégialité

[Procédure (principes généraux)]

Principe en vertu duquel la justice est rendue par plusieurs magistrats qui prennent leurs décisions à la majorité absolue des voix. Dans le système à *juge unique*, au contraire, le pouvoir de statuer appartient à un seul magistrat. Le recours au juge unique est plus fréquent dans l'ordre judiciaire que dans l'ordre administratif.

Une illustration traditionnelle du juge unique en matière pénale était donnée par le *juge d'instruction*. Désormais, depuis la loi n° 2007-291 du 5 mars 2007 tendant à renforcer l'équilibre de la procédure pénale, l'instruction relève d'un principe de collégialité, dont la mise en œuvre est étalée dans le temps et repoussé au 1er janvier 2014.

CJA, art. L. 3 et 122-1; COJ, art. L. 121-2, 212-1, R. 212-7, 312-7 et 431-5; C. pr. pén., art. 83; C. trav., art. L. 1422-12 et 1422-13; C. com., art. L. 722-1; C. rur., art. L. 492-1.

GACA n° 1.

Collègue

[Droit général]

Désigne dans leurs rapports entre eux les personnes exerçant des fonctions officielles communes (fonctionnaires de même rang, magistrats, universitaires par ex.) ou remplissant une mission en commun (ministres, députés, membres du conseil d'administration d'une association, d'une société par ex.).

→ *Confrère.*

Collocation

[Procédure civile]

Décision du juge déterminant le rang et les droits d'un créancier qui se trouve en concours avec d'autres lors de la répartition du produit des biens saisis entre les mains d'un débiteur commun.

Le terme de collocation a été supprimé des nouveaux textes.

→ *Distribution des deniers.*

Colonat partiaire

[Droit rural]

→ *Métayage.*

Colonisation

[Droit international public]

Politique d'expansion politique et économique pratiquée à partir du XVIe siècle par certains États à l'égard de peuples moins développés obligés d'accepter des liens plus ou moins étroits de dépendance.

→ *Annexion, Capitulations (régimes des), Cession à bail, Concession, Condominium, Décolonisation, Porte ouverte, Protectorat.*

Colportage

[Droit pénal/Droit commercial]

→ *Démarchage.*

Comecon

[Droit international public]

Le Conseil d'aide économique mutuelle ou Comecon était l'organisation à compétence économique regroupant les États de l'Europe de l'Est et même certains États extérieurs à l'Europe (Mongolie, Cuba, Vietnam). Créé en 1949 pour contrer le plan Marshall, le Comecon n'a pas su réaliser une intégration comparable aux Communautés européennes. Considéré comme un instrument au service de l'URSS par lequel celle-ci organisait sa tutelle, a disparu avec l'effondrement de l'URSS.

Comitas gentium

[Droit international public]

Usages de pure convenance à distinguer du droit international positif. Juridiquement la courtoisie ne lie pas plus les états que les individus. Le manquement aux usages n'entraîne pas la responsabilité internationale de l'État.

→ *Courtoisie internationale.*

Comité consultatif du secteur financier

[Droit commercial]

Organisme consultatif présidé par le ministre chargé de l'Économie et des Finances, dont le vice-président est le gouverneur de la *Banque de France*, et composé d'une cinquantaine de membres nommés par arrêté ministériel (ancien Conseil national du crédit et du titre). Il étudie les conditions de fonctionnement du système bancaire et financier, notamment dans ses relations avec la clientèle et dans la gestion des moyens de paiement. Il peut être saisi pour avis des projets de lois ou de décrets entrant dans son champ de compétence. Il adresse chaque année au président de la République et au Parlement un rapport relatif au fonctionnement du système bancaire et financier qui est publié au *Journal officiel.*

C. mon. fin., art. L. 614-1.

Comité consultatif national d'éthique pour les sciences de la vie et de la santé

[Droit civil]

Autorité indépendante ayant pour mission de donner des avis sur les problèmes éthiques et les questions de société soulevées par les progrès de la connaissance dans les domaines de la biologie, de la médecine et de la santé.

CSP, art. L. 1412-1 s.

→ *Éthique biomédicale.*

Comité d'évaluation et de contrôle des politiques publiques

[Droit constitutionnel]

Organe créé en son sein par l'Assemblée nationale, pour donner plein effet à l'article 24 de la Constitution qui, dans sa rédaction de 2008, déclare que le Parlement « contrôle l'action du gouvernement » et « évalue les politiques publiques ».

Comité de créanciers

[Droit commercial]

Obligatoire dans les entreprises les plus importantes, seulement facultative dans les autres hypothèses, la création de comités de créanciers dont le nombre et la composition sont précisés par les textes, permet à ces derniers d'intervenir dans le déroulement des procédures de sauvegarde et de redressement judiciaire.

C. com., art. L. 626-29 s.

Comité de groupe

[Droit du travail]

Structure de représentation du personnel mise en place au sein d'un groupe d'entreprises dans lequel une entreprise dite dominante exerce une influence ainsi qualifiée sur d'autres entreprises qu'elle contrôle. L'influence dominante est, ou bien présumée sur constatations de certains éléments prévus par la loi, ou bien démontrée sur le fondement de relations permanentes et importantes établissant l'appartenance des entreprises au même groupe économique. Le comité de groupe a des prérogatives restreintes comparées à celles qui sont exercées par un comité d'entreprise; il reçoit des informations économiques et sociales.

C. trav., art. L. 2331-1 s.

Comité de l'administration régionale (CAR)

[Droit administratif]

Successeur de la Conférence administrative régionale, le CAR est un organisme consultatif composé des préfets des départements et de hauts fonctionnaires, placé auprès du *préfet de région* qui le préside, où sont examinées les décisions stratégiques à prendre par les autorités de l'État dans la *région*, notamment en matière d'investissements publics.

Comité d'entreprise

[Droit du travail]

Organe de l'entreprise qui réunit le chef d'entreprise et les représentants élus du personnel, en vue d'associer ceux-ci à la marche de l'entreprise.

Comité central d'entreprise : quand une entreprise comporte plusieurs *établissements*, il existe un comité central d'entreprise composé des délégués élus par chacun des comités d'établissement.

C. trav., art. L. 2321-1 s. et 2411-1 s.

GADT, n° 142 à 145.

Comité d'entreprise européen

[Droit du travail]

Par transposition de la directive européenne du 22 septembre 1994, le Code du travail prévoit la mise en place d'un comité d'entreprise européen dans les entreprises qui emploient au moins mille salariés dans les États membres de l'Union européenne ainsi que dans les États membres de l'espace économique européen et comptant au moins 2 établissements ou entreprises employant au moins 150 salariés dans au moins 2 États différents. Cette institution permet la représentation des travailleurs dans ces entreprises de dimension communautaire et organise le droit des salariés à l'information et à la consultation. La mise en œuvre est soumise à un accord négocié au sein d'un groupe spécial; à défaut d'accord, la loi détermine la composition et la compétence du comité d'entreprise européen.

C. trav., art. L. 2341-1 s.

Comité des régions

[Droit européen]

Institué par le traité de *Maastricht* pour associer les collectivités territoriales au système de l'Union européenne. Limité à 350 membres par le traité de Lisbonne. Rôle consultatif, à sa propre initiative, ou sur saisine de la Commission, du Parlement ou du Conseil (art. 305 et s. TFUE).

Comité des représentants permanents des États membres (Coreper)

[Droit européen]

Prépare les travaux du Conseil des ministres de l'Union européenne et exécute les mandats qui lui sont confiés par celui-ci. L'importance de fait prise par ce comité dans le processus de décision de l'Union européenne n'a pas été sans conséquence sur l'évolution des équilibres institutionnels.

Comité d'hygiène, de sécurité et des conditions de travail

[Droit du travail]

Organisme institué dans les établissements et chargé de prévenir les accidents du travail, de veiller à l'application des règles de sécurité et de contribuer à l'amélioration des conditions de travail.

C. trav., art. L. 2361-1 et R. 4612-1 s.

Comité économique et social

[Droit européen]

Organe consultatif représentant les partenaires socioprofessionnels dans le cadre de l'Union européenne. Limité à 350 membres (dont 24 pour la France), il joue un rôle utile pour faire prendre conscience de la dimension communautaire aux organisations représentatives du monde économique et social.

Comité électoral

[Droit constitutionnel]

Groupement local de citoyens, membres ou sympathisants d'un parti, en vue de patronner un ou plusieurs candidats et de soutenir leur campagne.

Comité national de réflexion éthique sur l'expérimentation animale

[Droit rural]

Placé auprès de la *commission nationale de l'expérimentation animale*, il a pour mission d'émettre des avis sur les questions d'expérimentation animale.

C. rur., art. R. 214-122 s.

Comitologie

[Droit européen]

Pratique institutionnelle du système de l'Union européenne conduisant le Conseil à instituer, dans les actes normatifs qu'il adopte (sur proposition de la Commission et, le cas échéant, en codécision avec le Parlement) de nombreux comités, composés d'experts des États, destinés à assister et contrôler la Commission dans l'exercice de ses compétences d'exécution.

Command (Déclaration de)

[Droit civil/Droit commercial]

Faculté réservée par la convention à l'acquéreur (le commandé) de se substituer le véritable bénéficiaire (le command) d'une vente amiablement consentie; le commandé déclare conclure pour autrui sans en révéler la véritable identité au vendeur. On l'appelle aussi « élection d'ami ».

CGI, art. 686.

[Procédure civile]

Déclaration faite dans les 24 heures d'une adjudication d'immeuble, par laquelle l'adjudicataire fait connaître le nom et l'acceptation du véritable bénéficiaire de l'opération.

Cette faculté de se substituer un tiers n'ayant pas participé aux enchères a été supprimée par l'ordonnance n° 2006-461 du 21 avril 2006 afin de satisfaire l'objectif de mise en concurrence des enchérisseurs selon une procédure transparente.

C. civ., art. 2207.

Commande publique

[Droit administratif]

Expression souvent employée pour désigner la commande de biens, de services ou de réalisation de travaux, par les *personnes publiques*.

Commandement

[Procédure civile]

Acte signifié au débiteur, par l'intermédiaire d'un huissier de justice, l'invitant à payer sous peine d'être saisi.

Cet acte suppose que le créancier est muni d'un titre exécutoire. Préambule d'une *saisie-vente* (remplaçant la saisie-exécution), d'une *saisie-appréhension* ou d'une *saisie immobilière*.

L. n° 91-650 du 9 juill. 1991, art. 50; Décr. n° 92-755 du 31 juill. 1992, art. 141; Décr. n° 2006-936 du 27 juill. 2006, art. 13 s.

→ *Sommation.*

Commandement de l'autorité légitime

[Droit pénal]

Fait justificatif qui supprime le caractère délictueux d'actes accomplis en exécution d'un ordre donné par une autorité publique, compétente et légitime, à moins que cet ordre ne soit manifestement illégal.

C. pén., art. 122-4.

GADPG n° 20.

Commanditaire

[Droit commercial]

Associé d'une *société en commandite*, simple bailleur de fonds n'ayant pas la qualité de commerçant et n'étant tenu que sur son apport.

C. com., art. L. 222-1 s.

Commandité

[Droit commercial]

Associé commerçant d'une société en commandite, responsable personnellement et indéfiniment des dettes sociales.

C. com., art. L. 222-1.

Commencement de preuve par écrit

[Droit civil]

Tout titre signé, émanant de celui contre lequel la demande est formée, mais qui ne peut, pour des raisons de fond ou de forme, constituer un écrit nécessaire à la preuve des actes juridiques (ex. : une reconnaissance d'enfant naturel faite sous seing privé, et non en la forme authentique n'est qu'un commencement de preuve par écrit) ; la production d'un tel document, s'il rend vraisemblable le fait allégué, autorise l'audition des témoins.

C. civ., art. 1347.

[Procédure civile]

Lorsqu'une comparution personnelle a été ordonnée, le juge peut tirer toute conséquence de droit des déclarations des parties, de l'absence ou du refus de répondre de l'une d'elles et en faire état comme équivalent à un commencement de preuve par écrit.

C. civ., art. 1347, al. 3 ; CPC, art. 198.

→ *Comparution personnelle, Serment supplétoire.*

Commencement d'exécution

[Droit pénal]

Acte caractérisant la tentative punissable, qui doit tendre directement à l'infraction avec intention de la commettre, ou qui a pour conséquence immédiate et directe la consommation de celle-ci.

C. pén., art. 121-5.

GADPG n° 30.

→ *Tentative.*

Commerçant

[Droit commercial]

Personne assujettie aux règles du droit commercial. Désigne le professionnel indépendant qui effectue des actes de commerce, à titre habituel, en son nom et pour son compte propre.

C. com., art. L. 121-1 et 110-1 (ex-art. 1er et 632).

Commerce électronique

[Droit commercial/Droit financier ou fiscal]

Expression désignant les transactions commerciales entre entreprises et particuliers (dites « B 2 C » pour : business to consumer) ou entre entreprises (« B 2 B »), portant sur des biens ou des services et représentées par la transmission et le traitement par des réseaux informatisés (Internet, par ex.) de données numériques pouvant correspondre à du texte, à des sons ou à des images. On distingue :

- *le commerce électronique indirect*, dans lequel seule la commande est passée par voie informatique, son objet étant délivré sous une forme traditionnelle, comme l'envoi d'un objet, et qui ne se distingue pas du commerce classique ;

- *le commerce électronique direct*, dans lequel la délivrance de l'objet de la commande se fait sous une forme informatisée (téléchargement), et qui pose en matière juridique et fiscale des problèmes nouveaux.

Commercium

[Droit général]

Mot latin pour qualifier le commerce au sens juridique.

À Rome, le *commercium* s'applique aux citoyens et assimilés qui ont le privilège d'accéder aux actes du *jus civile*, notamment aux modes de transfert de la propriété. La notion en est venu à distinguer les choses qui sont dans le commerce et celles qui ne le sont pas. Aujourd'hui le terme distingue les choses qui peuvent faire l'objet de conventions et les autres restées *extra commercium*. On dit ainsi que les droits de famille sont placés *extra commercium*, que les marchandises offertes au marché sont *in commercio*.

C. civ., art. 1128.

→ *Hors du commerce.*

Commettant

[Droit civil]

Personne qui charge une autre d'exécuter une mission en son nom et qui assume la responsabilité civile des actes accomplis au titre de cette mission.

Celui qui agit sous la direction du commettant est le préposé.

C. civ., art. 1384, al. 5.

GAJC, t. 2, n° 219-223.

[Droit commercial]

→ *Commission (Contrat de).*

Comminatoire

[Droit civil/Procédure civile]

Adjectif qualifiant une mesure révocable destinée à faire pression sur un débiteur. L'*astreinte* prononcée par le juge a un caractère comminatoire.

Commissaire adjoint de la République

[Droit administratif]

Dénomination donnée au *sous-préfet* entre 1982 et 1988.

Commissaire aux apports

[Droit commercial]

Personne chargée dans les sociétés par actions et les SARL d'apprécier, sous sa responsabilité, la valeur des apports en nature effectués par un associé, lors de la constitution de la société ou de l'augmentation de son capital, et des avantages particuliers qui peuvent être consentis à un associé ou à un non-associé par la société, en contrepartie des services rendus à l'occasion de ces opérations.

Ces commissaires aux apports sont en principe désignés par les associés à l'unanimité dans la SARL et par le Président du tribunal de commerce dans les autres cas.

Commissaire aux comptes

[Droit commercial]

Personne, physique ou morale, exerçant une activité réglementée consistant à contrôler très strictement la régularité, la sincérité, et la fidélité des comptes sociaux des sociétés par actions et de certains autres groupements ou entités (fonds dépourvus de personnalité morale).

À l'issue de son contrôle, le commissaire aux comptes certifie les comptes et, en cas de difficulté, émet des réserves ou refuse de certifier les comptes sociaux.

Le commissaire aux comptes doit également informer les organes de direction et les actionnaires d'un certain nombre d'opérations réglementées, ainsi que des irrégularités qu'il peut relever dans l'exercice de sa mission.

C. com., art. L. 221-9 s., 225-218 s. et 820-1 s.

Commissaire de la République

[Droit administratif]

Dénomination donnée au *préfet* en 1982. Le décret du 29 février 1988 a rétabli le titre de préfet.

Commissaire de police

[Procédure pénale]

Agent de la police nationale, qui, investi de la qualité d'officier de police judiciaire, est habilité à accomplir certains actes de procédure.

Commissaire du gouvernement

[Droit administratif]

1° Auprès du *Tribunal des conflits*, des *tribunaux administratifs*, des *cours administratives d'appel*, des formations contentieuses du *Conseil d'État* : ancienne appellation d'un membre de la juridiction chargé, en toute indépendance, de présenter à l'audience sous forme de « conclusions » son opinion sur la solution que lui paraissait appeler le problème juridique soumis à la juridiction. Un décret du 7 janvier 2009 a remplacé cette appellation peu heureuse par celle, plus neutre, de *rapporteur public*.

CJA, art. L. 7.

GAJA nº 108.

2° La loi du 28 octobre 2008 relative aux juridictions financières a, de manière comparable, remplacé l'expression « commissaire du gouvernement » par celle de « représentant du ministère public ». Ce représentant est le *procureur général* devant la Cour des comptes et le *procureur financier* devant les Chambres régionales des comptes.

3° Auprès des formations administratives du Conseil d'État, chargées d'une fonction consultative au profit du gouvernement, principalement sur les projets de textes législatifs et réglementaires : haut fonctionnaire désigné par décret pour présenter et défendre le point de vue du ministère dont il relève sur le projet soumis à l'avis du Conseil d'État.

CJA, art. R. 123-24.

4° Auprès de certains organismes soumis à un contrôle de l'État : représentant de l'État exerçant sur leur fonctionnement les contrôles prévus par les textes les régissant (par ex. auprès de la *Coface*, en vertu du décret du 9 oct. 2009).

Commissaire-priseur habilité

[Droit général]

Expression, suggérée par le Conseil des ventes volontaires de meubles aux enchères publiques, pour désigner, dans le silence de la loi, les personnes qui sont seuls habilitées, au sein des *sociétés de ventes volontaires*, à diriger ce type de ventes, à désigner les adjudicataires, à déclarer qu'un bien n'est pas adjugé et à dresser le procès-verbal de la vente. Elles doivent être qualifiées à cet effet ou titulaires d'un titre, d'un diplôme ou d'une habilitation reconnus comme équivalents.

C. com., art. L. 321-8, L. 321-9.

→ *Commissaire-priseur judiciaire, Sociétés de ventes volontaires de meubles aux enchères publiques, Vente aux enchères.*

Commissaire-priseur judiciaire

[Procédure civile]

Officier ministériel chargé, dans son ressort, de procéder aux ventes judiciaires de meubles et effets mobiliers corporels aux enchères publiques, c'est-à-dire aux ventes prescrites par la loi ou par décision de justice. Depuis la loi nº 642 du 10 juillet 2000, ce nouveau titre donné aux anciens commissaires-priseurs traduit qu'ils ont perdu leur monopole pour les ventes volontaires réalisées désormais par des sociétés de forme commerciale. La profession n'existe pas en Alsace-Moselle, les ventes judiciaires y étant réalisées par les notaires et les huissiers de justice.

C. com., L. nº 2000-642 du 10 juill. 2000, art. 29.

→ *Commissaire-priseur habilité, Société d'exercice libéral (SEL), Société de ventes volontaires de meubles aux enchères publiques, Vente aux enchères.*

Commission

[Droit civil/Droit commercial]

1° Rémunération due à un commissionnaire, et, par extension, à tout mandataire.

2° Contrat de commission : contrat par lequel une personne s'engage à accomplir un ou plusieurs actes pour le compte d'un commettant, sans que le nom de ce dernier soit indiqué au cocontractant qui sait pourtant que le commissionnaire agit pour autrui.

C. com., art. L. 132-1 (ex-art. 94, al. 1).

[Procédure (principes généraux)]

Mission donnée par un juge à un agent de l'autorité publique, aux fins de surveillance (juge-commissaire dans les procédures collectives de sauvegarde, redressement et liquidation judiciaires), de remplacement (magistrat chargé d'instruire à la place de la juridiction qualifiée, pour cause d'éloignement), de conservation (huissier désigné pour rétablir la minute de la décision au greffe) ou de règlement d'une situation juridique (notaire commis pour liquidation de régime matrimonial).

→ *Commission rogatoire.*

Se dit aussi de l'agrément nécessaire à l'exercice régulier de certaines fonctions, telles celles du garde champêtre qui doit être dûment commissionné par le sous-préfet.

Commission d'accès aux documents administratifs (CADA)

[Droit administratif]

→ *Accès aux documents administratifs (Droit d').*

Commission d'aménagement commercial

[Droit commercial]

Organisme public, constitué au niveau du département, compétent pour délivrer l'autorisation d'exploitation commerciale pour des créations de grandes surfaces ou d'ensembles commerciaux dont la surface excède mille mètres carrés.

→ *Aménagement commercial.*

Commission de conciliation

[Droit civil/Procédure civile]

Le département est le cadre de nombreuses commissions de conciliation :

• *commissions départementales de conciliation en matière de baux commerciaux* composée, à égalité, de bailleurs et de locataires et de personnes qualifiées et qui sont compétentes pour les litiges de principe sur l'existence même du déplafonnement du loyer et, lorsque celui-ci n'est pas contesté, sur les litiges de quantum et de valeur locative ;

C. com., art. L. 145-35, D. 145-12.

• *commissions départementales de conciliation en matière de baux d'habitation* (L. n° 89-462 du 6 juill. 1989) qui doivent s'efforcer de concilier les parties à un contrat de location qu'il soit initial ou renouvelé ;

• *commissions de règlement des litiges de la consommation* (arrêté du 25 mars 2005) en vue de régler amiablement les différends entre les consommateurs et les vendeurs ou prestataires de services dans les 2 mois de leur saisine.

→ *Conciliateur de justice, Surendettement des particuliers.*

Commission départementale de la coopération communale

[Droit administratif]

Commission composée d'élus locaux (communes, département) et présidée par le préfet, investie d'un rôle d'information et de proposition en vue de renforcer la coopération intercommunale, dont elle tient à jour un état pour le département.

CGCT, art. L. 5211-13.

Commission départementale des impôts

[Droit financier ou fiscal]

Organisme administratif composé en nombre égal des représentants des contribuables et de l'État (agents de l'administration fiscale, et un juge administratif qui la préside avec voix prépondérante en cas de partage). Il a un pouvoir de décision en matière de fixation des forfaits de bénéfices agricoles, et une compétence d'avis en cas de contestation d'un redressement fiscal portant sur des questions de fait concernant la taxe sur la valeur ajoutée, l'impôt sur les sociétés ou l'impôt sur le revenu des professions non salariées (ex. : taux d'amortissement à appliquer à un bien).

CGI, art. 1651 ; LPF, art. 1 s. et 59 A s.

ACTU

Commission départementale de surendettement des particuliers

[Droit civil]

Instituée dans chaque département, elle a pour mission de traiter la situation de *surendettement* des personnes physiques, ayant le pouvoir d'imposer les mesures ordinaires de désendettement (réduction du taux des intérêts, par ex.), de prescrire la suspension de l'exigibilité des créances pour 2 ans, de recommander les mesures les plus graves (telles l'effacement partiel des dettes), d'orienter le dossier vers une procédure de *rétablissement personnel*.

Cette commission se compose 1°) du représentant de l'État dans le département qui en est le président et du responsable départemental de la direction générale des finances publiques chargé de la gestion publique (vice-président) ou de leurs représentants, 2°) du représentant local de la Banque de France (qui en assure le secrétariat), 3°) de 2 personnes choisies par le représentant de l'État dans le département (l'une sur proposition de l'Association française des établissements de crédit et des entreprises d'investissement, l'autre sur proposition des associations familiales ou de consommateurs), 4°) de 2 personnes (désignées par le représentant de l'État) justifiant pour l'une d'une expérience en économie sociale et familiale, pour l'autre d'un diplôme ou d'une expérience dans le domaine juridique.

Sur les 7 membres de la commission, 4 doivent être présents ou représentés pour que la réunion se tienne valablement. La voix du président est prépondérante en cas de partage égal des voix.

C. consom., art. R. 331-1 s. (L. n° 1304 du 29 oct. 2010).

→ *Rétablissement personnel.*

Commission de recours amiable

[Sécurité sociale]

Commission formée au sein du conseil d'administration des caisses locales de Sécurité sociale, qui examine les réclamations des particuliers contre les décisions de la caisse. Le recours amiable précède et peut éviter le recours contentieux.

CSS, art. R. 142-1 s.

Commission des accidents du travail et maladies professionnelles

[Sécurité sociale]

Commission exerçant les missions dévolues à la Caisse nationale d'assurance-maladie des travailleurs salariés (CNAMTS) quant à la prévention des accidents du travail et des maladies professionnelles.

CSS, art. L. 221-1.

Commission des droits et de l'autonomie des personnes handicapées (CDAPH)

[Sécurité sociale]

Commission qui se substitue à la commission départementale d'éducation spéciale compétente pour les enfants handicapés et à la Commission technique d'orientation et de reclassement professionnel compétente pour les adultes (COTOREP). Ces maisons départementales des personnes handicapées sont le « guichet unique » d'accès aux droits et aux prestations pour les personnes handicapées.

CASF, art. L. 146-9.

Commission des infractions fiscales (CIF)

[Droit fiscal]

Créée en 1977, il s'agit d'une autorité administrative indépendante dont la fonction consultative consiste, sur saisine du ministre chargé des Finances, à examiner les affaires devant conduire au dépôt de plaintes « tendant à l'application de sanctions pénales en matière d'impôts directs, de taxe sur la valeur ajoutée et autres taxes sur le chiffre d'affaires, de droits d'enregistrement, de taxe de publicité foncière et de droit de timbre ». L'avis de cette commission lie le ministre puisque le dépôt de plainte ne peut se faire que sur avis conforme de celle-ci.

LPF, art. L. 228, R. 228-1 et s.

Commission des opérations de bourse

[Droit commercial]

→ *Autorité des marchés financiers.*

Commission des représentants

[Droit du travail]

Rémunération des représentants de commerce consistant en un pourcentage du montant des commandes recueillies.

C. trav., art. L. 7313-11 s.

Commission de transport (Contrat de)

[Droit commercial]

Contrat-cadre d'organisation du transport de marchandises, souscrit auprès d'un professionnel (le commissionnaire de transport). La liberté d'organisation de la prestation de transport ainsi conférée au professionnel, dont la possibilité de recourir à des tiers, trouve sa contrepartie dans un régime spécifique de responsabilité.

C. com., art. L. 132-3 s.; C. transp., L. 1432-7 s.

Commission de vérification des comptes des entreprises publiques

[Droit financier ou fiscal]

Organisme non juridictionnel de contrôle financier, supprimé en 1976. Ses attributions ont été confiées à la *Cour des comptes*, dont elle n'était d'ailleurs qu'une émanation de par sa composition.

Commission d'examen des pratiques commerciales

[Droit commercial]

Commission composée de parlementaires, de magistrats et de représentants des milieux professionnels chargée d'émettre des avis et des recommandations sur certaines pratiques relevant du domaine du droit de la concurrence.

C. com., art. L. 440-1.

Commission d'indemnisation des victimes d'infractions

[Droit civil/Procédure civile/Procédure pénale]

Juridiction civile siégeant au tribunal de grande instance, compétente pour accorder, dans certaines conditions, une réparation aux victimes d'une infraction pénale, lorsqu'elles ne peuvent être indemnisées à un autre titre (auteur inconnu, insolvable...), réparation ensuite prise en charge par le *Fonds de garantie des victimes des actes de terrorisme et d'autres infractions*.

La commission est composée de 2 magistrats du siège et d'une personne majeure s'étant signalée par l'intérêt qu'elle porte aux problèmes des victimes d'infractions.

COJ, art. L. 214-1, 214-2, R. 214-1 s.; C. pr. pén., art. 706-3 s. et R. 50-1 s.

Commission d'office

[Procédure pénale]

Mesure par laquelle un avocat est désigné d'autorité pour assister dans sa défense une personne mise en examen (inculpé), un prévenu ou un accusé.

C. pr. pén., art. 116, 274, 317 et 417.

Commission du droit international

[Droit international public]

Organe subsidiaire de l'Assemblée générale des Nations unies, composé de 34 juristes indépendants choisis de manière à représenter les différents systèmes juridiques du monde, et chargé « d'encourager le développement progressif du droit international et sa codification ». Ses travaux ont permis l'adoption de conventions importantes, comme celles de Genève sur le droit de la mer (1958), celles de Vienne sur les relations diplomatiques (1961) et consulaires (1963), et sur le droit des traités (1969). Malgré des travaux importants, a plus de mal aujourd'hui à déboucher sur de nouvelles conventions.

Commission européenne

[Droit européen]

Institution de l'Union européenne composée aujourd'hui de 27 commissaires (un de chaque nationalité) indépendants des gouvernements.

Le président de la Commission est proposé à la majorité qualifiée par le Conseil européen et soumis à l'approbation du Parlement européen. Les autres membres sont choisis d'un commun accord par le Conseil et le président désigné. Le Parlement européen auditionne chaque commissaire avant d'approuver la composition de la Commission, puis le Conseil européen achève la procédure. Nommée pour un mandat de 5 ans, la Commission peut cependant être contrainte à la démission par le Parlement.

La Commission promeut l'intérêt général de l'Union. Elle est dotée d'un pouvoir d'initiative (elle propose règlements et directives), d'exécution (mise en œuvre et contrôle de l'action de l'Union) et de représentation (en particulier par rapport aux États tiers). Jean Monnet voulait qu'elle soit la « locomotive de l'Europe » mais elle a aujourd'hui du mal à s'affirmer.

Commission européenne des droits de l'Homme

[Droit international public]

Organe créé par la *Convention européenne des droits de l'Homme* pour :

a) examiner la recevabilité des requêtes étatiques ou (si l'État mis en cause le permettait) individuelles, formées pour violation des droits reconnus;

b) tenter un règlement amiable.

Disparaît en novembre 1998 avec l'entrée en vigueur d'un protocole modifiant la convention et confiant l'ensemble du mécanisme de contrôle à la *Cour européenne des droits de l'Homme*.

Commission mixte paritaire

[Droit constitutionnel]

Commission composée d'un nombre égal de parlementaires des 2 chambres et chargée, en cas de désaccord entre celles-ci, d'élaborer un texte transactionnel susceptible d'être adopté par elles (système en vigueur au Parlement français depuis la Constitution de 1958).

Commission nationale de la négociation collective

[Droit du travail]

Commission comprenant des représentants des pouvoirs publics, des représentants des organisations syndicales de salariés les plus représentatives et des représentants des organisations d'employeurs les plus représentatives; elle est chargée de faire des propositions de nature à faciliter le développement de la négociation collective, de donner un avis sur l'extension et l'élargissement des *conventions collectives* et sur la fixation du *SMIC*.

C. trav., art. L. 2271-1 s.

Commission nationale de l'expérimentation animale

[Droit rural]

Placée auprès des ministres chargés de la Recherche et de l'Agriculture, la Commission nationale de l'expérimentation animale est notamment chargée de donner un avis sur tout projet de modification des dispositions législatives ou réglementaires relatives à l'expérimentation animale.

C. rur., R. 214-116 à 214-121.

Commission nationale de l'informatique et des libertés (CNIL)

[Droit administratif]

→ *Fichiers.*

Commission nationale des accidents médicaux

[Droit civil]

Commission composée de professionnels de santé, de represénatnts des usagers et de personnalités qualifiées, chargée d'établir la liste des experts en accidents médicaux (que consultent nécessairement les commissions régionales de conciliation et d'indemnisation) et de veiller à une application homogène du dispositif de réparation des *risques sanitaires*.

CSP, art. L. 1142-10 s., R. 1142-24 s.

→ *Aléa thérapeutique, Office national d'indemnisation des accidents médicaux (ONIAM).*

Commission nationale des impôts directs et taxes sur le chiffre d'affaires

[Droit fiscal]

Présidée par un conseiller d'État, elle a été créée par la loi n° 2007-1824 du 25 décembre 2007. Cette commission intervient en matière de litiges relatifs à la détermination du bénéfice ainsi que du chiffre d'affaires des entreprises exerçant une activité industrielle ou commerciale et dont le chiffre d'affaires hors taxe dépasse un certain seuil (50 000 000 € pour ce qui est des entreprises dont le commerce principal est de vendre des marchandises, objets et denrées à emporter ou consommer sur place ou de fournir le logement; 25 000 000 € pour les autres entreprises). Elle peut être saisie en cas de désaccord persistant sur les rectifications notifiées à l'initiative du contribuable ou de l'administration.

CGI, art. 1651 H; LPF, art. L. 59, L. 59 A, L. 59 C.

Commission nationale du débat public

[Droit de l'environnement]

Autorité administrative indépendante de 21 membres (élus, magistrats, usagers…)

chargée de veiller au respect de la participation du public à l'élaboration des projets d'aménagement ou d'équipement d'intérêt national présentant de forts enjeux socio-économiques ou ayant des impacts significatifs sur l'environnement (création d'autoroutes, de lignes ferroviaires, de gazoducs, équipements culturels, sportifs, touristiques...)

C. envir., L. et R. 121-1 s.

Commission parlementaire

[Droit constitutionnel]

1° Formation interne du Parlement chargée de la préparation du travail législatif (examen des projets et propositions de lois avant leur délibération en séance plénière).

On distingue : les commissions permanentes et spécialisées : finances, affaires étrangères, etc. (ex. : France); les commissions permanentes mais non spécialisées (ex. : Grande-Bretagne); les commissions spéciales formées cas par cas pour l'examen d'un projet, ou d'une proposition de loi déterminée.

2° Organisme créé par les chambres avec mission de réunir des éléments d'information sur une question déterminée (commission d'enquête et de contrôle).

Commission rogatoire

[Procédure civile/Procédure pénale/Droit international privé]

Acte par lequel un magistrat délègue ses pouvoirs à un autre magistrat ou à un officier de police judiciaire, pour qu'il exécute à sa place un acte d'instruction.

→ *Commission.*

Une telle délégation est possible en France à la demande d'un État étranger et à l'étranger à la demande de l'État français (commission rogatoire internationale).

CPC, art. 730 s. et 733 s.; C. pr. pén., art. 151 s. et D. 33 à 36.

Commissions d'aménagement commercial

[Droit administratif]

Organes institués en 1973 (loi Royer) sous l'appellation de commissions d'urbanisme commercial pour essayer de concilier les intérêts des commerces et artisanats locaux (petits et moyens) et des « grandes surfaces ». Ce système confie aux commissions départementales, composées d'élus locaux, de représentants des activités commerciales et artisanales, et de représentants des usagers, un véritable pouvoir d'autorisation de s'installer à l'égard des « grandes surfaces », sous le contrôle d'une Commission nationale. La nouvelle dénomination résulte de la loi de modernisation de l'économie (4 août 2008).

C. com., art. L. 751-1 s.

Commissionnaire

[Droit commercial/Droit des transports]

Intermédiaire du commerce, agissant en son nom mais pour le compte d'un autre (le commettant) qui supporte les effets des opérations commerciales réalisées. Se distingue, à ce point de vue, du mandataire qui n'est pas personnellement responsable et engage directement le maître de l'affaire.

C. com., art. L. 132-1 s. et 110-1; C. transp., art. L. 1411-1 (déf. commission de transport).

→ *Mandat.*

Commodat

[Droit civil]

Mot qui, antérieurement à la loi n° 2009-526 du 12 mai 2009, désignait le prêt à usage dans le Code civil.

C. civ., art. 1875 s.

→ *Mutuum ou prêt de consommation, Prêt.*

Common law

[Droit comparé]

Droit commun des pays anglo-saxons, qui résulte non de textes législatifs mais de la pratique des juridictions.

→ *Droit civil, Droit prétorien, Jurisprudence.*

Commonwealth

[Droit international public]

Association de la Grande-Bretagne et d'anciennes possessions britanniques ayant accédé au rang d'États pleinement indépendants. Jusqu'en 1947, le *British Commonwealth* comportait l'allégeance de tous ses membres (britanniques d'origine et de tradition) à la Couronne; depuis son extension, il n'y a plus qu'un *Commonwealth of Nations*, dont les membres reconnaissent la Couronne comme « symbole de libre association ». L'absence d'armature juridique confère au *Commonwealth* une extrême souplesse.

Communauté

[Droit constitutionnel]

Mode d'aménagement des relations entre la France et ses colonies proposé en 1958 (Titre XII de la Constitution). À la différence de l'Union française, la Communauté est fondée sur le principe d'une libre adhésion par le vote de la Constitution (la Guinée vote « non » et devient aussitôt indépendante). Cette formule a été transitoire du fait de la volonté des pays africains d'acquérir une indépendance véritable. La loi constitutionnelle du 4 juin 1960 transforme la Communauté en une union internationale laquelle n'aura pas de réalité. La Communauté dite « rénovée » devient un fantôme et les relations de la France avec ces nouveaux États s'établissent sur une base purement bilatérale. Disparaît en 1992 de la Constitution.

Communauté d'agglomération

[Droit administratif]

Établissement public à fiscalité propre pouvant être créé pour établir une coopération intercommunale entre des villes de taille moyenne.

Elle doit regrouper un ensemble d'un seul tenant de plus de 50 000 habitants, autour d'une ou plusieurs communes centres de plus de 15 000 habitants (en principe).

Elle exerce, à la place des communes membres, un certain nombre de compétences obligatoires, en matière de développement urbain, d'habitat social et de politique de la ville, et elle doit en outre opter pour l'exercice d'un certain nombre d'autres compétences relatives à des grands équipements urbains.

CGCT, art. L. 5216-1 s.

→ *Agglomération, Communauté de communes, Communauté urbaine, Établissement public de coopération intercommunale (EPCI).*

ACTU

Communauté d'agglomération nouvelle

[Droit administratif]

Établissement de coopération intercommunale à caractère administratif administré par un conseil d'agglomération composé de délégués des communes élus au suffrage universel direct.

CGCT, art. L. 5331-1.

→ *Agglomération nouvelle.*

Communauté de communes

[Droit administratif]

Établissement public pouvant être créé entre plusieurs communes d'un seul tenant, sans condition de population minimale, ce qui en fait l'instrument privilégié de la coopération intercommunale en milieu rural. La communauté exerce à la place des communes membres un certain nombre de compétences, principalement en matière d'aménagement de l'espace, de développement économique et d'équipements.

CGCT, art. L. 5214-1 s.

Communauté des États indépendants (CEI)

[Droit international public]

Créée en décembre 1991 entre la Russie, l'Ukraine, la Biélorussie, l'Arménie, l'Azerbaïdjan, la Moldavie et les 5 Républiques d'Asie centrale de l'ex-URSS. N'a pu engendrer que des liens très lâches entre ces États et a pour seul élément permanent l'engagement de tenir les frontières des États signataires pour intangibles.

Communauté de vie

[Droit civil]

Devoir essentiel du mariage, au fondement des autres devoirs conjugaux. Il combine un aspect charnel (la communauté de lit, c'est-à-dire les rapports sexuels) et un aspect matériel (le « vivre ensemble » sous le même toit, la cohabitation au sens strict). La cessation de la communauté de vie entre les époux, lorsqu'ils vivent séparés depuis 2 ans lors de l'assignation en divorce, est un motif de divorce pour altération définitive du lien conjugal.

C. civ., art. 215 et 238, al. 1.

GAJC, t. 1, n° 37.

→ *Cohabitation.*

Communauté de villes

[Droit administratif]

Ancienne forme d'*établissement public de coopération intercommunale*, qui a dû se transformer au plus tard fin 2001 en *communauté de communes* ou en *communauté d'agglomération*.

Communauté entre époux

[Droit civil]

Régime matrimonial en vertu duquel tout ou partie des biens dont disposent les époux forme une masse commune et partagée entre eux ou entre l'époux survivant et les héritiers de l'autre, à la dissolution du régime.

C. civ., art. 1400 s. et 1497 s.

GAJC, t. 1, n° 91.

→ *Acquêts, Communauté réduite aux acquêts.*

Communauté européenne de défense (CED)

[Droit européen]

Organisation prévue par le traité du 27 mai 1952 entre les 6 États déjà membres de la CECA, mais non effectivement créée à la suite du refus de ratification de la France (30 août 1954).

Ce projet, qui tendait à intégrer les forces armées des « Six » sous une autorité supranationale, répondait à la crainte suscitée par la perspective du réarmement allemand envisagé par les États-Unis au moment de la guerre de Corée.

Communauté légale

[Droit civil]

→ *Communauté réduite aux acquêts.*

Communauté politique européenne

[Droit européen]

Prévue par l'article 38 du traité CED et dont le statut fut élaboré dès 1953 par une assemblée *ad hoc* constituée par l'Assemblée de la CECA. Aurait abouti à une véritable union fédérale. Mort-née du fait de la non-entrée en vigueur du traité.

Communauté réduite aux acquêts

[Droit civil]

Régime matrimonial qui s'applique à tous les époux mariés depuis le 1er février 1966 et qui n'ont pas choisi un autre régime matrimonial par contrat de mariage. Les biens communs aux époux se réduisent aux seuls acquêts.

C. civ., art. 1400 s.

GAJC, t. 1, nº 93.

→ *Acquêts, Communauté entre époux.*

Communauté urbaine

[Droit administratif]

Établissement public pouvant être créé pour établir une coopération intercommunale dans les grandes agglomérations urbaines.

Les communautés urbaines créées depuis la loi du 12 juillet 1999 doivent regrouper des communes d'une population totale de plus de 500 000 habitants.

Les communautés urbaines exercent de plein droit à la place des communes membres un nombre important de compétences en matière de développement économique, d'aménagement de l'espace communautaire, de logement social, de politique de la ville, de protection de l'environnement et de gestion de grands services d'intérêt collectif.

CGCT, art. L. 5215-1 s.

→ *Communauté d'agglomération, Communauté de communes.*

Communautés européennes

[Droit européen]

Organisations internationales ayant pour but de réaliser l'unification européenne en soumettant les souverainetés étatiques, dans certains domaines, à une autorité commune. Les traits caractéristiques des Communautés (existence d'organes composés de personnes indépendantes des gouvernements, importance des compétences concédées par les États, introduction de la règle la majorité, rapports directs avec les particuliers…) ont permis de parler d'organisations supranationales. 27 États membres : Allemagne, Belgique, France, Italie, Luxembourg, Pays-Bas, auxquels s'ajoutent, depuis 1973, la Grande-Bretagne, le Danemark et l'Irlande, depuis 1981 la Grèce, depuis 1986 l'Espagne et le Portugal, depuis janvier 1995 l'Autriche, la Finlande et la Suède, depuis 2004 la Slovénie, la Slovaquie, la République tchèque, la Pologne, Malte, la Lituanie, la Lettonie, la Hongrie, l'Estonie et Chypre, enfin, depuis 2007, la Bulgarie et la Roumanie.

Les 3 Communautés d'origine étaient :

1° La *Communauté européenne du Charbon et de l'Acier, CECA (1951)*. Libre concurrence de la production et des échanges sous le contrôle de la Haute Autorité : pouvoir de police, interventions de conjoncture (sur la production et les prix) et en matière de développement (aide au financement des investissements, à la modernisation des entreprises, à la recherche), compétences sociales (amélioration des conditions de vie de la main-d'œuvre).

A disparu en 2002. La CECA, créée pour 50 ans, s'est fondue en 2002 dans le moule général du traité CE.

2° La *Communauté économique européenne ou Marché commun (1957)*. Devenue Communauté européenne, avec le traité de *Maastricht*, elle a disparu, sous cette dénomination, avec l'entrée en vigueur du *traité de Lisbonne*. À la fois :

a) union douanière : libre circulation des marchandises par la suppression des barrières douanières et la disparition des restrictions quantitatives, tarif extérieur commun ;

b) union économique : libre circulation des personnes, services et capitaux, rapprochement des législations (sociale, fiscale…), politiques économiques communes par secteurs (agriculture, transports, énergie) ou générale (conjoncturelle, monétaire, commerciale et de développement).

3° La *Communauté européenne de l'énergie atomique ou Euratom (1957)*. Coordination de la recherche et diffusion des connaissances, encouragement des initiatives des entreprises et création d'entreprises communes, organisation d'un marché commun atomique, politique commune en matière d'approvisionnement, protection sanitaire et contrôle de sécurité. C'est la seule Communauté qui subsiste depuis l'entrée en vigueur du traité de Lisbonne (1er déc. 2009).

Ont assez profondément évolué jusqu'à l'institution de l'*Union européenne* par le traité de *Maastricht* qui les englobe dans un ensemble plus large intégrant les mécanismes de coopération politique.

Commune nouvelle

[Droit administratif]

Commune créée en lieu et place de communes contigües.

CGCT, art. L. 2113-1.

Commune renommée

[Droit civil]

Rumeur publique ou croyance commune tenant pour vrais des faits dont il n'existe aucune preuve directe.

La commune renommée n'est qu'exceptionnellement admise comme moyen de preuve.

Communes

[Droit administratif]

Collectivités territoriales de base de l'organisation administrative française, très inégales par leurs ressources et leur population, gérées selon un régime juridique en principe uniforme par un conseil municipal et un maire. En France métropolitaine, il existe plus de 36 000 communes, dont les 8/10e ont moins de 2 000 habitants, et dont les 6/10e en ont moins de 500.

CGCT, art. L. 2111-1 s.

→ *Décentralisation.*

Communication au ministère public

[Procédure civile]

Connaissance du dossier d'une affaire civile donnée au *ministère public* pour recueillir son avis sur l'application de la loi en l'espèce. Cette communication a lieu soit à son initiative s'il estime devoir intervenir, soit à la demande du tribunal, soit sur ordre de la loi.

CPC, art. 425 s. et 798.

Communication de pièces

[Procédure civile]

Les plaideurs doivent se communiquer les *pièces* dont ils se servent.

Cette communication, si elle n'est pas faite spontanément, peut être exigée par l'intermédiaire du juge ou du tribunal qui peuvent assortir sa non-exécution, dans un certain délai, d'une astreinte.

CPC, art. 15, 132 s., 753 et 909.

→ *Compulsoire.*

Communication du dossier

[Droit administratif]

Garantie fondamentale de la défense consistant en l'obligation pour l'Administration de mettre à même toute personne liée à elle de prendre connaissance du contenu de son dossier personnel préalablement à toute mesure disciplinaire, ou même seulement prise en considération de sa personne, et ceci à peine de nullité de la procédure engagée.

ACTU

Communication électronique

[Procédure civile]

La voie électronique est autorisée pour effectuer les envois, remises et notifications des actes de procédure, des pièces, avis, avertissements ou convocations, des

rapports, des procès-verbaux ainsi que des expéditions revêtus de la forme exécutoire des décisions juridictionnelles, à condition que le destinataire ait expressément consenti à une telle utilisation et qu'il adresse un avis numérique de réception.
Les procédés utilisés doivent garantir la fiabilité de l'identification des parties, l'intégrité, la sécurité, la confidentialité et la conservation des documents échangés ainsi que la certitude des dates d'envoi et de réception.
L'identification réalisée lors de la transmission par voie électronique, selon les modalités fixées par arrêtés du garde des Sceaux, vaut signature (décr. n° 2010-434 du 29 avr. 2010, art. 1er).
Devant les cours d'appel, à la suite du décret n° 2009-1524 du 9 décembre 2009, les actes de procédure, à peine d'irrecevabilité relevée d'office, sont soumis à la juridiction par voie électronique, le support papier ne pouvant être utilisé qu'en cas d'impossibilité de transmission par voie électronique imputable à une cause étrangère à celui qui l'accomplit. Cette *dématérialisation*, applicable aux déclarations d'appels et constitutions d'avoués depuis le 1er janvier 2011, sera obligatoire pour les autres actes au plus tard le 1er janvier 2013.

CPC, art. 748-1 s., 930-1.

→ *Téléprocédure.*

Commutation de peine

[Droit pénal]

Mesure de remplacement d'une peine par une autre, à la suite d'une grâce présidentielle. Ainsi, une peine privative de liberté peut être commuée en une peine d'amende.

C. pén., art. 133-7 s.

Commutative (Justice)

[Droit général]

→ *Justice.*

Comorientes

[Droit civil]

→ *Comourants.*

Comourants

[Droit civil]

Ou comorientes. Personnes qui meurent dans un même événement et dont l'une au moins avait vocation à succéder à l'autre. Il est difficile de fixer le moment du décès de plusieurs personnes disparues ensemble (par ex. dans un accident de transport). Le Code civil de 1804 se réglait sur des présomptions difficiles à appliquer. Ces présomptions sont abolies aujourd'hui et remplacées par une présomption générale de décès simultanés. L'ordre chronologique des décès sera établi par tout moyen et, à défaut, la succession de chacune des personnes décédées sera dévolue sans que l'autre y soit appelée.

C. civ., art. 725-1.

Compagnie

[Procédure civile]

Terme d'usage pour distinguer l'organisation corporative de certaines professions, ainsi celle de *commissaire-priseur judiciaire*.

→ *Ordre professionnel.*

Compagnies républicaines de sécurité (CRS)

[Droit administratif]

Catégorie d'agents civils de la force publique, au même titre que les agents de police, mais organisés militairement. Les CRS, très mobiles, dont les missions sont diverses et excèdent très largement le maintien de l'ordre au sens courant du terme, sont rattachées au ministère de l'Intérieur et agissent sur ordre direct des autorités civiles compétentes, auxquelles elles sont hiérarchiquement subordonnées.

→ *Gendarmerie.*

Comparution

[Procédure civile]

Devant les tribunaux de droit commun, comparaître signifie constituer avocat (tribunal de grande instance) ou avoué (cour d'appel) dans le délai fixé par l'assignation.

CPC, art. 751 et 899.

Devant les tribunaux d'exception, comparaître signifie se présenter soi-même ou envoyer un mandataire à l'audience lors de l'appel de la cause.

CPC, art. 827, 828, 853 et 883; C. trav., art. R. 1453-1 et 1453-2.

→ *Constitution d'avocat.*

Comparution immédiate

[Procédure pénale]

Modalité de saisine du tribunal correctionnel qui remplace, depuis la loi du 10 juin 1983, la saisine directe. Elle concerne uniquement les affaires en état d'être jugées, qu'elles soient flagrantes ou non, en dehors du domaine de la minorité pénale, des infractions politiques, des délits de presse et des infractions expressément soumises à des procédures particulières de poursuite.

C. pr. pén., art. 395 s.

Comparution personnelle

[Procédure (principes généraux)]

Mesure d'instruction par laquelle les parties sont convoquées devant le tribunal pour y être interrogées sur les faits de la cause.

[Procédure civile]

La comparution personnelle ne désigne pas l'obligation où se trouvent les plaideurs de se présenter eux-mêmes devant le juge (la représentation en justice par un mandataire étant la règle), mais la mesure d'instruction consistant à entendre directement les parties ou l'une d'elles.

La comparution personnelle peut être prescrite en toute matière, et même d'office; elle se déroule en présence des défenseurs et donne lieu à l'établissement d'un procès-verbal.

Elle peut viser une personne morale qui comparaît alors par l'intermédiaire de son représentant légal.

CPC, art. 184 s.

→ *Audition des parties, Mesures d'instruction.*

Comparution sur reconnaissance préalable de culpabilité

[Procédure pénale]

Mode de saisine du tribunal correctionnel, encore appelé le « plaider coupable », mis en place par la loi n° 2004-204 du 9 mars 2004 (loi Perben II), consistant à éviter la lourdeur d'un examen en audience dès lors que l'auteur de l'infraction reconnaît les faits qui lui sont reprochés et sa culpabilité. Le procureur de la République peut alors lui proposer d'exécuter une ou plusieurs des peines principales ou complémentaires encourues, et, en cas d'acceptation, l'intéressé est aussitôt présenté devant le président du tribunal de grande instance (ou le juge délégué par lui), aux fins d'homologation de la proposition ainsi faite. La procédure n'est applicable, ni aux mineurs de 18 ans, ni en matière de délits de presse, de délits d'homicides involontaires, de délits politiques ou de délits dont la procédure de poursuite est prévue par une loi spéciale.

C. pr. pén., art. 495-7 s.

Comparution volontaire

[Procédure pénale]

Mode de saisine non formaliste du tribunal correctionnel et du tribunal de police, par lequel le prévenu, en général sur avertissement du ministère public, se présente spontanément devant la juridiction répressive, ce qui dispense de la délivrance d'une citation directe.

C. pr. pén., art. 389.

Compensation

[Droit civil]

Extinction de 2 dettes réciproques jusqu'à concurrence de la plus faible.

La compensation n'est possible que si les dettes sont *certaines*, *liquides* et *exigibles*.

C. civ., art. 1289 s.

GAJC, t. 2, nº 251.

Compensation démographique

[Sécurité sociale]

Transferts financiers opérés d'un régime de Sécurité sociale à un autre, pour remédier au déséquilibre des ressources et des dépenses existant dans certains secteurs en raison d'un rapport défavorable entre le nombre des affiliés actifs et des affiliés non actifs. C'est ainsi que la compensation démographique est pratiquée entre le régime général et le régime des non-salariés.

Compensation du handicap

[Sécurité sociale]

Prestation accordée à toute personne handicapée résidant de façon stable et régulière en France métropolitaine ou dans les DOM.

CASF, art. L. 245-1.

Compétence

[Droit général]

Pour une autorité publique ou une juridiction, aptitude légale à accomplir un acte ou à instruire et juger un procès.

Compétence à connaître d'un litige : *ratione materiae* (les infractions en fonction de leur nature), *ratione personae* (en fonction de la personne), *ratione loci* (en fonction d'une circonstance de lieu).

Pour un professionnel du droit, qualification technique permettant de remplir ses fonctions au mieux des intérêts dont il a la charge dans le respect des règles déontologiques. L'avocat, par exemple, est tenu d'un devoir de compétence, l'obligeant à accomplir toutes les diligences utiles à la défense des intérêts de son client et à faire valoir une évolution jurisprudentielle dont la transposition à la cause qu'il défend a des chances sérieuses de la faire prospérer (Cass. civ. 1re, 14 mai 2009).

Compétence civile

[Procédure civile]

→ *Cour d'appel, Juridiction de proximité, Taux de compétence, Tribunal de grande instance, Tribunal d'instance.*

Compétence commerciale

[Procédure civile]

→ *Tribunal de commerce.*

Compétence d'attribution ou *ratione materiae*

[Procédure administrative/Procédure civile]

Compétence d'une *juridiction* en fonction de la nature des affaires, parfois aussi de leur importance pécuniaire.

Les règles de compétence d'attribution répartissent les litiges entre les divers ordres, degrés et nature de juridiction.

COJ, art. L. 311-1, 411-2 s., R. 211-3 s., 221-3 à 221-45, 231-3 s., 311-3 et 411-2 s.; C. com., art. L. 721-3; C. trav., art. L. 1411-1; CJA, art. L. 211-1, 211-2 et 311-2 s.

→ *Compétence territoriale ou ratione loci, Degré de juridiction, Ordre de juridictions.*

Compétence discrétionnaire, liée

[Droit administratif]

→ *Pouvoir discrétionnaire, Pouvoir lié.*

Compétence exclusive

[Procédure civile]

Il y a compétence exclusive lorsque la connaissance d'un certain contentieux est absolument réservée à une juridiction déterminée, qu'il s'agisse de compétence d'attribution ou de compétence territoriale. Ainsi, le tribunal de grande instance a compétence exclusive en matière d'état des personnes, de succession, d'actions immobilières, de sauvegarde, redressement judiciaire et liquidation judiciaire (débiteur ni commerçant ni immatriculé au répertoire des métiers), de droit d'enregistrement.

Les cas de compétence exclusive constituent autant de questions préjudicielles obligeant la juridiction saisie à tort à surseoir à statuer jusqu'à ce que le tribunal, seul compétent, se soit prononcé.

COJ, art. L. 211-4 et R. 211-4.

→ *Question préjudicielle.*

Compétence internationale

[Droit international privé]

→ *Conflit de juridictions.*

Compétence matérielle ou *ratione materiae*

[Procédure pénale]

Aptitude d'une juridiction pénale à connaître des infractions en fonction de leur nature (ex. : contraventions, délits, crimes).

GAPP n° 4.

Compétence nationale (Domaine de la)

[Droit international public]

Selon la terminologie de la Charte de l'ONU (art. 2, § 7), affaires relevant exclusivement des États membres et soustraites de ce fait à la compétence des organes de l'ONU.

Le contenu du « domaine réservé » n'étant pas déterminé, les organes de l'ONU décident discrétionnairement chaque fois qu'un État soulève l'exception de compétence nationale, et ils ont le plus souvent passé outre (principales applications en matière coloniale).

Compétence personnelle ou *ratione personae*

[Procédure pénale]

Aptitude d'une juridiction pénale à connaître de certaines infractions en fonction de la qualité personnelle du délinquant (ex. : mineur de 18 ans).

Compétence territoriale ou *ratione loci*

[Procédure pénale]

Aptitude d'une juridiction pénale à connaître d'une infraction en fonction d'une circonstance de lieu (ex. : lieu de commission de l'infraction, de la résidence ou de l'arrestation du prévenu).

Compétence territoriale ou *ratione personae vel loci*

[Procédure administrative/Procédure civile]

Les règles de compétence territoriale précisent quel est, de tous les tribunaux d'une même catégorie répartis sur le territoire, celui qui devra connaître de l'affaire. Par exemple, le tribunal d'instance compétent en matière de funérailles est celui dans le ressort duquel s'est produit le décès.

CPC, art. 42 s. et R. 221-47.

→ *Compétence d'attribution ou* ratione materiae.

Complainte

[Procédure civile]

Action en justice permettant d'agir au possessoire lorsque le possesseur d'un bien réel immobilier, ou même le simple détenteur précaire, est victime d'un trouble actuel.

C. civ., art. 2278 et 2279; CPC, art. 1264.

→ *Action possessoire, Dénonciation de nouvel œuvre, Réintégrande.*

Complément de libre choix du mode de garde

[Sécurité sociale]

Compensation des frais de garde d'un enfant dont les parents poursuivent une activité professionnelle. Peu importe que l'enfant fasse l'objet d'une garde auprès d'une assistante maternelle agréée ou auprès d'une aide à domicile ou qu'il soit confié à une association ou une entreprise habilitée à accueillir les enfants.

CSS, art. L. 531-6.

Complément du libre choix d'activité

[Sécurité sociale]

Prestation accordée au parent qui cesse son activité ou qui prend la décision de travailler à temps partiel afin d'assurer l'éducation d'un enfant. Elle se substitue à l'allocation parentale d'éducation. Elle n'est pas soumise à une condition de ressources. Elle est attribuée dès le premier enfant.

CSS, art. L. 531-4.

Complément familial

[Sécurité sociale]

Prestation familiale attribuée au ménage ou à la personne qui assume la charge d'au moins 3 enfants tous âgés de 3 ans et plus.

CSS, art. L. 522-1 s.

Complément optionnel de libre choix d'activité

[Sécurité sociale]

Modalité de l'exercice du *complément de libre choix d'activité* pour les personnes qui cessent toute activité professionnelle et qui ont 3 enfants à charge ou plus.

CSS, art. L. 531-4, 532-2 et 552-1.

Complicité

[Droit pénal]

Situation de celui qui, par aide ou assistance, facilite la préparation ou la consommation d'une infraction, sans en réaliser lui-même les éléments constitutifs, ou encore provoque à une infraction ou donne des instructions pour la commettre.

Depuis la réforme du Code pénal, le complice de l'infraction est puni comme auteur.

C. pén., art. 121-6 et 121-7.

GADPG n° 33.

Composition pénale

[Procédure pénale]

Mesure de compensation ou de réparation proposée par le procureur de la République, tant que l'action publique n'a pas été mise en mouvement, à une personne majeure qui reconnaît avoir commis un ou plusieurs délits ou une ou plusieurs contraventions dont la liste est fixée par la loi ou le règlement. Après avoir été validée par le président du tribunal, son exécution éteint l'action publique.

C. pr. pén., art. 41-2 s.

Compromis

[Droit civil]

Terme employé de façon impropre par les praticiens pour désigner la convention provisoire par laquelle les parties constatent leur accord sur les conditions d'une vente, en attendant de régulariser l'opération devant notaire.

→ *Promesse synallagmatique de vente.*

[Procédure civile]

Convention par laquelle 2 ou plusieurs personnes décident de soumettre un litige déjà né et concernant des droits dont elles ont la libre disposition à l'*arbitrage* d'un tiers.

L'administration ne peut, sauf cas exceptionnels, signer un compromis.

CPC, art. 1442 s.

→ *Clause compromissoire.*

[Droit international public]

Accord entre États pour soumettre à un règlement arbitral ou judiciaire un conflit qui les oppose.

Comptabilité commerciale

[Droit commercial]

Procédé permettant d'enregistrer grâce à la tenue permanente de comptes toutes les opérations commerciales réalisées par un commerçant individu ou par une entreprise commerciale, et de dégager, soit à tout moment certaines situations partielles (situation de caisse, situation client par ex.), soit, en fin d'exercice, la situation financière générale de cet individu ou de cette entreprise par la présentation du bilan.

C. com., art. L. 123-12 s.

Comptabilité publique

[Droit financier ou fiscal]

1° Au sens le plus étroit, ensemble des règles particulières fixant la tenue des comptes de l'État, des *collectivités territoriales*, et des *établissements publics* soumis à ces règles. Pour l'État, elle comprend essentiellement une comptabilité budgétaire chargée de retracer l'exécution des recettes et des dépenses autorisées par le *budget*, une comptabilité générale retraçant l'ensemble de ses opérations, de son patrimoine et de sa situation financière et qui ne peut différer de celle des entreprises que dans la mesure exigée par la spécificité des actions de l'État, et une sorte de comptabilité analytique (moins fine que dans les entreprises) destinée à analyser et connaître les coûts de chacune des différentes *actions* de chaque *programme* budgétaire.

2° Au sens large, qui est le plus souvent utilisé en France, l'expression embrasse l'ensemble des règles juridiques déterminant les obligations et les responsabilités des ordonnateurs et des comptables, ainsi que les règles d'exécution des recettes non fiscales et des dépenses des *personnes publiques*.

Comptable assignataire

[Droit administratif]

Comptable public sur la caisse duquel un ordonnateur doit assigner – c'est-à-dire faire effectuer – le paiement d'une dépense d'une *personne publique*. Ce comptable est chargé d'effectuer le contrôle de la régularité de la mise en paiement de la dépense par l'*ordonnateur*.

Comptable de fait

[Droit financier ou fiscal]

Terme désignant toute personne se rendant coupable d'un acte constitutif de *gestion de fait*.

Comptable principal

[Droit financier ou fiscal]

Comptable public rendant un *compte de gestion* à la Cour des comptes ou à une *Chambre régionale des comptes* après avoir éventuellement intégré dans sa comptabilité les opérations d'autres comptables publics (dits : comptables secondaires). Dans chaque département, seul le *trésorier-payeur général* est comptable principal, devant la Cour des comptes, de toutes les dépenses et les recettes de l'État.

Comptables publics

[Droit financier ou fiscal]

Catégorie d'agents ayant seuls qualité, sous leur responsabilité pécuniaire, pour recouvrer les créances et payer les dettes de la majeure partie des personnes publiques, ainsi que pour manier et conserver les fonds et valeurs appartenant ou confiés à celles-ci.

Les fonctions de comptable et d'ordonnateur sont en principe incompatibles, mais pour les produits fiscaux à caractère indirect les comptables procèdent eux-mêmes à la *liquidation de l'impôt*, et il peut être créé auprès des *ordonnateurs* des régies d'avances ou de recettes.

Compte administratif

[Droit administratif]

En matière de finances des collectivités territoriales et des établissements publics, document voté par le collège délibérant (conseil municipal…) après la clôture de l'exercice budgétaire, afin de comparer les opérations effectuées et les autorisations budgétaires.

Il correspond à ce qu'est pour l'État la *loi de règlement*.

CGCT, art. L. 1612-12.

Compte-courant

[Droit civil/Droit commercial]

Convention par laquelle 2 personnes qui sont périodiquement créancières et débitrices réciproques, font figurer leurs créances et dettes en articles de compte indivisible, seul le solde étant dû après clôture.

On appelle « remettant » celui qui est bénéficiaire d'une créance, « récepteur » celui qui opère la même inscription à son débit.

GADC, t. 2, n° 285.

Compte-courant d'associé

[Droit commercial]

Cette formule inexacte désigne le prêt consenti par un associé à la société dont il est membre.

La durée du prêt de l'associé peut être indéterminée ou déterminée, par exemple du fait de l'existence d'une convention de blocage.

Les intérêts versés font l'objet d'une réglementation fiscale spécifique.

Compte d'exploitation

[Droit commercial]

→ *Compte de résultat.*

Compte de dépôt

[Droit commercial]

Compte ouvert par un établissement de crédit et en particulier par une banque à une personne, commerçante ou non commerçante, qui dépose des fonds et les retire par chèque ou par virement. Depuis 2008, toute personne physique ou morale domiciliée en France, qui n'a pas de facilité bancaire, a droit à l'ouverture d'un tel compte auprès de l'établissement de crédit de son choix.

C. mon. fin., art. L. 312-1.

Compte de gestion

[Droit financier ou fiscal]

Ensemble des documents chiffrés et des pièces justificatives des recettes et des dépenses, par lesquels un *comptable principal* justifie devant la Cour des comptes ou devant une Chambre régionale des comptes les opérations qu'il a exécutées ou centralisées durant une année financière.

Compte de pertes et profits

[Droit commercial]

→ *Compte de résultat.*

Compte de résultat

[Droit commercial]

Document légal de synthèse qui enregistre tous les produits et les charges de l'entreprise.

La différence est le résultat net comptable qui sera repris (en soustraction s'il s'agit d'une perte) au passif du bilan.

C. com., art. L. 123-13.

Compte épargne-temps

[Droit du travail]

Compte qui permet au salarié qui le désire d'accumuler des droits à congés payés ou de bénéficier d'une rémunération, immédiate ou différée, en contrepartie des périodes de congé ou de repos non prises ou des sommes qu'il y a affectées. Le compte peut être alimenté de diverses manières (prévues conventionnellement) à l'initiative du salarié ou de l'employeur, par exemple par le report d'une fraction des congés payés annuels ou par l'affectation des heures de *repos compensateur*. Les sommes qui figuraient sur ce compte peuvent être utilisées, à l'initiative du salarié et avec l'accord de l'employeur, pour compléter la rémunération ainsi que *les plans d'épargne pour la retraite* collectifs. Les comptes épargne temps sont institués par voie conventionnelle (convention ou accord collectif de branche, de groupe, d'entreprise ou d'établissement).

C. trav., art. L. 3151-1 s.

Compte joint

[Droit civil/Droit commercial]

Compte ouvert au nom de plusieurs personnes, établissant entre elles une solidarité tant active que passive. Se caractérise par la possibilité pour chaque titulaire d'engager la totalité des fonds et par la présomption de copropriété entre tous les déposants. Le compte est joint dans le fonctionnement, disjoint dans la liquidation.

C. civ., art. 1202, al. 1.

Comptes consolidés

[Droit commercial]

Bilan et comptes d'une société décrivant la situation active et passive et les résultats des filiales et des sociétés dont elle détient une participation.

C. com., art. L. 233-16 s.

Comptes spéciaux du Trésor

[Droit financier ou fiscal]

Comptes ouverts dans les écritures du Trésor en vue – par dérogation à la règle d'*universalité* – d'affecter certaines recettes à certaines dépenses (ex. : avances aux collectivités territoriales).

Le Parlement autorise dans la *loi de finances* les opérations qu'ils retracent, soit dans leur masse soit dans leur solde.

Compulsoire

[Droit civil/Procédure civile]

Procédure ancienne grâce à laquelle un plaideur pouvait se faire délivrer copie d'un acte public auquel il n'avait pas participé ou obtenir la représentation de l'original en vue de le collationner avec la copie.

Abrogée et remplacée par le [nouveau] Code de procédure civile qui aménage des règles plus générales permettant, en cours d'instance, à une partie, d'obtenir des pièces détenues par des tiers.

CPC, art. 138.

→ *Communication de pièces.*

Computation

[Procédure (principes généraux)]

→ *Délais.*

Concentration

[Droit administratif]

Mode très théorique d'organisation administrative selon lequel tous les pouvoirs de décision seraient rassemblés au profit d'autorités étatiques situées au siège géographique des pouvoirs publics.

[Droit commercial]

Au sens large, toute opération juridique tendant à créer une unité de décision entre des entreprises, dans le but d'en accroître la puissance économique.

C. com., art. L. 430-2 s.

Dans un sens plus strict, opérations juridiques tendant à créer une unité de décision entre des entreprises soit par la création de liens structurels modifiant l'identité juridique des entreprises intéressées (*Fusion*), soit par la création de liens financiers laissant subsister l'indépendance juridique des entreprises en cause.

→ *Autorité de la concurrence, Groupe de sociétés.*

[Droit européen]

Au sein de l'Union européenne, la Commission effectue un contrôle préalable des opérations de concentration d'entreprises susceptibles, par leur importance, de porter atteinte au libre jeu de la concurrence.

Conception

[Droit civil]

Dans la reproduction humaine, fusion d'un spermatozoïde et d'un ovule. En droit français, la personnalité juridique de l'enfant né vivant et viable remonte à la date de sa conception qui, sous cet aspect, se confond avec la procréation.

C. civ., art. 16, 311, 312 et 725.

→ *Embryon, Infans conceptus pro nato habetur quoties de commodis ejus agitur, Procréation médicalement assistée.*

Concert

[Droit commercial]

→ *Action de concert.*

Concert européen

[Droit international public]

Entente des grandes puissances européennes au cours du XIXe siècle pour régler en commun, par une suite de réunions intermittentes, les grands problèmes européens.

Concession

[Droit administratif]

Il existe plusieurs variétés de concessions, présentées ci-après, mais qui toutes correspondent à un contrat passé entre une personne publique qui est le concédant (État, collectivités territoriales) et une personne de droit privé ou de droit public (le concessionnaire).

1° *Concession de service public* : mode de gestion d'un service public consistant à confier la gestion à un concessionnaire recruté contractuellement agissant à ses risques et rémunéré par des perceptions prélevées sur les usagers.

2° *Concession de travaux publics (Décr. du 26 avr. 2010)* : procédé de réalisation d'un *ouvrage public* dans lequel le concessionnaire le réalise et se rémunère sur les usagers en l'exploitant à titre onéreux pendant un temps déterminé (ex. : autoroutes à péage).

3° *Concession d'occupation du domaine public* : contrat de droit administratif conférant à son bénéficiaire, moyennant rémunération, le droit d'utiliser privativement une partie plus ou moins étendue du domaine public.

→ *Concession de voirie, Délégation de service public.*

[Droit international public]

Affectation d'un quartier de ville aux étrangers qui y résident, avec le droit pour eux d'avoir leur propre administration et leur propre juridiction.

Appliqué en Chine à partir de 1840, le régime des concessions a disparu progressivement après la Première Guerre mondiale.

Concession commerciale

[Droit commercial]

Contrat liant un fournisseur à un commerçant, auquel il réserve la vente de ses produits, à la condition qu'il accepte un contrôle commercial, comptable, voire financier de son entreprise et parfois s'engage à s'approvisionner, dans ce secteur, exclusivement chez le concédant.

C. com., art. L. 330-3.

→ *Franchisage.*

Concession de voirie

[Droit administratif]

Contrat administratif autorisant une occupation privative – et donc anormale – d'une portion de la voirie par un particulier, moyennant une redevance. Malgré son caractère contractuel, cette autorisation, précaire, peut être révoquée en indemnisant le concessionnaire.

➜ *Permission de voirie.*

Concession funéraire

[Droit civil/Droit administratif]

Contrat administratif par lequel la commune attribue à un particulier, pour servir à sa sépulture et/ou à celle de sa famille, la jouissance d'un emplacement dans un cimetière pour une durée variable, temporaire, trentenaire, cinquantenaire, perpétuelle, moyennant le versement d'un capital.

Le droit de sépulture attaché à la concession est un droit réel immobilier « *sui generis* » caractérisé par sa nature extra-patrimoniale et son affectation à la famille. Il n'appartient qu'aux seuls membres de la famille unis entre eux par les liens du sang ainsi qu'au conjoint survivant; mais il peut faire l'objet d'une donation ou d'un legs en faveur d'un tiers.

CGCT, art. L. 2223-13 s.

Concession immobilière

[Droit civil]

Contrat par lequel le propriétaire d'un immeuble attribue la jouissance du bien, contre rémunération annuelle, et pendant au moins 20 ans, à un preneur qui peut apporter tous aménagements de son choix et édifier.

À l'expiration du contrat, le propriétaire doit en principe indemniser le concessionnaire pour les constructions effectuées.

L. n° 67-1253 du 30 déc. 1967.

➜ *Bail à construction, Droit de superficie, Emphytéose.*

ACTU

Conciliateur de justice

[Droit civil/Procédure civile]

Type particulier de conciliateur. C'est une personne privée qui a pour mission, soit de faciliter, en dehors de toute procédure judiciaire, le règlement amiable des différends portant sur des droits dont les intéressés ont la libre disposition, soit de procéder aux tentatives préalables de conciliation prescrites par la loi (sauf en matière de divorce ou de séparation de corps), sur délégation du juge (notamment du juge d'instance) et moyennant accord des parties. Le conciliateur de justice doit justifier d'une expérience en matière juridique d'au moins 3 ans; il est nommé par ordonnance du premier président de la cour d'appel; il exerce ses fonctions à titre bénévole.

Le conciliateur de justice peut, avec l'accord des parties, se rendre sur les lieux, entendre toute personne dont l'audition lui paraît utile et s'adjoindre le concours d'un autre conciliateur de justice.

CPC, art. 127 à 129, 129-1 à 129-5, 830 s., 831 s., 840, al. 2 et 847-3.

➜ *Médiateur.*

[Droit commercial]

➜ *Conciliation.*

ACTU

Conciliation

[Droit commercial/Droit civil]

Mesure applicable aux personnes exerçant une activité commerciale ou artisanale, aux personnes morales de droit privé et aux personnes physiques exerçant une activité professionnelle indépendante, qui éprouvent une difficulté

juridique, économique ou financière, avérée ou prévisible, et ne se trouvent pas en cessation des paiements depuis plus de 45 jours.
Cette procédure a été introduite dans le Code de commerce par la loi de sauvegarde du 26 juillet 2005.
Le conciliateur désigné par le président du tribunal a pour mission de favoriser la conclusion d'un accord amiable entre le débiteur et ses principaux créanciers, en vue de mettre fin aux difficultés de l'entreprise.
Cet accord est, selon les cas, soumis à l'homologation du tribunal ou à la constatation de son président. Dans tous les cas, l'accord suspend les instances en cours et interdit les poursuites individuelles, entre les signataires et pour les créances faisant l'objet de l'accord.

C. com., art. L. 611-4 s., spéc. L. 611-10 (modifié par l'ord. nº 2008-1345 du 18 déc. 2008).

[Droit du travail]

1° Phase obligatoire de l'instance prud'homale qui précède la procédure devant le bureau de jugement, pendant laquelle 2 juges tentent de mettre les parties d'accord.

C. trav., art. L. 1411-1.

2° Procédé de règlement amiable des conflits collectifs de travail. La procédure de conciliation est facultative, sauf convention la rendant obligatoire.

[Droit international public]

Mode de règlement politique des conflits internationaux consistant dans l'intervention d'une commission chargée, en mettant en œuvre une procédure contradictoire, d'examiner l'affaire et de proposer une solution.

[Procédure civile]

Phase préalable de certains procès, au cours de laquelle le juge essaye d'amener les plaideurs à un règlement amiable (ainsi séparation de corps et divorce). Sauf exception légale (conseil des prud'hommes, tribunal paritaire des baux ruraux), il n'y a pas de tentative obligatoire de conciliation dans les procès civils, commerciaux, sociaux. Mais le juge peut toujours essayer de concilier les parties, à toute hauteur de la procédure.
Il peut aussi déléguer sa mission de conciliation à un conciliateur de justice.
La teneur de l'accord est consignée soit dans un procès-verbal signé par les parties et le juge (les extraits délivrés par le juge valent titre exécutoire), soit dans un constat signé par les parties et le conciliateur, auquel le juge d'instance peut conférer force exécutoire sauf opposition d'une partie (Décr. nº 2010-1165 du 1er oct. 2010).

CPC, art. 21, 127 s. et 830 s.; C. trav., art. 1454-10.

→ *Médiation.*

Conclusions

[Droit administratif]

→ *Commissaire du gouvernement, Rapporteur public.*

[Procédure (principes généraux)]

Acte de procédure par lequel le demandeur expose ses chefs de demande, le défendeur ses moyens de défense. C'est par le dépôt des conclusions que le débat est lié. Le juge a l'obligation de répondre à tous les chefs des conclusions.

CPC, art. 4, 15, 815, 909 et 961.

→ *Avocat, Avoué, Liaison de l'instance, Postulation.*

Conclusions qualificatives

[Procédure civile]

Conclusions qui formulent expressément non seulement les moyens en fait, mais aussi en droit, sur lesquels sont fondées les prétentions des parties. Le Code de procédure civile impose que les conclusions déposées devant le tribunal de grande instance et la cour d'appel soient qualificatives.

CPC, art. 753 et 954.

Conclusions récapitulatives

[Procédure civile]

Dernières conclusions en date, procédant à la synthèse intellectuelle des prétentions et moyens présentés ou invoqués dans les conclusions antérieures. Le Code de procédure civile impose que les dernières conclusions déposées devant le tribunal de grande instance et la cour d'appel soient récapitulatives. Les points non récapitulés étant réputés abandonnés, le tribunal ou la cour n'est tenu de se prononcer que sur les dernières écritures et n'expose donc pas sa décision à cassation pour défaut de réponse à conclusions dès lors qu'il s'agit de prétentions et moyens qui n'ont pas été rappelés.

Devant la cour d'appel, les prétentions sont récapitulées sous forme de dispositif.

CPC, art. 753, al. 2 et 954, al. 2.

Concordat

[Droit commercial]

Le concordat désignait, par le passé, l'issue volontaire d'une procédure de faillite décidée par la collectivité des créanciers. Cette institution se retrouve indirectement aujourd'hui dans l'institution des *comités de créanciers*.

→ *Règlement amiable.*

[Droit international public]

Traité conclu entre le Saint-Siège et un État en vue de régler la condition de l'Église et du culte dans cet État.

Concours

[Droit administratif]

Mode de recrutement ordinaire des fonctionnaires consistant en une sélection et un classement des candidats assurés par un jury indépendant, se prononçant soit à partir d'épreuves écrites ou orales (concours sur épreuves), soit par appréciation comparée des titres universitaires ou professionnels des candidats (concours sur titres).

Concours (Loi du)

[Droit civil]

Règle en vertu de laquelle les créanciers supportent, à proportion de leurs droits, l'insolvabilité de leur débiteur. Son application est exceptionnelle en droit civil où la déconfiture est un état inorganique qui tolère que le paiement soit le prix de la course. La loi du concours n'entre en vigueur que par la procédure de l'opposition au règlement du prix, une fois la saisie opérée. Au rebours, le principe égalitaire de la contribution au marc le franc gouverne la liquidation du passif commercial.

C. civ., art. 2285.

→ *Au marc le franc, Contribution, Distribution par contribution.*

Concours au Trésor public

[Droit financier ou fiscal]

Avant la réforme de la Banque de France de 1993 qui a interdit à celle-ci toute forme – directe ou indirecte – de crédits ou de prêts à l'État, on désignait ainsi des avances de trésorerie que la Banque de France consentait de façon permanente à l'État dans la limite d'un plafond légal.

→ *Fonds de concours.*

Concours de la force publique

[Procédure civile]

L'huissier de justice qui se heurte, dans sa mission d'exécution, à une difficulté insurmontable par ses propres moyens (menaces, rébellion, interventions musclées de syndicats ou d'associations de défense) peut requérir l'emploi de la force publique en adressant une demande au préfet accompagnée de l'exposé de ses diligences et de la résistance qu'il a rencontrée. Le refus de l'État, ou son défaut de réponse dans les 2 mois, ouvre droit à réparation (L. n° 650 du 9 juill. 1991, art. 16, 17).

Par ailleurs, les opérations d'ouverture des portes et des meubles exigent, lorsque l'occupant du local est absent ou en refuse l'accès, la présence d'un représentant de la municipalité, d'une autorité de police ou de gendarmerie ou, à défaut, de 2 témoins majeurs indépendants du créancier et de l'huissier (Décr. n° 755 du 31 juill. 1992, art. 50).

→ *Exécution forcée, Force exécutoire, Force publique.*

Concours (ou cumul) idéal d'infractions

[Droit pénal]

→ *Conflits de qualifications.*

Concours réel d'infractions

[Droit pénal]

Situation dans laquelle un délinquant a, par ses agissements, commis plusieurs infractions distinctes, sans qu'elles soient séparées entre elles par une condamnation définitive. Il est autant de responsabilités qu'il est d'infractions réalisées, mais le principe du *non-cumul des peines* interdit que soient prononcées ou exécutées des peines de même nature au-delà du maximum légal le plus élevé.

Le concours réel se distingue, d'une part, de la *récidive*, qui consiste à commettre un nouveau crime ou délit, voire une contravention, après une condamnation définitive pour une première infraction (C. pén., art. 132-8 s.), d'autre part de la *réitération d'infractions*, qui correspond à des infractions également séparées par une condamnation définitive, mais sans pour autant rejoindre la récidive, faute de répondre à ses conditions légales (C. pén., art. 132-16-7).

C. pén., art. 132-2.

Concubinage

[Droit civil]

Union de fait, caractérisée par une vie commune présentant un caractère de stabilité et de continuité, entre 2 personnes, de sexe différent ou de même sexe, qui vivent en couple, alors que l'union conjugale n'a pas été célébrée. L'union de fait peut ou non être accompagnée d'un *pacte civil de solidarité (PACS)*.

C. civ., art. 515-8.

GAJC, t. 1, n° 27, 28 et 29; GAJC, t. 1, n° 53-55; GAJC, t. 2, n° 185-186.

→ *Union civile.*

Concurrence

[Droit commercial]

→ *Droit de la concurrence.*

Concurrence déloyale

[Droit commercial]

Ensemble de procédés commerciaux contraires à la loi ou aux usages, constitutifs d'une faute intentionnelle ou non et de nature à causer un préjudice aux concurrents.

C. civ., art. 1382.

Concurrence fiscale dommageable

[Droit financier ou fiscal]

Pratique, combattue par l'Organisation de coopération et de développement économique (OCDE) et par l'Union européenne, consistant pour un État, en vue de favoriser ses exportations ou d'attirer des entreprises ou des capitaux étrangers, à diminuer de façon excessive ses impôts en dessous de ceux des États concurrents, et souvent aussi à pratiquer le secret bancaire au profit des capitaux importés.

Concussion

[Droit pénal]

Fait, par une personne dépositaire de l'autorité publique ou chargée d'une mission de service public, soit de recevoir, exiger ou ordonner de percevoir à titre de droits ou contributions, impôts ou taxes publics, une somme qu'elle sait ne pas être due, ou excéder ce qui est dû, soit d'accorder une exonération ou franchise de ces droits en violation de la loi.

C. pén., art. 432-10.

Condition

[Droit civil]

1° Élément de validité ou d'efficacité d'un acte (la capacité pour conclure un contrat; l'intérêt à agir pour la recevabilité de la demande en justice, etc.).

2° Modalité d'un acte juridique faisant dépendre l'existence d'un droit d'un événement futur dont la réalisation est incertaine.

En fonction de ses effets, on distingue la condition *suspensive* et la condition *résolutoire* : si la condition est *suspensive*, le droit ne naît, rétroactivement, que si l'événement se produit. Si la condition est résolutoire, la survenance de l'événement fait disparaître le droit rétroactivement.

→ *Terme.*

En fonction du rôle éventuel de la volonté dans la réalisation de la condition, on distingue la condition casuelle, potestative et mixte :

• *La condition casuelle* est celle qui dépend uniquement des circonstances, du hasard.

• *La condition potestative* est celle qui dépend de la volonté de l'une des parties à l'acte juridique ou au contrat. Elle est valable lorsque la volonté dont elle dépend est celle du créancier de l'obligation. Elle ne l'est pas lorsqu'elle dépend de la seule volonté du débiteur (je paierai si je veux), condition dite purement potestative. *La condition simplement potestative*, dépendant de la volonté du débiteur et d'une circonstance indépendante de sa volonté, est licite.

• Est valable également *la condition mixte* qui dépend à la fois de la volonté de l'une des parties et de la volonté d'un tiers.

Dans les actes à titre onéreux, les conditions impossibles, *illicites* ou *immorales* sont nulles et rendent nulle la convention qui en dépend, alors que dans les libéralités de telles clauses sont réputées non écrites.

C. civ., art. 900, 1168 s., 1172.

Condition des étrangers

[Droit international privé et public]

Ensemble de droits dont peuvent jouir des étrangers en territoire français.
Certaines restrictions, de droit public et de droit privé, frappent les étrangers.

C. civ., art. 11; CESEDA; C. trav., art. L. 1262-4, 5221-2 s. et 8251-1 s.

Condition potestative

[Droit civil]

→ *Condition.*

Condition préalable

[Droit pénal]

Circonstance indispensable à la commission d'une infraction, mais sans pour autant en caractériser un élément constitutif au sens précis et étroit du terme. Ainsi en est-il, dans le vol, de l'existence préalable d'une chose susceptible d'appropriation, condition sans laquelle un acte répréhensible de soustraction ne saurait se concevoir.

Conditions générales de vente

[Droit commercial]

Document établi unilatéralement par le professionnel vendeur ou prestataire de services, contenant les modalités de son offre générale de contracter. Figure fréquemment au verso du contrat-type proposé par le professionnel et est ainsi destiné à acquérir valeur contractuelle du fait de la signature du document par le cocontractant.

Au titre de la transparence commerciale, dans le but de prévenir et contrôler les atteintes au droit de la concurrence, la législation contemporaine oblige ledit vendeur ou prestataire à produire ses conditions générales, contenant des mentions obligatoires relatives aux prix et modalités de règlement, sur simple demande d'un potentiel client professionnel.

C. com., art. L. 441-6.

→ *Clause abusive.*

Condominium

[Droit international public]

Régime de cosouveraineté de 2 ou plusieurs États sur un même territoire (ex. : Condominium franco-britannique sur les Nouvelles-Hébrides jusqu'à leur accession à l'indépendance, en 1980, sous le nom de Vanuatu).

Confédération

[Droit constitutionnel/Droit international public]

Association d'États indépendants qui ont, par traité, délégué l'exercice de certaines compétences (diplomatie, défense...) à des organes communs, sans constituer cependant un nouvel État superposé aux États membres (différence fondamentale avec l'État fédéral).

Les compétences confédérales sont exercées par un organe de type diplomatique, qui prend à l'unanimité ou à une majorité renforcée des décisions qui ne peuvent atteindre la population qu'indirectement, par l'intermédiaire des États confédérés. Exemple : Confédération des États-Unis (1781-1787), Confédération germanique (1815-1866).

[Droit du travail]

Groupement réunissant les fédérations professionnelles et les unions interprofessionnelles.

Principales confédérations : Confédération générale du travail (CGT), Confédération générale du travail – Force ouvrière (CGT-FO), Confédération française des travailleurs chrétiens (CFTC), Confédération française démocratique du travail (CFDT), Confédération française de l'encadrement – Confédération générale des cadres (CFE-CGC).

Conférence

[Droit international public]

1° Réunion internationale de personnes (hommes d'État, diplomates, experts, etc.) pour discuter de questions d'intérêts communs à plusieurs États (s'oppose à l'organisation internationale par son caractère épisodique).

2° Terme souvent employé pour désigner l'organe délibérant d'une organisation internationale (ex. : Conférence générale de l'Unesco, Conférence générale de l'OIT).

Conférence des Nations unies pour le commerce et le développement (CNUCED)

[Droit international public]

Organe subsidiaire créé par l'Assemblée générale de l'ONU pour suivre les problèmes relatifs au commerce entre pays industrialisés et pays en voie de développement. Est devenu un organe essentiel du dialogue Nord/Sud.

Conférence des présidents

[Droit constitutionnel]

Organisme parlementaire composé du président de l'assemblée, des vice-présidents, des présidents de groupes, des présidents des commissions, du rapporteur général du budget et d'un membre du gouvernement, dont le rôle est d'examiner l'ordre des travaux de l'assemblée et de faire toutes propositions concernant le règlement de l'ordre du jour en complément des discussions fixées par priorité par le gouvernement.

→ *Ordre du jour, Procédure accélérée.*

Conférence nationale des finances publiques

[Droit financier]

Instance de discussion des grands problèmes des finances publiques (ex. : l'endettement global) communs à l'État, aux collectivités territoriales et aux organismes de protection sociale (Sécurité sociale, retraites), créée en 2006, réunie une fois par an par le Premier ministre et comportant des représentants du gouvernement, des assemblées, du *Conseil économique, social et environnemental*, des *collectivités territoriales*, d'organismes de protection sociale et des partenaires sociaux (syndicats). Ses débats bénéficient des travaux du *Conseil d'orientation des finances publiques*.

Conférences de La Haye

[Droit international privé]

Conférences tenues à La Haye entre 1893 et 1905, reprises depuis 1925 et surtout depuis 1951, dans le but d'élaborer des conventions internationales en matière de *droit international privé*.

[Droit international public]

Conférences internationales tenues en 1899 et 1907 dans le but de codifier et compléter les règles de droit international, principalement dans le double domaine du règlement pacifique des conflits et de l'humanisation du droit de la guerre.

Premier exemple d'une grande conférence internationale réunie dans un but purement normatif, en dehors de tout règlement politique immédiat.

Confiance légitime (Principe de)

[Droit européen/Droit administratif]

Principe du droit communautaire déduit du *principe de sécurité juridique*, selon lequel le justiciable de bonne foi – souvent en fait une entreprise – peut compter sur une certaine stabilité des textes sur lesquels il a fondé certaines décisions, généralement d'ordre économique. En conséquence, un changement trop rapide et imprévisible de ces textes peut justifier l'octroi d'une indemnité, voire la non-application de la règle nouvelle à ces décisions.

En droit administratif, ce principe n'est reconnu que dans le champ d'application du droit de l'Union européenne. Cependant, on peut retrouver la notion à la base de principes jurisprudentiels classiques, comme l'interdiction pour l'Administration de prendre des actes rétroactifs.

GAJA n° 115.

→ *Sécurité juridique.*

Confirmation

[Droit civil]

Manifestation de volonté par laquelle le titulaire d'une action en nullité relative renonce à agir et, par un nouveau consentement, valide rétroactivement l'acte.

La confirmation peut être tacite.

C. civ., art. 1338 s.

[Procédure (principes généraux)]

Maintien par la juridiction statuant sur un appel ou une opposition du jugement rendu en premier ressort contradictoirement ou par défaut.

→ *Infirmation, Réformation.*

Confiscation

[Droit pénal]

Peine par laquelle est dévolu autoritairement à l'État tout ou partie des biens ou droits incorporels d'une personne (y compris un animal), sauf disposition particulière prévoyant leur destruction ou leur attribution.

La confiscation est obligatoire pour les objets qualifiés, par la loi ou le règlement, dangereux ou nuisibles, ou dont la détention est illicite, que ces biens soient ou non la propriété du condamné. De plus, lorsque la chose confisquée n'a pas été saisie ou ne peut être représentée, la confiscation est ordonnée en valeur, avec application éventuelle de la *contrainte judiciaire*.

C. pén., art. 131-21.

Conflit

[Droit administratif/Procédure civile]

1° *Conflit positif d'attributions* : procédure tendant à permettre à l'Administration de faire dessaisir, par le Tribunal des conflits, le tribunal judiciaire qui, selon elle, aurait été saisi à tort d'un litige, en invoquant son incompétence au regard des règles de répartition des compétences juridictionnelles entre les 2 ordres de juridictions.

2° *Conflit négatif d'attributions* : procédure tendant à éviter, par l'intervention automatique ou sollicitée du Tribunal des conflits, qu'un litige ne puisse trouver de juges dans l'hypothèse où chaque ordre de juridictions considérerait que l'autre ordre est seul compétent pour en connaître.

3° *Conflit de jugements* (plus souvent appelé contrariété de jugements) : procédure tendant à permettre à un plaideur de faire juger par le Tribunal des conflits le fond d'un litige à l'occasion duquel chaque ordre de juridictions aurait rendu au fond des décisions dont la contradiction juridiquement infondée entraînerait pour lui un déni de justice.

→ *Contrariété de jugements, Règlement de juges.*

Conflit collectif de travail

[Droit du travail]

Différend mettant en jeu un intérêt collectif, qui oppose un ou des employeurs à un groupe de salariés.

Le conflit collectif s'accompagne généralement d'une grève.

• *Conflit collectif d'ordre juridique* : c'est celui qui porte sur l'application ou l'interprétation d'une source de droit.

• *Conflit collectif d'ordre économique et social* : ayant pour origine une tension d'ordre social, il tend à modifier les relations juridiques entre salariés et employeurs en vue d'un nouvel équilibre.

C. trav., art. L. 2511-1 s.; C. pén., art. 431-1.

Conflit d'intérêts

ACTU

[Droit général]

Situation dans laquelle une personne est au carrefour de plusieurs intérêts, en général un intérêt privé, d'ordre financier, et un intérêt lié à l'exercice de responsabilités politiques ou professionnelles (fonction publique, professions réglementées).

Le conflit d'intérêt est régi par des règles déontologiques ou pénales (ex. : *prise illégale d'intérêts*).

Conflit de compétence

[Procédure civile]

→ *Connexité, Contredit, Déclinatoire de compétence, Litispendance.*

Conflit de juridictions

[Droit international privé]

Expression traditionnellement utilisée pour désigner les questions de compétence internationale directe des tribunaux, de procédure applicable à un litige international et d'effets des jugements étrangers.

C. civ., art. 14, 15 et 2412; CPC, art. 509 s., 670-3, 683 s., 695, 733 s., 1210-4 s., 1382 s. et 1424-1 s.; C. consom., art. L. 121-73.

GADIP n° 2, 4, 10, 24-25, 37, 41, 43, 45, 49, 54, 57, 59-60, 70, 71, 72 et 87.

Conflit de lois dans l'espace

[Droit international privé]

Concours de 2 ou plusieurs *ordres juridiques* émanant d'États différents et susceptibles d'être appliqués à un même fait juridique. On parle aussi de conflit de lois dans l'espace.

C'est un conflit de compétences législatives (ex. : accident de la circulation survenu à 2 Français en territoire étranger : la responsabilité civile doit-elle être appréciée selon la loi de l'État où a eu lieu l'accident, ou selon la loi nationale des intéressés ?). La solution du conflit s'opère traditionnellement grâce à une règle dite de conflit de lois.

Cette dernière peut être unilatérale, c'est-à-dire ne délimiter le champ d'application que de la seule loi du for, ou bilatérale, c'est-à-dire désigner la loi applicable en mettant sur un pied d'égalité loi du for et loi étrangère.

La méthode des règles de conflit de lois subit aujourd'hui la concurrence des lois d'*application immédiate*.

C. civ., art. 3, 309, 311-14, 311-17, 370-3, al. 1er et 1397-2.

GADIP nº 32-34 et 74-78.

Conflit de lois dans le temps

[Droit général]

Concurrence entre plusieurs normes, due à leur succession dans le temps. En principe, la loi nouvelle est immédiatement applicable, sans rétroactivité; la loi ancienne est immédiatement abrogée, sans prorogation provisoire. Ces 2 règles générales comportent des exceptions.

→ *Droit transitoire, Droit acquis, Effet immédiat de la loi, Loi de validation, Loi interprétative, Non-rétroactivité, Rétroactivité de la loi, Sécurité juridique.*

Conflit de nationalités

[Droit international privé]

Situation d'un individu qui est susceptible soit d'invoquer 2 nationalités différentes (conflit positif), soit d'être renié par 2 États différents qui, l'un et l'autre, ne le considèrent pas comme leur sujet (conflit négatif *Apatridie*).

La première hypothèse (cumul de nationalités) est fréquente, du fait que les législations des différents États n'adoptent pas toutes les mêmes critères pour déterminer la nationalité des individus.

C. civ., art. 20-3, 23 et 25.

GADIP nº 46.

Conflit de qualifications

[Droit international privé]

Discordance entre les qualifications d'une même institution données par des systèmes juridiques différents (ex. : la rédaction d'un testament par un officier ministériel est considérée, en droit français, comme une simple question de forme; aux Pays-Bas, le Code civil en fait une condition de fond pour la validité du testament).

GADIP nº 9 et 27.

→ *Qualification.*

[Droit pénal]

Situation dans laquelle le comportement d'un délinquant relève *a priori* de plusieurs textes d'incrimination, si bien que se pose la question du cumul ou du non-cumul des qualifications pénales en concours (ex. : la présentation d'un bilan falsifié aux fins d'obtention d'un prêt peut être qualifiée aussi bien d'usage de faux que d'escroquerie). La solution est fonction des valeurs sociales protégées : le cumul est la règle en cas de valeurs différentes, alors que le non-cumul s'impose si ces valeurs sont les mêmes.

GADPG nº 19.

Conflit (ou différend ou litige) international

[Droit international public]

Opposition de thèses juridiques ou d'intérêts entre des États.

1° *Conflits juridiques* (ou justiciables parce que leur règlement est normalement effectué par la voie juridictionnelle ou arbitrale) : ceux qui portent sur l'application ou l'interprétation du droit positif.

2° *Conflits politiques* (ou non justiciables parce que les États préfèrent les soumettre à des modes diplomatiques ou politiques de règlement) : ceux dans lesquels une des parties demande une modification du droit positif.

→ *Règlement juridique, Règlement politique des conflits.*

Conflit mobile

[Droit international privé]

Situation dans laquelle un conflit de lois dans l'espace se complique d'un conflit dans le temps (ex. : un étranger a obtenu la nationalité française; la loi française admet le divorce, la loi étrangère le refuse; l'étranger, naturalisé Français, peut-il divorcer, alors que la loi sous l'empire de laquelle il avait contracté mariage interdit le divorce ?).

GADIP n° 21 et 48.

Conformité

[Droit civil/Droit commercial]

Exigence légale pesant sur le vendeur tenu de livrer un bien conforme au contrat, c'est-à-dire propre à l'usage habituellement attendu d'un bien semblable et, le cas échéant, correspondant à la description donnée par le vendeur et présentant les qualités déclarées par celui-ci. En cas de défaut de conformité, l'acheteur a le choix entre la réparation et le remplacement du bien.

On considère également que le bien est conforme au contrat lorsqu'il présente les caractéristiques définies d'un commun accord par les parties ou qu'il est propre à tel usage spécial recherché par l'acheteur et connu du vendeur.

C. consom., art. L. 211-4 s.

Confrère

[Droit général]

Désigne dans leurs rapports entre eux les membres de certaines professions libérales (avocat, médecin, architecte, etc.), de certaines sociétés scientifiques, littéraires, religieuses (Académie par ex.).

→ *Collègue.*

Confrontation

[Procédure (principes généraux)]

Procédé d'instruction consistant pour le juge à mettre en présence plusieurs personnes en vue de comparer leurs dires. Peuvent être confrontés soit les témoins entre eux, soit les parties entre elles, soit les parties avec les témoins. Le cas échéant, il est procédé à l'audition en présence d'un technicien.

CPC, art. 189, 190 et 215.

Confusion

[Droit civil]

Mode d'extinction d'une situation juridique par la réunion sur la même tête de 2 qualités contraires qui doivent être réparties sur 2 personnes pour que la situation juridique demeure (ex. : si le créancier hérite de son débiteur, il cumule 2 qualités opposées qui entraînent confusion et donc extinction du rapport d'obligation).

C. civ., art. 1300 s.

Confusion des patrimoines

[Droit commercial]

Situation d'apparence, dans laquelle plusieurs êtres juridiques formellement distincts agissent comme une entreprise unique et indivisible. Cette institution permet, en cas d'insolvabilité, d'englober dans la procédure collective ouverte à l'encontre d'une personne physique ou morale les intérêts d'une autre personne, qui ont été gérés contrairement au principe d'indépendance des personnes juridiques. La situation de confusion risque spécialement de survenir dans les *groupes de sociétés*, lorsque la société dominante empiète sur la gestion d'une société dominée et est à l'origine d'un enchevêtrement des situations patrimoniales aux yeux des tiers.

Confusion des peines

[Droit pénal]

Modalité d'application de la règle du *non-cumul des peines*, lorsque, à l'occasion de procédures séparées, la personne poursuivie a été reconnue coupable de plusieurs infractions en *concours réel*.

C. pén., art. 132-4 s.

GADPG nº 52.

Congé

[Droit civil]

Acte par lequel l'une des parties au contrat de louage manifeste à l'autre partie sa volonté de mettre fin au contrat.

[Droit financier ou fiscal]

→ *Acquit à caution.*

[Droit du travail]

1° Rupture du contrat de travail à durée indéterminée.

→ *Congédiement, Licenciement, Résiliation, Rupture.*

2° Suspension organisée du contrat de travail en vue d'accorder un avantage au salarié.

Congé de conversion

[Droit du travail]

Prélude au licenciement pour motif économique, il permet à un salarié de suivre une formation en vue de son reclassement; le salarié perçoit une allocation pendant la durée du congé qui suspend temporairement le contrat de travail. Cette allocation résulte d'une convention liant l'État et les organismes professionnels ou interprofessionnels, les organisations syndicales ou les entreprises.

C. trav., art. L. 5123-2.

Congé de formation

[Droit du travail]

Congé de droit, accordé, pour les établissements d'au moins 200 salariés, dans la limite de 2 % de l'effectif, au salarié qui désire suivre un stage de formation. La durée du congé de formation peut atteindre un an.

C. trav., art. L. 6322-1 s.

Congé de formation économique, et sociale et de formation syndicale

[Droit du travail]

D'une durée de 2 à 12 jours, il permet à tout salarié de recevoir, dans un centre rattaché à une organisation syndicale représentative sur le plan national ou dans un institut spécialisé, une formation économique, sociale ou syndicale; le congé est rémunéré par l'employeur.

C. trav., art. L. 3142-7 s.

Congé de maternité

[Droit du travail]

Suspension du contrat de travail de la femme avant et après son accouchement (durée légale : 16 semaines pouvant être prolongées en raison des circonstances d'ordre familial ou pathologique).

C. trav., art. L. 1225-17 s.

Congé de mobilité

[Droit du travail]

Congé qui peut être proposé au salarié dont on envisage le licenciement pour motif économique dans une entreprise d'au moins mille salariés qui a conclu un accord collectif de gestion prévisionnelle des emplois et des compétences. Ce congé, pris pendant le préavis que le salarié est dispensé d'exécuté, a pour objet de favoriser le retour à un emploi stable par des mesures d'accompagnement, des actions de formation et (c'est son originalité) des périodes de travail. Ces dernières peuvent s'effectuer dans l'entreprise qui a proposé le congé, ou en dehors, et prendre la forme soit d'un contrat de travail à durée indéterminée, soit d'un contrat de travail à durée déterminée.

C. trav., art. L. 1233-77 s.

Congé de reclassement

[Droit du travail]

Congé proposé par l'employeur à tout salarié dont il envisage le licenciement pour motif économique dans une entreprise ou un établissement employant au moins mille salariés. Ce congé a pour objet de permettre au salarié de bénéficier d'actions de formation et des prestations d'une cellule d'accompagnement des démarches de recherches d'emploi.

C. trav., art. L. 1233-71 s.

→ *Convention de reclassement personnalisé.*

Congé parental

[Droit du travail]

Congé accordé aux parents d'un enfant né ou adopté qui prend effet à dater de l'expiration du congé de maternité ou d'adoption et qui peut se prolonger jusqu'au troisième anniversaire de l'enfant.

C. trav., art. L. 1225-47 s.

Congé payé

[Droit du travail]

Suspension annuelle du contrat de travail pendant laquelle le salarié reçoit sa rémunération habituelle.

C. trav., art. L. 3141-1 s.

Congé pour événements familiaux

[Droit du travail]

Autorisation exceptionnelle d'absence, d'1 à 4 jours, à l'occasion d'événements familiaux concernant un salarié et sur justification de ceux-ci (mariage, naissance (non-cumul avec le *congé de maternité*), décès du conjoint ou du partenaire lié par un pacte civil de solidarité, d'un parent ou beau-parent, d'un frère, d'une sœur ou d'un enfant).

C. trav., art. L. 3142-1.

Congé sabbatique

[Droit du travail]

Il s'agit d'un congé pour convenance personnelle (il n'a pas à être motivé) qui peut être pris par un salarié ayant exercé une activité professionnelle pendant une certaine durée et sous condition d'ancienneté dans l'entreprise. Il n'est pas rémunéré et constitue une simple suspension du contrat de travail.

C. trav., art. L. 3142-91 s.

Congé spécial

[Droit administratif]

Position administrative particulière dans laquelle certains fonctionnaires peuvent être placés d'office ou sur leur demande, où ils conservent leur traitement, et qui prend fin en général par une mise à la retraite normale ou anticipée.

Congédiement

[Droit du travail]

Renvoi du salarié par l'employeur qui prend l'initiative de la rupture du contrat de travail. On dit plus volontiers « *licenciement* ».

Congrégation

[Droit administratif]
En l'absence d'une définition légale, la jurisprudence et l'Administration considèrent qu'elle se caractérise principalement comme une communauté de personnes réunies par une même foi religieuse, plaçant leur vie (menée en principe en commun) sous cette même foi, et soumise à une même autorité. Les congrégations « reconnues » ont la personnalité juridique; elles sont toutefois soumises à certaines interdictions.
→ *Association.*

Congrès

[Droit constitutionnel]
1° Nom donné au Parlement des États-Unis.
2° En France, assemblée résultant de la réunion des 2 chambres pour l'adoption d'une loi de révision constitutionnelle (art. 89, al. 3 de la Constitution de 1958). La révision constitutionnelle du 23 juillet 2008 (L. n° 2008-724, art. 18, al. 2) permet au président de la République de prendre la parole devant le Congrès sur quelque sujet que ce soit. Sa déclaration peut donner lieu, mais hors sa présence, à un débat non suivi d'un vote.
3° Réunion périodique des délégués d'un parti politique en vue de décider des programmes et des questions politiques et pour renouveler les organes dirigeants.
[Droit international public]
Réunion de chefs d'États, de ministres des Affaires étrangères ou de plénipotentiaires en vue du règlement de questions politiques importantes.

Conjoint

[Droit civil]
→ *Obligation conjointe.*

Conjoint à charge

[Sécurité sociale]
Conjoint d'un salarié ou d'un non-salarié n'exerçant aucune activité professionnelle entraînant son assujettissement à un régime obligatoire de Sécurité sociale.

Conjoint associé

[Sécurité sociale]
Personne qui participe à l'activité de l'entreprise artisanale ou commerciale exploitée en société. Elle doit être affiliée au régime social des indépendants.
CSS, art. L. 613-1 et 622-8.
[Droit commercial]
→ *Société entre époux.*

Conjoint collaborateur

[Sécurité sociale]
Personne qui participe effectivement et habituellement à l'activité professionnelle non salariée de son conjoint. Elle relève à titre obligatoire du régime social des indépendants. L'option pour ce statut n'est ouverte que lorsque le chef d'entreprise exerce son activité en entreprise individuelle ou est le gérant d'une SARL, EURL ou d'une SELARL.
CSS, art. L. 742-6.

Conjoint (ou partenaire) de l'entrepreneur individuel

[Droit commercial]
Au plan civil, le conjoint de l'entrepreneur individuel peut opter entre 3 statuts distincts (collaborateur, salarié ou associé). L'exercice de cette option est soumis à publicité et produit diverses conséquences protectrices des prérogatives dudit conjoint : au titre du régime matrimonial, s'agissant des actes de disposition relatifs à l'entreprise indivise; au titre de la participation dans la gestion courante de l'entreprise (le conjoint collaborateur immatriculé jouit d'un man-

dat tacite). Pour l'application de ces statuts, le partenaire pacsé est assimilé au conjoint marié.

C. com., art. L. 121-4 s.

Conjoint salarié

[Sécurité sociale]

Personne qui participe effectivement à l'entreprise ou à l'activité de son époux, travailleur non salarié, à titre professionnel et habituel et qui perçoit un salaire correspondant au salaire normal de sa catégorie professionnelle.

CSS, art. L. 311-6.

Conjoint successible

[Droit civil]

Conjoint qui succède aux biens de son époux décédé, à condition de ne pas être divorcé (la loi du 23 juin 2006 a supprimé toute référence au conjoint séparé de corps, qui devient donc un conjoint successible). Sa part dans la succession de son époux varie selon la qualité et le nombre des autres héritiers (présence ou non d'enfants, des père et mère). Ainsi, en présence d'un ou plusieurs enfants communs, sa part est, à son choix et sous réserve d'une volonté contraire plus favorable exprimée par le *de cujus*, un quart en pleine propriété ou la totalité en usufruit; par acte de volonté expresse (testament, donation dite au dernier vivant), le *de cujus* peut lui permettre de choisir une autre option : un quart en pleine propriété et les 3/4 en usufruit, quel que soit le nombre d'enfants ou la moitié en pleine propriété s'il n'y a qu'un enfant commun ou le tiers en pleine propriété s'il y a 2 enfants communs.

C. civ., art. 732 et 756 s.; CPC, 1341.

GAJC, t. 1, n° 140.

→ *Conjoint survivant.*

Conjoint survivant

[Droit civil]

Celui des 2 époux qui survit à l'autre.

En plus de ses droits dans la succession, il est reconnu au conjoint survivant un droit de jouissance gratuite sur le logement qui lui servait d'habitation principale et sur les meubles qu'il contient, pendant un an à compter du décès, droit d'ordre public que le défunt ne peut pas supprimer par testament. Le conjoint survivant peut aussi exiger de conserver son droit de jouissance sur ce logement et ce mobilier, sa vie durant (sauf volonté contraire de son conjoint prédécédé) et à la seule condition de notifier sa décision aux autres héritiers.

C. civ., art. 763 s.

→ *Conjoint successible.*

Conjonctif

[Droit civil]

S'applique au testament fait dans le même acte par 2 ou plusieurs personnes, soit au profit d'un tiers, soit à titre de disposition réciproque et mutuelle. Le testament conjonctif est prohibé.

C. civ., art. 968.

Connaissement

[Droit maritime]

Titre de transport maritime de marchandises. Délivré par le représentant du transporteur, ce document constitue la preuve de la remise des marchandises à bord. Il doit être présenté à l'arrivée pour obtenir la restitution des choses transportées. Titre négociable, et titre représentatif de la marchandise, le connaissement est, pendant la durée du voyage, le support des opérations de vente, de crédit et de garantie de l'exportation.

L. 66-420 du 18 juin 1966, art. 18.

Connexité

[Procédure civile]
Il existe une connexité entre 2 demandes en justice lorsque celles-ci sont étroitement liées entre elles, si bien qu'en les jugeant séparément, on risque d'aboutir à une contrariété de jugements.

CPC, art. 101 s.

La connexité est, en outre, une condition de recevabilité des demandes incidentes.

CPC, art. 70.

→ *Déclinatoire de compétence, Litispendance.*

[Procédure pénale]
Hypothèse légale de prorogation de compétence tenant à des liens étroits entre plusieurs infractions, soit qu'il y ait de l'une à l'autre unité de temps, de lieu ou de dessein, soit qu'une relation de cause à effet les unisse, soit qu'il y ait encore recel après appropriation illicite d'une chose.

C. pr. pén., art. 203.

Conquête

[Droit international public]
Acquisition par un État du territoire d'un autre État à la suite d'opérations militaires qui ont abouti au complet anéantissement de ce dernier.

Consanguins

[Droit civil]
Se dit des frères et sœurs engendrés par le même père mais nés de mères différentes.

→ *Germains, Utérins.*

ACTU

Conseil constitutionnel

[Droit constitutionnel]
Organe institué par la Constitution de 1958 pour assurer le contrôle de constitutionnalité, notamment sur les lois avant promulgation, veiller à la régularité des référendums et des élections législatives ou présidentielles, jouer un rôle consultatif en cas de recours aux procédures exceptionnelles de l'article 16, constater l'empêchement pour le chef de l'État d'exercer ses fonctions, et décider de l'incidence du décès ou de l'empêchement d'un candidat à la présidence de la République sur le processus électoral.

Composition : 3 membres nommés par le président de la République, 3 par le président de l'Assemblée nationale, 3 par le président du Sénat (pour 9 ans), les anciens présidents de la République en sont membres de droit. Si la saisine du Conseil est automatique pour les lois organiques et les règlements des Assemblées, peuvent saisir le Conseil, le président de la République, le Premier ministre, les présidents des 2 assemblées pour ce qui est du contrôle de constitutionnalité des lois et des engagements internationaux. En outre, depuis 1974, 60 députés ou 60 sénateurs peuvent le saisir s'ils estiment qu'une loi votée, ou depuis 1992, un engagement international, est contraire à la Constitution – ce qui, dans la pratique, a considérablement élargi les conditions et les cas de saisine. La révision constitutionnelle du 23 juillet 2008 (L. n° 2008-724, art. 61, al. 1) crée la possibilité pour une juridiction, lorsqu'il est soutenu devant elle qu'une disposition législative porte atteinte aux droits et libertés garantis par la Constitution, de saisir le Conseil constitutionnel par la voie préjudicielle sur renvoi du Conseil d'État ou de la Cour de cassation. Par contre n'a pas été retenue l'hypothèse souvent évoquée d'une saisine directe du Conseil constitutionnel par les citoyens. Le Conseil constitutionnel a su progressivement prendre une place considérable dans le système politique de la Ve République. Sa jurisprudence a construit une véritable « charte des libertés » et clarifié les rapports entre les pouvoirs publics constitutionnels.

→ *Question prioritaire de constitutionnalité.*

ACTU

Conseil d'administration

[Droit commercial]

Organe collégial composé de 3 membres au moins et 18 au plus, investi des plus larges pouvoirs pour gérer les sociétés anonymes dites « de type classique », sous réserve des pouvoirs attribués aux autres organes de la société. Le législateur a instauré en 2011 le principe d'une parité homme/femme dans la composition des conseils des plus grandes sociétés.

C. com., art. L. 225-17 s.

→ *Conseil de surveillance, Directoire.*

Conseil d'arrondissement

[Droit administratif]

À Paris, Lyon et Marseille, il existe des conseils élus d'arrondissement, dotés essentiellement d'un pouvoir consultatif sur les affaires et sur les équipements publics concernant leur circonscription. Ils ont également un rôle de relais à jouer entre la population de l'arrondissement et les institutions de la commune.

CGCT, art. 2511-3 s.

Conseil de cabinet

[Droit constitutionnel]

Formation ministérielle réunissant les membres du gouvernement sous la présidence du Premier ministre.

Conseil de famille

[Droit civil]

Assemblée de parents et de personnes qualifiées chargée, sous la présidence du juge des tutelles, d'autoriser certains actes graves accomplis au nom d'un mineur ou d'un majeur en tutelle, et de contrôler la gestion du tuteur.

C. civ., art. 397 s., 445 et 456 s.; CPC, art. 1234 s.

Conseil de la concurrence

[Droit commercial]

Depuis 2008 : *Autorité de la concurrence*.

C. com., art. L. 461-1 s.

Conseil de l'emploi, des revenus et de la cohésion sociale (CERC)

[Droit administratif]

Organisme consultatif « chargé de contribuer à la connaissance des revenus, des inégalités sociales et des liens entre l'emploi, les revenus et la cohésion sociale ». Il étudie les évolutions intervenant dans ces domaines, et il attire l'attention sur les évolutions souhaitables, notamment en matière de mécanismes de redistribution des revenus. Ses travaux donnent lieu à des rapports transmis aux *pouvoirs publics* et qui sont rendus publics. A remplacé en 2000 le Conseil supérieur de l'emploi, des revenus et des coûts.

Conseil de l'Europe

[Droit international public]

Organisation internationale créée en 1949 et ouverte aux États démocratiques d'Europe (actuellement 47 États appartenant aussi bien à l'Europe de l'Ouest que de l'Est). Le Conseil de l'Europe exerce son activité dans tous les domaines (sauf le domaine militaire), mais n'a pas de pouvoir de décision. D'abord lieu de débats, il est aussi le cadre d'élaboration de conventions harmonisant les législations des États les ratifiant. *Siège :* Strasbourg.

→ *Convention européenne des droits de l'Homme.*

Conseil de l'Ordre

[Droit général]

Organisme dont les membres sont élus par ceux qui appartiennent à un *ordre*.

[Procédure civile]

Conseil de l'Ordre des avocats. Il existe dans chaque barreau un conseil de l'Ordre (de 3 à 24 membres, à Paris 42) élu par tous les avocats et renouvelable par tiers chaque année. Il a à sa tête le bâtonnier et est investi d'attributions administratives et disciplinaires. Il existe un conseil de l'Ordre dans de chaque barreau institué auprès du TGI. Pourtant dans le cadre de la même cour d'appel plusieurs barreaux peuvent se regrouper et forment alors un seul barreau avec un conseil de l'Ordre unique (L. n° 1130 du 31 déc. 1971, art. 15 s.; décret n° 1197 du 27 nov. 1991, art. 4 s.).

Conseil de l'Union européenne

[Droit européen]

Depuis le traité de *Maastricht*, réunion des ministres des États membres exerçant à la fois le rôle du *Conseil des ministres*, tel que défini par les traités créant les Communautés européennes, comme les compétences politiques nées de ce nouveau traité.

→ *Union européenne.*

Conseil de modernisation des comptes publics

[Droit financier]

Instance consultative créée en 2009 auprès de l'Autorité des normes comptables et ayant pour fonction d'émettre des avis préalables sur les projets de normes comptables applicables aux personnes publiques et privées exerçant une activité non marchande financées majoritairement par des ressources publiques et notamment des prélèvements obligatoires.

Conseil départemental de l'accès au droit

[Procédure (principes généraux)]

Groupement d'intérêt public chargé, dans chaque département, de recenser les besoins, de définir une politique locale et de dresser l'inventaire des actions menées dans le domaine de l'aide à l'accès au droit. Il est saisi, pour information, de tout projet d'action et, pour avis, de toute demande de concours financier de l'État.

Conseil de prud'hommes

[Droit du travail/Procédure civile]

Juridiction d'exception paritaire chargée de concilier et, à défaut, de juger les litiges individuels qui peuvent s'élever à l'occasion de tout contrat de travail. Il existe 211 conseils des prud'hommes (avec celui créé à Mayotte au 1er avril 2011).

Chaque conseil de prud'hommes comporte 5 sections autonomes : Encadrement, Industrie, Commerce et services commerciaux, Agriculture, Activités diverses. Le conseil de prud'hommes siège en 3 formations : *bureau de conciliation*, *bureau de jugement*, *référé*.

→ *Juge des référés.*

En cas de partage des voix dans une formation du conseil, l'affaire est reprise en présence du juge d'instance qui intervient comme juge départiteur.

En métropole il y a 210 conseils des prud'hommes.

C. trav., art. L. 1411-1 s. et R. 1412-1 s.

GADT, n° 18 à 30.

Conseil de quartier

[Droit administratif]

→ *Quartiers.*

Conseil de régulation financière et du risque systémique

[Droit commercial/Droit financier ou fiscal]

Organisme de supervision du secteur financier. Ce Conseil, présidé par le ministre de l'Économie, réunit les présidents de l'*Autorité de contrôle prudentiel*, de l'*Autorité des marchés financiers* et de l'*Autorité des normes comptables*. Il veille à la coopération entre les institutions françaises représentées en son sein, évalue les risques du secteur financier et participe à l'élaboration des normes internationales et européennes y relatives.

C. mon. fin., L. 631-2 s. (L. n° 2010-1249 du 22 oct. 2010).

Conseil de sécurité

[Droit international public]

Organe de l'ONU, composé de 15 membres (5 permanents et 10 élus pour 2 ans par l'Assemblée générale), chargé de la responsabilité principale du maintien de la paix : règlement pacifique des conflits (pouvoir de recommandation), action coercitive en cas d'agression ou de menace d'agression, recours à des méthodes d'apaisement des conflits. Un débat a lieu sur un élargissement du nombre de ses membres permanents (Allemagne, Japon, un État d'Afrique et d'Amérique du Sud) accompagné éventuellement de la suppression du droit de veto.

ACTU

Conseil de surveillance

[Droit commercial]

Organe de supervision dans la société anonyme organisée selon le principe dualiste. Composé d'entre 3 et 18 membres, ce Conseil est compétent pour exercer collégialement le contrôle permanent de la gestion des affaires sociales. Il nomme les membres du *Directoire*, peut éventuellement les révoquer et rend compte en toute circonstance, devant l'assemblée des actionnaires, des contrôles effectués. Depuis la loi de 2011, le conseil de surveillance doit être composé en recherchant une représentation équilibrée des femmes et des hommes.

C. com., art. L. 225-57 s.

→ *Conseil d'administration.*

Conseil des impôts

[Droit financier ou fiscal]

→ *Conseil des prélèvements obligatoires.*

Conseil des marchés financiers

[Droit commercial]

→ *Autorité des marchés financiers.*

Conseil des ministres

[Droit constitutionnel]

Formation réunissant l'ensemble des membres du gouvernement sous la présidence du chef de l'État (cependant, la pratique est fluctuante sous la Vᵉ République en ce qui concerne la participation des secrétaires d'État). C'est en Conseil des ministres qu'est arrêtée la politique gouvernementale et que sont prises certaines décisions importantes (nomination des hauts fonctionnaires, décision de poser la question de confiance, etc.).

[Droit européen]

Composé de représentants des gouvernements des États membres de l'Union européenne. Pluralité de formations selon les questions traitées (Conseil des Affaires générales, Conseil des ministres des Affaires étrangères, Conseil des ministres de l'Économie et des Finances, Conseil des ministres de l'Agriculture…). Chargé d'exercer en codécision avec le Parlement européen le pouvoir législatif et le pouvoir budgétaire au sein de l'Union européenne, il statue le plus souvent à la majorité qualifiée. Dénommé « Conseil » par le traité de Lisbonne.

➜ *Procédure de codécision.*

Conseil des prélèvements obligatoires

[Droit administratif/Droit financier ou fiscal]

Organisme consultatif placé auprès de la Cour des comptes, successeur depuis octobre 2005 du Conseil des impôts, présidé par le premier président de la Cour des comptes et composé de hauts magistrats et fonctionnaires ainsi que de personnalités qualifiées. Il est chargé d'apprécier l'évolution et l'impact économique, social et budgétaire des *prélèvements obligatoires*, de formuler des recommandations sur toute question les concernant et de réaliser des études à la demande du Premier ministre ou du Parlement. Il établit un rapport annuel de ses travaux.

Conseil des ventes volontaires de meubles aux enchères publiques

[Procédure civile/Droit civil/Droit commercial]

Autorité de régulation indépendante instituée par la loi n° 2000-642 du 10 juillet 2000, ce conseil est chargé :

1° D'agréer les *sociétés de ventes volontaires de meubles aux enchères publiques* ainsi que les *experts* auxquels peuvent avoir recours ces sociétés, les *huissiers de justice*, les *notaires* et les *commissaires-priseurs judiciaires*.

2° D'enregistrer les déclarations des ressortissants des États membres de l'Union européenne et des États parties à l'accord sur l'Espace économique européen, qui souhaitent accomplir, à titre occasionnel, en France, l'activité de ventes volontaires de meubles aux enchères publiques qu'ils exercent, à titre permanent, dans l'un de ces États.

3° De sanctionner les manquements aux lois, règlements et obligations professionnelles applicables aux *sociétés de ventes volontaires de meubles aux enchères publiques*, aux *experts agréés* et aux ressortissants d'un État membre de l'Union européenne ou d'un État partie à l'accord sur l'Espace économique européen exerçant à titre occasionnel l'activité de ventes volontaires de meubles aux enchères publiques en France.

4° D'organiser la formation professionnelle des futurs *commissaires-priseurs habilités*.

C. com., art. L. 321-18.

➜ *Vente aux enchères.*

Conseil d'État

[Droit administratif]

Juridiction la plus élevée de l'*ordre administratif*, divisée en « sections » possédant des attributions juridictionnelles (section du contentieux) et des attributions administratives consultatives au profit du gouvernement (sections administratives).

1° En matière juridictionnelle, il est à la fois juge de *premier ressort* de certains litiges, juge d'appel de certains jugements des *tribunaux administratifs* (principalement contentieux des élections aux conseils municipaux, aux conseils généraux et aux conseils régionaux), et juge de cassation des arrêts rendus par les *cours administratives d'appel* et, plus généralement, par l'ensemble des juridictions de l'ordre administratif rendant des *jugements en dernier ressort*.

CJA, art. L. 111-1, 122-1, 311-1 et 321-1.

GAJA n° 5; GACA n° 6.

2° En matière administrative, sa principale attribution est d'émettre des avis sur les questions juridiques ou sur les projets de lois ou décrets dont il est saisi par le gouvernement. En outre, de nombreux membres issus du Conseil d'État occupent hors de celui-ci d'importantes fonctions dans les *cabinets ministériels* ou dans la *fonction publique* supérieure.

CJA, art. L. 112-1 s. et R. 123-2 s.

→ *Dualité de juridictions.*

Conseil de tutelle

[Droit international public]

Organe de l'ONU chargé sous l'autorité de l'Assemblée générale de contrôler l'administration des territoires sous tutelle. Ne se réunit plus du fait de la disparition de ces derniers.

→ *Tutelle (Territoire sous).*

Conseil d'orientation des finances publiques

[Droit financier]

Instance consultative, créée en 2006, présidée par le *Premier ministre*, composée essentiellement de représentants du gouvernement, des assemblées, des organismes de protection sociale, ayant pour mission d'analyser la situation des finances publiques, d'examiner les conditions de sa soutenabilité, et de formuler des recommandations, dont connaîtra la *Conférence nationale des finances publiques* – dont elle prépare les travaux. Son rapport annuel est public.

Conseil économique et social

[Droit international public]

Organe de l'ONU, composé de 54 membres élus pour 3 ans par l'Assemblée générale, et chargé de promouvoir la coopération économique et sociale internationale (études, rapports, préparation de projets de conventions, convocation de conférences internationales, recommandations à l'Assemblée générale, aux membres de l'ONU et aux institutions spécialisées).

Conseil économique et social régional

[Droit administratif]

Organe consultatif de la *région* en matière économique et financière, composé de représentants des organismes et activités à caractère économique, social, culturel, sportif, professionnel, familial, éducatif et scientifique.

CGCT, art. L. 4134-1.

→ *Conseil régional, Préfet de région.*

Conseil économique, social et environnemental

[Droit constitutionnel/Droit rural]

La révision constitutionnelle du 23 juillet 2008 (L. n° 2008-724) ajoute le terme « environnemental » à l'appellation du Conseil économique et social.

Assemblée purement consultative composée de représentants des principales activités économiques et sociales de la nation. Il est saisi par le gouvernement, soit obligatoirement pour tout plan ou projet de loi de programmation à caractère économique, social ou environnemental, soit facultativement pour les projets de loi de programmation définissant les orientations pluriannuelles; il peut aussi se saisir lui-même des questions entrant dans sa compétence. La révision de 2008 permet désormais la saisine du Conseil par voie de pétition dans les conditions fixées par une loi organique du 28 juin 2010.

Const., art. 69 à 71.

Conseil en investissements financiers

[Droit commercial]

Membre d'une profession réglementée, fournissant des conseils en investissement et proposant des services d'intermédiaire pour le placement d'*instruments financiers*.

C. mon. fin., art. L. 541-1 s.

Conseil en propriété industrielle

[Droit commercial/Procédure civile]

Professionnel offrant à titre habituel et rémunéré ses services au public pour conseiller, assister ou représenter ses clients en vue de l'obtention, du maintien, de l'exploitation et de la défense des droits de propriété industrielle.

Nul n'est autorisé à faire usage du titre de conseil en propriété industrielle s'il n'est inscrit sur la liste des conseils en propriété industrielle établie par le directeur de l'Institut national de la propriété industrielle.

CPI, art. L. 422-1 s.

ACTU

Conseil européen

[Droit européen]

Réunions régulières depuis 1975 des chefs d'États (France) ou de gouvernement (autres pays) des États membres de l'Union européenne, assistés par les ministres des Affaires étrangères et le Président de la Commission. Institution non prévue à l'origine par les traités, elle a été créée en décembre 1974 à l'initiative du Président Valéry Giscard d'Estaing et constitue depuis un moment essentiel de la vie communautaire, puis de l'Union. A été officialisée par l'Acte unique européen en 1987. Le traité de Lisbonne prévoit 4 réunions chaque année. Conçue pour donner un nouvel élan à la construction européenne et être l'occasion régulière de nouvelles avancées, elle n'a pas toujours répondu à cette attente même si certaines réunions constituent des dates importantes. Le traité de Lisbonne prévoit un président du Conseil européen stable (alors qu'antérieurement la présidence était assurée par le pays présidant le Conseil des ministres) élu à la majorité qualifiée par le Conseil européen pour 2 ans et demi, renouvelable une fois (fonction non compatible avec une fonction nationale). Il s'agit d'une des principales innovations institutionnelles du traité de Lisbonne. Le premier président ainsi désigné, le Belge M. Herman Van Rompuy, a pris ses fonctions le 1er janvier 2010. Il a indiqué souhaiter des Conseils où seuls les chefs d'État ou de gouvernement soient présents, des réunions « politiques » pour des choix stratégiques et non des réunions exerçant de fait les compétences du Conseil des ministres.

→ *Coopération politique européenne.*

Conseil général

[Droit administratif]

Assemblée élue au suffrage universel direct pour 6 ans, renouvelée par moitié tous les 3 ans, chargée d'administrer par ses délibérations les affaires du département en tant que collectivité territoriale. Elle élit le président du Conseil général.

CGCT, art. L. 3121-1 s.

Conseil interministériel

[Droit constitutionnel]

Réunion préparatoire à certaines décisions gouvernementales. Réunit sous la présidence du chef de l'État ou du Premier ministre non seulement les ministres et secrétaires d'État intéressés par les questions à l'ordre du jour, mais aussi des hauts fonctionnaires dont les responsabilités couvrent le domaine étudié.

Conseil judiciaire

[Droit civil]

Personne autrefois chargée d'assister les prodigues et les faibles d'esprit.

→ *Curateur.*

Conseil juridique

[Droit civil/Droit commercial/ Procédure civile]

Profession juridique exercée, soit à titre personnel, soit dans le cadre d'une société, consistant à donner des consultations et à rédiger des actes sous seing privé, dans les matières commerciales et fiscales.

La loi n° 90-1259 du 31 décembre 1990 a supprimé la profession de conseil juridique. Ceux qui l'exerçaient sont devenus, de plein droit, avocats, à dater du 1er janvier 1992, à moins qu'ils n'aient préféré exercer une autre profession. Des mesures transitoires ont été prévues.

→ *Avocat, Profession unique.*

Conseil municipal

[Droit administratif]

Assemblée élue au suffrage universel direct pour 6 ans, chargée d'administrer par ses délibérations les affaires de la commune. Elle élit le maire.

CGCT, art. L. 2121-1 s.

Conseil national de l'aide juridique

[Procédure (principes généraux)]

Organe composé de 24 membres, présidé par un conseiller d'État ou un conseiller à la Cour de cassation, qui donne son avis sur les projets de loi et de décrets relatifs à l'aide juridique, à l'aide à l'accès au droit, à l'aide à l'intervention de l'avocat au cours de la garde à vue, à la médiation et à la composition pénale.

Conseil national de la protection de la nature

[Droit de l'environnement]

Organe consultatif présidé par le ministre chargé de la protection de la nature. Son rôle est double : d'une part, donner au ministre son avis sur les moyens propres à maintenir la diversité de la flore et de la faune sauvage ainsi qu'assurer la protection des espaces naturels et la préservation des équilibres biologiques, d'autre part, étudier les mesures législatives et réglementaires et les travaux scientifiques afférents à ces objets.

C. envir., art. R. 133-1 s.

Conseil national des barreaux

[Procédure civile/Procédure pénale]

Destiné à favoriser une action commune de tous les barreaux français, ainsi que les relations avec les barreaux européens, un Conseil national des barreaux a été institué par le décret n° 1197 du 27 novembre 1991 (art. 19 s.).

Ce conseil est composé de 80 avocats élus au scrutin de liste à la proportionnelle par 2 collèges de délégués (collège ordinal, collège général) qui sont, eux-mêmes, élus et comprend de droit le président de la conférence des bâtonniers et le bâtonnier de l'ordre des avocats au barreau de Paris.

Il ne possède aucun pouvoir disciplinaire, comme c'est le cas, par exemple, pour l'ordre des médecins; en revanche, sa commission formation doit notamment approuver les programmes des centres régionaux de formation professionnelle.

Dans le respect des dispositions réglementaires en vigueur, le Conseil national des barreaux unifie, par voie de dispositions générales, les règles et usages de la profession. Il existe ainsi un Règlement intérieur unifié (RIU) des barreaux de France édité par le CNB, devenu le Règlement intérieur national (RIN) de la profession d'avocat, modifié en dernier lieu par la décision à caractère normatif du 20 mai 2010.

L. n° 71-1130 du 31 déc. 1971, art. 21-1.

Conseil national des greffiers des tribunaux de commerce

[Procédure civile]

Conseil représentant auprès des pouvoirs publics la profession des greffiers des tribunaux de commerce. Il est chargé d'assurer la défense de leurs intérêts collectifs.

C. com., art. L. 741-2 et R. 741-10 s.

Conseil national du crédit et du titre

[Droit commercial]

Aujourd'hui dénommé *Comité consultatif du secteur financier*.

Conseil national du développement durable

[Droit de l'environnement]

Conseil de 90 membres composé de représentants des collectivités territoriales, du monde économique, des associations ainsi que de personnalités qualifiées, placé auprès du Premier ministre en vue de concourir à l'élaboration, au suivi et à l'évaluation de la stratégie nationale de *développement durable*, en émettant des avis, des propositions et des recommandations.

C. envir., art. D. 134-1 s.

ACTU

Conseil national du droit

[Droit général]

Organe collégial, créé en 2008, composé de personnalités judiciaires et universitaires, chargé d'une mission de réflexion sur l'enseignement du droit, sur la formation et l'emploi des juristes, sur les orientations et les modalités de la recherche juridique.

Conseil national pour l'accès aux origines personnelles

[Droit civil]

Organisme chargé, auprès du ministre chargé des Affaires sociales, de faciliter l'accès aux origines personnelles des personnes adoptées ou pupilles de l'État.

CASF, art. L. 147-1.

→ *Accouchement sous X.*

Conseil pour les droits et devoirs des familles

[Droit civil]

Créé par délibération du conseil municipal et présidé par le maire ou son représentant, ce conseil est informé de la conclusion d'un *contrat de responsabilité parentale*, d'une mesure d'assistance éducative, est consulté lorsque le maire envisage de proposer un *accompagnement parental*; il doit être réuni par son président pour entendre une famille, l'informer de ses droits et devoirs envers un enfant, lui adresser des recommandations destinées à prévenir des comportements susceptibles de mettre l'enfant en danger ou de causer des troubles pour autrui; pour examiner avec la famille les mesures d'aide à l'exercice de la fonction parentale susceptibles de lui être proposées et l'opportunité d'informer les professionnels de l'action sociale et les tiers intéressés des recommandations qui lui sont faites et, le cas échéant, des engagements qu'elle a pris dans le cadre d'un contrat de responsabilité parentale. Ce conseil peut proposer au maire de saisir le président du conseil général pour mettre en œuvre une mesure d'accompagnement en économie sociale et familiale, lorsque le suivi social ou les informations portées à sa connaissance font apparaître que la situation d'une famille ou d'un foyer est de nature à compromettre l'éducation des enfants, la stabilité familiale et qu'elle a des conséquences pour la tranquillité ou la sécurité publiques.

CASF, art. L. 141-1, 141-2.

Conseil régional

[Droit administratif]

Assemblée élue au suffrage universel direct pour 6 ans, chargée d'administrer par ses délibérations les affaires de la région. Elle élit le président du Conseil régional.

CGCT, art. L. 4131-1 s.

→ *Comité économique et social, Préfet de région, Région.*

Conseil supérieur de l'adoption

[Droit civil]

Organisme chargé, auprès du Premier ministre, d'émettre des avis et de formuler toutes propositions utiles relatives à l'adoption, y compris l'adoption internationale. Il est aussi consulté sur les mesures législatives et réglementaires prises en ce domaine.

CASF, art. L. et D. 148-1.

ACTU

Conseil supérieur de la magistrature (CSM)

[Droit constitutionnel]

Organe constitutionnel destiné à garantir l'indépendance de l'autorité judiciaire. Profondément modifié par la révision constitutionnelle du 23 juillet 2008 (L. n° 2008-724) et la loi organique n° 2010-830 du 22 juillet 2010.

Le CSM comprend une formation compétente à l'égard des magistrats du siège et une autre pour les magistrats du parquet.

La première est présidée par le premier président de la Cour de cassation. Elle est composée de 5 magistrats du siège, un magistrat du parquet, un conseiller d'État, un avocat désigné par le président du *Conseil national des barreaux* et 6 personnalités qualifiées désignées (2 chacune) par le président de la République, le président de l'Assemblée nationale et celui du Sénat (nominations soumises à l'avis de la commission permanente compétente de chaque assemblée). Au total 15 membres dont 7 magistrats.

La seconde formation est présidée par le Procureur général près de la Cour de cassation. Elle comprend 5 magistrats du parquet, un magistrat du siège plus le conseiller d'État, l'avocat et les personnalités qualifiées membres de la première formation.

Chacune de ces formations délibère valablement si elle réunit, outre le président de séance, au moins 8 de ses membres.

La formation compétente pour les magistrats du siège fait des propositions pour les nominations à la Cour de cassation et celles de premier président de Cour d'appel ou de président d'un tribunal de grande instance. Les autres magistrats du siège sont nommés sur son avis conforme.

La formation relative aux magistrats du parquet donne un avis sur les nominations.

Le Conseil statue également comme conseil de discipline pour les magistrats du siège (la formation les concernant s'adjoint le magistrat du siège appartenant à la formation compétente à l'égard des magistrats du parquet) et donne un avis sur les sanctions disciplinaires relatives aux magistrats du parquet (la formation les concernant comprend en plus le magistrat du parquet appartenant à la formation compétente à l'égard des magistrats du siège).

Le Conseil se réunit en formation plénière pour répondre aux demandes d'avis formulées par le président de la République, aux questions de déontologie ou relatives au fonctionnement de la justice posées par le ministre de la Justice. La formation plénière comprend 3 des 5 magistrats du siège comme du parquet, le conseiller d'État, l'avocat et les personnalités qualifiées. Elle est présidée par le Premier président de la Cour de cassation.
Cette importante révision qui vise à garantir l'indépendance du Conseil, autrefois présidé par le président de la République avec le ministre de la Justice comme vice-président, peut en outre être saisi par un justiciable dans les conditions fixées par la loi organique du 22 juillet 2010.

Const., art. 65; LO n° 94-100 du 5 févr. 1994 modifiée par LO n° 2010-830 du 22 juill. 2010.

→ *Saisine par un justiciable du Conseil supérieur de la magistrature.*

Conseil supérieur de la prud'homie

[Droit du travail/Procédure civile]

Conseil siégeant auprès du ministre de la Justice et du ministre chargé du Travail et appelé à formuler des avis et des suggestions, à effectuer des études sur l'organisation et le fonctionnement des conseils de prud'hommes. Il comprend des représentants désignés par les ministres de la Justice, de l'Agriculture et du Travail, des représentants des salariés et des employeurs (24 membres au total). Une commission permanente formée par le président et 13 membres évite les convocations trop nombreuses en séance plénière.

C. trav., art. L. 1431-1 s. et R. 1431-1 s.

Conseil supérieur des Français de l'étranger

[Droit constitutionnel]

Est devenu en 2004 l'*Assemblée des français de l'étranger.*

Conseil supérieur de l'audiovisuel (CSA)

[Droit administratif]

Autorité administrative indépendante, composée de 9 membres nommés par tiers par le président de la République (dont son Président), par le Président du Sénat et par le Président de l'Assemblée nationale. Elle est investie d'une fonction très large de régulation de la communication audiovisuelle publique et privée; notamment, le CSA participe à la nomination des responsables des chaînes publiques de radio et de télévision, il décide de l'attribution des fréquences d'émission aux stations privées (radios et télévisions « libres »). Il veille au contenu des émissions publicitaires, au respect du pluralisme des opinions, au respect, dans les émissions, de la personne humaine, des exigences de protection de l'enfance et de l'adolescence ainsi que l'interdiction générale des incitations à la haine ou à la violence fondées sur des motifs de sexe, de mœurs, de religion ou de nationalité. Il dispose d'un pouvoir de sanction et il publie un rapport public annuel.

Conseil supérieur de l'égalité professionnelle entre les femmes et les hommes

[Droit du travail]

Conseil participant à la mise en œuvre de la politique d'égalité professionnelle entre les femmes et les hommes.

C. trav., art. D. 1145-1 s.

Conseil supérieur des tribunaux administratifs et cours administratives d'appel

[Droit administratif]

Organisme présidé par le vice-président du Conseil d'État et composé en outre de 12 membres, destiné à conforter l'indépendance des membres de ces juridictions, notamment par la formulation de propositions relatives à leur carrière et à leur discipline.

CJA, art. L. 232-1.

Conseil syndical

[Droit civil]

Organe du syndicat des copropriétaires dont les membres sont désignés par l'assemblée générale parmi les copropriétaires, leurs conjoints, leurs partenaires pacsés, leurs représentants ou leurs usufruitiers et dont la mission est d'assister le syndic et de contrôler sa gestion relative à la copropriété.

L. n° 65-557 du 10 juill. 1965 fixant le statut de la copropriété, art. 21.

Conseiller

[Procédure (principes généraux)]

Magistrat siégeant dans les cours d'appel, à la Cour de cassation, dans les juridictions administratives et dans les juridictions financières; à la Cour des comptes, il existe des conseillers référendaires, et des conseillers maîtres parmi lesquels les présidents des chambres sont exclusivement choisis.

Certains magistrats détachés à la Cour de cassation portent le titre de conseillers référendaires.

COJ, art. R. 312-8 et 421-1 s.; CJA, art. L. 231-2; CJF, art. L. 112-1 et 212-3.

Conseiller de la mise en état

[Procédure civile]

Magistrat de la cour d'appel sous le contrôle duquel l'affaire est instruite au niveau du second degré, comme elle l'est en première instance sous la direction du juge de la mise en état.

CPC, art. 910 s.

→ *Juge de la mise en état (JME).*

Conseiller du salarié

[Droit du travail]

Le salarié convoqué à l'entretien préalable à un éventuel licenciement peut se faire assister, lorsqu'il n'existe pas d'institution représentative du personnel dans l'entreprise, par un conseiller extérieur à celle-ci; ce dernier est choisi sur une liste dressée par le préfet après avis des organisations syndicales.

C. trav., art. L. 1232-4, 1232-7, 1232-8, 1237-12 et D. 1232-5.

Conseiller du travail

[Droit du travail]

Travailleur social titulaire d'un diplôme délivré par le ministère du Travail, dont les fonctions consistent de manière générale à veiller, sur les lieux du travail, au bien-être et à l'adaptation des salariés. Il exerce des fonctions de conseiller technique pour les questions sociales auprès du comité d'entreprise. Il peut être chargé par celui-ci de la direction des institutions sociales de l'entreprise.

C. trav., art. D. 4632-4 s.

Conseiller en service extraordinaire

[Procédure civile]

Personne remplissant les conditions pour être candidat à l'auditorat de justice, justifiant de 25 années d'activité professionnelle et d'une compétence la qualifiant particulièrement pour l'exercice des fonctions judiciaires à la Cour de cassation, nommée pour 8 ans en vue d'exercer les attributions des conseillers à la Cour de cassation.

→ *Auditeur de justice.*

Conseiller prud'homal

[Procédure civile]

Nom donné au juge siégeant au conseil de prud'hommes. Le législateur use de l'expression « conseiller prud'homme ».

ACTU

Conseiller territorial

[Droit administratif]

A vocation à remplacer, à partir de 2014, le conseiller général et le conseiller régional, en tant qu'administrateur unique du *département* et de la *région*. Devrait être élu pour 6 ans au scrutin majoritaire uninominal à 2 tours (loi du 16 déc. 2010).

Conseillers rapporteurs

[Procédure civile]

Conseillers prud'hommes qui sont désignés soit par le Bureau de conciliation, soit par le Bureau de jugement (ou par son président) et qui ont pour mission d'instruire l'affaire et de concilier les parties.

C. trav., art. L. 1454-1.

Consensualisme

[Droit civil]

Principe déduit de la théorie de l'autonomie de la volonté en vertu duquel un acte juridique n'est soumis à aucune forme particulière pour sa validité, le consentement ayant à lui seul le pouvoir de créer des obligations.

C. civ., art. 1108.

→ *Acte consensuel, Acte solennel, Ad validitatem, Autonomie de la volonté, Formalisme, Formes.*

Consensus

[Droit constitutionnel]

Accord général sur les valeurs sociales essentielles et spécialement sur le régime politique établi, ce qui a pour effet de modérer les antagonismes politiques (lutte dans le cadre du régime et non sur le régime lui-même).

[Droit constitutionnel/Droit international public]

Méthode d'adoption des décisions consistant dans la recherche d'un accord mutuel sans que l'on procède à un vote formel (ou même pour éviter de recourir à un tel vote).

Consentement

[Droit civil]

Dans la création d'un acte juridique, adhésion d'une partie à la proposition faite par l'autre. L'échange des consentements entraîne l'accord de volonté qui lie les parties.

C. civ., art. 1108 s.

→ *Acceptation, Dol, Erreur, Offre, Vice du consentement, Violence.*

Consentement de la victime

[Droit pénal]

Acceptation par une personne de faits constitutifs d'une infraction pénale à son encontre. Pareil consentement n'a en principe aucune portée justificative et n'exclut donc pas la responsabilité pénale de l'auteur de ces faits (ex. : l'euthanasie).

ACTU

Conservation/Conservateur des hypothèques

[Droit civil/Droit financier ou fiscal]

Bureau dans lequel sont déposés tous les actes portant sur les droits réels immobiliers ainsi que certains actes générateurs de droits personnels dont un immeuble est indirectement l'objet. Le conservateur assume la garde des pièces déposées, constitue les fichiers personnels et réels. Il délivre copies ou extraits des actes publiés ainsi que l'état des inscriptions des droits réels (hypothèques, privilèges) grevant un immeuble déterminé. Ainsi est assurée la publicité des actes relatifs aux immeubles. Il perçoit certaines taxes.

C. civ., art. 2449 s.

→ *Fichier immobilier, Publicité foncière.*

L'ordonnance n° 2010-638 du 10 juin 2010 porte suppression du régime des conservateurs des hypothèques à compter du 1er janvier 2013.

Les modifications apportées sont d'abord terminologiques. Les mots « conservateur », « bureau des hypothèques » sont remplacés par les mots « service chargé de la publicité foncière », les mots « conservation des hypothèques » par « fichier immobilier ».

Quant aux modifications de fond, elles concernent, d'une part, le salaire du conservateur qui est supprimé et auquel est substituée, au profit de l'État, une taxe dénommée contribution de sécurité immobilière, d'autre part, la responsabilité de l'État qui prend le relais de celle assurée jusqu'alors par le conservateur.

Cette réforme ne changera rien à l'organisation de la publicité foncière qui continuera d'être assurée par la direction générale des finances publiques selon le régime actuel.

→ *Administrateur (général) des finances publiques.*

Considérant

[Procédure (principes généraux)]

Synonyme d'*attendu*. Utilisé notamment dans la rédaction des arrêts ou décisions de certaines cours d'appel, du Conseil d'État, du Tribunal des conflits et du Conseil constitutionnel.

Consignation

[Droit civil/Procédure civile]

Dépôt d'espèces, de valeurs ou d'objets entre les mains d'une tierce personne à charge pour elle de les remettre à qui de droit. Ainsi du plaideur qui dépose au greffe de la juridiction la somme nécessaire à la couverture des frais et vacations de l'expert. Ainsi du débiteur qui se heurte au refus du créancier de recevoir le paiement et qui s'acquitte en déposant son dû à la Caisse des dépôts et consignations.

C. civ., art. 1257, 2200, 2211, 2213 et 2216; CPC, art. 1426; C. mon. fin., art. L. 518-17.

→ *Exécution provisoire, Offres réelles.*

Consilium fraudis

[Droit civil]

Conscience, de la part d'un débiteur, qu'en effectuant un acte, il va aggraver son insolvabilité. Conscience, de la part d'un tiers, qu'en traitant avec une personne, il va aggraver la situation de celle-ci au détriment de ses créanciers.

→ *Action paulienne.*

Consolidation

[Droit civil]

Réunion sur la même tête de l'usufruit et de la nue-propriété d'un bien; elle provoque l'extinction de l'usufruit. De même, toute servitude est éteinte lorsque le fonds à qui elle est due, et celui qui la doit, sont réunis dans la même main.

C. civ., art. 617 et 705.

Consolidation comptable

[Droit commercial]

Pratique comptable consistant à établir, dans les groupes de sociétés, des comptes reflétant la réalité financière de l'ensemble des sociétés groupées.

→ *Bilan consolidé, Comptes consolidés.*

Consolidation de blessure

[Sécurité sociale]

Stabilisation de la blessure résultant d'un accident du travail, qui marque la fin du versement des indemnités journalières et le point de départ de la rente d'accident du travail.

CSS, art. L. 433-1.

Consolidation de la dette publique

[Droit financier ou fiscal]

Mesure de gestion tendant à allonger le délai de remboursement, par la substitution de titres à plus long terme à des titres à court terme.

Consommateur

[Droit commercial]

Personne qui conclut avec un professionnel un contrat lui conférant la propriété ou la jouissance d'un bien ou d'un service destiné à un usage personnel ou familial, à l'exclusion de toute finalité professionnelle. La jurisprudence assimile parfois au consommateur le professionnel qui conclut un contrat sans lien direct avec son activité professionnelle.

C. consom., art. L. 132-1.

[Procédure civile]

Les règles protectrices du consommateur quant au fond (information, rétractation, clauses abusives, garantie) se doublent de mesures de faveur au plan procédural. Citons les procédures simplifiées par déclaration au greffe ou en *injonction de faire;* la compétence de la juridiction du lieu où le consommateur demeurait au moment de la conclusion du contrat ou de la survenance du fait dommageable; la création de l'*action en représentation conjointe*; la condamnation de la *gestion de dettes*; la possibilité pour le juge de relever d'office les moyens de défense du consommateur.

C. consom., art. L. 141-4, 141-5 et 321-1; CPC, art. 847-1, 847-2 et 1425-1 s.

Consommation de l'infraction

[Droit pénal]

Réalisation de l'infraction dans toutes ses composantes, et par la réunion de ses *conditions préalables*, et par l'accomplissement de ses éléments constitutifs, et par la production de son résultat. L'infraction consommée se distingue ainsi de l'infraction seulement tentée.

C. pén., art. 121-4 et 121-5.

Consomptible

[Droit civil]

→ *Choses consomptibles.*

Consorts

[Droit général]

Personnes qui, en dépit d'une communauté d'intérêts, ne relèvent pas nécessairement d'un statut juridique identique. Le terme, encore utilisé pour les dénominations sociales, est surtout en usage de nos jours en droit judiciaire dans la locution *litisconsorts*.

Constat d'huissier de justice

[Procédure civile]

Acte par lequel, à la demande du juge ou d'un particulier, un huissier de justice (ou un clerc habilité) relate les *constatations* qu'il a faites; cet acte étant exclusif de tout avis sur les conséquences de fait et de droit qui peuvent en résulter ne vaut que comme simple renseignement, la preuve contraire étant réservée (ord. n° 45-2592 du 2 nov. 1945, art. 1er, al. 2 et 1 *bis*).

→ *Clerc d'huissier.*

Constat d'urgence

[Droit administratif]

→ *Référé-constatation.*

Constatation

[Droit général]

Fait d'établir l'état d'une chose, d'un lieu, en le consignant dans un écrit qui ne possède que la valeur d'un simple renseignement.

Constatations

[Procédure civile]

Mesure d'instruction à laquelle recourt le juge qui a besoin d'être éclairé sur une question de fait requérant les lumières d'un *technicien*. Les constatations ne lient pas le juge.

CPC, art. 249 s.

Constitution

[Droit constitutionnel]

1° *Au sens matériel* : ensemble des règles écrites ou coutumières qui déterminent la forme de l'État (unitaire ou fédéral), la dévolution et l'exercice du pouvoir.

2° *Au sens formel* : document relatif aux institutions politiques, dont l'élaboration et la modification obéissent à une procédure différente de la procédure législative ordinaire (ex. : assemblée constituante, majorité qualifiée). Ce formalisme, que traduit l'expression de *constitution rigide*, confère aux règles qui en bénéficient une force juridique qui les situe à la première place dans la hiérarchie des règles de droit. Par opposition, une constitution est dite *souple* quand, ne se distinguant pas par sa forme des lois ordinaires, elle occupe le même rang qu'elles dans la hiérarchie des règles juridiques et peut être modifiée par elles.

GDCC n° 44.

→ *Droit communautaire, Loi, Ordre juridique, Traité.*

Constitution d'avocat

[Procédure civile]

Mandat donné par un plaideur à un avocat en vue d'être représenté et assisté dans un procès.

Cette constitution est en principe obligatoire devant le tribunal de grande instance. Elle emporte élection de domicile. Elle a remplacé la *constitution d'avoué*.

CPC, art. 755, 790 et 814.

Constitution d'avoué

[Procédure civile]

Mandat donné par un *plaideur* à un *avoué* de le représenter devant la cour d'appel. Obligatoire, sauf exceptions, pour les litiges portés devant la cour d'appel. Cette constitution sera confiée à un avocat à partir du 1er janvier 2012. Emporte *élection de domicile*.

CPC, art. 899, 901 et 960.

→ *Constitution d'avocat.*

Constitution de l'Union européenne

[Droit européen]

Nom du traité signé à Rome le 29 octobre 2004. Souhaitait fusionner l'ensemble des traités institutifs de l'Union et définit les objectifs (Partie III) comme un système institutionnel adapté à l'Europe élargie (Partie I). Adoptée sur la base d'un projet élaboré par la *Convention pour l'avenir de l'Europe* et ensuite négociée par les gouvernements des États membres. Représente une étape nouvelle dans la construction européenne avec plusieurs éléments significatifs (introduction de la *Charte des droits fondamentaux (Partie II)*, création des fonctions de Président du *Conseil européen* ou de ministre des Affaires étrangères, fusion des 3 *piliers* nés à Maastricht, nouveau mode de vote à la *majorité qualifiée*, nouvelle composition de la *Commission*, définition des compétences de l'Union, renforcement du rôle des parlements nationaux…). Le processus de ratification a été bloqué par les « non » de la France (25 mai 2005) et des Pays-Bas (1er juin). N'entrera pas en vigueur mais ses dispositions sont largement reprises par le *traité de Lisbonne* entré en vigueur le 1er décembre 2009.

Constitution de partie civile

[Droit pénal]

➜ *Partie civile.*

Constitutionnalisme

[Droit constitutionnel]

Conception des hommes de la Révolution de 1789, comme aussi des fondateurs du droit constitutionnel au XIXe siècle, qui lie la notion de constitution à celle de régime libéral (*cf.* art. 16 de la Déclaration des droits de l'Homme et du Citoyen).

Constitutionnalité des lois (Contrôle de)

[Droit constitutionnel]

Contrôle destiné à assurer la conformité des lois à la constitution rigide.

Réservé aux pouvoirs publics ou ouvert aux citoyens, le recours en inconstitutionnalité est formé devant un organe politique ou devant un organe juridictionnel.

1° Contrôle par un organe politique (ex. : Sénats impériaux).

2° Contrôle par un organe juridictionnel :

- par voie d'action, quand la loi est attaquée directement devant un tribunal (Cour suprême ordinaire ou Cour spéciale) en vue de la faire annuler à l'égard de tout le monde (ex. : Suisse, Allemagne).

- par voie d'exception, lorsque, à l'occasion d'un litige devant un tribunal quelconque, une partie se défend contre l'application d'une loi en invoquant son inconstitutionnalité. Dans certains cas le tribunal, sans pouvoir l'annuler, refusera de l'appliquer dans ce litige s'il la juge inconstitutionnelle (système en vigueur notamment aux États-Unis où il a revêtu à une certaine époque [1880-1936] le caractère d'un « *gouvernement des juges* »). Dans d'autres cas, le tribunal renverra la question à une juridiction constitutionnelle spéciale (« système européen »).

➜ *Conseil constitutionnel, Conventionnalité (Contrôle de), Question prioritaire de constitutionnalité.*

Consul

[Droit international public]

Agent officiel qu'un État établit dans les villes d'un autre État avec mission de protéger ses ressortissants à l'étranger et d'exercer à leur égard diverses compétences (état civil, délivrance et visa des passeports, légalisation de signatures, actes notariés, exécution de commissions rogatoires, etc.).

1° *Consul de carrière* : consul exerçant ses fonctions à titre exclusif en tant que fonctionnaire de l'État qui l'a nommé.

2° *Consul honoraire* (ou marchand) : personne choisie sur place par un État, parmi ses nationaux ou parmi les ressortissants de l'État de résidence, pour exercer des fonctions consulaires (qui ne sont alors que l'accessoire d'une autre activité professionnelle, commerciale notamment).

Consultation

[Procédure civile]

Mission confiée par le juge ou par le tribunal à un *technicien* et consistant, lorsque l'examen des faits ne nécessite pas des investigations complexes, à donner son opinion verbalement, éventuellement par écrit, après un examen contradictoire des faits litigieux.

CPC, art. 256.

[Procédure (principes généraux)]

Se dit aussi de l'avis donné par un juriste professionnel dans un cas litigieux.

Consumérisme

[Droit commercial]

➜ *Consommateur.*

Contenance

[Droit civil]

Dimension d'un fonds bâti ou non bâti. Le droit sanctionne son inadéquation à la mesure réelle, tantôt par l'ajustement du prix, tantôt par la résolution du contrat.

Dans la vente de lots de copropriété, il est demandé, à peine de nullité, de spécifier la superficie de la partie privative. Si la superficie est inférieure d'1/20e à celle exprimée dans l'acte, il y a lieu à diminution du prix proportionnelle à la moindre mesure.

C. civ., art. 1616 s.; L. n° 65-557 du 10 juill. 1965, art. 46.

Conteneur

[Droit commercial]

Moyen de stockage de la marchandise transportée (se distingue du *colis*). Peut faire l'objet de contrats de location. Est régi par des dispositions spécifiques en cas d'*avarie*.

Contentieux

[Procédure (principes généraux)]

Substantif : un contentieux est formé par un ensemble de procès se rapportant au même objet : contentieux privé, pénal, administratif, fiscal, etc. On parle aussi d'un contentieux des loyers, de la Sécurité sociale, de la responsabilité, des transports, etc.

Adjectif : qui fait l'objet d'un désaccord, spécialement juridique. Parfois, synonyme de juridictionnel.

Contentieux administratif

[Droit administratif]

Terme susceptible de plusieurs acceptions, toutes fondées sur l'idée de litige.

1° Ensemble des règles d'organisation et de fonctionnement des juridictions administratives.

2° Ensemble des litiges dont la connaissance appartient aux juridictions administratives.

Distinction des contentieux. Classification opérée parmi les recours du contentieux administratif, ayant donné lieu principalement :

- à un regroupement quadripartite fondé sur les pouvoirs du juge (contentieux de l'annulation, de la pleine juridiction, de l'interprétation et de la répression);
- à un regroupement bipartite dont le critère est la nature de la situation juridique contentieuse déférée au juge (contentieux objectif et subjectif).

Contentieux de la Sécurité sociale

[Procédure civile/Sécurité sociale]

Ensemble des litiges relatifs à l'application de la législation et de la réglementation de Sécurité sociale et de mutualité sociale agricole.

Le *contentieux général* est jugé par des juridictions spécialisées, suivant une procédure simplifiée et peu coûteuse. Mais il existe des contentieux spéciaux (*contentieux technique*) qui échappent aux juridictions ordinaires de Sécurité sociale.

CSS, art. L. 142-1 s.

→ *Tribunal des affaires de Sécurité sociale.*

Contentieux du contrôle technique

[Sécurité sociale]

Contentieux disciplinaire destiné à réprimer les fautes, abus et fraudes relevés à l'encontre des médecins, chirurgiens-dentistes, sages-femmes et pharmaciens à l'occasion des soins dispensés ou des prestations servies aux assurés sociaux : actes non justifiés, actes fictifs, prescriptions de complaisance. En première instance la juridiction du contrôle technique compétente est la section des assurances du conseil régional de discipline de l'Ordre. En appel, les affaires sont examinées par la section des assurances sociales du conseil national de l'Ordre compétent. À ne pas confondre avec le *contentieux technique*.

CSS, art. L. 145-1 s.

Contentieux technique

[Sécurité sociale]

Litiges relatifs au degré d'invalidité ou à l'état d'incapacité permanente en cas d'accident du travail ou de maladie professionnelle. Litiges relatifs à la tarification des accidents du travail. Les premiers sont portés devant les *tribunaux du contentieux de l'incapacité* puis devant la *Cour nationale de l'incapacité et de la tarification*. Les seconds sont portés directement devant la Cour nationale de l'incapacité et de la tarification. À ne pas confondre avec le *contentieux du contrôle technique*.

CSS, art. 143-1 s.

Contingent

[Droit financier ou fiscal]

En matière de finances locales, synonyme de contribution exigée d'une collectivité pour participer au financement de certaines dépenses (ex. : contingent communal d'aide sociale).

Continuité de l'État

[Droit international public]

Principe selon lequel un gouvernement ne peut répudier les obligations souscrites par son prédécesseur.

Contra non valentem agere non currit praescriptio

[Droit civil]

Littéralement : contre celui qui ne peut agir en justice, la *prescription* ne court pas. La prescription ne court pas ou est suspendue contre celui qui est dans l'impossibilité d'agir par suite d'un empêchement résultant de la loi, de la convention ou de la force majeure.

C. civ., art. 2234.

Contractuel

[Droit administratif]

Personne recrutée par un organisme public sur le fondement d'un contrat, de façon théoriquement provisoire, et n'ayant donc pas la qualité de fonctionnaire. Le recrutement de contractuels, naguère destiné à procurer à l'Administration des agents supplémentaires peu qualifiés (« auxiliaires »), sert également aujourd'hui à recruter des spécialistes hautement qualifiés en leur accordant des avantages de rémunérations supérieurs à ceux des fonctionnaires, en l'absence desquels l'Administration parviendrait difficilement à les recruter.

Contradiction

[Procédure (principes généraux)]

→ *Contradictoire (Principe du), Liberté de la défense.*

Contradictoire (Principe du)

[Procédure (principes généraux)]

Principe essentiel, bien que non formulé pendant longtemps par la loi, commandant toutes les procédures.

Il implique la liberté pour chacune des parties de faire connaître tout ce qui est nécessaire au succès de sa demande ou de sa défense. Il impose que toute démarche, toute présentation au juge d'une pièce, d'un document, d'une preuve par l'adversaire soit portée à la connaissance de l'autre partie et librement discutée à l'audience. Le respect du principe du contradictoire est la condition indispensable de la liberté de la défense. Le juge doit en toutes circonstances observer et faire observer le principe de la contradiction; il ne peut retenir dans sa décision que les explications qu'il a recueillies contradictoirement et ne peut fonder sa décision sur les moyens de droit qu'il a relevés d'office sans avoir au préalable invité les parties à présenter leurs observations.

CPC, art. 16; CJA, art. L. 5; C. pr. pén., art. préliminaire; CJF, art. L. 140-7; Conv. EDH, art. 6, § 1 à 3.

→ *Droits de la défense, Égalité des armes, Procès équitable.*

GACA n° 53.

Contrainte

[Droit pénal]

Force à laquelle l'auteur d'une infraction n'a pu résister au moment des faits, ce qui exclut sa responsabilité pénale.

→ *Imputabilité.*

C. pén., art. 122-2.

GADPG n° 44.

[Procédure civile]

Acte délivré par l'administration des Finances ou par une caisse de Sécurité sociale, susceptible d'exécution forcée contre le redevable.

→ *Titres exécutoires.*

[Sécurité sociale]

Procédure de recouvrement des cotisations de Sécurité sociale. La contrainte décernée par le directeur d'un organisme de Sécurité sociale pour le recouvrement des cotisations et majorations de retard comporte, à défaut d'opposition du débiteur devant le tribunal des affaires de Sécurité sociale, dans les 15 jours à compter de la signification par huissier ou de la notification par lettre recommandée, tous les effets d'un jugement et confère notamment le bénéfice de l'hypothèque judiciaire.

CSS, art. L. 244-9, R. 133-3, 133-9-1 et 244-2.

Contrainte judiciaire

[Procédure pénale]

Emprisonnement, utilisé comme moyen de pression, d'une personne majeure, solvable et âgée de moins de 65 ans, ordonnée par le juge de l'application des peines, en cas d'inexécution volontaire d'une ou plusieurs condamnations à une peine d'amende prononcées en matière criminelle ou en matière correctionnelle pour un délit puni d'une peine d'emprisonnement, y compris en cas d'inexécution volontaire de condamnations à des amendes fiscales ou douanières. La durée de l'emprisonnement est déterminée par le magistrat dans la limite maximum fixée par la loi en fonction du montant de l'amende ou de leur montant cumulé.

La contrainte judiciaire se substitue, depuis la loi n° 2004-204 du 9 mars 2004 (Loi Perben II) à l'ancienne contrainte par corps, dont les conditions et le régime étaient quelque peu différents, notamment pour exclure de ses dispositions les *infractions politiques*, ce qui n'est plus le cas désormais.

C. pr. pén., art. 749 s.

Contrainte par corps

[Procédure pénale]

→ *Contrainte judiciaire.*

Contrariété de jugements

[Procédure civile]

Inconciliabilité de 2 décisions intervenues entre les mêmes parties, sur les mêmes moyens et relativement au même objet, rendant impossible leur exécution respective et donnant lieu à pourvoi en cassation contre le jugement second en date. Lorsque la contradiction est constatée, elle se résout au profit du premier et la cassation est prononcée sans renvoi.

CPC, art. 617 et 618.

Contrat

[Droit civil]

Convention faisant naître une ou plusieurs obligations (bail, entreprise) ou bien créant ou transférant un droit réel (vente, servitude).

C. civ., art. 1101 s.

GAJC, t. 2, nº 143, 144, 145 et 146.

→ *Bonne foi, Cause, Clause pénale, Dol, Erreur, Effet relatif, Imprévision (Théorie de l'), Interprétation des contrats et conventions, Pourparlers, Prix, Résolution, Responsabilité civile, Simulation, Violence.*

Contrat (Établissements d'enseignement privé sous)

[Droit administratif]

Établissements d'enseignement privé, le plus souvent confessionnels dans la pratique, ayant usé des possibilités ouvertes depuis la loi du 31 décembre 1959 (« loi Debré ») leur accordant une aide financière des pouvoirs publics en contrepartie d'un contrôle pédagogique et financier.

On distingue :

- *le contrat d'association*, ouvert aux établissements d'enseignement du premier et du second degré ainsi que du technique, dispensant un enseignement selon les règles et les programmes de l'enseignement public, aux termes duquel les pouvoirs publics prennent en charge les dépenses de fonctionnement et les salaires des enseignants, qui peuvent être soit des personnels de l'enseignement public soit (très généralement) des personnels propres à l'établissement;

- *le contrat simple*, applicable à l'enseignement du premier degré, qui laisse aux enseignants leur qualité de personnel privé. Leur rémunération est payée sur fonds publics.

Contrat administratif

[Droit administratif]

Contrat passé par une personne publique ou pour son compte et soumis à la compétence et au droit administratifs soit par disposition expresse de la loi, soit en raison de la présence de clauses exorbitantes du droit commun dans ses stipulations, soit parce qu'il confère à son titulaire une participation directe à l'exécution d'une activité de service public.

Tous les contrats des personnes publiques ne sont donc pas des contrats administratifs, certains étant soumis aux règles du droit privé.

GAJA nº 25 et 72.

Contrat à durée déterminée (CDD)

[Droit du travail]

→ *Contrat de travail.*

Contrat à durée indéterminée (CDI)

[Droit du travail]

→ *Contrat de travail.*

Contrat à exécution successive

[Droit civil]

Contrat qui implique pour son exécution l'écoulement d'un certain temps, soit que les prestations aient été échelonnées (contrat d'abonnement à un journal), soit qu'il existe entre les parties un rapport continu d'obligation (contrat de bail ou de travail).

→ *Contrat instantané.*

Contrat aléatoire

[Droit civil]

Contrat à titre onéreux dans lequel l'existence ou la valeur d'une prestation n'est pas connue au moment de sa formation, parce qu'elle dépend d'un événement futur incertain (ex. : contrat de rente viagère).

C. civ., art. 1104, al. 2.

→ *Contrat commutatif.*

Contrat à titre onéreux

[Droit civil]

→ *Acte à titre onéreux.*

Contrat-cadre de distribution

[Droit commercial]

Succédant à la réglementation du contrat dit de coopération commerciale, introduit par une loi du 2 août 2005, la loi impose désormais, au titre de la transparence des pratiques professionnelles, que l'issue des négociations tarifaires entre fournisseurs et distributeurs ou prestataires de services fasse l'objet d'un acte écrit. Cet écrit peut prendre la forme d'un contrat unique, ou bien d'un contrat-cadre annuel, suivi de contrats d'application. Son contenu est fixé par la loi, sous la menace de la sanction pénale.

C. com., art. L. 441-7 (L. du 4 août 2008, art. 92).

Contrat commutatif

[Droit civil]

Contrat à titre onéreux dont on connaît l'importance des prestations réciproques au moment où il est conclu.

C. civ., art. 1104, al. 1.

→ *Contrat aléatoire.*

Contrat d'accueil et d'intégration

[Droit international privé/Droit administratif]

Contrat entre l'État français et un étranger (ou couple d'étrangers), en vertu duquel ce dernier suit une formation destinée à faciliter son intégration dans la société française, en lui en présentant les valeurs fondamentales comme l'égalité homme-femme ou la laïcité, voire en lui assurant une maîtrise minimale de la langue française. La formation est gratuite pour l'intéressé. L'autorité administrative renouvelant le titre de séjour de l'étranger prend en considération, le cas échéant, son refus caractérisé de respecter le contrat d'accueil et d'intégration. Ce contrat n'est passé qu'entre l'État et les étrangers ne relevant pas d'un État membre de l'UE, de l'AELE ou de la Suisse.

CESEDA, art. L. 311-9, 311-9-1, R. 311-19 s. et 311-30-12 s.

Contrat d'accompagnement dans l'emploi

[Droit du travail]

Remplaçant le contrat emploi-solidarité, le contrat d'accompagnement dans l'emploi est un contrat à durée indéterminée ou un contrat à durée déterminée (alors d'une durée minimale, en principe, de 6 mois), conclu avec des personnes rencontrant des difficultés sociales et professionnelles particulières d'accès à l'emploi. Ce contrat, qui constitue l'une des formes possible du contrat unique d'insertion, est conclu en application d'une convention passée avec une collectivité territoriale, une autre personne de droit public, un organisme de droit privé à but non lucratif ou une personne morale chargée de la gestion d'un service public, pour pourvoir des emplois, hors des services de l'État, visant à satisfaire des besoins collectifs non satisfaits. Il permet de bénéficier d'actions d'accompagnement professionnel et, par avenant, de périodes d'immersions auprès d'un autre employeur dans le cadre d'une opération de prêt de main-d'œuvre à but non lucratif. Il ouvre droit à une aide financière modulable et plafonnée.

C. trav., art. L. 5134-20 s.

→ *Contrat unique d'insertion.*

Contrat d'adhésion

[Droit civil/Droit public]

Contrat conclu entre 2 parties dont l'une ne peut en fait discuter les différentes clauses, et n'a que la liberté d'accepter ou de refuser

le contenu global de la proposition de convention (ex. : contrat de transport avec une compagnie aérienne ou de chemin de fer).
→ *Contrat de gré à gré.*

Contrat d'agriculture durable (CAD)

[Droit rural]
Le contrat d'agriculture durable est un contrat, d'une durée de 5 ans, passé entre l'État et un exploitant agricole désireux d'engager des actions de préservation de l'environnement et de la qualité de sa production, en contrepartie desquels il perçoit des aides publiques. Il a remplacé le contrat territorial d'exploitation. Depuis 2007, il n'est plus possible de signer de CAD. De nouveaux dispositifs agroenvironnementaux ont été mis en œuvre dans le cadre de la programmation du *développement durable* 2007-2013.

Contrat d'assurance de groupe

[Droit des assurances/Sécurité sociale]
Contrat souscrit par une personne morale ou un chef d'entreprise en vue de l'adhésion d'un ensemble de personnes répondant à des conditions définies au contrat, pour la couverture des risques dépendant de la durée de la vie humaine, des risques portant atteinte à l'intégrité physique de la personne ou liés à la maternité, des risques d'incapacité de travail ou d'invalidité ou du risque chômage.

Contrat d'avenir

[Droit du travail]
Le contrat d'avenir était un contrat à durée déterminée spécial à temps partiel (26 heures de travail par semaine en principe) conclu entre un bénéficiaire de revenus sociaux et un employeur public ou certains employeurs privés (personne morale chargée de la gestion d'un service public, organisme de droit privé à but non lucratif) destiné à faciliter l'insertion professionnelle du salarié qui y est partie. Sa conclusion était subordonnée à la signature entre le travailleur et le représentant de la personne morale publique ou, le cas échéant, privée qui l'emploie d'une convention qui fixe le projet professionnel proposé au salarié.
A été abrogé par la loi n° 2008-1249 du 1er décembre 2008 avec prise d'effet au 1er janvier 2010 mais les contrats conclus avant cette dernière date continuent à produire leurs effets dans les conditions applicables antérieurement à cette date.
C. trav., art. L. 5134-35 s.

Contrat de bière

[Droit commercial]
À l'origine, contrat conclu entre un brasseur et un débitant ou revendeur, par lequel, en contrepartie de certains avantages qui lui sont consentis par le premier (bail d'immeubles, prêt de matériel, cautionnement d'un emprunt, etc.), le second s'engage à s'approvisionner en bière exclusivement chez son cocontractant.
Ce terme désigne aujourd'hui, de manière plus générale, toutes les conventions ou clauses d'approvisionnement exclusif par lesquelles une personne s'engage envers une autre à ne s'approvisionner en produits ou marchandises déterminées qu'auprès d'elle.
C. com., art. L. 330-1 et 330-2.
→ *Concession commerciale.*

Contrat de capitalisation

[Droit civil]
→ *Assurance capitalisation, Capitalisation.*

Contrat de gré à gré

[Droit civil]
Contrat dont chaque partie peut librement négocier les clauses.
→ *Contrat d'adhésion.*

Contrat de licence

[Droit commercial]

Contrat par lequel le titulaire d'un droit de propriété industrielle (brevet, marque, dessin ou modèle) concède à un tiers, en tout ou en partie, la jouissance de son droit d'exploitation, gratuitement ou à titre onéreux, moyennant le paiement de redevances ou royalties.

Contrat de mariage

[Droit civil]

Convention par laquelle les futurs époux fixent le statut de leurs biens pendant le mariage et le sort de ces biens à la dissolution.

L'expression « conventions matrimoniales », souvent utilisée comme synonyme, désigne non seulement le régime matrimonial, mais encore des conventions annexes, telles les libéralités adressées aux futurs époux par leurs parents ou par des étrangers.

C. civ., art. 1387 s.

Contrat d'entreprise

[Droit civil/Droit commercial]

Contrat par lequel une personne (l'entrepreneur) se charge de faire un ouvrage, bien ou service pour autrui (le maître de l'ouvrage), moyennant une rémunération, en conservant son indépendance dans l'exécution du travail.

C. civ., art. 1710 et 1779 à 1799-1.

Contrat de procédure

[Procédure civile]

→ *Calendrier de procédure.*

Contrat de professionnalisation

[Droit du travail]

Créé par la loi n° 2004-391 du 4 mai 2004 en remplacement d'autres types de contrats dits d'insertion en alternance, il s'agit d'un contrat à durée déterminée ou à durée indéterminée qui a pour objet de permettre à leur bénéficiaire d'acquérir une qualification professionnelle reconnue par la loi et de favoriser leur insertion ou leur réinsertion professionnelle, en associant enseignements (général, professionnel ou technique) et acquisition d'un savoir-faire par l'exercice en entreprise d'une ou plusieurs activités professionnelles en lien avec la qualification professionnelle recherchée. Ce contrat est ouvert aux jeunes entre 16 et 25 ans révolus pour compléter leur formation initiale et aux demandeurs d'emplois de 26 ans et plus. Il est conclu pour une durée d'au moins 6 mois, lorsqu'il est à durée déterminée. Le contrat de professionnalisation à durée indéterminée comprend une action de professionnalisation d'au moins 6 mois située au début de l'exécution du contrat.

C. trav., art. L. 6325-1 s. et D. 6325-1 s.

Contrat de responsabilité parentale

[Droit civil]

Contrat proposé, par le président du conseil général, aux parents d'un mineur en situation d'absentéisme scolaire, de trouble porté au fonctionnement d'un établissement scolaire ou de toute autre difficulté liée à une carence de l'autorité parentale. L'autorité de saisine varie selon la nature de la cause à l'origine de la situation. L'objectif de ce contrat est de rappeler leurs obligations aux titulaires de l'autorité parentale et de comporter toute mesure d'aide et d'actions sociales de nature à remédier à la situation. La durée totale du contrat ne peut excéder un an et la proposition doit être notifiée aux parents lors d'un entretien ou par envoi postal. La non-exécution des obligations mentionnées dans le contrat ou le refus de signature sans motif légitime du fait des parents peut entraîner la suspension de tout ou partie des allocations familiales et du complément familial pendant un an au maximum.

CASF, art. L. 222-4-1.

Contrat de service civique

[Sécurité sociale]

Contrat conclu pour permettre à une personne volontaire d'effectuer une mission d'intérêt général auprès d'une personne morale agréée.

C. serv. nat., art. L. 120-1.

Contrat de transport

[Droit civil/Droit commercial]

Contrat par lequel, moyennant rétribution, un opérateur professionnel se charge de faire parcourir un itinéraire déterminé, dans des conditions précisées, à une chose ou à une personne.

C. civ., art. 1782 s.; C. com., art. L. 133-1 s.; C. transp., L. 1432-1 s.

GAJC, t. 2, n° 276, 277 et 279.

Contrat de travail

[Droit du travail]

Convention par laquelle une personne, le salarié, met son activité professionnelle à la disposition et sous la subordination d'une autre personne, l'employeur, qui lui verse en contrepartie un salaire.

C. trav., art. L. 1221-1 s.

GADT n° 1 à 3.

• *Contrat de travail à durée déterminée* : contrat de travail affecté d'un terme. Il ne peut être conclu que dans des hypothèses limitativement énumérées par la loi.

C. trav., art. L. 1241-1 s.

GADT, n° 35-38.

• *Contrat de travail à durée indéterminée* : sans précision de terme, c'est le contrat de travail de droit commun; il peut être rompu à tout moment par la volonté unilatérale de l'une des parties, sous réserve, lorsque la rupture émane de l'employeur, de l'existence d'une cause réelle et sérieuse de rupture et de l'observation de la procédure de licenciement.

C. trav., art. L. 1221-2.

• *Contrat de travail temporaire* : contrat de travail écrit d'un type particulier (également appelé contrat de mise à disposition) qui lie un salarié à un entrepreneur de travail temporaire. Est entrepreneur de travail temporaire toute personne physique ou morale, dont l'activité exclusive est de mettre à la disposition provisoire d'utilisateurs des salariés qu'elle embauche et rémunère à cet effet, en fonction d'une qualification convenue.

C. trav., art. L. 1251-1 s.

Contrat de volontariat de solidarité internationale

[Sécurité sociale]

Contrat ayant pour objet l'accomplissement d'une mission d'intérêt général à l'étranger dans le domaine de la coopération au développement et de l'action humanitaire.

Loi n° 2005-159 du 23 févr. 2005.

Contrat d'insertion dans la vie professionnelle

[Droit du travail]

Le contrat d'insertion dans la vie sociale est conclu entre l'État et un jeune de 16 à 25 ans révolus rencontrant des difficultés d'insertion sociale et professionnelle, à la demande de celui-ci. Il lui permet de bénéficier d'une allocation versée pendant les périodes durant lesquelles l'intéressé ne perçoit ni une allocation au titre d'un emploi ou d'un stage, ni d'une autre allocation.

C. trav., art. L. 5131-4 s.

Contrat d'insertion-revenu minimum d'activité

[Droit du travail]

Le contrat d'insertion-revenu minimum d'activité était un contrat à durée déterminée spécial conclu entre un employeur et une personne bénéficiaire du revenu minimum d'insertion ou de certaines allocations qui rencontrait des difficultés particulières d'accès à l'emploi. La conclusion de ces contrats était subordonnée à la signature d'une convention entre l'employeur et la collectivité débitrice de la prestation.

A été abrogé par la loi n° 2008-1249 du 1er décembre 2008 avec prise d'effet au 1er janvier 2010 mais les contrats conclus avant cette dernière date continuent à produire leurs effets dans les conditions applicables antérieurement à cette date.

C. trav., art. L. 5134-74 s.

Contrat d'intégration

[Droit rural]

Contrat passé entre une firme commerciale et un agriculteur, d'où résulte une intégration de ce dernier dans des circuits commerciaux. Le principe de ces contrats est de lier économiquement un agriculteur à un groupe industriel sans nier son indépendance juridique. Cette situation fait l'objet d'une législation spéciale, protectrice des agriculteurs.

C. rur., L. 326-1.

Contrat emploi jeunes

[Droit du travail]

La loi du 16 octobre 1997 tend à encourager le développement d'activités d'utilité sociale créatrices d'emplois et à répondre à des besoins nouveaux non satisfaits (culture, sport, éducation, activités de proximité...). Des contrats de travail à durée indéterminée ou d'une durée de 5 ans, avec une aide de l'État, peuvent être conclus à cette fin dans le secteur public et associatif.

C. trav., art. L. 5134-1 s.

Contrat financier

Variété d'instrument financier. Catégorie résiduelle regroupant certaines opérations spéculatives, telles les dérivés de crédit et autres contrats à terme. Non soumis à l'obligation de dématérialisation, propre aux titres financiers, ces instruments peuvent être négociés sur les marchés financiers.

C. mon. fin., L. 211-1, D. 211-1 A.

Contrat initiative-emploi

[Droit du travail]

Contrat de travail à durée déterminée spécial (d'une durée minimale, en principe, de 6 mois) ou à durée indéterminée conclu avec des personnes sans emploi rencontrant des difficultés sociales et professionnelles d'accès à l'emploi. La durée de travail hebdomadaire est d'au moins 20 heures. Ce contrat constitue une des formes possibles du *contrat unique d'insertion* et permet de bénéficier d'actions d'accompagnement professionnel et d'actions de formation dans le cadre de la formation professionnelle continue. Il ouvre droit à une aide financière modulable et plafonnée.

C. trav., art. L. 5134-65 s.

Contrat innommé

[Droit civil]

Contrat qui ne figure pas au nombre des variétés spécialement réglementées par la loi (contrat d'hôtellerie ou de déménagement), quoiqu'il finisse par recevoir de la pratique une dénomination propre. Son régime juridique relève exclusivement du droit commun des obligations.

C. civ., art. 1107.

→ *Contrat nommé.*

Contrat instantané

[Droit civil]

Contrat dont l'exécution est mise en œuvre par une seule prestation sur le simple échange des consentements (ex. : contrat de vente).

→ *Contrat à exécution successive.*

Contrat judiciaire

[Procédure civile]

Convention intervenue en cours d'instance entre les plaideurs et destinée à mettre fin au procès.

Le juge donne acte aux parties de leur accord par une décision qui n'est pas juridictionnelle.

→ *Jugement de donné acte, Jugement d'expédient – Jugement convenu.*

Contrat nommé

[Droit civil/Droit commercial]

Contrat d'usage courant, pour cette raison, qualifié et réglementé par la loi (vente, louage, dépôt, assurance...).

C. civ., art. 1107.

→ *Contrat innommé.*

Contrat pignoratif

[Droit civil/Droit commercial]

Contrat par lequel le débiteur remet à son créancier, en garantie de ce qu'il doit, la possession d'un ou plusieurs biens de son patrimoine (*gage* de meubles corporels, gage immobilier, *endossement* d'un *effet de commerce*...). En latin, *pignorare* signifie mettre en gage.

C. civ., art. 2333 s., 2387 s.

Contrat réel

[Droit civil]

Contrat qui exige pour sa formation la remise de la chose sur laquelle il porte : *prêt*, *gage*, *dépôt*.

Contrat solennel

[Droit civil]

Contrat dont la formation est subordonnée, à peine de nullité absolue, à l'accomplissement de formalités, généralement à la rédaction d'un écrit. Ainsi l'hypothèque conventionnelle ne peut être consentie que par un acte passé en forme authentique (C. civ., art. 2416).

Contrat sous forme électronique

[Droit civil]

Pour qu'un contrat soit valablement conclu sous forme électronique, le destinataire de l'*offre* doit avoir eu la possibilité de vérifier le contenu de sa commande et d'en corriger les erreurs; après quoi il confirme celle-ci pour exprimer son acceptation. L'offrant en accuse réception par voie électronique « sans délai injustifié ».

La commande, son acceptation, l'accusé de réception sont considérés comme reçus lorsque les parties destinataires peuvent y avoir accès.

C. civ., art. 1369-5; C. consom., art. L. 121-20-4 et 134-2.

Contrat synallagmatique

[Droit civil]

Contrat faisant naître à la charge des parties des prestations réciproques si bien que chaque contractant est à la fois débiteur et créancier. Dans la vente, le vendeur est créancier du prix et débiteur de la chose, l'acquéreur est créancier de la chose et débiteur du prix.

C. civ., art. 1102.

→ *Contrat unilatéral.*

Contrat temporaire

[Droit du travail]

→ *Contrat de travail.*

Contrat-type

[Droit général]

Variété de contrat d'adhésion, excluant également les pourparlers, s'en distinguant par son origine : le modèle est établi, non par une entreprise isolée, mais par un organisme représentatif de la profession, d'où il résulte une possibilité d'application à tous les cas particuliers. Ainsi le contrat-type de fermage ou de métayage régit la situation du preneur et du bailleur à défaut d'arrangement individuel.

Contrat unilatéral

[Droit civil]

Contrat ne faisant naître de prestations qu'à la charge d'une seule partie (ex. : la donation qui ne crée d'engagement qu'à la charge du donateur).

C. civ., art. 1103.

→ *Contrat synallagmatique.*

ACTU

Contrat unique d'insertion

[Droit du travail]

Dispositif créé par la loi n° 2008-1249 du 1er décembre 2008, destiné à favoriser l'emploi et composé d'une « convention individuelle » tripartite et d'un contrat de travail. La convention est signée par l'employeur, le bénéficiaire et soit, le *Pôle emploi*, pour le compte de l'État, ou des organismes de placement publics ou privés (comme les entreprises de travail temporaires), soit le président du conseil général lorsque cette convention concerne un bénéficiaire du revenu de solidarité active. Le contrat de travail conclu en application de la convention prend la forme ou bien d'un *contrat d'accompagnement dans l'emploi* (dans le secteur non marchand), ou bien d'un *contrat initiative-emploi* (dans le secteur marchand).

C. trav., art. L. 5134-19-1 s.

Contrats de partenariat (sous-entendu : public/privé)

[Droit administratif]

Catégorie, créée en 2004 et modifiée par la loi du 28 juillet 2008, de *contrats administratifs* soumise à un régime juridique propre, conçue pour permettre essentiellement à l'État et à ses *établissements publics*, en vue de projets complexes ou urgents répondant à des conditions précises, et en pratique de grande envergure (construction de prisons, d'hôpitaux), de confier à des partenaires privés une mission globale comprenant principalement le *financement* d'investissements matériels ou immatériels nécessaires à l'exécution du service public par la personne publique elle-même (ce qui est une différence essentielle avec la *délégation de service public*), la *réalisation* de ceux-ci, et leur *maintenance*. La rémunération des partenaires privés (qui ont la propriété de leurs réalisations) fait l'objet de paiements échelonnés sur la durée du contrat, ce qui étale la charge budgétaire.

Contrats de projet

[Droit administratif]

Version actuelle des anciens contrats de plan État-régions ayant fonctionné jusqu'en 2006. Conventions signées entre l'État et les *régions*, prévoyant l'apport financier de l'État pour la réalisation d'un programme d'actions et d'équipement jugé prioritaires par les régions. Leur durée couvre la période 2007-2013.

Contrats de ville

[Droit administratif]

Contrats passés entre l'État et des communes connaissant des difficultés sociales, destinés à réaliser des actions concertées et cofinancées en vue de prévenir les risques d'exclusion sociale et d'améliorer la vie quotidienne des habitants pendant la période du 12e *plan* (2000-2006). Pour la période 2007-2013, ils ont été remplacés par les *Contrats urbains de cohésion sociale*.

Contrats urbains de cohésion sociale

[Droit administratif]

→ *Contrats de ville.*

Contravention

[Droit pénal]

Infraction la moins grave après les crimes et les délits, sanctionnée de peines contraventionnelles.

Ces peines sont l'amende, certaines peines privatives ou restrictives de droits, des peines complémentaires, et la *sanction-réparation*. Le taux maximum de l'amende est de 3 000 € pour les *personnes physiques*, et du quintuple de ce montant pour les *personnes morales*.

C. pén., art. 111-1, 131-12 s. et 131-40 s.

GADPG nº 3.

Contravention de grande voirie

[Droit administratif]

Atteintes portées à des dépendances du domaine public, relevant soit des tribunaux administratifs, soit des juridictions répressives judiciaires.

CGPPP, art. L. 2132-2 s.; CJA, art. L. 774-1.

Contredit

[Procédure civile]

Voie de recours spécifique formée contre une décision par laquelle le juge s'est prononcé sur la compétence sans statuer sur le fond du litige. Lorsque le juge s'est déclaré compétent, l'instance est suspendue jusqu'à l'expiration du délai (15 jours) pour former contredit, et, en cas de contredit, jusqu'à ce que la cour d'appel ait rendu sa décision.

CPC, art. 80, 81 et 94.

Contre-enquête

[Procédure civile]

Enquête grâce à laquelle le plaideur peut, sans autorisation du juge, faire entendre ses propres témoins sur les articulats de la partie adverse, admise à prouver ses dires par témoignage.

CPC, art. 204.

Contre-expertise

[Procédure civile]

Mesure d'instruction destinée à faire vérifier par d'autres hommes de l'art les résultats d'une précédente *expertise*.

Contrefaçon

[Droit commercial/Droit pénal]

Fait pour un autre que le titulaire d'un droit de propriété intellectuelle ou son licencié d'exploiter ce monopole, portant ainsi atteinte aux droits de son titulaire.

La contrefaçon est un délit correctionnel. Elle constitue aussi un fait générateur de responsabilité civile.

Contre-lettre

[Droit civil]

Acte écrit et secret entre les parties destiné à modifier le contenu ou les effets d'un *acte apparent*. La contre-lettre doit être prouvée par écrit dès lors que l'acte apparent est constaté sous cette forme, du moins dans les rapports des contractants.

→ *Acte apparent, Acte déguisé, Acte fictif, Acte secret, Apparence, Déguisement, Dissimulation, Interposition de personne, Simulation.*

Contremaître

[Droit du travail]

→ *Agent de maîtrise.*

Contre-passation

[Droit commercial]

Technique qui consiste à annuler, par une écriture inverse de la précédente, une opération comptable faite antérieurement : ainsi dans le compte-courant, en cas de non-paiement des effets de commerce dont le montant avait été porté au crédit du client.

Contreseing ministériel

[Droit constitutionnel]

1° Signature apposée sur un acte par un ou plusieurs ministres, à côté de la signature du chef de l'État, en vue de l'authentifier, c'est-à-dire de la certifier.

2° Dans le régime parlementaire, le contreseing a pris une autre signification : c'est la formalité de prise en charge par le cabinet ministériel de la responsabilité politique d'actes dont le chef de l'État, élément irresponsable de l'exécutif, n'est que nominalement l'auteur. Dans un régime (comme celui de la Vᵉ République) où le chef de l'État exerce effectivement les pouvoirs que la Constitution lui confère, le contreseing traduit l'accord nécessaire du président de la République et du gouvernement pour certains actes (ou l'accord au sein du gouvernement quand il s'agit du contreseing des actes du Premier ministre).

Contribution

[Procédure civile]

La procédure de distribution par contribution est celle qui permet de répartir entre des créanciers chirographaires, au *marc le franc* de leurs créances, les sommes provenant d'une saisie mobilière, ou d'une saisie immobilière en l'absence de créanciers hypothécaires ou privilégiés ou après leur désintéressement.

L'agent chargé de la vente prépare un projet de répartition et s'efforce de concilier les prétentions des créanciers. S'il obtient leur accord, il procède à la répartition. En revanche, tout incident est porté devant le juge de l'exécution du lieu de la vente (Décr. nº 755 du 31 juill. 1992, art. 283 à 293).

Contribution à la dette

[Droit civil]

Règlement final intervenant, une fois le créancier satisfait (*obligation à la dette*), entre l'auteur du paiement et le véritable débiteur ou entre l'auteur du paiement et ses coobligés. Marque le deuxième stade dans la procédure de règlement de certains passifs : après le passif provisoire, acquitté en tout ou partie par un répondant, vient le compte définitif qui fait assumer le poids de la dette à celui ou à ceux qui en sont réellement tenus. Ainsi les proches du mari supporteront seuls en définitive la charge des dommages et intérêts personnels dont le règlement avait été poursuivi sur les biens communs. Ainsi l'obligé solidaire, qui a payé le tout, récupérera sur les codébiteurs la part contributive de chacun.

C. civ., art. 1485, 1486, 2310.

Contribution économique territoriale

[Droit financier ou fiscal]

Cet impôt remplace, depuis le 1ᵉʳ janvier 2010, la *taxe professionnelle*. Il repose en fait sur 2 « cotisations », d'une part, la Cotisation foncière des entreprises (CFE) et, d'autre part, la Cotisation sur la valeur ajoutée des entreprises (CVAE). Les personnes et activités imposables relèvent du même régime que précédemment dans le cadre de la taxe professionnelle. La soumission à la CVAE suppose d'être préalablement assujetti à la CFE.

CGI, art. 1447-0 et s.

Contribution exceptionnelle et temporaire

[Sécurité sociale]

Contribution non génératrice de droits, appelée depuis le 1er janvier 1997 dans le régime AGIRC, permettant le maintien global des ressources appelées antérieurement pour financer les systèmes de cotisations et garanties forfaitaires supprimées depuis le 1er janvier 2001.

Contribution pour le remboursement de la dette sociale

[Sécurité sociale/Droit financier ou fiscal]

Prélèvement fiscal assis sur l'ensemble des revenus : revenus d'activité, de remplacement, du patrimoine, produits de placement, destiné à apurer des déficits accumulés par la Sécurité sociale. Elle sera perçue jusqu'à leur extinction qui a été repoussée à 2025 (loi organique n° 2010-1380 du 13 nov. 2010 relative à la gestion de la dette sociale).

CGI, art. 1600-OG.

Contribution sociale de solidarité

[Sécurité sociale]

Contribution annuelle basée sur le chiffre d'affaires acquitté par les sociétés au profit du régime social des indépendants.

CSS, art. L. 651-1 s.

Contribution sociale généralisée (CSG)

[Droit financier ou fiscal/Sécurité sociale]

Imposition de nature fiscale créée en 1991, à la structure complexe, frappant à un taux proportionnel l'ensemble des revenus d'activités ou du patrimoine de chaque contribuable, destinée à financer la Sécurité sociale (branche Familles, Fonds de solidarité Vieillesse, branche Maladie, Caisse nationale de solidarité pour l'autonomie). Pour les revenus d'activités elle est, malgré sa nature fiscale, directement perçue par les organismes de recouvrement de la Sécurité sociale (Urssaf). La CSG représente une manifestation du double phénomène d'élargissement de l'assiette des prélèvements fiscaux sur les revenus, face à l'impôt progressif sur le revenu traditionnel (dont son produit dépasse le montant), qui n'est plus payé que par la moitié des contribuables potentiels, et de la fiscalisation des ressources de la Sécurité sociale qui évite d'accroître de façon difficilement supportable ses cotisations. Elle contribue aussi désormais au financement de la Caisse d'amortissement de la dette sociale (CADES).

CGI, art. 1600-0 C s.; CSS, art. L. 136-1 s.

Contrôle

[Droit commercial]

Rapport de domination existant entre 2 sociétés juridiquement distinctes. Ce rapport s'établit en termes de participation au capital et d'exercice du droit de vote. La loi présume le contrôle à partir du franchissement de seuils numériques; plus exceptionnellement, elle l'apprécie en fait, à partir de l'action individuelle ou concertée de la (ou les) société(s) dominante(s).

C. com., art. L. 233-3.

→ *Action de concert, Groupe de sociétés.*

Contrôle administratif

[Droit administratif]

→ *Tutelle.*

Contrôle budgétaire

[Droit administratif/Droit financier ou fiscal]

→ *Chambre régionale des comptes.*

Contrôle budgétaire et comptable ministériel

[Droit financier]

Service de contrôle et d'exécution des dépenses et recettes de l'État effectuées au niveau central, fonctionnant au sein des ministères, dont la création en 2005 a été induite par la mise en œuvre de la nouvelle gestion publique introduite par la LOLF. Il est dirigé par un contrôleur budgétaire et comptable ministériel, ayant la qualité de *comptable public*, placé sous l'autorité du ministre du Budget et recruté principalement parmi les *trésoriers-payeurs généraux* et les membres du *contrôle général économique et financier*. Il comporte 2 départements :

- un département de contrôle budgétaire chargé, par voie de visa ou d'avis, d'exercer un contrôle sur la prévision et l'exécution du budget du ministère, en vue de la maîtrise de la dépense publique; le contenu de ce contrôle est précisé pour chaque ministère par arrêté du ministre du Budget;
- un département comptable, qui est le *comptable assignataire* des dépenses et des recettes du ministère et qui en tient la comptabilité.

Les chefs de ces départements sont choisis parmi les membres du contrôle général économique et financier et les *receveurs des finances*. Les ministères de petite taille sont dotés d'une organisation allégée.

Contrôle de l'emploi

[Droit du travail]

→ *Emploi.*

Contrôle de légalité

[Droit administratif]

L'extension de la décentralisation en 1982 a conduit au remplacement de l'ancienne *tutelle* administrative sur les *collectivités territoriales* par un contrôle de légalité, beaucoup plus respectueux de leur autonomie, et qui ne comporte plus, notamment, l'approbation de certains de leurs actes par l'État. Si le préfet (ou le sous-préfet) estime qu'un acte pris par elles est illégal, il peut seulement former un recours juridictionnel contre celui-ci – et non pas en prononcer lui-même l'annulation.

Au contrôle de légalité s'ajoute, en matière budgétaire, le *contrôle budgétaire*.

[Droit pénal]

Examen de conformité opéré par les juridictions pénales pour interpréter les actes administratifs, réglementaires ou individuels, et pour en apprécier la légalité lorsque, de cet examen, dépend la solution du procès pénal qui leur est soumis.

C. pén., art. 111-5.

GADPG n° 7 et 8.

Contrôle des changes

[Droit financier ou fiscal]

Ensemble de mesures dérogatoires au principe de la liberté des relations financières avec l'étranger, soumettant à des limitations ou à des autorisations les transferts de capitaux et de moyens de paiement à l'étranger, ainsi que la possession d'avoirs en devises par les nationaux. Complètement supprimé le 1er janvier 1990, en application des obligations communautaires de la France.

Contrôle des structures

[Droit rural]

Le contrôle des structures des exploitations agricoles est un outil de mise en application de la politique d'orientation agricole qui vise à contrôler les modifications d'exploitation du fonds agricole et non de la détention des biens agricoles. Il cherche à privilégier l'installation des jeunes agriculteurs et les exploitations de taille moyenne. Il s'est substitué à la « réglementation des cumuls » en 1980 qui tentait d'empêcher certaines opérations de concentration des terres pour éviter le démembrement d'exploitations viables.

C. rur., art. L. 331-1 s.

Contrôle d'identité

[Procédure pénale]

Examen, effectué par un *OPJ* ou un *APJ*, sur la voie ou dans un lieu public, d'un document de nature à prouver l'identité d'une personne. Il constitue la première étape de l'opération tendant à établir l'identité.

C. pr. pén., art. 78-1 à 78-5.

→ *Vérification d'identité.*

Contrôle financier déconcentré

[Droit financier]

Les dépenses de l'État exécutées au niveau ministériel font l'objet du *contrôle budgétaire et comptable ministériel*. Celles qui sont exécutées au niveau des administrations déconcentrées de l'État font l'objet d'un contrôle exercé par le contrôleur financier de région, placé auprès du *trésorier-payeur général* de région, fondé essentiellement sur un examen *a posteriori* des dépenses et sur une coopération entre le *comptable public* et les *ordonnateurs*.

Contrôle général économique et financier (Corps du)

[Droit financier]

Corps de contrôle issu de la fusion, en 2005, de 4 corps de contrôle existants des services de l'État, de ses *établissements publics* et d'*entreprises publiques* : le contrôle d'État, le contrôle financier, l'inspection de l'industrie et du commerce, l'inspection générale des postes et télécommunications. Cette fusion, induite par la nouvelle gestion publique introduite par la LOLF, a accompagné le passage à une nouvelle logique du contrôle, privilégiant l'aide à la décision par rapport au contrôle étroit des réglementations – ce dernier devant être assuré désormais par des procédures de contrôle interne aux services eux-mêmes.

Contrôle judiciaire

[Procédure pénale]

Mesure restrictive de liberté consistant à astreindre la personne mise en examen à se soumettre à une ou plusieurs obligations légalement définies, choisies en vue des nécessités de l'instruction ou à titre de mesure de sûreté.

Si ces obligations se révèlent insuffisantes, la personne peut faire l'objet d'une *assignation à résidence* avec *surveillance électronique*. À titre exceptionnel, si les obligations du contrôle judiciaire ou de l'assignation à résidence avec surveillance électronique ne permettent pas d'atteindre ces objectifs, elle peut être placée en *détention provisoire*.

C. pr. pén., art. 137 s. et R. 16 s.

Contrôle juridictionnel

[Droit administratif]

Le contrôle exercé par le juge sur la légalité des actes administratifs est dit :

- normal lorsque le juge vérifie la *compétence* de l'auteur de l'acte, l'absence de *vice de forme*, *de violation de la loi* et de *détournement de pouvoir* ;
- minimum lorsqu'en présence d'un *pouvoir discrétionnaire* de l'Administration, le juge ne vérifie, du point de vue de la légalité interne, que l'exactitude matérielle des faits, l'absence d'*erreur de droit*, d'*erreur manifeste* d'appréciation et de détournement de pouvoir ;
- maximum lorsqu'il confine au contrôle d'opportunité (théorie du *bilan*).

Contrôle partenarial et hiérarchisé de la dépense publique

[Droit financier]

Système moderne (LOLF) de contrôle des différentes phases d'exécution des dépenses publiques, destiné à accélérer cette exécution, consistant à associer les services de l'*ordonnateur* au contrôle originairement exercé par le seul *comptable public*, et à moduler le contenu du contrôle du comptable en fonction des risques liés au montant ou à la nature de la dépense, ou aux pratiques de l'ordonnateur.

Contrôle politique

[Droit constitutionnel]

Selon l'article 24 de la Constitution, le Parlement « contrôle l'action du gouvernement ». Il le fait par des moyens divers : procédure des *questions*, *commissions d'enquête*, mise en cause de la *responsabilité politique* du gouvernement… La mission d'évaluation des politiques publiques peut y être rattachée.

Contrôleur financier

[Droit financier ou fiscal]

→ *Contrôle général économique et financier.*

ACTU

Contrôleur général des lieux de privation de liberté

[Droit administratif]

Autorité administrative indépendante chargée, sans préjudice des prérogatives que la loi attribue aux autorités judiciaires ou juridictionnelles, de contrôler les conditions de prise en charge et de transfèrement des personnes privées de liberté, afin de s'assurer du respect de leurs droits fondamentaux. Le Contrôleur peut visiter à tout moment, sans demande préalable, tout lieu où des personnes sont privées de leur liberté par une décision d'une autorité publique (prisons, mais aussi lieux de rétention administrative concernant les étrangers demandeurs de titre de séjour ou en attente de mesures d'éloignement), ainsi que tout établissement de santé habilité à recevoir des patients hospitalisés sans leur consentement (hôpitaux psychiatriques). Les autorités responsables des lieux concernés ne peuvent s'opposer à la visite que pour des motifs graves et impérieux liés à la défense nationale, à la sécurité publique, à des catastrophes naturelles ou à des troubles sérieux dans le lieu visité; elles doivent fournir au Contrôleur général les justifications de leur opposition.

Il est nommé en raison de ses compétences et connaissances professionnelles par décret du président de la République, après avis de la commission compétente de chaque assemblée, pour une durée de 6 ans. Son mandat n'est pas renouvelable.

Il est saisi par le Premier ministre, les membres du gouvernement, les membres du Parlement ou le Défenseur des droits. Il peut aussi se saisir de sa propre initiative.

L. n° 2007-1545 du 30 oct. 2007.

Contumace

[Procédure pénale]

→ *Défaut en matière criminelle.*

Convention

[Droit civil]

Accord de volonté destiné à produire un effet de droit quelconque.

Par rapport au *contrat*, la convention est le genre car ses effets peuvent être autres que ceux qui résultent d'un contrat, lequel n'est qu'une espèce de convention. Néanmoins, dans le langage courant, les 2 termes sont souvent utilisés l'un pour l'autre.

C. civ., art. 1101.

[Droit constitutionnel]

Aux États-Unis, assemblée de délégués de chaque parti pour la désignation des candidats aux différentes élections présidentielles. Des conventions d'État ou des élections primaires désignent des délégués aux conventions nationales, qui désignent les candidats de chaque parti à la présidence.

→ *Assemblée constituante.*

[Droit international public]

Synonyme d'accord ou *traité*.

Convention collective

[Droit du travail]

Accord conclu entre, d'une part, un employeur ou un groupement d'employeurs et, d'autre part, une ou plusieurs organisations syndicales de salariés possédant un caractère représentatif, en vue de déterminer l'ensemble des conditions d'emploi et de travail des salariés et de leurs garanties sociales. La loi n° 2008-789 du 20 août 2008 a subordonné la validité des conventions collectives à un certain nombre de conditions reposant sur une audience électorale minimale du ou des organisations représentatives de salariés signataires (30 % des suffrages exprimés au premier tour des élections des représentants du personnel titulaires au comité d'entreprise) et sur une absence d'opposition de la part de l'(des) organisation(s) non signataire(s) qui aurai(ent) recueilli la majorité des suffrages exprimés lors des dernières élections au premier tour des représentants du personnel titulaires au comité d'entreprise.

C. trav., art. L. 2211-1 s.

GADT n° 157.

→ *Accord atypique, Commission nationale de la négociation collective, Droit d'opposition, Syndical professionnel (représentatif).*

ACTU

Convention de procédure participative

[Droit civil]

Convention par laquelle les parties à un différend qui n'a pas encore donné lieu à la saisine d'un juge ou d'un arbitre, s'engagent à œuvrer conjointement et de bonne foi à la résolution amiable de leur différend. Nul ne peut, s'il n'est avocat, assister une partie dans une procédure participative. La convention ne peut porter que sur les droits dont les parties ont la libre disposition, à l'exclusion des différends qui s'élèvent à l'occasion d'un contrat de travail. En revanche, elle peut être conclue par des époux en vue de rechercher une solution consensuelle en matière de divorce ou de séparation de corps, la demande en divorce ou en séparation devant alors, en cas d'accord, nécessairement être formée et jugée suivant les règles prévues pour le divorce. Lorsqu'une procédure participative est en cours, tout recours au juge pour résoudre le litige est irrecevable, sauf, en cas d'urgence, pour demander des mesures provisoires ou conservatoires. L'accord intervenu, partiel ou total, peut être soumis au juge pour homologation. En cas d'échec, les parties soumettent leur litige au juge, mais sont dispensées de la conciliation ou de la médiation préalable le cas échéant prévue.

C. civ., art. 2062 s.

Convention de reclassement personnalisé

[Droit du travail]

Prenant le relais de feu la convention de conversion, abrogée par une ordonnance du 24 juin 2004, la convention de reclassement personnalisé, issue de la loi n° 2005-32 du 18 janvier 2005, doit être proposée par l'employeur à tout salarié dont il envisage de prononcer le licenciement pour motif économique dans une entreprise occupant moins de 1 000 salariés. Cette convention doit permettre au salarié, après la rupture du contrat de travail, de bénéficier d'actions de soutien psychologique, d'orientation, d'accompagnement, d'évaluation des compétences professionnelles et de formation. Le salarié dispose d'un délai pour faire connaître sa réponse. En cas d'acceptation le contrat est rompu d'un commun accord avec l'employeur, mais cette rupture est soumise à un régime juridique hybride, n'ouvrant pas droit à un préavis mais prévoyant le bénéfice de l'indemnité de licenciement.

C. trav., art. L. 1233-65 s.

Convention européenne des droits de l'Homme

[Droit international public]

Expression abrégée mais usuelle de la Convention européenne de sauvegarde des droits de l'Homme et des libertés fondamentales adoptée à Rome le 4 novembre 1950 par les États membres du *Conseil de l'Europe* pour imposer aux États signataires le respect des principaux droits fondamentaux. Modèle car texte de droit positif assorti d'un mécanisme de garantie (*Commission et Cour européenne des droits de l'Homme*) modifié par le protocole n° 11 adopté en 1994 et entré en vigueur le 1er novembre 1998 qui supprime la *Commission* et organise le système de contrôle autour de la seule Cour. Un protocole n° 14, signé le 13 mai 2004 et entré en vigueur le 1er juin 2010, cherche à améliorer le fonctionnement de la Cour en simplifiant l'examen de la recevabilité des requêtes (plus de 40 000 requêtes traitées en 2010 pour environ 1 500 arrêts sur le fond).

→ *Charte des droits fondamentaux de l'Union européenne, Pacte international relatif aux droits civils et politiques.*

GADPG n° 5; GAJF n° 5.

Convention internationale du travail

[Droit international public/Droit du travail]

Convention portant sur le droit du travail et adoptée par la Conférence internationale du travail (assemblée plénière de l'OIT composée sur la base du tripartisme en vigueur dans cette organisation). Plus de 160 conventions, dont certaines ratifiées par de nombreux États, ont été adoptées. Un mécanisme de contrôle de leur application fonctionne de manière assez satisfaisante et constitue un exemple rare et original.

Convention internationale relative aux droits de l'enfant

[Droit civil]

Convention (dite aussi de New York) adoptée par l'Organisation des Nations unies le 20 novembre 1989, ratifiée par 192 États dont la France, dressant le catalogue des droits des mineurs : droit inhérent à la vie, droit de connaître ses origines, droit à une identité, droit à une nationalité, droit à la liberté d'expression…

Cette convention a exercé une influence non négligeable sur la législation française de l'enfance, notamment en favorisant l'audition de l'enfant en justice, la reconnaissance du droit de l'enfant d'entretenir des relations avec ses 2 parents, l'abolition de la disparité des filiations.

Convention matrimoniale

[Droit civil]

→ *Contrat de mariage.*

Convention pour l'avenir de l'Europe

[Droit européen]

Créée par le Conseil européen de Laeken en décembre 2001 avec pour mission de préparer la *Constitution de l'Union européenne* élargie. Composée de 105 membres titulaires représentant États membres et États candidats (gouvernements et parlements nationaux, Parlement européen et la Commission). Présidée par Valéry Giscard d'Estaing. A pu remettre son projet, adopté par consensus en juin 2003. Le traité qui en est issu en 2004 a été rejeté par référendum en France et aux Pays-Bas et abandonné.

→ *Traité de Lisbonne.*

Conventionnalité (Contrôle de)

[Droit général]

Au cours d'une *instance* devant une juridiction administrative ou judiciaire, contrôle exercé par celle-ci sur un texte législatif invoqué par une partie, en vue de s'assurer qu'il ne méconnaît pas une convention internationale ou un texte international de force juridique équivalente, comme un texte de droit dérivé européen. Dans ce cas, le texte national est écarté par le juge. Il n'est possible pour le justiciable d'invoquer le *moyen* que si la norme internationale est d'*effet direct*.

→ *Constitutionnalité des lois (Contrôle de), Procédure générale.*

Conventions

[Sécurité sociale]

Accords nationaux régissant les rapports entre les caisses primaires d'assurance-maladie et les praticiens et auxiliaires médicaux, et conclus au niveau national pour chacune des professions concernées, entre les caisses nationales des divers régimes d'assurance-maladie et une ou plusieurs organisations syndicales représentatives de la profession intéressée.

CSS, art. L. 162-5.

Conventions de la Constitution

[Droit constitutionnel]

Expression britannique, approximativement synonyme de celle de *coutume constitutionnelle*. Ces conventions (ex. : discours du Trône rédigé par le Premier ministre) sont respectées par les acteurs politiques, mais leur violation ne pourrait être sanctionnée par un juge.

→ *Coutume.*

Conventions de Lomé

[Droit européen]

Conventions régissant les relations économiques de l'Union européenne avec les États en voie de développement d'Afrique, d'Asie ou du Pacifique (pays ACP). La première a été signée le 28 février 1975 (Lomé I). D'abord conclues à Yaoundé (1963) puis à Lomé (1975) et désormais signées à Cotonou, ces conventions ont longtemps été considérées comme une référence dans le dialogue Nord/Sud. Le système est aujourd'hui l'objet de débats car les demandes de l'Union se font croissantes et excessives aux yeux des pays ACP.

ACTU

Conventions réglementées

[Droit commercial]

Réponse du droit des sociétés de capitaux (SARL et SA) aux situations de conflit d'intérêts entre la société personne morale et ses dirigeants ou certains de ses membres (associés ou actionnaires de 10 %). Se traduit, outre certaines opérations interdites, nulles en toute circonstance (ex. : garanties fournies par la société pour engagement personnel du dirigeant ou de l'associé), par une procédure de révélation des opérations litigieuses devant conduire à leur autorisation par les organes délibératifs ou de contrôle de la société. Selon les cas, le non-respect de ces procédures de prévention des conflits se traduit par la nullité de l'opération, ou par la responsabilité de la personne intéressée.

C. com., art. L. 223-19 et 225-86 s.

Conversion

[Droit civil]

À l'intérieur d'un même cadre juridique, passage d'un mécanisme à un autre, d'une modalité à une autre, éventuellement d'un état à un autre état. Ainsi, lorsque la séparation de corps a duré 2 ans, elle peut être convertie en divorce à la demande de l'un des époux; l'usufruit du conjoint survivant, quelle qu'en soit l'origine, donne ouverture à une faculté de conversion en rente viagère sous certaines conditions.

C. civ., art. 306, 759.

[Procédure civile]

Changement de nature ou d'objet d'une procédure d'exécution s'inscrivant dans le prolongement d'une procédure originaire différente. Le créancier saisissant qui a procédé à une saisie conservatoire de sommes d'argent peut la convertir en *saisie-attribution*, une fois en possession d'un titre exécutoire; dans les mêmes circonstances, la saisie conservatoire de droits d'associés peut être transformée en saisie-vente; dans l'un et l'autre cas il est demandé un acte de conversion établi par huissier. Parfois, il faut un jugement; il en va ainsi lorsqu'une *saisie-vente* ordinaire des éléments corporels d'un fonds de commerce est en cours et que, pour éviter une vente morcelée préjudiciable, une action en conversion tendant à une vente globale du fonds est introduite par un créancier ou le débiteur saisi.

C. com., art. L. 143-3 s.; L. nº 650 du 9 juill. 1991, art. 76; Décr. nº 92-755 du 31 juill. 1992, art. 247.

Conversion de la dette publique

[Droit financier ou fiscal]

Mesure de gestion de la dette publique tendant à réduire le taux d'intérêt à servir aux prêteurs.

ACTU

Conversion de peine

[Droit pénal/Procédure pénale]

Mesure destinée à éviter l'exécution d'une courte peine d'emprisonnement (6 mois au plus), consistant, pour le juge de l'application des peines, à ordonner qu'il sera sursis à son exécution, et que le condamné accomplira à sa place un travail d'intérêt général non rémunéré. En cas d'exécution partielle d'un travail d'intérêt général, le juge de l'application des peines peut pareillement ordonner la conversion de la partie non exécutée en jours-amende.

C. pén., art. 132-57; C. pr. pén., art. 723-15; réd. L. nº 2009-1436 du 24 nov. 2009 pénitentiaire.

Conversion de rente

[Sécurité sociale]

Transformation d'une rente en un capital.

Convocation par procès-verbal

[Procédure pénale]

Procédure simplifiée de poursuite devant le tribunal correctionnel, qui a remplacé le rendez-vous judiciaire, et qui est applicable à des affaires peu complexes pouvant être jugées rapidement.

Lorsque les charges réunies sont suffisantes, et que l'affaire est en état d'être jugée, le prévenu est invité à comparaître devant le tribunal dans un délai compris entre 10 jours et 2 mois. Un double du procès-verbal, comportant notamment l'heure et la date de l'audience, est remis à la personne poursuivie. Il vaut convocation devant la juridiction de jugement.

C. pr. pén., art. 388, 393 et 394.

Coobligé

[Droit civil]

Personne qui est tenue au paiement d'une dette avec une ou plusieurs autres, soit conjointement, soit solidairement. Le terme le plus courant est codébiteur.

→ *Cofidéjusseurs, Obligation conjointe, Solidarité.*

Coopération décentralisée

[Droit administratif]

Coopération que les *collectivités territoriales* françaises peuvent engager avec des collectivités territoriales étrangères dans la limite de leurs compétences. Elle prend la forme de conventions, ou de participation à des sociétés d'économie mixte locale ou à des groupements d'intérêt public.

L'expression est parfois employée aussi pour désigner les actions de coopération au profit de collectivités des pays en voie de développement engagées par des collectivités locales françaises.

Coopération politique européenne

[Droit européen]

Mise en place par l'accord Davignon du 27 octobre 1970. Organise un mécanisme de concertation des politiques étrangères des États membres des *Communautés européennes*. Même si les rencontres prévues à ce titre se sont multipliées et si des résultats intéressants ont été enregistrés, cette coopération n'a pas débouché sur une politique extérieure commune. Intégrée dans les traités constitutifs par l'Acte unique européen, elle connaîtra un développement important avec le traité de Maastricht et la création d'une *politique étrangère et de sécurité commune (PESC)*.

Coopérative

[Droit général]

Entreprise recherchant pour ses membres les services les meilleurs aux plus bas prix (production, consommation, agriculture, artisanat, commerce de détail, habitation, reconstruction, crédit...). L'activité, à caractère social de l'ensemble des coopératives, part du principe, non de la suppression systématique du profit, mais de la réduction de son rôle et surtout de sa répartition entre les adhérents, avec égalité de ceux-ci dans la gestion, abstraction faite du nombre des parts et de l'ancienneté (sauf rares exceptions). L'expérience toute contemporaine montre les difficultés qu'éprouvent les coopératives à n'être pas confondues, même par certains de leurs adhérents, avec les entreprises du type capitaliste ordinaire.

L. nº 47-1775 du 10 sept. 1947, art. 1er et s.

Coopérative agricole

[Droit rural]

Une société coopérative agricole est une entreprise coopérative relevant de la loi du 10 septembre 1947 et du Code rural et de la pêche maritime. Elle relève d'un statut particulier qui n'est ni civil ni commercial.

Créée par des agriculteurs, elle permet d'assurer en commun l'utilisation d'outils, de production, de conditionnement ou de stockage, la transformation des produits des exploitations adhérentes, d'approvisionner les agriculteurs ou encore de commercialiser leurs produits. Il existe des coopératives agricoles pour tous les types de production.

C. rur., art. L. 521-1 s.

Coopérative d'utilisation de matériel agricole (CUMA)

[Droit rural]

Groupement d'agriculteurs en vue de l'achat et de l'utilisation en commun du matériel de culture. Forme de coopérative permettant aux petits propriétaires de bénéficier d'un matériel qu'ils ne pourraient acheter individuellement.

C. rur., art. L. 521-1 s.

Coopérative ouvrière de production

[Droit du travail]

Société à capital variable, ayant la forme de société anonyme ou de société à responsabilité limitée, constituée par des salariés en vue de l'exercice en commun d'activités de production ou de services. Afin d'obtenir des capitaux, il peut être fait appel, en qualité de sociétaires, à des non-coopérateurs, nécessairement minoritaires, dans les organes de gestion.

C. trav., art. L. 3323-9 s.

Cooptation

[Droit constitutionnel]

Mode de recrutement des gouvernants consistant dans la désignation des nouveaux gouvernants par ceux qui sont déjà en fonction.

En vigueur dans les dictatures, la cooptation joue aussi un rôle important au sein des partis politiques (même dans les régimes démocratiques).

[Droit administratif]

Procédé de recrutement de certains membres ou, successivement, de tous les membres d'un conseil ou d'une assemblée (le plus souvent de nature juridictionnelle ou scientifique) par les membres mêmes de ce conseil ou de cette assemblée, afin d'assurer l'indépendance dans le recrutement et la qualité particulière des personnes choisies.

Coordonnateur

[Droit social]

Personne chargée de favoriser sur le plan local une liaison efficace entre les services et établissements à caractère sanitaire et social, concernant les retraités et les personnes âgées (Circ. n° 82-13 du 7 avr. 1982).

Copie

[Droit civil]

Reproduction littérale d'un titre original, non signée par les parties, dont la force probante existe uniquement dans le cas où l'original ne subsiste plus et varie selon les conditions dans lesquelles elle a été délivrée.

C. civ., art. 1334 s. et 1348.

Copie certifiée conforme du jugement

[Procédure civile]

Simple copie du jugement affirmée identique à la *minute* délivrée par le greffier en chef et non munie de la formule exécutoire.

→ Copie exécutoire.

Copie exécutoire

[Procédure civile]

Expédition d'un jugement ou d'un acte authentique revêtue de la *formule exécutoire* apposée par le détenteur de la minute (greffier, notaire). Sa présentation est indispensable pour la mise à exécution.

La délivrance d'une seconde copie exécutoire d'un jugement est possible en cas de motif légitime. S'il s'agit d'un acte authentique, elle est subordonnée à l'autorisation du président du tribunal de grande instance.

CPC, art. 465, 502 et 1439.

→ *Expédition, Grosse.*

Copie exécutoire à ordre

[Droit civil/Procédure civile]

Copie d'un acte notarié reçu en minute, revêtue de la formule exécutoire, à ordre et transmissible suivant certaines conditions, par *endossement*.

L. nº 76-519 du 15 juin 1976.

Copropriété

[Droit civil]

1° Modalité du droit de propriété découlant de la pluralité des titulaires du droit sur la chose, d'où il résulte que le droit de propriété de chacun est ramené à une quote-part (1/2, 1/3, 1/4) dont le copropriétaire peut librement disposer, tandis que la gestion du bien indivis lui-même est soumise à l'accord de tous, parce que le droit s'applique, matériellement, à la totalité du bien.

2° Le terme désigne souvent, dans la pratique et le langage usuel, la situation d'un immeuble construit et divisé en appartements attribués privativement à des personnes déterminées : la copropriété ne porte alors que sur les parties communes et le gros œuvre.

Le règlement de copropriété est un document écrit qui doit obligatoirement déterminer les parties communes et privatives, les quotes-parts des charges, les conditions de jouissance des parties communes et privatives et fixer les règles relatives à l'administration des parties communes.

L. nº 65-557, 10 juill. 1965.

→ *Indivision, Méthode de Grenoble, Méthode de Paris.*

Corporate governance

→ *Gouvernement des entreprises.*

Corps certain

[Droit civil]

Chose caractérisée par son irréductible individualité et, par conséquent, insusceptible d'être remplacée par une autre dans un paiement.

→ *Choses fongibles.*

Corps de fonctionnaires

[Droit administratif]

Ensemble de fonctionnaires soumis au même statut particulier et ayant vocation à parvenir aux mêmes grades. Chaque corps est divisé en 3 catégories (A, B, C) correspondant à des niveaux décroissants de fonctions et d'exigences de diplômes pour leur recrutement.

→ *Fonctionnaire, Statut.*

Corps diplomatique

[Droit international public]

Ensemble des agents diplomatiques en poste dans un État donné. Il existe un doyen du corps diplomatique, qui est le chef de mission le plus ancien (voire dans certains États de droit le nonce apostolique) mais qui a seulement un rôle protocolaire ou une autorité morale.

Corps électoral

[Droit constitutionnel]

Ensemble des citoyens qui ont le droit de vote.

Corps humain

[Droit général]

Aspect physique de l'*être humain*, en principe inviolable, sauf nécessité médicale pour la personne ou à titre exceptionnel dans l'intérêt thérapeutique d'autrui, notamment un prélèvement d'organes sous des conditions très strictes. Le corps lui-même, ses éléments et ses produits ne peuvent faire l'objet d'un droit patrimonial. Le juge peut prescrire toutes mesures propres à empêcher ou faire cesser une atteinte illicite au corps humain ou des agissements illicites portant sur des éléments ou des produits de celui-ci, y compris après la mort. Le corps humain, aux différents stades de sa constitution et de son développement, ainsi que de la simple découverte d'un de ses éléments, y compris la séquence totale ou partielle d'un gène, ne peut constituer des inventions brevetables.

Le respect dû au corps humain ne cesse pas avec la mort. Les restes des personnes décédées, y compris les cendres de celles dont le corps a donné lieu à une crémation, doivent être traités avec respect, dignité et décence.

C. civ., art. 16 à 16-13; CPI, art. L. 611-18; CSP, art. L. 1131-1s., L. 1211-4 s.

GAJC, t. 1, n° 50.

→ *Affection grave et incurable, Atteinte à la dignité de la personne humaine, Cadavre, Être humain, Fin de vie, Inviolabilité du corps humain, Organe humain, Soins palliatifs.*

Corps judiciaire

[Procédure civile/Procédure pénale]

Ensemble des *magistrats* de carrière de l'ordre judiciaire soumis à des règles communes constituant le statut de la magistrature, exerçant auprès de la Cour de cassation, des cours d'appel, des tribunaux de première instance ou à l'administration centrale du ministère de la Justice.

→ *Ordre de juridictions.*

Corpus

[Droit civil]

Le *corpus* (corps) constitue l'élément matériel de la possession, en désignant le pouvoir de fait exercé sur une chose.

→ *Animus.*

Corréalité

[Droit pénal]

→ *Co-activité.*

[Droit civil/Droit commercial]

Synonyme de solidarité.

Correctionnalisation judiciaire

[Procédure pénale]

Pratique qui consiste, pour les autorités de poursuite ou d'instruction, à déférer à la juridiction correctionnelle ce qui est constitutif d'un crime, par exemple en négligeant l'existence de circonstances aggravantes.

La personne mise en examen et la partie civile peuvent s'opposer à cette solution en faisant appel de l'ordonnance de renvoi devant le tribunal correctionnel. En revanche, ce dernier ne peut se déclarer incompétent si cet appel n'a pas été exercé ou ne peut plus l'être, à moins que les faits, qualifiés de non intentionnels, soient en réalité intentionnels.

C. pr. pén., art. 186-3 et 469, al. 4.

GAPP n° 4.

Correspondant du Trésor public

[Droit financier ou fiscal]

Organisme ou particulier déposant auprès du Trésor public, à titre obligatoire ou facultatif, tout ou partie de ses disponibilités. Exemple : les *collectivités territoriales*.

→ *Régies d'avances, de recettes.*

Corruption (Délit de)

[Droit pénal]

Comportement pénalement incriminé par lequel sont sollicités, agréés ou reçus des offres, promesses, dons ou présents, à des fins d'accomplissement ou d'abstention d'un acte, d'obtention de faveurs ou d'avantages particuliers. La corruption est dite passive lorsqu'elle est le fait du corrompu, elle est dite *active* lorsqu'elle est le fait du corrupteur.

C. pén., art. 432-11, 433-1 et 433-2, mod. L. n° 2007-1598 du 13 nov. 2007.

Corse

[Droit administratif]

La collectivité territoriale de Corse est une *région* dotée de compétences plus étendues, et d'une organisation particulière marquée par l'existence d'un Conseil exécutif de Corse.

CGCT, art. L. 4421-1 s.

GDCC n° 35.

Cosac

[Droit européen]

Reconnue par un protocole annexé au Traité d'Amsterdam, la Cosac (Conférence des organes spécialisés pour suivre les questions relatives à l'Union européenne dans chaque parlement national) permet, 2 fois par an, un échange d'expériences et de points de vue entre les parlements nationaux (6 représentants pour chacun). Une délégation du Parlement européen participe aux travaux de la Cosac.

ACTU

Cosaisine

[Procédure pénale]

Faculté, pour le président d'un tribunal de grande instance de désigner un ou plusieurs juges d'instruction pour être adjoints au juge d'instruction saisi, lorsque la gravité ou la complexité de l'affaire le justifie. Les pôles de l'instruction sont seuls compétents pour les informations soumises à une cosaisine.

La mesure n'est que d'application provisoire, en attendant l'entrée en vigueur de la collégialité de l'instruction, initialement fixée au 1er janvier 2010, mais reportée au 1er janvier 2014 par la loi n° 2010-1657 du 29 décembre 2010 (art. 163).

C. pr. pén., art. 83-1 et 83-2, réd. L. n° 2007-291 du 5 mars 2007.

Costume judiciaire

[Procédure (principes généraux)]

Tenue vestimentaire que doivent porter les magistrats et certains auxiliaires de justice (greffier, avocat) lorsqu'ils exercent leurs fonctions ou assistent aux cérémonies publiques. Pour les magistrats, il est distingué selon le type d'audience, ordinaire ou solennelle. Par exemple, le costume du Premier président de la Cour de cassation, présidant l'assemblée plénière, se décline ainsi : robe rouge à grandes manches, manteau et cape de fourrure, simarre de soie noire, ceinture de soie rouge à glands d'or, toque de velours noir bordée de 2 galons d'or, cravate en dentelle.

Le costume judiciaire ne symbolise plus l'appartenance des magistrats à la justice royale; il est le signe de l'éminence et de l'intemporalité de la fonction de justice.

COJ, art. R. 111-6.

→ *Insigne.*

Cotation des actes médicaux

[Sécurité sociale]

Nomenclature générale des actes professionnels et des actes de biologie médicale attribuant à chaque acte une lettre-clé et un coefficient, en vue de son remboursement par les caisses d'assurance-maladie. La lettre-clé indique la catégorie de l'acte et représente une valeur en euros variables, fixée et révisée selon la réglementation sur les honoraires des praticiens, auxiliaires médicaux et biologistes : le coefficient est un nombre indiquant la valeur relative de chaque acte, en fonction de son importance.

Cote boursière

[Droit commercial]

Liste officielle des cours des valeurs et marchandises négociées en bourse. Les textes parlent aujourd'hui d'« admission aux négociations sur un marché réglementé ».

→ *Instruments financiers.*

Cote d'impôt

[Droit financier ou fiscal]

Dans le vocabulaire de la pratique administrative, synonyme d'imposition individuelle à un impôt direct quelconque. Par exemple, on parle de la cote d'impôt sur le revenu d'un contribuable pour désigner le montant d'impôt qu'il doit payer au titre d'une année.

Cotisations de Sécurité sociale

[Sécurité sociale]

Versements des assurés sociaux et de leurs employeurs assis sur le revenu professionnel et destinés au financement de la Sécurité sociale.

Dans le régime agricole, on distingue les cotisations techniques affectées à la couverture des dépenses de prestations, des cotisations complémentaires affectées aux dépenses de gestion, d'action sanitaire et sociale et aux frais de contrôle médical.

CSS, art. L. 241-1.

Coup d'État

[Droit constitutionnel]

Action de force contre les pouvoirs publics exécutée par une partie des gouvernants ou par des agents subordonnés, notamment des militaires (dans ce dernier cas on parle aussi de *putsch* ou de *pronunciamiento*), et qui vise à renverser le régime établi (exceptionnellement à le défendre : ex. les coups d'État « en chaîne » du Directoire pour rétablir l'harmonie, souvent rompue, entre les pouvoirs publics).

Coups et blessures par imprudence

[Droit pénal]

→ *Atteintes involontaires, Homicide et blessures par imprudence.*

Cour administrative d'appel

[Droit administratif]

Juridiction administrative de second degré. Il en existe 8 (Bordeaux, Douai, Lyon, Marseille, Nancy, Nantes, Paris, Versailles). Elle est compétente pour connaître des appels contre les jugements rendus en *premier ressort* par les *tribunaux administratifs*, à l'exception de ceux portant sur les *recours en appréciation de légalité* et sur les litiges relatifs aux élections municipales et départementales, qui continuent de relever en appel du *Conseil d'État*. Les arrêts rendus par les CAA peuvent faire l'objet d'un recours en cassation devant celui-ci.

CJA, art. R. 221-7 s.

Cour constitutionnelle

[Droit constitutionnel]

Juridiction en charge du respect de la constitution, qui contrôle en particulier la constitutionnalité des lois et veille au respect des droits fondamentaux. Sa composition (désignation par le pouvoir exécutif ou le pouvoir législatif ou les 2) et son mode de saisine (par voie d'action et/ou d'exception) varient selon les pays.

→ *Conseil constitutionnel.*

Cour d'appel

[Procédure civile/Procédure pénale]

Juridiction de droit commun de l'ordre judiciaire statuant sur les appels interjetés contre les décisions rendues par les tribunaux de grande instance, les tribunaux d'instance, les tribunaux de commerce, les conseils de prud'hommes, les tribunaux paritaires des baux ruraux situés dans son ressort géographique, qui couvre presque toujours plusieurs départements. La France métropolitaine en compte 30.

Elle connaît, aussi, de diverses contestations intéressant les auxiliaires de justice (avocats, avoués, huissiers, notaires).

La Cour d'appel de Paris a des domaines propres de compétence, jugeant, par exemple, les recours contre les décisions de l'Autorité de la concurrence ou celles (individuelles) de l'Autorité des marchés financiers ou statuant sur les actions en indemnisation des victimes de la contamination par le virus de l'immunodéficience humaine. En outre, elle est seule compétente pour les recours en matière de délivrance, rejet ou maintien des brevets d'invention.

COJ, art. L. 311-1 s., R. 311-3 et D. 311-8 s.

→ *Avis contentieux.*

Cour d'assises

[Procédure pénale]

Juridiction répressive compétente, en premier ressort ou en appel, pour juger les crimes. À raison d'une cour d'assises par département, elle est composée de 2 catégories de membres délibérant ensemble : d'une part, 3 magistrats professionnels qui forment la cour, d'autre part, des jurés de jugement non professionnels qui forment le jury, au nombre de 9 lorsque la cour d'assises statue en premier ressort et de 12 lorsqu'elle statue en appel, tous étant désignés par tirages au sort à partir des listes électorales.

Il existe une formation spéciale de la cour d'assises dans le ressort de chaque cour d'appel, chargée de juger les crimes militaires, les crimes de droit commun commis dans l'exécution de leur service par les militaires lorsqu'il y a un risque de divulgation d'un secret de la défense nationale, certains crimes contre les intérêts fondamentaux de la nation, les actes de terrorisme, et, depuis la réforme du Code pénal, les crimes en matière de trafics de stupéfiants. Elle est composée d'un président, et de 6 ou 8 assesseurs, selon qu'elle statue en premier ressort ou en appel, tous magistrats professionnels, ce qui en fait une cour d'assises sans jurés.

C. pr. pén., art. 231 s. et 698-6.

Cour de cassation

[Procédure civile/Procédure pénale]

Juridiction placée au sommet de la hiérarchie pour les juridictions civiles et pénales de l'ordre judiciaire.

Elle comprend 5 chambres civiles et une chambre criminelle, peut statuer aussi en *chambre mixte* et en *Assemblée plénière*. Chargée de favoriser l'unité d'interprétation des règles juridiques, la Cour de cassation, saisie par un pourvoi, ne peut connaître que des questions de droit et non des questions de fait abandonnées à l'appréciation souveraine des juges du fond.

Outre son rôle de juge de cassation, la Cour Suprême a reçu compétence pour statuer sur certains litiges : prise à partie, action en responsabilité professionnelle à l'encontre des avocats en Conseil d'État et à la Cour de cassation, liste d'experts.

Une loi du 15 mai 1991 permet, en matière civile, à une juridiction de saisir la Cour de cassation, pour connaître son avis sur une question de droit nouvelle présentant une difficulté sérieuse d'interprétation et se posant dans un grand nombre de litiges. L'avis ainsi donné ne s'impose pas aux juges du fond.

La loi n° 2001-339 du 25 juin 2001 a ouvert la même possibilité aux juridictions pénales, mais de façon plus limitée, l'excluant pour les juridictions d'instruction, la Cour d'assises et les affaires dans lesquelles une personne est placée en détention provisoire ou sous contrôle judiciaire.

COJ, art. L. 441-1 s. et R. 441-1; CPC, art. 1031-1 s.; C. pr. pén., art. 706-64 s.

Cour de discipline budgétaire et financière

[Droit financier ou fiscal]

Juridiction administrative chargée principalement, sous le contrôle de cassation du Conseil d'État, de réprimer les irrégularités budgétaires en prononçant des peines pécuniaires contre les agents d'exécution des budgets de l'État, des collectivités territoriales et des établissements publics. Les élus locaux (sauf dans quelques cas) et les ministres ne sont pas justiciables de la cour. Son fonctionnement n'a pas répondu aux espoirs mis en elle.

CJF, art. L. 311-1 s.

Cour de justice de la République

[Droit constitutionnel]

Instituée par la loi constitutionnelle du 27 juillet 1993 elle remplace la *Haute Cour de justice*, pour connaître de la responsabilité pénale des membres du gouvernement. 15 membres soit 12 parlementaires élus en leur sein et en nombre égal par l'Assemblée nationale et le Sénat, et 3 magistrats du siège à la Cour de cassation dont l'un préside la Cour. La révision constitutionnelle a voulu faciliter et juridictionnaliser la mise en œuvre de la responsabilité des ministres, suite au dossier du sang contaminé, tout en maintenant le principe d'une juridiction spécifique considérée comme garante de l'indépendance du pouvoir politique. Tout citoyen peut porter plainte auprès d'une Commission des requêtes, l'initiative de la saisine n'étant plus réservée au seul Parlement.

Const., art. 68-1.

Cour de justice des Communautés européennes (CJCE)

[Droit européen]

→ *Cour de justice de l'Union européenne.*

ACTU

Cour de justice de l'Union européenne (CJUE)

[Droit européen]

Nouveau nom donné par le traité de Lisbonne à l'ensemble du système juridictionnel de l'Union européenne mais que la pratique a pris l'habitude d'utiliser pour désigner la Cour de justice elle-même, simple composante d'un ensemble plus vaste. Elle comprend 3 juridictions :

1° La *Cour de justice* (ex-Cour de justice des Communautés européennes, CJCE), qui est chargée d'assurer le respect du droit dans l'interprétation et l'application des traités. Composée de 27 juges et de 8 avocats généraux nommés d'un commun accord par les États membres et indépendants, la Cour a de nombreuses compétences (elle peut, par ex., annuler un acte du Conseil ou de la Commission, constater le *manquement* par un État de l'une des obligations lui incombant, interpréter, sur renvoi préjudiciel des juridictions nationales, les traités et actes de droit dérivé…). Rendant environ 600 arrêts par an, la Cour qui siège à Luxembourg est devenue une sorte de Cour suprême européenne, surtout avec l'extension des compétences du *Tribunal de première instance*. Elle a exercé un rôle moteur dans la construction européenne par une interprétation souvent extensive des compétences de l'Union, par l'unité assurée au droit de l'Union et par la sanction de ses éventuelles violations.

2° Le *Tribunal* (ex-Tribunal de première instance).
3° Le *Tribunal de la fonction publique*.
TUE, art. 19.
→ *Chambres juridictionnelles.*

Cour des comptes

[Droit financier ou fiscal]

Juridiction administrative, soumise au contrôle de cassation du Conseil d'État, chargée d'exercer un contrôle sur pièces ou sur place des finances de l'État et de ses établissements publics, de la Sécurité sociale et d'organismes même privés bénéficiant de concours financiers de l'État. Ses attributions essentielles sont représentées :

1° à l'égard des comptables publics ou de fait de l'État et de ses *établissements publics*, par le jugement de leur *compte de gestion* ou des documents en tenant lieu, en vue de déterminer s'ils sont quittes ou en *débet* vis-à-vis des personnes publiques dont ils ont exécuté les opérations;

2° à l'égard des *ordonnateurs* des mêmes personnes publiques, par la formulation d'observations non juridictionnelles sur la régularité et l'efficience de leur gestion; les plus importantes sont publiées dans le rapport public annuel de la Cour, publié par le *Journal officiel*. La réforme budgétaire appliquée par l'État à partir de 2006 (budgétisation par objectifs) a largement renforcé le rôle d'audit de performance joué par la Cour;

3° par la vérification de la régularité des comptes et par l'appréciation de la gestion des entreprises publiques. Ces investigations, à caractère non juridictionnel, aboutissent à un compte rendu aux ministres intéressés et à un rapport public biennal;

4° par une compétence de juge d'appel à l'égard des jugements définitifs des *chambres régionales des comptes*;

5° plus généralement, la Cour des comptes est chargée constitutionnellement d'assister le gouvernement et le Parlement dans le contrôle des *lois de finances*, ce qu'elle fait notamment en produisant au profit de ce dernier de nombreux documents, d'information ainsi qu'une certification de la régularité, sincérité et fidélité des comptes de l'État.

CJF, art. L. 111-1 s.; Const., art. 47-2.

→ *Commission de vérification des comptes des entreprises publiques, Comptable de fait, Performance (publique).*

Cour des comptes européenne

[Droit européen]

Créée par le traité de Bruxelles du 22 juillet 1975 et installée (siège : Luxembourg) en octobre 1977. Chargée du contrôle de la légalité et de la régularité ainsi que de la bonne gestion financière des recettes et dépenses des institutions de l'Union européenne.

Cour de sûreté de l'État

[Procédure pénale]

Juridiction d'exception, instituée par une loi du 15 janvier 1963, chargée de juger en temps de paix l'ensemble des infractions contre la sûreté intérieure et extérieure de l'État. A été supprimée par une loi du 4 août 1981.

Cour européenne des droits de l'Homme

[Droit international public]

Juridiction créée dans le cadre de la *Convention européenne de sauvegarde des droits de l'Homme et des libertés fondamentales*. Assure le contrôle du respect de la convention. *Siège* : Strasbourg.

Cour internationale de justice

[Droit international public]

Organe judiciaire principal des Nations unies, fonctionnant conformément à un statut annexé à la Charte, et dont la mission est de régler par des arrêts les différends d'ordre juridique entre États et de donner des avis consultatifs aux organes de l'ONU et aux institutions spécialisées. *Siège :* La Haye. Succède à la Cour permanente de justice internationale contemporaine de la SDN. On doit déplorer une activité aujourd'hui très faible de la Cour car peu saisie, les États préférant l'arbitrage.

Cour nationale de l'incapacité et de la tarification des accidents du travail

[Sécurité sociale]

Anciennement « Commission nationale technique ».

Juridiction compétente pour statuer sur les appels formés contre les décisions des tribunaux du contentieux de l'*incapacité* qui sont rendus en premier ressort; compétente également pour connaître des décisions rendues par les caisses régionales d'assurance-maladie en matière de tarification des accidents du travail.

CSS, art. L. 143-3.

Cour nationale du droit d'asile

[Droit administratif]

Juridiction administrative qui statue sur les recours formés contre les décisions de l'Office français de protection des réfugiés et apatrides (personne persécutée en raison de son action en faveur de la liberté; personne exposée dans son pays à la peine de mort, à la torture, à des peines ou traitements inhumains ou dégradants; civil menacé gravement, directement et individuellement, en raison d'une violence généralisée résultant d'une situation de conflit armé interne ou international). Elle examine aussi les requêtes qui lui sont adressées par les réfugiés visés par l'une des mesures prévues par les articles 31, 32 et 33 de la Convention de Genève du 28 juillet 1951 (réfugiés menacés dans un territoire et entrés illégalement en France, mais qui se sont présentés spontanément aux autorités françaises; expulsion d'un réfugié se trouvant régulièrement en France, pour des raisons de sécurité nationale ou d'ordre public; expulsion d'un réfugié qui constitue un danger ou qui, ayant été condamné définitivement pour un crime ou un délit particulièrement grave, constitue une menace pour la communauté française).

Elle est présidée par un membre du Conseil d'État, désigné par le vice-président de cette institution.

CESEDA, art. L. 731-1 s. et R. 731-1 s.

Cour pénale internationale

[Droit international public]

Statuts adoptés à Rome le 17 juillet 1998. La Cour a pour mission de poursuivre les responsables de crimes de guerre, de crimes contre l'humanité et de génocide. Traité entré en vigueur le 1er juillet 2002 après sa ratification par 60 États. Des plaintes ne peuvent être adressées à la Cour que pour des faits survenus postérieurement à cette date. Les États-Unis ont refusé de ratifier la convention créant la Cour et marquent une forte hostilité à son égard (cherchent à conclure des accords bilatéraux de non-extradition devant la Cour). *Siège :* La Haye.

Cour permanente d'arbitrage (CPA)

[Droit international public]

Institution créée par la première conférence de La Haye (1899) pour favoriser le règlement arbitral des litiges internationaux. La CPA consiste en une liste permanente de jurisconsultes (4 au plus par État) parmi lesquels les parties choisissent un ou plusieurs arbitres. *Siège :* La Haye.

Cour permanente de justice internationale

[Droit international public]

→ *Cour internationale de justice.*

Cour supérieure d'arbitrage

[Droit du travail]

Juridiction d'exception chargée d'examiner les pourvois formés par les parties contre les sentences arbitrales pour excès de pouvoir ou violation de la loi.

C. trav., art. L. 2524-7 s. et R. 2524-2 s.

→ *Arbitrage.*

Cour suprême

[Droit général]

Juridiction placée au sommet d'une pyramide de juridictions, chargée de maintenir la cohérence dans l'application du droit, et dont les décisions ne sont pas, sauf exceptions, susceptibles d'être contestées. Ex. : Cour suprême des États-Unis d'Amérique; depuis 2009, Cour suprême du Royaume Uni.

Courrier électronique

[Droit général]

On entend par courrier électronique tout message, sous forme de texte, de voix, de son ou d'image, envoyé par un réseau public de communication, stocké sur un serveur du réseau ou dans l'équipement terminal du destinataire, jusqu'à ce que ce dernier le récupère.

→ *Écrit électronique.*

Cours d'eau

[Droit civil/Droit administratif]

• *Cours d'eau non domaniaux.* Expression qui a succédé à celle de « cours d'eau non navigable ni flottable » désignant une rivière ne pouvant servir ni à la navigation ni au flottage des trains de bois. Le lit de ces cours d'eau appartient aux propriétaires des 2 rives qui jouissent des droits de *riveraineté*. Le riverain est tenu à un entretien régulier du cours d'eau (maintien dans son profil d'équilibre, enlèvement des embâcles, recépage de la végétation des rives).

C. civ., art. 556 s. et 644; C. envir., art. L. 215-1 s., 215-14 et 215-16.

• *Cours d'eau domaniaux.* Ces cours d'eau appartiennent à l'État, aux collectivités territoriales ou à leurs groupements et font partie du domaine public fluvial. Les propriétés riveraines sont grevées d'une servitude de *halage* et de *marchepied*; les îles, îlots, atterrissements qui se forment dans le lit de ces cours d'eau reviennent à la personne publique propriétaire du domaine concerné.

C. civ., art. 556, 557, 560 et 562; CGPPP, art. L. 2111-7, 2111-8, 2111-13 et 2131-2 s.

Cours de bourse

[Droit commercial]

Prix atteint par une valeur mobilière ou une marchandise au cours d'une séance de la bourse, un jour donné et qui dépend du volume respectif des offres et des demandes d'un titre ou d'une denrée.

Cours forcé

[Droit civil/Droit commercial]

Le cours forcé de la monnaie signifie que les particuliers ne peuvent pas exiger de la Banque de France la conversion en or de leurs billets de banque. L'institution du cours forcé aggrave singulièrement les conséquences du cours légal.

GAJC, t. 2, n° 243-245.

→ *Cours légal.*

Cours légal

[Droit financier ou fiscal/Droit commercial/ Droit civil]

Une monnaie a cours légal lorsque le créancier est obligé de l'accepter en paiement. C'est le cas pour les billets libellés en euros émis par les banques centrales des États de la zone *euro*.

Cependant, cette obligation est tenue partiellement en échec dans certains cas. Notamment, pour lutter contre la *fraude fiscale* et le *blanchiment des capitaux*, le paiement par chèque, carte bancaire ou virement est obligatoire au-delà d'un certain montant (3 000 € pour les non-commerçants); par ailleurs, la jurisprudence de la Cour de cassation faisant prévaloir l'obligation de faire l'*appoint* sur la règle du cours légal (Cass. crim., 14 déc. 2006, *M. Marchand*) aboutit à limiter, en fait, le cours légal des grosses coupures.

CGI, art. 1649 quater *B; C. mon. fin., art. L. 112-6 s., L. 141-5, D. 112-3.*

→ *Cours forcé.*

Courtage

[Droit commercial]

Contrat par lequel une personne appelée *courtier* met en relations 2 personnes qui désirent contracter. L'opération de courtage constitue un acte de commerce.

C. com., art. L. 110-1.

Courtage matrimonial

[Droit civil]

Profession qui consiste pour celui qui l'exerce à mettre en rapport certaines personnes, moyennant une rémunération, afin de faciliter leur mariage.

Courtier

[Droit commercial]

→ *Courtage.*

Courtoisie internationale

[Droit international privé/Droit public]

Usages sans caractère d'obligation suivis dans les rapports internationaux simplement pour des raisons d'égards mutuels.

Coutume

[Droit civil]

Règle qui n'est pas édictée en forme de commandement par les pouvoirs publics, mais qui est issue d'un usage général et prolongé (*repetitio*) et de la croyance en l'existence d'une sanction à l'observation de cet usage (*opinio necessitatis*). Elle constitue une source de droit, à condition de ne pas aller à l'encontre d'une loi.

→ *Dessuétude, Droits savants, Pays de droit romain, Sources du droit, Usage.*

Coutume constitutionnelle

[Droit constitutionnel]

Règle non écrite résultant de précédents concordants respectée par les pouvoirs publics d'un État. La Grande-Bretagne et Israël n'ont pas de constitution écrite, mais une constitution coutumière. Plus généralement, se présente comme un complément à la constitution écrite qu'elle vient interpréter, compléter ou, exceptionnellement, modifier.

Coutume internationale

[Droit international public]

« Pratique juridique acceptée comme étant le droit » (art. 38-§ 2 du Statut de la Cour internationale de justice); ce qui implique un élément matériel (répétition de précédents constituant un usage continu et général) et un élément psychologique (l'*opinio juris*, c'est-à-dire la conviction des États qu'en suivant cet usage ils obéissent à une règle de droit).

→ *Codification.*

Couverture maladie universelle (CMU)

[Sécurité sociale]

Régime d'assurance-maladie maternité, créé par la loi du 27 juillet 1999, dont bénéficie toute personne ainsi que ses ayants droit résidant en France ou dans les DOM de façon stable et régulière et qui ne relève pas d'un autre régime d'assurance-maladie maternité. S'est substituée au régime d'assurance personnelle.

CSS, art. L. 380-1.

Crainte révérencielle

[Droit civil]

Respect scrupuleux de l'autorité des parents susceptible d'altérer la liberté de décision de l'enfant. La peur de désobéir par la seule crainte révérencielle n'est pas une cause d'annulation d'un contrat car elle n'est pas jugée constitutive d'une violence morale. En revanche, l'exercice d'une contrainte sur les époux ou l'un d'eux, y compris par crainte révérencielle envers un ascendant, constitue un cas de nullité du mariage.

C. civ., art. 180 et 1114.

Créance

[Droit civil]

Synonyme de droit personnel; généralement utilisé pour désigner le droit d'exiger la remise d'une somme d'argent.

→ *Dette, Obligation.*

[Procédure civile]

Conditions pour saisir : en principe, un créancier ne peut déclencher une procédure de saisie que si sa créance est certaine (ayant une existence actuelle et incontestable), *liquide* (estimée en argent), *exigible* (non affectée d'un terme suspensif).

→ *Saisie-appréhension, Saisie-attribution, Saisie immobilière, Saisie-vente.*

Créancier

[Droit civil]

Titulaire d'un droit de créance.

C. civ., art. 878 s., 882, 1166, 1167, 1197 s., 1689 s., 2285.

Créancier chirographaire

[Droit civil]

Créancier de somme d'argent ne bénéficiant d'aucune garantie particulière pour le recouvrement de son dû.

Il est donc en concours avec les autres créanciers dans le partage du produit de la vente des biens du débiteur insolvable.

C. civ., art. 2285.

→ *Contribution, Créancier hypothécaire, Créancier privilégié, Marc le franc.*

Créancier gagiste

[Droit civil]

→ *Gage.*

Créancier hypothécaire

[Droit civil]

Créancier bénéficiant d'un droit d'*hypothèque* sur un immeuble du débiteur.

Ce droit constitue une garantie lui permettant d'obtenir la remise du produit de la vente de l'immeuble sur saisie, par préférence aux autres créanciers.

C. civ., art. 2393 s.

Créancier privilégié

[Droit civil]

Créancier qui, en raison de la nature de son droit personnel, peut obtenir paiement avant d'autres créanciers et bénéficie d'un rang déterminé par la loi.

C. civ., art. 2324 s.

Crédirentier

[Droit civil]

Personne créancière des *arrérages* d'une rente.

→ *Débirentier, Rente.*

Crédit (Opérations de)

[Droit civil/Droit commercial]

Constitue une opération de crédit tout acte par lequel une personne met ou promet de mettre des fonds à la disposition d'une autre personne ou prend, dans l'intérêt de celle-ci, un engagement par signature tel qu'un *aval*, un *cautionnement* ou une *garantie*.

C. mon. fin., art. L. 313-1; C. consom., art. L. 311-2.

ACTU

Crédit à la consommation

[Droit civil]

Crédit destiné à financer les besoins personnels ou familiaux du consommateur, à l'exclusion des prêts d'une durée inférieure ou égale à 3 mois, de ceux qui portent sur des immeubles, de ceux dont le montant est inférieur à 200 € ou supérieurs à 75 000 € ou de ceux procédant des cartes à débit différé n'excédant pas 40 jours. Un régime très protecteur de l'emprunteur lui est applicable, notamment par la nécessité d'une information préalable du consommateur lui permettant d'appréhender clairement l'étendue de son engagement, par l'obligation pour le prêteur d'expliquer les données figurant sur la fiche pré-contractuelle d'information, d'attirer l'attention de l'emprunteur sur les conséquences financières du crédit, de vérifier sa solvabilité et de consulter le *fichier des incidents de remboursements des crédits*, enfin, par l'octroi à l'emprunteur d'une faculté de rétractation sans motifs dans un délai de 14 jours calendaires.

C. consom., art. L. 311-1 s.

Crédit-bail

[Droit commercial]

Technique contractuelle moderne (d'origine américaine où elle porte le nom de *leasing*) de crédit à moyen terme, par laquelle une entreprise dite de crédit-bail acquiert, sur la demande d'un client, la propriété de biens d'équipement mobiliers ou immobiliers à usage professionnel, en vue de les donner en location à ce client pour une durée déterminée et en contrepartie de redevances ou loyers. À l'issue de la période fixée, le locataire jouit d'une option. Il peut : soit restituer le bien à la société financière, soit demander le renouvellement du contrat, soit acquérir le bien pour un prix qui tient compte, au moins pour partie, des versements effectués à titre de loyers.

Conçu à l'origine pour les biens d'équipement mobiliers, le crédit-bail peut s'appliquer à l'acquisition ou à la construction d'immeubles à usage professionnel. Dans tous les cas, les prestations habituelles de crédit-bail ne peuvent être proposées que par des entreprises agréées en qualité d'établissement de crédit.

C. mon. fin., art. L. 313-7 à 313-11.

GAJC, t. 2, nº 288-289.

→ *Lease-Back.*

Crédit budgétaire

[Droit financier ou fiscal]

Autorisation de dépenser, limitée dans son montant et spécialisée quant à son objet, inscrite au *budget* d'une *personne publique* et représentant en principe le plafond des dépenses de l'espèce que celle-ci peut effectuer au cours de l'année budgétaire.

Pour le budget de l'État, chaque crédit budgétaire est dédoublé en 2 autorisations connexes mais distinctes : une *autorisation d'engagement* et un *crédit de paiement*.

Dans les autres budgets, s'il peut exister dans certains cas des *autorisations de pro-*

gramme, le principe est que chaque crédit budgétaire permet à la fois l'*engagement* et le règlement de la dépense.

Crédit d'heures

[Droit du travail]

Temps dont dispose un représentant du personnel ou un délégué syndical pour l'exercice de son mandat. On dit également « heures de délégation »; elles sont payées comme temps de travail et prises sur ce dernier.

C. trav., art. L. 2143-13 s., 2315-1 s., et 2325-6 s.

GADT n° 150.

Crédit d'impôt

[Droit financier ou fiscal]

À l'origine, technique permettant de concilier l'existence d'une éventuelle *retenue fiscale à la source*, effectuée lors du versement des intérêts aux porteurs des valeurs mobilières françaises à revenu fixe (obligations), avec le principe d'unicité de l'impôt sur le revenu, selon lequel tout revenu n'est soumis qu'une fois à cet impôt.

Dans ce but, le montant de cette retenue constitue pour les obligataires français une créance sur l'État, appelée crédit d'impôt, qui vient en déduction de l'impôt sur le revenu dû par eux, ou qui leur est remboursée s'ils ne sont pas imposables.

Dans un sens plus général, désigne toute somme venant s'imputer sur le montant brut d'impôt à payer par application de diverses règles fiscales.

→ *Avoir fiscal.*

Crédit documentaire

[Droit commercial]

Au sens large, opération de crédit dont la réalisation est conditionnée par la remise de documents. Au sens étroit, mode de règlement d'une opération de vente à l'exportation consistant, pour un banquier, à payer le vendeur moyennant remise des titres accessoires à la marchandise, dont le document de transport appelé *connaissement*.

Crédit foncier de France

[Droit financier ou fiscal]

Institution de crédit revêtant la forme juridique d'une société anonyme, créée initialement pour consentir des prêts hypothécaires aux propriétaires d'immeubles. Privatisé depuis 1999, et devenu une filiale du Groupe Caisse d'épargne, le Crédit foncier soutient les investissements des collectivités locales et joue un rôle important dans le financement de la construction privée.

Crédit immobilier

[Droit civil]

Ce type de crédit vise les prêts consentis par les établissements de crédit (banques ou établissements financiers) destinés à financer **1°** en ce qui concerne les immeubles à usage d'habitation ou à usage mixte, leur acquisition en propriété ou en jouissance ou l'achat de parts sociales donnant vocation à leur attribution en propriété ou en jouissance, les dépenses relatives à leur réparation, leur amélioration, leur entretien (au-dessus de 75 000 €), ou leur construction; **2°** l'achat de terrains en vue de construire de tels immeubles.

Le législateur en réglementant le crédit immobilier a eu en vue la protection de l'emprunteur.

C. consom., art. L. 312-1 s.

Crédit local de France

[Droit financier ou fiscal]

Successeur depuis 1987 de la Caisse d'aide à l'équipement des collectivités locales (CAECL), le Crédit local de France disposait d'un statut de société anonyme mais son capital était détenu en majorité par l'État et la *Caisse des dépôts et consignations*. Par une alliance avec le Crédit communal de Belgique, il a formé en 1996 le groupe Dexia. Prêteur au profit des *collectivités locales*, le groupe n'a été sauvé de la faillite lors de la crise financière de 2008 que du fait de l'intervention des États belge et français.

Crédit municipal (Caisses de)

[Droit financier ou fiscal/Droit civil]

Forme moderne des monts-de-piété, dont la mission originaire a été de faire échapper aux usuriers des emprunteurs très modestes au moyen de prêts sur gages corporels consentis à des taux favorables.

Aujourd'hui, leurs services s'adressent à une clientèle très large, grâce à l'institution de prêts sur valeurs mobilières, ainsi que sur traitements et pensions publics. Leur activité est actuellement freinée par l'étroitesse de leurs moyens financiers.

Les caisses de crédit municipal sont des établissements publics communaux de crédit et d'aide sociale, instituées par décret sur demande du ou des conseils municipaux.

C. mon. fin., art. L. 514-1 s.

Crédits de paiement

[Droit financier ou fiscal]

Dans le budget de l'État, où les autorisations budgétaires sont dédoublées en *autorisations d'engagement* et en *crédits de paiement*, ces derniers représentent la limite supérieure des dépenses pouvant être réglées (en termes techniques : ordonnancées ou payées) pendant l'année, après avoir été engagées dans la limite des autorisations d'engagement. L'équilibre du budget s'apprécie en tenant compte des seuls crédits de paiement.

→ *Engagement, Ordonnancement.*

Crémation

[Droit administratif/Droit civil]

Incinération du corps d'un mort. Les cendres en provenant ne peuvent être ni partagées, ni gardées au domicile. Elles sont conservées dans une urne cinéraire qui peut être ou inhumée dans une sépulture, ou déposée dans un columbarium, ou scellée sur un monument funéraire; elles peuvent aussi être dispersées soit dans un espace aménagé à cet effet dans un cimetière, soit en pleine nature (sauf sur les voies publiques), moyennant déclaration à la mairie du lieu de naissance du défunt.

CGCT, art. L. 2223-18-1 s. et R. 2213-34 s.; C. civ., art. 16-1-1.

→ *Corps humain.*

Criées

[Droit civil/Procédure civile]

Audience du tribunal de grande instance au cours de laquelle il est procédé à l'adjudication d'immeubles sur expropriation forcée ou sur vente volontaire après 3 criées. L'expression : vente à la criée désigne toute vente publique aux enchères.

CPC, art. 1272, 1275; Décr. n° 92-755 du 31 juill. 1992, art. 114.

→ *Adjudication, Enchères.*

Crime

[Droit pénal]

Infraction de droit commun ou *infraction politique*, sanctionnée, pour les *personnes physiques*, de la réclusion ou de la détention à perpétuité ou à temps, voire d'une peine d'amende et de peines complémentaires, et, pour les *personnes morales*, de l'amende et, dans les cas prévus par la loi, de peines privatives ou restrictives de droits.

C. pén., art. 111-1, 131-1 s. et 131-37 s.

GADPG n° 26.

Crime contre l'espèce humaine

[Droit pénal]

Juridiquement distinct du *crime contre l'humanité*, le crime contre l'espèce humaine renvoie à l'*eugénisme et au clonage reproductif*.

C. pén., art. 214-1 et 214-2.

Crime contre l'humanité

[Droit pénal]

Génocide, provocation à commettre un génocide, et acte qualifié, relevant d'une liste légale, commis en exécution d'un plan concerté à l'encontre d'un groupe de population civile dans le cadre d'une attaque généralisée ou systématique.

C. pén., art. 211-1, 211-2, et 212-1, réd. L. n° 2010-930 du 9 août 2010.

ACTU

Crime et délit de guerre

[Droit pénal]

Infraction commise, lors d'un conflit armé international ou non international et en relation avec ce conflit, en violation des lois et coutumes de la guerre ou des conventions internationales applicables aux conflits armés, à l'encontre des personnes ou des biens.

C. pén., art. 461-2 à 461-31, réd. L. n° 2010-930 du 9 août 2010.

Criminalistique (La)

[Droit pénal]

Ensemble de disciplines scientifiques qui contribuent à permettre aux autorités de police et de justice, de déterminer les circonstances exactes de la commission d'une infraction et d'en identifier les auteurs (ex. : médecine légale, dactyloscopie, techniques des empreintes digitales, recherche d'ADN...).

Criminalité

[Droit pénal]

Ensemble des infractions à la loi pénale commises pendant une période de référence (en général l'année) dans un pays déterminé. On distingue la criminalité légale (ensemble des infractions sanctionnées par les juridictions pénales), la criminalité apparente (ensemble des faits apparemment constitutifs d'infractions connus des autorités publiques), la criminalité réelle (ensemble des infractions commises, en incluant, par une évaluation, celles demeurées inconnues).

Criminalité et délinquance organisées

[Droit pénal]

Ensemble des crimes et délits caractérisés par une préparation minutieuse, avec de multiples intervenants, et à dimension en général internationale. La liste en est donnée par les articles 706-73 et 706-74 du Code de procédure pénale, et les infractions visées connaissent des modalités renforcées d'enquête, de poursuite, d'instruction et de jugement.

Criminel tient le civil en état (Le)

[Procédure (principes généraux)]

Principe de droit processuel au titre duquel le juge civil, lorsqu'il est saisi de l'action en réparation d'une infraction, doit surseoir à statuer jusqu'à ce que le juge pénal se soit lui-même définitivement prononcé sur l'action publique lorsque celle-ci a été mise en mouvement.

La règle du sursis à statuer n'est pas applicable devant le juge des référés, puisque l'ordonnance de référé n'a pas au principal l'autorité de la chose jugée.

C. pr. pén., art. 4, al. 2.

Criminologie

[Droit pénal]

Au sens étroit : ensemble des doctrines et recherches ayant pour objet de déterminer les causes de la criminalité (criminogenèse).

Au sens large, étude scientifique du phénomène criminel dans ses 3 composantes : la norme pénale, le crime, la réaction sociale.

Crise ministérielle

[Droit constitutionnel]

À la fois événement qui provoque la chute du gouvernement en régime parlementaire et période pendant laquelle le gouvernement démissionnaire n'est pas remplacé par un nouveau.

Croît

[Droit rural]

Fruit naturel provenant de l'accroissement d'un troupeau par la naissance des petits.

→ *Bail à cheptel.*

Culpabilité

[Droit pénal]

Situation d'une personne qui se voit reprocher l'élément moral d'une infraction, soit au titre de l'intention, par hostilité aux valeurs sociales protégées, soit au titre de la non-intention, par indifférence auxdites valeurs. La culpabilité suppose acquise l'*imputabilité*.

C. pén., art. 121-3.

Cumul

[Droit administratif]

1° *Cumul de responsabilités* : possibilité reconnue par la jurisprudence administrative à la victime d'un préjudice imputable à la fois à une personne publique et à la faute personnelle d'un de ses agents, de mettre en jeu indifféremment la responsabilité de la personne publique ou celle propre de l'agent quand la faute de ce dernier n'est pas dénuée de tout lien avec le fonctionnement du service public. Il peut s'agir soit d'un cumul de fautes distinctes commises par l'Administration et par l'agent, soit d'une seule faute juridiquement imputable à l'un et à l'autre.

GAJA n° 22 et 32.

→ *Action récursoire.*

2° *Cumul d'emplois* : fait, en général interdit ou limité, d'occuper simultanément plusieurs emplois publics, ou un emploi public et une profession privée.

3° *Cumul de rémunérations* : perception simultanée, en général interdite ou limitée, de rémunérations publiques ou privées dans les hypothèses où le cumul d'emplois est autorisé.

[Droit pénal]

→ *Concours réel d'infractions, Conflit de qualifications, Non-cumul des peines.*

Cumul de mandats

[Droit constitutionnel]

Possibilité d'exercer parallèlement plusieurs mandats électifs. Assez rare à l'étranger mais courant en France. Une loi votée en 1985, révisée notamment en 2000, limite désormais les cumuls autorisés (principe de 2 mandats seulement mais différentes modulations existent). Un débat est en cours sur son interdiction ou tout au moins une limitation encore plus stricte.

[Droit commercial]

Dans le droit des sociétés anonymes, le cumul des mandats sociaux est réglementé dans un sens restrictif, afin de favoriser le bon accomplissement, par les dirigeants, de leur mission d'administration et de contrôle, dans l'intérêt des associés et sociétés concernées.

Le cumul, par un dirigeant, de son mandat social avec un contrat de travail est encadré par les dispositions combinées du droit des sociétés et du droit du travail.

Curatélaire

[Droit civil]

Personne majeure placée sous le régime de la *curatelle*.

Curatelle

[Droit civil]

1° Régime de protection des majeurs qui permet d'assister une personne lorsque, sans être hors d'état d'agir elle-même, elle est dans l'impossibilité de pourvoir seule à ses intérêts en raison d'une *altération de ses facultés mentales ou corporelles*.

La curatelle ne peut être prononcée que s'il est établi que la *sauvegarde de justice* ne peut assurer une protection suffisante; à l'inverse, si la personne doit être représentée d'une manière continue dans les actes de la vie civile, elle doit être placée en *tutelle* (l'oisiveté et la prodigalité ne sont plus des causes d'ouverture d'une curatelle).

La curatelle peut être renforcée, permettant au curateur, dont la mission se borne à l'assistance, de percevoir seul les revenus de la personne en curatelle et d'assurer lui-même le règlement des dépenses auprès des tiers.

C. civ., art. 440 s. et 472; CPC, 1253 s.

GAJC, t. 1, nº 63.

2° Mode de gestion d'une succession vacante par l'autorité administrative chargée du domaine et désignée par ordonnance du juge.

C. civ., art. 809 s.; CPC, art. 1342.

Curateur

[Droit civil]

1° Personne chargée d'assister un majeur placé sous le régime de la curatelle.

C. civ., art. 446 s.; CPC, art. 1253 s.

→ *Curatelle.*

2° Autorité administrative en charge de la gestion d'une succession vacante.

CPC, art. 1343 s.

Curateur *ad hoc*

[Droit civil]

Personne désignée par le juge ou le conseil de famille, à la demande du curateur, du procureur de la République, de l'intéressé ou d'office, lorsque, en l'absence de subrogé curateur, le curateur ne peut agir pour le compte de la personne protégée, en raison des limitations de sa mission ou de l'opposition d'intérêts existants entre lui et la personne protégée à l'occasion d'un acte ou d'une série d'actes.

C. civ., art. 455.

→ *Tuteur* ad hoc.

Cure de désintoxication

[Droit pénal]

Mesure à caractère thérapeutique dont l'objectif est d'obtenir qu'une personne puisse se désaccoutumer progressivement d'un produit agissant comme un poison (alcooliques dangereux pour autrui et toxicomanes).

Cybersignature

[Droit civil/Droit commercial]

→ *Signature électronique.*

D

DALO

[Droit administratif/Sécurité sociale]

→ *Droit au logement opposable.*

Damnum emergens

[Droit civil]

Littéralement : perte éprouvée. En matière de responsabilité civile, l'étendue du dommage matériel et, corrélativement, le montant de l'indemnité de réparation sont déterminés par 2 éléments : nécessairement par la perte éprouvée, éventuellement par le manque à gagner (*lucrum cessans*).

Date certaine

[Droit civil]

Date d'un titre juridique qui ne peut être contestée par les tiers, tout spécialement par les ayants cause à titre particulier de l'une des parties à la convention.

La date certaine résulte de l'enregistrement de l'acte, ou de la mention faite du titre dans un acte authentique, ou du décès de l'une des parties.

C. civ., art. 1328.

→ *Certain.*

Date de valeur

[Droit civil/Droit commercial]

Date à partir de laquelle une opération enregistrée dans un compte est prise en considération par l'organisme financier pour le calcul des intérêts éventuels.

La date de valeur d'une somme portée au *crédit* du compte du bénéficiaire ne peut être postérieure à celle du jour ouvrable au cours duquel le montant de l'opération de paiement est crédité sur le compte du prestataire de services de paiement du bénéficiaire.

La date de valeur du *débit* inscrit au compte de paiement du payeur ne peut être antérieure au jour où le montant de l'opération de paiement est débité de ce compte.

Toute stipulation contraire est réputée non écrite.

Quand un particulier verse des espèces sur un compte dans la devise de ce compte, ce versement reçoit une date de valeur aussitôt que les fonds sont reçus.

C. mon. fin., art. L. 133-14 (L. nº 2010-737 du 1er juill. 2010).

Dation en paiement

[Droit civil/Droit fiscal]

Remise, à titre de paiement et de l'accord des 2 parties, d'une chose différente de celle qui faisait l'objet de l'obligation.

Le Code général des impôts (art. 1716 *bis*) prévoit cette modalité exceptionnelle de paiement pour les droits de mutation à titre gratuit et le droit de partage qui peuvent être acquittés par la remise d'œuvres d'art, de livres, d'objets de collection, de documents, de haute valeur artistique ou historique, ou encore de certains immeubles à de strictes conditions précisées au texte.

C. civ., art. 1243, et 1581, 2315.

Dauphin

[Procédure civile]

Nom donné à l'avocat qui, selon l'usage du *barreau*, est élu, un an après l'élection du *bâtonnier*, pour devenir lui-même bâtonnier, un an plus tard, après confirmation de son élection par un nouveau vote. On dit aussi bâtonnier désigné.

→ *Vice-bâtonnier.*

Déballage

[Droit commercial]

→ *Vente au déballage.*

Débat d'orientation budgétaire

[Droit financier ou fiscal]

Dans les communes de plus de 3 500 habitants, les départements et les régions, débat sur les orientations générales du prochain budget, devant obligatoirement avoir lieu au sein du conseil municipal dans les 2 mois précédant la discussion de celui-ci.

Un débat semblable existe au printemps au Parlement, sur la base d'un rapport d'information et d'orientation présenté par le gouvernement, en vue de la mise au point définitive par celui-ci du projet de *loi de finances* de l'année à venir.

CGCT, art. L. 2312-1, 3312-1 et 4311-1.

Débats

[Procédure (principes généraux)]

Phase du procès qui, après l'instruction, est réservée aux *plaidoiries* des parties.

Elle débute parfois par le *rapport* d'un magistrat désigné, suivi des plaidoiries du demandeur, puis du défendeur.

En procédure civile, le *ministère public*, prend la parole le dernier, lorsqu'il est partie jointe.

En procédure pénale, c'est le *prévenu* ou l'*accusé* qui a la parole le dernier.

En procédure administrative, le *rapporteur public* présente ses *conclusions* après les plaidoiries.

Lorsque les débats sont achevés, le président de la juridiction prononce leur clôture et met l'affaire en délibéré.

Les débats sont publics, sauf lorsque la loi exige ou permet qu'ils aient lieu à huis clos.

CPC, art. 433 s.; C. pr. pén., art. 306 s. et 458 s.; CJA, art. L. 6 et R. 731-3.

→ *Partie jointe, Partie principale.*

Débauchage

[Droit du travail]

Sous ce vocable, on désigne les manœuvres et les comportements déloyaux visés par le Code du travail, par lesquels un nouvel employeur se rend complice d'un salarié qui rompt abusivement son contrat de travail.

C. trav., art. L. 1237-3.

Debellatio

[Droit international public]

→ *Conquête.*

Débet

[Droit financier ou fiscal]

Terme de comptabilité publique, désignant la situation d'un comptable public (ou d'un particulier dans certains cas) qui a été constitué débiteur d'une personne publique par une décision administrative (« arrêté de débet ») ou juridictionnelle (« jugement, ou arrêt, de débet »), après l'examen de ses comptes. Se dit aussi de cette dette elle-même. La personne en débet peut bénéficier d'une remise gracieuse (« remise de débet »).

→ *Remise de dettes.*

[Droit privé]

→ *Reddition de compte.*

Débirentier

[Droit civil]

Débiteur des *arrérages* d'une rente.

→ *Crédirentier, Rente.*

Débiteur

[Droit civil]

Personne tenue envers une autre d'exécuter une prestation.

→ *Créancier.*

Débits de tabac

[Droit financier]

Seuls points de vente autorisés des produits du monopole fiscal des tabacs, dont le personnel est soumis à un régime juridique complexe qui en fait des préposés de l'Administration, soumis à son pouvoir disciplinaire.

La débite du tabac en dehors d'un débit autorisé, même à titre gratuit, est une infraction au monopole de production et de commercialisation des tabacs détenu par l'État, passible de lourdes sanctions pénales. Certains débits de tabac sont accessoirement chargés de la vente des timbres-amendes pour le paiement des contraventions de la circulation routière et du stationnement. En outre, les débitants peuvent se livrer, et se livrent en fait, à des activités annexes de vente de nature commerciale.

Débours

[Procédure civile]

Dépenses avancées par un avocat, par un officier ministériel ou public au profit d'une partie et qui doivent lui être remboursées (ainsi frais de voyage, de papeterie, de correspondance, de publicité). Ces débours, dans un procès, font partie des *dépens*.

CPC, art. 695.

→ *Émoluments.*

Débouté

[Procédure civile]

Décision du juge déclarant la demande insuffisamment ou mal fondée que ce soit en première instance ou sur recours (débouté d'appel, par ex.). Par extension, le terme vise aussi le rejet de la prétention du demandeur pour irrecevabilité ou irrégularité.

→ *Mal-fondé.*

Débouté d'opposition

[Procédure pénale]

Décision prise par le tribunal, lorsque, après une opposition formée contre une décision par *défaut*, l'opposant, bien que cité ou avisé de la date de la nouvelle audience, ne comparait pas. Cette décision confère à la première décision rendue par défaut toute sa valeur.

Débrayage

[Droit du travail]

Action de se mettre en grève ou grève de courte durée.

Débudgétisation

[Droit financier ou fiscal]

Néologisme désignant la pratique qui consiste, pour dégonfler la masse des dépenses figurant au budget de l'État, à transférer certaines d'entre elles sur d'autres entités. Ainsi, les aides à des entreprises ou à des collectivités publiques peuvent être prises en charge par d'autres bailleurs publics de fonds, parmi lesquels la *Caisse des dépôts et consignations* a longtemps occupé une place importante; de même, des compétences entraînant de lourdes charges peuvent être attribuées aux collectivités territoriales, dotées de budgets autonomes.

Décentralisation

[Droit administratif]

Système d'administration consistant à permettre à une collectivité humaine (décentra-

lisation territoriale) ou à un service (décentralisation technique) de s'administrer eux-mêmes sous le contrôle de l'État, en les dotant de la personnalité juridique, d'autorités propres et de ressources.
Depuis sa révision en 2003, la Constitution dispose que la décentralisation (territoriale) est le principe d'organisation de la France (art. 1er).

GDCC n° 24.

Décentralisation industrielle

[Droit administratif]
Politique économique tendant, dans le cadre de l'aménagement du territoire, à inciter les entreprises à s'installer dans les régions géographiques insuffisamment industrialisées.

Décès

[Droit civil]
Mort de la personne physique mettant un terme à sa personnalité juridique, sous réserve de la protection posthume de ses dernières volontés, de son image, de son cadavre et de sa mémoire.

C. civ., art. 78 s., 227, 515-7, 720 s., 1328, 1742, 1795, 1870, 1939, 2003; CSP, art. L. 1111-4, L. 1111-10 s., L. 1232-1, R. 1232-1 s.

→ *Acte de décès, Certificat de décès, Crémation, Funérailles, Obsèques.*

Déchéance

[Droit civil]
Perte d'un droit, soit à titre de sanction, soit en raison du non-respect de ses conditions d'exercice. Le débiteur, par exemple, est déchu du terme lorsque, par son fait, il a diminué les sûretés qu'il avait données par le contrat à son créancier.

C. civ., art. 618, 800, 1188, 1477, 1913.

[Droit constitutionnel]
Sanction des *inéligibilités*. La déchéance du mandat parlementaire est constatée par le Conseil constitutionnel.

Déchéance et forclusion

[Procédure civile]
Lorsqu'un délai est prévu pour entamer une instance, accomplir un acte, exercer un recours, son expiration entraîne le plus souvent, pour la partie, une forclusion, c'est-à-dire la déchéance de la faculté d'agir, de former un recours, etc.

CSS, art. R. 142-18; CPC, art. 125, 528-1, 578.

→ *Délai de forclusion, Relevé de forclusion.*

Déchéance professionnelle

[Droit pénal]
Sanction consistant à interdire au condamné l'exercice d'une activité professionnelle, à titre de *peine principale* (alternative à l'emprisonnement), de *peine complémentaire* ou de *peine accessoire*.
Depuis la réforme du Code pénal, du fait de la disparition des peines accessoires, aucune déchéance ne peut être appliquée si la juridiction ne l'a expressément prononcée. Mais la portée de cette disposition, limitée au code lui-même, laisse entières certaines déchéances conçues comme des peines accessoires dans d'autres textes, sous réserve d'en être relevé, en tout ou partie, par le jugement de condamnation, ou par un jugement ultérieur, dans les conditions fixées par le Code de procédure pénale.

C. pén., art. 132-21; C. pr. pén., art. 702-1 et 703.

Déchéance quadriennale

[Droit financier ou fiscal]
→ *Prescription quadriennale.*

Déchets

[Droit civil/Droit de l'environnement]
Est un déchet tout résidu d'un processus de production, de transformation ou d'utilisation, toute substance, matériau, produit ou

plus généralement tout bien meuble abandonné ou que son détenteur destine à l'abandon.

L'élimination des déchets nocifs, dangereux, radioactifs est strictement réglementée par le Code de l'environnement, celle des déchets domestiques par le Code des collectivités territoriales, celle des déchets d'activités de soins par le Code la santé publique.

C. envir., art. L. 541-1 s.; CGCT, art. L. 2224-5 s. et R. 2224-23 s.; CSP, art. L. et R. 1335-1 s.

Décision

[Procédure (principes généraux)]

Terme général utilisé en procédure, pour désigner les actes émanant d'une juridiction collégiale ou d'un magistrat unique. Les actes juridictionnels émanant du Conseil constitutionnel ont aussi reçu le nom de décision. Ce mot s'applique également au résultat des discussions d'un organisme collectif.

→ *Arrêt, Assemblée générale, Délibération, Jugement.*

[Droit constitutionnel]

Nom officiel des mesures prises (sans contreseing ministériel) par le président de la République en vertu de l'article 16 de la Constitution.

→ *Pouvoirs exceptionnels.*

Décision contentieuse

[Procédure civile/Procédure administrative]

Décision qui statue sur une contestation (principale ou incidente) et qui tranche le litige selon le droit. La décision contentieuse opère *dessaisissement du juge*, est revêtue de l'autorité de la *chose jugée* et est dotée de la *force exécutoire*.

CPC, art. 480 et 481.

→ *Acte juridictionnel, Contentieux, Procédure en matière contentieuse.*

Décision de non-admission

[Procédure civile/Procédure administrative]

Décision par laquelle la Cour de cassation, dans une formation restreinte à 3 magistrats, déclare non-admis le pourvoi irrecevable ou non fondé sur un moyen sérieux, décision de rejet qui n'a pas à être motivée.

CPC, art. 1014.

Une procédure de même type existe devant le Conseil d'État.

CJA, art. L. 822-1.

Décision de principe

[Procédure civile/Procédure administrative]

Se dit surtout des arrêts de la Cour de cassation et du Conseil d'État statuant sur une question controversée et dont la motivation générale, en raison même de sa généralité, a vocation à s'appliquer au-delà du cas particulier jugé et à faire jurisprudence.

→ *Décision d'espèce, Jurisprudence.*

Décision d'espèce

[Procédure civile/Procédure administrative]

Décision de justice dont la solution s'explique par les circonstances de l'affaire et dont la motivation juridique, par suite, n'est pas appelée à rayonner en dehors de l'espèce débattue.

→ *Décision de principe.*

Décision gracieuse

[Procédure civile]

La décision gracieuse est la décision prise par le juge saisi, en l'absence de litige, d'une demande dont la loi exige qu'elle soit soumise à son contrôle (ex. : homologation d'une adoption, prononcé d'un divorce par consentement mutuel…).

La décision gracieuse est susceptible de voies de recours. Pourtant, la jurisprudence décide qu'elle n'a pas l'autorité de chose jugée et qu'elle ne dessaisit pas le juge, contre l'opinion de nombreux auteurs.

CPC, art. 25 et 543.

→ *Acte juridictionnel, Mesure d'administration judiciaire, Procédure en matière gracieuse.*

Décision implicite

[Droit administratif]

Règle de procédure administrative selon laquelle le défaut de réponse de l'Administration au terme d'un délai aujourd'hui de 2 mois – sauf exceptions – à une demande ou à une réclamation qui lui a été adressée équivaut à une décision de rejet, ce qui permet à son auteur de saisir la juridiction administrative.

Cependant, depuis la loi du 12 avril 2000 relative aux droits des citoyens dans leurs rapports avec l'Administration, dans certains cas prévus par décret, et pour inciter l'Administration à statuer rapidement, le silence gardé pendant 2 mois – en règle générale – par l'Administration sur une demande qui lui est adressée équivaut à l'acceptation de celle-ci. Hors le cas de la Sécurité sociale, il ne peut pas s'agir de demandes présentant un caractère financier.

GAJA n° 109.

Décision préalable (Règle de la)

[Droit administratif]

Règle de procédure selon laquelle les juridictions administratives ne peuvent être saisies, en règle générale, que par voie d'un recours dirigé contre une décision administrative, explicite ou implicite, contraire aux intérêts du requérant.

→ *Silence de l'Administration.*

Décisoire

[Procédure civile]

Qui emporte la décision dans un procès.

→ *Motifs, Serment probatoire.*

Decisoria litis

[Droit international privé]

Éléments de fond d'un litige, par opposition aux éléments de procédure. Cette distinction a été mise en évidence par la doctrine italienne du Moyen Âge.

→ *Ordinatoria litis.*

Déclarant

[Droit général]

Personne faisant connaître à qui de droit un fait (naissance, décès), une identité (command), une obligation (déclaration affirmative, telle l'affirmation de sincérité par laquelle les parties à une vente ou un échange d'immeubles déclarent que l'acte exprime l'intégralité du prix ou de la soulte convenue). Sa responsabilité peut être engagée soit à raison de sa carence, soit à raison de l'inexactitude de sa déclaration.

C. civ., art. 55 s. et 78; CGI, art. 850, 863, 1837.

→ *Command (Déclaration de).*

Déclaratif

[Droit civil/Procédure civile]

→ *Effet déclaratif, Jugement déclaratif.*

Déclaration

[Droit administratif]

Procédure de police permettant la surveillance de certaines activités en imposant aux particuliers de prévenir l'Administration de la naissance de cette activité (ex. : l'obligation de déclaration des marchands ambulants).

[Droit constitutionnel]

Depuis 2008, le gouvernement peut, en vertu de l'article 50-1 de la Constitution, faire une déclaration sur un sujet déterminé, devant l'une ou l'autre des assemblées, suivie d'un débat et éventuellement d'un vote, sans engager sa responsabilité.

Déclaration annuelle des données sociales (DADS)

[Sécurité sociale]
Déclaration que doit fournir l'employeur auprès de l'Urssaf et des services fiscaux avant le 31 janvier de l'exercice suivant l'année civile et qui doit contenir certaines informations en matière de rémunérations et d'assiettes de cotisations.

CSS, art. R. 243-14 s.

Déclaration au greffe

[Procédure civile]
Procédure simplifiée de saisine du tribunal, en vigueur devant certaines juridictions d'exception (tribunal d'instance, conseil de prud'hommes, tribunal paritaire des baux ruraux) consistant dans la présentation au greffe, soit oralement, soit par écrit, de l'objet de la demande et de ses motifs.

CPC, art. 54, 829, 843, 883 s.; C. trav., art. R. 1452-2.

Déclaration d'abandon

[Procédure civile]
Procédure dont l'objet final est de rendre adoptable l'enfant délaissé par ses parents en constatant son abandon.

CPC, art. 1158 s.

→ *Abandon d'enfant.*

Déclaration d'appel

[Procédure civile]
Acte par lequel un plaideur manifeste sa volonté d'interjeter appel. La déclaration d'appel vaut demande d'inscription au rôle.

CPC, art. 901.

→ *Communication électronique, Mise au rôle, Requête conjointe.*

Déclaration d'insaisissabilité

[Droit commercial]
Mesure spéciale de protection des immeubles d'habitation appartenant à une personne physique exerçant une activité professionnelle indépendante. Cette déclaration, effectuée en la forme notariée, est soumise à publicité; elle empêche les créanciers professionnels ultérieurs de saisir les immeubles considérés.

C. com., art. L. 526-1 s.

→ *Entrepreneur individuel à responsabilité limitée (EIRL), Insaisissabilité.*

Déclaration de command

[Droit civil]

GAJA nº 86.

→ *Command (Déclaration de).*

Déclaration de force exécutoire

[Procédure civile/Droit européen]
Expression du droit de l'Union européenne désignant la déclaration par laquelle l'autorité compétente d'un État membre requis (tribunal, greffier, notaire…) constate qu'une décision rendue dans un autre État membre et qui y est exécutoire est également exécutoire dans l'État requis, ce qui permet de la faire exécuter sur ce territoire, au besoin avec le concours de la force publique.

Ce substitut à l'*exequatur* est purement formel. Ce n'est que sur recours de la partie contre laquelle l'exécution a été autorisée que les conditions de régularité du jugement étranger peuvent être examinées.

→ *Titre exécutoire européen.*

Déclaration de jugement commun

[Procédure civile]
Un des objets de l'*intervention* forcée : un tiers est mis en cause dans un procès, en vue de lui rendre opposable le jugement sollicité et de lui fermer, ainsi, et l'exception de relativité de la chose jugée et le recours à la tierce opposition.

CPC, art. 331.

→ *Mise en cause.*

Déclaration de politique générale

[Droit constitutionnel]

Déclaration par laquelle le Premier ministre, en cours d'exercice de ses fonctions, présente à l'Assemblée nationale ses projets politiques, en engageant éventuellement la responsabilité politique du gouvernement (art. 49, al. 1 de la Const. de 1958). Le Premier ministre peut aussi demander au Sénat l'approbation d'une déclaration de politique générale, mais le refus d'approbation ne peut entraîner la chute du gouvernement (art. 49, al. 4).

Déclaration des créances

[Droit commercial]

Déclaration effectuée auprès du mandataire judiciaire (sauvegarde ou redressement judiciaire) ou du liquidateur par tous les créanciers – à l'exception des salariés – détenant une créance de somme d'argent née antérieurement au jugement d'ouverture ou une créance postérieure régulière non privilégiée.

La déclaration des créances doit mentionner les principaux éléments faisant preuve de l'existence et du montant de la créance. Elle équivaut à une demande en justice.

Historiquement, la déclaration des créances a pour but l'estimation du montant du passif antérieur au jugement d'ouverture.

C. com., art. L. 622-24 et 641-3.

→ *Admission des créances.*

Déclaration des droits

[Droit constitutionnel/Droit international public]

Document, précédant généralement une Constitution, qui énonce les droits des individus face à l'État, ainsi que les principes fondamentaux nécessaires à leur garantie. Certaines constitutions sont plus modestement précédées d'un « Préambule » (ex. Const. françaises de 1946 et de 1958).

L'affirmation des droits de l'Homme s'est élargie au plan international avec la *Déclaration universelle des droits de l'Homme* votée par l'ONU en 1948, les Pactes internationaux des *droits de l'Homme* et la *Convention européenne des droits de l'Homme* adoptée par le Conseil de l'Europe en 1950. Le traité de Lisbonne renvoie quant à lui à la Charte des droits fondamentaux de l'Union européenne.

Déclaration des droits de l'Homme et du citoyen

[Droit constitutionnel]

Déclaration des droits, adoptée par l'Assemblée nationale constituante le 26 août 1789, composée de 17 articles proclamant notamment l'égalité, la liberté, la propriété, la sûreté et la résistance à l'oppression. Aujourd'hui rappelée par le Préambule de la Constitution de 1958 et intégrée par le Conseil constitutionnel au *bloc de constitutionnalité*.

Déclaration de soupçon

[Droit pénal]

Déclaration à laquelle sont tenus les organismes financiers et certains professionnels (notaires, avocats, antiquaires…), ayant pour objet de porter à la connaissance d'un service placé sous l'autorité du ministre chargé de l'Économie et du ministre chargé du Budget, dit TRACFIN (Traitement du renseignement et action contre les circuits financiers clandestins), les opérations et sommes soupçonnées d'être d'origine illicite et d'être destinées à du blanchiment d'argent.

C. mon. fin., art. L. 561-2, 561-15, 561-23 et R. 561-33.

Déclaration d'insaisissabilité

[Droit civil]

→ *Biens insaisissables.*

Déclaration d'urgence

[Droit constitutionnel]

Selon la Constitution de 1958, déclaration du gouvernement qui, dans la procédure législative, permet au Premier ministre de demander la formation d'une *commission mixte paritaire* après une seule lecture par chaque Assemblée (au lieu de 2 normalement) (art. 45), ou qui réduit à 8 jours (au lieu d'un mois) le délai dans lequel le Conseil constitutionnel doit statuer (art. 61).

→ *Procédure accélérée.*

Déclaration d'utilité publique

[Droit administratif]

Acte administratif représentant la phase préliminaire d'une opération foncière projetée par une *personne publique*, telle qu'une *expropriation pour cause d'utilité publique* constatant le caractère d'utilité publique qu'elle présente, après qu'a été recueilli l'avis de la population, et qui est la condition de la poursuite de la procédure engagée.

C. expr., art. L. 11-1 s.

Déclaration nominative trimestrielle

[Sécurité sociale]

Les particuliers employant des salariés ne sont pas soumis à l'envoi de la DADS. Ils peuvent adresser une déclaration simplifiée à l'Urssaf ne comportant que des éléments servant de base au calcul pour un seul salarié.

L. n° 91-1406, 31 déc. 1991, art. 20.

Déclaration préalable à l'embauche

[Sécurité sociale]

Tout employeur qui recrute un salarié doit le déclarer préalablement à son embauche auprès d'un organisme de protection sociale. Cette formalité doit être accomplie par le biais de la déclaration unique d'embauche.

Déclaration unifiée des cotisations sociales individualisées (DUESI)

[Sécurité sociale]

Procédure informatisée de déclaration et de paiement des cotisations.

CSS, art. L. 133-5-1.

Déclaration unique d'embauche (DUE)

[Sécurité sociale]

Le dispositif de la déclaration unique d'embauche permet à l'employeur d'effectuer au moyen d'un document unique les différentes formalités liées à l'embauche d'un salarié auprès d'un interlocuteur unique : l'Urssaf.

Décr. n° 98-252, 1er avr. 1998.

Déclaration universelle des droits de l'Homme

[Droit international public]

Résolution adoptée par l'Assemblée générale des Nations unies le 10 décembre 1948, qui reconnaît aux individus un certain nombre de droits et libertés.

Ce document, qui n'a que valeur de recommandation d'un idéal à atteindre, a été suivi de l'adoption de *Pactes internationaux des droits de l'Homme*.

Déclassement

[Droit constitutionnel]

→ *Délégalisation.*

[Droit administratif]

Acte administratif ayant pour objet de faire sortir un bien du *domaine public*, et de le transférer dans le *domaine privé* de la *personne publique* en cause.

CGPPP, art. L. 2141-1.

Déclinatoire de compétence

[Droit administratif]

Acte introductif de la procédure de conflit positif d'attributions, adressé par le préfet au tribunal judiciaire qu'il estime incompétent, et l'invitant à se dessaisir du litige.

[Procédure civile]

Exception de procédure permettant de contester la compétence du tribunal saisi, qui doit être soulevée avant toute conclusion au fond et toute fin de non-recevoir, et contenir l'indication de la juridiction que le plaideur estime devoir être compétente.

CPC, art. 75.

→ *Connexité, Incompétence d'attribution, Incompétence territoriale, Litispendance.*

Décolonisation

[Droit international public]

Processus (pacifique ou violent, rapide ou par étapes) par lequel une colonie accède au rang d'État indépendant.

→ *Colonisation.*

De commodo et incommodo

[Droit administratif]

Désignation traditionnelle de l'enquête préalable à la déclaration d'utilité publique, premier acte de la procédure d'expropriation pour cause d'utilité publique, et qui a pour but de permettre à tous les intéressés de consigner sur un registre leurs observations sur le caractère d'intérêt général présenté par le projet, et sur les inconvénients qu'il leur paraît présenter.

C. expr., art. R. 11-4.

Déconcentration

[Droit administratif]

→ *Centralisation.*

Déconfiture

[Droit civil/Procédure civile]

État d'insolvabilité notoire d'un débiteur civil ne déclenchant aucune procédure collective de règlement du passif et produisant seulement des effets limités aux rapports du débiteur endetté avec chacun de ses créanciers : déchéance du bénéfice du terme, dissolution des sociétés de personnes, refus de livraison dans une vente à crédit, octroi d'un délai de grâce, interdiction de se porter enchérisseur… Le seul effet « collectif » est l'ouverture de la procédure de distribution par contribution entre les créanciers chirographaires poursuivants à raison de l'insuffisance des deniers à distribuer.

La déconfiture peut donner lieu à la constatation d'une situation de *surendettement*. Si l'insolvabilité est irrémédiable, il peut être procédé à la liquidation du patrimoine personnel du débiteur.

C. civ., art. 1276, 1613, 1913, 2309 et 2285; C. consom., art. L. 330-1 s., L. 331-7-3.

→ *Insolvabilité, Rétablissement personnel.*

Déconventionnement

[Sécurité sociale]

Mise hors convention d'un praticien qui ne respecte pas les dispositions des conventions nationales conclues entre les organisations syndicales les plus représentatives des professions de santé et les caisses nationales d'assurance-maladie : par exemple application de tarifs supérieurs aux tarifs conventionnels. Les assurés qui font appel à ces praticiens sont remboursés sur la base d'un tarif fixé par arrêté interministériel à un montant très faible. La mise hors convention d'une durée de 6 mois entraîne la perte des avantages sociaux pour les médecins pendant cette période.

Décote

[Droit financier ou fiscal]

Réduction du montant d'un impôt accordée, généralement de façon dégressive, aux redevables de sommes peu importantes, pour éviter que l'on ne passe sans transition de l'absence d'impôt à payer à une imposition au taux plein.

→ *Franchise.*

[Sécurité sociale]

Abattement sur le taux de la pension pour les assurés qui partent en retraite avant 65 ans sans avoir 160 trimestres tous régimes confondus.

CSS, art. R. 351-27.

Découpage électoral

[Droit constitutionnel]

→ *Circonscription électorale.*

Découplage

[Droit rural]

Principe de droit communautaire, suivant lequel les aides versées à l'exploitant agricole ne dépendent plus de la quantité produite mais de la surface exploitée. Les États membres ont la possibilité d'opter pour un découplage total ou partiel selon les types de production.

Le découplage est une évolution de la politique agricole commune qui lui a permis d'être compatible avec les exigences de l'Organisation mondiale du commerce (OMC).

→ *Droit à paiement unique.*

Découvert de la loi de finances

[Droit financier ou fiscal]

Excédent éventuel de l'ensemble des charges inscrites dans une loi de finances sur l'ensemble de ses ressources, devenu structurel en France depuis 3 décennies.

→ *Déficit budgétaire, Loi de finances, Loi de programmation des finances publiques.*

Décret

[Droit administratif/Droit constitutionnel]

Acte juridique exécutoire à portée générale (*Règlement*) ou individuelle signée soit par le président de la République, soit par le Premier ministre.

1° Le président de la République signe d'une part les décrets qui, aux termes de la Constitution ou des lois organiques, relèvent de sa compétence, d'autre part tous ceux qui sont délibérés en Conseil des ministres (art. 13). Ces décrets sont contresignés par le Premier ministre et, « le cas échéant, par les ministres responsables » (sauf dans les cas exceptionnels où il n'y a pas contreseing : art. 19).

2° Le Premier ministre signe tous les autres décrets. Ils sont contresignés, « le cas échéant, par les ministres chargés de leur exécution » (art. 22). Depuis le début de la Ve République, des décrets relevant de la compétence du Premier ministre sont aussi signés par le président de la République (le Conseil d'État ne considère pas cette pratique comme illégale).

3° Décret en Conseil d'État : décret adopté après avoir été soumis pour avis au Conseil d'État.

Décret d'avances

[Droit financier ou fiscal]

Crédits supplémentaires que le gouvernement peut exceptionnellement s'ouvrir à lui-même dans des hypothèses limitativement déterminées, et à charge de ratification ultérieure par le Parlement.

Décret-loi

[Droit constitutionnel]

Décret du gouvernement pris en vertu d'une habilitation législative dans un domaine relevant normalement de la compétence du Parlement, et possédant force de la loi, c'est-à-dire susceptible de modifier les lois en vigueur.

Sous la IIIe et la IVe Républiques, de nombreux décrets-lois ont permis au gouvernement de réaliser rapidement des réformes nécessaires (souvent impopulaires).

→ *Ordonnance.*

Décrets de répartition

[Droit financier ou fiscal]

Décrets pris après le vote des *lois de finances* annuelles ou rectificatives, en vue d'en répartir les masses de crédits entre les différents ministres.

→ *Crédits budgétaires.*

De cujus

[Droit civil]

Premiers mots de la formule « *de cujus successione agitur* » (littéralement : celui de la succession de qui il s'agit); utilisés de nos jours pour désigner le défunt auteur de la succession : on dit le *De cujus*.

Dédit

[Droit civil]

Possibilité qu'a un contractant de ne pas exécuter son obligation. Ce mot désigne également la somme d'argent que doit verser le débiteur s'il use de la faculté qui lui est reconnue de ne pas exécuter son obligation.

C. civ., art. 1590; C. consom., art. L. 131-1.

→ *Acompte, Arrhes.*

Dédoublement fonctionnel

[Droit public]

Expression, à l'origine employée en droit international public par G. Scelle, puis transposée dans les autres domaines du droit public, désignant le phénomène selon lequel une autorité publique agit parfois au nom de 2 personnes publiques différentes. Exemple du maire, qui selon les attributions qu'il exerce, agit tantôt au nom de sa commune et tantôt au nom de l'État.

De facto

[Droit général]

→ *De jure.*

Défaut

[Procédure civile]

Situation découlant de la défaillance d'un plaideur. Elle ne conduit pas nécessairement à un jugement par défaut. Si c'est le demandeur qui ne comparaît pas, le défendeur peut requérir un jugement sur le fond qui sera contradictoire. Si c'est le défendeur qui ne comparaît pas alors que la citation n'a pas été délivrée à personne, il est à nouveau invité à comparaître, après quoi il est statué au fond et le jugement rendu en son absence n'est qualifié par défaut que si la décision est en dernier ressort et si la citation n'a pas été remise en mains propres à son destinataire.

CPC, art. 468 s.

→ *Jugement dit contradictoire, Jugement par défaut, Jugement réputé contradictoire, Opposition.*

[Procédure pénale]

Situation découlant de la défaillance d'un prévenu ou d'un accusé au procès pénal, donnant lieu à un jugement par défaut ou au défaut en matière criminelle.

C. pr. pén., art. 379-2 s., 487 s. et 544 s.

Défaut-congé (Jugement de)

[Procédure civile]

Jugement que le tribunal peut prendre, à l'initiative du défendeur, lorsque le demandeur s'abstient d'accomplir les actes de procédure dans les délais requis. Le juge, sans examiner le fond, déclare la citation caduque; il donne congé au défendeur, en le libérant de l'instance engagée contre lui.

CPC, art. 468.

Défaut de base légale

[Procédure civile]

Vice de motivation affectant le jugement ou l'arrêt qui ne contient pas une description suffisante des faits dont la constatation est nécessaire pour apprécier si la loi a été correctement appliquée. Constitue un cas d'ouverture à cassation.

Défaut de conformité

[Droit civil]

→ *Conformité.*

Défaut de motifs

[Procédure civile]

Vice de forme d'un jugement consistant dans une absence totale de motifs, une contradiction de motifs ou un défaut de réponse à conclusions et constituant un cas d'ouverture à cassation.

CPC, art. 455.

→ *Pourvoi en cassation.*

Défaut en matière criminelle

[Procédure pénale]

Procédure criminelle destinée au jugement d'un accusé absent sans excuse valable à l'ouverture de l'audience. Il en est de même lorsque l'absence de l'accusé est constatée au cours des débats, et qu'il n'est pas possible de les suspendre jusqu'à son retour. Sauf à renvoyer l'affaire à une session ultérieure après délivrance d'un mandat d'arrêt, la cour d'assises statue sans l'assistance des jurés, à moins que l'absence de l'accusé ait été constatée après le commencement des débats, ou que ne soient présents d'autres accusés jugés simultanément.

En cas de condamnation, la voie de l'appel est fermée à l'accusé. Si celui-ci se constitue prisonnier, ou s'il est arrêté avant la *prescription de la peine*, l'arrêt de la cour d'assises est non avenu dans toutes ses dispositions, et il est procédé à son égard à un nouvel examen de son affaire dans les conditions du droit commun.

Cette procédure par défaut s'est substituée, depuis la loi n° 2004-204 du 9 mars 2004 (loi Perben II) à l'ancienne procédure de *contumace*.

C. pr. pén., art. 379-2 s.

→ *Procédure par défaut.*

Défendeur

[Procédure civile]

Personne contre laquelle un procès est engagé par le *demandeur*. Ne pas confondre avec le *défenseur*.

→ *Intimé.*

Défense (Liberté de la)

[Procédure (principes généraux)]

Le principe de la liberté de la défense, étroitement lié à celui du contradictoire, doit être respecté tant par le plaideur à l'égard de son adversaire que par le juge. Il constitue une exigence fondamentale de toute procédure. La liberté de la défense postule, outre le respect de la contradiction, la liberté pour les parties de présenter elles-mêmes des observations orales et de choisir librement leur défenseur. Le principe est si fort qu'il justifie, le cas échéant, la réouverture des débats. Il trouve toutefois sa limite en matière civile dans le pouvoir reconnu au juge qui s'estime éclairé de faire cesser les plaidoiries ou de mettre un terme aux explications des plaideurs.

CPC, art. 14 à 19, 440; Conv. EDH, art. 6.

→ *Contradictoire (Principe du), Droits de la défense, Égalité des armes, Procès équitable.*

Défense à l'action

[Procédure civile]

On entend par « défense » tous les moyens qui permettent au défendeur de riposter à l'attaque en justice dont il est l'objet.

→ *Défense au fond, Demande reconventionnelle, Exception, Fin de non-recevoir ou de non-valoir.*

Défense au fond

[Procédure civile]

Moyen de défense par lequel le défendeur conteste le bien-fondé de la prétention du demandeur, en fait ou en droit, qui peut être présenté en tout état de cause, en première instance et en appel. Par exemple, le moyen pris par le défendeur de la nullité de l'acte juridique sur lequel se fonde le demandeur constitue une défense au fond.

CPC, art. 71.

Défenseur

[Procédure civile]

Personne ayant reçu mission d'assister le plaideur, c'est-à-dire de le conseiller et d'argumenter pour lui. Le type en est l'avocat qui a le pouvoir de plaider devant toutes les juridictions, hormis les juridictions suprêmes (Cour de cassation, Conseil d'État). Ne pas confondre avec le *défendeur*.

→ *Assistance, Représentation.*

ACTU

Défenseur des droits

[Droit constitutionnel]

Établi par la révision constitutionnelle du 23 juillet 2008 (L. n° 2008-724), il veille au respect des droits et libertés par les administrations de l'État, les collectivités locales, les établissements publics ainsi que tout organisme investi d'une mission de service public, ou à l'égard duquel une loi organique lui attribue compétence. Il peut se saisir d'office et être saisi par toute personne s'estimant lésée par le fonctionnement d'un service public ou d'un organisme investi d'une mission de service public. Nommé pour 6 ans par le président de la République, son mandat n'est pas renouvelable. Il rend compte de son activité au président et au Parlement.

En vertu de la LO n° 2011-333 du 29 mars 2011, le Défenseur des droits « *autorité constitutionnelle indépendante* » remplace le *médiateur de la République*, le Défenseur des enfants, la *HALDE* et la Commission nationale de déontologie des la sécurité.

Const., art. 71-1.

Défenseur des enfants

[Droit civil/Droit administratif]

Autorité administrative indépendante nommée pour 6 ans, chargée de défendre et de promouvoir les droits de l'enfant consacrés par la loi ou par une convention internationale. À cet effet, il pouvait être saisi par toute une série de personnes ou d'autorités, notamment par les mineurs eux-mêmes ou leurs représentants légaux, par les services médicaux et sociaux ou par certaines associations. Son intervention pouvait aussi être appelée par des membres du Parlement, et il pouvait se saisir lui-même dans certains cas. Il devait saisir la justice si un mineur lui apparaissait en danger. Il pouvait en outre proposer de lui-même des réformes dans des domaines relatifs aux droits de l'enfant.

À la suite de la révision constitutionnelle du 23 juillet 2008, le Défenseur des enfants a été remplacé par le *Défenseur des droits* (LO du 29 mars 2011).

Déféré d'appel

[Procédure civile]

Saisine de la cour d'appel d'une contestation relative aux ordonnances du conseiller de la mise en état lorsqu'elles ont pour effet de mettre fin à l'instance, lorsqu'elles constatent son extinction, lorsqu'elles statuent sur une exception de procédure ou un incident mettant fin à l'instance.

CPC, art. 914.

Déféré préfectoral

[Droit administratif]

Dans le cadre du *contrôle administratif* exercé par l'État sur l'activité juridique des communes, départements et régions, acte par lequel le préfet défère au tribunal administratif les décisions de ces collectivités locales qu'il considère comme illégales.

CGCT, art. L. 2131-6, 3132-1 et 4142-1.

Déférement

[Procédure pénale]

Procédure consistant à traduire une personne appréhendée ou gardée à vue devant l'autorité judiciaire compétente, à savoir le procureur de la République (issue de la garde à vue, demande de remise par la Cour pénale internationale), le procureur général (demande d'extradition), ou encore un juge d'instruction.

En matière de garde à vue, lorsqu'il s'agit d'une enquête de flagrance portant sur des faits criminels ou d'une complexité particulière, le procureur de la République demande que la personne concernée lui soit déférée, c'est-à-dire présentée. C'est un prélude à la décision que le parquet devra prendre quant aux suites procédurales à adopter.

C. pr. pén., art. 63, 77, 393 s., 627-5, 696-10, 706 et 705-106 et 803-2.

Défiance constructive

[Droit constitutionnel]

Procédure de rationalisation du régime parlementaire allemand (Const., art. 67), en vertu de laquelle le *Bundestag* ne peut renverser le gouvernement qu'en élisant un nouveau Chancelier, de façon à empêcher que des oppositions devenues ensemble majoritaires mais incapables de s'accorder (ex. : coalition des extrêmes) ne puissent plonger le pays dans l'instabilité.

Déficit budgétaire

[Droit financier ou fiscal]

Depuis la disparition, à partir de 2006, de la distinction entre charges budgétaires définitives et temporaires, cette expression ne comporte plus de contenu technique; parfois encore employée comme synonyme de *découvert*.

Définitif

[Procédure civile]

Qualificatif dont le sens varie selon l'objet auquel il s'applique :

1° Qui est fixé et arrêté (astreinte définitive, partage définitif). S'oppose à provisionnel.

→ *Provision (Par).*

2° Qui statue sur le fond, par opposition à avant-dire droit et préparatoire.

→ *Jugement avant-dire droit.*

3° Qui est insusceptible d'être révisé, à la différence de ce qui est provisoire, comme l'ordonnance de référé par exemple.

→ *Référé civil.*

Défiscalisé

[Droit financier ou fiscal]

Néologisme, synonyme d'exonéré d'impôt (généralement utilisé en matière d'imposition du revenu et des bénéfices). Les termes de « placement défiscalisé », souvent employés dans la presse, peuvent désigner tantôt un placement d'argent dont les intérêts sont exonérés (intérêts du livret A, par ex.), tantôt un placement dont le capital lui-même échappe, en tout ou partie, à l'impôt sur les revenus à partir desquels il a été réalisé.

Déflation

[Droit financier ou fiscal]

Au sens actif du terme (politique de –), action tendant à réduire la quantité de monnaie – sous toutes ses formes – disponible à un moment donné. Ceci se traduit par une réduction de la demande des biens et des services, et l'on parle parfois de situation déflationniste pour caractériser une conjoncture marquée par l'insuffisance de la demande face à l'offre.

Dégradation civique

[Droit pénal]

Peine au titre de laquelle un condamné était destitué et exclu de toutes fonctions, emplois ou offices publics, et privé de tous ses droits civiques et politiques, ainsi que de certains droits de famille.

Cette peine n'existe plus depuis la réforme du Code pénal.

Degré de juridiction

[Procédure (principes généraux)]

Le degré d'une juridiction précise sa place dans la hiérarchie judiciaire.

Depuis 1958, seule la cour d'appel est une juridiction de second degré dans l'ordre judiciaire, sous réserve, cependant, depuis la loi n° 2000-516 du 15 juin 2000, de la cour d'assises, dont les arrêts rendus en premier ressort peuvent faire l'objet d'un appel porté devant une autre cour d'assises désignée par la chambre criminelle de la Cour de cassation, avec un nombre plus élevé de jurés ou d'assesseurs.

COJ, art. L. 311-1 et R. 311-3; C. pr. pén., art. 380-1 s.

→ *À charge d'appel, Double degré de juridiction, Jugement en dernier ressort, Jugement en premier ressort.*

La juridiction d'appel, en droit administratif, est exercée par les cours administratives d'appel ou, dans quelques cas, par le Conseil d'État.

CJA, art. L. 211-2 et 211-3.

Degré de parenté

[Droit civil]

Critère de mesure de la proximité d'une personne par rapport à une autre personne appartenant à la même famille. Chaque intervalle entre 2 générations vaut un degré. Ainsi :

- en ligne directe (c'est-à-dire pour des personnes qui descendent les unes des autres), le père et le fils sont, l'un par rapport à l'autre, parents au premier degré; les petits-enfants par rapport à leurs grands-parents (et réciproquement) sont parents au deuxième degré;

- en ligne collatérale (personnes qui descendent d'un ancêtre commun), les degrés se comptent par génération, en remontant depuis l'un des parents jusque et non compris l'auteur commun, puis en redescendant dans l'autre ligne jusqu'au parent dont on veut établir par rapport au premier l'éloignement en degrés; les frères et sœurs sont parents au deuxième degré, l'oncle ou la tante par rapport à leurs neveux ou nièces sont parents au troisième degré (et réciproquement), les cousins germains sont parents au quatrième degré.

C. civ., art. 743.

→ *Ascendant, Collatéral, Descendant, Enfant, Ligne.*

Dégrèvement

[Droit financier ou fiscal]

Décharge d'impôt totale ou partielle, accordée pour des raisons de légalité ou de bienveillance par l'Administration fiscale.

Déguerpissement

[Droit civil]

Acte par lequel le titulaire d'un droit réel sur un immeuble se désiste, par volonté unilatérale, de la propriété ou de la possession de cet immeuble afin de s'affranchir des charges foncières ou des obligations réelles qui le grèvent, par exemple abandon de la mitoyenneté d'un mur pour ne pas contribuer à sa réparation ou à sa reconstruction.

C. civ., art. 656, 667 et 699.

→ *Délaissement.*

Déguisement

[Droit civil]

Simulation dont l'objet est de modifier l'acte apparent, soit en s'en prenant à sa nature (donation cachée derrière le paravent d'une vente), soit en s'en prenant à l'une de ses conditions (dissimulation de prix pour diminuer les droits d'enregistrement).

→ *Acte apparent, Acte déguisé, Acte fictif, Acte secret, Apparence, Contre-lettre, Dissimulation, Interposition de personnes, Prête-nom, Simulation.*

Déjudiciarisation

[Droit civil/Procédure civile]

Suppression du juge dans telle situation ne relevant pas, à proprement parler, de son pouvoir juridictionnel. Le traitement des situations de surendettement a été en grande partie déjudiciarisé par la loi n° 2010-737 du 1er juillet 2010 réformant le crédit à la consommation, puisque le juge de l'exécution n'intervient plus que pour homologuer certaines recommandations émanant de la Commission de surendettement, juger des contestations formées contre les décisions de celle-ci et décider de l'ouverture d'une procédure de rétablissement personnel avec liquidation judiciaire par notaire.

De jure

[Droit général]

1° « *De jure, de facto* » (du latin : de droit, de fait). Ces 2 expressions permettent d'opposer des situations juridiques (*de jure*) à des situations de pur fait (*de facto*).

→ *Juris et de jure.*

2° *De jure* signifie aussi de « plein droit » pour caractériser l'acquisition automatique d'une qualité ou d'une prérogative.

Délai

[Droit général]

Certaines formalités de la vie juridique, les actes et formalités de la procédure doivent normalement être accomplis dans le cadre de certains délais. L'inobservation de ces délais entraîne des conséquences de gravité variable (*prescription*, *forclusion*, *déchéance*, *caducité*).

Les délais peuvent être calculés en jours, en mois, en année ou même d'heure à heure.

• *Point de départ d'un délai* : le jour qui est le point de départ du délai (*Dies a quo*) n'est pas normalement compté. Pour un acte fait ou un événement survenu le 10 janvier, le délai court à partir du 11.

• *Point d'arrivée* : le jour auquel se termine un délai (*Dies ad quem*) peut ou non être compté :

- lorsque le délai est *franc*, la formalité peut être accomplie le lendemain du *dies ad quem* ;

- lorsque le délai n'est *pas franc*, la formalité doit être accomplie le jour même de l'expiration du délai, le *dies ad quem*. Par exemple, la prescription extinctive, qui se compte par jours, est acquise lorsque le dernier jour du terme est accompli. Autrement dit, le délai est franc lorsqu'on ne compte dans son calcul ni le terme de départ ni le terme d'arrivée.

Fixés en principe par la loi les délais peuvent être parfois suspendus (*moratoire*, *délai de grâce*). Ils peuvent être fixés par le juge dans certains cas.

C. civ., art. 1185 s., 2228, 2229.

→ *Délai de forclusion, Délai préfix, Délai de procédure, Délai(s) de paiement.*

Délai-congé

[Droit du travail]

→ *Préavis.*

Délai de carence

[Droit du travail]
Il s'agit du délai qui doit s'écouler en principe (sauf exceptions limitativement énoncées par la loi) entre 2 contrats de travail à durée déterminée successifs sur un même poste de travail. Sa durée est tributaire de la durée (renouvellement compris) du contrat à durée déterminée initial arrivé à expiration.

C. trav., art. L. 1244-3 s.

[Sécurité sociale]
Délai qui s'écoule entre la survenance d'une incapacité de travail et son indemnisation au titre de l'assurance-maladie.

CSS, art. L. 323-1 et D. 613-9.

Délai de forclusion

[Droit civil/Procédure civile]
Délai dont l'inobservation empêche l'intéressé forclos d'accomplir telles formalités, une fois qu'il est expiré.
Le délai de forclusion n'est pas régi par les dispositions relatives au délai de prescription, sauf en ce qui concerne l'application de la loi dans le temps et l'interruption du délai par l'effet d'une demande en justice ou d'un acte d'exécution forcée.

C. civ., art. 2220, 2222, 2241 et 2244.

→ *Déchéance et forclusion, Relevé de forclusion.*

Délai de grâce

[Droit civil]
Report ou échelonnement du paiement des sommes dues que le juge peut accorder, dans la limite de 2 années, compte tenu de la situation du débiteur et en considération des besoins du créancier.
Le juge peut aussi prescrire que les échéances reportées porteront intérêt à un taux réduit, mais non inférieur au taux légal, et que les paiements s'imputeront d'abord sur le capital.

C. civ., art. 1244-1.

ACTU

Délai(s) de paiement

[Droit commercial]
Ils ont été encadrés dans les rapports professionnels par la loi française, sur l'impulsion du droit communautaire cherchant à améliorer le financement des petites et moyennes entreprises. Depuis la loi du 4 août 2008, dite de Modernisation de l'économie, le délai de principe est de 30 jours suivant réception de la marchandise ou exécution de la prestation de service professionnelle. Ce délai peut être contractuellement étendu à un maximum de 45 jours fin de mois ou 60 jours après émission de la facture. Ces règles sont aménagées dans certains secteurs économiques sensibles (agro-alimentaire, transports), par la loi ou par l'effet de l'accord collectif entre organisations professionnelles. Devant figurer dans les conditions générales de vente du professionnel, les délais de paiement doivent être réguliers, sous peine de sanction civile ou pénale.

C. com., art. L. 441-6, 442-6 et 443-1.

Délai de procédure

[Procédure (principes généraux)]
Temps accordé à l'un ou l'autre des protagonistes d'une procédure pour réaliser une formalité précise (mise au rôle, voie de recours par ex.). À côté de ce délai dit d'action, existe un délai d'attente qui oblige à temporiser pendant un certain temps, tel le délai de comparution laissé au défendeur pour organiser sa défense.

[Procédure civile]
Les délais nécessaires au bon déroulement de l'instance (échange des conclusions, dépôt d'un rapport d'expertise), dits délais *ad litem*, sont fixés par le juge qui peut les proroger.

Les délais de procédure civile sont des délais non francs. Lorsque le délai est calculé en jours, le *dies a quo* ne compte pas. Quand celui-ci est calculé en mois ou en année le *dies a quo* constitue le premier jour du *délai*. Tout délai expire le dernier jour à 24 heures. Mais si le délai expire un samedi, un dimanche, un jour férié ou chômé il est prorogé jusqu'au premier jour ouvrable suivant. La même prorogation s'applique lorsque l'acte ne peut être transmis par voie électronique le dernier jour du délai pour une cause étrangère à celui qui l'accomplit.

CPC, art. 3, 640 s., 748-7 (Décr. n° 2009-1524 du 9 déc. 2009).

→ *Déchéance et forclusion, Mise en état, Relevé de forclusion.*

[Procédure pénale]

Pour le calcul des délais en procédure pénale, il est généralement admis que le *Dies a quo* n'est pas compris, les délais en cause commençant donc à s'écouler le lendemain de l'acte, de l'événement ou de la décision qui les fait courir.

Tout délai expire en principe le dernier jour à minuit. Le délai qui expirerait normalement un samedi ou un dimanche ou un jour férié ou chômé est prorogé jusqu'au premier jour ouvrable suivant.

Par exception le délai de pourvoi en cassation est franc.

C. pr. pén., art. 568 et 801.

[Droit administratif]

La jurisprudence administrative compute les délais selon des règles identiques en fait à celles des délais francs, malgré leur suppression. Pour un acte notifié le 10 janvier, le délai général de recours de 2 mois expire le 11 mars au soir. Si ce jour est un samedi, un dimanche, un jour férié ou chômé, le délai est prolongé jusqu'au premier jour ouvrable suivant. En cas de recours contre une *décision implicite de rejet*, le délai court dès le lendemain du jour où elle est acquise et il expire le *dies ad quem*. Par exemple, demande parvenue à l'Administration le 10 janvier; rejet implicite le 10 mars au soir; le délai du recours contentieux court à compter du 11 et expire le 11 mai au soir.

CJA, art. R. 421-1.

GACA n° 36.

Délai de réflexion

[Droit civil]

Délai institué par la loi dans le dessein d'éviter des décisions précipitées, pendant lequel il est interdit au destinataire d'une offre de l'accepter. Tel est le cas pour toute prestation de chirurgie esthétique, pour la souscription d'un crédit immobilier, l'acquisition ou la construction d'un immeuble à usage d'habitation, le prêt viager hypothécaire, le contrat d'enseignement privé à distance. Une acceptation intervenant pendant ce délai est inefficace.

C. consom., art. L. 312-10 et 314-7; CCH, art. L. 271-1; CSP, art. L. 6322-2; C. éduc., art. 444-8.

→ *Droit de repentir.*

Délai de rétractation

[Droit civil]

Délai toujours bref (en général 7 ou 10 jours, parfois 15 ou 30 jours) pendant lequel le contractant qui bénéficie d'un *droit de repentir* peut revenir sur son engagement.

Délai de viduité

[Droit civil]

Délai de 300 jours que devait respecter la veuve ou la femme divorcée avant de se remarier; ce délai avait pour but d'éviter la confusion de *part*, c'est-à-dire l'incertitude relative à la paternité de l'enfant à naître. Ce délai a été supprimé par la loi du 26 mai 2004 sur le divorce.

Délai franc, délai non franc

[Procédure (principes généraux)]

→ *Délai, Délai de procédure.*

Délai préfix

[Droit civil/Procédure civile]

Délai accordé pour accomplir un acte, à l'expiration duquel on est frappé d'une forclusion.

Le délai préfix ne peut, en principe, être ni interrompu ni suspendu.

CPC, art. 122; C. civ., art. 2220.

→ *Prescription civile.*

Délai raisonnable

[Procédure (principes généraux)/ Procédure civile/pénale/administrative]

Temps légitime, légalement fixé ou non, accordé au juge pour statuer définitivement sur un contentieux. Garantie fondamentale d'une bonne justice, sa violation entraîne la mise en œuvre de la responsabilité de l'État pour fonctionnement défectueux du service public de la justice.

COJ, art. L. 11-3; Conv. EDH, art. 6, § 1; C. pr. pén., art. préliminaire.

GACA nº 5.

→ *Procès équitable, Responsabilité du fait de fonctionnement défectueux de la justice.*

Délaissement

[Droit civil]

Faculté ouverte au tiers acquéreur d'un immeuble hypothéqué, qui n'est pas personnellement obligé à la dette, d'abandonner l'immeuble au créancier hypothécaire exerçant le droit de suite, afin d'éviter que la saisie et la vente de l'immeuble ne soient poursuivies contre lui.

C. civ., art. 2463.

→ *Déguerpissement.*

[Droit maritime]

En cas de sinistre important, droit pour l'assuré de recevoir l'intégralité de l'indemnité, moyennant abandon à l'assureur de la chose assurée (le navire) ou de ses restes.

C. assur., art. L. 172-24 et 172-27.

[Droit pénal]

Crime ou délit, selon les circonstances, consistant à abandonner, en un lieu quelconque, soit un mineur de 15 ans, soit une personne qui n'est pas en mesure de se protéger en raison de son âge ou de son état physique ou psychique.

C. pén., art. 223-3 s. et 227-1 s.

Délateur

[Droit pénal]

Qualification de la personne qui a tenté de commettre un crime ou un délit et qui a permis, en avertissant l'autorité administrative ou judiciaire, d'éviter la réalisation de l'infraction, et le cas échéant, d'identifier les autres auteurs ou complices.

Dans les cas prévus par la loi, le délateur bénéficie d'une exemption de peines.

C. pén., art. 132-78.

Délation de serment

[Procédure civile/Procédure pénale]

Acte par lequel l'appréciation de la cause est remise à la bonne foi d'une partie qui est invitée, par le juge ou le plaideur, à jurer de la véracité d'un fait ou de la réalité d'un engagement.

C. civ., art. 1357 s.; CPC, art. 317 s.

→ *Relation de serment, Serment.*

Délégalisation

[Droit constitutionnel]

Technique prévue à l'article 37-2 de la Constitution de 1958 permettant de demander au Conseil constitutionnel de déclarer que certaines dispositions législatives sont intervenues à tort car relevant du domaine réglementaire et peuvent donc être modifiées par le règlement.

Délégation

[Droit administratif]

→ *Délégation de pouvoir, délégation de signature.*

[Droit civil]

Opération par laquelle une personne (le délégant) invite une autre personne (le délégué) à payer en son nom une dette à un tiers (le délégataire). Généralement, le délégué est débiteur du délégant et ce dernier est débiteur du délégataire. La délégation est parfaite lorsque, selon la volonté expresse des parties, elle produit un effet novatoire par extinction de la dette du délégant envers le délégataire et aussi celle du délégué envers le délégant; il ne reste alors qu'une seule dette, celle du délégué envers le délégataire. Elle est imparfaite lorsqu'elle laisse subsister les engagements initiaux, en y ajoutant l'engagement du délégué envers le délégataire, auquel cas elle joue le rôle d'une sûreté personnelle au profit du délégataire, puisqu'il aura 2 débiteurs au lieu d'un seul.

GAJC, t. 2, nº 252.

[Droit constitutionnel]

1° Délégation de pouvoirs : transfert partiel de l'exercice du pouvoir législatif au gouvernement.

→ *Décret-Loi, Ordonnance.*

2° Délégation de vote : autorisation qu'un parlementaire donne à l'un de ses collègues de voter à sa place. Comme cette procédure favorise l'absentéisme, la Constitution de 1958 (art. 27) pose le principe du vote personnel; la délégation de vote n'est permise que dans 6 cas et nul ne peut en recevoir plus d'une (Ord. du 7 nov. 1958).

Délégation à l'emploi

[Droit du travail]

Organisme de l'Administration centrale du ministère du Travail chargé des problèmes de l'emploi; la Délégation dispose à cette fin du *Pôle emploi* et de l'Association pour la formation professionnelle des adultes.

Délégation à l'Union européenne

[Droit européen]

Organe chargé du suivi des questions relatives à l'Union européenne tant à l'Assemblée nationale qu'au Sénat. Depuis 2008, Commission des affaires européennes (Const., art. 88-4).

Délégation de compétence

[Droit administratif]

→ *Délégation de pouvoir.*

Délégation de gestion

[Droit administratif]

Dans le cadre de la coopération entre services de l'État, technique juridique permettant à un ou à plusieurs de charger l'un d'entre eux de réaliser pour leur compte des actes juridiques ou des prestations déterminées concourant à l'accomplissement de leurs missions. D'une durée limitée mais reconductible, la délégation donne lieu à un acte écrit. Exemple : en cas d'utilisation en commun des matériels ou de véhicules, l'un des services utilisateurs peut recevoir délégation pour en assurer seul l'entretien.

Délégation de pouvoir

[Droit pénal]

Mode d'exonération de la responsabilité pénale, par lequel un chef d'entreprise apporte la preuve qu'il a délégué ses pouvoirs à un préposé investi par lui pour veiller à la bonne observation des dispositions en vigueur, avec pour effet de transférer sa responsabilité au délégataire.

Le chef d'entreprise ne peut être exonéré de sa responsabilité que lorsqu'il démontre que l'infraction a été commise dans un service dont il a confié la direction ou la surveillance à un préposé pourvu de la compétence, ainsi que de l'autorité nécessaire pour veiller efficacement aux mesures édictées.

GADPG n° 37.

→ *Délégation de signature.*

[Droit administratif]

Transfert par une autorité administrative, dans les limites légales, d'une ou plusieurs de ses compétences à un autre agent (désigné par son titre). Pendant sa durée, l'autorité délégataire est substituée, dans les responsabilités encourues et dans l'exercice des compétences déléguées, à l'autorité délégante qui cesse de pouvoir exercer ces dernières.

→ *Délégation de signature.*

Délégation de service public

[Droit administratif]

Procédé de gestion des *services publics* consistant pour la personne publique (généralement une *collectivité territoriale*) qui en a légalement la charge à externaliser une activité en en confiant le fonctionnement à une autre personne juridique (généralement une société privée), au moyen d'un contrat à durée limitée conclu avec celle-ci. Pour qu'il y ait délégation de service public, le contrat doit stipuler une rémunération substantielle liée aux résultats de l'exploitation du service. Le délégataire peut être chargé à ses frais de construire des ouvrages ou d'acquérir des biens nécessaires au service. Ce procédé, fréquent en matière de services publics industriels et commerciaux, comme la distribution de l'eau, est interdit pour certains services publics administratifs qui, par leur nature ou en raison d'un texte, ne peuvent être assurés que par la collectivité qui les a légalement en charge (comme la police ou l'état civil).

CGCT, art. L. 1411-1 s.

→ *Affermage, Concession, Régie intéressée.*

[Droit pénal]

Les collectivités territoriales et leurs groupements ne sont responsables pénalement que des infractions commises dans l'exercice d'activités susceptibles de faire l'objet de conventions de délégation de service public.

C. pén., art. 121-2, al. 2.

Délégation de signature

[Droit administratif]

Habilitation donnée par une autorité administrative, dans les limites légales, à un agent nominativement désigné d'exercer, concurremment avec elle, une ou plusieurs de ses compétences en signant au nom du délégant les décisions correspondantes. Le délégant, qui n'est pas ici dessaisi de ses compétences, en conserve la responsabilité éventuelle.

→ *Délégation de pouvoir.*

De lege ferenda

[Droit général]

Littéralement : « pour la loi à adopter ». Se dit d'une analyse qui, après étude du droit positif, se réfère à la loi telle que l'on souhaiterait qu'elle fût.

De lege lata

[Droit général]

Littéralement : « quant à la loi en vigueur ». Se dit d'une analyse du droit positif, en considérant la loi telle qu'elle existe.

ACTU

Délégué à la protection des majeurs

[Procédure civile]

Magistrat désigné par le premier président de la cour d'appel pour assurer la présidence de la formation de jugement qui statue sur les appels des décisions rendues par le juge des tutelles et le conseil de famille, ou y exercer les fonctions de rapporteur.

COJ, art. L. 312-6-1.

Délégué aux prestations familiales

[Droit civil/Sécurité sociale]

Personne physique ou morale que le juge des enfants désigne pour gérer tout ou partie des prestations familiales ou du revenu de solidarité active, lorsqu'il prend une *mesure judiciaire d'aide à la gestion du budget familial*. Au-delà de la gestion des prestations familiales selon les besoins liés à l'entretien, à la santé et à l'éducation des enfants, gestion pour laquelle il doit s'efforcer de recueillir l'adhésion des bénéficiaires de ces prestations, le délégué exerce auprès de la famille une action éducative visant à rétablir les conditions d'une gestion autonome des prestations.

CASF, art. L. 474-1 s. et R. 474-16 s.; C. civ., art. 375-9-1; CSS, art. L. 552-6 et 755-4.

Délégué syndical

[Droit du travail]

Représentant, auprès du chef d'entreprise, d'un syndicat habilité par la loi du 27 décembre 1968 à constituer une section syndicale. Il ne faut pas confondre le délégué syndical avec le *représentant syndical* au comité d'entreprise et avec le *représentant de la section syndicale*.

C. trav., art. L. 2143-1 s. et R. 2143-1 s.

GADT, n° 126, 130, 135 et 141.

Délégués consulaires

[Droit commercial/Procédure civile]

L'élection des membres des tribunaux de commerce comporte un scrutin à 2 degrés. Le premier collège est constitué par les délégués consulaires dont le nombre, qui varie de 60 à 600, est fonction de l'importance du corps électoral consulaire de la circonscription, du nombre de membres élus de la Chambre de commerce et du nombre des tribunaux de commerce compris dans le ressort de cette chambre.

Participent, notamment, à l'élection de ces délégués :

1° À titre personnel : les commerçants immatriculés au Registre du commerce, les chefs d'entreprise inscrits au répertoire des métiers, leurs conjoints collaborateurs;

2° Par l'intermédiaire d'un représentant : les sociétés à caractère commercial;

3° Les cadres qui ont des fonctions de direction commerciale, technique ou administrative.

Ce sont ces délégués qui élisent les juges du tribunal de commerce, avec les membres du tribunal de commerce ainsi que les anciens membres du tribunal ayant demandé à être inscrits sur la liste électorale.

C. com., art. L. 713-6 s., 723-1 et 723-2.

Délégués du personnel

[Droit du travail]

Représentants élus du personnel d'un établissement, chargés de faire observer les conditions de travail, de transmettre les réclamations du personnel à l'employeur et, éventuellement, de remplacer le comité d'entreprise quand celui-ci n'existe pas. Ils sont également des interlocuteurs privilégiés des inspecteurs du travail.

C. trav., art. L. 2311-1 s. et R. 2312-1 s.

GADT, n° 136 à 140.

Délibératif

[Procédure (principes généraux)/ Droit administratif]

→ *Voix délibérative, consultative.*

Délibération

[Droit administratif/Droit international public]

1° Examen et discussion d'une affaire par un organe collectif avant qu'il prenne une décision.

2° Résultat de cette discussion : la décision prise. Ce terme est spécialement employé pour désigner les décisions prises par les assemblées des collectivités territoriales.

→ *Vœu.*

Délibération de programme

[Droit administratif]

Programme prévisionnel de dépenses d'investissement envisagées par une collectivité territoriale pour les années à venir, voté par le Conseil délibérant de celle-ci avec l'indication de l'échéancier prévu des réalisations.

Délibéré

[Procédure (principes généraux)]

Phase de l'instance au cours de laquelle, les pièces du dossier ayant été examinées, les plaidoiries entendues, les magistrats se concertent avant de rendre leur décision à la majorité. Le délibéré est toujours secret.

CPC, art. 447 s.; CJA, art. L. 8; CJF, art. R. 141-13.

Délimitation des frontières

[Droit international public]

Opération consistant à déterminer la frontière entre 2 États.

Conventionnelle ou arbitrale, la délimitation est exécutée sur le terrain par une commission de délimitation composée d'experts, qui procède à l'abornement.

→ *Bornage.*

Délinquant

[Droit pénal]

Auteur ou complice d'une infraction pénale, qui peut faire l'objet d'une poursuite de ce chef.

Délinquant primaire

[Droit pénal]

Auteur ou complice d'une infraction pénale, qui ne se trouve pas dans un état de *récidive*.

Délit

[Droit pénal]

Au sens large, le délit est synonyme d'*infraction*.

Au sens strict, le délit est une infraction dont l'auteur est puni de peines correctionnelles. Les peines correctionnelles encourues par les *personnes physiques* sont l'emprisonnement (10 ans au plus), l'amende (supérieure ou égale à 3 750 €), le jour-amende, le stage de citoyenneté, le travail d'intérêt général, des peines privatives ou restrictives de droits, des peines complémentaires, et la *sanction-réparation*. Pour les *personnes morales*, les peines applicables sont l'amende, dont le taux maximum est égal au quintuple de celui prévu pour les personnes physiques, certaines peines privatives ou restrictives de droits dans les cas prévus par la loi, et la sanction-réparation.

C. pén., art. 111-1 s., 131-3 s. et 131-37 s.

GADPG n° 26.

Délit civil

[Droit civil]

Au sens large : tout fait illicite de l'homme engageant sa responsabilité civile (on oppose le délit civil au délit pénal).

Dans une acception étroite : fait de l'homme résultant d'une faute intentionnelle et engageant sa responsabilité civile (par opposition au quasi-délit qui résulte d'une faute non intentionnelle).

C. civ., art. 1382 et 1383.

Délit-contravention

[Droit pénal]

Infraction dont le caractère hybride la rattache à la fois aux délits et aux contraventions. Elle constitue un délit par les peines dont elle est assortie, mais reste proche des contraventions par le régime applicable, tant en raison de son caractère purement matériel, qui la rend indifférente à l'intention ou à la faute, que de la possibilité de cumuler les peines encourues (délits en matière de chasse, d'urbanisme, d'environnement ou de droit du travail...).

Dans la logique de la réforme du Code pénal, qui pose le principe qu'il n'y a point de crime ou de délit sans élément moral, même lorsque la loi ne le prévoit pas expressément, les délits-contraventions sont appelés à disparaître.

C. pén., art. 121-3.

GADPG n° 26 et 42.

Délit d'audience

[Procédure civile/Procédure pénale]

Délit commis au cours de l'audience, pour la sanction duquel le président et le tribunal disposent de pouvoirs exceptionnels, à effet immédiat.

CPC, art. 439; C. pr. pén., art. 404 et 675 s.; C. pén., art. 434-24.

Délit de fuite

[Droit pénal]

Infraction consistant dans le fait, pour tout conducteur d'un véhicule ou engin terrestre, fluvial ou maritime, sachant qu'il vient de causer ou d'occasionner un accident, de ne pas s'arrêter et de tenter ainsi d'échapper à la responsabilité pénale ou civile qu'il peut avoir encourue.

C. pén., art. 434-10.

Délit non intentionnel

[Droit pénal]

Délit dont l'élément moral consiste en une faute plus ou moins prononcée. Il s'agit, soit d'une faute d'imprudence, de négligence ou de manquement à une obligation de prudence ou de sécurité prévue par la loi ou le règlement, soit d'une faute délibérée par mise en danger de la personne d'autrui, soit d'une faute caractérisée ayant exposé autrui à un risque d'une particulière gravité qui ne pouvait être ignoré.

Depuis la loi n° 2000-647 du 10 juillet 2000 tendant à préciser la définition des délits non intentionnels, la *causalité* est également un critère d'appréciation de la responsabilité pénale des personnes physiques, pour se conjuguer désormais avec ces différentes catégories de fautes.

C. pén., art. 121-3.

Délit praeter-intentionnel

[Droit pénal]

→ *Infraction praeter-intentionnelle.*

Délits d'initiés

[Droit pénal]

Délits attentatoires à la transparence des marchés financiers, consistant pour des personnes disposant, notamment à l'occasion de l'exercice de leur profession ou de leurs fonctions, d'informations privilégiées sur les perspectives d'évolution de titres, d'instruments financiers ou d'actifs négociés ou admis sur un marché réglementé, de réaliser ou de permettre de réaliser, directement ou indirectement, une ou plusieurs opérations avant que le public ait connaissance de ces informations, ou encore de les communiquer à un tiers.

C. mon. fin., art. L. 465-1.

Délivrance

[Droit civil]

1° Remise d'un acte (par ex. la copie exécutoire d'un jugement) ou d'une chose à quelqu'un. En matière mobilière, elle s'opère par *tradition* ou livraison.

2° Obligation qui pèse sur le débiteur d'une chose (bailleur, coéchangiste, donateur, entrepreneur, vendeur, etc.) de mettre celle-ci à la disposition du créancier.

C. civ., art. 1004, 1689, 1719 et 1720.

3° Désigne plus particulièrement l'obligation qui pèse sur le vendeur et en vertu de laquelle il doit mettre la chose vendue à la disposition de l'acheteur.

C. civ., art. 1604 à 1624.

Demande additionnelle

[Procédure civile]

Demande par laquelle le demandeur, en cours d'instance, formule une prétention nouvelle, mais connexe à la demande initiale.

CPC, art. 65.

→ *Connexité.*

Demande en intervention

[Procédure civile]

Demande incidente dirigée par l'une des parties contre un tiers, un garant par exemple (intervention forcée), ou demande formée spontanément par un tiers contre l'un des plaideurs (intervention volontaire). L'*intervention* est autorisée en appel pour la première fois. Le juge a le pouvoir de provoquer l'intervention d'un tiers, par l'intermédiaire de l'un des plaideurs même en vue d'une condamnation de ce tiers.

CPC, art. 325 s.

→ *Déclaration de jugement commun, Mise en cause.*

Demande en justice

[Procédure (principes généraux)]

Acte par lequel une personne soumet au tribunal une prétention. Elle émane normalement du demandeur.

→ *Déclaration de créance, Demande additionnelle, Demande incidente, Demande en intervention, Demande reconventionnelle.*

Demande incidente

[Procédure civile]

L'expression désigne toute demande qui n'ouvre pas l'instance, mais intervient au cours d'un procès déjà engagé. Elle émane du demandeur (*demande additionnelle*) ou du défendeur (*demande reconventionnelle*); elle peut aussi provenir d'un tiers (*intervention volontaire*) ou être dirigée contre lui (*intervention forcée*).

CPC, art. 63.

Demande indéterminée

[Procédure civile]

Demande dont l'objet n'est pas susceptible d'évaluation pécuniaire (ex. : question d'état des personnes) ou dont la valeur est difficilement déterminable (ex. : tableau de famille).

Lorsque le taux de ressort dépend du montant du litige, l'indétermination de la demande rend l'appel toujours possible.

CPC, art. 40.

Demande initiale

[Procédure civile]

Acte par lequel une prétention est soumise au juge et qui déclenche l'instance, par opposition à la demande incidente qui se greffe sur une procédure déjà commencée.

La demande initiale est formée : en matière contentieuse, soit par assignation de l'adversaire, soit par requête conjointe des parties; en matière gracieuse par requête unilatérale remise au secrétariat de la juridiction. La loi se contente parfois d'une simple déclaration au greffe ou de la présentation volontaire des plaideurs devant le juge.

La demande initiale, en délimitant l'objet du litige, fixe l'étendue de l'office du juge et commande la recevabilité des *demandes incidentes*.

CPC, art. 53 et 54.

→ *Connexité, saisine.*

Demande introductive d'instance

[Procédure civile]

Expression de l'ancienne procédure.

→ *Demande initiale.*

Demande nouvelle

[Procédure civile]

Demande qui diffère de la demande introductive d'instance par l'un de ses éléments constitutifs, parties, objet ou cause, qu'elle soit présentée par le demandeur, par le défendeur ou par un tiers. Le principe de l'immutabilité du litige, qui tombe en désuétude aujourd'hui, tendrait à déclarer irrecevable toute demande nouvelle.

Affirmée dans le cadre de l'appel, la règle de l'irrecevabilité des demandes nouvelles est appliquée sans rigueur, puisqu'une prétention n'est pas nouvelle lorsqu'elle tend aux mêmes fins que la demande originaire, mais que son fondement juridique est différent de celle-ci. En première instance, elle l'est avec plus de libéralisme encore, pourvu qu'il existe entre la demande initiale et la demande nouvelle un lien de *connexité*.

CPC, art. 564 s.

→ *Cause, Demande additionnelle, Demande en intervention, Demande reconventionnelle, Prétentions nouvelles.*

Demande reconventionnelle

[Procédure civile]

Demande formée par le défendeur qui, non content de présenter des moyens de défense, attaque à son tour et soumet au tribunal un chef de demande.

CPC, art. 64.

Demandeur

[Procédure civile]

Personne qui prend l'initiative d'un procès et qui supporte en cette qualité, la triple charge de l'*allégation* des faits, de leur *pertinence* et de leur *preuve*.

→ *Appelant.*

Démarchage

[Droit commercial/Droit pénal]

Opération qui consiste à rechercher des clients ou à solliciter des commandes pour le compte d'une entreprise, par des visites à domicile ou au lieu du travail.

Le démarchage en vue du placement d'instruments financiers ou de services bancaires – démarchage bancaire et financier – est strictement réglementé.

C. consom., art. L. 121-21; C. mon. fin., art. L. 341-1 s. et 353-1 s.

Dématérialisation des procédures

[Procédure (principes généraux)]

Suppression du support papier dans les diverses procédures (civile, pénale, administrative) pour les opérations d'émission, de transmission et de conservation des actes de l'instance et remplacement par un support électronique qui a une valeur juridique identique à celle du support papier.

Pour les avocats, la dématérialisation permet un gain de temps très appréciable, évite les déplacements au greffe, facilite la gestion des dossiers, annule pratiquement les coûts d'expédition. Pour les tribunaux, l'intérêt le plus marquant est une meilleure productivité.

→ *Communication électronique, Téléprocédures.*

Dématérialisation (valeurs mobilières et autres titres financiers)

[Droit commercial]

Opération consistant à inscrire dans un compte ouvert par la société émettrice ou un mandataire habilité les titres nominatifs et au porteur au nom de leurs titulaires, et à supprimer leur représentation matérielle (registre de transfert, support écrit).

→ *Tradition.*

C. mon. fin., art. L. 211-4.

Démembrement de propriété

[Droit civil]

Situation caractérisée par la répartition des attributs du droit de propriété entre plusieurs titulaires de droits réels (*usufruit*, *servitude*).

→ *Droit réel.*

Démembrements de la puissance publique

[Droit administratif]

Expression fréquemment utilisée pour désigner l'ensemble des collectivités territoriales et établissements publics, auquel on ajoute parfois les organismes à façade privée montés par l'Administration en vue de poursuivre son action en échappant aux règles du droit administratif et de la comptabilité publique.

Démence

[Droit pénal]

Atteinte des facultés mentales de l'auteur ou du complice d'une infraction au moment des faits, ce qui justifie que sa responsabilité pénale soit écartée ou atténuée.

Depuis la réforme du Code pénal, la démence disparaît en tant que notion spécifique, pour être remplacée par le *trouble psychique ou neuropsychique* ayant aboli ou altéré le discernement de celui qui en est atteint.

C. pén., art. 122-1.

→ *Aliénation mentale, Altération des facultés mentales ou corporelles, Majeur protégé, Protection des majeurs.*

Demeure

[Procédure civile]

La demeure s'entend, pour une personne physique, du lieu où elle a son domicile, à défaut sa résidence, pour une personne morale du lieu où celle-ci est établie.

C'est un critère personnel de localisation des litiges déterminant la compétence territoriale des juridictions.

CPC, art. 42.

Démission

[Droit public]

1° Acte par lequel on renonce à une fonction ou à un mandat.

2° *Démission d'office* : démission forcée dans les cas définis par les textes juridiques en vigueur.

3° *Démission en blanc* : démission présentée sous forme d'une lettre signée mais non datée, remise à ses électeurs par le candidat à une élection, à titre de garantie de la fidèle exécution de ses engagements.

Pratique contraire au principe de l'interdiction du mandat impératif.

→ *Mandat politique.*

[Droit du travail]

Rupture du contrat de travail par le salarié et à son initiative.

C. trav., art. L. 1237-1 s.

GADT, n° 83 à 86.

→ *Congédiement, Licenciement.*

Démocratie

[Droit constitutionnel]

Étymologiquement, gouvernement du peuple par le peuple, ce qui suppose en théorie l'identification des gouvernants et des gouvernés.

Plus concrètement, régime dans lequel tous les citoyens possèdent à l'égard du pouvoir un droit de participation (vote) et un droit de contestation (liberté d'opposition). Cependant la liberté d'opposition n'est reconnue que dans la *démocratie libérale*, mais non dans la démocratie autoritaire.

→ *Démocratie économique et sociale, Démocratie politique.*

Démocratie directe

[Droit constitutionnel]

Forme de démocratie dans laquelle les citoyens exercent eux-mêmes le pouvoir sans intermédiaires.

En usage dans les antiques cités grecques, la démocratie directe ne survit de nos jours que dans quelques communautés, par exemple dans certains cantons suisses.

La démocratie directe ainsi définie s'oppose à la démocratie représentative. Mais certains auteurs (M. Duverger) emploient l'expression dans un sens nouveau, pour désigner les régimes dans lesquels les citoyens choisissent eux-mêmes le gouvernement (du moins son chef). Exemple : États-Unis (élection du président au suffrage universel), Grande-Bretagne (le bipartisme permettant aux citoyens de choisir le Premier ministre – leader du parti majoritaire – à travers l'élection de la Chambre des communes). Ainsi entendu, la *démocratie directe* s'oppose à la *démocratie « médiatisée »*.

Démocratie libérale

[Droit constitutionnel]

Démocratie qui cherche à résoudre l'antagonisme entre le pouvoir et la liberté (antagonisme tenant à l'existence d'une majorité s'imposant à la minorité) au moyen de procédés divers de conciliation et d'équilibre : reconnaissance aux individus de droits opposables à l'État (notamment liberté d'opposition), aménagement de la structure de l'État de manière à limiter le pouvoir politique (principe de constitutionnalité, séparation des pouvoirs, indépendance du pouvoir judiciaire…).

Démocratie médiatisée

[Droit constitutionnel]

Régime dans lequel la multiplicité des partis politiques empêche que les citoyens puissent choisir directement le chef du gouvernement à travers l'élection parlementaire; ce choix dépend des tractations entre les états-majors politiques et des « jeux parlementaires ».

Démocratie participative

[Droit constitutionnel]

La démocratie participative vise à enrichir les formes traditionnelles de démocratie élective, parfois victimes d'un certain discrédit, et à susciter une adhésion plus forte des citoyens au système politique, par l'organisation de procédures (débats, enquêtes publiques, instances consultatives, initiatives populaires…) permettant de les faire participer, ainsi que leurs associations représentatives, à l'élaboration même des décisions politiques.

Démocratie pluraliste

Démocratie fondée sur la reconnaissance de la légitimité d'une pluralité effective de partis politiques, et de leur alternance au pouvoir. Cette conception de la démocratie a représenté l'une des différences essentielles entre les démocraties libérales « occidentales » et les démocraties populaires (et l'Union soviétique).

→ *Démocratie libérale, Démocratie populaire, Parti dominant, Parti unique.*

Démocratie populaire

[Droit constitutionnel]

Régime politique marxiste et totalitaire (*totalitarisme*) institué au lendemain de la Seconde Guerre mondiale dans les États d'Europe centrale et orientale situés dans la zone d'influence de l'URSS.

Ces régimes ont été créés sur le modèle soviétique, avec cependant des éléments originaux plus ou moins marqués.

Les événements survenus dans la plupart de ces États fin 1989 ont conduit à la fin de ce régime politique et à la mise en place (malgré certaines difficultés) d'une *démocratie pluraliste*.

Démocratie représentative

[Droit constitutionnel]

Forme de démocratie dans laquelle les citoyens donnent mandat à certains d'entre eux d'exercer le pouvoir en leur nom et à leur place.

➜ *Mandat politique.*

Démocratie semi-directe

[Droit constitutionnel]

Forme de démocratie qui combine la démocratie représentative et la démocratie directe : le pouvoir est normalement exercé par des représentants, mais les citoyens peuvent dans certaines conditions intervenir directement dans son exercice.

➜ *Initiative populaire, Référendum, Révocation populaire, Veto populaire.*

Dénaturation

[Droit civil/Procédure (principes généraux)/ Droit international privé]

Dénaturer consiste à changer la nature d'une chose, à lui donner un autre caractère, à y introduire des changements. En droit :

1° La dénaturation est au sens strict l'action par laquelle le juge du fond interprète, ou refuse d'appliquer, une clause claire et précise d'un document qui lui est soumis, alors que cette clause n'avait pas à être interprétée, en raison, précisément, de sa clarté et de sa précision.

2° Dans un sens plus large et selon une certaine jurisprudence de la Cour de cassation, la dénaturation consiste aussi, pour le juge du fond, à donner une mauvaise interprétation d'une clause ambiguë d'un acte juridique ou d'un contrat d'application fréquente, ou encore d'une loi étrangère. Normalement, dans ces 2 cas, l'ambiguïté de la clause ou le fait qu'il s'agisse d'une loi étrangère, aurait dû chasser tout grief de dénaturation, mais pour des raisons de politique judiciaire (unification du droit), la Cour de cassation y voit une dénaturation, ce qui lui permet, sous ce couvert, de donner aux juges du fond sa propre interprétation. La dénaturation est un cas d'ouverture à cassation.

C. civ., art. 3 et 1134.

GAJC, t. 2, n° 161; GADIP n° 36.

Dénégation d'écriture

[Procédure civile]

➜ *Vérification d'écriture.*

Déni de justice

[Procédure (principes généraux)]

Selon la loi, « il y a déni de justice lorsque les juges refusent de répondre aux requêtes ou négligent de juger les affaires en état et en tour d'être jugées ». Le déni de justice est non seulement une cause de responsabilité civile, mais aussi un délit pénal exposant son auteur, outre une peine d'amende, à l'interdiction d'exercer ses fonctions de 5 à 20 ans. Dans un sens plus moderne et extensif, le déni de justice s'entend du manquement de l'État à son devoir de protection juridictionnelle, par exemple un délai anormal d'audiencement.

Conv. EDH, art. 6 § 1; C. civ., art. 4; CPC, art. 366-9; COJ, art. L. 141-3; C. pén., art. 434-7-1.

➜ *Délai raisonnable, Prise à partie, Responsabilité du fait du fonctionnement défectueux de la justice.*

Se dit aussi de la situation résultant d'une double déclaration d'incompétence de la part des tribunaux de l'ordre judiciaire et de l'ordre administratif successivement saisis.

➜ *Conflit, 2°.*

Deniers publics

[Droit financier ou fiscal]

Jadis l'une des notions reconnues comme fondamentales en matière de finances publiques, le concept de deniers publics a connu, en droit positif, un déclin parallèle à celui de service public, entraîné par la difficulté croissante d'en cerner les frontières.

Aujourd'hui, le législateur évite systématiquement d'en faire usage, mais la notion conserve un intérêt en jurisprudence financière, et en doctrine; on a pu, récemment encore, ordonner autour d'elle une présentation générale des finances publiques, en distinguant : une notion juridique, correspondant aux fonds appartenant ou confiés aux organismes publics; une notion politique, correspondant aux fonds mis en œuvre par un organisme de nature juridique quelconque dans le cadre d'une mission de service public.

Dénomination sociale

[Droit commercial]

Appellation de la société déterminée dans les statuts.

C. com., art. L. 210-2.

Dénonciation

[Droit international public]

Acte par lequel un État partie à un traité y met fin (traité bilatéral) ou s'en dégage (traité multilatéral).

La dénonciation n'est valable que dans la mesure et les formes où le traité lui-même la prévoit.

→ *Révision des traités.*

[Droit du travail]

Acte par lequel l'une ou l'autre des parties à une convention collective à durée indéterminée entend se dégager de l'accord. Les effets de la dénonciation sont plus ou moins étendus selon qu'elle émane de l'ensemble ou d'une partie seulement des signataires employeurs ou salariés. La loi n° 2008-789 du 20 août 2008 crée une hypothèse très particulière où la dénonciation serait ouverte à des organisations non signataires.

C. trav., art. L. 2261-9 s.

GADT, n° 171.

[Procédure pénale]

Acte par lequel un citoyen signale aux autorités policières, judiciaires ou administratives une infraction commise par autrui. La dénonciation est, dans certains cas, ordonnée par la loi.

C. pr. pén., art. 91, 337 et 451.

[Procédure civile]

Notification d'un acte de procédure à une personne qui n'en est pas le destinataire mais qui a néanmoins intérêt à le connaître. Tel est le cas de l'acte de saisie-attribution qui est adressé directement au tiers saisi; le débiteur poursuivi a besoin de savoir que les fonds inscrits à son compte ont été attribués au saisissant dans la limite de la créance cause de la saisie; on doit donc lui dénoncer le procès-verbal de saisie (dans les 8 jours de son établissement) à peine de caducité.

Dénonciation calomnieuse

[Droit pénal]

Délit qui consiste à porter des accusations mensongères contre une personne déterminée, auprès d'un officier de justice ou de police administrative ou judiciaire, ou de toute autorité ayant le pouvoir d'y donner suite, y compris les supérieurs hiérarchiques ou l'employeur de la personne dénoncée.

C. pén., art. 226-10.

Dénonciation de nouvel œuvre

[Droit civil/Procédure civile]

Action possessoire exercée par le possesseur ou même par le simple détenteur d'un immeuble contre le propriétaire d'un fonds voisin qui effectue des travaux dont l'achèvement créera un trouble pour le demandeur.

La *complainte* est l'action possessoire générale dont la dénonciation de nouvel œuvre n'est qu'une variété supposant, elle, que le trouble à sanctionner n'est pas encore effectif, seulement éventuel.

C. civ., art. 2278 et 2279; CPC, 1264 à 1267.

→ *Réintégrande.*

Déontologie

[Droit général]

La déontologie regroupe, pour les personnes exerçant certaines activités publiques ou privées, les règles juridiques et morales qu'elles ont le devoir de respecter.

Tel est le cas pour les fonctionnaires, les magistrats et pour les membres des professions libérales réglementées (avocat, officier ministériel, médecin par ex.).

Les manquements aux règles de la déontologie, qui sont variables d'une fonction ou d'une profession à une autre, sont de nature à provoquer des *poursuites disciplinaires*.

Le Conseil supérieur de la magistrature a rendu public, le 10 juin 2010 le « Recueil des obligation déontologiques des magistrats » recensant 7 valeurs au fondement de l'action de la justice : l'indépendance, l'*impartialité*, l'intégrité, la légalité, l'attention à autrui, la discrétion, la réserve.

→ *Discipline, Pouvoir disciplinaire.*

Département

[Droit administratif]

Fraction du territoire constituant à la fois une circonscription administrative pour les services de l'État et une *collectivité territoriale* se situant entre la *région* et la *commune*. La métropole est divisée en 96 départements.

CGCT, art. L. 3111-1 s.

→ *Conseil général, Décentralisation, Départements d'outre-mer, Paris, Préfet.*

Départements d'outre-mer (DOM)

[Droit administratif]

Collectivités territoriales créées en 1946 pour resserrer les liens juridiques existant entre la métropole et 4 de ses anciennes colonies : la Guyane, la Guadeloupe, la Martinique et la Réunion. Les départements d'outre-mer étaient soumis à un régime d'assimilation législative, le droit métropolitain leur étant applicable de plein droit (sous réserve de certaines adaptations). Ce régime, plus généreux dans son inspiration qu'heureux dans toutes ses conséquences, a été sensiblement assoupli par la révision de l'article 73 de la Constitution adoptée en 2003. Mayotte bénéficie de ce statut depuis le 31 mars 2011, mais avec une application étalée dans le temps (LO du 7 déc. 2010).

CGCT, art. L. 3441-1 s.

→ *Territoires d'outre-mer.*

Départiteur

[Procédure civile]

→ *Conseil de prud'hommes.*

Dépaysement

[Procédure civile]

Nom couramment donné au *renvoi.*

Dépénalisation

[Droit pénal]

Opération qui consiste à enlever à un fait son caractère d'infraction pénale. À une moindre échelle, il peut s'agir du transfert d'un fait du domaine pénal classique dans le domaine administratif pénal.

Dépendance du domaine public

[Droit administratif]

Synonyme de bien faisant partie du domaine public.

Dépendance économique

[Droit du travail]

État d'un travailleur, salarié ou non, vis-à-vis de la personne qui l'emploie, lorsqu'il

tire du travail qu'il exécute pour cette personne ses principaux moyens d'existence.
→ *Abus de domination.*

Dépendances

[Droit civil]
→ *Aisances et dépendances.*

Dépens

[Procédure civile/Procédure administrative]
Les dépens représentent la part des frais engendrés par le procès que le gagnant peut se faire rembourser par le perdant, à moins que le tribunal n'en décide autrement.
Ils comprennent : 1° les droits, taxes, redevances ou émoluments perçus par les secrétariats des juridictions ou l'administration des Impôts; 2° les indemnités des témoins; 3° la rémunération des techniciens; 4° les débours tarifés; 5° les émoluments des officiers publics ou ministériels; 6° la rémunération des avocats dans la mesure où elle est réglementée y compris les droits de plaidoirie; 7° les frais occasionnés par la notification d'un acte à l'étranger; 8° les frais d'interprétariat et de traduction liés aux mesures d'instruction dans le cadre communautaire; 9° le coût des enquêtes sociales ordonnées en matière familiale; 10° la rémunération de la personne désignée par le juge pour entendre le mineur.
CPC, art. 695 et 696; CJA, art. L. 761-1.
GACA n° 70.

Dépenses

[Droit civil]
Nouvelle dénomination des « *impenses* ».

Dépenses de transfert

[Droit financier ou fiscal]
Catégorie de la classification économique des dépenses de l'État, regroupant les crédits destinés à des paiements effectués sans contrepartie directe de la part des bénéficiaires.
On y trouve essentiellement les subventions économiques, les crédits d'assistance ainsi que les intérêts de la dette publique – qui en comptabilité nationale ne sont pas classés parmi les opérations de transfert.

Dépenses en capital

[Droit financier ou fiscal]
Catégorie de la classification économique des dépenses de l'État, regroupant les crédits destinés aux investissements effectués directement par l'État ou subventionnés par lui sous des formes diverses.
Le terme est synonyme de dépenses d'investissement (ou d'équipement).

Dépenses fiscales

[Droit financier ou fiscal]
Terme générique désignant les exonérations ou allégements d'impôts divers accordés par les pouvoirs publics pour inciter les particuliers ou les entreprises à certains comportements qu'ils souhaitent encourager. Exemple : incitations à l'épargne, à la construction d'immeubles d'habitation, à l'investissement industriel. Cette forme d'incitation se traduit, comme les subventions directes, par une charge pour le budget (moins-values de recettes), ce qui explique leur nom. Elles font l'objet d'une évaluation annuelle (difficile) dans un document annexé au projet de la loi de finances.

Déplacement

[Sécurité sociale]
• *Petit déplacement* : déplacement professionnel occasionné par le travail qui ne répond pas aux critères du grand déplacement. Les frais éventuellement exposés par le salarié pour ce déplacement sont considérés comme des frais professionnels.

• *Grand déplacement* : déplacement qui interdit au salarié de regagner chaque jour le lieu de sa résidence qui engage en conséquence des frais supplémentaires de nourriture et de logement.

CSS, Arrêté du 20 déc. 2002.

De plein droit

[Droit général]

Qui n'exige aucune démarche juridique et se produit automatiquement. L'ordonnance de référé est exécutoire à titre provisoire de plein droit, c'est-à-dire que le juge n'a pas à la prononcer. À l'automaticité s'ajoute le caractère impératif, en ce sens que le dispositif légal qui opère sans formalité ne peut être écarté par la volonté privée.

Déport

[Procédure civile/Procédure administrative]

→ *Abstention, Arbitre, Récusation.*

Déposition

[Procédure civile/Procédure pénale]

Déclaration d'un tiers faisant connaître aux autorités qualifiées (justice, police) ce qu'il a vu ou entendu ou appris relativement à un fait litigieux ou incriminé.

CPC, art. 208 s.; C. pr. pén., art. 101 s., 324 s., 435 s. et 513.

Dépôt

[Droit civil]

Contrat réel par lequel une personne (le déposant) remet une chose mobilière à une autre (le dépositaire), qui accepte de la garder et s'engage à la restituer en nature lorsque la demande lui en sera faite.

C. civ., art. 1915 à 1954.

[Droit commercial]

→ *Dépôt en magasins généraux, Entiercement.*

Dépôt de bilan

[Droit commercial]

Formalité consistant, pour un débiteur en état de *cessation des paiements*, à saisir le tribunal compétent (de commerce ou de grande instance) en vue de l'ouverture d'une procédure de redressement judiciaire, en fournissant au tribunal certaines pièces comptables dont le bilan.

C. com., art. L. 631-1 et R. 631-1.

Dépôt de garantie

[Droit civil]

Somme d'argent versée par le locataire pour garantir l'exécution de ses obligations locatives. Ce dépôt ne peut être supérieur à un mois de loyer en principal et il ne peut être contractuellement prévu, lorsque le loyer est payable d'avance, pour une période supérieure à 2 mois (L. n° 462 du 6 juill. 1989, art. 22).

Dépôt légal

[Droit administratif]

Obligation légale faite aux imprimeurs, éditeurs et importateurs, ainsi qu'aux producteurs, de déposer auprès de l'Administration un certain nombre d'exemplaires des imprimés de toute nature, des œuvres cinématographiques, musicales, photographiques, phonographiques, ainsi que des logiciels, bases de données et documents multimédias qu'ils mettent dans le commerce. Pour les écrits, le dépôt est fait auprès de la Bibliothèque nationale de France (BNF) ainsi que, pour les journaux et périodiques, auprès du ministère de l'Intérieur. Les autres dépositaires sont le Centre national du cinéma et l'Institut national de l'audiovisuel.

C. patr., art. L. 131-1 s.

Dépôt nécessaire

[Droit civil]

Dépôt effectué sous l'empire d'un événement imprévu (incendie, ruine, pillage, naufrage) et qui, en raison de son caractère contraint, peut être prouvé librement. Le dépôt hôtelier (dépôt des bagages par le voyageur à l'hôtel) est traité comme un dépôt nécessaire.

C. civ., art. 1949 s.

Dépôt-vente

[Droit civil]

Contrat qui combine le dépôt chez un commerçant d'un bien mobilier et le mandat de vente donné par le propriétaire de ce bien à ce commerçant, pour qu'il le présente à sa clientèle et le vende au nom et pour le compte du propriétaire. On peut y voir une vente sous condition résolutoire, puisque le commerçant doit restituer la marchandise invendue.

Député

[Droit constitutionnel]

Membre élu de l'Assemblée nationale.

Déréglementation

[Droit général]

Dans le cadre du libéralisme économique pratiqué par la plupart des grands États, politique consistant à supprimer le plus grand nombre possible des réglementations imposant des contraintes aux opérateurs économiques, telles que la fixation de prix minimum ou des disciplines en matière de concurrence.

On dit aussi : dérégulation.

Derelictio

[Droit civil]

Terme latin signifiant *abandon*.

La *Derelictio* désigne l'acte par lequel une personne renonce :

1° soit à toute maîtrise sur une chose mobilière qui devient alors sans maître, *res nullius*, appropriable par celui qui la recueille ou susceptible d'être vendu comme objet abandonné. La *Derelictio* a un caractère volontaire, ce qui la distingue de la perte et du vol.

2° soit à son droit sur un immeuble dont elle est propriétaire ou copropriétaire en vue d'échapper à la charge qui le grève (abandon de mitoyenneté, abandon d'un fonds assujetti à une servitude).

C. civ., art. 539, 656, 667, 699, 713 et 717; CGPPP, art. L. 1123-1 s.

→ *Biens sans maître, Déguerpissement, Déshérence, Occupation, Res derelictae, Vacance.*

Dérisoire

[Droit civil]

Qui est trop infime pour être juridiquement pertinent; dans une vente, le prix dérisoire est assimilé à un défaut de prix; dans une clause pénale, la peine manifestement dérisoire peut être augmentée par le juge.

C. civ., art. 1152.

Dérivé de crédit

[Droit commercial]

Aussi dénommé *equity swap* en langage financier, le dérivé de crédit, issu de la pratique, est un « instrument financier à terme permettant de transférer le risque de crédit lié à un actif sous-jacent, indépendamment des autres risques liés à cet actif sous-jacent ».

C. mon. fin., art. R. 214-14, al. 2.

Dernières écritures

[Procédure civile]

→ *Conclusions récapitulatives.*

Dérogation

[Droit civil]

Exclusion du droit commun dans un cas particulier. Le terme est surtout utilisé en matière conventionnelle, pour désigner la stipulation par laquelle les parties écartent l'application d'une loi qui n'est ni impérative ni d'ordre public.

→ *Impératif, Ordre public.*

Déroutement

[Droit commercial]

Changement de l'itinéraire prévu pour un engin de transport. Acte grave en matière maritime ou aérienne qui, sauf force majeure ou fait du prince, doit être autorisé par le propriétaire de l'engin ou l'affréteur responsable du transport.

Désaffectation

[Droit administratif]

Synonyme de *déclassement*.

→ *Affectation.*

Désaveu d'avocat ou d'officier ministériel

[Procédure civile]

Action par laquelle un plaideur soutenait qu'un avocat ou un officier ministériel avait dépassé les limites de son mandat. Justifié, le désaveu provoquait la nullité de l'acte de procédure critiqué.

Le [nouveau] Code de procédure civile a remplacé (sauf pour les avocats au Conseil d'État et à la Cour de cassation) le désaveu par une action en responsabilité personnelle à l'encontre du mandataire infidèle.

CPC, art. 417, 697 et 698.

Désaveu de paternité

[Droit civil]

Action en justice par laquelle le mari tentait de prouver qu'il n'était pas le père de l'enfant de sa femme. Cette action permettait de combattre la *présomption* de paternité.

L'action en désaveu a été remplacée par une action en contestation de paternité ouverte, en l'absence de possession d'état conforme au titre de naissance, à tout intéressé pendant 10 ans; réservée à l'enfant, à ses père et mère et au parent prétendu lorsque la possession d'état est conforme au titre, l'action se prescrivant par 5 ans à compter du jour où la possession d'état a cessé ou du décès du parent dont le lien de filiation est contesté.

C. civ., art. 332 s.

Descendant

[Droit civil]

Individu qui tient sa filiation d'une personne qui l'a précédée dans la suite des générations. Cette parenté en ligne directe fait naître une vocation successorale privilégiée et engendre des rapports d'obligation ou des empêchements réciproques (aliments, témoignage, mariage...).

C. civ., art. 205, 207 et 734 s.

→ *Ascendant, Collatéral, Degré, Enfant, Ligne.*

Descente sur les lieux

[Procédure civile]

→ *Vérifications personnelles du juge.*

Déshérence

[Droit civil]

Situation d'une succession en l'absence d'héritier, c'est-à-dire de parent au degré successible, de conjoint survivant ou de légataire universel. La succession en déshérence est acquise à l'État.

C. civ., art. 539, 724 et 811 s.; CPC, art. 1354; CGPPP, art. L. 1122-1 et 1123-1.

GAJC, t. 1, n° 100.

→ *Biens sans maître, Vacance.*

Désistement

[Droit administratif]

Renonciation du requérant à sa demande, qui met fin à l'instance.

CJA, art. R. 636-1.

GACA n° 44.

[Droit constitutionnel]

Retrait de candidature, après un premier tour de scrutin, en faveur d'un autre candidat.

[Droit pénal]
Attitude de l'auteur d'une tentative d'infraction, par laquelle, en dehors de toute pression extérieure, il renonce à son projet délictueux avant d'être parvenu à la consommation du crime ou du délit, ce qui lui évite toute responsabilité pénale et le garantit de l'impunité.

C. pén., art. 121-5.

Le désistement n'est retenu que dans la mesure où il n'est pas motivé par des éléments extérieurs à l'auteur de la tentative. Cependant, l'intervention d'un tiers n'exclut pas en elle-même le caractère volontaire du désistement.

GADPG n° 31.

→ *Tentative.*

[Procédure civile]
Renonciation du demandeur, soit à l'instance actuelle (la demande peut alors être renouvelée) soit à l'*appel* ou à l'*opposition* (le jugement passe alors en force de chose jugée) soit à un ou plusieurs *actes de procédure* (l'instance se poursuit abstraction faite de l'acte retiré) soit encore à la *faculté d'agir* en justice (le droit substantiel est alors perdu).

CPC, art. 394 s.

Déspécialisation

[Droit commercial]
Fait, pour le titulaire d'un bail commercial, d'adjoindre à son activité principale des activités connexes ou complémentaires, ou encore d'exercer une ou plusieurs activités différentes de celles prévues au contrat. Les lois du 12 mai 1965 et 16 juillet 1971 ont assoupli les conditions de déspécialisation.

C. com., art. L. 145-47.

Dessaisissement du juge

[Procédure (principes généraux)]
Effet attaché à un acte juridictionnel, en vertu duquel le juge perd le pouvoir de statuer sur une affaire, une fois le jugement rendu. Il conserve cependant le pouvoir d'interpréter sa décision, de réparer une erreur ou une *omission matérielle*.

En procédure civile, le Code permet aussi au juge de compléter son jugement en cas d'omission de statuer (*infra petita*), de le rectifier s'il a statué sur des choses non demandées (*ultra petita, extra petita*).

Le juge ne pourrait connaître à nouveau de l'affaire que si elle faisait l'objet d'une voie de recours de rétraction (opposition, tierce opposition, recours en révision, par ex.) ou si le jugement rendu est avant-dire droit (en cas de circonstances nouvelles).

CPC, art. 461 à 464 et 481.

→ *Lata sententia, judex desinit esse judex, Omission de statuer.*

Dessins et modèles

[Droit commercial]
Créations de forme, de traits ou de couleurs sur lesquelles le créateur peut obtenir un monopole temporaire d'exploitation, à condition qu'elles soient nouvelles et présentent un caractère propre. La protection peut être assurée soit par des dispositions spécifiques, soit par le régime du droit d'auteur.

CPI, art. L. 111-1 s. et 511-1 s.

Destination

[Droit civil]
Norme d'usage d'une chose déclenchant le régime juridique approprié.

La location d'un immeuble constitue, selon la destination envisagée, un bail commercial, un bail rural, un bail d'habitation... Le meuble qui, pour son service et son exploitation, est rattaché à un fonds, ressortit fictivement à la catégorie des immeubles et est soumis à leur régime.

La destination est à la fois source de devoir et de droit pour son utilisateur. Celui-ci

doit la respecter, mais il a également droit à ce que la chose dont l'utilisation lui est conférée soit apte à sa destination.
→ *Immeuble par destination, Vice caché.*

Destination du père de famille

[Droit civil]
En matière d'acquisition des servitudes, désigne le rapport de fait que le propriétaire de 2 fonds établit entre eux, lorsque ce rapport constituerait une servitude si ces 2 fonds étaient attribués à des propriétaires distincts (ex. : voie de passage sur un fonds en vue de desservir le second). Ce rapport de fait se transforme en une servitude lorsque les 2 héritages viennent à appartenir à 2 propriétaires différents, tout spécialement à la suite d'un partage successoral.

C. civ., art. 692 s.

GAJC, t. 1, n° 78.

Destitution

[Procédure civile]
Sanction disciplinaire privant du droit d'exercer un office public ou une fonction.
→ *Poursuite disciplinaire.*

[Droit civil]
Retrait des fonctions de la personne qui a reçu une charge civique (ex. : tutelle).

C. civ., art. 396.

Désuétude

[Droit civil/Droit public]
Situation d'une règle de droit qui, en fait, n'est pas ou plus appliquée. Selon la jurisprudence, elle n'emporte pas abrogation de la règle de droit, et si un plaideur invoque une loi tombée en désuétude, le juge ne peut refuser de l'appliquer (ch. réunies, 10 mars 1960); un courant doctrinal en sens contraire se dessine. Mais le principe n'est pas absolu; certaines pratiques, bien qu'elles soient directement contraires à la loi, sont validées par la jurisprudence (le don manuel est valable quoique non notarié).
→ *Coutume.*

Détachement

[Droit administratif]
Position administrative d'un fonctionnaire placé hors de son *corps* d'origine pour exercer des fonctions (en général) dans une autre Administration, mais continuant à bénéficier dans son corps d'origine de ses droits à l'avancement et à la retraite.
→ *Hors cadres.*

[Droit du travail]
Situation d'un salarié placé provisoirement au service d'une autre entreprise; le salarié détaché fait partie des effectifs de l'entreprise d'origine qui peut le rémunérer.
→ *Mutation, Transfert.*

C. trav., art. L. 1231-5.

[Sécurité sociale]
Situation d'un travailleur qui est envoyé de France à l'étranger par son employeur afin d'y exercer une activité salariée pour une durée limitée et qui reste affilié pendant cette période au régime français de Sécurité sociale. Ce maintien peut être opéré en application soit des règlements internationaux ou conventions bilatérales de Sécurité sociale, soit des dispositions de la législation interne française.
Le détachement suppose qu'un lien de dépendance subsiste entre le travailleur et l'entreprise qui le détache, impliquant au minimum le versement par cette dernière des cotisations dues au régime français.
Le travailleur détaché a droit aux prestations du régime français.

CSS, art. L. 761-1 et 2.

Détention

[Droit civil]
Dans un sens large, maîtrise matérielle exercée sur un bien, indépendamment du titre qui pourrait la justifier.

De façon plus restrictive, la détention est la maîtrise temporaire sur un bien en vertu d'un titre attribuant à autrui la propriété du bien ; d'origine légale, judiciaire ou conventionnelle, cette situation de fait se caractérise par la conscience du détenteur que la chose appartient à autrui et qu'il devra la restituer. On oppose « détention précaire » et « *possession* ».

C. civ., art. 2255 et 2286.

→ *Prescription acquisitive.*

Détention criminelle

[Droit pénal]

Peine criminelle privative de liberté consistant dans l'incarcération d'un condamné à un crime de nature politique avec un régime pénitentiaire différent de celui applicable aux condamnés de droit commun. Ce régime est nécessairement plus favorable compte tenu de la nature même de l'infraction commise.

C. pén., art. 131-1 s.

→ *Infraction politique.*

Détention provisoire

[Procédure pénale]

Mesure d'incarcération d'un mis en examen pendant l'information judiciaire, ou d'un prévenu dans le cadre de la comparution immédiate. De caractère exceptionnel, elle ne peut être prise que dans des cas déterminés et par un magistrat du siège après un débat contradictoire au cours duquel il entend les réquisitions du ministère public, puis les observations du mis en examen et le cas échéant celles de son conseil.

C. pr. pén., art. 137 et 144 s.

GAPP n° 33, 34 et 37.

Détenu

[Droit pénal]

Au sens large, d'après la loi pénitentiaire du 24 novembre 2009, désigne toute personne admise dans un *établissement pénitentiaire*, indépendamment de la nature ou de la gravité de la mesure prononcée contre elle, et qui bénéficie des droits énumérés aux articles 22 et suivants de ladite loi.

Détournement de fonds ou d'objets

[Droit pénal]

Atteinte aux droits d'autrui sur une chose ou sur des fonds, au besoin par une appropriation, en abusant de la confiance donnée par autrui. Par exemple, détournement d'objets donnés en gage ou de fonds publics dont on est le dépositaire.

Détournement de mineur

[Droit pénal]

Incrimination du fait de soustraire un mineur à l'autorité ou à la direction de ceux auxquels il était soumis ou confié. Cette incrimination a disparu du nouveau Code pénal qui diversifie les atteintes dont les mineurs peuvent être victimes.

→ *Soustraction de mineur.*

Détournement de pouvoir

[Droit administratif]

Illégalité consistant, pour une autorité administrative, à mettre en œuvre l'une de ses compétences dans un but autre que celui en vue duquel elle lui a été conférée.

GAJA n° 4.

Détournement de procédure

[Droit administratif]

Illégalité consistant à substituer à une procédure régulière une autre procédure plus commode pour l'Administration ou plus expéditive, mais non applicable à l'opération poursuivie.

GAJA n° 78.

[Procédure pénale]

Pratique illégale consistant, pour l'autorité policière ou l'autorité judiciaire, à sortir de sa compétence ou d'une procédure imposée, afin de gagner en facilité ou en efficacité répressive. Ainsi, un fonctionnaire spécialisé ne peut se saisir d'une infraction ne relevant pas de sa compétence, par exemple un agent d'une CRS pour une infraction douanière. La sanction est la nullité des actes effectués, mais elle peut être accompagnée de poursuites disciplinaires, voire pénales (*abus d'autorité*), contre leur auteur.

Dette

[Droit civil]

Synonyme d'« *obligation* », c'est le rapport d'obligation vu du côté du débiteur (il doit accomplir une prestation de donner, faire ou ne pas faire). Dans un sens plus précis, le terme est fréquemment utilisé pour désigner une prestation de somme d'argent qui est due.

Dette de valeur

[Droit civil]

Obligation pécuniaire portant, non sur une somme fixée à l'avance, mais sur une valeur estimée au moment de l'exigibilité, en vue de parer aux fluctuations monétaires. Le rapport successoral, par exemple, oblige l'héritier à restituer la valeur du bien donné appréciée à l'époque du partage, nullement à la date de la donation.

C. civ., art. 860 et 924-2.

Dette publique

[Droit financier ou fiscal]

Au sens le plus souvent employé, ensemble des fonds empruntés par l'État ou déposés auprès de lui.

Parmi les principales classifications dont elle fait l'objet, on peut retenir notamment :

• *Dette flottante* : dette constituée principalement par les *bons du Trésor*, les *obligations assimilables du Trésor*, et les dépôts des *correspondants du Trésor*. Son montant varie en permanence. Elle comprend la dette négociable, représentée par des instruments financiers pouvant être négociés sur les marchés financiers (comme les bons du Trésor et les obligations assimilables), et la dette non négociable (comme les dépôts des correspondants).

• *Dette inscrite* (sous-entendu : au grand livre de la dette publique) : dette représentée par les emprunts à moyen et long terme, très peu utilisés aujourd'hui. On l'appelle parfois dette consolidée.

• De cette dette publique proprement dite, il convient de distinguer – encore qu'on l'y englobe parfois – la *dette viagère*; celle-ci ne résulte pas d'emprunts ou de dépôts, elle correspond aux diverses pensions (retraite, invalidité...) servies par l'État à ses agents passés ou présents.

• « *Dette au sens du traité de Maastricht* » : dette de l'ensemble des administrations publiques (État, collectivités territoriales, organismes de Sécurité sociale), hors crédits à caractère commercial. Elle est calculée en éliminant les dettes entre ces entités. Cette notion sert à mesurer le déficit de la France au regard de ses obligations vis-à-vis du *Pacte de stabilité et de croissance*.

→ *Consolidation de la dette publique.*

ACTU

Dettes ménagères

[Droit civil]

Dettes correspondant à l'entretien du ménage ou à l'éducation des enfants que l'un ou l'autre époux peut contracter seul, mais qui obligent solidairement les 2 époux.

La solidarité n'a pas lieu pour les dépenses manifestement excessives. Elle n'a pas lieu, non plus, s'ils n'ont été conclus du consentement des 2 époux, pour les achats à tempérament, ni pour les emprunts à moins que ces derniers ne portent sur des sommes modiques

nécessaires pour couvrir les besoins de la vie courante.
Un dispositif quasi identique est prévu pour les partenaires liés par un pacte civil de solidarité lorsqu'ils contractent pour les besoins de la vie courante.

C. civ., art. 220, 515-4.

Dévaluation

[Droit financier ou fiscal]

Dans un système de changes fixes entre les monnaies (qui n'existe plus), réduction du taux de change de la monnaie nationale décidée par les pouvoirs publics. Dans un vocabulaire rigoureux, ne peut se concevoir dans le cadre actuel d'un système de changes flottants – faute d'une référence fixe – mais il peut se produire une perte de valeur d'une monnaie par rapport à telle ou telle autre, que la presse continue alors d'appeler une dévaluation.

Développement durable (Principe du)

[Droit de l'environnement]

Mode de développement soucieux d'éviter l'exploitation excessive des ressources naturelles, visant à satisfaire les besoins et la santé des générations présentes sans compromettre la capacité des générations futures à répondre aux leurs. Consacré lors du sommet de Rio en 1992, ce principe implique d'une part, que le développement économique actuel doit se faire dans le respect d'exigences environnementales (limitation de l'impact climatique, préservation des ressources biologiques et énergétiques...) de façon à ne pas compromettre le bien-être des générations futures et, d'autre part, que les politiques publiques doivent concilier la protection et la mise en valeur de l'environnement, l'amélioration économique et le progrès social. En France, l'article 6 de la Charte de l'environnement lui confère une valeur juridique suprême.

C. envir., art. L. 110-1.

Devis

[Droit civil]

État préparatoire à un contrat d'entreprise contenant l'énumération et la spécification des travaux à effectuer, avec indication du prix des matériaux et de la main-d'œuvre. Selon l'intention des parties et les usages professionnels, le devis constitue un simple projet ou une promesse unilatérale de contrat.
Lorsque le prix d'un service ne peut être déterminé *a priori* ou indiqué avec exactitude, le prestataire de service est tenu de communiquer au destinataire – qui en fait la demande – la méthode de calcul du prix permettant de le vérifier, ou un devis suffisamment détaillé.

C. civ., art. 1711 et 1787 s.; C. com., art. L. 441-6, II.

Devise

[Droit financier ou fiscal]

Synonyme de monnaie. Mais, encore que l'on pourrait parler de devise nationale pour désigner l'unité monétaire interne (le dollar dans le cas des États-Unis), le terme est presque uniquement employé au pluriel et sans adjectif : il désigne alors, de manière collective, l'ensemble des monnaies étrangères par opposition à la monnaie nationale.

Devoir conjugal

[Droit civil]

Obligation née du *mariage*, qui impose à chacun des époux d'accepter d'entretenir des relations sexuelles avec son conjoint.

C. civ., art. 215.

→ *Communauté de vie.*

Devoir de conseil

[Droit civil]

→ *Obligation de conseil, Obligation de renseignement.*

[Procédure civile]

Obligation pesant sur les officiers ministériels, les avocats, les assistants des personnes vulnérables (curateurs) d'aller au-delà de l'accomplissement de l'acte pour lequel ils ont été saisis et de mettre la personne en mesure de prendre sa décision elle-même et en connaissance de cause, en la renseignant sur ses droits, en lui indiquant la portée de l'opération envisagée, en lui précisant les risques encourus.

Devoir juridique

[Droit civil]

Norme comportementale générale, d'ordre moral et social, qui s'impose à tous. La notion de devoir juridique est plus large que celle d'obligation et excède la sphère contractuelle. Le respect d'un devoir juridique peut être obtenu par le bénéficiaire à l'aide d'une action en justice. Les devoirs qui sont imposés aux individus trouvent le plus souvent leur source dans les principes généraux du droit au nombre de 3 selon le jurisconsulte Ulpien : *honeste vivere, alterum non laedere, suum cuique tribuere* (vivre honnêtement, ne pas léser autrui, rendre à chacun ce qui lui est dû), mais la catégorie s'est étoffée depuis lors.

→ *Obligation civile.*

Devoir moral

[Droit général]

Obligation dont l'exécution ne peut être poursuivie en justice, ne chargeant l'obligé que d'un devoir de conscience. Le concept n'est pas étranger au droit, en ce sens que l'accomplissement d'une telle obligation réalise un paiement, non une libéralité, excluant la répétition au titre de l'indu.

→ *Obligation naturelle.*

Dévolutif

[Procédure civile]

→ *Effet dévolutif des voies de recours.*

Dévolution

[Droit civil]

Au sens large, transfert de la *succession* aux successibles. Au sens strict, en cas de défaillance d'un degré ou d'une ligne, report de la vocation héréditaire sur le degré suivant ou sur l'autre ligne.

C. civ., art. 731, 734 s. et 741 s.

→ *Degré de parenté.*

Diagnostic prénatal

[Droit civil]

Ce diagnostic s'entend des pratiques médicales ayant pour but de détecter *in utero* chez l'embryon ou le fœtus une affection d'une particulière gravité; il doit être précédé d'une consultation médicale adaptée à l'affection recherchée.

CSP, art. L. 2131-1.

Dialogue compétitif (Procédure de)

[Droit administratif]

Procédure spéciale et très réglementée de passation des *marchés publics*, destinée à la réalisation de projets exceptionnellement complexes, réservée à des cas où la personne publique ne peut définir seule les moyens techniques ou le montage juridique ou financier nécessaires à la réalisation du projet. Elle s'ouvre par un dialogue avec chacune des entreprises présélectionnées après une mise en concurrence, en vue de retenir pour la suite de la procédure celles dont les propositions paraissent le mieux adaptées à la réalisation du projet.

C. marchés, art. 36 et 37.

Dialogue Nord-Sud

[Droit international public]

Expression utilisée pour caractériser les négociations entre pays industrialisés et pays en voie de développement sur l'établissement de nouvelles relations économiques (construction du « nouvel ordre économique international » ou NOEI). Menées dans le cadre de conférences *ad hoc* ou dans le système des Nations unies. Sans grands résultats pour l'heure.

Diamant

[Droit civil]

Nom donné au geste libéral (bijou, gravure, tableau, somme d'argent...) par lequel le testateur marque sa reconnaissance à celui qu'il a désigné comme exécuteur testamentaire. Selon les circonstances, le diamant est traité comme présent d'usage ou libéralité rémunératoire, éventuellement comme legs ordinaire.

Dictature

[Droit constitutionnel]

Régime dans lequel les détenteurs du pouvoir, qui s'en sont emparé souvent par la force (coup d'État, révolution), l'exercent autoritairement, sans véritable participation du peuple et sans tolérer d'opposition.

La dictature peut être soit une réaction de défense de l'ordre établi insuffisamment protégé par la démocratie (dictatures réactionnaires ou conservatrices, ex. : dictatures fascistes), soit un instrument de transformation de la société (dictatures révolutionnaires, ex. : dictatures du prolétariat).

Dies a quo

[Droit général]

Expression latine : à dater du jour où.

Point de départ d'un *délai*.

→ *Délai de procédure, Dies ad quem.*

Dies ad quem

[Droit général]

Expression latine : jusqu'au jour où.

Point d'arrivée d'un *délai*.

→ *Délai de procédure, Dies a quo.*

Diffamation

[Droit pénal]

Allégation ou imputation d'un fait, constitutive d'un délit ou d'une contravention selon son caractère public ou non, qui porte atteinte à l'honneur ou à la considération d'une personne ou d'un corps constitué.

C. pén., L. 29 juill. 1881.

Difficultés d'exécution

[Procédure civile]

Obstacles juridiques opposés par une partie ou un tiers à l'exécution de tout titre exécutoire, justifiant, au nom de l'ordre public, la compétence du *juge de l'exécution*, même si les difficultés d'exécution portent sur le fond du droit.

COJ, art. L. 213-6 et R. 213-10 s.

Diffusion

[Droit pénal]

Peine complémentaire pouvant être prononcée par le tribunal pour certains crimes ou délits, consistant à procéder à la publication de la décision de condamnation. Les frais afférents sont à la charge de la personne condamnée. Le support de la publication (*Journal officiel* ou tout autre support de presse, y compris de nature électronique), est désigné par la juridiction elle-même.

C. pén., art. 131-10, 131-35 et 131-39.

→ *Affichage.*

Dignité

[Procédure pénale]

Le respect de la dignité s'impose en procédure pénale dans la mise en œuvre des mesures de contrainte (garde à vue, etc.) et aussi lors de l'exécution des peines (conditions et modalités d'exécution des peines privatives de liberté).

ACTU

Dignité de la personne

[Droit civil/Droit public]

Valeur infinie de la personne humaine, qui commande de la traiter toujours d'abord comme une fin, et jamais comme un simple moyen. C'est l'attribut fondamental de la personnalité humaine, qui la fonde à la fois comme sujet moral et sujet de droit.

Principe à valeur constitutionnelle, également garanti en droit international, notamment par la *Convention européenne des droits de l'Homme* et par la *Charte des droits fondamentaux de l'Union européenne* (art. 1er), la sauvegarde de la dignité de la personne humaine est, selon le Conseil d'État, une composante de l'ordre public qu'il incombe aux autorités investies du pouvoir de police de faire respecter.

C. civ., art. 16.

GDCC n° 37; GAJA n° 98.

→ *Atteinte à la dignité de la personne.*

Dilatoire

[Procédure civile]

Qui tend à gagner du temps. Le moyen dilatoire peut être licite, telle l'exception de l'héritier qui invoque le délai de 4 mois pour délibérer en vue de suspendre, durant cette période, la procédure dirigée contre lui. Mais, le plus souvent, le procédé dilatoire est répréhensible, car il n'a d'autre fin que de ralentir abusivement le cours de la justice; ainsi de l'appel manifestement infondé dont le seul objet est d'éluder l'exécution du jugement.

CPC, art. 32-1, 559, 581 et 628.

→ *Abus de droit, Amende.*

Diligences

[Procédure civile]

Dans le langage du Palais, faire ses diligences, c'est accomplir les actes de procédure (constitution d'avocat, conclusions...) selon les formes et dans les délais requis sous peine, selon les cas, de caducité de la citation, de radiation de l'affaire, de jugement par défaut.

Diplomatie

[Droit international public]

1° Ensemble des moyens et activités qu'un État consacre à la gestion de sa politique étrangère.

2° Carrière ou profession de diplomatie.

→ *Agent diplomatique.*

3° Art des négociations entre États.

→ *Relations diplomatiques.*

Dire

[Procédure civile]

1° Déclaration écrite insérée dans le cahier des conditions d'une vente judiciaire, soulevant une contestation relative aux conditions de la vente sur laquelle se prononce le juge de l'exécution au cours de l'audience d'orientation (Décr. n° 2006-936 du 27 juill. 2006, art. 45, 49, 52).

2° Observations d'une partie transmise à un expert.

3° D'une manière générale, avis, opinion, estimation : *à dire d'expert.*

Directeur de greffe

[Procédure civile]

Greffier en chef placé à la tête du greffe de la Cour de cassation, d'une cour d'appel, d'un tribunal de grande instance, chargé d'exprimer les besoins nécessaires au fonctionnement de la juridiction, de participer à l'exécution de la dépense et à son suivi, de tenir les documents et les registres prévus par les textes, d'assurer la conservation des minutes et des archives, de tenir la comptabilité administrative des opérations de recettes et de dépenses.

COJ, art. R. 123-3 s.; C. trav., art. R. 1423-37 s.

→ *Greffier.*

Directeur général (de SA)

[Droit commercial]

Organe représentatif de la Société anonyme (SA) de forme classique. Nommé par le conseil d'administration, dont il n'est pas nécessairement membre, et pouvant selon les termes des statuts s'identifier au (ou se dissocier du) *président du conseil d'administration*, le directeur général est une personne physique dotée des pouvoirs les plus étendus pour engager la personne morale. Son statut, assimilé au plan social à celui des salariés, est empreint de spécificité à la mesure de l'importance de ses fonctions : il est librement révocable et n'est indemnisé qu'en l'absence de justes motifs (sauf s'il est aussi président). Pour le meilleur exercice de ses fonctions, le directeur général peut se voir assisté de directeurs généraux délégués (au nombre maximal de 5).

C. com., art. L. 225-51-1 s.

ACTU

Direction de l'information légale et administrative (DILA)

[Droit administratif]

Créée par un décret du 11 janvier 2010 et placée auprès du Premier ministre, la DILA est garante de l'accès des citoyens au droit et elle contribue à la transparence de la vie publique, économique et financière. Elle remplace les directions de La Documentation française et des Journaux officiels.

Direction du procès

[Procédure civile]

Maîtrise de l'existence de l'instance et de son déroulement. Dans la tradition française, la direction du procès civil appartient aux plaideurs et à leurs conseils. Toutefois, le Code de procédure civile réserve des pouvoirs importants au juge dans la direction du procès, tant devant les juridictions ordinaires que devant les juridictions d'exception. À la suite d'une évolution (réformes de 1935, 1965, 1971) un pouvoir de direction considérable a été donné, devant le tribunal de grande instance et devant la cour d'appel, à un magistrat de la mise en état pour la progression de l'instance et l'instruction de l'affaire.

CPC, art. 1 à 3, 763 s. et 910 s.

→ *Conseiller de la mise en état, Juge de la mise en état (JME), Mise en état, Principe dispositif, Principe d'initiative, Procédure inquisitoire.*

Direction générale des douanes et droits indirects (DGDDI)

[Droit financier et Droit fiscal]

Créée en 1948 par la fusion de la Direction générale des douanes et de la Direction des contributions indirectes, cette Direction, placée sous l'autorité du ministre du Budget, a conservé son autonomie et ses spécificités lors de la fusion en 2008 de la DGI et de la DGCP donnant naissance à la DGFIP. Ses fonctions dépassent largement le seul domaine douanier (droits de douane, contrôles…) et des droits indirects traditionnels (tabacs, alcools, produits pétroliers); cette administration financière joue un rôle important dans la collecte de nombreux impôts (TVA sur les importations, Taxe générale sur les activités polluantes…) et assure un nombre non moins significatif de fonctions de contrôle et de protection (lutte contre la contrefaçon, contre les trafics internationaux…).

Direction générale des finances publiques (DGFIP)

[Droit financier]

Créée par un décret du 3 avril 2008, la DGFIP résulte de la fusion, au sein du ministère du Budget, des anciennes Direction générale des impôts et Direction générale de la comptabilité publique.

Directive

[Droit administratif]

Acte à portée générale par lequel l'Administration procède à une autolimitation de son *pouvoir discrétionnaire*, en arrêtant à l'avance les principes qui fonderont son action dans certaines matières, sans la déposséder de son pouvoir d'appréciation. Leur régime juridique n'est pas homogène, mais elles ont en commun leur opposabilité à l'Administration lors de la prise par celle-ci d'actes individuels dans les domaines auxquels elles s'appliquent.

GAJA nº 85.

[Droit constitutionnel]

Sous la Ve République, instruction que le président de la République adresse au Premier ministre (voire à un ministre) pour lui assigner des objectifs (avec parfois un calendrier de travail). Depuis 1974, certaines directives sont publiées, ce qui les rend plus contraignantes. Le Premier ministre adresse, lui aussi, des directives aux départements ministériels.

[Droit européen]

Dans le droit de l'Union européenne, acte normatif liant les États membres destinataires quant au résultat à atteindre, tout en leur laissant le choix des moyens et de la forme pour en transposer le contenu en droit interne. Dans la CECA, l'acte comparable était la recommandation; dans le 3e pilier de l'Union européenne (jusqu'au traité de Lisbonne), il s'agissait de la décision-cadre.

GDCC nº 46; GAJA nº 116.

→ *Règlement.*

Directoire

[Droit commercial]

Organe composé d'1 à 7 membres, investi des plus larges pouvoirs pour gérer les sociétés anonymes dites « de type nouveau », sous réserve des pouvoirs attribués aux autres organes sociaux.

C. com., art. L. 225-57.

→ *Conseil d'administration, Conseil de surveillance.*

[Droit constitutionnel]

1° Nom donné à l'organe gouvernemental institué en France par la Constitution de l'an III.

2° Par extension, organe gouvernemental à forme collective, composé d'un petit nombre de membres égaux prenant les décisions à la majorité (ex. : Conseil fédéral suisse).

Dirigisme

[Droit public]

Nom – à connotation péjorative – donné au système de gestion de l'économie pratiqué en France au lendemain de la Seconde Guerre mondiale et dans lequel l'État orientait et contrôlait l'activité économique et sociale par une intervention directe ou indirecte (planification, nationalisations, subventions, etc.).

Dirimant

[Droit général]

Qui annule ou fait obstacle, de manière absolue. Ainsi, un empêchement est dirimant lorsqu'il constitue un obstacle absolu à la réalisation d'un acte juridique et entraînerait sa nullité s'il était passé outre : la parenté en ligne directe est un empêchement dirimant au mariage, qui ne peut être levé par une quelconque autorisation.

Dans un sens plus commun, une objection dirimante est une objection qui ruine le raisonnement qu'elle combat.

Discernement

[Droit pénal]

Faculté de comprendre la portée de ses actes, qui conditionne la responsabilité pénale au titre de l'imputabilité.

En matière de minorité, la loi retient la responsabilité pénale du mineur capable de discernement sans tenir compte de l'âge qu'il peut avoir au moment des faits. Seule la « sanction » à intervenir doit être fixée dans sa nature et son montant en fonction de l'âge.

C. pén., art. 122-8.

GADPG n° 43.

→ *Imputabilité, Minorité pénale.*

Discipline

[Droit administratif]

→ *Pouvoir disciplinaire.*

[Procédure civile]

Ensemble des règles de *déontologie* professionnelle auxquelles sont soumis les magistrats, les avocats, les officiers ministériels, les divers auxiliaires de la justice. Leur violation les expose à des poursuites disciplinaires dont le régime est adapté à chacune des catégories (ainsi Conseil supérieur de la magistrature, conseil de l'Ordre des avocats).

→ *Pouvoir disciplinaire.*

Discipline de vote

[Droit constitutionnel]

Attitude commune imposée aux membres d'un groupe parlementaire, lors d'un vote.

Discount

[Droit commercial]

Vente à un prix anormalement bas par rapport à celui pratiqué sur le marché par les concurrents, pour des produits identiques.

Discrédit

[Droit pénal]

Incrimination frappant le fait de dénigrer publiquement, par actes, paroles, écrits ou images de toute nature, un acte ou une décision juridictionnelle, dans des conditions de nature à porter atteinte à l'autorité de la justice ou à son indépendance.

C. pén., art. 434-25.

Discrétionnaire

[Droit civil]

Qualifie un droit dont l'exercice relève de la liberté pleine et entière de son titulaire; il est insusceptible d'abus, donc exclusif de toute responsabilité, nonobstant les conséquences nuisibles que son exercice peut engendrer pour autrui (refus de consentir au mariage d'un enfant mineur, acceptation ou refus d'une succession...).

→ *Abus de droit, Droit absolu.*

[Procédure civile]

S'applique au pouvoir du juge du fond lorsque son appréciation échappe au contrôle de la Cour de cassation; plus généralement, s'applique au pouvoir du juge lorsqu'il se prononce au regard de la seule opportunité.

[Droit administratif]

→ *Pouvoir discrétionnaire, lié.*

Discrimination

[Droit civil]

Situation dans laquelle, sur le fondement de son appartenance ou de sa non-appartenance, vraie ou supposée à une ethnie ou une race, sa religion, ses convictions, son âge, son handicap, son orientation sexuelle ou son sexe, une personne est traitée de manière moins favorable qu'une autre ne l'est, ne l'a été ou ne l'aura été dans une situation comparable (discrimination directe). Il y a discrimination indirecte lorsqu'une disposition, un critère ou une pratique neutre en apparence est susceptible d'entraîner pour les mêmes motifs un désavantage particulier pour des personnes par rapport à d'autres.

Ces 2 types de discrimination sont interdits. Il suffit à la victime de présenter à la juridiction compétente les faits permettant de présumer l'existence d'une discrimination; la partie défenderesse ayant la charge de prouver que la mesure dénoncée est justifiée par des éléments objectifs étrangers à toute discrimination.

L. 2008-496 du 27 mai 2008, art. 1 s.

→ *Testing (Procédé du).*

[Droit commercial]

→ *Pratiques discriminatoires.*

[Droit pénal]

Toute distinction opérée entre les personnes physiques à raison de leur origine, de leur sexe, de leur situation de famille, de leur grossesse, de leur appartenance physique, de leur patronyme, de leur état de santé, de leur handicap, de leurs caractéristiques génétiques, de leurs mœurs, de leur orientation sexuelle, de leur âge, de leurs opinions politiques, de leurs activités syndicales, de leur appartenance ou de leur non-appartenance, vraie ou supposée, à une ethnie, une nation, une race ou une religion déterminée. Constitue également une discrimination toute distinction opérée entre les personnes morales pour les mêmes raisons tenant aux membres ou certains membres de ces personnes morales.

C. pén., art. 225-1 s.

[Droit du travail]

Toute distinction, exclusion ou préférence, tout traitement différent fondé sur des motifs reconnus comme discriminatoires par la loi (comme la race, la religion, le sexe, l'opinion politique, la nationalité ou l'origine sociale, ...), qui a pour objet ou pour effet de détruire ou d'altérer l'égalité de chances ou de traitement en matière d'emploi ou de profession. La Convention n° 111 de l'OIT prohibe la discrimination. On appelle discrimination positive le fait d'établir une différence au profit de personnes entrant dans l'une des catégories précitées, dans le seul but de rétablir une égalité socialement rompue (par ex. encourager l'emploi des femmes); ce type de pratique n'est pas nécessairement prohibé.

C. trav., art. L. 1132-1 s., 1141-1 s. et 2141-5; loi n° 2008-496 du 27 mai 2008.

GADT, n° 72 et 73.

Discrimination indirecte : distinction constatée entre des groupes identifiés de personnes, au détriment de l'un d'eux, résultant de la mise en œuvre d'une règle au contenu neutre (c'est-à-dire qui ne distingue pas entre ces groupes de personnes). La discrimination indirecte se manifeste dans le registre des effets produits par une règle, alors que la discrimination directe s'intéresse aux motifs d'une règle qui établit une distinction.

C. trav., art. L. 1132-1 s.; loi n° 2008-496 du 27 mai 2008.

→ *HALDE.*

Discrimination à rebours

[Droit européen]

Hypothèse, dont les *directives* et la jurisprudence s'efforcent de limiter la survenue, dans laquelle le national d'un État serait empêché, parce qu'il se trouve dans une situation purement interne, de bénéficier dans cet État des droits conférés par l'Union européenne, au titre de la *libre circulation*, aux ressortissants des autres États membres, notamment en termes de diplômes ou de qualifications professionnelles.

Discrimination positive

[Droit public]

Lorsque le principe abstrait d'égalité ne suffit pas à résorber des inégalités de fait affectant certains groupes de la population, le législateur peut, sous réserve que la Constitution n'y fasse pas obstacle, mettre en place des régimes juridiques favorisant les membres de ces groupes, par exemple du point de vue de l'accès à l'université, aux fonctions électives ou à la commande publique, dans le but de se rapprocher d'une égalité réelle.

GDCC n° 15.

Discussion

[Droit civil]

→ *Bénéfice de discussion.*

Disjonction d'instances

[Procédure civile]

Décision par laquelle un tribunal décide l'éclatement d'une instance en plusieurs, parce que les questions litigieuses, groupées dans une même procédure, doivent être instruites et jugées séparément, faute de connexité suffisante entre elles.

Pratiquement, la disjonction d'instances se présente comme une disjonction de demandes, le tribunal statuant immédiatement sur la demande principale et reportant l'examen d'une demande reconventionnelle.

CPC, art. 367, 368 et 766.

→ *Jonction d'instances.*

Disparition

[Droit civil]

Événement qui, en raison des circonstances dans lesquelles il est survenu, fait douter de la survie d'une personne. Sa non-représentation, consécutive au péril de mort auquel elle s'est trouvée exposée, conduit à bref délai à un jugement déclaratif de décès.

C. civ., art. 88 s.

→ *Absence.*

Dispense

[Droit civil]

Exemption d'une condition de fond ou de forme accordée à une personne par les pouvoirs publics ou par la loi, avant la conclusion d'un acte, l'attribution d'un état ou d'une fonction. Ainsi l'homme et la femme ne peuvent contracter mariage avant 18 ans révolus sauf dispense accordée par le procureur de la République. Outre la condition, la dispense vise aussi l'exemption d'une obligation ou d'une charge (impôts, tutelle...). La dispense peut aussi résulter de la volonté d'une personne privée, ainsi lorsque le donateur dispense le donataire du rapport à succession.

C. civ., art. 144, 145, 396, 847, 849.

Dispense de peine

[Droit pénal]

Mesure par laquelle le juge correctionnel ou de police qui a retenu la culpabilité du prévenu décide cependant de ne prononcer aucune sanction contre lui lorsqu'il lui apparaît que son reclassement est acquis, que le dommage est réparé, et que le trouble social occasionné par l'infraction a cessé.

C. pén., art. 132-58 et 132-59.

GADPG n° 53.

→ *Ajournement du prononcé de la peine.*

Disponibilité

[Droit administratif]

Position d'un fonctionnaire placé temporairement hors de son corps d'origine, avec suspension de ses droits à l'avancement et à la retraite et, dans la majeure partie des cas, de tout ou fraction de son traitement.

Disponible

[Droit civil]

→ *Quotité disponible.*

Disposer

[Droit civil]

Pour une loi : édicter, ériger en règle; la loi dispose, les conventions stipulent.

Pour un juge : décider (dans le *dispositif du jugement*).

Pour un propriétaire : exercer l'une des prérogatives du droit de propriété; le propriétaire « dispose » de son bien soit par un acte juridique, en le vendant, en le donnant, etc., soit par un acte matériel, en le transformant ou en le détruisant.

→ *Abusus, Fructus, Usus.*

Dispositif (Principe)

[Procédure civile]

→ *Principe dispositif.*

Dispositif du jugement

[Procédure civile]

Partie finale d'un jugement débutant par la formule « Par ces motifs » et qui contient la solution du litige et à laquelle est attachée l'autorité de la chose jugée.

Cette autorité n'existe pas pour les *motifs* du jugement qui étayent le dispositif; elle ne s'étend pas davantage à ce qui a été implicitement jugé comme étant la conséquence nécessaire du dispositif.

CPC, art. 452, 455 et 480.

Disposition à titre gratuit

[Droit civil]

Transfert d'un bien au profit d'un tiers avec une intention libérale, soit par *donation* entre vifs, soit par *testament*.

C. civ., art. 893 s.

→ *Acte à titre gratuit.*

Dissimulation

[Droit civil/Droit commercial]

Action visant à tenir secrète la vérité de l'opération juridique, en dénaturant, en modifiant, ou en supprimant l'*acte apparent*, ou encore en cachant l'identité du véritable bénéficiaire.

C. civ., art. 1321.

→ *Acte déguisé, Acte fictif, Acte secret, Apparence, Contre-lettre, Déguisement, Simulation.*

Dissimulation du visage

[Droit pénal]

Infraction consistant à occulter le visage à la vue du public dans des conditions proscrites par la loi pénale. Nul ne peut, dans l'espace public, porter une tenue destinée à dissimuler son visage (contravention de deuxième classe : loi n° 2010-1192 du 11 oct. 2010, art. 1 à 3).

De même, le fait pour toute personne d'imposer à une ou plusieurs autres personnes de dissimuler leur visage par menace, violence, contrainte, abus d'autorité ou abus de pouvoir, en raison de leur sexe, est puni d'un an d'emprisonnement et de 30 000 € d'amende. Lorsque le fait est commis au préjudice d'un mineur, les peines sont portées à 2 ans d'emprisonnement et à 60 000 € d'amende (C. pén., art. 225-4-10).

Par ailleurs, est puni de l'amende prévue pour les contraventions de la cinquième classe le fait pour une personne, au sein ou aux abords immédiats d'une manifestation sur la voie publique, de dissimuler volontairement son visage afin de ne pas être identifiée dans des circonstances faisant craindre des atteintes à l'ordre public (C. pén., art. R. 645-14).

Dissolution

[Droit constitutionnel]

Acte par lequel le chef de l'État ou le gouvernement met fin par anticipation au mandat de l'ensemble des membres d'une assemblée parlementaire.

Le droit de dissolution est un élément essentiel du régime parlementaire, dans lequel il contrebalance le droit pour le Parlement de mettre en jeu la responsabilité politique du gouvernement. La dissolution peut être prononcée en vue de :

a) faire arbitrer par le peuple un conflit entre Parlement et gouvernement;

b) soumettre au peuple une question importante (équivalent du référendum dans un pays qui ignore cette institution : ex. : Grande-Bretagne);

c) permettre au gouvernement de choisir le moment favorable pour consulter les électeurs;

d) éviter les périodes de transition politique où les députés, voyant venir la fin de la législature, sont préoccupés par leur réélection et enclins à la démagogie.

La dissolution est soit discrétionnaire (laissée à la libre initiative du chef de l'État ou du gouvernement, ex. : Constitution de 1958, art. 12), soit conditionnelle (par ex. liée à la fréquence des crises : *cf.* Constitution de 1946, art. 51), soit automatique (l'ouverture d'une crise ministérielle provoquant *ipso facto* la dissolution).

[Droit pénal]

Peine « capitale » susceptible d'être prononcée contre une personne morale.

C. pén., art. 131-39-1°.

[Droit privé]

Disparition d'une institution provoquée par l'arrivée d'un événement déterminé. Les causes de dissolution varient selon le type d'institution. Ainsi le décès d'un époux met fin au mariage, alors que celui d'un associé d'une société anonyme laisse subsister la société.

[Droit commercial]

Marquant la fin de la vie de la société-personne morale, la dissolution, qui peut être légale, amiable ou judiciaire, est un événement important devant être publié pour pouvoir être opposé aux tiers. La dissolution donne lieu à *liquidation* de la société, phase pendant laquelle la personne morale subsiste, amoindrie.

C. civ., art. 1844-7 s.

Distance

[Droit civil]

Espacement entre 2 fonds contigus que doit respecter le propriétaire voisin lorsqu'il plante, construit ou établit des vues à la limite de son fonds. Par exemple, les arbres, arbrisseaux et arbustes ne peuvent être plantés qu'à la distance prescrite par les règlements particuliers existants ou par les usages constants et reconnus, à défaut à la distance déterminée par la loi (2 mètres de la ligne séparative pour les arbres dépassant 2 mètres).

C. civ., art. 671 à 680.

→ *Vues et jours.*

[Procédure civile]

Éloignement géographique du défendeur par rapport à la juridiction saisie, justifiant une dérogation à la durée habituelle des délais. Lorsque la demande est portée devant une juridiction qui a son siège en France métropolitaine, le délai de comparution, d'appel, d'opposition, de recours en révision et de pourvoi en cassation est augmenté d'1 mois pour la partie qui demeure dans un département, une région ou une collectivité d'Outre-mer, de 2 mois pour celles qui demeurent à l'étranger.

CPC, art. 643 s.

Distinction des contentieux

[Droit administratif]

→ *Contentieux administratif.*

Distraction des biens saisis

[Procédure civile]

Incident de saisie par lequel un tiers se prétend propriétaire de tout ou partie des biens saisis et agit ainsi pour soustraire ce bien à la saisie.

Décr. n° 92-755, 31 juill. 1992, art. 127 à 129; Décr. n° 2006-936 du 27 juill. 2006, art. 9.

→ *Saisie-revendication.*

Distraction des dépens

[Procédure civile]

Bénéfice accordé à l'avocat du gagnant, en vertu duquel il peut se faire payer directement par le perdant les frais qu'il a exposés, sans avoir reçu provision, pour son client sorti victorieux du procès.

CPC, art. 699.

→ *Dépens.*

Distributeur agréé

[Droit commercial]

→ *Distribution sélective.*

Distribution des deniers

[Procédure civile]

1° Dispositif de règlement du passif intervenant en cas de réalisation d'un bien du débiteur en dehors de toute procédure d'exécution. La personne que désigne le président du tribunal de grande instance établit un projet de répartition des fonds entre les créanciers déclarés et procède au paiement. Si le projet est contesté, elle procède à une tentative de conciliation; en cas d'échec, c'est le tribunal de grande instance qui répartit les sommes à distribuer.

CPC, art. 1281-1 s.

2° Si les deniers proviennent d'une procédure d'exécution, l'agent chargé de la vente élabore un projet de répartition du prix entre les créanciers dans le mois suivant la date de la vente forcée. À défaut de contestation sous quinzaine, il procède au paiement des créanciers. En cas de contestation, après une tentative infructueuse de conciliation, il saisit le juge de l'exécution.

Décr. n° 755 du 31 juill. 1992, art. 283 à 293.

→ *Ordre.*

Distribution par contribution

[Procédure civile]

→ *Au marc le franc, Contribution.*

Distribution sélective

[Droit commercial]

Système consistant pour un fournisseur à se lier contractuellement à un certain nombre de distributeurs choisis sur la base de critères qualitatifs et auxquels, sans consentir d'exclusivité, il réserve la vente de ses produits moyennant le respect par eux de certains engagements.

C. com., art. L. 330-3.

Distributive (Justice)

→ *Justice.*

District

[Droit administratif]

Ancienne forme d'*établissement public de coopération intercommunale*, qui a dû se transformer au plus tard fin 2001 en *communauté de communes* ou en *communauté d'agglomération* (ou éventuellement en *communauté urbaine* pour ceux comptant plus de 500 000 habitants).

Dit pour droit

[Droit européen]

Expression, au présent de l'indicatif, par laquelle la Cour de justice de l'Union européenne, saisie d'un *renvoi* préjudiciel par un juge national, s'apprête, après avoir analysé ce renvoi, à donner, dans le dispositif de son arrêt, son interprétation ou son appréciation de la validité du droit de l'Union, qui permettra au juge national de statuer sur le fond.

Divertissement

[Droit civil]

Action par laquelle un héritier ou un époux détourne frauduleusement un bien de la succession ou de la communauté. La loi n° 2009-526 du 12 mai 2009 a remplacé le mot « divertissement » par le mot « détournement ».

C. civ., art. 778, 800 et 1477.

→ *Recel.*

Dividende fiscal

[Droit financier ou fiscal]

Termes parfois employés pour désigner le phénomène d'accroissement des rentrées fiscales entraîné automatiquement par l'accroissement du montant des revenus et profits, ainsi que de l'activité économique, en période d'expansion. Cet accroissement est en général plus que proportionnel par rapport à celle-ci, en raison notamment de la progressivité du barème de l'impôt sur le revenu et du déplacement des achats vers des produits ou services plus coûteux et donc soumis à des taux d'impôt indirect plus élevés (TVA).

Dividendes

[Droit civil/Droit commercial]

Part des bénéfices réalisés par une société distribuée à la fin d'un exercice aux associés en application d'une délibération de l'assemblée annuelle.

C. civ., art. 1844-1.

Division

[Droit civil]

→ *Bénéfice de division.*

Divorce

[Droit civil]

Rupture du lien conjugal provoquant la dissolution du mariage, du vivant des 2 époux, à la suite d'une décision judiciaire, rendue à la requête de l'un d'eux ou de l'un et de l'autre, dans l'un des cas prévus par la loi.

Obligatoirement prononcé par un jugement du juge aux affaires familiales, il peut être demandé pour 4 causes : soit sur la requête conjointe des époux lorsqu'ils s'entendent sur la rupture du mariage et ses effets (divorce par consentement mutuel); soit sur acceptation de la demande de l'un des époux par l'autre ou par demande conjointe lorsqu'ils acceptent le principe de la rupture sans considération des faits à l'origine de celle-ci et laissent au juge le soin de statuer sur les conséquences du divorce (divorce accepté); soit sur demande de l'un des époux lorsque le lien conjugal est définitivement altéré par cessation de la communauté de vie entre eux ou par séparation depuis au moins 2 ans à la date de l'*assignation* (divorce par altération définitive du lien conjugal); soit sur demande de l'un des époux lorsque des faits constitutifs d'une violation grave ou renouvelée des devoirs et obligations du mariage sont imputables à son conjoint et rendent intolérable le maintien de la vie commune (divorce pour faute).

C. civ., art. 229 s.; CPC, art. 1070 s.

GAJC, t. 1, n° 38, 39, 40 et 41.

Divulgation

[Droit pénal]

Fait de révéler une information de nature à porter atteinte à l'honneur ou à la considération d'une personne, afin d'obtenir soit une signature, un engagement ou une renonciation, soit la révélation d'un secret, soit la remise de fonds, de valeurs ou d'un bien quelconque. Cette révélation est constitutive du délit de chantage; la simple menace de révéler les mêmes faits dans le même but est traitée en chantage par le Code pénal.

C. pén., art. 312-10.

→ *Secret de correspondance, Secret professionnel, Vie privée.*

Dockers

[Droit du travail/Droit maritime]

Travailleurs employés de façon permanente au chargement et au déchargement des navires dans certains ports.

La loi du 9 juin 1992 a profondément modifié le statut juridique des dockers; en particulier nombre d'entre eux sont mensualisés et le syndicat a perdu son rôle de quasi-monopole dans le recrutement.

C. ports mar., art. 511-3.

Doctorat

[Droit administratif]

→ *Licence-Master-Doctorat.*

Doctrine

[Droit général]

Opinion des auteurs qui écrivent dans le domaine du droit. Par extension, l'ensemble des auteurs.

Doctrine administrative

[Droit fiscal]

Ensemble d'interprétations des textes fiscaux énoncées par des autorités administratives fiscales centrales ou déconcentrées à destination de l'appareil administratif, interprétations formulées publiquement au travers de différents supports comme les instructions fiscales au sein du Bulletin officiel des impôts mais aussi de réponses ministérielles, de commentaires administratifs. Cette interprétation de la loi fiscale produit des effets de droit qui peuvent, le cas échéant, être opposables à l'administration par un contribuable. Cette doctrine permet au contribuable de s'appuyer sur une interprétation générale de textes ou sur une interprétation relative à une situation de fait au regard d'un texte fiscal soumise par un contribuable. Ainsi, par exemple, « les agents de l'administration sont-ils tenus de respecter les règles figurant dans la charte (du contribuable vérifié) à la date où ce document est remis au contribuable dès lors qu'elles ont pour objet de garantir les droits du contribuable ».

LPF, art. L. 80A, L. 80B.

Documents

[Procédure civile]

Écrits susceptibles de contribuer à la preuve des faits du procès. Des documents peuvent être fournis spontanément par les parties : leur communication peut être exigée des parties ou des tiers par le juge ou par le technicien, avec, si besoin est, l'intervention du juge.

CPC, art. 132 s.

→ *Communication de pièces, Pièces.*

Documents administratifs

[Droit administratif]

Les fonctionnaires sont astreints à une obligation de discrétion à l'égard des informations qu'ils possèdent à raison de leurs fonctions, parfois renforcée en *secret professionnel* pénalement sanctionné. Cependant, une dérogation importante a été apportée à ce principe, lorsque l'information est contenue dans un document administratif, par les textes instituant la règle de la liberté d'*accès aux documents administratifs*.

Doit

[Droit civil/Droit commercial]

→ *Actif, Avoir, Passif.*

Dol

[Droit civil]

En matière contractuelle, le dol désigne, d'une part, au stade de la formation de l'acte, l'ensemble des tromperies (manœuvre frauduleuse, mensonge ou réticence blâmable) par lesquelles une partie à un acte juridique provoque chez l'autre partie une erreur qui la détermine à donner son consentement à cet acte, d'autre part, au stade de son exécution, la faute du débiteur qui se dérobe intentionnellement à ses obligations.

C. civ., art. 777, 887, 901, 1116, 1147, 1150 et 1967.

GAJC, t. 2, n° 150.

En matière délictuelle, faute consistant à causer intentionnellement un dommage à autrui.

[Droit pénal]

Attitude psychologique du délinquant consistant de sa part à avoir voulu commettre l'infraction. Il y a *dol éventuel* lorsque l'agent n'a pas voulu le résultat dommageable tout en ayant prévu la possibilité de sa réalisation. Dans ce cas il répond d'une simple faute non intentionnelle. La théorie selon laquelle les fautes non intentionnelles les plus graves mériteraient d'être assimilées à de véritables intentions (excès de vitesse persistant...) n'a jamais été retenue, ni en jurisprudence, ni dans la loi, parce qu'elle consacre un raisonnement par analogie : ainsi, la *faute délibérée*, malgré son caractère volontaire, reste non intentionnelle, tout en étant soumise à un régime répressif plus sévère.

C. pén., art. 121-3.

Il y a *dol indéterminé* lorsque l'agent a agi intentionnellement sans se fixer un résultat bien déterminé; il répondra du résultat effectivement causé car le droit présume que l'intention est toujours conforme au résultat atteint. On dit que, indéterminée dans son principe, elle est déterminée par l'événement (« *Dollus indeterminatus determinatur eventu* »).

GADPG n° 39.

→ *Faute.*

Domaine privé

[Droit administratif]

Biens des personnes publiques qui ne font pas partie de leur domaine public. Leur régime juridique obéit en principe aux règles de fond et de compétence juridictionnelle du droit privé.

CGPPP, art. L. 2211-1 et 2212-1.

Domaine public

[Droit administratif]

Partie du patrimoine des *personnes publiques* soumise à un régime juridique de droit administratif très protecteur; les biens classés dans cette catégorie sont (tant qu'ils y demeurent) imprescriptibles et inaliénables. La sortie d'un bien du domaine public résulte d'une procédure dite de *déclassement*. Il comprend :

• *Le domaine public immobilier*; il est constitué par des biens qui, soit sont affectés à l'usage direct du public, soit sont affectés à un service public à condition, dans ce cas, « qu'ils fassent l'objet d'un aménagement indispensable à l'exécution des missions de ce service » (ex. : caserne, prison). Certains biens sont expressément rangés dans le domaine privé comme, en principe, les immeubles à usage de bureau. Pour faciliter la valorisation économique du domaine public, des *droits réels* (limités) existent au profit des personnes privées sur les constructions qu'elles sont autorisées à y édifier;

• *Le domaine public mobilier*; essentiellement culturel, il est constitué par les biens présentant un intérêt public du point de vue de l'histoire, de l'art, de l'archéologie, de la science ou de la technique. Exemple : collections des musées.

CGPPP, art. L. 2111-1 s., 2112-1 et 2122-6.

GAJA n° 73.

→ *Déclassement, Droits réels.*

Domaine réservé

[Droit international public]

→ *Compétence nationale (Domaine de la).*

[Droit constitutionnel]

Doctrine politique, évoquée périodiquement sous la Ve République, selon laquelle le président de la République disposerait, quelles que soient les dispositions pertinentes de la Constitution, d'un domaine réservé dans certaines matières, par exemple la défense et les relations extérieures.

Domicile

[Droit civil]

Lieu dans lequel une personne est censée demeurer en permanence. C'est la raison pour laquelle les actes judiciaires faits à son domicile lui sont opposables. En droit positif, le domicile est situé au lieu où la personne a choisi d'avoir son principal établissement. On oppose ce domicile dit encore volontaire au domicile légal qui est celui assigné d'office par la loi, pour certaines personnes : ainsi, le mineur est légalement domicilié chez ses père et mère ou chez celui avec lequel il réside s'ils ont des domiciles distincts.

C. civ., art. 102 s.

GAJC, t. 1, n° 24.

→ *Demeure, Domiciliation, Résidence.*

[Droit pénal]

→ *Violation de domicile.*

Domicile élu

[Droit civil/Procédure civile]

Lieu, autre que le domicile réel, choisi par les parties à un acte juridique pour l'exécution de cet acte. Grâce à l'élection de domicile, les demandes relatives à cet acte peuvent être faites au domicile convenu et la procédure poursuivie, éventuellement, devant le tribunal dans le ressort duquel se trouve ce domicile.

C. civ., art. 111; CPC, art. 682, 689, 751, 836, 855, 899, 973.

[Procédure civile]

→ *Élection de domicile.*

Domiciliataire

[Droit commercial]

Personne au domicile de laquelle un effet de commerce doit être présenté au paiement.

Domiciliation

[Droit civil]

Les personnes sans domicile stable peuvent se domicilier auprès d'un centre communal ou intercommunal d'action sociale ou auprès d'un organisme agréé à cette fin; le centre ou l'organisme est tenu de recevoir la correspondance destinée aux personnes domiciliées et de la mettre à leur disposition. La domiciliation permet de prétendre aux services des prestations sociales, à la délivrance d'un titre national d'identité et à l'inscription sur les listes électorales.

Le droit à la domiciliation a été institué par la loi n° 2007-290 du 5 mars 2007 relative au droit au *logement opposable*.

CASF, art. L. 264-1 s., D. 264-6 s.

[Droit commercial]

Indication du lieu choisi pour le paiement d'un effet de commerce (généralement un banquier).

C. mon. fin., art. L. 131-9, 134-1 et 134-2; C. com., art. L. 511-2 et 512-3.

Formalité exigée pour la constitution de l'entreprise ou l'ouverture d'un établissement secondaire.

C. com., art. L. 123-10 s., R. 123-167.

Dominion

[Droit international public]

Nom donné aux anciennes colonies anglaises ayant obtenu de la métropole l'autonomie interne et la personnalité internationale et accédant ainsi à la qualité de membres du *Commonwealth*.

Le terme n'est plus employé depuis que le *British Commonwealth* est devenu le *Commonwealth of nations.*

Dommage

[Droit civil/Sécurité sociale]

1° Dans l'acceptation la plus courante, synonyme de *préjudice*. Pour ouvrir droit à réparation, il doit être certain et direct. En matière contractuelle, il doit, de surcroît, être prévisible.

→ *Préjudice d'agrément, Préjudice de caractère personnel, Préjudice esthétique.*

2° Pour certains auteurs, fait brut à l'origine de la lésion affectant la personne, le préjudice correspondant, lui, à la conséquence de cette lésion.

Dommage corporel

[Droit civil]

Dommage portant atteinte à l'intégrité physique d'une personne, blessure, mutilation, infirmité, invalidité. Quoique la personne humaine soit hors du commerce juridique, la jurisprudence admet en ce domaine la validité des clauses exonératoires de responsabilité.

Dommage écologique

[Droit de l'environnement]

Dommage causé au milieu naturel ne lésant directement aucune personne ni aucun patrimoine, telle la disparition d'une espèce animale non exploitée par l'homme sous une marée d'hydrocarbures.

Un tel préjudice obéit à un régime spécifique, étranger au schéma classique de la responsabilité civile. D'une part, quant à la procédure, il incombe à l'exploitant à la source du dommage réalisé ou menaçant de prendre les mesures de prévention et de restauration qui s'imposent, le préfet ayant le pouvoir de l'y contraindre en cas de carence. D'autre part, quant au fond, la réparation est une réparation en nature consistant dans une remise en état initial de l'environnement.

C. envir., art. L. 160-1 à L. 165-2, R. 161-1 à R. 163-1.

→ *Préjudice environnemental.*

Dommage matériel

[Droit civil]

Dommage subi par la personne dans son patrimoine, procédant le plus souvent d'une lésion portée à des biens corporels (incendie d'un immeuble, destruction d'un véhicule), d'une manière plus générale de la lésion d'un intérêt à caractère économique.

Dommage moral

[Droit civil]

Dommage qui porte atteinte aux attributs extrapatrimoniaux de la personne (considération, honneur, réputation), à la personnalité morale (croyances, convictions, pudeur), aux sentiments ou à l'agrément de vie (mort d'un être cher, rupture de fiançailles, gêne sexuelle). Malgré son caractère immatériel, le dommage moral est réparable quelles que soient sa consistance et sa gravité.

La Cour de cassation a admis la réparation d'un dommage d'anxiété pour des salariés exposés au risque de l'amiante, quoiqu'il n'ait entraîné aucune maladie (Cass. soc., 11 mai 2010, n° 09-42-241 à 09-42-257).

C. pr. pén., art. 3.

→ *Préjudice, Préjudice esthétique, Pretium doloris.*

Dommage par ricochet

[Droit civil]

Dommage matériel ou moral qu'éprouvent, par répercussion du dommage subi par la victime directe, les personnes qui lui sont proches par la parenté, l'alliance, l'affection, la profession ou telle autre relation (enfant, conjoint, concubin, employeur, associé).

→ *Victime par ricochet.*

Dommages et intérêts

[Droit civil]

Somme d'argent destinée à réparer le dommage subi par une personne en raison de l'inexécution, de l'exécution tardive, ou de l'exécution défectueuse d'une obligation ou d'un devoir juridique par le cocontractant ou un tiers; on parle alors de dommages et intérêts compensatoires. Lorsque le dommage subi provient du retard dans l'exécution, les dommages et intérêts sont dits *moratoires.*

C. civ., art. 266, 1142 s., 1150, 1152, 1153, 1226, 1229, 1382, 1404.

→ *Responsabilité.*

Don manuel

[Droit civil]

Donation ayant lieu de la main à la main, se réalisant par la remise matérielle de la chose donnée, ce qui exclut les meubles incorporels et les meubles immatriculés insusceptibles de tradition.

Le don manuel n'est pas nécessairement clandestin, partant, affranchi de toute taxation. D'une part, les parties sont tenues de faire connaître, lors d'une transmission à titre gratuit entre vifs ou lors d'une succession, s'il existe ou non des donations antérieures, quelle qu'en soit la forme; d'autre part, les actes renfermant soit la déclaration par le donataire, soit la reconnaissance judiciaire d'un don manuel sont sujets aux droits de mutation.

CGI, art. 757, 784.

GAJC, t. 1, n° 130 et 131; GAJF n° 23.

Donataire

[Droit civil]

Personne bénéficiaire d'une donation.

Donateur

[Droit civil]

Personne qui fait une donation.

Donation

[Droit civil]

Contrat par lequel une personne (le *donateur*) transfère, immédiatement et irrévocablement, avec intention libérale, la propriété d'un bien, sa nue-propriété, ou l'un des autres droits réels principaux (*usufruit*) à une autre (le *donataire*) qui l'accepte sans contrepartie.

C. civ., art. 893 s. et 931 s.

GAJF n° 23.

Donation de biens à venir

[Droit civil]

→ *Institution contractuelle.*

Donation déguisée

[Droit civil]

Donation ayant, en la forme, l'apparence d'un contrat d'une autre nature, spécialement d'un contrat à titre onéreux; par exemple vente d'un bien avec quittance du prix à un acheteur qui n'a rien payé.

C. civ., art. 911 et 931.

GAJC, t. 1, n° 129; GAJF n° 23.

Donation entre époux

[Droit civil]

Autrefois soumise à un régime de révocabilité *ad nutum*, la donation entre époux se rapproche aujourd'hui du droit commun des donations et n'est jamais révocable pour cause de survenance d'enfants. Elle est toujours révocable (hors cette cause) s'il s'agit d'une donation de biens à venir. Elle n'est révocable que pour cause d'ingratitude ou d'inexécution des conditions sous lesquelles elle a été faite, s'il s'agit d'une donation de biens présents.

C. civ., art. 1091 s.

→ *Institution contractuelle.*

Donation indirecte

[Droit civil]

Donation qui résulte d'un acte qui, par sa nature, ne comporte pas nécessairement une libéralité (ex. : remise de dette) et qui ne comporte aucun déguisement.

C. civ., art. 931.

GAJF nº 23.

Donation mutuelle

[Droit civil]

Donation caractérisée par une réciprocité, essentielle dans l'intention libérale, accidentelle dans l'exécution.

Lorsque les libéralités interviennent entre tiers, la mutualité sort la plénitude de ses effets : chacun est, à la fois, donateur et donataire.

Lorsque la donation mutuelle est consentie entre époux, qu'elle porte sur les biens à venir, la mutualité n'est effective qu'unilatéralement : la libéralité ne profite qu'au seul survivant.

Donation-partage

[Droit civil]

Acte par lequel une personne, de son vivant, transfère à ses héritiers présomptifs (c'est la *donation*) et répartit entre eux (c'est le *partage*), ses biens présents; ils en deviennent immédiatement et irrévocablement propriétaires ou nus-propriétaires ou usufruitiers, selon que la donation porte sur la *propriété* des biens ou leur *nue-propriété* ou leur *usufruit*. Elle bénéficie d'un régime juridique et fiscal très favorable.

Si le Code civil n'autorisait les donations-partages qu'au profit des descendants, son domaine s'est progressivement agrandi : une loi du 5 janvier 1988 en a étendu la possibilité au profit d'autres personnes (pour faciliter la transmission d'une entreprise individuelle) et aujourd'hui, la donation-partage est possible en faveur de tous les héritiers présomptifs (L. du 23 juin 2006). Cette dernière loi autorise même la *donation-partage « transgénérationnelle »* (par laquelle les enfants de l'ascendant peuvent consentir à ce que leurs propres descendants soient allotis en leurs lieu et place, en tout ou en partie, ce qui constitue un *pacte sur succession future* exceptionnellement autorisé par la loi) et la *donation-partage conjonctive* qui permet à un couple d'englober dans un même acte des enfants de lits différents, à condition qu'il y ait au moins un enfant commun (les biens communs peuvent alors être attribués indifféremment à n'importe quel enfant, même non commun, en conservant le régime fiscal de faveur, alors que les biens propres à chaque époux doivent revenir à ses propres enfants).

C. civ., art. 1075, 1075-1, 1075-2, 1076 s. et 1078-4 s.

GAJC, t. 1, nº 141.

→ *Libéralité-partage, Partage conjonctif, Partage d'ascendant, Testament-partage.*

Donation-partage conjonctive

[Droit civil]

→ *Donation-partage.*

Donation-partage transgénérationnelle

[Droit civil]

→ *Donation-partage.*

Donation *propter nuptias*

[Droit civil]

Donation faite en vue du mariage destinée à permettre au futur époux de faire face aux frais de première installation et de disposer d'une source de revenus. La donation *propter nuptias* déroge au principe de l'irrévocabilité des donations : elle peut s'appliquer à des biens à venir, obliger le donataire à acquitter les dettes mêmes futures du donateur, réserver au donateur la liberté de disposer d'un bien compris dans la libéralité pour aider à l'installation d'un nouveau foyer, n'étant établie qu'au profit des futurs époux ou de l'un d'eux, non au profit des enfants à naître.

C. civ., art. 947 et 1081 s.

Donné acte (ou Donner acte)

[Procédure civile]

→ *Jugement de donné acte.*

Donner (Obligation de)

[Droit civil]

Au sens technique, obligation de transférer la propriété d'un bien.

C. civ., art. 1136 et 1602 s.

→ *Obligation de donner.*

Dopage

[Droit pénal]

Infraction correctionnelle consistant à utiliser au cours des compétitions et manifestations organisées ou autorisées par des fédérations sportives ou en vue d'y participer, des substances ou procédés de nature à modifier artificiellement ses capacités ou à masquer l'utilisation de substances ou procédés ayant ces mêmes propriétés.

CSP, art. L. 3631-1 s.

Dossier

[Procédure civile]

Réunion des documents, actes de procédure, jugements relatifs à un litige ouvert devant une juridiction civile, commerciale, sociale, dans un dossier sur lequel se trouvent mentionnés en outre les divers événements de la procédure.

Le dossier peut être tenu sur support électronique.

CPC, art. 727 et 729-1.

→ *Mention au dossier, Registre d'audience, Répertoire général.*

Dossier médical personnel

[Sécurité sociale]

Dossier constitué de l'ensemble du dossier mentionné à l'article L. 1111-8 du Code de la santé publique, notamment des informations qui permettent le suivi des actes et prestations de soins. Le dossier médical personnel comporte également un volet spécialement destiné à la prévention.

Il permet, dans le respect des règles déontologiques, le suivi médical.

CSS, art. L. 161-36-1.

Dot

[Droit civil]

Libéralité adressée par un tiers (parent ou étranger) aux futurs époux, ou à l'un d'eux, et généralement contenue dans le contrat de mariage. La dot peut être constituée sous la forme d'un capital ou d'une rente. Lorsque le père et la mère ont doté conjointement l'enfant commun sans précision de part, ils sont censés avoir doté chacun pour moitié.

C. civ., art. 1438 s.

Au sens strict : sous le régime dotal, biens apportés par la femme qui étaient inaliénables et insaisissables et soumis à l'administration du mari. Le législateur a supprimé pour l'avenir le régime dotal (L. 13 juill. 1965).

→ *Biens dotaux.*

Dotation

[Droit financier ou fiscal]

À partir de 2006, au sein du budget général, unité dérogatoire de spécialisation des *crédits budgétaires* destinés à financer des charges pour lesquelles il n'est pas possible de fixer des objectifs de performance (ex. : présidence de la République, Assemblée nationale, Sénat).

Dotation générale de décentralisation (DGD)

[Droit administratif]

Subvention versée par l'État aux communes, départements et régions en vue de compenser (avec d'autres recettes) les charges supplémentaires imposées à leurs budgets en raison des compétences nouvelles que l'État leur a transférées en application de la loi du 7 janvier 1983.

Dotation globale d'équipement (DGE)

[Droit administratif/Droit financier ou fiscal]

Subvention versée par l'État aux communes et aux départements, qui l'utilisent librement, en vue de participer à leurs dépenses d'équipement (investissements).

CGCT, art. L. 2334-32, 3334-10 et 3413-1.

Dotation globale de fonctionnement (DGF)

[Droit financier ou fiscal]

Subvention, indexée sur un indice composite prenant en compte à la fois l'augmentation des prix et l'accroissement du produit intérieur brut (PIB), versée par l'État aux collectivités locales autres que les régions, et représentant leur recette de fonctionnement la plus importante après les impôts directs locaux.

CGCT, art. L. 2334-1, 3334-1 et 4414-5.

Douane (Droits de)

[Droit financier ou fiscal]

Impôts assis, sans préjudice de l'application des impôts nationaux de consommation, sur les marchandises importées, dans le but principalement de protéger les producteurs nationaux. Exceptionnellement, ils peuvent frapper les exportations.

Il n'existe plus de droits de douane dans les échanges entre États membres de l'Union européenne, mais un tarif douanier commun est applicable aux importations en provenance des États tiers.

Double (Formalité du)

[Droit civil]

Nécessité juridique d'établir, pour la preuve d'un contrat synallagmatique, constaté par un acte sous seing privé, autant d'originaux qu'il existe d'intérêts opposés; les intéressés étant souvent au nombre de 2, l'acte est dressé en 2 exemplaires, d'où l'expression.

Quant aux contrats sous forme électronique, la loi dispose que l'exigence d'une pluralité d'originaux est satisfaite lorsque l'acte est établi et conservé selon les prescriptions légales et que le procédé permet à chaque partie de disposer d'un exemplaire ou d'y avoir accès.

C. civ., art. 1325.

[Procédure civile]

→ *Double original, Exploit d'huissier de justice.*

Double degré de juridiction

[Procédure (principes généraux)]

Il y a double degré de juridiction lorsqu'après un premier jugement, un appel peut être interjeté.

→ *À charge d'appel, Degré de juridiction.*

Double original

[Droit civil/Procédure civile]

Formalité exigeant l'établissement de l'acte en plusieurs exemplaires. Ainsi, dans les conventions sous seing privé, un original doit être délivré à chaque partie ayant un intérêt distinct; ainsi, dans les exploits de justice, le premier original est pour l'huissier, le second pour le requérant. À la différence de la copie, le second exemplaire de l'original a valeur d'original de la même manière que le premier.

Les textes réglementent l'usage de l'électronique pour l'établissement en double original des actes, exploits et procès-verbaux des huissiers (Décr. n° 56-222 du 29 févr. 1956, art. 24 s., rédaction du Décr. n° 2005-972 du 10 août 2005).

C. civ., art. 1325; Ord. n° 45-2592 du 2 nov. 1945, art. 2; CPC, art. 287, 288-1.

→ *Exploit d'huissier de justice.*

Double peine

[Droit pénal]

Expression non juridique, issue du langage courant, qui caractérise la situation d'un étranger résidant en France qui, ayant commis une infraction pénale sur le territoire français, a fait l'objet d'une peine de prison ou d'amende, et voit cette peine « doublée » par une mesure d'éloignement constituée, soit par l'interdiction du territoire français (peine complémentaire prononcée par le juge pénal), soit par l'expulsion (mesure de police administrative prononcée par le ministre de l'Intérieur ou le préfet), soit des 2 mesures à la fois.

→ *Non bis in idem.*

Doute (Bénéfice du)

[Procédure pénale]

Principe général de procédure pénale qui oblige le juge à prononcer une relaxe ou un acquittement, dès lors qu'une incertitude persiste sur les faits objet des poursuites, sur la réalisation des conditions de l'infraction, ou encore sur la participation des personnes mises en cause.

→ *In dubio pro reo.*

Douzièmes provisoires

[Droit financier ou fiscal]

Nom donné sous les IIIe et IVe Républiques, en cas de retard dans le vote de la loi de finances, à des autorisations budgétaires valables pour un mois et permettant provisoirement à l'Administration de percevoir les recettes, et de payer des dépenses à concurrence d'un douzième environ des crédits ouverts l'année précédente. Système également applicable au budget de l'Union européenne (art. 315 TFUE).

Doyen

[Droit administratif]

Enseignant élu par le conseil d'administration d'une *faculté* et placé à la tête de celle-ci pour une durée de 5 ans renouvelable une fois. Le titre de doyen est employé, en pratique, quand l'*Unité de formation et de recherche (UFR)* a pris le nom de faculté.

C. éduc., art. L. 713-3.

[Droit général/Procédure civile]

Membre le plus ancien dans la fonction (ainsi le plus ancien des doyens de chambre porte le titre de doyen de la Cour de cassation et prend rang immédiatement après les présidents de section), ou le plus âgé d'une assemblée (ainsi doyen d'âge à l'Assemblée nationale).

COJ, art. R. 421-6.

Drogue

[Droit pénal]

→ *Dopage, Stupéfiants (trafic et usage de).*

Droit

[Droit général]

Droit objectif : ensemble des règles visant à organiser la vie en société et sanctionnées par la puissance publique.

Droit subjectif : prérogative attribuée dans son intérêt à un individu par le système juridique, lui permettant de jouir d'une chose, d'une valeur ou d'exiger d'autrui une prestation.

[Droit financier ou fiscal]

Synonyme d'impôt, souvent utilisé pour désigner certains impôts indirects les plus anciens. On parle ainsi de droits de douane, de droits de timbre.

Droit absolu

[Droit civil]

Droit dont la caractéristique est d'être opposable à tous, tel le droit de propriété.

Se dit aussi d'un *droit discrétionnaire*, c'est-à-dire d'un droit dont l'exercice est insusceptible d'engendrer une responsabilité pour abus.

→ *Droit international.*

Par opposition aux droits relatifs ou conditionnels, se dit d'un droit dont l'exercice n'est pas susceptible d'être aménagé ou restreint par l'État (synonyme de « droit intangible »).

→ *Droits intangibles, Erga omnes.*

Droit acquis

[Droit civil]

En cas de conflit entre 2 lois qui se succèdent, se dit d'un droit attribué sous l'empire de la règle antérieure et qui est maintenu malgré les dispositions contraires du nouveau texte.

Parce qu'il est difficile de déterminer ceux des droits qui sont acquis (par opposition aux simples expectatives), la théorie des droits acquis est aujourd'hui combattue et en déclin.

C. civ., art. 2.

→ *Conflits de lois dans le temps, Effet immédiat de la loi, Expectative.*

Droit administratif

[Droit public]

Au sens large, le droit administratif correspond à l'ensemble des règles du droit privé et du droit public qui s'appliquent à l'Administration dans sa gestion des services publics, et dans ses rapports avec les particuliers. Dans un sens plus restrictif, communément admis, le droit administratif s'entend seulement de celles de ces règles qui dérogent au droit privé et dont les juridictions administratives assurent normalement le respect.

Droit administratif pénal

[Droit pénal/Droit administratif]

Ensemble des disciplines répressives ou punitives dont l'application voire l'élaboration dépend de l'Administration (environnement, impôt...) ou d'autorités indépendantes (*Autorité des marchés financiers*, *Autorité de la concurrence*...). Ces disciplines doivent respecter les principes fondamentaux du droit pénal dans la mesure où elles participent à la « matière pénale » au sens de la *Convention européenne des droits de l'Homme et des libertés fondamentales*.

Droit à paiement unique (DPU)

[Droit rural]

La nouvelle *Politique agricole commune* de 2003 applicable progressivement à partir de 2004 a introduit 2 nouveaux principes, parmi lesquels le découplage des aides. Le principe repose sur des aides attribuées sous forme d'une prime unique, calculée par exploitation en fonction d'une référence historique rapportée à la surface et versée qu'il y ait production ou non. C'est le

Droit à paiement unique (DPU). Le DPU est le nouveau support de l'aide découplée.

→ *Découplage.*

Droit à pension

[Droit civil]

En droit des successions, pension alimentaire accordée au conjoint successible dans le besoin, sur sa demande. Elle est prélevée sur la *succession* supportée par tous les héritiers et, en cas d'insuffisance, par tous les légataires particuliers proportionnellement à leur émolument.

C. civ., art. 767.

→ *Droit au logement temporaire, Droit viager au logement, Pension alimentaire.*

[Sécurité sociale]

→ *Droits propres, Pension.*

Droit à produire

→ *Quota.*

ACTU

Droit au logement opposable

[Droit administratif/Sécurité sociale]

Droit reconnu en 2007 à des personnes déterminées par la loi, résidant régulièrement en France de façon permanente, de se voir attribuer par l'intermédiaire de l'État un logement « décent et indépendant » si elles ne sont pas en mesure d'y accéder ou de s'y maintenir par leurs propres moyens. Son effectivité (« opposabilité ») est garantie par l'État, selon une procédure faisant intervenir d'abord, à titre amiable, une commission de médiation jouant un rôle de filtrage et d'aiguillage. À défaut d'attribution d'un logement ou d'un hébergement adapté dans un certain délai, le demandeur peut former un recours devant le *tribunal administratif*, dont le président ordonne le logement de l'intéressé, éventuellement sous *astreinte*. Pour permettre de mobiliser ou de construire le nombre de logements nécessaire, ce recours – qui assure seul l'effectivité du droit – est ouvert à partir du 1er décembre 2008 à certaines catégories de demandeurs les plus défavorisées (ex. : les sans-abri), et à compter du 1er janvier 2012 aux autres bénéficiaires de la loi.

La loi n° 2007-290 du 5 mars 2007 instituant le droit au logement opposable et son décret d'application instaurent un comité du suivi de la mise en œuvre du droit au logement opposable.

CCH, art. L. 300-1, 441-2-3 et 441-2-3-1.

Droit au logement temporaire

[Droit civil]

Droit d'ordre public consistant en la jouissance gratuite du logement et du mobilier qui le garnit, accordé de plein droit, pendant un an, au conjoint successible qui l'occupait effectivement, à l'époque du décès, à titre d'habitation principale, si ce logement appartenait aux époux ou dépendait totalement de la succession. Si l'habitation était assurée au moyen d'un bail à loyer, ou d'un logement appartenant pour partie indivise au défunt, les loyers ou l'indemnité d'occupation seront remboursés au conjoint survivant, par la succession, pendant un an. Ce droit a été étendu au partenaire d'un PACS par une loi du 23 juin 2006.

C. civ., art. 763.

→ *Droit à pension, Droit viager au logement.*

Droit à un juge

[Procédure (Principes généraux)]

→ *Accès à un juge (Droit d').*

Droit à un procès équitable

[Procédure (Principes généraux)]

→ *Procès équitable.*

Droit au bail

[Droit civil/Droit commercial]

→ *Droit au renouvellement, Propriété commerciale.*

Droit au recours

[Droit général]

Principe *juridique* fondamental, notamment issu de la *Convention européenne des droits de l'Homme*, en vertu duquel toute personne intéressée dispose du droit à un recours effectif devant un juge *impartial.*

GACA n° 2.

Droit au renouvellement

[Droit civil/Droit commercial]

Dans les baux commerciaux ou d'habitation (L. n° 462 du 6 juill. 1989), prérogative du locataire, dont le contrat est parvenu à son terme, de poursuivre ce contrat aux mêmes conditions et pour la même durée, dès lors que le bailleur ne peut pas invoquer une cause de non-renouvellement : congé pour reprise du logement ou congé pour vente du logement.

C. com., art. L. 145-8 s.

Droit cambiaire

[Droit commercial]

Ensemble des règles applicables aux *effets de commerce*, propres à ceux-ci et qui se distinguent des règles du droit commun des obligations.

C. com., art. L. 511-1 s.

Droit canonique [ou Droit canon]

[Droit général]

Droit de l'Église catholique contenu aujourd'hui dans le *Codex juris canonici* promulgué par le Pape Jean-Paul II (1983).

→ *Droits savants.*

Droit civil

[Droit général]

Issu de l'expression latine *jus civile*, désigne l'ensemble des règles de droit normalement applicables dans les rapports des personnes privées entre elles. Il couvre le droit des personnes (état et incapacité), le droit de la famille (unions, désunions et filiations), le droit des biens (propriété et ses démembrements, sûretés), le droit des obligations et le droit patrimonial de la famille (régimes matrimoniaux, successions et libéralités). Il constitue le droit commun par rapport aux règles correspondant à des milieux spéciaux et qui se sont constituées en disciplines propres (droit commercial, droit rural, droit social...). Dans un sens plus général, désigne l'ensemble du droit privé.

On entend parfois par pays de droit civil, ou de tradition civiliste, l'ensemble des pays qui, par opposition aux pays de *Common law*, reposent sur une tradition romano-germanique.

→ *Droit commun (Régime, Règle de), Droit privé.*

Droit commercial

[Droit privé]

Ensemble des règles juridiques applicables aux commerçants dans l'exercice de leur activité professionnelle et régissant aussi, quoique de manière plus exceptionnelle, l'activité commerciale, voire les actes de commerce accomplis par toute personne. Alors qu'elles étaient traditionnellement reliées à l'existence d'une juridiction spécifique, le *Tribunal de commerce*, ces règles s'en affranchissent aujourd'hui en maints secteurs (ex. *droit de la concurrence*, procédures d'insolvabilité) et tendent à devenir le droit commun de l'activité professionnelle indépendante (par opposition au *droit du travail*). Traditionnellement présenté comme une réglementation spécifique de droit privé, le droit commercial est en réalité transversal, public-privé, à raison des diverses interventions de l'État à visée économique (contrôle administratif des professions, régulation des secteurs sensibles, instauration de la transparence commerciale et protection des consommateurs, aménagement du territoire, etc.).

Droit commun (Régime, Règle de)

[Droit général]

- *Au sens large :* règle applicable à une *situation juridique*, ou à un rapport juridique entre des personnes physiques ou morales, quand il n'est pas prévu qu'une règle particulière s'applique à cette situation ou à ce rapport.

Il ne faut pas assimiler régime juridique de droit commun et régime juridique applicable dans le plus grand nombre des cas, car il peut arriver que des règles particulières s'appliquent à la quasi-totalité des situations (ex. : le délai de droit commun de prescription fiscale de 10 ans de l'article L. 169 LPF ne trouve que rarement à s'appliquer). Une règle de droit commun est, en langage non juridique, une règle qui joue « par défaut ».

- *Au sens strict* : règles normalement applicables en droit privé; le droit civil constitue le droit commun.

Droit communautaire

[Droit européen]

Aujourd'hui *droit de l'Union européenne*.

GADPG n° 4; GAJC, t. 1, n° 3; GAJF n° 6.

→ *Constitution, Traité.*

Droit constitutionnel

[Droit général]

Ensemble des règles juridiques relatives aux « institutions grâce auxquelles l'autorité s'établit, se transmet ou s'exerce dans l'État » (M. Prélot).

L'épithète « constitutionnel » vient de ce que les règles fondamentales de ce droit sont contenues dans un document spécial : la *Constitution*.

Droit corporel

[Droit civil]

Se dit parfois d'un droit portant sur une *chose corporelle*. Mais, d'un point de vue technique, tout droit est en lui-même incorporel, qu'il porte sur une chose corporelle ou sur une chose incorporelle.

Droit d'alerte

[Droit du travail]

Se dit soit du pouvoir reconnu aux salariés ou aux membres du Comité d'hygiène, de sécurité et des conditions de travail d'aviser immédiatement l'employeur de l'existence d'un danger grave et imminent, soit du droit reconnu aux représentants du personnel, selon une procédure complexe, d'informer les dirigeants d'une société ou les associés eux-mêmes de faits de nature à affecter de manière préoccupante la situation économique de l'entreprise.

C. trav., art. L. 2323-78 s., R. 2323-18 s., L. 4131-2 s. et D. 4132-1 s.

→ *Procédure d'alerte.*

Droit d'auteur

[Droit civil]

Prérogative attribuée à l'auteur d'une œuvre de l'esprit (écrits, conférences, œuvres dramatiques, chorégraphiques, cinématographiques, graphiques, phonographiques, logiciels...).

Le droit d'auteur comporte un droit pécuniaire (droit de tirer profit de l'œuvre), et un *droit moral*.

CPI, art. L. 111-1 s. et 121-1 s.

→ *Propriété littéraire et artistique.*

Droit de clientèle

[Droit général/Droit commercial]

Catégorie mixte, doctrinale, désignant des prérogatives plus proches du droit réel que du droit personnel. Sa spécificité se présente comme une trilogie : le droit de clientèle est le fruit du travail de l'homme (source), son support est incorporel (objet), son opposabilité est absolue (effet). Tels le droit de présentation de l'officier ministériel, le droit de l'écrivain sur son œuvre, le droit de l'inventeur sur son brevet, le droit du producteur sur l'appellation d'origine… Le dénominateur commun est d'offrir la possibilité de se constituer et d'exploiter une clientèle.

→ *Brevet d'invention, Droits intellectuels.*

Droit de communication

[Droit financier ou fiscal]

Prérogative légale du fisc, lui permettant en matière de contrôle fiscal de se faire communiquer les renseignements dont il a besoin par les autres administrations, et surtout par des professionnels publics ou privés tels que les banques ou les établissements financiers ou d'épargne.

LPF, art. L. 81 s.

Droit de créance

[Droit civil]

→ *Créance.*

Droit de gage

[Droit civil]

→ *Gage.*

ACTU

Droit de gage général

[Droit civil]

Pouvoir que tout créancier tient de la loi sur l'ensemble des biens de son débiteur (immobiliers et mobiliers, présents et à venir), grâce auquel le paiement peut être poursuivi par la saisie de l'un quelconque des éléments du patrimoine de l'obligé. À ne pas confondre avec la sûreté réelle du même nom.

L'assiette du droit de *gage* cesse d'être générale lorsque le débiteur immatriculé à un registre professionnel ou exerçant une activité civile, agricole ou indépendante a déclaré insaisissables sa résidence principale et ses biens fonciers non affectés à sa profession, ou lorsque, en tant qu'*Entrepreneur individuel à responsabilité limitée (EIRL)*, il a affecté à son activité professionnelle un patrimoine séparé de son patrimoine personnel (les créanciers non professionnels ont pour seul gage le patrimoine non affecté).

C. civ., art. 2284, 2285; C. com., art. L. 526-1 s., 526-6 s.

→ *Biens insaisissables, Patrimoines d'affectation (Théorie des).*

Droit de garde

[Droit civil]

→ *Garde.*

Droit de la concurrence

[Droit commercial]

Dans une acception étroite : corps des règles qui permettent de réprimer ceux qui, de différentes manières, entravent le libre jeu de la concurrence, notamment en constituant des ententes ou en exploitant une *position dominante*.

Au sens large : ensemble des règles juridiques gouvernant les rivalités entre agents économiques dans la recherche et la conservation d'une clientèle. En ce sens, la concurrence doit être non seulement libre, mais aussi loyale. Sous l'angle de la loyauté et de la transparence des pratiques commerciales, ce droit tend à partager certains objectifs du *droit de la consommation*.

C. com., art. L. 410-1 et 420-1.

→ *Concurrence déloyale.*

[Droit européen]

Dans l'Union européenne, la Commission est chargée de réprimer les entraves à la libre concurrence, résultant d'ententes illicites et d'abus de position dominante, et d'opérer un contrôle sur les concentrations d'entreprises.

Droit de la consommation

[Droit civil/Droit commercial]

Droit régissant les rapports des consommateurs avec les professionnels, dont les textes généraux sont rassemblés dans un Code de la consommation (1993 pour la partie législative, 1997 pour la partie réglementaire) qui traite de l'information des consommateurs et de la formation des contrats (Livre I), de la conformité et de la sécurité des produits et services (Livre II), de l'endettement (Livre III), des associations de consommateurs (Livre IV), des institutions (Livre V).

Droit de l'Union européenne

[Droit européen]

Auparavant droit communautaire. Constitué des traités tels que modifiés au fil des années (le droit primaire), des actes pris par le Conseil, le Parlement ou la Commission (droit dérivé : règlements, directives, décisions, avis et recommandations) et du droit issu des accords externes conclus avec des États ou des organisations tiers. Complété par des accords interétatiques et par la jurisprudence de la Cour de justice qui a beaucoup œuvré à son développement.

Le droit de l'Union se caractérise par les notions d'immédiateté (non subordonné à une procédure de réception ou de transformation pour être applicable dans un État membre), d'applicabilité directe ou d'effet direct (s'applique directement aux particuliers qui peuvent en demander l'application au juge interne) et de primauté (en cas de conflit, il l'emporte sur la règle nationale).

Un ensemble de voies de droit concourt à sa mise en œuvre (recours en annulation, en carence, en constatation de manquement, en responsabilité extracontractuelle, exception d'illégalité ou renvoi préjudiciel).

GADPG n° 4; GAJC, t. 1, n° 3; GAJF n° 6.

→ *Constitution, Traité.*

Droit de plantation

→ *Quota.*

Droit de préemption

[Droit administratif]

→ *Préemption (Droit de).*

Droit de préférence

[Droit civil]

1° Droit de certains créanciers (hypothécaires, privilégiés) d'obtenir, par préférence aux autres créanciers, généralement *chirographaires*, paiement sur le produit de la vente du bien saisi.

Les *privilèges* et les hypothèques font l'objet d'un classement que règle le Code civil. Ainsi, entre les créanciers, l'hypothèque n'a rang que du jour de son inscription à la conservation des *hypothèques* (qui deviendra au 1er janvier 2013 le service de la publicité foncière) et, si plusieurs inscriptions sont requises le même jour, c'est l'inscription prise en vertu du titre le plus ancien qui est réputée d'un rang antérieur.

C. civ., art. 2323, 2324, 2331-1 s., 2332-1 s., 2376 et 2425.

→ *Rang des privilèges et des hypothèques.*

2° Faculté légale ou conventionnelle grâce à laquelle une personne peut acquérir, par préférence aux autres candidats acquéreurs, un bien mis en vente par son propriétaire aux prix et conditions proposés par celui-ci.

Par exemple, le propriétaire d'une parcelle boisée contiguë à une autre parcelle boisée de 4 hectares bénéficie d'un droit de préférence en cas de vente de cette parcelle (et de cession de droits indivis ou de droits réels de jouissance relative à celle-ci).

C. for., art. L. 514-1 s.

→ *Préemption (Droit de).*

Droit de prélèvement

[Droit international privé]

Dans le cas de partage d'une même succession entre des cohéritiers étrangers et français, ceux-ci pourront prélever sur les biens situés en France une portion égale à la valeur des biens situés en pays étranger dont ils seraient exclus, à quel que titre que ce soit, en vertu des lois et coutumes locales.

L. 14 juill. 1819, art. 2.

Droit de propriété

[Droit civil]

Selon la théorie classique, droit réel principal conférant à son titulaire, le propriétaire, toutes les prérogatives sur le bien, objet de son droit; traditionnellement on distingue 3 prérogatives : l'*usus*, l'*abusus* et le *fructus*. Le droit de propriété constitue lui-même un bien.

Pour certains auteurs toutefois, il désigne non un bien, mais la relation d'exclusivité qui existe entre chaque bien et la personne à laquelle il appartient.

C. civ., art. 544 s. et 2227.

GAJC, t. 1, nº 2, 66, 67, 68, 69, 70 et 71; GDCC nº 23.

→ *Action en revendication, Droit réel, Nationalisation.*

Droit de repentir

[Droit civil/Droit commercial]

Faculté reconnue par la loi ou établie par le contrat, permettant à son bénéficiaire, pendant un certain délai, de rétracter unilatéralement son engagement, par dérogation au principe de l'irrévocabilité de la promesse (réméré, propriété littéraire et artistique, devis et marchés, démarchage à domicile, rupture conventionnelle du contrat de travail). La loi utilise très souvent le terme « rétractation ».

Le droit de repentir s'exerce sans contrepartie, sauf exceptions (stipulation d'arrhes, droit de repentir de l'auteur) et sans avoir à justifier de motifs. Il suspend l'efficacité du contrat en interdisant l'exécution de l'obligation qui pèse sur le consommateur pendant toute la durée du délai pendant lequel il peut être exercé. Lorsqu'il est mis en œuvre, le professionnel est tenu de rembourser au consommateur la totalité des sommes versées au plus tard dans les 30 jours de la rétractation.

C. consom., art. L. 121-20-1, 121-2, 121-25, 121-64, 311-15, 311-16 et 311-28; C. assur., art. L. 132-5-1 et 211-16; CPI, art. L. 121-4 et 121-7.

→ *Délai de réflexion, Délai de rétractation.*

Droit de réponse

[Droit pénal]

Prérogative reconnue à une personne nommée ou désignée dans une publication de faire connaître son point de vue, ses explications ou sa contestation sur les circonstances et conditions dans lesquelles elle l'a été. Ce droit de réponse s'impose au directeur de la publication qui doit l'insérer dans les 3 jours de la réception de la réponse.

Cette insertion doit être faite à la même place et en mêmes caractères que l'article qui l'aura provoquée et sans aucune intercalation.

C. pén., L. 29 juill. 1881, art. 13.

Droit de rétention

[Droit civil]

Droit du créancier qui a en sa détention ou possession un bien appartenant au débiteur, de refuser de s'en dessaisir tant qu'il n'est pas payé. Depuis la loi nº 2008-776 du 4 août 2008, celui qui bénéficie d'un *gage* sans dépossession peut se prévaloir d'un droit de rétention sur la chose.

C. civ., art. 1948 et 2286.

GAJC, t. 2, nº 300.

→ *Rétention.*

Droit de retour

[Droit civil]

→ *Retour (Droit de).*

Droit de retrait

[Droit du travail]

Tout salarié qui a un motif raisonnable de penser qu'une situation de travail présente un danger grave et imminent pour sa vie ou pour sa santé peut cesser temporairement son activité sans subir de retenue de salaire.

C. trav., art. L. 4131-1 s.

Droit des affaires

Expression parfois usitée pour désigner le *droit commercial.*

Droit des gens

[Droit international public]

Expression synonyme de *droit international public*.

Droit des peuples à disposer d'eux-mêmes

[Droit international public]

Droit pour un peuple de déterminer lui-même sa propre forme de gouvernement ainsi que de se rattacher à l'État de son choix (droit de sécession et droit d'être consulté en cas d'échange ou de cession).

Droit consacré par la Charte de l'ONU (art. 1, § 2) et divers textes récents.

Droit des transports

[Droit général/Droit commercial]

Ensemble des règles applicables aux contrats de transport de voyageurs et de marchandises (transports ferroviaires, aériens, fluviaux, maritimes, routiers) et portant statut des personnels et matériels, véhicules ou bâtiments.

Droit de suite

[Droit civil/Procédure civile]

Droit permettant au créancier hypothécaire ou privilégié de saisir l'immeuble garantissant le paiement de la dette en quelque main qu'il se trouve, même entre les mains d'un tiers acquéreur.

Plus généralement, prérogative du titulaire d'un droit réel de saisir le bien objet du droit quel qu'en soit le possesseur.

C. civ., art. 2393, 2398 et 2461.

→ *Hypothèque, Propter rem.*

Droit de superficie

[Droit civil]

Droit de propriété sur les édifices et plantations reposant sur le terrain d'autrui. Le droit de superficie est une dérogation au principe de l'*accession* qui attribue au propriétaire du sol la propriété du dessus.

C. civ., art. 552 et 553.

→ *Bail à construction, Tréfoncier, Tréfonds.*

Droit de visite

[Droit civil]

Prérogative reconnue initialement aux ascendants de recevoir leurs descendants mineurs (enfants ou petits-enfants) confiés à la garde d'un parent ou d'un tiers. Une loi du 4 mars 2002 dispose plus généralement que l'enfant a le droit d'entretenir des relations personnelles avec ses ascendants et que l'intérêt de l'enfant peut faire obstacle à l'exercice de ce droit. Ce droit a été étendu à ceux qui ont élevé l'enfant.

À l'égard du parent qui exerce le droit de visite et lorsque la continuité et l'effectivité des liens avec ce parent l'exigent, le juge aux affaires familiales peut organiser ce droit dans un espace de rencontre qu'il désigne à cet effet.

C. civ., art. 371-4, 373-2-1, 375-7 et 459-2.

GAJC, t. 1, n° 60-6.

Droit d'habitation

[Droit civil]

→ *Habitation.*

Droit d'ingérence humanitaire

[Droit international public]

Contrairement au principe de non-ingérence dans les affaires intérieures d'un État, corollaire de la souveraineté, affirmé par la charte des Nations unies, ce droit vise à permettre une action internationale quand un peuple serait gravement menacé dans sa survie même.

Invoqué pour la première fois en 1992 afin de justifier l'intervention de l'ONU dans l'ex-Yougoslavie et en Somalie.

Droit d'opposition

[Droit du travail]

Le droit d'opposition est une faculté ouverte à un ou plusieurs syndicats représentatifs non signataires d'un texte conventionnel (*convention collective* ou *accord collectif*), d'affirmer leur opposition au texte conventionnel dans un court délai après la signature. Si l'opposition exprimée est majoritaire, la convention ou l'accord est réputé non écrit. La majorité requise se définit au regard du nombre des suffrages exprimés recueillis par les organisations syndicales opposantes au premier tour des élections des représentants titulaires du personnel au comité d'entreprise ou, à défaut, des délégués du personnel.

C. trav., art. L. 2232-2, 2232-6 et 2232-12.

Droit du commerce international

[Droit général]

Ensemble des règles applicables aux opérations du commerce impliquant plusieurs États.

Droit d'usage

[Droit civil]

→ *Usage.*

Droit du travail

[Droit général]

En tant que branche du droit, le droit du travail recouvre l'ensemble des règles juridiques ayant pour objet, dans le secteur privé, les relations du travail entre employeurs et salariés et régissant les rapports d'emploi (l'accès à l'emploi, le contrat de travail, les licenciements...) et les rapports professionnels, qui présentent une dimension collective (grève, négociation et conventions collectives, syndicats, représentation du personnel...). Le droit du travail, traditionnellement considéré comme une branche du droit privé, déborde largement celui-ci en organisant l'intervention de l'État et de ses services dans les relations du travail. Il comporte par ailleurs un certain nombre de principes qui, par leur généralité, pénètrent dans le secteur public (liberté syndicale, droit de grève).

Droit et fait (dans le procès)

[Procédure (principes généraux)]

Dans un procès, les parties doivent alléguer les faits, événements, circonstances matérielles qui soutiennent leurs prétentions juridiques. Le juge a la faculté d'exiger d'elles des justifications à cet égard.

Elles doivent, en outre, exposer leurs moyens en droit tant dans l'assignation que dans les conclusions de première instance et d'appel. La mission du juge est d'appliquer aux faits du procès les règles de droit qui les régissent. Il doit vérifier les qualifications proposées par les plaideurs et peut soulever d'office un moyen de droit pur.
Les juridictions du fond apprécient souverainement les faits du procès. Seules les questions de droit sont soumises au contrôle du juge de cassation (Cour de cassation, Conseil d'État saisis d'un pourvoi).

CPC, art. 6, 8, 12, 56, 753 et 954.

→ *Allégation, Fond, Forme, Moyen de pur droit, Pertinence, Qualification, Requalification.*

Droit économique

[Droit général]

Formule soulignant la publicisation contemporaine du *droit commercial*.

Droit éventuel

[Droit civil]

Droit subjectif dont la naissance dépend d'un événement incertain et qui n'existera que du jour de la réalisation de cet événement, telle la vocation d'un héritier présomptif à une succession non encore ouverte.

→ *Expectative.*

Droit extrapatrimonial

[Droit général]

Droit subjectif qui, n'étant pas en lui-même susceptible d'une évaluation pécuniaire, n'entre pas directement dans le patrimoine de la personne et est exclu du commerce juridique (droit au nom, droit moral de l'auteur, droit à l'image, droit à la vie privée, droit à la famille, droit à l'intégrité physique…). Son non-respect peut toutefois être sanctionné par une réparation civile en dommages et intérêts.
Le droit extrapatrimonial est incessible, insaisissable et imprescriptible. Dans un sens large, l'expression « droits extrapatrimoniaux » inclut les libertés fondamentales (liberté d'expression, liberté de conscience et de religion…).

C. civ., art. 16-1, 1128.

→ *Commercium, Dommage moral, Droit patrimonial.*

Droit immobilier

[Droit civil]

Droit portant sur un *immeuble*.

C. civ., art. 516 s.

Droit incorporel

[Droit civil]

Se dit parfois d'un droit portant sur une chose incorporelle (ex. : droits personnels (créances), ou droits intellectuels). Mais, d'un point de vue technique, tout droit est en lui-même incorporel, qu'il porte sur une chose corporelle ou sur une chose incorporelle.

→ *Choses corporelles, Droit corporel, Droits intellectuels, Droit personnel.*

Droit intermédiaire

[Droit général]

Désigne la période du droit sous la Révolution, généralement avec une connotation péjorative, cette période n'ayant été qu'un intermédiaire entre le droit qui l'a précédée, celui de l'Ancien Régime, et le droit napoléonien qui l'a suivie.

Droit international privé

[Droit international privé]

Ensemble des règles applicables aux questions de nationalité et aux personnes privées dans leurs relations internationales, c'est-à-dire lorsqu'elles ont des liens avec les systèmes juridiques de plusieurs États, ce qui suppose de déterminer la loi qui leur est applicable et la juridiction compétente. Cette branche du droit, de source traditionnellement nationale, s'internationalise et, dans le cadre de l'Union européenne, depuis notamment le traité d'Amsterdam, s'européanise.

Droit international public

[Droit international public]

Ensemble des règles juridiques régissant les relations entre les États et les autres sujets de la société internationale.

Droit judiciaire

[Procédure (principes généraux)]

Terme qui tend à supplanter celui, trop étroit, de procédure, pour désigner l'ensemble des règles gouvernant l'organisation et le fonctionnement des juridictions civiles et pénales de l'ordre judiciaire. Certains auteurs désignent sous le nom de droit judiciaire privé la procédure civile. Il serait sans doute préférable de parler de droit procédural.

Droit maritime

[Droit commercial]

Ensemble des règles juridiques relatives à l'activité des hommes en mer, spécialement la navigation (y compris de plaisance) et le déplacement professionnel des personnes et des marchandises (transport). La matière est aujourd'hui partiellement regroupée dans le Code des transports.

Ord. n° 2010/1307 du 28 oct. 2010.

Droit matériel

[Droit général]

→ *Formel, Matériel.*

[Droit international privé]

→ *Substantiel.*

Droit mobilier

[Droit civil]

Droit portant sur un *meuble*.

C. civ., art. 527 s.

Droit moral

[Droit civil]

Droit de l'auteur d'une œuvre littéraire, artistique ou scientifique de la divulguer, d'en fixer les conditions d'exploitation et d'en défendre l'intégrité.

On oppose le droit moral au droit pécuniaire portant sur les profits obtenus par l'exploitation de l'œuvre.

CPI, art. L. 121-1 s.

Droit naturel

[Droit général]

Expression susceptible d'acceptions fort différentes :

1° Recherche du juste par une analyse rationnelle et concrète des réalités sociales, orientée par la considération de la finalité de l'homme et de l'univers.

2° Principes immuables et éternels parce qu'inhérents à la nature humaine, découverts par la raison, permettant d'éprouver la valeur des règles de conduite positives admises par le droit objectif. Sous ce regard, les garanties du *procès équitable* sont issues du droit naturel.

→ *Droit positif.*

Droit objectif

[Droit général]

→ *Droit, Règle juridique.*

Droit patrimonial

[Droit civil]

Droit subjectif qui, susceptible d'une évaluation pécuniaire, entre dans le patrimoine de la personne. Le droit patrimonial est dans le commerce juridique, il est cessible, saisissable et prescriptible (ex. : droit de propriété, droit à réparation en cas de dommage, droit à restitution après un prêt...).

→ *Droit extrapatrimonial.*

Droit pénal

[Droit pénal]

Ensemble des règles de droit ayant pour objet la définition des infractions ainsi que des sanctions qui leur sont applicables. On parle encore de « droit criminel ». En un sens large, le droit pénal englobe également les règles qui tendent à la sanction des états dangereux.

→ *Procédure pénale.*

Droit personnel

[Droit civil]

Synonyme de droit de *créance*.

Le droit personnel est le droit subjectif d'exiger d'une personne une *prestation*.

→ *Action personnelle, Obligation.*

Droit positif

[Droit général]

Le droit positif est constitué par l'ensemble des règles juridiques en vigueur dans un État ou dans la communauté internationale, à un moment donné, quelle que soit leur source. C'est le droit « posé », le droit tel qu'il existe réellement.

→ *Droit naturel.*

Droit prétorien

[Droit général]

À Rome, droit issu de l'activité juridique du préteur par opposition au droit civil né de la loi et de la coutume. Aujourd'hui, règle juridique qui se dégage de la jurisprudence.

→ *Common law, Jurisprudence.*

Droit privé

[Droit général]

Ensemble des règles régissant les rapports entre particuliers et les relations juridiques entre l'Administration et les particuliers lorsqu'elles ne sont pas exorbitantes du droit commun.

→ *Droit civil, Droit commun (Régime, règle de), Droit public.*

Droit processuel

[Procédure (principes généraux)]

Dans une conception classique (Chiovenda en 1912, Visioz en 1927, Motulsky en 1973), partie du droit consacrée à la comparaison des différentes procédures (administrative, civile, disciplinaire, pénale) et à l'étude des problèmes généraux qui les concernent toutes (théories de l'action, de la juridiction et de l'instance). Dans une conception contemporaine plus moderne, désigne les droits fondamentaux du procès qui composent un droit commun né des normes internationales, européennes et constitutionnelles (droit à un juge, à des garanties de bonne justice et à l'exécution de la décision du juge).

→ *Procès équitable.*

[Procédure civile]

Droit d'ordre formel, issu de l'exercice d'une action, se superposant au *droit substantiel*, sans l'absorber.

→ *Forme, Lien d'instance.*

Droit public

[Droit public]

Ensemble des règles organisant l'État et ses démembrements, et régissant les rapports entre la puissance publique et les particuliers.

→ *Droit privé.*

Droit réel

[Droit civil]

Selon la théorie classique, droit qui porte directement sur une chose. On oppose le droit réel au *droit personnel*. Les droits réels principaux sont, d'une part, le droit de propriété (qui comporte 3 prérogatives : le droit d'user de la chose, le droit d'en percevoir les fruits, le droit d'en disposer), d'autre part, les démembrements du droit de propriété, qui ne confèrent à leur titulaire qu'une partie des 3 prérogatives attachées à ce droit (ex. : servitude, usufruit...).

Selon certains auteurs toutefois, les droits réels principaux désignent le rapport entre 2 personnes à l'occasion de l'utilisation d'un bien appartenant à autrui (ex. : servitude, usufruit...). Par opposition aux droits réels principaux, il existe des droits réels accessoires; ils sont liés à l'existence d'une créance dont ils garantissent le recouvrement (ex. : hypothèque).

C. civ., art. 544 s.

GAJC, t. 1, n° 65.

→ *Action réelle, Bien, Choses, Droit de propriété.*

Droit romain

[Droit général]

→ *Pays de droit romain.*

Droit rural

[Droit rural]

Ensemble des règles, initialement regroupées dans un Code rural régissant l'aménagement et l'équipement de l'espace rural, la santé publique vétérinaire et la protection des végétaux, l'exploitation agricole (installation, financement, calamités), les baux ruraux, les organismes professionnels agricoles, la production et les marchés, les dispositions sociales, l'enseignement, la formation professionnelle et le développement agricole. Ce Code est devenu, suite à l'ordonnance n° 2010-462 du 6 mai 2010, le Code rural et de la pêche maritime.

Le droit rural moderne tend à réaliser une coexistence harmonieuse entre les différents usages de l'espace rural (agriculture, commerce, artisanat, forêts, grands travaux, habitat, loisirs), il veille à prémunir contre les pollutions et les nuisances et à rééquilibrer les rapports entre ville et campagne.

Droit subjectif

[Droit civil]

Les droits subjectifs sont les prérogatives reconnues aux sujets de droit par le droit objectif (c'est-à-dire par les règles de droit) et sanctionnées par lui. Ils peuvent être classés entre *droits patrimoniaux* et *droits extrapatrimoniaux*.

→ *Droit, Faculté, Fonction, Liberté, Pouvoir, Situation juridique objective, Situation juridique subjective.*

Droit substantiel

[Droit général)/Procédure civile]

Droit qui constitue la matière du litige (propriété, créance, usufruit...). Dans le contentieux privé, support nécessaire de toute déduction en justice, exigeant, en outre, pour sa mise en œuvre, le droit d'agir dit *droit processuel*.

→ *Fond.*

Droit temporaire au logement

[Droit civil]

→ *Droit au logement temporaire.*

Droit transitoire

[Droit général]

Au sens large, ensemble des règles destinées à résoudre les *conflits de lois dans le temps*, telles que le principe de *non-rétroactivité de la loi nouvelle* et la règle de l'*effet immédiat de la loi nouvelle*.

Au sens strict, règles spécialement crées, dans une situation légale particulière, pour s'appliquer à la période intermédiaire entre l'abrogation d'une loi ancienne et l'entrée en vigueur de la loi nouvelle.

C. civ., art. 2, 17-1, 17-2; C. pén., art. 112-1 s.

Droit viager au logement

[Droit civil]

Droit d'habitation et d'usage, accordé au conjoint successible, sauf volonté contraire du défunt exprimée dans un testament authentique, sur le logement qu'il occupait effectivement, à l'époque du décès, à titre d'habitation principale et qui appartenait aux époux ou qui dépend totalement de la succession, ainsi que sur le mobilier le garnissant. Ce (double) droit lui est accordé jusqu'à son décès.

C. civ., art. 764 s.

→ *Droit à pension, Droit au logement temporaire.*

Droits civils et politiques

[Droit général]

Droits fondamentaux des personnes reconnus par les instruments internationaux de protection des *droits de l'Homme*, tels que la liberté de la personne, sa dignité, le respect de sa personnalité, sa protection dans ses relations avec l'État et sa participation aux décisions de ce dernier.

Pacte international relatif aux droits civils et politiques, 19 déc. 1966; Conv. EDH, 4 nov. 1950; Charte UE.

→ *Charte des droits fondamentaux de l'Union européenne, Convention européenne des droits de l'Homme, Déclaration des droits, Droit d'ingérence humanitaire, Droits économiques et sociaux, Garantie des droits, Habeas Corpus, Liberté civile, Pactes internationaux des droits de l'Homme.*

Droits conditionnels

[Droit général]

Caractérise les droits de l'Homme auxquels les États peuvent déroger sous la condition de ne pas porter atteinte à la substance même du droit (par ex. droit à la vie privée et familiale). On les qualifie parfois aussi de droits relatifs.

→ *Droits intangibles.*

ACTU

Droits de délaissement

[Droit de l'environnement/Droit de l'urbanisme]

À l'intérieur des zones délimitées par le Plan de prévention des *risques technologiques* (PPRT), les communes ou les établissements publics de coopération intercommunale peuvent instaurer un droit de délaissement des bâtiments ou parties de bâtiments existants lorsque des risques importants d'accident à cinétique rapide présentent un danger grave pour la vie humaine. Le droit de délaissement confère au propriétaire la possibilité d'exiger de la personne publique l'acquisition du bien exposé au risque à un prix qui fait abstraction de la dépréciation supplémentaire due à l'intervention de la servitude de délaissement.

Lorsque le bien en cause est une copropriété et que les 2/3 des propriétaires représentant au moins 2/3 des quotes-parts de parties communes ont exercé leur droit de délaissement, le représentant de l'État dans le département peut déclarer d'utilité publique l'expropriation des immeubles et droits réels non délaissés dès lors que les charges nécessaires à l'entretien des lots délaissés sont disproportionnées au regard de l'intérêt qui s'attache à cet entretien.

Le droit de délaissement peut également s'exercer dans bien d'autres hypothèses, notamment lorsque le bien est situé dans une zone d'aménagement concerté, ou soumise au droit de préemption urbain, ou réservée par un plan d'aménagement local d'urbanisme pour un ouvrage public.

C. envir., art. L. 515-16, II et L. 515-16-1; L. n° 65-557 du 10 juill. 1965, art. 18 (rédaction L. n° 788 du 12 juill. 2010); C. urb., art. L. 230-1 s.

Droits de douane

[Droit financier ou fiscal]

→ *Douane (Droits de).*

Droits de la défense

[Procédure (principes généraux)]

1° *En procédure civile et administrative* (et bien que l'expression ait été abandonnée dans les codes en raison de sa connotation pénale), désigne les garanties fondamentales qui assurent aux plaideurs la possibilité de faire valoir leurs droits librement et contradictoirement.

GAJA nº 27 et 55; GDCC nº 32.

→ *Contradictoire (Principe du), Défense (Liberté de la).*

2° *En procédure pénale*, ensemble des garanties qui permettent à un mis en cause, mis en examen, prévenu ou accusé, d'assurer efficacement sa défense dans l'instruction ou le procès qui le concerne et qui est sanctionné, sous certaines conditions, par la nullité de la procédure. Consacrés par les instruments internationaux des droits de l'Homme, le Conseil constitutionnel et le Code de procédure pénale, ils se ramènent, pour l'essentiel, au droit à l'assistance d'un avocat, aux principes de la contradiction et de l'égalité des armes, à l'exercice de voies de recours.

3° *Dans le domaine extra-pénal*, le Conseil constitutionnel veille aussi au respect des droits de la défense. Il a censuré, de ce chef, dans sa décision 86-224 DC, 23 janvier 1987, une loi qui, en transférant à la juridiction judiciaire la compétence en matière de concurrence, n'avait pas reconduit le sursis à statuer qui peut constituer « dans certaines circonstances, une garantie essentielle des droits de la défense ».

Pacte international des droits civils et politiques, art. 14; Conv. EDH, art. 6, § 2 et 3; C. pr. pén., art. préliminaire; C. pr. civ., art. 14 à 18.

GAPP nº 22, 23 et 41; GDCC, nº 32.

→ *Contradictoire (Principe du), Défense (Liberté de la), Égalité des armes, Procès équitable.*

Droits de la personnalité

[Droit civil]

Ensemble des droits reconnus par la loi à toute personne, en ce qu'ils sont des attributs inséparables de sa personnalité (droit à la vie et à l'intégrité corporelle, droit à l'honneur et à l'image, droit au respect de la présomption d'innocence...). Ce sont des droits extrapatrimoniaux, dotés d'une opposabilité absolue.

C. civ., art. 9, 9-1, 16 et 16-1 s.

→ *Atteintes à la vie privée, Dignité, Vie privée.*

Droits de l'enfant

[Droit civil]

Ensemble des droits énumérés par la Convention internationale relative aux droits de l'enfant adoptée par l'Assemblée générale des Nations unies le 20 novembre 1989 et ratifiée par la France le 7 août 1990 (droit de l'enfant de préserver son identité, son nom et ses relations familiales, droit d'exprimer librement son opinion sur toute question l'intéressant, droit d'être protégé contre l'exploitation économique et sexuelle, droit à l'éducation, liberté de pensée, de conscience et de religion, droit pour les handicapés de mener une vie pleine et décente...).

Au sens de cette convention, un enfant s'entend de tout être humain âgé de moins de 18 ans.

→ *Défenseur des enfants, Minorité.*

Droits de l'Homme

[Droit général]

1° Selon la conception de la démocratie libérale, droits inhérents à la nature humaine, donc antérieurs et supérieurs à l'État et que celui-ci doit respecter non seulement dans l'ordre des buts mais aussi dans l'ordre des moyens.

C. civ., art. 7 s.

→ *Charte des droits fondamentaux de l'Union européenne, Convention européenne des droits de l'Homme, Déclaration des droits, Droits civils et politiques, Droits économiques et sociaux, Droits fondamentaux, Garantie des droits, Habeas Corpus, Ingérence humanitaire, Pactes internationaux des droits de l'Homme.*

2° Selon la conception de la « démocratie » autoritaire (marxiste) : droits conquis par l'homme à la suite de l'instauration d'une société sans classes et donc sans exploitation de l'homme par l'homme. Tout ce qui favorise cette libération est bon, même une dictature, car ce qui importe ce ne sont pas les droits et libertés actuels (qui sont abstraits, formels), mais les droits et libertés futurs, seuls authentiques.

Droits de plaidoirie

[Procédure civile/Procédure administrative]

Droits alloués aux avocats pour chaque plaidoirie faite à l'audience des juridictions administratives et des juridictions judiciaires (sauf exceptions), que collectent les barreaux pour les reverser à la Caisse nationale des barreaux en vue d'alimenter le régime vieillesse des avocats.

CSS, art. L. 723-3.

Droits dérivés

[Sécurité sociale]

Droits à pension nés des cotisations d'un assuré et bénéficiant à son conjoint lorsque l'assuré décède : par exemple, une pension de réversion.

Droits de tirage spéciaux (DTS)

[Droit commercial/Droit international]

Unité monétaire internationale, créée à partir d'un panier de monnaies nationales et gérée par le *Fonds monétaire international*. Sert pour le compte de certaines obligations monétaires, notamment entre personnes privées dans le droit international des transports.

Droits économiques et sociaux

[Droit général]

Droits définis dans des instruments internationaux de protection des droits de l'Homme et dans le Préambule de la Constitution de 1946 et qui consacrent des prérogatives autres que les libertés civiles et politiques (droit à un emploi par ex.).

Pacte international, 19 déc. 1966, relatif aux droits économiques et sociaux.

→ *Charte des droits fondamentaux de l'Union européenne, Convention européenne des droits de l'Homme, Déclaration des droits, Droits civils et politiques, Droits de l'Homme, Droits fondamentaux, Garantie des droits, Habeas Corpus, Ingérence humanitaire, Pactes internationaux des droits de l'Homme.*

Droits fondamentaux

[Droit général]

Ensemble évolutif de droits considérés, en raison de leur importance, comme s'imposant au législateur et au pouvoir réglementaire. Il englobe actuellement pour l'essentiel les *droits de l'Homme* (1°) et des droits sociaux (2°) comme le droit de grève. Le rétablissement de certains d'entre eux, réputés consubstantiels à tout être humain (comme le droit à la vie) est aujourd'hui considéré par beaucoup de gouvernements, en cas de violation grave et persistante par un État, comme une exigence suffisamment impérieuse pour justifier une intervention internationale à l'intérieur de ses frontières.

→ *Charte des droits fondamentaux de l'Union européenne, Convention européenne des droits de l'Homme, Déclaration des droits, Droit processuel, Droits civils et politiques, Droits économiques et sociaux, Garantie des droits, Habeas Corpus, Ingérence humanitaire Pactes internationaux des droits de l'Homme, Procès équitable.*

Droits hors du commerce

[Droit civil]

Droits ne pouvant faire l'objet d'une convention.

C. civ., art. 1128.

→ *Commercium.*

Droits intangibles

[Droit général]

Caractérise les droits de l'Homme qui ne supportent aucune dérogation (droit à la vie, etc.). On les qualifie parfois aussi de droits absolus.

→ *Droits conditionnels.*

Droits intellectuels

[Droit général/Droit commercial]

Variété de *droits de clientèle* dont le trait spécifique réside dans ce que l'activité créatrice de clientèle repose sur l'œuvre de l'esprit : droit de l'auteur, de l'artiste, de l'inventeur.

→ *Droit d'auteur, Propriété industrielle, Propriété intellectuelle, Propriété littéraire et artistique.*

Droits litigieux

[Droit civil]

Droits, le plus souvent de créance, qui font l'objet d'une contestation en justice. La « litigiosité » du droit a son principal intérêt dans la cession de créance : le débiteur cédé s'acquitte de son obligation en payant le prix de cession qui est toujours inférieur au montant de la créance transmise. On dit qu'il exerce le *retrait litigieux*.

C. civ., art. 1597 et 1699.

→ *Cession de droits litigieux.*

Droits propres

[Sécurité sociale]

Droits à pension nés des cotisations d'un assuré.

→ *Droits dérivés.*

Droits savants

[Droit général]

L'expression regroupe sous la même étiquette le droit romain et le *droit canonique*. La raison en est que ces 2 droits sont écrits et techniques face à la coutume, usage né du peuple et demeuré oral jusqu'à sa mise par écrit à partir du XVIe siècle.

→ *Coutume, Pays de droit romain.*

Droits simples

[Droit financier ou fiscal]

Sur un *avis d'imposition*, termes désignant le montant brut d'impôt sur le revenu dû par application du barème de l'impôt sur le revenu au revenu net imposable, avant la mise en œuvre des corrections tendant à minorer (ou à majorer) la somme due.

Droits successifs

[Droit civil]

Part héréditaire, dans une *succession* déjà ouverte, pouvant faire l'objet d'une cession à un tiers, sous réserve de la préemption offerte à chaque cohéritier, lui permettant de se substituer à tout acquéreur.

C. civ., art. 793, 891 et 1696 s.

Droits voisins

[Droit civil]

Droits reconnus aux artistes-interprètes, aux producteurs de phonogrammes ou de vidéogrammes et aux entreprises de communication audiovisuelle, ainsi dénommées parce qu'ils ont des ressemblances marquées avec le droit d'auteur (l'expression complète est : droits voisins du droit d'auteur).

CPI, art. L. 211-1 s.

Dualisme

[Droit international public]

Conception doctrinale selon laquelle droit interne et droit international sont 2 ordres juridiques distincts, d'égale valeur et indépendants.

→ *Monisme.*

Dualisme juridictionnel

[Droit général]

→ *Dualité de juridictions.*

Dualité de juridictions

[Procédure (Principes généraux)]

Principe d'organisation du système juridictionnel français, ayant valeur constitutionnelle, selon lequel il existe 2 catégories (dites : « ordres ») de juridictions :

- des juridictions administratives, dont la juridiction suprême est le *Conseil d'État*, chargées de connaître de la plupart des litiges dans lesquels sont en cause l'État ou les autres collectivités publiques;

- des juridictions judiciaires, pour le reste, dont la juridiction suprême est la *Cour de cassation*.

Les conflits de compétence pouvant surgir entre les 2 *ordres de juridictions* sont tranchés par le *Tribunal des conflits*.

GDCC n° 21.

Ducroire

[Droit commercial]

Convention par laquelle le commissionnaire se porte garant, vis-à-vis du commettant, de l'exécution de l'opération par le tiers avec qui il traite pour le compte du commettant.

C. com., art. L. 132-1.

Due process of law

[Procédure (principes généraux)]

Principe anglo-saxon selon lequel on ne peut valablement statuer et juger qu'en observant les formes d'une procédure régulière. Il s'agit d'un des principes conducteurs de la procédure pénale qui doit garantir les droits du citoyen faisant l'objet de poursuites pénales.

→ *Procès équitable.*

Dumping

[Droit commercial]

À l'origine, pratique qui consiste à vendre sur les marchés extérieurs à des prix inférieurs à ceux qui sont pratiqués sur le marché national.

Plus généralement : pratique consistant à offrir, dans le but d'accaparer un marché en faisant disparaître les concurrents, des produits ou des services à un prix inférieur à leur prix de revient.

Les textes issus des accords de l'*Organisation mondiale du commerce* sanctionnent ces pratiques dans les rapports entre États.

→ *Vente à perte.*

Dumping fiscal

[Droit financier ou fiscal]

→ *Concurrence fiscale dommageable.*

Dumping social

[Droit du travail]

Néologisme désignant la politique de certains États consistant à établir une législation permettant de pratiquer des rémunérations de moindre niveau et des règles de droit du travail et de droit syndical moins rigoureuses que celles qui sont en vigueur dans les États réputés concurrents économiques, dans le but d'attirer l'implantation d'entreprises sur leur territoire.

Duplique

[Droit administratif/Procédure civile/européenne]

Réponse du défendeur à la réplique du demandeur, présentée au cours des débats ou sous la forme de conclusions complémentaires.

→ *Réplique, Contradictoire.*

Durée du travail

[Droit du travail]

Temps pendant lequel le salarié exerce son activité au service de l'employeur. La durée légale de travail est déterminée en droit positif dans le cadre de la semaine civile (du lundi 0 heure au dimanche 24 heures), sauf accord de modulation ou d'annualisation pouvant prévoir une autre période de référence sur tout ou partie de l'année. La durée légale hebdomadaire, fixée à 35 heures par les lois dites « Aubry » du 13 juin 1998 et du 19 janvier 2000 (auparavant 39 heures), à compter du 1er janvier 2000 (1er janvier 2002 pour les entreprises de 20 salariés ou moins). Au-delà de la durée légale, les heures effectuées sont dites supplémentaires et sont rémunérées à un taux majoré ou donnent droit à un temps de repos. La durée légale ne correspond donc pas nécessairement à la durée effective du travail.

Dans la semaine, les heures peuvent être réparties, selon les cas, entre 4, 5 ou 6 jours; la durée quotidienne ne peut excéder 10 heures et la durée hebdomadaire, en principe, 48 heures et, en moyenne, 44 heures sur une période quelconque de 12 semaines consécutives.

La durée du travail ne correspond pas nécessairement à un travail productif qui lui-même est distinct du temps de travail effectif et de l'amplitude. Le temps de travail effectif est celui pendant lequel le salarié est à la disposition de l'employeur et doit se conformer à ses directives sans pouvoir vaquer librement à des occupations personnelles (pendant l'arrêt d'une machine, il n'y a pas de travail productif, mais on est en présence d'un travail effectif).

C. trav., art. 3121-1, 3121-10, 3121-11 et 3121-34 s.

GADT nº 58.

→ *Amplitude, Annualisation, Astreinte (Période d'), Heures supplémentaires, Modulation.*

Dyarchie

[Droit constitutionnel]

Gouvernement exercé conjointement par 2 personnes (mais ne disposant pas nécessairement des mêmes compétences). On qualifie parfois de dyarchie le couple président/Premier ministre sous la Ve République.

E

Eaux intérieures

[Droit international public]

Eaux maritimes situées en deçà de la ligne de base de la *mer territoriale* sur lesquelles l'État riverain exerce sa pleine souveraineté (ports, havres et rades, baies de faible ouverture, etc.).

[Droit général]

Selon le Code des transports (art. L. 4000-1) les eaux intérieures sont constituées 1° des cours d'eau, estuaires et canaux en amont du premier obstacle à la navigation des navires, 2° des lacs et des plans d'eau.

ACTU

Eaux marines

[Droit de l'environnement]

Terme désignant les eaux, fonds marins et sous-sols situés au-delà de la ligne de base servant pour la mesure de la largeur des eaux territoriales et s'étendant jusqu'aux confins de la zone où la France détient et exerce sa compétence.

C. envir., art. L. 219-8, 1°.

Eaux pluviales

[Droit civil]

L'eau pluviale est *res communis*. Tout propriétaire a le droit d'user et de disposer des eaux pluviales qui tombent sur son fonds, à condition de ne pas aggraver la situation du fonds inférieur sur lequel elles coulent.

C. civ., art. 641.

Échange

[Droit civil]

Contrat par lequel une personne cède un bien à une autre contre la remise, par celle-ci, d'un autre bien. L'échange est voisin de la vente, qui a pour contrepartie, non un bien déterminé, mais une somme d'argent dont la fongibilité est absolue. Les parties à ce contrat sont appelées coéchangistes ou copermutants.

C. civ., art. 1702 s.; C. rur., art. L. 124-1 s. et 411-39.

Échantillonnage

[Sécurité sociale]

Technique qui consiste pour un inspecteur de l'Urssaf à limiter la vérification détaillée à un échantillon représentatif de la population concernée et à en extrapoler les résultats à l'ensemble de cette population.

CSS, art. R. 242-59-2.

Échéance

[Droit civil]

Date à laquelle le débiteur doit exécuter son obligation.

C. civ., art. 1186.

Échec à l'exécution de la loi

[Droit pénal]

Infraction consistant de la part d'une personne dépositaire de l'autorité publique et agissant dans l'exercice de ses fonctions, à prendre des mesures destinées à faire échec à l'exécution de la loi. Cette infraction peut être commise par un fonctionnaire qui agit de façon isolée et à titre personnel alors que l'ancien texte se référait à la notion de « coalition » qui supposait une action concertée entre plusieurs individus. L'exercice de droit de grève d'une manière illicite pourrait illustrer cette incrimination.

C. pén., art. 432-1.

Échelage

[Droit civil]

→ *Tour d'échelle.*

Échelle mobile des salaires

[Droit du travail]

Indexation des salaires sur le niveau général des prix (échelle mobile simple) ou, à la fois sur les prix et le revenu national (échelle mobile double). Sauf en ce qui concerne le *SMIC*, et avant lui le *SMIG*, l'*indexation* des salaires est généralement interdite.

C. trav., art. L. 3231-3.

→ *Clause d'échelle mobile.*

Échevinage

[Procédure (principes généraux)]

Mode de composition de certaines juridictions associant un ou plusieurs magistrats de carrière et des personnes issues de certaines catégories socioprofessionnelles (tribunal paritaire des baux ruraux, par ex.) ou représentant l'ensemble des citoyens (cour d'assises, par ex.).

École classique

[Droit pénal]

Courant de pensée né au XVIIIe siècle qui, en matière pénale, fonde le droit de punir sur l'idée de contrat social et assigne ainsi à la peine un but strictement utilitaire. Cette école, qui met en œuvre une solution répressive de la criminalité, repose sur un double postulat : le libre arbitre de l'homme, donc sa responsabilité, et l'efficacité de la peine pour lutter contre le phénomène criminel.

→ *École de la défense sociale, École positiviste.*

École de la défense sociale

[Droit pénal]

Courant de pensée né à la fin du XIXe siècle qui, en matière pénale, fonde le droit de punir sur l'idée d'une nécessaire protection de la collectivité contre les individus qui présentent un état dangereux. Si, initialement, cette école se désintéressait quelque peu de l'auteur de l'infraction, les mouvements contemporains de défense sociale (défense sociale nouvelle notamment) se caractérisent au contraire par un esprit nettement individualiste, puisque la protection de la société passe nécessairement par la resocialisation des délinquants en appliquant à chacun, compte tenu de sa personnalité, la sanction qui paraîtra la meilleure, peine ou mesure de sûreté.

→ *École classique, École positiviste.*

École de l'exégèse

[Droit général]

→ *Exégèse.*

École nationale d'Administration (ENA)

[Droit administratif]

École qui, depuis 1945, assure le recrutement et la formation des agents supérieurs des plus grands corps de l'État, tels que les ministères et les juridictions administratives (Conseil d'État, Cour des comptes, cours administratives d'appel, chambres régionales des comptes, tribunaux administratifs).

École nationale des finances publiques (ENIFP)

[Droit financier/Droit fiscal]

Service à compétence nationale créé par un arrêté du 4 août 2010 et assurant un ensemble de missions notamment au profit des agents de la DGFIP (concours, formation professionnelle initiale, missions de production documentaire...). La création de cette école s'inscrit dans le cadre de la réforme des métiers des finances publiques induite par la création en 2008 de la Direction générale des finances publiques avec l'unification de la Direction générale des impôts et de la Direction générale de la comptabilité publique dont le processus général (national et territorial) doit être mené à son terme fin 2012. La création de cette école induit la disparition en tant que telles de l'École nationale des impôts et de l'École nationale du Trésor public.

École nationale de la magistrature (ENM)

[Droit privé]

École qui a succédé au Centre national d'études judiciaires. Elle est destinée à assurer la formation professionnelle des auditeurs de justice (recrutés par concours ou sur titre) et la formation continue des magistrats. Elle peut contribuer à la formation des personnes qui n'appartiennent pas au corps judiciaire mais qui sont amenées à exercer dans l'ordre judiciaire certaines fonctions juridictionnelles (juges des tribunaux de commerce, juges de proximité) ou non (délégués du procureur, médiateurs ou conciliateurs judiciaires...).

Les candidats qui remplissent les conditions de l'accès au premier concours (être titulaire d'un diplôme sanctionnant 4 années d'études supérieures) peuvent être admis à une classe préparatoire (CPE) afin de permettre une diversification de l'accès au corps de la magistrature en tenant compte de l'origine géographique et des ressources des candidats.

→ *Auditeur de justice, Magistrat.*

École positiviste

[Droit pénal]

École de pensée développée au XIXe siècle par certains criminalistes italiens qui, s'appuyant sur le postulat d'un déterminisme absolu, autrement dit sur la négation du libre arbitre et de la responsabilité morale, proposaient une construction entièrement nouvelle du droit pénal, la lutte contre la criminalité étant assurée par des mesures de défense (mesures de sûreté) choisies non en fonction de la gravité de l'infraction mais de l'état dangereux du délinquant, en fonction de sa personnalité concrète révélée par les recherches criminologiques.

→ *École classique, École de la défense sociale.*

Écoles de la deuxième chance

[Droit public]

Écoles qui proposent une formation à des personnes de 18 à 25 ans dépourvues de qualification professionnelle ou de diplôme, chacune bénéficiant d'un parcours de formation personnalisé; elles délivrent une attestation de fin de formation indiquant le niveau de compétence acquis de manière à faciliter l'accès à l'emploi ou à une certification professionnelle.

C. éduc., art. R. 214-9 s.

Économats

[Droit du travail]

Magasins de vente à crédit exploités par l'employeur, où les salariés viennent se fournir.

Les économats sont en principe interdits.

C. trav., art. L. 3254-1 s.

Économie concertée

[Droit général]

Système de relations entre l'État et l'économie privée, dans lequel la puissance publique s'efforce d'engager le dialogue avec les destinataires de ses décisions économiques avant la prise de celles-ci. Il s'oppose au dirigisme autoritaire.

Économie des moyens

[Droit administratif]

Faculté le plus souvent reconnue au juge administratif de prononcer l'annulation d'un acte administratif en ne se fondant que sur un des moyens présentés par le requérant.

GACA n° 64.

Économie mixte

[Droit général]

Se dit d'une économie dans laquelle coexistent des entreprises privées, et des entreprises publiques ou contrôlées par l'État. Dans un sens plus large, on applique également cette expression à une économie dans laquelle des catégories importantes d'entreprises dépendent largement, pour leur activité, de commandes du secteur public. En fait, presque toutes les économies sont des économies mixtes, même dans les États qui rejettent ce qualificatif pour des raisons politiques (*cf.* aux États-Unis, l'importance des commandes de l'État dans le secteur de l'aviation).

Écoutes téléphoniques

[Procédure pénale]

→ *Interceptions.*

Écran législatif

[Droit public]

Principe selon lequel le juge administratif se refuse à déclarer illégal un acte administratif conforme à une loi mais contraire à un acte de valeur juridique supérieure.

1° Jusqu'en 1989, ce principe s'est appliqué à un acte contraire à un acte communautaire mais conforme à une loi postérieure à ce dernier.

2° L'introduction de l'*exception d'inconstitutionnalité* devrait résorber l'hypothèse d'un acte contraire à la Constitution mais conforme à une loi.

Écrit

[Droit général]

Identifié au papier qui le porte (ou à sa copie), l'écrit est aujourd'hui défini, avec le support électronique, comme une suite de lettres, de caractères, de chiffres ou de tous autres signes ou symbole dotés d'une signification intelligible, quels que soient leur support et leurs modalités de transmission.

C. civ., art. 1316.

Écrit électronique

[Droit général]

Document informatique véhiculé par Internet (« e-mail », achat en ligne…) admis en preuve au même titre que l'écrit sur support papier, à la double condition que l'auteur du message puisse être dûment identifié et que les modalités d'établissement et de conservation dudit document garantissent son authenticité.

C. civ., art. 1316-1.

→ *Preuve littérale, Signature électronique.*

Écrou

[Droit pénal]

Registre constitué de feuillets mobiles constatant officiellement l'entrée et la sortie d'un prisonnier dans une prison et établissant ainsi à tout instant la position pénitentiaire exacte de ce détenu.

C. pr. pén., art. 724 et D. 148 s.

→ *Levée d'écrou.*

Éducateur spécialisé

[Droit social]

Personne titulaire d'un diplôme d'État dont la mission est de faciliter la rééducation et la « resocialisation » des enfants et adolescents inadaptés, délinquants ou non.

Éducation ouvrière

[Droit du travail]

Ancienne expression désignant l'actuelle formation économique, sociale et syndicale.

➜ *Congé.*

Éducation permanente

[Droit général/Droit du travail]

Ensemble des moyens et des actions ayant pour fin l'instruction et la formation professionnelle; elle comprend la formation initiale (scolarité obligatoire, études secondaires et universitaires), l'apprentissage et, pendant l'activité professionnelle, la formation professionnelle continue.

C. trav., art. L. 6111-1 s.

Éducation surveillée

[Droit pénal]

Ensemble des services du ministère de la Justice qui s'occupent des problèmes posés par la délinquance juvénile et par l'enfance en danger moral.

Effectivité

[Droit civil]

Caractère réel et concret d'un droit, au-delà de sa reconnaissance abstraite dans des textes de loi. Le droit d'accès à un juge, par exemple, n'est effectif que si le justiciable démuni bénéficie d'une aide juridictionnelle.

[Droit international public]

Le principe d'effectivité est invoqué pour justifier la reconnaissance ou l'opposabilité d'une situation ou d'un fait réellement établis (reconnaissance d'un État ou d'un gouvernement quelles que soient les circonstances de leur naissance dès lors que cet État existe effectivement ou que ce gouvernement exerce un pouvoir effectif; opposabilité de la nationalité conférée par un État dès lors qu'elle consacre des liens effectifs, etc.).

Effet constitutif

[Procédure civile]

➜ *Jugement constitutif.*

Effet déclaratif

[Droit civil]

Effet attribué à un *acte déclaratif*.

En particulier, l'acte déclaratif a un effet rétroactif.

GAJC, t. 1, nº 120.

[Procédure civile]

➜ *Jugement déclaratif.*

Effet de commerce

[Droit commercial]

Titre négociable qui constate l'existence, au profit du porteur, d'une créance à court terme de somme d'argent et qui sert à son paiement.

On distingue : la *lettre de change* ou traite, le *billet à ordre*, le *chèque* et le *warrant*.

C. com., art. L. 511-1 s.

Effet de complaisance

[Droit commercial]

Lettre de change dépourvue de *provision* émise par le tireur sur le tiré, à la suite d'une entente frauduleuse avec celui-ci, afin de procurer au tireur un crédit factice et de prolonger son apparente solvabilité. Il arrive que l'opération soit répétée pour permettre le remboursement de la traite précédente; on parle dans ce cas « d'effets ou traites de cavalerie ». Il y a « effets croisés » lorsque 2 commerçants, réciproquement gênés dans leurs affaires, se rendent le service de tirer l'un sur l'autre des effets de complaisance.

Effet dévolutif des voies de recours

[Procédure administrative]

Devant les juridictions administratives, l'appel a un effet dévolutif, en ce sens que le juge d'appel est saisi de l'ensemble du litige soumis au premier juge, dans la limite des conclusions et moyens présentés par l'appelant.

GACA n° 27.

→ *Appel, Évocation.*

[Procédure civile]

Effet normalement attaché aux voies de recours en vertu duquel le litige, dans sa complexité de fait et de droit, est porté devant le juge saisi du recours (le premier juge sur opposition, le juge du second degré sur appel). Le Code de procédure civile a donné plus d'ampleur qu'auparavant à l'effet dévolutif devant la cour d'appel.

La Cour de cassation ne connaissant que des questions de droit, le pourvoi n'a pas d'effet dévolutif.

CPC, art. 561 et 572.

→ *Demande nouvelle, Prétentions nouvelles, Tantum devolutum quantum appellatum, Tantum devolutum quantum judicatum.*

Effet direct

[Droit international public]

Principe selon lequel une règle adoptée par une organisation internationale ou un traité international s'applique directement dans le droit interne des États sans qu'il soit besoin, voire possible, que cet État transpose préalablement cette règle dans son droit interne par l'adoption d'une loi ou d'un vote réglementaire. Classique en droit communautaire, l'effet direct reste exceptionnel dans le droit international public.

→ *Applicabilité directe.*

Effet immédiat de la loi (Principe de l')

[Droit général]

Principe en vertu duquel la loi nouvelle régit immédiatement les situations juridiques constituées après sa publication, ainsi que les effets à venir des situations en cours (à l'exception des situations d'origine contractuelle ne relevant pas d'un ordre public impérieux).

GAJC, t. 1, n° 4 à 7, 8 et 9; GDCC n° 40; GAJF n° 3; GADPG n° 9, 10, 11, 12, 13 et 14.

→ *Conflit de lois dans le temps, Droit acquis, Loi de validation, Loi interprétative, Non-rétroactivité, Rétroactivité de la loi, Sécurité juridique.*

Effet obligatoire des contrats

[Droit civil]

→ *Force obligatoire des contrats.*

Effet relatif des contrats

[Droit civil]

Principe en vertu duquel les contrats ne peuvent produire des effets qu'entre les parties, tant à l'actif qu'au passif; inversement, les tiers ne pouvant être rendus ni débiteurs, ni créanciers, par un contrat auquel ils n'ont pas participé (mais ils peuvent s'en prévaloir ou le subir dans la mesure où il constitue un fait juridique).

Le principe de la relativité est écarté, dans certains cas, par la loi ou la jurisprudence, qui admettent la transmission des créances et des dettes aux ayants cause à titre particulier. Par exemple, l'acquéreur d'un immeuble loué doit continuer le bail passé par son vendeur (vis-à-vis duquel il est un tiers), pouvant exiger le paiement des loyers et devant assurer la jouissance paisible des lieux.

C. civ., art. 1165 s.

GAJC, t. 2, n° 173-176, 239 et 241.

→ *Chaîne de contrats, Force obligatoire des contrats, Groupe de contrats, Res inter alios acta, aliis nec podesse, nec nocere potest.*

Effet rétroactif

[Droit civil]

→ *Rétroactivité.*

Effet suspensif des voies de recours

[Procédure administrative]

En contentieux administratif, les voies de recours contre les jugements rendus en premier ressort n'ont pas d'effet suspensif, sauf exceptions (rares) prévues par un texte. Un palliatif de cette règle est représenté par le droit qu'a le juge d'appel d'ordonner le *sursis à l'exécution* du jugement attaqué devant lui.

[Procédure civile]

Effet attaché aux voies de recours ordinaires (opposition et appel), en vertu duquel il est temporairement fait échec à l'exécution du jugement soit pendant le délai permettant de former opposition ou appel, soit en cas d'exercice de l'une ou l'autre de ces voies de recours durant tout le temps nécessaire au règlement du recours ainsi formé. L'effet suspensif est écarté lorsque l'exécution provisoire a été ordonnée ou est de droit.

Les voies de recours extraordinaires n'ont pas en principe, d'effet suspensif.

CPC, art. 539 et 579.

→ *Exécution provisoire.*

Effet utile

[Droit européen]

Principe d'interprétation d'un acte juridique visant à donner un sens et un effet aux dispositions de celui-ci qui ne les rendent pas inutiles, c'est-à-dire sans véritable application. Utilisé de manière extensive par la Cour de justice pour affermir l'existence d'un ordre juridique propre et l'autorité du droit communautaire.

Effets croisés

[Droit commercial]

→ *Effet de complaisance.*

Effraction

[Droit pénal]

Mode d'action consistant dans le forcement, la dégradation ou la destruction de dispositifs de fermeture ou de clôture. Il s'agit d'une circonstance aggravante de certaines infractions.

C. pén., art. 132-73.

Égalité

[Droit public général]

Principe juridique fondamental, garanti tant par des actes internationaux que par la Constitution (art. 1er de la Déclaration des droits de l'Homme et du Citoyen et art. 1er du dispositif de la Constitution de 1958), en vertu duquel tous les citoyens dans la même situation bénéficient des mêmes droits et sont soumis aux mêmes obligations, sans considération de leur origine ou de leurs croyances.

S'imposant au législateur et aux autorités exécutives, ce principe est à l'origine d'une importante jurisprudence du *Conseil constitutionnel* et du *Conseil d'État*.

GDCC n° 15; GAJA n° 65.

Égalité des armes

[Procédure (Principes généraux)]

Principe, inclus dans le droit à un *procès équitable*, en vertu duquel toutes les parties à un procès doivent bénéficier d'une parfaite égalité de traitement et de moyens dans la préparation et l'exposé de leur cause. Le principe interdit que l'une des parties à un procès soit placée dans une situation de désavantage manifeste par rapport à l'autre partie. Issu de la jurisprudence de la Cour européenne des droits de l'Homme (sur le fondement de l'art. 6 de la Convention) et de celle du Conseil constitutionnel, il a été introduit dans l'article préliminaire (L. n° 2000-516 du 15 juin 2000) du Code de procédure pénale; si, en procédure pénale, il tend à protéger l'équilibre procédural entre l'accusation et la défense, il vaut pour tous les contentieux, entre toutes les parties à une instance, y compris le ministère public.

→ *Contradictoire (Principe du), Défense (Liberté de la), Droits de la défense, Procès équitable.*

Égalité des citoyens devant les charges publiques

[Droit administratif]

Fondement de la responsabilité sans faute des autorités publiques en vertu duquel une charge anormale et spéciale imposée dans l'intérêt général à un administré doit donner lieu à indemnisation.

GAJA n° 40 et 51.

→ *Responsabilité de la puissance publique.*

Égalité fiscale

[Droit financier ou fiscal]

Principe de politique fiscale selon lequel la charge fiscale supportée par les contribuables devrait être proportionnée à leurs revenus (et à leur fortune pour certains). Il est interprété aujourd'hui comme impliquant non l'égalité des contributions individuelles (impôt proportionnel aux revenus) mais leur progressivité en fonction des revenus. L'interventionnisme économique et social en réduit notablement la portée effective.

Ei incumbit probatio qui dicit non qui negat

[Droit civil]

La preuve incombe à celui qui affirme une chose, non à celui qui nie la chose.

Élargissement

[Droit européen]

Processus conduisant à l'accroissement progressif du nombre des États membres de l'*Union européenne*. Un premier élargissement a vu l'adjonction aux 6 États originaires, le 1er janvier 1973, du Royaume-Uni, du Danemark et de l'Irlande. Un second élargissement a concerné, en 2 temps, l'Europe du Sud (Grèce en 1981, Espagne et Portugal en 1986). Le troisième élargissement a permis d'accueillir au 1er janvier 1995 l'Autriche, la Finlande et la Suède (la Norvège comme en 1972 a une nouvelle fois dit non par référendum). Un quatrième élargissement a eu lieu le 1er mai 2004 avec l'entrée de 10 nouveaux États membres, pays d'Europe centrale ou orientale (les 3 États baltes – Estonie, Lettonie et Lituanie – Hongrie, Pologne, République tchèque, Slovaquie, Slovénie) et pays méditerranéens (Chypre, Malte). La Bulgarie et la Roumanie sont entrées dans l'Union européenne le 1er janvier 2007 portant à 27 le nombre des États membres. Des négociations ont été ouvertes avec la Croatie, l'Islande et la Turquie.

Ces élargissements permanents sont un vrai défi pour l'Union européenne par leurs conséquences tant institutionnelles qu'économiques.

Les conditions procédurales et de fond de l'adhésion à l'Union européenne sont fixées par l'article 49 TUE.

Élargissement d'une convention collective

[Droit du travail]

Le ministre du Travail, sous certaines conditions, peut rendre applicable une convention collective en dehors de son champ professionnel et territorial.

C. trav., art. L. 2261-17 s.

→ *Extension d'une convention collective.*

Electa una via, non datur recursus ad alteram

[Procédure pénale]

Littéralement : « une voie ayant été choisie, on ne peut en adopter une autre ».

Adage traditionnel, aujourd'hui consacré dans le Code de procédure pénale, qui, afin de parer à des chantages éventuels, interdit à la victime d'une infraction ayant exercé son action en réparation devant la juridiction civile compétente, de se raviser par la suite afin de la porter devant la juridiction répressive. Il n'en est autrement que si celle-ci a été saisie par le ministère public, avant qu'un jugement sur le fond ait été rendu par la juridiction civile.

C. pr. pén., art. 5.

→ *Action civile.*

Électeurs inscrits

[Droit constitutionnel]

Électeurs dont les noms figurent sur les listes électorales et qui peuvent donc participer au vote.

Élection

[Droit constitutionnel]

Choix par les citoyens de certains d'entre eux pour la conduite des affaires publiques. Ce procédé permet aussi aux électeurs de choisir indirectement une orientation politique (Ne pas confondre avec *votation*).

1° *Élections générales* : celles auxquelles il est procédé en cas de fin collective du mandat d'une assemblée (expiration normale des pouvoirs ou dissolution).

2° *Élection partielle* : celle à laquelle il est procédé en cas de vacance individuelle d'un siège. La Constitution de 1958 limite les élections partielles avec l'institution des *suppléants*; les 2 principaux cas sont la démission et l'annulation d'une élection par le Conseil constitutionnel.

[Droit administratif]

En droit administratif, les cas d'élections aux divers corps et conseils délibérants ou consultatifs sont extrêmement nombreux.

→ *Conseil général, Conseil municipal, Conseil régional.*

Élection de domicile

[Droit civil]

→ *Domicile élu.*

[Procédure civile]

Déclaration par laquelle un plaideur se domicilie en un lieu autre que son domicile réel et grâce à laquelle les actes de la procédure sont valablement notifiés au domicile élu.

La constitution d'avocat, par exemple, emporte élection de domicile chez l'avocat constitué.

CPC, art. 682, 689, 751, 836, 855, 899 et 973.

Électorat

[Droit constitutionnel]

Droit ou fonction d'électeur.

1° *Électorat-droit* : conception découlant de la théorie de la souveraineté populaire, selon laquelle le suffrage est un droit appartenant à titre originaire à chaque citoyen et dont celui-ci est libre d'user ou de ne pas user.

2° *Électorat-fonction* : conception découlant de la théorie de la souveraineté nationale, selon laquelle le suffrage est une fonction publique dont la nation souveraine peut réserver l'exercice aux plus aptes.

En fait, la discussion sur la conception de l'électorat, très importante lors de la Révolution de 1789, n'a plus qu'un intérêt théorique, les progrès de la démocratie ayant conduit à considérer l'électorat comme un droit malgré la référence à la souveraineté nationale.

Électronique

[Droit civil/Procédure civile/Droit commercial]

→ *Commerce électronique, Communication électronique, Écrit électronique, Signature électronique.*

Élément constitutif de l'infraction

[Droit pénal]

Composante, matérielle ou psychologique, du comportement puni par la loi. C'est la réunion des éléments constitutifs de l'infraction qui permet l'application de la loi.

→ *Condition préalable, Intention.*

Élévation du contentieux

[Procédure civile]

Passage d'une procédure gracieuse à une procédure contentieuse du fait de la contestation d'un tiers. Par exemple, lorsqu'un tiers ou le parquet s'oppose à une décision gracieuse, la procédure devient contentieuse.

→ *Décision gracieuse, Procédure gracieuse, Requête.*

Éligibilité

[Droit constitutionnel/Droit administratif]

Aptitude à être élu, qui suppose la réunion de diverses conditions.

Émancipation

[Droit civil]

Acte juridique par lequel un mineur acquiert la pleine capacité d'exercice et se trouve de ce fait assimilé à un majeur, sauf pour se marier, se donner en adoption ou exercer une activité commerciale.

L'émancipation est soit légale, soit judiciaire. Elle est légale lorsqu'elle est accordée directement par la loi (ex. : le mariage émancipe de plein droit). Elle est judiciaire lorsqu'elle résulte d'une décision du juge : depuis la loi du 5 juillet 1974, l'émancipation ne peut résulter de la seule manifestation de volonté des détenteurs de l'autorité parentale et de l'intéressé; elle doit être demandée au juge des tutelles, qui ne l'accordera que pour de justes motifs et si le mineur a au moins 16 ans.

C. civ., art. 413-1 s.

Émargement

[Procédure civile]

Signature apposée par le destinataire d'un acte de procédure en marge de l'original de cet acte, parfois sur un registre *ad hoc*, afin de certifier que la formalité a été accomplie.

CPC, art. 667.

Embargo

[Droit international public]

1° Défense faite par un État aux navires étrangers de quitter ses ports.

2° Interdiction d'exporter certaines marchandises (notamment des armes et munitions) vers un État déterminé.

Embauchage

[Droit du travail]

Engagement d'un salarié.

C. trav., art. 1221-6 s.

Embryon humain

[Droit civil]

Désigne le produit de la *conception humaine* pendant les 3 premiers mois de la vie utérine. À partir du quatrième mois, l'embryon devient fœtus au moment où se dessinent les caractères spécifiques de l'espèce humaine. La recherche sur l'embryon humain est en principe interdite, de même que la conception, *in vitro*, d'embryon ou sa constitution par clonage à des fins de recherche; un embryon humain ne peut être conçu ni constitué par clonage à des fins commerciales ou industrielles; est enfin interdite toute constitution par clonage d'un embryon humain à des fins thérapeutiques.

La mise en œuvre de la recherche sur l'embryon humain et les cellules embryonnaires est strictement encadrée (elle doit permettre, selon la loi, « des progrès thérapeutiques majeurs poursuivant une visée thérapeutique pour le traitement de maladies particulièrement graves ou incurables ou le traitement des affections de l'embryon ou du fœtus »), de même que les conditions d'importation et d'exportation de tissus ou cellules embryonnaires ou fœtaux à des fins de recherche, ainsi que les modalités de conservation des cellules souches embryonnaires à des fins scientifiques.

CSP, art. L. 2151-2 à 5 et R. 2151-2 s.

→ *Accueil de l'embryon, Conception, Fœtus, Surnuméraire.*

Embuscade

[Droit pénal]

Délit consistant à attendre un certain temps et dans un lieu déterminé un fonctionnaire de la police nationale, un militaire de la gendarmerie, un membre du personnel de l'administration pénitentiaire ou toute autre personne dépositaire de l'autorité publique, ainsi qu'un sapeur-pompier civil ou militaire ou un agent d'un exploitant de réseau de transport public de voyageurs, dans le but, caractérisé par un ou plusieurs faits matériels, de commettre à son encontre, à l'occasion de l'exercice de ses fonctions ou de sa mission, des violences avec usage ou menace d'une arme.

L'embuscade est punie de 5 ans d'emprisonnement et de 75 000 € d'amende.

Lorsque les faits sont commis en réunion, les peines sont portées à 7 ans d'emprisonnement et à 100 000 € d'amende.

C. pén., art. 222-15-1.

→ *Guet-apens, Préméditation.*

Émender

[Procédure civile]

Pour une cour d'appel qui rend un arrêt confirmatif, corriger la décision des premiers juges sur tel ou tel point particulier.

→ *Infirmation.*

Éméritat

[Droit administratif]

Titre pouvant être conféré temporairement aux professeurs d'enseignement supérieur admis à la retraite, leur permettant – à titre bénévole – de diriger des séminaires de doctorat et des thèses et de siéger dans des jurys de soutenance de thèses.

→ *Honorariat.*

Émission

[Droit civil/Droit commercial]

Moment où se situe, selon l'opinion dominante, la rencontre des volontés dans les contrats conclus entre absents : l'acceptation est supposée donnée à l'instant où le destinataire de l'offre extériorise, d'une manière ou d'une autre, sa volonté d'acquiescer, non à la date où le partenaire vient à en être informé.

Émolument

[Droit civil]

Au sens large, profit, bénéfice que l'on retire d'une chose ou d'une situation. On dit en maxime qu'il n'y a pas d'émolument sans charge.

Au sens strict, part d'actif attribuée à un copartageant.

→ *Bénéfice d'émolument.*

[Procédure civile]

Rétribution des actes effectués par les officiers ministériels (huissiers…) et les avocats, dont la caractéristique est d'être tarifée par l'autorité publique.

→ *Débours, Dépens, Honoraires.*

Empêchement

[Droit civil]

1° Obstacle à l'accomplissement d'une mission (par ex., d'une expertise). Il est dit *légitime* lorsqu'il justifie l'inexécution d'une obligation.

2° Se dit plus particulièrement des obstacles juridiques à la formation du mariage. Si l'obstacle est tel que le mariage célébré au mépris de la loi est annulé, l'empêchement est *dirimant*.

L'empêchement est simplement *prohibitif* si l'officier de l'état civil qui le constate, a le devoir de ne pas célébrer l'union, étant admis que s'il passe outre, le mariage n'est pas annulable pour ce motif.

C. civ., art. 144 s., 161 à 164 et 342-7.

[Droit constitutionnel]

Impossibilité officiellement constatée pour un gouvernant d'exercer ses fonctions.

Si l'empêchement est définitif, il est nécessaire de pourvoir au remplacement; s'il est provisoire, un intérim peut être prévu.

Const., art. 7.

Emphytéose

[Droit civil/Droit rural]

Bail de longue durée, de 18 à 99 ans, portant sur un immeuble et conférant au preneur un droit réel. Il existe un bail administratif, réservé aux seules collectivités territoriales et aux établissements publics de santé et destiné à la réalisation d'une opération d'intérêt général relevant de leur compétence.

Il existe, aussi, un bail emphytéotique administratif, dont l'objet est un bien immobilier appartenant à l'État ou à certains établissements publics (réseaux des chambres de commerce, des chambres de métiers, des chambres d'agriculture), conclu en vue de la réparation, de la restauration ou de la mise en valeur dudit bien.

C. rur., art. L. 451-1 s.; CSP, art. L. 6148-2; CGPPP, art. L. 2341-1.

→ *Bail à construction, Concession immobilière, Droit de superficie.*

Empire

[Droit constitutionnel]

1° État ou ensemble d'États soumis à l'autorité d'un Empereur (Empire romain, Premier et Second Empires français...).

2° Ensemble colonial dominé par la métropole.

3° Par extension, État qui, en raison de sa puissance économique ou militaire, étend sa suprématie sur d'autres (« empires » américain, soviétique).

Emploi

[Droit administratif]

Dans le droit de la fonction publique, terme désignant un poste de travail prévu au budget et doté des crédits nécessaires à la rémunération de son titulaire.

[Droit civil]

Achat d'un bien avec des capitaux disponibles.

Il y a remploi lorsque l'achat est précédé de la vente d'un bien permettant d'obtenir les capitaux nécessaires à la nouvelle acquisition.

Les contrats de mariage, en vue d'une meilleure administration des patrimoines, comportent souvent des clauses d'emploi ou de remploi.

C. civ., art. 455, 1406, 1434 s. et 1541.

→ *Remploi, Subrogation.*

[Droit du travail]

Tâche permanente et définie dans l'entreprise; plus généralement, ensemble des tâches correspondant à une fonction attachée à une qualification professionnelle. Le terme peut aussi désigner de manière très globale le travail salarié.

C. trav., art. L. 1233-3 et 1242-1.

• *Contrôle de l'emploi* : contrôle administratif exercé par l'inspection du travail sur les mouvements de main-d'œuvre en vue de permettre la mise en œuvre d'une politique locale ou nationale de l'emploi.

Depuis la loi du 30 décembre 1986 l'Administration n'a plus compétence pour autoriser les embauches ou les licenciements.

C. trav., art. L. 1221-10 s., 1221-16 et 5123-1 s.

• *Emplois réservés* : emplois publics ou semi-publics attribués à certaines personnes jugées dignes d'intérêt, soit exclusivement, soit par préférence.

C. trav., art. L. 5212-15.

• *Plein emploi* : situation d'équilibre entre les ressources en main-d'œuvre et les emplois de main-d'œuvre.

→ *Chômage, Pôle emploi.*

Employé

[Droit du travail]

Salarié chargé de tâches administratives ou de relations avec le public.

→ *Cadre, Ouvrier.*

Employé de maison

[Droit du travail]

Salarié attaché au service du foyer ou d'une personne et effectuant des travaux domestiques.

C. trav., art. L. 7221-1 s.

Employeur

[Droit du travail]

Personne physique ou morale partie à un contrat de travail conclu avec un salarié. L'employeur exerce un pouvoir de direction, de contrôle et de sanction; il est débiteur de la fourniture de travail et des salaires. Il se distingue du *chef d'entreprise* qui est une personne physique exerçant en son nom ses prérogatives. La détermination de l'employeur est parfois délicate, lorsqu'une entreprise éclate en plusieurs sociétés : on distingue alors l'employeur de droit (cocontractant) et l'employeur de fait (bénéficiaire direct de la prestation de travail).

C. trav., art. L. 1253-1 s.

→ *Pouvoirs de l'employeur.*

Empoisonnement

[Droit pénal]

Fait d'attenter intentionnellement à la vie d'autrui par l'emploi ou l'administration de substances de nature à entraîner la mort.

C. pén., art. 221-5 et 121-3.

Empreinte génétique

[Droit civil/Droit pénal]

Caractéristiques génétiques d'un être vivant qui en déterminent l'originalité. Leur examen, dans le cadre d'une procédure judiciaire, permet d'identifier une personne. Lorsqu'elle n'est pas réalisée judiciairement, l'empreinte génétique ne peut être entreprise qu'à des fins médicales ou de recherche scientifique, et sous réserve d'avoir recueilli le consentement préalable et éclairé de la personne qui y est soumise. Le non-respect de ces règles est pénalement sanctionné.

Les empreintes génétiques permettent de dresser le profil génétique d'un individu, qui lui est propre comme lui est propre son empreinte digitale. Les empreintes génétiques sont obtenues par le recours à des techniques sophistiquées appliquées à des traces de sang, de sperme, de cheveux etc. permettant de relever les séquences d'ADN (acide désoxyribonucléique) agent principal de la transmission des caractères héréditaires.

C. civ., art. 16-10 s.; CSP, art. L. 1131-1; C. pén., art. 226-25 s.; C. pr. pén., art. 706-54.

→ *Examen des caractéristiques génétiques, Expérimentation sur la personne humaine, Identification génétique.*

Emprise

[Droit administratif]

Fait pour l'Administration de déposséder un particulier d'un bien immobilier, légalement ou illégalement, à titre temporaire ou définitif, à son profit ou au profit d'un tiers.

L'indemnisation des actes constitutifs d'emprise irrégulière relève des seuls tribunaux judiciaires.

Emprisonnement

[Droit pénal]

Peine privative de liberté, de nature correctionnelle, consistant dans l'incarcération du condamné, pendant un temps fixé par le juge dans les limites prévues par la loi.

L'emprisonnement en matière contraventionnelle disparaît en application de l'article 131-12 du Code pénal.

C. pén., art. 131-3.

Encan

[Droit civil]

→ *Vente à l'encan.*

Enchère ou Enchères publiques

[Droit commercial/Droit pénal/ Procédure civile]

Offre d'acheter à un certain prix au cours d'une *adjudication*, en général à une somme supérieure à la mise à prix initiale ou à la mise à prix ultérieurement modifiée; à défaut d'enchère à cette hauteur, le bien peut être adjugé à qui a fait l'offre la plus élevée, ou remis en vente sur baisses successives de ce montant.

C. civ., art. 1686, 2201, 2204 s.; C. com., art. L. 320-1 s.; CPC, art. 1272 s.

→ *Criées, Folle enchère, Surenchère.*

L'article 313-6 du Code pénal incrimine le fait de fausser le jeu des enchères dans le cadre d'une adjudication publique.

→ *Vente aux enchères.*

Enclave

[Droit civil]

Situation d'un fonds entouré de tous côtés par des fonds appartenant à d'autres propriétaires et qui n'a sur la voie publique aucune issue, ou qu'une issue insuffisante pour son exploitation. Le propriétaire du fonds enclavé peut réclamer à ses voisins un passage pour la desserte complète de son fonds, moyennant indemnité.

C. civ., art. 682 s.

[Droit international public]

Territoire ou partie du territoire d'un État encerclé par le territoire d'un autre État. Se dit aussi (enclavé) d'un État sans accès à la mer.

En dernier ressort

[Procédure civile]

Qualifie soit la décision qui est insusceptible d'appel, soit la décision qui a déjà fait l'objet d'un appel, l'une et l'autre ne pouvant plus être attaquées que par le pourvoi en cassation.

COJ, art. R. 211-3, 221-4, 221-23; C. com., art. R. 721-6; C. trav., art. R. 1462-1; C. rur., art. L. 493-1; CSS, art. R. 142-25.

→ *À charge d'appel.*

Endossement

[Droit commercial]

Mode normal de transmission des *effets de commerce* au moyen d'une signature apposée au dos du titre (ou sur une feuille qui lui est attachée, appelée « l'allonge »), par laquelle le cédant (*l'endosseur*) donne l'ordre au débiteur de payer au cessionnaire (*l'endossataire*) le montant de l'effet.

C. com., art. L. 511-8 et 512-3; C. mon. fin., art. L. 131-16 s., 134-1 et 134-2.

Une loi du 15 juin 1976 a prévu pour les actes notariés la création de *copies exécutoires à ordre*.

En fait de meubles, la possession vaut titre

[Droit civil]

Adage signifiant qu'en matière mobilière :

1° La possession fait acquérir la propriété, sous certaines conditions, lorsque l'acquisition est *a non domino* (règle de fond);

GAJC, t. 1, n° 85, 87 et 131.

2° Elle fait présumer la propriété, lorsque l'acquisition est *a domino* (règle de preuve).

C. civ., art. 2276 et 2277.

GAJC, t. 1, n° 86.

Enfant

[Droit civil]

Au sens étroit : descendant au premier degré. Au sens large : toute personne mineure protégée par la loi (enfant abandonné, assisté, délaissé...).

C. civ., art. 58 et 371 s.

→ *Ascendant, Collatéral, Degré, Descendant, Filiation, Ligne.*

[Droit du travail]

En droit du travail est considéré comme un enfant l'adolescent qui n'a pas dépassé l'âge de la fréquentation scolaire (16 ans). Le travail est interdit aux enfants. Toutefois, sous certaines conditions, les enfants de plus de 15 ans peuvent être apprentis. Les enfants peuvent également se livrer pendant les vacances scolaires à des travaux légers; ils peuvent figurer dans les spectacles moyennant une autorisation préfectorale.

C. trav., art. L. 4153-1 s.; C. rur., art. 983 s.

→ *Minorité pénale.*

Toute décision concernant un enfant doit prendre en compte son intérêt, ses besoins fondamentaux, physiques, intellectuels, sociaux et affectifs, ainsi que le respect de ses droits. Les enfants de 6, 9, 12 et 15 ans doivent faire l'objet d'une visite médicale obligatoire, aux fins de dresser un bilan de leur état de santé physique et psychologique, avec, pour la visite de la sixième année, le dépistage des troubles spécifiques du langage et de l'apprentissage; suite à ces visites, une prise en charge et un suivi adaptés sont réalisés par l'équipe éducative, les professionnels de santé et les parents. Au-delà de 15 ans, des examens médicaux périodiques sont également effectués pendant tout le cours de la scolarité.

CASF, art. L. 112-4; C. éduc., art. L. 541-1.

→ *Mesure judiciaire d'aide à la gestion du budget familial, Observatoire départemental de protection de l'enfance, Protection de l'enfance.*

Enfant à charge

[Droit financier ou fiscal]

En matière de calcul de l'impôt sur le revenu, enfant pouvant être pris en compte, suivant le cas, soit pour la détermination du nombre de parts dans le système du quotient familial, soit pour le bénéfice d'un abattement forfaitaire sur le revenu net imposable. En principe, il s'agit d'enfants légitimes, naturels, adoptifs ou recueillis, même disposant de revenus, âgés de moins de 21 ans au 1er janvier de l'année de perception des revenus imposables.

CGI, art. 6-3, art. 194 s.

[Sécurité sociale]

Enfant dont l'*allocataire* a la charge effective et permanente, c'est-à-dire enfant dont il assure de manière générale le logement, la nourriture et l'éducation. Il n'est pas nécessaire qu'il y ait un lien juridique de parenté entre l'enfant et l'allocataire; il peut donc s'agir d'un enfant naturel non reconnu ou d'un enfant recueilli.

Enfant conçu ou né pendant le mariage

[Droit civil]

Expression qui s'est substituée, depuis l'ordonnance n° 2005-759 du 4 juillet 2005, à celle d'enfant légitime. Les enfants conçus ou nés pendant le mariage bénéficient de la présomption de paternité, tandis que les autres doivent faire l'objet d'une reconnaissance de la part de leur père. Dans tous les cas, la filiation à l'égard de la mère est établie par sa désignation dans l'acte de naissance.

C. civ., art. 311-25 et 312 s.

→ *Conception, Filiation légitime, Pater is est…*

Enfant non conçu ou né pendant le mariage

[Droit civil]

Périphrase par laquelle on désigne, depuis l'ordonnance n° 2005-759 du 4 juillet 2005, l'enfant né hors mariage (que l'on appelait auparavant enfant naturel). L'ordonnance a atténué la distinction entre les enfants conçus ou nés pendant le mariage et les autres, puisque désormais la mère est automatiquement désignée dans l'acte de naissance de l'enfant, qu'elle soit mariée ou non (à moins qu'elle ait demandé, lors de l'accouchement, le secret de son admission et de son identité) et sans qu'elle ait besoin d'effectuer une démarche de reconnaissance. En revanche, les enfants qui ne sont pas conçus ou nés pendant le mariage devront être reconnus par leur père.

C. civ., art. 311-25 et 312 s.

→ *Filiation naturelle, Pater is est…*

Enfant sans vie

[Droit civil]

Enfant mort né ou né vivant mais non viable. Un acte d'enfant sans vie peut être dressé par l'officier de l'état civil sur production d'un certificat médical d'accouchement, lequel ne peut être délivré qu'en cas d'accouchement spontané ou d'interruption de grossesse provoquée pour raison médicale. Cet acte n'est source ni de personnalité juridique ni de lien de filiation; mais il permet, à la demande du père ou de la mère, l'inhumation ou la crémation du corps de l'enfant.

C. civ., art. 79-1, al. 2; CSP, art. R. 1112-75.

→ *Acte d'un enfant né sans vie, Acte de naissance, Infans conceptus pro nato habetur quoties de comodis ejus agitur, Naissance.*

Engagement

[Droit civil]

Au sens strict, manifestation de volonté par laquelle une personne s'oblige. Il est une source de l'obligation. En ce sens, il peut être contractuel, ou unilatéral. Dans un sens moins rigoureux; obligation résultant de cet engagement.

[Droit financier ou fiscal]

Acte ou *fait juridique* faisant naître à l'encontre d'une *personne publique* une *obligation* génératrice d'une charge budgétaire.

L'engagement d'une dépense peut être représenté, par exemple, par le recrutement d'un agent public, ou par la signature d'un *marché public*.

Engagement à l'essai

[Droit du travail]

→ *Essai.*

Engagement d'honneur

[Droit civil]

Engagement dépourvu de valeur obligatoire, marquant simplement la volonté de négocier.

→ *Lettre d'intention.*

Engagement de responsabilité maritime (Contrat d')

[Droit constitutionnel/Droit commercial/Droit du travail]

Contrat de travail du marin. Le Code du travail maritime lui confère une certaine spécificité, qui est l'héritage du passé (notamment le système dit de « l'inscription maritime » dont les grandes lignes remontent à Colbert).

➜ *Question de confiance.*

Engagement unilatéral de volonté

[Droit civil]

Théorie selon laquelle la volonté d'une seule personne suffit à faire naître une obligation à la charge de cette personne.

➜ *Acte unilatéral.*

Engineering

[Droit commercial]

➜ *Ingénierie.*

Énonciatif

[Droit général]

Qualifie l'énumération légale qui, dépourvue de caractère limitatif, autorise l'application du texte qui la contient à d'autres espèces.

Enquête

[Droit constitutionnel]

➜ *Commission parlementaire (2°).*

[Procédure civile/Procédure pénale]

Procédure incidente ou principale par laquelle est administrée la preuve par *témoins*.

CPC, art. 199.

➜ *Contre-enquête.*

[Droit international public]

Procédure ayant pour but d'établir la réalité des faits qui sont à l'origine d'un conflit international, afin de faciliter le règlement de ce dernier grâce à un examen moins passionné du problème par les parties (ne pas confondre avec l'enquête de l'article 34 de la Charte de l'ONU, effectuée par le Conseil de sécurité pour découvrir si la prolongation d'un différend menace la paix et la sécurité internationale).

Enquête de flagrance

[Procédure pénale]

Enquête particulière applicable pour les crimes et les délits flagrants punis d'emprisonnement, qui donne à la police judiciaire, en raison de l'actualité de l'infraction, des pouvoirs plus étendus que pour l'enquête préliminaire, afin de rechercher tous renseignements utiles à l'aide de moyens coercitifs.

C. pr. pén., art. 53 s.

Enquête de personnalité

[Procédure pénale]

Enquête de caractère psychologique, familial et social sur la situation d'un mis en examen, obligatoire en matière criminelle et facultative en matière de délit.

C. pr. pén., art. 81.

Elle peut être également ordonnée par le procureur de la République, dans le cadre de ses attributions.

C. pr. pén., art. 41 s.

GAPP n° 20.

Enquête de police

[Procédure pénale]

Ensemble des opérations d'investigations menées préalablement à la saisine des juridictions compétentes par les officiers et agents de police judiciaire, en vue de constater les infractions à la loi pénale, d'en rassembler les preuves et d'en rechercher les auteurs.

Enquête préliminaire

[Procédure pénale]

Enquête diligentée d'office ou à la demande du parquet par la police ou la gendarmerie avant l'ouverture de toute information et permettant au *ministère public* d'être éclairé sur le bien-fondé d'une poursuite.

C. pr. pén., art. 75 s.

Enquête sociale

[Droit civil]

Une telle enquête est souvent ordonnée en matière civile (pour la garde des enfants en cas de procédure de divorce, en matière d'assistance éducative). Elle est confiée le plus souvent à une association spécialisée, pour être effectuée par un éducateur qualifié ou par une assistante sociale.

C. civ., art. 373-2-12.

Enregistrement

[Droit civil/Droit financier ou fiscal]

Formalité fiscale qui a une triple finalité : donner date certaine aux *actes sous seing privé* contre les tiers, permettre la perception des droits qui frappent la convention constatée dans l'acte, assurer la conservation des actes.

Les parties qui présentent à la formalité un acte sous seing-privé soumis à l'enregistrement dans un délai déterminé doivent y joindre un double qui reste déposé au service des impôts. Si l'enregistrement est facultatif, la trace de l'acte est assurée par l'analyse qui en est faite par un receveur des impôts qui l'enregistre. Dans chaque cas, un cachet portant mention de l'enregistrement est apposé sur l'original ou sur chacun de ses exemplaires.

C. civ., art. 1328; CGI, art. 849 et 1929.

Enregistrement audiovisuel

[Procédure civile]

Le juge, lorsqu'il procède lui-même à une mesure d'instruction, peut faire établir un enregistrement sonore, visuel ou audiovisuel de tout ou partie des opérations d'instruction. Chaque partie peut en obtenir un exemplaire, une copie ou une transcription.

CPC, art. 174.

Enregistrement des traités

[Droit international public]

Inscription des traités aux archives du secrétariat de l'ONU, imposée aux États membres pour que les traités puissent être invoqués devant les organes de l'ONU (art. 102 de la Charte de l'ONU).

Enrichissement des tâches

[Droit du travail]

Ensemble des procédés permettant de supprimer le travail à la chaîne ou d'en atténuer les effets (changements de postes, accomplissement d'opérations multiples, création d'équipes autonomes chargées de réaliser une tâche).

Enrichissement sans cause

[Droit civil]

Enrichissement d'une personne en relation directe avec l'appauvrissement d'une autre, alors que le déséquilibre des patrimoines n'est pas justifié par une raison juridique.

La personne appauvrie peut exercer l'*action de in rem verso*.

C. civ., art. 1371.

GAJC, t. 2, n° 241.

→ *Quasi-contrat.*

Enrôlement

[Procédure civile]

→ *Mise au rôle.*

Enseigne

[Droit commercial]

Signe apposé sur un établissement commercial et le distinguant des autres établissements.

En tant que de raison

[Droit général]

Selon ce que commande la raison. Formule autorisant la transposition par analogie d'une norme juridique à une situation qu'elle ne prévoit pas, parce que l'extension analogique est justifiée par une identité de raison.

→ *A pari.*

Entente

[Droit commercial/Droit européen/Droit pénal]

Action collective ayant pour objet ou pour effet de fausser ou d'entraver le jeu de la concurrence, formalisée dans un accord ou résultant seulement d'une pratique concertée. Les ententes sont en principe interdites en droit français et européen. Toutefois certaines d'entre elles peuvent être justifiées notamment en démontrant la contribution qu'elles apportent au progrès économique.

C. com., art. L. 420-1; TFUE art. 101.

Entente interrégionale

[Droit administratif]

Institution de coopération pouvant être créée entre des régions limitrophes (de 2 à 4). Elle a la forme juridique d'un établissement public, qui exerce à la place des régions membres les compétences qui lui sont dévolues, et qui assure en outre la cohérence de leurs programmes économiques.

CGCT, art. L. 5621-1.

Entente préalable

[Sécurité sociale]

Accord donné par avance par la caisse pour prendre en charge le remboursement de certains soins ou traitements.

Entiercement

[Droit civil/Droit commercial]

Remise, aux fins de sûreté, d'un objet mobilier à un tiers qui en assume la garde pour le compte d'autrui. L'application la plus courante de ce mécanisme est le warrantage dans les magasins généraux, ainsi que le *séquestre* d'une chose litigieuse par autorité de justice.

C. civ., art. 2337; C. com., art. L. 521-1.

→ *Gage, Warrant.*

En tout état de cause

[Procédure (principes généraux)]

1° Formule par laquelle le juge écarte par exemple un texte (invoqué par l'une des parties) pour une raison indiscutable, sans avoir ainsi à s'interroger sur d'autres problèmes, peut-être plus délicats à trancher, posés par son application. Par exemple, le juge constate qu'en raison de sa date tel texte n'est pas applicable aux faits de l'espèce, et qu'ainsi le justiciable n'est, « en tout état de cause », pas fondé à s'en prévaloir ; dans ces conditions, il n'aura pas à rechercher s'il y a eu, ou non, violation de ses dispositions.

2° Au plan de la procédure proprement dite, la locution signifie : à toute hauteur de la procédure, tant en appel qu'en première instance.

CPC, art. 72.

Entraide

[Droit rural]

L'entraide entre agriculteurs ou « coup de main » est un échange de services agricoles ou en moyens d'exploitations. Elle a 3 caractéristiques qui sont : la gratuité, la réciprocité et l'équivalence. Selon la loi, l'entraide est un contrat à titre gratuit.

L'entraide est neutre fiscalement. Elle est exonérée de toute imposition et cotisation sociale. Elle n'entre pas dans le calcul des bénéfices agricoles et n'est pas assujettie à TVA.

C. rur., art. L. 325-1 s.

Entraide pénale internationale

[Droit pénal/Procédure pénale]

→ *Eurojust, Europol, Interpol.*

Entrave

[Droit pénal/Droit du travail]

Délit consistant en un empêchement apporté par l'employeur soit à la libre désignation ou à la libre élection, soit à l'exercice régulier des fonctions d'un représentant élu du personnel ou d'un délégué syndical. Ce délit consiste aussi en la méconnaissance des règles encadrant le licenciement de ces salariés investis d'un mandat.

C. trav., art. L 2146-1, 2316-1, 2328-1 et 2431-1 s.

GADT n° 158.

[Droit pénal]

1° Délit consistant à gêner volontairement l'arrivée de secours destinés à faire échapper une personne à un péril imminent ou à combattre un sinistre présentant un danger pour la sécurité des personnes.

C. pén., art. 223-5.

2° Série de délits consistant à faire obstacle à l'exercice des libertés d'expression, du travail d'association, de réunion ou de manifestation. Par exemple, le fait pour un employeur d'empêcher la libre désignation d'un délégué syndical ou de s'opposer à l'exercice régulier de ses fonctions.

C. pén., art. 431-1 s.

Entre vifs

[Droit civil]

Se dit des actes qui produisent leurs effets durant la vie de leurs auteurs, telle la donation. En latin, *inter vivos*.

→ *À cause de mort.*

Entrée en vigueur

[Droit général]

Date à partir de laquelle une loi ou un règlement s'impose au respect de tous. En l'absence de précision dans le texte, cette date est le lendemain de la publication au *Journal officiel*. S'il y a urgence, entrent en vigueur dès leur publication les lois dont le décret de promulgation le prescrit et les actes administratifs pour lesquels le gouvernement l'ordonne par une disposition spéciale.

La publication est assurée, le même jour, sur papier et sous forme électronique.

C. civ., art. 1er.

Entremise

[Droit pénal]

Le fait d'intervenir entre un ou des parents désireux d'abandonner leur enfant et un candidat à l'adoption afin de faciliter cette opération est une infraction prévue à l'article 227-12 du Code pénal.

Il en est de même de l'entremise entre des parents et une femme qui accepte de porter l'enfant et de leur remettre.

Entrepôt de douane

[Droit financier ou fiscal]

1° Terme générique recouvrant plusieurs régimes juridiques, désignant l'institution de droit fiscal qui permet à des produits importés d'être stockés ou transformés sans acquitter provisoirement les droits de douane, et à des produits nationaux destinés à être exportés de bénéficier des avantages réservés aux exportations dès leur placement sous ce régime.

2° Locaux où sont entreposées les marchandises bénéficiant des règles ci-dessus.

Entrepreneur

[Droit civil]

Dans le contrat de louage d'ouvrage et d'industrie, ou contrat d'entreprise, partie qui s'engage à exécuter des travaux au profit de l'autre. En droit immobilier, l'entrepreneur est chargé de construire des édifices, à la différence du promoteur qui n'est qu'un intermédiaire.

C. civ., art. 1792 s.

ACTU

Entrepreneur individuel à responsabilité limitée (EIRL)

[Droit commercial/Droit rural]

La loi n° 2010-658 du 15 juin 2010, a adopté un nouveau statut, celui de l'entreprise individuelle à responsabilité limitée (EIRL) qui vise à permettre aux personnes physiques exerçant une activité économique individuelle d'affecter, sur simple déclaration, un patrimoine à leur activité professionnelle, en permettant la séparation du patrimoine personnel du patrimoine professionnel. Le patrimoine affecté à l'activité professionnelle comprend l'ensemble des éléments matériels ou immatériels nécessaires à l'exercice de cette activité, dont l'entrepreneur individuel est titulaire ou propriétaire mais les agriculteurs bénéficient d'une dérogation dans la mesure où n'y figurent pas, en principe, les terres. Moyennant le respect de certaines règles de bonne conduite (tenue de comptabilité séparée, emploi du sigle « EIRL »…), l'entrepreneur obtient ainsi le bénéfice de la séparation patrimoniale, sans avoir à créer une société : ses créanciers personnels ne pouvant saisir que les biens personnels, tandis que les droits des créanciers professionnels ont pour seul gage les biens professionnels affectés.

À la différence de la société dite « Entreprise unipersonnelle à responsabilité limitée (EURL) », l'EIRL n'est pas doté de la personnalité morale; il constitue un *patrimoine d'affectation*, dérogeant au principe français d'unité et d'unicité du patrimoine (*déclaration d'insaisissabilité*). Conçu pour inciter à l'entreprise individuelle indépendante, ce statut peut se combiner avec celui, administratif et fiscal, connu sous le nom d'*auto-entrepreneur*.

C. com., art. 526-6 s.

Entreprise

[Droit civil]

→ *Entrepreneur, Louage d'ouvrage et d'industrie.*

[Droit commercial]

Unité économique qui implique la mise en œuvre de moyens humains et matériels de production ou de distribution des richesses reposant sur une organisation préétablie.

[Droit du travail]

Ensemble organisé de personnes et d'éléments corporels et incorporels permettant l'exercice d'une activité économique qui poursuit un objectif propre. Plusieurs sociétés juridiquement distinctes peuvent, au regard du droit du travail, constituer une seule entreprise.

→ *Chef d'entreprise, Pouvoirs du chef d'entreprise, Responsabilité pénale du chef d'entreprise.*

Entreprise agricole à responsabilité limitée (EARL)

[Droit rural]

Société civile à objet agricole, l'EARL peut être unipersonnelle. Pluripersonnelle, elle comporte au plus 10 associés dont la majorité doit être exploitant. Au regard du GAEC, elle est une société plus souple qui ne nécessite pas d'agrément.

C. rur., art. 324-1 s.

→ *Groupement agricole d'exploitation en commun (GAEC).*

Entreprise d'investissement

[Droit commercial]

Variété de *prestataire de services d'investissement*, à côté des établissements bancaires. Personne morale faisant l'objet d'un agrément administratif préalable et étant surveillée dans l'exercice de ses activités.

C. mon. fin., art. L. 531-1, 531-4 s.

Entreprise de marché

[Droit commercial]

Anciennes sociétés de bourse; personne morale gestionnaire d'un marché financier. Est soumise en France au contrôle de l'*Autorité des marchés financiers*.

C. mon. fin., art. L. 421-1 s.

Entreprise de recherche et d'activités pétrolières (ERAP)

[Droit financier ou fiscal]

Établissement public industriel et commercial, dont le nom s'explique par les circonstances de sa création en 1965 (portage du capital de l'État dans la société pétrolière ELF, dont il s'est totalement dégagé depuis 1996), chargé de prendre, au nom de l'État, des participations dans des entreprises relevant des secteurs de l'énergie, de la pharmacie et des télécommunications (ex. : *France Télécom*).

Entreprise nationalisée

[Droit administratif/Droit du travail]

→ *Nationalisation.*

Entreprise unipersonnelle à responsabilité limitée (EURL)

[Droit civil/Droit commercial]

Forme unipersonnelle de la *Société à responsabilité limitée* (SARL). À distinguer nettement de l'*Entrepreneur individuel à responsabilité limitée* (EIRL).

→ *Société unipersonnelle.*

Entreprises publiques

[Droit administratif]

Catégorie d'organismes – dont certains nient la spécificité – qui ont en commun une personnalité juridique distincte de celle de l'État, une activité industrielle ou commerciale, et dont le capital est détenu majoritairement par une personne publique – très généralement l'État – qui possède un pouvoir de contrôle; les systèmes de gestion sont très proches de ceux du secteur privé. Cet ensemble est hétérogène par le statut de ses composants, qui va de l'établissement public à la société de droit privé, et par le fait que, si certaines entreprises publiques gèrent des *services publics* : EDF, GDF, par exemple, d'autres gèrent des activités de nature purement commerciale, comme c'était le cas de la Régie nationale des usines Renault, d'ailleurs redevenue entreprise privée en 1996.

Entretien (Devoir d')

[Droit civil]

Devoir pesant sur les pères et mères d'assumer matériellement leur fonction parentale (fonction qui consiste à protéger l'enfant, à l'éduquer et à permettre son développement). Ce devoir est conçu largement. Il impose non seulement de subvenir aux besoins élémentaires de l'enfant (en nourriture, logement, vêtements...), mais aussi, plus généralement, de lui apporter tout ce dont il a besoin pour vivre et se développer. Il est indissociable du devoir d'éducation.

Chacun des parents y contribue à proportion de ses ressources et de celles de l'autre parent, ainsi que des besoins de l'enfant.

L'obligation d'entretien ne cesse pas de plein droit à la majorité de l'enfant et la contribution du parent peut être versée directement entre les mains de l'enfant majeur.

C. civ., art. 203, 371-2 et 373-2-5.

Enveloppe

[Droit financier ou fiscal]

Montant global des crédits budgétaires destinés à être affectés à un but, ou à un ensemble de buts déterminés (néologisme).

Environnement

[Droit général]

Mot très souvent employé, dépourvu d'un contenu juridique précis. Le terme fait image pour désigner le milieu naturel, urbain, industriel (parfois aussi économique, social et politique) au sein duquel vivent les hommes. Pour protéger ceux-ci contre les nuisances et pollutions engendrées par ce milieu, des réglementations très diversifiées ont vu le jour aux plans national et international (Union européenne, notamment) et ont connu un développement foisonnant, encouragées – parfois de façon excessive – par les mouvements écologistes.

Un Code de l'environnement, publié en 2000-2001, rassemble en un vaste *Corpus* les innombrables dispositions relatives aux espaces, ressources et milieux naturels, aux sites et paysages, aux espèces animales et végétales, aux équilibres biologiques. La réglementation en ce domaine s'inspire des principes suivants : le principe de précaution, le principe d'action préventive, le principe pollueur-payeur, le principe de participation.

C. envir., art. L. 110-1.

→ *Charte de l'environnement, Nuisances, Pollution.*

Envoi en possession

[Droit civil]

Acte par lequel le juge autorise certains légataires universels ou, en cas d'*absence*, les héritiers présomptifs, à entrer en possession des biens du défunt ou de l'absent. L'État qui recueille une succession en *déshérence* doit également solliciter l'envoi en possession pour appréhender les biens de ladite succession.

C. civ., art. 724, 811 et 1008.

GAJC, t. 1, n° 123.

Épargne-logement

[Droit financier ou fiscal]

Encouragement à la construction, consistant en un mécanisme de crédit différé dans lequel des sommes préalablement épargnées par le futur constructeur lui permettent, après un certain temps, d'obtenir une prime majorant le montant de ses intérêts, ainsi qu'un prêt à un taux favorable proportionné à la durée et au montant de l'épargne et consenti par la Caisse d'Épargne ou la Banque ayant collecté l'épargne.

Épargne retraite

[Sécurité sociale]

Dispositif qui vise à compléter les pensions dues au titre des régimes de retraite par répartition légalement obligatoires, permet de disposer, à partir du départ à la retraite, de ressources provenant d'une épargne constituée individuellement ou collectivement à partir de versements sur une base volontaire ou obligatoire réalisés à titre privé ou lors de l'activité professionnelle.

Loi n° 2010-1330 du 9 nov. 2010, art. 107.

Épave

[Droit civil]

Bien mobilier perdu par son propriétaire qui demeure inconnu.

C. civ., art. 717.

→ *Derelictio, Res derelictae.*

Épuisement des recours internes (Règle de l')

[Droit international public]

→ *Recours internes (Épuisement des).*

Épuration

[Droit administratif]

Après la Seconde Guerre mondiale, éviction des services publics de ceux de leurs collaborateurs ayant manifesté une sympathie active à l'égard du régime hitlérien ou du gouvernement de Vichy.

Équilibre des droits des parties

[Procédure pénale]

→ *Égalité des armes.*

Équilibre (ou balance) des forces

[Droit international public]

Principe de politique (dont la consécration remonte au traité de Westphalie, 1648) selon lequel le rapport des forces entre États doit rester stable, grâce à un jeu de bascule qui empêche la prédominance de l'un par le groupement des moyens politiques économiques ou militaires de certains autres.

Équipollent

[Droit civil/Procédure civile]

1° Adjectif marquant l'identité de régime entre 2 notions juridiques : par exemple, la faute lourde est équipollente au dol.

2° Substantif : énonciations d'un acte ayant le même sens que les termes consacrés, ce qui permet d'éviter la nullité pour manquement aux formes.

Équité

[Droit général]

L'équité est la réalisation suprême de la justice, allant parfois au-delà de ce que prescrit la loi. « Amour et vérité se rencontrent; justice et paix s'embrassent » Ps. 84-II.

C. civ., art. 565, 1135

[Droit international public]

Application, pour la solution d'un litige donné, des principes de la justice, afin de combler les lacunes du droit positif ou d'en corriger l'application lorsqu'elle serait trop rigoureuse. La Cour internationale de justice (art. 38) a la faculté, si les parties sont d'accord, de statuer en équité (*ex æquo et bono*).

[Procédure civile]

Le Code de procédure civile reconnaît à toute juridiction de l'ordre judiciaire le pouvoir de trancher en équité, lorsqu'il s'agit de droits dont les parties ont la libre disposition et qu'un accord exprès des plaideurs a délié le juge de l'obligation de statuer en droit.

CPC, art. 12, al. 3 et 700.

→ *Amiable compositeur, Ex æquo et bono, Procès équitable.*

Équivalence

[Droit du travail]

→ *Heures supplémentaires.*

Érasmus

[Droit international public]

Érasme, humaniste hollandais († 1536), théologien chrétien, qui chercha l'entente entre Catholiques et Réformés, dont le nom sert aujourd'hui d'enseigne aux programmes de bourses étudiantes.

Programme de bourses de l'Union européenne qui vise, depuis 1987, à permettre à une part croissante d'étudiants de passer une période d'études dans un autre État membre, période qui doit être prise en compte dans le cursus universitaire de l'étudiant concerné par son université d'origine (système d'unités de valeur capitalisables et transférables dits ECTS). Connaît un grand succès qui se prolonge aujourd'hui sous différentes formes (ex. : *Socrates*, *Tempus*…).

→ *Licence-Master-Doctorat.*

Erga omnes

[Droit général]

Littéralement : « à l'égard de tous ». Expression latine signifiant qu'un acte, une décision ou un jugement a un effet à l'égard de tous, et non seulement à l'égard des seules personnes directement concernées.

→ *Inter partes, Opposabilité.*

Erratum

[Droit général]

Erreur matérielle dans la reproduction d'un texte, justifiant le redressement par simple rectificatif. Spécialement usité pour les publications au *Journal officiel*.

Errements

[Procédure civile]

Terme désignant les étapes d'une procédure, l'état de son développement, surtout utilisé dans la formule : *reprendre la procédure sur ses derniers errements* pour dire recommencer la procédure, non à son début, mais à partir de l'acte de procédure entaché de nullité.

Erreur

[Droit civil]

Appréciation inexacte portant sur l'existence ou les qualités d'un fait, ou sur l'existence ou l'interprétation d'une règle de droit.

Alors que l'erreur de fait peut, si elle est grave, entraîner la nullité de l'acte, l'erreur de droit n'est généralement pas prise en considération.

C. civ., art. 180, 777, 887, 901, 1110, 1376 s. et 2052.

GAJC, t. 1, n° 33; GAJC, t. 2, n° 147-148, 149, 151 et 267-268.

→ *Nemo censetur ignorare legem.*

Erreur de droit

[Droit pénal]

Représentation inexacte du contenu de la loi ou ignorance de son existence. L'erreur de droit n'est exclusive de la responsabilité pénale que si elle a été invincible pour le prévenu. L'erreur de droit est admise par le Code pénal.

C. pén., art. 122-3.

GADPG n° 46.

[Droit administratif]

Motif d'annulation par le juge d'un acte administratif dont l'auteur s'est trompé sur la portée ou le sens du texte sur lequel il s'est fondé pour adopter l'acte contesté.

GAJA n° 70.

Erreur de fait

[Droit pénal]

Représentation inexacte d'un fait matériel ou ignorance de son existence. L'erreur de fait exclut la culpabilité pénale lorsqu'elle intervient à propos d'une infraction intentionnelle et lorsqu'elle porte sur une circonstance essentielle de l'incrimination.

GADPG n° 45.

[Droit administratif]

Motif d'annulation par le juge d'un acte administratif, dont l'auteur s'est trompé quant à l'exactitude matérielle ou à la qualification juridique des faits ayant déterminé son adoption.

GAJA n° 28 et 29.

Erreur judiciaire

[Procédure pénale/Procédure civile]

Erreur commise par les magistrats, faussant leur décision et qui est susceptible d'ouvrir une voie de recours. En matière pénale, la condamnation définitive d'une personne, par erreur, ouvre le pourvoi en révision. La loi n° 2000-516 du 15 juin 2000 a introduit la procédure de réexamen d'un dossier pénal suite à une décision de condamnation rendue par la Cour européenne des droits de l'Homme.

C. pr. pén., art. 622 s. et 626-1 s.; CPC, art. 462 et 595.

→ *Omissions matérielles, Pourvoi en cassation, Recours en révision.*

Erreur manifeste

[Droit administratif]

Théorie jurisprudentielle imaginée par les juridictions administratives pour étendre leur contrôle sur le pouvoir discrétionnaire de l'Administration, leur permettant face à ce qu'elles considèrent comme des erreurs particulièrement flagrantes de celle-ci, de contrôler l'appréciation des faits à laquelle elle s'est livrée.

GAJA n° 28.

Error communis facit jus

[Droit général]

Littéralement : une erreur commune fait le droit.

Il est des cas où une croyance commune provoque des conséquences juridiques pourtant contraires au droit. Tel est le cas pour l'héritier apparent.

GAJC, t. 1, n° 103.

Escompte

[Droit commercial]

1° Technique de *mobilisation de créance* par laquelle un banquier endossataire paie le montant de l'*effet de commerce* à l'endosseur, avant l'échéance prévue par l'effet, sous déduction d'une somme représentant les intérêts du montant de l'effet à courir jusqu'à l'échéance.

2° Somme déduite par le banquier du montant de l'effet, correspondant à l'intérêt à courir jusqu'à l'échéance.

Escroquerie

[Droit pénal]

Délit consistant dans le fait, soit par l'usage d'un faux nom ou d'une fausse qualité, soit par l'abus d'une qualité vraie, soit par l'emploi de manœuvres frauduleuses, de tromper une personne physique ou morale et de la déterminer ainsi, à son préjudice ou au préjudice d'un tiers, à remettre des fonds, des valeurs ou un bien quelconque, à fournir un service ou à consentir un acte opérant obligation ou décharge.

C. pén., art. 313-1.

Espace aérien

[Droit international public]

1° Espace aérien *approprié* : l'espace au-dessus du territoire et des eaux territoriales d'un État, sur lequel ce dernier exerce sa souveraineté.

2° Espace aérien *libre* : l'espace au-dessus de la haute mer et des zones maritimes étatiques autres que la *mer territoriale* et les *eaux intérieures* sur lequel les États n'exercent aucune compétence fondée sur la territorialité (mais il existe une réglementation internationale de l'utilisation de l'espace aérien libre).

Espace de liberté, de sécurité et de justice

[Droit européen]

Nom donné à l'ex-3e pilier de Maastricht et Amsterdam (coopération policière et judiciaire en matière pénale) pour caractériser la volonté affichée par le Conseil de Tempere (1999) de construire à la fois une coopération policière et judiciaire approfondie (Europol et Eurojust) et une politique commune du droit d'asile et de l'immigration. Le traité de Lisbonne lui consacre le titre V de la IIIe Partie du TFUE (art. 67 s.).

Espace de rencontre

[Droit civil]

→ *Droit de visite.*

Espace économique européen

[Droit européen]

Traité signé en mai 1992 entre les pays de l'AELE (Association européenne de libre-échange) et de la CEE (Communauté économique européenne, aujourd'hui Union européenne). A pour objectif de créer un marché unique, les pays de l'AELE s'engageant sur l'ensemble de l'acquis communautaire, mais sans être liés par les politiques communes. La Suisse a refusé par référendum de ratifier le traité de Porto et reste donc à l'écart de l'EEE qui comprend les 27 États membres de l'Union européenne, l'Islande, le Liechtenstein et la Norvège.

Espace extra-atmosphérique

[Droit international public]

Espace au-delà de l'espace aérien, dont le régime juridique est fixé pour l'essentiel par un traité de 1967 : insusceptibilité d'appropriation nationale, liberté d'exploration, d'utilisation, démilitarisation. Mais la ligne de démarcation entre espace aérien et espace extra-atmosphérique n'est pas encore précisée par le droit conventionnel.

Espace social européen

[Droit européen]

Dénomination couvrant la politique sociale mise en œuvre par l'Union européenne. S'est progressivement développé avec la libre circulation des personnes, des programmes communautaires d'action sociale, le Fonds social européen, l'Acte unique européen (art. 118 A et B), jusqu'aux traités de Maastricht et d'Amsterdam lesquels intègrent des dispositions relatives à la politique sociale.

TFUE, Titre X de la IIIe Partie, art. 151 s.

Espaces de réflexion éthique

[Droit civil]

Créés au niveau régional ou interrégional, en lien avec des centres hospitalo-universitaires, ils constituent des lieux de formation, de documentation, de rencontre et d'échanges interdisciplinaires sur les questions d'éthique dans le domaine de la santé; ils font également fonction d'observatoires régionaux ou interrégionaux des pratiques au regard de l'éthique et participent à l'organisation de débats publics afin de promouvoir l'information et la consultation des citoyens sur les questions de bioéthique.

CSP, art. L. 1412-6.

Espèce

[Droit général]

Affaire, cas particulier dont il s'agit. Ainsi dit-on couramment : en l'espèce, les données de l'espèce, les textes applicables à l'espèce, etc.

Espèces (En)

[Droit civil/Droit privé]

En numéraire. Désigne le paiement opéré avec des billets de banque et des pièces métalliques ayant cours légal, par opposition au paiement par chèque, par *virement*, ou par *carte de paiement*.

Les paiements en espèces, suspectés d'alimenter une économie « souterraine » et de favoriser la fraude fiscale, sont interdits au-dessus de certains montants : 3 000 € pour les paiements adressés à un professionnel ou émanant d'un professionnel lorsque le débiteur a son domicile fiscal en France ou agit pour les besoins d'une activité professionnelle (15 000 € dans les cas contraires), 1 500 € en ce qui concerne le règlement des salaires… L'interdiction ne s'applique pas aux règlements faits entre particuliers.

C. mon. fin., art. 112-6 s., art. D. 112-3 (créé par Décr. n° 2010-662 du 16 juin 2010).

Espionnage

[Droit pénal]

Ensemble d'infractions commises par une personne autre qu'un Français ou un militaire au service de la France consistant à renforcer les informations d'une puissance étrangère ou à affaiblir les intérêts de la nation.

Commises par un Français ou un militaire au service de la France, ces mêmes infractions sont qualifiées de *trahison.*

C. pén., art. 411-1 s.

Essai

[Droit du travail]

Période, instituée avec précision par voie contractuelle (et, le cas échéant, conventionnelle), située au début de l'exécution du *contrat de travail*, dont la finalité est de permettre aux parties d'apprécier à l'expérience si le contrat leur donne satisfaction; l'employeur peut ainsi se rendre compte des compétences du salarié dans son travail et le salarié apprécier si les fonctions occupées lui conviennent. La loi n° 2008-596 du 25 juin 2008 a fixé des durées maximales variables selon les catégories de salariés pendant cette période, la rupture de ce contrat est simplifiée. L'employeur qui licencie n'a pas à respecter les règles de droit commun du *licenciement* (notamment la procédure de droit commun et la motivation de la lettre de rupture par l'invocation d'une cause réelle et sérieuse de licenciement); en revanche, il devra respecter un préavis de licenciement. Par ailleurs, les règles applicables aux licenciements fondés sur un certain type de cause (comme la faute ou une cause à caractère discriminatoire) ou concernant des salariés protégés (salariés victimes d'un accident du travail ou d'une maladie professionnelle, en congé de maternité, investis d'un mandat électif ou syndical...) doivent être observées en période d'essai.

C. trav., art. L. 1221-19 s.

GADT n° 41 à 43.

Essai professionnel

[Droit du travail]

Technique de recrutement des salariés par laquelle il est demandé aux candidats à un emploi d'exécuter une pièce ou d'effectuer un travail correspondant à la qualification exigée. L'essai professionnel, bien que d'essence contractuelle, ne s'intègre pas dans un contrat de travail et se distingue en cela de l'*engagement à l'essai*.

Ester en justice

[Procédure]

Participer, comme demandeur, défendeur ou intervenant, à l'exercice d'une action en justice, à un procès.

→ *Capacité d'ester en justice.*

ACTU

Estoppel

[Droit administratif]

Selon le Conseil d'État (avis, 1er avr. 2010), l'estoppel n'est pas un principe applicable à la procédure contentieuse fiscale.

[Droit international public]

Objection péremptoire qui s'oppose à ce qu'un État partie à un procès puisse contredire une position qu'il a prise antérieurement et dans laquelle les tiers avaient placé leur légitime confiance.

[Procédure civile]

Notion sanctionnant, en *Common law*, les contradictions de comportement d'un plaideur au cours des phases successives du procès. Cette application du principe de loyauté procédurale est également reçue en droit français, étant précisé que la seule circonstance qu'une partie se contredise au détriment d'autrui n'emporte pas nécessairement *fin de non-recevoir* (Ass. plén., 27 févr. 2009).

La théorie de l'estoppel est applicable à la procédure arbitrale.

Établissement

[Droit commercial/Droit européen]

Réunion de moyens humains et de biens en vue d'exercer, de manière durable, une activité économique. La réglementation distingue l'établissement principal (qui correspond en principe, pour une personne morale, au lieu de fixation de son siège social) d'éventuels établissements secondaires (pour une définition, v. par ex. l'art. R. 123-40 C. com.). En chaque lieu d'établissement, des sujétions administratives sont susceptibles de s'imposer à l'opérateur dans l'intérêt du marché et des tiers locaux (ex. : publicités légales).

La liberté d'établissement est organisée dans l'Union européenne (art. 49 et s. TFUE), au profit des ressortissants d'un État membre désireux de s'établir professionnellement sur le territoire d'un autre État membre pour y exercer une activité non salariée.

[Droit international privé]

On désigne par « établissement » d'un étranger l'installation matérielle de cet étranger sur le territoire national, avec l'intention d'y exercer une activité rémunératrice.

[Droit du travail]

Unité technique de production pouvant coïncider avec l'entreprise ou, au contraire, n'en constituer qu'une fraction.

Comité d'établissement : organisme analogue au *comité d'entreprise*, dans le cadre de l'établissement.

GADT n° 134.

Établissement de crédit

[Droit commercial]

Personne morale qui effectue à titre de profession habituelle des *opérations de banque*. Les établissements de crédit peuvent aussi effectuer des opérations connexes à leur activité (opération de change; opération sur or et métaux précieux; placement, souscription, achat, gestion de valeurs mobilières...). Ils peuvent en outre, dans des conditions définies par le ministre chargé de l'Économie, prendre et détenir des participations dans des entreprises existantes ou en création.

C. mon. et fin., art. L. 511-1 à 511-4, art. L. 311-1 et 311-2.

Établissement d'utilité publique

[Droit privé]

Personne morale de droit privé (à la différence de l'*établissement public* qui est une personne morale de droit public) gérant une activité présentant un intérêt général et jouissant à ce titre d'un régime juridique de faveur. Quand la qualité d'établissement d'utilité publique n'a pas été attribuée par un texte à la personne morale en cause, l'examen de la *jurisprudence* montre que cette qualification est souvent difficile à déterminer.

Établissement français du sang

[Droit administratif]

Établissement public de l'État à caractère administratif et placé sous la tutelle du ministre chargé de la Santé. Il doit contribuer à la définition et à l'application de la politique de transfusion sanguine, contrôler et coordonner l'activité des établissements de transfusion sanguine et remplir des missions d'intérêt national relatives à l'activité de la transfusion sanguine.

CSP, art. R. 1222.

Établissement nouveau

[Sécurité sociale]

Établissement nouvellement créé qui bénéficie d'un taux collectif au regard de la tarification des accidents du travail pendant l'année de sa création et les 2 années civiles suivantes. À l'expiration de ce délai, les taux sont collectifs, mixtes ou réels en fonction de l'effectif.

CSS, art. D. 242-6-13.

Établissement pénitentiaire

[Droit pénal]

Au sens de la loi pénitentiaire du 24 novembre 2009, désigne tout lieu où une personne faisant l'objet d'une mesure privative de liberté est détenue pour le temps d'exécution de cette mesure.

→ *Détenu.*

Établissement public

[Droit administratif]

Naguère, catégorie juridique du droit administratif présentant des traits vigoureux d'originalité : l'établissement public était toute entité de droit public, autre qu'une collectivité territoriale, dotée de la personnalité juridique et chargée de la gestion d'une activité de service public dans le cadre limité de sa spécialité. Exemple : université.

Cette originalité s'est estompée pour plusieurs raisons, notamment :

- des personnes de droit public innomées se sont ajoutées aux établissements publics traditionnels;
- les nationalisations d'après-guerre avaient fait naître des établissements publics qui ne géraient pas des services publics;
- la recherche d'un regroupement des moyens matériels et financiers des communes a entraîné l'apparition d'établissements publics polyvalents dont l'assise est territoriale, très proches par leurs caractères de véritables collectivités territoriales.

Sous ces réserves, on distingue généralement :

1° *Établissements publics administratifs* : ceux chargés de la gestion d'une activité classique de service public; ils sont régis par les règles du droit administratif et leur contentieux relève normalement des juridictions administratives.

2° *Établissements publics industriels et commerciaux* : catégorie controversée d'EP gérant, dans des conditions comparables à celles des entreprises privées, des activités de nature industrielle ou commerciale. Leur fonctionnement et leur contentieux empruntent à la fois au droit public et au droit privé.

GAJA n° 7 et 36.

→ *Décentralisation.*

Établissement public de coopération intercommunale (EPCI)

[Droit administratif]

Catégorie d'*établissements publics* regroupant, selon la loi du 16 décembre 2010, diverses structures juridiques de coopération intercommunale : les *métropoles*, les *communautés urbaines*, les *communautés d'agglomération*, les *communautés de communes*, les *syndicats de communes et les syndicats d'agglomération nouvelle*.

CGCT, art. L. 5210-1.

→ *Intercommunalité.*

Établissement stable

[Droit financier ou fiscal]

En matière de conventions fiscales internationales, expression désignant une installation fixe d'affaires, comme une succursale, une usine, un chantier d'une certaine durée, par laquelle une entreprise d'un État A exerce une activité dans un État B. La conséquence de cette qualification est d'attribuer à l'État B l'imposition des profits réalisés par cette installation.

Établissements de paiement

[Droit civil/Droit commercial]

Personnes morales, autres que les établissements de crédit et les personnes assimilées (Banque de France, Trésor Public), fournissant à titre de profession habituelle des *services de paiement*, ou des services connexes, notamment des crédits octroyés exclusivement dans le cadre de l'exécution d'opérations de paiement.

Les établissements de paiement doivent obtenir un agrément délivré par le comité des établissements de crédit et des entreprises d'investissement et remplir diverses conditions : organisation structurée, dispositif de contrôle, capital minimum, etc.

C. mon. fin., art. L. 522-1 s.

→ *Prestataire de service.*

État

[Droit constitutionnel/Droit international public]

1° Au point de vue sociologique : espèce particulière de société politique résultant de la fixation sur un territoire déterminé d'une collectivité humaine relativement homogène régie par un pouvoir institutionnalisé comportant le monopole de la contrainte organisée (spécialement le monopole de la force armée).

→ *Nation.*

2° Au point de vue juridique : personne morale titulaire de la souveraineté.

3° Dans un sens plus étroit et concret : ensemble des organes politiques, des gouvernants, par opposition aux gouvernés (par ex. quand on dit que l'État est envahissant, qu'il faut réformer l'État, etc.).

4° Selon la conception marxiste : appareil d'oppression au service de la classe dominante; en régime capitaliste, instrument de la bourgeoisie en vue de l'exploitation du prolétariat (mais l'instauration d'une société sans classes doit entraîner le dépérissement de l'État).

État civil

[Droit civil]

1° Situation de la personne en droit privé, spécialement dans les rapports familiaux, telle qu'elle résulte des éléments pris en considération par le droit en vue de lui accorder des prérogatives juridiques et dont l'ensemble forme l'état des personnes.

2° Service public chargé d'établir, de conserver et éventuellement de communiquer, sous certaines conditions, les *actes de l'état civil* (acte de naissance, de mariage, de décès).

C. civ., art. 34 s., 55 s., 63 s., 78 s. et 98 s.

GAJC, t. 1, n° 25-26.

→ *État des personnes, Officier de l'état civil, Registre d'état civil, Répertoire civil.*

État dangereux

[Droit pénal]

Prédisposition à la délinquance d'un individu dont la situation ne constitue pas toujours une atteinte à l'ordre social.

C. pén., art. 121-3.

→ *Mise en danger.*

État de droit

[Droit public]

Expression, traduite de l'allemand *Rechtsstaat*, employée pour caractériser un État dont l'ensemble des autorités politiques et administratives, centrales et locales, agit en se conformant effectivement aux règles de droit en vigueur et dans lequel tous les individus bénéficient également de garanties procédurales et de libertés fondamentales. En droit français, l'État de droit s'incorpore techniquement dans le principe de *légalité*. Correspond au concept anglo-saxon de *rule of law*.

→ *Libertés publiques.*

État de nécessité

[Droit pénal]

Cause d'irresponsabilité pénale par justification, bénéficiant à la personne qui, face à un danger actuel ou imminent qui menace elle-même, autrui ou un bien, accomplit un acte nécessaire à la sauvegarde de la personne ou du bien, sauf s'il y a disproportion entre les moyens employés et la gravité de la menace.

C. pén., art. 122-7.

GADPG n° 24.

État de siège

[Droit constitutionnel/Droit administratif]

Régime restrictif des libertés publiques pouvant être appliqué par décret sur tout ou partie du territoire en cas de menace étrangère ou d'insurrection, et caractérisé par l'accroissement du contenu des pouvoirs ordinaires de police, par la possibilité d'un dessaisissement des autorités civiles au profit des autorités militaires, et par l'élargissement de la compétence des tribunaux militaires.

Selon l'article 36 de la Constitution de 1958, l'état de siège est proclamé par le gouvernement, mais sa prorogation au-delà de 12 jours doit être autorisée par le Parlement.

→ *État d'urgence.*

État des inscriptions

[Droit civil/Procédure civile]

→ *Conservation des hypothèques, Publicité foncière.*

État des lieux

[Droit civil]

Document établi contradictoirement entre le bailleur et le preneur et décrivant la consistance et l'état des lieux loués, d'une part avant l'entrée en jouissance pour vérifier que le propriétaire met bien à la disposition du locataire un local en bon état d'usage et de réparation, d'autre part à la fin du bail afin de faire le départ entre les dégradations imputables au locataire et celles qui résultent de la vétusté.

C. civ., art. 1730 et 1731.

État des personnes

[Droit civil]

Ensemble des éléments caractérisant la situation juridique de la personne au plan individuel (date et lieu de naissance, nom, prénom, sexe, capacité, domicile), au plan familial (filiation, mariage) et au plan politique (qualité de français ou d'étranger).

C. civ., art. 3.

GAJC, t. 1, n° 25-26 et 50.

→ *Atteinte à la vie privée, État civil, Vie privée.*

État d'urgence

[Droit administratif/Droit constitutionnel]

Régime restrictif des libertés publiques pouvant être appliqué par une loi sur tout ou partie du territoire national, caractérisé surtout par l'extension des pouvoirs ordinaires de police des autorités civiles.

GDCC n° 29.

→ *État de siège.*

État estimatif

[Droit civil]

Inventaire et *prisée*, article par article, des biens mobiliers faisant l'objet d'un acte juridique, spécialement d'une donation.

C. civ., art. 948.

État exécutoire

[Droit administratif]

→ *Titre de perception.*

État fédéral

[Droit constitutionnel/Droit international public]

État composé de plusieurs collectivités politiques (États fédérés) auxquelles il se superpose.

Il s'agit donc d'un État « à double étage ». La Constitution fédérale répartit les compétences entre l'État fédéral et les États membres (en réservant généralement à l'État fédéral le monopole des affaires étrangères), mais les États membres ont la garantie d'une participation aux décisions fédérales grâce à l'organisation particulière du pouvoir législatif fédéral, qui comporte une chambre des États à côté de la chambre de la population.

→ *Fédéralisme.*

État-gendarme

[Droit constitutionnel]

→ *Libéralisme.*

État-providence

[Droit constitutionnel]

→ *Dirigisme.*

État unitaire

[Droit constitutionnel]

État comportant un centre unique d'impulsion politique auquel la population est uniformément soumise sur tout le territoire, les circonscriptions territoriales ne jouissant d'aucune autonomie politique.

États généraux

[Droit constitutionnel]

Assemblée représentative des 3 ordres de la société française sous l'Ancien Régime (clergé, noblesse, tiers état), convoquée épisodiquement par le roi pour donner des avis ou voter des subsides. La dernière et la plus célèbre des réunions des états généraux fut celle convoquée à Versailles le 5 mai 1789, qui ouvrit le chemin de la Révolution.

→ *Noblesse.*

Éthique biomédicale

[Droit pénal]

Ensemble des règles déontologiques et juridiques qui dominent l'activité de la recherche médicale et qui tendent à prévenir les crimes contre l'espèce humaine, notamment sous forme d'*eugénisme* ou de *clonage reproductif*.

C. pén., art. 214-1 s. et 511-1 s.

Étranger

[Droit international privé/Droit international public]

Aux yeux de la loi française, sont considérés comme étrangers les individus qui n'ont pas la nationalité française, quand bien même ils seraient ressortissants de pays qui ont avec la France des liens étroits (Andorrans, Monégasques), ainsi que les individus n'ayant aucune nationalité (apatrides).

C. civ., art. 11.

GADIP n° 20.

Être humain

[Droit général]

Personne physique (par opposition aux *personnes morales*), dotée de la *personnalité juridique* et dont la loi assure la primauté dans l'ordre juridique en interdisant toute atteinte à sa dignité et en garantissant son respect dès le commencement de la vie. Le respect dû au corps humain persiste après la mort; les restes des personnes décédées, y compris les cendres, doivent être traités avec respect, dignité et décence.

C. civ., art. 16, 16-1, 16-1-1 et 16-2.

→ *Affection grave et incurable, Atteinte à la dignité de la personne, Corps humain, État des personnes, Fin de vie, Inviolabilité du corps humain, Organe humain, Soins palliatifs.*

Être moral

[Droit général]

→ *Personnalité juridique, Personnalité morale, Personne morale.*

ACTU

Étude d'impact

[Droit administratif]

Les études préalables à la réalisation d'aménagements ou d'ouvrages qui, par leurs dimensions ou par leurs conséquences sur le milieu naturel, peuvent porter atteinte à celui-ci, doivent comporter l'étude de leurs conséquences prévisibles sur l'environnement.

[Droit constitutionnel]

En vertu d'une loi organique du 15 avril 2009, les projets de loi font l'objet d'études d'impact, qui envisagent notamment leur articulation avec le droit européen et l'ensemble de leurs conséquences économiques, sociales et environnementales.

Étudiants

[Droit administratif]

Personnes qui, après l'obtention du baccalauréat ou d'un titre équivalent, poursuivent des études supérieures dans le cadre d'une université, d'une grande école, ou d'une classe préparatoire à celle-ci.

[Sécurité sociale]

Les étudiants sont assujettis à un régime spécial de Sécurité sociale. Sont étudiants au regard de ce régime, les élèves des établissements d'enseignement supérieur, des écoles techniques supérieures, des grandes écoles et classes préparatoires à ces écoles qui, n'étant ni assurés sociaux, ni ayants droit d'assurés sociaux sont âgés de moins de 26 ans.

CSS, art. L. 381-3.

Eugénisme

[Droit pénal]

Pratique tendant à l'organisation de la sélection des personnes, constitutive d'un crime contre l'espèce humaine.

C. pén., art. 214-1.

Sans préjudice des recherches tendant à la prévention et au traitement des maladies génétiques, aucune transformation ne peut être apportée aux caractères génétiques dans le but de modifier la descendance de la personne.

Euratom

[Droit international public]

→ *Communautés européennes.*

Eureka

[Droit international public]

Conçue par la France en 1985 pour servir de pendant à l'initiative de défense stratégique (IDS ou guerre des étoiles) proposée par les États-Unis. Rassemble les pays membres de l'Union européenne, la Commission, les pays de l'AELE et la Turquie. Regroupe sur un projet commun de recherche industriels et Administrations. Plus de 500 projets déjà financés.

Euro

[Droit européen]

Nom de la monnaie unique, introduite le 1er janvier 1999. Au 1er janvier 2002 les monnaies nationales ont définitivement disparu en raison de l'introduction des pièces et des billets en euro.
A succédé à l'Ecu (european currency unit).
Un euro = 6,55957 francs.
Gestion confiée à la *Banque centrale européenne*. La valeur de l'euro s'est considérablement renforcée par rapport au dollar.
17 États sur 27 participent à la zone Euro, au 1er janvier 2011 : Allemagne, Autriche, Belgique, Chypre, Espagne, Estonie, Finlande, France, Grèce, Irlande, Italie, Luxembourg, Malte, Pays-Bas, Portugal, Slovaquie, Slovénie.

Eurogroupe

[Droit européen]

Réunion des États ayant adopté l'euro comme monnaie. D'abord informelle, cette structure, reconnue par le traité de Lisbonne, a pour objet la coordination des politiques économiques et budgétaires des

États membres. A un président élu, depuis l'origine le Premier ministre du Luxembourg, J.-C. Juncker.

TFUE, art. 137.

Eurojust

[Droit européen/Procédure pénale]

Organe de l'Union européenne créé par décision du Conseil du 28 février 2002 dans le but de renforcer la lutte contre les formes graves de criminalité. Doté de la personnalité juridique et pouvant intervenir soit collégialement soit par l'intermédiaire d'un représentant national, il a pour mission la promotion, l'amélioration de la coordination et de la coopération entre les autorités compétentes des États membres de l'Union européenne. Sa compétence couvre les formes de criminalité ainsi que les infractions pour lesquelles *Europol* a compétence (trafic illicite de stupéfiants, terrorisme, blanchiment, criminalité informatique et participation à une organisation criminelle). Pourrait préfigurer un futur parquet européen.

C. pr. pén., art. 695-4 s.; TFUE, art. 85.

Europol

[Droit européen/Procédure pénale]

Organisme (Office européen de police) créé par la convention de Bruxelles du 26 juillet 1995. Il a pour objectif d'améliorer, dans le cadre de la coopération entre les États membres de l'Union européenne, la lutte contre toute une série d'infractions graves et transfrontalières (voir l'article 2 de la convention). Ses fonctions sont aujourd'hui énumérées à l'article 88 TFUE.

Euthanasie

[Droit pénal]

En grec : littéralement « bonne mort », celle qui délivre de souffrances intolérables. Fait pour un tiers compatissant de procurer la mort à une personne atteinte d'une maladie très douloureuse et incurable. En droit pénal français, l'euthanasie est un assassinat.

Évasion fiscale

[Droit financier ou fiscal]

Fait de soustraire une matière imposable (revenu, capital) à l'application de la loi fiscale en général ou d'un tarif d'impôt particulier, sans transgresser la lettre de la loi – ce qui correspondrait à la fraude fiscale – en mettant systématiquement à profit toutes les possibilités de minorer l'impôt ouvertes soit par ses règles soit par ses lacunes.

Au plan international, elle peut consister par exemple, pour une entreprise, à localiser tout ou partie de ses profits imposables dans des « *paradis fiscaux* » par la pratique des *prix de transfert*.

Éviction

[Droit civil]

Perte d'un droit apparent d'une personne sur une chose en raison de l'existence d'un droit d'un tiers sur cette même chose. Le vendeur d'un bien est garant de l'éviction éventuelle de l'acquéreur.

C. civ., art. 884 s., 1626 s., 1705 et 1725 s.

→ *Garantie.*

[Droit commercial]

Refus, par le bailleur, de renouveler un bail commercial et qui l'oblige à verser au preneur évincé une *indemnité d'éviction*.

Évocation

[Procédure civile]

Pouvoir reconnu à la cour d'appel d'attraire à elle le fond du litige, c'est-à-dire de trancher les points non jugés en première instance, lorsqu'elle se trouve saisie d'un jugement ayant ordonné une mesure d'instruction, d'un jugement ayant mis fin à l'instance sur exception de procédure, ou d'un contredit de compétence. En toutes circonstances, la cour doit estimer de bonne justice de donner à l'affaire une solution définitive.

CPC, art. 89 et 568.

[Procédure administrative]

Le juge d'appel peut, par l'effet évocatif de l'appel, statuer sur le fond du litige, s'il est saisi en ce sens par l'appelant, lorsque le premier juge a irrégulièrement mis fin à l'instance pour une raison de compétence ou de procédure, sans aborder le fond du litige.

GACA n° 29.

→ *Effet dévolutif.*

Ex æquo et bono

[Procédure (principes généraux)]

Littéralement, « en fonction du juste et du bon ». Juger *ex æquo et bono* signifie juger en *équité*.

CPC, art. 12, al. 4.

Examen contradictoire de l'ensemble de la situation fiscale personnelle

[Droit fiscal]

Technique de contrôle fiscal du contribuable, visant à vérifier la sincérité de ses déclarations annuelles de revenu global en s'assurant, par une série de recoupements fondés sur l'établissement d'une balance de trésorerie (rapprochement de ses dépenses et de ses recettes), de la cohérence entre ses revenus déclarés et ses mouvements de trésorerie réels.

LPF, art. L. 12 et L. 47.

Examen de personnalité

[Procédure pénale]

Enquête à caractère médical, psychologique et social sur la personnalité d'un inculpé, obligatoire, au niveau de l'instruction, en matière de crime, et facultative en matière de délit.

C. pr. pén., art. 41.

Examen des caractéristiques génétiques

[Droit civil]

Cet examen ne peut être entrepris qu'à des fins médicales ou de recherche scientifique, en recueillant, préalablement à sa réalisation et par écrit, le consentement exprès de la personne, après qu'elle a été informée de sa nature et de sa finalité; ce consentement mentionne la finalité de l'examen et est révocable à tout moment et sans forme. Le non-respect de ces conditions constitue une infraction pénale.

C. civ., art. 16-10; CSP, art. L. 1131-1; C. pén., art. 226-25.

→ *Empreinte génétique, Identification génétique.*

Exceptio non adimpleti contractus (ou Exception d'inexécution)

[Droit civil]

Littéralement, exception du contrat non accompli. Dans un contrat synallagmatique, droit qu'a chaque partie de refuser d'exécuter la prestation à laquelle elle est tenue tant qu'elle n'a pas reçu la prestation qui lui est due. C'est une voie de justice privée. Toutefois, chaque partie peut saisir le juge *a posteriori* pour faire constater que ce moyen de défense lui a été opposé à tort.

C. civ., art. 1612, 1651 et 1653.

Exception

[Procédure (principes généraux)]

Au sens large, tout moyen de défense (ex. : « *Le juge de l'action est juge de l'exception* »).

[Procédure civile]

Au sens précis et technique, l'exception de procédure désigne le moyen de défense par lequel le défendeur tend à faire déclarer la procédure irrégulière ou éteinte, ou à en suspendre le cours, indépendamment de tout examen du fond du droit. Il pourra ainsi demander au juge de refuser d'examiner la prétention du demandeur parce que l'instance a été mal engagée (incompétence du tribunal, irrégularité d'un acte de procédure), ou encore de surseoir à statuer jusqu'à la mise en cause d'un garant, ou jusqu'à l'expiration du délai accordé à un héritier pour faire inventaire (4 mois) et délibérer (2 mois). Après décision sur l'exception, la procédure reprend son cours devant le même tribunal ou est recommencée devant lui ou devant un autre.

CPC, art. 73.

→ *Appel en garantie, Connexité, Incompétence, Litispendance, Nullité, Ordre public.*

Exception d'illégalité

[Droit administratif/Droit pénal]

Moyen de défense procédural par lequel une partie allègue en cours d'instance l'illégalité de l'acte administratif qui lui est opposé.

En matière d'actes réglementaires, l'invocation de l'illégalité par voie d'exception échappe à toute condition de délai, alors que cette invocation par voie d'action est très généralement enfermée dans un délai de 2 mois. Du point de vue de la compétence juridictionnelle, le principe selon lequel « le juge de l'action est juge de l'exception » est souvent tenu en échec par application du principe fondamental de séparation des autorités administratives et judiciaires, sauf en matière pénale.

GACA n° 39.

[Droit pénal]

Moyen de défense invoqué par un prévenu, devant une juridiction répressive, tendant à démontrer que l'acte administratif sur lequel est fondée la poursuite n'est pas conforme à une norme qui lui est hiérarchiquement supérieure.

Le juge pénal qui, nonobstant le principe de séparation des pouvoirs, se reconnaît une telle prérogative, devra se borner à rejeter des débats le texte jugé illégal.

La compétence du juge pénal pour examiner l'exception d'illégalité est retenue par l'article 111-5 du Code pénal.

GADPG n° 7 et 8.

Exception d'inconstitutionnalité

[Droit constitutionnel]

→ *Conseil constitutionnel, Question prioritaire de constitutionnalité.*

Exception d'inconventionnalité

[Droit général/Procédure (principes généraux)]

→ *Conseil constitutionnel, Conventionnalité (Contrôle de).*

Exception préjudicielle

[Procédure pénale]

Synonyme de *question préjudicielle*.

Exceptions d'irrecevabilité

[Droit constitutionnel]

Moyen employé par le gouvernement pour s'opposer à la prise en considération d'une proposition de loi ou d'un amendement contraires à une disposition constitutionnelle. Exemple : Exception d'irrecevabilité soulevée contre une proposition de loi ne rentrant pas dans le domaine législatif (art. 34 de la Constitution de 1958) ou concernant une matière déléguée au gouvernement (art. 38) ou ayant pour conséquence une diminution des ressources ou un accroissement des charges publiques (art. 40).

Un parlementaire peut également déposer une motion d'irrecevabilité pour les mêmes raisons.

Excès de pouvoir

[Droit administratif]

Terme générique désignant indifféremment toutes les formes d'illégalité pouvant vicier un acte administratif.

→ *Recours (2°).*

[Procédure civile]

Une juridiction de l'ordre judiciaire commet un excès de pouvoir lorsqu'elle empiète sur les attributions du pouvoir législatif ou du pouvoir exécutif ou lorsqu'elle s'arroge des compétences qu'elle n'a pas.

L'excès de pouvoir est sanctionné par un pourvoi en cassation et par l'éviction des règles interdisant ou limitant l'exercice des voies de recours.

La Cour de cassation refuse de considérer que la violation de principe du contradictoire constitue un excès de pouvoir.

→ *Appel-nullité.*

Excision

[Droit pénal]

Violences physiques ayant entraîné une mutilation ou une infirmité permanentes, en l'occurrence de nature sexuelle, prévues et punies par les articles 222-9 et suivants du Code pénal.

Exclusivité (Clause d')

[Droit commercial]

Clause d'un contrat par laquelle l'une des parties s'engage à ne pas conclure d'autres accords identiques avec un tiers. Dans le commerce mobilier, la loi limite à 10 ans la durée de validité d'une telle clause.

C. com., art. L. 330-1 s.

→ *Concession commerciale, Contrat de bière, Contrat de licence.*

Excuse

[Droit civil]

Raison alléguée conduisant, si elle est reconnue légitime, à la décharge d'un devoir civique (tutelle, témoignage), parfois à la dispense d'une exigence légale (comparution personnelle en justice).

Exécuteur testamentaire

[Droit civil]

Personne chargée, par le testateur, de procéder à l'exécution de son testament. Les pouvoirs de l'exécuteur testamentaire ont été progressivement étendus par la jurisprudence et cette extension a été consacrée par la loi du 23 juin 2006. Il prend toutes mesures conservatoires utiles; il peut provoquer la vente du mobilier à défaut de liquidités suffisantes pour acquitter les dettes urgentes de la succession; il est nécessairement mis en cause en cas de contestation relative à la validité ou à l'exécution des dispositions de dernière volonté.

C. civ., art. 1025 à 1034.

Exécutif (Pouvoir)

[Droit constitutionnel]

1° Fonction consistant à assurer l'exécution des lois. En fait, il ne s'agit pas d'une exécution passive : la fonction exécutive est devenue une fonction d'impulsion, d'animation et de direction générale de l'État.

2° Organe (ou ensemble d'organes : chef de l'État, cabinet ministériel) appelé aussi gouvernement, qui exerce la fonction exécutive et se différencie de l'assemblée ou Parlement par le nombre restreint de ses membres.

L'exécutif peut être moniste (confié à un seul homme : roi, dictateur, président de la République en régime présidentiel), collégial (ou parfois réduit à 2 hommes égaux, ainsi les consuls romains), directorial (confié à un petit groupe d'hommes : Directoire de la Constitution de l'an III, Conseil fédéral suisse), dualiste (confié à la fois à un homme : le chef de l'État, et à un comité, le cabinet ministériel; structure caractéristique de l'exécutif en régime parlementaire).

Exécution (Droit à l')

[Procédure (Principes généraux)]

Droit de tout justiciable d'obtenir l'exécution effective des décisions de justice définitives, c'est-à-dire passées en force de chose jugée. Dégagé par la Cour européenne des droits de l'Homme dans l'arrêt *Hornsby c/ Grèce* du 19 mars 1997, il constitue le troisième et dernier volet du droit à un procès équitable, le premier étant le droit à un juge (arrêt *Golder c/Roy. Uni*, 21 févr. 1975) et le deuxième le droit à un bon juge, entendu comme le droit à un juge indépendant et impartial et qui statue selon une procédure offrant toutes les garanties d'une bonne justice (publicité, équité, célérité).

→ *Accès à un juge (Droit d'), Due process of law, Procès équitable.*

Exécution d'office

[Droit administratif]

Pouvoir d'assurer l'exécution physique de ses décisions reconnu à l'Administration soit par la loi dans certaines hypothèses, soit par la jurisprudence administrative, de manière générale, en cas d'urgence ou d'absence de toute autre procédure juridique conduisant au même but.

GAJA n° 10.

Exécution forcée

[Procédure pénale/Procédure civile]

Voir les différentes saisies pour l'exécution de payer une somme d'argent ou satisfaire à une obligation de faire.

→ *Contrainte judiciaire, Force exécutoire, Titres exécutoires.*

Exécution provisoire

[Procédure civile]

Bénéfice permettant au gagnant d'un procès d'exécuter un jugement dès sa signification, malgré l'effet suspensif du délai des voies de recours ordinaires ou de leur exercice.

De nombreuses décisions sont, en raison de leur nature, exécutoires de droit à titre provisoire : ordonnances de référé ou sur requête, décisions prescrivant des mesures provisoires ou conservatoires, jugements prud'homaux ordonnant la remise de certificats de travail.

En appel, lorsque l'exécution provisoire est de droit ou a été ordonnée, le perdant de première instance s'expose à ce que son recours ne soit pas examiné s'il n'a pas exécuté la décision frappée d'appel ou s'il n'a pas consigné la somme fixée par le juge. En effet, le premier président, ou le conseiller de la mise en état, dès qu'il est saisi, peut, dans de tels cas, décider la radiation du rôle de la cour, à moins qu'il ne lui apparaisse que l'exécution risquerait d'entraîner des conséquences manifestement excessives ou que l'appelant est dans l'impossibilité d'exécuter la décision.

CPC, art. 514 et 526; C. trav., art. R. 1454-28.

→ *Effet suspensif des voies de recours.*

Exécution sur minute

[Procédure civile]

Exécution qui a lieu, vu l'urgence, sur la seule présentation de la minute (original) de la décision du juge (ainsi ordonnance sur requête, éventuellement ordonnance de référé), sans qu'il soit nécessaire à la partie gagnante de signifier, au préalable, une expédition de la décision revêtue de la formule exécutoire.

CPC, art. 495 et 503.

Exégèse

[Droit général]

Interprétation et explication des règles de droit, tout particulièrement de celles contenues dans les lois.

L'« École de l'Exégèse » au XIXe siècle reconnaissait à la loi un rôle quasi exclusif comme source de droit, négligeant la coutume et la jurisprudence.

Exemption de peine

[Droit pénal]

1° *Au sens large*, hypothèse dans laquelle la déclaration de culpabilité à l'encontre d'un prévenu ne se double pas du prononcé d'une peine. Elle est alors illustrée par la *dispense de peine*, telle que prévue et aménagée par l'article 132-59 du Code pénal.

2° *Au sens strict*, mesure de clémence destinée à récompenser la dénonciation de certaines infractions (association de malfaiteurs, fausse monnaie, terrorisme...), bénéficiant à toute personne qui, ayant participé à leur tentative, en a averti l'autorité administrative ou judiciaire, et a permis d'éviter leur réalisation et, le cas échéant, d'identifier les autres auteurs ou complices.

C. pén., art. 132-78, al. 1er.

→ *Réduction de peine.*

Exequatur

[Droit international privé]

Force exécutoire octroyée par l'autorité judiciaire française à une décision rendue par une juridiction étrangère. Désigne également la procédure au terme de laquelle cette force sera, ou non, accordée.

En principe, tout jugement rendu par une juridiction étrangère ne peut être exécuté en France sans *exequatur*. Le processus de fédéralisation inhérent à la construction européenne entraîne toutefois l'apparition d'exceptions croissantes dans le cadre de l'Union européenne. Il en va ainsi, notamment, de l'*injonction de payer européenne*, de la *procédure européenne de règlement des petits litiges*, et du *titre exécutoire européen*. La disparition de l'*exequatur* dans le cadre européen a vocation à devenir le principe. Le jugement étranger peut en outre produire, même sans *exequatur*, certains effets qui ne nécessitent aucune contrainte (ex. : valeur probante).

C. assur., art. L. 322-2; C. civ., art. 357-1 et 2412; CPC, art. 509 à 509-7; COJ, art. R. 212-8; C. mon. fin., art. L. 500-1.

GADIP n° 41, 45, 57, 70 et 87.

[Droit international public]

Acte qui reconnaît à un consul étranger sa qualité officielle et l'autorise à exercer ses fonctions.

[Procédure civile]

Ordre d'exécution, donné par le tribunal de grande instance, d'une sentence rendue par une justice privée, (sentences arbitrales françaises ou étrangères). L'exequatur est apposée sur la minute de la sentence arbitrale. L'ordonnance qui la refuse peut être frappée d'appel dans le mois; l'ordonnance qui l'accorde est insusceptible de recours.

En droit communautaire, le règlement Bruxelles 1 du 22 décembre 2000 organise une procédure d'*exequatur* simplifiée en ce qui concerne les décisions (ainsi que les actes authentiques et les transactions judiciaires) émanant d'un État membre. Le contrôle de la décision, dont la force exécutoire est demandée dans l'État requis, est purement formel, n'étant subordonné ni à la compétence internationale du juge ayant prononcé la décision, ni à la compétence de la loi appliquée. Par ailleurs, c'est le greffier en chef, non le tribunal de grande instance, qui est compétent et la procédure n'est pas contradictoire, mais introduite par simple requête unilatérale.

C. civ., art. 2412; CPC, art. 509 à 509-7, 1477, 1488 s. et 1504; COJ, art. R. 212-8.

→ *Reconnaissance transfrontalière, Titre exécutoire européen.*

Exercice

[Droit commercial]

Période de la vie d'une société s'étendant généralement sur une année, à l'issue de laquelle les dirigeants de sociétés établissent et présentent aux associés certains documents comptables (*inventaire*, compte de résultats, bilan) et rédigent un rapport écrit, afin de renseigner les associés sur la vie de la société et de leur faire part des résultats obtenus au cours de la période écoulée et de leur affectation.

[Droit financier]

Synonyme d'année budgétaire. Exemple : dépenses se rattachant à l'exercice 2007.

Exercice (Comptabilité d')

[Droit financier]

En matière de *comptabilité publique*, système d'imputation comptable des opérations consistant à rattacher aux comptes d'une année budgétaire (« exercice ») toutes les créances et les dettes de l'État nées juridiquement au cours de cette année, quelle que soit l'année où elles sont encaissées ou payées (système également appelé de « constatation des droits »). Ce principe, qui conduit par exemple à comptabiliser les dépenses dès leur *engagement* par l'*ordonnateur* afin de donner une image fidèle de la situation financière de l'État, est appliqué en matière de comptabilité générale de l'État depuis la LOLF; il correspond à la pratique suivie en comptabilité commerciale (dite de spécialisation, ou d'indépendance, des exercices). En revanche, l'exécution des lois de finances annuelles est retracée en comptabilité budgétaire suivant le système de la *gestion*.

Exhérédation

[Droit civil]

Action par laquelle le testateur prive les héritiers de leurs droits successoraux. L'exhérédation ne peut pas porter sur la *réserve* héréditaire dont bénéficient certains héritiers proches parents du *de cujus*, sauf renonciation anticipée de leur part à l'action en réduction.

C. civ., art. 913 s. et 929.

GAJC, t. 1, n° 100.

Exhibition sexuelle

[Droit pénal]

Fait de montrer certaines parties du corps se rattachant à l'acte sexuel ou d'effectuer devant d'autres personnes des gestes sexuels. L'exhibition ainsi définie est pénalement sanctionnée lorsqu'elle est imposée à la vue d'autrui dans un lieu accessible aux regards du public. Il s'agit alors d'un délit, mais de caractère non intentionnel, visé à travers le comportement lui-même et les conséquences choquantes qu'il engendre auprès d'autrui.

C. pén., art. 222-32.

Exigibilité

[Droit civil/Procédure civile]

→ *Créance.*

Expatriation

[Sécurité sociale]

Situation du travailleur exerçant son activité à l'étranger sans pouvoir bénéficier du statut de détaché (*Détachement*). En vertu du principe de la territorialité des lois, le travailleur expatrié relève du régime local de Sécurité sociale. Il peut toutefois, sous certaines conditions adhérer à l'*assurance volontaire* des travailleurs expatriés.

CSS, art. L. 762-1 s.

Expectative

[Droit civil]

Généralement, attente de la survenance d'un événement incertain. Juridiquement, l'expectative s'applique spécialement à la naissance d'un droit qui n'est pas encore né et dont on ne sait pas s'il naîtra (*droit « éventuel »*).

→ *Droit acquis.*

Expédition

[Droit civil]

Copie d'un acte authentique délivrée par l'officier public dépositaire de l'original avec certification de conformité.

Les officiers publics ou ministériels et les autres dépositaires d'actes sont tenus de délivrer expédition ou *copie* des actes aux parties elles-mêmes, à leurs héritiers ou ayants droit.

Expédition de jugement

[Procédure civile]

Copie littérale du jugement délivrée par le greffier en chef avec certification de conformité à la minute. Si l'expédition est assortie de la formule exécutoire, elle prend le nom de *grosse* ou de *copie exécutoire*.

CPC, art. 502 et 1435 s.

→ *Copie certifiée conforme.*

Expérimentation sur la personne humaine

[Droit pénal]

Délit consistant à pratiquer ou à faire pratiquer sur une personne une recherche biomédicale sans avoir recueilli le consentement libre, éclairé et exprès de l'intéressé, des titulaires de l'autorité parentale ou du tuteur. Mais l'infraction n'est pas applicable à l'examen des caractéristiques génétiques d'une personne ou à son identification par ses empreintes génétiques effectué à des fins de recherche scientifique.

C. pén., art. 223-8.

→ *Empreinte génétique.*

Expert

[Procédure (principes généraux)]

Technicien à qui le juge demande de donner son avis sur des faits nécessitant des connaissances techniques et des investigations complexes.

Il est établi pour l'information des juges :

1° une liste nationale dressée par le bureau de la Cour de cassation; les experts sont désignés pour une durée de 7 ans et leur réinscription pour un même temps est soumise à une nouvelle candidature;

2° une liste dressée par chaque cour d'appel; l'expert est inscrit à titre probatoire pour une durée de 2 ans, après quoi il peut être réinscrit de 5 ans en 5 ans (L. n° 71-498 du 29 juin 1971; Décr. n° 2004-1463 du 23 déc. 2004).

COJ, art. R. 312-43 et 411-5.

Expert agréé par le Conseil des ventes volontaires de meubles aux enchères publiques

[Droit civil/Droit commercial]

Expert auquel peuvent avoir recours les *sociétés de ventes volontaires de meubles*, les *huissiers de justice*, les *notaires* et les *commissaires-priseurs* judiciaires, en vue d'obtenir des garanties d'évaluation et d'authenticité des biens offerts à la vente, et qui est solidairement responsable avec l'organisateur de la vente pour ce qui relève de son activité.

C. com., art. L. 321-29 s.

Expert de gestion

[Droit commercial]

Expert désigné en justice à la demande d'un ou plusieurs associés représentant une certaine fraction du capital social, du ministère public, du comité d'entreprise, ou des autorités de régulation (AMF, etc.), pour examiner une ou plusieurs opérations de gestion réalisées par une SARL ou une société par actions et présenter un rapport sur elle(s).

C. com., art. L. 225-231 et 223-37.

Expert en diagnostic d'entreprise

[Droit commercial/Procédure civile]

Spécialiste institué par la loi n° 85-99 du 25 janvier 1985. Son rôle consiste à établir un rapport sur la situation économique et financière d'une entreprise, en cas de conciliation ou de procédures de sauvegarde ou de *redressement judiciaire*, ou concourir à l'élaboration d'un tel rapport sauf en cas de conciliation.

Désigné en justice, il est choisi sur une liste nationale ou régionale d'experts.

C. com., art. L. 813-1.

→ *Sauvegarde (Procédure de).*

Expertise

[Procédure (principes généraux)]

Procédure de recours à un *technicien* consistant à demander à un spécialiste, dans les cas où le recours à des *constatations* ou à une *consultation* ne permettrait pas d'obtenir les renseignements nécessaires, d'éclairer le tribunal sur certains aspects du procès nécessitant l'avis d'un homme de l'art.

CPC, art. 263 s.

GAPP n° 21; GACA n° 19.

Expertise médicale

[Sécurité sociale]

Procédure d'arbitrage concernant les litiges relatifs à l'appréciation de l'état d'un malade ou d'un accidenté du travail et opposant le médecin traitant et le médecin-conseil de la caisse.

Par exception au principe du droit judiciaire français selon lequel l'expertise n'est qu'un élément d'information destiné à éclairer les juges, l'avis de l'expert s'impose ici à tous.

CSS, art. L. 141-1.

ACTU

Exploit d'huissier de justice

[Procédure civile]

Acte rédigé et signifié par un huissier de justice (ex. : sommation, commandement, protêt, constat, assignation...). En principe, un exploit est établi en double original (sa copie étant remise au destinataire). Le décret n° 2010-433 du 29 avril 2010 (art. 2-2°) a uniformisé formellement les actes, exploits et procès-verbaux qui doivent être établis conformément à une norme de présentation fixée par arrêté du ministre de la Justice.

Les exploits, lorsqu'ils sont établis en double original, peuvent l'être sur des supports différents.

CPC, art. 648.

→ *Double original.*

Exposé des motifs

[Droit constitutionnel]

Document, le plus souvent non publié, qui précède le texte d'une loi et marque une déclaration d'intention pouvant servir à l'interprétation du texte.

Expropriation pour cause d'utilité publique

[Droit administratif]

Procédure permettant à une personne publique (État, collectivité territoriale, établissement public) de contraindre une personne privée à lui céder un bien immobilier ou des droits réels immobiliers, dans un but d'utilité publique, et moyennant une juste et préalable indemnité. Dans certains cas, elle peut être mise en œuvre au profit de personnes juridiques privées en vue de la réalisation d'un objectif d'utilité publique. Dans tous les cas, la déclaration d'utilité publique doit émaner d'une autorité de l'État.

C. expr., art. 11-1 s.

♟ *GAJA n° 86.*

→ *Arrêté de cessibilité, Réquisition, Juge de l'expropriation, Théorie du bilan.*

Expulsion

[Droit administratif/Droit civil/Droit international privé]

Ordre donné par le ministère de l'Intérieur à un étranger de quitter le territoire français. Cet ordre est contenu dans un arrêté d'expulsion.

CESEDA, art. L. 213-1, 521-1 à 524-4 et 551-1.

[Procédure civile]

Action consistant à obliger l'occupant sans titre ou le locataire en fin de bail d'un immeuble, de vider les lieux. Son exercice a été modifié par la loi du 9 juillet 1991.

Le créancier doit posséder une décision de justice ou un procès-verbal de conciliation. Il faut notifier à l'occupant un commandement.

S'il s'agit d'un local d'habitation, un délai de 2 mois doit être respecté (réduit ou supprimé s'il s'agit d'un occupant entré dans les lieux par voie de fait).

Des délais complémentaires peuvent être accordés par le juge des référés ou par le juge de l'exécution.

Il est interdit de procéder à l'expulsion d'un local d'habitation entre le 1er novembre et le 15 mars de chaque année (trêve hivernale).

CCH, art. L. 613-1 s.

Extension d'une convention collective

[Droit du travail]

Application d'une convention collective à l'ensemble des entreprises (et, par voie de conséquence, de leurs salariés), même non affiliées à l'une des organisations patronales signataires, situées dans son champ professionnel et géographique. L'extension résulte d'un arrêté du ministre chargé du Travail.

C. trav., art. L. 2261-15 s.

♟ *GADT n° 173 à 175.*

→ *Élargissement d'une convention collective.*

Exterritorialité

[Droit international public]

Fiction du droit international qui a été utilisée pour expliquer les immunités qui font échapper certaines personnes ou certaines choses (agents et locaux diplomatiques notamment) à l'autorité de l'État de résidence comme s'ils étaient sur le territoire national. Joue aussi pour les navires avec des droits et obligations variant selon la zone où ils se trouvent.

Extinction de l'instance

[Procédure (principes généraux)]

L'instance prend normalement fin lors du prononcé du jugement.

Elle s'éteint aussi à titre principal par une *péremption*, un *désistement* d'*instance*, ou la *caducité* de la citation.

Elle peut s'éteindre également par voie de conséquence lorsque la faculté d'action a disparu, ainsi à la suite d'un *acquiescement*, du décès de l'une des parties lorsque l'action n'est pas transmissible, d'un *désistement* d'*action*, d'une *transaction*.

CPC, art. 384 et 385.

Extorsion

[Droit pénal]

Crime ou délit consistant à obtenir par violence, menace de violences ou contrainte, soit une signature, un engagement ou une renonciation, soit la révélation d'un secret, soit la remise de fonds, de valeurs ou d'un bien quelconque. L'infraction correspond au chantage de l'ancien Code pénal.

C. pén., art. 312-1 s.

Extradition

[Droit international public/ Procédure pénale]

Procédure d'entraide répressive internationale par laquelle un État, appelé État requis, accepte de livrer un délinquant qui se trouve sur son territoire à un autre État, l'État requérant, pour que ce dernier puisse juger cet individu ou, s'il a déjà été condamné, pour lui faire subir sa peine.

GADPG n° 16.

Extrait

[Droit civil]

Reproduction partielle d'un acte, délivrée par le dépositaire. Exemple : extrait d'un acte de l'état civil.

→ *In extenso.*

Extranéité

[Droit civil]

Qualifie la situation des personnes qui ne sont ni parties ni représentées à un acte juridique. L'extranéité admet des degrés, du tiers ordinaire indirectement intéressé (créancier chirographaire) au *tiers* complètement étranger aux auteurs de l'opération juridique.

→ *Penitus extranei.*

[Droit international privé]

Élément d'une situation juridique mettant en contact 2 ou plusieurs systèmes juridiques nationaux et exigeant le règlement d'un *conflit de lois et/ou de juridictions* (ex. : nationalités différentes dans le droit familial, lieu étranger de situation d'un bien, de réalisation d'un dommage, de conclusion ou d'exécution d'un contrat).

→ *Condition des étrangers.*

Extrapatrimonial

[Droit général]

Qui est en dehors du patrimoine, intéressant la personne elle-même et non ses biens, donc incessible et intransmissible : droit à l'honneur, à la dignité, à la présomption d'innocence, au respect de la vie privée, etc.

→ *Patrimonial.*

Extra petita

[Procédure civile]

Littéralement, « en dehors de ce qui a été demandé ». Expression caractérisant la décision du juge qui s'est prononcé sur un point dont il n'était pas saisi, au mépris du principe d'indisponibilité du litige.

Le prononcé sur choses non demandées ne constitue pas un cas d'ouverture à cassation, mais une irrégularité donnant lieu à la procédure simplifiée de l'*omission de statuer*, à moins qu'elle ne s'accompagne d'une autre violation de la loi.

CPC, art. 5 et 464.

→ *Indisponibilité du litige, Infra petita, Ultra petita.*

Extraterritorialité

[Droit constitutionnel/Droit international public]

Certaines lois, adoptées par un État, peuvent comporter un effet extraterritorial, c'est-à-dire s'efforcer de régir des situations qui se déploient sur le territoire d'autres États (ex. : la loi D'Amato, adoptée en 1996 aux États-Unis pour lutter contre les « États voyous », et sanctionnant les entreprises de toutes nationalités travaillant avec eux).

Ex tunc, ex nunc

[Procédure (Principes généraux)]

→ *Annulation.*

F

Facilités de caisse

[Droit commercial]

Avances de courte durée (inférieures à un mois généralement) consenties par une banque à son client pour lui permettre de faire face à ses échéances.

Factoring

[Droit commercial]

→ *Affacturage.*

Facture

[Droit commercial]

Écrit dressé par un commerçant et constatant les conditions auxquelles il a vendu des marchandises, loué des objets ou assuré un certain service. Y figurent obligatoirement certaines mentions, dont le prix hors taxes et les délais de règlement.

C. com., art. L. 441-3.

Faculté

[Droit civil]

1° Une faculté est une possibilité d'option en vue d'une situation juridique.

Accordée par la loi ou par la convention elle permet à son bénéficiaire de choisir entre plusieurs partis et de faire naître une situation juridique, ou de l'empêcher de naître. Les facultés sont ordinairement conditionnées, ainsi la faculté d'option de l'héritier.

2° Dans un sens plus large, exprime l'exercice d'une liberté fondamentale, par exemple, la faculté d'agir en justice, d'aller et venir.

3° Dans un sens plus restreint, qualificatif de certains actes accomplis par le propriétaire sur son fonds.

→ *Actes de pure faculté.*

Faculté de rachat

[Sécurité sociale]

Possibilité accordée à un épargnant en retraite supplémentaire d'obtenir la conversion en capital de la rente susceptible de lui être versée. Cette faculté est écartée dans les régimes de retraite à prestations définies mentionnées au premier alinéa du I de l'article L. 137-11 du Code de la Sécurité sociale.

Facultés

[Droit administratif]

Éléments essentiels de l'organisation de l'Enseignement supérieur, avant la réforme initiée par la loi du 12 novembre 1968; les facultés, qui étaient des *établissements publics* avaient à leur tête un conseil et un *doyen* élus et étaient groupées en une université à l'intérieur de chaque académie. Actuellement, nombre d'*Unités de formation et de recherche* ont adopté le nom de « faculté », mais cette appellation ne correspond à aucune originalité de leur statut.

→ *Doyen, Recteur, Universités.*

[Droit civil]

Synonyme de moyens financiers, surtout dans les rapports entre époux.

C. civ., art. 214.

Faillite civile

[Droit civil]

Nom parfois donné à la procédure de *rétablissement personnel* d'une personne physique surendettée.

Faillite personnelle

[Droit commercial]

Sanction prononcée, dans le cadre d'une procédure de redressement ou de liquidation judiciaire, à l'encontre des dirigeants de personnes morales, des commerçants, des agriculteurs ou des personnes immatriculées au répertoire des métiers, qui se sont rendus coupables d'agissements malhonnêtes ou gravement imprudents. Cette sanction facultative, applicable aux seules personnes physiques, peut être prononcée à tout stade de la procédure. Elle emporte interdiction de diriger, de gérer, d'administrer ou de contrôler, directement ou indirectement, toute entreprise commerciale ou artisanale, toute exploitation agricole et toute personne morale ayant une activité économique, pour une durée qui ne peut être supérieure à 15 ans. Elle s'accompagne d'autres déchéances et interdictions (privation du droit de vote attaché aux actions, incapacité d'exercer une fonction élective, etc.). Le tribunal est doté d'un pouvoir modérateur des sanctions et peut, à la demande de l'intéressé, relever celui-ci de tout ou partie des interdictions. Par exemple et conformément à l'article L. 653-8 du Code de commerce, le tribunal peut limiter l'interdiction de diriger, de gérer, d'administrer ou de contrôler, à certaines personnes morales seulement.

C. com., art. L. 653-1 s.

→ *Liquidation judiciaire, Redressement judiciaire.*

Fait du prince

[Droit administratif]

Dans le droit des contrats administratifs, expression désignant toute mesure qui, prise par une autorité publique, aboutit à renchérir le coût d'exécution des prestations contractuelles.

Certaines de ces mesures ouvrent droit à ce titre à indemnisation quand elles émanent de l'Administration qui a contracté.

→ *Imprévision (Théorie de l').*

[Droit civil]

Cas de *force majeure* consistant dans une prescription de la puissance publique, par exemple une expropriation, une réquisition.

C. civ., art. 1148.

Fait générateur

[Droit civil]

Événement qui déclenche la mise en œuvre d'une situation juridique. Par exemple, l'inexécution de l'obligation est un fait générateur de la responsabilité contractuelle.

[Droit financier ou fiscal]

Fait générateur de l'impôt : acte ou *fait juridique* dont la survenance fait naître la créance d'impôt du fisc, indépendamment du moment où interviendra la *liquidation* de celle-ci. Exemples : perception d'un salaire (impôt sur le revenu), décès d'une personne (droits de succession).

[Sécurité sociale]

C'est le paiement des rémunérations qui constitue le fait générateur des cotisations sans qu'il y ait lieu de tenir compte de la période de travail à laquelle elles se rattachent.

CSS, art. R. 243-6.

Fait juridique

[Droit civil]

Fait quelconque auquel la loi attache directement des effets juridiques, indépendamment de la volonté individuelle. Se distingue du fait matériel, fait quelconque auquel la loi n'attache pas de conséquence juridique. Les faits juridiques sont tantôt dits involontaires ou naturels (naissance, décès...), tantôt volontaires ou humains (accident, délit, quasi-contrat, ...). Ils sont tantôt illicites (délit, quasi-délit...), tantôt licites (quasi-contrat...).

→ *Acte juridique, Délit civil, Faute.*

Faits du procès

[Procédure (principes généraux)]

→ *Droit et fait.*

Faits justificatifs

[Droit pénal]

Circonstances matérielles ou qualités personnelles intervenant comme des causes d'irresponsabilité pénale par la neutralisation du caractère délictueux des actes commis (ordre de la loi, légitime défense, état de nécessité, immunités...).

Famille

[Droit civil]

Au sens large : ensemble des personnes descendant d'un auteur commun et rattachées entre elles par un lien horizontal (mariage, mais aussi concubinage), et un lien vertical (la filiation).

Au sens étroit : groupe formé par les parents et leurs descendants, ou même, plus restrictivement encore, par les parents et leurs enfants mineurs.

Famille monoparentale

[Droit civil]

Désigne une famille dont les enfants ne sont élevés que par un seul parent. L'origine de la monoparentalité est diverse (veuvage, divorce, séparation de fait...). Elle peut donner lieu, sous condition de ressources, à des prestations sociales particulières.

→ *Monoparental.*

Famille recomposée

[Droit civil]

Se dit d'une *famille* nouvellement formée, après la disparition ou l'éclatement de la famille d'origine, dont les membres sont, pour les uns, originaires de la première famille (tel ou tel parent, tels enfants), pour d'autres, extérieurs à elle (enfants d'autres lits, enfants reconnus, enfants légitimés...). La recomposition naît de situations antérieures diverses (remariages, concubinage, PACS...) présentement défaites. Le législateur contemporain tend à soutenir ce type de recomposition par des mesures juridiques dérogatoires (y compris en matière de libéralités et de succession) et des dispositions fiscales favorables.

→ *Donation-partage.*

Fascisme

[Droit constitutionnel]

Régime politique fondé sur le culte du chef, un parti unique de masse et l'ambition du contrôle total de la société par l'État. L'archétype en est le fascisme italien, sous la direction de Mussolini (*le Duce*).

Faute

[Droit administratif]

1° *Faute du service public* : en matière de responsabilité de l'Administration, expression désignant tout défaut de fonctionnement des services publics de nature à engager la responsabilité pécuniaire de l'Administration à l'égard des administrés.

2° *Faute de service* : en matière de responsabilité de l'agent public, expression désignant toute faute qui, n'ayant pas le caractère de faute personnelle, ne peut engager la responsabilité civile de son auteur que ce soit envers l'Administration ou envers les administrés.

3° *Faute personnelle* : en matière de responsabilité de l'agent public, expression désignant toute faute qui présente au regard de la jurisprudence tant judiciaire qu'administrative des caractères propres à engager la responsabilité pécuniaire de son auteur. Cette notion de faute personnelle s'est dédoublée : on peut distinguer la faute personnelle classique, qui permet aux administrés de rechercher la responsabilité de son auteur devant les tribunaux judiciaires (et à l'Administration de se retourner contre l'agent si elle a dû indemniser la victime en application de la théorie du *cumul* des responsabilités), et la faute personnelle à coloration disciplinaire, intéressant uniquement les rapports de l'agent et de l'Administration, et qui permet à celle-ci d'obtenir de celui-là réparation du préjudice qu'il a pu lui causer.

GAJA nº 2, 32 et 47.

→ *Action récursoire, Égalité devant les charges publiques, Responsabilité du fait du fonctionnement défectueux de la justice.*

[Droit civil]

Attitude d'une personne qui par négligence, imprudence ou malveillance ne respecte pas ses engagements contractuels (faute contractuelle) ou son devoir de ne causer aucun dommage à autrui (faute civile appelée également *faute délictuelle ou quasi-délictuelle*).

C. civ., art. 1146 s. et 1382 s.

GAJC, t. 2, nº 192, 193, 194 et 195.

→ *Délit civil.*

[Droit pénal]

Élément moral des délits non intentionnels, consistant :

- soit en une imprudence, négligence ou manquement à une obligation de prudence ou de sécurité prévue par la loi ou le règlement, s'il est établi que l'auteur des faits n'a pas accompli les diligences normales compte tenu, le cas échéant, de la nature de ses missions ou de ses fonctions, de ses compétences ainsi que du pouvoir et des moyens dont il disposait;

- soit en une violation manifestement délibérée d'une obligation particulière de prudence ou de sécurité prévue par la loi ou le règlement;

- soit en une faute caractérisée ayant exposé autrui à un risque d'une particulière gravité qui ne pouvait être ignoré.

C. pén., art. 121-3.

→ *Délit non intentionnel.*

[Droit du travail]

• *Faute grave* : la faute grave du salarié, appréciée par les tribunaux et contrôlée par la Cour de cassation, est, selon cette dernière, un fait ou un ensemble de faits imputables au salarié qui constituent une violation des obligations découlant du contrat de travail ou des relations de travail d'une importance telle qu'elle rend impossible le maintien du salarié pendant la durée du préavis. Elle permet à l'employeur de renvoyer le salarié sans préavis et sans indemnités de licenciement.

C. trav., art. L. 1234-1 et 1234-9.

• *Faute lourde* : la faute lourde est celle qui traduit la volonté du salarié de nuire à l'employeur. Elle emporte les mêmes effets que la faute grave dans le domaine du licenciement et est en outre privative de l'indemnité compensatrice de congés payés. Seule la faute lourde expose un gréviste qui l'aurait commise à un licenciement pour motif disciplinaire. D'après la Cour de cassation, elle est aussi la seule qui mette en jeu la responsabilité pécuniaire du salarié qui s'en est rendu coupable dans l'exécution de ses obligations.

C. trav., art. L. 3141-26 et 2511-1.

[Sécurité sociale]

• *Faute inexcusable* : en matière d'accident du travail, il y a faute inexcusable lorsque l'employeur avait ou aurait dû avoir conscience du danger auquel était exposé le salarié et qu'il n'a pas pris les mesures nécessaires pour l'en préserver. La faute inexcusable de l'employeur ou d'un salarié

substitué dans la direction permet à la victime de bénéficier d'une majoration de sa rente et d'avoir droit à des indemnités complémentaires (réparation de ses souffrances physiques et morales, du préjudice esthétique et d'agrément, de la perte ou diminution de ses chances de promotion professionnelles). En cas d'accident mortel, les *ayants droit* de la victime peuvent demander réparation du préjudice moral.
La faute inexcusable de la victime entraîne la réduction de la rente de la victime ou de ses ayants droit.

CSS, art. L. 452-1 s. et 453-1.

• *Faute intentionnelle* : en matière d'accidents du travail la faute intentionnelle doit s'entendre d'une faute qui a été commise volontairement dans l'intention délibérée de causer un dommage (coups-blessures au cours d'une rixe, etc.).
L'accident dû à une faute intentionnelle de la victime ne donne droit à aucune prestation au titre de la législation sur les accidents du travail. Toutefois les *prestations* en nature de l'assurance-maladie sont accordées. Si l'accident est dû à la faute intentionnelle de l'employeur ou de l'un de ses préposés, la victime perçoit toutes les prestations normales prévues en cas d'accident du travail et peut, en outre, demander à l'auteur de l'accident des indemnités complémentaires afin d'obtenir la réparation intégrale du préjudice subi, conformément aux règles du droit commun de la responsabilité.

CSS, art. L. 452-5 s. et 453-1.

Faute contractuelle

[Droit civil]

→ *Faute.*

Faute délictuelle

[Droit civil]

Par opposition à la faute contractuelle, faute qui se situe en dehors du champ contractuel. Par opposition à la faute quasi délictuelle, fait illicite accompli avec l'intention de causer un dommage à autrui.

C. civ., art. 1382 s.

→ *Délit civil.*

Faute disciplinaire

[Procédure civile]

Violation par les membres d'un corps ou d'une profession des obligations attachées à l'exercice de leurs fonctions. Pour le magistrat, constitue une faute disciplinaire tout manquement aux devoirs de son état, à l'honneur, à la délicatesse ou à la dignité, ainsi que la violation grave et délibérée d'une règle de procédure assurant une garantie essentielle des droits des parties.

→ *Discipline, Responsabilité du fait du fonctionnement défectueux de la justice, Saisine par un justiciable du Conseil supérieur de la magistrature.*

Faute quasi délictuelle

[Droit civil]

Fait illicite volontaire, mais non intentionnel, en ce que la volonté qui y est impliquée ne s'est pas portée sur le résultat dommageable.

C. civ., art. 1383 s.

→ *Délit civil.*

Faux

[Droit civil/Procédure civile]

Procédure principale ou incidente dirigée contre un acte authentique pour montrer qu'il a été altéré, modifié, complété par de fausses indications, ou même fabriqué. Une procédure analogue peut être utilisée à titre principal ou incident contre un acte sous seing privé ayant déjà été l'objet d'une *vérification d'écriture* si la partie soutient que l'acte a été matériellement altéré ou falsifié depuis sa vérification.

C. civ., art. 1319; CPC, art. 286, 299 s. et 303 s.

→ *Inscription de faux.*

[Droit pénal]
Crime ou délit réalisé par toute altération frauduleuse de la vérité, de nature à causer un préjudice et accomplie par quelque moyen que ce soit, dans un écrit (public, authentique, privé) ou tout autre support d'expression de la pensée qui a pour objet ou qui peut avoir pour effet d'établir la preuve d'un droit ou d'un fait ayant des conséquences juridiques.
Le faux est « matériel » lorsqu'il affecte le contenant représenté par l'écrit ou le support, et « intellectuel » lorsqu'il porte sur son contenu.

C. pén., art. 441-1 s.

Faux incident

[Procédure civile]
L'inscription de faux contre un acte authentique, lorsqu'elle est formée incidemment devant un tribunal de grande instance ou une cour d'appel, relève du juge saisi du principal. Dans les autres cas elle est de la compétence du tribunal de grande instance.

C. civ., art. 1319; CPC, art. 287.

→ *Faux.*

Faux témoignage

[Droit pénal]
Délit consistant à mentir sous serment devant toute juridiction ou devant un officier de police judiciaire agissant en exécution d'une commission rogatoire.
Le faux témoin est exempt de peine s'il a rétracté spontanément son témoignage avant la décision mettant fin à la procédure rendue par la juridiction d'instruction ou par la juridiction de jugement.

C. pén., art. 434-13.

Fédéralisme

[Droit constitutionnel/Droit international public]
Mode de groupement structurel des collectivités politiques qui vise à renforcer leur solidarité tout en respectant leur particularisme. Le fédéralisme implique l'autonomie politique des collectivités membres (qui ont une organisation étatique complète) et leur participation à la constitution d'organes communs dotés de compétences plus ou moins étendues selon le degré d'intégration du groupement.

→ *Confédération, État fédéral.*

1° *Fédéralisme international* : celui qui tend à associer les États dans des communautés plus vastes et se présente ainsi comme un mode d'organisation de la société internationale.

2° *Fédéralisme interne* : celui qui vise à conférer une organisation politique aux cadres intermédiaires d'un État (régions, provinces…) et se présente donc comme un procédé de décentralisation étatique poussée.

Fédération

[Droit international public]
Synonyme d'*État fédéral*.

[Droit du travail]
→ *Syndicat professionnel.*

Femmes en couches

[Droit du travail]
Le Code du travail désignait parfois ainsi les femmes enceintes ou ayant récemment accouché (auxquelles il accorde certaines mesures de protection) avant la recodification entrée en vigueur le 1er mai 2008.

C. trav., art. L. 1225-17 s.

Fente successorale

[Droit civil]
Partage du patrimoine successoral en 2 parties égales, l'une étant attribuée à la ligne paternelle, l'autre à la ligne maternelle, mais sans considération de l'origine des biens. Elle n'opère que lorsque le *de cujus* ne laisse que des ascendants ou des collatéraux.

C. civ., art. 746 s.

Fermage

[Droit rural]

→ *Bail à ferme.*

Ferme

[Droit administratif]

→ *Affermage.*

Fermeture d'établissement

[Droit pénal]

Sanction complémentaire analysée comme une mesure de sûreté et encourue pour certains crimes ou délits se traduisant par l'interdiction d'exercer, dans l'établissement considéré, l'activité dans le cadre de laquelle l'infraction a été commise.

C. pén., art. 131-10 et 131-33.

GADPG n° 49.

→ *Sanctions administratives.*

Fêtes légales

[Droit général]

→ *Jours de fêtes légales.*

Feuille d'audience

[Procédure civile]

→ *Registre d'audience.*

Fiançailles

[Droit civil]

Promesse réciproque d'un homme et d'une femme qui prennent l'engagement d'entrer prochainement dans les liens du mariage. Bien que ne constituant pas un contrat juridiquement obligatoire, les fiançailles constituent un fait juridique : leur rupture abusive engage la responsabilité civile délictuelle de l'auteur de la rupture. Le décès accidentel de l'un des fiancés peut, éventuellement, ouvrir un droit à réparation de l'autre contre le tiers responsable.

GAJC, t. 1, n° 31.

→ *Promesse de mariage.*

Fichier central des dispositions de dernière volonté

[Droit civil]

Fichier centralisant les testaments authentiques, les testaments privés déposés chez un notaire et les donations entre époux. Le notaire chargé du règlement d'une succession peut ainsi savoir si le défunt avait pris des dispositions particulières pour organiser la transmission de son patrimoine.

Fichier national des incidents de remboursement des crédits aux particuliers (FICP)

[Droit civil]

Fichier national recensant 2 sortes d'informations : d'une part les incidents de paiement liés au crédit accordé aux personnes physique pour des besoins non professionnels (achats à tempérament, acquisition d'un immeuble, découverts de toute nature), d'autre part les mesures prises dans le cadre du *surendettement* (*plan conventionnel de redressement*, mesures de désendettement, recommandations de la commission de surendettement, *rétablissement personnel*).

C. consom., art. L. 332-11 et 333-4.

Fichier immobilier

[Droit civil]

Ensemble des fiches (fiche personnelle par titulaire d'un droit réel immobilier, fiche d'immeuble pour les immeubles urbains, fiche parcellaire regroupant plusieurs parcelles de propriété) sur lesquelles sont reproduites, par extrait, les indications faisant l'objet de la publicité foncière avec référence au classement des documents publiés dans les archives. C'est un instrument de classement qui permet de retrouver facilement les actes juridiques publiés.

C. civ., art. 2449.

Fichier informatique

[Droit pénal]

Recueil d'informations nominatives, relatives aux personnes, traité par les procédés informatiques. Même commis par négligence, le fait de procéder ou faire procéder à des traitements d'informations nominatives sans avoir respecté les conditions légales prévues à cet effet est une infraction prévue à l'article 226-16 du Code pénal (v. les art. 226-17 et s. du Code pénal pour les autres incriminations).

Fichiers

[Droit administratif]

Une loi du 6 janvier 1978 a, dans le but de garantir la vie privée et les libertés, réglementé la tenue des fichiers publics et privés, informatisés ou non, et organisé un droit d'accès et de rectification au profit des intéressés. Une Commission nationale de l'informatique et des libertés veille au respect de la loi.

L. n° 78-17, 6 janv. 1978 relative à l'information, aux fichiers et aux libertés.

Fiction

[Droit général]

Procédé de technique juridique permettant de considérer comme existante une situation manifestement contraire à la réalité; la fiction permet de déduire des conséquences juridiques différentes de celles qui résulteraient de la simple constatation des faits. Ainsi, dans le droit des successions, la fiction de la continuation de la personne du défunt par celle des héritiers permet d'éviter tout hiatus dans l'existence du droit de propriété sur les biens faisant partie de la succession.

→ *Représentation.*

Fidéicommis

[Droit civil]

Disposition à cause de mort par laquelle le testateur adresse une libéralité à un bénéficiaire apparent en le chargeant de faire parvenir les biens légués à une autre personne.

→ *Libéralité graduelle, Libéralité résiduelle, Substitution fidéicommissaire.*

Fidéjusseur

[Droit civil]

Terme vieilli désignant la caution.

Fiducie

[Droit civil/Droit commercial]

1° Garantie obtenue par un créancier dans un contrat par lequel il est l'acquéreur apparent d'un bien qui lui est transmis par son débiteur, et qui sera restitué à ce dernier lorsque la dette sera éteinte. Le décès du constituant personne physique ne met pas fin au contrat de fiducie.

2° Opération par laquelle une personne physique ou morale ayant la capacité de s'engager juridiquement, appelée constituant, transfère temporairement (pour un maximum de 99 ans à compter de la signature du contrat) des biens, droits ou sûretés (ou un ensemble de biens, droits ou sûretés), présents ou futurs, à un ou plusieurs fiduciaires (ce peut être un avocat) qui tiendront ces biens séparés de leur patrimoine propre et agiront dans un but déterminé au profit d'un ou plusieurs bénéficiaires. D'origine légale ou conventionnelle, elle réalise un *patrimoine d'affectation* séparé du patrimoine personnel du fiduciaire, en s'inspirant du trust des pays de droit anglo-saxon. Ce nouveau cadre juridique, qui doit être expressément prévu, peut avoir une fonction de gestion de patrimoine ou de sûreté, au choix des parties au contrat de fiducie; le constituant ou le fiduciaire peut être le bénéficiaire de ce contrat. À moins qu'il n'en soit disposé autrement dans le contrat de fiducie, le constituant peut, à tout moment, désigner un tiers chargé de s'assurer de la préservation de ses intérêts dans le cadre de l'exécution du contrat et qui peut disposer des pouvoirs que la loi accorde au constituant. Un registre national des fiducies est créé.

Seuls peuvent avoir la qualité de fiduciaires les établissements de crédit, les institutions et services énumérés à l'article L. 518-1 du Code monétaire et financier, les entreprises d'investissement, les entreprises d'assurance, les membres de la profession d'avocat.

C. civ., art. 2011 s.

Filature

[Procédure pénale]

Action consistant de la part des OPJ et APJ à accomplir des actes de surveillance et de suivi (filature) d'une personne suspectée d'avoir commis une infraction. La légalité de ce procédé qui participe à la recherche de la preuve et admis par la chambre criminelle de la Cour de cassation est soumise pour son objet et pour les procédés utilisés aux dispositions de l'article 706-80 du Code de procédure pénale.

Filiale

[Droit commercial]

Société dont le capital est détenu pour plus de moitié par une autre, dite société mère, dont elle est juridiquement distincte, mais économiquement et financièrement dépendante.

Ce mot désigne plus fréquemment une société liée par une relation financière à une autre société dont elle dépend.

Le droit fiscal consacre une notion plus large, puisque le régime de faveur des sociétés mères est accordé aux sociétés détenant au moins 10 % du capital d'une autre, et même parfois moins.

C. com., art. L. 233-1.

→ *Groupe de sociétés.*

Filiation

[Droit civil]

Lien juridique entre parents et enfants. Depuis la loi n° 2002-305 du 4 mars 2002, tous les enfants dont la filiation est légalement établie ont les mêmes droits et les mêmes devoirs dans leurs rapports avec leur père et mère et entrent dans la famille de chacun d'eux.

C. civ., art. 310.

→ *Ascendant, Descendant.*

Filiation adoptive

[Droit civil]

→ *Adoption.*

Filiation adultérine

[Droit civil]

Filiation d'un enfant dont le père ou la mère était, au temps de sa conception, engagé dans les liens du mariage avec une autre personne. Depuis l'ordonnance n° 2005-759 du 4 juillet 2005, cette filiation ne constitue plus une cause d'infériorité à succéder : l'enfant né d'une telle filiation relève de la catégorie des *enfants non conçus ou nés pendant le mariage*.

GAJC, t. 1, n° 49 et 99.

→ *Adultère.*

Filiation incestueuse

[Droit civil]

Filiation qui caractérise un enfant né de relations entre des personnes ayant un lien de parenté ou d'alliance. Elle ne peut être établie en même temps des 2 côtés dans le cas d'*inceste* absolu (entre ligne directe ou entre frères et sœurs), hypothèse pour laquelle la loi n'admet aucune dispense en faveur du mariage du père et de la mère.

C. civ., art. 161 s. et 310-2.

GAJC, t. 1, n° 49 et 52.

Filiation légitime

[Droit civil]

Avant l'ordonnance n° 2005-759 du 4 juillet 2005, expression caractérisant les *enfants conçus ou nés pendant le mariage* de leurs parents. L'expression est aujourd'hui abandonnée, sinon par la doctrine, du moins par la loi.

GAJC, t. 1, n° 42, 43 et 44.

→ *Pater is est...*

Filiation naturelle

[Droit civil]

Expression qui désignait, avant l'ordonnance n° 2005-759 du 4 juillet 2005, la filiation caractérisant les *enfants conçus et nés hors le mariage* de leurs parents. La filiation était dite simple, lorsque les parents n'étaient pas, à l'époque de la conception ou de la naissance, engagés dans les liens du mariage, entre eux ou avec un tiers; elle était dite adultérine lorsque l'un des parents au moins était marié avec un tiers. L'expression est aujourd'hui abandonnée, sinon par la doctrine, du moins par la loi.

C. civ., art. 311-25.

GAJC, t. 1, n° 45, 46, 47, 48 et 49.

→ *Accouchement sous X, Enfant non conçu ou né pendant le mariage, Filiation adultérine, Reconnaissance de paternité.*

Filibustering

[Droit constitutionnel]

Obstruction parlementaire, résultant pour un sénateur américain d'une prise de parole qui ne peut être interrompue (hors épuisement physique) que par un vote aux 2/3 de l'assemblée. Technique favorisant l'adoption de solutions de compromis.

Filière

[Droit commercial]

Titre à ordre, transmissible par endossement, établi en vue du règlement de marchés à termes successifs passés dans une Bourse de marchandises et portant sur les mêmes quantités des mêmes marchandises jusqu'à l'exécution finale du marché.

Filouterie

[Droit pénal]

Fait, par une personne qui sait être dans l'impossibilité absolue de payer ou qui est déterminée à ne pas payer, de se faire servir des boissons ou aliments, ou d'obtenir certains services.

C. pén., art. 313-5.

→ *Grivèlerie.*

Fin de non-recevoir ou de non-valoir

[Procédure civile]

Moyen de défense par lequel le plaideur, sans engager le débat sur le fond, soutient que son adversaire est irrecevable à agir en justice (pour défaut d'intérêt ou de qualité, défaut de pouvoir juridictionnel du tribunal saisi, ou à raison des délais de prescription ou préfix, ou de la chose jugée). Elle vise à mettre un terme définitif à l'action.

Les fins de non-recevoir peuvent être proposées *en tout état de cause*, sans que celui qui les invoque ait à faire la preuve d'un grief.

CPC, art. 122 s.

→ *Irrecevabilité.*

Fin de vie

[Droit civil]

Période de la vie que le législateur contemporain prend en considération pour assurer aux personnes qui sont dans cet état les soins qui leur sont nécessaires, dans le respect de la dignité de la personne humaine, y compris celle du mourant.

CSP, art. L. 1110-5, 1111-4, 1111-9 et 1111-13.

→ *Affection grave et incurable, Atteinte à la dignité de la personne humaine, Corps humain, Être humain, Organe humain, Soins palliatifs.*

Finances locales

[Droit financier ou fiscal]

Terme générique désignant les finances des *collectivités locales* et de leurs établissements publics.

Finul II

[Droit international public]

Force des Nations unies créée en 2006 pour stationner au Sud Liban après la guerre entre Israël et le Hezbollah.

Fisc

[Droit financier ou fiscal]

Terme désignant l'ensemble des services chargés d'établir et de percevoir les impôts.

Flagrant délit

[Procédure pénale]

Crime ou délit qui se commet actuellement, ou qui vient de se commettre. L'infraction relève alors de modalités d'enquête particulières (enquête de flagrance), et, s'il s'agit d'un délit, peut donner lieu à *comparution immédiate* devant le tribunal correctionnel.

C. pr. pén., art. 53 s.

Fœtus

[Droit civil]

Désigne le produit de la conception humaine après les 3 premiers mois de la vie utérine, au moment où se dessinent les caractères spécifiques de l'espèce humaine. Selon la Cour de cassation, le fœtus n'a pas d'existence juridique autonome.

→ *Embryon humain.*

Folle enchère

[Procédure civile]

Lors de la vente d'un immeuble, enchère portée par un adjudicataire qui ne fait pas honneur à ses engagements. À défaut de consignation du prix et de paiement des frais, la vente est résolue de plein droit; l'immeuble est revendu; l'adjudicataire défaillant est comptable de la différence éventuelle de prix entre la première et la seconde vente aux enchères et ne peut prétendre à la répétition des sommes qu'il a acquittées.

C. civ., art. 2212; CPC, art. 1278, al. 3; C. com., art. L. 321-14.

→ *Réitération des enchères.*

Fonction

[Droit civil]

On parle de fonction lorsqu'une personne met son activité au service du public, pour remplir une tâche déterminée, soit directement, soit dans le cadre d'une organisation collective publique ou privée.

La fonction peut être exercée d'une façon indépendante (commerçant, industriel, officier ministériel, avocat, médecin). Elle peut être exercée d'une façon dépendante, sous le couvert d'une organisation collective : ainsi un service public, une association, une société civile ou de commerce. On parle alors de *pouvoirs*.

Fonction publique

[Droit administratif]

1° *Au sens le plus large*, et d'ailleurs très flou, ensemble du personnel permanent de l'État et des collectivités territoriales, composé de catégories d'agents relevant de régimes juridiques variés. On dit : entrer dans la fonction publique.

2° *Dans une acception plus étroite* généralement retenue par le langage juridique, situation de l'ensemble des agents de l'État et des collectivités territoriales ayant la qualité juridique de *fonctionnaires*.

Le principe d'unicité de la fonction publique d'État et de la fonction publique des collectivités territoriales permet théoriquement le passage de l'une à l'autre dans des emplois comparables.

→ *Grille (de la fonction publique).*

Fonctionnaire

[Droit administratif]

Notion retenue par différents textes pour en définir le champ d'application et dont le contenu varie de l'un à l'autre.

Au regard du statut général des fonctionnaires, de l'État et des collectivités territoriales, personne nommée dans un *emploi* permanent et titularisée dans un grade de la hiérarchie.

Fonctionnaire international

[Droit international public]

Agent international exerçant d'une façon continue et exclusive des fonctions pour le compte d'une organisation internationale, et soumis de ce fait à un statut particulier (comportant notamment l'obligation d'indépendance à l'égard de toute autorité autre que l'organisation).

Fonctionnaires de fait (Théorie des)

[Droit administratif]

Assouplissement jurisprudentiel des règles de compétence relatives à l'édiction des actes administratifs, permettant de considérer comme valables certains actes malgré l'incompétence objective de leur auteur, en se fondant soit sur la nécessaire continuité du fonctionnement des services publics essentiels (même en période de circonstances exceptionnelles), soit sur l'apparence vraisemblable aux yeux du public de leur qualité pour agir.

GAJA n° 31.

Fond

[Droit général]

Traditionnellement, dans le droit, le fond s'oppose à la forme lorsqu'il s'agit de créer, de maintenir ou d'éteindre une situation juridique, d'assurer le fonctionnement d'une institution juridique. Le fond concerne les éléments qui représentent le contenu, la matière et la substance du droit ou de la situation juridique envisagés : ainsi le consentement des époux ou de leurs parents dans le mariage, l'objet ou la *cause* dans le contrat.

[Procédure (principes généraux)]

Ce qui fait la matière du procès par opposition à la procédure et à la compétence.

Questions de fait ou de droit qui, humainement ou juridiquement, ont rendu le procès inévitable et que le juge doit trancher. Le fond du procès, en ce qui concerne un litige, peut porter sur une question de fond au sens général du terme (annulation d'un mariage pour défaut de consentement) ou sur une question de *forme* (absence de publication des bans, de publicité de la cérémonie du mariage).

[Procédure civile]

→ *Formalisme, Nullité d'acte de procédure, Principal.*

Fondation

[Droit civil]

Sens large : « la fondation est l'acte par lequel une ou plusieurs personnes physiques ou morales décident l'affectation irrévocable de biens, droits ou ressources à la réalisation d'une œuvre d'intérêt général et à but non lucratif ».

Sens plus restreint : personne morale créée en vue de réaliser ce but.

Les fondations peuvent accepter librement les dispositions entre vifs ou par testament faites à leur profit, sauf opposition de l'autorité publique motivée par l'inaptitude de l'organisme légataire ou donataire à utiliser la libéralité conformément à son objet statutaire.

C. civ., art. 910, al. 2.

→ *Affectation.*

Fondation du patrimoine

[Droit général/Droit de l'environnement]

Personne morale de droit privé à but non lucratif, reconnue d'utilité publique, qui a pour but de promouvoir la connaissance, la conservation et la mise en valeur du patrimoine national. En particulier, elle contribue à la sauvegarde des monuments, édifices, ensembles mobiliers ou éléments remarquables des espaces naturels ou paysagers menacés de dégradation, de disparition, ou de dispersion.

C. patr., art. L. 143-1 s.; C. envir., art. L. 300-3.

→ *Affectation.*

Fondation partenariale

[Droit général]

Espèce de *fondation universitaire*, dotée de la personnalité juridique, pouvant réunir une université et d'autres organismes (sociétés civiles et commerciales, établissements publics à caractère industriel et commercial, coopératives, mutuelles) et dont les ressources comprennent, outre celles des fondations d'entreprise (versements des fondateurs, subventions publiques…), les legs, les donations et le mécénat.

C. éduc., art. L. 719-13.

Fondation universitaire

[Droit général]

Affectation irrévocable, décidée par un établissement public à caractère scientifique, culturel et professionnel, de biens (droits ou ressources) à la réalisation d'une œuvre ou d'une activité d'intérêt général à but non lucratif conforme aux missions du service public de l'enseignement supérieur, à savoir la formation initiale et continue, la recherche scientifique et technique, la diffusion de la culture, la coopération internationale.

La fondation universitaire n'est pas dotée de la personnalité morale, mais dispose de l'autonomie financière.

C. éduc., art. L. 719-12.

→ *Fondation partenariale.*

Fondé de pouvoir

[Droit commercial]

Personne liée à l'entreprise par un contrat de travail, mais ayant les pouvoirs d'un mandataire.

Fonds

[Droit général]

Terme usuel pouvant désigner un immeuble non bâti (fonds de terre), une entreprise commerciale à caractère individuel (fonds de commerce), un cabinet de clientèles civiles (fonds libéral), un fonds artisanal et plus généralement un capital.

Fonds agricole

[Droit rural]

Sur le modèle du fonds de commerce, le fonds agricole est exploité dans l'exercice d'une activité agricole. Il est de nature civile et peut faire l'objet d'un *nantissement*. Entité juridique récente, le fonds agricole doit permettre à l'exploitation agricole de passer d'une logique patrimoniale et familiale à une logique d'entreprise.

C. rur., art. L. 311-3.

→ *Agriculture.*

Fonds commun

[Droit administratif/Droit financier ou fiscal]

Institution assez fréquemment utilisée pour établir une solidarité financière entre des services publics ou des collectivités publiques, avec l'espoir, trop souvent déçu, que des excédents de recettes versés au fonds par les services ou les collectivités prospères aideront les finances déficitaires des autres (ex. célèbre : le fonds commun des réseaux de chemin de fer après la guerre de 1914).

Fonds commun de créances

[Droit civil/Droit commercial]

➜ *Fonds commun de titrisation.*

Fonds commun de placement (FCP)

[Droit commercial]

Copropriété d'instruments financiers et de sommes d'argent placées à court terme ou à vue. Le fonds commun de placement n'a pas la personnalité morale et n'est pas régi par les dispositions applicables au contrat de société ou à l'indivision.

C. mon. fin., art. L. 214-20 s.

Fonds commun de titrisation

[Droit commercial]

Anciennement dénommé fonds commun de créances. Copropriété dont l'objet exclusif est d'acquérir les créances bancaires et d'émettre, en une seule fois, des parts représentatives desdites créances. Cette patrimonialisation des créances facilite le respect des ratios de répartition des actifs et des passifs imposés aux banques (les créances titrisées sortent du bilan), allège les risques de non-remboursement qui sont assumés par le fonds et permet de passer du marché monétaire au marché financier.

C. mon. fin., art. L. 214-49-4 s. (Ord. 13 juin 2008).

➜ *Titrisation.*

Fonds d'assurance formation

[Droit du travail]

Créé par un accord collectif, généralement au niveau de la branche professionnelle, il recueille les cotisations des employeurs soumis à l'obligation de financer la formation professionnelle. Les frais de formation des salariés travaillant dans les entreprises adhérentes sont pris en charge par le fonds.

C. trav., art. L. 6332-7 s. et R. 6332-46 s.

Fonds de bétail

[Droit civil/Droit rural]

➜ *Bail à cheptel.*

Fonds de commerce

[Droit commercial]

Ensemble des éléments mobiliers corporels (matériel, outillage, marchandises) et incorporels (droit au bail, nom, enseigne) qu'un commerçant ou un industriel groupe et organise en vue de la recherche d'une clientèle, et qui constitue une entité juridique distincte des éléments qui le composent.

Fonds de compensation pour la taxe sur la valeur ajoutée (FCTVA)

[Droit financier et Droit fiscal]

Créé par la loi de finances pour 1978, ce fonds est destiné à rembourser (intégralement) la taxe sur la valeur ajoutée acquittée par les collectivités territoriales et leurs groupements sur leurs dépenses réelles d'investissement. Ne sont de ce fait prises en compte que des dépenses d'investissement contribuant à l'accroissement du patrimoine ou portant sur des éléments existants augmentant la durée d'utilisation. Ne relèvent pas de cette approche les dépenses de maintien dans un état normal d'utilisation des éléments d'actifs. Ce fonds bénéficie à une liste limitative de « collectivités ». Il donne lieu habituellement à un reversement fondé sur la règle de la pénultième année, au travers d'un taux forfaitaire, sur la base d'états déclaratifs établis à partir des dépenses inscrites dans le compte administratif de la collectivité.

CGCT, art. L. 1615 et s.

Fonds de concours

[Droit financier ou fiscal]

Qualification budgétaire appliquée à des sommes de nature non fiscale versées au budget de l'État par des personnes physiques ou morales et destinées à apporter un financement complémentaire à des dépenses d'intérêt public, ainsi qu'aux *legs* et *donations* attribués à l'État. Leur existence est également prévue dans les budgets communaux.

ACTU

Fonds de dotation

[Droit général/Droit fiscal]

Personne morale de droit privé à but non lucratif qui reçoit des biens et droits de toute nature qui lui sont apportés à titre gratuit, les gère en les capitalisant et utilise les revenus en provenant à la réalisation d'une œuvre ou d'une mission d'intérêt général ou à l'assistance d'une autre personne morale ayant un objet analogue (L. n° 776 du 4 août 2009 de modernisation de l'économie, art. 40).
Sa constitution est aussi simple que celle d'une association (déclaration à la préfecture, publication de cette déclaration au *Journal officiel*); son régime juridique aussi avantageux que celui d'une fondation reconnue d'utilité publique, puisque les dons et legs qui lui sont consentis ne sont pas soumis à autorisation.

Fonds de garantie automobile

[Droit civil]

Institution destinée à indemniser les victimes d'accidents corporels causés par des véhicules automobiles terrestres à moteur, lorsque l'auteur n'est pas identifié ou n'est pas assuré; le fonds intervient également en cas d'accident de chasse, lorsque l'auteur est inconnu ou non assuré ou que son assureur est insolvable.

Le Fonds de garantie automobile porte désormais le nom de *Fonds de garantie des assurances obligatoires de dommages*.

C. assur., art. L. 421-1 s.

Fonds de garantie des assurances obligatoires de dommage

[Droit civil]

→ *Fonds de garantie automobile.*

Fonds de garantie des victimes des actes de terrorisme et d'autres infractions

[Procédure civile/Procédure pénale]

Organisme compétent :

1° pour décider d'une indemnité, et en verser le montant, destinée à réparer les dommages corporels des victimes d'actes de terrorisme commis sur le territoire national et des personnes victimes à l'étranger de ces mêmes actes; par arrêt de la Cour de justice des Communautés européennes, il a été jugé que le bénéfice de cette indemnisation ne pouvait être refusé aux ressortissants des autres États membres de l'Union européenne (5 juin 2008, aff. C-164/07);

2° pour verser les indemnités allouées par la *commission d'indemnisation des victimes d'infractions*.

Doté de la personnalité civile, le fonds est alimenté par un prélèvement sur les contrats d'assurance de biens, et il est subrogé dans les droits que possède la victime contre la personne responsable du dommage.

C. assur., art. L. 422-1 s., C. pr. pén., art. 706-3 et 706-5-1.

Fonds de solidarité vieillesse

[Sécurité sociale]

Fonds destiné à financer les avantages de vieillesse non contributifs relevant de la solidarité nationale. Les dépenses sont financées par une fraction de la cotisation sociale généralisée (CSG).

CSS, art. L. 135-1.

Fonds d'indemnisation des victimes de l'amiante

[Sécurité sociale]

Fonds ayant pour mission de réparer les préjudices subis par les personnes atteintes d'une maladie occasionnée par l'amiante.

Fonds dominant

[Droit civil]

Immeuble, bâti ou non, au profit duquel est établie une servitude.

C. civ., art. 697 s.

→ *Fonds servant.*

Fonds européen agricole de garantie (FEAGA)

[Droit européen]

→ *Fonds européen d'orientation et de garantie agricole (FEOGA).*

Fonds européen agricole pour le développement rural (FEADER)

[Droit européen]

→ *Fonds européen d'orientation et de garantie agricole (FEOGA), Fonds structurels.*

Fonds européen d'orientation et de garantie agricole (FEOGA)

[Droit européen]

Ancienne ligne du budget européen consacrée aux dépenses de la politique agricole commune, représentant environ 40 % du budget de l'Union. La section « garantie » du Fonds (la plus importante), retraçant les dépenses relatives aux organisations communes de marché (interventions et restitutions), est devenue en 2005 le FEAGA (Fonds européen agricole de garantie), tandis que la section « orientation », dont l'objectif était l'amélioration des structures agricoles, devenait le FEADER (Fonds européen agricole pour le développement rural). Cependant, le FEOGA est toujours cité à l'article 175 TFUE.

Fonds européen de développement (FED)

[Droit européen]

Alimenté non par le budget de l'Union européenne mais par des contributions directes des États membres, il sert au financement des opérations au profit des pays en voie de développement liés à l'Union par la convention de Lomé.

Fonds européen de développement économique régional (FEDER)

[Droit européen]

Ligne du budget européen consacrée à une action visant l'atténuation des disparités de développement entre les régions des États membres. Créé en 1975, le FEDER a vu depuis ses crédits augmenter de façon importante. Il concourt à la politique de cohésion économique, sociale et territoriale de l'Union européenne (art. 176 TFUE).

Fonds marins

[Droit international public]

Déclarée « patrimoine commun de l'humanité » par l'ONU (résolutions de 1967 et 1970), cette zone, en raison des énormes ressources qu'elle recèle, est explorée et exploitée sous la conduite d'une Autorité créée par la convention de Montego Bay signée le 10 décembre 1982 à l'issue de la

3e conférence des Nations unies sur le droit de la mer. L'Autorité fonctionne depuis 1994.

Fonds monétaire international

[Droit international public]

Institution spécialisée des Nations unies créée en 1945 en vue de favoriser la coopération monétaire internationale et l'expansion du commerce international. Fournit une aide financière aux États membres qui ont des difficultés temporaires de paiements en devises étrangères. *Siège :* Washington.

Fonds propres

[Droit commercial]

Les fonds propres regroupent, au passif du bilan, l'ensemble des valeurs qui permettent à l'entreprise de fonctionner sans endettement externe.

L'essentiel est constitué des capitaux propres, augmentés des avances conditionnées et du produit des titres participatifs.

→ *Capitaux propres, Titres participatifs.*

Fonds servant

[Droit civil]

Immeuble bâti ou non bâti supportant la charge d'une servitude.

C. civ., art. 699 s.

→ *Fonds dominant.*

Fonds social européen (FSE)

[Droit européen]

Ligne du budget européen relative aux dépenses en matière sociale, le FSE (art. 162 TFUE) a pour objectif principal d'améliorer les possibilités d'emploi des travailleurs dans le marché intérieur. Il promeut la mobilité professionnelle et géographique, l'adaptation aux mutations des systèmes de production, la formation et la reconversion professionnelles.

Fonds sociaux

[Sécurité sociale]

Fonds d'action sociale alimentés, selon les régimes de Sécurité sociale, à l'aide du prélèvement direct sur les cotisations ou à partir des produits financiers et déterminés à des interventions individuelles (aides personnalisées) ou à des interventions collectives (financement de maisons de cures, d'équipements pour handicapés…).

CSS, art. R. 251-1.

Fonds souverains

[Droit financier]

Fonds d'investissement détenus par des États, alimentés souvent par l'exploitation de matières premières, notamment le pétrole. Plusieurs gèrent des centaines de milliards de dollars. En novembre 2008, la France a à son tour annoncé la création d'un « fonds d'investissement stratégique d'intérêt national », doté de 20 milliards d'euros (État et *Caisse des Dépôts*).

Fonds structurels

[Droit européen]

Instruments financiers de l'Union européenne pour faciliter certaines interventions par objectif. Existent notamment le FEDER (*Fonds européen pour le développement économique régional*) en matière d'aménagement du territoire, le FSE *(Fonds social européen)* pour la politique sociale et le FEOGA (*Fonds européen d'orientation et de garantie agricole*) pour la *politique agricole commune* transformé en 2005, principalement en FEADER (*Fonds européen agricole pour le développement rural*).

Fongibilité

[Droit civil]

Qualité des choses qui peuvent se remplacer indifféremment les unes par les autres. La fongibilité est dite objective (sens strict du terme) lorsque 2 choses sont exactement équivalentes (un kg de farine pour un kg de farine). Elle est dite subjective lorsque le rapport d'équivalence est déterminé par la volonté des parties à un contrat (sens large), par exemple, pour une obligation alternative.

→ *Choses fongibles.*

Fongibilité asymétrique

[Droit financier]

Nom donné à la règle posée par la LOLF (art. 7) selon laquelle, à l'intérieur d'un *programme* budgétaire, les *crédits* correspondant aux dépenses de personnel ne peuvent pas être augmentés par le gestionnaire de celui-ci par prélèvement sur des crédits d'une autre nature (matériel ou investissement, par ex.). Représente une exception importante au principe selon lequel la répartition des crédits au sein d'un même programme n'est qu'indicative, ce qui permet (fongibilité) de redéployer les crédits en fonction des besoins réels (par ex., en comblant une insuffisance de crédits de matériel en prélevant sur des crédits de personnel ou d'investissement).

For ou *Forum*

[Procédure civile]

Ce mot désigne un tribunal, et par extension, sa compétence.

→ *Actor sequitur forum rei, Forum actoris, Forum shopping, Lex fori.*

Force de chose jugée

[Procédure civile/Procédure (principes généraux)]

Efficacité caractérisant un jugement qui n'est susceptible d'aucun recours suspensif d'exécution ou qui n'en est plus susceptible (les délais étant expirés ou les recours ayant été exercés) et qui, par conséquent, peut être mis à exécution sans attendre.

CPC, art. 500 et 501.

→ *Chose jugée en dernier ressort, Jugement définitif, Jugement irrévocable.*

Force d'urgence des Nations unies

[Droit international public]

Force armée internationale créée par cas d'espèce, sur recommandation du Conseil de sécurité ou de l'Assemblée générale, non pour combattre, mais pour s'interposer entre des adversaires et faire ainsi tomber la tension dans une région déterminée. L'envoi d'une force d'urgence sur le territoire d'un État suppose son consentement. Les forces d'urgence ne doivent pas être confondues avec la force armée préconstituée prévue par le chapitre 7 de la charte de l'ONU, mais qui n'a pu être créée faute d'accord entre les membres permanents du Conseil de sécurité. Ne doit également pas être confondue avec les forces multinationales, aux missions identiques mais système interétatique et extérieur aux Nations unies.

Force exécutoire

[Procédure civile]

Effet attaché aux décisions judiciaires, qu'elles soient juridictionnelles ou gracieuses, aux actes des notaires, à certains actes de l'Administration, qui permet de pratiquer une saisie contre le débiteur, ou d'expulser un occupant d'un local, en recourant, s'il le faut, à la force publique.

→ *Expulsion, Formule exécutoire, Titres exécutoires.*

Force majeure

[Droit civil]

Au sens large, tout événement imprévisible et insurmontable empêchant le débiteur d'exécuter son obligation; la force majeure est exonératoire.

Au sens étroit, la force majeure s'oppose au *cas fortuit*; elle est un événement non seulement imprévisible et insurmontable mais encore d'origine externe, absolument étranger à la personne du débiteur (force de la nature, fait du prince, fait d'un tiers).

La Cour de cassation n'exige plus la condition d'extériorité, en matière contractuelle du moins ; elle admet qu'il y a force majeure lorsque le débiteur a été empêché d'exécuter par la maladie, dès lors que cet événement présentait un caractère imprévisible lors de la conclusion du contrat et était irrésistible dans son exécution.

C. civ., art. 1148, 1306, 1348 et 2234.

→ *Cause étrangère, Fait du prince.*

[Droit pénal]

Situation qui s'impose à une personne et qui permet de ce fait d'écarter la responsabilité de cette dernière.

→ *Contrainte.*

Force obligatoire des conventions

[Droit civil/Droit administratif]

Force attachée par la loi aux conventions légalement formées, en vertu de laquelle ce que les parties ont voulu dans la convention s'impose à elles, dans les conditions mêmes où elles l'ont voulu. Elle n'implique pas, toutefois, une application nécessairement littérale et implacable des conventions : celles-ci doivent être exécutées de bonne foi et obligent à toutes les suites que l'équité donne à l'obligation d'après sa nature.

C. civ., art. 1134.

→ *Effet relatif des contrats, Opposabilité.*

Force probante

[Procédure (principes généraux)]

Efficacité d'un moyen de *preuve*. Un acte sous seing privé fait foi entre les parties, sauf l'action en *vérification d'écriture* qui peut aboutir à la constatation judiciaire du fait que le défendeur n'a pas réellement signé le document. L'acte authentique fait foi jusqu'à *inscription de faux* de sa réalité et des constatations de l'officier public (procédure naguère coûteuse et périlleuse) ; sa force probante est donc supérieure à celle qui est attachée à l'acte sous seing privé ; mais cette supériorité ne s'attache qu'aux énonciations correspondant aux constatations personnelles de l'officier public ; celles qui ne font que relater les dires des parties ne valent que jusqu'à preuve contraire.

La loi fixe, non seulement la valeur probatoire des actes authentiques et des actes sous seing privé, mais aussi la force probatoire relative des preuves en conflit ; par exemple, la preuve par écrit l'emporte sur la *preuve testimoniale*.

L'écrit sous forme électronique est admis en preuve au même titre que l'écrit sous forme papier ; il a la même force probante.

C. civ., art. 1316-1, 1316-3, 1319, 1322, 1323, 1347 et 1356.

→ *Aveu, Commencement de preuve par écrit, Faux.*

Force publique

[Droit administratif/Procédure civile/Procédure pénale]

Ensemble des forces (police, armée) qui sont à la disposition du gouvernement pour maintenir l'ordre, à la disposition des officiers publics pour obtenir le respect de la loi et l'exécution des décisions de justice, ainsi pour exécuter une expulsion ou pour pénétrer dans l'habitation d'un débiteur, objet d'une saisie-vente qui est absent ou refuse l'entrée.

GAJA n° 40.

Forclusion

[Procédure civile]

Perte, par l'expiration d'un délai, de la faculté de faire valoir un droit.

→ *Déchéance, Délai de forclusion, Délai préfix, Relevé de forclusion.*

Foreign court theory

[Droit international privé]

Formule signifiant que, lorsque le juge statue dans une hypothèse où existe une possibilité de renvoi, il adopte la position qu'aurait prise le juge étranger (double renvoi).

Forfait

[Droit financier ou fiscal]

1° Ancien mode de fixation simplifiée du bénéfice imposable dans la catégorie des bénéfices industriels et commerciaux (BIC), ainsi que du montant de TVA à payer, réservé aux plus petites entreprises. Ce système reposait sur une évaluation calculée par l'administration fiscale à partir d'éléments objectifs (nombre de salariés, montant des achats et des stocks), il peut donner lieu à discussion avec le contribuable.

2° Ce mot désignait aussi ce bénéfice lui-même, ou la TVA à payer (« un forfait de x milliers de francs »).

Ce système qui concernait en 1992 moins de 20 % des entreprises, contre 86 % en 1970, a été remplacé en 1999 par le régime dit des micro-entreprises. Il subsiste cependant un système de forfait pour la détermination du bénéfice agricole des petits exploitants, fonctionnant de façon très différente du précédent.

Forfait de communauté

[Droit civil]

Clause d'un contrat de mariage par laquelle l'un des époux est autorisé à prendre la totalité de la communauté lors de sa liquidation moyennant versement d'une somme forfaitaire.

C. civ., art. 1497 s.

Forfait générique

[Sécurité sociale]

Pour des médicaments figurant dans un groupe générique, le remboursement des frais peut être limité à un tarif forfaitaire de responsabilité décidé par le comité économique des produits de santé.

Forfait journalier

[Sécurité sociale]

Somme que paient les malades admis en hospitalisation complète ou en hébergement dans les établissements d'hospitalisation publics ou privés et dans les établissements sociaux.

Des cas d'exonération sont prévus. Le forfait journalier peut être pris en charge par l'*aide sociale* ou par les mutuelles.

CSS, art. L. 174-4.

Forfait social

[Sécurité sociale]

Contribution patronale sur les rémunérations exclues de l'assiette des cotisations mais soumises à la CSG.

CSS, art. L. 131-15.

Forfaiture

[Droit pénal]

Crime commis par un fonctionnaire public dans l'exercice de ses fonctions.

Cette incrimination n'a pas été conservée par le nouveau Code pénal.

Formalisme

[Droit général]

Principe juridique en vertu duquel une formalité (ex. : la rédaction d'un écrit) est exigée par la loi pour la validité d'un acte.

→ *Acte consensuel, Acte solennel, Ad solemnitatem, Consensualisme, Mentions informatives.*

[Procédure civile]

Application de ce principe aux actes du juge (ex. : enquête, jugement…) et aux actes de procédure (ex. : pour l'assignation, mention de la date, du tribunal compétent, de la signature de l'huissier…), sanctionné par la déchéance ou la nullité. Il répond au souci de garantir le principe de la contradiction, la liberté de la défense et le délai raisonnable de la procédure.

Formation continue

[Droit général]

Formation postscolaire, destinée à des personnes engagées dans la vie active, qui a pour objet de favoriser l'insertion ou la réinsertion professionnelle des travailleurs, de permettre leur maintien dans l'emploi, de favoriser le développement de leurs compétences et l'accès aux différents niveaux de qualification professionnelle, de contribuer au développement économique et culturel et à leur promotion sociale. Elle se réalise notamment par le moyen des *congés* individuels de formation.

C. trav., art. L. 6311-1 s.

[Procédure civile]

Les magistrats sont soumis à une obligation de formation continue organisée par l'École nationale de la magistrature. De leur côté, les avocats doivent consacrer 20 heures par année civile à la mise à jour et au perfectionnement des connaissances nécessaires à l'exercice de leur profession.

Formation de jugement

[Procédure (principes généraux)]

Composition d'un tribunal pour rendre une décision juridictionnelle. Pour sa désignation, plusieurs appellations sont utilisées; *chambre*, *section*, sous-section, bureau.

→ *Audience de la chambre, Audience de procédure, Bureau de conciliation, Bureau de jugement, Conseil d'État, Conseil de Prud'hommes, Cour de cassation.*

Formation en alternance

[Droit du travail]

Dispositif permettant aux jeunes de 16 à 25 ans d'acquérir une qualification (contrats de professionnalisation) ou aux salariés sous contrat de travail à durée indéterminée de favoriser leur maintien dans l'emploi (périodes de professionnalisation) en alliant une activité sur les lieux de travail à des enseignements généraux, professionnels et technologiques dans des établissements publics ou privés. L'entreprise bénéficie d'une exonération de cotisations sociales.

C. trav., art. L 6324-1 s. et 6325-1 s.

Forme

[Droit général]

La forme dans le droit s'attache aux manifestations extérieures de la volonté, qu'il s'agisse d'un acte juridique fait par un particulier ou par un administrateur, ou bien d'un jugement émanant d'un organe judiciaire.

La forme poursuit des buts très différents selon les cas, ce qui explique que sa méconnaissance n'engendre pas les mêmes effets :

- protéger une personne (donation) ou un justiciable (formes du procès) – Sanction : la nullité;
- prévenir les tiers (publicité d'une vente d'immeuble) – Sanction : l'inopposabilité;
- assurer la sécurité du commerce (effets de commerce) – Sanction : la dégénérescence de l'acte;
- ménager une preuve – Sanction : impossibilité de prouver autrement;
- acquitter les droits fiscaux (timbrage, enregistrement) – Sanction : amende fiscale.

Dans le droit du procès, les actes de procédure et les actes des juges sont soumis à certaines conditions de forme.

→ *Fond, Formalisme.*

Formel, informel

[Droit général]

Un acte juridique présente un caractère formel, lorsqu'un document en atteste l'existence. Dans le cas contraire, l'acte est dit informel (verbal, implicite, se déduisant d'une attitude par ex.).

Formel, matériel

[Droit général]

Techniques de classification des actes juridiques.

Les classifications formelles s'attachent à la distinction des différents organes compétents et aux formes ou procédures suivant lesquelles ces actes sont accomplis.

Les classifications matérielles correspondent à des distinctions fondées sur l'analyse du contenu des actes juridiques.

[Droit international privé]

Les règles de conflit de lois qui désignent la loi applicable sont qualifiées règles *formelles* ou *indirectes*.

Les règles de droit contenant les dispositions applicables à la situation en cause sont qualifiées règles matérielles, *substantielles*, *directes*.

Formule exécutoire

[Procédure civile]

Formule insérée dans l'expédition d'un acte ou d'un jugement par l'officier public qui le délivre (notaire, directeur de greffe) et permettant au bénéficiaire de poursuivre l'exécution, en recourant si cela est nécessaire à la force publique.

La formule se termine ainsi : « En conséquence, la République française mande et ordonne à tous huissiers de justice sur ce requis de mettre ledit arrêt (ou ledit jugement) à exécution, aux procureurs généraux et aux procureurs de la République près les tribunaux de grande instance d'y tenir la main, à tous commandants et officiers de la force publique de prêter main-forte lorsqu'ils en seront légalement requis… » (Décr. n° 1047 du 12 juin 1947, art. 1er).

CPC, art. 502.

→ *Force exécutoire, Titres exécutoires.*

[Procédure administrative]

Il existe une formule spéciale pour les décisions rendues par les juridictions administratives.

Fortune de mer

[Droit maritime/Droit civil]

1° Expression de droit maritime consacrant l'existence d'un patrimoine d'affectation, exception au concept classique de l'unité du patrimoine. Les armateurs de navires peuvent limiter leur responsabilité à l'égard de leurs contractants ou de tiers si les dommages se produisent à bord ou en rapport avec la navigation. Le plafonnement s'inscrit dans les limites définies par la Convention internationale de Londres du 19 novembre 1976 en fonction du jaugeage du bâtiment et de la nature des dommages. Si le total des créances nées d'un même événement dépasse le plafond, le montant des réparations dues par l'armateur est constitué en un fonds de limitation unique affecté exclusivement aux créanciers à qui la limitation de responsabilité est opposable, qui ne pourront prétendre à aucun droit sur les autres biens de l'armateur. Loi n° 67-5 du 3 janvier 1967, articles 31 et suivants et 58 et suivants, modifiée par la loi du 21 décembre 1984.

Reviviscence de la distinction de l'ancien droit entre la fortune de mer et la fortune de terre des armateurs.

→ *Patrimoine, Patrimoines d'affectation (Théories des…).*

2° Tout risque de mer fortuit (naufrage, prise, incendie).

C. assur., art. L. 172-11.

Forum actoris

[Droit international privé]

Compétence du tribunal du demandeur (situation exceptionnelle).

C. civ., art. 14.

GADIP n° 43, 49 et 71.

Forum shopping

[Droit international privé]

Stratagème pour échapper à l'application d'une loi et consistant, pour les plaideurs, à porter leur litige devant une juridiction étrangère, qui ne sera pas obligée d'appliquer cette loi.

→ *Fraude.*

Fouille

[Procédure pénale]

Modalité de la *perquisition* qui s'effectue ailleurs que dans un immeuble, sur une personne (à l'aéroport par ex.) ou dans un véhicule.

La fouille d'un véhicule doit préserver la liberté individuelle dont seule l'autorité judiciaire est la gardienne.

DGCC nº 18.

Foyer fiscal

[Droit financier ou fiscal]

Ensemble des personnes établissant légalement une seule déclaration annuelle de leurs revenus. Exemple type pour un couple marié : le mari, la femme et leurs enfants mineurs. Il est composé d'une seule personne dans le cas d'un célibataire sans enfant. Le calcul de l'impôt sur le revenu dû par un foyer fiscal s'effectue selon la technique du *quotient familial*.

CGI, art. 6.

Fractionnement de la peine

[Droit pénal]

En matière correctionnelle, la juridiction peut décider, pour un motif d'ordre médical, familial, professionnel ou social, que l'emprisonnement prononcé pour une durée de 2 ans, ou, si la personne est en état de récidive légale, pour une durée égale ou inférieure à un an au plus, sera, pendant une période ne pouvant excéder 4 ans, exécuté par fractions, aucune d'entre elles ne pouvant être inférieure à 2 jours.

C. pén., art. 132-27.

Frais

[Procédure civile]

Au sens large, ensemble des dépenses occasionnées par un procès. Au sens strict, désigne les frais *irrépétibles*.

→ *Dépens.*

Frais d'atelier

[Sécurité sociale]

Frais engagés par le travailleur à domicile et afférents au loyer, au chauffage, à l'éclairage du local de travail, à la force motrice, à l'amortissement normal des moyens de production. L'entreprise a une option :

- Ne pas tenir compte de la déduction forfaitaire pour frais d'atelier fixée pour certaines catégories de travailleurs. Dans ce cas, l'assiette des cotisations est constituée par le montant des salaires à l'exclusion de toutes indemnités pour frais d'atelier ou de tout remboursement de frais.

- Faire application de la déduction forfaitaire. Dans ce cas, doivent être réintégrés dans l'assiette des cotisations les remboursements de frais réels ou les majorations ou allocations forfaitaires représentatives de frais d'atelier.

CSS, art. L. 242-1.

Frais d'entreprise

[Droit commercial/Droit du travail]

Frais, pris en charge par l'employeur, qui correspondent à des charges d'exploitation de l'entreprise. Ils doivent remplir simultanément 3 critères : caractère exceptionnel, intérêt de l'entreprise et être exposé en dehors de l'exercice normal de l'activité du travailleur. Sont exclus de l'assiette des cotisations même en cas d'option pour la déduction forfaitaire spécifique pour frais professionnels.

Frais funéraire

[Sécurité sociale]

Frais de transport du corps au lieu de sépulture en France, en cas d'accident du travail suivi de mort, pris en charge par la caisse primaire d'assurance-maladie.

CSS art. L. 453-1 et 2.

Frais professionnels

[Sécurité sociale]

Sommes versées aux salariés pour les couvrir des charges de caractère spécial inhérentes à la fonction ou à l'emploi. Au sens strict, les charges inhérentes sont uniquement celles qui tiennent à la nature de l'emploi ou de la fonction, abstraction faite de tous les éléments qui se rapportent à la situation personnelle de chaque salarié. Les frais professionnels sont déductibles de l'assiette des cotisations de Sécurité sociale.

CSS, art. L. 242-1; Arrêté du 20 déc. 2002.

Franc

[Droit financier ou fiscal/Droit commercial]

Unité monétaire de la France de sa création par la loi du 28 thermidor an III (15 août 1795) jusqu'à son remplacement par l'*euro* le 1er janvier 1999 (toutefois, pendant une période transitoire ayant duré jusqu'à début 2002, le franc a subsisté comme simple subdivision non décimale de l'euro, en attendant l'émission et la distribution des pièces et des billets en euros).

En 1958, dans le cadre d'une politique de restauration de l'économie et de la monnaie, une mesure symbolique et psychologique avait été prise, le franc désormais utilisé représentant 100 francs antérieurs. Ce franc avait été appelé « nouveau franc » (NF) jusqu'au 1er janvier 1963, pour éviter les confusions.

Franc CFA

[Droit financier ou fiscal/Droit commercial]

(CFA : jadis : colonies françaises d'Afrique; aujourd'hui : Communauté financière africaine).

Unité monétaire commune à une quinzaine d'États africains jadis *Territoires d'outre-mer* français (sauf la Guinée Bissau), formant avec la France (et les Comores) la *Zone franc*. La parité du franc CFA et de l'*euro* est fixée par les États membres de la Zone franc. Avant 2002, 1 franc valait 100 francs CFA; au 6 avril 2010, 1 euro = 654,61 francs CFA.

Il existe également un franc comorien, obéissant à des règles analogues, et dont la parité au 6 avril 2010 est : 1 euro = 491,0492 francs comoriens.

Franc CFP

[Droit financier ou fiscal/Droit commercial]

(CFP : jadis : colonies françaises du Pacifique; aujourd'hui : change franc Pacifique). Unité monétaire utilisée dans les ex-*Territoires d'outre-mer* du Pacifique (Nouvelle-Calédonie, Polynésie française, Wallis et Futuna), qui sont seulement associés à la *Communauté européenne* et ne font donc pas partie de la zone *euro*. La France continue d'émettre cette monnaie et en fixe elle-même la parité par rapport à l'euro. Avant 2002, 1 *franc* valait 18 francs CFP; au 6 avril 2010, 1 euro = 119 francs CFP; et 1 000 francs CFP = 8,38 €.

En revanche, dans les *départements d'outre-mer* (ainsi que dans les collectivités de Mayotte, Saint-Martin, Saint-Barthélemy et Saint-Pierre-et-Miquelon), qui font partie de l'Union européenne et de l'Union économique et monétaire, l'unité monétaire est l'*euro*, comme en France métropolitaine.

France Télécom

[Droit financier ou fiscal]

Succédant à l'ancienne Direction générale des Télécommunications au sein du ministère des PTT, France Télécom est devenue, sous la pression de la Communauté européenne, une société anonyme dont l'État ne détient plus directement ou indirectement (*ERAP*) que 27 % environ du capital. Depuis 1998, elle ne bénéficie plus d'un monopole légal et se trouve donc exposée à la concurrence d'autres opérateurs, tout en continuant d'assurer le service public universel des télécommunications, qui doit garantir à

tous un service téléphonique de qualité à un prix abordable, ainsi que l'acheminement des appels des numéros d'urgence.
→ *Service public.*

Franchisage

[Droit commercial]
Contrat par lequel le titulaire d'un signe distinctif, généralement déposé à titre de marque (le franchiseur), en concède l'usage à un commerçant indépendant (le franchisé) auprès duquel il assume une fonction de conseil et d'assistance commerciale, moyennant le paiement d'une redevance sur le chiffre d'affaires du franchisé ainsi que son engagement de s'approvisionner en tout ou en partie auprès du franchiseur ou de tiers déterminés et de respecter un certain nombre de normes tant pour l'implantation que pour la gestion du point de vente.
C. com., art. L. 330-3.

Franchise

[Droit civil/Droit commercial]
Dans le droit des assurances, part d'un dommage que l'assuré conserve à sa charge. Elle est absolue lorsqu'elle est supportée par l'assuré, quelle que soit l'importance du dommage; elle est simple, lorsque la fraction du dommage dont elle est l'objet est réparée par l'assureur au-delà d'un certain seuil de préjudice.
C. assur., art. L. 121-1, R. 126-2 et 211-13.

Franchise (Contrat de)

[Droit commercial]
→ *Franchisage.*

Franchise d'impôt

[Droit financier ou fiscal]
Technique d'exonération fiscale consistant à ne pas percevoir un impôt lorsque le montant théoriquement dû n'atteint pas un chiffre minimum.
→ *Décote.*

Franchise médicale

[Sécurité sociale]
Participation forfaitaire des assurés sur les médicaments, les actes effectués par un auxiliaire médical et le transport. Ces franchises ont pour but de financer les investissements consacrés à la lutte contre le cancer, la maladie d'Alzheimer et l'améliorer les soins palliatifs.
L. n° 2007-1786, 19 déc. 2007, art. 52.

Franchising

[Droit commercial]
→ *Franchisage.*

Francisation

[Droit maritime]
Formalité conférant à un bâtiment de mer le droit de naviguer sous pavillon français.
C. douanes, art. 216 s.

[Droit civil]
Procédure consistant à donner le caractère linguistique français à un nom ou prénom étranger, par traduction, suppression de consonance ou modification d'orthographe. S'applique non seulement aux étrangers, mais aux nationaux eux-mêmes.

Franco (ou Franco de port/Franco de tous frais)

[Droit commercial]
Les frais de transport sont payés par l'expéditeur; le destinataire est dispensé de tout payement autre que celui du prix de la marchandise elle-même. Équivalent de l'expression « port payé ».

Francophonie

[Droit international public]
Ensemble formé par les États (56 + 14 États observateurs) utilisant entièrement ou partiellement la langue française comme langue officielle. Conçu non seulement comme un cadre d'une politique destinée à

maintenir un usage aussi étendu que possible du français, mais aussi comme un groupement permettant plus généralement de favoriser le rayonnement des pays francophones à travers le monde. Après la création en 1970 de l'Agence de coopération culturelle et technique (ACCT), a su déboucher sur des sommets réguliers des chefs d'État et de gouvernement (9e sommet à Bucarest en 2006, 10e à Québec en 2008, Montreux en Suisse en 2010) et sur la création d'un secrétaire général depuis le sommet de Hanoi en 1997 (Abdou Diouf depuis 2002).

Fratrie

[Droit civil]

Ensemble des frères et sœurs conçu comme une communauté affective et éducative. Le principe selon lequel l'enfant ne doit pas être séparé de sa fratrie est écarté lorsqu'une résidence commune est impossible (ex. : cas d'une *famille recomposée*) ou lorsque l'intérêt de l'enfant l'exige.

C. civ., art. 371-5.

Fraude

[Droit général]

Action révélant chez son auteur la volonté de nuire à autrui (conjoint, cocontractant, copartageant, plaideur) ou de tourner certaines prescriptions légales (fraude fiscale).

→ *Action paulienne, Escroquerie, Fraus omnia corrompit, Prise à partie, Responsabilité du fait du fonctionnement défectueux de la Justice.*

GAJF n° 10.

[Droit international privé]

Adaptation consciente de moyens licites à des fins contraires à la loi. La fraude à la loi consiste, le plus souvent, à modifier, par des artifices, les circonstances de fait d'après lesquelles est déterminée la règle de conflit. La jurisprudence tient compte de la fraude commise au détriment non seulement de la loi française, mais encore de la loi étrangère.

GADIP n° 6.

→ *Forum shopping.*

Fraude fiscale

[Droit financier ou fiscal]

Soustraction illégale à la loi fiscale de tout ou partie de la matière imposable qu'elle devrait frapper.

→ *Évasion fiscale.*

Fraus omnia corrumpit

[Droit civil]

Adage latin (littéralement, « la fraude corrompt tout ») exprimant que tout acte juridique entaché de fraude peut être l'objet d'une action en nullité.

Freins et contrepoids (Système des)

[Droit constitutionnel]

En anglais : « Checks and balances ». Système constitutionnel consistant à aménager les rapports entre les pouvoirs publics de manière qu'ils se tiennent mutuellement en équilibre.

Freinte de route

[Droit commercial]

Perte de poids ou de volume de la marchandise transportée en raison des circonstances naturelles. L'usage international veut que, cantonnée dans des proportions usuelles, elle ne soit pas indemnisée par le transporteur. Différent de l'*avarie*.

Fret

[Droit maritime]

Prix du service rendu pour le transport sur un navire de marchandises d'un point à un autre. Ce terme sert aussi à désigner, dans le langage courant, la marchandise transportée. En ce sens, il est passé dans le vocabulaire de tous les modes de transport (routiers, aériens, etc.).

Fréteur

[Droit maritime]

Propriétaire d'un navire qui, moyennant le paiement d'une somme appelée fret, s'engage à mettre son bâtiment à la disposition d'une autre personne, l'affréteur, pour le transport de marchandises d'un point à un autre.

→ *Affrètement.*

Front

[Droit constitutionnel]

Coalition de partis politiques (ex. : Front populaire).

Frontaliers

[Sécurité sociale]

Travailleurs qui, tout en conservant leur résidence dans la zone frontalière d'un État où ils retournent en principe tous les jours, vont travailler dans la zone frontalière d'un État limitrophe. En droit communautaire, il n'est pas nécessaire que le pays de résidence et le pays d'emploi soient limitrophes.

Frontière

[Droit international public]

Limite du territoire d'un État. Frontière artificielle : celle qui consiste en une ligne idéale (parallèle, ligne entre 2 points déterminés). Frontière naturelle : celle qui est formée par un accident géographique (fleuve, lac, mer, montagne).

Fructus

[Droit civil]

Mot latin désignant l'un des attributs du droit de propriété sur une chose, le droit d'en percevoir les fruits, au sens large du terme, sans altération de la substance de la chose.

C. civ., art. 544.

→ *Abusus, Usus.*

Fruits

[Droit civil]

1° Biens produits périodiquement et régulièrement par les choses sans altération de leur substance.

On distingue :

- *les fruits naturels* : qui comprennent les produits spontanés de la terre et le croît des animaux;
- *les fruits industriels* : qui sont des produits obtenus par le travail de l'homme;
- *les fruits civils* : qui sont obtenus grâce à un contrat dont le capital est l'objet, tels les loyers et autres revenus en argent procurés par une chose.

C. civ., art. 582 s.

2° Par extension, qualification donnée à des biens qui constituent des produits au sens exact (dans la mesure où ils entament la substance de la chose qui les fournit), mais dont la production, comme celle des fruits, est périodique et régulière (par ex., les arbres abattus dans une forêt aménagée en coupes réglées; les matériaux extraits d'une carrière régulièrement exploitée).

C. civ., art. 591 et 598.

→ *Produits, Usufruit.*

Frustratoire

[Procédure civile]

→ *Actes frustratoires.*

Fuite (Délit de)

[Droit pénal]

→ *Délit de fuite.*

Funérailles

[Droit civil/Procédure civile]

Ensemble des cérémonies accomplies en l'honneur d'un mort dont les conditions sont réglées librement par l'intéressé de son vivant, lequel décide si son corps sera inhumé ou incinéré, si ses obsèques auront un caractère civil ou religieux, précise la destination de ses cendres... Le tribunal d'instance du lieu du décès, seul compétent en la matière en cas de litige, statue dans les 24 heures; sa décision est susceptible d'appel devant le premier président de la cour d'appel qui doit se prononcer immédiatement.

CPC, art. 1061-1; COJ, art. R. 221-7, 221-47; CGCT, art. L. et R. 2223-1 s.; L. du 15 nov. 1887 sur la liberté des funérailles, art. 3.

→ *Obsèques, Pompes funèbres, Sépulture, Corps humain.*

Fusion

[Droit commercial]

Opération juridique consistant à regrouper plusieurs sociétés qui disparaissent en une seule, par voie de transmission universelle de patrimoine.

C. com., art. L. 236-1; C. civ., art. 1844-4.

Fusion – regroupement de communes

[Droit administratif]

→ *Communes, Commune nouvelle.*

G

G 20 (Groupe des 20)

[Droit international]

Instance internationale permettant aux États les plus puissants sur le plan économique, y compris les pays émergents, de se concerter sur l'évolution de l'économie mondiale. Le G 20 s'est réuni au niveau des chefs d'État ou de gouvernement pour la première fois en 2008, esquissant ainsi un gouvernement économique mondial.

Gage

[Droit civil/Droit commercial]

1° Convention par laquelle le constituant accorde à un créancier le droit de se faire payer par préférence aux autres créanciers sur un bien mobilier *corporel* ou un ensemble de bien mobiliers *corporels*, présents ou futurs. Le gage n'est plus un contrat réel, se formant par la remise de la chose; la seule rédaction d'un écrit suffit à le constituer valablement.

Le gage est opposable aux tiers par la publicité qui en est faite; il l'est également par la dépossession entre les mains du créancier ou d'un tiers convenu du bien qui en fait l'objet.

C. civ., art. 2329 et 2333 s.; C. com., art. L. 521-1 s.

GAJC, t. 1, nº 85; GAJC, t. 2, nº 269.

2° Gage automobile.

Lorsqu'il porte sur un véhicule terrestre à moteur, le gage est opposable aux tiers par la déclaration qui en est faite à l'autorité administrative; un reçu de la déclaration est remis au créancier; la détention de ce reçu équivaut à la détention de la chose, si bien que le gage automobile est un gage avec dépossession, nonobstant la fictivité de cette dernière.

C. civ., art. 2351 à 2353.

3° *Gage immobilier.*

Sûreté réelle née de la convention des parties et permettant au créancier de prendre possession d'un immeuble et d'en imputer annuellement les fruits et les revenus d'abord sur les intérêts, ensuite sur le capital de sa créance, jusqu'au règlement de cette dernière. Depuis l'ordonnance nº 2006-346 du 23 mars 2006 portant réforme du droit des sûretés, il doit être établi par un acte notarié et ne constitue plus un *nantissement*. Autrefois appelé antichrèse.

→ *Droit de rétention, Entiercement, Warrant.*

Gain journalier de base

[Sécurité sociale]

Salaire servant à calculer les indemnités journalières de maladie et maternité.

CSS, art. R. 323-4.

Gain manqué

[Droit civil]

→ *Lucrum cessans.*

Galiléo

[Droit européen]

Nom du programme en cours de réalisation par l'Union européenne pour doter celle-ci d'un système autonome de repérage par satellites indépendant du monopole américain GPS.

Gallodrome

[Droit pénal]

Lieu où sont organisés des combats de coqs. Parce que de tels combats sont autorisés seulement dans les localités où une tradition ininterrompue peut être établie, toute création d'un nouveau gallodrome est punie des peines encourues pour sévices graves ou actes de cruauté envers les animaux.

C. pén., art. 521-1.

Garantie

[Droit civil]

1° Moyens juridiques permettant de garantir le créancier contre le risque d'insolvabilité du débiteur; en ce sens, synonyme de *sûreté*.

2° Obligation mise à la charge d'un contractant destinée à assurer la jouissance paisible de fait et de droit de la chose remise à l'autre partie, alors même que le trouble ne résulte pas de son fait (ex. : garantie par le vendeur des vices cachés de la chose, de l'éviction, de la conformité…).

C. civ., art. 884, 1628, 1641, 1705, 1721 et 1725; C. consom., art. L. 211-1 s. et 211-15 s.

→ *Conformité, Éviction, Vices cachés.*

3° Théorie juridique de Boris Starck, selon laquelle le fondement de la responsabilité civile se trouve dans l'atteinte aux droits de la victime, en comparant le droit de cette victime à la sécurité et le droit de chacun à agir. Ainsi, la victime d'un accident verra son droit à la sécurité l'emporter sur toute autre considération et elle n'aura pas à prouver la faute de l'auteur de l'accident. À l'inverse, chacun est libre d'exercer son droit de critique à l'égard d'une œuvre, droit qui ne cède qu'en cas de faute dans l'exercice de ce droit.

[Droit international public]

Engagement pris par un ou plusieurs États de répondre de l'exécution des obligations internationales d'un État tiers ou de maintenir une situation juridique donnée.

Garantie (Appel en)

[Procédure civile]

Action appartenant au plaideur qui a la faculté de se retourner contre un garant.

Le garanti, lorsqu'il n'est obligé qu'en tant que détenteur d'un bien (garantie formelle) peut requérir, avec sa mise hors de cause, que le garant lui soit substitué comme partie principale; il n'en demeure pas moins soumis à l'exécution du jugement prononcé contre le garant, dès l'instant que ce jugement lui a été notifié.

Le garant peut être appelé dans l'instance principale (intervention forcée). Il peut aussi voir sa garantie mise en œuvre dans un procès distinct et ultérieur.

CPC, art. 334 s.

→ *Action récursoire, Demande en intervention, Intervention, Propter rem.*

Garantie à première demande

[Droit civil]

Cette garantie naît du contrat passé entre le garant, personne physique ou morale, et le bénéficiaire, le créancier, à la demande du débiteur, le donneur d'ordre; le garant s'engage à verser telle somme d'argent au bénéficiaire à la première réquisition de ce dernier, sans contestation pour quelque motif que ce soit. La garantie à première demande se distingue du cautionnement : elle est autonome, indépendante du contrat de base, qui lie originellement le créancier et son débiteur; les 2 mécanismes ont des objets différents, le garant ne paie pas la dette

d'autrui mais la sienne propre; surtout, c'est l'avantage capital, le garant ne peut invoquer les exceptions qui appartiennent au débiteur, comme le ferait la caution.
La garantie à première demande, inconnue naguère, a connu progressivement le succès après 1970; elle constitue une sûreté automatique, drastique, qui a, souvent, pour elle la préférence des créanciers.

GAJC, t. 2, nº 297-298.

→ *Garantie autonome.*

Garantie autonome

[Droit civil]

Engagement par lequel le garant s'oblige, en considération d'une obligation souscrite par un tiers, à verser une somme soit à première demande, soit suivant des modalités convenues. La garantie est autonome en ce sens que son existence et son étendue ne dépendent pas du contrat de base, mais des seuls termes de l'engagement souscrit.

C. civ., art. 2321.

→ *Garantie à première demande.*

Garantie d'emprunt

[Droit financier ou fiscal]

Engagement par lequel l'État ou une autre personne publique accorde sa caution à un organisme dont il veut faciliter les opérations d'emprunt, en garantissant aux prêteurs le service des intérêts et le remboursement du capital en cas de défaillance de leur débiteur.

Garantie de passif

[Droit commercial]

Convention par laquelle le cédant de droits sociaux garantit au cessionnaire la valeur de son acquisition. Établie à la vue des documents comptables produits par le vendeur, cette convention garantit l'exactitude de la situation patrimoniale, active et passive, de la société au jour de la cession. En fonction des stipulations propres de la convention, la mise en œuvre de cette garantie se traduit par une indemnité versée à la société ou, plus fréquemment, par une restitution à l'acquéreur de tout ou partie du prix payé. La garantie de passif constitue un complément aux garanties légales du droit de la vente, lesquelles sont de faible recours lorsqu'elles sont appliquées aux droits sociaux.

ACTU

Garantie des risques locatifs (GRL)

[Droit civil]

La garantie des risques locatifs est un dispositif d'assurance unique mis en place depuis le décret nº 2009-1623 du 23 décembre 2009. Le but de la GRL est de permettre aux bailleurs de s'assurer contre les risques locatifs, selon un mécanisme associant les assureurs et l'État.

Garantie minimale de points

[Sécurité sociale]

Inscription au compte de tout *participant* du régime de retraite des cadres, d'un nombre minimum de points, en contrepartie de cotisations, et ce même si le salaire versé est inférieur ou dépasse de peu le plafond de Sécurité sociale. Ce système a été institué pour tenir compte du fait que le plafond de Sécurité sociale progresse plus rapidement que le salaire des cadres.

Garde

[Droit civil]

• Droit de la famille :

Prérogative essentielle de l'*autorité parentale*. Elle confère à son titulaire le pouvoir de contraindre ses enfants mineurs à vivre sous son toit, mais aussi de décider plus généralement du mode de vie de l'enfant, de ses relations et de ses activités. Elle connaît toutefois certaines limites, tenant aux relations de l'enfant avec les tiers (ex. : avec ses ascendants).

C. civ., art. 371-3 et 373-2.

• Droit des obligations :

Obligation imposée à un contractant de garder et surveiller une chose (ex. : le dépositaire a une obligation de garde).

Pouvoir de contrôle et de direction sur une chose que l'on utilise. Ce pouvoir est une condition d'existence de la responsabilité civile du gardien si la chose est à l'origine d'un dommage.

Certains auteurs, et quelquefois la jurisprudence, distinguent la garde de la *structure* et la garde du *comportement*; la première porterait sur la matière composant la chose (pouvoir de contrôle sur les vices de la chose), la seconde sur son fonctionnement du fait de l'utilisation. Le gardien du comportement n'est pas nécessairement gardien de la structure.

C. civ., art. 1384 et 1385.

GAJC, t. 2, n° 201-202.

→ *Responsabilité du fait des choses.*

ACTU

Garde à vue

[Procédure pénale]

Mesure de contrainte par laquelle un officier de police judiciaire retient dans les locaux de la police, d'office ou sur instruction du procureur de la République, pendant une durée légalement déterminée et sous le contrôle de l'autorité judiciaire, toute personne à l'encontre de laquelle il existe une ou plusieurs raisons plausibles de soupçonner qu'elle a commis ou tenté de commettre un crime ou un délit puni d'une peine emprisonnement. La durée de la garde à vue dépend de la nature de l'infraction : elle est plus longue en cas de criminalité ou de délinquance organisées (terrorisme, trafic de stupéfiants...). Depuis la loi n° 2011-392 du 14 avril 2011, dès le début de sa garde à vue, la personne peut demander à être assistée par un avocat et que ce dernier assiste à ses auditons et confrontations; des dérogations exceptionnelles à ce principe sont prévues, sur autorisation du procureur de la République ou du juge des libertés et de la détention ou du juge d'instruction, pour une durée qui varie selon la nature de l'infraction et l'autorité ayant qualité pour se prononcer (12 heures maximum s'il s'agit du procureur de la République).

C. pr. pén., art. 62-2 s. et 706-88.

GAPP n° 25 et 26.

Garde des Sceaux

[Droit général]

Titre donné au ministre de la Justice parce qu'il est dépositaire des sceaux de l'État.

→ *Sceau.*

Garde républicaine

[Droit administratif]

→ *Gendarmerie.*

Gardien

[Droit civil]

→ *Garde.*

[Procédure civile]

→ *Saisie-exécution, Saisie-vente, Scellés.*

Garnissement

[Droit civil]

Action de garnir de meubles suffisants le local loué afin de répondre du loyer. Le locataire qui ne remplit pas cette obligation s'expose à être expulsé.

C. civ., art. 1752.

GATT (Accord général sur les tarifs douaniers et le commerce)

[Droit international public]

Accord conclu à Genève en 1947 en vue d'organiser la coopération internationale en matière commerciale (réduction des tarifs douaniers, élimination des restrictions quantitatives et des mesures discriminatoires, règlement des conflits commerciaux entre États). Des conférences se sont tenues régulièrement dans ce cadre pour négocier de nouveaux avantages commerciaux multilatéraux. Laisse la place en 1995 à l'*Organisation mondiale du commerce*.

Gaz à effet de serre

[Droit de l'environnement]

→ *Protocole de Kyoto.*

Gel des biens

[Droit pénal]

Mesure pouvant être prise, en matière de lutte contre le financement des activités terrestres, par le ministre chargé de l'Économie. Elle s'impose aux organismes financiers et aux personnes visées aux articles L. 562-1 à 5 et 7 du Code monétaire et financier. L'article L. 564-2 du même code décide des biens concernés par cette mesure ainsi que de sa durée.

C. mon. fin., art. L. 564-1 s.

Gemmage

[Droit rural]

Contrat de louage d'ouvrage qui peut accompagner un bail rural, par lequel le propriétaire d'un domaine forestier concède à un preneur (gemmeur) des lots de pins pour en prélever la résine.

ACTU

Gendarmerie

[Droit administratif]

Corps militaire aux attributions variées mais plus spécialement orientées vers la *police* administrative et la police judiciaire.

La gendarmerie est composée de la gendarmerie départementale, implantée de manière stable dans un grand nombre de communes, et de la gendarmerie mobile qui constitue des réserves mobiles pour assurer le maintien de l'ordre sur tout le territoire national. La garde républicaine, intégrée à la gendarmerie, assure – outre des fonctions de prestige – la protection des sites où sont installés les principaux *pouvoirs publics* (Palais de l'Élysée, Hôtel Matignon, Assemblée nationale, Sénat…).

Alors qu'une partie de la gendarmerie était déjà placée, depuis 2002, sous l'autorité hiérarchique du ministre de l'Intérieur afin d'assurer des missions de sécurité intérieure, cette évolution s'accentue depuis la loi du 3 août 2009 faisant du ministre de l'Intérieur le responsable de l'organisation, de l'emploi et des moyens de la gendarmerie nationale, hors interventions militaires, notamment à l'extérieur du territoire national, et bien que les personnels conservent leur statut militaire.

C. déf., art. L. 3225-1.

→ *Compagnies républicaines de sécurité (CRS).*

Généalogiste

[Droit civil]

Personne dressant une suite d'ancêtres établissant une filiation. Hormis le cas des successions soumises au régime de la vacance ou de la déshérence, nul ne peut se livrer à la recherche d'héritiers dans une succession ouverte ou dont un actif a été omis lors du règlement de la succession, s'il n'est porteur d'un mandat à cette fin. En l'absence de mandat, le généalogiste ne peut recevoir aucune rémunération (L. n° 2006-728 du 23 juin 2006, art. 36).

Genera non pereunt

[Droit civil/Droit commercial]

Adage latin. Littéralement, « Les choses de genre ne périssent pas ».

Lorsqu'on est débiteur d'une chose de genre, on ne peut s'abriter, pour se soustraire à l'exécution de son obligation, derrière le fait que des objets que l'on voulait livrer, ont péri. En effet, on ne conçoit pas que les choses de même genre disparaissent toutes ensemble et on peut donc toujours se procurer des biens équivalents pour satisfaire à son obligation.

→ *Choses fongibles.*

Generalia specialibus non derogant

[Droit général]

Maxime latine. Littéralement, « Les choses générales ne dérogent pas aux choses spéciales ».

Les lois de portée générale ne dérogent pas à celles qui ont un objectif spécial.

→ *Specialia generalibus derogant.*

Génocide

[Droit international public/Droit pénal]

Infraction consistant à commettre ou à faire commettre l'exécution d'un plan concerté tendant à la destruction totale ou partielle d'un groupe national, ethnique, racial ou religieux ou d'un groupe déterminé à partir de tout autre critère arbitraire.

C. pén., art. 211-1.

Gens du voyage

[Droit civil]

Dénomination appliquée aux personnes dont l'habitat traditionnel est constitué de résidences mobiles (art. 1er loi n° 2000-614 du 5 juill. 2000) et qui sont en déplacements continuels. Les communes figurant à un schéma départemental doivent aménager des aires permanentes d'accueil pour le séjour des gens du voyage.

→ *Nomades.*

Gentlemen's agreement

[Droit international public]

Accord international liant moralement les parties mais dépourvu de force juridique.

Géomètre expert

[Droit civil/Procédure civile]

Technicien exerçant une profession libérale, dont la fonction est de réaliser les études et les travaux topographiques fixant les limites des biens fonciers, en dressant des plans de division, de partage, de vente, d'échange ou de bornage.

→ *Cadastre.*

Gérance libre

[Droit commercial]

→ *Location-gérance.*

Gérant de société

[Droit commercial]

Personne placée à la tête d'une société de personnes ou d'une SARL pour la diriger. Dans la SARL, ce représentant est investi des pouvoirs les plus étendus pour agir au nom de la société, sous réserve des pouvoirs attribués aux autres organes sociaux.

Gérant majoritaire

[Droit commercial/Sécurité sociale]

Gérant détenant à lui seul ou avec d'autres gérants plus de la moitié du capital social. Il relève du régime social des indépendants.

CSS, art. D. 632-1.

Gérant-mandataire

[Droit civil/Droit commercial]

Personne physique ou morale chargée de gérer un fonds commercial ou artisanal moyennant le versement d'une commission proportionnelle au chiffre d'affaires.

Le gérant-mandataire est immatriculé au Registre du commerce et des sociétés ou au Répertoire de métiers; il n'est pas salarié. De son côté, le mandant demeure propriétaire du fonds et supporte les risques de l'exploitation (à la différence de l'hypothèse de la *location-gérance*).

Le contrat de gérance-mandat fixe la mission et les pouvoirs exacts du gérant-mandataire.

C. com., art. L. 146-1.

Gérant minoritaire ou égalitaire

[Droit commercial/Sécurité sociale]

Gérant de SARL ne détenant pas plus de la moitié du capital social, étant entendu que les parts appartenant en toute propriété ou en usufruit à son conjoint ou à ses enfants mineurs non émancipés sont considérées comme possédées par lui. Il relève du régime général des salariés s'il est rémunéré.

CSS, art. L. 311-3, 11°.

Germains

[Droit civil]

Du latin, *germanus* (= vrai).

1° Se dit des enfants ayant les mêmes père et mère.

→ *Consanguins, Utérins.*

2° Se dit aussi des cousins qui ont au moins un grand-parent commun (4e degré en ligne collatérale).

→ *Degré.*

Gerrymandering

[Droit constitutionnel]

Pratique consistant à découper les limites des circonscriptions électorales pour avantager les candidats du pouvoir en place (la dénomination vient d'un Gouverneur du Massachusetts au début du XIXe siècle, E. Gerry).

Gestation pour autrui

[Droit civil]

État d'une femme inséminée avec le sperme du mari d'une femme stérile, ayant accepté d'abandonner à sa naissance l'enfant qu'elle ne porte que pour le compte d'autrui. La convention de mère porteuse est nulle comme contraire à l'indisponibilité du corps humain et de l'état des personnes.

C. civ., art. 16-7.

Gestion (Système de la)

[Droit financier ou fiscal]

En matière de *comptabilité publique*, système d'imputation comptable des opérations consistant à rattacher aux comptes d'une année tous les encaissements et tous les paiements effectués par la personne publique au cours de cette année, quelle que soit l'année (courante ou antérieure) durant laquelle les créances ou les dettes correspondantes sont nées juridiquement. Cette méthode correspond en comptabilité commerciale (où elle n'est plus employée) à ce que l'on appelait la comptabilité de caisse; elle est utilisée par l'État pour suivre l'exécution des lois de finances annuelles (comptabilité « budgétaire »), avec un assouplissement en fin d'année pour des raisons pratiques.

→ *Exercice (Comptabilité d').*

Gestion d'affaires

[Droit civil]

Fait pour une personne, le gérant, d'accomplir des actes d'administration dans l'intérêt d'un tiers, le géré ou maître de l'affaire, sans que ce dernier l'en ait chargé et en dehors de tout pouvoir légal ou judiciaire. Les engagements pris par le gérant obligent le tiers qui doit, en outre, si l'initiative était utile ou nécessaire, rembourser au gérant ses dépenses. Elle constitue un quasi-contrat.

C. civ., art. 1372 s.

GAJC, t. 2, nº 236 et 237.

→ *Quasi-contrat.*

Gestion de dettes

[Droit civil]

Activité consistant pour un intermédiaire à proposer, moyennant rémunération, soit d'examiner la situation d'un débiteur dans la perspective d'un plan de remboursement, soit de rechercher pour le compte de celui-ci l'obtention de délais de paiement, soit d'intervenir pour les besoins de la procédure de surendettement. Toute convention ayant un tel objet est nulle de plein droit. Mais cette nullité ne concerne pas les membres des professions juridiques et judiciaires réglementées, ni les différents intervenants dans le cadre des procédures de prévention, de règlement amiable, de redressement, de liquidation judiciaire concernant les entreprises.

C. consom., art. L. 312-1 et 322-2.

Gestion de fait

[Droit financier ou fiscal]

Irrégularité constituée par le maniement direct ou indirect, par toute personne n'ayant pas la qualité de comptable public, de fonds destinés à une *personne publique* ou extraits irrégulièrement de sa caisse. Son auteur, passible d'une amende pénale, est soumis aux mêmes obligations et responsabilités que les *comptables publics*.

→ *Comptable de fait.*

Gestion déléguée

[Droit administratif]

→ *Délégation de service public.*

Gestion privée, gestion publique

[Droit administratif]

Distinction opérée parmi les procédés juridiques utilisés par l'Administration dans la gestion de ses services, longtemps retenue par une partie de la doctrine comme critère de délimitation de la compétence respective des 2 ordres de juridiction.

On dit qu'il y a gestion privée lorsque l'Administration use des mêmes voies juridiques que les particuliers, gestion publique quand elle recourt à des procédés propres à la puissance publique. La compétence serait judiciaire dans le premier cas, administrative dans le second.

→ *Ordre de juridictions.*

Glose

[Droit général]

Note explicative d'un texte.

Glossateurs

[Droit général]

École de romanistes fondée au XIIᵉ siècle par Irnerius à Bologne et qui étudia les textes de Justinien d'après la méthode exégétique.

→ *Exégèse, Post-glossateurs.*

Gouvernance

[Droit constitutionnel]

L'idéologie de la bonne gouvernance, d'origine anglosaxonne, tend à appréhender la gestion, aussi bien des institutions publiques que des personnes privées, sous l'angle de l'efficacité économique, de la transparence et des procédures participatives, dans un contexte économique libéralisé.

Gouvernement

[Droit constitutionnel]

1° *Au sens large* : ensemble des organes (individus, comités, assemblées) investis du pouvoir politique (ex. : dans les expressions gouvernement républicain, gouvernement parlementaire, présidentiel).

2° *Au sens étroit* : organe collégial, dirigé par le chef de gouvernement, chargé, avec le chef de l'État, de la fonction exécutive.

→ *Exécutif (pouvoir).*

Gouvernement de fait

[Droit constitutionnel]

Gouvernement dépourvu de titre juridique en raison de son origine irrégulière (coup d'État, révolution).

Un gouvernement de fait, qui est dans son principe provisoire, se transforme en gouvernement de droit soit en recourant aux procédures d'investiture conformes à l'idée de légitimité en vigueur, soit en inculquant une nouvelle idée de légitimité, soit par l'effet de la durée qui finit par faire oublier l'irrégularité de sa formation. Sur le plan international, des efforts ont été tentés pour sanctionner par la non-reconnaissance les gouvernements de fait.

→ *Tobar (Doctrine de).*

[Droit international public]

Gouvernement de fait international : nom donné à l'action de certains États (notamment des grandes puissances) lorsqu'ils s'érigent unilatéralement en organe législatif ou exécutif de la société internationale (ex. : Concert européen au XIXe siècle, directoire des grandes puissances pendant et à la fin des 2 guerres mondiales).

Gouvernement des entreprises

[Droit commercial]

Formule d'inspiration anglo-américaine (*corporate governance*), désignant les standards de bonne conduite applicables aux dirigeants de sociétés de capitaux ouvertes. Ces standards donnent lieu à l'élaboration de « codes » rédigés par les organisations syndicales, auxquels les sociétés sont incitées à adhérer.

C. com., art. L. 225-37, L. 225-68.

Gouvernement des juges

[Droit constitutionnel]

Selon l'expression d'E. Lambert, d'abord appliquée à la Cour suprême américaine, dérive du contrôle de constitutionnalité par laquelle les juges, par une interprétation tendancieuse de la Constitution, parviennent à mettre en échec les institutions démocratiquement légitimes titulaires du pouvoir législatif.

Gouvernement économique

[Droit européen]

Recouvre l'évolution en cours depuis la crise financière de 2008 visant à réglementer aussi bien les mouvements financiers que les politiques budgétaires des États membres. Régulation et supervision financières, taxation bancaire, révision du traité de Lisbonne pour garantir la solidarité financière et des sanctions pour les États ne respectant pas les critères de Maastricht…

Si l'évolution se poursuit, l'Europe pourrait enfin disposer d'un cadre garantissant une certaine harmonisation des politiques économiques de ses membres.

Grâce

[Droit constitutionnel/Droit pénal]

Mesure de clémence, décidée par le chef de l'État usant d'un droit qu'il tient de la Constitution, en vertu de laquelle un condamné est dispensé à sa requête (le recours en grâce) de subir tout ou partie de sa peine ou doit exécuter une sanction plus douce que celle initialement prononcée.

C. pén., art. 133-7 s. ; Const., art. 17.

GADPG n° 56.

→ *Commutation de peine.*

Grâce amnistiante

[Droit constitutionnel/Droit pénal]

Institution hybride de la *grâce* et de l'*amnistie* en vertu de laquelle l'amnistie accordée à une catégorie de condamnés est réservée par le législateur aux seuls individus qui auront obtenu un décret de grâce pris par le pouvoir exécutif (président de la République ou Premier ministre) dans un délai déterminé.

Gracieuse (Décision)

[Procédure (principes généraux)]

→ *Décision gracieuse.*

Grade

[Droit administratif]

Dans le droit de la fonction publique, titre d'un fonctionnaire lui donnant vocation à occuper un emploi déterminé et le situant à l'intérieur de la hiérarchie administrative.

Grades et titres universitaires

[Droit administratif]

En toutes disciplines, les grades sanctionnent les différents niveaux d'acquisition des connaissances à l'intérieur de l'Espace européen de l'enseignement supérieur. Les grades sont le baccalauréat, la *licence*, le *master* et le *doctorat*.

Les titres fixent les éventuels niveaux intermédiaires entre les grades (ex. : cas de l'étudiant demandant la délivrance de la maîtrise après réussite de la première année de master).

Graffitis

[Droit pénal]

Inscriptions, signes ou dessins, sans autorisation préalable, sur les façades, les véhicules, les voies publiques ou le mobilier urbain, dont la réalisation est constitutive de destructions, dégradations ou détériorations légères, pénalement sanctionnées par le minimum de l'amende correctionnelle.

C. pén., art. 322-1.

Grand port maritime

[Droit administratif]

→ *Port autonome.*

Grands corps de l'État

[Droit administratif]

Un corps de fonctionnaires, et plus généralement d'*agents publics*, est un ensemble d'agents soumis au même statut particulier et ayant vocation à parvenir aux mêmes *grades*. Certains de ces corps, ainsi que les institutions auxquelles appartiennent leurs membres, sont communément qualifiés de « grands corps », en raison de leur prestige, du rôle essentiel qu'ils jouent dans le fonctionnement de l'État ainsi que de la place importante qu'occupent dans la vie économique et politique nationale de nombreuses personnalités qui en sont issues. On range d'ordinaire dans ces grands corps le Conseil d'État, la Cour des comptes, l'Inspection générale des Finances; à côté de ces grands corps administratifs il existe des grands corps techniques représentés par les ingénieurs issus de l'École Polytechnique, de l'École des Mines de Paris, de l'École nationale des Ponts et Chaussées.

ACTU

Grand Paris

[Droit administratif]

La « Société du Grand Paris » est un Établissement public industriel et commercial (EPIC) chargé de concevoir et réaliser un réseau de transport public de nature à dynamiser le développement économique et urbain de la région Île-de-France (Loi du 3 juin 2010).

→ *Paris (Ville de).*

Gratification

[Droit du travail]

Somme d'argent remise par l'employeur au personnel pour marquer sa satisfaction du travail accompli ou à l'occasion d'événements familiaux.

Normalement la gratification est une libéralité; elle peut constituer un complément de salaire et en avoir la nature juridique si elle réunit les critères de l'usage.

Gratuité de la justice

[Procédure administrative/Procédure civile]

Depuis 1978, a été instaurée devant les juridictions civiles et administratives (non devant les juridictions pénales) *la gratuité de la justice.*

Désormais devant ces juridictions, les plaideurs n'ont plus à supporter une partie importante des anciens frais de justice; ces frais sont pris en charge par l'État. Ont été supprimés, en particulier : le timbre des actes, l'enregistrement des actes et des jugements, les redevances de greffe (sauf au tribunal de commerce), les frais postaux des secrétariats-greffes.

Mais, en dépit de cette réforme, le recours à la justice n'est pas entièrement gratuit et reste coûteux :

- le plaideur doit, en effet, comme auparavant, acquitter les frais d'actes et de significations faits par des officiers ministériels (huissiers de justice, avoués), les honoraires d'avocats, les frais de mémoire devant le Conseil d'État et la Cour de cassation, les frais d'enquête et d'expertise. Il peut en être partiellement ou totalement déchargé par l'aide juridictionnelle;
- le droit d'enregistrement des actes des huissiers de justice accomplis en application des règles de procédure et qui se rattachent directement à une instance ou à l'exécution d'une décision de justice, a été rétabli à compter du 15 janvier 1992, tout au moins lorsque ces actes sont accomplis à la requête d'une personne qui ne bénéficie pas de l'*aide juridique* totale ou partielle.

COJ, art. L. 111-2; CJA, art. R. 761-1 s.

→ *Dépens, Émolument, Honoraires, Taxes.*

[Procédure pénale]

Sont à la charge de l'État et sans recours envers les condamnés les frais de justice, c'est-à-dire ceux qui sont relatifs aux actes ordonnés par un magistrat ou un officier de police judiciaire nécessaires à l'accomplissement de l'œuvre de justice et limitativement énumérés à l'article 92 du Code de procédure pénale : frais de translation du condamné, des témoins, frais de saisie... D'autres frais de justice, dont la liste figure à l'article 93 du Code de procédure pénale sont avancés par l'État mais recouvrables contre la personne condamnée.

En contre-partie de la gratuité, il est prévu un droit fixe de procédure pour toutes décisions des juridictions répressives, droit dû par le condamné et la partie civile ayant mis en mouvement l'action publique.

Quant aux *frais de défense*, ils sont supportés par ceux qui les ont exposés, délinquant, partie civile, civilement responsable.

C. pr. pén., art. 92, 93, 800-1; CGI, art. 1018A.

Gré à gré (Marchés de)

[Droit administratif]

Dénomination ancienne des *marchés négociés*.

Greffe

[Procédure civile/Procédure pénale]

→ *Directeur de greffe, Greffier, Greffier en chef, Secrétariat-greffe.*

Greffier

[Procédure (principes généraux)]

Dans la tradition française, le greffier est un officier public et ministériel placé à la tête d'un greffe.

Actuellement seuls les tribunaux de commerce possèdent un greffe dirigé par un greffier titulaire de charge.

À la Cour de cassation, à la cour d'appel, au tribunal de grande instance, au tribunal d'instance, au conseil de prud'hommes, le greffe est dirigé par un directeur de greffe qui est un fonctionnaire (réforme de 1966).

Le directeur de greffe est assisté de greffiers en chef adjoints, de greffiers de chambre, de chefs de services de greffe et de greffiers qui sont eux aussi des fonctionnaires.

Le greffe des juridictions administratives est composé d'un greffier en chef, d'un ou plusieurs greffiers et d'autres agents de greffe.

COJ, art. L. 123-1, 123-2, R. 123-1 s., 212-16, 222-5 s., 223-10, 232-4, 312-19, 434-1; CJA, art. R. 226-1 s.; C. com., art. L. 741-1 et 743-12.

→ *Directeur de greffe, Secrétariat-greffe.*

Greffier du tribunal de commerce

[Procédure civile]

Le greffier du tribunal de commerce est un officier public et ministériel qui exerce, à titre individuel ou dans le cadre d'une *société d'exercice libéral (SEL)*, ou d'une société civile professionnelle, les fonctions de greffier auprès d'un tribunal de commerce. À ce titre, il assiste les juges du tribunal de commerce à l'audience et le président dans les tâches administratives qui lui sont propres et dirige l'ensemble des services du greffe.

C. com., art. L. 741-1 s., 743-12 et R. 742-1 s.

Greffier en chef

[Procédure civile/Procédure pénale]

Chef d'un *greffe*, chargé de la direction des services administratifs et de la gestion financière de la juridiction.

COJ, art. R. 123-1 s.

→ *Directeur de greffe, Secrétariat-greffe.*

Grenelle de l'environnement

[Droit de l'environnement]

Par référence aux accords de Grenelle de mai 1968, vaste débat public organisé en octobre 2007, auquel ont notamment participé le gouvernement, les syndicats et les associations de protection de l'environnement, dans le but d'élaborer des solutions à long terme en la matière.

La mise en œuvre de ses conclusions est difficile (L. du 3 août 2009 et du 12 juil. 2010, « Grenelle I et II »).

→ *Développement durable, Protocole de Kyoto, Taxe carbone.*

Grève

[Droit administratif/Droit du travail]

Cessation concertée et collective du travail dans le but d'appuyer une revendication professionnelle.

Formellement condamné autrefois par la doctrine et la jurisprudence, le droit de grève des fonctionnaires – sauf interdictions spéciales et limitées – est reconnu depuis la Constitution de 1946.

• *Grève perlée* : ralentissement de la cadence du travail sans qu'il y ait arrêt complet. La grève perlée n'est pas reconnue par la jurisprudence (il ne s'agit pas d'une grève au sens juridique).

• *Grève politique* : grève n'ayant pas un but professionnel, destinée à agir sur la puissance publique.

• *Grève sauvage* : grève déclenchée en dehors d'un mot d'ordre d'un syndicat.

• *Grève de solidarité* : grève faite à l'appui de revendications qui ne sont pas propres aux grévistes.

• *Grève surprise* : grève déclarée sans préavis, ni avertissement.

• *Grève sur le tas* : grève sur les lieux de travail pendant les heures de service.

• *Grève « thrombose »* (ou « bouchon ») : grève limitée à un service, un atelier ou une catégorie professionnelle qui paralyse l'ensemble de l'entreprise.

• *Grève mixte* : grève dont l'objectif ou les caractères sont à la fois professionnels et politiques.

• *Grève tournante* : grève qui affecte successivement divers ateliers ou diverses catégories du personnel de l'entreprise.

• *Grève du zèle* : mouvement de protestation qui conduit les salariés qui s'y livrent à exécuter leurs obligations de manière particulièrement scrupuleuse et même tatillonne, ce qui conduit à un ralentissement de la production. D'un point de vue juridique il ne s'agit pas d'une grève.

C. trav., art. L. 2511-1 s.

GAJA n° 63; GDCC n° 19; GADT n° 183, 185, 194 et 195.

→ *Service minimum.*

Grevé

[Droit civil]

Entendu strictement, qualifie dans le mécanisme de la substitution, le gratifié qui ne reçoit qu'à charge de conserver et de rendre. Au sens large, désigne la personne (donataire) ou le bien affecté d'une charge (hypothèque).

→ *Appelé, Libéralité graduelle.*

Grief

[Procédure civile/Procédure pénale]

Préjudice subi par un plaideur du fait de l'irrégularité formelle d'un acte de procédure et lui permettant d'en faire prononcer la nullité, même s'il s'agit d'une formalité substantielle ou d'ordre public.

CPC, art. 114.

→ *Nullité d'acte de procédure.*

L'existence d'un grief n'est pas exigée pour soulever victorieusement une nullité de fond ou une *fin de non-recevoir*.

CPC, art. 119 et 124.

Grief (Actes faisant)

[Droit administratif]

Expression désignant, dans la terminologie du recours pour excès de pouvoir, les actes administratifs de nature à produire par eux-mêmes des effets juridiques et contre lesquels ce recours est ainsi recevable.

Grille de la fonction publique

[Droit administratif]

Dans la conception théorique de la détermination du montant des traitements des fonctionnaires de l'État et des collectivités locales, l'ensemble de ces agents fait l'objet d'un classement dans une sorte de « grille » où ils sont répartis en fonction de leur *grade* pour se voir attribuer un « indice » de traitement. La hiérarchie de ceux-ci forme ainsi une « échelle des traitements ». La prolifération des compléments de rémunération, et la création de traitements dits « hors échelle » (ou : « échelles-lettres »), ont dénaturé ce système.

Grivèlerie

[Droit pénal]

Filouterie consistant, par une personne qui sait être dans l'impossibilité absolue de payer ou qui est déterminée à ne pas payer, à se faire servir des boissons ou des aliments offerts à la vente, ou encore des carburants ou lubrifiants dont elle fait remplir tout ou partie des réservoirs d'un véhicule par des professionnels de la distribution.

C. pén., art. 313-5.

→ *Filouterie.*

Gros ouvrage

[Droit civil]

En matière de construction immobilière, les gros ouvrages sont les éléments porteurs concourant à la stabilité et à la solidité de l'édifice ainsi que les éléments d'équipement qui font indissociablement corps avec les ouvrages de viabilité, de fondation, d'ossature, de clos ou de couvert. L'entrepreneur, les architectes et les promoteurs sont responsables pendant 10 ans des vices affectant les gros ouvrages.

C. civ., art. 1792 et 1792-2.

Grosse

[Procédure civile]

Ancien terme disparu : *expédition* revêtue de la formule exécutoire d'un acte authentique ou d'un jugement et qui était écrite en gros caractère (d'où son nom).

CPC, art. 1440.

→ *Copie exécutoire.*

Groupe d'action financière sur le blanchiment des capitaux (GAFI)

[Droit financier ou fiscal]

Créé en 1989 par le G7, ce « groupe » est composé de 36 membres et a eu pour fonction initiale de définir des normes de lutte contre le blanchiment des capitaux au travers d'un ensemble de recommandations à vocation universelle. En 2001, son domaine d'action a été étendu au financement du terrorisme.

Groupe de contrats

[Droit civil/Droit commercial]

Au sens large, ensemble de contrats liés entre eux parce qu'ils portent sur un même objet ou concourent à un même but.

Au sens strict, l'expression est employée lorsque ces contrats ne sont pas translatifs de propriété (ex. : succession de 2 contrats d'entreprise non translatifs de propriété), par opposition à la *chaîne de contrats*. En droit positif, l'effet relatif des conventions s'oppose à ce qu'une partie à l'un des contrats du groupe dispose d'une action contractuelle contre une partie à un autre contrat du groupe, auquel elle ne serait pas partie. Mais certains auteurs invoquent la notion de groupe de contrats pour contourner cet obstacle.

C. civ., art. 1165.

GAJC, t. 2, n° 173, IV.

→ *Effet relatif des conventions.*

Groupe de pression

[Droit public]

Groupement organisé pour influencer les pouvoirs publics dans un sens favorable aux intérêts de ses membres ou à une cause d'intérêt général. On emploie dans le même sens le mot anglais *lobby* (pluriel *lobbies*) qui signifie couloir, vestibule, le *lobbying* étant l'action qui consiste à faire les couloirs des assemblées ou les antichambres des cabinets ministériels. À l'origine, les *lobbies* étaient des organismes techniques d'exécution au service des groupes de pression, mais aujourd'hui le mot est employé souvent pour désigner le groupe de pression lui-même.

Groupe de sociétés

[Droit commercial]

Ensemble de sociétés juridiquement indépendantes, mais formant une même unité économique en raison de liens financiers étroits. Le droit des affaires, *lato sensu*, prend exceptionnellement en compte le groupe comme objet spécifique de réglementation, pour des raisons de police de l'activité économique (protection des travailleurs, de la concurrence, etc.).

→ *Contrôle, Filiale.*

Groupe parlementaire

[Droit constitutionnel]

1° Groupe formé de membres d'une assemblée parlementaire partageant les mêmes opinions politiques (sans qu'il y ait nécessairement coïncidence parfaite avec un parti politique déterminé).

L'inscription à un groupe n'est pas obligatoire; les parlementaires qui ne font partie d'aucun groupe sont dits « non-inscrits ». La formation des groupes parlementaires peut être subordonnée à l'exigence d'un effectif minimum (15 membres à l'Assemblée nationale comme au Sénat).

→ *Apparentement.*

2° L'article 51-1 de la Constitution de 1958, issu de la révision constitutionnelle de 2008, prévoit que le règlement de chaque assemblée détermine les droits des groupes parlementaires, et notamment ceux des groupes d'opposition (qui se déclarent comme tels) et des groupes minoritaires (groupes de la majorité en dehors du plus gros d'entre eux, ou qui n'appartiennent ni à la majorité ni à l'opposition).

Groupement agricole d'exploitation en commun (GAEC)

[Droit rural]

Société civile particulière d'exploitation agricole ayant pour objet la mise en commun d'activités agricoles dans laquelle en principe chaque associé a l'obligation de travailler tout en conservant le statut social et économique d'exploitant individuel. Sa constitution est soumise à l'agrément des pouvoirs publics. Jusqu'à la loi LMAP du 27 juillet 2010, un GAEC ne pouvait pas être constitué par 2 époux, partenaires ou concubins seulement. L'article L. 323-2 du Code rural précise désormais : « un groupement agricole d'exploitation en commun peut être constitué de 2 époux, de 2 concubins ou de 2 partenaires liés par un pacte civil de solidarité y compris lorsqu'ils en sont les seuls associés ».

Un GAEC ne peut réunir plus de 10 associés.

C. rur., art. L. 323-1 s.

Groupement d'intérêt économique (GIE)

[Droit commercial]

Groupement de personnes physiques ou morales, de nature juridique originale, distincte de la société et de l'association, dont l'objet est de faciliter l'exercice de l'activité économique de ses membres par la mise en commun de certains aspects de cette activité : comptoirs de vente, services d'importation ou d'exportation, laboratoire de recherches, etc. Le GIE a la personnalité juridique.

C. com., art. L. 251-1.

Groupement d'intérêt public

[Droit administratif]

Personne morale publique *sui generis* pouvant être constituée entre des personnes morales de droit public et (souvent) de droit privé, en vue d'exercer ensemble des activités à but non lucratif dans des secteurs prévus par les textes et aussi divers que, par exemple, la recherche, l'action sanitaire et sociale, voire l'administration locale (gestion en commun d'équipements informatiques, notamment).

GAJA nº 106.

Groupement de prévention agréé

[Droit commercial]

→ *Procédure d'alerte.*

Groupement européen d'intérêt économique (GEIE)

[Droit commercial/Droit international et européen]

Étroitement inspiré du GIE du droit français, ce groupement a pour objet le développement de la coopération transfrontière entre entreprises établies dans divers États de l'Union européenne.

L'immatriculation du GEIE dans un État membre lui confère une pleine capacité juridique dans les États de l'Union.

Règl. (CE) nº 2137-85 du 25 juill. 1985; C. com., art. L. 252-1.

Groupement foncier agricole (GFA)

[Droit rural]

Société civile foncière destinée à créer ou conserver une ou des exploitations agricoles, le GFA assure la gestion des exploitations dont il est propriétaire soit en faire-valoir direct, soit en les donnant en location (faire-valoir indirect). Rarement investisseur, le GFA est principalement un outil de transmission qui permet d'éviter les démembrements d'exploitations familiales lors de leur transmission à titre gratuit. Il bénéficie d'allégements fiscaux importants.

C. rur., art. L. 322-1 s.

Groupement foncier rural

[Droit rural]

Conçu pour des domaines de nature mixte, rurale et forestière, le groupement foncier rural est un outil visant à rationaliser la gestion des biens ruraux, là où auparavant il convenait de constituer cumulativement un *groupement foncier agricole* et un groupement forestier.

C. rur., art. L. 322-22.

→ *Groupement forestier.*

Groupement forestier

[Droit rural]

Société civile ayant pour objet la constitution, la conservation, l'amélioration, l'équipement, la conservation ou encore la gestion d'un ou plusieurs massifs forestiers, l'acquisition de forêts ou de terrains à boiser, à l'exclusion de toutes opérations, telles que la transformation des produits forestiers, qui ne constituerait pas un prolongement normal de l'activité agricole.

C. rur., art. L. 126-2 s.

Guerre

[Droit constitutionnel]

En France, la déclaration de guerre est autorisée par le Parlement.

Const., art. 35.

[Droit international public]

1° Lutte armée entre États, voulue par l'un d'eux au moins, et entreprise en vue d'un intérêt national.

2° Dans un sens plus large :

• *Guerre civile* : conflit armé ayant éclaté au sein d'un État et dépassant, par son extension et sa prolongation, une simple rébellion.

• *Guerre froide* : état de tension politique entre États idéologiquement opposés qui cherchent mutuellement à s'affaiblir, mais sans aller jusqu'à déclencher une guerre mondiale (expression forgée à la fin de la Seconde Guerre mondiale pour caractériser la rivalité entre le bloc occidental et le bloc communiste).

• *Guerre juste* (ou licite) : guerre dont le but est légitime, ce qui est le cas de la guerre de légitime défense et de la guerre-exécution entreprise par l'ONU.

• *Guerre psychologique* : guerre de propagande, dans laquelle les moyens mis en œuvre visent à saper le moral de l'adversaire (population et armée) et à diminuer ainsi ou même à briser sa volonté de combattre.

• *Guerre révolutionnaire ou subversive* : guerre menée à l'intérieur d'un État, par une partie de la population contre les autorités politiques en place, en vue de conquérir le pouvoir et d'instaurer un ordre politique et social nouveau. Peut donner lieu à des ingérences étrangères et prendre ainsi une dimension internationale.

• *Guerre totale* : guerre engageant toutes les ressources d'un État et s'étendant à toutes les personnes, non-combattants compris.

Guet-apens

[Droit pénal]

Fait d'attendre un certain temps une ou plusieurs personnes dans un lieu déterminé pour commettre à leur encontre une ou plusieurs infractions.

Il s'agit d'une circonstance aggravante qui affecte les infractions de violences commises sur une victime exerçant des fonctions publiques déterminées par l'article 222-14-1 du Code pénal prévu par la loi tendant à la prévention de la délinquance.

C. pén., art. 132-71-1.

→ *Embuscade, Préméditation.*

Guichet unique

[Sécurité sociale]

Dispositif offrant la possibilité aux employeurs d'effectuer auprès d'un même organisme toutes les démarches liées à l'embauche et à l'emploi de salariés occasionnels.

CSS, art. L. 133-9.

H

Habeas Corpus

[Droit général]

(Étymologiquement : que tu aies le corps; sous-entendu : *ad subjiciendum*, pour le produire devant le tribunal). Nom d'un des textes les plus célèbres dans l'histoire de la liberté, adopté par le Parlement anglais en 1679.

En vertu de cette loi, toute personne emprisonnée a le droit d'être présentée à un juge pour qu'il statue sur la validité de l'arrestation.

Habilis ad nuptias, habilis ad pacta nuptiala

[Droit civil]

Celui qui a la capacité pour se marier est également capable de donner son consentement au contrat de mariage qui le concerne.

Habilitation

[Droit civil/Procédure civile]

Investiture légale ou judiciaire conférant à une personne le pouvoir d'accomplir un ou plusieurs actes juridiques, soit en son nom personnel, soit par représentation d'autrui. Par exemple, en cas d'empêchement de l'un des époux, l'autre peut se faire habiliter par le *juge aux affaires familiales* à le représenter dans l'exercice des pouvoirs résultant du régime matrimonial.

C. civ., art. 217, 219, 1426, 2405 et 2446; CPC, art. 1286 s.

→ *Homologation.*

Habitation (Droit d')

[Droit civil]

Droit à l'*usage* d'une maison reconnu à une personne déterminée, dans la mesure de ses besoins et de ceux de sa famille.

Le droit d'habitation est un droit réel.

C. civ., art. 625 s.

HADOPI

[Droit administratif]

→ *Haute autorité pour la diffusion des œuvres et la protection des droits sur Internet.*

Halage (Servitude de)

[Droit civil/Droit administratif]

Servitude légale assujettissant le riverain d'un cours d'eau domanial à ménager, sur l'une de ses rives, un certain espace pour l'établissement du chemin de halage et à laisser libre de toute construction, plantation ou clôture, sur une certaine largeur, la bordure dudit chemin.

C. civ., art. 556, al. 2 et 650; CGPPP, art. L. 2131-2.

→ *Marchepied.*

Handiphobie

[Droit pénal]

Circonstance aggravante retenue par une loi du 30 décembre 2004 lorsque les atteintes volontaires sont commises sur une personne particulièrement vulnérable en raison de son handicap.

C. pén., art. 222-3, 2°, 6°, 222-8, 2° et 6°.

Harcèlement moral

[Droit pénal/Droit du travail]

Constitutif d'un délit, le harcèlement moral est prohibé par le Code du travail depuis la loi n° 2002-73 du 17 janvier 2002. Le législateur n'a pas défini son contenu mais stigmatise les comportements répétés de harcèlement moral qui ont pour objet ou pour effet une dégradation des conditions de travail susceptible de porter atteinte aux droits du salarié et à sa dignité, d'altérer sa santé physique ou mentale, ou de compromettre son avenir professionnel. La loi désigne implicitement ce comportement comme constitutif d'une faute disciplinaire. Afin de surmonter les problèmes très délicats liés à la preuve de ces actes, le régime de celle-ci a été aménagé, en dehors des poursuites pénales, le salarié n'ayant qu'à établir des faits qui permettent de présumer l'existence d'un harcèlement moral. À noter que tout salarié est protégé par ce texte, sans distinction de sexe ou de fonctions, et que le harcèlement peut se manifester en dehors de tout rapport d'autorité ou de relation hiérarchique.

C. trav., art. L. 1152-1 s.; C. pén., art. 222-33-2.

Harcèlement sexuel

[Droit pénal/Droit du travail]

Agissement de toute personne dont le but est d'obtenir des faveurs de nature sexuelle à son profit ou au profit d'un tiers. Érigé en délit, il fait également l'objet de dispositions du Code du travail visant à interdire que l'attitude des salariés, d'acceptation ou de refus, face à de tels agissements, soit prise en compte par l'employeur dans le cadre des décisions personnelles qu'il serait amené à prendre concernant la relation de travail. Le régime juridique de la preuve est semblable à celui du harcèlement moral.

C. trav., art. L. 1153-1 s.; C. pén., art. 222-33.

Harmonisation fiscale

[Droit financier ou fiscal]

Rapprochement des systèmes fiscaux des États membres de l'Union européenne, dans la mesure nécessaire au bon fonctionnement du Marché intérieur, et notamment à la réalisation des conditions d'une concurrence équilibrée entre les entreprises d'États membres différents. Se réalise à l'aide de *directives* devant être adoptées à l'unanimité, dont les États ont l'obligation de transposer le contenu dans leur législation nationale.

Principale réalisation : l'harmonisation des TVA nationales.

Haut conseil de la famille

[Droit civil]

Assemblée composée de représentants des assurés sociaux, des employeurs, du mouvement familial, du Parlement... dont la mission est de réaliser des travaux d'évaluation et de prospective sur la politique familiale et la politique démographique et de mener des réflexions sur le financement de la branche famille de la Sécurité sociale.

CASF, art. 141-1 s.

Haut conseiller

[Procédure civile/Procédure pénale]

Qualification honorifique réservée aux conseillers à la Cour de cassation et aux membres du Conseil supérieur de la magistrature.

ACTU

Haut représentant de l'Union européenne pour la politique étrangère

[Droit européen]

Fonction créée par le traité d'Amsterdam pour représenter l'Union dans le cadre de la politique étrangère et de sécurité commune. Avec le traité de Lisbonne, il préside le Conseil des ministres des Affaires étrangères, est de droit vice-président de la Commission et dispose d'un service diplomatique. Véritable ministre des Affaires étrangères (le titre était prévu par la Constitution européenne mais non retenu à Lisbonne). Le Conseil européen a désigné la Britannique Madame Ashton comme premier titulaire de cette fonction dans sa nouvelle acception.

Haute autorité

[Droit européen]

Nom donné par le traité de Paris (CECA) à ce qui deviendra la Commission dans les traités de Rome instituant la CEE et l'Euratom. Se fond dans la Commission unique résultant du traité de fusion des exécutifs au 1er juillet 1967.

Haute autorité de lutte contre les discriminations et pour l'égalité (HALDE)

[Droit administratif]

Autorité administrative indépendante, installée en 2005, compétente en cas de discrimination prohibée par la loi ou par un traité signé par la France, en matière de race, de sexe, d'origine ethnique, de convictions religieuses ou autres, d'âge, de handicap ou d'orientation sexuelle. Elle pouvait être saisie de différentes façons, notamment par simple lettre de la victime, ou s'auto-saisir, et dispose de pouvoirs importants et diversifiés pour faire cesser ou prévenir les discriminations. Elle a été remplacée, comme d'autres autorités indépendantes, par le *Défenseur des droits* (LO du 29 mars 2011).

[Procédure pénale]

La HALDE pouvait être invitée à présenter ses observations dans le cadre d'une procédure pénale portant sur des faits discriminatoires. Sa présence était de droit lorsqu'elle le demandait elle-même (L. nº 2006-396 du 31 mars 2006 modifiant l'art. 13 de la loi nº 2004-1486 du 30 déc. 2004).

→ *Discrimination, Testing (Procédé du).*

ACTU

Haute autorité pour la diffusion des œuvres et la protection des droits sur Internet (HADOPI)

[Droit administratif]

La Haute autorité pour la diffusion des œuvres et la protection des droits sur Internet a été créée en tant qu'*autorité administrative indépendante* par la loi nº 2009-669 du 12 juin 2009. Elle a notamment pour objectif de limiter le téléchargement illicite; en son sein, la Commission de protection des droits peut adresser des « recommandations » aux abonnés Internet qui le pratiquent, mais la suspension de l'accès au service de communication en ligne ne peut être décidée que par un juge. Le collège de l'HADOPI a, quant à lui, une mission d'encouragement au développement de l'offre légale.

CPI, art. L. 331-12 s.

Haute cour

[Droit constitutionnel]

Appellation nouvellement donnée au Parlement par la loi constitutionnelle nº 2007-238 du 23 février 2007 lorsqu'il se réunit pour la destitution du président de la République en cas de manquement à ses devoirs manifestement incompatible avec l'exercice de son mandat.

La Haute cour n'est pas une juridiction, contrairement à la *Haute cour de justice* antérieurement compétente, devant laquelle le président de la République pouvait être mis en accusation pour *haute trahison*.

Const., art. 68.

→ *Cour de justice de la République.*

Haute cour de justice

[Droit constitutionnel/Procédure pénale]

Juridiction politique répressive, qui était composée de parlementaires des 2 assemblées et devant laquelle pouvait être mis en accusation le président de la République pour *haute trahison*.

Const., art. 68.

→ *Cour de justice de la République, Haute cour.*

Haute mer

[Droit international public]

Espace marin situé au-delà des juridictions nationales et échappant à la souveraineté des États (principe de la « liberté des mers »).

→ *Zone économique exclusive.*

Pour l'application de la loi pénale dans l'espace, voir article 113-12 du Code pénal.

Haute trahison

[Droit constitutionnel/Droit pénal]

Crime pour lequel le président de la République pouvait être mis en accusation devant la *Haute cour de justice*. L'accusation de haute trahison n'est plus possible depuis la loi constitutionnelle n° 2007-238 du 23 février 2007, qui lui a substitué une procédure politique de *destitution*.

Héberge

[Droit civil]

Sur un mur séparant 2 bâtiments contigus de hauteur inégale, ligne formée par la partie supérieure de la construction la moins élevée et jusqu'à laquelle le mur est mitoyen.

C. civ., art. 653.

→ *Mitoyenneté.*

Heimatlos

[Droit international privé]

→ *Apatride.*

Herbe (Vente d')

[Droit rural]

Convention dérogatoire au statut des baux ruraux consistant en une vente de récolte sur pied portant, le plus souvent, sur de l'herbe à faucher ou à pâturer, par laquelle le preneur ne supporte aucune obligation d'entretien des terres dont il récolte seulement les fruits. En pratique, la vente d'herbe est souvent requalifiée bail à ferme par les tribunaux, notamment sur des critères de durée ou de répétition de l'utilisation des lieux. Son efficacité est donc liée à une courte durée (saison des foins, par ex.) et ne doit pas être renouvelée avec la même personne d'une année sur l'autre.

C. rur., art. L. 411-1.

Hérédité

[Droit civil]

Ensemble des biens que laisse une personne à son décès. La loi n° 2009-526 du 12 mai 2009 remplace « l'hérédité » par les mots « la succession » dans tous les articles concernés du Code civil.

Héritage

[Droit civil]

1° Ensemble des biens transmis par succession.

2° Synonyme d'*immeuble* (vieilli).

Héritier

[Droit civil]

1° *Au sens large* : celui qui succède au défunt par l'effet soit de la loi, soit du testament.

2° *Dans un sens plus précis* : celui qui succède au défunt en vertu de la seule loi, par opposition au *légataire* institué par testament.

3° *Parfois*, ce mot désigne les seuls successibles qui ont la *saisine*.

C. civ., art. 724.

Heures complémentaires

[Droit du travail]

Dans le contrat de travail à temps partiel, les heures complémentaires sont celles qui peuvent être exigées par l'employeur, sous certaines conditions, au-delà de la durée prévue au contrat. Sauf cas particulier, les heures complémentaires sont rémunérées au taux normal.

C. trav., art. L. 3123-17.

Heures de délégation

[Droit du travail]

→ *Crédit d'heures.*

Heures d'équivalence

[Droit du travail]

Compte tenu des temps morts pouvant exister dans l'exercice de certaines activités, le législateur prévoit que, dans certains secteurs, la durée du travail peut dépasser 35 heures par semaine, la rémunération étant versée sur une base de 35 heures. Les heures d'équivalence, bien que représentant ainsi les périodes d'inaction (ce qui explique l'absence de rémunération), n'en constituent pas moins un *temps de travail* effectif mais se distinguent des *heures supplémentaires* par leur régime juridique.

C. trav., art. L. 3121-9.

Heures légales

[Procédure civile]

Heures de la journée pendant lesquelles peuvent et doivent être effectuées les significations et les exécutions d'actes ou de jugements : entre 6 heures et 21 heures sauf au juge à accorder, en cas de nécessité, la faculté d'opérer en dehors des heures légales et, s'agissant des mesures d'exécution, seulement dans les lieux qui ne servent pas à l'habitation.

CPC, art. 508 et 664.

→ *Jours de fêtes légales.*

Heures supplémentaires

[Droit du travail]

Heures de travail effectuées, dans le cadre d'une semaine civile, en sus de la durée légale du travail, soit 35 heures hebdomadaires. La possibilité d'effectuer des heures supplémentaires est limitée par les durées maximales de travail de 48 heures par semaine et, sur une période quelconque de 12 semaines consécutives, de 44 heures en moyenne par semaine. Le décompte des heures supplémentaires peut être modifié par des accords de modulation prévoyant leur répartition sur l'année. Les heures supplémentaires emportent une majoration de la rémunération et peuvent donner droit à des périodes de repos.

• *Contingent d'heures supplémentaires* : contingent annuel calculé par salarié et déterminé par une convention ou un accord collectif de travail d'entreprise ou d'établissement ou, à défaut, de branche; à défaut de clause conventionnelle il est de 220 heures par an et par salarié. L'employeur peut avoir recours à ces heures par décision unilatérale qui s'impose, en droit positif, au salarié. Au-delà du contingent annuel d'heures supplémentaires (une fois celui-ci épuisé), l'employeur peut décider de recourir encore aux heures supplémentaires, le régime des contreparties de celles-ci étant alors spécifique.

C. trav., art. L. 3121-11 s.

Hiérarchie des normes

[Droit général]

Organisation des différentes règles juridiques, selon laquelle les règles de valeur inférieure, par exemple contenues dans un arrêté, doivent être conformes à celles qui ont une valeur supérieure. Dans l'ordre juridique français, c'est la Constitution qui prime.

Const., art. 54, 55 et 88-1 s.

GAJA n° 102.

→ *Légalité (Principe de).*

Hoirie

[Droit civil]

Mot ancien employé pour *succession* ou part successorale.

Avancement d'hoirie se dit aujourd'hui avancement de part successorale.

→ *Hérédité.*

Holding

[Droit commercial]

Société dont l'objet est de gérer les participations qu'elle détient dans d'autres sociétés, dans le but d'y exercer un contrôle prépondérant. C'est un instrument de la concentration des entreprises.

Homicide

[Droit pénal]

Fait de donner la mort à autrui, constitutif de meurtre lorsqu'il est intentionnel et d'homicide involontaire lorsqu'il est non intentionnel.

C. pén., art. 221-1 à 221-4 et 221-6.

Homologation

[Droit civil/Procédure civile]

Procédure par laquelle un juge approuve un acte juridique et lui confère la force exécutoire : homologation de la convention réglant les conséquences d'un divorce par consentement mutuel, homologation d'un changement de régime matrimonial, homologation des mesures recommandées par la commission de surendettement des particuliers. L'homologation relève de la matière gracieuse.

C. civ., art. 232, 278, 279 et 1397; CPC, art. 131-12, 832-8 et 1441-4; C. consom., art. L. 331-7-1, 331-7-2, 332-5.

GAJC, t. 1, n° 41.

Homoparentalité

[Droit civil/Droit général]

Désigne la fonction de prise en charge, d'éducation, et de protection de l'enfant, lorsqu'elle est exercée par un couple homosexuel ou une personne célibataire homosexuelle, que l'enfant soit issu d'une filiation par le sang (enfant né grâce à la procréation médicalement assistée – insémination artificielle avec donneur ou participation d'une mère pour autrui, etc.) ou de l'adoption. Le droit commun offre des instruments qui peuvent être utilisés au service de l'homoparentalité (mandats, délégation-partage de l'autorité parentale, droit de visite...).

Mais il faut distinguer l'homoparentalité de l'homoparenté, qui consiste à établir un lien de filiation juridique entre l'enfant et le membre du couple homosexuel qui n'a pas de lien de filiation biologique avec lui. Le droit français exclut l'homoparenté. L'insémination artificielle avec donneur anonyme est ainsi fermée aux couples non hétérosexuels; de même, l'adoption est fermée, en droit positif, aux couples homosexuels.

En revanche, le droit positif a évolué à propos de la reconnaissance de l'adoption pour une personne célibataire homosexuelle. Le Conseil d'État avait approuvé le refus des juges d'accueillir la demande d'agrément aux fins d'adoption formée par un homosexuel, en se fondant sur un risque pour l'épanouissement de l'enfant. Mais la Cour européenne des droits de l'Homme s'est prononcée dans un sens radicalement contraire. Dans une espèce où une institutrice homosexuelle s'était vu refuser l'agrément en vue d'adopter, la Cour a condamné la France pour violation de l'article 14 de la Convention EDH (interdiction de discrimination) combinée avec l'article 8 (droit au respect de la vie privée et familiale). Les juges français se sont conformés à cette jurisprudence et ont finalement accédé à la demande d'agrément.

→ *Homosexualité.*

Homosexualité

[Droit civil/Droit général]

A longtemps fait l'objet d'une réprobation sociale, au point d'être condamné par le Code pénal qui incriminait « quiconque aura commis un acte impudique ou contre nature avec un individu mineur du même sexe » (ancien art. 331 al. 2). La loi du 4 août 1982 a dépénalisé l'homosexualité, et, depuis cette loi, la tendance est à une harmonisation des droits entre couples hétérosexuels et couples homosexuels.

Citons la loi n° 944 du 15 novembre 1999 qui a reconnu le *concubinage* homosexuel, créé une nouvelle forme d'union ouverte aux couples de personnes de même sexe, très proche du mariage, le *pacte civil de solidarité*, assimilé le pacsé au conjoint en matière de bail d'habitation et dans bien d'autres domaines. Relevons, aussi, l'évolution de la jurisprudence qui, par exemple, a accordé un droit à réparation au concubin homosexuel en cas de décès accidentel de son compagnon (Cass. ch. mixte, 27 févr. 1970).

GAJC, t. 2, n° 185-186.

Toutefois, l'identification n'est pas complète. D'une part, la procréation médicalement assistée est exclue en cas d'homosexualité, puisqu'elle est destinée à répondre au projet parental d'un couple homme-femme. D'autre part, selon la Cour européenne des droits de l'Homme, la relation homosexuelle, si elle entre dans le champ de la protection de la vie privée garantie par l'article 8 de la Convention EDH, elle ne peut relever de la qualité de vie familiale.

C. civ., art. 515-1 s. et 515-8.

→ *Discrimination, Homoparentalité.*

Honoraires

[Droit privé]

Rétribution des services rendus par les membres des professions libérales (ex. : médecins, architectes).

Dans les contrats spéciaux tels que le contrat d'entreprise ou encore le mandat lorsqu'il est conclu à titre onéreux, le mot est synonyme de rémunération (du mandataire ou de l'entrepreneur), dès lors que le prestataire de service est membre d'une profession libérale. La jurisprudence décide que cette rémunération peut être révisée par le juge dans certaines conditions.

GAJC, t. 2, n° 280.

→ *Prix.*

[Procédure civile]

Rétribution de certains auxiliaires de justice dont le montant n'est pas tarifé. C'est le cas de l'avocat pour sa plaidoirie. En revanche, lorsque l'avocat représente et postule, il est soumis à la *taxe*.

La liberté des honoraires est généralement encadrée. C'est ainsi que l'honoraire de l'avocat, à défaut d'accord avec le client, est fixé, selon les usages, en fonction de la situation de fortune du client, de la difficulté de l'affaire, des frais exposés par l'avocat, de sa notoriété et des diligences de celui-ci.

→ *Dépens, Émolument, Pacte de quota litis, Postulation.*

[Sécurité sociale]

Les tarifs des honoraires et frais accessoires sont fixés par des conventions nationales. Les actes effectués sont remboursés sur la base de tarifs conventionnels (*Convention*). Toutefois, pour les praticiens non conventionnés ou exclus de la convention par la caisse pour violation de celle-ci, le remboursement est effectué sur la base de tarifs d'autorité.

→ *Tarif.*

Les conventions nationales prévoient que les praticiens et auxiliaires médicaux conventionnés peuvent demander des dépassements des tarifs conventionnels en cas de circonstances exceptionnelles de temps ou de lieu dues à des exigences particulières du malade (ils indiquent alors DE sur la feuille de soins).

La convention nationale des médecins autorise également ceux-ci à pratiquer des dépassements de tarifs lorsqu'ils bénéficiaient d'un droit permanent à dépassement (DP) ou lorsqu'ils ont fait savoir à la caisse primaire qu'ils entendent pratiquer des tarifs différents des tarifs conventionnels, c'est-à-dire des « honoraires libres ».

Dans le cas où des dépassements de tarif sont autorisés, les assurés ne sont remboursés que sur la base des tarifs conventionnels.

Honorariat

[Droit administratif]

Sauf refus ou retrait motivés, tout fonctionnaire de l'État ou des collectivités territoriales admis à la retraite après 20 ans de services accomplis peut se prévaloir de l'honorariat de son grade ou emploi. Cette qualification est purement honorifique, et ne peut (sauf exceptions) être mentionnée à l'occasion d'activités privées lucratives.

→ *Éméritat.*

Horaire individualisé

[Droit du travail]

Modalités de détermination de l'horaire de travail permettant au salarié, en dehors de plages horaires fixes et obligatoires, de choisir son temps de travail de telle sorte qu'au terme de la période de référence (par ex. 1 semaine ou 15 jours), il ait accompli les heures normalement dues. La variabilité qui ne porte que sur la partie mobile de l'horaire, atténue le caractère collectif de l'horaire de travail. On utilise également les expressions « horaire variable » ou « horaire flexible ».

C. trav., art. L. 3122-23 s.

Hors cadre

[Droit administratif]

Position administrative de certains fonctionnaires détachés, dans laquelle ceux-ci cessent de bénéficier de leurs droits à l'avancement et à la retraite dans leur corps d'origine pour être soumis au régime statutaire de l'Administration ou de l'institution auprès de laquelle ils exercent leurs fonctions.

→ *Corps (de fonctionnaires), Détachement.*

Hors de cause

[Procédure civile]

Se dit du plaideur qu'une décision libère des liens d'une instance dans laquelle il était impliqué à tort, ou qui a cessé de le concerner.

CPC, art. 336.

Hors du commerce

[Droit général]

Qui ne peut faire l'objet de contrats, par exemple le *corps humain*.

C. civ., art. 1128.

Hors part successorale

[Droit civil]

Qualifie la libéralité que le gratifié n'a pas à rapporter lors du partage de la succession et qui s'ajoute donc à sa part *ab intestat*, sous réserve de respecter la part réservataire des héritiers réservataires.

C. civ., art. 843, 1078-1 et 1078-2.

→ *Avancement de part successorale, Préciput, Rapport des dons et des legs à fin d'égalité, Rapport des dons et des legs à fin de réduction, Réservataire, Réserve.*

ACTU

Hospitalisation d'un aliéné

[Droit civil]

Procédure de placement d'un aliéné dans un établissement de soins, public ou privé; elle remplace la procédure d'*internement* et peut intervenir d'*office* sur décision du préfet s'appuyant sur un rapport médical circonstancié, confirmé, dans les 24 heures de l'admission, par le certificat d'un psychiatre de l'établissement, lorsque l'aliéné compromet l'ordre public ou la sûreté des personnes; en cas de danger imminent les commissaires de police à Paris, les maires et leurs adjoints en province, peuvent ordonner une mesure provisoire à charge d'en référer au préfet dans les 24 heures.

L'hospitalisation peut aussi résulter de la *demande d'un tiers* (famille, entourage, préfet à titre subsidiaire), à la double condition que la maladie mentale impose des soins immédiats et une surveillance en milieu hospitalier et que le malade soit hors d'état de consentir à son hospitalisation; la demande doit être appuyée par 2 certificats médicaux dont l'un peut émaner d'un médecin de l'établissement et être supprimé en cas d'urgence.

Qu'il s'agisse d'hospitalisation d'office ou d'hospitalisation sur demande d'un tiers, la personne hospitalisée sans son consentement doit être informée de sa situation juridique et de ses droits (droit de communiquer avec certaines autorités, de saisir la commission départementale des hospitalisations psychiatriques, etc.) et en toute circonstance la dignité de sa personne doit être respectée et sa réinsertion recherchée.

Le Conseil constitutionnel a jugé que sont contraires à l'article 66 de la Constitution les dispositions du Code de la santé publique (art. L. 3212-7) qui prévoient que l'hospitalisation peut être maintenue au-delà de 15 jours sans l'intervention de l'autorité judiciaire (déc. 26 nov. 2010, n° 2010-71 QPC).

CSP, art. L. 3211-1 s.

→ *Aliéné, Aliénation mentale.*

Huis clos

[Procédure (principes généraux)]

Exception au principe de la publicité des débats judiciaires en vertu de laquelle une juridiction peut interdire au public l'accès du prétoire par une décision motivée, lorsque l'ordre public, la sérénité des débats, la dignité de la personne, les intérêts d'un tiers, l'intimité de la vie privée ou les bonnes mœurs risquent de souffrir de la publicité.

CPC, art. 22, 433, 435; C. pr. pén., art. 306 et 400, CJA, art. L. 731-1.

→ *Chambre du conseil, Publicité des débats.*

Huissier de justice

[Procédure civile]

Officier ministériel et officier public chargé des significations (judiciaires et extrajudiciaires), de l'exécution forcée des actes publics (jugements et actes notariés), du recouvrement amiable ou judiciaire de toutes créances, dans les lieux sans commissaires-priseurs judiciaires des prisées et ventes publiques de meubles, des constatations, ainsi que du service d'audience des tribunaux (l'huissier *audiencier* assiste aux audiences solennelles, fait l'appel des causes et, à titre exceptionnel, assure le maintien de l'ordre sous l'autorité du président). Depuis le décret n° 2007-813 du 11 mai 2007 les huissiers de justice peuvent instrumenter dans le ressort du tribunal de grande instance (et non plus dans le seul cadre du tribunal d'instance), mais ils peuvent confier la signification d'un acte à un confrère dont la résidence est plus proche du lieu de signification (Décr. n° 2010-433 du 29 avr. 2010, art. 2-1°).

→ *Société civile professionnelle, Sociétés d'exercice libéral (SEL).*

Humanité

→ *Crime contre l'humanité.*

Hypothèque

[Droit civil]

Droit réel accessoire grevant un immeuble et constitué au profit d'un créancier en garantie du paiement de la dette. L'hypothèque n'entraîne pas dessaisissement du propriétaire.

L'hypothèque autorise le créancier non payé à l'échéance à faire saisir et vendre l'immeuble en quelque main qu'il se trouve (droit de suite) et à se payer sur le prix avant les créanciers chirographaires (droit de préférence).

Entre les créanciers, l'hypothèque n'a de rang que du jour de l'inscription prise à la conservation des hypothèques par le créancier.

Le créancier hypothécaire peut demander en justice que l'immeuble lui demeure en paiement.

L'hypothèque est ou légale, ou judiciaire, ou conventionnelle. Elle ne s'applique qu'aux biens immobiliers. Toutefois, il existe quelques cas d'hypothèques mobilières (navires, aéronefs).

C. civ., art. 2393 s., 2425 s., 2458 et 2461.

GAJC, t. 2, n° 305 et 306.

→ *Mesures conservatoires, Prêt viager hypothécaire, Rang des privilèges et des hypothèques, Sûretés judiciaires.*

Hypothèque rechargeable

[Droit civil]

Variété d'hypothèque permettant l'affectation de l'hypothèque à la garantie de créances autres que celles mentionnées par l'acte constitutif. Le constituant, au fur et à mesure de ses remboursements, « recharge » l'hypothèque initiale et se crée une nouvelle capacité de crédit correspondant à la différence entre le montant du capital garanti par l'hypothèque initiale et le total de ses remboursements.

La convention de rechargement revêt la forme notariée et est publiée à peine d'inopposabilité aux tiers.

C. civ., art. 2422.

Identification génétique

[Droit civil]

Manière de reconnaître un individu par le relevé des caractéristiques inscrites dans l'ADN de ses cellules. Cette identification ne peut être recherchée, en matière civile, qu'en exécution d'une mesure d'instruction ordonnée par le juge dans le cadre d'une action relative à la filiation ou relative à des subsides ; elle exige le consentement de l'intéressé et ne peut être réalisée après la mort sauf accord exprès de la personne manifestée de son vivant.

C. civ., art. 16-11 ; CSP, art. L. 1131-1 et 1131-5.

→ *Empreinte génétique, Examen des caractéristiques génétiques.*

Identité

[Droit civil]

Ensemble des composantes grâce auxquelles il est établi qu'une personne est bien celle qui se dit ou que l'on présume telle (nom, prénoms, nationalité, filiation...).

→ *Carte nationale d'identité, Contrôle d'identité, État civil, État des personnes.*

Identité judiciaire

[Procédure pénale]

Service et activité de police judiciaire, ayant pour but l'identification des personnes, ainsi que le traitement des traces et indices.

L'utilisation des moyens d'identité judiciaire aux fins d'établir l'identité d'une personne est, depuis 1983, réglementée par la loi.

C. pr. pén., art. 78-3.

→ *Vérification d'identité.*

IFRS

[Droit Commercial]

Norme comptable internationale obligatoire pour toutes les sociétés cotées publiant des comptes consolidés et facultative dans les autres hypothèses.

Ces normes IFRS, pour favoriser les comparaisons à l'échelon européen et même mondial, assurent la prééminence de l'économique sur le juridique ; ainsi par exemple, le crédit-bail figure-t-il à l'actif du bilan.

Illégalité

[Droit général]

Strictement : caractère de ce qui est contraire à la loi, entendue au sens formel (textes votés par le Parlement).

Dans un sens plus large : méconnaissance du droit en général ; utilisé abusivement comme synonyme d'illicéité.

→ *Légalité.*

Illicéité

[Droit général]

Caractère de ce qui n'est pas permis, de ce qui est contraire à un texte (loi, décret, arrêté), à l'ordre public, aux bonnes mœurs.

[Droit civil]
Pour les actes juridiques, vice affectant un élément constitutif et justifiant l'annulation; pour les faits juridiques, violation d'une norme de comportement déclenchant la responsabilité de son auteur.
→ *Immoral.*

Image (Droit à l')

[Droit civil]
• *Image de la personne.* Droit d'une personne sur sa représentation. Initialement conçu comme un aspect du droit à la vie privée, il tend à être reconnu comme un droit autonome par la jurisprudence. Il confère en principe à une personne un droit exclusif sur son image et l'utilisation qui en est faite. Celle-ci pourra, en conséquence, interdire à quiconque de photographier, filmer, exposer en public ou publier dans la presse son image sans son consentement, à peine de dommages et intérêts, de destruction des clichés et d'interdiction pour l'avenir de toute publicité. Toutefois, le droit à l'image connaît des limites, liées notamment au droit à l'information et à la liberté de la presse. Le droit pénal sanctionne les atteintes au droit à l'image, telles que la captation d'image dans un lieu privé, ou le montage réalisé avec les paroles ou l'image de l'intéressé.
• *Image des biens.* Le propriétaire d'une chose ne dispose pas d'un droit exclusif sur l'image de celle-ci, mais il peut s'opposer à l'utilisation de cette image par un tiers lorsqu'elle lui cause un trouble anormal.

C. civ., art. 9 et 16; C. pén., art. 226-1 et 226-8.

GAJC, t. 1, n° 68-69.

Immatriculation

[Droit civil]
Action par laquelle une personne ou une chose est inscrite sur un registre par un numéro d'identification. Ce numéro est complété par des mentions faisant état des caractéristiques de la personne ou de la chose immatriculée; l'immatriculation permet d'organiser une certaine publicité et d'appliquer un statut.

Immatriculation à la Sécurité sociale

[Sécurité sociale]
L'immatriculation est l'opération administrative qui consiste à inscrire officiellement un travailleur sur la liste des assurés sociaux d'une caisse. Cette immatriculation, qui se traduit par l'attribution d'un numéro, est définitive.

CSS, art. R. 312-1-4.

Immeuble

[Droit civil]
Fonds de terre et ce qui y est incorporé (*immeubles par nature*), ainsi que les biens mobiliers qui en permettent l'exploitation (*immeubles par destination*). Sont également immeubles les droits portant sur les immeubles ci-dessus définis.
De la *summa divisio*, « tous les biens sont meubles ou immeubles », il résulte, selon la formule de la jurisprudence, que tout bien qui n'est pas étiqueté immeuble par le code, est *meuble.*

C. civ., art. 516 s.

Immeuble par destination

[Droit civil]
Meuble que la loi répute immeuble parce qu'il est, par volonté de son propriétaire, soit affecté au service et à l'exploitation d'un immeuble (ex. d'un tracteur servant à une exploitation agricole), soit attaché à ce dernier à perpétuelle demeure (ex. d'une cheminée encastrée dans le mur).

C. civ., art. 524 s.

→ *Affectation, Destination.*

Immeuble par nature

[Droit civil]

Fonds de terre et ce qui est incorporé à ce fonds et ne peut être déplacé (bâtiments, plantations).

C. civ., art. 518 s.

Immobilisation de véhicule

[Droit pénal]

Peine privative ou restrictive de droits, consistant à priver temporairement le condamné de l'usage d'un ou de plusieurs véhicules lui appartenant, pour une durée fixée par le juge dans le respect d'un maximum légal.

C. pén., art. 131-6, 131-14 et R. 131-5 s.

Immobilisation des fruits

[Procédure civile]

Effet de la signification d'un commandement de saisie immobilière. Les fruits sont ajoutés au prix d'adjudication et distribués comme lui aux créanciers hypothécaires et privilégiés.

C. civ., art. 2198.

Immobilisation d'un véhicule terrestre à moteur

[Procédure civile]

L'huissier de justice, à la demande d'un créancier, muni d'un titre exécutoire, peut immobiliser, en quelque lieu qu'il se trouve, le véhicule terrestre à moteur appartenant au débiteur (art. 58, loi n° 91-650 du 9 juill. 1991). Cet acte produit les effets d'une saisie.

Dans les 8 jours après l'immobilisation, l'huissier de justice signifie au débiteur un commandement. Le débiteur jouit d'un délai d'un mois pour vendre à l'amiable le véhicule. Ce délai dépassé, la vente aura lieu aux enchères publiques.

→ *Saisie d'un véhicule terrestre à moteur.*

Immoral

[Droit civil]

Contraire aux bonnes mœurs et, par conséquent, source de nullité de l'acte juridique entaché de ce vice.

C. civ., art. 6 et 1133.

→ *Illicéité.*

Immunité

[Droit pénal]

1° Fait justificatif (débattu en doctrine) tiré de la liberté d'expression des députés et sénateurs (*immunité parlementaire*), ou des intervenants devant un tribunal (*immunité judiciaire*), qui interdit toute poursuite en diffamation, injure ou outrage.

L. 29 juill. 1881, art. 41.

2° Exception à la recevabilité de l'action publique, pour des raisons de décence, tenant aux rapports de parenté ou d'alliance entre l'auteur de l'infraction et la victime (immunités familiales).

C. pén., art. 311-12.

→ *Immunité d'exécution, Immunité de juridiction.*

Immunité de juridiction

[Droit international privé/Procédure civile/ Procédure pénale]

Privilège dont bénéficient les chefs d'État étrangers et les agents diplomatiques, au nom de la courtoisie diplomatique et du respect de la souveraineté des États étrangers, et en vertu duquel ces personnes ne peuvent être déférées aux juridictions de l'État où elles résident, ni en matière pénale ni en matière civile. Les États étrangers eux-mêmes, en tant que personnes morales, bénéficient du même privilège, de même que les organismes qui en sont l'émanation directe.

L'immunité de juridiction n'entre en mouvement qu'autant que l'acte qui donne lieu au litige participe, par sa nature ou sa finalité, à l'exercice de la souveraineté de l'État et n'est donc pas un acte de gestion.

GADIP n° 47.

→ *Immunité d'exécution.*

Immunité de la défense

[Procédure civile/Procédure pénale]

→ *Immunité judiciaire.*

Immunité d'exécution

[Droit international privé/Procédure civile/Procédure pénale]

Privilège qui protège contre toute exécution forcée les bénéficiaires d'une *immunité de juridiction*. De ce fait, les biens détenus en France par des États étrangers ou des organismes qui en sont l'émanation directe, échappent à toute voie d'exécution, au nom du respect de la souveraineté étatique.

Cette immunité n'exclut pas l'*exequatur* qui n'est pas, en lui-même, un acte d'exécution, mais une simple mesure préalable à l'exécution forcée.

GADIP n° 65 et 66.

Immunité du président de la République

[Droit constitutionnel]

Principe selon lequel un président de la République ne peut être l'objet de procédures judiciaires pendant l'exercice de son mandat. Suspend celles-ci qui pourront être reprises à l'issue de ce dernier (*cf.* Jacques Chirac).

Immunité judiciaire

[Procédure civile/Procédure pénale]

Cause d'impunité s'opposant à toute poursuite pour diffamation, injure ou outrage dont bénéficient les plaideurs, les défenseurs, les témoins et les experts pour les discours prononcés ou les écrits produits devant les tribunaux. Cette immunité, étant donné son fondement, la protection des droits de la défense, ne couvre pas les faits diffamatoires étrangers à la cause, lesquels pourront donner ouverture à l'action publique, ou à l'action civile des parties, lorsque ces actions leur auront été réservées par les tribunaux; et ne couvre pas non plus les propos tenus en dehors de l'audience.

L'immunité judiciaire s'applique également au « compte rendu fidèle fait de bonne foi des débats judiciaires ». (art. 41, L. du 29 juill. 1881).

Immunités diplomatiques et consulaires

[Droit international public]

Prérogatives reconnues aux agents diplomatiques et consulaires en vue de favoriser le libre exercice de leurs fonctions : inviolabilité des agents (plus réduite pour les consuls), des locaux et de la correspondance, immunité de juridiction (limitée aux actes de la fonction pour les consuls) et d'exécution, exemptions fiscales.

→ *Immunité d'exécution, Immunité de juridiction.*

Immunités parlementaires

[Droit constitutionnel]

Prérogatives qui mettent les parlementaires à l'abri des poursuites judiciaires, en vue d'assurer le libre exercice de leur mandat.

→ *Inviolabilité parlementaire, Irresponsabilité parlementaire.*

Immutabilité du litige (Principe de l')

[Procédure civile]

Principe destiné à favoriser la loyauté des débats, en vertu duquel les éléments d'un litige ne devraient pas être modifiés, dès l'instant que l'instance a été liée.

Ce principe tombe progressivement en désuétude. Formulé pour écarter les *demandes nouvelles* en appel, il n'empêche pas, s'il y a connexité, la présentation de demandes additionnelles, reconventionnelles, en intervention.

CPC, art. 70 et 564.

→ *Demande nouvelle, Liaison de l'instance, Prétentions nouvelles.*

[Procédure administrative]

Principe selon lequel un moyen fondé sur une cause juridique nouvelle ne peut être présenté devant le juge administratif après l'expiration du délai de recours contentieux.

GACA n° 50.

Imparité

[Procédure (Principes généraux)]

Règle générale de fonctionnement des juridictions, selon laquelle les juges statuent en nombre impair, afin de permettre l'obtention d'une majorité.

La règle de l'imparité n'est pas en vigueur devant la Cour de cassation, le partage des voix donnant lieu à un renvoi devant une chambre mixte.

COJ, art. L. 121-2, 431-5, R. 212-7, 312-7 et 431-5; CJA, art. R. 222-18 et 222-25.

→ *Collégialité, Paritaire.*

Impartialité

[Procédure civile]

Exigence déontologique et éthique inhérente à la fonction juridictionnelle : le juge doit bannir tout *a priori*, excluant pareillement faveur et préférence, préjugé et prévention, ne céder à aucune influence de quelque source qu'elle soit; son obligation première est de tenir la balance égale entre les parties et de départager les prétentions en conflit uniquement par référence au droit, à l'équité, à la justice, sans autre considération.

Plusieurs mécanismes garantissent l'impartialité des juridictions civiles, en particulier, la *récusation* pour intérêt personnel, amitié, inimitié, les *incompatibilités* de fonctions avec les mandats politiques et autres professions, l'interdiction pour des époux de siéger dans le même tribunal, le *renvoi* pour suspicion légitime, le *déport*, l'*inamovibilité des magistrats*...

Selon la Cour EDH, l'exigence d'impartialité se dédouble. D'un côté, le tribunal doit être subjectivement impartial, aucun de ses membres ne manifestant de parti pris personnel; d'un autre côté, le tribunal doit être *objectivement* impartial, n'offrant aucune prise à un doute légitime.

Conv. EDH, art. 6; COJ, art. L. 111-5 à 111-11; CPC, art. 47, 356 s., 364 s.

[Procédure pénale]

Impératif procédural qui assure au justiciable le droit à ce que sa cause soit entendue par un tribunal indépendant et impartial. Il s'agit de garantir le droit à un procès équitable. La récusation d'un juge peut être réclamée et obtenue sur preuve de son manque d'impartialité.

Un magistrat ne peut siéger à la chambre d'accusation s'il avait précédemment examiné la valeur des charges qui pèsent sur « l'inculpé »; de même il ne peut participer au jugement des affaires dans lesquelles il a accompli un acte de poursuite comme membre du ministère public. À l'inverse, le juge de l'application des peines ayant fixé la peine de TIG peut siéger au sein du tribunal correctionnel qui doit statuer sur la violation de cette sanction; pareillement le juge des enfants peut dans la même affaire faire partie du tribunal pour enfants.

La chambre criminelle admettait avant une loi du 6 juillet 1989 le renvoi d'office d'une affaire devant une autre juridiction, et ce dans l'intérêt d'une bonne administration de la justice; ainsi lorsqu'un juge d'instruction manifeste publiquement son hostilité à l'égard d'un « inculpé »; depuis cette loi, la chambre criminelle retient la suspicion légitime dès lors qu'il y a un doute objectif sur l'impartialité d'un tribunal, par exemple,

lorsqu'un magistrat du parquet d'une juridiction a été victime d'une infraction dont celle-ci est saisie.
Le président d'une cour d'assises ne peut manifester prématurément son opinion ni par des réflexions ni par des actes.

Conv. EDH, art. 6; C. pr. pén., art. préliminaire.

GAPP nº 1, 3 et 42.

Impasse budgétaire

[Droit financier ou fiscal]

Synonyme de découvert de la loi de finances, d'usage fréquent sous la IVe République, inusité aujourd'hui.

→ *Découvert (de la loi de finances).*

Impeachment

[Droit constitutionnel]

Procédure pénale consistant dans la mise en accusation d'un membre de l'exécutif par l'une des chambres du Parlement devant l'autre chambre érigée en juge. En Grande-Bretagne cette procédure a été à l'origine de la responsabilité politique des ministres devant la Chambre des communes, celui que menaçait l'*impeachment* préférant l'esquiver en démissionnant. Aux États-Unis, le président lui-même peut être mis en accusation par la Chambre des Représentants et jugé par le Sénat (à la majorité des 2/3) en cas de « trahison, concussion ou autres crimes ou délits ».

Impenses

[Droit civil]

Dépenses faites pour la conservation ou l'amélioration ou l'embellissement d'une chose. Elles donnent droit à une certaine indemnisation à condition d'avoir été nécessaires ou utiles.
La loi nº 2009-527 du 12 mai 2009, sur la simplification du droit remplace ce terme par celui de « dépenses ».

Impératif

[Droit général]

Caractérise la disposition législative ou réglementaire qui ne peut pas être écartée par une volonté individuelle contraire.

Imperium

[Procédure (principes généraux)]

Mot latin exprimant une prérogative du juge (= le préteur) distincte de la *Jurisdictio*, ayant un caractère plus administratif que juridictionnel : pouvoir de donner des ordres aux plaideurs et aux tiers, d'accorder des autorisations, des mesures d'instruction, d'organiser le service du tribunal et des audiences, etc. Dans le symbole traditionnel de la justice, c'est le glaive qui traduit l'*Imperium*, les 2 plateaux représentant la *Jurisdictio*. Se rapporte à tout ce qui n'est pas appréciation du droit des parties (acte de raisonnement); désigne les diverses manifestations du pouvoir de commandement qui est dévolu au juge (*acte d'autorité*).

→ *Acte juridictionnel, Décision gracieuse, Jurisdictio, Mesure d'administration judiciaire.*

Implication (d'un véhicule terrestre à moteur dans un accident de la circulation)

[Droit civil]

Notion qui sert de fondement au droit à indemnisation des victimes d'un accident de la circulation (L. nº 85-677 du 5 juill. 1985). Pour que le véhicule soit impliqué et, partant, que son conducteur ou gardien soit tenu à réparation, il n'est pas demandé qu'il ait eu une fonction causale; il suffit que sa présence ait été objectivement nécessaire à la survenance du dommage. Au plan probatoire, la jurisprudence distingue 2 situations : ou bien le véhicule, qu'il soit à l'arrêt ou en mouvement, a été heurté et il y a implication; ou bien la victime n'a pas eu de contact avec le véhicule et il lui incombe de prouver l'implication.

C. assur., art. L. 211-1.

Importations, Exportations

[Droit financier ou fiscal]

Ces mots ne sont mentionnés ici que pour signaler qu'ils ne s'appliquent plus depuis le 1er janvier 1993 (début du *Marché intérieur*) que dans les échanges entre les États de l'Union européenne et les pays tiers. Dans les relations entre les États membres, ils sont remplacés respectivement par les expressions : Acquisitions intracommunautaires – Livraisons intracommunautaires.

Impôt

[Droit financier ou fiscal]

Prestation pécuniaire requise autoritairement des assujettis selon leurs facultés contributives par l'État, les collectivités territoriales et certains établissements publics, à titre définitif et sans contrepartie identifiable, en vue de couvrir les charges publiques ou d'intervenir dans le domaine économique et social.

• *Impôt de répartition* : type périmé de prélèvement fiscal, dans lequel le montant d'impôt à percevoir est fixé à l'avance, puis réparti selon divers systèmes entre les contribuables.

• *Impôt de quotité* : forme moderne de l'imposition, dans laquelle seule est fixée à l'avance par la loi la quotité – c'est-à-dire la fraction, généralement exprimée en pourcentage – de matière imposable (revenu, chiffre d'affaires…) que le redevable devra payer : dans ce système, le montant exact de la recette fiscale totale effective dépend des aléas économiques affectant le montant de la matière imposable.

GDCC n° 4.

Impôt de solidarité sur la fortune

[Droit financier ou fiscal]

Impôt annuel sur le patrimoine, frappant la valeur nette de celui-ci selon un barème allant de 0,55 % à 1,80 % (au-delà de 16 480 000 €), dès lors que cette valeur excède 790 000 € (ces chiffres, en valeur 2009, sont actualisés chaque année dans la même proportion que la limite supérieure de la première tranche du barème de l'impôt sur le revenu). Sont notamment exonérés les biens professionnels, les objets d'art, et, sous certaines conditions, les parts ou actions de sociétés.

CGI, art. 885 A s.

Impôt direct, indirect

[Droit financier ou fiscal]

Distinction vieillie, susceptible de plusieurs interprétations.

2 critères principaux ont été avancés :

• *Critère économique* (dit de l'incidence de l'impôt) : est direct l'impôt établi directement à la charge de celui qui doit en supporter la charge (ex. : *impôt sur le revenu*) ; est indirect celui qui, payé par un assujetti, est ensuite légalement répercuté par lui sur un tiers, qui est le contribuable effectif (ex. : *taxe sur la valeur ajoutée*).

• *Critère administratif* : étaient qualifiés de « directs » les impôts perçus, par voie de *rôle*, par les comptables directs du Trésor (ex-percepteurs) ; étaient indirects ceux perçus par les comptables de la DGFIP. Cependant, la réorganisation du recouvrement des impôts, opérée pour la commodité des contribuables (assurer à ceux-ci un « interlocuteur fiscal unique » : IFU) à partir des années 2000 a ôté toute valeur à cette distinction.

Impôt européen

[Droit européen/Droit financier ou fiscal]

Proposé par beaucoup pour donner une réalité à la notion de ressources propres devenues de simples contributions des États membres. Permettrait aussi d'augmenter un budget européen bien limité (1,2 % du PIB). Mais la conjoncture économique et la nécessité de réduire les dépenses publiques rendent politiquement difficile la création d'un tel impôt, dont il est d'ailleurs difficile de choisir l'assiette.

Impôt négatif sur le revenu

[Droit financier ou fiscal]

Système de transferts sociaux, proposé notamment aux États-Unis et en Grande-Bretagne, selon lequel les individus, en deçà d'un certain chiffre de revenus fixé en fonction de leurs charges de famille, non seulement ne seraient pas imposés à l'impôt sur le revenu, mais encore percevraient une aide financière de l'État.

→ *Prime pour l'emploi.*

Impôt sur le revenu

[Droit financier ou fiscal]

Impôt unique sur le revenu des personnes physiques, frappant selon un barème progressif l'ensemble des revenus du foyer fiscal, qui regroupe les 2 époux et leurs *enfants à charge*. La prise en compte des charges de famille est assurée soit par le jeu du *quotient familial*, soit par un abattement forfaitaire sur le revenu net imposable, soit par la déduction (plafonnée) d'une pension alimentaire. Certains revenus bénéficient d'une imposition à un taux proportionnel.

CGI, art. 1 s.

→ *Contribution sociale généralisée (CSG).*

Impôt sur les sociétés

[Droit financier ou fiscal]

Désignation courante de l'impôt sur les bénéfices des sociétés et autres personnes morales, qui frappe essentiellement les bénéfices des sociétés de capitaux. Il est perçu par les comptables de la DGFIP, au taux ordinaire de 33,33 %. L'imposition des profits des sociétés de personnes est effectuée directement dans la personne de leurs associés pour la fraction qui leur revient, au titre de l'*impôt sur le revenu* dû par chacun.

CGI, art. 205 s. et 1668.

→ *Transparence fiscale.*

Imprescriptibilité

[Droit civil]

Caractère d'un droit ou d'une action insusceptible de s'éteindre par prescription. Ainsi du droit de propriété ou du droit de demander le partage.

C. civ., art. 815 et 2227.

→ *Prescription extinctive.*

Imprévisibilité

[Droit civil]

Caractère de ce qui échappe à la prévision du « bon père de famille », à ce qu'un « homme avisé » n'aurait pas pu prévoir. Elle suppose, bien souvent, l'anormalité, la soudaineté, la rareté. L'imprévisibilité est l'un des éléments de définition de la *force majeure*, d'où découle l'exonération de la responsabilité en matière contractuelle et délictuelle.

→ *Bon père de famille, Cas fortuit, Cause étrangère.*

Imprévision (Théorie de l')

[Droit administratif]

Théorie propre au droit administratif, déduite par la jurisprudence administrative de la nécessaire continuité des services publics.

Elle permet au titulaire d'un contrat administratif de demander à l'Administration l'indemnisation partielle du préjudice qu'il subit, au cas où la survenance d'événements imprévisibles et extérieurs aux parties vient bouleverser le prix de revient des prestations.

GAJA n° 30.

[Droit civil]
Théorie en vertu de laquelle le juge doit rétablir l'équilibre d'un contrat dont les conditions d'exécution ont été gravement modifiées au détriment de l'une des parties, à la suite d'événements raisonnablement imprévisibles lors de la conclusion de la convention.
Admise par la jurisprudence administrative, elle est rejetée par les tribunaux judiciaires sauf si un texte permet cette révision.

GAJC, t. 2, nº 165.

→ *Rebus sic stantibus.*

Impuberté

[Droit civil]
État d'une personne qui n'a pas l'âge requis pour se marier (18 ans).
Le mariage contracté par un impubère est nul de nullité absolue. Une dispense d'âge peut être accordée par le procureur de la République pour des motifs graves, généralement la naissance annoncée d'un enfant.

C. civ., art. 144 et 184.

Imputabilité

[Droit pénal]
Fondement moral de la responsabilité pénale, reposant sur le discernement et le libre arbitre. Sont en conséquence des causes de non-imputabilité, et donc d'irresponsabilité, les troubles psychiques ou neuropsychiques et la contrainte.

C. pén., art. 122-1 et 122-2.

GADPG nº 44.

→ *Discernement, Erreur de droit.*

Imputation

[Droit civil]
Détermination en quantité ou en qualité de la portion d'une masse de biens (ou d'une valeur) affectée par une opération juridique qui ne porte que sur une partie. C'est ainsi qu'en cas de paiement partiel d'une dette, la somme remise au créancier s'impute d'abord sur les intérêts, ensuite sur le capital.

C. civ., art. 1253 s.

In abstracto

[Droit général]
Se dit de l'appréciation objective d'une situation juridique, effectuée par référence au comportement qu'aurait eu une personne prudente et avisée placée dans la même situation, c'est-à-dire par référence au standard du « *bon père de famille* », et non au regard des aptitudes ou particularités propres de l'individu concerné. Ainsi, en principe, la faute qui engendre la responsabilité délictuelle est appréciée *in abstracto.*

→ *In concreto.*

Inaliénabilité

[Droit civil]
Caractéristique juridique d'un bien ou d'un droit qui ne peut pas faire l'objet d'une transmission d'une personne à un autre.
L'inaliénabilité procède, généralement, d'une interdiction légale : biens du domaine public, éléments et produits du corps humain, droit d'usage et d'habitation concédé *intuitu personae.* Plus rarement, elle a sa source dans la volonté de l'homme à travers une clause d'inaliénabilité qui est valable, à condition d'être temporaire et justifiée par un intérêt sérieux et légitime, tant dans les actes à titre gratuit que dans les actes à titre onéreux.

C. civ., art. 16-1, 537, 631, 634 et 900-1 ; CGPP, art. L. 3111-1 et 3111-1.

GAJC, t. 1, nº 73.

→ *Aliénation.*

Inaliénabilité du domaine public

[Droit administratif]
Règle selon laquelle les *dépendances du domaine public* ne peuvent pas être cédées à

des tiers avant d'avoir fait l'objet d'une mesure de déclassement.

CGPPP, art. L. 3111-1.

Inamovibilité

[Droit administratif]

Garantie de leur indépendance reconnue à certains magistrats et fonctionnaires et consistant, non dans l'impossibilité juridique de mettre fin à leurs fonctions, mais dans l'obligation pour l'Administration qui voudrait les exclure du service public, ou les déplacer, de mettre en œuvre des procédures protectrices exorbitantes du droit commun disciplinaire.

Inamovibilité des magistrats

[Procédure administrative/Procédure civile/Procédure pénale]

Réaffirmée par la Constitution de 1958, l'inamovibilité protège les magistrats du siège contre toute mesure arbitraire de suspension, rétrogradation, déplacement même en avancement, révocation. L'inamovibilité est instituée pour la garantie des plaideurs, en assurant l'indépendance de la magistrature. Les magistrats du parquet ne bénéficient pas de l'inamovibilité. Les magistrats des juridictions administratives – y compris financières – sont inamovibles, en droit ou en fait (Conseil d'État).

Const., art. 64.

GDCC n° 10.

→ *Faute disciplinaire, Responsabilité du fait du fonctionnement défectueux de la justice.*

In bonis

[Droit commercial]

Du latin « dans ses biens ». Se dit d'un débiteur solvable, qui est encore maître de ses biens, par opposition à celui qui est en état d'insolvabilité et qui est dessaisi de ses pouvoirs de gestion, dans le cadre d'une procédure collective notamment.

Incapable

[Droit civil]

Se dit d'une personne frappée d'*incapacité*.

Incapacité

[Droit civil]

État d'une personne privée par la loi de la jouissance ou de l'exercice de certains droits.

L'incapacité est dite d'exercice lorsque la personne qui en est frappée est inapte à mettre en œuvre elle-même ou à exercer seule certains droits dont elle demeure titulaire; dans le premier cas, elle devra être représentée à l'acte par un tiers, dans le second, elle sera assistée d'un tiers; elle peut être générale (concerner tous les droits) ou spéciale (ne concerner que certains droits).

L'incapacité est dite de *jouissance* lorsque la personne qui en est frappée est inapte à être titulaire d'un ou plusieurs droits; mais elle ne peut pas être générale (c'est-à-dire concerner tous les droits), car elle reviendrait à priver une personne de toute existence juridique, à le réduire à l'état de mort civil, ce qu'une loi de 1854 a aboli pour les condamnés aux peines les plus graves qui étaient réputés morts au regard du Droit).

C. civ., art. 414 s. et 909.

GAJC, t. 1, n° 58-59.

→ *Administration légale, Capacité, Protection des majeurs, Tutelle.*

Incapacité permanente partielle (IPP)

[Droit civil/Sécurité sociale]

Élément d'appréciation du dommage corporel subi par une personne et qui correspond à une impossibilité partielle d'exercer une activité professionnelle; elle incluait en outre, jusqu'à la loi n° 73-1200 du 27 décembre 1973, l'indemnisation de la part des *préjudices de caractère personnel* qui était postérieure à la consolidation des blessures; désormais, ces préjudices font l'objet d'une indemnisation distincte dans leur composante postérieure à cette consolidation.

Incapacité temporaire de travail (ITT)

[Droit civil/Sécurité sociale]

État dans lequel se trouve une personne qui, à la suite d'un dommage corporel subi par elle, ne peut plus exercer d'activité professionnelle pendant une période donnée.

Incapacités électorales

[Droit constitutionnel]

Situations entraînant la perte du droit de vote :

1° *Incapacité intellectuelle* : celle qui frappe les interdits judiciaires.

2° *Incapacité morale ou indignité* : celle qui frappe les individus qui ont subi certaines condamnations.

Incapacités et déchéances

[Droit pénal]

Peines complémentaires encourues pour certains crimes ou délits, consistant dans l'interdiction de droits civiques, civils et de famille.

C. pén., art. 131-10 et 131-26.

Incarcération provisoire

[Procédure pénale]

Mesure de détention de 4 jours au maximum susceptible d'être prononcée par un juge d'instruction lorsque la chambre d'examen des mises en *détention provisoire* ne peut être réunie immédiatement ou lorsque la personne mise en examen demande un délai pour préparer sa défense.

C. pr. pén., art. 145.

Incessibilité

[Droit civil]

→ *Cessibilité.*

Inceste

[Droit civil/Droit pénal]

Rapport charnel entre proches parents ou alliés dont le mariage est prohibé par la loi. Le mot ne figure pas dans les textes de loi.

Toutefois, sur le plan civil, le mariage incestueux est nul et la *filiation incestueuse* est strictement régie par la loi. Sur le plan pénal, l'inceste est une circonstance aggravante du viol, des *agressions sexuelles*, ainsi que de la mise en péril des mineurs de 15 ans par *atteinte sexuelle.*

C. civ., art. 161 s.; C. pén., art. 222-22 s. et 227-25 s.

Incidents du procès

[Procédure civile]

Au sens strict, questions soulevées au cours d'une instance déjà ouverte et qui ont pour effet de suspendre ou d'arrêter la marche de l'instance (relatives à la compétence, à l'administration de la preuve, à la régularité de la procédure, aux exceptions dilatoires…).

Au sens large, les incidents comprennent les demandes qui, intervenant en cours d'instance, visent à modifier la physionomie de la demande, c'est-à-dire les demandes incidentes visant à introduire des demandes nouvelles entre les mêmes parties ou à appeler en cause des personnes jusque-là étrangères au procès.

CPC, art. 50, 63 s., 367 s. et 378 s.

Incompatibilités

[Droit constitutionnel]

Interdiction faite au titulaire d'un mandat politique de cumuler celui-ci avec des fonctions qui pourraient en compromettre l'exercice.

Ne pas confondre incompatibilité et inéligibilité : l'incompatibilité ne vicie pas l'élection, mais oblige l'élu à choisir entre le mandat qu'il a sollicité et la fonction incompatible.

[Procédure civile]

Interdiction pour certains auxiliaires de justice, avocats, officiers ministériels, administrateurs judiciaires, mandataires liquidateurs, techniciens, conseils juridiques, d'avoir certaines activités qui porteraient atteinte au bon exercice de la profession. Ainsi, activité salariée ou commerciale pour un avocat.

Il existe aussi des incompatibilités pour parenté ou alliance. Ainsi, les conjoints, les parents et alliés jusqu'au troisième degré inclus ne peuvent, sauf dispense, être simultanément membres d'un même tribunal ou d'une même cour en quelque qualité que ce soit. La même règle s'applique à la personne liée au juge par un pacte civil de solidarité.

COJ, art. L. 111-10 et R. 111-4.

Incompétence

[Procédure (principes généraux)]

Chez un agent public, défaut de pouvoir, matériellement ou territorialement, qui conduit à l'annulation de l'acte qu'il a posé. Le maire, par exemple, est incompétent au-delà des limites de sa commune.

Défaut d'aptitude d'une juridiction à connaître d'une demande introductive d'instance, d'une question préjudicielle, d'une demande incidente.

→ *Compétence exclusive, Déclinatoire de compétence, Exception d'illégalité, Question préjudicielle.*

Incompétence d'attribution

[Procédure civile]

Inaptitude légale d'une juridiction à connaître d'une demande en raison de sa nature ou de la situation des parties. Le moyen peut toujours être soulevé par les parties sous la forme d'une exception d'incompétence, qui doit être motivée, indiquer la juridiction devant laquelle l'affaire devrait être portée et être présentée *in limine litis.*

Quant à la juridiction saisie, elle a la faculté de relever d'office son incompétence, mais dans des cas bien précis. Le juge du premier degré le peut uniquement lorsque la règle violée est d'ordre public ou lorsque le défendeur ne comparaît pas. La Cour de cassation et la cour d'appel ne le peuvent que si l'affaire relève d'une juridiction administrative ou répressive ou échappe à la connaissance de la juridiction française.

CPC, art. 75 s. et 92.

→ *Compétence d'attribution, Déclinatoire de compétence.*

Incompétence territoriale

[Procédure civile]

Inaptitude légale d'une juridiction à connaître d'une affaire tenant à la méconnaissance des critères géographiques de répartition des litiges. En matière gracieuse, le juge peut toujours relever son incompétence territoriale, alors qu'en matière contentieuse ce pouvoir ne lui appartient que dans les procès relatifs à l'état des personnes, dans les cas où la loi attribue compétence exclusive à une autre juridiction, ou si le défendeur ne comparaît pas.

La partie qui conteste la compétence territoriale doit procéder de la même manière que pour le déclinatoire de compétence d'attribution.

CPC, art. 75 et 93.

→ *Compétence territoriale, Déclinatoire de compétence.*

In concreto

[Droit général]

Se dit de l'appréciation subjective d'une situation juridique, effectuée à la lumière du comportement concret de l'individu, en tenant compte de ses aptitudes ou particularités (force physique, caractère, profession…), sans référence à ce qu'aurait été le comportement standard d'une personne prudente et avisée. Ainsi, en matière de responsabilité civile, le caractère intentionnel de la faute est apprécié *in concreto*.

→ *In abstracto.*

Incorporel

[Droit civil]

→ *Bien incorporel.*

Incoterm

[Droit commercial]

Terme commercial international. Formule, résumée en 3 lettres standardisées (EXW, FOB, CIF, DDP, …) déterminant un lieu de livraison des marchandises et répartissant entre les parties à l'opération internationale certaines obligations accessoires à la vente telles que le chargement, l'assurance, le transport, le dédouanement. La liste des incoterms et leur signification sont périodiquement révisées par la Chambre de commerce internationale.

Incrimination

[Droit pénal]

Acte législatif ou réglementaire par lequel est définie une infraction.

Inculpation

[Procédure pénale]

→ *Mise en examen.*

Inculpation tardive

[Procédure pénale]

→ *Mise en examen tardive.*

Indemnité

[Droit civil]

Somme d'argent destinée à réparer un préjudice, ou à rembourser un débours qui n'est pas à la charge du *solvens*.

→ *Dommage et intérêts.*

[Droit du travail]

• *Indemnité de clientèle* : indemnité versée par l'employeur au représentant de commerce congédié sans qu'il ait commis de faute, pour rémunérer l'apport, la création ou l'augmentation de la clientèle dus à son activité.

C. trav., art. L. 7313-13 s.

• *Indemnité compensatrice de congés payés* : indemnité due par l'employeur au salarié qui quitte l'entreprise avant d'avoir pris son congé annuel ou sans l'avoir pris complètement.

C. trav., art. L. 3141-26 s.

• *Indemnité de congés payés* : substitut du salaire touché par le salarié pendant son congé annuel. Cette indemnité a la nature juridique du salaire.

C. trav., art. L. 3141-22 s.

• *Indemnité de licenciement* : indemnité versée au salarié congédié sans avoir commis de faute grave, alors qu'il compte une certaine ancienneté dans l'entreprise. L'indemnité est calculée en fonction de cette ancienneté.

C. trav., art. L. 1234-9 s.

• *Indemnité compensatrice de préavis* : indemnité due pour inobservation du préavis de licenciement.

C. trav., art. L. 1234-5.

• *Indemnité de rupture abusive* : dommages et intérêts dus à la victime d'une rupture abusive du contrat de travail.

C. trav., art. L. 1235-3 s.

[Sécurité sociale]

• *Indemnités journalières* : prestations en espèces de l'assurance-maladie ou de l'assurance accidents du travail, versées aux travailleurs pendant leur incapacité temporaire de travail en remplacement du salaire.

CSS, art. L. 323-1, 331-3 et 431-1.

Indemnité de caractère personnel

[Droit civil/Sécurité sociale]

Indemnité destinée à réparer les *préjudices de caractère personnel*.

CSS, art. L. 452-3.

Indemnité de résidence

[Droit administratif]

→ *Traitement budgétaire.*

Indemnité d'éviction

[Droit commercial]

Indemnité à laquelle peut prétendre le titulaire d'un bail commercial dont le renouvellement est refusé, sans que le bailleur puisse invoquer un droit de *reprise*.

Cette indemnité, évaluée par les tribunaux selon les indications du législateur, peut être très élevée et la menace de son versement constitue une forte incitation au renouvellement du bail.

Indemnité journalière forfaitaire

[Sécurité sociale]

Indemnité accordée aux femmes chef d'entreprise lorsqu'elles interrompent leur activité professionnelle en raison de leur maternité.

CSS, art. L. 615-19, al. 2.

Indemnité parlementaire

[Droit constitutionnel]

Somme d'argent allouée aux parlementaires en vue d'assurer le libre accès du Parlement à tous les citoyens et le libre exercice du mandat à tous les élus.

Indexation

[Droit civil/Droit commercial]

Évolution du montant d'une obligation de somme d'argent en fonction de la variation d'un indice de référence fixé par la loi, le juge ou les parties. Ainsi, avec une clause d'indexation portée dans une convention à exécution successive ou à échéance différée, la somme portée sur le titre pourra être modifiée au moment du paiement, en fonction d'un indice économique ou monétaire.

C. mon. fin., art. L. 112-1 s.

GAJC, t. 2, n° 246.

→ *Clause d'échelle mobile, Échelle mobile des salaires, Nominalisme monétaire, Valorisme monétaire.*

[Droit financier ou fiscal]

Procédé consistant, pour faciliter le placement d'un emprunt, à garantir le prêteur contre la dépréciation de la monnaie en rattachant le montant des intérêts ou du capital à la valeur d'un bien ou d'un service réputé suivre l'évolution générale des prix.

Indication de paiement

[Droit civil]

Mention des paiements partiels déjà faits par le débiteur que le créancier inscrit, soit sur le titre de sa créance restée en sa possession, soit sur le double d'un titre ou d'une quittance que possède le débiteur et qui fait foi contre lui quoique non datée, ni signée.

C. civ., art. 1332.

Indication de provenance

[Droit commercial]

Terme géographique indiquant le lieu d'origine d'un produit et lié dans l'esprit de la clientèle à une connotation de qualité.

Indication géographique protégée (IGP)

[Droit rural]

L'Indication géographique protégée (IGP) est un label européen de provenance et de qualité qui désigne des produits agricoles et des denrées alimentaires étroitement liés à une zone géographique, dans laquelle se déroule au moins leur production, leur transformation ou leur élaboration (ex. : Turron de Alicante).

C. rur., L. 641-11.

→ *Appellation d'origine protégée.*

Indice

[Droit général]

Chiffre utilisé en économie pour mesurer les variations d'une quantité.

→ *Indexation, Présomption.*

Indice de traitement

[Droit administratif]

Le traitement brut du fonctionnaire public est déterminé en multipliant son indice par la valeur du point d'indice. L'échelle des indices numériques est prolongée, pour les plus hautes rémunérations, par des « échelles-lettres ». Il peut être « bonifié », c'est-à-dire augmenté, pour certaines catégories de fonctionnaires, à raison de la nature des fonctions exercées (par ex. pour un Recteur); la (nouvelle) bonification indiciaire (NBI) s'ajoute au traitement de base.

Indices

[Droit civil/Procédure (principes généraux)]

Ensemble de faits connus à partir desquels on établit, au moyen du raisonnement inductif, l'existence du fait contesté dont la preuve n'est pas directement possible.

Indignité successorale

[Droit civil]

Déchéance frappant un héritier coupable d'une faute grave prévue limitativement par la loi. De plein droit (dans les cas de l'art. 726) ou sur déclaration du TGI (dans les cas de l'art. 727) elle entraîne l'exclusion de la succession *ab intestat* de celui envers qui le successible s'est montré indigne.

C. civ., art. 726 s.

→ *Ingratitude.*

Indisponibilité

[Droit civil]

État d'un bien, d'un droit ou d'une action qui échappe au libre pouvoir de la volonté individuelle par interdiction ou restriction du droit d'en disposer. Par exemple, la saisie d'un bien fait perdre au propriétaire le droit de l'aliéner, les actions d'état ne peuvent faire l'objet d'une quelconque négociation.

→ *Abusus, Disposer, Hors du commerce.*

Indisponibilité du corps humain

[Droit civil]

→ *Corps humain.*

Indisponibilité du litige (Principe d')

[Procédure civile]

Principe découlant, d'une part de la règle selon laquelle « l'objet du litige est déterminé par les prétentions respectives des parties », d'autre part de la règle commandant au juge de se prononcer « sur tout ce qui est demandé et seulement sur ce qui est demandé ». Le juge, lié par les conclusions des plaideurs, ne peut pas modifier l'objet du litige dont il est saisi, il est emprisonné dans la sphère litigieuse telle qu'elle a été circonscrite par les parties.

Ce principe est aujourd'hui en recul, car la jurisprudence a une conception restrictive de l'objet du litige, considérant que l'objet du litige n'est pas touché lorsque le juge ne modifie pas le résultat économique et social recherché par les parties.

CPC, art. 4, 5.

→ *Immutabilité du litige (Principe de l'), Principe dispositif.*

Indivisibilité

[Droit civil]

État de ce qui ne peut être divisé et doit être envisagé dans son ensemble. Se dit principalement des obligations dont l'exécution partielle est impossible en raison soit de la nature de l'objet de l'obligation, soit de la volonté des parties.

C. civ., art. 1217 s.

[Procédure pénale]

Hypothèse jurisprudentielle de prorogation de compétence tenant à des liens unitaires entre plusieurs infractions, sans recouper précisément les cas plus larges de *connexité*. Ainsi en est-il des infractions commises dans le même trait de temps, dans le même lieu, sous l'impulsion des mêmes mobiles et procédant de la même cause.

[Procédure civile]

Il y a indivisibilité lorsque la situation juridique qui est l'objet du procès intéresse plusieurs personnes, de telle manière que l'on ne peut la juger sans que la procédure et le jugement retentissent sur tous les intéressés. Connexité renforcée, l'indivisibilité exerce principalement son influence sur la compétence, sur l'exercice et les effets des voies de recours.

CPC, art. 529, 553, 562, 584, 591, 615 et 624.

→ *Connexité.*

Indivisibilité du ministère public

[Procédure civile]

Spécificité des magistrats du parquet. Les membres d'un même parquet constituent un ensemble indivisible, chacun d'eux représentant le parquet tout entier. Il en résulte qu'ils sont interchangeables, pouvant valablement se remplacer au cours de la même affaire à l'opposé des magistrats du siège qui doivent rester identiques pendant toutes les audiences du même procès.

Indivision

[Droit civil]

Situation juridique née de la loi ou de la convention des parties et qui se caractérise par la concurrence de droits de même nature exercés sur un même bien ou sur une même masse de biens par des personnes différentes (les coïndivisaires), sans qu'il y ait division matérielle de leurs parts.

L'indivision est un état provisoire, sauf lorsqu'il y a indivision forcée, c'est-à-dire lorsque la chose commune est indispensable à l'usage de tous (cour, mur mitoyen, puits); dans ce cas aucun des copropriétaires ne peut exiger le partage.

C. civ., art. 815 s. et 1873-1 s.

→ *Biens indivis, Partage.*

Indu

[Droit civil]

→ *Répétition de l'indu.*

In dubio pro reo

[Droit pénal]

Maxime latine signifiant que le doute profite à l'accusé.

Inéligibilité

[Droit constitutionnel]

Situation qui entraîne l'incapacité d'être élu :

1° *Inéligibilité absolue* : situation qui rend inéligible dans toutes les circonscriptions électorales (ex. : certaines condamnations, la fonction de *Défenseur des droits*).

2° *Inéligibilité relative* : situation qui rend inéligible dans certaines circonscriptions seulement (cas des fonctionnaires d'autorité qui sont inéligibles dans le ressort où ils exercent leurs fonctions).

Inexistence

[Droit administratif]

Théorie en vertu de laquelle l'acte juridique auquel il manque un élément essentiel doit être considéré comme inefficace, alors même qu'aucun texte ne le proclame. En droit administratif, où le juge n'est pas lié par la règle civiliste « pas de nullité sans texte », l'intérêt principal de cette théorie se manifeste au plan contentieux. Elle permet notamment, en présence d'illégalités particulièrement graves, de sanctionner l'illégalité de certains actes administratifs malgré la rigueur des règles relatives aux délais de procédure ou à la compétence limitée des juges judiciaires.

GAJA n° 75.

[Droit civil]

Théorie en vertu de laquelle l'acte juridique auquel il manque un élément essentiel (par ex. le consentement) doit être considéré comme inefficace par toute personne, alors même qu'aucun texte ne le proclame, et sans qu'il soit besoin d'une décision de justice pour le constater. Selon cette théorie, l'inexistence serait imprescriptible. En droit positif, la sanction de l'inexistence tend à être délaissée au profit de la nullité.

→ *Nullité.*

[Procédure civile]

Théorie en vertu de laquelle des actes de procédure ou des jugements doivent être considérés comme inexistants dès lors qu'ils ne remplissent pas les conditions minimales pour répondre à de telles qualifications. Il en irait ainsi d'actes de procédure particulièrement informels, ou de jugements rendus sans forme par une parodie de tribunal. L'inexistence n'est pas prononcée, mais seulement constatée, car il n'y a pas d'apparence de régularité à détruire.

Malgré l'utilité de cette théorie, la jurisprudence est réticente à l'accueillir et écarte cette notion en termes très généraux (Cass. ch. mixte, 7 juill. 2006, pourvoi n° 03-20.026).

In extenso

[Droit général]

Mots latins signifiant « en entier ».

Reproduction complète et exacte d'un acte juridique; un extrait est une reproduction incomplète.

Infans conceptus pro nato habetur quoties de commodis ejus agitur

[Droit civil]

L'enfant simplement conçu est considéré comme né toutes les fois que cela peut lui apporter un avantage.

Enfant conçu ou né pendant le mariage.

C. civ., art. 312 s.

Infanticide

[Droit pénal]

Meurtre d'un enfant nouveau-né, qui était spécialement incriminé avant la réforme du Code pénal, et qui rentre aujourd'hui dans la circonstance aggravante plus générale du meurtre commis sur un mineur de 15 ans.

C. pén., art. 221-4, 1°.

→ *Part (Le).*

Infection nosocomiale

[Droit civil]

Infection contractée lors d'un séjour en milieu hospitalier ou d'une visite dans un cabinet médical donnant lieu à indemnisation au titre de la solidarité nationale.

CSP, art. L. et R. 6111-1.

→ *Aléa thérapeutique, Risques sanitaires.*

Infiltration

[Procédure pénale]

Mode d'établissement de faits infractionnels qui consiste en la surveillance par un agent officiel (de la police judiciaire ou des douanes) de personnes suspectées d'avoir commis un crime ou un délit en se faisant passer auprès de ces personnes pour un coauteur, un complice ou un receleur. Cette pratique est subordonnée à l'autorisation du procureur de la République ou, après avis préalable de ce dernier, à celle du juge d'instruction saisi. Elle est réservée aux crimes et aux délits qui prévoient la possibilité d'y recourir (criminalité organisée…).

C. pr. pén., art. 706-81 s.

Infirmation

[Procédure (principes généraux)]

Annulation totale d'une décision judiciaire par la juridiction du second degré.

→ *Confirmation, Émender, Réformation.*

Inflation

[Droit financier ou fiscal]

Situation de déséquilibre économique et monétaire caractérisée par une hausse continue des prix, qui diminue d'autant le pouvoir d'achat de l'unité monétaire. Est dite « galopante » quand cette hausse est très rapide.

→ *Stagflation.*

Information

[Procédure pénale]

→ *Instruction.*

Informatique juridique

[Droit général]

Application au droit des techniques modernes permettant de mettre en mémoire et d'utiliser les divers éléments de l'information juridique.

→ *Banques de données juridiques, Fichiers, Nomenclature juridique, Thesaurus.*

Informatisation de la justice

[Procédure (principes généraux)]

Déploiement dans les services judiciaires des nouvelles technologies de l'information et de la communication, notamment en dotant les juridictions des matériels nécessaires à la numérisation des procédures pénales, à une mise en état interactive avec les auxiliaires de justice, à l'équipement de salles d'audience en visioconférence et en accompagnant ces installations d'une formation des personnels et d'une diffusion de guides méthodologiques.

→ *Communication électronique, Dématérialisation des procédures, Téléprocédures.*

Infraction

[Droit pénal]

Action ou omission violant une norme de conduite strictement définie par un texte d'incrimination entraînant la responsabilité pénale de son auteur. Elle peut être constitutive d'un crime, d'un délit ou d'une contravention en fonction des peines prévues par le texte.

C. pr. pén., art. 706-73 et 706-81 s.; C. douanes, art. 67 bis.

Infraction complexe

[Droit pénal]

Infraction dont la matérialité passe par une pluralité d'actes de nature différente. Ainsi de l'escroquerie qui, pour être matériellement réalisée, suppose, d'une part, un mensonge, d'autre part, la remise d'un bien ou la fourniture d'un service.

Infraction continue

[Droit pénal]

Infraction dont la matérialité est susceptible de se prolonger dans le temps. Ainsi du recel de chose qui se commet tant que persiste la détention du bien.

GADPG nº 29.

Infraction continuée

[Droit pénal]

Appellation proposée par la doctrine pour désigner un ensemble de comportements infractionnels de même nature (ex. : vol) commis successivement dans le cadre d'une seule et même entreprise criminelle.

Infraction d'habitude

[Droit pénal]

Infraction dont la matérialité passe par une pluralité d'actes de nature identique. La criminalité ou la délinquance qui lui correspond est donc liée, moins à un acte isolé, qu'à sa répétition, tel l'exercice illégal de la médecine.

Infraction formelle

[Droit pénal]

Infraction dont la matérialité ne contient pas le résultat redouté à l'origine de l'incrimination. Ainsi du crime d'empoisonnement qui a pour résultat redouté la mort de la victime, mais qui est juridiquement consommé par la simple administration de substances à même de la donner, peu importe qu'elle soit ou non effective.

Infraction impossible

[Droit pénal]

Tentative punissable d'une infraction, dont l'échec est dû à l'impossibilité matérielle d'en atteindre le résultat. Par exemple, le fait de « tuer » une personne déjà morte.

GADPG n° 32.

Infraction instantanée

[Droit pénal]

Infraction dont la matérialité n'est pas susceptible de se prolonger dans le temps. Le vol en est une illustration, qui se réalise instantanément par le fait même du prélèvement de la chose objet de la soustraction.

GADPG n° 29.

Infraction intentionnelle

[Droit pénal]

Infraction dont l'auteur est mu par une hostilité aux valeurs sociales protégées. Dans le Code pénal, tous les crimes sont intentionnels. Les délits ne le sont qu'à défaut de précision contraire en termes de non-intention.

C. pén., art. 121-3.

→ *Délit non intentionnel.*

Infraction internationale

[Droit pénal]

Agissements contraires aux règles du droit international public (commis par un État au détriment d'un autre État) et réprimés pénalement sur le fondement d'une norme internationale.

On distingue habituellement 3 catégories d'infractions internationales : les crimes contre la paix (agissements pouvant déclencher un conflit : guerre d'agression), les crimes de guerre (agissements contraires aux lois et coutumes de la guerre) ; les *crimes contre l'humanité*.

Infraction militaire

[Droit pénal]

Au sens strict, manquements au devoir ou à la discipline militaire prévus par le Code de justice militaire et donc inconcevables en dehors de la vie militaire (insoumission – désertion). Plus largement on utilise également cette terminologie pour certaines infractions de droit commun plus sévèrement sanctionnées par le Code de justice militaire parce qu'elles prennent dans la vie militaire une gravité particulière (voie de fait envers un supérieur).

Infraction naturelle ou artificielle

[Droit pénal]

Selon cette distinction, d'ailleurs controversée, le premier type concerne les incriminations pour lesquelles la réprobation émane de la conscience collective et correspond à la violation de principes supérieurs de morale respectés en tous temps et en tous lieux et qu'il serait pratiquement impossible de ne pas sanctionner. Le second type correspond au contraire à des incriminations très librement établies par le législateur pour créer ou modeler un ordre social déterminé en fonction de contingences diverses (économiques par ex.) sans référence précise à une norme morale et donc le plus souvent propres à un système de droit positif.

Infraction obstacle

[Droit pénal]

Comportements qui n'engendrent pas en eux-mêmes de trouble pour l'ordre social, mais qui sont, malgré tout, érigés en infraction dans un but de prophylaxie sociale parce qu'ils sont dangereux et constituent les signes avant-coureurs d'une criminalité.

Infraction permanente

[Droit pénal]

Infraction instantanée dont les effets se prolongent dans le temps (ex. : la bigamie, l'apposition d'une affiche en un lieu interdit). La doctrine s'est interrogée sur l'opportunité d'organiser la répression, moins sur la matérialité instantanée de l'infraction, que sur la permanence de ses effets. Mais cette proposition n'a jamais été consacrée, ni en jurisprudence, ni dans la loi.

Infraction politique

[Droit pénal]

Selon une conception *objective*, tous agissements qui portent directement atteinte à un intérêt ou à une prérogative de nature politique, telle une atteinte à l'existence ou à l'organisation de l'État, autrement dit lorsque la valeur sociale protégée par la qualification pénale est politique (fonctionnement des pouvoirs constitutionnels par ex.). Selon une conception *subjective*, toute infraction peut être qualifiée de politique dès lors que les mobiles qui l'inspirent menacent les mêmes intérêts et prérogatives. Dans ce dernier cas, on réserve le terme d'infractions complexes à celles qui, lésant un intérêt privé, sont commises dans un but politique et celui d'infractions connexes aux agissements de droit commun qui se rattachent par un rapport de causalité à une infraction politique.

GADPG n° 27.

Infraction *praeter* intentionnelle

[Droit pénal]

Infraction intentionnelle légalement considérée comme ayant dépassé la volonté de son auteur quant au résultat. Ainsi des coups et blessures volontaires ayant entraîné la mort sans intention de la donner, que le Code pénal érige en crime (C. pén., art. 222-7), mais sous une qualification moindre que celle correspondant à une volonté meurtrière.

→ *Dol indéterminé.*

Infraction purement matérielle

[Droit pénal]

Infraction indifférente à tout débat sur la culpabilité de son auteur, la responsabilité pénale étant liée à la seule matérialité des faits. Les contraventions en sont l'archétype.

GADPG n° 42.

Infraction putative

[Droit pénal]

Infraction n'existant que dans l'esprit de celui qui croit la commettre, faute d'une loi ou d'un règlement l'incriminant. Par application du principe de la légalité, l'action ou l'omission correspondante n'est pas punissable.

GADPG n° 32.

→ *Infraction impossible.*

Infra petita

[Procédure civile]

Littéralement « en deçà de la demande ». Le tribunal statue *infra petita* lorsqu'il ne répond pas à tous les chefs de demande. Il peut compléter son jugement après avoir été saisi par simple requête, unilatérale ou commune.

CPC, art. 5 et 463.

→ *Extra petita, Principe dispositif, Ultra petita.*

In futurum

[Droit civil/Procédure civile]

« Pour l'avenir ». S'emploie surtout en matière de preuve, pour indiquer qu'elle est préconstituée, c'est-à-dire établie par avance, pour servir lors d'un éventuel procès.

Le Code de procédure civile permet au juge de prescrire, en dehors de toute contestation actuelle au fond, les *mesures d'instruction* nécessaires à la conservation ou à l'établissement d'une preuve dont pourrait dépendre la solution d'un litige ultérieur; on parle par ex. : d'enquête ou d'expertise *in futurum*. Ces mesures sont provisoires.

CPC, art. 145.

→ *Provisoire, Preuve.*

Ingénierie

[Droit commercial]

Contrat par lequel l'une des parties, l'ingénieur, s'engage moyennant rémunération à procéder pour le compte d'une autre, le maître de l'ouvrage, à l'élaboration d'un projet détaillé de construction d'une unité industrielle (ingénierie de consultation ou *consulting engineering*) et parfois à sa réalisation (ingénierie commerciale).

Ingérence humanitaire

[Droit international public]

→ *Droit d'ingérence humanitaire, Non-ingérence (Principe de).*

Ingratitude

[Droit civil]

Cause de révocation des libéralités lorsque le gratifié a attenté à la vie du disposant, ou s'est rendu coupable envers lui de sévices, délits ou injures graves, ou refuse de lui verser des aliments.

C. civ., art. 955 s. et 1046.

→ *Indignité successorale.*

Initiative législative

[Droit constitutionnel]

Droit reconnu aux parlementaires ou au gouvernement – ou aux 2 concurremment – de déposer des propositions de lois (parlementaires) ou des projets de lois (gouvernement).

ACTU

Initiative populaire

[Droit constitutionnel]

Procédé de la démocratie semi-directe permettant au peuple, sous forme d'une pétition comportant un nombre déterminé de signatures, de soumettre à l'Assemblée législative un projet qu'elle est contrainte d'examiner. Selon une autre modalité, le projet est directement soumis à la votation populaire.

[Droit européen]

Possibilité prévue par le traité de Lisbonne pour un million de citoyens européens de plusieurs États membres de proposer à la Commission européenne l'élaboration d'un règlement ou directive. La Commission devra motiver un refus. La première initiative populaire pourrait intervenir en 2012, Conseil et Parlement ayant fixé la procédure.

TUE art. 11; TFUE art. 24.

Injonction

[Droit administratif]

Ordre de faire adressé par un juge à une personne publique.

Le principe de séparation des pouvoirs avait longtemps interdit, en principe, à tous les tribunaux d'adresser des injonctions à l'Administration, sauf en matière d'*astreinte* et en cas de *voie de fait*.

CJA, art. L. 911-1 s.

Le *Médiateur de la République* et, après lui, le *Défenseur des droits* peut adresser des injonctions à l'Administration.

GACA n° 71.

[Procédure civile]

Ordre donné par le juge à une partie ou, dans certaines conditions, à un tiers, de produire en justice un élément de preuve ou un document. Ce pouvoir est reconnu à tout magistrat. Le juge peut l'exercer d'office ou à la requête d'une partie, à titre définitif ou provisoire. L'exécution de la décision d'injonction peut être assurée grâce à une astreinte.

Le magistrat de la mise en état, outre ce pouvoir général, peut adresser des injonctions aux avocats pour provoquer la ponctualité de l'échange des conclusions et de la communication des pièces.

CPC, art. 3, 11, 24, 133, 139, 145, 763 et 809.

→ *Action ad exhibendum.*

Injonction *anti-suit*

[Droit international privé/Procédure civile]

Injonction par la juridiction d'un État interdisant à une partie d'engager ou de poursuivre une procédure devant les juridictions d'un autre État. La légalité d'une telle interdiction est contestée au motif que la décision injonctive étrangère porte atteinte à une prérogative de souveraineté étatique en affectant la compétence juridictionnelle de l'État dont le for est interdit. La Cour de cassation juge que « n'est pas contraire à l'ordre public international l'*anti-suit injunction* dont, hors champ d'application de conventions ou du droit communautaire, l'objet consiste seulement à sanctionner la violation d'une obligation contractuelle préexistante » (en l'espèce respect d'une clause attributive de compétence en faveur d'une juridiction étrangère).

Injonction de faire

[Procédure civile]

Ordonnance prescrivant l'exécution en nature d'une obligation de faire. Elle peut être rendue, d'une part, au terme d'une procédure provisoire, en *référé*, dès lors que l'obligation n'est pas sérieusement contestable (ex. : livraison d'une chose, restitution d'un bien, fourniture d'un service…), ou, d'autre part, au terme d'une procédure définitive, *monitoire*, par le juge d'instance ou le juge de proximité (dans les limites de leur compétence d'attribution), lorsque la demande paraît fondée (et à condition que l'obligation soit née d'un contrat passé entre personnes n'ayant pas toutes la qualité de commerçant).

Les litiges civils nés de l'application du Code de la consommation peuvent faire l'objet de cette procédure.

CPC, art. 809, al. 2 et 1425-1 s.; C. consom., art. R. 142-2.

→ *Procédure monitoire, Provisoire, Référé.*

Injonction de payer

[Procédure civile/Droit international privé]

Procédure simplifiée à l'extrême permettant de poursuivre le recouvrement de certaines créances civiles ou commerciales (créance ayant une cause contractuelle ou résultant d'une obligation statutaire et s'élevant à un montant déterminé, engagement lié à une lettre de change ou à un billet à ordre) en obtenant d'une juridiction (tribunal d'instance, juge de proximité, président du tribunal de commerce) la délivrance d'une injonction de payer qui, à défaut d'opposition, devient exécutoire.

Le recouvrement d'une créance de Sécurité sociale peut être demandée selon cette procédure, lorsque la créance résulte d'une prise en charge injustifiée ou d'un indu de prestation.

CPC, art. 1405 s.; CSS, art. R. 142-27-1.

→ *Injonction de payer européenne, Procédure monitoire.*

Injonction de payer européenne

[Droit européen/Procédure civile]

Procédure monitoire de recouvrement des créances pécuniaires, liquides et exigibles, incontestées dans les litiges transfrontaliers (une des parties a son domicile ou sa résidence dans un État membre autre que l'État membre de la juridiction saisie). La demande d'injonction est présentée selon un formulaire-type. Si cette demande remplit les conditions voulues, la juridiction délivre l'injonction de payer européenne dans un délai de 30 jours au plus; cette injonction est signifiée ou notifiée au défendeur conformément au droit national de l'État dans lequel la signification ou la notification doit être effectuée. Si aucune opposition n'est formée, la juridiction d'origine déclare l'injonction exécutoire au moyen d'un formulaire-type et l'exécution peut être poursuivie dans les autres États membres sans qu'une déclaration constatant la force exécutoire soit nécessaire et sans qu'il soit possible de contester sa reconnaissance (règlement du Parlement européen et du Conseil n° 1896-2006 du 12 déc. 2006, entré en vigueur le 12 déc. 2008).

CPC, art. 1424-1 s.

→ *Procédure monitoire.*

Injonction de soins

[Droit pénal]

Peine complémentaire que la loi peut prévoir en matière de crime et de délit. Elle frappe les personnes physiques. Elle a été introduite par la loi n° 2007-297 du 5 mars 2007 (loi Clément).

C. pén., art. 131-10.

In judicando

[Procédure civile]

« Dans la manière de juger », quant au fond, non quant à la forme. Se rapporte au mal-jugé, qu'il s'agisse d'une erreur de droit consistant dans la mauvaise interprétation de la loi justiciable à ce titre du pourvoi en cassation, ou d'une erreur de fait ayant sa source dans une appréciation inexacte des données de l'espèce et justifiant l'ouverture de l'appel et du recours en révision.

CPC, art. 542, 593, 604.

→ *In procedendo.*

Injure

[Droit civil]

Offense envers une personne.

Entre époux, l'injure qui n'est plus une cause spécifique de divorce peut constituer une ouverture au « divorce pour faute », au titre de la violation grave ou renouvelée des devoirs et obligations du mariage, rendant le maintien de la vie commune intolérable (C. civ., art. 242).

Entre donateur et donataire l'injure constitue un cas d'ingratitude débouchant éventuellement sur la révocation (C. civ., art. 955).

[Droit pénal]

Toute expression outrageante, termes de mépris ou invective, qui ne renferme l'imputation d'aucun fait précis. Dans la mesure où elle n'est pas précédée de provocations, l'injure est un délit lorsqu'elle est publique, et une contravention lorsqu'elle n'est pas publique.

L. 29 juill. 1881, art. 29, al. 2 et 33; C. pén., art. R. 621-2.

In limine litis

[Procédure civile]

« Au seuil du procès ».

Le seuil du procès se situe avant le moment où l'instance va être liée par le dépôt des conclusions au fond des plaideurs.

Cette formule latine s'applique principalement aux exceptions de procédure pour indiquer qu'elles doivent être invoquées dès le début de l'instance, avant toute défense au fond ou fin de non-recevoir, à peine d'irrecevabilité.

S'oppose à *en tout état de cause*.

→ *Liaison de l'instance.*

In mitius

[Droit pénal]

→ *Rétroactivité in mitius.*

Inopérant

[Droit administratif]

→ *Moyens inopérants.*

Inopposabilité

[Droit civil/Procédure civile]

Caractéristique d'un acte que les tiers peuvent tenir pour inexistant, bien qu'il soit parfaitement valable et efficace entre les parties. Les causes de l'inopposabilité sont diverses : défaut de publicité lorsque celle-ci est requise, absence d'enregistrement rendant la date incertaine, existence d'une simulation ou d'une fraude.

En procédure, l'inopposabilité aux tiers d'une décision de justice est constatée par la voie de la tierce opposition.

→ *Action paulienne, Contre-lettre, Nullité, Opposabilité.*

In pari causa, melior est causa possidentis

[Droit civil]

Maxime latine.

Lorsqu'aucun des plaideurs ne peut faire la preuve, la préférence est donnée à celui qui tient en sa possession l'objet en litige.

In procedendo

[Procédure civile]

« Dans la manière de procéder ». Qualifie les irrégularités de procédure, aussi bien manquement aux formes qu'inobservation des délais, que les parties peuvent dénoncer par voie d'exception ou de fin de non-recevoir et qui constituent une cause d'appel et de pourvoi en cassation.

CPC, art. 542 et 604.

→ *In judicando.*

Inquisitoire (Procédure)

[Procédure (principes généraux)]

→ *Procédure inquisitoire.*

Insaisissabilité

[Droit administratif]

La Cour de cassation qualifie de principe général du droit l'insaisissabilité des biens de toute nature des *personnes publiques*; il en est ainsi même si elles exercent des activités industrielles ou commerciales. Pour protéger les intérêts légitimes de leurs créanciers, notamment à l'égard des jugements rendus contre ces personnes publiques, des textes ont institué des palliatifs, parfois dénommés « voies d'exécution administratives ».

CGPPP, art. 2311-1.

[Droit civil/Procédure civile]

Caractère de ce qui ne peut être saisi, c'est-à-dire mis sous main de justice, dans l'intérêt d'un particulier, de sa famille ou de l'ordre public.

→ *Biens insaisissables.*

[Droit commercial]

→ *Déclaration d'insaisissabilité.*

[Droit du travail]
En raison de son caractère alimentaire, le salaire est partiellement insaisissable.

C. trav., art. L. 3252-1 s. et R. 3252-1 s.

Inscription

[Droit civil]
Formalité par laquelle est obtenue la publicité de certains actes portant sur des immeubles (ex. : inscription hypothécaire à la Conservation des hypothèques) ou sur certains meubles. Elle consiste dans l'inscription sur un registre tenu par l'administration, des informations relatives à cet immeuble ou à ce meuble.

C. civ., art. 2426 s.

→ *Publicité foncière.*

Inscription au rôle

[Procédure civile]
→ *Mise au rôle, Répertoire général.*

Inscription de faux

[Procédure civile]
Action judiciaire, intentée par voie principale ou incidente, dirigée contre un acte authentique et visant à démontrer qu'il a été altéré, modifié, complété par de fausses indications, ou même fabriqué.

CPC, art. 306 et 314.

→ *Faux.*

Inscription d'office

[Droit administratif]
Pouvoir accordé par des textes aux autorités de l'État chargées du *contrôle de légalité* ou du *contrôle budgétaire* d'inscrire ou de faire inscrire elles-mêmes au budget des organismes publics ou des collectivités territoriales les crédits pour les dépenses obligatoires que l'organe délibérant de ces personnes publiques refuserait de doter de crédits suffisants.

Inscription maritime

[Droit maritime]
Ancienne dénomination de l'administration des affaires maritimes chargée de recenser les gens de mer.

L. 13 déc. 1926, portant C. trav. maritime.

Insémination artificielle avec tiers donneur anonyme

[Droit civil]
Technique de procréation médicalement assistée consistant pour la femme à recevoir, par voie génitale, des gamètes mâles (spermatozoïdes) provenant d'un tiers donneur anonyme.

L'assistance médicale à la procréation avec tiers donneur peut être mise en œuvre dans 2 hypothèses. D'abord, lorsqu'il existe un risque de transmission d'une maladie d'une particulière gravité à l'enfant ou à un membre du couple. Ensuite, en présence d'une infertilité masculine, lorsque les techniques d'assistance médicale à la procréation au sein du couple ne peuvent aboutir ou lorsque le couple y renonce. Le législateur encadre cette technique strictement. Le don de gamètes mâles ne peut être fait qu'à un couple constitué d'un homme et d'une femme, par un donneur ayant déjà procréé; les consentements du donneur (et celui de l'autre membre de son couple le cas échéant), ainsi que du couple receveur, essentiellement révocables, doivent être donnés par écrit; les activités de recueil, traitement, conservation et cession sont le privilège de certains établissements autorisés par l'administration; aucun lien de filiation ne peut être établi entre l'auteur du don et l'enfant issu de la procréation; les identités respectives du donneur et du receveur sont tenues secrètes.

CSP, art. L. 1244-1 s. et 2141-1 s.

→ *Procréation médicalement assistée.*

Insémination *post mortem*

[Droit civil]

Insémination avec le sperme conservé d'un donneur décédé. Cette insémination demandée par la femme survivante est interdite pour éviter la conception d'enfants orphelins de père et le développement de familles monoparentales.

CSP, art. L. 2141-2.

Insigne

[Procédure civile]

Marque distinctive de la fonction judiciaire lorsqu'elle est exercée par un magistrat non professionnel. Par exemple, les juges de proximité portent une médaille en bronze doré, comportant la mention « République française », suspendue en sautoir à un ruban de couleur bleu ciel.

COJ, art. R. 111-6.

→ *Costume.*

Insinuation

[Droit civil]

Mode de publicité des donations sur un registre tenu au greffe du tribunal, avant la promulgation du Code civil.

De nos jours, la publicité des donations est réalisée par le dépôt de l'acte à la conservation des hypothèques et la transcription d'un extrait sur le fichier immobilier.

In solidum

[Droit civil]

Pour le tout.

→ *Obligation in solidum.*

Insolvabilité

[Droit pénal]

Situation d'une personne hors d'état de payer ses dettes.

Est un délit le fait, par un débiteur, même avant la décision judiciaire constatant sa dette, d'organiser ou d'aggraver son insolvabilité soit en augmentant le passif ou en diminuant l'actif de son patrimoine, soit en diminuant ou en dissimulant tout ou partie de ses revenus, soit en dissimulant certains de ses biens, en vue de se soustraire à l'exécution d'une condamnation de nature patrimoniale prononcée par une juridiction répressive ou, en matière délictuelle, quasi délictuelle ou d'aliments, prononcée par une juridiction civile.

Est également responsable le dirigeant de droit ou de fait d'une personne morale qui organise ou aggrave l'insolvabilité de celle-ci dans les mêmes conditions, en vue de la soustraire aux obligations pécuniaires résultant d'une condamnation prononcée en matière pénale, délictuelle ou quasi délictuelle.

C. pén., art. 314-7 s.

→ *Rétablissement personnel, Surendettement.*

[Droit civil/Procédure civile]

Situation de la personne dont l'actif est insuffisant pour faire face à son passif exigible.

→ *Déconfiture, Rétablissement personnel, Surendettement.*

Inspection des finances

[Droit financier ou fiscal]

Corps supérieur d'inspection, directement rattaché au ministre des Finances, compétent à l'origine pour contrôler tous les comptables publics civils, et dont les attributions ont été étendues à la vérification des opérations administratives des *ordonnateurs* secondaires (comme les *préfets*) et au contrôle de la gestion de tous les organismes assujettis à la tutelle du ministre des Finances ou bénéficiaires de subventions publiques.

En outre, ce corps exerce une influence non négligeable sur les principales activités de l'État en raison du nombre de ses membres qui occupent des postes de direction dans les ministères ou dans des organismes semi-publics.

Inspection du travail

[Droit du travail]

Corps de fonctionnaires chargé, entre autres, de contrôler l'application de la législation du travail et de l'emploi.

C. trav., art. L. 8112-1 s. et R. 8111-1 s.

GADT n° 32.

Installations classées

[Droit administratif/ Droit de l'environnement]

Installations de toute nature, telles que chantiers, usines, exploitations, pouvant présenter des dangers pour la commodité du voisinage, la sécurité ou la salubrité publique, la protection de l'environnement ou des sites et monuments. Leur création donne lieu à autorisation ou à déclaration, et elles sont soumises à des inspections pour contrôler le respect des règles qui leur sont applicables.

[Droit rural]

Les nuisances provenant d'une activité professionnelle, notamment agricole, n'ouvrent pas droit à réparation dès lors que l'installation polluante classée est préexistante (théorie de la pré-occupation) et conforme aux autorisations réglementaires d'exercice.

CCH, art. L. 112-16.

Instance

[Droit général]

Terme sans contenu précis, employé au pluriel pour désigner un organe (généralement) public, compétent pour connaître d'une affaire; par exemple, on dit dans ce sens : saisir d'une réclamation les instances compétentes.

[Procédure civile]

Terme technique désignant une suite d'actes de procédure allant de la demande en justice jusqu'au jugement.

Son ouverture fait naître entre les plaideurs un lien juridique particulier : le lien d'instance. Les voies de recours donnent lieu à une instance nouvelle, à l'exception de l'opposition.

→ *Droit processuel, Liaison de l'instance.*

Instigation

[Droit pénal]

Mode de complicité consistant, par don, promesse, menace, ordre, abus d'autorité ou de pouvoir, à provoquer à une infraction ou à donner des instructions pour la commettre.

L'instigation est parfois érigée en infraction autonome, punissable en tant que telle, auquel elle n'est plus dépendante de la théorie de la complicité, et donc d'un fait principal punissable. L'instigateur est alors l'auteur moral ou intellectuel de l'infraction.

C. pén., art. 121-7.

Institut d'émission

[Droit financier ou fiscal]

Synonyme de *Banque de France*.

Institut national de la consommation (INC)

[Droit civil]

Établissement public national, à caractère industriel et commercial, doté de la personnalité morale, ayant pour objet de fournir un appui technique aux organisations de consommateurs (études juridiques, économiques et techniques, essais comparatifs, publications spécialisées), de diffuser des informations relatives à la défense des intérêts des consommateurs, de mettre en œuvre des actions de formation sur les questions de consommation.

C. consom., art. L. et R. 531-1 s.

Institut national de la propriété industrielle (INPI)

[Droit commercial]

Établissement public rattaché au ministère de l'Industrie, qui a essentiellement pour rôle de délivrer les brevets d'invention, d'en assurer la conservation, de recevoir le dépôt des marques et des dessins et modèles ainsi que d'assurer la publicité des actes juridiques ayant ces droits pour objet.

L'INPI assure également la tenue du *Registre du commerce et des sociétés*.

CPI, art. L. 411-1.

Institut national de la recherche agronomique (INRA)

[Droit rural]

Cet institut public intervient dans les domaines de l'agriculture, de l'alimentation, pour une agriculture compétitive et durable, et pour un environnement préservé et valorisé. Il est le premier institut de recherche agronomique en Europe, le deuxième dans le monde.

ACTU

Institut national des hautes études de la sécurité et de la justice

[Droit général/Procédure (principes généraux)]

Établissement public à caractère administratif destiné, dans les domaines de la formation, de la recherche et de l'analyse stratégique en matière de sécurité (intérieure, sanitaire, environnementale, économique) et de justice (ainsi que des questions juridiques) à diffuser toutes connaissances utiles en la matière, à promouvoir les enseignements universitaires y relatifs, à étudier les évolutions statistiques de l'ensemble du processus pénal au sein d'une structure interne dénommée « observatoire national de la délinquance et des réponses pénales » (Décr. n° 1321 du 28 oct. 2009, art. 1 et 2).

Institut national du travail, de l'emploi et de la formation professionnelle

[Droit du travail]

École chargée de la formation des inspecteurs du travail et de l'emploi; implantée à Marcy l'Étoile, près de Lyon, elle constitue un service du ministère chargé du Travail.

Instituts des métiers du notariat

[Droit privé]

Établissements d'utilité publique, placés sous l'autorité du Centre national de l'enseignement professionnel notarial, chargés de préparer au brevet de technicien supérieur « notariat » (2 ans), à la licence professionnelle « métiers du notariat » (3 ans), au diplôme de l'institut des métiers de notariat (1 an) et de participer à la formation professionnelle permanente des collaborateurs des offices de notaire.

Instituts régionaux d'Administration (IRA)

[Droit administratif]

Établissements publics, au nombre de 5 en France, chargés de recruter et de former des fonctionnaires de catégorie A destinés à exercer des tâches d'administration générale. Il existe plusieurs concours d'accès : pour les candidats déjà fonctionnaires; pour les étudiants; pour les personnes ayant acquis une expérience dans le privé ou la vie associative ou élective La préparation au concours est assurée notamment par des Centres de préparation à l'Administration générale (CPAG) rattachés à l'enseignement supérieur, et qui préparent à d'autres concours administratifs.

Institution

[Droit général]

1° *Au sens courant*, terme d'emploi fréquent pour désigner des réalités assez variées, mais caractérisées par l'idée d'une manifestation créatrice, et organisatrice, de la volonté humaine. On distingue habituellement :

- les institutions-organes, qui sont des organismes dont le statut et le fonctionnement sont régis par le droit, comme le Parlement ou la famille ;
- les institutions-mécanismes, qui sont des faisceaux de règles régissant une certaine institution-organe ou une situation juridique donnée, tels que le droit de dissolution, le mariage ou la responsabilité civile.

2° *Concept fondamental* de la théorie juridique du Doyen Hauriou, défini comme une organisation sociale, créée par un pouvoir, dont l'autorité et la durée sont fondées sur l'acceptation par la majorité des membres du groupe de l'idée fondamentale qu'elle réalise, et qui repose sur un équilibre de forces ou une séparation de pouvoirs. En assurant une expression ordonnée des intérêts adverses en présence, elle assure un état de paix sociale qui est la contrepartie de la contrainte qu'elle fait peser sur ses membres. L'institution, dans cette perspective correspond à une partie des institutions-organes définies ci-dessus.

Institution contractuelle

[Droit civil]

Encore appelée donation de biens à venir, contrat par lequel une personne, l'instituant, promet à une autre, l'institué, de lui laisser à sa mort, tout ou partie de sa succession. Elle réalise un *pacte sur succession future*, exceptionnellement autorisé par la loi, dans un contrat de mariage (par un tiers au profit des époux ou entre eux) ou entre époux (pendant le mariage).

C. civ., art. 1082 s.

Institutions de prévoyance

[Sécurité sociale]

Personnes morales de droit privé ayant une activité économique, sans avoir de caractère commercial, administrées paritairement par des membres adhérents (entreprises) et participants (assurés), constituées sur la base d'une convention ou d'un accord collectif, ou d'un référendum organisé dans le cadre de l'entreprise ou par la réunion d'une assemblée générale constituée de membres adhérents et de membres participants, mettant en œuvre l'ensemble des opérations d'assurance liées à la personne humaine et acceptant ces mêmes opérations en réassurance.

CSS, art. L. 931-1 s.

Institutions de retraite supplémentaire Sécurité sociale

[Sécurité sociale]

Personnes morales de droit privé servant des prestations s'ajoutant à celles du régime de base de Sécurité sociale et à celles des régimes de retraite complémentaire obligatoire (*ARRCO*, *AGIRC*). Elles sont constituées dans le cadre d'une entreprise, d'un groupe d'entreprises ou d'une branche professionnelle. La constitution de nouvelles institutions de retraite supplémentaire n'est pas possible.

CSS, art. L. 941-1 s.

Institutions spécialisées

[Droit international public]

Organisations internationales pourvues d'attributions déterminées dans les domaines économique, social, culturel, sanitaire, technique, et reliées par des accords à l'ONU, qui coordonne leur activité par l'intermédiaire du Conseil économique et social : exemple : Unesco, OIT, etc.

Institutionnalisation

[Droit constitutionnel]

Processus par lequel le pouvoir politique est dissocié des individus qui l'exercent et incorporé dans l'institution étatique.

Instruction

[Procédure civile/Procédure administrative]

Phase de l'instance au cours de laquelle les parties précisent et prouvent leurs prétentions et au cours de laquelle le tribunal réunit les éléments lui permettant de statuer sur elles.

CPC, art. 143 s. et 763 s.; CJA, art. R. 611-1 s.

→ *Mesures d'instruction, Mise en état, Preuve (Procédures de).*

[Procédure pénale]

Phase de l'instance pénale constituant une sorte d'avant-procès, qui permet d'établir l'existence d'une infraction et de déterminer si les charges relevées à l'encontre des personnes poursuivies sont suffisantes pour qu'une juridiction de jugement soit saisie. Cette phase, facultative en matière de délit, sauf dispositions spéciales, obligatoire en matière de crime, est conduite par le juge d'instruction sous le contrôle de la chambre de l'instruction.

C. pr. pén., art. 79 s.

Instruction (Pouvoir d')

[Droit administratif]

Terme susceptible de 2 acceptions :

1° Pouvoir appartenant au supérieur hiérarchique d'adresser des directives à ses subordonnés.

2° Compétence dévolue à une autorité de préparer et de mettre en état des affaires sur lesquelles le pouvoir de décision appartient à une autre autorité.

Instruments financiers

[Droit commercial]

On appelle instruments financiers les titres de capital et de créances, les parts ou actions d'organismes de placements collectifs ainsi que d'autres instruments à terme.

C. mon. fin., art. L. 211-1.

Instrumentum

[Droit général]

Écrit authentique ou sous-seing privé contenant la substance de l'acte juridique ou du contrat envisagé par son ou ses auteurs.

→ *Negotium.*

Intégration

[Droit international public]

Fusion de certaines compétences étatiques dans un organe superétatique ou supranational.

Intention

[Droit pénal]

Élément constitutif de l'infraction consistant dans une manifestation d'hostilité aux valeurs sociales protégées, caractérisée par une double volonté, et du comportement matérialisant l'infraction, et du résultat de celle-ci.

L'intention est différente des mobiles, qui n'interviennent pas dans sa définition, et ne participent donc pas des éléments de la responsabilité pénale.

C. pén., art. 121-3.

→ *Dol général ou dol spécial, Erreur de droit, Erreur de fait, Infraction matérielle, Mobiles.*

Itératif défaut (Sur)

[Procédure pénale]

Qualification de la décision prise contre un opposant à une décision rendue par défaut et qui ne comparait pas lors de l'audience sur opposition tout en ayant eu connaissance de sa date. L'itératif défaut scelle la décision qui ne pourra être attaquée que par la voie de l'appel.

C. pr. pén., art. 494.

→ *Débouté d'opposition.*

Interceptions

[Procédure pénale]

Opérations par lesquelles, sous l'autorité et le contrôle d'un magistrat, sont captées, enregistrées et transcrites les correspondances émises par la voie des télécommunications, lorsque les nécessités d'une enquête ou d'une information l'exigent.

CJM, art. L. 212-75; C. pr. pén., art. 100 s. et 706-95.

GAPP n° 15.

Intercommunalité

[Droit administratif]

Forme de coopération entre des communes consistant, en vue d'exercer en commun pour plus d'efficacité ou d'économie un certain nombre de leurs compétences, à en transférer l'exercice à des organisations ayant la forme juridique d'*établissements publics (syndicats de communes, communautés d'agglomération, communautés de communes, communautés urbaines)*.

Interdiction

[Droit civil]

Situation juridique d'une personne qui se trouve privée de la jouissance ou de l'exercice de ses droits, en totalité ou en partie, en vertu de la loi ou d'une décision judiciaire :

• *L'interdiction légale* résultait automatiquement de certaines condamnations pénales. A été supprimée en 1994.

• *L'interdiction judiciaire* frappait le dément et résultait d'une décision de justice; mais elle a été supprimée par la loi du 3 janvier 1968 et remplacée par la *tutelle*.

Interdiction des droits civils, civiques et de famille

[Droit pénal]

Peine complémentaire encourue pour certains crimes ou délits, consistant dans la privation de droits limitativement énumérés (droit de vote, éligibilité, droit d'être tuteur ou curateur...), pour une durée maximale de 10 ans en cas de condamnation pour crime et de 5 ans en cas de condamnation pour délit.

C. pén., art. 131-10 et 131-26.

Interdiction de séjour

[Droit pénal]

Peine principale ou complémentaire emportant défense de paraître dans certains lieux déterminés par la juridiction. Elle comporte, en outre, des mesures de surveillance et d'assistance. Elle ne peut excéder une durée de 10 ans en cas de condamnation pour crime et de 5 ans en cas de condamnation pour délit.

C. pén., art. 131-6, 131-10 et 131-31.

Interdiction du territoire

[Droit pénal]

Peine encourue par un étranger coupable de crime ou de délit, entraînant de plein droit sa reconduite à la frontière, le cas échéant, à l'expiration de sa peine d'emprisonnement ou de réclusion. Elle peut être prononcée à titre définitif ou pour une durée de 10 ans au plus. Elle est soumise à un certain nombre de conditions destinées à tenir compte de la situation personnelle et familiale du condamné, de même qu'elle ne concerne pas certaines catégories d'étrangers, en raison de leurs liens privilégiés avec la France.

C. pén., art. 131-30, 131-30-1 et 131-30-2.

Intéressement

[Droit du travail]

Ensemble de techniques permettant d'associer les salariés aux résultats de l'entreprise.

C. trav., art. L. 3311-1 s. et R. 3311-1 s.

Intérêt

[Droit civil/Procédure (principes généraux)]

Somme d'argent représentant le prix de l'usage d'un capital.

Intérêts moratoires : somme d'argent destinée à réparer le préjudice subi par le créancier du fait du retard dans l'exécution par le débiteur de son obligation de se libérer de sa dette.

C. civ., art. 1153.

Intérêts compensatoires : somme d'argent destinée à réparer le préjudice subi par une personne du fait de l'inexécution par un contractant de son obligation ou par un tiers de sa dette.

→ *Dommages et intérêts, Intérêt conventionnel, Intérêt légal.*

Intérêts composés : intérêts calculés sur le montant du capital primitif accru de ses intérêts accumulés jusqu'à l'échéance.

→ *Anatocisme.*

Intérêt conventionnel

[Droit civil/Droit commercial/Droit pénal]

Intérêt fixé librement par les parties, à condition que son taux effectif global n'excède pas, de plus du tiers, au moment où il est consenti, le taux effectif moyen pratiqué au cours du trimestre précédent par les établissements de crédit pour des opérations de même nature comportant des risques analogues. Ces taux effectifs moyens sont calculés trimestriellement par la Banque de France selon les différents types de crédit : prêts immobiliers (à taux fixe, à taux variable, prêt relais), crédits de trésorerie (découverts en compte, prêts viagers hypothécaires), prêts pour besoins professionnels...

Le taux excessif, dit usuraire, peut donner lieu à une poursuite pénale.

C. civ., art. 1907; C. consom., art. L. et R. 313-1 s., 313-6.

→ *Taux effectif global, Usure.*

Intérêt de la loi (Recours dans l')

[Droit administratif]

Issu de la théorie du *ministre-juge*, ce recours permet à un ministre de saisir, dans certains cas, le Conseil d'État afin qu'il déclare un acte administratif ou un jugement illégal, seulement à titre de « censure doctrinale », sans conséquences directes sur l'affaire en cause.

GACA n° 26.

→ *Pourvoi dans l'intérêt de la loi.*

Intérêt de l'entreprise

[Droit du travail]

Catégorie juridique-cadre, distincte de l'intérêt de l'employeur, qui est utilisée par la chambre sociale de la Cour de cassation comme critère explicite ou implicite de justification ou de légitimation d'un certain nombre d'actes ou de décisions prises par l'employeur dans l'exercice de son pouvoir de direction des personnes ou de son pouvoir de direction économique. Ces actes ou ces décisions peuvent revêtir une forme contractuelle, ce qui explique que l'intérêt de l'entreprise joue un rôle majeur dans des domaines contractuels comme la clause de non-concurrence. Outil d'appréciation qui permet, *in fine*, l'exercice d'un contrôle tendant à restreindre l'exercice par l'employeur de ses pouvoirs, l'intérêt de l'entreprise a un contenu en grande partie tributaire du contexte dans lequel on l'invoque.

Intérêt légal

[Droit civil/Droit commercial/ Procédure civile]

Intérêt fixé par décret pour la durée de l'année civile et correspondant « à la moyenne arithmétique des 12 dernières moyennes mensuelles des taux de rendement actuariels des adjudications de bons du Trésor à taux fixe à 13 semaines ». Il est de 0,38 % pour l'année 2011.

Son taux est majoré de 5 points si le débiteur n'a pas exécuté la décision de justice plus de 2 mois à partir du jour où elle est devenue exécutoire, fût-ce par provision. Mais le juge de l'exécution peut exonérer le débiteur de tout ou partie de cette augmentation en considération de sa situation.

C. mon. fin., art. L. 313-2, 313-3.

Intérêt pour agir

[Procédure (principes généraux)]

Condition de recevabilité de l'action consistant dans l'avantage que procurerait au demandeur la reconnaissance par le juge de la légitimité de sa prétention. Le défaut d'intérêt d'une partie constitue une fin de non-recevoir que le juge peut soulever d'office.

CPC, art. 31, 122.

→ *Action attitrée, Action banale.*

[Droit administratif]

À défaut d'action populaire qui permettrait à tout justiciable de saisir le juge administratif de recours contre tout acte administratif, le requérant doit démontrer, comme une des conditions de recevabilité de sa requête, qu'il est affecté dans ses droits et intérêts par l'acte dont il conteste la légalité. Pour apprécier l'intérêt à agir des personnes morales, le juge prend en compte leur objet social.

GAJA n° 8, 12, 16 et 17; GACA n° 32 et 33.

→ *Qualité pour agir.*

Intérêt social

[Droit civil/Droit commercial]

Notion essentiellement jurisprudentielle censée orienter les tribunaux dans la recherche de solutions conformes à l'intérêt de la société.

Pour certains, l'intérêt social est l'intérêt de l'entreprise et englobe donc non seulement l'intérêt des associés mais aussi celui des tiers concernés (créanciers, fournisseurs, clients, administration fiscale...).

Pour d'autres, c'est l'intérêt collectif des associés, qui n'est autre que la recherche d'un profit.

C. civ., art. 1848.

Intérêts fondamentaux de la nation

[Droit pénal]

Valeurs sociales protégées contre un certain nombre de crimes et de délits (trahison, espionnage, attentat, complot, atteintes à la défense nationale), représentées par l'indépendance de la nation, l'intégrité de son territoire, sa sécurité, la forme républicaine de ses institutions, les moyens de sa défense et de sa diplomatie, la sauvegarde de sa population en France et à l'étranger, l'équilibre de son milieu naturel et de son environnement, les éléments essentiels de son potentiel scientifique et économique, et de son patrimoine culturel. Depuis la réforme du Code pénal, le concept de « sûreté de l'État » est fondu dans celui des intérêts fondamentaux de la nation.

C. pén., art. 410-1.

Intérim

[Droit administratif/Droit constitutionnel]

Temps pendant lequel une fonction est remplie par un autre que le titulaire (ex. : la Constitution de 1958 confie l'intérim de la fonction présidentielle au président du Sénat).

[Droit du travail]

→ *Travail temporaire.*

Interjeter appel

[Procédure (principes généraux)]

Faire appel d'une décision rendue en premier ressort.

Interlocuteur social unique

[Sécurité sociale]

Organisme chargé du recouvrement de l'ensemble des cotisations et contributions sociales personnelles dues par le travailleur indépendant.

CSS, art. L. 133-6.

Interlocutoire

[Procédure civile]

Qualifie le jugement qui ordonne une mesure d'instruction laissant présager quelle sera la solution au fond.

→ *Jugement avant-dire droit, L'interlocutoire ne lie pas le juge, Préparatoire.*

Internationalisation

[Droit international public]

Soumission de certains espaces (ville, territoire, fleuve, canal) à un régime d'administration internationale. Exemple : Dantzig, Tanger, la Sarre, le canal de Suez, le Rhin... ont connu ou connaissent un régime d'internationalisation.

International thermonuclear experimental reactor (ITER)

[Droit international public]

Programme visant à créer un réacteur nucléaire de nouvelle génération. Implanté à Cadarache (Bouches du Rhône). Regroupe tous les grands pays industrialisés.

Internement

[Droit civil]

Ancienne procédure de placement d'un aliéné dans un établissement public ou privé de soins, par l'autorité administrative, éclairée par un avis médical.

→ *Hospitalisation d'un aliéné.*

Inter partes

[Droit général/Procédure (principes généraux)]

Entre les parties. Expression signifiant que la force obligatoire ou exécutoire d'un contrat ou d'un jugement n'existe qu'entre les parties contractantes ou litigantes.

C. civ., art. 1165 et 1351.

→ *Chose jugée, Effet relatif des contrats, Erga omnes, Relativité, Tiers.*

Interpellation

[Droit constitutionnel]

Demande d'explication adressée par un parlementaire au gouvernement sur sa politique générale ou sur une question déterminée. Selon la tradition parlementaire, l'interpellation donne lieu à un débat sanctionné par le vote d'un ordre du jour entraînant la chute du gouvernement s'il est rédigé en termes défavorables à ce dernier. En France, depuis 1946, l'interpellation n'est plus un procédé de mise en jeu de la responsabilité gouvernementale (sous la Ve République, le Conseil constitutionnel s'est même opposé formellement à son rétablissement).

[Droit civil]

Désigne la *mise en demeure*.

Interpol

[Procédure pénale]

Organisation internationale créée en 1923 pour promouvoir la coopération policière internationale. Avec l'adhésion de 187 pays (2009), Interpol, dont le secrétariat général se trouve à Lyon, a 3 fonctions essentielles :

- le service en matière de communication policière mondiale sécurisée (système I-24/7);
- le service en matière de données et de bases de données opérationnelles aux fins

du travail de police. Cette tâche est facilitée par la sécurisation des communications;

- le service en matière d'appui opérationnel de police.

Dans le domaine de la délinquance transfrontalière (ex. : criminalité organisée, terrorisme, trafic d'êtres humains, etc.), des groupes de travail spécialisés réunissent les professionnels du monde entier pour l'élaboration de règles communes d'action.

Financé par ses États membres, Interpol est l'abréviation de *International Criminal Police Organization*.

Interposition de personnes

[Droit général]

Situation dans laquelle un acte conclu au bénéfice d'une personne doit profiter en fait à une autre. Ainsi en matière de libéralités adressées à un incapable de recevoir à titre gratuit, l'interposition de personne est, avec le déguisement de l'acte, le procédé habituel de frauder la loi; aussi le Code civil édicte-t-il une présomption d'interposition qui frappe les père et mère, les enfants et l'époux de l'incapable jusqu'à preuve du contraire.

C. civ., art. 911.

→ *Acte apparent, Apparence, Déguisement, Simulation.*

Interprétation des contrats et conventions

[Droit civil]

Activité intellectuelle consistant à donner une signification claire à la volonté que les parties ont voulu manifester dans le contrat. L'interprétation des contrats relève de l'appréciation souveraine des juges du fond. Ceux-ci s'inspirent des directives contenues dans le Code civil : recherche de la commune intention des parties contractantes, préférence donnée à l'efficacité de la clause, référence à l'usage, prévalence de l'intérêt du débiteur, etc.

C. civ., art. 1156 s.; C. consom., art. L. 132-1 et 133-2.

GAJC, t. 2, nº 160.

→ *Dénaturation.*

Interprétation d'une norme juridique

[Droit public]

En droit public, l'interprétation ne consiste pas seulement à dégager le sens exact d'un texte qui serait peu clair, mais aussi à en déterminer la portée, c'est-à-dire le champ d'application temporel, spatial et juridique, ainsi que l'éventuelle supériorité vis-à-vis d'autres normes.

Les juges judiciaires peuvent interpréter les actes administratifs réglementaires et, dans certains cas, les actes individuels; les juges administratifs peuvent, sauf exceptions (par ex. en raison du renvoi préjudiciel en matière de droit de l'Union européenne), interpréter les traités.

GAJA nº 39 et 95.

Interprétation d'un jugement

[Procédure civile]

En dépit du *dessaisissement* du juge après le prononcé du jugement, les parties peuvent demander au tribunal l'interprétation de certaines formules du jugement dont le sens n'est pas clair, tant que sa décision n'est pas frappée d'appel.

CPC, art. 461.

Interprétation stricte

[Droit pénal]

Principe dérivé de la légalité pénale, selon lequel les lois d'incrimination et de pénalité doivent être appliquées sans extension ni restriction.

C. pén., art. 111-4.

GADPG n° 17 et 18.

Interruption

[Droit civil]

Incident qui, en matière de *prescription*, arrête le cours du délai et anéantit rétroactivement le temps déjà accompli, de telle sorte que si, après cet incident, la prescription recommence à courir, il ne sera pas possible de tenir compte du temps déjà écoulé : un nouveau délai courra de même durée que l'ancien.

Sont interruptifs de prescription la reconnaissance par le débiteur du droit de celui contre lequel il prescrivait, la demande en justice même en référé, un acte d'exécution forcée.

C. civ., art. 2231 et 2242 s.

→ *Suspension.*

Interruption de l'instance

[Procédure civile]

Modification de la situation des parties (décès, arrivée à la majorité) ou de leur représentant (cessation des fonctions de l'avocat ou de l'avoué) intervenant avant l'ouverture des débats et empêchant la poursuite régulière de la procédure tant qu'il n'y a pas eu reprise d'instance.

CPC, art. 369 s.

→ *Ouverture des débats.*

Interruption illégale de la grossesse

[Droit pénal]

Délit consistant à pratiquer volontairement l'expulsion du fœtus en dehors des hypothèses et des conditions autorisées par la loi.

Il est à noter que l'interruption involontaire de grossesse n'est plus, depuis une jurisprudence récente, un homicide involontaire sur le fœtus.

CSP, art. L. 2222-2 s.; C. pén., art. 223-10.

Interruption volontaire de grossesse (IVG)

[Droit civil]

Intervention destinée à mettre fin à une grossesse que la femme enceinte peut demander avant la douzième semaine de grossesse, lorsque son état la place dans une situation de détresse et à condition de respecter les prescriptions de la loi.

CSP, art. L. 2212-1.

→ *Interruption illégale de grossesse.*

Intervention

[Droit international public]

Acte d'ingérence d'un État dans les affaires d'un autre pour le contraindre à agir selon sa volonté.

L'intervention est illicite (principe de non-intervention) sauf quand elle est fondée sur un titre (ex. : traité). On peut admettre aussi la licéité de l'intervention d'humanité, entreprise pour protéger la vie de personnes gravement menacées (mais elle a souvent servi d'alibi aux politiques de puissance).

[Procédure civile/Procédure administrative]

Introduction volontaire ou forcée d'un tiers dans un procès déjà ouvert. L'intervention n'est recevable que si elle se rattache aux prétentions des parties par un lien suffisant.

CPC, art. 37, 66, 169, 325, 554.

GACA n° 48.

→ *Déclaration de jugement commun, Demande en intervention, Garantie, Mise en cause.*

Interversion de la prescription

[Droit civil/Procédure civile]

Mécanisme qui opérait substitution de la prescription trentenaire à une prescription originaire plus courte, en cas d'interruption des prescriptions fondées sur une présomption de paiement. La loi n° 561 du 17 juin 2008 portant réforme de la prescription en matière civile a supprimé la règle de l'interversion : lorsqu'une prescription a été interrompue, c'est une prescription de même durée qui recommence à courir après l'événement interruptif.

C. civ., art. 2231.

→ *Interruption.*

Interversion de titres

[Droit civil]

Situation du détenteur qui, ne pouvant prescrire en raison de son titre précaire, oppose au propriétaire sa prétention d'avoir un droit de propriété, ou fait état d'un titre apparent le rendant propriétaire; le titre précaire est alors remplacé par un titre nouveau ou par une prétention juridique : il y a interversion de titres.

C. civ., art. 2238 et 2240.

Intimé

[Procédure civile]

Nom donné à celui contre lequel un appel a été formé.

CPC, art. 547 s.

→ *Appelant, Défendeur.*

Intime conviction

[Procédure pénale]

Technique probatoire qui permet au juge, la liberté de la preuve étant de règle, de forger sa conviction à partir des éléments de preuve débattus contradictoirement devant lui. L'intime conviction ne dispense pas le juge de l'obligation de motiver sa décision.

Intimité

[Droit civil]

→ *Atteintes à la vie privée.*

Intitulé d'inventaire

[Droit civil]

Partie liminaire d'un inventaire contenant les noms, professions et demeures des requérants, des comparants et des défaillants, l'identité des commissaires-priseurs judiciaires et experts et la situation des biens qui vont être décrits et estimés. En matière successorale, établi par un notaire, il contient en outre la qualité et l'étendue de la vocation successorale des personnes qui requièrent l'inventaire (le notaire devra s'enquérir de des documents justifiant de cette vocation et les vérifier); il leur permettra de prouver leur qualité d'héritier, jusqu'à preuve du contraire et non pas jusqu'à inscription de faux.

→ *Acte de notoriété, Attestation notariée immobilière, Certificat d'hérédité/d'héritier, Certificat de propriété.*

Intra vires

[Droit civil]

Expression signifiant qu'une personne (héritier, légataire, associé) n'est tenue de payer les dettes que dans la mesure de ce qu'elle recueille ou possède dans l'actif correspondant (succession, régime matrimonial, société).

C. civ., art. 787, 791 et 1483 s.

→ *Acceptation à concurrence de l'actif net, Émolument, Ultra vires.*

Introduction de l'instance

[Procédure civile]

L'instance est entamée par une *demande initiale* émanant normalement du demandeur.

En matière contentieuse, cette demande est formée par assignation ou par requête conjointe. Elle peut l'être parfois par requête unilatérale, par déclaration verbale au secrétariat-greffe. Il est permis aux plaideurs, dans certains cas, de se présenter volontairement devant le juge.

En matière gracieuse, la demande est formée par *requête* ou par déclaration verbale au secrétariat-greffe.

CPC, art. 53, 54 et 60.

[Droit administratif]

La procédure devant les juridictions administratives étant une procédure écrite, et le procès administratif se présentant comme un procès fait à un acte administratif et non à l'Administration, l'instance est introduite par le dépôt d'un mémoire dirigé – sauf en matière de travaux publics – contre une *décision préalable* de l'Administration. Sauf exceptions – nombreuses – le ministère d'un avocat est obligatoire.

Intuitus pecuniae

Littéralement, en considération de l'argent. Expression signifiant que, dans un contrat (ex. : société de capitaux), la considération du capital apportée est plus importante que la qualité de la personne qui l'apporte.

→ *Intuitus personae.*

Intuitus personae

[Droit civil/Droit commercial]

Littéralement, en considération de la personne.

L'expression signifie que les qualités personnelles du cocontractant, constituent un élément déterminant de la conclusion d'un contrat (ex. : travail, société de personnes).

→ *Intuitus pecuniae.*

Invalidité

[Sécurité sociale]

Incapacité de travail permanente de la victime d'un accident du travail. Incapacité de travail de l'assuré social lorsque son état de maladie ne relève plus de l'assurance-maladie.

CSS, art. L. 341-1.

Inventaire

[Droit civil]

Dénombrement et évaluation des biens d'une personne.

La loi rend obligatoire l'inventaire dans certaines hypothèses. Ainsi en va-t-il en cas d'acceptation de la succession à concurrence de l'actif net, qui suppose un inventaire de la succession comportant une estimation, article par article, des éléments de l'actif et du passif; ou en cas de vacance de la succession (le curateur a la même obligation).

C. civ., art. 789, 809-2 et 1483; CPC, 1328 s.

→ *Acceptation de la succession à concurrence de l'actif net.*

[Droit commercial]

Document comptable décrivant et estimant les éléments actifs et passifs de l'entreprise. Il permet de récapituler, à la clôture de l'exercice, la situation réelle de l'entreprise. Le commerçant doit établir un inventaire annuellement.

[Procédure civile]

Procès-verbal dressé par un huissier de justice, lors d'une saisie de meubles, décrivant tous les objets et effets placés sous main de justice. Dans la *saisie-vente*, l'huissier de justice, après avoir adressé au débiteur un commandement, se rend sur les lieux et dresse un inventaire des objets mobiliers saisissables, inventaire signifié au débiteur ou au tiers chez lequel la saisie a été pratiquée (Décr. n° 92-755 du 31 juill. 1992, art. 94).

→ *Récolement.*

Inventeur (d'un trésor)

[Droit civil]

Personne qui découvre un *trésor.*

C. civ., art. 716.

Investisseurs institutionnels

[Droit financier ou fiscal/Droit commercial]

Organismes détenteurs de capitaux très importants, comme les *sociétés d'investissement*, les fonds de pensions, les compagnies d'assurance, amenés par leurs activités à placer sur les marchés des capitaux (bourse, marché monétaire, marché des devises) les fonds qu'ils collectent. Ils occupent sur ces marchés une place déterminante.

Investiture

[Droit constitutionnel]

1° Désignation par un parti politique du ou des candidats qu'il présentera aux élections.

2° Sous la IVe République (jusqu'à la réforme constitutionnelle de 1954), vote par lequel l'Assemblée nationale accordait sa confiance au président du Conseil désigné par le président de la République et l'autorisait à former le gouvernement.

Inviolabilité du corps humain

[Droit civil]

Principe prohibant toute atteinte à l'intégralité corporelle, sauf nécessité médicale pour la personne et consentement préalable de l'intéressé.

C. civ., art. 16-1 s.; CSP, art. L. 1111-4.

→ *Atteinte à la dignité de la personne humaine, Corps humain, Droits de la personnalité, Être humain, Fin de vie, Organe humain, Soins palliatifs.*

Inviolabilité parlementaire

[Droit constitutionnel]

Privilège qu'ont les parlementaires d'échapper aux poursuites intentées pour des actes étrangers à l'exercice de leur mandat : poursuites pénales pour crimes et délits.

L'inviolabilité n'est jamais absolue : elle ne joue pas en cas de flagrant délit et peut être levée par un vote de l'assemblée à laquelle appartient le parlementaire.

Const., art. 26.

Irrecevabilité

[Procédure (principes généraux)]

Sanction de l'inobservation d'une prescription légale consistant à rejeter, sans l'examiner au fond, un acte qui n'a pas été formulé en temps voulu ou qui ne remplit pas les conditions exigées (ex. : appel formé hors délai). Lorsqu'elle s'applique à l'action en justice, l'irrecevabilité est soulevée par un moyen de défense appelé *fin de non-recevoir*.

[Droit constitutionnel]

→ *Exception d'irrecevabilité.*

Irréfragable

[Droit civil]

→ *Présomption.*

Irrégularité de fond

[Procédure civile]

Vice de procédure n'affectant pas l'acte en lui-même mais tenant à des circonstances extérieures rendant la demande ou la défense irrégulière au fond, par exemple le défaut de capacité d'ester en justice ou le défaut de pouvoir du représentant d'une personne atteinte d'une incapacité d'exercice. À l'opposé du vice de forme, l'irrégularité de fond peut être proposée en tout état de cause et provoque la nullité sans qu'il soit besoin de justifier d'un grief.

CPC, art. 117 s.

→ *Nullité d'acte de procédure.*

Irrépétibles

[Procédure civile/pénale/administrative]

Se dit des frais de justice non compris dans les *dépens* (comme les honoraires de l'avocat) et comme tels insusceptibles d'être recouvrés par le gagnant. Toutefois le juge peut condamner la partie tenue aux dépens ou, à défaut, la partie perdante à payer à l'autre partie la somme qu'il détermine, en tenant compte de l'équité ou de la situation économique de la partie condamnée.

CPC, art. 700; CJA, art. L. 761-1; C. pr. pén., art. 375 et 475-1; C. trav., art. R. 1452-7.

GACA n° 70.

Irresponsabilité du chef de l'État

[Droit constitutionnel]

Privilège en vertu duquel le chef de l'État échappe à tout contrôle juridictionnel ou parlementaire pour les actes accomplis dans l'exercice de ses fonctions, sauf cas exceptionnels prévus par la Constitution.

→ *Haute cour.*

Irresponsabilité parlementaire

[Droit constitutionnel]

Privilège qu'ont les parlementaires d'échapper aux poursuites judiciaires pour les opinions et les votes émis dans l'exercice de leur mandat.

Const., art. 26.

J

Jaunes budgétaires

[Droit financier]

Annexes générales destinées à l'information et au contrôle du Parlement et devant être déposées au Parlement avant la discussion des opérations auxquelles elles se rattachent.

→ *Verts budgétaires, Oranges budgétaires.*

Jeton de présence

[Droit commercial]

Somme fixe allouée annuellement aux administrateurs de sociétés anonymes, et de certaines compagnies, en rémunération de leurs fonctions.

C. com., art. L. 225-45.

Jeu

[Droit civil]

Contrat aléatoire par lequel les parties s'engagent réciproquement à assurer un gain à celle qui obtiendra un résultat dépendant d'un événement qu'elles peuvent, au moins partiellement, provoquer (ex. : jeu d'adresse, de hasard).

C. civ., art. 1965 s.

→ *Loterie, Pari.*

Jeunes adultes délinquants

[Droit pénal]

Délinquants de 18 à 25 ans environ pour lesquels un courant de pensée, se fondant sur le fait que la maturation physiologique, psychologique ou sociale, n'est pas achevée à 18 ans, propose d'instaurer un régime de responsabilité proche de celui des mineurs. En droit français, il existe quelques règles spécifiques pour cette catégorie de délinquants : exclusion de certaines mentions au casier judiciaire – régime pénitentiaire spécifique.

Jonction des possessions

[Droit civil]

Bénéfice accordé au possesseur actuel de compléter le temps nécessaire à l'accomplissement de la *prescription* acquisitive, en ajoutant à sa propre possession celle de son auteur, de quelque manière qu'il lui ait succédé, soit à titre universel ou particulier, soit à titre lucratif ou onéreux.

C. civ., art. 2265.

Jonction d'instances

[Procédure civile]

Mesure d'administration judiciaire par laquelle un tribunal (ou un juge de la mise en état ou un juge rapporteur) décide d'instruire et de juger en même temps 2 ou plusieurs instances unies par un lien étroit de connexité.

CPC, art. 367 et 368.

→ *Disjonction d'instances.*

Jouissance

[Droit civil]

1° Utilisation d'une chose dont on perçoit les *fruits*.

2° Droit de percevoir les fruits d'une chose, de les conserver ou de les consommer.

→ *Usage, Usufruit.*

Jouissance à temps partagé

[Droit civil]

Droit personnel d'occupation d'un bien immobilier à usage d'habitation pour une période déterminée ou déterminable de l'année, conféré par un professionnel à la suite d'une offre de contracter strictement réglementée et offrant au consommateur une faculté de rétractation dans les 14 jours de son acceptation. On parle aussi de *time sharing*.

C. consom., art. L. 121-60 s.

→ *Société d'attribution d'immeubles en jouissance à temps partagé.*

Jouissance légale

[Droit civil]

Usufruit accordé par la loi, sur les biens de l'enfant mineur, à celui des parents qui a la charge de l'*administration légale* de ces biens; il appartient soit aux 2 parents conjointement lorsque l'administration légale est pure et simple, soit à celui des père et mère qui a la charge de cette administration dans les autres cas. Le droit de jouissance légale cesse, sous réserve d'autres causes d'extinction, dès que l'enfant a 16 ans accomplis.

C. civ., art. 382 s.

Jour fixe

[Procédure civile]

→ *Procédure à jour fixe.*

Journal officiel (JO)

[Droit administratif/Droit européen]

1° France : publication gouvernementale dont l'édition « Lois et décrets » assure la publicité légale des lois, des ordonnances et des décrets, ainsi que de certains autres actes. Il est édité simultanément sur papier et sous forme électronique consultable gratuitement (www.journal-officiel.gouv.fr). Pour des raisons pratiques la publication sous forme électronique de certains textes est soit suffisante, soit interdite.

En France métropolitaine et dans les départements d'outre-mer, les textes publiés au *JO* entrent en vigueur le lendemain de leur publication (sauf cas particuliers).

D'autres éditions publient le compte rendu des débats de l'Assemblée nationale et du Sénat, et des informations diverses.

C. civ., art. 1er.

→ *Entrée en vigueur.*

2° Union européenne : il existe un *JOUE* comportant 2 éditions principales : Législation (L), Communication et informations (C). Elles sont éditées simultanément sur papier et sous forme électronique consultable gratuitement (www.europa.eu.int/eur-lex). En règle générale, les *directives* et les *règlements* européens entrent en vigueur le vingtième jour suivant leur publication.

TFUE, art. 297.

Journaliste professionnel

[Droit du travail]

Celui qui a pour occupation principale, régulière et rétribuée l'exercice de sa profession dans une ou plusieurs entreprises de presse, publications quotidiennes ou périodiques, agences de presse et qui en tire le principal de ses ressources.

C. trav., art. L. 7111-1 s. et R. 7111-1 s.

Journée de solidarité

[Droit du travail]

Journée de travail instituée légalement en vue d'assurer le financement des actions en faveur de l'autonomie des personnes âgées ou handicapées. La date de cette journée, qui prend la place d'un jour chômé, est déterminée par convention ou accord collectif de branche ou d'entreprise ou, à défaut, par l'employeur. Cette journée (dans la limite de 7 heures) ne donne lieu ni à rémunération ni à qualification d'heure supplémentaire ou d'heure complémentaire.

C. trav., art. L. 3133-7 s.

Jours

[Droit général]

Jours ordinaires du calendrier sans distinction entre les *jours ouvrables* et les *jours fériés*.

→ *Jours ouvrés.*

[Droit civil]

→ *Vues et Jours.*

Jours-amendes

[Droit pénal]

1° Peine correctionnelle applicable aux personnes physiques, destinée à se substituer à la peine d'emprisonnement encourue et consistant pour le condamné à verser au Trésor une somme dont le montant global résulte de la fixation par le juge d'une contribution quotidienne pendant un certain nombre de jours. Le montant de chaque jour-amende est déterminé en tenant compte des ressources et des charges du prévenu, tout en ne pouvant excéder 1 000 €. Quant au nombre de jours-amendes, il est déterminé en tenant compte des circonstances de l'infraction, sans pouvoir dépasser 360. Le défaut total ou partiel de paiement entraîne l'incarcération du condamné pour une durée correspondant au nombre de jours-amendes impayés.

La peine de jours-amendes ne peut être prononcée cumulativement avec la peine d'amende.

C. pén., art. 131-5, 131-9 et 131-25.

2° Peine correctionnelle pouvant se substituer, sur décision du juge de l'application des peines, à l'exécution d'une condamnation définitive pour un délit de droit commun comportant une peine d'emprisonnement ferme de 6 mois au plus.

C. pén., art. 132-7.

Jours chômés

[Droit du travail]

Les jours chômés sont des jours pendant lesquels le travail est suspendu. Hormis les dérogations contenues dans les conventions collectives, les jours fériés (c'est-à-dire de fêtes légales) ne sont obligatoirement chômés que pour les mineurs qui travaillent dans les établissements industriels autres que les usines à feu continu. Le 1er mai est, pour les salariés des 2 sexes, le seul jour de l'année qui soit, en vertu de la loi, une journée à la fois fériée, chômée et payée.

→ *Jours de fêtes légales.*

Jours de fêtes légales

[Droit général]

Jours de fêtes civiles ou religieuses. Outre les dimanches, il existe 12 jours fériés déterminés par la loi : le 1er janvier, le lundi de Pâques, le 1er mai, le 8 mai, le jeudi de l'Ascension, le lundi de Pentecôte, le 14 juillet, le 15 août (l'Assomption), le 1er novembre (la Toussaint), le 11 novembre, le 25 décembre (Noël). Ces jours donnent lieu soit à une absence légale de travail (1er mai), soit à un aménagement conventionnel favorable à l'absence de travail.

→ *Jours chômés.*

C. trav., art. L 3133-1 s. et D. 3133-1.

[Procédure civile]

Il n'est pas permis de signifier ou d'exécuter un acte ou un jugement les jours de fêtes légales. Une permission du juge est cependant possible en cas de nécessité.

Lorsqu'un délai expire un samedi, un dimanche, un jour férié ou chômé, il est prorogé jusqu'au premier jour ouvrable suivant.

CPC, art. 508, 642 et 664; L. n° 91-650 du 9 juill. 1991, art. 28.

→ *Heures légales.*

Jours fériés

[Droit général]

→ *Jours chômés, Jours de fêtes légales.*

Jours ouvrables

[Droit général]

Jours consacrés au travail et aux activités professionnelles. Il s'agit donc de tous les jours de la semaine à l'exclusion de celui réservé au repos hebdomadaire (en principe le dimanche) et des jours fériés-chômés en vertu de la loi ou de dispositions conventionnelles.

C. trav., art. L. 3133-1.

→ *Jours chômés, Jours de fêtes légales.*

Jours ouvrés

[Droit du travail]

Jours effectivement travaillés dans l'entreprise.

Judicature

[Procédure civile]

Condition judiciaire, dignité du juge et durée de ses fonctions.

Judiciaire

[Droit constitutionnel/Procédure (principes généraux)]

Selon la doctrine de la séparation des pouvoirs présentée par Montesquieu, le pouvoir judiciaire est, après les pouvoirs législatif et exécutif, le troisième pouvoir dans l'État. Qui émane de la fonction judiciaire, par opposition au pouvoir législatif et au pouvoir exécutif (le pouvoir judiciaire).

Qui relève de l'ordre judiciaire, c'est-à-dire des tribunaux soumis au contrôle de la Cour de cassation, par opposition à l'ordre administratif.

→ *Autorité judiciaire, Corps judiciaire.*

Judiciarisation

[Procédure (Principes généraux)]

Propension à recourir au juge pour la solution de litiges ou le contrôle de situations qui pourraient être réglées autrement, sans son intervention. On dit plus rarement juridictionnalisation.

→ *Conseiller.*

Juge

[Procédure civile]

Magistrat de l'ordre judiciaire, professionnel ou non.

Le terme désigne plus spécialement le juge du tribunal d'instance, les juges ou premiers juges du tribunal de grande instance et ceux du tribunal de commerce.

→ *Conseiller.*

[Droit administratif]

En droit administratif, mot polysémique, utilisé notamment dans les sens suivants :

1° Membre des juridictions administratives.

2° Synonyme de juridiction.

3° Manière de désigner la mission du juge. Ainsi, selon l'art. L. 111-1 CJA, le *Conseil d'État* peut être saisi en qualité de juge de premier ressort, de juge d'appel ou de juge de cassation.

GDCC n° 32.

Juge *ad hoc*

[Droit international public]

Juge qu'un État, partie à un litige porté devant la Cour internationale de justice, peut désigner dans ce litige, lorsque la Cour ne comprend pas un juge de la nationalité dudit État.

Juge aux affaires familiales (JAF)

ACTU

[Droit civil/Procédure civile]

Juge du tribunal de grande instance délégué aux affaires familiales. Il a été substitué, au 1er février 1994, au juge aux affaires matrimoniales, mais avec une compétence élargie qui ne cesse de s'accroître.

Il est spécialement chargé de veiller à la sauvegarde des intérêts des enfants mineurs, exerçant à leur égard, depuis le 1er janvier 2011, les fonctions de juge des tutelles et connaissant de l'administration légale, de l'émancipation, de la contribution à l'entretien et à l'éducation des enfants, de l'exercice de l'autorité parentale. De plus, il connaît du divorce, de la séparation de corps, de la liquidation et du partage des intérêts patrimoniaux des époux, des partenaires d'un PACS et des concubins ainsi que des actions liées à la fixation de l'obligation alimentaire, de la contribution aux charges du mariage ou du PACS et des actions qui concernent le fonctionnement des régimes matrimoniaux et des indivisions des pacsés. Il a encore pour charge la protection contre les violences au sein du couple et la protection de la personne majeure menacée de mariage forcé.

Le juge aux affaires familiales peut renvoyer l'affaire à la formation collégiale du tribunal de grande instance.

C. civ., art. 373-2-6 s.; COJ, art. L. 213-3 s., R. 213-8 et 213-9; CPC, art. 1070 s., 1136-1, 1136-2, 1136-3 à 1136-13, 1286, 1287, 1292.

Juge aux ordres

[Procédure civile]

Naguère, juge du tribunal de grande instance désigné pour présider au déroulement d'une *procédure d'ordre*.

Cette fonction est dévolue aujourd'hui au juge de l'exécution.

→ *Distribution des deniers.*

Juge chargé de suivre la procédure

[Procédure civile]

Magistrat responsable de l'instruction des procès civils devant le tribunal de grande instance, au cours de la période 1935-1971.

→ *Juge de la mise en état.*

Juge commissaire

[Procédure civile]

Magistrat désigné pour suivre une procédure déterminée, ainsi une *enquête*, un *redressement judiciaire* ou une *liquidation judiciaire*.

Juge consulaire

[Procédure civile]

Nom donné par tradition aux magistrats des tribunaux de commerce.

Juge d'appui

[Procédure civile]

Dénomination donnée au président du tribunal de grande instance ou à son délégué lorsqu'il est appelé à constituer ou compléter le tribunal arbitral en raison de l'attitude de l'une des parties bloquant, par sa défaillance ou sa mauvaise volonté, la procédure d'arbitrage.

CPC, art. 1459, 1505.

Juge de la mise en état (JME)

[Procédure civile]

Dans les affaires portées devant les tribunaux de droit commun, un juge de la *mise en état* ou un conseiller (en appel) est désigné lors de la mise au rôle. Il convoque les parties, exige le dépôt des conclusions dans les délais qu'il fixe lui-même, statue sur les exceptions de procédure et sur les incidents mettant fin à l'instance, veille à la communication des pièces et prononce, lorsque l'affaire est en état, une ordonnance de clôture.

CPC, art. 762 s. et 910 s.

Juge de l'application des peines (JAP)

[Procédure pénale]

Magistrat du siège du tribunal de grande instance, qui constitue, avec le tribunal de l'application des peines, le premier degré des juridictions de l'application des peines.

Les décisions qui relèvent de sa compétence sont de 2 sortes : d'une part, des ordonnances motivées prises sur avis de la commission de l'application des peines et sans débat contradictoire; d'autre part, des jugements motivés rendus à l'issue d'un débat contradictoire après avis du représentant de l'administration pénitentiaire.

C. pr. pén., art. 712-1 s. et D. 49 s.

Juge délégué aux affaires matrimoniales (JAM)

[Droit civil]

Magistrat du tribunal de grande instance qui était responsable, jusqu'au 31 janvier 1994, des procédures de séparation de corps et de divorce. À compter du 1er février 1994 il a été remplacé par le *juge aux affaires familiales (JAF)*.

Juge délégué aux victimes (JUDEVI)

[Procédure pénale]

Magistrat désigné pour veiller, dans le respect de l'équilibre des droits des parties, à la prise en compte des droits reconnus par la loi aux victimes.

Est chargé de cette fonction le président de la commission d'indemnisation des victimes d'infractions. Il peut être désigné par le président du TGI pour présider les audiences correctionnelles statuant après renvoi sur les seuls intérêts civils.

C. pr. pén., art. 476-1 s.

Juge de l'exécution (JEX)

[Procédure civile]

La fonction de ce juge unique a été confiée au président du tribunal de grande instance, celui-ci pouvant déléguer ses pouvoirs à un ou à plusieurs juges de sa juridiction.

Ce magistrat a une compétence exclusive pour connaître des difficultés relatives aux titres exécutoires et à toutes les contestations découlant d'une procédure d'exécution forcée, même si elles portent sur le fond du droit (validité d'un acte notarié, quantum d'une créance, dommage causé par une mesure d'exécution forcée). C'est lui aussi qui a qualité pour ordonner certaines mesures conservatoires et statuer sur la procédure de saisie immobilière. Il a le droit d'ordonner une astreinte et le pouvoir d'allouer des dommages et intérêts en cas de résistance abusive du débiteur à l'exécution d'un titre exécutoire. Il a la faculté de renvoyer l'affaire à la formation collégiale. En appel, ses décisions sont portées devant une chambre de l'exécution.

En matière de *surendettement* des ménages, sa compétence a été substituée à celle du juge d'instance.

COJ, art. L. 213-5 à 231-7, R. 213-10 s., 332-9,334-10 à 334-12, 334-17, 334-19 à 334-27, 334-40, 334-49.

→ *Exécution forcée, Redressement personnel.*

Juge de l'expropriation

[Procédure civile/Droit administratif]

Juge du tribunal de grande instance chargé de fixer le montant des indemnités d'expropriation, à défaut d'accord amiable entre l'expropriant et l'exproprié.

C. expr., art. L. 13-1 s. et R. 13-1 s.

→ *Expropriation pour cause d'utilité publique.*

Juge de paix

[Procédure civile]

Magistrat chargé, avant la création des tribunaux d'instance, de rendre la justice dans le cadre d'une justice de paix (ressort : le canton).

Juge départiteur

[Procédure civile]

→ *Conseil de prud'hommes, Partage des voix.*

Juge de proximité

[Procédure (principes généraux)]

Juge non professionnel qui compose les juridictions de proximité créées par la loi du 9 septembre 2002. Recruté pour 7 ans non renouvelables, après avis du Conseil supérieur de la magistrature, il accomplit des vacations, tant au civil qu'au pénal, éventuellement en concours avec l'exercice de son activité professionnelle. Bien que n'appartenant pas au corps judiciaire, son statut est intégré à l'ordonnance n° 58-1270 du 22 décembre 1958 qui régit ce corps (art. 41-17 s.). Un projet de loi du 3 mars 2010, en cours de discussion au Parlement, prévoit leur affectation auprès du président du TGI avec des fonctions prédéfinies.

→ *Juridictions de proximité, Magistrats.*

Juge des enfants

[Procédure civile/Procédure pénale]

Magistrat du tribunal de grande instance dans le ressort duquel siège le tribunal pour enfants, désigné dans ces fonctions pour une durée de 3 ans renouvelable. Véritable spécialiste des problèmes de l'enfance, il a des attributions pénales et civiles. En matière pénale, il est tout à la fois juridiction d'instruction et de jugement pour les infractions commises par les mineurs. En matière civile, il est compétent dans le domaine de l'assistance éducative et plus généralement lorsqu'un mineur doit être protégé et assisté. Il a qualité pour prescrire une *mesure judiciaire d'aide à la gestion du budget familial*.

C. civ., art. 375-1 ; COJ, art. L. 252-1 s., R. 252-1 et 252-2.

Juge des libertés et de la détention (JLD)

[Procédure pénale]

Juge compétent pour ordonner ou prolonger la détention provisoire. Institué par la loi n° 2000-516 du 15 juin 2000, il prononce ces mesures en lieu et place du juge d'instruction jusque-là compétent pour le faire. Saisi par ce dernier, le JLD est un magistrat du siège ayant rang de président, premier vice-président ou vice-président.

C. pr. pén., art. 137-1.

→ *Détention provisoire.*

Juge des loyers

[Procédure civile]

Les difficultés nées d'un contrat de bail d'immeubles sont confiées indépendamment de la valeur du litige à certaines juridictions.

Le juge de droit commun en matière de bail est le tribunal d'instance. Il connaît plus spécialement des baux d'habitation et *à usage professionnel*.

Pour les *baux commerciaux*, la compétence de principe est celle du président du tribunal de grande instance, éventuellement celle de ce tribunal ou du tribunal de commerce.

Pour les *baux ruraux* (bail à ferme, bail à cheptel, bail à métayage, bail à complant...), c'est le tribunal paritaire des baux ruraux qui connaît des contestations entre bailleurs et preneurs.

COJ, art. R. 213-2-1° et 2° et R. 221-38; C. rur., art. L. 491-1; C. com., art. R. 145-23.

Juge des référés

[Droit administratif]

En contentieux administratif sont juges des *référés* les présidents des *tribunaux administratifs* et des *cours administratives d'appel* et les magistrats qu'ils désignent, et au *Conseil d'État* le président de la section du contentieux et les conseillers d'État qu'il désigne.

CJA, art. 511-2.

[Procédure civile]

Juge statuant selon la procédure des référés, ayant exclusivement le pouvoir de prendre des décisions provisoires qui ne lient en aucune manière le juge du fond susceptible d'intervenir plus tard dans la même affaire. Les magistrats investis de ce pouvoir sont : le premier président de la cour d'appel, le président du tribunal de grande instance dont la compétence s'étend à toutes les matières où il n'existe pas de procédure particulière de référé; le juge d'instance; le président du tribunal de commerce; le président du tribunal paritaire des baux ruraux. Le *conseil de prud'hommes* a une formation de *référé* (un employeur, un salarié) avec recours au *juge départiteur* en cas de *partage des voix*.

On ne confondra pas le juge des référés avec le juge statuant en la forme des référés, lequel peut trancher des questions relevant normalement de la compétence des juges du fond. L'expression n'est que de permettre au juge de se prononcer en toute simplicité et avec rapidité.

CPC, art. 484, 808, 809, 848, 872, 893 et 956; COJ, art. R. 221-41 et 311-4; C. trav., art. R. 1455-1.

→ *Juridiction provisoire, Protection juridic-*

ACTU

Juge des tutelles

[Droit civil/Procédure civile]

Juge du tribunal d'instance chargé d'organiser et de faire fonctionner la tutelle des incapables majeurs et des régimes de protection aménagés en leur faveur : *sauvegarde de justice*, *curatelle*, *mesure d'accompagnement judiciaire*.

Le juge des tutelles est également compétent pour statuer sur les actions relatives à l'exercice du mandat de protection future, sur la constatation de présomption d'absence et répond aux demandes d'autorisation ou d'habilitation présentées par un époux en cas de refus ou d'empêchement de son conjoint. En revanche, il ne connaît plus, depuis le 1er janvier 2011, de la tutelle des mineurs, désormais confiée au *juge aux affaires familiales*.

Les décisions du juge des tutelles sont susceptibles d'appel devant la cour d'appel dans le délai de 15 jours, selon une procédure orale en chambre du conseil.

CPC, art. 1211 s. et 1239 s., 1262-1 s.; COJ, art. L. 221-3, 221-9 et R. 222-2.

Juge d'instruction

[Procédure pénale]

Magistrat du siège du tribunal de grande instance désigné dans cette fonction pour 3 années renouvelables. Il constitue la juridiction d'instruction du premier degré. Sa disparition au profit d'un juge de l'instruction ou de l'enquête qui était annoncée en 2010, semble abandonnée.

Juge rapporteur

[Procédure civile]

Magistrat qui exerce, au sein du tribunal de commerce, les attributions qui sont dévolues au juge de la mise en état devant le tribunal de grande instance et qui est désigné par la formation de jugement, lorsque l'affaire n'est pas mûre pour être jugée.

CPC, art. 861 s.

→ *Conseiller rapporteur, Rapport 1°.*

Juge unique (Système du)

[Procédure (principes généraux)]

Système opposé à celui de la *collégialité* dans lequel le juge exerce ses fonctions seul.

[Droit administratif]

Le système du juge unique connaît un certain nombre d'applications en matière de contentieux administratif, essentiellement en matière de référé et pour certaines affaires énumérées relevant généralement de la compétence du tribunal administratif.

CJA, art. L. 122-1, 511-2, R. 222-1, 222-13 et 222-33.

[Procédure civile]

Juge qui exerce ses fonctions seul : le juge d'instance, le juge de la mise en état, le juge des enfants, le juge de l'exécution, le juge délégué aux affaires familiales, le président et le premier président statuant en référé, le juge des loyers, le tribunal de grande instance pour le contentieux des accidents de la circulation exercent ainsi leurs pouvoirs juridictionnels ou gracieux.

Le Code de procédure civile permet de soumettre les affaires civiles relevant d'un tribunal de grande instance (sauf en matière disciplinaire et en matière d'état des personnes) à un juge unique. Mais tout plaideur peut, sans donner de motif, exiger que le procès soit renvoyé devant la formation collégiale du tribunal. Un juge unique peut tenir l'audience d'adjudication en cas de saisie immobilière.

À la Cour européenne des droits de l'Homme (Cour EDH), un très grand nombre de requêtes, celles qui donnent lieu à une procédure non contradictoire et sans juge rapporteur, sont examinées par un juge unique et non par un comité de 3 membres.

COJ, art. L. 212-1, 212-2, 212-5, R. 212-8, 311-4; CPC, art. 801 s.

[Procédure pénale]

1° Magistrat pouvant juger seul les affaires relevant de sa compétence. Ainsi du juge de proximité, du juge de police, du juge des enfants, du juge de l'application des peines…

2° Composition du tribunal correctionnel, caractérisée par la présence d'un seul magistrat sur les 3 normalement requis au titre de la collégialité, et qui exerce les pouvoirs conférés au président. Les délits qui en relèvent sont énumérés à l'article 398-1 du Code de procédure pénale, sous réserve que la peine encourue, compte tenu de l'état de récidive légale du *prévenu*, ne soit pas supérieure à 5 ans d'emprisonnement. Si la complexité des faits le justifie, un retour à la collégialité reste possible, soit d'office, soit à la demande des parties ou du ministère public.

C. pr. pén., art. 398 s.

→ *Décision gracieuse.*

Jugement

[Procédure (principes généraux)]

Terme général pour désigner toute décision prise par un collège de magistrats ou par un magistrat statuant comme juge unique. Désigne plus spécialement les jugements rendus par le tribunal de grande instance, par le tribunal de commerce et par le tribunal administratif.

→ *Arrêt, Sentence, Verdict.*

Jugement avant-dire droit ou avant-faire droit

[Procédure civile]

Décision prise par le juge à titre accessoire, au cours de l'instance, soit pour aménager une situation temporaire : jugement provisoire (ex. : mise sous séquestre d'un bien litigieux, garde des enfants), soit pour organiser l'instruction : jugement préparatoire (lorsque la mesure d'instruction est neutre et ne préjuge pas le fond du litige, ou jugement interlocutoire, lorsqu'elle semble préjuger le fond du litige).

Un tel jugement ne dessaisit pas le juge et n'a pas d'autorité de *chose jugée* au principal.

→ *L'interlocutoire ne lie pas le juge, Protection juridictionnelle provisoire.*

CPC, art. 482 et 483.

Jugement constitutif

[Procédure civile]

Lorsque le jugement, au lieu de reconnaître simplement une situation juridique antérieure à l'instance, crée une situation juridique nouvelle, il est dit constitutif.

Ses effets partent alors du jour où il a été prononcé. On peut citer le jugement de divorce, le jugement d'adoption, le jugement prononçant le redressement judiciaire ou la liquidation judiciaire de l'entreprise, les décisions en matière de nationalité. Ces jugements ont souvent une autorité absolue de chose jugée.

Les décisions gracieuses ont normalement un caractère constitutif.

C. civ., art. 29-5, 324.

→ *Jugement déclaratif.*

Jugement contradictoire

[Procédure civile]

Jugement rendu à l'issue d'une procédure au cours de laquelle les parties ont comparu en personne ou par mandataire. Ce jugement est insusceptible d'*opposition*.

CPC, art. 467.

→ *Défaut, Jugement dit contradictoire, Jugement par défaut, Jugement réputé contradictoire.*

Jugement de donné acte (ou donner acte)

[Procédure civile]

Jugement qui, à la demande d'une ou de plusieurs parties, se borne à faire état d'une constatation, d'une déclaration, telles qu'un accord, une confirmation, une réserve, sans en tirer immédiatement de conséquences juridiques. Dépourvu de caractère juridictionnel, il n'a pas l'autorité de la chose jugée.

→ *Contrat judiciaire, Jugement d'expédient.*

Jugement déclaratif

[Procédure civile]

Jugement constatant un fait préexistant, tel un lien de filiation, ou reconnaissant au profit d'un plaideur l'existence d'un droit au moment de l'ouverture du procès, par exemple un droit de créance.

Ce jugement consolide la situation juridique antérieure, qui sort du doute, et ses effets remontent logiquement au jour de l'assignation.

→ *Jugement constitutif.*

Jugement définitif

[Procédure civile]

Jugement qui tranche une contestation principale ou incidente, opérant dessaisissement du juge et emportant autorité de la chose jugée. Il reste sujet aux voies de recours. S'oppose au *jugement avant-dire droit*.

CPC, art. 480.

→ *Jugement sur le fond.*

Jugement d'expédient, Jugement convenu

[Procédure civile]

On parle de jugement d'expédient ou de jugement convenu lorsque le juge, après l'avoir constaté, s'approprie l'accord des parties et prononce un véritable jugement comprenant des motifs et un dispositif.

À la différence du contrat judiciaire, il est revêtu de l'autorité de la chose jugée et ne peut être critiqué que par les voies de recours.

→ *Contrat judiciaire, Jugement de donné-acte.*

Jugement dit contradictoire

[Procédure civile]

Jugement rendu soit à la suite d'un *défaut* de comparution du demandeur, soit à la suite d'un défaut de diligence de l'une ou l'autre des parties, que la loi identifie complètement au *jugement contradictoire* bien qu'au fond le jugement soit par défaut. Il n'est donc pas susceptible d'*opposition*.

CPC, art. 468, al. 1 et 469, al. 1.

→ *Jugement par défaut, Jugement réputé contradictoire.*

Jugement en dernier ressort

[Procédure civile]

Jugement ou arrêt contre lequel aucun *appel* ne peut être interjeté, seule restant possible l'introduction de voies de recours extraordinaires (recours en révision ou pourvoi en cassation).

CPC, art. 593 et 605; COJ, art. R. 221-23 s.

→ *En dernier ressort, Jugement en premier ressort.*

Jugement en l'état

[Procédure civile]

Jugement déboutant le plaideur en raison de l'insuffisance des justifications produites. Contrairement à ce que laisse croire sa dénomination, ce jugement ne permet pas le renouvellement d'une demande identique, fût-elle assortie de nouveaux éléments de preuve; car une telle demande porterait atteinte à l'autorité de la chose jugée dont le jugement en l'état est revêtu dès son prononcé. Mais cette solution ne concerne que le jugement ayant statué au fond. Si le jugement a déclaré une demande irrecevable en l'état, une nouvelle instance aux mêmes fins est possible après régularisation de la situation.

Jugement en premier ressort

[Procédure civile]

Jugement contre lequel un *appel* peut être interjeté. Par exemple, le tribunal d'instance connaît en premier ressort des actions dont un contrat de louage d'immeubles est l'objet, la cause ou l'occasion, lorsque la demande excède la somme de 4 000 € ou est indéterminée.

COJ, art. R. 211-3, 221-3 s., 221-37.

→ *À charge d'appel, Jugement en dernier ressort.*

Jugement étranger

[Droit international privé]

Jugement rendu au nom d'une souveraineté étrangère. Certains de ses effets – ce dernier terme étant pris dans un sens très général –, comme la valeur probante ou l'effet de titre, sont admis *de plano*.

À l'inverse, le recours à l'exécution forcée est en principe subordonné à l'*exequatur*. Des exceptions croissantes apparaissent toutefois dans le cadre européen (*titre exécutoire européen*, *injonction de payer européenne*, et procédure européenne de *règlement des petits litiges* notamment), où la disparition de l'*exequatur* a vocation à devenir le principe. Enfin, l'autorité de la chose jugée est, selon les catégories de jugements, admise *de plano* (jugements constitutifs et jugements relatifs à l'état et à la capacité des personnes) ou subordonnée à l'*exequatur* (jugements déclaratifs patrimoniaux).

GADIP n° 2, 4, 10, 24-25, 41, 45, 57, 70 et 87.

Jugement gracieux

[Procédure civile]

→ *Décision gracieuse.*

Jugement irrévocable

[Procédure civile]

Jugement qui n'est pas susceptible d'être frappé par des voies extraordinaires de recours, soit que ces recours aient été exercés, soit que les délais pour les exercer soient expirés.

→ *Chose jugée, Voies de recours.*

Jugement mixte

[Procédure civile]

Jugement qui tranche dans son dispositif une partie du *principal* et ordonne en même temps une mesure d'instruction ou une mesure provisoire, ou qui statue sur une exception, une fin de non-recevoir ou tout autre incident mettant fin à l'instance. Ce jugement peut être attaqué par une voie de recours (appel, pourvoi en cassation) comme un jugement qui tranche tout le principal.

CPC, art. 544 et 606.

→ *Jugement avant-dire droit, Jugement définitif, Jugement sur le fond.*

Jugement par défaut

[Procédure civile]

Jugement rendu nonobstant le défaut de comparution du défendeur, qui n'est qualifié par défaut que si la décision est en dernier ressort et si la citation n'a pas été délivrée à personne. Le jugement par défaut peut être frappé d'opposition et doit être notifié dans les 6 mois de sa date.

CPC, art. 473, 474, 476, 478.

→ *Jugement contradictoire, Jugement réputé contradictoire, Jugement dit contradictoire.*

[Procédure pénale]

Est ainsi qualifié un jugement correctionnel rendu lorsque la personne poursuivie n'a pas été régulièrement citée à personne, ou lorsqu'il est pleinement établi qu'elle n'a pas eu connaissance de cette citation.

C. pr. pén., art. 412.

→ *Défaut en matière criminelle.*

Jugement préparatoire

[Procédure civile]

→ *Jugement avant-dire droit ou avant-faire droit.*

Jugement provisoire

[Procédure civile]

→ *Jugement avant-dire droit ou avant-faire droit, Protection juridictionnelle provisoire.*

Jugement réputé contradictoire

[Procédure civile]

Jugement que la loi traite fictivement comme étant contradictoire malgré le défaut de comparution du défendeur, soit parce que la décision est susceptible d'appel, soit parce que l'assignation a été notifiée à la personne même du défaillant. Ce jugement est inattaquable par l'*opposition*, mais obéit pour le reste au régime des jugements par défaut (péremption, *relevé de forclusion*).

CPC, art. 473, al. 2, 477, 478.

→ *Jugement contradictoire, Jugement dit contradictoire, Jugement par défaut.*

Jugement sur le fond

[Procédure civile]

Le jugement sur le fond ou jugement définitif, statue en principe sur tout ou partie de la question litigieuse, objet du procès.

Un jugement sur le fond peut trancher aussi l'incident consécutif à une *exception* ou à une *fin de non-recevoir* (ainsi nullité d'un acte de procédure).

Un tel jugement dessaisit le juge quand il statue sur le fond du procès; il a l'autorité de la chose jugée, à la différence du *jugement avant-dire droit*.

CPC, art. 480.

→ *Jugement définitif.*

Jugement sur pièces

[Procédure (principes généraux)/ Procédure civile]

Jugement rendu sans que l'affaire ait été au préalable plaidée, au seul vu des pièces contenues dans le dossier et des conclusions écrites déposées par les parties. En droit judiciaire privé, la suppression du débat oral, parfaitement licite, s'observe surtout devant la Cour de cassation où l'ampleur des mémoires développés de part et d'autre est telle que les plaidoiries deviennent superflues la plupart du temps.

Junior-entreprise

[Sécurité sociale]

Association régie par la loi du 1er juillet 1901 fondée par des élèves de l'enseignement supérieur dans le but de réaliser des études pour le compte de tiers moyennant rémunération. Les cotisations de Sécurité sociale sont évaluées forfaitairement.

Jura novit curia

[Droit général/Droit international privé]

Littéralement, « la cour connaît le droit ». Cette maxime ne joue que partiellement lorsqu'est invoquée une loi étrangère, une collaboration étant alors instaurée entre le juge et les parties. D'après la Cour de cassation, il incombe au juge qui reconnaît applicable un droit étranger d'en rechercher, soit d'office soit à la demande d'une partie qui l'invoque, la teneur, avec le concours des parties et personnellement s'il y a lieu, et de donner à la question litigieuse une solution conforme au droit positif étranger. Cette obligation faite au juge n'est toutefois que de moyens, et l'impossibilité de prouver la loi étrangère entraîne l'application de la loi française à titre subsidiaire.

GADIP n° 82 et 83.

Juridicité

[Droit général]

Caractère de ce qui est placé sous l'empire du droit, par opposition aux normes de la vie sociale : mœurs, convenances, morale, religion. La possibilité d'une sanction judiciaire en constitue un critère.

Juridiction

[Droit général]

Dans un sens large, proche de celui du mot anglais similaire (*jurisdiction*), synonyme un peu vieilli d'autorité, de souveraineté. On dit par exemple qu'une entreprise relève de la juridiction fiscale de tel ou tel État pour signifier que cet État a le pouvoir de l'imposer.

[Procédure (principes généraux)]

Dans un sens fonctionnel, et employé au singulier uniquement, le terme désigne la *jurisdictio*, le pouvoir de dire le droit.

Dans un sens organique, et employé au singulier comme au pluriel, il désigne les organes qui sont dotés de ce pouvoir. Les juridictions font l'objet de plusieurs classifications, selon l'ordre auquel elles appartiennent (administratif, tels les tribunaux administratifs – ou judiciaire, tels les tribunaux répressifs ou les tribunaux civils), selon leur nature (de droit commun ou d'exception) ou, enfin, selon le degré qu'elles occupent dans la hiérarchie judiciaire (juridictions de première instance, d'appel, de cassation).

→ *Dualité de juridictions, Jurisdictio, Ordre de juridictions.*

Juridiction administrative (La)

[Droit administratif]

Ensemble des juridictions de l'ordre administratif, normalement soumises au contrôle du Conseil d'État soit par la voie de l'appel, soit par la voie de la cassation.

L'expression est aussi employée pour caractériser n'importe quelle juridiction de cet ensemble (ex. : le tribunal administratif est une juridiction administrative).

Juridiction arbitrale

[Procédure (principes généraux)]

→ *Amiable compositeur, Arbitrage, Arbitrage international, Arbitre, Clause compromissoire, Compromis.*

Juridiction commerciale

[Procédure civile]

→ *Tribunal de commerce.*

Juridiction d'attribution

[Droit administratif]

Par opposition à *juridiction de droit commun*, termes ordinairement employés en procédure administrative pour désigner ce que le droit judiciaire privé nomme plus volontiers *juridiction d'exception*. Depuis 1953, le Conseil d'État n'est plus en premier *ressort* qu'un juge d'attribution.

Juridiction d'exception

[Procédure (principes généraux)]

Juridiction dont la compétence d'attribution est déterminée par un texte précis.

[Procédure civile]

Les juridictions d'exception ont une simple compétence d'attribution et ne connaissent que des affaires qui leur ont été confiées par un texte précis; tel est le cas pour les tribunaux de commerce, les conseils de prud'hommes, les juridictions des loyers (juges des loyers, tribunaux paritaires des baux ruraux).

[Procédure pénale]

Les juridictions pénales d'exception sont la Cour de justice de la République, les juridictions pour mineurs, les juridictions des forces armées, les tribunaux territoriaux des forces armées, les tribunaux militaires aux armées, et les tribunaux maritimes commerciaux.

Juridiction de droit commun

[Procédure (principes généraux)]

Tribunal normalement compétent, sauf lorsqu'un texte spécial exclut expressément cette compétence.

[Droit administratif]

Les juridictions administratives de droit commun sont les tribunaux administratifs et les cours administratives d'appel.

[Procédure civile]

Les juridictions de droit commun sont le tribunal de grande instance et la cour d'appel. Elles ont une vocation de principe à tout juger, déduction faite des affaires expressément dévolues aux juridictions d'exception.

→ *Compétence exclusive, Plénitude de juridiction.*

[Procédure pénale]

Les juridictions pénales de droit commun sont le tribunal de police, le tribunal correctionnel, la cour d'appel et la cour d'assises.

Juridiction de la rétention de sûreté

[Procédure pénale]

Formation juridictionnelle régionale visée à l'article 706-53-15 du Code de procédure pénale en application de la loi n° 2008-174 du 25 février 2008 (art. 1er I) sur les criminels dangereux. Elle est composée d'un président de chambre et de 2 conseillers de la Cour d'appel désignés par le premier président de la Cour, pour une durée de 3 ans.

Elle statue sur le cas des personnes visées à l'article 706-53-13 du Code de procédure pénale, dans les conditions énumérées par ce texte et les articles suivants.

→ *Rétention de sûreté.*

Juridiction de proximité

[Procédure civile]

Juridiction à *juge unique*, exercée par un juge non professionnel, connaissant en matière civile, en dernier ressort, des actions personnelles ou mobilières jusqu'à la valeur de 4 000 €, ou, mais à charge d'appel, des demandes indéterminées qui ont pour origine l'exécution d'une obligation dont le montant n'excède pas 4 000 €.

Elle peut être saisie, dans les mêmes conditions, d'une demande d'homologation du constat d'accord formé par les parties à l'issue d'une tentative de conciliation ordonnée par un juge, afin de donner force exécutoire à cet accord. Un projet de loi (3 mars 2010) en cours de discussion au Parlement prévoit leur suppression mais le maintien de la fonction de *juge de proximité*.

COJ, art. L. 231-3 s., 522-28 s., 532-19 s., 552-13 s., 562-29 s., D. 231-1, R. 231-3 s.

[Procédure pénale]

La juridiction de proximité est compétente pour juger des contraventions des 4 premières classes, à l'exception de celles qu'un décret en Conseil d'État fait dépendre de la compétence du tribunal de police. Elle peut aussi valider, sur délégation du président du TGI, les compositions pénales contraventionnelles.

Les *juges de proximité* sont susceptibles de siéger en qualité d'assesseur au sein de la formation collégiale du tribunal correctionnel, selon la décision du président du TGI.

COJ, art. L. 331-5; C. pr. pén., art. 521 s.

Juridiction de renvoi

[Procédure civile/pénale/administrative]

Juridiction chargée de réexaminer l'affaire après *cassation* de la décision attaquée, lorsque la cassation implique qu'il soit à nouveau statué sur le fond et que les faits, tels qu'ils ont été souverainement appréciés, ne permettent pas à la Cour suprême de mettre directement fin au litige en appliquant la règle de droit appropriée.

La juridiction de renvoi doit être du même ordre, du même degré et de même nature que celle dont la décision est cassée. Le renvoi peut aussi avoir lieu devant la même juridiction composée d'autres magistrats.

CPC, art. 1032 s., COJ, art. L. 411-3 et 431-4; C. pr. pén., art. 609 s.; CJA, art. L. 821-2.

[Droit européen]

Juridiction nationale ayant adressé un renvoi préjudiciel à la Cour de justice.

Juridiction d'instruction, Juridiction de jugement

[Procédure pénale]

Les juridictions pénales sont réparties en 2 catégories : les juridictions d'instruction dont l'intervention n'est pas toujours obligatoire (juge d'instruction, chambre de l'instruction); les juridictions de jugement (de droit commun et d'exception).

Juridiction gracieuse

[Procédure civile]

→ *Décision gracieuse.*

Juridiction judiciaire

[Procédure civile/Procédure pénale]

Ensemble des tribunaux de l'ordre judiciaire (tribunaux répressifs, tribunaux civils, commerciaux, prud'homaux, ruraux, de Sécurité sociale) soumis au contrôle de la Cour de cassation.

Juridiction obligatoire (Clause facultative de)

[Droit international public]

Clause de l'article 36, § 2 du statut de la Cour internationale de justice prévoyant la faculté pour les États d'accepter d'avance, par une simple déclaration unilatérale, la compétence obligatoire de la Cour pour le règlement de litiges d'ordre juridique.

Juridiction ordinale

[Procédure civile]

Juridiction d'un ordre professionnel, tel le conseil de discipline institué dans le ressort de chaque cour d'appel pour connaître des infractions et fautes commises par les avocats.

Juridiction provisoire

[Procédure (principes généraux)]

Dans un sens fonctionnel, l'expression désigne le pouvoir conféré au juge de prendre des mesures provisoires. En vertu du principe « qui peut le plus, peut le moins », les juges saisis du fond d'une affaire disposent généralement d'un tel pouvoir et prononcent à cette fin des mesures.

→ *Jugement avant-dire droit.*

Dans un sens organique, et employé au singulier comme au pluriel, il désigne les organes qui sont spécialement institués par la loi pour rendre des mesures provisoires au terme d'une procédure accélérée, et qui ne peuvent rendre que des décisions de cette nature (juges statuant en référé ou sur requête). On parle parfois des *juridictions* du provisoire.

→ *Protection juridictionnelle provisoire, Référé administratif, Référé civil, Référé pénal, Requête.*

Juridictions de l'application des peines

[Procédure pénale]

Instances mises en place par la loi n° 2004-204 du 9 mars 2004 (Perben II), destinées à répondre à tous les besoins d'exécution des peines et qui reproduisent le modèle de l'organisation judiciaire, avec des juridictions du premier degré (juge de l'application des peines et tribunal de l'application des peines) et une juridiction d'appel (chambre de l'application des peines).

C. pr. pén., art. 712-1 s. et D. 49 s.

Juridictions militaires

[Procédure pénale]

→ *Tribunal militaire aux armées, Tribunal territorial des forces armées.*

Juridictions spécialisées

[Procédure pénale]

Juridictions pénales de droit commun auxquelles est attribuée une compétence territoriale particulière par dérogation aux règles normales de dévolution des contentieux, en raison de la complexité des infractions concernées (criminalité et délinquance organisées, terrorisme, matière économique et financière, matière sanitaire, pollution maritime…). La solution consiste, soit en une régionalisation ou interrégionalisation des juridictions en cause, soit en une centralisation au profit des juridictions parisiennes.

Juridique

[Droit général]

Adjectif révélant que l'expression qu'elle qualifie est relative au droit dans son sens le plus large. Ainsi la théorie juridique se réfère-t-elle à des règles juridiques qui seront appliquées à un complexe de faits, qu'il s'agisse d'une consultation à donner, d'un contrat à rédiger, d'un procès à juger.

Un *acte juridique* engendre des effets de droit.

→ *Fait juridique.*

Le raisonnement juridique permet de préciser sous quelle *qualification* juridique une situation de fait doit être appréhendée.

Juris et de jure

[Droit civil]

On dit d'une présomption qu'elle est *juris et de jure* (de droit et pour le droit) ou irréfragable lorsqu'elle est absolue et ne peut être combattue par une preuve contraire.

C. civ., art. 1350 et 1352.

→ *Juris tantum, Présomption.*

Jurisconsulte

→ *Consultation.*

Jurisdictio

[Procédure (principes généraux)]

Terme latin désignant le pouvoir dont est investi le juge de dire le droit, en répondant à une situation de fait dont il est saisi, par une déclaration rendue selon les règles légales, la procédure prescrite et les preuves autorisées. L'*acte juridictionnel*, à l'opposé de l'acte administratif, a pour spécificité le dessaisissement du juge, l'autorité de la chose jugée et le caractère déclaratif du jugement.

Si, d'ordinaire, l'acte de juridiction suppose un litige auquel il est mis fin, il n'en est pas toujours ainsi. On tend ainsi à admettre aujourd'hui que la *procédure gracieuse* relève de l'activité juridictionnelle, alors même que celle-ci se déroule en l'absence de tout litige.

→ *Imperium.*

Jurisprudence

[Droit général]

Dans un sens ancien, science du droit.

Au sens large, ensemble des décisions de justice rendues pendant une certaine période dans un domaine du droit ou dans l'ensemble du droit.

Dans un sens plus restreint, ensemble des décisions concordantes rendues par les juridictions sur une même question de droit.

Au sens strict, propositions contenues dans les décisions rendues par les juridictions de rang supérieur, et présentant l'apparence d'une norme, en raison de leur formulation générale et abstraite.

En droit public, on parle volontiers de « jurisprudence prétorienne » pour souligner le caractère créateur de la jurisprudence administrative et son rôle de source très importante du droit administratif.

GAJC, t. 1, nº 10.

→ *Common law, Droit prétorien, Revirement de jurisprudence.*

Juris tantum

[Droit civil]

On dit qu'une présomption est *juris tantum*, lorsqu'elle peut être combattue par la preuve contraire.

C. civ., art. 1353.

→ *Juris et de jure, Présomption.*

Jury

[Procédure pénale]

Élément propre à certaines juridictions, formé de jurés, simples citoyens, appelés, à titre exceptionnel et temporaire, à rendre la justice pénale.

C. pr. pén., art. 254 s.

GAPP nº 2.

Jus abutendi, jus fruendi, jus utendi

[Droit civil]

Ces expressions expriment les prérogatives du propriétaire sur sa chose.

Jus abutendi : expression latine désignant le droit du propriétaire d'un bien d'en *disposer*.

→ *Abusus.*

Jus fruendi : expression latine désignant le droit du propriétaire de percevoir les fruits de sa chose.

→ *Fructus.*

Jus utendi : expression latine désignant le droit du propriétaire d'un bien de l'utiliser.

C. civ., art. 544.

→ *Usus.*

Jus civile

[Droit international privé]

1° Droit privé propre à chaque peuple, par opposition au *jus gentium*.

2° Distinction établie par le droit romain entre les règles applicables aux seuls citoyens romains et celles applicables aux étrangers ou aux peuplades soumises à la domination romaine.

Jus cogens

[Droit international public]

« Norme impérative du droit international général, reconnue par la communauté internationale dans son ensemble en tant que norme à laquelle aucune dérogation n'est permise et qui ne peut être modifiée que par une nouvelle norme du droit international général ayant le même caractère » (art. 53 de la Convention de Vienne sur le droit des traités, du 23 mai 1969).

Jus gentium

[Droit international privé]

Droit des gens, c'est-à-dire ensemble de règles juridiques ayant leur fondement dans la nature des choses, applicables à tous les peuples et non simplement aux sujets d'un État déterminé.

→ *Jus civile.*

Jus sanguinis

[Droit international privé]

Détermination de la nationalité d'après la filiation de l'individu.

C. civ., art. 18.

Jus soli

[Droit international privé]

Détermination de la nationalité d'après le lieu de naissance de l'individu.

C. civ., art. 19.

Juste titre

[Droit civil]

→ *Titre (Juste).*

Justice

[Droit général]

1° La justice désigne ce qui est juste. Rendre la justice consiste essentiellement à dire ce qui est juste dans l'espèce concrète soumise au tribunal.

La justice est dite distributive lorsqu'elle vise à répartir entre les personnes les biens, les droits et les devoirs, les honneurs, en fonction de la valeur, des aptitudes, des besoins de chacun et de son rôle dans la société.

La justice commutative est celle qui prétend veiller à une égalité arithmétique dans les échanges.

2° Le mot justice désigne aussi l'*autorité judiciaire*, ou l'ensemble des juridictions d'un pays donné.

GAJA n° 68.

→ *Judiciaire (Pouvoir), Magistrats.*

Justice de paix

[Procédure civile]

→ *Juge de paix.*

Justice politique

[Droit constitutionnel]

Expression employée pour désigner les juridictions spéciales instituées pour connaître des activités politiques contraires à l'intérêt général de l'État (l'intérêt de la magistrature ordinaire exigeant qu'elle ne soit pas mêlée aux controverses politiques).

Avec la suppression de la *Haute cour de justice*, qui était compétente pour juger le président de la République en cas de haute trahison, il n'existe plus en France de justice politique; en effet la *Haute cour* qui remplace cette juridiction ne constitue pas elle-même une juridiction, mais une instance politique de destitution du président de la République.

Justice retenue, déléguée

[Droit administratif]

La Révolution ayant soustrait l'Administration au contrôle des juges, le Conseil d'État n'a exercé pendant longtemps qu'une justice « retenue », au nom du chef de l'État. À partir de la loi du 24 mai 1872, le pouvoir juridictionnel lui est pleinement « délégué », sous réserve de la théorie du *ministre-juge*.

GAJA n° 5.

Justiciable

[Procédure (principes généraux)]

1° *Nom.* La personne considérée dans ses rapports avec la justice, soit qu'elle demande justice, soit qu'elle soit appelée en justice.

2° *Adj.* Qui relève de telle ou telle juridiction : les employeurs et les salariés sont justiciables du conseil de prud'hommes pour ce qui concerne leurs différends relatifs au contrat de travail.

K

Know-How

[Droit commercial]

→ *Savoir-faire.*

Kyoto

[Droit de l'environnement]

→ *Protocole de Kyoto.*

L

Label

[Droit du travail]

Marque syndicale protégée, qui atteste qu'un produit a été fabriqué conformément aux conditions de travail prévues par la loi ou la convention collective.

C. trav., art. L. 2134-1 s.

Label agricole

[Droit commercial/Droit rural]

Signe attestant qu'une denrée alimentaire ou qu'un produit agricole non alimentaire et non transformé possède un ensemble distinct de qualités et caractéristiques spécifiques préalablement fixées dans un cahier des charges et établissant un niveau de qualité supérieure.

C. consom., art. L. 115-22; C. rur., L. 643-1.

Laïcité

[Droit public]

Principe d'organisation et de fonctionnement des services de l'État et de toutes les autres personnes publiques, selon lequel l'État est non confessionnel. Toute une série de conséquences en sont tirées. Notamment, il ne doit favoriser ou défavoriser la propagation des croyances ou des règles de vie en société d'aucune religion, spécialement, s'accorde-t-on à penser, dans le cadre de l'enseignement primaire et secondaire. Pour des raisons historiques, ce principe ne s'applique pas dans les départements d'Alsace-Lorraine avec un contenu aussi large qu'ailleurs.

Laïcité de l'État

[Droit constitutionnel]

1° Expression signifiant que l'État est par nature un phénomène non religieux (par opposition par ex. à la Cité antique ou à l'État musulman selon la conception stricte du Coran).

2° Expression signifiant que l'État adopte à l'égard des Églises et des religions une attitude sinon d'ignorance, du moins d'impartialité, de neutralité.

Const., art. 1.

GAJA n° 24.

Lais et relais

[Droit administratif/Droit civil]

Terrains constitués par les apports (les lais) ou par le retrait (les relais) de la mer et des *cours d'eau*.

Les alluvions profitent au propriétaire riverain, qu'il s'agisse d'un cours d'eau domanial ou non. En cas de relais, c'est le propriétaire de la rive découverte qui bénéficie de l'atterrissement sans que le riverain du côté opposé puisse réclamer le terrain perdu.

C. civ., art. 556 et 557; CGPPP, art. L. 2111-13.

Langue

[Droit général]

Langue nationale : « La langue de la République est le français » (Const., art. 2), mais les langues régionales appartiennent au patrimoine de la France (Const., art. 75-1).

GACA n° 43.

[Droit international public]

1° *Langue diplomatique* : langue commune que des États conviennent d'adopter dans leurs relations (rédaction des traités, délibérations dans les organes internationaux) afin d'éviter les inconvénients que présenterait l'emploi par chacun de sa propre langue.

2° *Langue officielle* : langue dans laquelle doivent être rédigés les actes officiels émanant d'une conférence ou d'un organe international.

3° *Langue de travail* : expression désignant dans la pratique des organisations internationales (ONU notamment) celles des langues officielles qui sont employées dans le travail courant : traduction des discours, procès-verbaux, etc.

La plume est serve, mais la parole est libre

[Procédure civile/Procédure pénale]

Principe en vertu duquel les membres du parquet sont tenus de prendre *par écrit* des réquisitions conformes aux instructions de leurs supérieurs hiérarchiques, mais libres, à l'audience, de développer *oralement* des conclusions différentes reflétant leur propre conviction.

C. pr. pén., art. 33.

Lata sententia, judex desinit esse judex

[Procédure civile]

Adage latin « La sentence une fois rendue, le juge cesse d'être juge ». En prononçant son jugement sur le fond, le juge épuise ses pouvoirs. Il est dessaisi et ne peut plus revenir, sauf cas exceptionnel, sur ce qu'il a jugé.

CPC, art. 481.

→ *Dessaisissement du juge.*

Lato sensu

Littéralement : « au sens large ». Utilisation extensive d'une disposition légale, réglementaire, conventionnelle, ou d'un mot.

→ *Stricto sensu.*

Lease-back

[Droit commercial]

Opération par laquelle le propriétaire d'un immeuble industriel ou commercial le vend à une entreprise de crédit-bail qui lui en confère aussitôt la jouissance par un contrat de *crédit-bail*. Concevable pour les meubles comme pour les immeubles, le *lease-back* n'est utilisé en pratique que pour les immeubles. C'est une opération qui permet à l'utilisateur de se procurer des fonds.

Leasing

[Droit commercial]

→ *Crédit-bail.*

Lecture

[Droit constitutionnel]

Dans la terminologie parlementaire, discussion d'un projet ou d'une proposition de loi par une assemblée législative.

Légalisation

[Droit civil/Droit général]

Procédure par laquelle un fonctionnaire public certifie l'authenticité de la signature et de la qualité de l'auteur d'un acte.

Dans un sens moins technique, consécration par la loi d'une pratique illicite ou non réglementée (ex. : le débat sur la légalisation de la gestation pour autrui).

Légalité (Contrôle de)

[Droit administratif]

Forme actuelle, pour les *collectivités territoriales*, de l'ancien contrôle de *tutelle*, comportant un contenu différent.

Légalité (Principe de)

[Droit administratif]

Principe fondamental de l'action administrative, déduit du libéralisme politique, à titre de garantie élémentaire des administrés, et selon lequel l'Administration ne peut agir qu'en conformité avec le droit, dont la loi écrite n'est qu'un des éléments.

→ *État de droit.*

[Droit financier ou fiscal]

(Légalité de l'impôt). Principe fondamental du droit fiscal, remontant à la Déclaration des droits de 1789 et aujourd'hui inscrit à l'article 34 de la Constitution, selon lequel tout impôt – qu'il soit levé par une collectivité locale ou par l'État – ne peut être créé que par une loi.

[Droit pénal]

Principe, contenu dans l'adage latin « *Nullum crimen sine lege, nulla poena sine lege* », selon lequel les crimes et les délits doivent être légalement définis avec clarté et précision, ainsi que les peines qui leur sont applicables. Pour ce qui est des contraventions, soumises aux mêmes exigences, leur définition relève, depuis la Constitution de 1958, du domaine réglementaire.

C. pén., art. 111-2 et 111-3.

Légataire

[Droit civil]

Bénéficiaire d'un *legs*.

Légation

[Droit international public]

1° Siège d'une mission diplomatique.

2° Droit de légation : droit pour un État d'envoyer des agents diplomatiques à d'autres États (droit de légation actif) ou d'en recevoir (droit de légation passif).

Legem patere quam fecisti

[Droit général]

Littéralement : « respecter la loi que tu as faite ». Une autorité administrative ne peut déroger par une mesure individuelle au règlement (général) qu'elle a pris antérieurement, si celui-ci ne prévoit pas cette possibilité. Cette expression particulière du principe fondamental de légalité interdit par exemple à un maire d'accorder une dérogation individuelle à un arrêté de police dont il est l'auteur.

Législateur

[Droit constitutionnel]

Mot employé dans 2 sens :

1° *au sens matériel*, désigne tout organe pouvant édicter des règles juridiques générales (normes de droit), que ce soit le gouvernement ou le Parlement;

2° *au sens formel*, synonyme de Parlement.

→ *Formel, Matériel.*

Législatif (Pouvoir)

[Droit constitutionnel]

1° Fonction consistant à discuter et voter les lois.

→ *Loi ordinaire ou parlementaire.*

2° Organe qui exerce la fonction législative : le Parlement.

Législature

[Droit constitutionnel]

1° Durée du mandat d'une assemblée législative.

2° Cette assemblée elle-même.

Légistique

[Droit général]

Art de légiférer, méthode de confection des textes. Les lois doivent répondre à une nécessité de portée générale, mûrir à travers les travaux préparatoires, s'inscrire dans un ensemble législatif cohérent, être intelligible et accessible, facilement applicables par les praticiens. La légistique rejette le circonstanciel, l'incantatoire, l'imprécision, les défigurations du projet initial par des amendements successifs et improvisés.

→ *Politique juridique ou législative, Technique juridique ou législative.*

Légitimation

[Droit civil]

Institution légale qui conférait à un enfant né hors mariage, pour l'avenir, la condition d'enfant légitime. Elle résultait soit d'un mariage, soit d'une décision de justice.

L'ordonnance n° 2005-759 du 4 juillet 2005, tirant les conséquences de l'égalité de statut entre les enfants, quelles que soient les conditions de leur naissance, a supprimé les notions de filiation légitime et naturelle et, partant, a aboli la légitimation.

C. civ., art. 329 s.

Légitime défense

[Droit pénal]

Cause d'irresponsabilité pénale par justification, bénéficiant à la personne qui, devant une atteinte injustifiée envers elle-même, autrui, ou un bien, accomplit, dans le même temps, un acte de défense, sauf s'il y a disproportion entre les moyens employés et la gravité de l'atteinte. Cette disproportion est légalement présumée si, pour interrompre l'exécution d'un crime ou d'un délit contre un bien, l'auteur de l'acte de défense commet un homicide volontaire.

C. pén., art. 122-5 et 122-6.

GADPG n° 21, 22 et 23.

Légitimité

[Droit constitutionnel]

Qualité d'un pouvoir d'être conforme aux aspirations des gouvernés (notamment sur son origine et sa forme), ce qui lui vaut l'assentiment général et l'obéissance spontanée. La légitimité n'est pas immuable :

• *Légitimité démocratique* : fondée sur l'investiture populaire des gouvernants (élection).

• *Légitimité monarchique* (ou de droit divin) : fondée sur l'histoire et/ou l'investiture divine (directe ou providentielle) du roi.

• *Légitimité théocratique* : fondée sur la révélation divine.

[Droit civil]

Qualité d'enfant légitime.

→ *Filiation légitime.*

Legs

[Droit civil]

Libéralité contenue dans un testament et qui ne prend effet qu'à la mort de son auteur.

• *Legs particulier* : legs qui porte sur un ou plusieurs biens déterminés ou déterminables.

• *Legs de residuo* : legs fait à une personne à charge pour elle de remettre, à son décès, ce dont elle n'aura pas disposé à telle personne désignée par le testateur. À la différence de la *substitution fidéicommissaire* (devenue *libéralité graduelle*), le legs *de residuo* ne comporte pas l'obligation pour le gratifié de conserver le bien.

• *Legs à titre universel* : legs qui porte sur une quote-part des biens laissés par le testateur à son décès.

• *Legs universel* : legs qui donne à son bénéficiaire vocation à recueillir l'ensemble de la succession.

C. civ., art. 1002 s.

GAJC, t. 1, n° 126, 127 et 128.

→ *Libéralité résiduelle, Ultra vires.*

Le juge de l'action est le juge de l'exception

[Procédure (principes généraux)]

Principe selon lequel, sous certaines conditions, le juge tant civil que pénal ou administratif, saisi d'une demande principale ou de l'action publique, peut statuer sur tous les moyens de défense évoqués au cours de l'instance et qui, proposés à titre principal, auraient échappé à sa compétence.

CPC, art. 49; C. pr. pén., art. 384.

→ *Défense à l'action, Demande incidente, Exception, Fin de non-recevoir ou de non-valoir, Question préjudicielle.*

Leonardo

[Droit européen]

Nom, depuis 1995, du programme de l'Union européenne en matière de formation professionnelle.

Léonin

[Droit commercial]

→ *Clause léonine.*

Lésion

[Droit civil]

Préjudice contemporain de l'accord de volonté résultant de la différence de valeur entre les prestations d'un contrat synallagmatique ou entre les lots attribués à des copartageants. Elle ouvre une action en *rescision* ou en complément de part.

La simple lésion donne lieu à rescision en faveur du mineur non émancipé contre toutes sortes de conventions, alors que pour les majeurs, elle n'est prise en considération que dans certains contrats et qu'à un certain taux (par ex., sept douzièmes dans la vente).

C. civ., art. 889 s., 1118, 1305 et 1674 s.

GAJC, t. 1, n° 58-59; GAJC, t. 2, n° 261 et 262.

Lettre de cadrage, de plafond

[Droit financier]

Durant la préparation du projet de loi de finances de l'année suivante, une lettre de cadrage est adressée par le Premier ministre à chaque ministre, en vue d'assurer la maîtrise des dépenses publiques, pour l'informer des priorités gouvernementales dont il devra tenir compte dans ses demandes de crédits.

À la fin des arbitrages budgétaires, les plafonds des demandes possibles de crédits budgétaires pour chaque *mission*, et d'effectifs d'emplois, sont notifiés à chaque ministre par une lettre de plafond.

Lettre de change

[Droit commercial]

Titre par lequel une personne, appelée *tireur*, donne l'ordre à l'un de ses débiteurs, appelé *tiré*, de payer une certaine somme, à une certaine date, à une troisième personne appelée *bénéficiaire* ou *porteur*, ou à son ordre. La lettre de change ou *traite*, est un acte de commerce par la forme.

C. com., art. L. 511-1 s. et 110-1; C. mon. fin., art. L. 134-1.

→ *Acceptation.*

Lettre de change-relevé (LCR)

[Droit commercial]

Procédé de dématérialisation, aujourd'hui majoritairement employé, selon lequel les *lettres de change* ne circulent plus entre les banques que sous forme magnétique. Ce sont donc les informations elles-mêmes qui circulent. Toutefois, un relevé est adressé au *tiré* par sa banque afin de lui indiquer l'échéancier des traites, de lui permettre de vérifier la régularité des opérations et d'indiquer les lettres de change qu'il entend payer.

Ces LCR comportent outre les mentions classiques de l'article L. 511-1 du Code de

commerce, les coordonnées bancaires du tiré et une clause de retour sans frais.
On distingue les LCR papier des LCR magnétiques; seules les premières sont de véritables *effets de commerce* bénéficiant des garanties du droit bancaire car elles sont constatées par un écrit.
Au contraire, la LCR magnétique, qui n'est pas constatée par un écrit, n'est pas un véritable effet de commerce.

C. com., art. L. 511-1 s.

Lettre de créance

[Droit international public]

Document officiel qui accrédite un agent diplomatique et que celui-ci, arrivé dans son poste, remet au chef de l'État (ou au ministre des Affaires étrangères s'il s'agit d'un chargé d'affaires).

Lettre de crédit

[Droit commercial]

Lettre adressée par un banquier à un correspondant d'une autre place pour l'inviter à payer une somme d'argent ou à consentir un crédit à l'un de ses clients pendant un certain délai et jusqu'à concurrence d'une somme déterminée. Cette lettre, créée à la demande du client, est parfois destinée à être remise par lui à un bénéficiaire dont il est débiteur. La lettre de crédit, encore appelée lettre accréditive, n'est pas un effet de commerce mais un titre de banque particulier.

→ *Accréditif.*

Lettre de plafond

[Droit financier ou fiscal]

→ *Lettre de cadrage.*

Lettre de provision

[Droit international public]

Document officiel délivré au consul par l'État qui le nomme et transmis au gouvernement de l'État où il doit exercer ses fonctions en vue d'obtenir l'*exequatur*.

Lettre de rappel

[Droit financier ou fiscal]

En matière de recouvrement des recettes encaissées par les *percepteurs*, une lettre de rappel doit être envoyée au débiteur qui n'a pas payé dans les délais avant de lui notifier un *commandement*, qui préludera à une procédure de saisie-exécution.

LPF, art. L. 255.

Lettre de voiture

[Droit commercial]

Écrit formaliste constatant le contrat de transport de marchandises entre l'expéditeur, le transporteur et le destinataire. À la différence du *connaissement*, elle ne représente pas la marchandise.

C. com., art. L. 132-8 et 132-9 (ex-art. 101 et 102).

Lettre d'intention

[Droit civil/Droit commercial]

Engagement de faire ou ne pas faire ayant pour objet le soutien apporté à un débiteur dans l'exécution de son obligation envers son créancier. En cas d'inexécution de son obligation par le débiteur, le garant n'est pas tenu de se substituer à lui; il doit simplement indemniser le créancier de son préjudice. Auparavant, on disait aussi lettre de confort ou de patronage.

C. civ., art. 2322.

GAJC, t. 2, n° 296.

Lettre missive

[Droit civil]

Écrit contenant un message adressé à une personne déterminée.

→ *Lettre recommandée, Lettre simple.*

Lettre recommandée, Lettre simple

[Droit général]

La lettre recommandée est une lettre confiée à un service d'acheminement du courrier et qui est remise en mains propres à son destinataire qui doit signer, au moment de la remise, une attestation de la réalité de cette remise.

La lettre simple est une lettre confiée à un service d'acheminement du courrier, sans remise en mains propres à son destinataire.

[Droit administratif]

Les décisions des juridictions administratives sont notifiées en général par lettre recommandée avec demande d'avis de réception.

[Droit civil]

La lettre simple relative à la conclusion ou à l'exécution d'un contrat peut être envoyée par courrier électronique ; l'apposition de la date d'expédition résulte d'un procédé électronique présumé fiable jusqu'à preuve du contraire.

Une lettre recommandée peut être expédiée par la même voie, à condition que ce courrier soit acheminé par un tiers selon un procédé présentant toute garantie d'identification et de remise.

C. civ., art. 1369-7 et 1369-8.

→ *Courrier électronique.*

[Procédure civile]

Lettre recommandée : procédé de notification des actes en la forme ordinaire, utilisé dans les procédures sans représentation obligatoire et devant les juridictions d'exception (conseil de prud'hommes, tribunal des affaires de Sécurité sociale…). Par souci de confidentialité, la lettre est remise sous enveloppe ou pli fermé ; la date de *notification* est celle de l'expédition (qui figure sur le cachet du bureau d'émission) pour celui qui y procède ; à l'égard de celui à qui elle est faite, c'est la date de réception de la lettre, c'est-à-dire celle qui est apposée par l'administration des Postes lors de la remise de la lettre à son destinataire. La loi reconnaît à la lettre recommandée sous forme électronique la même valeur qu'à sa version papier.

La lettre simple est aussi utilisée ; c'est ainsi, par exemple, que le greffier de la Cour de cassation fait connaître au défendeur le pourvoi dont il est l'objet.

C. civ., art. 1316-1 s. ; CPC, art. 665 s., 844 ; C. trav., art. R. 1452-2 s.

Levée d'écrou

[Procédure pénale]

Constatation officielle de mise en liberté d'un individu détenu. La date et les raisons motivant la libération sont mentionnées sur le registre d'*écrou*.

C. pr. pén., art. 724 s.

Levée des scellés

[Procédure civile/Droit civil]

Acte par lequel le greffier en chef du tribunal d'instance procède à l'enlèvement des *scellés*, soit sans inventaire lorsque toutes les parties appelées sont présentes (ou représentées) et ne s'y opposent pas, soit avec inventaire dans le cas contraire. Le procès-verbal de levée des scellés constate l'intégrité des scellés ou l'état de leurs altérations.

CPC, art. 1316 s.

Lex fori

[Droit international privé]

Loi nationale du tribunal saisi.

Un tribunal statue *lege fori* s'il applique à un litige, pour résoudre un conflit de lois, la loi de l'État à la souveraineté duquel il est soumis.

Lex loci

[Droit international privé]

Loi locale, c'est-à-dire loi du lieu où s'est produit un fait juridique.

Lex mercatoria

[Droit civil]

Littéralement : « la loi des marchands ».

Expression désignant les règles aménagées par les professionnels, en matière de contrats internationaux et suivies spontanément par les milieux d'affaires. Cette loi marchande devient dans une large mesure indépendante des règles étatiques.

GADIP n° 22.

Lex rei sitae

[Droit international privé]

Loi de la situation de la chose.

Certains biens sont régis nécessairement par la loi de l'État où ils sont situés, même s'ils appartiennent à des étrangers (ex. : les immeubles).

C. civ., art. 3, al. 2.

GADIP n° 3 et 48.

Lex societatis

[Droit international privé]

Loi en principe applicable à la constitution, au fonctionnement et à la dissolution d'une société. Cette loi, en droit international privé français, est déterminée par la situation du siège social.

C. civ., art. 1837; C. com., art. L. 210-3.

Liaison de l'instance

[Procédure civile]

L'instance est liée à la première audience à laquelle sont échangées les conclusions sur le fond. La liaison de l'instance rend la procédure contradictoire (il n'y a plus place pour un jugement par défaut) et les exceptions de procédure irrecevables; elle fait obstacle au désistement ultérieur du demandeur sans l'accord de la partie adverse.

→ *Conclusions, Instance, Lien d'instance.*

Libéralisme

[Droit public]

Système selon lequel l'État doit se borner à assumer les fonctions indispensables à la vie en société et à la cohésion sociale et abandonner les autres activités à l'initiative privée.

L'État libéral est aussi qualifié d'État-arbitre (puisqu'il n'a pas à s'immiscer dans les rapports entre les individus, mais seulement à veiller au respect des règles du jeu libéral), ou d'État-gendarme (son rôle essentiel étant d'assurer le maintien de l'ordre et la défense nationale).

Libéralité

[Droit civil]

Définie par le législateur (L. n° 206-728 du 23 juin 2006) comme « l'acte par lequel une personne dispose à titre gratuit de tout ou partie de ses biens ou de ses droits au profit d'une autre personne », la libéralité suppose que cet acte par lequel une personne procure à autrui, ou s'engage à lui procurer un avantage, le soit sans contrepartie. Elle suppose ainsi un déplacement de valeur du patrimoine du disposant vers le patrimoine du gratifié, à la différence du contrat de bienfaisance où il n'y a pas disposition de ses biens, mais fourniture d'une activité bénévole (mandat non salarié), concession d'une jouissance gratuite (prêt à usage), ou mise à la disposition d'un tiers de son crédit uniquement (caution).

Il ne peut être fait de libéralité que par *donation* entre vifs ou par testament.

C. civ., art. 893 s. et 1105.

→ *Legs.*

[Droit du travail]

Gratification accordée par l'employeur à un salarié en sus de son salaire et qui n'a pas la nature juridique de ce dernier.

Libéralité en avancement d'hoirie

[Droit civil]

→ *Avancement de part successorale, Hors part successorale.*

Libéralité en avancement de part successorale

[Droit civil]

→ *Avancement de part successorale, Hors part successorale.*

Libéralité graduelle

[Droit civil]

Libéralité grevée d'une charge comportant l'obligation pour le *donataire* ou le *légataire* de conserver les biens ou droits qui en sont l'objet et de les transmettre, à son décès, à un second gratifié désigné dans l'acte. Une telle libéralité, ouverte à toute personne au rebours de la *substitution fidéicommissaire* qu'elle remplace, ne peut porter que sur des biens et droits identifiables à la date de la transmission et subsistant en nature au décès du *grevé*.

Le second gratifié, dont les droits s'ouvrent à la mort du grevé, est réputé tenir ses droits de l'auteur de la libéralité.

C. civ., art. 1048 à 1056.

→ *Appelé, Fideicommis, Grevé, Libéralité résiduelle.*

Libéralité-partage

[Droit civil]

Dénomination du *partage d'ascendant* (loi du 23 juin 2006).

Libéralité résiduelle

[Droit civil]

Disposition d'une libéralité par laquelle le donateur ou le testateur prévoit qu'un second gratifié recueillera ce qui subsistera du don ou du *legs* fait à un premier gratifié à la mort de celui-ci.

La libéralité résiduelle, à l'opposé de la *libéralité graduelle*, n'oblige pas le gratifié en premier à conserver les biens reçus; il peut en disposer à titre onéreux et, en cas de vente, les droits du second bénéficiaire ne se reportent ni sur le produit de l'aliénation, ni sur le nouveau bien acquis. En revanche, le premier gratifié ne peut pas disposer par testament des biens reçus à titre résiduel et le disposant peut lui interdire de procéder par donation entre vifs.

C. civ., art. 1057 s.

→ *Legs de residuo.*

Libération conditionnelle

[Droit pénal]

Mesure de libération anticipée d'un condamné à une ou plusieurs peines privatives de liberté, s'il manifeste des efforts sérieux de réadaptation sociale. Accordée par le juge de l'application des peines ou le tribunal de l'application des peines, selon la durée de détention prononcée ou restant à subir, elle n'est possible que sous couvert d'un temps d'épreuve, correspondant à l'accomplissement d'une partie incompressible de la peine prononcée.

C. pr. pén., art. 712-6 s. et 729 s.

Libération d'actions et de parts sociales

[Droit commercial]

Versement de la somme d'argent ou remise des biens représentant la valeur nominale de l'action souscrite.

Pour les sociétés par actions, les actions de numéraire doivent être libérées d'au moins la moitié lors de la souscription.

Pour les sociétés à responsabilité limitée, les parts de numéraire doivent être libérées d'au moins un cinquième de leur montant lors de la souscription.

C. com., art. L. 228-27 et 223-7.

Liberté civile

[Droit civil]

La liberté juridique ou civile consiste dans le droit de faire tout ce qui n'est pas défendu par la loi.

Elle se présente comme une prérogative ouvrant à son bénéficiaire, lorsqu'il le désire, un accès inconditionné aux situations juridiques qui se situent dans le cadre de cette liberté. Une liberté est en principe non définie ni causée (susceptible non pas d'abus, mais d'excès) ; elle est également, en principe, inconditionnée (ainsi se marier ou non, contracter ou non, acquérir ou aliéner, tester, faire concurrence à d'autres commerçants...).

GAJC, t. 1, n° 30.

→ *Droits civils et politiques.*

Liberté contractuelle

[Droit général]

Principe général du droit, directement issu de la théorie de l'*autonomie de la volonté*, selon lequel les sujets de droit sont libres de conclure ou non un contrat et de déterminer leurs obligations réciproques.

Liberté d'aller et de venir

[Droit constitutionnel]

Droit pour chacun de se déplacer librement dans le pays dont il est le national. Principe de valeur constitutionnelle (Cons. const. 12 juill. 1979). Étendu aux citoyens de l'Union européenne (art. 20 TFUE). La présence des étrangers et leurs mouvements sont par contre soumis à des restrictions définies par chaque État au nom de sa souveraineté (avec le nécessaire respect des engagements internationaux pris par cet État).

Liberté d'association

[Droit constitutionnel]

Liberté de s'associer. Le Conseil constitutionnel dans sa décision du 16 juillet 1971 pose les principes, issus de la loi du 1er juillet 1901, garantissant son respect.

Liberté d'établissement

[Droit européen]

→ *Établissement.*

Liberté de la défense

[Procédure (principes généraux)]

→ *Contradictoire (Principe du), Défense (Liberté de la), Droits de la défense.*

Liberté de penser

[Droit constitutionnel]

Liberté permettant à chaque individu d'avoir l'opinion de son choix. Doit signifier aussi liberté d'expression sauf restriction strictement encadrée (ex. : l'obligation de réserve des fonctionnaires).

DDHC, art. 10 et 11.

Liberté de presse

[Droit constitutionnel]

À envisager quel que soit le moyen concerné (presse écrite, radio, télévision, Internet). Toute restriction est strictement encadrée (ex. : publications destinées à la jeunesse); voir aussi la décision du Conseil constitutionnel relative au CSA du 28 juillet 1989 ou pour Internet, la décision HADOPI du 10 juin 2009.

Liberté des conventions matrimoniales

[Droit civil]

Principe selon lequel les époux sont libres d'organiser par convention leurs relations patrimoniales sous réserve de respecter les règles d'ordre public et les bonnes mœurs.

C. civ., art. 1387.

Liberté des mers (Principe de la)

[Droit international public]

→ *Haute mer.*

Liberté du commerce et de l'industrie

[Droit commercial/Droit administratif]

Principe posé par la loi des 2-17 mars 1791 (art. 7), selon lequel toute personne peut exercer librement toutes activités économiques et professionnelles, dans le cadre des lois et règlements en vigueur.

GAJA n° 43.

Liberté du travail

[Droit du travail]

C'est la liberté, ayant valeur de principe constitutionnel et reconnue à toute personne, d'exercer une activité salariée de son choix et de mettre fin, au besoin, aux relations de travail.

La liberté du travail comporte actuellement de nombreuses restrictions.

Atteinte à la liberté du travail . délit qui consiste en des violences, voies de fait, menaces, manœuvres frauduleuses, dans le but d'obliger des travailleurs à se joindre à un mouvement de grève.

GADT n° 210.

Liberté subsidiée

[Sécurité sociale]

Régime des organismes mutualistes qui s'autofinancent grâce aux cotisations de leurs membres, mais sont aidés par des subventions de l'État.

Liberté surveillée

[Droit pénal]

Mesure de sûreté prise à l'encontre d'un mineur délinquant qui a pour effet de le placer sous la surveillance et le contrôle éducatif d'un délégué, sous l'autorité du juge des enfants. Cette mesure peut être ordonnée à titre d'observation, d'épreuve ou d'éducation. Dans le dernier cas, elle concerne aussi bien les mineurs en liberté que ceux qui sont en internat ou dans un établissement pénitentiaire.

Liberté syndicale

[Droit du travail]

La liberté syndicale a de multiples aspects. Sur le plan individuel, c'est le droit des travailleurs de s'affilier au syndicat de leur choix ou de rester en dehors de tout syndicat. C'est encore celui d'exercer une activité syndicale hors de l'entreprise ou dans l'entreprise. Sur le plan collectif, c'est le droit des syndicats de se constituer et de fonctionner librement.

C. trav., art. L. 2141-1 s.

GADT n° 124-125 et 175.

Libertés publiques

[Droit public]

Droits de l'Homme reconnus, définis et protégés juridiquement. On peut les classer en 3 catégories :

1° *Droits individuels*, qui assurent à l'individu une certaine autonomie en face du pouvoir dans les domaines de l'activité physique (sûreté personnelle, liberté d'aller et venir, liberté et inviolabilité du domicile), de l'activité intellectuelle et spirituelle (liberté d'opinion, de conscience), de l'activité économique (droit de propriété, liberté du commerce et de l'industrie).

2° *Droits politiques*, qui permettent à l'individu de participer à l'exercice du pouvoir (droit de vote, éligibilité aux fonctions publiques). Les libertés de la presse, de réunion, d'association, qui débordent certes le domaine politique, peuvent être aussi des « libertés-opposition ».

3° *Droits sociaux et économiques*, qui sont le droit pour l'individu d'exiger de l'État certaines prestations (droit au travail, à l'instruction, à la santé) en même temps que des droits collectifs (droit syndical, droit de grève).

Libre circulation

[Droit européen]

Base même du marché commun construit autour de la libre circulation des marchandises, des personnes, des services et des capitaux (art. 26 TFUE).

Libre circulation des travailleurs

[Droit du travail]

Droit des travailleurs de chacun des pays membres de l'Union européenne de répondre à tout emploi offert dans un autre pays membre et d'être traités, dans tout pays membre, comme le travailleur national (art. 45 TFUE).

Libre pratique

[Droit européen]

Dans la terminologie du marché commun, sont considérés comme étant en libre pratique dans un État membre les produits originaires d'un État extérieur à l'union douanière, mais ayant effectivement supporté les droits de douane et respectant les réglementations applicables lors de leur entrée sur le territoire de l'Union. Dès lors assimilés aux produits originaires d'un État membre, ils bénéficient du même régime de libre circulation d'un État membre à un autre.

Licéité

[Droit général/Droit civil]

→ *Illicéité.*

Licence

[Droit administratif]

→ *Autorisation.*

[Droit commercial]

→ *Contrat de licence.*

Licence-Master-Doctorat (LMD)

[Droit administratif]

Système d'organisation des études dans le cadre de l'Espace universitaire européen d'enseignement supérieur, visant à personnaliser ces études en fonction du projet personnel de l'étudiant, à faciliter sa mobilité éventuelle entre les universités européennes et à assurer une meilleure reconnaissance internationale des diplômes. Dans les 5 premières années d'études elle est fondée sur un système de « crédits », unités de mesure de travail de l'étudiant déterminées par chaque université (équivalent aux ECTS du programme européen *Érasmus*) et globalement, sur une division des *grades universitaires* en 3 niveaux : la licence à baccalauréat + 3 ans (correspondant à 6 semestres d'études, soit 180 crédits), le master à bac + 5 (correspondant à 4 semestres supplémentaires, soit 120 crédits supplémentaires) ; il est d'ailleurs possible de demander après l'obtention de la première année du master la délivrance du diplôme de l'ancienne maîtrise. Au-delà du master l'étudiant peut poursuivre en doctorat, normalement obtenu à bac + 8 après soutenance d'une thèse. Le master en droit ne peut être délivré que par les universités habilitées, qui en pratique doivent comporter des *Unités de formation et de recherche* structurées en facultés de droit et/ou posséder des formations juridiques complètes de premier et deuxième cycles. Cette organisation ne concerne pas les études médicales et paramédicales.

Licenciement

[Droit du travail]

Résiliation du contrat de travail à durée indéterminée par l'employeur. Pour licencier, l'employeur doit observer une procédure et il n'a le droit de le faire que pour une cause réelle et sérieuse. La procédure du licenciement varie, suivant qu'il s'agit d'un licenciement pour motif personnel (inhérent à la personne du salarié) ou d'un licenciement pour motif économique.

• *Licenciement individuel* : licenciement d'un seul salarié, par opposition au licenciement collectif.

• *Licenciement pour motif économique* : le législateur donne la définition suivante du licenciement pour motif économique à l'article L. 1233-3 du Code du travail : constitue un licenciement pour motif économique le licenciement effectué par l'employeur pour un ou plusieurs motifs non inhérents à la personne du salarié résultant d'une suppression ou transformation d'un emploi ou d'une modification substantielle du contrat de travail, consécutive notamment à des difficultés économiques ou à des mutations technologiques.

C. trav., art. L. 1232-1 s.

GADT n° 106 et 107.

→ *Congédiement.*

Licitation

[Droit civil/Procédure civile]

Vente aux enchères d'un bien (immeuble ou meuble) *indivis*, suivie d'une répartition de son produit par attribution à chaque indivisaire d'une portion privative correspondant à ses droits *indivis.*

Pour les *immeubles*, les enchères sont reçues soit par un notaire commis par le tribunal de grande instance, soit à l'audience des criées par un juge désigné par le tribunal, les règles à observer étant celles de la vente des biens immobiliers appartenant aux mineurs ou aux majeurs en tutelle.

Pour les *meubles*, les enchères sont portées soit au lieu où se trouvent les objets à liciter, soit dans une salle des ventes.

C. civ., art. 815-5-1, 817 s. et 1686 s.; CPC, art. 1377 et 1378.

→ *Enchère ou enchères publiques, Privatif.*

Lieu d'établissement

[Droit civil]

Le lieu du principal établissement d'une personne physique détermine son *domicile*.

[Droit commercial]

Terme géographique qui indique l'emplacement d'une entreprise sans connotation de qualité.

Lien d'instance

[Procédure civile]

Lien juridique d'origine légale, qui s'institue entre le demandeur et le défendeur, et se superpose au rapport juridique fondamental dont la reconnaissance est demandée en justice.

L'existence de ce lien investit les plaideurs de prérogatives, de droits, de devoirs, de facultés.

→ *Droit processuel, Droit substantiel, Instance, Liaison de l'instance, Partage.*

Ligne

[Droit civil]

La suite des générations (chaque génération s'appelle un *degré*) forme la ligne. Elle est dite directe lorsqu'elle englobe les personnes qui descendent l'une de l'autre. Elle est dite *collatérale* lorsqu'elle concerne des personnes qui ne descendent pas les unes des autres, mais d'un auteur commun.

La ligne se subdivise en ligne paternelle et ligne maternelle lorsque la succession échoit à des *ascendants* ou à des collatéraux.

C. civ., art. 742 et 746 s.

→ *Descendant, Enfant.*

Ligne (Opérations au-dessus/ au-dessous de la)

[Droit financier ou fiscal]

Expression empruntée aux finances publiques britanniques pour désigner naguère, dans la *loi de finances*, les ressources et les charges définitives (opérations au-dessus de la ligne) et les opérations temporaires telles que les prêts et avances du *Trésor public* (opérations au-dessous de la ligne).

La réforme budgétaire de 2006 a abandonné cette distinction dans la présentation des lois de finances.

Ligue

[Droit international public]

Alliance entre villes ou États pour défendre des intérêts communs ou poursuivre une politique concertée (ligue Hanséatique – Ligue d'Augsbourg).

[Droit constitutionnel]

En France, nom donné à des formations politiques paramilitaires qui, contestant la démocratie, développent leur action hors du cadre électoral et parlementaire en recourant à la propagande et à l'agitation (nombreuses et actives dans les années 30 : Croix de Feu, Francisme, etc.).

Ligue arabe

[Droit international public]

Organisation internationale créée en 1945 en vue de resserrer les liens entre les États arabes sur les plans politique, économique, social tout en sauvegardant leur indépendance et leur souveraineté. De profondes divisions politiques ont souvent contrecarré l'action de la Ligue.

Lingua

[Droit international public]

Programme de l'Union européenne pour développer l'enseignement des langues étrangères.

L'interlocutoire ne lie pas le juge

[Procédure civile]

Ancien adage signifiant que lorsque le juge aborde le fond du procès, il n'est pas lié par les décisions avant-dire droit qui ont antérieurement statué sur des mesures d'instruction.

→ *Interlocutoire.*

Liquidation

[Droit civil/Droit commercial]

Ensemble des opérations préliminaires au *partage* d'une indivision, quelle qu'en soit l'origine (succession, dissolution d'une société).

Elle consiste à payer le passif sur les éléments d'actif, à convertir en argent liquide tout ou partie de ces éléments afin que le partage puisse être effectué. Elle permet de dégager l'actif net et de le conserver jusqu'au partage.

[Droit commercial/Droit pénal]

Vente accompagnée ou précédée de publicité et annoncée comme tendant, par une réduction de prix, à l'écoulement accéléré de la totalité ou d'une partie des marchandises d'un établissement commercial, à la suite d'une décision, quelle qu'en soit la cause, de cessation, de suspension saisonnière ou de changement d'activité ou de modification substantielle des conditions d'exploitation. Ces ventes doivent faire l'objet d'une déclaration à l'autorité administrative.

C. com., art. L. 310-1.

[Droit financier ou fiscal]

En matière de dépenses publiques, opération postérieure à l'*engagement* consistant à calculer le montant exact d'une charge à payer, après avoir éventuellement vérifié la réalité de la prestation qui devait être fournie à la personne publique (règle du « service fait »).

En matière de recettes, la liquidation d'une créance consiste de même dans la détermination du montant de la somme à recevoir.

[Sécurité sociale]

Opération qui consiste à reconnaître les droits d'un assuré à pension et à la calculer.

Liquidation de l'astreinte

[Procédure civile]

Fixation du montant définitif de la somme d'argent que doit le débiteur qui n'a pas exécuté son obligation ou l'a exécutée avec retard, nonobstant l'*astreinte* dont il était l'objet. L'astreinte finale est chiffrée en tenant compte du comportement de celui à qui l'injonction a été adressée et des difficultés qu'il a rencontrées pour l'exécuter, sans considération pour le préjudice subi par le créancier.

La liquidation de l'astreinte rend possible le recours à l'exécution forcée.

L. n° 91-650 du 3 juill. 1991, art. 35 et 36.

Liquidation des dépens

[Procédure civile]

Opération destinée à déterminer le montant des dépens dont la charge ou la répartition entre les plaideurs est fixée par le jugement; la contestation de cette liquidation donne lieu à vérification par le secrétaire de la juridiction et, éventuellement, à une *ordonnance de taxe*.

CPC, art. 701 s.

→ *Vérification des dépens.*

Liquidation judiciaire

[Droit commercial]

Procédure applicable à tout débiteur, commerçant, artisan, ou exerçant une activité professionnelle indépendante ainsi qu'à toute personne morale de droit privé se trouvant en cessation des paiements et dont le redressement est manifestement impossible.

La liquidation judiciaire a pour but de mettre fin à l'activité de l'entreprise ou à réaliser le patrimoine du débiteur par une cession globale ou séparée de ses droits et de ses biens : un liquidateur est donc nommé pour vendre les biens, récupérer les créanciers et payer les dettes.

Une procédure de liquidation judiciaire simplifiée, plus rapide, peut être appliquée aux débiteurs de moindre importance.

C. com., art. L. 640-1 s.

[Droit civil]

Procédure introduite par la loi n° 2003-710 du 1er août 2003 pour mettre un terme à la situation de surendettement d'une personne physique, lorsqu'il apparaît qu'il n'est pas possible de prendre des mesures de rétablissement personnel en raison de l'insuffisance de l'actif.

C. consom., art. L. 332-8.

→ *Mandataire judiciaire au rétablissement personnel des particuliers.*

Liquidité

[Droit civil/Procédure civile]

On dit d'une créance qu'elle est liquide lorsque son montant est précisément connu, déterminé dans sa quotité, en d'autres termes, chiffré. La Cour de cassation admet, pourtant, que l'exigence de liquidité est satisfaite lorsque le titre de créance contient tous les éléments permettant l'évaluation de la créance.

L'expression « en liquide » s'applique à un paiement fait en instruments monétaires, billets et pièces (paiement en espèces), sans user du *chèque* ou de la carte, souvent pour ne pas laisser de trace. Actuellement, le chèque est en principe obligatoire pour toute somme supérieure à 3 000 €.

C. mon. fin., art. L. 112-6 s.

→ *Carte de paiement, Espèces (En), Saisie-vente.*

Lisbonne (Traité de)

[Droit européen]

→ *Traité de Lisbonne.*

Liste bloquée

[Droit constitutionnel]

Liste de candidats que l'électeur n'a pas le droit de modifier.

Liste électorale

[Droit constitutionnel]

Répertoire alphabétique officiel, révisé chaque année par une commission administrative, des personnes qui, possédant le droit de vote, exercent celui-ci dans la commune.

Litigants

[Procédure (principes généraux)]

Expression désignant les différentes parties à un procès (demandeur, défendeur, intervenant).

→ *Colitigants, Litisconsorts.*

Litige

[Procédure (principes généraux)]

On parle de litige lorsqu'une personne ne peut obtenir amiablement la reconnaissance d'une prérogative qu'elle croit avoir et saisit un tribunal pour lui soumettre sa prétention. Avant la saisine du juge, on parle d'un simple différend.

Le terme, bien que très large, est synonyme de *procès*.

Litisconsorts

[Procédure civile]

On appelle litisconsorts les plaideurs qui, dans un procès, se trouvent du même côté de la barre : copropriétaires, codébiteurs, cohéritiers, par exemple. Leurs intérêts peuvent être distincts ou être unis par la *solidarité*, la *connexité* ou l'*indivisibilité*.

CPC, art. 323 et 324.

→ *Colitigants, Consorts.*

Litispendance

[Procédure civile]

Il y a litispendance lorsque le même procès que celui dont le tribunal est saisi, est porté devant une seconde juridiction.

L'exception de litispendance est soulevée par un déclinatoire, avant tout débat au fond; ce déclinatoire est présenté au tribunal saisi en second. Il n'en irait autrement que si ce tribunal était inférieur dans la hiérarchie judiciaire à celui qui a été saisi le premier.

En cas de litispendance intracommunautaire, le règlement Bruxelles I du 22 décembre 2000 prescrit le sursis de la juridiction saisie en second lieu jusqu'à ce que soit établie la compétence du tribunal premier saisi et, dans l'affirmative, le dessaisissement du tribunal saisi en second lieu.

CPC, art. 100 s.

→ *Connexité, Déclinatoire de compétence.*

Littéral

[Droit général]

1° En matière de preuve, désigne ce qui est exprimé par écrit (preuve littérale).

2° En matière d'interprétation, qualifie celle qui s'attache uniquement à la lettre du texte, contrairement à l'interprétation exégétique.

Livraison

[Droit civil]

→ *Délivrance.*

Livre de paie

[Droit du travail]

Registre tenu par l'employeur qui reproduisait les mentions des bulletins de paie. Obligation supprimée par la loi du 13 juin 1998.

Livres de commerce

[Droit civil]

Écrit susceptible de servir de preuve littérale dans certains cas. Les mentions portées sur les livres de commerce font preuve contre le commerçant qui les a tenus; elles font aussi preuve en sa faveur dans les litiges entre commerçants; en revanche, les mêmes registres sont dépourvus d'autorité probatoire contre les personnes non commerçantes.

C. civ., art. 1329, 1330.

[Droit commercial]
→ *Comptabilité.*

Livret de famille

[Droit civil]
Livret établi et remis par l'officier de l'état civil : 1° aux époux lors de la célébration du mariage; 2° aux parents, ou à celui d'entre eux à l'égard duquel la filiation est établie, lors de la déclaration de naissance du premier enfant; 3° à l'adoptant, lors de la transcription sur les registres de l'état civil du jugement d'adoption d'un enfant par une personne seule.
Figurent sur ce livret, selon le cas, un extrait de l'acte de mariage et un extrait de l'acte de naissance des parents et de l'enfant. Ultérieurement, le livret sera complété par divers extraits, dont ceux relatifs aux décès des enfants morts avant leur majorité.

Lobby

[Droit constitutionnel]
→ *Groupe de pression.*

Locataire

[Droit civil]
Dans le contrat de bail, celui qui obtient le droit d'utiliser la chose louée contre le versement d'une somme d'argent appelée loyer. Le locataire est également désigné par le terme « preneur ».
GAJC, t. 2, n° 270-271.
→ *Bail.*

Location-accession à la propriété immobilière

[Droit civil]
Contrat passé entre un vendeur d'immeuble et une personne (accédant) qui désire avoir la faculté, après une période de jouissance à titre onéreux, d'acquérir la propriété.
L'accédant doit verser au vendeur le prix de la vente, dont le paiement est différé ou fractionné, ainsi qu'une redevance. Celle-ci est la contrepartie de son droit à la jouissance du logement et de son droit de devenir, s'il le désire, propriétaire (L. n° 595 du 12 juill. 1984).
→ *Location-vente.*

Location-gérance

[Droit commercial]
Contrat par lequel le propriétaire d'un fonds de commerce, appelé « bailleur » ou « loueur » confie, en vertu d'un contrat de location, l'exploitation de son fonds à une personne appelée « gérant » qui exploite ce fonds en son nom, pour son compte et à ses risques et périls, et qui paie au propriétaire un loyer ou redevance.
C. com., art. L. 144-1.

Location-vente

[Droit civil]
Contrat par lequel le propriétaire d'une chose la loue à une personne qui, à l'expiration d'un temps déterminé, a la faculté ou l'obligation de l'acheter.
→ *Crédit-bail, Lease-back, Location-accession à la propriété immobilière.*

Locaux insalubres ou dangereux

[Droit civil]
Les caves, sous-sols, combles, pièces dépourvues d'ouverture sur l'extérieur et autres locaux par nature impropres à l'habitation ne peuvent être mis à disposition aux fins d'habitation, à titre gratuit ou onéreux. Il en va de même pour les locaux mis à disposition dans des conditions qui conduisent manifestement à leur suroccupation.
CSP, art. L. 1331-22 et 1331-23.

Lock-out

[Droit du travail]
Décision par laquelle un employeur interdit aux salariés l'accès de l'entreprise à l'occa-

sion d'un conflit collectif du travail. En droit français le *lock-out* est en principe illicite. Il ne peut en aucun cas être une mesure de rétorsion à l'encontre d'une grève. Ce n'est que dans un nombre très limité d'hypothèses que la jurisprudence a admis que le *lock-out* puisse être justifié, souvent pour des raisons de sécurité au travail.

GADT n° 200 à 203.

Locus regit actum

[Droit international privé]

Formule latine, inventée par les post-glossateurs, selon laquelle un acte juridique est soumis aux conditions de forme édictées par la législation en vigueur dans le pays où il a été conclu.

GADIP n° 40.

Logement décent

[Droit civil]

Logement répondant aux normes d'habitabilité édictées par les textes, normes relatives à la sécurité (réseau d'électricité, dispositif de retenue des personnes en bon état d'usage...), à la salubrité (matériaux et revêtements sans risques, ventilation et éclairement suffisants), aux équipements (sanitaires corrects, chauffage normal), à la surface (au moins une pièce de 9 m² et de 2,20 m de hauteur). La sanction de l'indécence réside dans la mise en conformité du logement donnant lieu, faute d'entente, à une décision du juge qui fixe la nature des travaux à réaliser et le délai de leur exécution, qui peut réduire le montant des loyers ou suspendre son paiement.

L. n° 462 du 6 juill. 1989, art. 6 et 20-1; CCH, art. R. 111-1 s.

Logement de fonction

[Droit du travail]

Logement fourni au salarié en vertu du contrat de travail et nécessaire à l'exécution de ses fonctions.

Loi

[Droit général]

1° Au sens strict (parfois dit « formel »), règle de droit écrite, générale et permanente, adoptée par le Parlement dans son domaine de compétence (Const., art. 34).

GDCC n° 12 et 25.

• *Loi impérative* : loi qui ne peut être éludée par celui auquel elle s'applique.

• *Loi supplétive* (ou interprétative) : loi qui ne s'impose à un individu qu'à défaut de manifestation de volonté contraire de sa part.

2° Au sens large (parfois dit « matériel »), règle de droit édictée, qu'elle soit d'origine parlementaire (loi au sens strict) ou non (directives, règlements, ordonnances, décrets, arrêtés).

→ *Acte-règle, Constitution, Loi ordinaire, Loi organique, Ordre juridique, Règlement, Traité.*

GDCC n° 45; GADPG n° 5; GAJC, t. 1, n° 3.

Loi-cadre

[Droit constitutionnel]

Loi qui se borne à poser des principes généraux et laisse au gouvernement le soin de les développer en utilisant son pouvoir réglementaire.

Loi constitutionnelle

[Droit constitutionnel]

Loi de révision de la Constitution adoptée selon la procédure prévue par cette dernière. L'expression est aussi employée pour désigner la Constitution elle-même.

Loi d'application immédiate

[Droit international privé]

Lois dont l'application aux situations internationales est directe et ne passe pas par le mécanisme de la règle de *conflit de lois*. Certaines de ces lois sont dites de police, parce que leur application immédiate s'avère nécessaire en raison de l'objectif poursuivi par le législateur.

C. civ., art. 3, al. 1er, 212 s., 311-15, 370-3, al. 3 et 375 s.; C. consom., L. 121-79, 121-79-1, 135-1 et 333-3-1; C. trav., L. 1262-4; C. assur., art. L. 112-3, al. 1er; C. mon. fin., art. L. 151-1 s.; C. com., art. L. 420-1.

GADIP n° 53.

Loi d'autonomie

[Droit international privé]

Règle de conflit de lois désignant la loi à laquelle les parties se sont explicitement ou implicitement référées.

GADIP n° 11 et 35.

Loi de finances

[Droit financier ou fiscal/Droit constitutionnel]

Expression générique désignant les lois qui déterminent la nature, le montant et l'affectation des ressources et des charges de l'État. Outre l'autorisation de percevoir les impôts de l'État et des collectivités, et l'ouverture par grandes masses des crédits budgétaires de l'État, elles ne peuvent contenir que certaines dispositions législatives ordinaires.

→ *Cavaliers budgétaires.*

Elles sont votées selon une procédure particulière.

• *Loi de finances de l'année* : prévoit et autorise l'ensemble des ressources et des charges pour la durée de l'année civile.

• *Loi de finances rectificative* : pouvant être adoptée en cours d'année pour adapter à l'état des besoins la loi de finances de l'année en cours.

• *Loi de règlement* : catégorie particulière de loi de finances, permettant au Parlement, après la clôture d'une année budgétaire, d'exercer son contrôle sur l'exécution des lois de finances précitées par le gouvernement, par la comparaison des autorisations de recettes et de dépenses contenues dans celles-ci et des opérations réellement exécutées; elle arrête en outre le montant du résultat budgétaire pour cette année et est accompagnée d'un ensemble de documents comme les rapports annuels de performance (un par programme) et précédée de la certification des comptes de l'État opérée par la Cour des comptes. Depuis 2007, la Loi de règlement a changé de dénomination et est devenue la Loi de règlement des comptes et rapport de gestion.

Const., art. 34,47, 47-2.

GDCC n° 38.

→ *Décrets de répartition.*

Loi de financement de la Sécurité sociale

[Droit financier ou fiscal/Sécurité sociale]

Créée en 1996 sur l'inspiration des *lois de finances* cette catégorie de lois, destinée à assurer le contrôle du Parlement sur l'évolution des dépenses de la Sécurité sociale, détermine les conditions générales de son équilibre financier et, compte tenu de ses prévisions de recettes, elle en fixe les objectifs de dépenses. Dépourvues de caractère contraignant aussi bien en matière de dépenses que de recettes, ces lois servent néanmoins de fondement à un réseau complexe de règles permettant une régulation souple du montant des dépenses de Sécurité sociale de l'année.

Const., art. 34, 47-1.

GDCC n° 39.

Loi de modernisation de l'agriculture (LMAP)

[Droit rural]

La loi de modernisation de l'agriculture et de la pêche n° 2010-874 du 27 juillet 2010 est une nouveauté du droit rural dont les grands axes couvrent l'alimentation, la production, la formation, le renforcement de la compétitivité de l'agriculture française, le développement durable des territoires agricoles et forestiers, la gouvernance de la pêche maritime et de l'agriculture, les outre-mer et la faveur à l'installation des jeunes agriculteurs. Ambitieuse, la LMAP créée des programmes nationaux de développement, de fonds nationaux et de commissions nationales afin d'encadrer l'évolution de l'agriculture.

Depuis celle du 5 août 1960, la loi du 27 juillet 2010 est la 10e loi d'orientation, d'adaptation ou de modernisation agricole en France. Elle présente une importance particulière en ce qu'elle applique en partie au droit rural les dispositions de l'article 64 de la loi n° 2009-526 du 12 mai 2009 de simplification et de clarification du droit et d'allégement des procédures de référence qui a provoqué l'édiction de 4 ordonnances du 6 mai 2010.

Loi de programmation des finances publiques

[Droit financier ou fiscal]

Selon l'article 34 de la Constitution tel qu'issu de la révision du 23 juillet 2008, a pour objet de définir les orientations pluriannuelles des finances publiques dans une perspective d'équilibre des comptes.

→ *Annualité, Loi de finances.*

Loi de ratification

[Droit général]

Loi approuvant les ordonnances prises par le gouvernement en vertu d'une loi d'habilitation et leur conférant un caractère législatif. Tant qu'elles ne sont pas ratifiées, les ordonnances restent des actes administratifs dont la légalité peut être discutée par le recours pour excès de pouvoir ou par la voie de l'exception d'illégalité.

Const., art. 38.

Loi de règlement

[Droit financier ou fiscal]

→ *Loi de finances.*

Loi de validation

[Droit constitutionnel]

Loi votée par le Parlement dont l'objet ou l'effet est de valider rétroactivement des actes juridiques qui n'avaient pas été créés valablement sous l'empire d'une loi ancienne, de manière à les rendre définitifs et insusceptibles d'annulation. Ce type de loi est nécessairement, ou naturellement, rétroactif. C'est pourquoi le Conseil constitutionnel et la Cour européenne des droits de l'Homme subordonnent leur validité à l'existence « d'impérieux motifs d'intérêt général ».

GAJC, t. 1, n° 8; GDCC n° 21.

→ *Conflits de lois dans le temps, Droits acquis, Effet immédiat de la loi, Non-rétroactivité, Rétroactivité de la loi, Sécurité juridique.*

Loi d'habilitation

[Droit général]

Loi autorisant le gouvernement à prendre, par ordonnances, pendant un délai limité, des mesures qui sont normalement du domaine de la loi. Les ordonnances sont prises en Conseil des ministres après avis du Conseil d'État et entrent en vigueur dès leur publication.

Const., art. 38.

Loi écran

[Droit public]

→ *Écran législatif.*

Loi interprétative

[Droit général]

Loi qui se borne à préciser le sens obscur, ambigu, ou contesté, d'une loi antérieure, sans créer de droits nouveaux. Cette loi est naturellement, ou nécessairement, rétroactive, puisqu'elle s'incorpore à la loi qu'elle interprète. Elle s'applique aux instances en cours.

GAJC, t. 1, nº 9; GADPG nº 10.

→ *Conflit de loi dans le temps, Droit acquis, Effet immédiat de la loi, Loi de validation, Non-rétroactivité, Rétroactivité de la loi, Sécurité juridique.*

Loi ordinaire

[Droit constitutionnel]

1° Acte voté par le Parlement selon la procédure législative établie par la Constitution. Cette définition, qui fait appel exclusivement à un critère organique et formel, était traditionnelle en France jusqu'en 1958; elle ouvrait à la *loi* un domaine illimité.

2° Acte voté par le Parlement selon la procédure législative et dans l'une des matières que la Constitution lui réserve expressément. Cette définition, qui fait appel à la fois à un critère formel et à un critère matériel, est celle qui découle de la Constitution de 1958 (art. 34).

→ *Loi organique.*

Loi organique

[Droit constitutionnel]

Loi votée par le Parlement pour préciser ou compléter les dispositions de la Constitution. La Constitution de 1958 prévoit limitativement les cas de recours aux *lois organiques* et fait de celles-ci une nouvelle catégorie de *lois* entre les lois constitutionnelles et les lois ordinaires en les soumettant à des conditions particulières d'adoption et de contrôle (art. 46).

Loi organique relative aux lois de finances (LOLF)

[Droit financier ou fiscal]

Adoptée en application de l'article 47 de la Constitution, et en remplacement de l'ordonnance du 2 janvier 1959, la loi du 1er août 2001, modifiée le 12 juillet 2005, rénove profondément les conditions d'adoption des *lois de finances*. Elle élargit les droits d'initiative et de vote du Parlement et lui permet de mieux contrôler les performances de l'État, dont l'activité est désormais ventilée en missions, programmes et actions.

GDCC nº 42.

Loi personnelle

[Droit international privé]

→ *Statut personnel.*

Loi plus douce

[Droit pénal]

→ *Rétroactivité in mitius.*

Loi réelle

[Droit international privé]

→ *Lex rei sitae, Statut réel.*

Loi référendaire

[Droit constitutionnel]

Loi résultant de l'adoption par référendum d'un projet de loi ou, depuis la révision constitutionnelle de 2008, d'une proposition à l'initiative d'1/5e des membres du Parlement soutenue par 1/10e des électeurs inscrits, soumis au peuple par le président de la République, dans les cas et selon les procédures prévues à l'article 11 de la Constitution de 1958. L'article 88-5 prévoit également la possibilité d'un référendum à propos de l'adhésion d'un nouvel État membre à l'Union européenne.

GDCC nº 9.

Loi uniforme

[Droit international privé]

On désigne ainsi une législation contenue dans une convention internationale et qui réalise, entre les États ayant ratifié cette convention, une unification du droit dans les matières visées par le traité, exemple : loi uniforme en matière d'effets de commerce (convention de Genève de 1930).

Lois de police

[Droit international privé]

→ *Lois d'application immédiate.*

Lois du pays

[Droit administratif]

Catégorie particulière de textes propre à la Nouvelle-Calédonie et à la Polynésie française, marquant le statut de large autonomie de ces collectivités d'outre-mer, votés par leurs assemblées délibérantes dans des matières énumérées. En Nouvelle-Calédonie elles ont la même force juridique qu'une *loi* et ne peuvent faire l'objet que d'un contrôle du Conseil constitutionnel avant leur promulgation. En Polynésie elles n'ont qu'une force réglementaire; leur contentieux relève du seul Conseil d'État.

GDCC n° 41.

→ *Pouvoir réglementaire.*

Lois fondamentales

[Droit constitutionnel]

1° *Au singulier ou au pluriel* : expression désignant officiellement la Constitution ou l'ensemble des textes formant la Constitution d'un pays.

2° *Lois fondamentales du royaume* : lois généralement coutumières qui, sous l'Ancien Régime, tenaient lieu en quelque sorte de Constitution (règles de transmission de la Couronne, inaliénabilité du domaine royal, etc.). Ces lois visaient l'intérêt exclusif de l'État.

Loterie

[Droit civil]

Mise en vente par un organisme de billets soumis au tirage au sort, lequel détermine ceux des acheteurs qui auront droit à un objet quelconque, appelé lot.

Les loteries publicitaires, au contraire, ne doivent imposer aux participants aucune contrepartie financière ni dépense sous quelque forme que ce soit. L'organisateur d'une telle loterie qui annonce un gain à une personne dénommée sans mettre en évidence l'existence d'un aléa s'oblige, par ce fait purement volontaire, à le délivrer.

C. consom., art. L. 121-36. et R. 121-11 s.

GAJC, t. 2, n° 242.

La loterie n'est ni un *jeu*, car elle n'implique aucune intervention active des acheteurs, ni un *pari*, car elle ne suppose pas une prise de position sur une question donnée.

Lotissement

[Droit administratif]

De façon générale, toute division d'une même propriété foncière qui, qu'elle qu'en soit la cause, a pour objet ou pour effet de porter à plus de 2, sur une période de moins de 10 ans, le nombre de terrains issus de ladite propriété, en vue de l'implantation de bâtiments. Cette opération est soumise à une réglementation détaillée.

Immeuble divisé en lots. Ce terme désigne plus précisément la division d'un terrain en parcelles, par un organisme public ou privé, en vue de la construction.

C. urb., art. R. 442-1 s.

Lots

[Droit civil]

Fraction de biens, en nature ou en valeur, revenant à chaque copartageant sur l'ensemble à distribuer. Dans la formation et la composition des lots, on s'efforce d'éviter de diviser les unités économiques dont le fractionnement entraînerait la dépréciation et la loi du 23 juin 2006 a posé que l'égalité dans le partage est une égalité en valeur.

Dans la copropriété des immeubles bâtis, la propriété est répartie entre les copropriétaires par lots comprenant chacun une partie privative et une quote-part des parties communes.

C. civ., art. 826, 830 s., 1077-1 et 1080.

→ *Copropriété, Lotissement, Partage.*

Louage

[Droit civil]

Contrat par lequel l'une des parties s'engage à procurer à l'autre, soit la jouissance d'une chose, soit ses services ou son industrie, temporairement et moyennant un certain prix.

C. civ., art. 1708 s.

→ *Louage de choses, Louage d'ouvrage et d'industrie, Louage de services.*

Louage de choses

[Droit civil]

Contrat par lequel l'une des parties s'engage à procurer à l'autre, pendant un certain temps, la jouissance d'une chose, moyennant un certain prix. On appelle *bail* à loyer le louage des maisons et des meubles, bail à ferme celui des héritages ruraux.

C. civ., art. 1711 et 1713 s.

GAJC, t. 2, nº 269

→ *Locataire.*

Louage de services

[Droit civil/Droit du travail]

Terminologie ancienne désignant le travail salarié.

Louage d'ouvrage et d'industrie

[Droit civil]

Dans la terminologie du Code civil (art. 1779), les mots ouvrage et industrie étaient synonymes, englobant le contrat de travail, le contrat de transport et le *contrat d'entreprise*.

Aujourd'hui, on ne parle plus que du louage d'ouvrage pour désigner le contrat (dénommé contrat d'entreprise) en vertu duquel une personne (le locateur d'ouvrage ou entrepreneur) s'engage au profit d'une autre (le maître de l'ouvrage) à exécuter un travail indépendant moyennant un certain prix.

C. civ., art. 1710 et 1792 s.

GAJC, t. 2, nº 274.

Lucrum cessans

[Droit civil]

Manque à gagner qui peut donner lieu à réparation par application des règles de la responsabilité civile. Avec la perte éprouvée (le *damnum emergens*) ils constituent, en responsabilité civile, les 2 éléments de calcul pour l'indemnisation du préjudice subi.

C. civ., art. 1149.

ACTU

Lugano II

[Droit international privé/Droit européen/Procédure civile]

Expression désignant la convention concernant la compétence judiciaire, la reconnaissance et l'exécution des décisions en matière civile et commerciale, signée à Lugano le 30 octobre 2007 et entrée en vigueur le 1er janvier 2010. Cette convention remplace la convention de Lugano de 1988 au même objet, d'où son nom. Elle régit les relations entre l'Union européenne et les États membres de l'*Association européenne de libre-échange* (AELE). Elle est aujourd'hui en vigueur entre l'Union européenne, la Norvège et la Suisse. La convention de 1988 continue de s'appliquer à l'égard de l'Islande.

M

Maastricht (Traité de)

[Droit européen]

Traité sur l'Union européenne conclu à Maastricht le 7 février 1992. Étape essentielle dans l'achèvement du processus d'intégration économique des Communautés, il jette les bases de l'*Union européenne*. Modifie en ce sens les traités aussi bien sur le plan institutionnel que par des politiques et formes de coopération nouvelles.

Ratifié par la France en septembre 1992 par référendum, il est entré en vigueur, le 1er novembre 1993.

→ *Banque centrale européenne (BCE), Politique étrangère et de sécurité commune (PESC), Subsidiarité, Union économique et monétaire.*

Magasin collectif d'indépendants

[Droit commercial]

Réunion dans une même enceinte, sous une même dénomination, d'un certain nombre de commerçants ou d'artisans désireux d'exploiter leur entreprise selon des règles communes, tout en conservant la propriété de leur fonds.

C. com., art. L. 125-1 s.

Magasins généraux

[Droit commercial]

Établissements commerciaux agréés et contrôlés par l'Administration qui reçoivent en dépôt de la part de commerçants, d'industriels, d'agriculteurs ou d'artisans des marchandises ou des denrées qui sont gardées pour le compte du déposant ou de celui à qui est transmis le titre constatant le dépôt.

C. com., art. L. 522-1 s.

Magistrat

[Procédure civile/Procédure pénale]

Dans les juridictions de l'ordre judiciaire les magistrats de carrière sont chargés de juger lorsqu'ils sont au *siège*, et de requérir l'application de la loi quand ils sont au *parquet*.

Recrutés par concours ou par intégration sur titres, ils sont placés dans un statut distinct de celui des fonctionnaires (ord. n° 58-1270, 22 déc. 1958) et forment le *corps judiciaire*; ils jouissent, lorsqu'ils appartiennent au siège, de l'inamovibilité. Ils siègent dans les tribunaux de grande instance, les tribunaux d'instance, les cours d'appel et à la Cour de cassation tant en matière civile qu'en matière pénale. Dans les tribunaux d'exception siègent des juges élus ou nommés, non professionnels, qui ne sont pas des magistrats au sens exact du terme (juges du commerce, conseillers prud'homaux, juges de proximité, etc.).

→ *Échevinage, Juge, Prise à partie, Responsabilité du fait du fonctionnement défectueux de la justice.*

[Procédure administrative]

Bien que n'étant pas des magistrats au sens de l'article 34 de la Constitution, les membres des juridictions administratives bénéficient de garanties d'indépendance qui sont, en droit ou en fait, presque aussi étendues que celles des magistrats de l'ordre judiciaire. Certains textes législatifs emploient d'ailleurs le terme de magistrats pour les désigner (Cour des comptes, chambres régionales des comptes, tribunaux administratifs, cours administratives d'appel).

Magistrat de liaison

[Droit pénal]

Magistrat français en poste dans un pays étranger sous l'autorité de l'ambassade de France et dont la mission consiste à œuvrer pour faciliter l'entraide pénale internationale et favoriser les rapprochements entre les systèmes juridiques différents afin de mieux lutter contre la délinquance transfrontalière. Par réciprocité, la France accepte sur son territoire des magistrats de liaison étrangers.

Magistrature

[Procédure civile/Procédure pénale]

Corps des *magistrats* exerçant leurs fonctions dans le cadre de l'*autorité judiciaire*.

La magistrature assise (ou du *siège*) désigne l'ensemble des magistrats qui rendent la justice en prononçant des décisions (ils restent assis pendant leur fonction). La magistrature *debout* comprend les magistrats du *parquet* qui ne rendent pas la justice mais qui la requiert au nom de l'État, ainsi nommés parce que le magistrat se lève et se tient debout pour exposer ses réquisitions et conclusions.

Main commune

[Droit civil]

Clause par laquelle les époux conviennent que la communauté sera administrée conjointement; tout acte de disposition ou d'administration est fait sous la signature du mari et de la femme. Cette clause, depuis la loi du 23 décembre 1985, a été rebaptisée *clause d'administration conjointe*.

C. civ., art. 1503 s.

Main courante

[Droit pénal]

Registre sur lequel sont consignées, à mesure qu'elles se produisent, les activités des services de police dans un commissariat (convocation, interpellation, constat) et notées les déclarations des plaignants (vol, perte, accident, dépôt de plainte).

Main de justice

[Procédure civile]

Sceptre terminé par une main d'ivoire que les rois, dans les cérémonies, par exemple les lits de justice, tenaient à la main.

Symbole de l'autorité de la justice et de la puissance qu'elle détient pour faire exécuter ses commandements et de son pouvoir de contraindre les personnes et de procéder sur leurs biens. On dit que telle chose est placée sous main de justice à la suite notamment d'une confiscation, d'un séquestre, d'une saisie… (ex. : fusil confisqué pour usage de chasse prohibé).

Main-d'œuvre

[Droit du travail]

Ensemble des salariés d'une entreprise, d'une région ou d'un pays.

Mainlevée

[Droit civil/Procédure civile]

Acte par lequel un particulier ou un juge arrête les effets d'une hypothèque, d'une saisie, d'une opposition ou d'une mesure de protection des majeurs (sauvegarde de justice, curatelle, tutelle…).

C. civ., art. 67, 173, 177, 439, al. 2, 443, al. 1er, 2440, 2441, 2446 s.; L. n° 91-650 du 9 juill. 1991, art. 22; Décr. n° 92-755 du 31 juill. 1992, art. 124, 184, 255.

Mainmorte

[Droit civil]

S'applique aux biens appartenant aux personnes morales qui se trouvent, du fait que leur possesseur a une existence indéfinie, retirés du circuit économique et échappent, notamment, aux règles des mutations par décès : les biens sont dits de mainmorte parce que la main qui les détient (la personne morale) ne meurt pas.

Maintien dans les lieux

[Droit civil]

Droit que la loi reconnaît à certains locataires et sous certaines conditions, dans le cas de la loi du 1er septembre 1948 (art. 4), de demeurer dans le local loué, à l'expiration du bail, alors même que le bailleur s'y opposerait.

GAJC, t. 2, nº 272.

→ *Droit au renouvellement, Reprise (Droit de).*

Maire

[Droit administratif]

Autorité communale élue en son sein par le conseil municipal.

En tant qu'agent de la commune, le maire exécute les délibérations du conseil municipal et possède des pouvoirs propres d'action; il est placé alors sous le contrôle de légalité du préfet (ou du sous-préfet en dehors de l'arrondissement chef-lieu du département). Le maire remplit également des fonctions pour le compte de l'État, sous l'autorité hiérarchique de celui-ci.

Maire d'arrondissement

[Droit administratif]

À Paris, Lyon et Marseille il existe des maires d'arrondissement, élus par le *conseil d'arrondissement*. Ils ont un rôle de consultation sur les équipements publics de leur circonscription, et un pouvoir de gestion pour certaines affaires.

CGCT, art. L. 2511-25 s.

Maison centrale

[Droit pénal]

Établissement qui reçoit les condamnés définitifs à une peine privative de liberté, sauf pour les condamnés à l'emprisonnement d'une durée inférieure ou égale à un an ou auxquels il reste à subir une peine d'une durée inférieure à un an, à être maintenus, à titre exceptionnel, en maison d'arrêt, et incarcérés dans un quartier distinct, si les conditions tenant à la préparation de leur libération, leur situation familiale ou leur personnalité le justifient.

Les maisons centrales, ainsi que les quartiers maisons centrales dans les centres pénitentiaires qui en sont dotés, comportent une organisation et un régime de sécurité renforcés, dont les modalités internes permettent également de préserver et de développer les possibilités de réinsertion sociale des condamnés.

C. pr. pén., art. 717 et D. 70 s.

Maison d'arrêt

[Droit pénal]

Lieu où sont enfermées les personnes mises en examen, *prévenu* et *accusé* soumis à la détention provisoire.

Il y a une maison d'arrêt près de chaque tribunal de grande instance, de chaque cour d'appel et de chaque cour d'assises, sauf auprès de certains tribunaux et certaines cours désignés par décret.

C. pr. pén., art. 714.

Maison de l'emploi

[Droit du travail]

Les maisons de l'emploi contribuent à la coordination des actions menées dans le cadre du service public de l'emploi et exercent des actions en matière de prévision des besoins de main-d'œuvre et de reconversion des territoires, notamment en cas de restructurations. Elles participent également à l'accueil et à l'orientation des demandeurs d'emploi, à l'insertion, à l'orientation en formation, à l'accompagnement des demandeurs d'emploi et des salariés et à l'aide à la création d'entreprise. Il existe au moins une maison de l'emploi par région administrative.

C. trav., art. L. 5313-1 s.

Maisons de justice et du droit

[Procédure civile/Procédure pénale]

À l'origine, expérience tentée par plusieurs parquets dans le cas d'infraction pénale. Une rencontre est organisée entre la victime et l'auteur de l'infraction, en présence d'un représentant du parquet et d'un membre du barreau. Le but est d'amener la victime et l'auteur de l'infraction à un accord qui mettra fin à une poursuite pénale, peut-être même à un emprisonnement pour un délinquant primaire.

Par la suite, ces antennes de justice ont été institutionnalisées : placées sous l'autorité des chefs du tribunal de grande instance, elles ont une mission de prévention de la délinquance et de conciliation, tant en matière pénale que civile; elles concourent à l'aide aux victimes et à l'accès au droit en informant et en orientant le public.

COJ, art. R. 131-1 s.

→ *Conciliation, Médiation.*

Maisons des services publics

[Droit administratif]

Lieux dans lesquels sont regroupés, en milieu rural ou urbain, des représentants d'administrations de l'État, des collectivités locales, ou des organismes de Sécurité sociale, en vue d'assurer un service de proximité au profit des usagers.

Maître de l'ouvrage

[Droit administratif]

Personne publique ou privée pour le compte de laquelle des travaux ou un ouvrage immobilier sont réalisés. Ex. : commune faisant construire un bâtiment municipal.

→ *Ouvrage public.*

[Droit civil]

Dans le contrat de louage d'ouvrage et d'industrie, partie contractante qui obtient, moyennant un prix, les services de l'entrepreneur ou locateur.

Maître d'œuvre

[Droit administratif/Droit civil]

Personne, entreprise qui est chargée de réaliser un ouvrage ou des travaux immobiliers pour le compte du maître de l'ouvrage, ou d'en diriger la réalisation. Dans le cas de travail public en *régie*, maître d'œuvre et maître de l'ouvrage sont confondus.

Maîtrise des armements

[Droit international public]

Historiquement, lutte contre la course aux armements due à l'initiative des 2 superpuissances opposées durant la Guerre froide (États-Unis et URSS), et consistant en une régulation de l'évolution des armements (notamment nucléaires), de manière à maintenir l'équilibre militaire. Différence avec le désarmement qui consiste dans la destruction de stocks d'armes existants.

Majeur protégé

[Droit civil]

Majeur qui est victime soit d'une altération de ses facultés mentales due à une maladie, à une infirmité, à la sénilité, soit d'une altération de ses facultés corporelles empêchant l'expression de la volonté. Pour cette raison, il est soumis à l'un ou l'autre des régimes de protection prévus par la loi : tutelle, curatelle, *sauvegarde de justice*. Est également protégée la personne qui rencontre des problèmes sociaux en liaison avec les phénomènes de précarité et d'exclusion, notamment celle qui ne parvient pas à gérer ses revenus, mettant ainsi en danger sa santé ou sa sécurité, et qui relève d'un dispositif de gestion budgétaire et d'accompagnement social, dispositif destiné à remplacer le cas d'ouverture de la *curatelle* pour oisiveté, intempérance ou prodigalité.

Instaurée et assurée dans le respect des libertés individuelles, des droits fondamentaux et de la dignité de la personne, la protection de la personne majeure a pour finalité l'intérêt de la personne protégée et favorise, dans la mesure du possible, son autonomie.

C. civ., art. 415 s., 425 et 495 s.; CPC, art. 1212 s.

GAJC, t. 1, n° 62.

→ *Mandat de protection future, Mesure d'accompagnement judiciaire, Mesure d'accompagnement social personnalisé, Mesure de protection juridique des majeurs et mineurs émancipés, Protection des majeurs, Tutelle.*

Majoration de retard

[Droit général/Sécurité sociale]

Majoration appliquée aux cotisations de Sécurité sociale qui n'ont pas été versées aux dates limites d'exigibilité.

CSS, art. R. 243-18.

→ *Intérêt légal.*

Majoration pour tierce personne

[Sécurité sociale]

Majoration attribuée seulement aux personnes titulaires de pensions personnelles, soit liquidées au titre de l'inaptitude au travail, soit substituées à une pension d'invalidité, qui sont dans l'obligation d'avoir recours à l'assistance d'une tierce personne pour effectuer les actes ordinaires de la vie courante.

CSS, art. L. 355-1.

Majorité

[Droit civil]

1° Âge fixé par la loi pour user de ses droits civils ou politiques.

Fixée à 18 ans, la majorité confère, en droit civil, la *capacité* d'exercice.

C. civ., art. 414.

→ *Impuberté.*

2° Dans une assemblée délibérative, nombre minimum de voix exigé pour qu'une décision soit valablement prise.

[Droit commercial]

→ *Assemblée générale.*

[Droit constitutionnel]

1° Pluralité des voix dans une élection.

- *Majorité absolue* : plus de la moitié des voix.
- *Majorité qualifiée* : majorité exigeant des conditions plus difficiles à réunir que la majorité absolue (ex. : majorité des 2/3).
- *Majorité relative* (ou simple) : plus de voix que n'en a obtenues un autre concurrent.

2° Parti ou coalition de partis détenant la majorité des sièges du Parlement et servant d'appui au gouvernement en régime parlementaire. La majorité est plus ou moins solide selon qu'elle est homogène ou composite.

[Droit pénal]

Âge à partir duquel un individu est soumis au droit commun de la responsabilité pénale. Cet âge est fixé à 18 ans.

Majorité qualifiée

[Droit européen]

Le Conseil des ministres de l'Union européenne statue, sauf disposition expresse des traités prévoyant une décision à l'unanimité, par un vote à la majorité qualifiée. Le vote à la majorité est effectif seulement depuis le début des années 80; auparavant, suite au *compromis de Luxembourg* en 1966, il n'y avait pas vote mais recherche systématique du consensus.

Le nombre de voix attribué à chaque État est fonction de son importance (de 29 voix pour l'Allemagne, la France, l'Italie et le Royaume-Uni, jusqu'à 3 pour Malte) et le total des voix est de 345. La majorité est alors fixée à 255.

Du fait de l'entrée en vigueur du traité de Lisbonne (1er déc. 2009), un système enfin plus lisible a été établi et sera mis en œuvre à partir de 2014 : 55 % du nombre des États membres représentant 65 % de la population (même si certaines procédures permettant l'expression de minorités de blocage subsistent).

Maladie professionnelle

[Sécurité sociale]

Sont des maladies professionnelles les affections limitativement énumérées à l'article L. 461-2 du Code de la Sécurité sociale et inscrites dans des tableaux dits de maladies professionnelles. Les tableaux indiquent pour chaque maladie reconnue comme professionnelle le délai de prise en charge, le type de maladie et la liste indicative ou limitative des principaux travaux susceptibles de la provoquer. Peuvent également être reconnues comme maladies professionnelles les maladies déjà désignées dans les tableaux spécifiques pour lesquelles toutes les conditions tenant aux critères techniques de reconnaissance ne sont pas remplies (délai de prise en charge, durée d'exposition…) et les maladies non inscrites sur les tableaux précités dans la mesure où une relation directe avec le travail habituel est établie.

Les maladies professionnelles ouvrent droit aux mêmes réparations qu'un *accident du travail*.

CSS, art. 461-1.

Mal-fondé

[Procédure (principes généraux)]

Se dit d'une prétention non justifiée en fait ou en droit et, aussi, d'une décision de justice réformée ou annulée par la cour d'appel.

CPC, art. 71 et 542.

→ *Bien-fondé, Débouté, Recevabilité.*

Mandat

[Droit civil]

Acte par lequel une personne est chargée d'en représenter une autre pour l'accomplissement d'un ou de plusieurs actes juridiques.

Le mandat est conventionnel lorsqu'il résulte d'un contrat conclu entre le représenté (ou mandant) et le représentant (ou mandataire). Il peut aussi résulter de la loi ou d'un jugement.

C. civ., art. 1984 s.

GAJC, t. 2, nº 274, 280 et 282.

[Procédure pénale]

Ordre écrit ou mise en demeure par lequel, ou par laquelle, un magistrat ou une juridiction pénale décide de l'audition, de la comparution, de la mise en détention ou de la garde à vue d'une personne.

→ *Mandat d'amener, Mandat d'arrêt, Mandat de comparution, Mandat de dépôt, Mandat de recherche.*

[Droit administratif]

Un contrat passé entre 2 personnes privées (par ex. une société d'économie mixte et un entrepreneur) peut être un contrat administratif si l'un des contractants a agi en tant que mandataire ou pour le compte d'une personne publique.

GAJA nº 82.

Mandat (Territoires sous)

[Droit international public]

Territoires détachés de l'Empire allemand et de l'Empire ottoman à la fin de la Pre-

mière Guerre mondiale et confiés à l'administration de puissances chargées, sous le contrôle de la SDN (Commission des mandats), d'accomplir à leur égard la « mission sacrée de civilisation » consistant à assurer le bien-être et le développement de leurs populations.
Le régime des mandats a pris fin par suite soit de l'émancipation de la collectivité sous-mandat (Irak, Syrie, Liban, Transjordanie) ou de son rattachement à un autre État (Palestine partagée entre Jordanie et Israël), soit de la transformation du mandat en tutelle sous le contrôle de l'ONU (anciennes possessions allemandes d'Afrique et du Pacifique), soit de la révocation du mandat par l'ONU (Sud-Ouest Africain).

Mandat *ad hoc*

[Droit commercial]

Désignation d'une personne, à la demande du représentant de l'entreprise, par le président du tribunal de commerce ou du tribunal de grande instance en vue de rechercher la conclusion d'un accord entre l'entreprise et ses créanciers.
La souplesse du mandat *ad hoc* est à l'origine de son succès.

C. com., art. L. 611-3.

→ *Mandat de protection future.*

Mandat à effet posthume

[Droit civil]

Mandat donné de son vivant par le défunt à une ou plusieurs personnes en vue de gérer tout ou partie de sa succession, qui doit être justifié par un intérêt sérieux et légitime au regard de la personne de l'héritier (héritier mineur ou atteint d'un handicap) ou du patrimoine successoral (gestion de l'entreprise familiale en attendant la reprise par un des enfants).

C. civ., art. 812 s.

→ *Mandat successoral désigné en justice.*

Mandat apparent (Théorie du)

[Droit civil/Droit commercial]

Situation d'une personne qui se trouve engagée par les actes d'une autre qui a agi, soit sans aucun mandat de sa part, soit en excédant ses pouvoirs de mandataire dans des conditions de vraisemblance telles que les tiers qui ont traité avec elle ont pu légitimement croire à l'existence de ce mandat.

GAJC, t. 2, n° 281.

→ *Apparence.*

Mandat d'amener

[Procédure pénale]

Ordre donné à la force publique par un magistrat instructeur ou une juridiction pénale de jugement des crimes ou des délits, de conduire immédiatement une personne devant eux pour, selon le cas, l'entendre ou la juger. Il ne peut être délivré par le magistrat instructeur que s'il existe à l'encontre de cette personne des indices graves ou concordants rendant vraisemblable qu'elle ait pu participer, comme auteur ou complice, à la commission d'une infraction, y compris si cette personne est témoin assisté ou mise en examen.

C. pr. pén., art. 122, 320, 320-1, 419-1 et 512.

Mandat d'arrêt

[Procédure pénale]

Ordre donné à la force publique par un magistrat instructeur ou par une juridiction pénale de jugement des crimes ou des délits, de rechercher la personne à l'encontre de laquelle il est décerné et de la conduire devant eux pour, selon le cas, l'entendre ou la juger, après l'avoir, le cas échéant, conduite à la maison d'arrêt indiquée sur le mandat où elle sera reçue et détenue.

C. pr. pén., art. 122, 272-1, 379-2, 397-4, 410-1, 465, 469 et 512.

Mandat d'arrêt européen

[Droit européen/Procédure pénale]

Nécessaire pour lutter efficacement contre le terrorisme et la grande criminalité organisée, il a été créé par une décision cadre du 13 juin 2002 pour remplacer l'extradition entre États membres et ses procédures toujours longues et complexes. Il revêt la forme d'une décision judiciaire émise par un État membre de l'Union européenne en vue de l'arrestation et de la remise par un autre État membre de la personne recherchée, pour l'exercice de poursuites pénales ou pour l'exécution d'une peine ou d'une mesure de sûreté privative de liberté. Transposition faite en France, après révision constitutionnelle en 2003, par la loi dite Perben II du 9 mars 2004.

C. pr. pén., art. 695-11 à 51.

Mandat de comparution

[Procédure pénale]

Mise en demeure adressée par un magistrat instructeur à une personne de se présenter devant lui à la date et l'heure indiquées par le mandat, parce qu'il existe à son encontre des indices graves ou concordants rendant vraisemblable qu'elle ait pu participer, comme auteur ou complice, à la commission d'une infraction, y compris si cette personne est témoin assisté ou mise en examen.

C. pr. pén., art. 122.

La cour d'assises peut aussi faire sommation à un accusé de comparaître en commettant à cet effet un huissier de justice assisté de la force publique.

C. pr. pén., art. 312.

Mandat de dépôt

[Procédure pénale]

Ordre donné au chef d'un établissement pénitentiaire, par un juge des libertés et de la détention ou par une juridiction pénale de jugement des crimes ou des délits, de recevoir et détenir, selon le cas, soit une personne mise en examen et qui fait l'objet d'une ordonnance de placement en détention provisoire, soit un *prévenu* ou un *accusé*.

C. pr. pén., art. 122, 367, 465 et 469.

Le président de la cour d'assises peut délivrer le même type de mandat à l'encontre de toute personne assistant à une audience et qui, après avoir troublé l'ordre public, résiste à un ordre d'expulsion.

C. pr. pén., art. 321 et 322.

Mandat de paiement

[Droit financier ou fiscal]

Pièce établie par un ordonnateur et transmise au *comptable assignataire* pour que celui-ci paie une dépense publique à un créancier. Ce document, interne à l'Administration, est accompagné d'un titre de règlement (chèque sur le Trésor, ordre de virement) qui permettra au créancier de percevoir son dû.

→ *Ordonnancement.*

Mandat de protection future

[Droit civil]

Mandat par lequel une personne capable organise sa propre protection juridique, pour le cas où elle ne pourrait plus pourvoir seule à ses intérêts par suite d'une altération de ses facultés personnelles, en désignant un tiers de confiance chargé de la représenter dans les actes de la vie civile. Ce tiers de confiance peut être toute personne physique ou une personne morale inscrite sur la liste des *mandataires judiciaires à la protection des majeurs*. Le mandat évite l'ouverture d'une mesure judiciaire.

Le mandat, lorsqu'il est notarié, permet au mandataire d'accomplir tous les actes patrimoniaux que le tuteur peut faire seul ou avec autorisation, à l'exception des actes de disposition à titre gratuit, à moins qu'ils ne soient autorisés par le juge des tutelles.

Le mandat sous seing privé doit être soit contresigné par un avocat, soit établi selon un modèle défini par décret en Conseil d'État. Il n'autorise que les actes conservatoires et de gestion courante, avec possibilité de recourir au juge des tutelles pour voir ordonner un acte plus important se révélant nécessaire dans l'intérêt du mandant.

Lorsque le mandat s'étend à la protection de la personne, le mandataire peut exercer les mêmes pouvoirs qu'un tuteur ou un curateur.

C. civ., art. 477 à 494; CPC, art. 1258 s.

→ *Mandat à effet posthume.*

Mandat de recherche

[Procédure pénale]

Ordre donné à la force publique par le procureur de la République ou par un magistrat instructeur de rechercher la personne à l'encontre de laquelle il est décerné et de la placer en garde à vue. Il faut qu'il existe une ou plusieurs raisons plausibles de soupçonner qu'elle a commis ou tenté de commettre une infraction et, s'agissant de l'ordre donné par le procureur de la République, que les nécessités de l'enquête portant sur un crime flagrant ou un délit flagrant puni d'au moins 3 ans d'emprisonnement l'exigent.

C. pr. pén., art. 70 et 122.

Mandat de représentation en justice

[Procédure civile]

Mandat dont l'objet est l'accomplissement au nom du plaideur des actes de la procédure. Ce mandat emporte mission d'assistance et impose à l'auxiliaire de justice qui en est chargé de remplir les obligations qui en découlent jusqu'à l'exécution du jugement.

L'avocat ne peut se décharger de son mandat tant qu'il n'est pas remplacé par un nouveau représentant effectivement constitué en ses lieu et place.

En principe, le mandataire doit justifier qu'il a reçu mandat de représenter une partie. Mais l'avocat est dispensé d'une telle justification; de plus il est réputé, à l'égard du juge et de la partie adverse, avoir reçu pouvoir spécial pour des actes inhabituels : désistement, acquiescement, offres, aveu, consentement.

CPC, art. 411 s.

→ *Ad litem, Assistance, Postulation, Représentation en justice des plaideurs.*

Mandat d'intérêt commun

[Droit civil/Droit commercial]

Mandat qui se caractérise par le pouvoir accordé au mandataire d'agir à la fois dans l'intérêt du mandant et dans son propre intérêt (ex., le contrat de promotion immobilière), ce qui a pour effet de le faire échapper à la révocation *ad nutum* du mandat ordinaire.

C. civ., art. 1831-1; C. com., art. L. 134-4.

Mandat domestique

[Droit civil]

Expression désignant le pouvoir qu'avait la femme mariée, antérieurement à la loi du 13 juillet 1965, de représenter son mari pour l'accomplissement des actes nécessaires à la vie du ménage. Ladite loi a attribué aux 2 époux le pouvoir autonome de passer les contrats pour l'entretien du ménage ou l'éducation des enfants.

C. civ., art. 220.

Mandat fictif

[Droit financier ou fiscal]

Mandat de paiement correspondant à une dette inexistante ou autre que celle qu'il mentionne, établi généralement en vue d'alimenter une *caisse noire* ou de régler irrégulièrement une autre dépense. L'auteur et les bénéficiaires d'un mandat fictif font l'objet d'une déclaration de *gestion de fait* par la Cour des comptes ou par une chambre régionale des comptes en cas de découverte de son émission.

Mandat politique

[Droit constitutionnel]

Mission que les citoyens (mandants) confient à certains d'entre eux (mandataires) d'exercer le pouvoir en leur nom et pour leur compte. En régime démocratique, le mandat politique procède de l'élection.

1° *Mandat impératif* : conception du mandat politique selon laquelle les élus, tenant leur mandat des électeurs de leur circonscription (*souveraineté populaire*), doivent se conformer à leurs directives et peuvent être révoqués par eux.

2° *Mandat représentatif* : conception du mandat politique selon laquelle les élus, tenant leur mandat de la nation elle-même (*souveraineté nationale*), l'exercent en toute indépendance à l'égard de leurs électeurs, dont ils n'ont pas à recevoir d'ordres ou d'instructions et qui ne peuvent les révoquer.

→ *Cumul de mandats.*

Mandat successoral

[Droit civil]

Mandat confié à un tiers, par décision du président du TGI, d'administrer provisoirement la succession.

C. civ., art. 813-1 s. ; CPC, art. 1355 s.

→ *Mandat à effet posthume, Mandataire successoral.*

Mandataire judiciaire à la protection des majeurs

[Droit civil]

Intervenant extérieur à la famille exerçant à titre habituel les mesures de protection des majeurs que le juge des tutelles lui confie au titre du mandat spécial auquel il peut être recouru dans le cadre de la *sauvegarde de justice*, de la *curatelle*, de la *tutelle* ou de la *mesure d'accompagnement judiciaire*.

L'appellation recouvre l'ensemble des opérateurs tutélaires actuels : salariés des associations familiales, gérants de tutelle, délégués à la tutelle d'État, gérants d'établissement hospitalier.

Le mandataire judiciaire à la protection des majeurs doit satisfaire à diverses conditions (moralité, âge, formation et expérience professionnelle), être agréé en cette qualité par le préfet du département sur avis conforme du procureur de la République et être inscrit sur une liste dressée par ledit préfet.

Dans les établissements publics hébergeant des personnes adultes handicapées ou des personnes âgées, l'activité de mandataire peut être confiée, sous certaines conditions, à un service de l'établissement.

CASF, art. L. 271-1 s., 472-1 s., 473-1 s., R. 472-1 s. et D. 471-3.

Mandataire judiciaire au redressement et à la liquidation des entreprises

[Droit commercial/Procédure civile]

Le mandataire judiciaire est désigné par décision de justice pour représenter les créanciers dans les procédures de redressement et de liquidation ; il agit au nom et dans l'intérêt collectif des créanciers ; il est chargé de procéder à la liquidation d'une entreprise.

L'accès à cette profession est réservé aux personnes offrant des garanties d'aptitude professionnelle, d'honorabilité, de moralité, inscrites sur une liste établie par une commission nationale.

C. com., art. L. 622-20, 641-4, L. et R. 812-1 s.

Mandataire judiciaire au rétablissement personnel des particuliers

[Droit civil/Procédure civile]

Personne qui assure le suivi d'une procédure de *rétablissement personnel* d'un particulier, sur désignation du juge du tribunal d'instance (autrefois du juge de l'exécution). Véritable pivot de la procédure, sa mission consiste d'abord à publier le jugement d'ouverture de la procédure, à établir un bilan de la situation économique et sociale du débiteur, à vérifier les créances et à évaluer les éléments d'actif et de passif. Puis, pendant la phase de liquidation et en qualité cette fois de liquidateur, il exerce les droits et actions du débiteur sur son patrimoine (vente des biens, répartition du produit des actifs entre les créanciers).

Une liste de mandataires de ce type est dressée par le procureur de la République. Elle comprend des mandataires judiciaires, des huissiers de justice, des personnes morales mandataires judiciaires à la protection des majeurs, des associations familiales ou de consommateurs.

C. consom., art. L. 332-6, 7, R. 332-13-1, 334-32, 334-34, 334-36, 334-39, 334-41 s., 334-61.

Mandataire successoral

[Droit civil]

Personne qualifiée, physique ou morale, désignée par le juge à l'effet d'administrer provisoirement une succession en raison de l'inertie, de la carence, de la faute d'un ou plusieurs héritiers dans la gestion de l'hérédité, de leur mésentente, ou de la complexité de la situation successorale.

C. civ., art. 813-1 s.; CPC, art. 1355 s.

→ *Mandat à effet posthume, Mandat successoral.*

Mandatement

[Droit financier ou fiscal]

→ *Ordonnancement.*

Mandement

[Procédure (principes généraux)]

Ordonnance du juge prescrivant à un plaideur d'accomplir tel ou tel acte, par exemple de mettre en cause un tiers.

Ordonnance prescrivant à un plaideur de présenter telle ou telle pièce, à un *tiers* de fournir une attestation écrite ou un témoignage ou de communiquer certains documents nécessaires au jugement du procès.

→ *Injonction, Intervention, Mise en cause, Pièces.*

Manœuvrier

[Droit pénal/Procédure pénale]

Professionnel intervenant à la demande d'un OPJ pour accomplir une prestation utile à l'enquête de police (serrurier, brancardier, etc.). Cette mission n'exige pas la prestation de serment préalable.

C. pén., art. R. 642-1.

Manque de base légale

[Procédure civile]

→ *Défaut de base légale.*

Manquement (Recours en)

[Droit européen]

Recours permettant à la Commission ou à tout État membre de saisir la Cour de justice du non-respect par un État membre des obligations qui lui incombent en vertu des traités pour le contraindre à appliquer le droit de l'Union européenne.

TFUE, art. 258 s.

→ *Astreinte.*

Manu militari

[Droit général]

« Par la main militaire ».

Expression signifiant que l'on a recours à la force publique pour l'exécution d'une obligation ou d'un ordre.

→ *Exécution forcée, Force exécutoire.*

Marchandage

[Droit du travail]

Contrat par lequel une personne, le sous-entrepreneur, marchandeur ou tâcheron, s'engage envers l'entrepreneur principal à faire exécuter un travail par d'autres personnes payées et commandées par elle.

Lorsque l'opération à but lucratif consiste en une fourniture de main-d'œuvre qui a pour effet de causer un préjudice aux salariés ou d'éluder l'application des lois, des règlements ou des conventions collectives, elle est interdite et sanctionnée pénalement.

C. trav., art. L. 8231-1 s. et D. 8232-1 s.

Marché à bons de commande

[Droit administratif]

Marché public, normalement d'une durée maximale de 4 ans, conclu avec un ou plusieurs fournisseurs, et exécuté à mesure des besoins de la personne publique par l'émission de bons de commande. Cette forme de marché est spécialement adaptée aux fournitures de biens ou de services quand, par exemple, la quantité exacte ne pourrait être déterminée à l'avance.

C. marchés, art. 77.

Marché à forfait

[Droit civil]

Dans le contrat de louage d'ouvrage et d'industrie, convention conclue entre le maître de l'ouvrage et l'entrepreneur, en vertu de laquelle le prix est fixé dès l'origine de façon définitive pour l'ensemble de l'ouvrage.

C. civ., art. 1793 et 1794.

Marché à procédure adaptée

[Droit administratif]

Également dénommé : marché sans formalités préalables. Mode de passation simplifié des achats de biens et de services des *personnes publiques* ne dépassant pas un certain montant; les modalités de l'acquisition sont déterminées par l'acheteur en fonction de ses besoins et de ses moyens et permettent une négociation avec les fournisseurs potentiels. En dessous d'un certain montant (4 000 €) la personne publique peut librement choisir entre les fournisseurs potentiels, sans avoir à procéder préalablement à une publicité de son intention d'achat et à une mise en concurrence de ces fournisseurs.

C. marchés, art. 26 et 28.

Marché à règlement mensuel

[Droit commercial]

Ensemble des opérations de vente et d'achat de valeurs mobilières sur un marché boursier pour un prix déterminé au moment de la conclusion de l'opération, mais dont l'exécution n'intervient qu'à une date ultérieure, dite date de liquidation. Ce marché s'est en 1983, substitué au marché à terme, et a été supprimé au cours de l'année 2000.

Marché au comptant

[Droit commercial]

Ensemble des opérations de ventes et d'achats de valeurs mobilières sur un marché boursier, qui s'exécutent immédiatement par le versement de l'argent et la remise des titres, sous réserve du délai nécessaire aux intermédiaires.

Marché commun

[Droit international public]

→ *Communautés européennes.*

Marché intérieur

[Droit européen]

Espace constitué du territoire des États membres de l'Union européenne, dans lequel la libre circulation est assurée (art. 26 et s. TFUE).

Marché monétaire, financier

[Droit financier ou fiscal]

Le marché monétaire est le marché sur lequel sont émis et échangés les titres à court ou très court terme, comme les *bons du Trésor* pour l'État; le marché financier est celui sur lequel sont émis et échangés les titres à moyen ou long terme (7 ans ou plus), comme les *actions* et les *obligations*.

→ *Marché réglementé.*

Marché négocié

[Droit administratif]

Dénomination officielle : procédure négociée.

Mode dérogatoire de passation des *marchés publics*, utilisable seulement dans des cas énumérés, dans lequel la personne publique choisit son cocontractant après consultation de candidats et négociation des conditions du marché avec un ou plusieurs d'entre eux. Selon les cas ils peuvent être dispensés de publicité et de mise en concurrence.

C. marchés, art. 34 et 35.

Marché réglementé

[Droit commercial]

Lieu où se négocient, après autorisation du ministre chargé de l'Économie et des Finances, des instruments financiers tels qu'actions ou autres titres de capital ou de créance.

Marché sans formalités préalables

[Droit administratif]

→ *Marché à procédure adaptée.*

Marché sur appel d'offres

[Droit administratif]

Mode de *droit commun* de passation des *marchés publics*, dans lequel la personne publique choisit l'offre économiquement la plus avantageuse, sur la base de critères objectifs préalablement portés à la connaissance des candidats, et sans négociation avec ceux-ci. Sauf cas dérogatoire, il est obligatoire quand le marché dépasse certains montants, différents pour l'État et pour les *collectivités territoriales*.

Il est dit « ouvert » lorsque tout candidat peut remettre une offre, « restreint » lorsque seuls des candidats sélectionnés peuvent remettre une offre.

C. marchés, art. 26 et 33.

Marchés d'intérêt national

[Droit administratif]

Marchés de gros ou de demi-gros dédiés aux transactions entre professionnels de produits agricoles et alimentaires déterminés, conçus dans leur principe pour raccourcir les circuits de distribution et diminuer ainsi le prix de ces denrées, et pour contribuer à garantir la sécurité d'approvisionnement des grandes agglomérations. Le classement d'un marché en MIN est décidé par l'État sur proposition du *conseil régional*; leur gestion peut être confiée à une personne publique (souvent une *société d'économie mixte* locale) ou à une société privée.

Leur efficacité économique peut être renforcée par l'institution – facultative – d'un périmètre de protection (« périmètre de référence ») à l'intérieur duquel est interdite toute création ou extension d'un négoce de gros portant sur les produits commercialisés par le MIN.

C. com., art. L. 761-1 s.

Marchés publics

[Droit administratif]

Les marchés publics, régis par le Code des marchés, sont des contrats, écrits conclus à titre onéreux avec des opérateurs économiques privés ou publics par *l'État* et ses *établissements publics* administratifs ainsi que par les *collectivités territoriales* et leurs établissements publics, en vue de la fourniture de travaux, de biens ou de services. Ils sont soumis à des règles précises de passation, en vue d'assurer l'égal accès à la commande publique de toutes les entreprises, l'égalité de leur traitement et la transparence des procédures. Pour le Conseil d'État, les marchés entrant dans le champ d'application du Code des marchés publics sont des contrats administratifs, relevant des juridictions administratives.

Les principales formes de marchés publics sont : l'*appel d'offres*, la *procédure adaptée*, les *marchés négociés*, le *dialogue compétitif*.

C. marchés, art. 1er et 26.

[Droit européen]

De nombreuses directives européennes visent à l'harmonisation des législations nationales relatives aux marchés publics, afin d'assurer une plus grande transparence des procédures de passation, et d'ouvrir les marchés passés dans chaque État membre à la concurrence d'entreprises d'autres États.

Marchepied (Servitude de)

[Droit civil/Droit administratif]

Servitude légale obligeant le propriétaire riverain d'un cours d'eau domanial à laisser libre un espace de 3,25 m de largeur le long de la rive opposée à celle supportant la servitude de *halage*.

C. civ., art. 556, al. 2 et 650; CGPPP, art. L. 2131-2.

Marc le franc

[Droit civil/Procédure civile]

Dans la procédure de *distribution par contribution*, paiement des créanciers chirographaires proportionnellement au montant de leurs créances, lorsque la somme à distribuer est inférieure au total des sommes dues. Le marc et la livre étaient des mesures de poids, devenues des unités monétaires. On disait au marc la livre, puis au marc le franc, il faut dire aujourd'hui au marc l'euro.

C. civ., art. 2285.

→ *Contribution, Distribution des deniers.*

ACTU

Mariage

[Droit civil]

Union légitime de l'homme et de la femme résultant d'une déclaration reçue en forme solennelle par l'officier d'état civil qui a reçu auparavant les consentements des futurs, en vue de la création d'une famille et d'une aide mutuelle dans la traversée de l'existence. L'homme et la femme ne peuvent contracter mariage avant 18 ans révolus. Selon le Conseil constitutionnel, « le droit de mener une vie familiale normale n'implique pas que les couples de même sexe puissent se marier. Ils sont libres de vivre en concubinage ou de conclure un *pacte civil de solidarité*. La différence de situation entre les couples de même sexe et les couples composées d'un homme et d'une femme peut justifier une différence de traitement quant aux règles du droit de la famille » (déc. n° 2010-92 QPC, 28 janv. 2011).

Ce terme désigne également l'acte juridique créateur de l'union et qui soumet celle-ci à des règles permettant aux époux de réaliser les buts de leur union.

C. civ., art. 144 s.

GAJC, t. 1, n° 30, 32, 33, 34, 35, 36, 37 et 64.

→ *Concubinage, Conjoint, Divorce, Union libre.*

Mariage blanc

[Droit civil]

Expression convenue pour qualifier l'union frauduleusement contractée sans intention matrimoniale. Un tel mariage dénué du consentement *ad hoc* encourt la nullité absolue. La fraude à la loi double l'absence de volonté nuptiale, qui vise à tourner la réglementation pour obtenir par ce moyen détourné qui un droit de séjour, qui une carte de travail, qui une somme d'argent… La loi s'efforce de protéger la liberté du consentement, notamment en subordonnant la célébration du mariage à l'audition commune des futurs époux par l'officier de l'état civil, ou si celui-ci l'estime nécessaire, à des entretiens séparés.

C. civ., art. 63.

ACTU

Mariage forcé

[Droit civil]

Une personne majeure menacée de mariage forcé peut demander au *juge aux affaires familiales* de délivrer à son profit une ordonnance d'interdiction temporaire de sortie du territoire français, de telle sorte qu'il soit impossible de la contraindre à se rendre à l'étranger pour y être marié contre son gré.

C. civ., art. 511-13.

→ *Violences au sein des couples.*

Mariage posthume

[Droit civil]

Exceptionnellement autorisé par le président de la République pour des motifs graves (généralement la naissance annoncée ou réalisée d'un enfant), une personne peut se marier avec un défunt si les formalités officielles marquant sans équivoque son consentement avaient été accomplies avant son décès. Les effets de ce mariage remontent à la date du jour précédant le décès, mais n'emportent aucun droit successoral au profit du survivant et aucun régime matrimonial.

C. civ., art. 171.

GAJC, t. 1, n° 36.

Mariage putatif

[Droit civil]

Mariage nul, mais qui, en raison de la bonne foi de l'un au moins des époux, est réputé valable pour le passé à l'égard de cet époux. À l'égard des enfants, le mariage nul est toujours putatif, même si les 2 époux sont de mauvaise foi. Dans ces conditions, les effets de la nullité ne se produisent, à l'égard de ces personnes, que pour l'avenir.

C. civ., art. 201 et 202.

GAJC, t. 1, n° 35.

→ *Bonne foi.*

Marque d'appel

[Droit commercial]

→ *Prix d'appel.*

Marque syndicale

[Droit du travail]

Un syndicat peut avoir un label ou une marque destinés à certifier l'origine d'un produit fabriqué ou vendu sous son contrôle. Les syndicats ouvriers ont parfois tiré de ce droit celui de négocier et de conclure des accords tendant à obliger l'employeur à n'embaucher que les adhérents du syndicat propriétaire de la marque ou du *label*; un tel accord est nul comme portant atteinte à la liberté syndicale.

C. trav., art. L. 2134-1 s. et L. 2135-2.

→ *Clause de sécurité syndicale.*

Marques de fabrique, de commerce et de services

[Droit commercial]

Signe susceptible de représentation graphique servant à distinguer les produits ou services d'une personne physique ou morale de ceux des concurrents.

CPI, art. L. 711-1.

Masse

[Droit civil/Droit commercial]

Au sens large, expression qui désigne le passif d'une part, l'actif d'autre part, lors de la liquidation d'une indivision ou d'une entreprise, ou ensemble de biens formant un tout soumis à un régime juridique propre (masse des biens communs sous la communauté légale).

La masse des obligataires est constituée par l'ensemble des porteurs d'obligations d'une même émission.

La masse des porteurs de parts de fondateurs désigne l'ensemble des porteurs de parts d'une société de capitaux.

La masse des créanciers regroupait, avant la loi nº 85-99 du 25 janvier 1985, l'ensemble des créanciers dont les créances étaient antérieures au jugement d'ouverture de la procédure collective.

Ainsi distinguait-on alors les créanciers dans la masse (créances antérieures) et les créanciers de la masse dont les créances apparaissaient en cours de procédure.

C. com., art. L. 228-46.

Masse partageable

[Droit civil]

Réunion des éléments actifs et passifs d'un ensemble servant d'assiette pour le calcul des droits des copartageants. En matière héréditaire, la masse partageable comprend les biens existant au décès ainsi que les fruits y afférents, les valeurs soumises au rapport ou à la réduction, les dettes des copartageants envers le défunt ou envers l'indivision, le tout sous déduction du passif successoral.

C. civ., art. 825.

Master

→ *Licence-master-doctorat.*

Matériel

→ *Formel.*

Maternité

[Droit civil]

Lien biologique et juridique existant entre la mère et son *enfant*.

→ *Ascendant, Descendant, Filiation, Paternité, Recherche de maternité.*

Matière

[Procédure (principes généraux)]

Désigne d'abord le *genre du litige*, l'ensemble des affaires comprises dans un même contentieux et correspondant à une branche déterminée du droit (matière civile, commerciale, sociale, prud'homale). Ainsi comprise, la matière constitue un des critères de répartition des compétences entre les différentes juridictions.

Le terme est également utilisé pour exprimer la *nature de la juridiction* exercée et la procédure qui en découle. En ce sens on oppose la matière contentieuse à la matière gracieuse.

Plus étroitement, la matière évoque l'*objet de la contestation* (matière du procès) qui représente le *fond* par opposition à la procédure qui serait *forme*.

[Droit constitutionnel]

Suivie d'un qualificatif, la matière désigne le domaine dans lequel telle autorité détient le pouvoir normatif : matière législative, matière réglementaire. Les matières autres que celles qui sont du domaine de la loi ont un caractère réglementaire.

Const., art. R. 34, 37.

Matière mixte

[Procédure civile]

→ *Action mixte.*

Matrice

[Droit financier ou fiscal]

→ *Cadastre.*

Mauvaise foi

[Droit général]

Comportement incorrect qui participe, à des degrés divers, de l'insincérité, de l'infidélité, voire de la déloyauté. Conduit toujours à un régime de défaveur qui se marque, selon les cas, par l'aggravation de la responsabilité, la perte d'un bénéfice ou l'amoindrissement d'un droit (ex. : à l'inverse du possesseur de *bonne foi* qui fait les fruits siens, le possesseur de mauvaise foi doit les restituer en intégralité).

Maxime

[Droit général]

Proposition d'origine généralement ancienne, servant de règle juridique ou de mode d'interprétation du droit (ex. : « *cessante ratione legis, cessat ejus dispositio* »).

→ *Aphorisme (Adage, Brocard).*

Médecin conseil

[Sécurité sociale]

Médecins relevant du contrôle médical des caisses de Sécurité sociale chargés de l'examen des assurés.

CSS, art. R. 166-8.

Médecin contrôleur

[Sécurité sociale]

Médecin mandaté par l'employeur, en application de l'article L. 1226-1 du Code du travail, pour vérifier le bien-fondé de l'arrêt de travail. Lorsqu'il conclut à l'absence de justification d'un arrêt de travail ou fait état de l'impossibilité de procéder à l'examen de l'assuré, il transmet son rapport au service du contrôle médical de la caisse dans un délai maximal de 48 heures.

CSS, art. L. 315-1, II.

Médecin conventionné

[Sécurité sociale]

Médecin relevant de l'accord national conclu entre les caisses nationales d'assurance-maladie des différents régimes de Sécurité sociale et les organisations les plus représentatives des médecins.

Les honoraires du médecin conventionné sont remboursés à l'assuré par les caisses dans les conditions prévues à la convention nationale.

Médecin traitant

[Sécurité sociale]

Médecin choisi par le salarié avec son accord. L'absence de choix ne permet pas à l'assuré d'être remboursé dans des conditions normales.

CSS, art. L. 162-5-3.

→ *Parcours de soins.*

Médecine de caisse

[Sécurité sociale]

Type d'organisation de la médecine dans lequel le paiement du médecin est effectué par les caisses de Sécurité sociale, ce système étant susceptible d'aménagements très divers.

Médecine du travail

[Droit du travail]

Institution destinée à exercer une surveillance sur la santé des travailleurs dans l'entreprise et dont le rôle est uniquement préventif.

C. trav., art. L. 4621-1 s. et R. 4621-1 s.

Médecine libérale

[Sécurité sociale]

La médecine libérale est celle dont l'organisation repose sur les principes fondamentaux suivants :

- libre choix du médecin par le malade;
- liberté de prescription du médecin;
- secret professionnel;
- paiement direct des honoraires par le malade;
- liberté d'installation du médecin.

Ces principes sont reconnus par le Code de la Sécurité sociale.

Médiateur

[Droit privé]

Le recours à un médiateur est prévu dans certains domaines du droit privé (droit du travail, droit de l'assurance-construction).

[Procédure civile]

Tierce personne désignée par le juge saisi d'un litige, avec l'accord des parties, en vue de trouver une solution au conflit qui les oppose. Le médiateur doit satisfaire à certaines conditions d'honorabilité, d'indépendance et de compétence relatives tant à la nature du litige qu'à la pratique de la médiation; il est rémunéré par les parties à la manière d'un expert.

CPC, art. 131-1 s.

→ *Conciliateur de justice.*

[Procédure pénale]

En procédure pénale, le recours à un médiateur entre dans les attributions du procureur de la République. Préalablement à sa décision sur l'action publique, il peut en effet faire procéder, avec l'accord des parties, à une mission de médiation entre elles, s'il lui apparaît qu'une telle mesure est susceptible d'assurer la réparation du dommage causé à la victime, de mettre fin au trouble résultant de l'infraction ou de contribuer au reclassement de l'auteur des faits.

C. pr. pén., art. 41-1.

→ *Conciliateur de justice, Maisons de justice et du droit.*

Médiateur de la République

[Droit constitutionnel/Droit administratif]

Autorité indépendante instituée en 1973 à l'exemple de l'*Ombudsman*, le Médiateur était chargé, face à une Administration considérée comme de plus en plus bureaucratique et complexe, de simplifier et d'humaniser la protection des administrés, sans se substituer aux tribunaux. Nommé pour 6 ans, il recevait les réclamations des administrés relatives à leurs relations avec les services de l'État et des collectivités publiques, transmises obligatoirement par un parlementaire. Il pouvait aussi être saisi par les assemblées parlementaires, par un parlementaire, ainsi que par un de ses homologues étrangers ou par le Médiateur européen. Il disposait de délégués sur l'ensemble du territoire.

Depuis la révision constitutionnelle du 23 juillet 2008, il devait être remplacé par le *Défenseur des droits*, ce qui a été réalisé par la LO du 29 mars 2011.

Médiation

[Droit international public]

Mode de règlement politique des conflits internationaux consistant dans l'interposition d'une tierce puissance qui ne se borne pas à persuader les parties de s'entendre (comme dans les bons offices), mais leur propose une solution.

[Droit pénal]

→ *Médiateur [Procédure pénale].*

[Droit du travail]
Procédure de règlement des différends collectifs de travail, qui consiste à demander l'avis d'un tiers qualifié, le médiateur. Celui-ci formule une recommandation qui lie les parties qui l'ont acceptée.
→ *Arbitrage, Conciliation, Ombudsman.*
C. trav., art. L. 2523-1 s.

[Procédure civile]
Tentative de règlement amiable des litiges consistant dans l'intervention d'une tierce personne désignée par le juge avec pour mission d'entendre les parties, de confronter leurs points de vue et de leur soumettre un projet de solution (la *conciliation* se borne à rapprocher les parties). Si la médiation réussit, l'accord peut être homologué par le juge; il a alors la même force exécutoire qu'un jugement.
Dans le cas où une clause de médiation préalable obligatoire a été prévue, sa violation constitue une fin de non recevoir.
La directive 2008/52 CE du parlement et du Conseil en date du 21 mai 2008 incite les parties à un litige à tenter par elles-mêmes, volontairement, de parvenir à un accord avec l'aide d'un médiateur, s'agissant d'un litige transfrontalier.
CPC, art. 131-1 s.
→ *Conciliation.*

Membre de la famille

[Sécurité sociale]
Conjoint, ascendant et, à partir de 18 ans, le descendant, frère, sœur ou allié au même degré du chef d'exploitation ou de son conjoint, à condition qu'il vive sur l'exploitation agricole et participe à sa mise en valeur bien que n'étant ni salarié, ni associé d'exploitation.

Mémoire

[Droit administratif/Procédure administrative]
1° *Mémoire introductif* : requête déposée, pour la saisir d'un *recours*, devant une juridiction administrative par le requérant ou son conseil, pouvant exposer de manière seulement succincte les moyens invoqués, et présentant les conclusions du demandeur.
GACA n° 43.
2° *Mémoire ampliatif* : mémoire pouvant faire suite au précédent pour développer les moyens qui seraient trop sommairement exposés dans le mémoire introductif. Devant les juridictions administratives, la procédure se déroule sous forme d'échanges de mémoires (procédure écrite).

[Procédure civile]
Document écrit contenant l'exposé des prétentions d'un plaideur.
L'échange de mémoires est une des caractéristiques de la procédure devant la Cour de cassation.
CPC, art. 978 et 982.

Mémorandum

[Droit international public]
Rapport, éventuellement confidentiel, sur une question donnée, comprenant souvent en conclusion injonctions ou propositions, adressé par un État à un autre État ou par un organe à un autre organe d'une organisation internationale.

Menaces

[Droit pénal]
Délits liés à l'expression d'un projet nuisible par atteinte aux personnes ou aux biens.
C. pén., art. 222-17 s. et 322-12 s.

Ménage de fait

[Droit civil]
→ *Concubinage.*

Mensualisation

[Droit financier ou fiscal]
En matière d'impôt sur le revenu, succédané du système de retenue à la source dans lequel le contribuable opte pour le prélève-

ment d'office mensuel, sur un compte bancaire, de sommes à valoir sur son impôt de l'année. Il n'est alors plus soumis à l'obligation de payer des « *tiers provisionnels* ». La mensualisation, qui répartit mieux dans le temps à la fois les rentrées fiscales et les paiements des contribuables, est étendue à d'autres impôts directs (taxe d'habitation, taxes foncières bâtie et non bâtie).

[Droit du travail]

On désigne sous le nom de mensualisation diverses mesures adoptées par voie de négociation collective et par voie légale qui tendent au rapprochement du statut de l'ouvrier manuel, payé à l'heure, et du statut de l'employé payé au mois. Ces mesures peuvent aller de la généralisation du paiement mensuel du salaire à l'extension des avantages sociaux, jusqu'ici réservés au personnel mensuel et tels que : paiement des jours fériés, garantie du salaire en cas de maladie, attribution d'importantes indemnités de licenciement, etc.

C. trav., art. L. 3242-1 s.

Mention au dossier

[Procédure civile]

Indication portée par écrit sur le *dossier* de l'affaire tenu par le secrétariat-greffe. Elle permet de formaliser certaines décisions prises au cours de l'instruction, ainsi que les avis et les lettres adressés par la juridiction. Dans les procédures orales, les prétentions des parties y sont notées, à moins qu'elles ne soient consignées dans un procès-verbal.

CPC, art. 727.

Mention en marge

[Droit général]

Annotation placée en marge d'un acte, aux fins d'adjonction, de rectification ou de mise à jour. C'est de cette façon que l'acte de naissance se trouve, éventuellement complété par l'indication du mariage ou de la reconnaissance d'enfant naturel, définitivement actualisé par l'inscription du décès.

Mention manuscrite

[Droit civil]

Énonciation apposée à la main au pied d'un acte juridique, avant la signature, par laquelle l'attention du débiteur est attirée sur l'étendue et la portée de l'obligation qu'il souscrit. Par exemple, la caution d'un créancier professionnel doit faire précéder sa signature de la mention manuscrite suivante : « En me portant caution de X..., dans la limite de la somme de... couvrant le paiement du principal, des intérêts et, le cas échéant, des pénalités ou intérêts de retard et pour la durée de..., je m'engage à rembourser au prêteur les sommes dues sur mes revenus et mes biens si X... n'y satisfait pas lui-même ».

C. consom., art. L. 341-2.

→ *Bon pour, Formalisme, Forme.*

Mentions informatives

[Droit civil/Droit commercial]

Précisions qui doivent figurer dans le document contractuel en vue de renseigner le partenaire sur les prestations offertes et les protections accordées par la loi. La méconnaissance de ce formalisme impératif est sanctionnée, généralement, par la nullité du contrat.

Menus ouvrages

[Droit civil]

En matière de construction immobilière, les menus ouvrages sont les éléments autres que les *gros ouvrages* façonnés et installés par l'entrepreneur, spécialement les canalisations ou les huisseries. La responsabilité de l'entrepreneur, en cas de vices cachés, est encourue pendant 2 ans à dater de la réception des travaux.

C. civ., art. 1792-3.

Mer territoriale

[Droit international public]

Bande maritime qui suit le tracé de la côte et fixée depuis la Convention de Montego Bay du 10 décembre 1982 à 12 milles. L'État côtier exerce sur cette zone sa souveraineté sous réserve du libre passage inoffensif des navires étrangers.

→ *Passage inoffensif (Régie du libre), Plateau continental, Zone contiguë.*

Mercuriale

[Droit civil/Droit commercial]

État périodique du prix courant de certaines denrées, utilisé par les tribunaux pour déterminer le montant du préjudice subi en cas de perte ou de détérioration.

Message

[Droit constitutionnel]

Acte par lequel le président de la République communique avec les assemblées parlementaires.

À la différence du président des États-Unis, le président de la République française ne va pas au Parlement lire lui-même son message; il le fait lire. Depuis la révision constitutionnelle du 23 juillet 2008, le président de la République peut prendre la parole devant le Parlement réuni en Congrès.

Const., art. 18.

Mesure d'accompagnement judiciaire (MAJ)

[Droit civil]

Mesure destinée à rétablir l'autonomie d'une personne majeure dans la gestion de ses ressources, lorsque la *mesure d'accompagnement social personnalisé* n'a pas porté ses fruits. Seul un *mandataire judiciaire à la protection des majeurs* peut être désigné par le juge pour exercer cette fonction. Cette mesure d'accompagnement n'entraîne aucune des incapacités attachées à la curatelle ou à la tutelle.

La MAJ s'est substituée à la tutelle aux prestations sociales dont les mesures ne seront caduques de plein droit qu'au 31 décembre 2011.

C. civ., art. 495 s.; CPC, art. 1262 s.; CASF, art. R. 272-2 s.

→ *Majeur protégé, Mesures de protection judiciaire des majeurs et mineurs émancipés, Mesures de protection juridique des majeurs et mineurs émancipés.*

Mesure d'accompagnement social personnalisé (MASP)

[Droit civil]

Mesure administrative applicable à la personne majeure qui perçoit des prestations sociales et dont la santé ou la sécurité est menacées par les difficultés qu'elle éprouve à gérer seule ses ressources. Cette mesure prend la forme d'un contrat conclu entre l'intéressé et le département, prévoyant des actions en faveur de l'insertion sociale et tendant à rétablir les conditions d'une gestion autonome des prestations sociales, avec possibilité d'affecter lesdites prestations en priorité au paiement du loyer et des charges locatives en cours.

En cas d'échec de la mesure, le procureur de la République, informé par le président du conseil général, peut saisir le juge des tutelles aux fins du prononcé d'une *sauvegarde de justice*, ou de l'ouverture d'une *curatelle*, d'une *tutelle* ou d'une *mesure d'accompagnement judiciaire*.

CASF, art. L. 271-1 s. et R. 271-1.

→ *Majeur protégé, Mesures de protection judiciaire des majeurs et mineurs émancipés, Mesures de protection juridique des majeurs et mineurs émancipés.*

Mesure d'administration judiciaire

[Procédure (principes généraux)]

Acte relatif au fonctionnement d'une juridiction intéressant soit l'ensemble de la juridiction (règlement des audiences et du rôle des affaires, délégation et roulement des magistrats, désignation des juges de la mise en état ou des magistrats appelés à statuer comme juge unique), soit un litige déterminé (jonction d'instances, radiation du rôle, ordonnance de clôture, renvoi à la formation collégiale). Aucun recours n'est ouvert contre un tel acte qui ne peut être déféré à la Cour de cassation, fût-ce pour excès de pouvoir.

CPC, art. 107, 126-3 al. 3, 368, 383, 499, 537 s., 1224; COJ, art. R. 111-7, 121-1, 212-8, 213-7, 213-9, 213-11, 213-12, 312-9,434-1, 532-11.

→ *Acte juridictionnel, Décision gracieuse.*

Mesure d'ordre intérieur

[Droit administratif]

En contentieux administratif, catégorie juridique en voie de régression dont l'existence s'explique surtout par la crainte d'un encombrement des juridictions, et qui regroupe des décisions administratives mineures dont le juge administratif se refuse à connaître en raison du peu d'importance du préjudice causé aux administrés.

Exemple : décision de l'Administration universitaire d'inscrire un étudiant dans tel groupe de travaux dirigés plutôt que dans tel autre.

GAJA n° 97.

Mesure judiciaire d'aide à la gestion du budget familial

[Droit civil/Sécurité sociale]

Mesure que le juge des enfants peut ordonner lorsque les prestations familiales ne sont pas employées pour les besoins liés au logement, à l'entretien, à la santé et à l'éducation des enfants et que l'accompagnement en économie sociale et familiale prévu à l'article L. 222-3 du Code de l'action sociale et des familles, n'apparaît pas suffisant. Ces prestations sont alors versées, en tout ou en partie, à une personne physique ou morale qualifiée, appelée « *délégué aux prestations familiales* ». La charge de cette mesure incombe à l'organisme débiteur des prestations familiales.

C. civ., art. 375-9-1; CSS, art. L. 552-6; CPC, art. 1200-2 s.

→ *Protection de l'enfance.*

Mesures conservatoires

[Procédure civile]

La loi n° 91-650 du 9 juillet 1991 a institué des règles nouvelles en matière de mesures conservatoires, en distinguant les *saisies conservatoires* et les *sûretés judiciaires*.

Le recours à l'une ou l'autre de ces procédures suppose que celui qui possède une créance paraissant fondée en son principe obtienne une autorisation du juge de l'exécution (en matière commerciale du président du tribunal de commerce), en justifiant de circonstances susceptibles d'en menacer le recouvrement.

Cette autorisation n'est pas exigée dans plusieurs hypothèses, notamment lorsque la créance est constatée par un titre exécutoire, parce qu'alors la créance est certaine.

On entend, également, par mesures conservatoires les mesures que prescrit le juge des référés, soit pour prévenir un dommage imminent, soit pour faire cesser un trouble manifestement illicite.

CPC, art. 809, 849, 873, 894; C. trav., art. R. 1455-6.

[Procédure pénale]

Possibilité, sur requête du procureur de la République, en cas d'information ouverte en matière de délinquance ou de criminalité organisées (art. 706-73 et 706-74 C. pr. pén.), ou pour l'une des infractions, punie d'une peine égale ou supérieure à 3 ans d'emprisonnement, du titre 1er du livre III du Code pénal (crimes et délits contre les biens), d'ordonner aux frais avancés du Trésor et selon les modalités prévues par les procédures civiles d'exécution, des mesures conservatoires sur les biens meubles ou immeubles, divis ou indivis de la personne mise en examen, afin de garantir le paiement des amendes et l'indemnisation des victimes.

La condamnation de la personne vaut validation des mesures conservatoires. La décision de non lieu, de relaxe ou d'acquittement emporte, de plein droit, leur mainlevée.

C. pr. pén., art. 706-103 et 706-166.

Mesures de protection judiciaire des majeurs et mineurs émancipés

[Droit civil]

L'expression regroupe toutes les mesures de la compétence du juge des tutelles pour protéger la personne majeure ou mineure émancipée. La loi du 5 mars 2007 vise d'une part les mesures juridiques (*sauvegarde*, *curatelle* et *tutelle*) commandées par l'altération des facultés personnelles et d'autre part une *mesure d'accompagnement judiciaire* pour aider le majeur (ou le mineur émancipé) dans sa gestion financière sans entraîner une incapacité et à condition que sa santé ou sa sécurité soit compromise par ses difficultés à gérer de manière satisfaisante ses prestations sociales.

C. civ., art. 425 s. et 495 s.

→ *Majeur protégé, Mesures d'accompagnement social personnalisé, Mesures de protection juridique des majeurs et mineurs émancipés.*

Mesures de protection juridique des majeurs et mineurs émancipés

[Droit civil]

Par cette expression, la loi du 5 mars 2007 vise : **1°** les 3 mesures, dites de protection judiciaire (*sauvegarde*, *curatelle* et *tutelle*) que le juge peut ordonner pour un majeur dont les facultés personnelles sont altérées ou un mineur émancipé; **2°** le *mandat de protection future*. À noter que l'accompagnement judiciaire n'est pas une mesure de protection juridique car n'entraînant aucune incapacité.

C. civ., art. 413-6 s., 425 s. et 495 s.

→ *Majeur protégé, Mesures d'accompagnement social personnalisé, Mesures de protection juridique des majeurs et mineurs émancipés.*

Mesures de sûreté

[Droit pénal]

Sanctions à caractère préventif et dépourvues de but rétributif et de caractère afflictif et infamant, fondées sur la constatation d'un état dangereux. Les mesures de sûreté peuvent consister en une neutralisation, un traitement thérapeutique, un traitement rééducatif.

Mesures d'exécution sur les véhicules terrestres à moteur

[Procédure civile]

Lorsque le débiteur est propriétaire d'un véhicule terrestre à moteur (automobile par ex.), l'huissier de justice choisi par le créancier peut effectuer une déclaration à la Préfecture où le véhicule a été immatriculé. Cette déclaration, notifiée au débiteur, opérera la saisie.

S'il est à craindre que le débiteur fasse disparaître le véhicule, l'huissier a la faculté de procéder à l'immobilisation du véhicule, en quelque lieu qu'il se trouve. Sa réalisation sera ensuite exécutée (L. n° 650 du 9 juill. 1991, art. 57 s.).

→ *Immobilisation des véhicules terrestres à moteur.*

Mesures d'instruction

[Procédure (principes généraux)]

Procédures ordonnées à la demande des parties ou d'office par le juge et tendant à établir la réalité et l'exactitude des faits sur lesquels porte une difficulté juridique ou un litige.

CJA, art. R. 621-1 s.

GACA n° 56.

[Procédure civile]

Les mesures d'instruction dans le procès civil peuvent être ordonnées en tout état de cause, parfois même en conciliation ou au cours du délibéré; elles ont un caractère incident.

Elles peuvent aussi être ordonnées en dehors de tout procès, par voie principale (requête ou référé), toutes les fois qu'il existe un motif légitime de conserver ou d'établir la preuve de faits dont peut dépendre la solution d'un litige éventuel (enquête, expertise à futur en particulier).

CPC, art. 143 s.

→ *In futurum.*

Mesures préparatoires

[Droit administratif]

En contentieux administratif, catégorie juridique regroupant les actes de l'Administration dont le juge administratif se refuse à connaître parce qu'ils se bornent à préparer une décision sans être, par eux-mêmes, des actes faisant *grief*.

Mesures provisoires

[Procédure civile]

Mesures décidées par le juge en vertu de la *juridiction provisoire*. Elles peuvent être prises pour le temps de l'instance (ex. : pension *ad litem*, mise sous séquestre d'un objet, garde des enfants...) ou même en dehors de tout procès. Les mesures provisoires sont tantôt des mesures d'anticipation, lorsqu'elles ont le même contenu que celui que pourrait avoir la décision définitive (ex. : référé provision), tantôt des mesures d'attente ou de conservation lorsqu'elles ont pour but de préserver l'efficacité d'un éventuel jugement définitif à venir ou d'organiser l'attente jusqu'à cette date.

C. civ., art. 254 s. et 375-5; CPC, art. 484, 493, 662, 1184 et 1185.

[Droit administratif]

Selon l'article L. 511-1 CJA, le juge des référés statue par des mesures qui présentent un caractère provisoire.

GACA n° 20.

Mesures transitoires

[Droit administratif]

Le principe de sécurité juridique impose que l'autorité investie du pouvoir réglementaire adopte les mesures transitoires qu'implique l'entrée en vigueur d'une réglementation nouvelle, notamment lorsque celle-ci porte atteinte de manière excessive à des situations contractuelles légalement formées.

GAJA n° 115.

Métayage

[Droit rural]

Contrat en vertu duquel le propriétaire d'un domaine rural, le loue temporairement à une autre personne, appelée métayer, qui l'exploite moyennant partage des *fruits* et des pertes dans la proportion d'un tiers pour le bailleur et de 2/3 pour le preneur (principe du tiercement).

Ce contrat était encore appelé bail à colonat partiaire, mais la loi de simplification et de clarification du droit n° 2009-526 du 12 mai 2009, remplace l'expression « colonat partiaire » par « métayage » et celle de « colon partiaire » par « métayer ».

C. rur., art. L. 417-1 s.

Bail à ferme.

Méthode de Grenoble

[Droit civil]

Procédé de construction d'appartements en copropriété caractérisé par l'existence d'une indivision entre les accédants pendant toute la période nécessaire à l'édification. Toute décision ne peut être prise qu'à l'unanimité.

→ *Méthode de Paris.*

Méthode de Paris

[Droit civil]

Procédé de construction d'appartements en copropriété caractérisé par la création d'une société chargée de mener à bien les travaux. Le gérant peut traiter seul au nom de la société.

→ *Méthode de Grenoble.*

ACTU

Métropole

[Droit administratif]

Catégorie d'*établissement public de coopération intercommunale* créée par la loi du 16 décembre 2010. Peuvent prétendre à ce statut les communautés urbaines ainsi que les regroupements de communes d'un seul tenant rassemblant plus de 500 000 habitants.

CGCT, art. L. 5217-1.

Meuble

[Droit civil]

Le terme désigne 2 catégories de biens :

• Les *biens corporels* : les animaux et les corps « qui peuvent se transporter d'un lieu à un autre, soit qu'ils se meuvent par eux-mêmes soit qu'ils ne puissent changer de place que par l'effet d'une force étrangère ». Ce sont les meubles par nature.

C. civ., art. 528.

• Les *biens incorporels*, qui sont des droits portant sur une chose mobilière par nature (droit réel, droit personnel, action en justice) ou des droits détachés de tout support matériel mais que la loi considère arbitrairement comme des meubles (parts sociales, droits intellectuels...). Ce sont les meubles par détermination de la loi.

C. civ., art. 529 s.

→ *Immeuble.*

Meubles meublants

[Droit civil]

Meubles destinés à l'usage (tables, sièges, lits...) et à l'ornement (tapisseries, glaces) d'un appartement ou d'un local.

C. civ., art. 534.

Meurtre

[Droit pénal]

Homicide intentionnel.

→ *Assassinat.*

Micro-entreprises (Régime des)

[Droit financier ou fiscal]

Mode d'évaluation simplifiée (et approchée) du bénéfice imposable des plus petites entreprises industrielles ou commerciales ou des activités non commerciales très peu importantes consistant, pour déterminer le bénéfice net imposable, à retrancher du montant des recettes brutes une évaluation forfaitaire des frais professionnels fixée en pourcentage de ces recettes (71 % pour les entreprises de ventes, 50 % pour les entreprises de prestations de services). Les contribuables bénéficiant de ce régime sont dispensés du paiement de la TVA, ce qui équivaut à une exonération, avec ses avantages et ses inconvénients.

Il est possible de renoncer à ce système et d'opter pour le système de droit commun de calcul de l'impôt, fondé sur les données de la comptabilité (système du « bénéfice réel »), avec assujettissement ordinaire à la TVA.

CGI, art. 50-0 et 102 ter.

Micro-État

[Droit international public]

État à territoire exigu et très peu peuplé. L'admission de très nombreux micro-États à l'ONU à la suite de la décolonisation soulève des problèmes délicats sur lesquels le secrétaire général a attiré l'attention, les États en question n'étant pas toujours en mesure de faire face aux obligations prévues par la Charte des Nations unies.

Mines

[Droit administratif/Droit civil]

Gisements de substances minérales ou fossiles que, en raison de leur valeur, la loi a déclarés distincts du sol quant au régime de propriété.

La liste limitative se trouve dans le Code minier. Y figurent les hydrocarbures liquides et gazeux, l'apparition sur cette liste de ces derniers ayant entraîné les plus grandes modifications à l'ensemble des régimes juridiques des mines.

C. minier, art. 1 s.

Mineur

[Droit civil]

Personne physique qui n'a pas encore atteint l'âge de la majorité (18 ans) et qui, de ce fait, est privée de la possibilité d'exercer elle-même ses droits et est placée sous un régime de protection.

C. civ., art. 388 s.

GAJC, t. 2, n° 193.

→ *Administration légale, Autorité parentale, Capacité, Émancipation, Jouissance légale, Majorité, Responsabilité du fait des choses, Tutelle.*

Minières

[Droit administratif/Droit civil]

Catégorie de gisements aujourd'hui supprimée par la loi, comprenant essentiellement les minières de fer, qui figurent aujourd'hui dans la catégorie des mines, et les tourbières, qui figurent aujourd'hui dans la catégorie des carrières.

Minimum garanti

[Sécurité sociale]

Minimum servant de référence à de nombreuses allocations, indemnités ou plafonds : évaluation des avantages en nature pour le calcul des cotisations sociales, calcul de la prise en charge par l'employeur des frais réels de repas, calcul de l'allocation spécifique versée par l'État en cas de chômage partiel.

C. trav., art. L. 3231-12.

Ministère

[Droit constitutionnel]

1° Ensemble des membres composant le cabinet ministériel ou gouvernement (ex. : ministère Fillon).

2° Groupe de services publics placés sous l'autorité d'un ministre (ex. : ministère des Affaires étrangères, de la Justice, de l'Agriculture, etc.). Chaque ministère est composé d'une administration centrale et de services extérieurs situés dans diverses circonscriptions.

Ministère d'avocat

[Procédure]

Fait, pour une partie, d'être représentée en justice par un avocat. Le ministère d'avocat est souvent obligatoire.

CJA, art. R. 431-1 s., 432-1 s., 811-7; L. n° 71-1130 du 31 déc. 1971, art. 4 et 6.

GACA n° 2.

→ *Constitution d'avocat.*

Ministère de la Justice et des Libertés

[Procédure civile]

Ministère gérant, à l'échelon national, le service public de la justice : recrutement des magistrats, nomination des officiers ministériels, gestion des juridictions et des prisons, élaboration des projets de loi dans de multiples domaines, organisation et gouvernance de 4 écoles (École nationale de la magistrature ENM, École nationale des greffes ENG, École nationale de l'administration pénitentiaire ENAP, École nationale de la protection judiciaire de la jeunesse ENPJJ).

Le ministère de la Justice, en pratique dénommée « Chancellerie », comporte 5 directions (Affaires civiles et Sceau, Affaires criminelles et Grâces…), plusieurs services (Inspection générale des services judiciaires…) et un Secrétariat général.

→ *Garde des Sceaux.*

Ministère public

[Procédure civile/Procédure pénale]

Ensemble des magistrats de carrière qui sont chargés, devant certaines juridictions, de requérir l'application de la loi et de veiller aux intérêts généraux de la société.

Indépendants des juges du siège, les magistrats du parquet sont hiérarchisés et ne bénéficient pas de l'inamovibilité.

En matière civile, le ministère public peut être *partie principale* ou *partie jointe*. En matière pénale, il est toujours partie principale.

CPC, art. 163, 303, 421 s., 443, 798; C. pr. pén., art. 31 s.; COJ, art. L. 122-1 s., 222-3, 232-3, 312-14, 432-1.

GAPP n° 6.

→ *Commissaire du gouvernement, Communication au ministère public, Parquet, Parquet général, Procureur général, Procureur de la République.*

Ministre

[Droit constitutionnel]

Membre du ministère ou gouvernement.

1° *Ministre à portefeuille* : ministre chargé d'un département ministériel, c'est-à-dire de la gestion des services de l'État correspondant à un domaine d'action.

2° *Ministre délégué* : ministre ayant reçu délégation du Premier ministre ou d'un ministre pour gérer sous son autorité, mais avec l'ensemble des pouvoirs reconnus à un ministre, un domaine déterminé de sa compétence.

3° *Ministre d'État* : traditionnellement ministre sans portefeuille, nommé seulement pour des raisons de dosage politique. Sous la Vᵉ République, les ministres d'État ont été au contraire chargés d'un département ministériel et se différencient seulement des autres ministres par le titre – plus prestigieux – et le protocole. Ils viennent en tête des ministres.

[Droit administratif]

Les ministres disposent d'un pouvoir réglementaire pour assurer le bon fonctionnement des services placés sous leur autorité.

GAJA n° 49.

Ministre-juge

[Droit administratif]

Conception, périmée depuis la fin du XIXᵉ siècle, selon laquelle, en matière de contentieux administratif, chaque ministre représentait pour son département une juridiction de première instance, qui devait ainsi être saisie préalablement à tout recours porté devant le Conseil d'État. On parlait alors de *justice retenue*.

GAJA n° 5.

→ *Déléguée.*

Minorité

[Droit civil]

État de celui qui n'a pas encore atteint la majorité légale fixée à 18 ans.

C. civ., art. 414.

GAJC, t. 1, nº 58-59.

→ *Majorité, Mineur, Responsabilité du fait des choses.*

[Droit commercial]

→ *Assemblée générale, Expert de minorité.*

Minorité pénale

[Droit pénal]

État de l'auteur d'une infraction qui n'a pas encore atteint l'âge de 18 ans. Le régime de la responsabilité pénale est alors variable : soit le mineur a moins de 13 ans et il n'est justiciable que de mesures d'assistance, de surveillance et d'éducation, voire de sanctions éducatives à partir de 10 ans; soit il a entre 13 et 18 ans, et il peut être condamné à une peine privative de liberté ou à une peine d'amende, mais diminuée de moitié dans sa durée ou son montant par rapport au maximum encouru, sauf à ne pas appliquer cette diminution aux mineurs âgés de plus de 16 ans, compte tenu des circonstances de l'espèce et de la personnalité de l'intéressé.

C. pén., art. 122-8; Ord. 2 févr. 1945, art. 20-2 et 20-3.

→ *Discernement.*

Minorités (Protection des)

[Droit international public]

Régime de protection de populations distinctes de la majorité nationale au point de vue ethnique, linguistique, religieux.

Principale application : traités imposés sous garantie internationale (SDN) par les puissances victorieuses à certains États (Pologne, Tchécoslovaquie, etc.) après la Première Guerre mondiale.

Minute

[Droit civil/Procédure civile]

Original d'un acte rédigé (autrefois en petits caractères) par un *officier public*, ou d'un jugement revêtu de la signature du président et du greffier.

Les minutes ne sortent pas de l'étude de l'officier public ou du greffe. Il en est délivré des *copies exécutoires* (appelées aussi grosses), ou de simples *copies certifiées conformes* (Décr. nº 491 du 26 nov. 1971, art. 26, 32 s.).

C. civ., art. 1325 et 1335.

→ *Exécution sur minute, Original.*

Mise à l'index

[Droit du travail]

Interdiction faite à une personne d'exercer son activité professionnelle en faisant appel à d'autres personnes, appartenant ou non à la même profession, pour qu'elles fassent pression sur la personne visée et cessent avec elles toutes relations professionnelles.

Mise à pied

[Droit du travail]

Suspension à durée déterminée du contrat de travail, décidée par l'employeur soit à titre de sanction (mise à pied disciplinaire), soit pour des raisons économiques (mise à pied économique). Sauf si elle autorise l'attribution effective d'indemnités de chômage partiel, la mise à pied économique requiert le consentement du salarié faute de quoi elle équivaut à un licenciement.

Mise à pied conservatoire : mise à pied à durée indéterminée d'un salarié qui a commis une faute, dans l'attente d'une sanction définitive. Le représentant du personnel ou le représentant d'un syndicat qui a commis une faute grave peut être mis à pied durant la procédure destinée à obtenir l'autorisation administrative de licencier.

C. trav., art. L. 1332-3, 2421-1 et 2421-3.

Mise à prix

[Procédure civile]

Fixation du prix à partir duquel les enchères seront portées. Dans la *saisie immobilière*, le montant de la mise à prix est fixé par le créancier poursuivant; à défaut d'enchère, celui-ci est déclaré adjudicataire d'office à ce montant.

C. civ., art. 1273, 2206.

→ *Adjudication, Vente aux enchères.*

Mise au rôle

[Procédure civile]

Acte par lequel l'avocat du demandeur saisit le tribunal de grande instance en remettant au greffe une copie de l'*assignation*. Devant la cour d'appel, la déclaration d'appel vaut demande d'inscription au rôle.

CPC, art. 757 et 901, in fine.

Mise en accusation

[Procédure pénale]

Décision de renvoi d'un mis en examen devant la cour d'assises, relevant de la compétence du juge d'instruction ou de la chambre de l'instruction.

→ *Mise en examen.*

Mise en cause

[Procédure civile]

Demande en intervention forcée émanant soit du demandeur, soit du défendeur et dirigée contre un tiers en vue de lui rendre opposable le jugement à intervenir ou d'obtenir une condamnation contre lui. Elle peut parfois être provoquée d'office par le juge du premier ou du second degré.

CPC, art. 66 et 331 s.

→ *Garantie (Appel en), Tierce opposition.*

[Procédure pénale]

Personne visée par la plainte de la victime d'une infraction pénale ou par un témoin et contre laquelle il existe des indices rendant vraisemblable qu'elle ait pu participer à la commission de l'infraction dont est saisi un juge d'instruction. Selon l'article 113-2 du Code procédure pénale (L. n° 2000-516 du 15 juin 2000) cette personne est entendue comme *témoin assisté*.

Mise en danger

[Droit pénal]

1° Au sens du *droit pénal général*, composante de la non-intention par violation manifestement délibérée d'une obligation de sécurité ou de prudence imposée par la loi ou le règlement.

C. pén., art. 121-3.

2° Au sens du *droit pénal spécial*, ensemble des délits regroupés sous cette qualification générique : *risques causés à autrui*, délaissement d'une personne hors d'état de se protéger, entrave aux mesures d'assistance, omission de porter secours, expérimentation sur la personne humaine, interruption illégale de la grossesse, provocation au suicide et abus frauduleux de l'état d'ignorance ou de faiblesse.

C. pén., art. 223-1 à 223-20.

Mise en délibéré

[Procédure (principes généraux)]

→ *Délibéré.*

Mise en demeure

[Droit administratif]

Injonction adressée par une autorité administrative, dans les cas prévus par les textes, pour ordonner à un particulier ou à une collectivité publique de prendre une mesure obligatoire ou de mettre fin à un comportement illégal.

[Droit civil/Procédure civile]

Acte par lequel un créancier demande à son débiteur d'exécuter son obligation. Elle a pour effet principal de faire courir les dommages et intérêts moratoires.

En droit commun, la mise en demeure est faite par exploit d'huissier. Elle peut aussi résulter d'un autre acte équivalent, telle une lettre missive lorsqu'il ressort de ses termes une interpellation suffisante, telle la clause de la convention portant que, par la seule échéance du terme, le débiteur sera en demeure.

C. civ., art. 1139, 1146, 1205, 1230, 1302.

→ *Sommation.*

[Droit du travail]

Injonction adressée par le directeur départemental du travail à l'employeur de prendre toute mesure pour mettre fin à une situation dangereuse constatée par l'inspecteur du travail et résultant d'une violation de principes généraux de prévention prévus dans la loi ou d'une infraction à l'obligation générale de santé et de sécurité. L'inspecteur du travail peut aussi mettre un employeur en demeure de se conformer, dans un délai déterminé, à des normes réglementaires en matière d'hygiène et de sécurité.

C. trav., art. L. 4721-1 s.

[Droit financier ou fiscal]

En matière d'impôts indirects, une mise en demeure doit être notifiée au débiteur n'ayant pas acquitté dans les délais les sommes portées sur l'*avis de mise en recouvrement* qu'il a reçu, avant qu'une saisie-exécution soit engagée. Elle tient lieu du commandement prévu par le Code de procédure civile.

LPF, art. L. 257.

[Sécurité sociale]

Injonction des unions de recouvrement (Urssaf) adressée au débiteur afin qu'il régularise sa situation quant aux cotisations dues. Cette mise en demeure précède l'action en recouvrement. Elle peut être remplacée par un *avertissement*.

CSS, art. L. 244-2.

Mise en état

[Procédure civile]

Une affaire est en état, lorsque, l'instruction ayant été effectuée, elle est prête à venir à l'audience pour être plaidée.

Dans la procédure dite « de mise en état », laquelle n'intervient que pour les affaires complexes exigeant une préparation poussée, l'instruction est contrôlée et déclarée close par un juge ou par un *conseiller de la mise en état*.

CPC, art. 762 s. et 910 s.

→ *Juge de la mise en état (JME).*

Mise en examen

[Procédure pénale]

Décision par laquelle une personne est mise en cause au cours de l'instruction, qui s'est substituée à l'ancienne inculpation.

À peine de nullité, le juge d'instruction ne peut mettre en examen que les personnes à l'encontre desquelles il existe des indices graves ou concordants rendant vraisemblable qu'elles aient pu participer, comme auteur ou comme complice, à la commission des infractions dont il est saisi. Il ne peut y procéder que s'il estime ne pas pouvoir recourir à la procédure de *témoin assisté*.

C. pr. pén., art. 80-1.

GAPP n° 30 et 32.

Mise en examen tardive

[Procédure pénale]

Faute commise par un juge d'instruction consistant à entendre comme témoin une personne à l'encontre de laquelle il existe des indices graves et concordants d'avoir participé aux faits, et ayant pour résultat de faire échec aux droits de la défense.

C. pr. pén., art. 105.

Mise en péril des mineurs

[Droit pénal]

Expression générique du nouveau Code pénal regroupant une série d'incriminations destinées à sanctionner des comportements qui ont pour dénominateur commun de mettre en danger des mineurs, soit physiquement, soit moralement (privation de soins et d'aliments, abandon d'enfant, provocations à commettre des crimes ou des délits, corruption de mineurs, exploitation de l'image pornographique d'un mineur, atteinte sexuelle sur la personne d'un mineur).

C. pén., art. 227-15 s.

Mission

[Droit financier ou fiscal]

Dans le cadre de la présentation par objectifs du budget de l'État, les missions, au nombre d'une trentaine, sont des divisions de celui-ci regroupant un ensemble de *programmes* (pouvant relever éventuellement de ministères différents), ou des *dotations* là où elles existent, concourant à la mise en œuvre d'une même politique publique. Pour le *budget général*, la mission est l'unité de vote des crédits budgétaires par le Parlement.

Exemples de missions : « justice », « culture », « défense », « recherche et enseignement supérieur »...

Mission d'expertise économique et financière (MEEF)

[Droit administratif]

Cellule administrative fonctionnant auprès du directeur régional des finances publiques, chargée essentiellement d'éclairer les préfets de la région, à leur demande, sur les dossiers des projets d'investissement de l'État. Cette expertise ne prend pas la forme classique d'un avis favorable ou défavorable mais, après étude des différents aspects du dossier, d'un bilan des points forts et des points faibles du projet.

Mission de service public

[Droit administratif]

→ *Service public.*

Mission diplomatique

[Droit international public]

Ensemble des agents diplomatiques assurant la représentation d'un État auprès d'un autre État (Chef de mission, conseillers, secrétaires des affaires étrangères, personnel administratif et technique).

Mitage

[Droit administratif/Droit de l'environnement]

Expression imagée souvent employée en droit de l'environnement, avec une connotation péjorative, pour désigner l'invasion d'une zone protégée par un habitat d'abord dispersé, donnant au tissu naturel de cette zone un aspect « mité » et portant une atteinte, notamment esthétique, à l'environnement.

Mi-temps thérapeutique

[Sécurité sociale]

Reprise d'un travail à temps partiel lorsque cette reprise est reconnue comme étant de nature à favoriser l'amélioration de l'état de santé de l'assuré tout en lui conservant en partie ou en totalité le bénéfice des indemnités journalières de l'assurance-maladie.

CSS, art. L. 323-3.

Mitoyenneté

[Droit civil]

État d'un bien sûr lequel 2 voisins ont un droit de copropriété et qui sépare des immeubles, nus ou construits, contigus. La loi réglemente, outre la mitoyenneté des murs, celle des clôtures, des fossés et des haies.

C. civ., art. 653 s.

Mobiles

[Droit civil]

→ *Cause.*

[Droit pénal]

Raisons profondes ayant inspiré l'action ou l'omission d'un criminel ou d'un délinquant : haine, vengeance, cupidité, passion…

Il est de principe que les mobiles sont indifférents à l'*intention*, pour ne pas en être une composante, mais ils peuvent être retenus par le juge aux fins de personnalisation de la peine.

→ *Dol.*

Mobilia sequuntur personam

[Droit international privé]

Règle, inventée par les glossateurs et restée en vigueur, selon laquelle les biens mobiliers suivent la personne de leur propriétaire. Par exemple, en matière de succession, les meubles sont soumis à la loi du domicile du défunt.

GADIP n° 18.

Mobilière (Contribution)

[Droit financier ou fiscal]

Impôt direct local remplacé en 1974 par la *taxe d'habitation*.

Mobilisation de créance

[Droit commercial]

Opération par laquelle un créancier retrouve auprès d'un organisme (organisme mobilisateur) la disponibilité de fonds avancés.

Plusieurs techniques sont utilisables parmi lesquelles l'*escompte* des *effets de commerce*.

Mobilité

[Droit du travail]

Caractéristique d'une situation de l'emploi qui conduit, selon des procédures diverses, les salariés à subir, dans l'entreprise ou hors d'elle, des mutations géographiques ou professionnelles.

→ *Clause de mobilité.*

Modalité

[Droit civil]

Particularité qui n'est pas de l'essence de l'obligation mais qui en affecte l'existence, l'exigibilité, la durée (*condition* et *terme*) ou qui agence la multiplicité de ses objets (caractère alternatif ou facultatif de l'obligation) ou la pluralité de ses sujets (*solidarité*, *indivisibilité*).

C. civ., art. 1168 s.

Modèles

[Droit commercial]

→ *Dessins et modèles.*

Modes alternatifs de règlement des conflits (ou des litiges)

[Droit civil/Procédure civile]

Ensemble de procédés visant à résoudre des conflits ou des litiges, sans recourir à un juge, notamment par la voie de la *conciliation* ou de la *médiation* conduite par un tiers, ainsi que par le truchement de la *transaction*, mode conventionnel de solution de la contestation. En abrégé, souvent désignés par les sigles MARC et MARL (en anglais ADR, *Alternative dispute resolution*).

Modes de scrutin

[Droit constitutionnel]

Modalités d'une élection. Peuvent être très divers (majoritaire ou proportionnel, mixtes, uninominal ou de liste, à un ou plusieurs tours) et ont un effet direct sur le résultat.

Modulation

[Droit du travail]

Système permettant de répartir les heures de travail sur l'année. La durée légale de travail est transposée forfaitairement par le législateur à 1 607 heures par an. La mise en place de la modulation, qui déroge aux dispositions de droit commun relatives aux heures supplémentaires, résulte d'une convention ou d'un accord collectif étendu ou d'un accord d'entreprise ou d'établissement.

C. trav., art. L. 3122-9 s.

Moins prenant (En)

[Droit civil]

Opération de liquidation consistant à attribuer au copartageant, qui est redevable vis-à-vis de la masse à partager, une part diminuée du montant de son rapport, qu'il s'agisse de *rapport des dettes* ou de rapport des libéralités.

C. civ., art. 858 et 864, al. 1.

→ *Rapport des dons et legs à fin d'égalité.*

Monarchie

[Droit constitutionnel]

Étymologiquement, régime politique où un seul gouverne. En réalité, régime dont le chef d'État est un roi, le plus souvent choisi à titre héréditaire.

1° *Monarchie absolue* : celle où le monarque n'est soumis à aucun contrôle positif (il n'y a en dehors de lui que des organes consultatifs), exemple : Monarchie française de l'Ancien Régime de 1515 à 1789.

2° *Monarchie limitée (ou constitutionnelle)* : celle où le monarque a consenti à se limiter en établissant une Constitution et en acceptant l'existence à côté de lui d'autres organes subordonnés mais efficients (notamment une assemblée élue) (ex. : Monarchie française sous la Restauration, 1814-1830).

Mondialisation

[Droit international public]

La mondialisation – ou globalisation – est un phénomène voulant caractériser, depuis la chute de l'URSS, une sorte d'universalisation des principes gouvernant aussi bien l'économie (avec comme base l'économie de marché) que l'organisation interne des États (démocratie et droits de l'Homme) comme la nécessaire ouverture des États dans des partenariats divers.

Monisme

[Droit international public]

Conception doctrinale selon laquelle droit interne et droit international sont des manifestations d'un même ordre juridique.

Le monisme avec primat du droit interne aboutit à ruiner le caractère obligatoire du droit international, qui se réduit à un droit public externe, que tout État peut unilatéralement modifier. Le monisme avec primat du droit international est seul à correspondre à l'état actuel du droit positif.

→ *Dualisme.*

Monitoire (Procédure)

[Procédure (principes généraux)]

→ *Procédure monitoire.*

Monnaie

[Droit civil]

Instrument légal assurant l'exécution des obligations de sommes d'argent (instrument de paiement) et servant d'étalon de valeur pour l'estimation des biens n'ayant pas d'expression pécuniaire (instrument de compte).

• La monnaie est *métallique* lorsqu'elle est constituée par des métaux précieux.

• On parle de monnaie *divisionnaire* lorsque des pièces de faible valeur sont fabriquées avec des métaux variés.

• La monnaie *fiduciaire* consiste en billets dont la valeur est déterminée impérativement par l'État.

C. civ., art. 1243; C. mon. fin., art. L. 121-1 s., 121-2, 122-1 et 131-1 s.

GAJC, t. 2, n° 243-245.

→ *Billet de banque, Cours forcé, Cours légal, Euro.*

• La monnaie *scripturale* n'est pas matérialisée; elle est représentée par le solde des comptes de dépôts bancaires dont on peut disposer par voie de chèques ou de virements.

• Monnaie *électronique* : expression désignant la quantité de monnaie scripturale chargée dans la « puce » d'une carte de paiement, ou dans la mémoire d'un ordinateur, et que son possesseur peut utiliser comme moyen de paiement auprès des entreprises acceptant ce mode de règlement.

C. mon. fin., art. L. 132-1.

Monocamérisme ou monocaméralisme

[Droit constitutionnel]

Système d'organisation du Parlement consistant dans l'institution d'une chambre unique.

Monocratie

[Droit constitutionnel]

Du grec *monos*, seul, et *cratos*, gouvernement. Nom générique des régimes politiques où le pouvoir appartient à un seul.

Monoparental

[Droit civil]

Synonyme, parfois, d'unilinéaire visant l'enfant qui n'est légalement rattaché qu'à son père ou à sa mère et n'a, par conséquent, d'ascendants que dans une seule ligne, paternelle ou maternelle. Le plus souvent qualifie la famille dans laquelle l'enfant, aurait-il une double ascendance, vit avec un seul de ses parents.

Monopole de droit

[Droit administratif]

1° Privilège d'exploitation exclusive concédé à une entreprise publique ou privée par une loi formelle. Une des plus lourdes atteintes imaginables à la liberté du commerce et de l'industrie.

2° Tous les monopoles ne sont pas d'ordre industriel et commercial. Il en est de purement administratif, comme la collation des grades universitaires par les établissements d'enseignement d'État.

Monopole de fait

[Droit administratif/Droit commercial]

Situation économique dans laquelle toute concurrence est éliminée, soit naturellement par la puissance irrésistible d'une entreprise sur le marché, soit conditionnellement par l'intervention de la police qui, pour des raisons d'ordre public, refuse toutes les facilités qu'elle peut donner sur le *domaine public* à toute entreprise autre que celle de son choix.

Monopoles fiscaux

[Droit financier ou fiscal]

Monopoles d'État portant sur la production ou le commerce de certains produits de large consommation, comme le tabac, créés pour permettre au budget de bénéficier des « surprix » pratiqués par les services du monopole.

Monroe (Doctrine de)

[Droit international public]

Doctrine, formulée par le président des États-Unis Monroe, en 1823, qui repousse toute ingérence des puissances européennes sur le continent américain, en contrepartie du désintéressement des États-Unis touchant les affaires européennes. Simple règle de conduite de la politique américaine, périmée d'ailleurs en ce qui concerne l'isolationnisme.

Monuments historiques et sites

[Droit administratif/Droit de l'environnement]

Sont soumis à une procédure de classement qui permet leur conservation dans le patrimoine national, les maintient en la forme et l'état au moment de ce classement, et interdit, fût-ce de la part du propriétaire, toute modification non autorisée (surveillance des ministères de la Culture ou de l'Écologie et du Développement durable).

Moratoire

[Droit civil/Procédure civile]

Délai qui suspend les poursuites contre tous les débiteurs ou contre certaines catégories seulement, et que la loi accorde lorsque les circonstances générales (une guerre par ex.) rendent difficile ou impossible le paiement des obligations.

→ *Délai de grâce, Dommages et intérêts.*

Mort

[Droit civil]

Cessation de la vie dont le constat, préalablement à tout prélèvement d'organes à des fins thérapeutiques ou scientifiques, doit être fait selon des critères aujourd'hui imposés par la loi : « si la personne présente un arrêt cardiaque et respiratoire persistant, le constat de la mort ne peut être établi que si les 3 critères cliniques suivants sont simultanément présents : 1°) Absence totale de conscience et d'activité motrice spontanée; 2°) Abolition de tous les réflexes du tronc cérébral; 3°) Absence totale de ventilation spontanée ». Le constat de la mort peut aussi être établi pour une personne dont le décès est constaté cliniquement mais qui est assistée par ventilation mécanique et conserve une fonction hémodynamique, après vérification de l'absence de ventilation par une épreuve dite d'hypercapnie et après attestation du caractère irréversible de la destruction encéphalique à l'aide d'examens médicaux décrits par le Code de la santé publique.

La mort entraîne la disparition de la *personnalité juridique*, mais le respect dû au corps humain ne cesse pas avec la mort et les restes des personnes décédées, y compris les cendres, doivent être traités avec respect, dignité et décence.

C. civ., art. 16 et 16-1-1; CSP, art. R. 1232-1 s.

→ *Crémation, Décès, Funérailles.*

Mort (Peine de)

[Droit pénal]

Peine corporelle criminelle, abolie par la loi du 9 octobre 1981, et relevant d'une interdiction constitutionnelle depuis la loi constitutionnelle n° 2007-239 du 23 février 2007. Elle s'exécutait par décapitation en droit commun, et par fusillade en matière politique.

Const., art. 66-1.

Motifs

[Droit civil]

→ *Cause.*

[Procédure civile]

Soutien rationnel de l'argumentation développée par les plaideurs dans les conclusions, et par les magistrats dans les jugements et arrêts. Certains motifs sont dits *décisifs*, constituant le soutien nécessaire du dispositif. D'autres sont qualifiés *décisoires* lorsqu'ils désignent des éléments de décision qui auraient dû figurer dans le *dispositif*. Aucun des 2 n'a l'autorité de la chose jugée.

Le défaut ou la contradiction de motifs constitue un cas d'ouverture du pourvoi en cassation.

CPC, art. 455.

→ *Défaut de base légale, Moyen.*

[Droit administratif]

→ *Contrôle juridictionnel, Erreur de droit, Erreur de fait, Motivation, Violation de la loi.*

Motion

[Droit constitutionnel]

→ *Résolution.*

Motion de censure

[Droit constitutionnel]

→ *Censure.*

Motivation

[Droit administratif]

1° *Motivation des actes administratifs.* Obligation instituée à la charge des diverses Administrations et de la Sécurité sociale, en vue de garantir les droits des intéressés, d'informer ceux-ci des motifs de droit et de fait ayant fondé certaines catégories de décisions individuelles défavorables qui les concernent.

Les décisions soumises à motivation et qui ne sont pas prises à la demande de leur destinataire ne peuvent pas intervenir avant que celui-ci ait été mis à même de présenter des observations écrites ou orales.

→ *Droits de la défense.*

2° *Motivation des décisions de justice.* Obligation imposée aux juges administratifs par l'article L. 9 CJA, notamment afin de permettre l'exercice de voies de recours, dont le non-respect, par absence de motivation ou contrariété de motifs, entraîne l'annulation desdites décisions. Le Conseil d'État est cependant connu pour la concision de ses motivations (*Imperatoria brevitas*).

GACA n° 64.

[Procédure civile]

Raisons de fait et de droit que doit exposer le jugement avant l'énoncé de la solution dans le dispositif. Les motifs ne doivent pas être d'ordre général, dubitatifs, hypothétiques, erronés, insuffisants ou contradictoires. Les vices de motivation justifient un pourvoi en cassation.

CPC, art. 455.

Moyen de cassation

[Procédure civile]

Critique adressée à la décision attaquée par un pourvoi en cassation ne devant mettre en œuvre qu'un seul cas d'ouverture. La structure du moyen est tripartite. Le moyen expose, d'abord, la partie contestée du dispositif de la décision attaquée (« fait grief à l'arrêt... »), puis les raisons des juges du fond données au soutien de leur décision (« aux motifs que... »), enfin la critique elle-même introduite par la locution : « alors que... ». S'il y a plusieurs critiques de la même disposition justifiées par les mêmes motifs, chaque critique est appelée branche du moyen.

CPC, art. 978.

→ *Ordre public.*

Moyen de pur droit

[Procédure civile]

À l'opposé du moyen de droit mélangé de fait et de droit qui implique d'apprécier si le moyen est bien ou mal fondé en fait et en droit, le moyen de pur droit est examiné sous le seul rapport de la règle de droit, n'exigeant la considération d'aucun fait qui n'ait été déjà déduit en justice.

Devant la Cour de cassation, c'est le moyen qui permet de reconsidérer le fondement juridique d'une prétention à partir des faits établis, considérés comme données acquises à l'abri d'une nouvelle appréciation.

C'est pourquoi les nouveaux *moyens* de pur droit sont recevables devant elle.

CPC, art. 619, 620.

→ *Relevé d'office des moyens, Qualification, Requalification.*

Moyen d'ordre public

[Procédure civile/Procédure administrative]

→ *Ordre public.*

Moyen inopérant

[Droit administratif/Procédure administrative]

Dans la terminologie de la procédure administrative, moyen insusceptible d'être retenus par le juge, comme ne pouvant par leur nature être invoqués pour soutenir des *conclusions*. Par exemple, on ne peut plaider le détournement de pouvoir pour critiquer une décision que l'Administration avait juridiquement l'obligation de prendre. Il est parfois délicat de les distinguer des moyens irrecevables, mais la portée de cette distinction est pratiquement des plus réduites.

GACA n° 49.

[Procédure civile]

Moyen de cassation qui ne permet pas, même s'il est fondé, d'atteindre son but, soit parce qu'il est étranger à l'arrêt attaqué (par ex., moyen dirigé contre la législation, non contre une disposition de l'arrêt), soit parce que le vice dénoncé n'a pas exercé une influence décisive sur le dispositif critiqué (par ex., motif erroné non indispensable au soutien de la décision attaquée).

CPC, art. 620.

Moyens

[Procédure (principes généraux)]

Les moyens sont le soutien nécessaire de la demande et de la défense. Ce sont eux qui forment le fondement de la *cause*. À l'appui de leurs prétentions, les parties font valoir des moyens de fait et de droit, dont les divisions sont appelées des « branches ».

Un moyen nouveau peut être présenté à tout moment en première instance ou en appel, mais non pour la première fois en cassation. Seuls peuvent être invoqués à ce stade des *arguments* nouveaux. Il n'en va autrement que lorsqu'il s'agit d'un *moyen de pur droit* ou d'un moyen né de la décision attaquée. Un moyen d'ordre public peut même être soulevé d'office par le juge à toute hauteur de la procédure, y compris au stade du recours en cassation.

CPC, art. 15, 16, 56, 71, 73, 563, 619, 753, 954.

→ *Conclusions qualificatives, Conclusions récapitulatives, Immutabilité du litige.*

Multinationale

[Droit international public/Droit commercial/Droit international privé]

Entreprise, firme, société dépassant le cadre national, soit qu'elle exerce des activités (production, prestation de services) dans plusieurs pays, soit qu'elle dispose de capitaux de caractère plurinational, soit que sa direction soit assurée par un état-major composé de personnes de différentes nationalités, ces diverses caractéristiques pouvant être cumulées.

Multipartisme

[Droit constitutionnel]

Système où plusieurs partis politiques se disputent le pouvoir, ce qui oblige généralement à former des gouvernements de coalition plus ou moins stables.

Multipostulation

[Procédure civile]

Dérogation au principe de territorialité de la postulation instituée lors de la création de tribunaux de grande instance à la périphérie de Paris. Les avocats du barreau de

Paris peuvent, également, exercer leur activité de représentation dans le ressort des tribunaux de grande instance de Bobigny, Créteil et Nanterre.

Multipropriété

[Droit civil]

→ *Jouissance à temps partagé, Société d'attribution d'immeuble en jouissance à temps partagé.*

Municipalité

[Droit administratif]

Ensemble formé par le *maire* et ses adjoints.

Mutation

[Droit civil/Droit commercial]

Transfert d'un bien d'un patrimoine dans un autre (mutation à titre particulier) ou substitution d'une personne à une autre à la tête d'un patrimoine (mutation à titre universel).

[Droit du travail]

Modification de la situation d'un salarié résultant de son affectation à un autre poste ou à une autre fonction, ou dans un autre service ou établissement de la même entreprise. Quand la mutation constitue une modification du contrat de travail, elle ne peut être décidée et mise en œuvre qu'après que l'employeur a obtenu l'accord du salarié, même, en droit positif, lorsqu'elle est envisagée à la suite d'un comportement du salarié considéré par l'employeur comme fautif.

Mutation domaniale

[Droit administratif]

Faculté reconnue à l'État – à l'origine par la jurisprudence du Conseil d'État (1909) – d'affecter des biens immobiliers appartenant à une collectivité publique à une autre collectivité publique (ou à lui-même) dans un but d'intérêt général (ex. : construction d'une autoroute nécessitant la disposition par l'État d'une parcelle de terrain communale que la commune ne veut pas lui céder pour s'opposer à l'opération). Cette faculté permet de pallier les conséquences de l'impossibilité d'exproprier des *dépendances* du domaine public. La collectivité privée de l'usage du bien en demeure propriétaire, et ne peut ainsi prétendre qu'à une indemnité fondée sur la théorie jurisprudentielle des dommages de travaux publics.

CGPPP, art. L. 2123-4.

Mutatis mutandis, Servandis servatis

[Droit général]

Littéralement : « En changeant ce qui doit être changé », « En conservant ce qui doit être conservé ».

La formule sert à établir la comparaison pour traduire le rapprochement entre 2 règles qui poursuivent la même finalité (*servatis servandis*) mais à travers des mécanismes qui n'en diffèrent pas moins (*mutatis mutandis*).

Les choses changées qui devaient être changées. : applicabilité d'une règle à un cas analogue à la condition nécessaire d'une adaptation.

Mutualité

[Droit social]

Mouvement social d'importance considérable prenant pour base juridique le système de l'association, avec :

1° utilisation constante du principe de solidarité et d'entraide, traduit dans la collecte des cotisations;

2° recherche désintéressée de la prévoyance et de l'assurance au profit des adhérents. On ne peut garder ici de cet immense sujet que ces 2 idées : lointainement issues des corporations et des compagnonnages du Moyen Âge, les mutuelles sont devenues des organes d'équilibre et de complément de la Sécurité sociale (1946), et assurent à leurs adhérents des prestations complémentaires.

Mutualité sociale agricole (MSA)

[Droit social/Droit rural]

Ensemble des organismes sociaux chargés de la protection des travailleurs de l'agriculture (salariés et exploitants).

C. rur., art. L. 723-1 s.

Mutuum

[Droit civil]

Contrat en vertu duquel une personne, le prêteur, remet à une autre, l'emprunteur, pour qu'elle s'en serve, une chose fongible et consomptible, à charge pour elle d'en restituer une semblable. Ce contrat est aussi appelé *prêt* de consommation. Le *mutuum* est un contrat romain apparu à la fin de l'ancien droit. Le mot latin s'est conservé et habille aujourd'hui le prêt de consommation, toujours contrat réel selon le Code civil.

Très vieux contrat romain qui a conservé son nom. Ce contrat est appelé aussi contrat de consommation.

C. civ., art. 1892 s.

GAJC, t. 2, n° 283-284.

Mutuus dissensus

[Droit civil]

Dissentiment mutuel. Termes latins marquant la nécessité d'une volonté réciproque pour rompre le rapport d'obligation.

C. civ., art. 1134, al. 2.

N

Naissance

[Droit civil]

Instant qui marque la sortie de l'enfant du sein maternel.

La naissance est la condition de l'acquisition de la capacité juridique qui remonte, dans ses effets, au jour de la conception, tout au moins si l'enfant est né vivant et viable.

C. civ., art. 55, 56, 93 et 326.

→ *Acte de naissance, Acte d'un enfant né sans vie, Conception, Enfant sans vie, Infans conceptus pro natu habetur quoties de comodis ejus agitur.*

Nantissement

[Droit civil]

Affectation, en garantie d'une obligation, d'un bien meuble incorporel ou d'un ensemble de biens meubles incorporels, présents ou futurs.

Le nantissement d'une créance prend effet entre les parties et devient opposable aux tiers à la date de l'acte; pour être opposable au débiteur de la créance nantie, il doit lui être notifié, à moins que ce dernier ne soit intervenu à l'acte.

Après notification, seul le créancier nanti reçoit valablement paiement tant en capital qu'en intérêts.

C. civ., art. 2329 et 2355 à 2366.

→ *Gage.*

[Droit commercial]

Forme de gage sans dépossession du débiteur utilisée en droit commercial (nantissement du fonds de commerce, du matériel et de l'outillage, des véhicules automobiles).

Le nantissement constitue en fait une hypothèque mobilière.

[Procédure civile/Droit commercial]

Le nantissement du fonds de commerce, des parts sociales, des valeurs mobilières, peut être autorisé par le juge à titre conservatoire (Décr. n° 755 du 31 juill. 1991, art. 250 s.).

→ *Mesures conservatoires, Sûretés judiciaires.*

Nation

[Droit constitutionnel]

Groupement d'hommes ayant entre eux des affinités tenant à des éléments communs à la fois objectifs (origine ethnique, langue, religion, mode de vie) et subjectifs (histoire commune, sentiment de parenté spirituelle, désir de vivre ensemble) qui les unissent et les distinguent des hommes appartenant aux autres groupements nationaux.

L'intensité de ces liens de solidarité nationale a conduit à la formation de l'État-nation; forme d'État dont la pratique montre qu'il assure seul une continuité véritable (*cf.* les problèmes de l'ex-URSS ou de l'ex-Yougoslavie, ou encore la réunification allemande).

Nationalisation

[Droit administratif]

Expropriation législative, subordonnée à une juste et préalable indemnisation, des propriétaires ou actionnaires de firmes industrielles ou commerciales sous l'impulsion de considérations diverses, avec transfert du pouvoir de direction à des organes généralement censés représenter la collectivité nationale, et, pour la doctrine dominante, attribution de leur patrimoine à l'État.

Const., art. 34.

GDCC n° 23; GAJC, t. 1, n° 2.

→ *Privatisation.*

Nationalisme

[Droit constitutionnel/Droit international public]

1° Doctrine selon laquelle la nation a le droit de pratiquer une politique dictée par la seule considération de sa puissance et de sa grandeur (politique motivée par la volonté de domination, l'esprit de revanche ou la peur de dangers extérieurs).

2° Doctrine et action politique des individus qui cherchent à réaliser l'indépendance de leur nation en la libérant de la domination étrangère.

Nationalité

[Droit international privé]

Lien juridique et politique qui rattache une personne, physique ou morale, à un État.

Le tribunal de grande instance est seul compétent pour connaître des contestations sur la nationalité française ou étrangère des personnes physiques. Les questions de nationalité sont préjudicielles devant toute autre juridiction de l'ordre administratif ou judiciaire, à l'exception des juridictions répressives comportant un jury criminel.

C. civ., art. 17 s. et 29 s.; CPC, art. 1038 s.; COJ, art. D. 211-10 et 221-1.

→ *État des personnes, Question préjudicielle.*

Nationalités (Principe des)

[Droit international public]

Principe selon lequel toute *nation* a le droit de se constituer en État indépendant. Principe appliqué au XIXe siècle (Belgique, 1830; Italie, 1859) et surtout par les traités de paix de 1919-1920 pour la constitution des États d'Europe centrale.

Natura 2000

[Droit de l'environnement/Droit européen]

Réseau européen de conservation des habitats de la faune et de la flore sauvages, y compris en mer, issu d'une directive du 21 mai 1992.

Naturalisation

[Droit international privé/ Droit international public]

Acquisition volontaire d'une nationalité, qui emporte généralement l'abandon de la nationalité d'origine.

En France, la naturalisation est accordée par l'autorité administrative, d'une manière discrétionnaire, aux individus qui l'ont sollicitée et remplissent certaines conditions.

C. civ., art. 21-15 s.

Nature de juridiction

[Procédure civile]

La nature d'une juridiction précise si elle est un tribunal de droit commun ou un tribunal d'exception.

→ *Juridiction de droit commun, Juridiction d'exception.*

Navette

[Droit constitutionnel]

Va et vient d'un projet ou d'une proposition de loi d'une assemblée à l'autre en régime bicaméral, tant que subsiste entre elles un désaccord sur le texte en discussion.

La navette peut être illimitée (ex. : sous la IIIe République), mais la tendance des constitutions récentes est de prévoir la possibilité d'y mettre un terme par un vote de l'assemblée élue au suffrage universel direct, soit sur l'initiative de celle-ci (ex. : Constitution de 1946 après la révision de 1954), soit sur celle du gouvernement (ex. : Constitution de 1958, art. 45).

Navire

[Droit maritime]

Bâtiment destiné à la navigation maritime et soumis à une *immatriculation*. Il s'agit des hydroptères, aéroglisseurs, engins submersibles, engins flottants. La loi y assimile les plates-formes fixes ou flottantes.

C. envir., art. L. 218-10; C. transp., art. L. 5000-2, I.

→ *Bateau.*

Nécessité

[Droit civil]

Caractère de ce dont on a absolument besoin.

État de nécessité : situation dans laquelle se trouve une personne qui, pour éviter un grave péril, cause à autrui un dommage de moindre importance.

[Droit administratif]

En considération de la nécessité (associée le plus souvent à l'urgence), des tolérances sont apportées par la jurisprudence, particulièrement administrative, dans la rigueur des règles de compétence et de forme en faveur d'actes publics indispensables (ex. : état civil, impôts, réquisitions).

→ *Circonstances exceptionnelles.*

[Procédure civile]

Circonstance de fait permettant au juge d'ordonner l'*exécution provisoire* d'un jugement, d'autoriser soit une signification, soit une exécution en dehors des *heures légales* et des *jours ouvrables*, de procéder non contradictoirement en prescrivant une mesure à l'insu de la partie adverse. Le plus souvent, la mesure paraîtra nécessaire par suite de l'*urgence* et du péril en la demeure.

CPC, art. 515, 664, 812 et 851.

→ *Mesures provisoires, Référé civil, Requête.*

Nécessité (Principe de)

[Droit pénal/Procédure pénale]

Principe général aux termes duquel toute mesure de contrainte exercée, dans le cadre d'une procédure pénale, à l'encontre d'une personne suspectée ou poursuivie, doit être totalement indispensable en fonction des objectifs de l'enquête (saisie-perquisition, interception, etc.). Principe complémentaire de celui de proportionnalité, il est régulièrement affirmé tant dans la jurisprudence constitutionnelle que dans la jurisprudence européenne.

En droit pénal de fond le principe de nécessité peut également conduire le juge constitutionnel à rejeter une incrimination et surtout une peine qui ne seraient pas considérées comme strictement et évidemment nécessaires.

C. pr. pén., art., prél. III al. 3; DDHC art. 8.

→ *Proportionnalité (Principe de)*

Négligence caractérisée (Contravention de)

[Droit pénal]

Infraction destinée à protéger la propriété littéraire et artistique sur Internet, caractérisée par le fait, sans motif légitime, pour la personne titulaire d'un accès à des services de communication au public en ligne, soit de ne pas avoir mis en place un moyen de sécurisation de cet accès, soit d'avoir manqué de diligence dans la mise en œuvre de ce moyen. La poursuite implique néanmoins une double condition préalable. En premier lieu la réception d'une lettre de recommandation émanant de la commission de protection des droits, de mettre en œuvre un moyen de sécurisation à la suite d'une reproduction d'œuvres protégées par un droit d'auteur (téléchargement sans autorisation). En second lieu le constat d'une utilisation de l'accès aux mêmes fins dans l'année suivant la présentation de la recommandation. C'est une contravention de 5e classe qui, au-delà de l'amende, peut être sanctionnée d'une peine complémentaire de suspension à un service de communication en ligne d'une durée d'un mois, au maximum.

CPI, art. L. 335-7-1 et R. 335-5.

Négligence-clause

[Droit maritime]

Littéralement : clause de négligence. Clause par laquelle l'armateur exclut sa responsabilité pour les fautes commises par le capitaine et ses préposés.

Négociation

[Droit international public]

Discussion en vue d'aboutir à un accord.

Négociation collective

[Droit du travail]

Ensemble des discussions entre les représentants des employeurs ou des organisations professionnelles d'une part, et des syndicats de salariés d'autre part, en vue de conclure une convention collective. La négociation est soumise à un formalisme particulier, lorsque la convention est susceptible d'être étendue. Le niveau de la négociation peut être national, régional ou local. Depuis 1982, la loi a prévu des obligations de négocier dans un certain nombre de domaines.

C. trav., art. L. 2231-1 s., 2241-1 s. et 2242-1 s.

GADT nº 157-158.

Negotium

[Droit général]

Dans un acte juridique ou dans un contrat, le *negotium* (le mot veut dire « affaire ») concerne la question de fond que vise cet acte ou ce contrat, par opposition à l'*instrumentum* qui, en la forme, traduit matériellement la volonté de l'auteur de l'acte ou des contractants.

Nemo auditur propriam turpitudinem allegans

[Droit civil/Procédure civile]

Littéralement : « personne n'est entendu (par un juge) lorsqu'il allègue sa propre turpitude ».

Adage employé (le plus souvent en n'utilisant que ses 2 premiers mots) pour refuser éventuellement la restitution des prestations après le prononcé de la nullité d'une convention contraire à la morale et aux bonnes mœurs.

Nemo censetur ignorare legem

[Droit général]

Littéralement : « personne n'est censé ignorer la loi ». Adage interdisant à quiconque de se retrancher derrière son ignorance du droit ou sa mauvaise compréhension pour échapper à ses obligations. C'est une fiction juridique qui assure l'efficacité de la loi.

Nemo dat quod non habet

[Droit civil/Droit commercial]

Littéralement : personne ne peut transférer la propriété d'une chose qui ne lui appartient pas.

C. civ., art. 1021.

Nemo judex in re sua

[Procédure (principes généraux)]

Littéralement : « nul n'est juge en sa propre cause ». Cet adage, qui est destiné à garantir l'impartialité des décisions de justice, explique les *incompatibilités* et les incapacités dont les magistrats sont frappés, notamment l'incompatibilité de la fonction juridictionnelle avec l'exercice de toute autre activité publique, civile ou salariée et l'impossibilité pour un juge d'appartenir au même tribunal que son conjoint, parent ou allié.

Nemo liberalis nisi liberatus

[Droit civil]

Littéralement : « pas de libéralité sans libération préalable ». Personne qui a des dettes ne doit pas faire des libéralités. C'est pourquoi l'héritier acceptant pur et simple n'est tenu d'exécuter les legs de sommes d'argent qu'à concurrence de l'actif successoral net, après avoir payé les dettes de la succession.

C. civ., art. 785, al. 2.

Nemo plus juris ad alium transferre potest quam ipse habet

[Droit civil]

Littéralement : « une personne ne peut transférer à autrui plus de droits qu'elle n'en a elle-même ». Adage souvent cité par ses 3 premiers mots.

C. civ., art. 2477, al. 2.

Neutralisation

[Droit international public]

Régime juridique conventionnel applicable à une partie du territoire d'un État et qui consiste en l'interdiction de toute manifestation de puissance militaire dans ce secteur (ex. : archipel norvégien du Spitzberg, archipel finlandais des îles d'Aland).

Neutralisme

[Droit international public]

Position politique de certains États qui consistait dans un refus de s'affilier à l'un des « blocs » antagonistes, occidental ou communiste. Avec l'effondrement de l'Union soviétique et des régimes communistes de l'Europe de l'Est, le neutralisme a perdu beaucoup de son intérêt.

Neutralité

[Droit international public]

1° Neutralité occasionnelle : situation des États non belligérants pendant une guerre déterminée (ex. : Irlande au cours de la Seconde Guerre mondiale).

2° Neutralité permanente : statut des États qui sont tenus par traité de ne jamais entreprendre de guerre offensive (ex. : Suisse [1815], Autriche [1955]).

Nice (Traité de)

[Droit européen]

Adopté par le Conseil européen le 11 décembre 2000, le traité de Nice – signé le 26 février 2001 et entré en vigueur le 1er février 2003 après 2 référendums en Irlande – avait d'abord pour objectif d'adapter les institutions aux prochains élargissements. Résultat d'un compromis difficile, il détermine la composition de la Commission, établit une nouvelle pondération des voix du Conseil, décide du nombre de députés européens dans une Union élargie, renforce le champ du vote à la majorité qualifiée au Conseil ou les possibilités d'usage de la coopération renforcée. Prévoit aussi une réforme des juridictions de l'Union européenne en renforçant le rôle du *tribunal de première instance* et en prévoyant la création de *chambres juridictionnelles*, réforme consolidée par le *traité de Lisbonne*.

Noblesse

[Droit civil]

Le second des 3 ordres de l'ancienne France (clergé, noblesse, tiers état). La noblesse fut d'abord d'origine militaire (noblesse d'épée). Puis sans délaisser complètement les armes, la noblesse devint un état lié à la haute fonction publique. L'exercice de ces fonctions conférait la noblesse par anoblissement du roi (noble de robe). Cet élément de l'état des personnes emportait certains privilèges. La nuit du 4 août 1789 supprima les 3 ordres

pour fondre tous les habitants du royaume dans une seule classe au sein de la Nation.
→ *États généraux.*

Nom

[Droit civil]

Vocable servant à désigner une personne, porté par les membres d'une même famille et dont il peut être obtenu le changement par décret à condition de justifier d'un intérêt légitime. Il constitue l'un des éléments de l'*état civil*.

Une loi du 4 mars 2002 a modifié les règles de dévolution du nom de famille. Traditionnellement, lorsque la filiation de l'enfant est établie à l'égard de ses 2 parents, le nom du père (nom patronymique) seul était transmis aux enfants issus du mariage. La loi du 4 mars 2002 a bouleversé cette très ancienne tradition : désormais les parents peuvent choisir le nom transmis, soit du père ou celui de la mère, soit les 2 accolés dans l'ordre choisi par eux dans la limite d'un nom de famille pour chacun d'eux. En l'absence de choix l'ancien privilège du père se survit.

C. civ., art. 57, 61 s., 311-21, 311-22 et 357.

GAJC, t. 1, n° 22.

→ *Nom commercial, Patronyme, Prénom, Pseudonyme, Surnom.*

Nom commercial

[Droit commercial]

Dénomination sous laquelle une personne physique ou morale exploite son fonds de commerce et dont il constitue un élément.

GAJC, t. 1, n° 23.

Nom de domaine

[Droit général]

Adresse informatique d'une personne dans un domaine. Il est défini comme la « dénomination unique à caractère universel qui permet de localiser une ressource, un document sur Internet et qui indique la méthode pour y accéder, le nom du serveur et le chemin à l'intérieur du serveur » (Vocabulaire de l'Internet au *JO* 16 mars 1999).

Nom d'usage

[Droit civil]

1° Nom de son autre parent que toute personne majeure peut ajouter à son propre nom. Si la personne est mineure, cette faculté d'adjonction exige, lorsque les parents sont investis conjointement de l'autorité parentale, une décision commune de leur part; à défaut d'accord, le juge peut autoriser cette adjonction.

2° Nom du conjoint dont chaque époux peut user durant le mariage et dont il peut conserver l'usage après divorce soit avec l'accord du conjoint, soit avec l'autorisation du juge.

C. civ., art. 264 et 300.

Nomades

[Droit civil]

Personnes qui, en raison de leur mode de vie, n'ont pas de résidence stable.

La loi leur impose le rattachement à une localité qui tient lieu de domicile.

→ *Gens du voyage.*

Nomenclature des actes professionnels ou cotation des actes médicaux

[Sécurité sociale]

Pour chiffrer la valeur d'un acte, on se réfère à une cotation indiquée dans une nomenclature. C'est grâce à cette nomenclature que le praticien peut codifier les actes qu'il effectue afin de déterminer le montant de ses honoraires et celui de leur remboursement par la Sécurité sociale. La nomenclature prévoit 2 éléments de codification : la lettre clé et le coefficient. Il existe 20 lettres clés représentant 20 types d'actes différents. À chacune d'elles correspond une valeur pécuniaire. Complément de la lettre clé, le coefficient indique l'importance de l'acte réalisé, compte tenu de sa difficulté technique et de son coût : le coefficient est mentionné à la suite de la lettre clé.

Nomenclature juridique

[Droit général]

Une nomenclature juridique est l'ensemble des rubriques ou mots clés permettant, dans les répertoires, recueils, tables des matières, fichiers des bibliothèques, d'effectuer le recensement et l'exposé des diverses sources d'information juridique.

Une informatique juridique et judiciaire suppose l'élaboration de nomenclatures.

Nominalisme monétaire

[Droit privé]

Principe en vertu duquel le débiteur ne doit jamais que la somme numérique énoncée au contrat, dans les espèces ayant cours au moment du paiement; les fluctuations de valeur de la monnaie sont donc juridiquement indifférentes, et la dévaluation profite au débiteur; en droit, un euro est toujours égal à un euro. On l'oppose au *valorisme*.

C. civ., art. 1895; C. mon. fin., art. L. 112-1, al. 1.

→ *Indexation.*

Nominations (Contrôle des)

[Droit constitutionnel]

La révision constitutionnelle du 23 juillet 2008 (L. n° 2008-724) institue pour un certain nombre de nominations relevant du président de la République un contrôle parlementaire par le biais de la commission permanente compétente. On notera que ce contrôle est moins important que celui exercé par le Sénat aux États-Unis (des fonctions importantes – art. 13, al. 3 – échappent à ce contrôle; il n'y a pas de vote de l'Assemblée et du Sénat).

Non-admission

[Procédure civile]

Décision par laquelle la Cour de cassation écarte un pourvoi parce qu'elle l'estime irrecevable (décision attaquée non rendue en dernier ressort, absence d'intérêt à agir) ou non fondée sur un moyen sérieux de cassation (moyen manquant en fait, moyen méconnaissant le pouvoir discrétionnaire des juges du fond). La décision de non-admission, bien qu'elle ne soit pas motivée, a la même autorité qu'un arrêt de rejet.

CPC, art. 1014.

[Procédure pénale]

Une disposition analogue est prévue en matière pénale.

C. pr. pén., art. 567-1-1.

→ *Irrecevabilité.*

Non-alignement

[Droit international public]

→ *Neutralisme.*

Non-assistance à personne en danger

[Droit pénal]

→ *Omission de porter secours.*

Non avenu

[Droit civil]

S'applique à un acte entaché d'une telle irrégularité qu'il est considéré comme sans valeur, comme n'ayant jamais existé avant même son annulation en justice.

L'expression la plus usuelle est : nul et non avenu.

Non bis in idem

[Droit pénal]

Formule latine qui exprime le principe selon lequel une personne déjà jugée définitivement pour un fait délictueux, ne peut être poursuivie à nouveau pour le même fait.

Nonce

[Droit international public]

Ambassadeur du Saint-Siège.

Non-cumul des peines

[Droit pénal]

Principe en vertu duquel un individu, convaincu de plusieurs crimes ou délits, non séparés par une condamnation définitive, ne peut se voir infliger que la seule peine afférente à l'infraction la plus grave. Ce principe, étant limité aux peines de même nature, le délinquant peut se voir imposer toutes celles encourues, pour chacune des infractions, dès lors qu'elles sont différentes. En revanche, lorsque plusieurs peines de même nature sont encourues, une seule d'entre elles peut être retenue dans la limite du maximum légal le plus élevé.

C. pén., art. 132-3.

GADPG n° 51 et 52.

Non écrit

[Droit civil]

1° Vise, par opposition aux clauses formelles, les clauses sous-entendues qui n'en ont pas moins un caractère obligatoire quoique non exprimées (par ex. obligation implicite de sécurité).

2° L'expression « réputée non écrite », s'applique à une clause illicite dont la nullité ne retentit pas sur le sort du contrat qui la contient.

→ *Clause abusive.*

Non-imputabilité (Causes de)

[Droit pénal]

→ *Imputabilité.*

Non-ingérence (Principe de)

[Droit international public]

Principe, déduit du principe de souveraineté de l'État et reconnu par la Cour internationale de justice comme règle fondamentale du droit international public, selon lequel un État ne peut intervenir dans les affaires intérieures d'un autre État. Aujourd'hui, sa portée réelle tend à être limitée par l'émergence, puis le développement, d'un autre principe selon lequel la communauté internationale (voire un certain nombre seulement d'États) pourrait intervenir sur le territoire d'un État dans un but humanitaire (droit ou devoir d'« ingérence humanitaire ») ou pour y faire respecter les droits fondamentaux de la personne humaine. Cette intervention pose des problèmes juridiques et politiques complexes.

Non inscrit

[Droit constitutionnel]

→ *Groupe parlementaire.*

Non-justification de ressources

[Droit pénal]

Incrimination pénale générique résultant du seul fait pour un individu qui se trouve en relations habituelles, soit avec des personnes se livrant à la commission de crimes ou délits punis d'au moins 5 ans d'emprisonnement et dont ils tirent profit, soit avec les victimes de telles infractions, de ne pas pouvoir justifier, globalement, de ressources correspondant à son train de vie ou plus précisément de l'origine du bien détenu.

Outre certaines circonstances aggravantes pour des activités graves, un délit spécifique subsiste en matière de terrorisme, de proxénétisme ou d'exploitation de la mendicité.

C. pén., art. 225-6-3e, 225-12-5, 321-6 s. et 421-2-3.

Non-lieu

[Procédure pénale]

Décision par laquelle une juridiction d'instruction, se fondant sur un motif de droit ou une insuffisance des charges, ne donne aucune suite à l'action publique.

C. pr. pén., art. 177, al. 1er et 212, al. 1er.

[Procédure administrative]

Décision par laquelle le juge administratif constate, le cas échéant d'office, que le litige dont il est saisi n'a plus d'objet, par exemple parce que l'acte attaqué a été retiré.

GACA n° 45.

Non-représentation d'enfant

[Droit pénal]

Infraction consistant dans le fait de refuser indûment de représenter un enfant mineur à la personne qui a le droit de le réclamer, notamment parce qu'elle se fonde sur une décision de justice relative, notamment au droit de garde ou de visite.

C. pén., art. 227-5.

Non-rétroactivité

[Droit général]

Principe en vertu duquel une norme juridique nouvelle ne peut remettre en cause les situations anciennes nées de l'application de la règle antérieure, ce qui vise à la fois les situations terminées et les effets déjà réalisés des situations en cours. Il n'a de valeur constitutionnelle qu'en droit pénal et peut être remis en cause par le législateur dans les autres matières, notamment en droit fiscal.

C. civ., art. 2; C. pén., art. 112-1.

GAJC, t. 1, n° 4 à 9; GDCC n° 40; GADPG n° 9 à 14.

→ *Conflit de lois dans le temps, Droit acquis, Effet immédiat de la loi, Loi de validation, Loi interprétative, Rétroactivité de la loi, Sécurité juridique.*

Nord-Sud

[Droit international public]

→ *Dialogue Nord-Sud.*

Normalisation

[Droit civil/Droit commercial]

Activité d'intérêt général qui a pour objet de fournir des documents de référence élaborés de manière consensuelle par toutes les parties intéressées, portant sur des règles, des caractéristiques, des recommandations ou des exemples de bonnes pratiques, relatives à des produits, à des services, à des méthodes, à des processus ou à des organisations (Décr. n° 697 du 16 juin 2009, art. 1).

La soumission de la production et de la distribution à des normes de simplification, d'uniformisation et de performance vise à favoriser le rendement et l'innovation économiques et à donner une meilleure satisfaction aux usagers. Nonobstant, les normes sont d'application volontaire, à moins qu'elles ne soient rendues obligatoires par arrêté ministériel.

Norme

[Droit général]

Terme synonyme de règle de droit, de règle juridique, obligatoire, générale et impersonnelle.

GAJC, t. 1, n° 1.

→ *Constitution, Loi, Règlement, Traité.*

Notaire

[Droit civil]

Officier public et *officier ministériel* chargé de conférer l'authenticité aux actes instrumentaires et de conseiller les particuliers. Il est tenu de s'assurer de l'efficacité de l'acte auquel il prête son concours et doit veiller à l'accomplissement des formalités nécessaires à la mise en place des sûretés qui en garantissent l'exécution.

La profession de notaire peut être exercée à titre individuel ou à titre d'associé, dans le cadre d'une *société d'exercice libéral (SEL)*, d'une *société civile professionnelle*. Elle peut l'être également en qualité de salarié d'une personne morale ou physique titulaire d'un office.

C. civ., art. 1317; L. du 25 ventôse an XI, art. 10.

→ *Acte authentique.*

Note en délibéré

[Procédure civile/Procédure administrative]

Note que remet au tribunal un plaideur au cours du délibéré.

Une telle note, qui doit être communiquée à l'adversaire, ne peut modifier ni la *cause* ni l'*objet* de la demande, ni les *moyens* sur lesquels elle est fondée. Elle n'est recevable que si elle vise à répondre aux arguments développés par le ministère public ou aux demandes du juge ayant invité les parties à fournir telles explications de fait ou de droit. Cette pratique est critiquable; cependant, en contentieux administratif, elle permet aux justiciables d'exercer une sorte de droit de réplique à l'égard des conclusions du *rapporteur public*…

CJA, art. R. 731-3; CPC, art. 445.

GACA n° 62.

→ *Clôture des débats.*

Notes d'audience

[Droit pénal]

Transcription écrite par le greffier d'un tribunal répressif, du déroulement des débats : déclarations des témoins, réponses du prévenu… Le document signé par son auteur est visé par le président.

C. pr. pén., art. 453.

Notification

[Droit administratif]

Mode de publicité employé normalement en matière d'actes individuels et consistant à informer personnellement l'intéressé de la mesure en cause.

GACA n° 36.

→ *Publication.*

[Procédure civile]

Formalité par laquelle un acte extrajudiciaire, un acte judiciaire ou un jugement est porté à la connaissance des intéressés. Sous certaines conditions, elle peut être dématérialisée et réalisée sous la forme électronique.

La notification peut, selon les cas, être effectuée par un *huissier de justice* (on parle alors de *signification*) ou par la voie postale. Cette seconde voie est utilisée uniquement quand elle est autorisée par un texte, les parties restant alors libres de lui préférer une signification.

Le règlement CE du Parlement européen et du Conseil n° 1393/2007 du 13 novembre 2007 organise la signification et la notification des actes judiciaires et extrajudiciaires en matière civile et commerciale au sein de l'Union européenne. Le principe de la transmission repose sur la désignation par chaque État membre d'entités d'origine et d'entités requises (officiers ministériels ou autorités compétents pour transmettre ou recevoir lesdits actes dans un autre État membre). Les actes sont transmis directement entre ces entités.

Le règlement prévoit, dans certains cas, d'autres moyens de communication, notamment la voie diplomatique et la voie postale.

CPC, art. 651 s. et 665 s.

[Procédure pénale]

L'article 550 du Code de procédure pénale précise que les notifications sont faites par voie administrative. Elles concernent notamment certaines décisions des juridictions d'instruction. Il en est ainsi des ordonnances de règlement du juge d'instruction ainsi que celles qui sont susceptibles de faire l'objet d'une voie de recours. Il en est de même des arrêts de la chambre de l'instruction qui sont notifiés, selon les cas, aux personnes concernées ainsi qu'à leurs avocats (mis en examen, témoin assisté, partie civile). La notification peut être verbale avec émargement au dossier ou par *lettre recommandée* et pour un détenu réalisée par le chef de l'établissement pénitentiaire.

C. pr. pén., art. 183 et 217.

→ *Lettre simple, Signification.*

Notification entre avocats

[Procédure civile]

Entre avocats, la notification d'un acte peut être faite soit par un huissier audiencier (signification d'acte du palais), soit par remise directe de l'avocat à son confrère.

CPC, art. 671 s.

→ *Acte d'avocat à avocat, Visa.*

Notoriété

[Droit civil]

Caractère de ce qui est connu du plus grand nombre.

→ *Acte de notoriété.*

Novation

[Droit civil]

Convention par laquelle une obligation est éteinte et remplacée par une obligation nouvelle. La nouveauté peut résider dans un changement de débiteur, ou de créancier ou de la dette.

C. civ., art. 1271 s.

Nue-propriété

[Droit civil]

Selon la théorie classique, prérogatives conservées par un propriétaire sur une chose qui fait l'objet d'un démembrement de propriété. Il donne à son titulaire le droit de disposer juridiquement de la chose, mais ne lui confère ni l'usage, ni la jouissance, lesquels sont les prérogatives de l'usufruitier sur cette même chose.

C. civ., art. 578 s.

GAJC, t. 1, n° 74 à 76.

→ *Abusus, Propriété, Usufruit.*

Nuisances

[Droit général/Droit de l'environnement]

Par ce néologisme, on désigne les troubles de plus en plus grands qui portent atteinte à la vie collective du fait des moyens modernes de l'industrie et de ses conséquences sur la société. Nuisances physiques (ex. : les fumées, le bruit, surtout auprès des aérodromes). Nuisances intellectuelles (ex. : l'abus de publicité, le « matraquage » musical). Nuisances « catastrophiques » (ex. : les accidents redoutables par automobiles individuelles et « poids lourds » chargés de matière explosives et inflammables lancés à grande vitesse). Nuisances lumineuses (trouble excessif causé par les émissions de lumière artificielle).

CSP, art. R. 1334-30; C. envir., art. L. 220-1, 571-1 s., L. 583-1.

→ *Pollution.*

Nuit

[Droit du travail]

→ *Travail de nuit.*

Nul en France ne plaide par procureur...

[Procédure civile]

Règle de forme imposant au mandataire judiciaire de révéler, dans toutes les pièces de la procédure, le nom de son mandant. Sous l'Ancien droit, l'adage se complétait des mots « … hors le Roi », qui était ainsi le seul à pouvoir plaider par procureur.

CPC, art. 752, 836, 855, 882, 901 et 933.

Nul et non avenu

[Droit civil]

→ *Non avenu.*

Nullité

[Droit administratif]

→ *Abrogation, Annulation, Retrait, Inexistence.*

[Droit civil]

Sanction prononcée par le juge et consistant dans la disparition rétroactive de l'acte juridique qui ne remplit pas les conditions requises pour sa formation.

• *La nullité* est absolue lorsque les conditions imposées par la loi sont essentielles et tendent à protéger l'intérêt général, ou l'ordre public, ou les bonnes mœurs.

• *La nullité* est dite relative lorsqu'elle sanctionne une règle destinée à protéger une partie de l'acte (ex. : nullité pour incapacité). Les régimes respectifs des nullités absolue et relative sont différents.

• *Nullité virtuelle* : nullité qui peut être prononcée alors qu'aucun texte ne la prévoit expressément.

• *Nullité textuelle* : nullité qui ne peut être prononcée que si un texte la prévoit de façon formelle (ex. : les nullités de mariage).

C. civ., art. 1108 et 1304.

→ *Annulation, Inexistence, Inopposabilité, Rescision, Résiliation, Résolution.*

Nullité d'acte de procédure

[Procédure civile]

Sanction de l'irrégularité commise dans la rédaction ou dans la signification d'un acte de procédure (exception de nullité).

Les conditions d'exercice de la nullité ne sont pas les mêmes selon qu'il s'agit d'un vice de forme ou d'une irrégularité de fond.

CPC, art. 112 à 121.

→ *Inexistence.*

[Procédure pénale]

Au-delà de la distinction traditionnelle entre les nullités textuelles requises lorsque la loi indique que la formalité est prévue à peine de nullité et les nullités substantielles ou virtuelles qui peuvent être retenues lorsque la loi est muette, dès lors que l'irrégularité est grave et compromet les droits de la défense, la jurisprudence distingue plus globalement les nullités d'ordre public et les nullités à grief.

D'une manière générale toute juridiction, y compris la Cour de cassation, qui est saisie d'une demande d'annulation pour violation des formes prescrites à peine de nullité ou d'inobservation des formalités substantielles ne peut prononcer la nullité que lorsque celle-ci a eu pour effet de porter atteinte aux intérêts de la partie concernée.

Il faut donc établir la preuve d'un grief autrement dit d'un préjudice. Néanmoins cette solution est exclue pour les nullités d'ordre public (par ex. organisation, composition, compétence des juridictions) ou lorsqu'il y a eu une méconnaissance grave des droits de la défense.

C. pr. pén., art. 802.

GAPP n° 22.

Nullité des jugements

[Procédure civile]

Il est interdit d'introduire une action en nullité contre un acte de juridiction. Le plaideur qui estime que la procédure a été irrégulière ou que le tribunal a mal jugé ne peut attaquer le jugement ou l'arrêt que par les voies de recours classiques.

CPC, art. 458 s.

→ *Inexistence, Voies de nullité n'ont lieu contre les jugements.*

Nullum crimen, nulla poena sine lege

[Droit pénal]

« Il n'y a pas de crime, il n'y a pas de peine sans loi. » Formule latine qui exprime le principe fondamental de la légalité des délits et des peines.

Numéraire

[Droit civil/Droit commercial/ Droit du travail]

S'applique au paiement en billets de banque et pièces métalliques par opposition au paiement par chèque, par virement ou par carte. Le recours au numéraire n'est permis qu'à hauteur d'une certaine somme variable selon la nature de la créance à régler.

C. mon. fin., art. L. 112-6 s.

Numéro d'immatriculation (NIR)

[Sécurité sociale]

Numéro d'identification au répertoire de l'INSEE attribué à tout assuré immatriculé qui se compose de 13 chiffres, divisés en 6 blocs :

- le sexe : un chiffre (1 pour les hommes, 2 pour les femmes);
- l'année de naissance : 2 chiffres (les 2 derniers du millésime);
- le mois de naissance : 2 chiffres;
- le numéro du département de naissance : 2 chiffres;
- le numéro de commune de naissance : 3 chiffres (selon la codification du répertoire des communes);
- le rang d'inscription sur la liste des naissances de la commune : 3 chiffres.

Le numéro de 13 chiffres est parfois suivi de 2 chiffres qui constituent une « clé » de contrôle.

O

Obiter dictum

[Procédure (principes généraux)]

Littéralement : « soit dit en passant ». Expression de la procédure anglaise, dont la doctrine, sur le continent, fait parfois usage. L'*obiter dictum* qualifie l'argument qui n'entre pas dans la *ratio decidendi*, qui n'est pas invoqué pour faire la décision. S'applique à un raisonnement dénué de force obligatoire, certes de nature à éclairer l'espèce, mais aussi à révéler l'opinion du magistrat susceptible de fonder ultérieurement un autre jugement. C'est un signal adressé aux justiciables pour l'avenir.

Objecteur de conscience

[Droit administratif/Droit pénal]

Citoyen qui refuse, par respect d'une règle morale, de porter les armes pour accomplir ses obligations militaires, mais sans se soustraire à la justice de son pays (différence avec l'insoumission ou la désertion). Certains États (dont la France) ont admis l'objection de conscience, en accordant aux objecteurs un statut spécial les dispensant du service armé, remplacé par l'affectation à des tâches civiles. Le problème juridique de l'objection de conscience a cessé de se poser en France avec la suspension de l'appel sous les drapeaux.

→ *Service national.*

Objet

[Droit civil]

• L'objet du *contrat* désigne l'opération juridique que les parties ont voulu effectuer (ex. : une vente, un prêt, un contrat de travail).

• L'objet de l'*obligation* désigne la prestation ou la chose que chacune des parties s'est engagée à fournir (le prix pour l'acheteur, la chose pour le vendeur, par ex.). L'objet doit être certain, possible, licite et moral.

C. civ., art. 1108, 1126 s., 1131 s. et 1142 s.

[Procédure civile]

La demande en justice vise un objet déterminé, dont la nature définit, le plus souvent, celle de l'action.

Demander l'annulation d'un contrat est une *action personnelle*; poursuivre la reconnaissance d'une servitude est une *action réelle*.

La notion d'objet intervient aussi lorsque, pour savoir s'il y a ou non chose jugée, on confronte une décision déjà rendue et une nouvelle demande en justice.

CPC, art. 4; C. civ., art. 1351.

Objet social

[Droit civil/Droit commercial]

Activités qu'une société se propose d'exercer. L'objet social est défini par ses *statuts*.

C. civ., art. 1835.

Obligataire

[Droit commercial]

→ *Obligation.*

Obligation

[Droit civil]

Au sens large, lien de droit entre 2 ou plusieurs personnes en vertu duquel l'une des parties, le créancier, peut contraindre l'autre, le débiteur, à exécuter une *prestation* : donner (au sens de transférer la propriété d'un bien), faire ou ne pas faire.

Dans un sens restreint, synonyme de *dette* (l'obligation est la face négative de la *créance*).

→ *Droit personnel, Obligation à la dette.*

C. civ., art. 1101 s.

[Droit commercial]

Titre négociable émis par un groupement qui emprunte un capital important, généralement à long terme et divise sa dette en un grand nombre de coupures.

Chaque obligataire se trouve dans la situation d'un prêteur titulaire d'une créance productive d'un intérêt et fait partie de la masse.

L'obligation s'oppose à l'action en ce qu'elle assure généralement un revenu fixe indépendant des résultats de l'exercice et ne confère pas à son titulaire le droit de participer à la gestion de la société sauf à être consulté dans certains cas exceptionnels (modification de l'objet ou de la forme de la société, fusion ou scission).

C. com., art. L. 228-38 s.

Obligation à la dette

[Droit civil]

Obligation de se soumettre à la poursuite du créancier et d'acquitter l'intégralité de la dette, quitte à agir, par la voie récursoire, à l'encontre du véritable débiteur ou du coobligé.

→ *Contribution à la dette.*

Obligation alimentaire

[Droit civil]

Obligation mise à la charge d'une personne en vue de fournir des secours, principalement en argent, exceptionnellement en nature, à un proche parent ou allié qui se trouve dans le besoin.

C. civ., art. 205 s.

[Procédure civile/Droit européen]

Le règlement du Conseil n° 4/2009 du 18 décembre 2008 est relatif à la compétence, la loi applicable, la reconnaissance et l'exécution des décisions et la coopération en matière d'obligations alimentaires. D'après ce règlement – applicable en principe au 18 juin 2011 – la décision exécutoire d'un État membre lié par le Protocole de La Haye de 2007 jouit de la force exécutoire dans un autre État membre sans qu'une déclaration constatant la force exécutoire soit nécessaire.

Obligation alternative

[Droit civil]

L'obligation alternative comprend 2 objets, le débiteur pouvant se libérer en n'acquittant que l'un des 2, à son choix.

C. civ., art. 1189 s.

→ *Obligation facultative.*

Obligation civile

[Droit civil]

Obligation dont l'inexécution est sanctionnée par le droit. Expression utilisée pour l'opposer à l'*obligation naturelle*.

Obligation conditionnelle

[Droit civil]

Obligation dépendant d'un événement futur et incertain, soit que la condition suspende l'obligation jusqu'à ce que l'événement arrive, soit qu'elle la résilie selon que l'événement arrivera ou n'arrivera pas.

C. civ., art. 1168.

→ *Condition.*

Obligation conjointe

[Droit civil]

Obligation qui se divise de plein droit entre les créanciers ou les débiteurs, de telle sorte que chaque créancier ne peut exiger que sa part ou que chaque débiteur ne peut être poursuivi que pour sa part de dette.

C. civ., art. 1220.

Obligation conjonctive

[Droit civil]

Obligation contraignant le débiteur à exécuter plusieurs prestations pour être libéré.

Obligation d'emploi

[Droit du travail]

Protection instituée par la loi en faveur de certains travailleurs jugés dignes d'intérêt (invalides de guerre, leurs veuves, leurs orphelins, travailleurs handicapés…) et qui consiste à imposer aux employeurs l'emploi d'un certain pourcentage de ces salariés sous peine du paiement d'une taxe qualifiée de « contribution ».

C. trav., art. L. 5212-1 s.

Obligation de conseil

[Droit civil/Droit commercial]

Obligation pesant sur le contractant professionnel d'éclairer le client non initié sur l'opportunité de passer la convention, de s'abstenir ou de faire tel autre choix. Le garagiste, par exemple, doit suggérer un échange standard et non effectuer d'autorité des réparations coûteuses excédant la valeur du véhicule.

En jurisprudence, l'obligation de conseil est très rarement distinguée de l'obligation d'information (ou devoir de renseignement), laquelle, exclusive de tout avis, consiste à instruire le partenaire, objectivement et complètement, sur l'objet du contrat, afin qu'il puisse décider en connaissance de cause.

C. consom., art. L. 111-1 s.; CSP, art. L. 1111-2.

Obligation de discrétion professionnelle

[Droit administratif]

→ *Documents administratifs (Accès aux).*

Obligation de donner

[Droit civil/Droit commercial]

Obligation de transférer la propriété d'une chose (en latin *dare*), non de faire une libéralité (en latin *donare*).

C. civ., art. 1136 et 1602 s.

→ *Obligation de faire, Obligation de ne pas faire.*

Obligation de faire

[Droit général]

Obligation dont l'objet est une prestation quelconque, matérielle ou intellectuelle : transporter une chose, réparer, prodiguer des soins.

C. civ., art. 1142 s.

→ *Obligation de donner, Obligation de ne pas faire.*

Obligation de mise en garde

[Droit civil]

Devoir pesant sur le banquier d'indiquer à l'emprunteur non averti (ou à la caution non avertie) le caractère excessif du crédit consenti (ou de la garantie sollicitée) par rapport aux capacités financières de celui-ci (ou de celle-ci). Le préjudice né du manquement à l'obligation de mise en garde s'analyse en la *perte d'une chance* de ne pas contracter.

→ *Obligation de conseil.*

Obligation de moyens

[Droit civil]

Obligation en vertu de laquelle le débiteur n'est pas tenu d'un résultat précis. Ainsi le médecin s'engage seulement à tout mettre en œuvre pour obtenir la guérison du malade sans garantir cette dernière. Le créancier d'une telle obligation ne peut mettre en jeu la responsabilité de son débiteur que s'il prouve que ce dernier a commis une faute, n'a pas utilisé tous les moyens promis.

GAJC, t. 2, nº 162 et 163.

→ *Obligation de résultat.*

Obligation de ne pas faire

[Droit général]

Obligation qui s'accomplit dans une abstention (ne pas bâtir) ou une tolérance (laisser passer).

C. civ., art. 1142.

→ *Obligation de donner, Obligation de faire.*

Obligation de prudence et de diligence

[Droit civil]

→ *Obligation de moyens.*

Obligation de renseignement

[Droit civil]

Obligation, découverte par la jurisprudence dans certains contrats sur le fondement de l'exigence de bonne foi ou de l'interprétation en faveur du débiteur, en vertu de laquelle la partie dominante, supposée la plus compétente, est tenue de fournir à son partenaire non initié toutes indications utiles relatives à l'objet du contrat.

→ *Obligation de conseil, Obligation d'information.*

Obligation de réserve

[Droit administratif/Procédure (principes généraux)]

1° Une obligation de réserve pèse sur les fonctionnaires et sur les magistrats (v. pour ces derniers art. 43 et 79 Ord. nº 58-1270 du 22 déc. 1958). Elle impose à celui qui y est soumis, tant dans l'exercice qu'en dehors de ses fonctions, un devoir particulier de loyalisme à l'égard de l'État et des autorités publiques, l'interdiction de toute parole, de tout écrit, de toute attitude qui se révéleraient incompatibles avec la fonction. Cette obligation doit être respectée même dans l'exercice d'un mandat syndical. Le manquement à l'obligation de réserve est apprécié en fonction du poste occupé par le fonctionnaire ou le magistrat, du caractère et de la forme donnés à la manifestation critiquée.

GAJA nº 69.

2° Le terme « réserve » vise, également, le respect dû à la justice par le plaideur, auquel il est interdit de parler à l'audience sans y avoir été invité, de donner des signes d'approbation ou de désapprobation, ou de causer des désordres de quelque nature que ce soit. Grâce à cette exigence les débats judiciaires peuvent se dérouler dans la dignité.

CPC, art. 24, 439.

→ *Délit d'audience, Pouvoir disciplinaire.*

Obligation de résultat

[Droit civil]

Obligation en vertu de laquelle le débiteur est tenu d'un résultat précis. Ainsi le transporteur de personnes s'engage envers le voyageur à le déplacer d'un endroit à un autre; ce qui est demandé c'est l'arrivée à la destination prévue. L'existence d'une telle obligation permet au créancier de mettre en jeu la responsabilité de son débiteur par la simple constatation que le résultat promis n'a pas été atteint, sans avoir à prouver une faute.

GAJC, t. 2, nº 162 et 163.

→ *Obligation de moyens.*

Obligation de sécurité

[Droit civil]

Obligation introduite par la jurisprudence dans certains types de contrat et par laquelle le débiteur est tenu d'assurer, outre la prestation principale, objet du contrat, la sécurité du créancier. Ainsi dans le contrat de

transport de personnes, le transporteur doit non seulement déplacer le voyageur d'un endroit à un autre, mais encore faire en sorte qu'il soit sain et sauf à l'arrivée. Cette obligation a été étendue aux contrats les plus divers relatifs, par exemple, aux manèges forains, aux établissements hôteliers, aux restaurants, aux agences de voyages, aux salles de spectacles. L'obligation de sécurité peut être une *obligation de moyens* ou une *obligation de résultat*.
De son côté le législateur dispose que les produits et les services doivent, dans des conditions normales d'utilisation, présenter la sécurité à laquelle on peut légitimement s'attendre et ne pas porter atteinte à la santé des personnes.

C. consom., art. L. 221-1.

GAJC, t. 2, nº 264, 265 et 276.

Obligation de somme d'argent

[Droit général]

Obligation de verser une somme d'argent. Constitue une *obligation de faire*.

→ *Numéraire, Paiement.*

Obligation déterminée

[Droit civil]

→ *Obligation de résultat.*

Obligation d'information

[Droit civil/Droit commercial]

Devoir légal pesant sur le professionnel, vendeur de biens ou prestataire de services, d'informer son partenaire sur les caractéristiques de la chose commercialisée ou de l'opération projetée au moyen, notamment, de mentions informatives et de documents annexes. Outre de nombreux textes imposant une telle obligation dans des domaines précis (démarchage, crédit, capitalisation, voyages…), le Code de la consommation édicte, à titre de principe, une obligation précontractuelle d'information dans un souci de protection du consommateur et dispose qu'en cas de litige, il appartient au vendeur de prouver qu'il a exécuté cette obligation.

C. consom., art. L. 111-1.

GAJC, t. 1, nº 11 et 16.

→ *Obligation de conseil, Obligation de renseignement.*

Obligation facultative

[Droit civil]

Obligation ayant un objet unique, le débiteur pouvant toutefois se libérer en effectuant une autre prestation.

→ *Obligation alternative.*

Obligation indivisible

[Droit civil]

Obligation qui, en raison des caractères naturels ou conventionnels de son objet, est insusceptible de division entre les créanciers ou les débiteurs.

C. civ., art. 1217, 1222 s.

Obligation *in solidum*

[Droit civil]

Obligation pour le tout.
Obligations de plusieurs personnes tenues chacune pour le tout envers le créancier, alors qu'il n'existe entre elles aucun lien de représentation. L'obligation *in solidum* créée par la jurisprudence, a permis en particulier à la victime d'un dommage d'obtenir réparation de l'intégralité du préjudice en poursuivant l'un quelconque des coauteurs; sous cet aspect elle constitue une garantie de solvabilité.

GAJC, t. 2, nº 256.

→ *Obligation solidaire.*

Obligation naturelle

[Droit civil]

Obligation dont l'inexécution n'est pas juridiquement sanctionnée et ne contraint qu'en conscience; son exécution spontanée vaut paiement et n'est pas susceptible de répétition.

C. civ., art. 1235, al. 2.

→ *Obligation civile.*

Obligation plurale

[Droit civil]

Obligation qui comporte, soit plusieurs objets (*obligation conjonctive*, *obligation facultative*), soit plusieurs sujets (*obligation solidaire*, conjointe, *in solidum*).

→ *Obligation alternative, Obligation conjointe, Obligation in solidum, Solidarité.*

Obligation *propter rem*

[Droit civil]

→ *Obligation réelle, Proter rem.*

Obligation réelle

[Droit civil]

Obligation pesant sur un débiteur qui est tenu seulement en tant que détenteur d'une chose déterminée.

Le débiteur est quitte par l'abandon de la chose.

C. civ., art. 656, 699, 2463 et 2467.

→ *Propter rem.*

Obligation solidaire

[Droit civil]

L'obligation est solidaire lorsque, dans les rapports avec le créancier commun, chaque débiteur est tenu de payer l'intégralité de la dette.

C. civ., art. 1200.

GAJC, t. 2, n° 257.

→ *Solidarité.*

Obligations assimilables du Trésor

[Droit financier ou fiscal]

Obligations d'une durée pouvant aller jusqu'à 30 ans, émises par le *Trésor public* depuis 1985 et qui représentent avec les *bons du Trésor* les principaux instruments d'emprunt de l'État en vue de la couverture de ses besoins de trésorerie. Elles sont émises mensuellement, sous forme de séries successives rattachées (d'où leur nom) à une série antérieure dont elles ont les mêmes caractéristiques sauf le prix, ce qui en facilite la gestion par l'État.

Obligations convertibles

[Droit commercial]

Obligations susceptibles d'être converties par la société émettrice en actions de ladite société, à la demande de l'obligataire, soit à tout moment, soit lors d'une période d'option déterminée.

Obligations échangeables

[Droit commercial]

Obligations susceptibles d'être, à la demande de l'obligataire, échangées contre des actions de la société émettrice par un tiers, dit tiers souscripteur, qui aura souscrit globalement au moment de l'émission des obligations à une augmentation de capital simultanée, destinée à assurer l'échange.

Obsèques

[Droit civil]

Équivalent de *funérailles*.

Les frais d'obsèques constituent une dette alimentaire dont l'enfant est tenu à l'égard de ses ascendants; en conséquence il doit assumer la charge des frais d'obsèques dans la mesure de ses ressources lorsque l'actif successoral est insuffisant, même s'il a renoncé à leur succession.

Dans le cas où le défunt est dépourvu de ressources et n'a aucun parent pour pourvoir à ses funérailles, le service en est assuré gratuitement par la commune, sinon la commune en supporte les frais.

C. civ., art. 371 et 807; CGCT, art. L. 2223-27.

→ *Funérailles, Pompes funèbres, Sépulture.*

Observateur

[Droit international public]

1° Personne désignée par un État et admise à ce titre à assister aux travaux d'un organe international, mais sans droit de vote ni qualité pour souscrire un engagement.

2° Agent chargé par une organisation internationale de suivre sur place le déroulement d'une opération (ex. : une consultation populaire) ou l'évolution d'une situation.

3° Forme de participation limitée aux travaux d'une organisation internationale. Utilisée par l'ONU et les institutions spécialisées pour permettre la participation d'entités non étatiques (mouvements de libération nationale) ou d'autres organisations internationales intergouvernementales (régionales) et non gouvernementales.

Observatoire départemental de protection de l'enfance

[Droit civil]

Institué sous l'autorité de chaque président de conseil général, cet organisme a pour missions, notamment, de recueillir, d'examiner et d'analyser les données relatives à l'enfance en danger dans son ressort, d'être informé des évaluations des services et établissements intervenant dans le domaine de la protection de l'enfance, de suivre la mise en œuvre du schéma départemental de protection de l'enfance et de formuler des propositions et avis sur la mise en œuvre de la politique de *protection de l'enfance* dans le département.

CASF, art. L. 226-3-1.

→ *Mesure judiciaire d'aide à la gestion du budget familial.*

Obstruction à un acte de chasse

[Droit pénal]

Tout fait, par des actes d'obstruction concertés, d'empêcher le déroulement d'un ou plusieurs actes de chasse. L'infraction est punie de l'amende des contraventions de 5e classe. La chasse s'entend de tout acte volontaire lié à la recherche, à la poursuite et à l'atteinte du gibier pour le capturer ou le tuer.

C. envir., art. R. 428-12-1.

Obtention végétale

[Droit commercial/Droit rural]

Nouvelle espèce végétale créée par l'homme, susceptible d'une protection par un certificat d'obtention végétale.

CPI, art. L. 623-1.

Occupation

[Droit administratif]

L'occupation du domaine public de l'État ou d'autres personnes publiques peut donner lieu à autorisation.

C. dom. Ét., art. R. 53; CGPPP, art. L. 2122-1.

[Droit civil]

Mode d'acquisition de la propriété par la prise de possession d'une chose n'appartenant à personne.

→ *Res nullius.*

[Droit international public]

Établissement par un État de son autorité sur un territoire, et notamment mode d'acquisition d'un territoire sans maître.

L'Acte de Berlin de 1885 exige que l'occupation soit effective et notifiée aux autres États.

Occupation abusive des halls d'immeuble

[Droit administratif]

Infraction résultant du fait d'occuper en réunion les espaces communs ou les toits des immeubles collectifs d'habitation en empêchant, délibérément, l'accès ou la libre circulation des personnes ou le bon fonctionnement des services de sécurité et de sûreté. Les voies de fait ou les menaces accompagnant l'occupation constituent une circonstance aggravante.

CCH art., L 126-3.

Occupation des locaux

[Droit du travail]

Fait, pour des ouvriers en grève, de demeurer sur les lieux du travail. L'occupation des locaux neutralise certaines prérogatives du droit de propriété et peut entraver la liberté du travail; dans ce dernier cas, l'employeur peut obtenir, en référé, l'expulsion des occupants.

Occupation du terrain d'autrui

[Droit pénal]

Délit consistant dans le fait de s'installer en réunion, en vue d'établir une habitation même temporaire, sur un terrain appartenant soit à une commune qui respecte ses obligations concernant l'accueil et les gens du voyage, soit à tout autre propriétaire autre que la commune si l'on ne peut justifier de son autorisation ou de celle du titulaire du droit d'usage du terrain.

C. pén., art. 322-4-1.

Occupation temporaire

[Droit administratif]

Prérogative permettant à l'exécutant de *travaux publics* de pénétrer sur des terrains privés pour en extraire des matériaux ou pour y entreposer du matériel ou des déblais. Cette occupation, limitée à 5 ans, procède d'une autorisation préfectorale et donne lieu à indemnité.

L'occupation temporaire irrégulière d'une propriété constituerait juridiquement une *voie de fait* ou une *emprise* irrégulière.

Octroi

[Droit financier ou fiscal]

Droit qui frappait certaines denrées à leur entrée sur le territoire de villes spécialement autorisées à le percevoir. Administration qui percevait ce droit.

Un octroi de mer, *taxe d'effet équivalent* à un droit de douane selon la Cour de justice de l'Union européenne, est perçu à l'entrée des marchandises dans les régions d'outre-mer, en principe jusqu'en 2014.

[Droit constitutionnel]

Mode autocratique d'établissement des constitutions par décision unilatérale du chef de l'État, qui consent à réglementer l'exercice de son pouvoir (ex. : Charte de 1814 octroyée par Louis XVIII).

Œuvres sociales

[Droit du travail]

→ *Activités sociales et culturelles.*

Off shore (Permis)

[Droit international public]

Permis qu'un État peut accorder, sur les espaces maritimes relevant de sa juridiction, afin de permettre la recherche et l'exploitation du pétrole.

Offense

[Droit constitutionnel/Droit pénal]

Délit spécial que constituent, lorsqu'ils concernent le chef de l'État, des manques d'égards qui resteraient impunis s'ils concernaient une autre personne.

Loi de 1881 sur la presse, art. 26.

Office

[Droit administratif]

Terme qui a connu dans l'entre-deux guerres une grande fortune, et qui était appliqué à l'origine à des établissements publics à caractère industriel. Aujourd'hui, le mot a perdu sa spécificité et entre dans l'appellation d'une série d'organismes disparates généralement constitués sous la forme d'établissements publics industriels et commerciaux.

Office (Mesures prises d')

[Procédure (principes généraux)]

Une décision, une mesure est prise d'office par une juridiction, par un magistrat, par un représentant du ministère public, lorsque cette autorité, usant de son pouvoir d'initiative, peut le faire sans être sollicitée par une demande préalable des parties, soit en vertu d'une disposition légale ou réglementaire (ainsi ordonner une mesure d'instruction, déclarer caduque une assignation, soulever une incompétence, un moyen de droit pur), soit en vertu des pouvoirs propres de cette autorité (ainsi requérir ou relever une nullité d'ordre public). Le pouvoir d'initiative du juge se développe dans la mesure où la nouvelle procédure civile présente un caractère plus inquisitoire que naguère.

CPC, art. 10.

→ *Relevé d'office des moyens.*

Office du juge

[Procédure civile]

L'office du juge définit quel est son rôle dans la direction du procès civil, quels sont ses pouvoirs et leurs limites.

Les réformes, en particulier celle de la procédure de « *mise en état* des causes », ont visé à accroître le rôle du juge dans l'instance.

En droit international privé, il entre dans la mission du juge français, s'agissant des droits dont les parties n'ont pas la libre disposition, de mettre en œuvre, même d'office, la règle de conflit de lois et de rechercher, au besoin avec le concours des parties, la teneur du droit étranger applicable. S'agissant des droits disponibles, cette obligation est subordonnée à l'invocation par une partie de l'application d'une loi étrangère.

→ *Direction du procès, Procédure inquisitoire.*

Office national d'indemnisation des accidents médicaux (ONIAM)

[Droit civil]

Office national d'indemnisation des accidents médicaux, des affections iatrogènes et des infections nosocomiales, établissement public à caractère administratif de l'État, chargé de l'indemnisation au titre de la solidarité nationale des préjudices subis par le patient qui, 1° ne mettent pas en cause la responsabilité d'un professionnel ou d'un établissement de santé; 2° sont directement imputables à un acte de prévention, de diagnostic ou de soins; 3° entraînent pour le patient des conséquences anormales au regard de son état de santé; 4° dépassent un certain seuil de gravité fixée par décret.

CSP, art. L. 1142-1 et L. 1142-22.

→ *Risques sanitaires.*

Offices publics d'aménagement et de construction (OPAC)

[Droit administratif]

Établissements publics à caractère industriel et commercial, créés en 1971, ayant compétence pour réaliser toutes opérations d'urbanisme ainsi que des constructions répondant ou non aux normes des habitations à loyer modéré.

→ *Offices publics de l'habitat.*

Offices publics de l'habitat

[Droit administratif]

Catégorie d'*établissements publics industriels et commerciaux* locaux rattachés aux *départements* ou aux *communes*, créée en 2007 pour se substituer, au départ, de plein droit aux Offices publics d'habitation à loyer modéré (OPHLM) et aux Offices publics d'aménagement et de construction (OPAC) existants, pour mieux s'adapter aux compétences accrues de ces collectivités territoriales dans le domaine du logement social et de la cohésion sociale. Parmi leurs principaux objets figurent la construction, l'amélioration, la gestion ou la vente d'immeubles d'habitation relevant du logement social, ainsi que la réalisation d'interventions foncières et d'opérations d'aménagement urbain, pour leur compte ou pour le compte de tiers.

CCH, art. L. 421-1 s.

Officialité

[Droit canonique]

Tribunal ecclésiastique, présidé par l'official, délégué par l'évêque.

Officier de l'état civil

[Droit civil]

Officier public chargé dans chaque commune de la tenue et de la conservation des *actes de l'état civil*.

C'est le *maire* qui est, en principe, officier de l'état civil; il est placé à ce titre sous le contrôle de l'autorité judiciaire.

À l'étranger, les fonctions d'officier de l'état civil sont exercées par les chefs de mission diplomatique pourvus d'une circonscription consulaire et les chefs de poste consulaire (Décr. n° 521 du 2 juin 2008, art. 2).

C. civ., art. 53; CGCT, art. L. 2122-32.

→ *Registre d'état civil.*

Officier ministériel

[Procédure civile]

Personne titulaire d'un office qui lui est conféré à vie par l'autorité publique et pour lequel il a le droit de présenter un successeur (L. du 28 avr. 1816, art. 91). L'officier ministériel jouit d'un monopole : ainsi les avocats au Conseil d'État et à la Cour de cassation. Certains jouissent du droit de faire des actes publics (*officiers publics*) ; tels les notaires, les greffiers des tribunaux de commerce, les huissiers de justice, les commissaires-priseurs judiciaires. Le terme de charge est aussi employé pour désigner un office ministériel.

→ *Société civile professionnelle, Société d'exercice libéral (SEL), Société de ventes volontaires de meubles aux enchères publiques.*

Officier public

[Droit civil/Procédure civile]

Titulaire d'un office ayant qualité pour dresser des *actes authentiques* (ex. : le *maire* en tant qu'officier de l'état civil, le *notaire*, le greffier du tribunal de commerce, l'huissier de justice).

C. civ., art. 1317; CGCT, art. L. 2122-32.

→ *Officier ministériel.*

Officiers (et agents) de police judiciaire (OPJ et APJ)

[Procédure pénale]

Ensemble des fonctionnaires, placés sous l'autorité du parquet et le contrôle de la chambre de l'instruction ayant pour mission d'accomplir les opérations ressortissant à l'*enquête de police* (enquête préliminaire), à l'enquête de flagrance (*flagrant délit*) et d'effectuer les délégations des magistrats instructeurs (*commissions rogatoires*, *mandats*). Les OPJ ont plénitude de pouvoirs; les APJ se bornent à les seconder.

C. pr. pén., art. 16, 20 et 21.

Offre

[Droit civil]

Manifestation de volonté par laquelle une personne propose à un tiers la conclusion d'une convention. On dit aussi pollicitation.

L'offre de contracter peut être présentée par voie électronique. Le professionnel qui propose par cette voie la fourniture de biens ou de services, met à disposition les conditions contractuelles applicables d'une manière qui permette leur conservation et leur reproduction. Il doit en outre énoncer certaines précisions, par exemple les étapes à suivre pour conclure le contrat par voie électronique.

C. civ., art. 1369-4 s.; C. consom., art. L. 121-16 s.

Offre de concours

[Droit administratif]

Contrat administratif par lequel un particulier, ou une personne publique, s'engage à contribuer aux frais de réalisation d'un travail devant être exécuté par une autre personne publique.

Offre au public de titres financiers

[Droit commercial]

La notion d'offre de titres financiers au public se substitue désormais à celle d'*appel public à l'épargne*.

Cette offre au public se définit d'une part comme une communication adressée sous quelque forme et par quelque moyen que ce soit à des personnes et présentant une information suffisante sur les conditions de l'offre et sur les titres à offrir, de manière à mettre un investisseur en mesure de décider d'acheter ou de souscrire ces titres financiers, et d'autre part, comme un placement de titres financiers par des intermédiaires financiers.

C. mon. fin., art. L. 411-1.

Offre publique d'achat (OPA), Offre publique d'échange (OPE)

[Droit commercial]

Procédures tendant à assurer, dans les sociétés dont les titres sont admis aux négociations sur un marché réglementé, un traitement égal de tous les actionnaires lors de la prise ou du renforcement du contrôle de la société par un tiers (personne morale très généralement). Elle consiste pour ce tiers à faire savoir aux actionnaires qu'il est disposé à acquérir leurs titres à un prix déterminé (OPA) ou à les échanger contre d'autres actions ou obligations (OPE).

Offre publique de retrait

[Droit commercial]

Opération par laquelle une société dont les titres sont admis aux négociations sur un marché réglementé, peut, à certaines conditions, être contrainte de procéder à l'achat des titres minoritaires.

Dans certains cas, cette société peut contraindre les actionnaires minoritaires à céder leurs actions; on parle alors de retrait obligatoire.

Offres réelles

[Droit civil]

Procédure par laquelle le débiteur d'une somme d'argent ou d'un corps certain offre au créancier, par l'intermédiaire d'un officier public, le paiement de sa dette; en cas de refus du créancier de recevoir ce paiement, le débiteur procédera à la *consignation*, ce qui aura pour effet de le libérer valablement.

C. civ., art. 1257 s.; CPC, art. 1426 s.

Oisiveté

[Droit civil]

État d'une personne n'exerçant aucune profession, naguère justiciable d'un placement en *curatelle* lorsque son inactivité l'exposait à tomber dans le besoin ou compromettait l'exécution de ses obligations familiales. Désormais, la curatelle ne peut avoir pour cause que l'existence de troubles mentaux.

GAJC, t. 1, n° 62.

→ *Prodigue.*

Oligarchie

[Droit constitutionnel]

Régime politique où le pouvoir appartient à un nombre restreint d'individus, notamment à une classe (aristocratie) ou aux plus riches (ploutocratie).

Olographe

[Droit civil]

→ *Testament.*

Ombudsman

[Droit constitutionnel]

Terme suédois, désignant une personnalité indépendante, chargée dans certains pays (pays scandinaves, Grande-Bretagne...) d'examiner les plaintes formulées par les citoyens contre les autorités administratives, et d'intervenir, s'il y a lieu, auprès du gouvernement.

→ *Défenseur des droits, Médiateur de la République.*

Omission de porter secours

[Droit pénal]

Infraction réalisée par le fait de s'abstenir volontairement de porter, à une personne en péril, l'assistance dont elle a besoin et qu'il est possible de lui prêter sans risque pour soi-même ni pour les tiers soit par son action personnelle soit en provoquant un secours.

C. pén., art. 223-6, al. 2.

Omission de statuer

[Procédure civile]

Le juge, en cas de manquement à son obligation de statuer *omnia petita*, peut compléter sa décision en se prononçant sur le chef de demande omis, à condition de ne pas porter atteinte à la chose jugée quant aux autres chefs. Il est saisi par une simple requête; la décision rectificative est mentionnée sur la minute du jugement modifié.

CPC, art. 463.

→ *Extra petita, Omission matérielle, Ultra petita.*

Omission matérielle

[Procédure civile]

Énoncé défectueux de la pensée du juge caractérisé soit par un oubli (omission d'un chef de dispositif), soit par une erreur de calcul, de frappe, d'orthographe ou autre. Ces vices de transcription peuvent être réparés par la juridiction qui a statué, « selon ce que le dossier révèle, ou, à défaut, ce que la raison commande », c'est-à-dire sans modifier en quoi que ce soit la substance de ce qui a été jugé.

CPC, art. 462.

Onus probandi incumbit actori

[Droit civil/Procédure civile]

La charge de la preuve incombe à celui qui allègue tel ou tel fait juridique ou matériel.

C. civ., art. 1315; CPC, art. 9.

→ *Présomption.*

Opération complexe

[Droit administratif]

Ensemble formé par une série de décisions administratives aboutissant à une décision finale, par exemple en matière de déclaration d'utilité publique, permettant ainsi de faire échec à l'expiration des délais de recours contentieux.

GACA n° 40.

Opérations de banque

[Droit commercial]

Les opérations de banque comprennent la réception des fonds du public, les opérations de crédit, ainsi que la mise à disposition de la clientèle ou la gestion de moyens de paiement.

C. mon. fin., art. L. 311-1 s.

→ *Crédit (Opérations de).*

Opérations de maintien de la paix

[Droit international public]

Opérations sans caractère coercitif décidées par le Conseil de sécurité ou l'Assemblée générale des Nations unies en vue d'exercer une influence modératrice sur des éléments antagonistes. Consistent dans l'envoi de missions d'observations chargées de contrôler une situation (respect d'une frontière, d'un cessez-le-feu…) ou de troupes armées internationales ayant pour mission seulement de s'interposer entre les adversaires.

Ces opérations supposent le consentement des États sur le territoire desquels elles se déroulent.

→ *Force d'urgence des Nations unies.*

Opiner

[Procédure civile]

Pour un magistrat, faire connaître son opinion au cours du délibéré : opiner pour les prétentions du demandeur, opiner contre la proposition du président de la juridiction.

Opportunité des poursuites

[Procédure pénale]

Principe procédural en vertu duquel liberté est reconnue aux magistrats du *ministère public* de ne pas déclencher de poursuites pour un fait présentant toutes les caractéristiques d'une infraction. Ce principe, qui s'oppose à celui de la légalité des poursuites peut être mis en échec par une plainte avec constitution de partie civile de la victime de l'infraction.

C. pr. pén., art. 40 et 40-1, 85 s.

Opposabilité

[Droit civil/Procédure civile]

Rayonnement d'un acte ou d'un jugement à l'égard de ceux qui n'ont été ni parties ni représentés : ainsi chaque locataire d'un immeuble doit respecter la situation des autres locataires. De même, les tiers à un procès doivent respecter l'ordonnancement juridique né du jugement (sauf à exercer la voie de la *tierce-opposition*), qui ne crée de droits et obligations qu'à l'égard des parties (*chose jugée* relative).

En matière civile, la prétendue autorité absolue de certains jugements n'est autre que l'opposabilité de tous les jugements aux tiers et la possibilité de les critiquer par la tierce opposition.

C. civ., art. 29-5, 324 et 1351.

→ *Effet relatif des conventions, Erga omnes, Inopposabilité.*

Opposition

[Droit constitutionnel]

Le ou les partis qui s'opposent à l'équipe au pouvoir en exerçant une fonction de surveillance et de critique, en informant l'opinion, voire en préparant une équipe gouvernementale de rechange.

[Procédure (principes généraux)]

Voie de recours ordinaire de rétractation ouverte au plaideur contre lequel a été rendue une décision par défaut, lui permettant de saisir le tribunal qui a déjà statué, en lui demandant de juger à nouveau l'affaire.

L'opposition n'existe pas pour les décisions rendues par les juridictions de Sécurité sociale, les tribunaux paritaires de baux ruraux, les tribunaux administratifs et les cours d'assises.

Elle est exclue contre certaines décisions : ordonnances de référé rendues en premier ressort, ordonnances du juge de la mise en état, sentences arbitrales.

CPC, art. 490, 572, 776 et 1481; C. pr. pén., art. 489 à 495, 512, 579 et 589; CJA, art. R. 831 s.

GACA n° 24.

→ *Injonction de payer, Jugement par défaut, Relevé de forclusion.*

[Sécurité sociale]

L'exécution de la contrainte peut être interrompue par opposition faite par le débiteur dans les 15 jours à compter de la signification par huissier ou de la notification par lettre recommandée.

CSS, art. R. 133-3.

Opposition administrative

[Droit financier ou fiscal]

→ *Avis à tiers détenteur.*

Opposition à mariage

[Droit civil]

Droit reconnu à certaines personnes et au procureur de la République de faire défense à l'*officier de l'état civil* de célébrer le mariage projeté, en considération d'empêchements légaux. Le père, la mère, et, à défaut de père et de mère, les aïeuls et aïeules peuvent former opposition au mariage de leurs enfants et descendants, même majeurs. À défaut d'aucun ascendant, le frère ou la sœur, l'oncle ou la tante, le cousin ou la cousine germains, majeurs, ne peuvent former opposition que dans les 2 cas suivants : 1° lorsque le consentement du conseil de famille est requis (C. civ., art. 159) et n'a pas été obtenu; 2° lorsque l'opposition est fondée sur l'état de démence du futur époux. Le droit de former opposition à la célébration du mariage appartient aussi à la personne engagée par mariage avec l'une des 2 parties contractantes, pour signaler cette situation. Le ministère public peut former opposition pour les cas où il pourrait demander la nullité du mariage, notamment lorsqu'il existe des indices sérieux laissant présumer que le mariage envisagé risque d'être contracté sous l'empire de la contrainte (informé dans ce cas par l'officier de l'état civil).

L'acte d'opposition cesse de produire effet après une année révolue, mais il peut être renouvelé, sauf après mainlevée judiciaire d'une opposition au mariage formée par un ascendant, auquel cas aucune nouvelle opposition, formée par un ascendant, n'est recevable; sa mainlevée peut être ordonnée par le tribunal de grande instance. Toutefois, lorsque l'opposition est faite par le ministère public, elle ne cesse de produire effet que sur décision judiciaire.

C. civ., art. 172 s.

GAJC, t. 1, n° 14-15.

Opposition à tiers détenteur

[Procédure civile/Droit rural]

Mesure d'exécution ouverte aux caisses de mutualité sociale agricole pour obtenir le recouvrement forcé des cotisations, majorations et pénalités de retard qui leur sont dues au titre des régimes de protection sociale agricole. L'opposition, qui suppose un titre exécutoire, est dirigée contre les tiers détenteurs ou redevables de sommes appartenant au débiteur des cotisations; elle produit l'effet translatif de la *saisie-attribution*.

C. rur., art. L. 725-12 et R. 725-12 à 725-19.

[Procédure civile/Droit social]

Procédure à laquelle peuvent recourir les organismes de Sécurité sociale, s'agissant des travailleurs non salariés des professions non agricoles, pour parvenir au paiement des cotisations sociales (assurance-maladie, maternité, vieillesse, allocations familiales), qui doivent être consacrées par un titre exécutoire. Le tiers qui reçoit l'opposition est tout dépositaire détenteur ou redevable de fonds appartenant ou devant revenir au débiteur. L'opposition produit l'effet d'attribution immédiate de la saisie-attribution.

CSS, art. L. 652-3 et R. 652-2 à 652-9.

[Droit financier ou fiscal]

→ *Avis à tiers-détenteur.*

Option

[Droit civil]

Faculté ouverte par la loi ou la volonté, permettant à une personne de choisir entre plusieurs partis, généralement dans un certain délai.

→ *Option successorale de l'héritier.*

Option de compétence

[Procédure civile]

Tempérament à la règle selon laquelle le demandeur doit saisir le tribunal du lieu désigné par la loi, à l'exclusion de tous autres.

Lorsque le demandeur a le choix entre plusieurs lieux de rattachement, il bénéficie d'une option de compétence. En matière contractuelle, par exemple, il peut porter sa cause soit devant la juridiction du lieu où demeure le défendeur, soit devant la juridiction du lieu de la livraison effective de la chose, soit devant la juridiction du lieu de l'exécution de la prestation de service.

Le droit communautaire connaît également des options de compétence, en particulier en matière contractuelle, délictuelle et en ce qui concerne les obligations alimentaires (Règl. CE du Conseil du 22 déc. 2000, art. 5).

CPC, art. 46.

Option de nationalité

[Droit international privé]

Faculté offerte par le Code de la nationalité de répudier, de renoncer à répudier, de décliner ou de réclamer la nationalité française.

C. civ., art. 17-12, 18-1, 19-4, 20-2 s., 22-3, 23 s. et 32-4.

[Droit international public]

Droit reconnu aux habitants d'un territoire à céder de choisir individuellement, dans un délai déterminé, entre la nationalité de l'État cédant et celle de l'État cessionnaire.

Option de souscription ou d'achat d'actions

[Droit commercial/Droit social]

Droit accordé à un salarié d'acheter ou de souscrire, lors d'une augmentation de capital, dans le futur, un certain nombre d'actions de son entreprise, à un prix fixé lors de l'attribution de ce droit.

C. com., art. L. 225-177 s.

Option successorale de l'héritier

[Droit civil]

Elle permet à l'héritier de choisir entre l'*acceptation pure et simple*, l'*acceptation à concurrence de l'actif net* ou la *renonciation à la succession*; il dispose d'un délai de réflexion de 4 mois, passé lequel il peut être contraint d'opter dans les 2 mois suivant la sommation qui lui est faite; faute de choix dans ce délai, il est réputé acceptant pur et simple.

C. civ., art. 768, 771 et 772; CPC, 1334 s.

Option zéro

[Droit international public]

Démantèlement des missiles nucléaires d'une portée de 1 000 à 5 000 km. L'option « double zéro » signifie quant à elle le démantèlement parallèle des missiles à plus courte portée (500 à 1 000 km).

Oralité

[Procédure civile]

Dans une procédure, caractère de ce qui se fait par échanges verbaux, en dehors de toutes écritures, comme les plaidoiries à l'audience qui sont énoncées de vive voix.

CPC, art. 23, 23-1, 440 et 843.

→ *Procédure orale.*

Oranges budgétaires

[Droit financier]

Institués par la loi de finances pour 2005, il s'agit de documents dits de « politique transversale » permettant « pour chaque politique concernée » de développer la stratégie mise en œuvre, les crédits, les objectifs et indicateurs y concourant. Ils concourent à l'amélioration de la coordination par un ministre chef de file d'actions de l'État relevant de plusieurs ministères et de plusieurs programmes participant à une politique interministérielle.

→ *Jaunes budgétaires, Verts budgétaires.*

Ordinal

[Procédure civile]

Qui a trait à un ordre professionnel. Le conseil de l'Ordre des avocats est la juridiction ordinale exerçant la fonction disciplinaire vis-à-vis des membres d'un barreau.

Ordinatoria litis

[Droit international privé]

Règles de procédure proprement dite, par opposition aux règles de fond.

→ *Decisoria litis.*

Ordonnance

[Droit constitutionnel]

1° Acte fait par le gouvernement, avec l'autorisation du Parlement, dans les matières qui sont du domaine de la loi (art. 38 de la Const. de 1958). Le pouvoir de faire des ordonnances est limité dans sa durée et dans son objet. Avant sa ratification par le Parlement, l'ordonnance a valeur de règlement; après sa ratification, elle prend valeur de loi.

GDCC n° 31.

→ *Décret-loi.*

2° Autres ordonnances :

- Celles par lesquelles le gouvernement peut mettre en vigueur son projet de budget lorsque le Parlement ne s'est pas prononcé dans les 70 jours (art. 47), ou son projet de loi de financement de la Sécurité sociale lorsque le Parlement ne s'est pas prononcé dans les 50 jours (art. 47-1).

- Celles qui permettent au gouvernement d'étendre aux collectivités d'outre-mer régies par l'article 74 de la Constitution et à la Nouvelle-Calédonie, avec les adaptations nécessaires, les lois en vigueur en métropole (art. 74-1).

- Celles prises en vertu d'une habilitation donnée par une loi référendaire, intervenue dans l'un des cas prévus par l'article 11.

GAJA n° 81.

[Procédure civile/Procédure pénale/Procédure administrative]

Décision rendue par le chef d'une juridiction (ainsi ordonnance sur *requête* ou en référé du président du tribunal de grande instance ou du premier président de la cour d'appel). La même qualification est donnée aux décisions rendues par les magistrats chargés de l'instruction (ainsi *juge de la mise en état*, *juge d'instruction*, *juge des libertés et de la détention*) et à certaines décisions du juge de l'application des peines. Il est important de savoir si une telle ordonnance est un *acte d'administration judiciaire* ou un *acte juridictionnel*.

CPC, art. 484, 493, 775 s., 808, 848, 872, 956 et 958; C. pr. pén., art. 86, 145 s., 177 s. et 712-4; CJA, art. R. 742-1 s.

→ *Arrêt, Jugement.*

Ordonnance de clôture

[Procédure civile]

Ordonnance qui devant les tribunaux de droit commun et en matière civile, constate l'achèvement de l'instruction et renvoie l'affaire devant la formation de jugement pour être plaidée.

CPC, art. 782.

[Procédure pénale]

Ordonnance par laquelle le juge d'instruction règle en toute liberté l'information qu'il a ouverte. Elle peut être : de renvoi devant le tribunal de police ou correctionnel selon que le magistrat estime qu'il s'agit d'une contravention ou d'un délit; de *mise en accusation* devant la cour d'assises si le fait a le caractère d'un crime; de *non-lieu* si aucune suite ne peut être donnée à l'action publique.

C. pr. pén., art. 177, 178, 179 et 181.

→ *Mise en état.*

ACTU

Ordonnance de protection

[Procédure civile/Droit civil]

Ordonnance prise en urgence par le *juge aux affaires familiales* lorsque les violences exercées au sein du couple (ou par un ancien conjoint, un ancien pacsé, un ancien concubin) mettent en danger la personne qui en est victime et/ou un ou plusieurs enfants. L'ordonnance prescrit, pour une durée maximale de 4 mois, des mesures diverses : interdiction à la partie défenderesse de détenir une arme ou de rencontrer certaines personnes, autorisation donnée à la victime de dissimuler son domicile, attribution de l'exercice de l'autorité parentale, octroi de l'aide juridictionnelle, etc. L'ordonnance de protection, qui peut être provoquée par voie d'assignation en la forme des référés, est exécutoire à titre provisoire. Sa violation est sanctionnée pénalement.

La même procédure est utilisable dans le cas où une personne majeure est menacée de mariage forcé.

C. civ., art. 515-9 à 515-13 (L. nº 2010-769 du 9 juill. 2010); CPC, art. 1136-3 à 1136-13 (créés par Décr. nº 2010-1134 du 29 sept. 2010); C. pén., art. 131-36-12-1, 222-18-3, 227-4-2; C. pr. pén., art. 142-12-1.

Ordonnance de référé

[Procédure civile]

→ *Référé civil.*

Ordonnance de taxe

[Procédure civile]

Ordonnance rendue par le président d'une juridiction lorsque des contestations surgissent relativement à la *liquidation des dépens*.

CPC, art. 708, 709 et 713 s.

→ *Vérification des dépens.*

Ordonnance d'injonction de faire

[Procédure civile]

→ *Injonction de faire.*

Ordonnance d'injonction de payer

[Procédure civile]

→ *Injonction de payer.*

Ordonnance pénale

[Droit pénal]

Procédure simplifiée de jugement des contraventions et de certains délits (ceux du Code de la route, en matière de réglementation des transports terrestres et urbains; ceux du Code de commerce en matière de concurrence; ceux pour usage de produits stupéfiants; ceux des articles L. 126-3 et L. 152-1 du Code de la construction et de l'habitation; ceux des articles L. 335-2, L. 335-3 et L. 335-4 du Code de la propriété intellectuelle lorsque ces délits sont commis au moyen d'un service de communication au public en ligne) sans comparution de la personne poursuivie. Pour cette mesure d'application assez générale, le juge statue par la voie d'ordonnance qui qualifie les faits et fixe la peine à subir (amende le plus souvent). Le *prévenu* qui n'accepte pas cette voie procédurale dispose alors de la possibilité de faire opposition, ce qui aura pour effet de renvoyer l'affaire à l'audience du tribunal de police ou du tribunal correctionnel selon le cas.

C. pr. pén., art. 495 s., 524 s. et R. 42 s.

Ordonnance sur requête

[Procédure civile]

→ *Requête.*

Ordonnancement

[Droit financier ou fiscal]

Acte administratif donnant, conformément aux résultats de la liquidation, l'ordre au comptable public de payer la dette de la personne publique.

Certaines dépenses peuvent être payées sans avoir été au préalable ordonnancées. Lorsque l'ordonnancement émane non d'un ordonnateur principal de l'État (ministre), mais d'un ordonnateur secondaire de celui-ci ou de l'ordonnateur d'une collectivité territoriale, ou d'un établissement public, cet acte prend le nom de mandatement.

Ordonnancement juridique (ou Ordre juridique)

[Droit privé/Droit public]

« État social existant à un moment donné d'après les règles de droit s'imposant aux hommes du groupement social considéré et les situations juridiques qui s'y rattachent » (Léon Duguit, *Droit constitutionnel*, t. II, 2e éd., p. 220).

→ *Acte juridique.*

Ordonnateurs

[Droit financier ou fiscal]

Catégorie d'agents publics de l'État, des collectivités territoriales et des établissements publics, seuls compétents pour prescrire l'exécution des recettes et des dépenses publiques. À cet effet ils ont seuls qualité : en matière de recettes, en principe, pour constater et liquider les créances de ces personnes publiques et pour émettre les ordres de recette correspondants (que l'Administration peut rendre exécutoires elle-même); en matière de dépenses, pour engager celles-ci et, le cas échéant, les liquider et les ordonnancer.

Les ordonnateurs sont incompétents pour procéder au maniement des *deniers publics*, réservé aux *comptables publics*, mais il peut être créé dans leurs services des *régies d'avances ou de recettes*.

→ *Engagement, Liquidation, Ordonnancement.*

[Procédure civile]

Le premier président de la cour d'appel et le procureur général, près cette cour, sont conjointement ordonnateurs secondaires des dépenses et des recettes des juridictions de leur ressort relatives au personnel, au fonctionnement et aux interventions.

COJ, art. R. 312-66.

Ordre

[Procédure civile]

La procédure d'ordre était suivie lorsqu'il fallait distribuer à des créanciers hypothécaires ou privilégiés le prix de vente d'un immeuble (vente amiable ou sur adjudication), en déterminant l'ordre à observer compte tenu de leur rang respectif.

L'ordre a été abrogé par l'ordonnance n° 2006-461 du 21 avril 2006, laquelle a institué une nouvelle procédure de distribution du prix (Décr. n° 2006-936 du 27 juill. 2006, art. 107 s.) applicable à la vente d'un immeuble après procédure d'exécution forcée ainsi qu'à la vente d'un immeuble en dehors de toute procédure d'exécution, après purge des inscriptions.

La distribution *amiable* est conduite à la diligence de la partie poursuivante qui élabore un projet de distribution soumis à l'homologation du juge de l'exécution en l'absence de contestation; à défaut, si les parties s'entendent, le juge confère force exécutoire au procès-verbal d'accord.

À défaut de procès-verbal d'accord, le juge de l'exécution rend une décision arrêtant l'état de répartition ; c'est la distribution *judiciaire*.

C. civ., art. 2214, 2215 et 2216.

→ *Distribution des deniers.*

Ordre administratif et judiciaire

[Procédure civile]

→ *Dualité de juridictions, Juridiction, Juridiction administrative, Juridiction judiciaire.*

Ordre de juridictions

[Procédure (principes généraux)]

Au sens traditionnel, ensemble de tribunaux placés sous le contrôle de cassation d'une même juridiction supérieure. Dans ce sens, on distingue un ordre judiciaire (civil ou pénal), couronné par la *Cour de cassation*, et un ordre administratif, couronné par le *Conseil d'État*. Si un plaideur commet une erreur sur l'ordre de juridiction compétent pour connaître du litige, l'incompétence est d'ordre public.

Les conflits entre ces 2 ordres sont tranchés par le *Tribunal des conflits*.

Le développement du rôle du *Conseil constitutionnel* pourrait conduire à s'interroger sur l'émergence d'un ordre constitutionnel, représenté par celui-ci.

[Droit public]

Au sens de l'article 34 de la Constitution attribuant compétence au Parlement pour la création de nouveaux ordres de juridiction, tel qu'interprété par le Conseil constitutionnel, catégorie de juridictions (éventuellement réduites à une seule), suffisamment originales par la composition ou la compétence pour se distinguer des autres tribunaux. Dans ce sens, le Conseil constitutionnel a décidé (1977) que la Cour de cassation constituait un ordre de juridiction.

→ *Ordre public.*

Ordre de la loi

[Droit pénal]

Fait justificatif qui exclut la responsabilité pénale de celui qui devient l'agent d'exécution de la loi. Le texte du Code pénal consacrant une jurisprudence qui acceptait une permission, fût-elle implicite de la loi, justifie expressément la simple autorisation comme l'ordre, qu'ils résultent d'une disposition législative ou réglementaire.

C. pén., art. 122-4, al. 1er.

→ *Commandement de l'autorité légitime.*

Ordre des avocats

[Procédure civile]

Organisation corporative réunissant obligatoirement tous les avocats attachés à un même *barreau*.

→ *Avocat, Conseil de l'Ordre, Ordre professionnel.*

Ordre d'héritiers

[Droit civil]

Catégories (au nombre de 4) dans lesquelles sont classés les héritiers présomptifs d'une personne : descendants et leurs enfants ; père et mère, frères et sœurs et descendants de ces derniers ; ascendants autres que les père et mère ; collatéraux autres que les frères et sœurs et les descendants de ces derniers. Ces ordres, hiérarchisés, sont exclusifs les uns des autres (par ex. le père et la mère n'héritent que si le défunt n'a pas laissé de descendants), sous réserve du jeu d'autres règles telle que la *fente* et la *représentation* et sous réserve des droits du conjoint survivant, lequel concourt avec les descendants et les père et mère mais évince tous autres parents.

→ *Ascendant, Collatéral, Conjoint successible, Conjoint survivant, Descendant, Héritier, Parenté, Solidarité.*

Ordre du jour

[Droit civil/Droit commercial]

Ensemble de questions inscrites au programme de la séance d'une *assemblée* délibérante d'association ou de société.

[Droit constitutionnel]

1° Ensemble des questions inscrites au programme de la séance d'une assemblée.

Selon l'article 48 de la Constitution, l'ordre du jour comportait, par priorité et dans l'ordre fixé par le gouvernement, la discussion des projets de loi déposés par le gouvernement et des propositions de loi acceptées par lui… La révision constitutionnelle du 23 juillet 2008 limite ce droit prioritaire du gouvernement lequel ne dispose plus de ce pouvoir que 2 semaines de séance sur 4.

2° L'ordre du jour du Conseil des ministres est établi par le président de la République, en concertation avec le Premier ministre.

Ordre juridique

[Droit général]

Les règles juridiques sont regroupées en secteurs ou ordres qui comportent en leur sein l'ensemble des principes et de la réglementation répondant à une idée juridique et sociale. Par exemple, le droit privé, le droit public, le droit interne, le droit international, sont des ordres juridiques.

GDCC n° 44; GAJC, t. 1, n° 1 et 3; GADPG n° 4 et 5.

→ *Constitution, Loi, Règlement, Traité.*

Ordre professionnel

[Droit administratif/Droit civil/Procédure civile]

Groupement professionnel ayant la personnalité juridique, auquel sont obligatoirement affiliés les membres de certaines professions libérales (ex. : avocats, médecins) et investi de fonctions administratives (notamment, inscription au tableau professionnel, nécessaire pour exercer) et juridictionnelles (en matière disciplinaire).

GAJA n° 54.

→ *Chambre de discipline, Compagnie, Poursuite disciplinaire, Pouvoir disciplinaire, Tableau de l'Ordre.*

Ordre public

[Droit général]

Vaste conception d'ensemble de la vie en commun sur le plan politique et juridique. Son contenu varie évidemment du tout au tout selon les régimes. À l'ordre public s'opposent, d'un point de vue dialectique, les libertés individuelles dites publiques ou fondamentales et spécialement la liberté de se déplacer, l'inviolabilité du domicile, la liberté de pensée, la liberté d'exprimer sa pensée. L'un des points les plus délicats est celui de l'affrontement de l'ordre public et de la morale.

→ *Bonne mœurs.*

[Droit civil]

Caractère des règles juridiques qui s'imposent pour des raisons de moralité ou de sécurité impératives dans les rapports sociaux. Les parties ne peuvent déroger aux dispositions d'ordre public.

Dans le domaine économique, la doctrine distingue 2 sortes d'ordre public : l'ordre public de protection qui tend à la défense d'intérêts particuliers estimés primordiaux (par ex. l'intérêt du consommateur face au professionnel) et dont la violation n'entraînerait qu'une *nullité* relative; l'ordre public de direction dont la méconnaissance serait source de nullité absolue parce que la norme en cause correspond aux exigences fondamentales de l'économie (par ex. la prohibition de certaines indexations pour éviter leur effet inflationniste).

C. civ., art. 6.

GAJC, t. 1, n° 13, 14 et 15.

[Droit international privé]
Notion particulariste d'un État ayant pour effet de rejeter toute règle ou décision étrangère qui entraînerait la naissance d'une situation contraire aux principes fondamentaux du droit national.
En matière de conflit de lois, le juge français peut s'abriter derrière l'ordre public pour écarter une loi étrangère normalement applicable, lorsque son application porterait atteinte aux règles constituant les fondements politiques, juridiques, économiques et sociaux de la société française.

GADIP nº 13, 19, 26, 30-31, 38-39, 57, 63-64 et 67-69.

[Procédure (principes généraux)]
Lorsqu'une règle de procédure est d'ordre public, sa violation peut être invoquée par les 2 plaideurs, être relevée d'office par le ministère public et par le tribunal saisi.
Un moyen d'ordre public peut être présenté pour la première fois devant la Cour de cassation ou le Conseil d'État, dans certains cas et sous certaines conditions. Par exemple, devant la Cour de cassation, l'incompétence d'attribution, même si la règle violée est d'ordre public, ne peut être relevée d'office que si l'affaire dépend d'une juridiction répressive ou administrative ou échappe à la connaissance de la juridiction française.

CPC, art. 16, 92, 114, 120, 125 et 423.

GACA nº 51.

→ *Moyens, Relevé d'office des moyens.*

Ordre public social

[Droit du travail]
Caractère s'attachant à la plupart des règles légales ou réglementaires de droit du travail et en vertu duquel les stipulations conventionnelles ou contractuelles qui seraient contraires, dans un sens défavorable aux salariés, au contenu des règles étatiques sont privées d'effet. En assurant une application des dispositions légales ou réglementaires face à des clauses moins favorables aux salariés, il fixe par là des seuils qui garantissent un minimum de protection juridique et sociale, d'où sa désignation comme un ordre public de protection. Celui-ci ne s'oppose pas en revanche à une dérogation conventionnelle ou contractuelle dans un sens plus favorable aux salariés.
→ *Principe de faveur.*

Ordres (Les trois)

[Droit constitutionnel]
→ *États généraux, Noblesse.*

Organe humain

[Droit général]
Partie du *corps humain* nettement identifiable par sa fonction spécifique (le foie, les reins par ex.) et qui ne peut, en l'état actuel de la science, se reconstituer après ablation. Son don est strictement réglementé par la loi et doit être gratuit.

C. civ., art. 16-1 et 16-5 s.; CSP, art. L. 1231-1 s.

→ *Atteinte à la dignité de la personne humaine, Être humain, Fin de vie, Inviolabilité du corps humain, Soins palliatifs.*

Organe subsidiaire

[Droit international public]
Organe créé par un organe principal d'une organisation internationale comme nécessaire à l'exercice de ses fonctions (ex. : tribunal administratif de l'ONU, forces d'urgence de l'ONU).

Organisation de coopération et de développement économique (OCDE)

[Droit international public]
Organisation internationale substituée en 1961 à l'*Organisation européenne de coopération économique (OECE)*. Groupant

Allemagne, Australie, Autriche, Belgique, Canada, Corée, Danemark, Espagne, États-Unis, Finlande, France, Grèce, Hongrie, Irlande, Islande, Italie, Japon, Luxembourg, Mexique, Norvège, Nouvelle-Zélande, Pays-Bas, Pologne, Portugal, République slovaque, République tchèque, Royaume-Uni, Suède, Suisse, Turquie, l'OCDE permet aux pays membres de confronter leurs politiques économiques et monétaires et de coordonner leurs politiques d'aide aux pays en voie de développement. *Siège :* Paris.

Organisation de l'aviation civile internationale (OACI)

[Droit international public]

Institution spécialisée des Nations unies créée en 1947 en vue d'accroître la sécurité et l'efficacité dans le domaine des transports aériens internationaux. *Siège :* Montréal.

Organisation de l'unité africaine (OUA)

[Droit international public]

Organisation internationale créée en 1963 en vue de renforcer l'unité du continent africain, d'intensifier la coopération entre les États membres et d'éliminer le colonialisme sous toutes ses formes. *Siège :* Addis-Abeba.

S'est transformée en 2002 en Organisation de l'union africaine avec l'objectif de créer progressivement quelque chose se rapprochant du « modèle » de l'Union européenne.

Organisation des États américains (OEA)

[Droit international public]

Organisation internationale résultant de la transformation de l'Union panaméricaine par la Charte de Bogota (1948). 35 États indépendants des Amériques en sont membres permanents (Cuba en a été exclu en 1962). *Siège :* Washington.

Organisation des Nations unies (ONU)

[Droit international public]

Organisation internationale à vocation universelle, qui a pris en 1945 le relais de la Société des Nations, et dont les buts sont : le maintien de la paix et de la sécurité internationales (règlement pacifique des conflits, répression des actes d'agression), le développement entre les nations des relations amicales fondées sur le respect du principe de l'égalité des droits des peuples et de leur droit à disposer d'eux-mêmes, la réalisation de la coopération internationale dans tous les domaines (économique, social, culturel, humanitaire) et la protection des droits de l'Homme. 192 États en sont membres. *Siège :* New York.

→ *Assemblée générale, Conseil de sécurité, Conseil de tutelle, Conseil économique et social, Cour internationale de justice, Secrétariat.*

Organisation des pays exportateurs de pétrole (OPEP)

[Droit international public]

Organisation des pays exportateurs de pétrole, créée en 1960. *Siège :* Vienne. *Pays membres :* Algérie, Angola, Arabie Saoudite, Émirats arabes unis, Équateur, Irak, Iran, Koweït, Libye, Nigeria, Qatar, Venezuela.

Organisation du traité de l'Asie du Sud-Est (OTASE)

[Droit international public]

Organisation de défense collective créée par le traité de Manille du 8 septembre 1954 entre l'Australie, la France, la Nouvelle-Zélande, le Pakistan, les Philippines, la

Thaïlande, le Royaume-Uni et les États-Unis.
Dissoute en 1977. Ne comportait pas de commandement unifié, à la différence de l'OTAN. *Siège :* Bangkok.

Organisation du traité de l'Atlantique-Nord (OTAN, sigle anglais NATO)

[Droit international public]

Organisation internationale créée en 1951 par la convention d'Ottawa pour donner toute sa force au pacte régional d'assistance mutuelle dit Pacte Atlantique signé à Washington en avril 1949. L'OTAN dispose de contingents militaires nationaux placés sous un commandement unifié. 28 États membres (Albanie, Allemagne, Belgique, Bulgarie, Canada, Croatie, Danemark, Espagne, Estonie, États-Unis, France, Grèce, Hongrie, Islande, Italie, Lettonie, Lituanie, Luxembourg, Norvège, Pays-Bas, Pologne, Portugal, République tchèque, Roumanie, Royaume-Uni, Slovaquie, Slovénie, Turquie). La France s'est retirée de l'OTAN en 1966 sans quitter le Pacte Atlantique mais a renoué des liens avec l'Organisation à partir de 1995 et a rejoint en 2009 le commandement intégré.
Reste marquée par une forte prépondérance des États-Unis. *Siège :* Bruxelles.

Organisation européenne de coopération économique (OECE)

[Droit international public]

Organisation internationale créée en 1947 pour coordonner les plans nationaux d'utilisation de l'aide américaine (Plan Marshall) et développer la coopération économique entre les États membres.
Transformée en 1961 en *Organisation de coopération et de développement économique (OCDE)*. *Siège :* Paris.

Organisation frauduleuse de l'insolvabilité

[Droit pénal]

→ *Insolvabilité.*

Organisation intergouvernementale consultative de la navigation maritime (sigle anglais IMCO)

[Droit international public]

Institution spécialisée des Nations unies, créée en 1959, dont la mission est de favoriser la collaboration entre les gouvernements dans les questions techniques intéressant la navigation maritime. *Siège :* Londres.

Organisation internationale

[Droit international public]

Groupement permanent d'États doté d'organes destinés à exprimer, sur des matières d'intérêt commun, une volonté distincte de celle des États membres.
Dans la terminologie de l'ONU, les organisations internationales sont désignées sous le nom d'organisations intergouvernementales, par opposition aux *organisations non gouvernementales*.
1° *Organisation interétatique* : organisation disposant seulement de pouvoirs de coordination ou de coopération.
2° *Organisation politique* : organisation pourvue de compétences générales (ex. : ONU).
3° *Organisation régionale* : organisation dont le champ d'application est limité à des États liés par une solidarité géographique (ex. : Conseil de l'Europe).
4° *Organisation superétatique ou supranationale* : organisation pourvue de pouvoirs réels de décision non seulement à l'égard des États membres mais aussi à l'égard des ressortissants de ces États (ex. : Union européenne).
5° *Organisation technique* : organisation spécialisée dans une activité donnée (ex. : Unesco, OIT...).

6° *Organisation universelle* : organisation ayant vocation à réunir tous les États (ex. : ONU, Unesco…).

Organisation internationale de la francophonie (OIF)

[Droit international public]

Chargée de promouvoir la francophonie. Regroupe aujourd'hui 70 États membres. Agit directement pour la promotion du français mais rôle politique également important (intervient par la médiation lors de conflits concernant un État membre; aide au respect des droits de l'Homme comme au développement de la démocratie). Sommet des chefs d'État et de gouvernement tous les 2 ans. Conférence ministérielle chaque année. Conseil permanent de la francophonie réunissant les représentants personnels des chefs d'État 3 fois par an. Un secrétaire général (M. Abdou Diouf depuis 2002). Des « opérateurs » spécialisés (TV5, Agence universitaire de la francophonie, Association internationale des maires francophones, Assemblée parlementaire de la francophonie). *Siège :* Paris.

Organisation internationale du travail (OIT)

[Droit international public/Droit social]

Institution internationale créée par le traité de Versailles en 1919 pour améliorer les conditions de vie et de travail dans le monde. Actuellement, institution spécialisée des Nations unies. *Siège :* Genève.

Organisation météorologique mondiale (OMM)

[Droit international public]

Institution spécialisée des Nations unies, créée en 1947, dont la mission est de développer les services de prévision météorologique grâce à la coopération internationale. *Siège :* Genève.

Organisation mondiale de la santé (OMS)

[Droit international public]

Institution spécialisée des Nations unies créée en 1948 en vue d'assurer la coopération internationale pour l'amélioration de la santé. *Siège :* Genève.

Organisation mondiale du commerce (OMC)

[Droit international public]

Organisation née le 1er janvier 1995 et résultant des accords de Marrakech du 15 avril 1994. Succède au GATT. A pour mission de veiller à la loyauté des échanges commerciaux et dispose à cet effet de véritables pouvoirs concernant le règlement des différends commerciaux entre les États membres. *Siège :* Genève.

Organisation non gouvernementale (ONG)

[Droit international public]

Selon l'article 71 de la Charte de l'ONU, groupement de personnes privées poursuivant, par-dessus les frontières étatiques, la satisfaction d'intérêts ou d'idéaux communs et susceptible d'être consulté par l'ONU et les institutions spécialisées (ex. : Croix-Rouge, Fédération syndicale mondiale, Chambre de commerce internationale…).

Organisation pour l'alimentation et l'agriculture (sigle anglais FAO)

[Droit international public]

Institution spécialisée des Nations unies créée en 1945.

S'efforce d'aider les pays à améliorer en quantité et en qualité leurs ressources alimentaires. *Siège :* Rome.

Organisation supranationale

[Droit international public]

→ *Organisation internationale.*

Orientation professionnelle

[Droit du travail]

Techniques ayant pour but de conseiller l'individu dans le choix d'un métier ou d'une profession.

Original

[Droit civil/Procédure civile]

Synonyme de *minute*. Désigne le document primitif (acte ou jugement) revêtu de la signature des parties ou du juge, par opposition aux reproductions (copie, extrait, photocopie). Les exploits des huissiers de justice sont faits en *double original*.

C. civ., art. 1335.

Orléanisme

[Droit constitutionnel]

→ *Régime parlementaire.*

ORSEC

[Droit administratif]

Anciennement Organisation des secours. Remplacée aujourd'hui par le dispositif d'Organisation de la réponse de sécurité civile, consistant en un schéma général des secours en matériel et personnel pouvant être mis en œuvre de manière coordonnée par l'Administration, à l'initiative des préfets, en cas d'événements calamiteux divers, mais de quelque envergure.

OSEO

[Droit administratif et financier]

Établissement public à caractère industriel et commercial, *holding* de plusieurs filiales, destiné à favoriser l'innovation et la recherche dans les entreprises, et à soutenir la croissance des PME, principalement par des cofinancements.

Otage

[Droit pénal]

→ *Prise d'otages.*

Outrage

[Droit pénal]

Expression menaçante, diffamatoire ou injurieuse, propre à diminuer l'autorité morale de la personne investie d'une des fonctions de caractère public désignée par la loi.

Constitue également un délit, l'outrage public à l'hymne national et au drapeau tricolore lors d'une manifestation organisée ou réglementée par une autorité publique. Constitue une contravention, la destruction, la détérioration ou l'utilisation de manière dégradante d'un drapeau dans un lieu public ou ouvert au public de même le fait de diffuser ou faire diffuser, même dans un lieu privé, l'enregistrement des images relatives à la commission de ces infractions, si cette diffusion est commise dans des conditions de nature à troubler l'ordre public et avec l'intention d'outrager.

C. pén., art. 433-5, 433-5-1 et R. 645-15.

Outrage aux bonnes mœurs

[Droit pénal]

Infraction qui, aux termes du Code pénal de 1810, réprimait écrits, dessins, discours et d'une manière plus générale tous moyens d'expression ou de reproduction de la pensée lorsqu'ils pouvaient constituer une propagande en faveur de l'immoralité, notion évidemment variable selon les temps et les lieux. Dans l'actuel Code pénal seules les atteintes portées à la moralité d'un mineur sont sanctionnées. L'incrimination est cependant plus large puisqu'elle vise la fabrication, le transport, la diffusion, par quelque moyen que ce soit et quel qu'en soit le support, non seulement des messages pornographiques mais aussi violents ou de nature à porter atteinte à la dignité humaine. Le fait de faire commerce d'un tel message est également réprimé.

C. pén., art. 227-24.

Ouverture

[Procédure civile]

Terme précisant les cas dans lesquels est accordé le pouvoir d'exercer une action (divorce par ex.) ou un recours (*recours en révision*).

C. civ., art. 229; CPC, art. 595 et 605.

→ *Pourvoi en cassation.*

[Droit civil/Droit commercial]

L'expression est également utilisée en droit civil et en droit commercial, marquant le point de départ d'une opération juridique (ainsi règlement d'une succession, procédure de redressement ou de liquidation judiciaires).

Ouverture de crédit

[Droit commercial]

Convention expresse par laquelle un banquier s'engage à mettre certaines sommes à la disposition de son client pendant une période déterminée.

Ouverture des débats

[Procédure civile]

L'ouverture des débats se produit à l'audience des plaidoiries, au moment où la parole est donnée à l'avocat du demandeur. Lorsqu'un rapport doit être fait, l'audience débute par l'audition du rapporteur.

CPC, art. 440.

Ouvrage public

[Droit administratif]

En dehors des cas déterminés par la loi, qualification jurisprudentielle permettant d'appliquer des règles de droit public protectrices des particuliers et du bien en cause, appliquée à des immeubles affectés à un service public et qui, dans la majorité des cas, constituent des *dépendances du domaine public* des personnes publiques, tirant généralement leur origine de la réalisation d'un travail public (CE, avis du 29 avr. 2010).

GAJA n° 71.

→ *Travaux publics.*

Ouvrier

[Droit du travail]

Salarié qui concourt directement à la production. *Ouvrier qualifié* : celui qui possède une formation acquise par l'apprentissage, l'enseignement professionnel ou une longue pratique; on dit aussi ouvrier professionnel (OP).

→ *Employé.*

Oyant compte

[Droit privé]

→ *Reddition de compte.*

P

Pacage

[Droit civil/Droit rural]

Servitude discontinue permettant de faire paître ses animaux sur le fonds d'autrui.

C. civ., art. 688.

Pacta sunt servanda

[Droit général/Droit international public]

Locution latine affirmant le principe majeur selon lequel les traités et, plus généralement, les contrats doivent être respectés par les parties qui les ont conclus.

C. civ., art. 1134.

→ *Réserve.*

Pacte

[Droit civil]

Nom spécifique donné à certains accords de volonté : *pacte civil de solidarité*, *pacte de famille*, *pacte tontinier*, etc.

→ *Accord, Contrat, Convention, Force obligatoire des contrats, Opposabilité relative des contrats, Transaction.*

[Droit constitutionnel]

Procédé monarchique d'établissement de la Constitution par accord entre une assemblée qui la propose et le roi qui l'accepte (ex. : la Charte de 1830 résulte d'un pacte entre la Chambre des députés et le futur Louis-Philippe).

[Droit international public]

Terme synonyme de traité.

→ *Traité.*

Pacte civil de solidarité (PACS)

[Droit civil/Droit général]

Dénomination donnée à l'accord conclu entre 2 personnes de sexe différent ou de même sexe, en vue d'organiser leur vie en commun. Ce pacte engendre un devoir de vie commune, d'aide matérielle et d'assistance réciproques et crée une solidarité des partenaires pour le paiement des dettes ménagères sauf dépenses manifestement excessives. Il produit de multiples conséquences : imposition commune des revenus et du capital, allégement des droits de mutation à titre gratuit en cas de donation ou de legs (mais sur le plan civil aucun droit sur la succession sans testament), attribution de la qualité d'ayant droit pour les assurances maladie et maternité, transmissibilité du bail d'habitation, droit de jouissance de la résidence principale et des meubles pendant 1 an après le décès… La déclaration conjointe des partenaires est enregistrée au greffe du tribunal d'instance dans le ressort duquel ils fixent leur résidence et publiée en marge de l'acte de naissance de chaque partenaire. Il peut y être mis fin d'un commun accord ou par volonté unilatérale. Depuis la loi n° 2011-331 du 28 mars 2011, lorsque le PACS est passé par acte notarié, le notaire instrumentaire recueille la déclaration conjointe, procède à l'enregistrement du pacte et fait procéder aux formalités de publicité.

📕 *C. civ., art. 515-1 s.; CGI, art. 6, 764* bis, *780, 885-A et 885 W; CSS, art. L. 161-14 et D. 712-19.*

→ *Concubinage, Union civile.*

Pacte commissoire

[Droit civil/Procédure civile]

1° Convention qui prévoit que la *résolution* de la vente sera encourue de plein droit en cas de non-paiement du prix dans le terme convenu.

📕 *C. civ., art. 1656.*

2° Clause par laquelle un créancier gagiste ou hypothécaire obtient de son débiteur qu'il deviendra propriétaire de la chose gagée ou hypothéquée en cas de non-paiement. Cette clause, pour le gage, est possible lors de sa constitution ou postérieurement. Elle ne peut être convenue, pour l'hypothèque, que dans la convention qui la constitue et doit faire l'objet d'une publicité par mention dans le bordereau d'inscription; de plus elle ne peut porter sur l'immeuble qui constitue la résidence principale du débiteur.

📕 *C. civ., art. 2348 et 2459.*

→ *Voie parée.*

Pacte d'actionnaires

[Droit civil/Droit commercial]

Convention réunissant les principaux associés d'une société et visant à créer à leur profit un certain nombre de prérogatives ne résultant pas de l'application de la législation des sociétés, comme par exemple l'exercice d'un *droit de préférence* accordé aux signataires en cas de projet de cession de droits d'associé.

Pacte de famille

[Droit civil]

1° Accord conclu par les père et mère relativement aux modalités de l'exercice de l'autorité parentale, à l'éducation de l'enfant mineur ou à son placement sous l'autorité d'un tiers.

📕 *C. civ., art. 376-1.*

2° Le terme est, parfois, utilisé pour désigner le contrat de mariage parce que sa signature réunit souvent les 2 familles et qu'il est l'occasion de donations aux futurs époux.

📕 *C. civ., art. 1387 s.*

3° En droit patrimonial de la famille, l'*institution contractuelle* et la *donation-partage* sont des pactes de famille, mais depuis la réforme des successions et libéralités par la loi du 23 juin 2006, de nouveaux pactes de famille sont apparus : ainsi, celui issu de l'acte notarié par lequel un héritier réservataire renonce, par anticipation, à remettre en cause les libéralités qui porteraient atteinte à sa *réserve*; ou encore, dans le cadre d'une *libéralité graduelle* ou résiduelle, l'acceptation de la charge par le grevé sur sa part de réserve héréditaire; ou enfin, l'admission de la donation-partage transgénérationnelle.

📕 *C. civ., art. 929 s., 1054, al. 2 et 1078-4 s.*

→ *Pacte sur succession future, Renonciation à l'action en réduction.*

Pacte de préférence

[Droit civil]

Convention par laquelle le propriétaire d'un bien, pour le cas où il le vendrait, le réserve au bénéficiaire de la clause, de préférence à toute autre personne, pour un prix déterminé ou déterminable. En cas de méconnaissance de cette clause et de vente à un tiers, le bénéficiaire peut obtenir sa substitution audit tiers, si celui-ci connaissait l'existence du pacte et l'intention du bénéficiaire de s'en prévaloir.

📕 *CPI, art. L. 132-4.*

♟ *GAJC, t. 2, nº 258.*

→ *Avant-contrat.*

Pacte de *quota litis*

[Procédure civile]

Littéralement, pacte sur la quote-part du procès. Pacte entre un avocat et son client fixant par avance les honoraires à un pourcentage de la somme qu'accordera le tribunal au client. Ce pacte est frappé de nullité d'ordre public. En revanche, est licite la convention qui, outre la rémunération des prestations effectuées, prévoit la fixation d'un *honoraire* complémentaire en fonction du résultat obtenu ou du service rendu, à condition qu'elle soit intervenue dès l'origine (L. nº 1130 du 31 déc. 1971, art. 10).

Pacte de stabilité et de croissance

[Droit européen]

Ensemble de dispositions représentées par une résolution du *Conseil européen* et par 2 *règlements* du *Conseil* de juin et juillet 1997 par lesquelles, notamment, les États membres de la Communauté européenne (aujourd'hui Union européenne) s'engagent, conformément aux dispositions du traité de CE relatives à l'*Union économique et monétaire*, à respecter l'objectif à moyen terme d'une situation budgétaire globale (État, collectivités locales, régimes sociaux) proche de l'équilibre ou excédentaire, et à prendre éventuellement les mesures correctrices nécessaires demandées par le Conseil.

Pacte de Varsovie

[Droit international public]

Traité d'amitié, de coopération et d'assistance mutuelle, signé le 14 mai 1955, qui institue entre les États de l'Europe de l'Est (communistes) un système de défense calqué sur celui de l'*OTAN*. Disparaît en 1991.

Pacte sur succession future

[Droit civil]

Selon la définition donnée par la loi du 23 juin 2006, « convention qui a pour objet de créer des droits ou de renoncer à des droits sur tout ou partie d'une succession non encore ouverte ou d'un bien en dépendant ». De tels pactes ne sont licites que dans les cas et sous les conditions prévus par la loi, mais le législateur contemporain a multiplié les pactes exceptionnellement valides (par ex., la renonciation anticipée d'un héritier réservataire présomptif à exercer une action en réduction pour atteinte à la réserve dans une succession non ouverte, ou encore la *donation-partage* transgénérationnelle).

C. civ., art. 722, 791, 929, 1082, 1093, 1130, 1390, 1868 et 1873-13.

GAJC, t. 1, nº 133-136.

→ *Institution contractuelle, Pacte de famille, Renonciation à l'action en réduction.*

Pacte tontinier

[Droit civil]

→ *Tontine.*

Pactes internationaux des droits de l'Homme

[Droit international public]

Traités, l'un relatif aux droits civils et politiques, l'autre aux droits économiques et sociaux, adoptés par l'ONU le 19 décembre 1966 (et entrés en vigueur en 1976) en vue de mettre en œuvre les dispositions de la *Déclaration universelle des droits de l'Homme*.

→ *Droits civils et politiques.*

Paiement

[Droit civil]

Exécution volontaire d'une obligation, quel qu'en soit l'objet (versement d'une somme d'argent, livraison de marchandises…).

Le paiement est un fait qui peut être prouvé par tous les moyens.

C. civ., art. 1235 s.; C. mon. fin., art. L. 112-5 s.

→ *Établissements de paiement, Offres réelles, Prestataires de services de paiement, Services de paiement.*

Paiement de l'indu

[Droit civil]

→ *Répétition de l'indu.*

Pair(s)

[Droit général/Droit constitutionnel]

Au sens commun *égal* (du latin *par*) : élection, jugement par ses pairs.

Au sens historique : dignité, titre et fonction confiés aux vassaux et aux membres de la très haute noblesse pour le service du Conseil et de la Justice à la cour des seigneurs puis à la cour du roi. À la fin de l'époque monarchique, les pairs de France comptaient 38 pairs laïcs et 6 pairs ecclésiastiques; le titre était depuis longtemps honorifique.

Au début du XIXe siècle, en 1814 et en 1830, le droit constitutionnel ressuscita les pairs en créant une chambre haute, la Chambre des pairs nommés par le roi pour faire pièce à la chambre basse, la Chambre des députés élus au suffrage censitaire.

Palais (Sous la foi du)

[Procédure civile]

Sous le sceau du secret. Se dit de ce qui est confidentiel entre avocats.

→ *Secret professionnel.*

Panachage

[Droit constitutionnel]

Faculté pour l'électeur de composer lui-même sa liste en prenant des candidats sur plusieurs des listes en présence.

Panonceau

[Droit privé]

Double écusson à l'effigie de la République placé au-dessus de la porte d'entrée de l'immeuble où se trouve l'étude d'officiers ministériels : notaires, huissiers, commissaires-priseurs.

Pantouflage

[Droit pénal]

→ *Prise illégale d'intérêts.*

Papiers domestiques

[Droit civil]

Tous documents privés, même non signés, établis par les particuliers pour conserver la mémoire d'un événement les concernant et conservés par les familles. Ils font foi des situations qu'ils relatent contre ceux qui les ont écrits et ne sont susceptibles de constituer un moyen de preuve à leur profit, que de façon exceptionnelle, comme un complément d'autres éléments.

C. civ., art. 46, 1331 et 1402.

Paradis fiscaux

[Droit financier ou fiscal]

États qui, en général pour attirer les capitaux étrangers, ont une fiscalité sensiblement plus favorable que celle du reste du monde, alliée souvent à des mesures connexes. On y trouve d'ordinaire un faible niveau d'imposition, l'absence d'informations fiscales vis-à-vis de l'extérieur, un contrôle des changes inexistant ou très faible et la pratique du secret bancaire. L'OCDE s'efforce d'encadrer leur action.

CGI, art. 155 A, 238 A, 238-0A.

→ *Concurrence fiscale dommageable, Évasion fiscale, Prix de transfert.*

Parallélisme des formes

[Droit administratif/Droit constitutionnel]

Principe d'application générale en droit public, selon lequel une décision prise par une autorité, dans des formes déterminées, ne peut normalement être anéantie par elle qu'en respectant les mêmes formes.

Paraphe

[Droit international public]

Signature abrégée d'un traité (simples initiales des négociateurs) qui intervient pour des motifs divers, soit que les négociateurs n'aient pas encore reçu les pleins pouvoirs pour signer, soit qu'on veuille réserver la signature à des personnalités de premier plan au cours d'une cérémonie solennelle.

[Droit civil/Droit commercial/Procédure civile]

Signature abrégée (initiales) apposées sur les différents feuillets d'un acte pour éviter toute fraude (substitution ou remplacement) et approuvant toutes les corrections, ratures, surcharges figurant dans le texte. Les livres, registres et répertoires des officiers de l'état civil, des conservateurs des hypothèques, des notaires, des huissiers de justice, des commissaires-priseurs judiciaires et des courtiers sont paraphés (et cotés) par le juge du tribunal d'instance en vue de garantir l'exacte chronologie des opérations.

COJ, art. R. 221-45.

→ *Signature.*

Parasitisme

[Droit commercial]

Fait pour un commerçant de chercher à profiter, sans créer nécessairement la confusion, de la réputation d'un concurrent ou des investissements réalisés par celui-ci.

De tels agissements peuvent être poursuivis soit au titre de la concurrence déloyale, soit par application du régime général de la responsabilité civile.

C. civ., art. 1382.

Parcours de soins

[Sécurité sociale]

Parcours suivi par l'assuré sur prescription du *médecin traitant*. La consultation d'un spécialiste sans prescription du médecin traitant ne permet pas à l'assuré d'être remboursé dans des conditions normales, diminution de 40 % depuis le 31 janvier 2009.

Parcs naturels

[Droit administratif/Droit de l'environnement/Droit rural]

Forme moderne de la protection des sites et monuments. Cette institution est apparue dans les années 60 en relation avec la découverte de l'importance pour l'homme de la protection de son environnement naturel, menacé par les *nuisances* et *pollutions* de toutes sortes.

Juridiquement, cette institution connaît 2 formes :

1° *Parcs nationaux* : la sauvegarde rigoureuse de la faune, de la flore et du paysage l'emporte nettement dans les textes sur les considérations économiques.

2° *Parcs naturels régionaux* : leur inspiration différente entraîne la disparition de cet ordre de priorité. Si l'idée de protection de la nature n'est pas absente des textes, ceux-ci visent aussi largement à animer certains secteurs ruraux, et surtout à ménager à proximité des métropoles des espaces où le citadin puisse se détendre en retrouvant la nature.

Parenté

[Droit civil]

Lien unissant les personnes par le sang. La parenté est directe lorsque les personnes descendent les unes des autres. Elle est collatérale lorsque les individus descendent d'un auteur commun.

C. civ., art. 731, 734, 741, 743 et 746.

→ *Ascendant, Collatéral, Degré, Descendant, Enfant, Ligne, Ordre d'héritiers.*

Parents

[Droit civil]

Au sens large, personnes unies par un lien de *parenté*.

Au sens restreint, synonyme de père et mère.

Parère

[Droit commercial/Procédure civile]

Attestation délivrée par une autorité compétente (chambre de commerce, organisme professionnel, syndicat, etc.) pour faire la preuve d'un usage professionnel.

→ *Sachant.*

Pari

[Droit civil]

Contrat aléatoire par lequel les personnes, qui sont en désaccord sur un sujet quelconque, conviennent que le parieur dont l'opinion sera reconnue exacte recevra des autres une somme d'argent ou telle autre prestation.

À la différence du *jeu*, le pari n'implique aucune participation des parties à l'événement pris en considération. Le gain escompté dépend uniquement de la vérification d'un fait : fait déjà accompli mais inconnu des parieurs, fait futur étranger à leur action.

Le paiement d'un pari est purement volontaire; mais, lorsque le perdant a volontairement acquitté sa promesse, il ne peut pas en demander le remboursement.

Ce régime est parfois écarté par la loi, ainsi pour le pari mutuel urbain.

C. civ., art. 1965 et 1967.

→ *Loterie.*

Paris (Ville de)

[Droit administratif]

Le territoire de la ville de Paris est l'assiette géographique de 2 collectivités territoriales distinctes : la commune de Paris et le département de Paris. Depuis 1977 chacune est en principe soumise au droit commun des collectivités de même nature, avec toutefois un certain nombre de particularités. Notamment, le Conseil de Paris – présidé par le maire – exerce également les attributions dévolues dans les autres départements au conseil général; la représentation de l'État dans ce département – comme dans certains autres – est assurée par un préfet assisté d'un préfet délégué pour la police.

CGCT, art. L. 2511-1, 2512-1 et 3411-1.

→ *Grand Paris.*

Paritaire

[Procédure civile]

Qui réunit à égalité des éléments différents. Par exemple, le conseil de prud'hommes comprend pour chaque formation un nombre égal de représentants employeurs et de représentants salariés.

Parité

[Droit constitutionnel/Droit européen]

Ce principe de non-discrimination et d'égalité entre hommes et femmes ne cesse de se concrétiser. La Constitution française le consacre désormais et les lois électorales prévoient des dispositions pour garantir sa mise en œuvre. Les législations comme les juridictions européennes et nationales le reconnaissent d'une manière de plus en plus complète et en sanctionnent les violations, même si la parité n'est pas encore une réalité partout et pour tous.

Parlement

[Droit constitutionnel]

1° Sous l'Ancien Régime, cour souveraine de justice investie de certaines prérogatives politiques : chargés d'enregistrer les édits et ordonnances royaux, les parlements pouvaient refuser cet enregistrement et formuler à cette occasion des remontrances, d'où leur attitude souvent frondeuse à l'égard du roi.

2° Composé d'une ou plusieurs assemblées délibérantes, le Parlement a pour fonction de voter les lois et, notamment en régime parlementaire, de contrôler politiquement le gouvernement.

→ *Bicamérisme ou bicaméralisme, Monocamérisme ou monocaméralisme.*

Parlement européen

[Droit européen]

Dénommé « Assemblée européenne » par les traités initiaux mais qui se proclame « Parlement européen » dès 1962, appellation définitivement reconnue par l'*Acte unique européen*. Il est composé jusqu'en 1979 de délégués des parlements nationaux et, depuis cette date, de représentants des peuples élus au suffrage universel direct (751).

Il participe de façon de plus en plus décisive au pouvoir législatif. Longtemps doté d'un simple pouvoir consultatif, l'Acte unique introduit pour l'adoption de certains règlements et directives la *procédure de coopération* ou l'avis conforme (conclusion des accords avec les pays tiers et adhésion de nouveaux États). Le traité de Maastricht a étendu le champ des compétences où jouent la procédure de coopération et l'avis conforme, mais a surtout créé la procédure de codécision devenue depuis le traité d'Amsterdam la procédure de droit commun avec un Conseil ne pouvant plus imposer sa position. Le traité de Lisbonne fait de la codécision le principe et en limite les exceptions.

Le Parlement européen dispose également de pouvoirs budgétaires qu'il a su exploiter. Enfin, le Parlement européen participe à la nomination du Président et des membres de la *Commission*, Commission à l'encontre de laquelle il peut voter une motion de censure.

Parlementarisme

[Droit constitutionnel]

Synonyme de *régime parlementaire*.

Parlementarisme rationalisé : régime parlementaire réglementé de manière à pallier les inconvénients (instabilité gouvernementale notamment) résultant de l'absence d'une majorité cohérente (octroi de prérogatives au gouvernement dans la procédure législative, réglementation de la mise en jeu de la responsabilité gouvernementale, délai de réflexion, majorité qualifiée, désignation concomitante du nouveau chef du gouvernement, etc.).

→ *Défiance constructive, Régime parlementaire.*

Parquet

[Procédure civile/Procédure pénale]

Magistrats composant le *ministère public* dans chaque tribunal de grande instance, placés sous l'autorité d'un *procureur de la République*. Il est tenu une liste de rang des membres du parquet (procureur, procureur-adjoint, vice-procureur, substitut) déterminant la place de chacun dans les cérémonies publiques, les assemblées générales et les formations de la juridiction.

Il existe également un parquet auprès des juridictions financières.

COJ, art. L. 212-6, R. 122-5 et 212-12 s.

Parquet général

[Procédure civile/Procédure pénale]

Nom donné à l'ensemble des magistrats exerçant les fonctions du *ministère public* à la *Cour de cassation* et auprès des *cours d'appel*.

COJ, art. L. 312-7, 432-1, R. 312-14 et 432-1 s.

→ *Procureur général.*

Parricide

[Droit pénal]

Homicide intentionnel des pères ou mères légitimes, naturels ou adoptifs ou de tout autre ascendant légitime, incriminé naguère comme infraction spécifique et aujourd'hui circonstance aggravante du meurtre.

C. pén., art. 221-4 (2e).

Part (Le)

[Droit civil]

Vieux mot désignant, dans quelques expressions, l'enfant nouveau-né. Ainsi, il y aurait *confusion de part*, c'est-à-dire incertitude sur la paternité d'un enfant, si l'on admettait la polyandrie (situation d'une femme qui aurait plusieurs maris) ou si une femme se remariait précipitamment après la dissolution d'un premier mariage. *La suppression de part* désigne la suppression d'enfant et se trouve réalisée, le plus souvent, par inhumation clandestine d'un enfant né vivant, mais décédé peu après sa naissance, de mort naturelle ou violente. Quant à la *supposition de part*, elle consiste dans l'attribution de la maternité d'un enfant à une femme qui n'en a pas accouché.

C. pén., art. 227-13.

Part bénéficiaire

[Droit commercial]

→ *Part de fondateur.*

Part de fondateur

[Droit commercial]

Titre négociable émis par les sociétés par actions, destiné à faire participer certaines personnes aux bénéfices réalisés par la société en contrepartie des services rendus généralement lors de la constitution de la société ou d'une augmentation de capital.

L'émission de parts de fondateur a été interdite pour l'avenir par la loi du 24 juillet 1966.

C. com., art. L. 228-4.

Part sociale

[Droit commercial]

Droit que l'associé reçoit en contrepartie de son apport. Ce droit représente une fraction du capital social et détermine les prérogatives financières et politiques (droit de vote) de l'associé.

Part virile (Par)

[Droit civil]

Synonyme de : par tête.

1° Employé en matière délictuelle pour déterminer la contribution de chacun des coauteurs à la dette d'indemnisation; le partage de cette dette se fait par parts viriles lorsque tous les responsables ont été condamnés sur le fondement de la responsabilité objective de l'article 1384, alinéa 1er du Code civil.

2° L'expression est couramment employée en matière de répartition du passif successoral pour dire que le créancier hypothécaire, s'il ne peut poursuivre pour le tout par l'action hypothécaire que celui qui a reçu dans son lot l'immeuble hypothéqué, dispose contre chaque héritier, légataire universel ou légataire à titre universel d'une action personnelle, mais pour leur part et portion successorale seulement.

C. civ., art. 873, 1009 et 1012.

Partage

[Droit civil]

Opération qui met fin à une indivision, en substituant aux droits indivis sur l'ensemble des biens une pluralité de droits privatifs sur des biens déterminés.

Le partage est amiable lorsque tous les indivisaires sont présents, capables et d'accord. À défaut, le partage est fait en justice.

L'évaluation des biens a lieu au jour du partage; ce jour est dénommé jour de la jouissance divise parce que le droit aux revenus des copartageants ne naît qu'à ce moment-là. Grâce à cette date d'évaluation, la plus-value acquise ou la moins-value subie pendant le cours de l'indivision profite ou préjudicie à tous les indivisaires.

C. civ., art. 815, 835 s. et 1474 s.; CPC, art. 1358 s.

GAJC, t. 1, n° 114 et 116 à 120.

→ *Acte déclaratif, Liquidation, Lots, Pacte de famille.*

Partage conjonctif

[Droit civil]

Acte par lequel les père et mère procèdent ensemble au partage de tous leurs biens entre tous leurs descendants.

Le partage conjonctif ne peut être réalisé que par *donation-partage*. Quand la donation-partage intervient dans une famille recomposée, l'enfant non commun peut être alloti du chef de son auteur en biens propres de celui-ci ou en biens communs, sans que le conjoint puisse toutefois être codonateur des biens communs.

C. civ., art. 968 et 1076-1.

Partage d'ascendant

[Droit civil]

Acte par lequel une personne fait la distribution et le partage de ses biens et de ses droits entre ses héritiers présomptifs ou même entre des descendants de degrés différents, qu'ils soient ou non ses héritiers présomptifs. Cet acte prend la forme soit d'une donation (*donation-partage*), soit d'un testament (*testament-partage*). Selon la dernière législation, on parle de libéralités-partages.

C. civ., art. 1075 s.

Partage des voix

[Procédure civile]

Désigne l'hypothèse où aucune majorité ne se dégage au cours d'un délibéré. Une telle situation se produit lorsque les juges statuent en nombre pair, comme au *conseil de prud'hommes*; dans ce cas l'affaire est reprise devant la même formation présidée par le juge d'instance.

C. trav., art. L. 1454-2 s.

→ *Imparité.*

Partenariat public/privé

[Droit administratif]

→ *Contrats de partenariat (public/privé).*

Parti dominant

[Droit constitutionnel]

Parti principal de gouvernement coexistant avec d'autres partis qui sont hors d'état de le concurrencer sérieusement. Tantôt ce système donne une apparence de pluralisme à un régime de parti unique (par ex. : dans certaines démocraties populaires où le parti communiste tolérait quelques organisations politiques mineures, ou dans de nombreux pays sous-développés), tantôt il tempère le multipartisme (ex. : parti social-démocrate au pouvoir en Suède de 1932 à 1976).

Le rôle dominant officiellement attribué au Parti communiste dans les *démocraties populaires* a été aboli dans celles qui ont connu les mouvements de démocratisation de 1989.

Parti politique

[Droit constitutionnel]

Groupement d'hommes qui partagent les mêmes idées sur l'organisation et la gestion de la société et qui cherchent à les faire triompher en accédant au pouvoir.

1° *Parti de cadres* : parti composé surtout de notables, c'est-à-dire de personnes influentes sur le plan électoral (ex. : parti radical).

2° *Parti de masses* : parti cherchant à encadrer d'une manière permanente le plus grand nombre possible d'adhérents (ex. : parti communiste).

3° *Parti rigide* : parti assurant un encadrement rigoureux des élus, astreints notamment à la discipline de vote au Parlement.

4° *Parti souple* : parti faiblement structuré, dont les élus ne sont pas astreints à la discipline de vote.

Parti unique

[Droit constitutionnel]

Parti seul admis et détenant la réalité du pouvoir. Système en vigueur dans les régimes fascistes, les régimes communistes et les régimes autoritaires de nombreux pays du tiers-monde.

Participant

[Sécurité sociale]

Personne qui, dans les régimes complémentaires, va bénéficier des droits acquis du fait de sa propre activité.

Participation

[Droit général]

Principe d'aménagement du fonctionnement des institutions politiques et administratives ainsi que de la gestion des entreprises privées, et qui consiste à associer au processus de prise des décisions les intéressés (citoyens, administrés, salariés) ou leurs représentants.

[Droit commercial]

→ *Société en participation.*

[Droit du travail]

En droit du travail, la participation peut s'entendre de 2 façons : ce peut être la participation du personnel à la marche de l'entreprise ou la participation du personnel aux profits de l'entreprise.

→ *Actionnariat des salariés, Cogestion, Comité d'entreprise, Intéressement, Participation aux fruits de l'expansion.*

Participation à un groupe formé dans une perspective délictueuse

[Droit pénal]

Infraction résultant du fait de participer sciemment à un groupement, même formé de façon temporaire, en vue de la préparation de violences volontaires contre les personnes, ou de destructions ou dégradations de biens. L'incrimination de ces actes préparatoires à une infraction implique que l'entente délictueuse soit caractérisée par l'existence d'un ou plusieurs faits matériels, accomplis par l'auteur lui-même ou connus de lui ce qui, pour le Conseil constitutionnel, écarte toute idée de responsabilité pénale collective.

C. pén., art. 222-14-2.

Participation aux acquêts

[Droit civil]

Régime matrimonial conventionnel qui tient à la fois d'un régime séparatiste et d'un régime communautaire. Pendant le mariage tout se passe comme si les époux étaient mariés sous un régime de séparation de biens; à la dissolution chacun des époux a droit à une somme égale à la moitié des acquêts réalisés par l'autre, acquêts dont la valeur est égale à la différence entre le patrimoine final et le patrimoine originaire.

C. civ., art. 1569 s.

Participation aux fruits de l'expansion

[Droit du travail]

On désigne sous cette expression les mécanismes mis en place par l'ordonnance du 16 août 1967 pour assurer aux salariés une part des profits réalisés par leur entreprise en période d'expansion économique. La participation aux fruits de l'expansion est obligatoire dans les entreprises de plus de cinquante personnes. Le texte légal utilise l'expression « participation aux résultats de l'entreprise ».

Réserve spéciale de participation : somme inscrite au passif du bilan d'une entreprise après clôture de l'exercice et qui représente les sommes destinées aux salariés au titre de la participation.

C. trav., art. L. 3321-1 s. et R. 3322-1 s.

Participation criminelle

[Droit pénal]

→ *Complicité.*

Partie

[Droit civil]

Personne physique ou morale qui participe à un acte juridique, à une convention, par opposition aux *tiers* (le vendeur et l'acheteur sont parties au contrat de vente par ex.).

C. civ., art. 1119 s., 1165 et 1351.

→ *Effet obligatoire des contrats, Effet relatif des contrats, Penitus extranei.*

[Procédure (principes généraux)]

Personne physique ou morale, privée ou publique, engagée dans une instance judiciaire.

Une partie possède une position procédurale ou « qualité processuelle » (demandeur, défendeur, intervenant, appelant, intimé) qui entraîne de nombreuses conséquences et ne doit pas être confondue avec la qualité en laquelle elle aborde le procès (propriétaire, locataire, créancier, débiteur, garant, caution, etc.).

CPC, art. 1er, 14, 15, 16, 18, 19, 184 s., 201, 439, 441 et 442.

→ *Colitigants, Inter partes, Intervention, Litigants, Litisconsorts.*

Partie civile

[Procédure pénale]

Nom donné à la victime d'une infraction lorsqu'elle exerce les droits qui lui sont reconnus en cette qualité devant les juridictions répressives (mise en mouvement de l'action publique, action civile en réparation).

→ *Plainte avec constitution de partie civile.*

Partie jointe

[Procédure civile]

Position qu'occupe le *ministère public* lorsqu'il intervient dans un procès où il n'est ni demandeur ni défendeur, pour présenter ses observations sur l'application de la loi. Son intervention suppose une affaire dont il a communication. Il fait connaître son avis à la juridiction, soit en lui adressant des conclusions écrites, soit oralement à l'audience.

CPC, art. 424 s.

→ *Communication au ministère public.*

Partie principale

[Procédure civile]

Mode d'action du *ministère public* quand il se présente, dans un procès civil, en qualité de demandeur ou de défendeur. La loi lui fait obligation d'agir dans les cas qu'elle spécifie (nullité de mariage, assistance éducative, action déclaratoire de nationalité). En dehors de ces cas, elle le laisse juge de l'opportunité de se porter partie principale pour la défense de l'ordre public.

CPC, art. 422 et 423.

GAJC, t. 1, nº 14-15.

Parties communes

[Droit civil]

Dans le droit de la copropriété, parties des bâtiments et des terrains affectés à l'usage ou à l'utilité de tous les copropriétaires ou de plusieurs d'entre eux (sol, cour, jardin, voies d'accès, gros œuvre des bâtiments, escaliers, ascenseur...) qui sont l'objet d'une propriété indivise entre eux et dont la conservation et l'administration relèvent de la collectivité des copropriétaires.

→ *Copropriété, Parties privatives.*

Parties privatives

[Droit civil]

Dans le droit de la copropriété, parties des bâtiments (spécialement les appartements) et des terrains réservés à l'usage exclusif d'un copropriétaire déterminé et qui sont sa propriété exclusive.

→ *Copropriété, Parties communes.*

Pas d'intérêt, pas d'action

[Procédure (principes généraux)]

Adage selon lequel une action en justice n'est pas recevable si son auteur ne justifie pas de son intérêt à l'engager.

CPC, art. 31; C. pr. pén., art. 2 s.

→ *Intérêt pour agir.*

Pas de nullité sans grief

[Procédure civile]

Le prononcé de la nullité d'un acte de procédure entachée d'un *vice de forme* est soumis à la démonstration que l'irrégularité ait causé un préjudice à la partie qui l'invoque.

CPC, art. 114, al. 2.

Pas de nullité sans texte

[Procédure civile]

Nécessité, pour que la violation des formes rende l'acte de procédure annulable, que la formalité ait été expressément prescrite à peine de nullité, sauf s'il s'agit d'une formalité substantielle ou d'ordre public.

CPC, art. 114, al. 1.

→ *Vice de forme.*

Pas-de-porte

[Droit commercial]

Somme d'argent, de montant très variable, versée soit par le locataire d'un bail commercial au propriétaire lors de la conclusion du contrat de bail, soit par le cessionnaire d'un bail commercial au précédent locataire lors de la cession du bail par celui-ci.

Passage inoffensif (Règle du libre)

[Droit international public]

Règle coutumière du droit international, reprise par la convention de Genève de 1958 (art. 14-1), selon laquelle l'État riverain ne peut interdire l'accès de sa *mer territoriale* aux navires étrangers, à condition qu'ils ne portent pas atteinte à la sécurité, à l'ordre public et aux intérêts fiscaux de cet État.

Passeport

[Droit international public]

Document d'identité délivré par l'État et destiné en particulier à permettre à son titulaire de voyager à l'étranger.

→ *Visa.*

Passerelle (Technique de la)

[Procédure civile]

Mode de saisine d'une juridiction de fond par le biais d'une ordonnance de référé. Le juge saisi en référé, qui estime qu'il n'y a pas lieu à référé, peut renvoyer l'affaire à une audience dont il fixe la date pour qu'il soit statué au fond; son ordonnance de non-lieu à référé emporte saisine du tribunal, sans qu'il soit besoin d'une nouvelle assignation. Cette passerelle vers une procédure à jour fixe exige qu'une partie l'ait demandée (sauf devant la cour d'appel) et qu'il y ait urgence à rendre une solution au fond.

CPC, art. 811, 849-1, 873-1, 896 et 917, al. 2.

→ *Renvoi.*

Passif

[Droit commercial]

Dans son sens général, le passif est formé de l'ensemble des dettes d'une entreprise, commerciale ou non.

Dans son acception comptable, il désigne la partie du *bilan* qui regroupe les dettes de l'entreprise envers les tiers, le capital investi par les entrepreneurs ainsi que les *réserves* et certaines *provisions*, et le résultat (positif ou négatif de l'exercice). Le total du passif est, de ce fait, toujours égal au total de l'actif.

[Droit civil]

Ensemble des obligations à caractère économique grevant le patrimoine de l'individu dont les créanciers peuvent poursuivre l'exécution sur la totalité de son actif.

Désigne, aussi, les dettes qui affectent une masse particulière de biens et dont le recouvrement est normalement limité à l'actif de cette masse (passif de la succession, passif de la communauté, passif de l'indivision).

C. civ., art. 2285.

→ *Actif.*

Pater is est quem nuptiae demonstrant

[Droit civil]

Le mari de la mère est présumé être le père de l'enfant conçu ou né pendant le mariage (littéralement « le père est celui que les noces démontrent »). Cette présomption de paternité, qui n'est pas irréfragable, repose sur la double idée que les époux ont entre eux des relations sexuelles et que ces relations sont exclusives de toutes autres.

La présomption de paternité est écartée en cas de conception pendant une période de séparation légale ou en cas d'absence de désignation du mari en qualité de père dans l'acte de naissance. Mais elle est rétablie de plein droit en présence d'une possession d'état à l'égard du mari de la mère si aucun lien de filiation n'est établi à l'égard d'un tiers.

C. civ., art. 312 s. et 314.

GAJC, t. 1, n° 42, 43 et 44.

→ *Désaveu de paternité, Filiation légitime.*

Paternité

[Droit civil]

Lien juridique existant entre le père et son enfant.

C. civ., art. 312, 316, 317 et 327.

→ *Ascendant, Descendant, Enfant, Filiation, Maternité, Ordre d'héritiers.*

Patrimoine

[Droit civil]

Ensemble des biens et des obligations d'une personne, envisagé comme une universalité de droit, c'est-à-dire comme une masse mouvante dont l'actif et le passif ne peuvent être dissociés.

C. civ., art. 2284 et 2285.

GAJF n° 13.

→ *Extrapatrimonial, Patrimonial.*

Patrimoine commun de l'humanité

[Droit international public]

Formule d'internationalisation de certains espaces justifiée par l'intérêt global qu'ils présentent pour toute l'humanité. Utilisée pour les *fonds marins*, l'espace extra-atmosphérique (traité du 27 janv. 1967), ou même l'Antarctique (traité du 1er déc. 1959). Cherche à éviter toute appropriation nationale.

L'Unesco a aussi créé un label de cette appellation pour les sites les plus remarquables à promouvoir et sauvegarder.

Patrimoine culturel

[Droit général]

Ensemble des biens, immobiliers ou mobiliers, relevant de la propriété publique ou privée, qui présentent un intérêt historique, artistique, archéologique, esthétique, scientifique ou technique.

C. patr., art. L. 1.

→ *Biens culturels.*

ACTU

Patrimoines d'affectation (Théorie des)

[Droit privé/Droit financier ou fiscal]

Théorie selon laquelle, contrairement à la théorie classique d'Aubry et Rau, le patrimoine n'est pas lié à l'idée de personne, ne constitue pas « l'universalité juridique de tous les objets extérieurs sur lesquels une personne a pu ou pourra avoir des droits à exercer », mais correspond à l'affectation d'une masse de biens à un but, ce but pouvant être soit la conservation des biens, soit leur liquidation, soit leur administration. L'intérêt de cette théorie est d'admettre qu'une même personne puisse avoir plusieurs patrimoines différenciés par la diversité de leurs affectations.

Cette théorie connaît des applications importantes en matière d'*assiette de l'impôt* (*1er sens*) sur le revenu des entreprises individuelles, de *fiducie*, de *fondation*. La loi n° 2010-658 du 15 juin 2010 relative à l'entrepreneur individuel à responsabilité limitée, prévoit la création d'un patrimoine professionnel séparé : toute personne physique peut affecter telle partie de ses biens à son activité professionnelle, sans création d'une personne morale, et ne répondre de ses créances professionnelles que sur son patrimoine affecté.

C. com., art. 526-6 s.

→ *Affectation, Auto-entrepreneur, Déclaration d'insaisisissabilité, Destination, EIRL.*

Patrimonial

[Droit général]

Caractérise ce qui est appréciable en argent comme faisant partie du patrimoine conçu comme une masse de biens et qui, par conséquent, est susceptible de cession et de transmission.

→ *Extrapatrimonial.*

Patronyme

[Droit civil]

Nom de famille par opposition au prénom. Étant donné sa résonance masculine (du grec *pater*, père, et *onuma*, nom) et les nouvelles règles de dévolution du nom (qui est choisi par les père et mère et peut être leurs 2 noms accolés), le « patronyme » et le nom « patronymique » ont été supprimés des textes du Code civil et remplacés par les mots : nom de famille (L. du 4 mars 2002).

C. civ., art. 311-21 et 357.

Paulienne (Action)

[Droit civil]

Action par laquelle un créancier, agissant en son nom personnel, attaque les actes faits par son débiteur en fraude de ses droits, en vue de les faire déclarer inopposables à son égard. Elle aurait été créée à Rome par le prêteur Paulus.

C. civ., art. 1167.

→ *Action directe, Action oblique, Fraude.*

Pause (Temps de)

[Droit du travail]

A été défini de manière prétorienne comme un arrêt de travail de courte durée sur le lieu de travail ou à proximité. La Cour de cassation estime qu'il n'est pas incompatible avec des interventions éventuelles et exceptionnelles demandées durant cette période au salarié en cas de nécessité, notamment pour des motifs de sécurité. Ainsi le temps de pause ne paraît pas exclure la qualification de temps de travail effectif pour la même période. Tout salarié a droit à un temps de pause d'au moins 20 minutes au bout de 6 heures de travail quotidien.

C. trav., art. L. 3121-33.

GADT n° 61.

→ *Durée du travail.*

Pavillon

[Droit international public]

Indique la nationalité d'un navire, qui relève en principe de la compétence exclusive de l'État du pavillon (principe comportant des exceptions ou limitations). Pavillon de complaisance : pavillon libéralement accordé par certains petits États (Libéria, Panama...), présentant des avantages pour les armateurs (charges fiscales et sociales moins lourdes), mais ne consacrant pas un lien substantiel entre le navire et l'État (lequel ne dispose pas des moyens propres à exercer un contrôle effectif sur sa flotte de commerce considérable).

→ *Francisation.*

Pays

[Droit administratif]

Fraction du territoire reconnue par l'État comme présentant une cohésion géographique, culturelle, économique ou sociale. Pour tenir compte de leur communauté d'intérêts, les collectivités locales concernées définissaient avec l'État ou la région un projet de développement du pays. Catégorie mise en extinction par la loi du 16 décembre 2010.

Pays de droit romain

[Droit général]

La France de l'Ancien Régime était divisée en 2 zones juridiques selon une ligne (sinueuse) allant de l'embouchure de la Charente jusqu'au lac de Genève. Au nord, le pays était régi par les coutumes orales, nombreuses, différentes entre elles, au Sud par le droit romain, lointain héritier de la compilation de Justinien mais depuis enseigné dans les écoles et les universités et propagé par des juristes de renom. Mais, avant le Code civil, tombé en routine, le droit romain n'était plus que *l'Hodiernus pandectarum usus*, devenu et regardé un peu comme la coutume générale des pays du Midi.

→ *Coutume, Droits savants.*

Pays (ou États) en voie de développement (PVD)

[Droit constitutionnel/Droit international public]

Expression plus volontiers utilisée aujourd'hui que celle de pays (ou États) sous-développés recouvrant d'ailleurs des réalités assez contrastées.

Certains pays, issus des PVD, sont désormais qualifiés d'émergents en raison de leur grand dynamisme économique.

D'autres, au contraire, se caractérisent par l'étendue et l'importance de leurs déficiences (faiblesse du revenu national; insuffisance des ressources alimentaires; insuffisance de l'équipement sanitaire, de l'équipement culturel et de la scolarisation; sous-industrialisation) : ce sont les Pays les moins avancés (PMA). Enfin, de nombreux États sont dans une situation intermédiaire.

Le problème de l'aide des États riches à ces pays n'a pu jusqu'ici faire l'objet d'une solution satisfaisante malgré sa gravité pour l'équilibre mondial des décennies à venir. Les principales difficultés des PVD sont actuellement représentées par la charge croissante de leur dette et par l'instabilité des cours des produits de base (agricoles ou minéraux) qui sont leur principale ressource.

→ *Aide aux Pays en voie de développement, BRIC, Conventions de Lomé, Tiers-monde.*

Péage

[Droit administratif]

Droit perçu, pour l'usage d'un ouvrage public par les particuliers, au profit de la personne publique ou du concessionnaire qui, ayant construit l'ouvrage, est chargé de la gestion.

Pécule

[Droit pénal]

Partie de la rémunération du travail d'un délinquant détenu qui lui est remise au moment de sa libération.

C. pr. pén., art. D. 320-2.

Peine

[Droit pénal]

Sanction punitive, qualifiée comme telle par le législateur, infligée par une juridiction répressive au nom de la société, à l'auteur d'une infraction en rétribution de la faute commise, l'intimidation et la réadaptation du délinquant étant les autres objectifs poursuivis.

On distingue, selon leur gravité, les peines criminelles, les peines correctionnelles et les peines contraventionnelles en fonction de la classification des infractions et, selon leur nature, les peines de droit commun et les peines politiques. La peine politique est une sanction propre à certaines infractions qui sont réputées, de ce fait politiques. Aujourd'hui, la seule peine politique spécifique est la détention criminelle à perpétuité et à temps.

C. pén., art. 131-1.

• *Peines criminelles* : pour les personnes physiques, le Code pénal supprimant toutes distinctions entre peines afflictives et infamantes, ne conserve que la réclusion criminelle et la détention criminelle. Elles peuvent être à perpétuité, de 30 ans, 20 ans, 15 ans au plus, mais ne peuvent être inférieures à 10 ans. On ajoutera l'amende et les peines complémentaires de l'article 131-10 du Code pénal.

C. pén., art. 131-1 et 131-2.

Pour les personnes morales, outre l'amende systématiquement encourue et fixée au quintuple de celle applicable aux personnes physiques et à 1 000 000 € lorsque l'incrimination criminelle ne la prévoit pas pour la même infraction, le législateur énumère différentes peines qui doivent être prévues dans le texte d'incrimination : dissolution, interdiction d'exercer, placement sous surveillance, fermeture d'établissement, exclusion des marchés publics, etc.

C. pén., art. 131-39.

• *Peines correctionnelles* : pour les personnes physiques, l'emprisonnement de 10 ans, 7 ans, 5 ans, 3 ans, 1 an, 6 mois, 2 mois au plus; l'amende égale ou supérieure à 3 750 €, le jour-amende, le travail d'intérêt général, le stage de citoyenneté, les peines privatives ou restrictives de droit prévues à l'article 131-6 (suspension de permis de conduire, confiscation, interdiction de porter une arme, etc.), les peines complémentaires prévues à l'article 131-10, la sanction-réparation.

C. pén., art. 131-3 s.

Pour les personnes morales, les peines correctionnelles sont les mêmes que les peines criminelles. On peut y ajouter la sanction-réparation applicable au seul délit.

C. pén., art. 131-37, 131-38 et 131-29-1.

• *Peines de police* : pour les personnes physiques, la peine d'amende fixée à 38 € pour les contraventions de 1re classe, 150 € pour la 2e classe, 450 € pour la 3e classe, 750 € pour la 4e classe, 1 500 € montant porté à 3 000 € en cas de récidive, pour la 5e classe, les peines privatives ou restrictives de droit prévues à l'art. 131-14 (suspension de permis de conduire, confiscation d'une arme, interdiction d'émettre des chèques, etc.), pour les seules contraventions de 5e classe et plusieurs peines complémentaires certaines communes à toutes les contraventions (art. 131-16, C. pén.), d'autres propres aux contraventions de 5e classe (art. 131-17, C. pén.) et la peine de sanction-réparation prévue par l'article 131-15-1.

C. pén., art. 131-12.

Pour les personnes morales, l'amende dont le taux est porté au quintuple de celui prévu pour les personnes physiques, les peines privatives ou restrictives de droit prévues à l'article 131-42 (interdiction d'émettre des chèques, confiscation) et la sanction-réparation pour les seules contraventions de 5e classe.

C. pén., art. 131-40.

Peine accessoire

[Droit pénal]

Sanction découlant de plein droit d'une peine principale. Le Code pénal posant le principe qu'aucune peine ne peut être appliquée si une juridiction ne l'a pas expressément prononcée, la notion de peine accessoire paraissait devoir disparaître. Ce principe ne s'applique cependant rigoureusement que pour les seules infractions prévues par le Code pénal. Pour les infractions relevant d'un autre texte, il n'est obligatoire que pour les peines applicables aux mineurs et, pour les majeurs, uniquement pour l'interdiction des droits civiques, civils et de famille. Cette solution risque d'être remise en cause par le Conseil constitutionnel qui, à la suite d'une question prioritaire de constitutionnalité sur l'article L. 7 du Code électoral, a considéré que l'automaticité d'une sanction est contraire aux exigences qui découlent du principe d'individualisation des peines.

C. pén., art. 132-17 et 132-21.

GADPG n° 47.

Peine complémentaire

[Droit pénal]

Sanction qui s'ajoute, ou peut s'ajouter, à la peine principale selon qu'elle est obligatoire ou facultative pour le juge.

C. pén., art. 131-10.

Peine de substitution

[Droit pénal]

Sanction que le législateur met à la disposition du juge pénal pour qu'il la prononce à la place de l'emprisonnement ou à la place de l'amende correctionnelle ou contraventionnelle normalement encourus. Prévue dans la partie générale du Code pénal ce sont : le jour-amende, le stage de citoyenneté, le travail d'intérêt général, la sanction réparation, les peines privatives ou restrictives de droit prévues par les articles 131-6 pour les délits et 131-14 pour les contraventions de 5e classe. Les peines complémentaires, lorsqu'elles sont prévues par le texte d'incrimination, peuvent également être prononcées à titre de peine principale.

C. pén., art. 131-3, 131-5, 131-5-1, 131-6, 131-7, 131-8, 131-8-1, 131-11, 131-15 et 131-18.

Peine incompressible

[Droit pénal]

Peine perpétuelle réelle, applicable pour quelques infractions d'homicides aggravés (meurtres d'enfants par ex.) qui résulte d'une décision d'une cour d'assises précisant qu'aucune mesure conduisant à une libération anticipée ne pourra être accordée au condamné. La situation de ce dernier pourra néanmoins être réexaminée après 30 ans.

C. pén., art. 221-4; C. pr. pén., art. 720-4.

Peine justifiée

[Procédure pénale]

Théorie tirée d'une interprétation extensive de l'article 598 du Code de procédure pénale par la Cour de cassation qui conduit la Haute juridiction à rejeter le pourvoi formé pour erreur de droit contre une décision juridictionnelle, non seulement en cas de simple erreur de plume dans la citation du texte de la loi, mais aussi en cas d'erreur dans le raisonnement juridique de la décision attaquée, au motif que, de toute façon, la peine prononcée est la même que celle portée par la loi qui s'applique réellement à l'infraction. Il semble que depuis un arrêt d'Assemblée plénière du 8 juillet 2005 (n° 99-83.846), cette théorie ne soit plus appliquée par la Cour de cassation.

C. pr. pén., art. 598.

Peine principale

[Droit pénal]

Sanction obligatoirement attachée par le législateur, à un comportement déterminé qui caractérise l'incrimination pénale et la nature criminelle, correctionnelle ou contraventionnelle de celle-ci. La réclusion et la détention criminelle en matière criminelle, l'emprisonnement et l'amende au-delà de 3 750 € en matière correctionnelle et l'amende inférieure à 1 500 €, seuls permettent de qualifier l'infraction et sont qualifiées de « peines de référence » par certains auteurs.

C. pén., art. 131-10.

Peine-plancher

[Droit pénal]

Peine privative de liberté minimale que doit prononcer une juridiction de jugement à l'encontre des délinquants récidivistes.

Cette limite au principe général d'individualisation de la sanction concerne les majeurs et les mineurs.

Pour les majeurs le législateur détermine précisément les seuils à respecter en fonction de la durée de la peine encourue tant en matière criminelle que correctionnelle pour les délits passibles d'au moins 3 ans d'emprisonnement. Le juge conserve néanmoins un pouvoir de personnalisation qui varie selon qu'il s'agit d'une première ou d'une seconde récidive. Pour les crimes et les délits les plus graves (ceux passibles de 10 ans d'emprisonnement ou les violences volontaires par ex.) la multirécidive entraîne nécessairement une privation de liberté qui ne pourra être inférieure au seuil prévu que si le condamné présente des garanties exceptionnelles d'insertion ou de réinsertion.

Pour les mineurs la peine-plancher s'applique aux récidivistes de 13 à 18 ans mais en tenant compte de l'atténuation obligatoire de responsabilité dont ils bénéficient. La peine est donc en principe égale à la moitié de celle encourue par un majeur sauf dans l'hypothèse des mineurs de 16 à 18 ans pour lesquels la diminution légale de peine est écartée. Le pouvoir d'individualisation de la sanction subsiste néanmoins. Il permet non seulement de descendre en dessous des seuils prévus, sous certaines conditions, mais également de préférer à l'emprisonnement une mesure éducative, le législateur n'ayant pas exclu le principe de la primauté de l'éducation sur la répression.

C. pén., art. 132-18, 132-18-1, 132-19 et 132-19-1.

Peine privée

[Droit civil]

Sanction civile que la loi inflige, parfois, à l'auteur d'agissements déloyaux et qui aboutit à conférer un avantage à la personne qui en est victime. Par exemple, l'héritier qui a recelé des biens ou des droits successoraux ou dissimulé l'existence d'un cohéritier perd sa part dans les biens ou les droits détournés ou recelés et est réputé accepter purement et simplement la succession, nonobstant toute renonciation ou acceptation à concurrence de l'actif net.

On dit aussi que la responsabilité civile n'a pas qu'une fonction indemnitaire et qu'en présence d'une faute grave le juge majore les dommages et intérêts à titre de peine privée toutes les fois que le préjudice ne peut être exactement évalué.

C. civ., art. 778 et 1477; C. assur., art. L. 113-8.

→ *Divertissement, Recel.*

Peines alternatives (Système des)

[Droit pénal]

Principe selon lequel toutes les peines étant équivalentes le juge répressif peut, librement, choisir pour sanctionner une infraction de retenir l'une ou l'autre des peines légalement encourues.

Pénalité de retard

[Droit commercial]

Sanction frappant l'entreprise qui ne respecte pas le délai de paiement convenu, lequel ne peut pas dépasser 45 jours fin de mois ou 60 jours à compter de la date d'émission de la facture. Le montant de la pénalité, qui ne peut être inférieur à 3 fois le taux de l'*intérêt légal*, est calculé par référence au taux de la banque centrale européenne; il est exigible sans qu'un rappel soit nécessaire.

C. com., art. L. 441-6.

→ *Intérêt, Intérêt conventionnel.*

Pénalité libératoire

[Droit commercial]

Système mis en place par la loi n° 91-1382 du 30 décembre 1991 consistant pour l'émetteur d'un chèque sans provision à verser au Trésor public une somme d'argent (sous forme d'achat de timbres fiscaux mis à la disposition des établissements bancaires) afin de compléter la régularisation de sa situation pour mettre un terme à l'interdiction bancaire dont il est frappé.

C. mon. fin., art. L. 131-73, 2° et L. 131-75 s.

Pénalité par référence

[Droit pénal]

Système de détermination de la sanction au terme duquel la peine applicable à une infraction précise est fixée par un texte différent de celui qui prévoit l'incrimination.

Pendant(e)

[Droit civil/Procédure civile]

1° S'agissant de la *condition*, vise la période d'attente pendant laquelle on ignore si l'événement pris comme condition se réalisera ou ne se réalisera pas (condition pendante).
2° En procédure, désigne ce qui n'est pas encore jugé : instance pendante.

Penitus extranei

[Droit civil]

Du latin : tout à fait étrangers. Expression par laquelle on désigne les *tiers absolus*, c'est-à-dire les personnes complètement étrangères à une convention ou à un jugement, par opposition aux tiers *ordinaires*, ayants cause ou créanciers.

C. civ., art. 1165 et 1351.

→ *Erga omnes, Inter partes, Partie, Tierce opposition.*

Pénologie

[Droit pénal]

Au sens générique de ce terme, partie du droit pénal général qui traite des règles applicables aux sanctions répressives. Plus précisément, on parle de la science des peines (science pénitentiaire) dont l'objet, en étudiant les mesures d'exécution des sanctions, est de déterminer les solutions pénales les plus efficaces, permettant ainsi d'orienter la politique criminelle.

Pension

[Sécurité sociale]

Allocation régulière versée au titre de l'assurance vieillesse ou de l'assurance invalidité.

CSS, art. L. 351-1.

→ *Droits propres.*

Pension alimentaire

[Droit civil]

Somme d'argent versée périodiquement pour faire vivre une personne dans le besoin, en exécution d'une *obligation alimentaire*, du devoir de secours ou d'une obligation d'*entretien*.

C. civ., art. 205 s., 214, 342, 371-2 et 767.

GAJC, t. 1, n° 56-57.

→ *Actions à fins de subsides, Droit à pension, Recouvrement des pensions alimentaires, Secours.*

Pension de réversion

[Sécurité sociale]

Pension versée au conjoint survivant d'une personne qui avait acquis de son vivant des droits à une retraite ou à un avantage de l'assurance vieillesse.

CSS, art. L. 353-1.

Pension de titres

[Droit commercial]

Opération consistant, pour une personne morale, un fonds commun de placement ou un fonds commun de créances, à céder à un autre de ces organismes des titres moyennant un prix convenu, puis à en opérer la rétrocession.

Pension d'invalidité de veuve ou de veuf

[Sécurité sociale]

Pension accordée au conjoint survivant de l'assuré qui est lui-même atteint d'une invalidité de nature à lui ouvrir droit à pension d'invalidité, mais qui n'a pas de *droits propres*. Il doit être âgé de moins de 55 ans car sinon il touche la *pension de vieillesse de veuve ou de veuf*.

CSS, art. L. 342-1.

Pension vieillesse de veuve ou de veuf

[Sécurité sociale]

Pension qui se substitue automatiquement à 55 ans à la *pension d'invalidité de veuve ou de veuf* obtenue avant cet âge par le conjoint survivant atteint d'une incapacité permanente de travail.

CSS, art. L. 342-6 et R. 342-6.

Percepteur

[Droit financier ou fiscal]

Naguère, *comptable public* gérant une *perception*. Bien que le titre ait disparu, la langue courante continue souvent de nommer ainsi le comptable du Trésor gérant une *trésorerie* et chargé de percevoir les impôts directs (impôt sur le revenu, impôts locaux) et une grande variété de produits non fiscaux comme les amendes pénales. Dans les communes rurales il est également le comptable des communes de sa circonscription et à ce titre il en paie également les dépenses.

→ *Recettes des impôts.*

Perception

[Droit financier ou fiscal]

→ *Trésorerie.*

Péremption

[Droit civil]

Anéantissement, du fait de l'écoulement d'un délai déterminé, de certains actes, sans retentissement sur le droit qui les justifie. Ainsi l'inscription hypothécaire se périme au bout d'un certain délai, en ce sens que le créancier perd le bénéfice de la date de l'inscription primitive qui fixait le rang en cas de concours avec d'autres créanciers hypothécaires, mais il conserve tout de même son hypothèque après l'expiration du délai.

C. civ., art. 2435.

Péremption de l'instance

[Procédure civile]

Extinction du lien d'instance prononcée, à la demande de l'adversaire, quand la partie a laissé passer un délai de 2 ans sans poursuivre la procédure.

La péremption n'empêche pas de renouveler la demande, si la prescription n'est pas déjà accomplie.

CPC, art. 386 s. et 1009-2.

Péremption du jugement

[Procédure civile]

Anéantissement du jugement par défaut ou du jugement réputé contradictoire (au seul motif qu'il est susceptible d'appel) lorsqu'il n'a pas été notifié dans les 6 mois de sa date.

CPC, art. 478.

Performance (publique)

[Droit administratif/Droit financier ou fiscal]

Concept officiellement introduit par la réforme du budget de l'État appliquée en 2006 pour souligner l'exigence de qualité dans la gestion administrative et financière de celui-ci, en s'inspirant du principe « des trois E » (Économie, Efficacité, Efficience) des *Government Auditing Standards* des États-Unis. Dans une présentation générale, une action publique peut être qualifiée de performante (ou d'efficiente) quand les objectifs ont été atteints (efficacité) en ne mobilisant que les moyens financiers et matériels nécessaires (économie); en termes plus économiques, l'efficience est réalisée quand le maximum d'*outputs* a été obtenu avec le minimum d'*inputs*. Afin de faciliter l'évaluation de la performance publique, la *loi de finances* comporte des projets annuels de performance (PAP), et la loi de *règlement* correspondante des rapports annuels de performance (RAP).

La recherche de la performance publique s'inscrit dans la démarche dite d'optimisation des ressources (*value for money*) des Anglo-Saxons.

Péril en la demeure

[Procédure civile]

→ *Nécessité.*

Période complémentaire

[Droit financier ou fiscal]

En *comptabilité publique*, période durant laquelle des paiements ou des recettes correspondant à des dettes ou à des créances nées au cours d'une année n peuvent être encore exécutés au début de l'année n + 1 tout en étant comptabilisés dans le budget de l'année n. Cet assouplissement au système de la *gestion* est en principe de 20 jours pour l'État. Dans les *collectivités territoriales* il porte le nom de journée complémentaire, la journée comptable du 31 décembre étant fictivement prolongée de plusieurs jours.

Période de sûreté

[Droit pénal]

Mesure d'exécution des peines privatives de liberté non assorties du sursis, selon laquelle le condamné ne peut bénéficier pendant une période variable, des dispositions concernant la suspension ou le fractionnement de la peine, le placement à l'extérieur, les permissions de sortir et la libération conditionnelle. Elle est obligatoire pour certaines infractions lorsque la peine prononcée est égale ou supérieure à 10 ans; d'une durée égale à la moitié de la peine ou de 18 ans en cas de peine perpétuelle, elle peut être portée aux 2/3 de la peine ou à 22 ans, voire exceptionnellement à 30 ans pour quelques infractions; elle est facultative dans les autres cas lorsque la peine prononcée est supérieure à 5 ans; sa durée ne peut excéder les 2/3 de la peine ou 22 ans en cas de peine perpétuelle. Cette mesure n'est pas applicable aux mineurs.

C. pén., art. 132-23; Ord. 2 févr. 1945, art. 20-2, al. 9.

Période de survie

[Droit du travail]

Expression de la langue des juristes pour désigner la période qui s'ouvre au moment où la dénonciation d'une convention ou d'un accord collectif de travail devient effective (au terme du délai de préavis) et pendant laquelle le texte dénoncé continue à produire effet. Cette période dure au maximum un an à compter de l'expiration du préavis de dénonciation.

C. trav., art. L. 2261-10.

Période d'observation

[Droit commercial]

Période ouverte par le jugement de sauvegarde ou de redressement judiciaire (le jugement d'ouverture) au cours de laquelle est préparé un plan de sauvegarde ou de redressement de l'entreprise.

La période d'observation ne peut dépasser la durée d'une année que de manière exceptionnelle.

C. com., art. L. 621-3 et 631-7.

Période suspecte

[Droit commercial]

Dans les procédures de redressement et de liquidation judiciaires, période qui s'étend de la date de cessation des paiements à la date du jugement d'ouverture de la procédure. La date de la cessation des paiements retenue par le tribunal détermine donc la durée de la période suspecte, laquelle ne peut excéder 18 mois, ou 24 mois dans certains cas exceptionnels.

Les actes accomplis par le débiteur pendant cet intervalle peuvent être frappés de nullité lorsqu'ils portent atteinte à l'actif disponible de l'entreprise. Certains de ces actes sont nuls en raison de leur nature même, d'autres ne le sont qu'à la condition que le contractant ait eu connaissance de l'état de cessation des paiements au moment de la réalisation de l'acte suspect.

C. com., art. L. 632-1 s.

Périodes assimilées

[Sécurité sociale]

Dans le droit de la Sécurité sociale, certaines prestations ne sont accordées que si l'assuré justifie des conditions de durée de travail, de cotisations ou d'immatriculation. C'est la raison pour laquelle la législation assimile à des périodes d'activité des périodes d'inactivité professionnelle involontaire, comme le chômage, la maladie ou l'accident du travail. Elles sont qualifiées de périodes assimilées.

CSS, art. L. 351-3.

Permis de conduire

[Droit pénal]

• *Suspension* : sanction consistant en une interdiction provisoire de conduire, prononcée, soit par le préfet à titre de mesure administrative contre un conducteur responsable d'infractions graves aux règles de la circulation routière, soit par le tribunal correctionnel ou de police à titre de peine complémentaire facultative sanctionnant certaines infractions routières ou non. Cette sanction peut également être prononcée à titre de substitut à une courte peine d'emprisonnement.

C. route, art. L. 224-2; C. pén., art. 131-6 et 14.

• *Retrait* : annulation du permis de conduire prononcée à titre de sanction par le tribunal.

• *Rétention* : retrait du permis de conduire, à titre conservatoire, effectué par les officiers ou agents de police judiciaire à la suite d'un dépistage positif d'une imprégnation alcoolique, du constat d'une ivresse manifeste ou d'un soupçon d'usage de stupéfiants du conducteur d'un véhicule ou de l'accompagnateur d'un élève conducteur. Le retrait peut aussi être motivé par un refus opposé par le conducteur au dépistage de l'alcoolémie ou des substances classées comme stupéfiants ou pour un dépassement de la vitesse autorisée de 40 km/heure ou plus.

C. route, art. L. 224-1.

• *Perte de validité* : effet de plein droit de la réduction du nombre de points affectant le permis de conduire à la suite de certaines infractions, lorsque ce nombre devient nul.

C. route, art. L. 223-1.

Permis de construire

[Droit administratif]

Autorisation préalable à la généralité des constructions et travaux connexes, qui a pour but de vérifier que l'édifice respectera les règles d'urbanisme et de construction en vigueur.

C. urb., art. L. 421-1 s.

Permission de sortir

[Droit pénal]

Autorisation accordée à un détenu, sous certaines conditions variables notamment selon que le condamné est, ou non, en état de récidive légale, de s'absenter d'un établissement pénitentiaire, pendant un temps déterminé qui s'impute sur la durée de la peine en cours d'exécution, pour lui permettre de préparer sa réinsertion professionnelle ou sociale, pour maintenir ses liens familiaux ou pour accomplir une obligation exigeant sa présence.

C. pr. pén., art. D. 142 s.

Permission de voirie

[Droit administratif]

Acte administratif unilatéral autorisant une occupation privative – et donc anormale – d'une portion de la *voirie* par un particulier, moyennant une redevance. Cette permission, précaire, est révocable sans indemnité.

→ *Concession de voirie.*

Perquisition

[Procédure pénale]

Recherche policière ou judiciaire des éléments de preuve d'une infraction. Strictement réglementée elle peut être réalisée au domicile de toute personne ou en tout autre lieu où pourraient se trouver des objets, documents ou données informatiques, dont la découverte serait utile à la manifestation de la vérité.

C. pr. pén., art. 56 s., 76, 92, 94 s., 706-89 s.

Persona grata

[Droit international public]

Expression latine signifiant « personne agréée », employée pour désigner l'agent diplomatique qui jouit de la confiance du gouvernement auprès duquel il est ou doit être accrédité. La désignation comme *persona non grata* équivaut au refus de l'agrément ou à l'invitation au rappel de l'agent diplomatique.

→ *Agrément.*

Personnalisation du pouvoir

[Droit constitutionnel]

Phénomène d'identification du pouvoir, par les gouvernés, à un gouvernant déterminé.

Ne pas confondre pouvoir personnalisé et pouvoir personnel : celui-ci n'est autre chose que l'omnipotence d'un gouvernant dont l'action ne connaît pas de limites, alors que le pouvoir personnalisé peut s'exercer dans le respect des règles constitutionnelles (ex. : Adenauer en Allemagne, de Gaulle en France).

Personnalité des lois

[Droit international privé]

Système juridique selon lequel plusieurs lois sont susceptibles d'être appliquées sur un même territoire, en raison de la coexistence de groupes ethniques différents : le rattachement de la personne au groupe ethnique entraîne application à l'individu de la loi qui régit ce groupe.

Personnalité des peines

[Droit pénal]

Principe selon lequel une peine ne peut frapper une personne autre que celle à qui les faits peuvent être reprochés soit comme auteur, soit comme complice.

C. pén., art. 121-1.

Personnalité internationale

[Droit international public]

Capacité d'être titulaire de droits et de devoirs internationaux. Les organisations internationales sont, comme les États, des personnes internationales, mais leur capacité juridique est moins complète que celle des États : c'est une capacité fonctionnelle, qui dépend des buts et fonctions de l'organisation.

Personnalité juridique

[Droit général]

Aptitude à être sujet de droit qui est reconnue de plein droit et sans distinction à tous les êtres humains (personnes physiques) et, sous certaines conditions, variables selon leur nature, aux *personnes morales*.

→ *Personne juridique.*

Personnalité morale

[Droit général]

Nom donné à la *personnalité juridique* des *personnes morales*.

→ *Être moral.*

Personne

[Droit général]

À défaut de précision explicite ou résultant du contexte, terme pouvant désigner aussi bien une personne morale qu'une personne physique.

Personne juridique

[Droit général]

Titulaire de droits et d'obligations ayant, de ce fait, un rôle dans l'activité juridique.

On dit également : sujet de droits. Tous les *êtres humains* sont des personnes juridiques.

→ *Corps humain, Personnalité juridique.*

Personne mise en examen

[Droit pénal]

→ *Mise en examen.*

Personne morale

[Droit général]

Groupement doté de la personnalité juridique, donc titulaire lui-même de droits et d'obligations abstraction faite de la personne des membres qui le composent : société, association, syndicat, État, collectivités territoriales, établissements publics.

La Cour de cassation affirme, s'agissant du droit privé, que « la personnalité morale n'est pas une création de la loi »; qu'elle appartient, en principe, à tout groupement pourvu d'une possibilité d'expression collective pour la défense d'intérêts licites, dignes, par suite, d'être juridiquement reconnus et protégés.

GAJF n° 21; GACJ, t. 1, n° 18-19.

→ *Être moral, Personnalité morale.*

Personne publique

[Droit administratif]

Terme générique désignant une collectivité publique : État, *collectivité territoriale*, *établissement public*.

Personne vulnérable

[Droit pénal]

Circonstance aggravante de nombreuses infractions, tenant au fait que la victime, en raison de son âge, d'une maladie, d'une infirmité, d'une déficience physique ou psychique, d'un état de grossesse, mérite une protection particulière dès lors que cette situation est apparente ou connue de l'auteur des faits.

Perte de fondement juridique

[Procédure civile]

Survenance, après le prononcé d'une décision, d'un événement entraînant la disparition d'un élément de fait ou de droit qui lui servait de fondement juridique, telle l'intervention d'une loi nouvelle déclarée applicable aux faits antérieurs à son entrée en vigueur. La décision, irréprochable, à l'origine, devient critiquable par le pourvoi en cassation.

Perte de la chose due

[Droit civil]

→ *Res perit domino.*

Perte d'une chance

[Droit civil]

Préjudice résultant de la disparition, due au fait d'un tiers, de la probabilité d'un événement favorable et donnant lieu à une réparation mesurée sur la valeur de la chance perdue déterminée par un calcul de probabilités et qui ne peut être égale à l'avantage qu'aurait procuré cette chance si elle s'était réalisée.

Pertinence

[Procédure civile]

Adéquation des moyens à l'objet du litige. S'entend, essentiellement, de la pertinence de l'*allégation* des faits qui doit tomber directement sur l'espèce et de la pertinence de la *preuve* qui doit conduire à une démonstration appropriée. La pertinence est, dans les 2 cas, souverainement appréciée par le juge. Mais la reconnaissance de la pertinence d'une allégation ou d'une preuve n'enlève pas au juge sa liberté de décision.

CPC, art. 6, 9 et 222.

→ *Demandeur.*

Petit dépôt de nuit

[Procédure pénale]

Expression désignant la possibilité exceptionnelle de retenir, en cas de nécessité, une personne faisant l'objet d'un *déferement* devant un magistrat à l'issue d'une garde à vue, pendant une période maximum de 20 heures à compter du moment précis où la garde à vue a été levée.

C. pr. pén., art. 803-2 et 803-3.

Petita

[Procédure (principes généraux)]

→ *Extra petita, Infra petita, Ultra petita.*

Pétition

[Droit constitutionnel]

Recours gracieux que les citoyens peuvent adresser par écrit aux assemblées parlementaires pour dénoncer un abus de l'Administration, préconiser une modification législative, etc. Procédé aujourd'hui peu utilisé.

Pétition d'hérédité

[Droit civil]

Action en justice accordée à l'héritier quel qu'il soit (successeur universel, à titre universel, légataire, institué contractuel) pour faire reconnaître sa vocation successorale contre ceux qui détiennent les biens de l'hérédité et se prétendent seuls héritiers. Elle est portée devant le TGI du lieu d'ouverture de la succession.

GAJC, t. 1, n° 102.

Pétitoire

[Procédure civile]

→ *Action pétitoire, Action possessoire.*

Phare

[Droit international public]

Programme de l'Union européenne pour l'assistance et la reconstruction économique des pays d'Europe centrale et orientale.

Pièces

[Procédure (principes généraux)]

Documents utilisés par les plaideurs à l'appui de leurs prétentions ou de leurs dénégations et qu'ils doivent respectivement se communiquer en vue d'une discussion contradictoire. Ces documents qui peuvent avoir une origine officielle ou privée, contiennent le plus souvent des écrits, des éléments de compte, des représentations figuratives (plan, modèle, etc.).

CPC, art. 15, 16, 56 et 132 s.

→ *Communication électronique, Communication de pièces, Compulsoire, Documents.*

[Procédure civile]

À la requête d'une partie, le juge peut ordonner à un tiers de fournir certains documents nécessaires à la connaissance de faits litigieux.

CPC, art. 11, 138.

→ *Action ad exhibendum, Injonction, Tiers.*

Pièces à conviction

[Procédure pénale]

Tout objet produit devant une juridiction répressive et qui a pour objectif d'attester de la matérialité d'une infraction. Elles sont le plus souvent obtenues dans le cadre d'une visite domiciliaire ou d'une perquisition suivie d'une saisie.

Pigiste

[Droit du travail]

Journaliste professionnel, collaborateur occasionnel d'une entreprise d'information. Libre de son temps, de la nature de ses articles, il n'est pas placé à ce titre dans un rapport de subordination avec l'entreprise bénéficiaire de ses services; il est rémunéré à la pige, c'est-à-dire à l'article. Toutefois la loi du 4 juillet 1974 et les conventions collectives rapprochent le pigiste du journaliste salarié.

Pignoratif

[Droit civil]

Relatif au gage.

→ *Contrat pignoratif.*

Piliers

[Droit européen]

Nom donné au volet « *politique étrangère et de sécurité commune* » et à celui « coopération judiciaire et pénale » nés avec le traité de *Maastricht*. À côté du pilier communautaire et monétaire, ces 2 piliers s'organisaient autour de mécanismes essentiellement intergouvernementaux. Le traité de Lisbonne (entré en vigueur au 1er déc. 2009) supprime les piliers. L'ensemble de l'action de l'Union relève désormais des règles en vigueur pour les politiques communes, même si sont maintenues certaines dispositions spécifiques pour la politique étrangère et de sécurité comme pour l'espace de liberté, de sécurité et de justice.

Piquet de grève

[Droit du travail]

Rassemblement de grévistes, généralement à l'entrée de l'entreprise où se déroule le conflit collectif. S'il s'agit pour les grévistes d'informer leurs camarades et de les inviter à se joindre au mouvement, le piquet, sous cet aspect, est licite; s'il s'agit au contraire de faire obstacle à l'exercice de la liberté du travail, il est irrégulier.

Pirate

[Droit international public/Droit pénal]

Hors-la-loi qui, au contraire du corsaire, n'avait pas de lettre de marque et se livrait, pour son propre compte, à des actions de pillages sur mer.

ACTU

Piraterie

[Droit pénal]

Crime consistant, pour toute personne se trouvant à bord d'un aéronef en vol, d'un navire en mer ou de tout autre moyen de transport collectif, à s'en emparer ou à en exercer le contrôle par violence ou menace de violence. Une loi du 5 janvier 2011, ayant pour objet de lutter principalement contre la piraterie maritime, précise les conditions des contrôles en haute mer par des bâtiments de l'État chargés de la surveillance en mer et les pouvoirs des agents lors de la visite des navires (saisies, déroutement du navire, rétention à bord). Les mesures de coercition prises à l'encontre des personnes retenues à bord ainsi que les garanties dont elles doivent bénéficier sont définies par le Code de la défense et réalisées sous le contrôle des autorités judiciaires.

C. pén., art. 224-6; C. déf., art. L. 1521-11 à L. 1521-18.

→ *Détournement d'aéronef ou de navire.*

Piste cyclable

[Droit général]

Chaussée exclusivement réservée aux cycles à 2 ou 3 roues.

C. route, art. R. 110-2.

Placement

[Droit du travail]

Rapprochement de l'offre et de la demande d'emploi.

→ *Bureau de placement, Pôle emploi.*

[Procédure civile]

→ *Mise au rôle.*

ACTU

Placement à l'extérieur

[Procédure pénale]

Mode d'exécution des peines privatives de liberté aux termes duquel le condamné est astreint à exercer sous le contrôle de l'administration, des activités en dehors de l'établissement pénitentiaire et doit rejoindre ledit établissement en dehors des périodes nécessaires à cette activité.

Cette mesure peut être décidée *ab initio* par la juridiction de jugement pour toute peine égale ou inférieure à 2 ans d'emprisonnement, y compris dans le cadre d'un sursis partiel, durée ramenée à un an en cas de récidive si le condamné justifie d'une activité professionnelle ou d'une assiduité au suivi d'un stage, d'un enseignement, d'une formation professionnelle, de la recherche d'un emploi (1er), de sa participation essentielle à la vie de sa famille (2e), de la nécessité de suivre un traitement médical (3e), de l'existence d'efforts sérieux de réadaptation sociale résultant d'un engagement durable dans un projet d'insertion (4e).

Le juge de l'application des peines peut également décider de cette mesure dans le cadre de l'aménagement des peines pour des sanctions de même durée ou comme préalable à une mesure de libération conditionnelle. Ce magistrat est chargé dans tous les cas de la mise en œuvre de cette mesure dont il peut modifier les conditions d'application ou décider du retrait.

Le travail à l'extérieur est exécuté selon les cas sous surveillance du personnel pénitentiaire ou sans surveillance de ce personnel.

C. pén., art. 122-26; C. pr. pén., art. 723-1.

→ *Placement sous surveillance électronique.*

Placement à l'isolement

[Procédure pénale]

Décision, prise par l'autorité administrative pénitentiaire, de soumettre un détenu à un régime excluant tout contact avec les autres prisonniers, notamment, par un encellulement individuel pour des raisons de protection ou de sécurité. La décision est prise d'office ou à la demande du détenu pour 3 mois et n'est renouvelable pour la même durée qu'après un débat contradictoire. La prolongation au delà d'un an implique un avis de l'autorité judiciaire.

La mesure peut également être décidée à l'encontre d'un prévenu par un juge d'instruction ou un juge des libertés et de la détention, si elle est indispensable aux nécessités de l'information. La décision prise par ordonnance susceptible d'appel, ne peut excéder la durée du mandat de dépôt mais peut être renouvelée à chaque prolongation de la détention.

C. pr. pén., art. 145-4-1 et 726-1 s.

Placement sous surveillance électronique mobile

[Droit pénal]

Mesure de sûreté post-carcérale intervenant généralement dans le cadre d'un suivi sociojudiciaire pour des personnes majeures, condamnées à une privation de liberté égale ou supérieure à 7 ans, dont la dangerosité a été établie par une expertise médicale.

La décision prise par la juridiction de jugement, spécialement motivée en cas de délit et à une majorité qualifiée pour un crime doit apparaître indispensable pour prévenir la récidive et implique le consentement du condamné. Néanmoins son refus, de même que tout manquement à ses obligations, pourra entraîner la mise à exécution de la peine d'emprisonnement préalablement fixée par la juridiction de jugement pour faire face à de telles hypothèses.

La mesure emporte obligation, pour la personne qui y est soumise, de porter un émetteur dit bracelet électronique pour une durée de 2 ans, renouvelable une fois en matière délictuelle et 2 fois en matière criminelle, permettant à tout moment de déterminer à distance sa localisation sur le territoire national.

La mesure qui s'applique à compter du jour ou la privation de liberté prend fin sera effectivement mise en œuvre par le juge de l'application des peines.

La mesure s'applique également dans le cadre d'une libération conditionnelle, d'une surveillance judiciaire des personnes dangereuses ou d'une surveillance de sûreté.

C. pén., art. 131-36-9 s.; C. pr. pén., art. 706-53-19, 723-30, 731-1 et 763-10 s.

ACTU

Placement sous surveillance électronique statique

[Droit pénal]

Modalité d'exécution des peines privatives de liberté. Cette alternative à l'incarcération consiste à s'assurer de la présence du condamné, à des périodes fixées, dans un lieu déterminé par le juge de l'application des peines, en général le domicile, au moyen d'un système électronique de contrôle à distance, matérialisé par un bracelet fixé à la cheville.

Cette mesure peut être décidée *ab initio* par la juridiction de jugement pour toute peine égale ou inférieure à 2 ans d'emprisonnement, y compris dans le cadre d'un sursis partiel, durée ramenée à un an en cas de récidive si le condamné, dont l'accord est indispensable, justifie d'une activité professionnelle ou d'une assiduité au suivi d'un stage, d'un enseignement, d'une formation professionnelle, de la recherche d'un emploi (1er); de sa participation essentielle à la vie de sa famille (2e); de la nécessité de suivre un traitement médical (3e); de l'existence d'efforts sérieux de réadaptation sociale résultant d'un engagement durable dans un projet d'insertion (4e).

Elle peut également être décidée par le juge de l'application des peines pour des sanctions de même durée dans le cadre général d'un aménagement de peine ou d'une période probatoire préalable à une

libération conditionnelle. Ce magistrat est chargé dans tous les cas de la mise en œuvre de cette mesure dont il peut modifier les conditions d'application ou décider du retrait.
Elle peut encore être décidée par le juge d'instruction ou le juge des libertés et de la détention, au titre des obligations du contrôle judiciaire ou comme conséquence d'une assignation avec surveillance électronique.
Elle constitue enfin la modalité normale des 4 derniers mois des peines d'emprisonnement d'une durée inférieure ou égale à 5 ans lorsqu'aucune mesure d'aménagement n'a été ordonnée 6 mois avant l'expiration de la peine.

C. pén., art. 132-26-1 s.; C. pr. pén., art. 723-7 s. et 723-28.

Placement sous surveillance judiciaire

[Droit pénal]

Peine applicable aux personnes morales dont l'objectif est de contrôler le comportement de l'être moral sanctionné afin d'éviter toute récidive. Cette mesure entraîne la désignation d'un mandataire de justice chargé d'une mission dont il devra rendre compte tous les 6 mois.

C. pén., art. 131-39-3e et 131-46.

Placet

[Procédure civile]

Désignait autrefois (et aujourd'hui encore dans la pratique du palais), l'acte remis au greffe par l'avoué du demandeur pour l'*enrôlement* d'une affaire civile. Le mot vient de ce que l'acte, copie intégrale de l'assignation délivrée au défendeur par le demandeur, contient la formule « qu'il plaise au tribunal ». On se contente aujourd'hui de la remise au greffe ou au secrétariat de la juridiction d'une copie de l'assignation.

CPC, art. 757 et 857.

→ *Saisine.*

Plafond

[Sécurité sociale]

Dans le droit de la Sécurité sociale, les rémunérations perçues par les salariés ne doivent être prises en compte pour le calcul des cotisations que jusqu'à concurrence d'un certain montant appelé plafond. Toutefois, désormais, certaines cotisations sont déplafonnées et portent sur la totalité des salaires.

CSS, art. D. 242-16.

Plafond légal de densité (PLD)

[Droit administratif]

Limite de densité de construction pouvant être instituée par tout *établissement public de coopération intercommunale* (ou par un conseil municipal), exprimée sous la forme d'un rapport entre la surface de plancher d'une construction et la surface du terrain où elle sera implantée. Au-delà, l'exercice du droit de construire est considéré comme n'étant plus attaché à la propriété du sol, mais comme appartenant à la collectivité, qui peut autoriser (ou non) le dépassement du plafond. Dans ce cas, avant la loi du 13 décembre 2000, une redevance pour dépassement du PLD était exigée du bénéficiaire du *permis de construire* (à titre transitoire, elle est en principe maintenue pour des raisons budgétaires là où elle existait).

C. urb., art. L. 112-2.

→ *Coefficient d'occupation des sols (COS).*

Plafonnement de l'impôt

[Droit financier]

→ *Bouclier fiscal.*

Plaider coupable (Procédure du)

[Procédure pénale]

→ *Comparution sur reconnaissance préalable de culpabilité.*

Plaideur

[Procédure civile]

Dans le langage du palais, désigne celui qui est partie à un procès comme demandeur, défendeur, intervenant, non celui qui plaide la cause (généralement l'avocat). Néanmoins, la partie assistée de son représentant peut présenter elle-même des observations orales, le juge ayant la faculté de lui retirer la parole si la passion ou l'inexpérience l'empêche de discuter sa cause avec la décence convenable ou la clarté nécessaire.

CPC, art. 441.

→ *Partie.*

Plaidoirie

[Procédure (principes généraux)]

Exposé verbal, à l'audience, des prétentions, preuves et arguments des parties. Devant les tribunaux de droit commun, les avocats jouissent du monopole de la plaidoirie.

Dans certaines procédures, les avocats peuvent accepter de déposer leurs dossiers sans plaider, après avoir donné de brèves explications orales (procédure devant le tribunal de grande instance, devant le tribunal de commerce). L'évolution de la procédure civile tend à réduire le rôle de la plaidoirie.

CPC, art. 440.

→ *Jugement sur pièces, Mémoire.*

[Procédure administrative]

Devant les juridictions administratives, en raison du caractère écrit de leur procédure, les plaidoiries ont moins d'importance que devant les tribunaux judiciaires. Au Conseil d'État, seuls les *avocats aux Conseils* peuvent présenter des observations orales, à la différence des tribunaux administratifs où les parties peuvent présenter elles-mêmes leurs observations.

Plainte

[Procédure pénale]

Acte par lequel la partie lésée par une infraction porte celle-ci à la connaissance du procureur de la République, directement ou par l'intermédiaire d'une autre autorité.

C. pr. pén., art. 40.

Plainte avec constitution de partie civile

[Procédure pénale]

Acte par lequel la partie lésée par un crime ou un délit met l'action publique en mouvement devant le juge d'instruction et, le cas échéant, exerce l'action civile. La plainte initiale déposée entre les mains du juge d'instruction oblige celui-ci, sauf si la poursuite s'avère impossible, à ouvrir une information.

GAPP n° 7.

Néanmoins la recevabilité de cette constitution, s'agissant de la plupart des délits, n'est dorénavant possible que si la personne justifie, soit que le procureur de la République lui a fait connaître, à la suite d'une plainte déposée devant lui ou un service de police judiciaire, qu'il n'engagera pas lui-même les poursuites, soit qu'un délai de 3 mois s'est écoulé depuis le dépôt de la plainte, délai courant à compter du récépissé de dépôt ou de la lettre recommandée avec avis de réception de l'envoi de la plainte ou de la copie au magistrat de la plainte déposée auprès de la police.

C. pr. pén., art. 85 s.

Plan conventionnel de redressement

[Droit civil]

Plan adopté dans le cadre de la procédure devant la *commission départementale de surendettement* des particuliers, qui a pour but de faciliter la résorption du passif du débiteur surendetté. Ce plan, qui doit être approuvé par le débiteur et les principaux créanciers, peut comporter des mesures de report ou de rééchelonnement des paiements des dettes, de réduction ou de suppression du taux d'intérêt, de substitution de garantie, etc.

C. consom., art. L. 331-6 et R. 331-16 s.

→ *Reste à vivre, Rétablissement personnel (procédure de), Surendettement.*

Plan d'épargne d'entreprise

[Droit du travail]

Système d'épargne collective ouvrant aux salariés de l'entreprise la faculté de participer, avec l'aide de celle-ci, à la constitution d'un portefeuille de valeurs mobilières. L'apport des salariés peut résulter des versements au titre de la participation aux *fruits* de l'expansion; le complément patronal est appelé abondement. Depuis la loi n° 2001-152 du 19 février 2001, il est également possible de mettre en place par convention ou accord collectif de travail un plan d'épargne interentreprises.

C. trav., art. L. 3332-1 s. et R. 3332-1 s.

Plan d'épargne pour la retraite

[Droit du travail]

Créé par la loi n° 2001-152 du 19 février 2001, le plan d'épargne pour la retraite collectif est institué par convention ou accord collectif de travail et permet aux salariés d'effectuer périodiquement des versements, notamment de sommes issues de l'*intéressement* ou de la *participation*, sur un compte d'épargne. Les sommes ou valeurs inscrites sur ce compte doivent en principe être conservées jusqu'à la retraite et sont ensuite délivrées sous forme de rente viagère acquise à titre onéreux. Le versement sous forme de capital peut être prévu dans le texte conventionnel établissant le plan.

C. trav., art. L. 3334-1 s.

Plan de cession

[Droit commercial]

Dans les procédures de redressement et de liquidation judiciaires, le plan permet la cession totale ou partielle de l'entreprise; dans ce dernier cas, la cession porte sur un ensemble d'éléments d'exploitation formant une ou plusieurs branches complètes et autonomes d'activités.

→ *Plan de continuation.*

Plan de continuation

[Droit commercial]

Plan de redressement qui admet la poursuite de l'exploitation de l'entreprise par le débiteur lui-même. Le plan de continuation est ordonné lorsque le maintien du débiteur paraît souhaitable à la poursuite de l'activité et s'il existe des possibilités sérieuses de redressement et de règlement du passif, la continuation de l'entreprise pouvant s'accompagner, s'il y a lieu, de l'arrêt, de la cession ou de l'adjonction de certaines branches d'activité.

→ *Plan de cession.*

Plan de développement économique et social

[Droit administratif]

Après la Seconde Guerre mondiale, dans le cadre d'une économie internationale largement cloisonnée, la France a lancé une série de plans quinquennaux, non autoritaires, en vue de planifier la reconstruction, puis le développement, de son économie.

Depuis 1993 le système originaire des plans économiques quinquennaux, préparés par le gouvernement et adoptés par le Parlement, a été abandonné de fait, pour 2 raisons principales : techniquement il devenait de plus en plus difficile de définir plusieurs années à l'avance l'évolution de l'économie française dans un système d'économies ouvertes (mondialisation), politiquement la planification même souple était difficilement conciliable avec les exigences d'une économie libérale. Le Commissariat général au Plan avait néanmoins subsisté, avec une mission de réflexion prospective sur les orientations stratégiques de l'État dans certains domaines (emploi, santé, intégration sociale), jusqu'à son remplacement en 2006 par le *Centre d'analyse stratégique*.

Plan de redressement

[Droit commercial]

Dans la procédure de redressement judiciaire, le plan de redressement tend à assurer la poursuite de l'activité de l'entreprise, le maintien de l'emploi et l'apurement du passif.

Le plan de redressement permet donc la continuation de l'entreprise par ses dirigeants ou la cession totale ou partielle de cette dernière.

C. com., art. L. 631-1.

→ *Redressement judiciaire.*

Plan de sauvegarde

[Droit commercial]

Le plan de sauvegarde a pour but d'assurer le redressement de la situation économique de l'entreprise et donc de maintenir l'emploi tout en assurant le paiement des créanciers, le tout sous la gestion du débiteur lui-même.

En procédure de sauvegarde, la cession ne peut être que partielle et ne peut concerner qu'une ou plusieurs branches d'activité.

C. com., art. L. 626-1 s.

→ *Sauvegarde.*

Plan de sauvegarde de l'emploi

[Droit du travail]

Ensemble des mesures prises par l'employeur à l'occasion d'un licenciement collectif pour motif économique, et destinées à éviter des licenciements et à faciliter le reclassement du personnel licencié. Ce plan est soumis au comité d'entreprise et l'autorité administrative est associée à son suivi.

C. trav., art. L. 1233-61 s.

GADT n° 108 et 110-111.

Plan de transport

[Droit du travail]

Plan que doit établir une entreprise de transports terrestres réguliers de voyageurs pour adapter son organisation aux dessertes prioritaires et niveaux de service à maintenir (fréquences et plages horaires) définis par l'autorité organisatrice des transports (État, région, département, commune…) en cas de perturbations prévisibles de trafic (dont en particulier les grèves).

Plan d'occupation des sols (POS)

[Droit administratif]

→ *Plans locaux d'urbanisme.*

Plan Fouchet

[Droit européen]

Nom donné à l'initiative prise par le général De Gaulle en 1960 pour établir une union politique européenne sur une base confédérale. Le projet de traité élaboré par une commission d'experts présidée par Christian Fouchet (projet présenté en nov. 1961) fut abandonné en 1962 faute d'accord.

Plan Schuman

[Droit européen]

Déclaration de Robert Schuman, alors ministre français des Affaires étrangères, proposant, à l'initiative de Jean Monnet, le 9 mai 1950, une mise en commun des ressources de charbon et d'acier de la France et de l'Allemagne dans une organisation ouverte aux autres pays d'Europe. Donne naissance à la CECA et est considérée comme le point de départ du processus de construction européenne.

Plans locaux d'urbanisme

[Droit administratif]

Documents de planification stratégique de l'espace communal, établis à l'échelle d'une ou plusieurs communes, qui déterminent l'affectation des sols par zones (constructibles, non constructibles), les voies de circulation à conserver ou à créer, les paysages et l'environnement à préserver, les règles concernant les constructions autorisées et notamment la densité de construction admise (*coefficients d'occupation des sols [COS]*).

Ils succèdent aux anciens plans d'occupation des sols, dont l'objet était essentiellement limité à la définition de celle-ci. Ils doivent être compatibles avec les autres documents de planification de l'espace, notamment avec le *schéma de cohérence territoriale* dans l'aire duquel ils s'inscrivent. Les *permis de construire* délivrés doivent en respecter les dispositions.

C. urb., art. L. 123-1 s.

Planche à billets

[Droit financier ou fiscal]

« Faire fonctionner la planche à billets » : expression familière, qui était utilisée naguère pour désigner une création excessive de monnaie par la Banque de France, en vue notamment d'aider le Trésor public à financer le *découvert de la loi de finances*.

Aujourd'hui, les concours directs ou indirects de la *Banque de France* à l'État sont interdits.

Plateau continental

[Droit international public]

Prolongement submergé du territoire sur lequel l'État côtier exerce des droits souverains pour l'exploitation des ressources. La convention de Montego Bay du 10 décembre 1982 fixe sa limite à 200 milles et reconnaît même le maintien des droits acquis au-delà des 200 milles jusqu'à 350 milles ou 100 milles de l'isobathe des 2 500 mètres.

Plébiscite

[Droit constitutionnel]

Déviation du *référendum* consistant en ce que les électeurs sont moins appelés à se prononcer sur un texte qu'à témoigner leur confiance à l'homme d'État qui le leur soumet (ex. : plébiscites napoléoniens).

[Droit international public]

Consultation collective des habitants d'un territoire à céder pour savoir s'ils acceptent ou non l'annexion (on emploie aussi le mot référendum).

Plein contentieux (Recours de)

[Droit administratif]

Synonyme de *pleine juridiction*.

→ *Recours.*

Plein emploi

[Droit du travail]

→ *Emploi.*

Pleine juridiction

[Droit administratif/Procédure (principes généraux)]

On dit qu'une juridiction – spécialement administrative – a des pouvoirs de pleine juridiction quand elle peut à la fois connaître de tous les éléments de fait et de droit d'un litige et prendre toute décision de nature à corriger pleinement la violation du droit qui était intervenue. Par exemple, quand elle peut non seulement annuler une décision administrative ou un contrat mais, selon les cas, par exemple condamner la *personne publique* à payer une indemnité, ou modifier le contenu d'une décision administrative comme – notamment – en contentieux fiscal. La possibilité pour le plaideur d'accéder à un stade de la procédure à une juridiction disposant de pouvoirs de pleine juridiction est l'une des conditions d'existence d'un « recours effectif », qui est l'une des composantes du concept européen du *procès équitable*.

GAJA n° 23 et 90.

→ *Plein contentieux (Recours de), Recours.*

En droit judiciaire privé, l'expression est employée, soit comme synonyme de juridiction de droit commun par opposition à juridiction d'exception, soit pour désigner les juges du fond par opposition au juge de cassation (qui ne connaît que du droit).

→ *Juridiction de droit commun, Juridiction d'exception, Plénitude de juridiction.*

Pleins pouvoirs (Loi de)

[Droit constitutionnel]

Expression employée pour désigner la loi par laquelle le Parlement habilite le gouvernement à prendre, pour une durée déterminée, des actes réglementaires dans des matières relevant normalement de la compétence législative.

→ *Décret-loi.*

Plénipotentiaire

[Droit international public]

Personne habilitée, en vertu des pleins pouvoirs dont elle est munie, à représenter un gouvernement dans une négociation ou pour l'accomplissement d'une mission. Ministre plénipotentiaire de la 2e classe.

→ *Rang diplomatique.*

Plénitude de juridiction

[Procédure civile]

Qualité appartenant, parmi les juridictions de droit commun en matière civile, à la seule cour d'appel. Elle lui permet de connaître en appel les affaires qui ont été portées au premier degré, devant un tribunal qui n'était pas compétent. La cour d'appel purge le vice d'incompétence.

Plus couramment désigne l'aptitude de la juridiction à connaître du litige dans toutes ses composantes tant de fait que de droit.

CPC, art. 79.

[Procédure pénale]

Au sens large, principe de procédure selon lequel les juridictions de jugement en matière répressive sont compétentes pour statuer sur toutes les exceptions soulevées en défense par le prévenu ou l'accusé, sauf les exceptions préjudicielles légalement définies.

C. pr. pén., art. 384.

Au sens strict, compétence inconditionnelle de la cour d'assises pour juger les personnes renvoyées devant elle à l'exception des mineurs, qu'elle statue en premier ressort ou en appel.

C. pr. pén., art. 231.

Ploutocratie

[Droit constitutionnel]

Régime où le pouvoir politique appartient aux plus riches (ex. : ploutocratie censitaire de la Restauration et de la monarchie de Juillet).

Plumitif

[Procédure civile]

→ *Registre d'audience.*

Pluralisme juridique

[Droit général]

Courant doctrinal qui dénie à l'État le monopole de la production des normes juridiques, dans le but de rendre compte de la variété des modes de production des règles de droit et de la complexité du phénomène juridique (place importante accordée à la coutume, par ex.), par opposition au légicentrisme, qui tend à considérer que tout le droit est dans la loi.

Plus-value

[Droit financier ou fiscal]

Accroissement de la valeur réelle ou monétaire d'un bien intervenu entre le début et la fin d'une période. La plus-value, qui est par nature un gain en capital, est néanmoins de plus en plus largement taxée par le fisc au titre de l'imposition des revenus.

CGI, art. 150-0 A s.

Point

[Sécurité sociale]

Élément servant de calcul aux retraites complémentaires qui s'obtient en divisant le montant des cotisations par le *salaire de référence*.

Pôle de l'instruction

[Procédure pénale]

Regroupement des juges d'instruction de certains tribunaux de grande instance dont la compétence, déterminée par décret, peut recouvrir le ressort de plusieurs tribunaux de grande instance. L'activité du pôle peut être coordonnée par un ou plusieurs des juges en fonction de leurs spécialisations.
Les juges d'instruction des pôles sont seuls compétents pour connaître des informations en matière de crimes et celles qui donnent lieu à une cosaisine sur tout leur ressort de compétence.

C. pr. pén., art. 52-1, 83-1, 83-2 et D. 15-4-4 s.

Pôle emploi

[Droit du travail]

Nom courant de l'institution nationale publique créée par la loi n° 2008-126 du 13 février 2008 et issue de la fusion de l'Agence nationale pour l'emploi (ANPE) et des Associations pour l'emploi dans l'industrie et le commerce (Assedic). Dotée de la personnalité morale et chargée à la fois de l'accompagnement des demandeurs d'emploi (accueil, information, orientation, formation et conseil) et du versement des allocations de chômage et des allocations du régime de solidarité, cette institution a également pour but la prospection du marché du travail, la collecte des offres d'emploi et la mise en relation des offres et des demandes d'emploi. Elle a également en charge les inscriptions sur la liste des demandeurs d'emploi, la tenue à jour de cette liste et le contrôle de la demande d'emploi. La réforme dont cette institution est issue affiche clairement que le suivi et l'accompagnement du demandeur d'emploi sera confié à des agences privées, dans un souci d'amélioration de l'efficacité et de réduction des coûts.

→ *Allocation-chômage, Assurance chômage.*

ACTU

Pôle métropolitain

[Droit administratif]

Établissement public créé par des établissements publics de coopération intercommunale formant un ensemble de plus de 300 000 habitants en vue d'actions de développement économique, d'aménagement de l'espace, de promotion de l'innovation, de la recherche, de l'enseignement supérieur et de la culture.

CGCT, art. L. 5731-1.

→ *Métropole.*

Police

[Droit administratif]

Police administrative : ensemble des moyens juridiques et matériels ayant pour but d'assurer le maintien de la tranquillité, de la sécurité et de la salubrité publiques.

GAJA n° 35 et 78.

[Procédure pénale]

Police judiciaire : fonctionnaires de la police nationale, de la gendarmerie et certaines autres personnes nommément désignées ayant pour mission de constater les infractions, d'en établir la preuve, d'en identifier les auteurs et d'exécuter, une fois l'information ouverte, les délégations des juridictions d'instruction.

C. pr. pén., art. 12 s.

Cette expression est également utilisée dans 2 autres sens. D'une part pour désigner les actes de recherche et de constatation des infractions. D'autre part, pour désigner un service précis de la police nationale chargé de la lutte contre la grande criminalité (la PJ).

Police d'assurance

[Droit civil/Droit commercial]

Document signé par l'assureur et par le souscripteur et qui constate l'existence et le contenu du contrat d'assurance.

C. assur., art. L. 112-3, 112-5, R. 112-1 et 172-2.

Police scientifique et technique

→ *Criminalistique.*

Politique

[Droit constitutionnel]

1° Science du gouvernement des États.

2° Manière de gouverner (ex. : politique libérale, autoritaire, réactionnaire...).

3° Ensemble des affaires publiques (ex. : politique intérieure, politique extérieure...).

Politique agricole commune (PAC)

[Droit européen/Droit rural]

Longtemps la seule véritable politique commune établie dans le cadre des Communautés européennes. La PAC a été essentiellement construite sur des mécanismes touchant au prix des produits (prix uniques élevés, prix garantis et prix protégés). Son coût, après différentes mesures limitant la hausse des prix et introduisant des quotas de production, a conduit à une première réforme en 1992, dont les objectifs étaient une réduction significative des prix agricoles et une maîtrise de la production compensée par des aides diverses versées aux agriculteurs. En 1999, un nouvel accord a permis de sauvegarder les grands principes de la PAC tout en diminuant encore son coût. En 2003, une nouvelle révision rompt le lien entre aides et production agricole (principe de découplage) et veut contribuer à un développement rural plus diversifié (création du FEADER). Mais se pose toujours la question d'une réforme plus fondamentale, liée à l'élargissement aux pays de l'Est et au coût de la PAC (encore 40 % du budget de l'Union). Une nouvelle révision du dispositif doit fixer la PAC pour la période 2014-2019. Les discussions débuteront en 2011 et devront aboutir avant fin 2013 à une nouvelle réforme.

→ *Fonds européen d'orientation et de garantie agricole, Fonds structurels.*

Politique contractuelle

[Droit du travail]

Technique mise en place progressivement dans les entreprises publiques, qui permet de favoriser la concertation relativement aux salaires, et aux conditions de travail, malgré le caractère réglementaire du statut du personnel. Ces accords, dont la nature juridique est discutée, se rapprochent des conventions collectives.

Politique criminelle

[Droit pénal]

Ensemble des procédés et moyens, tant préventifs que répressifs, par lesquels un État s'efforce de mettre en place une stratégie, sous-tendue par des options idéologiques, destinée à lutter contre le phénomène criminel.

Lorsqu'elle utilise le droit pénal cette politique peut non seulement se réaliser par des choix législatifs mais encore, au plan judiciaire, par des directives concernant la mise en œuvre de l'action publique par les parquets. Elle est déterminée au plan national par le garde des Sceaux et au plan régional par les procureurs généraux. On parle assez souvent dans ce cas de politique pénale.

C. pr. pén., art. 30 à 35.

Politique étrangère et de sécurité commune (PESC)

[Droit européen]

Prévue par le traité de *Maastricht* (ex-2e pilier). Institutionnalisation de la *coopération politique européenne* et approfondissement par le fait de prévoir l'adoption d'actions communes dans les domaines relevant de la politique étrangère et de la sécurité, la sécurité incluant « la définition à terme d'une politique de défense commune ». Le traité d'Amsterdam a introduit des dispositions renforçant les mécanismes établis par le traité de Maastricht. Le traité de Lisbonne (entré en vigueur le 1er déc. 2009) en fait une véritable politique de l'Union européenne. Le rôle défini pour le *Haut représentant* et la création du service extérieur sont des avancées significatives. Résultats toujours décevants malgré une concertation réelle entre les États membres.

Politique juridique (ou législative)

[Droit général (droit privé/droit public)]

Partie de la science législative qui, dans une perspective d'amélioration du droit positif, fixe les orientations de la réforme et élabore le contenu de la nouvelle règle en conciliant l'idéalisme de la solution théorique avec la réalité des faits économiques et sociaux.

→ *Technique juridique (ou législative).*

Politique pénale

[Droit pénal]

→ *Politique criminelle.*

Politiques publiques

[Droit constitutionnel]

Ensemble des actions d'intérêt général (éducation, défense, santé, logement...), conduites par les pouvoirs publics, et notamment l'État, législateur et autorité budgétaire.

Pollicitant

[Droit civil]

Auteur d'une pollicitation, c'est-à-dire d'une proposition ferme et précise de contracter.

→ *Consentement.*

Pollicitation

[Droit civil]

→ *Offre.*

« Pollueur/Payeur »

[Droit de l'environnement]

→ *Préjudice environnemental.*

Pollution

[Droit général/Droit de l'environnement]

Effet sur la terre, les eaux, l'atmosphère, des déversements de déchets, de produits résiduaires solides, liquides ou gazeux et de l'utilisation systématique de substances chimiques qui, au-delà d'une limite de quantité vite atteinte, détruisent la fertilité des sols après l'avoir exaltée; effet enfin du déséquilibre de la vie naturelle par l'anéantissement de certaines classes de vie (oiseaux, insectes, arbres et plantes), incapables de résister à l'excès des stérilisations et des déjections industrielles.

Le Code de l'*environnement* condamne les diverses pollutions, atmosphérique, marine, fluviale et réglemente de nombreux dispositifs destinés à les enrayer ou à les réduire.

C. envir., art. L. 219-7 s., 220-1, 222-1, 432-2.

→ *Nuisances.*

Polyarchie

[Droit constitutionnel]

Système politique caractérisé par une pluralité de centres autonomes de décision, le pouvoir n'étant pas détenu par une élite ou une classe déterminée, mais réparti entre des groupes concurrents contraints à la négociation et au compromis.

Pompes funèbres

[Droit général]

Mission de service public comprenant le transport des corps, la fourniture des cercueils, urnes, tentures, la mise à disposition de personnel nécessaire aux *obsèques*, inhumations, exhumations et *crémations*... Ce service dit *extérieur*, par opposition au service *intérieur* confié aux établissements du culte, peut être assuré par les communes ou toute autre entreprise ou association bénéficiaire d'une habilitation.

CGCT, art. L. 2223-19 s. et R. 2223-24 s.

→ *Funérailles.*

Pondération

[Droit international public]

Système qui tend à donner aux États, au sein d'une organisation internationale, une place proportionnelle à leur importance de fait (pondération de la représentation ou du vote).

Pont

[Droit du travail]

Jour ouvrable exceptionnellement chômé parce que situé entre 2 jours fériés chômés ou entre un jour férié chômé et un jour de repos hebdomadaire. Les conventions collectives ou les accords d'établissement prévoient fréquemment la rémunération ou la récupération des heures non travaillées.

C. trav., art. L. 3122-27.

→ *Jours chômés.*

Port autonome

[Droit administratif]

Expression désignant à la fois un port relevant de l'une des catégories de ports établies par la loi et l'*établissement public* chargé, avec le soutien financier de l'État et en général le concours de la chambre de commerce, de sa gestion. La loi du 4 juillet 2008 portant réforme portuaire a prévu la transformation des plus importants ports autonomes en « grands ports maritimes ».

Port franc

[Droit financier ou fiscal]

→ *Zone franche.*

Portabilité

[Sécurité sociale]

Maintien des garanties de couverture complémentaire prévoyance et santé, appliquées dans l'entreprise, aux salariés dont la rupture du contrat de travail ouvre droit à l'assurance chômage.

Portable (Créance)

[Droit civil]

Caractère d'une créance que le débiteur doit spontanément acquitter au domicile du créancier (aliments) ou dans le lieu fixé par la convention.

C. civ., art. 1247, al. 1, 2.

→ *Quérable (créance).*

ACTU

Portage salarial

[Droit du travail]

Pratique légalisée par la loi n° 2008-596 du 25 juin 2008, le portage salarial est désormais défini comme un ensemble de relations contractuelles organisées entre une entreprise de portage, une personne portée et des entreprises clientes comportant pour la personne portée le régime du salariat et la rémunération de sa prestation chez le client de l'entreprise de portage. L'originalité de ce système réside dans le bénéfice accordé à la personne portée du régime du salariat alors que son employeur (l'entreprise de portage) ne lui fournit pas, en temps normal, le travail. Contrairement au travail temporaire, on fait appel ici aux services de la personne portée plus qu'à l'entreprise de portage, qui n'offre qu'un support juridique à l'activité du porté.

C. trav., art. L. 1251-64 s.

→ *Travail temporaire.*

Portefeuille

[Droit constitutionnel]

Département ministériel. Ministre sans portefeuille : ministre qui fait partie du gouvernement sans être à la tête d'un département ministériel.

Porte-fort

[Droit civil]

→ *Promesse de porte-fort.*

Porte ouverte

[Droit international public]

Régime lié à l'expansion coloniale européenne et consistant dans l'obligation imposée à certains États d'assurer la liberté de concurrence économique (absence de discrimination) aux ressortissants de tous les pays. Régime (aujourd'hui disparu) appliqué en Chine, au Maroc, au Congo belge.

Position dominante

[Droit commercial/Droit pénal]

Position d'une entreprise ou d'un groupe d'entreprises sur un marché déterminé qui, compte tenu notamment des potentialités de concurrence, se trouve dans la situation d'agir sans tenir notablement compte des concurrents.

En droit français comme en droit communautaire, ce n'est pas la position dominante en elle-même qui est condamnable, mais le comportement abusif de l'entreprise ou du groupe d'entreprises qui la détiennent : cet abus peut être constitué par des conditions de vente discriminatoires, un refus de vente ou dans certains cas par la rupture de relations commerciales antérieures.

C. com., art. L. 420-2.

→ *Abus de domination.*

Positivisme juridique

[Droit général]

Doctrine qui ne reconnaît de valeur qu'aux règles du droit positif et rejette toute métaphysique et toute idée de droit naturel. Selon le positivisme étatique, tout le droit est contenu dans le droit positif dont l'État est la source et la justification. Selon le positivisme sociologique en revanche, le droit n'est pas l'ensemble des règles ordonnées par l'État, mais l'ensemble des règles appliquées par le corps social, dont elles sont par ailleurs le produit et reflètent les évolutions.

Possession

[Droit civil]

Détention ou jouissance d'une chose ou d'un droit que nous tenons ou que nous exerçons par nous-mêmes, ou par un autre qui la tient ou qui l'exerce en notre nom. S'oppose à la détention précaire, laquelle implique la reconnaissance du droit d'autrui.

C. civ., art. 2255.

GAJC, t. 1, n° 82 à 84 et 131.

→ *Animus, Corpus, Détention, En fait de meubles, la possession vaut titre, Droit de propriété, Précarité.*

Possession d'état

[Droit civil]

Désigne l'apparence d'un état donné servant, notamment, de preuve du mariage, de la filiation ou de la nationalité. Elle se compose de 3 éléments, désignés par des mots latins :

- *Nomen* : la personne porte le nom correspondant à l'état dont elle a la possession;
- *Tractatus* : la personne est considérée par son entourage (sa famille) comme ayant l'état mis en cause;
- *Fama* : la personne a la réputation aux yeux du public d'avoir l'état dont apparence est donnée.

C. civ., art. 30-2, 195 s., 310-3, 311-1 s., 317 et 335.

→ *Acte de notoriété, Filiation légitime, Filiation naturelle, Pater is est...*

Possessoire

[Procédure civile]

→ *Action possessoire.*

Post-date

[Droit civil/Droit commercial]

Erreur ou fraude consistant à donner à un écrit juridique une date postérieure à celle de sa signature.

→ *Antidate.*

Post-glossateurs

[Droit général]

École de romanistes qui a succédé, au XIVe siècle, en Italie du Nord, à l'École des glossateurs.

→ *Glossateurs.*

ACTU

Poste (La)

[Droit administratif]

Jadis service public administratif assuré en régie par l'État, La Poste était devenue en 1991 un établissement public industriel et commercial. À la veille de la libéralisation complète de l'activité postale, la loi du 9 février 2010 l'a transformée en société anonyme à capitaux publics.

Outre la distribution du courrier, elle déploie une activité bancaire (avec sa filiale La Banque postale).

Poste de travail

[Droit du travail]

Ensemble de tâches correspondant à une qualification professionnelle déterminée et localisé plus ou moins précisément dans l'organigramme ou l'organisation du travail de l'entreprise. Dans une acception large, la Cour de cassation assimile parfois le poste de travail à l'emploi, notamment dans le domaine des contrats à durée déterminée.

C. trav., art. L. 1244-1.

→ *Emploi, Qualification professionnelle.*

Postulation

[Procédure civile]

La postulation consiste pour l'avocat (en première instance) et en appel à compter du 1er janvier 2012, date de la disparition des avoués, mandataire d'un client, à faire pour lui les actes de procédure que nécessite le procès et à favoriser le déroulement de l'instance.

La postulation, au rebours de l'assistance, obéit au principe de territorialité : l'avocat ne peut postuler que devant le tribunal de grande instance près duquel son barreau est établi et devant la cour d'appel dans le ressort de laquelle se trouve le TGI.

CPC, art. 411 s.

→ *Assistance des plaideurs, Multipostulation, Représentation en justice des plaideurs.*

Potestatif

[Droit civil]

Se dit, par opposition à fortuit, de ce qui dépend de la volonté humaine, non du hasard.

C. civ., art. 1174.

→ *Condition.*

Pourboire

[Droit du travail]

Somme d'argent remise par un tiers, client de l'employeur, au salarié, à l'occasion de l'accomplissement de ses fonctions. Le pourboire est un élément du salaire.

C. trav., art. L. 3244-1 s.

Pourparlers

[Droit civil]

Discussion entre personnes explorant la possibilité de conclure un accord.

La rupture unilatérale des pourparlers, en principe libre, engage la responsabilité de son auteur lorsqu'elle intervient dans des circonstances fautives, contraires à l'exigence de bonne foi (par ex., brusque volte-face). Le préjudice réparable ne saurait consister dans la perte de chance de réaliser des gains que permettait d'espérer la conclusion du contrat, mais seulement dans le remboursement des frais exposés pour la négociation.

GACJ, t. 2, nº 142.

Poursuite

[Procédure pénale]

Ensemble des actes accomplis par le *ministère public*, certaines administrations ou la victime d'une infraction, dans le but de saisir les juridictions répressives compétentes et d'aboutir à la condamnation du coupable.

→ *Acte de poursuite.*

Poursuite disciplinaire

[Droit administratif/Procédure civile/Procédure pénale]

Action contre un fonctionnaire, un magistrat ou un membre d'une profession libérale réglementée, exercée devant une instance de nature administrative ou juridictionnelle compétente pour le sanctionner en cas de manquement aux règles de la *déontologie*.

Une poursuite disciplinaire peut aussi être la conséquence d'une infraction pénale ordinaire mettant en cause l'honorabilité et la moralité de celui qui en est l'auteur.

→ *Discipline, Pouvoir disciplinaire, Saisine par un justiciable du Conseil supérieur de la magistrature.*

Poursuites (Actes de)

[Droit financier ou fiscal]

En matière de recouvrement forcé des impôts, termes utilisés comme simples synonymes de *voies d'exécution*. « Engager des poursuites contre un contribuable en retard de paiement. »

Pourvoi dans l'intérêt de la loi

[Procédure (principes généraux)]

Pourvoi formé, de sa propre initiative, par le procureur général près la Cour de cassation (ou par le ministre compétent en contentieux administratif) contre une décision définitive, non attaquée par les parties, alors qu'elle lui semble contraire aux lois et règlements en vigueur ou aux formes de procéder (L. nº 523 du 3 juill. 1967, art. 17). Si le pourvoi aboutit, la cassation laisse subsister la décision attaquée entre les parties et n'a d'effet que pour l'avenir, pour des situations identiques.

CPC, art. 618-1 ; C. pr. pén., art. 621.

→ *Intérêt de la loi (Recours dans l').*

Pourvoi en cassation

[Procédure civile/Procédure pénale]

Recours contre une décision en dernier ressort porté devant la Cour de cassation et fondé sur la *violation de la loi*, l'*excès de pouvoir*, l'*incompétence*, l'inobservation des formes, le manque de *base légale*, la *contrariété de jugements*, la *perte de fondement juridique* ou le *défaut de motifs*.

COJ, art. L. 411-2; CPC, art. 604 s.; C. pr. pén., art. 567 s.

→ *In judicando, In procedendo.*

[Droit administratif]

Recours contre une décision rendue en dernier ressort par une juridiction administrative. Il est porté devant le Conseil d'État.

Il peut être fondé sur l'un des 4 cas d'ouverture du recours pour *excès de pouvoir* à l'exception du détournement de pouvoir.

CJA, art. L. 821-1 s.

Pourvoi en révision

[Procédure pénale/Procédure civile]

→ *Recours en révision, Révision.*

Pourvoi incident

[Procédure civile]

Pourvoi émanant de la partie défenderesse au pourvoi principal. Doit être présenté dans le délai de 2 mois reconnu au défendeur pour déposer son mémoire en défense. Obéit aux mêmes règles que l'*appel incident*.

CPC, art. 614, 980, 992 et 1010.

Pourvoi provoqué

[Procédure civile]

Pourvoi incident formé dans le délai de 2 mois reconnu au défendeur pour déposer son mémoire en défense et émanant d'une partie contre laquelle n'avait pas été formé le pourvoi. Obéit aux mêmes règles que l'*appel provoqué*.

CPC, art. 614 et 1010.

Pourvoi sur ordre du ministre de la Justice

[Droit général]

Formé par le procureur général de la Cour de cassation, sur ordre du garde des Sceaux, contre un acte de procédure civile entaché d'excès de pouvoir ou contre un acte du procès pénal, il produit ses effets à l'égard des parties dans le premier cas (L. n° 523 du 3 juill. 1967, art. 18), mais ne peut nuire au condamné dans le second cas.

C. pr. pén., art. 620.

Pouvoir

[Droit civil]

Le pouvoir est une prérogative permettant à une personne de gouverner une autre personne publique ou privée (mandats politiques, autorité parentale, tutelle) ou de gérer les biens d'une autre personne pour le compte de celle-ci (dirigeants de sociétés, représentation légale, judiciaire ou contractuelle).

→ *Fonction, Représentation.*

[Procédure civile]

Aptitude à agir en justice au nom et pour le compte soit d'une personne morale, soit d'une personne atteinte d'une incapacité d'exercice. Ainsi, il est permis au tuteur d'introduire sans autorisation une action relative aux droits patrimoniaux d'un mineur ou majeur en tutelle.

Le défaut de pouvoir constitue une *irrégularité de fond* affectant la validité de l'acte.

C. civ., art. 504; CPC, art. 117.

À côté du pouvoir *ad agendum* qui confère l'initiative et la direction de l'instance, il existe un pouvoir *ad litem* par lequel une personne confie à un auxiliaire de justice le soin de la représenter et de l'assister dans une procédure à laquelle elle est partie.

CPC, art. 411 s.

→ *Assistance des plaideurs, Représentation en justice des plaideurs.*

Pouvoir constituant

[Droit constitutionnel]

Pouvoir qualifié pour établir ou modifier la Constitution.

1° Pouvoir constituant originaire : celui qui s'exerce d'une manière inconditionnée pour doter d'une constitution un État qui n'en a pas (nouvel État) ou n'en a plus (après une révolution).

2° Pouvoir constituant dérivé (ou institué) : celui qui s'applique à la révision d'une constitution déjà en vigueur, selon les règles posées par celle-ci.

Pouvoir disciplinaire

[Droit administratif/Procédure (principes généraux)]

Pouvoir plus ou moins étendu d'infliger des sanctions reconnu à certaines autorités administratives ou juridictionnelles à l'égard, soit d'agents hiérarchiquement subordonnés, soit d'autorités décentralisées, soit de collaborateurs ou d'usagers des services publics.

On citera comme exemple le régime applicable aux fonctionnaires et aux magistrats.

• *Fonctionnaires* : le pouvoir disciplinaire appartient en principe à l'autorité investie du pouvoir de nomination, après avis d'un conseil de discipline paritaire (représentants du personnel et de l'Administration de l'État ou des collectivités locales). Les sanctions, pour les fonctionnaires de l'État, sont l'avertissement, le blâme, la radiation du tableau d'avancement, l'abaissement d'échelon, l'exclusion de fonctions pour 15 jours, le déplacement d'office, la rétrogradation, l'exclusion de fonctions de 6 mois à 2 ans, la mise à la retraite d'office, la révocation.

• *Magistrat du siège* : action disciplinaire portée devant le Conseil supérieur de la magistrature présidé par le premier président de la Cour de cassation. Sanctions : réprimande avec inscription au dossier, déplacement d'office, retrait de certaines fonctions, interdiction d'être juge unique pendant 5 ans au maximum, abaissement d'échelon, exclusion temporaire de fonctions pour une durée maximum d'un an, rétrogradation, mise à la retraite d'office, révocation avec ou sans suspension des droits à pension (ord. n° 1270 du 22 déc. 1958, art. 45).

• *Magistrats du parquet* : pouvoir disciplinaire appartenant au garde des Sceaux qui doit demander l'avis de la formation du *Conseil supérieur de la magistrature* compétente pour les magistrats du parquet et que préside le Procureur général près la Cour de cassation. Les sanctions sont les mêmes que pour les magistrats du siège.

Un régime disciplinaire assez strict existe aussi pour les professions libérales et les officiers ministériels.

→ *Déontologie, Discipline, Saisine par un justiciable du Conseil supérieur de la magistrature.*

[Droit du travail]

Entreprise : la loi du 4 août 1982 a organisé la mise en œuvre et le contrôle du pouvoir disciplinaire de l'employeur ; un *droit* disciplinaire a dès lors encadré le *pouvoir* disciplinaire.

C. trav., art. L. 1331-1 s.

GADT n° 65 (Cass. soc., 16 juin 1945).

→ *Sanction disciplinaire.*

Pouvoir discrétionnaire, Pouvoir lié

[Droit administratif]

Classification opérée parmi les pouvoirs de l'Administration par référence à la plus ou moins grande liberté qui lui est reconnue d'apprécier l'opportunité de la mesure à prendre et la détermination de son contenu.

La compétence de l'Administration est « liée » si la réunion des conditions légales l'oblige à prendre l'acte. Elle est « discrétionnaire » si cette réunion l'autorise seulement à agir, sans que le contrôle du juge soit d'ailleurs exclu des éléments de légalité de l'acte autres que l'adéquation de celui-ci aux circonstances de fait.

GAJA n° 28.

→ *Directives.*

Pouvoir hiérarchique

[Droit administratif]

Pouvoir appartenant au supérieur sur les actes de ses subordonnés, qui comprend traditionnellement un pouvoir d'*instruction* (*premier sens*), un pouvoir de réformation (annulation ou correction) et un pouvoir de substitution d'action, mais dont l'étendue réelle n'est pas uniforme dans toutes les hypothèses.

Pouvoir individualisé

[Droit constitutionnel]

Pouvoir identifié à son détenteur et disparaissant avec lui.

Ce type de pouvoir correspond à un stade d'évolution sociale antérieur à la formation de l'État.

Pouvoir institutionnalisé

[Droit constitutionnel]

Pouvoir dissocié de la personne des gouvernants et transféré à des institutions juridiques stables et permanentes dont les gouvernants ne sont que les agents provisoires. Le pouvoir de l'État est de ce type.

Pouvoir juridictionnel

[Procédure (principes généraux)]

→ *Acte juridictionnel, Jurisdictio.*

Pouvoir lié

[Droit administratif]

→ *Pouvoir discrétionnaire, pouvoir lié.*

Pouvoir politique

[Droit constitutionnel]

Pouvoir qui s'exerce dans le cadre d'une *société politique*.

Pouvoir réglementaire

[Droit constitutionnel/Droit administratif]

Par opposition au pouvoir législatif appartenant au *Parlement* et l'habilitant à voter des *lois*, pouvoir appartenant à la fois à l'État (Premier ministre, en principe), aux *collectivités territoriales* (assemblées délibérantes, autorités exécutives) ainsi qu'à certaines autres entités (parfois de droit privé, si elles ont été expressément habilitées à cet effet) de prendre des actes à portée générale et impersonnelle aux dénominations diverses. Ces actes, de nature administrative, présentent le caractère commun d'être soumis au contrôle des juridictions administratives.

Const., art. 21 et 72.

GAJA n° 18 et 35.

→ *Autorités indépendantes, Conseil d'État, Cour administrative d'appel, Règlement, Tribunal administratif.*

Pouvoirs de l'employeur

[Droit du travail]

Le droit du travail reconnaît 3 pouvoirs à l'employeur : le pouvoir de direction, le pouvoir de contrôle et le pouvoir disciplinaire. Le pouvoir de direction permet de prendre les mesures nécessaires à la bonne marche de l'entreprise, dans les limites définies par la législation en vigueur, les conventions collectives, le règlement intérieur et les stipulations du contrat de travail. À ce titre, l'employeur peut édicter des règles de travail (dans un règlement intérieur), ce pouvoir réglementaire étant une facette du pouvoir de direction. Il peut aussi, en vertu de ce pouvoir, diriger l'activité professionnelle de chaque salarié. Le pouvoir de contrôle lui permet de vérifier la bonne exécution des ordres et des directives et le respect des règles fixées (par l'État ou par lui-même). Le pouvoir disciplinaire l'autorise à fixer des sanctions dans le règlement intérieur (sous cet angle, le pouvoir réglementaire participe du pouvoir disciplinaire) et sanctionner les fautes commises par le salarié dans l'exécution de sa prestation de travail.

→ *Employeur, Pouvoir disciplinaire, Règlement intérieur.*

Pouvoirs exceptionnels

[Droit constitutionnel]

Pouvoirs renforcés reconnus au président de la République par la Constitution de 1958 (art. 16) en cas de circonstances particulièrement graves. Ils répondent à cette idée que l'état de nécessité commande et justifie un droit constitutionnel d'exception. Le président de la République est seul juge du recours à l'article 16. Il prend, sans contreseing ministériel, « les mesures exigées par les circonstances ». Mais il ne peut dissoudre l'Assemblée nationale ni réviser la Constitution. Depuis la révision constitutionnelle du 23 juillet 2008, le Conseil constitutionnel procède de plein droit à un contrôle du recours à l'article 16 après 60 jours d'exercice des pouvoirs exceptionnels.

GAJA n° 80.

Pouvoirs implicites

[Droit international public]

Compétences qui, sans être expressément énoncées dans l'acte constitutif d'une organisation internationale, doivent être cependant reconnues à celle-ci comme lui ayant été tacitement conférées en tant qu'elles sont nécessaires pour lui permettre d'exercer effectivement ses fonctions.

Pouvoirs publics

[Droit constitutionnel/Droit administratif]

Termes souvent employés, bien qu'au contenu juridique assez imprécis, pour désigner les organes de l'État, et même parfois ceux des collectivités territoriales. Dans ce sens, on parle aussi d'autorités publiques, encore que ces mots paraissent avoir un contenu encore plus extensif.

Pratique commerciale agressive

[Droit civil/Droit commercial]

Pratique qui, du fait de sollicitations répétées et insistantes ou de l'usage d'une contrainte physique ou morale, est de nature à altérer de manière significative la liberté de choix d'un consommateur, à en vicier son consentement ou à entraver l'exercice de ses droits contractuels. Une telle pratique est punie d'emprisonnement (2 ans maximum) et d'une amende (150 000 € au plus).

C. consom., art. L. 122-11 et 122-12.

Pratique commerciale déloyale

[Droit civil/Droit commercial]

Pratique contraire aux exigences de la diligence professionnelle susceptible d'altérer substantiellement le comportement économique du consommateur, raisonnablement attentif et avisé, à l'égard d'un bien ou d'un service.

C. consom., art. L. 120-1.

Pratique commerciale trompeuse

[Droit civil/Droit commercial]

Pratique créant une confusion avec un autre bien ou service, une marque, un nom commercial ou un autre signe distinctif d'un concurrent, ou reposant sur des indications fausses ou de nature à induire en erreur lorsqu'elles portent sur des éléments décisifs (disponibilité du bien, caractéristiques essentielles, prix, etc.).

Le Code de la consommation répute trompeuses plus d'une vingtaine de pratiques commerciales qu'il énumère très longuement.
Une pratique commerciale trompeuse constitue un délit.

C. consom., art. L. 121-1 s. et 213-1.

Pratiques anticoncurrentielles

[Droit commercial/Droit pénal]

→ *Abus de domination, Entente.*

Pratiques discriminatoires

[Droit commercial]

Fait de pratiquer, à l'égard d'un partenaire économique, des prix et plus généralement des conditions de fourniture ou de services différents de ceux pratiqués à l'égard d'autres clients sans pouvoir justifier ces différences de traitement.
Ces discriminations engagent la responsabilité civile de ceux qui les consentent ou les obtiennent.

C. com., art. L. 442-6.

Pratiques restrictives de concurrence

[Droit commercial/Droit pénal]

Comportements érigés en infractions pénales ou constitutifs seulement d'une faute civile, présumés de façon irréfragable restreindre la concurrence, et pour cette raison interdits indépendamment de leur impact réel sur le marché. Elles s'opposent aux *pratiques anticoncurrentielles* qui ne sont sanctionnées que dans la mesure où elles ont eu pour objet ou pour effet de fausser la concurrence.

C. com., art. L. 442-1 s.

→ *Pratiques discriminatoires, Prix imposé, Vente à prime.*

Préalable

[Droit général]

→ *Privilège du préalable, Question préalable.*

Préambule

[Droit constitutionnel]

Partie introductive d'une constitution, précédant le dispositif, et contenant un exposé des motifs ou de la procédure suivie pour l'élaborer ; parfois, le préambule est plus substantiel, et comporte ou se réfère à une déclaration des droits.

→ *Déclaration des droits.*

[Droit international public]

Partie préliminaire d'un traité, précédant le dispositif, et contenant notamment l'énumération des parties contractantes, l'exposé des motifs et l'objet du traité.

Préavis

[Droit du travail]

Période de temps qui s'écoule entre la notification du *licenciement* ou de la *démission* et le moment où le contrat de travail cesse de produire effet. Pendant ce temps, les obligations des parties restent inchangées et continuent d'être exécutées. Il est loisible à l'employeur de dispenser le salarié d'exécuter le contrat pendant le préavis, sans pouvoir se libérer pour autant de l'obligation de verser à celui-ci la rémunération qui lui est due (on parle alors improprement d'indemnité compensatrice de préavis). Les dispositions relatives à la *rupture du contrat de travail* pendant la période d'*essai* parlent de « délai de prévenance ». La prise d'acte de la rupture suppose une méconnaissance du préavis.

C. trav., art. L. 1221-25 s., L. 1234-1 s. et 1237-1.

GADT, n° 117-118.

Préavis de grève

[Droit du travail]

Délai de prévenance entre la décision de faire grève et la cessation du travail. Le préavis de grève est obligatoire dans les services publics.

C. trav., art. L. 2512-2.

Précarité

[Droit civil]

Ce qui caractérise la détention exercée par une personne sur une chose corporelle lorsque cette emprise matérielle est exercée sans l'intention de se comporter comme le titulaire du droit réel qui légitimerait les actes accomplis.

Qualifie aussi les situations qui peuvent être remises en question à tout moment, à la discrétion d'une seule partie; par exemple : occupation précaire d'un logement.

C. civ., art. 2256, 2257 et 2266.

→ *Détention, Possession.*

Précarité de l'emploi

[Droit du travail]

Par cette expression est visée la situation des salariés qui ne travaillent pas de façon continue ou dont les contrats de travail sont de courte durée (travail à temps partiel, travail occasionnel, contrats à durée déterminée, intérim…).

Précatif

[Droit civil]

Qui a valeur de prière, donc dépourvu de caractère contraignant.

→ *Vœu.*

Précaution (Principe de)

[Droit administratif/Droit de l'environnement/Droit général]

Principe, issu du droit de l'environnement, selon lequel « l'absence de certitudes, compte tenu des connaissances scientifiques et techniques du moment, ne doit pas retarder l'adoption de mesures effectives et proportionnées visant à prévenir un risque de dommages graves et irréversibles à l'environnement à un coût économiquement acceptable ». Il a accédé au rang de règle obligatoire, mais sa nature juridique exacte et sa portée sont encore incertaines.

Dans une conception plus large il représente un principe d'orientation des décisions publiques, spécialement en matière de santé humaine, animale ou végétale, selon lequel l'absence de certitudes scientifiques sur la réalité d'un risque ne doit pas empêcher de prendre des mesures de prévention raisonnables en vue d'en prévenir la réalisation, comme l'interdiction d'importer certains produits suspectés d'être porteurs d'un risque (organismes génétiquement modifiés, par ex.). Beaucoup de partenaires commerciaux de l'*Union européenne*, et l'*Organisation mondiale du commerce*, s'opposent à cette conception dans laquelle ils voient un moyen de protectionnisme commercial déguisé.

À propos du prétendu danger du fait des ondes émises par les antennes relais de téléphonie mobile, plusieurs juges des référés ont fait interdiction d'implanter de telles antennes (ou ordonner de les enlever) sur le fondement du principe de précaution.

Charte de l'environnement, art. 5; C. envir., art. L. 110-1.

GDCC n° 49.

Précédent

[Procédure (principes généraux)]

Solution antérieurement donnée dans un litige semblable, invoquée comme référence, parfois dotée d'un caractère obligatoire, notamment dans les pays de *Common law.*

→ *Jurisprudence.*

Préciput

[Droit civil]

Droit reconnu à une personne de prélever un bien dans une masse à partager, avant le partage.

1° *En matière matrimoniale*, droit reconnu par le contrat de mariage au survivant des époux, ou l'un d'eux s'il survit, de prélever sur la communauté, avant tout partage, soit une certaine somme, soit certains biens en nature, soit une certaine quantité d'une espèce déterminée de biens.

2° *En matière de libéralités*, s'applique à la donation dispensée de rapport à succession à fin d'égalité, que l'héritier bénéficiaire peut retenir jusqu'à concurrence de la quotité disponible.

Désormais, les termes « par préciput » et « préciputaire » sont remplacés par l'expression « hors part successorale ».

C. civ., art. 843 s., 1078-1, 1078-2 et 1515 s.

→ *Hors part, Réduction des dons et des legs à fin d'égalité.*

Précompte

[Droit du travail]

Retenue opérée par l'employeur sur le salaire afin de payer les cotisations salariales de Sécurité sociale.

→ *Salaire brut.*

Préemption (Droit de)

[Droit administratif]

Droit reconnu dans certains cas à l'Administration, et à certains organismes de droit privé accomplissant une mission de service public, d'acquérir la propriété d'un bien lors de son aliénation par préférence à tout autre acheteur.

C. urb., art. L. 210-1 s. (droit de préemption urbain); C. rur., art. L. 412-1 s.; C. patr., art. L. 123-1 s.

→ *Société d'Aménagement foncier et d'Établissement rural (SAFER).*

[Droit rural]

En droit rural le statut du fermage a instauré un droit de préemption du preneur en place en cas de vente des biens dont il est le locataire sous certaines conditions.

C. rur., art. L. 412-5.

[Droit civil]

Faculté de substitution conférée à un tiers grâce à laquelle ce tiers peut évincer l'acquéreur choisi par le vendeur et acquérir le bien mis en vente par préférence à lui aux mêmes prix et conditions.

C. civ., art. 815-14; C. rur., art. L. 412-1.

→ *Pacte de préférence.*

Préférences généralisées

[Droit international public]

Mises en place par la *CNUCED* et développées dans les années 1970. Consistent en des avantages douaniers accordés sans réciprocité par les pays industrialisés au profit des exportations des pays en voie de développement.

Préfet

[Droit administratif]

Dépositaire unique de l'autorité de l'État dans le département, le préfet occupe un emploi soumis à la décision discrétionnaire du gouvernement. Parmi ses nombreuses fonctions, il représente le Premier ministre et chacun des ministres, il a la haute main sur l'ensemble des *services déconcentrés de l'État* dans le département, sauf dans quelques cas; il assure le *contrôle de légalité* des collectivités territoriales du département.

Préfet de région

[Droit administratif]

Préfet en fonction au chef-lieu de la *région*. Outre les attributions de tout *préfet* dans son propre département, il représente l'État dans la région, sur laquelle il exerce le *contrôle de légalité*; il a la haute main sur les services déconcentrés de l'État dont les compétences excèdent celles d'un département. Il dispose de compétences particulières en matière de développement économique régional, d'aménagement du territoire et d'investissements exécutés par l'État ou subventionnés par lui, dans l'exercice desquelles il est assisté à titre consultatif par le *Comité de l'administration régionale*.

Préjudice

[Droit civil/Sécurité sociale]

Dommage matériel (perte d'un bien, d'une situation professionnelle...), corporel (blessure) ou moral (souffrance, atteinte à la considération, au respect de la vie privée) subi par une personne par le fait d'un tiers. Le terme est employé en particulier pour exprimer la mesure de ce qui doit être réparé : on parle de préjudice réparable.

C. civ., art. 1149 s. et 1382 s.

GAJC, t. 2, n° 183 à 191.

→ *Damnum emergens, Dommage, Dommages-intérêts, Lucrum cessans, Perte d'une chance.*

Préjudice au principal

[Procédure civile]

Il y a préjudice au *principal* lorsque la juridiction saisie aborde le fond du droit. Les ordonnances de référé ne pouvaient pas, naguère, préjudicier au principal. La formule a disparu : le [nouveau] Code de procédure civile fait seulement allusion aux « mesures qui ne se heurtent à aucune contestation sérieuse ».

CPC, art. 488, 808, 848, 872 et 956; C. trav., art. R. 1455-5.

→ *Référé civil.*

Préjudice d'agrément

[Droit civil]

Préjudice lié à l'impossibilité pour la victime d'une atteinte à son intégrité physique de pratiquer régulièrement une activité spécifique, sportive ou de loisirs. À ne pas confondre avec le préjudice résidant dans la perte de qualité de vie privant des joies usuelles de l'existence, qui est un préjudice fonctionnel.

CSS, art. L. 452-3.

Préjudice de (Sans)

[Droit général]

→ *Sans préjudice de.*

Préjudice de caractère personnel

[Droit civil]

Ensemble des préjudices d'ordre physiologique, psychologique et moral : *pretium doloris*, *préjudice d'agrément*, *préjudice esthétique*.

Les recours subrogatoires des *tiers payeurs* s'exercent poste de préjudice par poste de préjudice à l'exclusion des préjudices à caractère personnel, étant précisé que la victime, qui n'a été indemnisée qu'en partie, peut exercer ses droits contre le responsable pour ce qui lui reste dû, par préférence au tiers payeur qui ne l'a que partiellement dédommagée.

Cependant, le recours peut être étendu à l'indemnisation versée au titre des préjudices personnels, si le tiers payeur établit qu'il a effectivement et préalablement versé à la victime une prestation indemnisant un poste de préjudice personnel.

CSS, art. L. 376-1; L. n° 677 du 5 juill. 1985, art. 31.

Préjudice environnemental

[Droit de l'environnement]

Désigne, principalement, les détériorations directes ou indirectes mesurables de l'environnement qui créent un risque d'atteinte grave à la santé humaine du fait de la contamination des sols, ou qui affectent gravement l'état écologique, chimique ou quantitatif (ou le potentiel écologique) des eaux, ou qui compromettent le maintien ou le rétablissement dans un état de conservation

favorable des habitats naturels et de certaines espèces de faune sauvage.
En application du principe pollueur-payeur, la responsabilité environnementale incombe à l'exploitant dont l'activité est à la source du dommage causé à l'environnement (art. 4 de la Charte de l'environnement).

C. envir., art. L. et R. 160-1 s.

Préjudice esthétique

[Droit civil]

Préjudice affectant l'apparence physique d'une personne et provenant de la persistance d'une disgrâce après un accident : cicatrices, déformations, mutilations…

Préjudice fonctionnel

[Sécurité sociale]

Préjudice comprenant les atteintes aux fonctions physiologiques, la perte de la qualité de vie et les troubles ressentis par la victime dans ses conditions d'existence personnelle, familiales et sociales.

Préjudiciel

[Procédure civile/Droit européen]

→ *Question préjudicielle, Renvoi.*

Prélèvement

[Droit civil]

Opération par laquelle un copartageant prend dans la masse indivise certains biens avant tout partage, soit en contrepartie de ce qui lui est dû, soit par attribution préférentielle moyennant indemnité, soit à titre de « préciput et hors part ».

C. civ., art. 815-17, 1470, 1511 et 1515.

→ *Attribution préférentielle, Hors part, Préciput.*

Prélèvement CECA

[Droit européen]

Impôt perçu par l'ancienne CECA (Communauté européenne du charbon et de l'acier), durant son existence, sur le chiffre d'affaires des entreprises charbonnières et sidérurgiques des États membres.

→ *Union européenne.*

Prélèvement d'organes

[Droit civil]

Le prélèvement (et la greffe) d'organes constitue une priorité nationale, mais le prélèvement réalisé sur une personne vivante, qui en fait le don, ne peut être opéré que dans l'intérêt thérapeutique direct d'un receveur qui, normalement, doit avoir la qualité de père ou mère du receveur; des exceptions à cette règle sont prévues au profit du conjoint, des frères et sœurs, des enfants, grands-parents, oncles et tantes, cousins germains, conjoint du père ou de la mère, ainsi qu'en cas de vie commune d'au moins 2 ans entre le donneur et le receveur.

CSP, art. L. 1231-1.

→ *Organe humain.*

Prélèvement corporel externe

[Procédure pénale]

Possibilité pour un officier de police judiciaire, dans le cadre d'une enquête, de procéder ou faire procéder sous son contrôle contre tout témoin ou personne mise en cause, à un prélèvement externe, c'est-à-dire sans intervention corporelle interne, nécessaire à la réalisation d'examens techniques et scientifiques de comparaison avec les traces et indices prélevés pour les nécessités de l'enquête. Le refus opposé à cette demande est pénalement sanctionné, lorsqu'il émane d'une personne soupçonnée. Le prélèvement biologique aux fins de réaliser une empreinte génétique, lorsqu'il est fait par écouvillon buccal, relève de ce système mais il est fondé sur un texte spécifique.

C. pr. pén., art. 55-1, et 706-56.

Prélèvement libératoire

[Droit financier ou fiscal]

Impôt à taux forfaitaire retenu à la source et se substituant, sur option du contribuable, à l'impôt progressif sur le revenu pour réaliser une imposition atténuée de certains revenus (intérêts des placements à revenu fixe tels que les obligations).

CGI, art. 125 A.

Prélèvements agricoles

[Droit européen/Droit rural]

Élément des *ressources propres* de l'Union européenne, provenant de la *Politique agricole commune.*

À l'importation, les prélèvements peuvent être comparés à des droits de douane mobiles, incitant les négociants à s'approvisionner en priorité en produits européens, tout en maintenant artificiellement les prix de ceux-ci au-dessus des cours mondiaux.

Il existe également des prélèvements internes à l'Union, notamment sur le sucre et l'isoglucose.

Prélèvements obligatoires

[Droit financier ou fiscal]

Expression désignant, en pratique, l'ensemble représenté par les impôts perçus en France au profit de l'État, des *collectivités territoriales* et de l'*Union européenne*, et par les cotisations sociales obligatoires effectivement versées aux organismes de *Sécurité sociale*.

Préméditation

[Droit pénal]

Circonstance aggravante de certains crimes ou délits résultant du dessein mûri et réfléchi d'accomplir l'infraction. Elle implique non seulement l'antériorité de l'intention, mais encore sa persistance jusqu'à la réalisation de l'acte.

C. pén., art. 132-72.

Premier ministre

[Droit constitutionnel]

Nom donné dans certains États (France, Grande-Bretagne) au chef du gouvernement.

Autres appellations : Président du Conseil (IIIe et IVe Républiques), Chancelier (République fédérale allemande). Longtemps « *primus inter pares* », le Premier ministre est aujourd'hui doté de pouvoirs propres.

Premier président, Président de chambre, Président, vice-président

[Procédure civile/Procédure pénale]

Le premier président est le magistrat placé à la tête de la Cour de cassation ou d'une cour d'appel. Les chambres de ces juridictions ont à leur tête un président de chambre, les sections de chambre à la Cour de cassation un président de section.

À la tête du tribunal de grande instance est placé un président du tribunal; les chambres sont présidées par des premiers vice-présidents et par des vice-présidents.

COJ, art. L. 213-1, 311-7, 421-5, R. 212-3 s., 312-1 s. et 421-1 s.

Premier ressort

[Procédure civile]

→ *Jugement en premier ressort, Ressort.*

Preneur

[Droit civil/Droit rural]

→ *Locataire.*

Prénom

[Droit civil]

Vocable servant à distinguer les membres d'une même famille ou les individus portant un nom de famille identique.

Les prénoms sont choisis librement par les père et mère, sous réserve du contrôle du juge aux affaires familiales qui peut estimer que le choix n'est pas conforme à l'intérêt de l'enfant ou méconnaît le droit des tiers à voir protéger leur nom de famille. Le juge aux affaires familiales est saisi par le procureur de la République, lui-même alerté par l'officier de l'état civil.

C. civ., art. 57 et 60.

→ *Nom, Patronyme, Pseudonyme, Surnom.*

Préparatoire

[Procédure civile]

Qualificatif du jugement avant-dire droit ordonnant une mesure d'instruction qui ne préjuge pas le fond du litige, à l'opposé du jugement interlocutoire.

→ *Jugement avant-dire droit.*

Préposé

[Droit civil]

Personne qui agit sous la direction d'une autre appelée *commettant*.

Le préposé ne répond pas – sauf faute pénale – des dommages qu'il cause à autrui dans le cadre de son activité professionnelle; le commettant, seul, engage sa responsabilité, car de tels dommages sont considérés comme un risque d'entreprise.

C. civ., art. 1384, al. 5.

Prérogatives et charges de puissance publique

[Droit administratif]

Moyens juridiques exorbitants du droit commun reconnus à l'Administration et, le cas échéant, à d'autres organismes afin de leur permettre de remplir leurs missions d'intérêt général.

GAJA n° 7.

→ *Puissance publique.*

[Droit civil]

Dans toute situation juridique, qu'elle soit subjective ou objective, il existe une certaine combinaison de prérogatives et de charges.

Les prérogatives l'emportent normalement sur les charges lorsque la situation juridique a un caractère subjectif. En revanche, dans les situations juridiques objectives, les charges l'emportent sur les prérogatives.

→ *Situation juridique.*

Prescription acquisitive

[Droit civil]

Moyen d'acquérir un bien ou un droit par l'effet de la possession sans que celui qui l'allègue soit obligé d'en rapporter un titre ou qu'on puisse lui opposer l'exception déduite de la mauvaise foi. Le délai de prescription requis pour acquérir la propriété immobilière est de 30 ans; il est ramené à 10 ans au profit de celui qui acquiert un immeuble de bonne foi et par juste titre. En matière mobilière, la prescription est instantanée en application de la maxime : en fait de meubles, la possession vaut titre.

C. civ., art. 2258 s. et 2276 s.

→ *Interruption, Possession, Usucapion.*

Prescription civile

[Droit civil]

Consolidation d'une situation par l'écoulement d'un certain délai.

La prescription est acquisitive lorsque l'écoulement du délai a pour effet de faire acquérir un droit réel à celui qui en fait l'exerce (on l'appelle aussi *usucapion*). Elle est extinctive lorsqu'elle fait perdre un droit réel ou un droit personnel du fait de l'inaction prolongée du titulaire du droit (encore appelée prescription libératoire).

C. civ., art. 2219, 2229 s. et 2262 s.

→ *Interruption, Interversion de la prescription, Suspension Usucapion.*

Prescription de l'action publique

[Procédure pénale]

Principe selon lequel l'écoulement d'un délai (10 ans pour les crimes, 3 ans pour les délits, 1 an pour les contraventions) entraîne l'extinction de l'action publique et rend de ce fait toute poursuite impossible.

Il existe aussi des délais spéciaux parfois plus longs (30 ans pour les crimes de terrorisme par ex.), parfois plus courts (3 mois pour les délits de presse par ex.).

Ces délais peuvent être interrompus par des actes de poursuite ou d'instruction, anéantissant le délai déjà écoulé ou suspendus en cas d'obstacles de droit ou de fait à leur écoulement. Il en est ainsi des procès-verbaux dressés dans le cadre de l'enquête préliminaire qui interrompent le délai de la prescription ou d'une demande d'autorisation de poursuite adressée à la chambre à laquelle appartient un parlementaire qui suspend son écoulement.

C. pr. pén., art. 7, 8 et 9.

GAPP n° 8.

Prescription de la peine

[Droit pénal]

Principe selon lequel toute peine, lorsque celle-ci n'a pas été mise à exécution dans un certain délai fixé par la loi à 20 ans pour les crimes, 5 ans pour les délits et 3 ans pour les contraventions, ne peut plus être subie.

Le délai commence à courir le jour où la condamnation devient définitive. Il peut être suspendu (peine avec sursis par ex.) ou interrompu (mesure d'exécution).

C. pén., art. 133-2, 3 et 4.

Prescription extinctive

[Droit civil]

Mode d'extinction d'un droit personnel ou d'un droit réel du fait de l'inaction de son titulaire pendant un certain laps de temps. Les actions *personnelles* ou *mobilières* se prescrivent par 5 ans à compter du jour où le titulaire du droit a connu ou aurait dû connaître les faits lui permettant de l'exercer, ce délai de droit commun étant allongé ou réduit dans des cas spécifiques (par ex. 10 ans pour la réparation d'un dommage corporel, 2 ans pour l'action des professionnels pour les biens ou les services qu'ils fournissent aux consommateurs). Quant aux actions réelles immobilières, elles se prescrivent par 30 ans, le droit de propriété étant imprescriptible.

C. civ., art. 2219 s.

→ *Interruption, intervention de la prescription, Suspension.*

[Droit européen]

L'action en responsabilité extracontractuelle devant la Cour de justice de l'Union européenne se prescrit par 5 ans à compter de la survenance du dommage.

Prescription quadriennale

[Droit financier ou fiscal]

Prescription libératoire propre à la majeure partie des personnes publiques, acquise par l'écoulement d'un délai de 4 années partant du premier jour de l'année suivant celle de la naissance de la dette.

Préséance

[Droit administratif/
Droit international public]

→ *Protocole, Rang diplomatique.*

Présents d'usage

[Droit civil]

Cadeaux faits à l'occasion d'événements importants de la vie (mariage, anniversaire, etc.) mais qui ne doivent pas apparaître comme excessifs par rapport à la situation de fortune de l'auteur de la libéralité. Ainsi définis les présents d'usage échappent aux règles des donations notamment au rapport à fin d'égalité entre les héritiers et à la taxation fiscale.

C. civ., art. 852.

Président de la République

[Droit constitutionnel]

Titre du *chef de l'État* dans une République.

Président directeur général

[Droit commercial]

→ *Président du conseil d'administration.*

Président du conseil d'administration

[Droit commercial]

Personne physique élue par le conseil d'administration d'une société anonyme parmi ses membres. Le président est en principe chargé d'assumer sous sa responsabilité, mais dans les limites qui lui sont fixées par la loi et par l'objet social, la direction générale de la société, avec l'assistance facultative d'un ou de 2 directeurs généraux.

Lorsque les statuts le prévoient, sa mission peut cependant se borner à la seule présidence du conseil, la direction de la société étant alors assurée par un directeur général. C'est notamment et obligatoirement le cas dans les *sociétés d'économie mixte* (SEM).

C. com., art. L. 225-51 et 225-51-1.

Présidentialisme

[Droit constitutionnel]

Contrefaçon du régime présidentiel consistant dans l'hégémonie du président (parfois proche de la dictature) et l'abaissement corrélatif du Parlement, ce qui a pour effet de rompre l'équilibre des pouvoirs. Régime de nombreux États sud-américains et africains.

Présidium

[Droit constitutionnel]

Organe original de l'ex-régime soviétique, élu par le Soviet Suprême, et faisant fonction à la fois de chef d'État à structure collégiale et d'organe de suppléance du Soviet Suprême dans l'intervalle de ses sessions.

N'a jamais su affirmer une autorité par rapport aux secrétaires généraux du parti.

Présomption

[Droit civil]

Mode de raisonnement juridique en vertu duquel de l'établissement d'un fait on induit un autre fait qui n'est pas prouvé. La présomption est dite de l'homme (ou du juge) lorsque le magistrat tient lui-même et en toute liberté ce raisonnement par induction, pour un cas particulier; elle n'est admise que lorsque la preuve par témoins est autorisée.

La présomption est légale, c'est-à-dire instaurée de manière générale, lorsque le législateur tire lui-même d'un fait établi un autre fait dont la preuve n'est pas apportée. La présomption légale est simple lorsqu'elle peut être combattue par la preuve du contraire. Lorsque la présomption ne peut être renversée, elle est dite irréfragable ou absolue.

On qualifie de présomption mixte la présomption dont la preuve contraire est réglementée par le législateur, qui restreint les moyens de preuve ou l'objet de la preuve.

C. civ., art. 112, 311, 653, 654, 1283, 1349 s. et 1402.

Les présomptions simples sont dites également *juris tantum*, les présomptions irréfragables sont désignées parfois par l'expression latine *juris et de jure.*

→ *Preuve.*

Présomption de faute

[Droit administratif]

Dans certaines matières, la responsabilité publique peut être engagée pour faute présumée, la victime n'*ayant pas à démontrer cette* faute, mais l'Administration pouvant cependant prouver son absence (par ex. en cas de dommage causé à un usager par un ouvrage public dont le défaut d'entretien normal est présumé).

→ *Responsabilité de la puissance publique.*

Présomption de paternité

[Droit civil]

→ *Pater is est quem nuptiae demonstrant.*

Présomption d'imputabilité

[Sécurité sociale]

Principe selon lequel, en matière d'accident de travail, l'accident est lié au travail et la lésion est liée à l'accident. Il s'agit d'une présomption simple susceptible de la preuve contraire.

CSS, art. L. 411-1.

Présomption d'innocence

[Procédure pénale]

Principe selon lequel, en matière pénale, toute personne poursuivie est considérée comme innocente des faits qui lui sont reprochés, tant qu'elle n'a pas été déclarée coupable par la juridiction compétente. Inscrite dans la Déclaration des droits de l'Homme et du citoyen et ayant à ce titre valeur constitutionnelle, cette présomption a notamment pour effet de faire bénéficier du doute la personne concernée. Ce principe jusqu'alors affirmé dans le Code civil qui en organisait la protection judiciaire est aujourd'hui solennellement exprimé dans un article placé en exergue du Code de procédure pénale.

C. civ., art. 9-1; C. pr. pén., art. prél. III.

Pressions sur la justice

[Droit pénal]

Infraction consistant dans le fait de publier, sur une affaire soumise à une juridiction, avant l'intervention d'une décision juridictionnelle définitive, des commentaires de nature à constituer des pressions en vue d'influencer les déclarations des témoins ou la décision de la juridiction d'instruction ou de jugement.

C. pén., art. 434-16.

Prestataire de services de paiement

[Droit civil/Droit commercial]

Les seuls prestataires de services de paiement habilités sont les établissements de crédit et les établissements de paiement auxquels sont assimilés la Banque de France et l'institut d'émission des départements d'outre-mer, le Trésor public et la caisse des dépôts et consignation.

C. mon. fin., art. L. 521-1.

Prestataire de services d'investissement

[Droit commercial]

Créés par la loi du 2 juillet 1996, les prestataires de services d'investissement sont seuls habilités à fournir les services d'investissement portant sur les instruments financiers (titres de capital et titres de créance notamment) et en particulier la réception, la transmission et l'exécution d'ordres pour le compte de tiers.

Les prestataires de services d'investissement se substituent ainsi aux anciennes sociétés de bourse.

C. mon. fin., art. L. 531-1 s.

Prestation(s)

[Droit civil]

Ce qui est dû par le débiteur d'une *obligation* : livrer une marchandise, fabriquer un meuble, verser une somme d'argent, donner une consultation, réaliser une construction.

→ *Créance, Dette.*

[Sécurité sociale]

On distingue les prestations en nature qui consistent en un remboursement total ou partiel des frais chirurgicaux, médicaux, pharmaceutiques, d'appareillages et d'analyses, des prestations en espèces qui compensent la perte de salaire résultant de l'incapacité de travail : indemnités journalières en cas d'incapacité temporaire, rente ou pension en cas d'incapacité permanente. On distingue également les prestations contributives qui sont accordées en contrepartie des cotisations (par ex. les pensions de vieillesse) des prestations non contributives qui sont accordées à des personnes qui n'ont pas ou ont insuffisamment cotisé.

Prestation compensatoire

[Droit civil]

Capital destiné à compenser, autant qu'il est possible, la disparité que la rupture du mariage crée dans les conditions de vie respectives des époux divorcés et dont le paiement a lieu soit sous la forme du versement d'une somme d'argent, soit par l'attribution de biens en propriété ou d'un droit temporaire ou viager d'usage, d'habitation ou d'usufruit.

À titre exceptionnel, lorsque l'âge ou l'état de santé du créancier ne lui permet pas de subvenir à ses besoins, le juge peut fixer la prestation compensatoire sous forme de rente viagère.

C. civ., art. 270 s.; CPC, art. 1079 et 1080.

GAJC, t. 1, n° 39 et 40.

Prestation d'accueil du jeune enfant

[Sécurité sociale]

Prestation qui se substitue à l'ensemble des prestations liées à la petite enfance (allocation pour jeune enfant, aide à l'emploi d'une assistance maternelle agréée, allocation de garde d'enfant à domicile, allocation parentale d'éducation, allocation d'adoption) pour tous les enfants nés ou adoptés depuis le 1er janvier 2004.

Elle comporte une prime de naissance versée au cours du 7e mois de grossesse, une allocation de base versée de la naissance ou de l'adoption jusqu'au 3e anniversaire de l'enfant et un complément de libre choix d'activité ou de mode de garde accordé jusqu'aux 6 ans de l'enfant.

CSS, art. L. 531-1.

Prestations différées

[Sécurité sociale]

Prestations de prévoyance complémentaire dues par l'organisme qui délivrait sa garantie au moment du fait dommageable initial alors même que le contrat a été résilié ou le salarié licencié.

Art. 7, loi n° 89-1009 du 31 déc. 1989 dite Loi Évin.

Prêt

[Droit civil]

Contrat par lequel l'une des parties, le prêteur, met à la disposition de l'autre, l'emprunteur, une chose pour qu'il s'en serve, à charge de restitution en nature ou en valeur. Le prêt de consommation était dit *mutuum* et le prêt à usage *commodat* jusqu'à la loi n° 2009-526 du 12 mai 2009 qui supprime l'utilisation de cette terminologie; le prêt à usage a pour objet une chose non consomptible qui doit être restituée en nature par l'emprunteur.

Les prêts consentis par des particuliers sont des contrats réels exigeant pour leur formation la remise de la chose prêtée, à l'opposé des prêts consentis par des professionnels du crédit auxquels cas c'est dans l'obligation souscrite par le prêteur que l'obligation de l'emprunteur trouve sa cause.

C. civ., art. 1874 s.

GAJC, t. 2, n° 286 et 287.

Prêt viager hypothécaire

[Droit civil]

Prêt accordé par un établissement de crédit ou un établissement financier à une personne physique, sous forme d'un capital ou de versements périodiques, garanti par une hypothèque constituée sur un immeuble de l'emprunteur à usage exclusif d'habitation, dont le remboursement – principal et intérêt – ne peut être exigé qu'au décès de l'emprunteur ou bien lors de la cession ou du démembrement de la propriété de l'immeuble hypothéqué, s'ils surviennent avant le décès.

Ce contrat permet à tout propriétaire d'un logement d'obtenir un crédit sans générer de charge financière du vivant de l'emprunteur, puisque son remboursement incombe à la succession et que les sommes versées à l'emprunteur ne constituent pas des revenus imposables.

C. consom., art. L. 314-1 s.

Prête-nom

[Droit civil]

Personne qui fait figurer son nom dans un contrat comme si elle agissait pour son propre compte, alors qu'en réalité elle n'intervient que comme mandataire d'une autre, sans que le cocontractant ait connaissance de cette interposition.

→ *Simulation.*

Prétentions des plaideurs

[Procédure civile]

Questions de fait et de droit que les plaideurs soumettent au juge et qui sont fixées, pour le demandeur par l'acte introductif d'instance, pour le défendeur par les *conclusions en défense* (*exceptions*, *fins de non-recevoir*, dénégations). Ces prétentions peuvent être modifiées par des *demandes incidentes* lorsque celles-ci se rattachent aux prétentions originaires par un lien suffisant.

Formant l'objet du litige, elles délimitent l'étendue de la saisine du juge, ce qui entraîne l'obligation pour la juridiction du premier degré de se prononcer sur tout ce qui est demandé et seulement sur ce qui est demandé et l'interdiction pour la juridiction du second degré de statuer sur des demandes nouvelles.

CPC, art. 4 et 5.

→ *Demande nouvelle, Extra petita, Infra petita, Objet, Prétentions nouvelles, Ultra petita.*

Prétentions nouvelles

[Procédure civile]

Prétentions non soumises aux premiers juges et irrecevables devant la cour d'appel parce que contraires au caractère réformateur de l'appel, à moins qu'il ne s'agisse d'opposer la compensation, de faire écarter les prétentions adverses ou de faire juger les questions nées de l'intervention d'un tiers, de la survenance ou de la révélation d'un fait.

L'irrecevabilité de la prétention nouvelle est relevée d'office.

CPC, art. 564.

→ *Demande nouvelle, Moyens.*

Pretium doloris

[Droit civil/Sécurité sociale]

Littéralement, le « prix de la douleur », qu'une circulaire du ministre de la Justice du 15 septembre 1977 recommande d'appeler « l'indemnisation des souffrances » et qui correspond aux dommages et intérêts accordés par les tribunaux au titre de réparation des souffrances physiques ou morales éprouvées par la victime d'un accident ou d'un acte criminel, ou par ses proches parents.

L'indemnité qui tend à réparer le préjudice résultant de telles souffrances causées par un tiers à un assuré social, constitue, depuis la loi n° 73-1200 du 27 décembre 1973, l'une des composantes de « l'*indemnité de caractère personnel* », créée par cette loi. Elle devra réparer non seulement les souffrances antérieures à la consolidation des blessures, mais aussi celles postérieures à cette consolidation, alors que jusqu'à l'entrée en vigueur de la loi précitée, celles-ci étaient indemnisées au titre de l'*incapacité permanente partielle*.

CSS, art. L. 452-3.

Prétoire

[Procédure civile]

Autrefois, lieu où le préteur rendait la justice; aujourd'hui salle où se tiennent les audiences des cours et tribunaux.

Prétorienne (Jurisprudence)

[Droit général]

Se dit, par référence aux pouvoirs étendus du magistrat romain appelé préteur, d'une jurisprudence dont la solution n'est pas fondée sur une règle législative ou réglementaire préexistante, mais sur l'application par le juge d'une norme qu'il a, plus ou moins largement, dégagée lui-même. Elle manifeste le pouvoir créateur de droit de la jurisprudence. Le droit de la responsabilité de l'administration, par exemple, résulte d'une jurisprudence largement prétorienne.

→ *Sources du droit.*

Preuve

[Procédure (principes généraux)/Droit civil]

Dans un sens large, établissement de la réalité d'un fait ou de l'existence d'un acte juridique. Dans un sens plus restreint, procédé utilisé à cette fin (écrit, témoignage…).

Lorsque les moyens de preuve sont préalablement déterminés et imposés par la loi, la preuve est dite légale. Dans le cas contraire, elle est dite libre ou morale. Il incombe à chaque partie de prouver conformément à la loi les faits nécessaires au succès de sa prétention.

C. civ., art. 1315 s.; CPC, art. 9, 15.

→ *Ad probationem, Instrumentum, Présomption.*

Preuve (Procédures de)

[Procédure (principes généraux)]

Les plaideurs, pour l'établissement des faits du procès, recourent à des procédures d'instruction particulières : *vérification d'écritures*, *inscription de faux*, *enquête*, *expertise*, *comparution personnelle*, *serment*, *vérifications personnelles du juge*, *présomption*.

Dans le cadre européen, le règlement CE n° 1206/2001 du 28 mai 2001 établit une coopération entre juridictions des États membres en matière de preuve dans le domaine civil et commercial. Ou bien la juridiction compétente d'un État membre, dite juridiction requise, procède à un acte d'instruction à la demande d'une juridiction d'un autre État membre devant laquelle la procédure est engagée, dénommée juridiction requérante. Ou bien il y a exécution directe de l'acte d'instruction par la juridiction requérante sur le territoire de l'État requis, mécanisme autorisé dans le seul cas où l'exécution peut avoir lieu sans recourir à des mesures coercitives.

CPC, art. 132 s.

En matière pénale, sauf si la loi en dispose autrement, une infraction peut être établie par tout mode de preuve. Le juge fondera sa décision à partir des preuves apportées au débat et contradictoirement discutées, selon son *intime conviction*.

C. pr. pén., art. 427.

→ *Mesures d'instruction.*

Preuve indiciaire

[Droit civil/Procédure civile]

Preuve reposant sur des *indices*.

Preuve intrinsèque

[Droit civil]

Preuve découlant des termes ou de l'économie d'un acte. Par exemple, les actes à titre onéreux accomplis par un individu en état de démence ne peuvent être annulés après sa mort que s'ils portent en eux-mêmes la preuve d'un trouble mental (preuve intrinsèque).

C. civ., art. 414-2.

Preuve littérale

[Droit civil]

Preuve par écrit résultant d'une suite de lettres, de caractères, de chiffres ou de tous autres signes ou symboles dotés d'une signification intelligible, quels que soient leur support et leurs modalités de transmission.

C. civ., art. 1316 et 1341 s.

GAJC, t. 1, n° 17.

→ *Écrit, Écrit électronique.*

Preuve testimoniale

[Droit civil]

Preuve par témoins, librement admissible pour les faits juridiques, recevable sous certaines conditions pour les actes juridiques, notamment lorsque l'intérêt en cause ne dépasse pas 1 500 €.

Les déclarations des tiers relativement aux faits litigieux sont recueillies par le juge par voie d'*attestation* ou par voie d'*enquête* selon qu'elles sont écrites ou orales.

C. civ., art. 1341 s.; CPC, art. 199.

→ *Témoin.*

Prévention

[Droit du travail/Sécurité sociale]

Ensemble des mesures réglementaires ou techniques tendant à éviter les accidents et les maladies.

Prévenu

[Procédure pénale]

Personne contre laquelle est exercée l'action publique devant les juridictions de jugement en matière correctionnelle et contraventionnelle.

→ *Accusé.*

Prévoyance

[Sécurité sociale]

Faculté offerte aux entreprises de faire bénéficier les salariés d'un régime de garantie destiné à assurer notamment la couverture complémentaire des risques maladie invalidité et décès. Cette garantie peut se faire dans le cadre d'une institution de prévoyance, d'une mutuelle ou d'un organisme d'assurance.

CSS, art. L. 931-1.

Primaires (primaries)

[Droit constitutionnel]

Pré-élections officiellement organisées dans certains États des États-Unis en vue de permettre aux électeurs de procéder eux-mêmes à la désignation des candidats aux élections proprement dites (procédé qui tend à démocratiser le choix des candidats en réduisant l'influence des comités de partis).

→ *Caucus.*

Primauté du droit de l'Union européenne

[Droit européen]

Principe selon lequel s'il y a conflit entre le droit de l'Union européenne et le droit national, le premier l'emporte sur le second. Affirmée par la Cour de justice dans le silence des traités (aff. 6/64, *Costa*, 15 juill. 1964), la primauté était proclamée à l'article I-6 du traité établissant une Constitution pour l'Europe, en définitive non ratifié, et elle disparaît du traité de Lisbonne (reléguée à la « déclaration n° 17 » jointe à l'Acte final de la Conférence).

GAJA n° 102; GDCC n° 44.

Prime

[Droit des assurances]

Somme versée par l'assuré en échange de la prise en charge par l'assureur d'un risque prévu au contrat.

C. assur., art. L. 112-4.

[Droit commercial]

→ *Vente à prime.*

Prime à la naissance ou à l'adoption

[Sécurité sociale]

Prime ayant pour objet d'apporter une aide financière aux familles pour faire face aux dépenses liées à l'arrivée d'un enfant au foyer.

CSS, art. L. 533-1.

Prime d'émission

[Droit commercial]

Somme exigée des souscripteurs à une augmentation de capital, en plus de la valeur nominale de l'action. Cette somme destinée à atténuer la perte subie par les titres du fait de l'augmentation de capital s'analyse en un supplément d'apport.

Le montant total des primes d'émission est comptabilisé à un poste spécial : la réserve des primes d'émission.

Prime pour l'emploi

[Droit social/Droit financier ou fiscal]

Incitation financière au retour des personnes sans emploi à une activité professionnelle et à leur maintien dans un emploi, attribuée aux personnes ayant exercé l'année précédente une activité professionnelle salariée ou non salariée, à temps plein ou à temps partiel, et dont les revenus d'activité sont compris entre un minimum (pour s'assurer de la réalité de cette activité) et un maximum dépendant de leur situation familiale. Cette aide s'apparente dans sa technique au système de l'*impôt négatif sur le revenu* : toute personne estimant y avoir droit porte sur sa déclaration annuelle de revenus le montant de ses revenus d'activité; si elle n'est pas imposable l'Administration lui verse automatiquement le montant de la prime, si elle est imposable la prime s'impute sur son impôt sur le revenu, le solde éventuel lui étant automatiquement versé.

CGI, art. 200 sexies.

Primes

[Droit du travail]

Sommes versées par l'employeur au salarié en sus du salaire normal, soit à titre de remboursement de frais, soit pour encourager la productivité, tenir compte de certaines difficultés particulières du travail, ou récompenser l'ancienneté. La nature juridique de ces sommes appelées « primes » varie selon les cas.

Principal

[Procédure civile]

Dans une acception étroite, désigne, d'une part, le capital dont il est demandé paiement, d'autre part, les intérêts échus au moment de l'introduction de l'instance. L'évaluation de la demande sert (souvent) à déterminer la compétence et à fixer le taux du ressort.

Dans une acception plus large, le principal, s'entend de l'objet du litige tel qu'il est déterminé par les prétentions respectives des parties. Il vise le *fond* du procès, la question de *droit substantiel*, par opposition aux exceptions de procédure, aux incidents de preuve, aux mesures provisoires. C'est en ce sens que l'on dit, par exemple, que les jugements avant-dire droit n'ont pas au principal l'autorité de la chose jugée.

CPC, art. 4, 480 et 484.

→ *Préjudice au principal.*

Principe de cohérence

[Procédure civile]

→ *Estoppel.*

Principe de concentration des moyens

[Procédure civile]

Principe de création purement prétorienne (Cass. ass. plén., 7 juill. 2006), selon lequel « il incombe au demandeur de présenter dès l'instance relative à la première demande l'ensemble des *moyens* qu'il estime de nature à fonder celle-ci », la sanction résidant dans l'irrecevabilité, lors d'une seconde procédure, des moyens non invoqués lors de la première. Tous les moyens propres à soutenir la demande, qu'ils aient été ou non débattus, sont donc censés avoir été examinés par le jugement et se trouvent, fictivement, placés sous l'autorité de la *chose jugée.* Pour que l'autorité de la chose jugée puisse être écartée, il faut que les parties invoquent un fait nouveau.

Le principe s'impose tant en défense qu'en demande. La concentration des moyens ne doit pas être étendue à une concentration implicite des demandes.

→ *Cause.*

Principe de faveur

[Droit civil]

1° Dans le conflit opposant 2 intérêts en présence, préférence donnée *a priori* à l'un d'eux estimé supérieur. Par exemple, la convention dans le doute s'interprète en faveur du débiteur; la dévolution testamentaire est préférée à la dévolution légale par respect pour la volonté du défunt.

2° En dehors de tout conflit, avantage concédé par la loi pour servir telle clause socialement ou humainement prioritaire, comme le maintien du mariage déclaré putatif en faveur de l'époux de bonne foi.

[Droit du travail]

Expression permettant de désigner de manière commode une règle dont la teneur varie suivant les occurrences. *A minima,* il s'agit de se référer à la règle signifiée par l'énoncé de l'article L. 2251-1 du Code du travail : « une convention ou un accord peut comporter des stipulations plus favorables aux salariés que les dispositions légales en vigueur ». Par induction amplifiante, on vise une règle qui peut aller jusqu'à considérer que lorsque 2 règles de droit de source distincte portant sur le même objet ou ayant la même cause sont applicables à la relation de travail salariée ou aux rapports professionnels, il convient de faire application de la règle la plus favorable aux salariés. La pertinence de ces inductions amplifiantes, pourtant courantes dans bien des discours doctrinaux, est contestable, au moins en partie. Quelle que soit la teneur exacte de ce prétendu « principe de faveur », la mise en œuvre peut s'avérer délicate. L'identification des règles qui entrent en concours n'est pas toujours évidente et l'appréciation à porter (en termes de plus ou moins favorable aux salariés) à l'issue de la comparaison est parfois malaisée. Ce type de comparaison appliqué à un concours entre règles issues de conventions collectives distinctes a été relégué à une fonction supplétive par la loi n° 2004-391 du 4 mai 2004.

C. trav., art. L. 2251-1, 2252-1, 2253-3 et 2254-1.

GADT n° 179, 180 et 181.

→ *Ordre public social.*

Principe de précaution

[Droit administratif/Droit de l'environnement/Droit général]

→ *Précaution (Principe de).*

Principe de prévention

[Droit de l'environnement]

Principe visant à empêcher la survenance d'atteintes à l'environnement par des mesures adoptées *a priori* avant la réalisation d'un ouvrage ou d'une activité. Relèvent de ce principe les études d'impact dont l'objet est d'évaluer à l'avance les effets de l'action envisagée sur le milieu naturel, l'autorisation préalable pour les installations classées, l'interdiction de fabrication de produits non recyclables…

Charte de l'environnement, art. 3; C. envir., art. L. 110-1, I, 2°.

Principe de proportionnalité

[Droit européen]

Principe d'interprétation de la Cour européenne des droits de l'Homme selon lequel les atteintes (envisagées abstraitement par les textes) portées par la puissance publique aux droits fondamentaux protégés par la Convention doivent être proportionnées au but poursuivi, un juste équilibre devant être recherché entre l'intérêt public et l'intérêt privé.

Un principe voisin gouverne l'élaboration du droit de l'Union européenne : l'action des institutions européennes ne doit pas excéder ce qui est nécessaire pour atteindre les objectifs du Traité, les directives devant être préférées aux règlements pour éviter l'excès de législation.

TUE, art. 5; Conv. EDH, art. 8 à 11 et 15.

[Droit général]

Principe d'adéquation de la réaction à l'action, en vigueur dans les domaines les plus variés. Le médecin peut renoncer à poursuivre des traitements « disproportionnés » qui n'ont d'autre objet ou effet que le maintien artificiel de la vie; le juge répressif doit respecter un rapport de proportionnalité entre la faute commise et la sanction prononcée; la personne agressée n'est pas en légitime défense s'il y a disproportion entre les moyens employés et la gravité de la menace.

C. pén., art. 122-7; CSP, art. L. 1110-5, R. 4127-37, I.

[Procédure civile]

Le principe de proportionnalité est proclamé en termes explicites en matière de voies d'exécution. Si le créancier a le choix des mesures propres à assurer l'exécution ou la conservation de sa créance, c'est à la condition que ces mesures n'excèdent pas ce qui se révèle nécessaire pour obtenir le paiement de l'obligation, sinon le juge a le pouvoir d'ordonner la mainlevée de toute mesure inutile ou abusive.

L. n° 650 du 3 juill. 1991, art. 2.

➜ *Cantonnement.*

Principe de sécurité juridique

[Droit administratif/Droit général (droit privé, droit public)]

➜ *Sécurité juridique.*

Principe de subsidiarité

[Droit européen]

Introduit dans le traité de *Maastricht*, pour chercher à définir le jeu du partage des compétences entre les États membres et la Communauté, et pour répondre à la critique d'extension indéfinie du champ d'action communautaire. La Communauté intervient seulement « si et dans la mesure où les objectifs de l'action envisagée ne peuvent pas être réalisés de manière suffisante par les États membres et peuvent donc, en raison des dimensions ou des effets de l'action envisagée, être mieux réalisés au niveau communautaire ». Le Traité d'Amsterdam ajoute un protocole important sur l'application des principes de subsidiarité et de proportionnalité.

Le *traité de Lisbonne* (entré en vigueur le 1er déc. 2009) crée un mécanisme de contrôle du respect de ce principe en permettant à chaque Parlement national de voter un avis motivé obligeant la Commission à réexaminer son projet de loi ou loi-cadre et de demander à leur gouvernement de saisir la Cour de Justice si un acte voté leur paraît contraire à la subsidiarité.

[Droit constitutionnel/Droit administratif]

Dans la rédaction de l'article 72 de la Constitution issue de la révision de 2003, le principe de subsidiarité est devenu un principe d'organisation de la France.

→ *Collectivités territoriales.*

Principe d'initiative

[Procédure civile]

Principe selon lequel l'initiative, le déroulement, et l'extinction de l'instance appartiennent d'abord aux parties, sous réserve de l'office du juge.

CPC, art. 1 à 3.

→ *Direction du procès.*

Principe dispositif

[Procédure civile]

1° *Au sens strict*, signifie que les parties en cause délimitent souverainement la matière litigieuse (faits et objet du litige) et que le juge ne peut pas se prononcer sur des questions ou des faits dont il n'est pas saisi.

Dans la conception originaire, il en résulte que les parties ont la maîtrise des faits dans le procès, et que le juge a celle du droit (« *Da mihi factum, tibi dabo jus* »). Mais le principe dispositif, principe d'organisation de la maîtrise de la matière litigieuse, est conçu par le (nouveau) Code de procédure civile de façon plus souple (ex. : obligation pour les parties de présenter des *conclusions qualificatives* devant le tribunal de grande instance et la cour d'appel).

CPC, art. 5, 6, 7.

2° *Au sens large*, exprime aussi l'idée que l'instance est à la disposition des plaideurs qui ont la maîtrise de son déclenchement, de son étendue, de son déroulement et de son extinction. Il inclut alors le principe d'initiative.

CPC, art. 1er s.

→ *Direction du procès.*

Principe pollueur-payeur

[Droit de l'environnement]

Principe selon lequel les frais résultant des mesures de prévention, de réduction de la pollution et de lutte contre celle-ci doivent être supportés par le pollueur. Les manifestations de ce principe sont diverses : institution de taxes et redevances spécifiques ainsi que de la Taxe générale sur les activités polluantes (TGAP), édiction de normes anti-pollution (normes à la source pour les techniques de fabrication de matériels, normes d'émission, normes de qualité du milieu ambiant), compensation financière lorsque la remise dans l'état antérieur est impossible.

Charte de l'environnement, art. 4; C. envir., art. 110-1, I, 3°.

Principes (ou Objectifs) de valeur constitutionnelle

[Droit constitutionnel]

Principes qui, bien que n'étant pas explicitement énoncés dans les textes de valeur constitutionnelle, sont reconnus par le Conseil constitutionnel comme s'imposant au législateur avec la même force qu'eux et qui lui permettent d'apprécier si la conciliation entre plusieurs libertés a été opérée de manière équilibrée. Ainsi entre le droit de grève et la continuité du service public (Déc. 25 juill. 1979). Ils complètent le *Corpus* constitutionnel en s'appuyant sur le Préambule de la Constitution de 1946, la Déclaration des droits de l'Homme de 1789 et la Charte de l'environnement de 2004. Parmi les principes de valeur constitutionnelle – dont l'affirmation est une source importante d'extension du « *bloc de constitutionnalité* » – on peut citer à titre d'exemples l'indépendance de la juridiction administrative, l'indépendance des professeurs d'université ou l'égalité des justiciables devant la justice.

GDCC nº 13; GAJA nº 99.

→ *Principes généraux du droit.*

Principes directeurs du procès pénal

[Procédure pénale]

Ensemble des règles fondamentales, de portée supra législative (internationale, législative ou constitutionnelle) qui encadrent et gouvernent le procès pénal et, à ce titre, s'imposent tant au législateur qu'au juge. Ces règles de droit qui innervent et dirigent toute la procédure pénale ont pour objectif d'organiser un procès assurant une protection efficace des droits de la personne (mis en cause et victime).

C. pr. pén., art. préliminaire.

→ *Principes généraux du droit.*

Principes fondamentaux reconnus par les lois de la République

[Droit général]

Expression vague, figurant à l'alinéa 1 du Préambule de la Constitution de 1946, auquel renvoie celui de la Constitution de 1958, et sur laquelle le Conseil constitutionnel s'est fondé pour invalider certaines lois contraires aux principes qu'il estimait relever de cette catégorie.

GDCC nº 13.

→ *Liberté d'association, Principes de valeur constitutionnelle.*

Principes généraux du droit

[Droit administratif/Droit civil/ Procédure civile]

Principale source non écrite du droit administratif, représentée par des règles de droit obligatoires pour l'Administration et dont l'existence est affirmée de manière prétorienne par le juge.

Leur respect s'impose à toutes les autorités administratives, même dans les matières où le gouvernement est investi par la Constitution d'un pouvoir réglementaire autonome non subordonné à la loi. Les principes généraux du droit jouent également un rôle important en droit privé, spécialement en droit civil (la fraude corrompt tout, l'erreur est créatrice de droit, la bonne foi est toujours présumée...) et en procédure civile (principe accusatoire, principe dispositif, principe du contradictoire...).

GAJA nº 76.

[Droit international public]

Source du droit international constituée par des principes juridiques non écrits mais de portée générale et quasi universelle, les uns communs aux ordres juridiques des États civilisés et transposés dans les relations internationales (autorité de la chose jugée, respect des droits acquis, réparation du dommage causé, etc.), les autres nés dans l'ordre international lui-même (respect de l'indépendance des États, primauté du traité sur la loi, etc.).

GAJF nº 7.

→ *Principes de valeur constitutionnelle.*

[Droit pénal/Procédure pénale]

Sources non écrites du droit criminel dégagées par la Cour de cassation et le Conseil constitutionnel. Déclarées fondamentales par ces juridictions, elles éclairent, complètent ou renforcent certains droits ou libertés implicitement ou explicitement retenus dans les textes en vigueur. S'imposant tant au législateur qu'au juge ces principes assurent en procédure pénale une meilleure protection des droits de la défense.

Principes particulièrement nécessaires à notre temps

[Droit constitutionnel]

Principes issus du *Préambule* de la *Constitution* de 1946, à caractère politique, économique et social, intégrés par le *Conseil constitutionnel* au *bloc de constitutionnalité*.

GDCC n° 19.

Prior tempore potior jure

[Droit civil]

Celui qui est le premier dans le temps, en droit l'emporte.

La priorité entre des créanciers munis d'une garantie sujette à publicité est réglée par l'ordre des publications. Toutefois, en présence d'inscriptions requises le même jour, on ne tient plus compte de l'ordre du registre et on répute d'un rang antérieur l'inscription opérée en vertu du titre le plus ancien.

C. civ., art. 2425.

→ *Rang des privilèges et des hypothèques.*

Prise (Droit de)

[Droit international public]

Droit pour un belligérant de saisir les navires de commerce ennemis et leur cargaison en vue de faire prononcer leur confiscation par sa juridiction des prises.

Prise à partie

[Procédure civile/Procédure pénale]

Action en responsabilité dirigée contre les magistrats non professionnels des juridictions de l'ordre judiciaire, tels les juges consulaires et les conseillers, en cas de dol, de fraude, de concussion ou de faute lourde commis par eux soit dans le cours de l'instruction, soit lors des jugements, ainsi qu'en cas de *déni de justice*. La procédure à cette fin doit être autorisée par le premier président de la cour d'appel dans le ressort de laquelle siège le juge incriminé. L'État est civilement responsable des dommages et intérêts auxquels le juge est condamné, sauf son recours contre celui-ci.

COJ, art. L. 141-2 et 141-3; CPC, art. 366-1 s.

→ *Faute [Droit administratif], Faute disciplinaire, Responsabilité du fait du fonctionnement défectueux de la justice, Saisine par un justiciable du Conseil supérieur de la magistrature.*

Prise de corps (Ordonnance de)

[Procédure pénale]

Décision qui permettait l'incarcération d'un accusé et résultait de plein droit d'une ordonnance ou d'un arrêt de mise en accusation. Par faveur pour la liberté individuelle, la mise à exécution de cette ordonnance n'était nullement obligatoire à l'encontre des accusés non détenus.

Ce système a été supprimé par la loi du 9 mars 2004. Désormais, si un accusé se soustrait aux obligations du contrôle judiciaire ou ne se présente pas devant la cour d'assises, on utilisera, selon les cas, la procédure de la détention provisoire ou des mandats de dépôt ou d'arrêt.

C. pr. pén., art. 141-2, 181, 215-2 et 272-1.

Prise d'otage

[Droit pénal]

Circonstance aggravante de l'arrestation, de l'enlèvement, de la détention ou de la séquestration d'une personne lorsqu'une telle action est réalisée dans le but de préparer ou faciliter la commission d'un crime ou d'un délit, de favoriser la fuite ou assurer l'impunité des auteurs ou complices, d'un crime ou délit ou d'obtenir l'exécution d'un ordre ou d'une condition (ex. : versement d'une rançon).

C. pén., art. 224-4.

Prise illégale d'intérêts

[Droit pénal/Droit administratif]

Naguère dénommée ingérence. Fait, pour une personne dépositaire de l'autorité publique (fonctionnaire, par ex.) ou investie d'un mandat électif public (conseiller municipal, par ex.) ou chargée d'une mission de service public, de prendre ou de conserver un intérêt quelconque dans une activité, voire dans une seule opération, sur laquelle elle dispose du fait de sa fonction d'un pouvoir personnel ou partagé de surveillance ou de décision, ou qu'elle a la charge de gérer ou de payer. Ce serait le cas, par exemple, d'un entrepreneur membre d'une *municipalité* et auquel serait attribué un marché de travaux publics de sa commune. Pour des raisons pratiques, quelques dérogations limitées sont prévues pour les communes de moins de 3 500 habitants.

En outre, les *fonctionnaires* quittant leurs fonctions ne peuvent prendre ou recevoir une participation par travail, conseil ou capitaux pendant un délai de 3 ans dans une entreprise privée avec laquelle ils ont eu un lien résultant du contrôle ou de la surveillance de l'entreprise, de la passation de contrats ou d'avis sur les contrats passés avec l'entreprise ou encore de la proposition à l'autorité compétente, de décisions relatives à des opérations réalisées par l'entreprise.

La transgression de ces dispositions constitue un délit passible d'emprisonnement et d'amende.

Par ailleurs, en matière communale, sont illégales les délibérations du *conseil municipal* auxquelles aurait pris part l'un de ses membres intéressé à une affaire délibérée, si sa participation a exercé une influence déterminante sur le vote intervenu.

C. pén., art. 432-12 et 13; CGCT, art. L. 2131-11.

→ *Conflit d'intérêts.*

Prisée

[Droit civil/Procédure civile]

Estimation de la valeur d'objets mobiliers compris dans une liquidation, un partage, une donation ou une vente aux enchères.

C. civ., art. 829 et 948.

→ *Inventaire.*

Prises d'eau fondées en titre

[Droit administratif]

Droit d'usage, reposant sur des titres remontant à l'Ancien Régime ou à la période révolutionnaire, permettant à son titulaire d'utiliser la force motrice des rivières (généralement non navigables ou flottables) en échappant à la législation de droit commun sur l'utilisation de l'énergie hydraulique, par exemple en vue d'actionner un moulin ou une petite usine produisant de l'électricité (revendue à Électricité de France).

Prisons

[Droit pénal]

Terme générique qui, dans le langage courant, désigne les établissements dans lesquels sont subies les mesures privatives de liberté. On distingue les maisons d'arrêt et les établissements pour peine.

C. pr. pén., art. 717.

Privatif

[Droit civil]

Qui bénéficie exclusivement à une personne déterminée. Le contraire de privatif est indivis.

Privatisation

[Droit administratif]

Néologisme susceptible de 2 acceptions :

1° Action de confier au secteur privé des activités jusque-là gérées en *régie* directe par une personne morale de droit public.

→ *Délégation de service public.*

2° Action de transférer au secteur privé le capital d'entreprises appartenant à la puissance publique, et qui, très souvent avaient fait l'objet auparavant d'une *nationalisation*.

→ *Caisse d'amortissement de la dette publique.*

Privilège

[Droit civil]

Droit que la loi reconnaît à un créancier, en raison de la nature de sa créance, d'être préféré aux autres créanciers, même hypothécaires, sur l'ensemble des biens de son débiteur (privilège général) ou sur certains d'entre eux seulement (privilège spécial).

Les privilèges spéciaux (bailleur d'immeuble, vendeur de meuble) priment les privilèges généraux (frais de justice, salaires). Entre les créanciers privilégiés, la préférence se règle par les différentes qualités des privilèges que fixe la loi. Quant aux créanciers privilégiés qui sont dans le même rang, ils sont payés par concurrence.

C. civ., art. 2324 s.

GAJC, t. 2, n° 302 et 304.

→ *Privilèges immobiliers, Privilèges mobiliers.*

Privilège de juridiction

[Droit international privé/Procédure civile]

Règle de compétence internationale des tribunaux français fondée sur la nationalité française d'une partie : le demandeur français peut attraire un étranger devant les tribunaux français et le défendeur français peut être cité par un étranger devant les tribunaux français.

Cette règle ayant un caractère subsidiaire et ne s'appliquant que dans le cas où aucun critère ordinaire de compétence territoriale n'est réalisé en France, il est impropre de parler de privilège de juridiction…, ce d'autant que les articles 14 et 15 du Code civil ne font désormais plus obstacle à l'accueil des jugements étrangers (disparition de leur caractère indirectement exclusif).

C. civ., art. 14 et 15.

Privilège du préalable

[Droit administratif]

Droit conféré législativement à l'Administration, dans de nombreuses matières, de prendre des décisions exécutoires par elles-mêmes, c'est-à-dire sans que l'Administration ait à respecter la règle du droit privé selon laquelle nul ne se décerne un titre à soi-même.

Privilège du premier saisissant

[Procédure civile]

À la différence de l'ancienne *saisie-arrêt*, le premier créancier qui intente une *saisie-attribution* possède un privilège pour être payé le premier sur les fonds soumis à cette procédure et qui se trouvent entre les mains du tiers-saisi.

L. n° 1991-650 du 9 juill. 1991, art. 43.

Privilège du salarié

[Droit du travail]

Garantie de paiement des salaires et de certaines indemnités accordée au salarié lorsque l'entreprise est en état de cessation de paiement.

Le privilège général couvre les 6 derniers mois de travail effectif; le superprivilège, qui prime toutes les autres créances, garantit le paiement des sommes dues pour les 60 derniers jours de travail, ou les 90 derniers jours s'agissant des représentants de commerce, dans la limite d'un plafond. La garantie de paiement est renforcée par l'*assurance garantie des salaires*.

C. trav., art. L. 3253-2 s. et D. 3253-1.

Privilèges immobiliers

[Droit civil]

Privilèges portant soit sur certains immeubles déterminés (privilège du vendeur sur l'immeuble vendu, du copartageant sur les immeubles de la succession…), soit sur la généralité des immeubles du débiteur (frais de justice, salaires et créances résultant du contrat de travail).

C. civ., art. 2374 s.

Privilèges mobiliers

[Droit civil]

Privilèges grevant soit la totalité des meubles (frais de justice, frais funéraires et de dernière maladie, créances de Sécurité sociale), soit certains d'entre eux (vendeur de meubles sur la chose vendue, bailleur d'immeuble sur les meubles garnissant les lieux loués, etc.).

GAJC, t. 2, n° 303.

C. civ., art. 2330 à 2332.

Prix

[Droit civil]

Somme d'argent sur laquelle porte l'obligation de payer née d'un contrat à titre onéreux. Au sens strict, désigne la somme due au vendeur par l'acquéreur d'un bien dans un contrat de vente, ou à l'entrepreneur par le maître de l'ouvrage dans un contrat d'entreprise (lorsque le service n'est pas fourni par le membre d'une profession libérale). Par extension, *lato sensu*, désigne également le loyer dans le bail, le salaire dans le contrat de travail, les primes dans le contrat d'assurance ou les intérêts dans le prêt.

Naguère, le prix devait être déterminé par les parties au moment de la conclusion du contrat, à peine de nullité. Depuis les arrêts de l'Assemblée plénière du 1er décembre 1995, l'indétermination du prix n'est plus qu'une simple modalité d'exécution du contrat, l'abus dans la fixation unilatérale du prix ne donnant lieu qu'à *résiliation* ou à indemnisation.

C. civ., art. 1583 et 1591; C. consom., art. L. 113-1, 121-23 et 132-1; C. com., art. L. 410-2 et 442-5.

GAJC, t. 2, n° 152-155.

→ *Honoraires, Obligation de somme d'argent, Vil.*

Prix d'appel

[Droit commercial]

Procédé consistant, pour un distributeur, à mener une action publicitaire intense sur un produit de marque, pour lequel il adopte un niveau de marge très bas et dont il dispose en faible quantité; puis à inciter les clients, attirés par cette publicité, à acheter un produit substituable à celui sur lequel elle a porté.

Prix de transfert

[Droit financier ou fiscal]

Mécanisme d'évasion fiscale des groupes de sociétés, destiné à faire apparaître la plus grande partie des bénéfices du groupe dans un État à fiscalité modérée. Dans ce but, les prix des prestations de service et des ventes facturées aux établissements situés dans des États à forte pression fiscale sont artificiellement majorés, diminuant leurs bénéfices au profit de ceux de la firme ayant procédé à la facturation et se trouvant dans un État à faible pression fiscale.

→ *Évasion fiscale, Paradis fiscaux.*

Prix imposé

[Droit commercial/Droit pénal]

Délit consistant dans le fait d'imposer, directement ou indirectement, un caractère minimal au prix de revente d'un produit ou à celui d'une prestation de service.

C. com., art. L. 442-5.

Prix prédateurs

[Droit commercial]

Fait d'offrir ou de pratiquer, à l'égard des consommateurs, des prix de vente abusivement bas par rapport au coût de production de transformation et de commercialisation.

→ *Vente à perte.*

Probation

[Droit pénal/Procédure pénale]

→ *Ajournement du prononcé de la peine, Sursis avec mise à l'épreuve.*

Procédure

[Procédure (principes généraux)]

Au sens large, branche du droit dont l'objet est de fixer les règles d'organisation judiciaire, de compétence, d'instruction des procès et d'exécution des décisions de justice.

Au sens étroit, ensemble des formalités qui doivent être suivies pour parvenir à une solution juridictionnelle de nature civile, pénale ou administrative selon le cas.

→ *Droit judiciaire.*

ACTU

Procédure accélérée

[Droit constitutionnel]

Dispositif de la procédure législative. Sur initiative du gouvernement, à laquelle l'opposition conjointe des conférences des présidents des 2 assemblées peut faire échec, la procédure accélérée (procédure d'urgence avant 2008) permet notamment de réunir la Commission mixte paritaire après une seule lecture dans chaque chambre du texte en discussion.

Const., art. 45.

Procédure accusatoire

[Procédure (principes généraux)]

Procédure menée dans certains droits archaïques devant des hommes libres, et présentant un caractère *oral*, *public* et *contradictoire*, les preuves étant *légales* et *formelles*.

Si, à la suite d'une longue évolution, ce type de procédure a été conservé par certains systèmes juridiques (par ex. : Angleterre), dans le droit français contemporain, une procédure est dite accusatoire lorsque le rôle principal dans le déclenchement et dans la conduite de l'instance, dans la recherche des preuves, est réservé aux parties.

Ce trait se retrouve spécialement, bien qu'avec des nuances, dans le procès civil et dans la phase de jugement du procès pénal.

→ *Direction du procès, Mise en état, Office du juge, Procédure inquisitoire.*

Procédure administrative

[Droit administratif]

Procédure suivie devant les juridictions administratives, régie par des règles spécifiques caractérisées par l'importance des éléments écrits par rapport aux éléments oraux ainsi que par ses traits inquisitoires.

→ *Procédure inquisitoire.*

Procédure à jour fixe

[Procédure civile]

Procédure particulièrement rapide qui permet au demandeur d'assigner le défendeur directement à l'audience des plaidoiries, lorsqu'il y a urgence à éviter le cheminement habituel de l'instance.

Fonctionne devant le tribunal de grande instance et devant la cour d'appel.

Le président du tribunal de grande instance, saisi en référé, peut d'office, autoriser une assignation à jour fixe, afin de gagner du temps.

CPC, art. 788 s. et 917 s.

Procédure civile

[Procédure civile]

Procédure suivie, en matière civile, commerciale, rurale et sociale devant les juridictions de l'ordre judiciaire.

Cette procédure est de type accusatoire, elle obéit essentiellement au principe d'initiative (le déclenchement du procès ou son arrêt dépend des parties), au principe dispositif (la matière litigieuse est l'affaire des parties) et au principe du contradictoire.

Procédure contradictoire

[Procédure civile]

Procédure dans laquelle les parties comparaissent en personne ou par mandataire selon les modalités propres à la juridiction devant laquelle la demande est portée.

CPC, art. 467.

→ *Comparution, Contradictoire (Principe du), Défaut, Droits de la défense, Jugement contradictoire, Jugement dit contradictoire, Jugement par défaut, Jugement réputé contradictoire.*

Procédure d'alerte

[Droit commercial]

Procédure dont la finalité est de permettre la détection précoce des difficultés des entreprises, afin de susciter le plus rapidement possible une réaction de la part des dirigeants.

L'alerte consiste à demander des explications aux dirigeants, et dans certains cas à en informer le président du tribunal, dès la constatation de faits de nature à compromettre la continuité de l'exploitation. Elle peut être lancée par le commissaire aux comptes, le comité d'entreprise, le président du tribunal de commerce ou de grande instance, un groupement de prévention agréé ou encore par les associés ou actionnaires, sous certaines conditions. La procédure d'alerte varie en fonction de la personne qui la déclenche.

C. com., art. L. 611-1 (alerte du groupement de prévention agréé), L. 223-36 et L. 225-232 (alerte des associés non gérants et des actionnaires), L. 612-3 (alerte du commissaire aux comptes), L. 611-2 s. (alerte du président du tribunal); C. trav., art. 2323-78 s. (alerte du comité d'entreprise).

→ *Droit d'alerte.*

Procédure de codécision

[Droit européen]

Mécanisme introduit par le traité de *Maastricht* pour donner au Parlement européen, par un jeu de 3 lectures successives, un pouvoir partagé avec le Conseil et un droit de veto dans l'adoption des actes de l'Union européenne. La codécision est aujourd'hui la règle en matière décisionnelle, sauf exceptions expressément mentionnées.

→ *Procédure de coopération.*

Procédure de coopération

[Droit européen]

Mécanisme introduit par l'*Acte unique européen* pour, dans certaines matières, donner au Parlement européen un pouvoir autre que consultatif dans l'adoption des actes, essentiellement par l'institution de 2 lectures avant que le Conseil ne puisse décider.

Ne s'applique plus, après le traité d'Amsterdam, qu'à l'union monétaire du fait de l'extension de la procédure de codécision. Supprimé par le traité de Lisbonne.

→ *Procédure de codécision.*

Procédure de sauvegarde

[Droit commercial]

→ *Sauvegarde.*

Procédure en matière contentieuse

[Procédure civile]

Procédure suivie par une juridiction lorsqu'elle doit trancher un litige par un acte juridictionnel.

Il en existe plusieurs types, selon les circonstances de l'affaire et la nature de la juridiction saisie. Le plus souvent elle se décompose, schématiquement, en quelques grandes phases : *liaison de l'instance*, orientation de la procédure, *mise en état*, *débats* oraux.

CPC, art. 750 s. et 899 s.

→ *Acte juridictionnel, Décision contentieuse,* Jurisdictio.

Procédure en matière gracieuse

[Procédure civile]

Procédure suivie par une juridiction saisie, en l'absence de litige, d'une demande dont la loi exige qu'elle soit soumise au contrôle d'un juge. Elle se caractérise notamment par la simplicité des formes de la demande (il suffit, devant le tribunal d'instance, d'une déclaration verbale de la partie au greffe), par l'éviction du principe de publicité de l'audience, et par la nécessité, devant le tribunal de grande instance et devant la cour d'appel, de communiquer l'affaire au ministère public et de désigner un magistrat rapporteur chargé de l'instruire.

CPC, art. 25 s., 60 s., 797 s. et 950 s.

→ *Chambre du conseil, Décision gracieuse, Imperium, Publicité de la procédure.*

ACTU

Procédure européenne de règlement des petits litiges

[Droit européen/Droit international privé/Procédure civile]

Procédure écrite inspirée du droit anglais et en vigueur depuis le 1er janvier 2009, se déroulant par échange de formulaires-type de saisine, de demande, de réponse, sans représentation obligatoire des parties, enfermée dans des délais brefs, grâce à laquelle le justiciable obtient le règlement des litiges transfrontaliers de faible importance (demande ne dépassant pas 2 000 €). La décision rendue dans un État membre est reconnue et exécutée dans un autre État membre sans qu'une déclaration constatant sa force exécutoire soit nécessaire et sans qu'il soit possible de s'opposer à sa reconnaissance (Règlement du Parlement européen et du Conseil n° 861/2007 du 11 juillet 2007, art. 20).

Cette procédure ne recouvre pas les matières fiscales, douanières et administratives et, dans le domaine civil et commercial, ne s'applique ni à l'état et la capacité des personnes physiques, ni aux régimes matrimoniaux, obligations alimentaires, testaments et successions, ni aux faillites, ni à la Sécurité sociale, ni à l'arbitrage, ni au droit du travail.

CPC, art. 1382 s.

Procédure générale

Ensemble de principes généraux dominant toutes les procédures civiles, pénales, administratives et disciplinaires (par ex. : respect de la liberté de la défense et du principe du *contradictoire*).

→ *Procédure administrative, Procédure civile, Procédure pénale.*

Procédure inquisitoire

[Procédure (principes généraux)]

Apparue historiquement à un moment où le pouvoir était capable d'imposer aux plaideurs le recours à des auxiliaires qualifiés et à une justice rendue par des magistrats professionnels, la procédure inquisitoire était

écrite, *secrète* et *non contradictoire*, le juge obéissant à son *intime conviction*.
Dans le droit français contemporain, la procédure est dite inquisitoire lorsque le juge exerce un rôle prépondérant dans la conduite de l'instance et dans la recherche des preuves : phase d'instruction du procès pénal, procédure administrative.
En fait, des compromis ont été trouvés entre procédure accusatoire et procédure inquisitoire, le caractère contradictoire étant toujours la garantie nécessaire de la liberté de la défense.
→ *Contradictoire (Principe du), Direction du procès, Mise en état, Office du juge.*

Procédure législative

[Droit constitutionnel]
Ensemble des règles, établies principalement par la constitution, qui doivent être suivies pour l'adoption des lois, de l'initiative à la promulgation, en passant par les différentes étapes de la discussion parlementaire (inscription à l'ordre du jour, examen en commissions, dépôt d'amendements, diverses lectures dans chaque assemblée, avec discussion générale, discussion article par article et vote) et, éventuellement, la saisine du Conseil constitutionnel.
[Droit européen]
Le traité de Lisbonne distingue une « procédure législative ordinaire », applicable sauf exceptions à l'adoption de directives et de règlements, qui implique la codécision du Parlement et du Conseil, et des procédures législatives « spéciales », par exemple en matière budgétaire (art. 289 TFUE).
→ *Procédure de codécision.*

Procédure monitoire

[Procédure (principes généraux)]
Procédure permettant un traitement définitif des demandes portant sur des créances apparemment fondées, selon des formes accélérées et simplifiées. La procédure monitoire aboutit à une ordonnance en injonction de payer ou de faire et repose sur une inversion du contentieux : l'ordonnance devient définitive en l'absence d'opposition de la part du défendeur. Initialement réservée aux petites créances en matière commerciale, elle a été élargie à toutes les créances civiles ou commerciales, qu'elles soient d'origine contractuelle ou statutaire, sans plafond de montant; limitée, à l'origine, aux injonctions de payer, elle a été élargie aux injonctions de faire.
CPC, art. 809, al. 2, 1405 s., 1424-1 s. et 1425-1 s.; C. consom., art. R. 142-2.
→ *Injonction de faire, Injonction de payer, Injonction de payer européenne.*

ACTU

Procédure orale

[Procédure civile]
Procédure qui, jusqu'à présent, reposait uniquement sur des échanges verbaux, à l'exception toutefois de l'acte introductif d'instance généralement établi par écrit.
Le décret n° 2010-1165 du 1er octobre 2010 relatif à la procédure orale en matière civile, commerciale et sociale fait une place non négligeable à l'écrit et crée un ensemble de règles communes auxdites procédures « orales » devant le tribunal d'instance, le tribunal de commerce, le tribunal paritaire des baux ruraux, le tribunal des affaires de Sécurité sociale. D'une part, les parties peuvent être autorisées à formuler leurs prétentions et leurs moyens par écrit sans se présenter à l'audience; elles peuvent également se référer aux prétentions et aux moyens qu'elles auraient formulés par écrit. D'autre part, le juge qui organise les échanges entre les parties comparantes, a le pouvoir de dispenser une partie qui en fait la demande de se présenter à une

audience ultérieure, auquel cas la communication entre les parties a lieu par lettre recommandée avec demande d'avis de réception ou par notification entre avocats. En outre, le juge peut inviter les parties à fournir les explications de fait et de droit qu'il estime nécessaires et les mettre en demeure de produire tous documents propres à l'éclairer et ce par tout moyen. En bref, l'essentiel des dispositions nouvelles enlève une bonne part de sa spécificité à la procédure orale.

CPC, art. 446-1 à 446-4, 847 s., 861 s., 939; CSS, art. R. 142-20-2.

Procédure ordinaire

[Procédure civile]

Procédure généralement suivie devant le tribunal de grande instance et devant la cour d'appel.

Procédure par défaut

[Procédure civile]

Procédure menée contre un défendeur qui n'a pas comparu et n'a été ni assigné ni réassigné à personne, dans le cas où l'affaire est jugée en premier et dernier ressort (appel exclu).

CPC, art. 471 s.

→ *Jugement par défaut*

[Procédure pénale]

La procédure est également applicable en matière pénale. Pour les contraventions et les délits, le *prévenu* absent peut néanmoins demander à être jugé en son absence ou le tribunal estimer nécessaire la comparution personnelle du prévenu.

Il existe une procédure particulière en matière criminelle.

C. pr. pén., art. 487 et 544.

→ *Défaut criminel.*

Procédure participative

→ *Convention de procédure participative.*

Procédure pénale

[Procédure pénale]

Ensemble des règles qui définissent la manière de procéder pour la constatation des infractions, l'instruction préparatoire, la poursuite et le jugement des délinquants.

Procédure sommaire

[Procédure civile]

Procédure simplifiée suivie naguère devant les tribunaux de droit commun dans des cas exceptionnels. Remplacée par une *procédure à jour fixe*.

[Sécurité sociale]

Procédure permettant au trésorier-payeur général d'assurer le recouvrement de sommes dues par l'employeur ou le travailleur indépendant au profit des organismes de Sécurité sociale. Procédure peu utilisée.

CSS, art. L. 133-1.

Procédures négociées (marchés publics)

[Droit administratif]

→ *Marchés négociés.*

ACTU

Procédures simplifiées d'aménagement des peines

[Procédure pénale]

Procédures particulières d'aménagement des peines d'emprisonnement de courte durée, non exclusives des procédures de droit commun. Elles concernent d'une manière générale des *personnes condamnées*, dont la durée de la peine à subir est inférieure ou égale à 2 ans, délai ramené à un an si le condamné est en état de récidive, qu'elles soient libres ou incarcérées. Le principe est que ces personnes bénéficient dans la mesure du possible et si leur personnalité et leur situation le permettent d'un aménagement de peine. Pour les condamnés libres, avant toute mise à exécution de la peine le *ministère public* informe le juge de l'application des peines. Ce dernier doit alors dans un délai assez court décider des modalités d'exécution les mieux adaptées à la personnalité et à la situation matérielle, familiale et sociale du condamné.

Pour les personnes incarcérées la situation de tous les détenus susceptibles de bénéficier des mesures d'aménagement est examinée par le directeur du service pénitentiaire d'insertion et de probation qui proposera une solution au juge de l'application des peines par l'intermédiaire du ministère public.

C. pr. pén., art. 723-14 s.

Procès

[Procédure administrative/Procédure civile/Procédure pénale]

Difficulté de fait ou de droit soumise à l'examen d'un juge ou d'un arbitre.

→ *Litige.*

Procès équitable

[Procédure (principes généraux)]

Le droit à un procès équitable constitue aujourd'hui la pierre angulaire des procédures juridictionnelles. Il faut l'entendre comme le droit à un procès équilibré entre toutes les parties (*equus* = équilibre) dont les principales manifestations, dans la jurisprudence de la Cour européenne des droits de l'Homme, sont : le droit à un recours effectif devant un tribunal; le droit à un tribunal indépendant et impartial; le droit à un procès public, respectant l'égalité des armes et conduisant à un jugement rendu dans un délai raisonnable; le droit à l'exécution effective de la décision obtenue.

Issu du *droit naturel*, le droit à un procès équitable est devenu un droit substantiel, la garantie de la garantie des droits.

Pacte inter. droits civils et politiques, art. 14; Conv. EDH, art. 6, § 1; C. pr. pén., art. prél., § 1, al. 1.

GAJA n° 108.

→ *Accès à un juge, Droits de la défense, Droit processuel, Due process of law, Égalité des armes, Exécution (Droit à l').*

Procès-verbal

[Procédure civile]

Acte de procédure établi par un officier public et relatant des constatations, déclarations ou des dépositions (procès-verbal d'enquête, de conciliation, de saisie par ex.). Cet acte a un caractère authentique.

CPC, art. 130, 182, 194, 219, 1314, 1315, 1449.

[Procédure pénale]

Acte par lequel une autorité habilitée pour ce faire, reçoit les plaintes ou dénonciations verbales, constate directement une infraction ou consigne le résultat des opérations effectuées en vue de rassembler des preuves.

En principe les procès-verbaux ont valeur de simple renseignement; néanmoins quelques-uns d'entre eux, rédigés par certains agents publics et constatant des infractions, font foi jusqu'à preuve contraire, d'autres jusqu'à inscription de faux.

C. pén., art. 429 s. et 537.

Processuel

[Procédure (principes généraux)]

→ *Droit processuel.*

Procréation médicalement assistée (PMA)

[Droit civil]

Elle s'entend des pratiques chimiques et biologiques permettant la conception *in vitro*, le transfert d'embryons et l'insémination artificielle, ainsi que de toute technique d'effet équivalent permettant la procréation en dehors du processus naturel.

L'*assistance médicale à la procréation* n'est admise par la loi que comme un remède à une infertilité pathologique médicalement établie.

Le consentement donné à une procréation médicalement assistée avec tiers donneur interdit toute action aux fins d'établissement ou de contestation de la filiation.

CSP, art. L. 2141-1 s.; C. civ., art. 16-7, 311-19 et 311-20; CPC, art. 1157-2 et 1157-3.

GAJC, t. 1, n° 48.

Procuration

[Droit civil/Procédure civile]

Pouvoir qu'une personne donne à une autre d'agir en son nom. Mot utilisé aussi pour désigner l'acte qui confère ce *pouvoir*.

CPC, art. 416; C. civ., art. 1984.

→ *Mandat, Mandat de représentation en justice, Représentation.*

ACTU

Procureur de la République

[Procédure civile/Procédure pénale]

Magistrat placé à la tête du *ministère public* prés le tribunal de grande instance.

En toutes matières, le ministère public est exercé devant les juridictions du premier degré du ressort du tribunal de grande instance par le procureur de la République.

La Cour européenne des droits de l'Homme a jugé que le procureur de la République n'est pas une autorité judiciaire, au sens qu'elle donne à cette notion au regard de l'article 5 § 3 de la Convention EDH (contrôle des arrestations et gardes à vue), parce qu'il lui manque l'indépendance vis-à-vis du pouvoir exécutif, du fait qu'il est soumis à l'autorité du garde des Sceaux, membre de l'Exécutif, qu'il ne bénéficie pas de l'inamovibilité et qu'il doit requérir conformément aux instructions reçues de son supérieur hiérarchique (arrêt *Medvedyev*, 10 juill. 2008 n° 3394/03, arrêt *Moulin*, 23 nov. 2010, n° 37104/06).

COJ, art. L. 122-2, 212-6 et R. 212-12 s.

→ *Parquet.*

Procureur financier

[Droit financier]

Magistrat responsable du parquet auprès de chaque chambre régionale des comptes et qui assure ainsi la fonction du ministère public (ancienne dénomination : *commissaire du gouvernement*).

Il est le correspondant du procureur général près la Cour des comptes, suit le bon déroulement des procédures (avis, conclusions, réquisitions) et veille à l'application de la loi.

CJF, art. R. 212-15 et s.

Procureur général

[Procédure civile/Procédure pénale]

Magistrat placé à la tête du *ministère public* d'une cour. À la Cour de cassation, il est assisté de premiers avocats généraux, d'avocats généraux et d'avocats généraux référendaires. À la cour d'appel, il est assisté d'avocats généraux et de substituts généraux.

La fonction de procureur général près d'une cour d'appel est exercée par un magistrat hors hiérarchie de la Cour de cassation et ne peut durer plus de 7 ans. La nomination d'un procureur général procède d'un décret du président de la République après avis simple du Conseil supérieur de la magistrature.

COJ, art. L. 312-7, R. 312-14 s. et 432-1 s.

→ *Parquet général.*

[Droit financier ou fiscal]

Il existe également un procureur général, assisté d'avocats généraux, à la Cour des comptes et à la Cour de discipline budgétaire et financière.

CJF, art. L. 112-2 et L. 311-4.

Prodigue

[Droit civil]

Personne qui se livre habituellement à des dépenses déraisonnables entamant son capital. Les prodigues pouvaient bénéficier d'un régime de protection appelé *curatelle*. Un tel cas d'ouverture a été supprimé.

GAJC, t. 1, n° 62.

→ *Oisiveté.*

Production de pièces

[Procédure (principes généraux)]

→ *Action ad exhibendum, Pièces.*

Production des créances

[Droit commercial]

Expression vieillie désignant la procédure de déclaration des créances lors d'une procédure de redressement judiciaire.

→ *Admission des créances, Contribution, Déclaration des créances, Ordre.*

Produit brut (Règle du)

[Droit financier ou fiscal]

Règle de comptabilité publique exigeant, par application du principe budgétaire d'universalité, que soient comptabilisés distinctement les recettes et les frais entraînés par leur perception, ce qui permet une meilleure information. Le système contraire (produit net) conduirait à ne présenter au Parlement que le solde de ces 2 masses.

Produit intérieur brut (PIB)

[Droit général]

Total des « valeurs ajoutées » de l'ensemble des branches de production de biens et de services d'un pays, y compris les services fournis à titre gratuit, notamment par les Administrations publiques. Son montant, qui permet de mesurer et de comparer la valeur des biens et services produits globalement par chaque État, s'est élevé en France, en 2010, à près de 2 000 milliards d'euros.

Produits

[Droit général]

Au sens strict, biens qui résultent de l'exploitation non régulière d'une chose et qui altèrent la substance de celle-ci. *Au sens large*, tout ce qu'une chose peut produire, tant les produits au sens strict que les produits qui n'altèrent pas la substance de la chose et que l'on appelle des *fruits*.

Dans le domaine de la santé, le législateur règlemente le don et l'utilisation des produits du corps humain : sang, gamètes, cheveux, etc.

C. civ., art. 16-1 et 590 s.; CSP, art. L. 1211-1.

Produits défectueux

[Droit civil]

Biens meubles n'offrant pas la sécurité à laquelle on peut légitimement s'attendre et dont le défaut, lorsqu'il provoque un dommage à la personne ou aux biens, déclenche la responsabilité de plein droit du producteur, du fabricant, du distributeur, du vendeur ou du loueur à l'égard de quiconque.

C. civ., art. 1386-1 s.

GAJC, t. 2, nº 234-235 et 264-265.

Profession unique

[Procédure civile]

Lors de la réforme des barreaux, en 1971, qui avait réalisé la fusion de la profession d'avocat avec celles d'avoué de première instance et d'agréé près les tribunaux de commerce, on avait envisagé la fusion de la profession d'*avocat* et de celle de *conseil juridique*. Cette fusion était destinée à supprimer le clivage excessif existant entre le judiciaire et le juridique.

Cette opération a été réalisée par la loi nº 90-1259 du 31 décembre 1990, à la date du 1er janvier 1992. La loi du 25 janvier 2011 (nº 2011-94) réalise la fusion des professions d'avocat et d'avoué à la cour au 1er janvier 2012.

Il est envisagé d'instituer une « grande profession du droit » exerçant, sous le titre d'avocat, dans un domaine juridique quasi illimité, mais avec certificat de spécialisation : avocat-notaire, avocat-conseil en propriété industrielle (cette fusion est aujourd'hui abandonnée), avocat-fiduciaire.

Le Conseil national des barreaux a fait connaître son opposition à la fusion entre la profession réglementée d'avocat et la profession non réglementée de juriste d'entreprise ; le barreau de Paris, au contraire, s'est déclaré favorable à l'avocat en entreprise.

→ *Avocat, Conseil juridique.*

Professionnel

[Droit civil]

Personne physique ou morale qui, dans le cadre de sa profession, exerce une activité de fabrication, de distribution ou de prestation de services. Étant réputé compétent et avisé, le professionnel est soumis à des règles dérogatoires protectrices du consommateur profane. La qualification de contractant professionnel déclenche le mécanisme de la *clause abusive*, constitue le vendeur de mauvaise foi connaissant les vices cachés de la chose vendue et l'obligeant à en réparer toutes les conséquences dommageables, interdit le recours aux clauses limitatives ou élisives de responsabilité.

GAJC, t. 2, nº 159, 264 et 265.

→ *Consommateur.*

Profil médical

[Sécurité sociale]

Tableaux statistiques codés, établis trimestriellement par les caisses de Sécurité sociale, et faisant apparaître, pour chaque médecin du ressort de la caisse, le nombre et la nature des actes médicaux réalisés, le coût et la nature des prescriptions ordonnancées.

Profilage

[Droit pénal]

Technique criminalistique contribuant à l'établissement de la preuve pénale en facilitant l'identification d'un criminel inconnu. Elle consiste à établir le profil psychologique de l'auteur potentiel d'une infraction à partir de l'acte réalisé et des différentes constatations effectuées par les services d'enquête sur la « scène du crime ». Elle est, notamment, utilisée pour résoudre la question des meurtres ou des viols en série.

Programme

[Droit financier ou fiscal]

Dans le cadre de la présentation par objectifs du budget de l'État, articulée selon l'arborescence *missions*, programmes, *actions*, le programme est une division de la mission regroupant tous les *crédits budgétaires* destinés à mettre en œuvre une action publique – ou un ensemble cohérent d'actions – relevant d'un même ministère. Il lui est associé des objectifs précis à atteindre complétés par l'indication des résultats attendus (« projet annuel de performance ») qui feront l'objet d'une évaluation en fin d'exercice budgétaire (« rapport annuel de performance »). En matière d'exécution du budget, les crédits budgétaires sont seulement spécialisés au niveau du programme (ou des *dotations* le cas échéant), ce qui assure une large souplesse de gestion (liberté pour le responsable d'un programme de transférer des crédits de fonctionnement sur des crédits d'investissement, et réciproquement, sans pouvoir d'ailleurs augmenter les crédits de dépenses de personne). Les programmes, au nombre d'environ 130 dans le budget 2010, sont regroupés par missions.

Exemple : la mission « santé » comprend les programmes « prévention et sécurité sanitaire », « protection maladie » et « offre de soins et qualité du système de soins ».

→ *Fongibilité asymétrique.*

Programme de stabilité

[Droit financier ou fiscal]

→ *Stabilité (Programme de).*

Projet de loi

[Droit général]

Texte d'initiative gouvernementale soumis au vote du Parlement.

→ *Proposition de loi.*

Promesse de mariage

[Droit civil]

Assurance que donne une personne à une autre de l'épouser. Si la promesse est réciproque, il s'agit de *fiançailles*.

Promesse de porte-fort

[Droit civil]

Engagement pris par une personne d'obtenir d'un tiers l'exécution d'une obligation résultant d'un acte auquel elle n'est pas partie, engagement constitutif d'une obligation de résultat.

C. civ., art. 1120.

Promesse *post mortem*

[Droit civil]

Clause par laquelle les parties à une convention décident que les obligations qu'elles créent ne seront exécutées qu'au jour du décès de l'une d'elles.

→ *À cause de mort.*

Promesse synallagmatique de vente

[Droit civil]

Avant-contrat par lequel une personne s'engage à vendre un bien déterminé à des conditions, notamment de prix, qui sont acceptées par le bénéficiaire. Cette promesse vaut vente, sauf si la réalisation du contrat définitif est subordonnée par la loi ou par la convention des parties, à l'accomplissement d'une formalité ou à la réalisation d'un événement.

C. civ., art. 1589.

Promesse unilatérale de vente

[Droit civil/Droit commercial]

Contrat par lequel une personne (le promettant) s'engage à vendre un bien déterminé à des conditions déterminées, notamment de prix, à un autre (le bénéficiaire) qui dispose d'un droit d'option consistant à acheter (en levant l'option) ou non (en laissant passer le délai convenu).

L'inexécution de son engagement par le promettant ne donne lieu qu'à des dommages et intérêts, à moins que le contrat ne contienne une clause d'exécution forcée en nature.

La promesse, lorsqu'elle porte sur un immeuble, un droit immobilier, un fonds de commerce… doit être constatée par acte authentique, ou par un acte sous-seing privé enregistré dans les 10 jours, à peine de nullité.

C. civ., art. 1589-1 et 1589-2.

GAJC, t. 2, nº 259 et 261.

Promissoire

[Procédure civile]

→ *Serment promissoire.*

Promoteur immobilier

[Droit civil]

Le promoteur est un intermédiaire, le plus souvent professionnel, qui réalise des constructions collectives ou individuelles au profit d'accédants qui en deviendront propriétaires.

Intermédiaire, le promoteur se charge du plan de financement, des rapports avec l'autorité publique et les corps de métiers. Il effectue toutes les opérations et formalités juridiques, financières et administratives devant assurer l'accession à la propriété. À cette fin, un contrat de promotion immobilière est conclu avec l'accédant.

Le promoteur est garant de l'exécution des obligations mises à la charge des personnes avec lesquelles il a traité au nom du maître de l'ouvrage ainsi que des vices cachés.

C. civ., art. 1831-1 s.; CCH, art. L. 222-1 s.

Promotion immobilière (Contrat de)

[Droit civil]

Contrat consistant en un mandat d'intérêt commun par lequel un « promoteur immobilier » s'engage envers le maître d'un ouvrage à faire procéder, pour un prix convenu et par des contrats de louage d'ouvrage, à la réalisation d'un programme de construction d'un ou de plusieurs immeubles.

Le promoteur s'oblige également à procéder ou à faire procéder à tout ou partie des opérations juridiques, administratives et financières nécessaires à la réalisation du contrat.

C. civ., art. 1831-1; CCH, art. L. 221-1 et R. 222-1 s.

→ *Vente d'immeuble à construire.*

Promotion sociale

[Droit du travail]

Accession d'un travailleur en cours d'emploi à une qualification supérieure ou à une situation indépendante (promotion individuelle) ou formation collective des responsables syndicaux et représentants du personnel (promotion collective).

Promulgation

[Droit constitutionnel]

Acte par lequel le chef de l'État constate officiellement l'existence de la loi et la rend exécutoire.

Selon la Constitution de 1958, la loi doit être promulguée dans les 15 jours qui suivent sa transmission au gouvernement, sauf usage par le président de la République de son droit de demander une nouvelle délibération de la loi ou recours en inconstitutionnalité devant le Conseil constitutionnel.

Prononcé du jugement

[Procédure civile/Procédure pénale]

Lecture, en principe à l'audience publique du tribunal, du dispositif du jugement. Le prononcé du jugement peut, aussi, résulter de sa mise à disposition au greffe de la juridiction.

CPC, art. 451; C. pr. pén., art. 485.

→ *Publicité des jugements.*

Pronunciamiento

[Droit constitutionnel]

→ *Coup d'État.*

Proportionnalité (Principe de)

[Procédure pénale]

Principe général permettant de déterminer si une mesure procédurale, particulièrement de contrainte, prise à l'égard d'une personne suspectée ou poursuivie, préserve l'équilibre indispensable entre la protection des intérêts de la société et ceux de la personne dont les droits fondamentaux doivent être respectés. La proportionnalité s'apprécie particulièrement par rapport à la gravité de l'infraction reprochée.

Ce principe, partiellement consacré dans certains textes internationaux (art. 5 Conv. EDH), a été développé dans la jurisprudence de la Cour EDH avant d'être affirmé dans l'article préliminaire du Code de procédure pénale. Il s'impose au législateur, dans l'élaboration de la loi, comme au juge dans l'application concrète de la règle, par exemple lorsqu'il s'agit de priver un individu de sa liberté. Le contrôle de proportionnalité occupe une place essentielle dans la jurisprudence de la Cour EDH et celle du Conseil constitutionnel, particulièrement en matière d'atteinte à la vie ou à la liberté.

C. pr. pén., art. prél. III, al. 3.

Proposition de loi

[Droit général]

Texte émanant d'un député ou d'un sénateur proposé au Parlement pour être adopté comme loi.

→ *Projet de loi.*

Propres (Biens)

[Droit civil]

→ *Biens propres.*

Propriété

[Droit civil]

→ *Droit de propriété.*

Propriété commerciale

[Droit commercial]

Droit pour le commerçant locataire du local dans lequel il exploite son fonds de commerce d'obtenir du bailleur le renouvellement de son bail lorsque celui-ci arrive à expiration, ou en cas de refus injustifié, d'obtenir à certaines conditions une indemnité d'éviction représentant le préjudice causé par la privation des locaux.

C. com., art. L. 145-8 s.

Propriété industrielle

[Droit commercial]

La propriété industrielle est constituée par l'ensemble des droits protégeant, par la reconnaissance d'un monopole temporaire d'exploitation, certaines créations nouvelles et certains signes distinctifs.

Les créations de caractère technique peuvent faire l'objet d'un *brevet d'invention*; les créations de caractère ornemental sont l'objet du *dépôt* d'un *dessin* ou d'un *modèle*.

Les signes distinctifs sont constitués essentiellement de la marque, du *nom commercial*, de l'*enseigne*, et de l'*appellation d'origine*.

Propriété intellectuelle

[Droit général]

Ensemble composé, d'une part, des droits de *propriété industrielle* et, d'autre part, de la *propriété littéraire et artistique*.

Propriété littéraire et artistique

[Droit civil]

Ensemble des droits pécuniaires et moraux dont est titulaire un écrivain ou un artiste sur son œuvre.

CPI, art. L. 111-1 s.

Propriété retenue à titre de garantie

[Droit civil]

→ *Clause de réserve de propriété.*

Propriété spatio-temporelle

[Droit civil]

→ *Multipropriété, Société d'attribution d'immeubles en jouissance partagée.*

Propter rem

[Droit civil/Procédure civile]

« À cause de la chose. » Qualifie la situation de la personne qui n'est pas personnellement obligée, mais qui répond néanmoins de la dette parce qu'elle détient un bien sur lequel le créancier dispose d'un droit de suite. Tel est le cas de l'acquéreur d'un immeuble hypothéqué qui est exposé aux poursuites du créancier hypothécaire à qui pourtant il ne doit rien; seulement, comme il s'agit d'une obligation *propter rem*, l'acquéreur n'est pas redevable sur son patrimoine propre et se libère suffisamment en faisant abandon de l'immeuble grevé d'hypothèque.

C. civ., art. 2463 et 2467.

→ *Déguerpissement, Délaissement, Obligation propter rem.*

Prorata (Règle du)

[Sécurité sociale]

Lorsque des travailleurs sont employés simultanément et régulièrement par plusieurs employeurs et reçoivent une rémunération totale supérieure au plafond de Sécurité sociale, la part de cotisations « plafonnées » incombant à chaque employeur est déterminée au prorata des rémunérations effectivement versées dans la limite du plafond. La cotisation « déplafonnée » est acquittée par chaque employeur sur la totalité des rémunérations qu'il a versées.

CSS, art. L. 242-3.

Prorata temporis

[Droit civil]

Du latin : à proportion du temps.

Prorogation de juridiction

[Procédure civile]

On parle de prorogation de juridiction lorsqu'un procès est porté devant une juridiction qui ne devrait normalement pas en connaître, au point de vue de la compétence d'attribution ou de la compétence territoriale, soit à la suite d'une clause attributive de compétence, soit du fait que l'exception d'incompétence n'est pas invoquée en temps utile.

La prorogation de juridiction n'est pas inconnue du droit communautaire. Le règlement CE du Conseil du 22 décembre 2000 (art. 23) donne effet à la clause désignant la juridiction d'un État membre, lorsque l'une des parties au moins y a un domicile, et déclare cette compétence exclusive.

CPC, art. 41 et 48.

Protection de l'enfance

[Droit général]

Elle a pour but de prévenir les difficultés auxquelles les parents peuvent être confrontés dans l'exercice de leurs responsabilités éducatives, d'accompagner les familles et d'assurer, le cas échéant, selon des modalités adaptées à leurs besoins, une prise en charge partielle ou totale des mineurs. Elle prévoit ainsi un ensemble d'interventions en faveur des mineurs et de leurs parents. Ces dernières s'étendent également aux majeurs de moins de 21 ans connaissant des difficultés susceptibles de compromettre gravement leur équilibre.

La protection de l'enfance a aussi pour but la prévention des difficultés que rencontrent les mineurs privés de la protection de leur famille et leur prise en charge.

CASF, art. L. 112-3.

→ *Ascendant, Enfant, Mesure judiciaire d'aide à la gestion du budget familial, Observatoire départemental de protection de l'enfance.*

Protection des majeurs

[Droit civil]

Le dispositif de protection des personnes majeures vulnérables est à double face. La *protection juridique* nécessite la constatation médicale d'une altération des facultés mentales ou physiques; elle est mise en œuvre par le juge des tutelles qui choisit la mesure en fonction du degré d'incapacité de la personne (*sauvegarde de justice*, *curatelle*, *tutelle*). Comme la mesure de protection est en général restrictive des droits des majeurs, elle ne peut être ordonnée qu'en cas de nécessité, devant être refusée lorsqu'il peut être suffisamment pourvu aux intérêts de la personne par application des règles du droit commun (représentation, régime matrimonial, etc.).

La *protection sociale* vise à régler certaines situations de précarité, de marginalisation, d'exclusion, postulant un mécanisme plus léger, moins restrictif de liberté. Ainsi en est-il de la *mesure d'accompagnement social personnalisé* proposée par les services du département pour aider à la gestion des revenus et, si besoin est, d'une mesure de gestion budgétaire et d'accompagnement social, dénommée *mesure d'accompagnement judiciaire*.

C. civ., art. 425, 428 s. et 495 s.; CASF, art. L. 271-1 s.; CPC, art. 1211 s.

→ *Aliénation mentale, Altération des facultés mentales ou corporelles, Démence, Majeur protégé.*

Protection diplomatique

[Droit international public/Droit européen]

Protection que l'État peut assurer à ses nationaux lorsqu'ils ont été lésés par des actes contraires au droit international commis par un État étranger et qu'ils n'ont pu obtenir réparation par les voies de droit interne de cet État.

L'État qui exerce la protection diplomatique endosse la réclamation de son ressortissant et se substitue complètement à lui dans le débat contentieux qui devient un débat entre États.

Les citoyens de l'Union européenne bénéficient, sur le territoire d'États étrangers, d'une protection diplomatique et consulaire multilatérale de la part des États membres de l'Union.

→ *Recours internes (Épuisement des).*

Protection fonctionnelle

[Droit international public]

Protection assurée par une organisation internationale à ses agents (ou à leurs ayants droit) victimes d'un dommage causé par un État en violation du droit international.

Protection judiciaire (Mise sous)

[Droit pénal]

Mesure éducative permettant le contrôle et la surveillance d'un mineur, prononcée par un tribunal pour enfants ou une cour d'assises des mineurs, par décision motivée, pour une durée maximum de 5 ans. Cette mesure, qui peut s'appliquer au-delà de la majorité (23 ans au maximum), est un cadre juridique permettant au juge des enfants de prononcer certaines mesures de protection en milieu ouvert ou de placement éducatif, ce dernier impliquant l'assentiment de l'intéressé au-delà de 18 ans.

Ord. du 2 févr. 1945, art. 16 bis.

Protection judiciaire de la jeunesse (PJJ)

[Droit pénal]

Administration du ministère de la Justice composée d'une direction centrale et de services déconcentrés interrégionaux et départementaux dont la mission est de prendre en charge les mineurs à la fois lorsqu'ils sont en danger dans le cadre de l'assistance éducative ou pour assurer le suivi des mesures éducatives, des sanctions éducatives ou des peines prononcées par les juridictions pénales des mineurs. Les personnels interviennent aussi bien dans des structures en milieu ouvert (Centre d'action éducative CAE; Services éducatifs auprès des tribunaux SEAT) que dans des centres d'hébergement (Foyers d'action éducative FAE; Centres éducatifs renforcés CER; Centres de placement immédiat CPI; Centres éducatifs fermés CEF et, depuis quelques années dans les établissements pénitentiaires pour mineurs EPM).

C. pr. pén., art. D. 49-54 s.

Protection juridictionnelle provisoire

[Procédure (principes généraux)]

Ensemble des règles et des mesures assurant au justiciable le droit de bénéficier de décisions provisoires dans tous les cas où la durée d'un procès ordinaire pourrait lui porter préjudice. En cas d'urgence notamment, l'État a un devoir de protection juridictionnelle provisoire à l'égard des citoyens : un manquement à ce devoir serait constitutif d'un déni de justice.

En matière administrative, civile, communautaire et pénale, cette protection est assurée, notamment, par les procédures de référé ou sur requête, par le sursis à exécution, ou encore par l'arrêt de l'exécution provisoire. Dans les textes émanant de l'Union européenne ou du Conseil de l'Europe, et dans les arrêts de leurs juridictions, l'expression est employée, en particulier, pour désigner le sursis à exécution des textes accordé par les tribunaux.

→ *Avant-dire droit, Juridiction provisoire, Mesures provisoires, Référé administratif, Référé civil, Référé pénal.*

Protectorat

[Droit international public]

Rapport juridique conventionnel entre 2 États, dans lequel l'État protégé abandonne à l'État protecteur, en échange de l'engagement pris par ce dernier de le défendre, le droit de gérer ses affaires extérieures et d'intervenir dans son administration.

Institution liée à l'expansion coloniale, le protectorat a disparu avec l'accession des États protégés à l'indépendance.

Protêt

[Droit commercial]

Acte authentique dressé par un huissier ou par un notaire à la demande du porteur d'un effet de commerce pour constater officiellement :

- soit le non-paiement à l'échéance de l'effet (c'est le « protêt faute de paiement »);
- soit le refus d'acceptation d'une traite par le tiré (c'est le « protêt faute d'acceptation »).

C. mon. fin., art. L. 131-61, 134-1 et 134-2; C. com., art. L. 511-52 et 512-3.

L'établissement du protêt est indispensable à la conservation des recours cambiaires par le porteur de l'effet de commerce.

→ *Certificat de non-paiement.*

Protêt exécutoire

[Droit commercial]

→ *Certificat de non-paiement.*

Protocole

[Droit international public]

1° Cérémonial diplomatique.

2° Procès-verbal d'une conférence diplomatique.

3° Terme synonyme d'accord entre États, de traité, et employé plus spécialement pour désigner un accord qui complète un accord précédent.

[Droit général]
Ensemble des règles à observer en matière d'étiquette dans les cérémonies publiques et dans les relations officielles. Le protocole fixe l'ordre de préséance dans lequel sont placées les différentes autorités à Paris, en province et outre-mer, réglemente les visites que se doivent les autorités entre elles, les honneurs militaires et les honneurs funèbres, et l'utilisation de la cocarde tricolore (Décr. n° 655 du 13 sept. 1989).

Protocole d'Ankara

[Droit européen]
Protocole signé par la Turquie l'engageant à étendre l'union douanière existant entre elle et l'Union européenne à tous les nouveaux États membres entrés dans l'Union le 1er mai 2004. Son refus d'intégrer Chypre dans cette ouverture a entraîné en décembre 2006 la suspension partielle de certains domaines de négociations d'adhésion entre l'Union et la Turquie.

Protocole de Kyoto

[Droit de l'environnement]
Traité international signé en 1997 et entré en vigueur en 2005 visant à la réduction des émissions de Gaz à effet de serre (GES), responsables du réchauffement climatique. Établit notamment un mécanisme de permis négociables d'émission, destiné à favoriser l'élimination des systèmes de production les plus polluants.

Provision

[Droit commercial]
Créance de somme d'argent que possède le tireur contre le tiré d'un effet de commerce.

[Procédure (principes généraux)]
Sommes accordées par le juge du fond, ou par le juge des référés – en attendant le jugement définitif – lorsque l'existence de l'obligation n'est pas sérieusement contestable, mais qu'il est impossible d'en déterminer actuellement le montant exact (dommages et intérêts en matière de responsabilité, paiement des salaires en cas de licenciement).

CPC, art. 809.

→ *Provision ad litem, Référé civil.*

Provision (Par)

[Procédure (principes généraux)]
Se dit principalement de ce qui n'est pas définitif et peut être rapporté ou modifié. Ainsi de l'exécution forcée d'une décision que le gagnant poursuit malgré la trêve qu'impose l'effet suspensif du délai et de l'exercice des voies de recours ordinaires. Ainsi de la liquidation, à titre provisoire, des astreintes que le juge des référés a prononcées; la condamnation est sujette à révision en plus ou en moins.

CPC, art. 514.

→ *Provision.*

Provision *ad litem*

[Droit civil/Procédure civile]
Somme d'argent versée par un époux à son conjoint (le plus souvent par le mari à sa femme) lors d'un procès qui les oppose (divorce, séparation de corps ou nullité) pour qu'il puisse faire face aux frais de l'instance.

La provision s'impute sur la masse des biens à partager.

C. civ., art. 255.

Sommes qu'une partie dépose au greffe ou entre les mains de son mandataire (avocat, avoué) et qui est à valoir sur les frais et les honoraires de l'auxiliaire de justice (avocat, expert...).

CPC, art. 771.

Provisions (en matière de sociétés)

[Droit commercial]
Les provisions permettent de constater comptablement la dépréciation d'un bien

et les risques et charges qui ne se sont pas encore réalisés, mais que les circonstances rendent probables.
Les provisions pour dépréciation enregistrent la perte de valeur des éléments d'actif non amortissables (terrain, fonds de commerce) et apparaissent à l'actif du bilan, sous la valeur d'acquisition du bien correspondant dont elles sont déduites.
Les provisions pour risques et charges (supplément d'impôt, litiges en cours) ne peuvent, au contraire, être rattachés à un élément particulier de l'actif et sont donc inscrites à un poste de passif du bilan.

Provisoire

[Procédure (principes généraux)]

Sens familier : qui a une durée temporaire. Au sens technique, se dit d'une décision qui n'a pas autorité de la chose jugée au principal, qui ne lie pas le juge du fond; qualifie également les mesures contenues dans cette décision.

→ *Avant-dire droit, Juridiction provisoire, Mesures provisoires, Protection juridictionnelle provisoire, Référé administratif, Référé civil, Référé pénal.*

Provocation

[Droit pénal]

Fait consistant à inciter autrui à commettre une infraction. Elle peut être réalisée par don, promesse, menace, ordre, abus d'autorité et de pouvoirs. Elle est dans certains cas érigée en infraction autonome (à la rébellion – à l'espionnage – de mineurs – au suicide, etc.); dans les autres cas elle constitue un acte de complicité.

C. pén., art. 121-7, al. 2.

Proxénétisme

[Droit pénal]

Activité délictueuse de celui ou de celle qui, de quelque manière que ce soit, contraint une personne à se prostituer, favorise ou tire profit de la prostitution d'autrui. De nombreux faits, pouvant directement ou indirectement faciliter la prostitution, sont assimilés par le législateur à l'infraction de proxénétisme.

C. pén., art. 225-5 s.

Prud'hommes

[Droit du travail/Procédure civile]

→ *Conseil de prud'hommes.*

Pseudonyme

[Droit civil]

Vocable de fantaisie qu'une personne utilise pour se désigner dans l'exercice d'une activité, généralement littéraire ou artistique. Cette utilisation est licite dans le domaine des arts, du journalisme et de la littérature et peut ouvrir droit à une protection contre une usurpation.

CPI, art. L. 113-6, 123-3 et 711-1.

→ *Nom, Prénom, Surnom.*

Publication

[Droit administratif]

Mode de publicité employé normalement en matière d'actes législatifs et réglementaires, et consistant à diffuser la connaissance de l'acte en cause au moyen de modes de communication de masse, en particulier par l'insertion dans un recueil officiel de textes (pour l'État, le *Journal officiel*).

GACA nº 37.

[Procédure civile]

→ *Notification.*

Publication de mariage

[Droit civil]

→ *Bans.*

Publication des arrêts de la Cour de cassation

[Procédure civile/Procédure générale]

Selon leur importance, les arrêts de la Cour de cassation sont publiés plus ou moins largement. Une lettre alphabétique placée à la fin de l'arrêt indique le mode de diffusion retenu : la lettre D (diffusé) signifie que l'arrêt sera uniquement transmis au service de documentation et d'études, la lettre P (publié) que l'arrêt sera publié au *Bulletin des arrêts de la Cour de cassation*, la lettre B (associée à la lettre P) que l'arrêt sera, en outre, publié au *Bulletin d'information de la Cour de cassation*, la lettre R (en pratique P+B+R) que l'arrêt sera mentionné au *Rapport annuel de la Cour de cassation*, la lettre I que l'arrêt figurera sur le site propre de la Cour de cassation. Les décisions les plus considérables portent la mention P+B+R+I.

Publication des condamnations

[Droit pénal]

Sanction autonome s'ajoutant à la peine proprement dite et prévue par certains textes. Elle prend la forme d'un affichage, d'une insertion dans la presse, ou d'une communication au public par voie électronique. Elle peut être prononcée comme peine de substitution. Nonobstant son caractère obligatoire elle a été jugée conforme à la Constitution par le Conseil constitutionnel à la suite d'une question prioritaire de constitutionnalité. Elle peut être prononcée comme peine de substitution.

C. pén., art. 131-35.

Publication des traités

[Droit international public]

Insertion d'un traité au *Journal officiel* afin de le rendre opposable aux individus.

→ *Enregistrement.*

Publication du commandement

[Procédure civile]

Dans la procédure de saisie immobilière, les effets de la saisie (indisponibilité du bien, immobilisation des fruits, restriction aux droits de jouissance et d'administration) courent, à l'égard des tiers, du jour de la publication du commandement; vis-à-vis du débiteur, du jour de la signification dudit commandement.

Publicité d'actes juridiques

[Droit civil/Droit commercial]

Utilisation de procédés divers (affichage, annonces dans des journaux spécialisés ou non, tenue de registres) afin d'assurer la sécurité des transactions et la justice par l'égalité de tous en présence d'une situation donnée. La publicité est sanctionnée par le législateur.

→ *Annonce judiciaire et légale, Conservations des hypothèques, Publicité foncière.*

Publicité de la justice

[Procédure (principes généraux)]

→ *Archives audiovisuelles de la justice, Procès équitable, Publicité des débats, Publicité des jugements.*

Publicité des débats

[Procédure (principes généraux)]

Principe selon lequel la procédure permettant d'aboutir à la décision doit être accessible au public. Elle implique que le public ait accès à la salle d'audience.

La publicité des débats est conçue comme une garantie de la liberté de la défense et un moyen de contrôler la manière dont la justice est rendue. La règle est écartée lorsqu'elle paraît incompatible avec la discrétion que requièrent certaines affaires (familiales notamment) ou susceptibles de compromettre la sérénité des débats. La loi, parfois, en décide ainsi : c'est le cas des affaires portées devant la *chambre du conseil*; parfois, c'est le tribunal qui prononce, pour des motifs d'opportunité, le *huis clos*. Lors de poursuites disciplinaires, l'intéressé peut exiger que les débats le concernant soient publics.

La publicité des débats se manifeste encore par la possibilité d'en rendre compte dans la presse, sauf dans certaines matières (divorce, filiation...) ou décision contraire du tribunal. En revanche, tout enregistrement sonore ou visuel dans les salles d'audience est interdit sous sanction pénale; seules peuvent être autorisées par le président des prises de vue avant le commencement de l'audience avec le consentement des parties et du ministère public.

CPC, art. 22 et 433 s.; CJA, art. L. 6; C. pr. pén., art., 306 et 400; Conv. EDH, art. 6, § 1, Pacte international relatif aux droits civils et politiques, art. 14, § 1; L. du 29 juill. 1881 sur la liberté de la presse, art. 38 ter et 39.

GAJA n° 27.

Publicité des jugements

[Procédure (principes généraux)]

Principe selon lequel, la justice étant rendue au nom du peuple souverain, les décisions de justice sont accessibles à tous. Toute personne peut ainsi obtenir du greffe, sauf de rares exceptions, la copie de tout jugement, même si la décision ne la concerne pas.

Dans les cas où il est interdit de rendre compte des débats, il est néanmoins possible aux revues techniques de publier les décisions à condition que soit respecté l'anonymat des parties.

L. du 29 juill. 1881 sur la liberté de la presse, art. 39, al. 2.

→ *Prononcé du jugement.*

Publicité foncière

[Droit civil]

Technique ayant pour but de porter à la connaissance des tiers, et par là même de leur rendre opposables, certains actes juridiques portant sur des immeubles (vente, donation, constitution de droits réels, bail de plus de 12 ans, privilèges et hypothèques). Avant 1955, la loi employait le mot de transcription. Tout acte ou droit doit, pour donner lieu aux formalités de publicité foncière, résulter d'un acte reçu en la forme authentique par un notaire exerçant en France, d'une décision juridictionnelle ou d'un acte authentique émanant d'une autorité administrative. Mais cette disposition n'est pas applicable aux formalités de publicité foncière des assignations en justice, des commandements valant saisie, des différents actes de procédure qui s'y rattachent et des jugements d'adjudication, des documents portant limitation administrative au droit de propriété ou portant servitude administrative, des procès-verbaux établis par le service du cadastre, des documents d'arpentage établis par un géomètre et des modifications provenant de décisions administratives ou d'évènements naturels. En outre, si le dépôt au rang des minutes d'un notaire d'un acte sous seing privé, contresigné ou non, même avec reconnaissance d'écriture et de signature, ne peut donner lieu aux formalités de publicité foncière, toutefois, même lorsqu'ils ne sont pas dressés en la forme authentique, les procès-verbaux des délibérations des assemblées générales préalables ou consécutives à l'apport de biens ou droits immobiliers à une société ou par une société ainsi que les procès-verbaux d'abonnement peuvent être publiés au bureau des hypothèques à la condition d'être annexés à un acte qui en constate le dépôt au rang des minutes d'un notaire.

C. civ., art. 710-1; Décr. n° 22 du 4 janv. 1955 et n° 1350 du 14 oct. 1955.

→ *Conservation des hypothèques.*

Publicité restreinte

[Procédure pénale]

Système de publicité des débats concernant les juridictions pour mineurs (tribunal pour enfants – Cour d'assises des mineurs) conduisant à permettre l'assistance aux débats des seules personnes autorisées par le législateur : victime même non constituée partie civile, témoins, proches parents, tuteur ou représentant légal, membres du barreau, représentant des services ou institutions s'occupant d'enfants, travailleurs sociaux. Toute publication du compte rendu des débats est également interdite.

Ord. du 2 févr. 1945, art. 14 et 20, al. 8.

Puissance paternelle

[Droit civil]

Ensemble des prérogatives du père sur la personne et les biens de ses enfants mineurs. La loi du 4 juin 1970 a aboli la puissance paternelle et l'a remplacée par l'autorité parentale qu'elle a définie comme un ensemble de droits et de devoirs ayant pour finalité l'intérêt de l'enfant et qu'elle a attribuée aux père et mère.

C. civ., art. 371-1.

→ *Autorité parentale.*

Puissance publique

[Droit administratif]

1° *La puissance publique* : expression floue, désignant dans son sens le plus général l'ensemble des *personnes publiques*.

Le recours à cette terminologie procède des conceptions les plus anciennes en matière d'État, qui voient en celui-ci non une organisation de services publics voués à la satisfaction des besoins généraux de la collectivité, mais une entité supérieure par essence aux individus et possédant un pouvoir de souveraineté sur ceux-ci.

2° *Activités de puissance publique* : analyse des procédés juridiques de fonctionnement de l'État, en vue notamment de découvrir un critère de répartition des compétences entre les 2 ordres de juridictions, et qui a fait historiquement l'objet de 2 interprétations.

Dans la conception du XIXe siècle, activités de l'État dans lesquelles celui-ci agit unilatéralement par voie de prescriptions ou de prohibitions. Cette conception est liée à celle d'un État principalement réduit aux services publics régaliens.

Aujourd'hui, les défenseurs de cette notion mettent l'accent, par ces termes, beaucoup moins sur l'idée de commandement que sur celle d'un mode possible d'exécution des services publics – qui se sont multipliés et diversifiés – dans des conditions exorbitantes de celles que régit le droit privé, ce qui justifie l'application du droit administratif à ces situations.

→ *Prérogatives de puissance publique.*

Pupille

[Droit civil]

Enfant placé sous le régime de la tutelle. Se dit également des enfants placés sous le contrôle des services de l'Aide sociale à l'enfance (enfants recueillis sans filiation, enfants orphelins, enfants dont les parents sont déchus de l'autorité parentale). Ces enfants sont dits pupilles de l'État et soumis à une tutelle administrative (le tuteur est le préfet). Les pupilles de la Nation sont les orphelins de guerre.

C. civ., art. 347, 349, 351, 390 et 457; CPC, art. 1261 s.; C. pens. mil., art. L. 461 s.; CASF, art. L. 224-1 s.

Pur et simple

[Droit civil]

1° Se dit d'une obligation qui n'est affectée d'aucune modalité, n'étant ni conditionnelle, ni à terme, ni solidaire.

2° En matière de succession, qualifie l'acceptation de l'héritier donnée sans réserve du bénéfice d'inventaire (dénommée, aujourd'hui, acceptation à concurrence de l'actif net), d'où résulte la charge indéfinie du passif héréditaire.

C. civ., art. 768, 782 et 785.

→ *Acceptation de succession à concurrence de l'actif net.*

Purge des hypothèques

[Droit civil]

Procédure par laquelle le tiers acquéreur d'un immeuble hypothéqué offre aux créanciers hypothécaires de leur verser le montant du prix d'acquisition ou de la valeur de l'immeuble, s'il l'a acquis à titre gratuit, ce qui aura pour effet de libérer l'ensemble des hypothèques qui le grèvent.

C. civ., art. 2475 s.

Putsch

[Droit constitutionnel]

→ *Coup d'État.*

Q

Quae temporalia sunt ad agendum perpetua sunt ad excipiendum

[Droit civil/Procédure civile]

Lorsqu'une action en nullité ne peut plus être intentée parce qu'elle a été éteinte par l'écoulement du délai de la prescription, son bénéficiaire peut s'abriter derrière une exception qui, elle, est perpétuelle, à condition que cette exception vise à faire obstacle à une demande d'exécution d'un acte juridique qui n'a pas été exécuté.

Qualification

[Droit général]

Opération intellectuelle consistant à rattacher une situation de fait ou de droit à une catégorie juridique déjà existante (concept, institution). Elle permet de déterminer le régime applicable à cette situation. La qualification légale est l'acte par lequel le législateur définit une catégorie juridique en précisant les conditions nécessaires de sa définition. La qualification judiciaire est l'acte par lequel le juge vérifie la concordance entre une situation particulière donnée et les conditions posées par la qualification légale. Elle opère la jonction entre le fait et le droit.

→ *Régime (d'une notion).*

[Droit civil]

En droit civil, la qualification du contrat (vente, ou donation, par ex.) ou du type de contrat (gratuit ou à titre onéreux) permet de déterminer les règles qui devront lui être appliquées.

[Droit international privé]

En droit international privé, la qualification consiste à déterminer la nature juridique d'une situation de fait ou d'une question de droit, afin de pouvoir la rattacher à une catégorie typique, ce qui permettra de déterminer la loi qui lui est applicable. Exemple : rechercher si l'acte notarié est une condition de forme ou de fond du testament.

[Droit pénal]

Définition ou identification du fait infractionnel par le législateur ou par le juge.

La qualification légale est l'acte par lequel le législateur définit les incriminations.

La qualification judiciaire est l'acte par lequel le juge vérifie la concordance des faits matériels commis, au texte d'incrimination susceptible de s'appliquer.

[Procédure civile]

Le juge a le pouvoir et le devoir de vérifier l'exactitude de la qualification présentée par les parties, à moins que celles-ci, en vertu d'un accord exprès, et uniquement pour les droits dont elles ont la libre disposition, ne l'aient lié par les qualifications et les points de droit auxquels elles entendent limiter le débat.

À supposer que le demandeur ne qualifie pas les faits et actes qu'il allègue, il revient au juge de le faire. Le juge commettrait un déni de justice, s'il déclarait les prétentions mal fondées au motif que son auteur n'en aurait proposé aucune justification juridique mais il doit respecter les limites du litige, ne pouvant se fonder sur d'autres faits que ceux qui sont dans le débat.

L'hypothèse d'une absence de qualification par les parties est de plus en plus rare. D'une part, lorsqu'il introduit l'instance par voie d'assignation, le demandeur a l'obligation de préciser le fondement juridique de ses prétentions (sinon, la demande est rejetée). D'autre part, dans certains cas, les parties doivent produire des *conclusions qualificatives*.

CPC, art. 12, 15.

→ *Principe de concentration des moyens.*

[Procédure administrative]

Dans le cadre du recours pour excès de pouvoir, et au titre de la violation de la loi, le juge administratif vérifie normalement la qualification juridique des faits opérée par l'Administration, c'est-à-dire si les faits sont de nature à justifier légalement la décision prise. Dans les domaines où le contrôle n'est pas normal mais minimum, le juge ne vérifie cette qualification qu'en cas d'erreur manifeste d'appréciation.

GAJA n° 28.

→ *Contrôle juridictionnel, Moyen de pur droit, Moyens, Requalification.*

Qualification professionnelle

[Droit du travail]

Ensemble de connaissances et de compétences reconnues par un diplôme ou par un titre, ou issue de l'expérience professionnelle. Élément essentiel sur lequel repose la prestation de travail convenue entre les parties au contrat, la qualification professionnelle permet d'articuler l'emploi et le contrat de travail et sert fréquemment dans les conventions collectives pour déterminer le montant de la rémunération.

Qualité pour agir

[Procédure (principes généraux)]

En règle générale, le pouvoir d'agir en justice n'ayant pas été réservé par la loi à certaines personnes, appartient à tout intéressé, c'est-à-dire à tous ceux qui peuvent justifier d'un intérêt direct et personnel à la reconnaissance du bien-fondé de leur prétention. La qualité se confond alors avec l'intérêt.

Au contraire, lorsque la loi a attribué le monopole de l'action à certains, seules les personnes qu'elle désigne ont qualité pour agir. Ainsi la recherche de paternité ou de maternité est réservée à l'enfant, et, pendant sa minorité, elle ne peut être exercée que par le parent à l'égard duquel la filiation est établie; toute autre personne, y aurait-elle intérêt, serait sans droit pour l'introduire.

CPC, art. 31; C. civ., art. 325, 327 et 328.

GAJA n° 9; GACA n° 31.

→ *Action attitrée, Action banale, Intérêt pour agir.*

Qualité substantielle

[Droit civil]

Caractéristique d'une chose objet d'un contrat, qui a été prise en considération par les parties contractantes, de telle sorte qu'en l'absence de cet élément, l'accord de volonté n'aurait pu se réaliser.

L'erreur sur une qualité substantielle est sanctionnée par la nullité du contrat.

C. civ., art. 1110.

Qualités du jugement

[Procédure civile]

Partie d'un jugement civil rédigée naguère par l'avoué du gagnant et contenant les noms des parties, la qualité en laquelle elles avaient figuré dans l'instance et leurs conclusions. Depuis 1958, ces renseignements sont insérés dans le jugement par le magistrat rédacteur qui peut se contenter d'exposer succinctement les prétentions respectives des parties et leurs moyens et, même, se borner au visa des conclusions avec l'indication de leur date.

CPC, art. 455.

Quantum

[Droit civil/Procédure civile]

Mot signifiant « montant », servant à l'appréciation de dommages et intérêts (responsabilité civile) ou d'une part contributive (ex. : contribution d'un époux aux charges du ménage).

Quartiers

[Droit administratif]

En vue d'améliorer la « démocratie de proximité », chaque commune de 80 000 habitants ou plus est géographiquement divisée en quartiers, dont le *conseil municipal* de la commune fixe le périmètre. Il les dote d'un conseil de quartier pouvant être consulté par le maire sur toute question intéressant le quartier et la ville, et disposant d'un pouvoir de proposition.
Peuvent être facultativement créés dans les communes de plus de 20 000 habitants.

CGCT, art. L. 2143-1.

Quasi-contrat

[Droit civil]

Fait licite et volontaire d'où découlent des obligations soumises à un régime s'apparentant à celui des contrats à la charge de son auteur et d'un tiers, non liés entre eux par une convention.

C. civ., art. 1371.

GAJC, t. 2, n° 242.

→ *Enrichissement sans cause, Gestion d'affaires, Répétition de l'indu.*

Quasi-délit

[Droit civil]

Fait de l'homme illicite mais commis sans intention de nuire, qui cause un dommage à autrui et oblige son auteur à le réparer : négligence, imprudence, inattention.

C. civ., art. 1383.

→ *Délit civil, Responsabilité.*

Quasi-usufruit

[Droit civil]

Droit réel correspondant à l'usufruit mais s'en distinguant parce qu'il porte sur des *choses consomptibles* par le premier usage. Puisque la jouissance de telles choses ne peut se réaliser que par leur destruction matérielle (aliments) ou leur aliénation juridique (argent), le quasi-usufruitier, à l'opposé de l'usufruitier, a le droit d'en *disposer*, ne devant rendre à la fin de l'usufruit que des choses de même quantité et qualité ou leur valeur estimée à la date de la restitution.

C. civ., art. 587.

→ *Abusus, Disposer, Fructus, Usufruit, Usus.*

Quérable (Créance)

[Droit civil]

Caractère d'une créance dont le créancier doit aller réclamer l'exécution au domicile du débiteur.

C. civ., art. 1247, al. 3.

→ *Portable (créance).*

Questeur

[Droit constitutionnel]

Membre du bureau d'une assemblée parlementaire chargé des problèmes d'administration intérieure de l'assemblée (personnel, locaux, matériel).

Question

[Droit constitutionnel]

Procédure permettant à un parlementaire d'interroger les membres du gouvernement : un des moyens classiques du contrôle parlementaire.

1° *Questions au gouvernement* : procédure instituée en 1994 (en remplacement de celle

des « questions d'actualité ») pour revaloriser le système des questions orales. Chaque groupe parlementaire se partage en fonction de sa représentativité une durée globale de près de 2 heures. Procédure prévue au Sénat au rythme d'une fois par mois (3e jeudi de chaque mois) alors qu'elle reste hebdomadaire à l'Assemblée nationale (mercredi après-midi). L'exercice reste décevant au plan du contrôle parlementaire et relève davantage du spectacle politique.
2° *Question écrite* : question publiée au *Journal officiel*, de même que la réponse du ministre qui doit en principe intervenir dans un délai d'un mois.
3° *Question orale avec débat* : question donnant lieu à un débat général ouvert à tous les orateurs inscrits.
4° *Question orale sans débat* : question donnant lieu à un simple dialogue rapide entre l'auteur de la question et le ministre concerné.

Question de confiance

[Droit constitutionnel]
Procédure par laquelle le gouvernement engage lui-même sa responsabilité devant le Parlement, en lui demandant d'approuver l'ensemble ou un point déterminé de sa politique, faute de quoi il démissionnera.
La question de confiance est un moyen de pression du gouvernement sur le Parlement, les députés pouvant hésiter à assumer la responsabilité d'une crise ministérielle. En régime parlementaire rationalisé, la question de confiance est réglementée. Exemple : Constitution de 1958, article 49, alinéa 1er (question de confiance sur le programme ou sur une déclaration de politique générale), article 49, alinéa 3 (question de confiance sur un texte).

Question préalable

[Droit constitutionnel]
Question posée par un membre d'une assemblée délibérante et tendant à faire décider qu'il n'y a pas lieu de délibérer sur le sujet inscrit à l'ordre du jour de l'assemblée.
[Droit international privé]
En matière de conflit de lois, une question est dite préalable lorsque son examen commande la solution de la question principale. Ainsi, avant de rechercher si un enfant adoptif vient à la succession de l'adoptant, il convient de vérifier la régularité de l'adoption. La doctrine est partagée sur le point de savoir si la question préalable doit, comme la question principale, être résolue par application du système de conflits de lois du juge saisi.
[Procédure (principes généraux)]
Question que le juge doit examiner pour vérifier si certaines des conditions requises pour l'existence de la question principale sont réunies; ainsi l'action en réclamation d'une succession (question principale) suppose que la qualité d'héritier (question préalable) appartient bien au demandeur. Procéduralement, la question préalable est de la compétence du juge saisi de la *question principale*, à la différence de la *question préjudicielle*.

Question préjudicielle

[Procédure (principes généraux)]
La question préjudicielle est celle qui oblige le tribunal à surseoir à statuer jusqu'à ce qu'elle ait été soumise à la juridiction compétente qui rendra à son sujet un acte de juridiction. On distingue les questions préjudicielles générales qui relèvent de la compétence d'un autre ordre de juridiction (question administrative, question pénale) et les questions préjudicielles *spéciales* dont la solution dépend d'une autre juridiction appartenant au même ordre.
En procédure pénale on distingue les questions préjudicielles à l'action qui empêchent le déclenchement de l'action publique, dans l'attente d'une décision judiciaire, et les questions préjudicielles au jugement qui

suspendent la procédure jusqu'à la résolution de la difficulté juridique par le juge compétent.

C. pr. pén., art. 384 s. et 522; CPC, art. 49, 1041 et 1042.

→ *Question préalable, Question prioritaire de constitutionnalité, Renvoi.*

Question principale

[Procédure (principes généraux)]

Dans une instance, la question principale est celle qui porte sur l'objet même de la prétention soumise au juge.

CPC, art. 4.

→ *Question préalable, Question préjudicielle.*

ACTU

Question prioritaire de constitutionnalité

[Droit constitutionnel]

Procédure issue de la révision constitutionnelle du 23 juillet 2008; s'applique depuis 2010.

À l'occasion d'une instance en cours (administrative, civile ou pénale), une partie peut soulever un moyen tiré de ce qu'une disposition législative applicable au litige ou à la procédure ou qui constitue le fondement des poursuites, porte atteinte aux droits et libertés que la Constitution garantit. La question de constitutionnalité doit être examinée en priorité par rapport à une éventuelle question de conventionnalité. Si elle n'est pas dépourvue de caractère sérieux et si cette disposition n'a pas déjà été déclarée conforme à la Constitution par le Conseil constitutionnel, sauf changement de circonstances, la juridiction saisie doit statuer sans délai sur sa transmission au Conseil d'État ou à la Cour de cassation selon le cas. La haute juridiction saisie se prononce alors, dans un délai de 3 mois, sur le renvoi au Conseil constitutionnel. Si ce dernier déclare la disposition non conforme à la Constitution, elle est abrogée.

Const., art. 61-1; L. org. nº 2009-1523, 10 déc. 2009; Décr. nº 2010-148 et 149, 16 févr. 2010.

→ *Conseil constitutionnel.*

Qui auctor est se non obligat

[Droit civil]

Celui qui donne son autorisation à un acte juridique n'est point obligé par cet acte.

Quinquennat

[Droit constitutionnel]

Durée (5 ans) du mandat du président de la République en France.

→ *Septennat.*

Quirataire

[Droit maritime]

Propriétaire d'une part dans un navire acheté en copropriété.

Quittance

[Droit civil]

Acte écrit et remis au débiteur par lequel le créancier reconnaît avoir reçu le montant de sa créance. En matière de baux d'habitation, le bailleur est tenu de transmettre gratuitement au locataire qui en fait la demande une quittance détaillant les versements effectués (loyer, droit de bail, charges).

C. civ., art. 1250, 2°, 1255, 1256 et 1908.

→ *Reçu.*

Quitus

[Droit civil]

Acte qui arrête un compte et qui atteste que la gestion de celui qui le tenait est exacte et régulière. L'approbation du compte n'emporte pas, en règle générale, décharge de responsabilité.

C. civ., art. 473.

[Droit commercial]

Acte par lequel la gestion d'une personne est approuvée.

En matière de société, les mandataires des associés doivent recevoir leur quitus à l'expiration de chaque exercice social (il en va de même dans une association).

[Droit financier ou fiscal]

Arrêt rendu par la Cour des comptes (ou jugement rendu par une Chambre régionale des comptes) constatant que les comptes présentés par un comptable public cessant ses fonctions sont réguliers et lui permettent d'obtenir la levée des sûretés qu'il avait constituées à son entrée en fonctions.

Quorum

[Droit civil/Droit commercial]

Nombre de participants nécessaire pour qu'une assemblée (d'une association ou d'une société, par ex.) puisse valablement délibérer.

[Droit constitutionnel/Droit international public]

Nombre de membres dont la présence est nécessaire pour qu'une assemblée, une commission, une conférence, puisse valablement siéger.

[Procédure civile]

À la Cour de cassation, si à l'audience d'une chambre, par suite d'absence ou d'empêchement, le nombre des membres ayant voix délibérative est inférieur à 5, il peut être fait appel à des conseillers d'autres chambres en suivant l'ordre du rang.

Devant les juridictions de fond (tribunal de grande instance, cour d'appel), des règles analogues sont prescrites avec, toutefois, une possibilité supplémentaire, celle de requérir un avocat choisi dans l'ordre du tableau pour suppléer les autres magistrats eux-mêmes défaillants.

COJ, art. L. 212-4, R. 212-5, 312-3, 431-6.

Quota agricole

[Droit rural/Droit commercial]

Mesure de contingentement de la production subie en vertu de la politique agricole commune, par exemple en matière laitière. Le quota ne doit pas être confondu avec le droit à prime, aide individuelle sollicitée à titre compensatoire aux restrictions internes ou européennes.

Quotient électoral

[Droit constitutionnel]

Dans la représentation proportionnelle, nombre de voix qui donne à une liste autant de sièges qu'il est contenu de fois dans le nombre de suffrages recueillis par elle.

Le quotient électoral est, soit déterminé par circonscription (en divisant le nombre total des suffrages exprimés par le nombre de sièges à pourvoir), soit uniforme pour tout le territoire (nombre fixé à l'avance, ou obtenu en divisant le nombre total des suffrages exprimés dans le pays par le nombre total des sièges à pourvoir).

Quotient familial

[Droit financier ou fiscal]

Technique d'allégement de la progressivité de l'impôt sur le revenu, destinée à prendre en compte l'importance des charges de famille du contribuable. Le barème progressif de l'impôt est appliqué non au revenu global du foyer fiscal, mais au résultat de la division de ce revenu par un nombre de « parts » dépendant du nombre de personnes de ce foyer. De façon générale, chacun des époux compte pour une part, les 2 premiers enfants à charge pour une demi-part et les suivants pour une part. Le montant de l'impôt correspondant à une part est ensuite multiplié par le nombre de parts.

CGI, art. 193 s.

Quotité disponible

[Droit civil]

Portion du patrimoine d'une personne dont elle peut disposer librement par donation ou testament, en présence d'héritiers réservataires. Déterminée par la loi, elle varie en fonction de la qualité et du nombre des héritiers réservataires. Par exemple, la quotité disponible est de moitié si le disposant ne laisse à son décès qu'un enfant; elle est des 3/4 si, à défaut de descendant, le défunt laisse un conjoint survivant non divorcé.

C. civ., art. 912 s. et 1094 s.

GAJC, t. 1, n° 137 et 139.

→ *Réduction des libertés excessives, Réserve.*

R

Rabat d'arrêt

[Procédure civile]

Procédure introduite par une requête et permettant de rapporter un arrêt rendu par la Cour de cassation, à la suite d'une erreur matérielle de procédure imputable à une défaillance de ses services, ayant pu affecter la solution donnée au pourvoi. Après rabat, il est statué à nouveau comme s'il s'agissait d'un recours en révision. Née des usages de la Cour de cassation, elle n'est réglementée par aucun texte.

Rachat

[Droit commercial]

Dans un contrat d'assurance sur la vie, versement par l'assureur d'une somme d'argent, dite valeur de rachat, à la demande de l'assuré; l'obligation de l'assureur, qui était conditionnelle ou à terme (décès de l'assuré), est alors transformée en une obligation à échéance immédiate.

Rachat de cotisations

[Sécurité sociale]

Possibilité offerte aux assurés de demander à la caisse de racheter, sous certaines conditions, jusqu'à 12 trimestres de cotisations retraite pour des périodes d'études supérieures et pour des années qui n'ont pas donné lieu à validation de 4 trimestres.

CSS, art. L. 351-14-1.

Racisme (Actes de)

[Droit pénal]

Comportements fondés, consciemment ou non, sur la théorie selon laquelle il y a supériorité de certaines races sur les autres et conduisant à une véritable ségrégation en fonction de l'appartenance à une race. Aujourd'hui plusieurs de ces faits sont pénalement incriminés (injures, discriminations, diffamation, provocation).

Racket

[Droit pénal]

→ *Extorsions.*

Racolage

[Droit pénal]

Infraction résultant du fait, pour une personne se livrant à la prostitution, d'aborder, ou plus généralement d'attirer vers elle, y compris par une attitude passive, un client potentiel, quel que soit le moyen utilisé, dès lors qu'il présente un caractère de publicité.

C. pén., art. 225-10-1 et R. 625-8.

Radiation

[Procédure civile]

Sanction disciplinaire privant la personne radiée, des droits attachés à son inscription sur la liste dont elle est exclue : l'avocat rayé du tableau ne peut plus exercer la profession d'avocat.

→ *Poursuite disciplinaire, Pouvoir disciplinaire.*

Radiation des hypothèques

[Droit civil]

Exécution par le conservateur des hypothèques d'un acte ou d'un jugement de *main-levée* d'une hypothèque et qui se réalise par une mention en marge de l'inscription.

C. civ., art. 2440 à 2443.

Radiation du rôle

[Procédure civile]

Mesure d'administration judiciaire, insusceptible de recours, prononçant la suppression de l'affaire du rang des affaires en cours, à titre de sanction du défaut de diligence des parties, et entraînant la suspension de l'instance. L'affaire est rétablie sur justification de l'accomplissement des diligences dont le défaut avait provoqué la radiation.

Le mécanisme de la radiation est également prévu pour inexécution de la décision (exécutoire par provision) frappée d'appel ou de la décision frappée de pourvoi en cassation.

CPC, art. 381, 383, 526, 781, 1009-1 et 1009-2, al. 2.

→ *Retrait du rôle.*

Raison sociale

[Droit commercial]

Nom attribué à une société dans laquelle les associés ou certains d'entre eux, sont personnellement tenus du passif social; il est exclusivement composé du nom de ces associés, ou de celui de certains d'entre eux.

Seules les sociétés civiles professionnelles ont aujourd'hui une raison sociale.

Rang des privilèges et des hypothèques

[Droit civil]

Place à laquelle vient un privilège ou une hypothèque dans l'ensemble hiérarchisé des sûretés : les privilèges sont classés selon un ordre déterminé par la loi en fonction de la nature des créances; les hypothèques sont classées par ordre d'ancienneté d'après la date de leur inscription.

C. civ., art. 2325, 2326, 2331 et 2425.

Rang diplomatique

[Droit international public]

Ordre de préséance entre agents diplomatiques accrédités auprès d'un État.

1re classe : ambassadeurs et nonces;

2e classe : envoyés, ministres et internonces;

3e classe : chargés d'affaires (accrédités auprès d'un ministre des Affaires étrangères). À l'intérieur de chaque classe, la préséance est déterminée par l'ancienneté, c'est-à-dire par la date de remise des lettres de créance (Convention de Vienne de 1961).

Rappel à la loi

[Procédure pénale]

Mesure alternative à une poursuite au terme de laquelle le procureur de la République, directement ou par l'intermédiaire d'un officier de police judiciaire, d'un délégué ou d'un médiateur du procureur de la République, s'efforce d'expliquer à l'auteur des faits les obligations découlant de sa responsabilité pénale et civile ainsi que les devoirs qu'implique la vie en société.

C. pr. pén., art. 41-1.

Rappel à l'ordre

[Droit constitutionnel]

Sanction disciplinaire applicable à un parlementaire dans les conditions prévues par le règlement intérieur de l'assemblée.

Rappel à l'ordre d'un mineur

[Droit administratif/Droit pénal]

Mesure aux termes de laquelle un maire ou son représentant rappelle verbalement, le cas échéant à la suite d'une convocation en mairie, à un mineur, auteur de faits susceptibles de porter atteinte au bon ordre, à la sûreté ou à la salubrité publiques, en présence, sauf impossibilité, de ses parents ou de ses représentants légaux, les dispositions qui s'imposent à lui pour se conformer à l'ordre et à la tranquillité publics.

CGCT, art. L. 2212-2-1.

Rapport

[Procédure civile]

1° Exposé par écrit des éléments de fait et de droit du procès que le juge de la mise en état présente à l'audience avant les plaidoiries, dans les cas où le président de la chambre a estimé que l'affaire le requérait.

CPC, art. 440 et 785.

→ *Conseiller rapporteur, Juge rapporteur.*

2° À la Cour de cassation, présentation des moyens et arguments des parties faite par le conseiller ou le conseiller référendaire désigné par le président de la formation de jugement. Le conseiller rapporteur prépare un projet d'arrêt, l'un de rejet, l'autre de cassation.

CPC, art. 1012 et 1017.

3° Document fourni par un expert à l'issue de sa mission, par lequel il rend compte de son activité et donne son avis sur les questions techniques qui ont été soumises à son examen.

CPC, art. 282.

→ *Expertise.*

[Procédure administrative]

Devant les tribunaux administratifs, les cours administratives d'appel, et le Conseil d'État, présentation orale des éléments de fait et de droit du litige par le magistrat chargé de l'instruction, avant les plaidoiries éventuelles. À la différence du rapporteur public, qui propose après celles-ci dans ses conclusions la solution de droit à donner au litige, le juge-rapporteur n'a pas à émettre d'opinion, car il fait partie de la formation de jugement.

CJA, art. R. 611-9, 611-16 et 611-20.

Rapport à justice

[Procédure civile]

Attitude du plaideur qui s'en remet à l'arbitrage du tribunal pour décider sur le point en litige. S'en rapporter à justice ne s'analyse ni en un abandon de ses prétentions, ni en un acquiescement à la demande; c'est une sorte de contestation assimilable à une défense au fond.

Rapport des dettes

[Droit civil]

Expression abandonnée par la loi du 23 juin 2006 portant réforme des successions et des libéralités parce que, à l'opposé du rapport des libéralités, le rapport des dettes est une opération de partage concernant la composition des lots.

Lorsque la masse partageable a une créance à l'encontre de l'un des copartageants, ce dernier en est alloti dans le partage à concurrence de ses droits dans la masse. À due concurrence, la dette s'éteint par confusion; au-delà, il doit le paiement sous les conditions et délais qui affectaient l'obligation.

Lorsque c'est le copartageant qui a une créance à faire valoir, il n'est alloti de sa dette que si, balance faite, le compte présente un solde en faveur de la masse indivise.

C. civ., art. 864 s.

GAJC, t. 1, n° 108, 109 et 110.

→ *Rapport des dons et des legs à fin d'égalité.*

Rapport des dons et des legs à fin d'égalité

[Droit civil]

Opération par laquelle l'héritier qui a reçu du *cujus* des biens qui lui ont été donnés ou légués dans les limites de la quotité disponible, est astreint à les remettre dans la masse partageable en valeur, afin de rétablir l'égalité entre les copartageants. Mais, comme le disposant a toute liberté pour l'attribution de la quotité disponible, il convient d'interpréter sa volonté que la loi présume de la manière suivante :

- les *donations* sont censées faites en avancement de part successorale, donc rapportables, sauf si le donateur en avait dispensé le gratifié. Toutefois, certaines donations sont dispensées de plein droit du rapport : les donations de fruits et revenus; les frais de nourriture, d'entretien, d'éducation; les présents d'usage;

- les *legs* sont censés faits hors part successorale et ne sont donc sujets au rapport qu'en présence d'une volonté clairement exprimée.

C. civ., art. 843 s., 852, 856 et 857.

GAJC, t. 1, n° 111, 112 et 113.

→ *Avancement de part successorale, Hors part successorale, Préciput, Rapport des dettes, Rapport des dons et des legs à fin de réduction.*

Rapport des dons et des legs à fin de réduction

[Droit civil]

Mécanisme tendant à faire rentrer dans la masse partageable les biens donnés ou légués au-delà de la quotité disponible, afin d'assurer la reconstitution de la *réserve*.

C. civ., art. 844 et 920 s.

→ *Avancement de part successorale, Hors part successorale, Rapport des dettes, Rapport des dons et libéralités à fin d'égalité, Réduction des libéralités excessives.*

Rapporter

[Droit général]

1° Revenir en arrière, par exemple : abroger un texte, rétracter une ordonnance, annuler une nomination.

2° Faire le rapport dont on a été chargé.

Rapports à succession

[Droit civil]

→ *Rapport des dettes, Rapport des dons et des legs à fin d'égalité, Rapport des dons et des legs à fin de réduction.*

Rapporteur

[Droit constitutionnel]

Personne chargée de faire, à l'intention d'une assemblée, le compte rendu des travaux et l'exposé des conclusions d'une commission.

[Procédure administrative/Procédure civile]

→ *Rapport.*

• *Rapporteur général* : membre de la commission des finances chargé des rapports sur les lois de finances.

ACTU

Rapporteur public

[Procédure administrative]

Nouvelle appellation, depuis 2009, du *commissaire du gouvernement*. Chargé de présenter, publiquement et en toute indépendance, ses conclusions sur une affaire soumise à la juridiction administrative.

CJA, art. L. 7.

GACA n° 61.

→ *Rapporteur financier.*

Ratification

[Droit civil]

Approbation par l'intéressé – qui s'en approprie les conséquences – de ce qui a été fait ou promis en son nom par un tiers démuni de pouvoir. Dans le mandat, par exemple, les actes accomplis par le mandataire au-delà de ses pouvoirs deviennent opposables au mandat par la ratification.

C. civ., art. 1120 et 1998.

[Droit international public]

Approbation d'un traité par les organes internes compétents pour engager internationalement l'État (le plus souvent le chef de l'État avec souvent l'autorisation du Parlement, voire l'organisation d'un référendum).

La ratification, qui est discrétionnaire, doit être communiquée aux cocontractants : échange (traités bilatéraux) ou dépôt (traités multilatéraux) des ratifications.

→ *Accord en forme simplifiée.*

[Droit constitutionnel]

→ *Ordonnance.*

Ratio

[Droit commercial]

Rapport mathématique établi par certains organismes supérieurs du crédit entre les différents postes du bilan d'une banque – que celle-ci ne doit pas dépasser – dans un but de saine gestion des fonds qu'elle possède, pour la sécurité des déposants.

On appelle « ratio de liquidité » le rapport fixé entre les avoirs disponibles de la banque et ses dettes exigibles. On parle également de « ratio de sécurité » ou « de solvabilité ».

Ratio decidendi

[Procédure (principes généraux)]

« Raison de la décision » (juridictionnelle). Expression désignant les motifs décisifs qui ont déterminé la décision du juge.

→ *Dispositif du jugement, Motifs, Obiter dictum.*

Ratio legis

[Droit général]

Formule latine que l'on peut traduire par « la raison d'être de la loi ». Plus précisément elle désigne la volonté déclarée ou présumée du législateur qui édicte ou modifie une norme. Cette connaissance de la pensée du législateur permet d'interpréter les textes lorsqu'ils sont obscurs ou incomplets.

Rationalisation

[Droit constitutionnel]

→ *Défiance constructive, Parlementarisme rationalisé.*

Ratione personae, ratione materiae, ratione loci

[Procédure civile]

En raison de la personne; en raison de la matière; en raison du lieu.

→ *Compétence, Compétence d'attribution, Compétence matérielle, Compétence personnelle, Compétence territoriale.*

Rattachement

[Droit international privé]

Élément qui permet de désigner l'*ordre juridique* compétent pour régir une question de droit.

Rave party

[Droit pénal]

Rassemblement exclusivement festif à caractère musical, organisé par des particuliers, dans un lieu non aménagé à cette fin et qui en raison de son importance, du mode d'organisation et des risques susceptibles d'être encourus par les participants, doit faire l'objet d'une déclaration par les organisateurs, auprès du préfet du lieu où doit se tenir le rassemblement. Ce dernier peut imposer certaines obligations aux organisateurs de la fête ou interdire la manifestation s'il estime qu'elle est de nature à troubler l'ordre public.

Le non-respect de la déclaration préalable ou la violation de l'interdiction est une contravention de 5e classe.

Rayon des douanes

[Droit financier ou fiscal]

Zone frontalière où s'exerce une surveillance douanière renforcée, s'étendant à la *mer territoriale* (c'est-à-dire jusqu'à 12 milles marins au-delà de la laisse de basse mer) et, en deçà des frontières maritimes et terrestres, sur une profondeur de 20 kilomètres, pouvant être portée à 60.

Le reste du territoire peut faire dans son ensemble l'objet d'investigations du service des douanes.

C. douanes, art. 44.

Réassurance

[Droit commercial]

Contrat par lequel un assureur obtient la prise en charge par un autre assureur – dit réassureur – de tout ou partie des risques qu'il supporte à l'égard de ses assurés. La réassurance ne modifie en rien les contrats d'assurance primitifs.

Rébellion

[Droit pénal]

Fait d'opposer une résistance violente à une personne dépositaire de l'autorité publique ou chargée d'une mission de service public lorsqu'elle agit dans l'exercice de ses fonctions, pour l'exécution des lois, les ordres de l'autorité publique, les décisions ou mandats de justice.

C. pén., art. 433-6.

Rebus sic stantibus

[Droit international public]

Étymologiquement : « les choses restant en l'état ».

Clause qui serait sous-entendue dans tout traité, selon laquelle le changement des circonstances existant lors de la conclusion de ce traité entraînerait sa caducité.

Thèse dangereuse pour la force obligatoire des traités et donc peu admissible. L'inadaptation d'un traité, qui le rend difficilement applicable, doit seulement inciter les parties à le réviser d'un commun accord.

→ *Révision des traités.*

[Droit privé/Droit public]

Clause qu'une doctrine estime sous-entendue dans les contrats à exécution successive, en vertu de laquelle les parties sont engagées sous condition d'une certaine stabilité de la situation économique, faute de quoi le contrat doit être révisé ou annulé.

→ *Imprévision (Théorie de l').*

Recel

[Droit civil]

Fraude consistant à détourner un objet de la communauté, ou un effet de la succession, en vue de se l'approprier et de frustrer les autres ayants droit (conjoint ou cohéritiers) de la part devant leur revenir dans les choses détournées ou dissimulées. Le recel est un délit civil; le receleur ne peut prétendre à aucune part dans les biens ou les droits détournés ou recélés.

Sous la communauté légale, le recel est également constitué par le fait de dissimuler sciemment l'existence d'une dette commune; celui des époux qui s'en rend coupable doit assumer cette dette définitivement. Et en matière successorale, le délit de recel a été étendu à la dissimulation de l'existence d'un cohéritier et à la dissimulation d'une donation rapportable ou réductible.

C. civ., art. 778 et 1477.

GAJC n° 113.

→ *Divertissement.*

[Droit pénal]

Crime ou délit consistant à dissimuler, détenir, transmettre directement ou indirectement une chose en sachant qu'elle provient d'un crime ou d'un délit, à bénéficier en connaissance de cause du produit d'un crime ou d'un délit ou encore à soustraire à la justice des personnes responsables d'infraction ou le cadavre de la victime d'un homicide ou décédée à la suite de violences.

C. pén., art. 321-1 s., 434-6 et 434-7.

→ *Divertissement.*

Récépissé

[Droit commercial]

Écrit par lequel on reconnaît avoir reçu des sommes, des pièces, des marchandises ou d'autres objets en communication ou en dépôt.

C. com., art. L. 522-24 s.

[Procédure civile]

En procédure civile, désigne la preuve de l'accomplissement d'un acte de procédure (récépissé d'une déclaration d'appel). Assez souvent, la signature apposée par le destinataire sur le document communiqué vaut récépissé.

CPC, art. 815, 934 et 961.

Récépissé-warrant

[Droit commercial]

Titre constatant le dépôt des marchandises consécutif à un *warrant*.

La transmission par *endossement* du récépissé-warrant transfère la propriété de la marchandise.

Si le warrant est endossé seul, il y a création d'un *effet de commerce* avec constitution d'un gage sur les marchandises.

C. com., art. L. 522-28 s.

Réceptice

[Droit civil]

Qualifie l'acte unilatéral qui n'a d'existence juridique que par la notification qui en est faite à son destinataire; ainsi du congé donné par le bailleur, de la mise en demeure du débiteur, du licenciement du salarié.

Réception

[Droit civil]

Acte unilatéral par lequel le maître d'ouvrage approuve, dans le cadre d'un contrat d'entreprise, les travaux effectués par l'*entrepreneur*.

C. civ., art. 1792-6.

Recevabilité

[Procédure (principes généraux)]

Caractère d'une demande en justice rendant possible son examen au fond par la juridiction saisie, parce que les conditions de l'action sont remplies et qu'il n'existe aucune fin de non-recevoir.

CPC, art. 122 s.

→ *Bien-fondé, Chose jugée, Fond, Intérêt pour agir, Qualité pour agir.*

Receveur des finances

[Droit financier ou fiscal]

Comptable supérieur du Trésor, placé sous l'autorité du *trésorier-payeur général*, en fonctions au chef-lieu des arrondissements autres que celui du chef-lieu du département. Amené à disparaître à échéance du 31 décembre 2012 dans le cadre de la réforme engagée en 2008 et précisée par un décret du 20 février 2009.

→ *Administrateur (général) des finances publiques.*

Recherche biomédicale

[Droit civil]

Nom donné aux essais et expérimentations pratiqués sur l'être humain en vue du développement des connaissances biologiques ou médicales et qui ne peuvent être organisés que sous de strictes conditions sanctionnées pénalement.

CSP, art. L. 1121-1 s.

Recherche de maternité naturelle

[Droit civil]

Action tendant à établir la filiation naturelle maternelle d'un enfant en l'absence de titre et de possession d'état. Cette recherche est admise sous réserve que la mère, lors de l'accouchement, n'ait pas demandé que le secret de son admission et de son identité soit préservé. La preuve judiciaire de la maternité naturelle n'est plus subordonnée à l'exigence de présomptions ou indices graves.

C. civ., art. 325 et 326.

→ *Accouchement sous X, Action d'état, Filiation naturelle.*

Recherche de paternité naturelle

[Droit civil]

Action tendant à établir la filiation naturelle paternelle d'un enfant. Cette action est réservée à l'enfant; elle est exercée, durant la minorité, par le parent à l'égard duquel la filiation est établie. La preuve de la paternité peut être rapportée par tous moyens, sans le préalable de présomptions ou d'indices rendant vraisemblable la prétention du demandeur.

C. civ., art. 327 et 328.

→ *Action d'état, Filiation naturelle.*

ACTU

Recherches sur la personne

[Droit civil]

Termes substitués à ceux de recherche biomédicale en vue de correspondre à un domaine nouveau plus étendu. Alors que les recherches biomédicales sont relatives à des médicaments dont le caractère invasif implique une atteinte au corps humain, les recherches sur la personne, plus variées, consistent soit en recherches interventionnelles comportant une intervention non justifiée par la prise en charge médicale habituelle, soit en recherches interventionnelles ne comportant que des risques et des contraintes négligeables, soit en recherches non interventionnelles n'exigeant aucune procédure supplémentaire ou inhabituelle de diagnostic, de traitement ou de surveillance.

Rechute

[Sécurité sociale]

Troubles nés d'une aggravation, même temporaire, des séquelles de l'accident initial et non ceux qui ne constituent qu'une manifestation de ces séquelles. Ces troubles sont pris en charge par la législation sur les accidents du travail et non par l'assurance-maladie.

CSS, art. L. 443-1.

Récidive

[Droit pénal]

Cause d'aggravation de la peine résultant pour un délinquant de la commission d'une seconde infraction dans les conditions précisées par la loi, après avoir été condamné définitivement pour une première infraction. La récidive est dite générale ou spéciale selon qu'elle existe pour 2 infractions différentes ou seulement pour 2 infractions semblables; elle est dite perpétuelle ou temporaire selon qu'elle existe quel que soit le délai qui sépare les 2 infractions, ou seulement si la seconde infraction est commise dans un certain délai qui court à compter de l'expiration de la première peine.

C. pén., art. 132-8 s.

Réciprocité

[Droit international privé]

Condition à laquelle peut être soumise la reconnaissance conventionnelle de certains droits au profit des étrangers en France, ces droits ne leur étant accordés que si les mêmes droits sont aussi accordés aux Français dans l'État étranger.

C. civ., art. 11.

Réclusion criminelle

[Droit pénal]

Peine criminelle de droit commun, perpétuelle ou temporaire de 30, 20, 15 ans au plus, dont l'objet est la privation de liberté du condamné.

C. pén., art. 131-1.

Recognitif

[Droit civil]

→ *Acte recognitif.*

Récolement

[Procédure civile]

Dans le cas de vente forcée des meubles corporels objets d'une *saisie-vente* le récolement est l'opération destinée à vérifier que la liste des meubles qui vont être vendus est conforme à celle qui a été dressée au moment de la saisie. L'article 113 du décret n° 755 du 31 juillet 1992 a remplacé le mot récolement par celui de vérification. Le même mot se retrouve dans l'article 227 du décret dans le cas de conversion d'une saisie conservatoire en saisie-vente.

→ *Collationnement.*

Recommandation

[Droit international public]

Résolution d'un organe international, dépourvue en principe de force obligatoire pour les États membres.

[Droit civil]

Conseil donné par un organe délibératif à qui détient le pouvoir d'édicter la norme pour l'inviter à prendre telle décision. Par exemple, la Commission des clauses abusives recommande au ministre chargé de la Consommation la suppression ou la modification des clauses des modèles de convention qui présentent un caractère abusif.

C. consom., art. L. 132-4.

[Procédure civile]

Suggestions adressées aux parties par le conciliateur ou le médiateur en vue de favoriser le rapprochement de leur point de vue et d'obtenir une solution amiable à leur conflit.

Récompense

[Droit civil]

Indemnité due, lors de la liquidation de la communauté, par l'époux à cette communauté, lorsque, au détriment de celle-ci, le patrimoine personnel s'est enrichi; due par la communauté à l'époux, lorsque les biens propres de celui-ci ont servi à augmenter la masse commune.

C. civ., art. 1468 s.

GAJC, t. 1, n° 95, 96 et 97.

→ *Moins prenant (En).*

Réconciliation

[Droit civil]

Fait pour des époux engagés dans une procédure de divorce ou de séparation de corps de reprendre la vie commune avec l'intention de se pardonner les griefs invoqués. La réconciliation constitue une fin de non-recevoir à l'action en divorce pour faute et met fin à la séparation de corps prononcée en justice.

Le maintien ou la reprise temporaire de la cohabitation qui ne résulte que de la nécessité ou d'un effort de conciliation ou des besoins de l'éducation des enfants, ne sont pas considérés comme une réconciliation.

C. civ., art. 244 et 305.

Reconduction

[Droit privé]

→ *Tacite reconduction.*

Reconduite à la frontière

[Droit administratif/Droit pénal]

Mesure prise par arrêté préfectoral à l'égard d'un étranger qui est la conséquence d'une obligation de quitter le territoire. Elle résulte, soit d'une décision de l'autorité administrative contre un étranger qui s'est vu refuser un titre de séjour, soit de plein droit du prononcé de la peine d'interdiction du territoire.

CESEDA, art. L. 511-1; C. pén., art. 131-30, al. 2.

→ *Refoulement, Rétention.*

Reconnaissance

[Droit international public]

Acte unilatéral et discrétionnaire par lequel un État prend position sur une situation ou un fait qui s'est produit en dehors de lui et dont il est disposé à tenir compte.

1° *Reconnaissance de belligérance* : reconnaissance d'un gouvernement insurgé tenant une partie du territoire national, ce qui a pour effet de transformer la lutte interne en lutte internationale avec notamment application des lois de la guerre dans les rapports entre le gouvernement légal et celui des insurgés, et soumission des États tiers aux obligations de la neutralité.

2° *Reconnaissance de facto* : reconnaissance comportant une nuance de prudence et de réticence, et marquant la volonté de l'État qui y procède de ne pas s'engager complètement (espèce de stage précédant la reconnaissance *de jure*. La différence étant diplomatique, non juridique).

3° *Reconnaissance de gouvernement* : reconnaissance à laquelle procèdent les États tiers en cas de changement révolutionnaire de gouvernement dans un État (coup d'État, révolution…).

4° *Reconnaissance de jure* : reconnaissance normale, c'est-à-dire définitive et plénière.

→ *Reconnaissance de facto.*

5° *Reconnaissance de nation* : reconnaissance appliquée par les Alliés, pendant la Première Guerre mondiale, aux comités nationaux polonais et tchécoslovaque formés en France pour lutter contre l'Allemagne (il s'agissait de favoriser la création des États polonais et tchécoslovaque).

6° *Reconnaissance d'État* : acte par lequel un État atteste que l'existence d'un État tiers est certaine et manifeste en conséquence sa volonté de le considérer comme membre de la société internationale. Principal effet : l'établissement de relations diplomatiques.

[Droit européen/Procédure civile]

Dans le cadre de l'Union européenne, intégration quasi directe d'un jugement étranger à l'ordre juridique de l'État requis. La décision rendue dans un État membre a les mêmes effets dans tous les autres États membres : création d'une situation de fait, rôle probatoire, constitution d'un titre et, surtout, autorité de la chose jugée s'opposant à une nouvelle instance au fond au sujet du même litige devant les juges d'un autre État membre.

→ *Exequatur, Reconnaissance transfrontalière.*

Reconnaissance d'écriture

[Procédure civile]

→ *Vérification d'écriture.*

Reconnaissance d'enfant

[Droit civil]

Déclaration contenue dans un acte authentique par laquelle une personne affirme être le père ou la mère d'un enfant.

Cette déclaration unilatérale vaut établissement de la filiation naturelle à l'égard de son auteur uniquement; elle peut être faite avant ou après la naissance.

C. civ., art. 316.

Reconnaissance de dette

[Droit privé]

Acte par lequel une personne reconnaît unilatéralement devoir une certaine somme ou un bien fongible à une autre personne; sa validité est subordonnée à la mention, écrite par lui-même, de la somme ou de la quantité en toutes lettres et en chiffres.

C. civ., art. 1326.

→ *Bon pour.*

Reconnaissance d'identité

[Procédure pénale]

Procédure permettant de trancher une contestation sur l'identité d'un détenu notamment après une évasion suivie d'une reprise.

C. pr. pén., art. 748.

Reconnaissance transfrontalière

[Procédure civile]

L'expression vise la reconnaissance et l'exécution des jugements dans l'Europe communautaire.

Les requêtes aux fins de certification des titres exécutoires français en vue de leur reconnaissance et de leur exécution à l'étranger sont présentées au greffier en chef de la juridiction qui a rendu la décision ou homologué la convention.

Les requêtes aux fins de reconnaissance ou de constatation de la force exécutoire, sur le territoire de la République, des titres exécutoires étrangers sont présentées au greffier en chef du tribunal de grande instance.

Dans l'un et l'autre cas, le contrôle du juge de l'État requis est assez formel, puisqu'il ne s'exerce ni sur la compétence du juge d'origine ni sur la loi appliquée par lui.

CPC, art. 509-1 s.

Reconstitution de carrière

[Sécurité sociale]

Validation des périodes durant lesquelles le participant a exercé des fonctions relevant d'un régime et qui aurait dû cotiser si le régime avait existé à l'époque.

Recours

[Droit administratif]

1° *Recours administratifs* : par opposition aux recours juridictionnels portés devant des tribunaux, recours portés devant l'Administration elle-même en vue de faire annuler l'un de ses actes prétendu illégal ou de demander une réparation pécuniaire. Ils se divisent en recours gracieux, adressés à l'autorité même dont émane la mesure critiquée, et en recours hiérarchiques, portés devant un supérieur de cette autorité. Dans certaines matières, ils sont obligatoires avant un recours juridictionnel.

GACA n° 42.

2° *Recours pour excès de pouvoir* : recours juridictionnel dirigé, en vue de les faire annuler pour cause d'illégalité, contre des actes unilatéraux émanant soit d'une autorité administrative, soit d'un organisme privé agissant dans le cadre d'une mission de service public. On distingue traditionnellement 4 « cas d'ouverture » de ce recours : l'incompétence de l'auteur de l'acte, le vice de forme affectant des formalités substantielles, le détournement de pouvoir, la « violation de la loi » comprise comme une illégalité relative aux motifs ou à l'objet même de l'acte.

3° *Recours de pleine juridiction* : recours juridictionnel par lequel un requérant peut demander au juge, en invoquant tous moyens pertinents, de constater l'existence à son profit d'une créance contre l'État ou une autre collectivité publique, et (ou) d'annuler ou de réformer un acte administratif n'entrant pas dans le champ d'application du recours pour excès de pouvoir (ex. : contentieux fiscal, contentieux des contrats administratifs ou de la responsabilité des personnes publiques).

GAJA n° 23; GACA n° 8.

[Procédure civile]

Terme générique désignant le droit de critique ouvert contre un acte juridictionnel. L'expression englobe les voies de recours au sens strict, explicitement nommées et régies par le Code de procédure civile dans un titre autonome, mais également d'autres modes de contestation, tels l'appel-nullité autonome, ou encore la demande de rétractation, en référé, d'une ordonnance sur requête, qui n'est pas une voie de recours au sens strict.

CPC, art. 17, 496, 527 s., 757, 1412, 1425.

→ *Appel-nullité, Plein contentieux, Pleine juridiction, Voies de recours.*

Recours abusif

[Droit administratif]

Lorsqu'il estime un recours abusif ou dilatoire, le juge administratif peut infliger une amende au requérant.

CJA, art. R. 741-12.

GACA n° 59.

Recours en appréciation de légalité

[Droit administratif]

Recours ouvert sans condition de délai devant les juridictions administratives en vue de faire constater l'éventuelle illégalité d'un texte administratif. La juridiction saisie ne pourra pas l'annuler, mais seulement en constater l'invalidité ce qui d'ailleurs en empêchera l'application.

Il ne s'agit pas d'un recours autonome, mais de la conséquence de la mise en cause par un plaideur de la légalité d'un texte administratif devant un juge judiciaire qui, incompétent pour l'apprécier, a renvoyé le plaideur à saisir le juge administratif.

GACA n° 9.

[Procédure civile/Procédure pénale]

→ *Pourvoi en cassation.*

Recours en interprétation

[Droit administratif]

Recours – d'usage assez peu fréquent – permettant de saisir la juridiction administrative pour qu'elle interprète un acte administratif dont certaines dispositions sont obscures. Pour être recevable, il suppose l'existence d'un litige « né et actuel » impliquant cet acte, et la compétence du juge administratif pour connaître du fond de ce litige.

Un recours en interprétation d'une décision juridictionnelle peut également être formé devant la juridiction qui l'a rendue.

GACA n° 23.

[Procédure civile]

→ *Interprétation d'un jugement, Question préjudicielle.*

Recours en révision

[Droit administratif]

Un recours en révision est ouvert contre les arrêts du Conseil d'État, de la Cour des comptes, de la Cour de discipline budgétaire et financière, et contre les jugements des chambres régionales des comptes.

CJA, art. R. 834-1; CJF, art. R. 143-1, L. 315-3 et 245-2.

GACA n° 21.

[Procédure civile]

Voie de recours extraordinaire et de rétractation par laquelle on revient devant les juges qui ont déjà statué en les priant de modifier leur décision que l'on prétend avoir été rendue par erreur.

Ce recours n'est possible que dans 4 cas (fraude de la partie gagnante, rétention de pièces décisives, jugement sur pièces reconnues ou judiciairement déclarées fausses, attestations, témoignages, serments mensongers), et suppose que la décision attaquée soit passée en force de chose jugée. Sur un recours en révision, le juge est saisi du fait et du droit.

CPC, art. 593 s.

→ *Dessaisissement du juge, In judicando.*

Recours internes (Épuisement des)

[Droit international public/Droit européen]

Principe selon lequel l'action internationale en responsabilité ne peut être exercée qu'en l'absence de voies de droit internes ou qu'après l'échec de l'action préalablement intentée par le particulier réclamant devant l'autorité locale.

Condition de la recevabilité des recours individuels devant la Cour européenne des droits de l'Homme (art. 35 de la Convention), le respect de ce principe n'est pas de mise devant la Cour de justice de l'Union européenne.

Recours parallèle (Exception)

[Droit administratif]

Fin de non-recevoir, aujourd'hui de portée limitée, opposable au recours pour excès de pouvoir quand le requérant dispose d'un autre recours juridictionnel, aboutissant à une décision d'effet équivalent à celui du recours pour excès de pouvoir.

GACA n° 8.

Recouvrement amiable des créances

[Procédure civile]

Opération extrajudiciaire tendant au paiement d'une dette d'argent que réclame un tiers pour le compte du créancier.

Cette activité de recouvrement, qu'elle soit exercée d'une manière habituelle ou occasionnelle, est réglementée par le décret n° 96-1112 du 18 décembre 1996.

→ *Gestion de dettes.*

Recouvrement de l'impôt

[Droit financier ou fiscal]

Synonyme de perception de l'impôt; le terme englobe aussi bien le versement amiable par le débiteur que la perception forcée par l'usage des *voies d'exécution* dont dispose l'Administration fiscale (le verbe est : recouvrer).

→ *Poursuites (Actes de).*

Recouvrement des pensions alimentaires

[Droit civil/Procédure civile]

Le recouvrement des pensions alimentaires se heurte trop souvent à des obstacles difficiles à franchir (refus de paiement, changement de domicile du débiteur). Aussi, des procédures spéciales ont-elles été instituées : paiement direct (L. n° 5 du 2 janv. 1973), recouvrement public par les agents du Trésor (L. n° 618 du 11 juill. 1975), interventions des Caisses d'allocations familiales.

CSS, art. L. 581-1 s. et R. 581-1 s.

→ *Aliments, Pension alimentaire.*

Recteur

[Droit administratif]

Haut fonctionnaire nommé en Conseil des ministres, par décret du président de la République, à la tête d'une *académie*, le recteur représente dans celle-ci le ministre en charge de l'Éducation nationale; à ce titre, il est responsable du bon fonctionnement de l'ensemble des services académiques, pour tous les degrés d'enseignement et est révocable *ad nutum*. En tant que chancelier des *universités* de sa circonscription, lesquelles s'administrent librement par leurs organes élus, le recteur dispose à leur égard d'un pouvoir de contrôle de la légalité de leurs actes.

C. éduc., art. R. 222-13.

Rectification d'erreur matérielle

[Procédure civile]

→ *Omission matérielle.*

[Procédure pénale]

Principe selon lequel, nonobstant son dessaisissement, une juridiction pénale qui a rendu une décision au fond, peut procéder à la rectification d'une erreur purement matérielle, c'est-à-dire celle qui ne modifie pas la substance de la décision et qui paraît résulter d'une simple faute d'écriture (nom, date par ex.). Longtemps très restrictive la chambre criminelle accepte aujourd'hui de rectifier une erreur qui résulte d'une discordance entre les motifs et le dispositif d'un arrêt (décision de remise en liberté alors que toute la motivation conduisait à la détention provisoire). La juridiction, saisie par le ministère public ou une partie intéressée, siège à juge unique.

C. pr. pén., art. 710.

Rectification de jugement

[Procédure civile]

→ *Extra petita, Infra petita, Omission de statuer, Omission matérielle, Ultra petita.*

Reçu

[Droit civil]

Écrit sous seing privé par lequel une personne reconnaît qu'une somme d'argent ou une chose déterminée lui a été remise à titre de paiement, de dépôt ou pour toute autre cause. En matière de baux, la loi désigne du terme « reçu » le constat d'un paiement partiel par le locataire.

→ *Quittance.*

Reçu pour solde de tout compte

[Droit du travail]

À l'occasion de la résiliation ou de la cessation du contrat de travail, reçu signé par le salarié au moment du règlement du salaire. La loi n° 2008-596 du 25 juin 2008 a renoué avec la valeur libératoire, à l'égard de l'employeur, du reçu pour solde de tout compte, pour les sommes qui y figurent (passé le délai de 6 mois qui suit sa signature s'il n'a pas été dénoncé).

C. trav., art. L. 1234-20.

Reculement

[Droit administratif]

Servitude créée à la charge des terrains bâtis ou clos du fait de l'*alignement*, lorsque celui-ci se traduit par un élargissement de la voie publique, servitude qui interdit de procéder sur ces immeubles à des travaux pouvant en prolonger la durée.

Cette servitude a été créée dans l'intérêt financier des collectivités publiques, qui n'auront ainsi à payer que la valeur du terrain nu lors de l'entrée effective dans leur domaine public de la portion d'immeuble frappée de reculement.

C. voirie rout., art. 112-5 et 6.

Récupération

[Droit du travail]

Possibilité pour l'employeur, dans un nombre limité d'hypothèses énoncées par la loi d'arrêt collectif de travail, d'exiger des salariés de travailler, au cours des semaines suivantes, dans la limite des heures légales qui ont été perdues du fait de l'interruption momentanée d'activité. Les heures de récupération sont rémunérées au taux des heures normales.

C. trav., art. L. 3122-27 et R. 3122-4 s.

Récusation

[Procédure (principes généraux)]

Procédure par laquelle le plaideur demande que tel magistrat s'abstienne de siéger, parce qu'il a des raisons de suspecter sa partialité à son égard, pour des causes déterminées par la loi : parenté ou alliance, lien de subordination, amitié ou inimitié notoire…

La récusation contre plusieurs juges peut entraîner le renvoi de l'affaire devant une autre juridiction.

On peut récuser également un *arbitre* et un *expert*.

CPC, art. 234, 235, 341 s., 1027, 1463; COJ, art. L. 111-6 s.; CJA, art. R. 721-2; C. trav., art. R. 1457-1.

→ *Abstention, Déport, Impartialité.*

[Procédure pénale]
Droit appartenant au ministère public et à l'accusé de refuser à un juré le droit de siéger en cours d'assises.
Exercé lors de l'opération de tirage au sort, ce droit ne peut excéder un nombre maximum de jurés fixé par la loi.

C. pr. pén., art. 297 s.

Reddition de compte

[Droit privé]
Procédure consistant pour celui qui a géré les intérêts d'autrui (le rendant), à présenter à celui auquel il est dû (l'oyant), l'état détaillé de ce qu'il a reçu ou dépensé, dans le but d'arriver à la fixation du reliquat (le débet).

C. civ., art. 510 s., 800, 810-7 s., 812-7, 1033, 1993 et 2022.

→ *Arrêté de compte.*

Redevance

[Droit commercial]
→ *Contrat de licence.*

Rédhibitoire

[Droit civil]
→ *Action rédhibitoire, Vices rédhibitoires.*

Redressement judiciaire

[Droit commercial/Droit civil]
1° *Droit commercial.* Procédure judiciaire visant à réorganiser la situation juridique, financière et sociale de tout commerçant, de tout artisan, de toute personne morale de droit privé ou de toute personne physique exerçant une activité professionnelle indépendante se trouvant dans l'impossibilité de faire face au passif exigible avec son actif disponible.
Cette procédure doit permettre la poursuite de l'activité de l'entreprise, le maintien de l'emploi et l'apurement du passif.
Le redressement judiciaire peut donner lieu soit à un plan de redressement, soit à un plan de cession.
En l'absence de telles solutions, le tribunal prononce la liquidation judiciaire.

C. com., art. L. 631-1 s.

2° *Droit civil.* Une procédure collective de redressement judiciaire civil des difficultés financières des personnes physiques se trouvant en état de surendettement avait été instituée par la loi Neiertz du 31 décembre 1989 et confiée au tribunal d'instance. Sous cette dénomination, cette procédure a disparu et il lui a été substitué, d'une part, un plan conventionnel de redressement qui est élaboré par la commission départementale de surendettement des particuliers et qui a pour objet d'apurer le passif du débiteur surendetté et, d'autre part, une procédure de rétablissement personnel devant cette même commission et le juge du tribunal d'instance (autrefois le juge de l'exécution).

C. consom., art. L. 331-6.

→ *Plan conventionnel de redressement, Rétablissement personnel.*

Réduction de peine

[Droit pénal]
Mesure conduisant à raccourcir la durée de la peine privative de liberté temporaire prononcée contre un condamné.
Un crédit de réduction est automatiquement attribué à tout condamné en fonction de la durée de la peine : 3 mois pour la première année et 2 mois pour les années suivantes et 7 jours par mois, ramené respectivement à 2 mois, un mois et 5 jours si le condamné est en état de récidive légale.
Néanmoins cette réduction peut être retirée par le juge de l'application des peines en cas de mauvaise conduite, à hauteur de 3 mois par an et de 7 jours par mois (2 mois et 5 jours en cas de récidive). De même, la condamnation pour crime ou délit commis

par le condamné après sa libération, pendant la période correspondant à la réduction, peut entraîner le retrait de la mesure par la juridiction de jugement et la mise à exécution de l'emprisonnement.

Une réduction supplémentaire peut être accordée par le juge de l'application des peines aux condamnés qui manifestent des efforts sérieux de réadaptation sociale notamment en passant avec succès un examen scolaire, universitaire ou professionnel traduisant l'acquisition de connaissances nouvelles ou en justifiant de progrès réels dans le cadre d'un enseignement ou d'une formation ou en s'efforçant d'indemniser les victimes. Elle ne peut excéder 2 mois par année et 4 jours par mois ou 3 mois et 7 jours, selon que le condamné est récidiviste ou non. Cette durée peut être réduite pour les crimes les plus graves à 2 mois et 4 jours ou un mois et 2 jours, selon la même distinction, si le condamné refuse les soins proposés.

Une réduction exceptionnelle, pouvant aller jusqu'au tiers de la peine, peut être accordée aux condamnés dont les déclarations antérieures ou postérieures à la condamnation ont permis d'éviter ou de faire cesser certaines infractions correspondant à une délinquance organisée (art. 706-73 et 706-74, C. pr. pén.).

C. pr. pén., art. 721, 721-1 et 721-3.

Réduction des libéralités excessives

[Droit civil]

Action par laquelle un héritier réservataire fait rentrer dans la masse successorale un bien dont le défunt avait disposé par libéralité, alors qu'il dépassait la *quotité disponible*.

Les *legs* sont réduits avant les donations et le sont en principe au marc le franc proportionnellement à leur valeur. Quant aux *donations*, elles sont réduites dans l'ordre inverse où elles ont été consenties en commençant par la dernière et ainsi de suite en remontant des dernières aux plus anciennes.

La réduction se fait toujours en valeur, le gratifié devant indemniser les héritiers réservataires à concurrence du dépassement de la quotité disponible, quel qu'en soit le montant.

C. civ., art. 912 s.

→ *Rapport des dons et des legs à fin de réduction, Réserve.*

Réduction d'hypothèque

[Droit civil]

Correctif apporté à la faculté pour le bénéficiaire d'une hypothèque légale ou judiciaire d'inscrire son droit sur tous les immeubles appartenant à son débiteur. Une diminution de l'assiette de la garantie peut être demandée par le débiteur lorsque les inscriptions sont excessives. Sont réputées excessives les inscriptions qui grèvent plusieurs immeubles lorsque la valeur d'un seul ou de quelques-uns d'entre eux excède une somme égale au double du montant des créances en capital et accessoires légaux, augmenté du tiers de ce montant.

C. civ., art. 2444 et 2445.

→ *Cantonnement, Principe de proportionnalité.*

Réduction pour cause d'excès

[Droit civil]

Action par laquelle une personne placée sous un régime de protection (notamment le majeur sous sauvegarde de justice ou en curatelle) demande en justice de ramener à de justes limites un acte excessif par rapport à sa fortune.

C. civ., art. 435, 464 et 488.

Réel (Régime d'imposition dit du)

[Droit financier ou fiscal]

→ *Micro-entreprises.*

Réescompte

[Droit commercial]

Opération juridique par laquelle un banquier fait escompter par un autre banquier, ou par la Banque de France, un effet de commerce qu'il a lui-même acquis par la voie de l'escompte.

Réévaluation des bilans

[Droit commercial]

Modification de la valeur attribuée aux éléments actifs et passifs de l'inventaire et du bilan de l'entreprise, rendant compte des variations de valeur de ces éléments et des effets de la dépréciation monétaire.

Réexamen

[Droit européen]

Voie de recours extraordinaire permettant à la Cour de justice de réexaminer un arrêt du Tribunal rendu sur recours contre une décision d'un tribunal spécialisé, en cas de risque sérieux d'atteinte à l'unité ou à la cohérence du droit de l'Union. De même, pourrait être soumis à la Cour un arrêt préjudiciel du Tribunal.

TFUE art. 256-2 et 3.

Réexamen d'une décision pénale de condamnation

[Procédure pénale]

Voie de recours extraordinaire ayant pour objet de permettre que soit jugée à nouveau une personne dont la condamnation a été prononcée en violation d'un principe consacré par la Convention européenne des droits de l'Homme et des libertés fondamentales ou de ses protocoles additionnels.

Cette violation, constatée dans un arrêt de la Cour européenne des droits de l'Homme, doit avoir eu, en raison de sa nature ou de sa gravité, des conséquences dommageables qui ne peuvent être réparées par l'attribution d'une somme d'argent allouée par l'État français, au titre de la satisfaction équitable sur le fondement de l'article 41 de la Convention. Le recours est examiné par une commission spécifique de la Cour de cassation composée de 7 magistrats.

C. pr. pén., art. 626-1 s.

Réfaction

[Droit civil]

Diminution, par le juge, de la prestation pécuniaire prévue au contrat en cas d'exécution incomplète ou défectueuse de son obligation par l'autre partie.

Conv. de Vienne, 11 avr. 1980, art. 50.

[Droit commercial]

Réduction sur le prix de marchandises accordée par le juge lorsque la quantité ou la qualité des choses livrées n'est pas conforme à celle qui avait été convenue lors du contrat.

[Droit financier ou fiscal]

En matière fiscale, synonyme d'abattement, de réduction opérée sur l'*assiette* d'un impôt, qui ne portera ainsi que sur une somme réduite. Le résultat est le même que si l'on avait diminué directement le taux de l'impôt.

Réfection

[Droit civil]

Confection d'un nouvel acte instrumentaire de même contenu que le précédent, mais purgé de ses vices. À l'opposé de la *confirmation*, la réfection opère sans rétroactivité : l'acte refait n'a d'existence juridique que du jour de sa réfection.

Référé administratif

[Droit administratif]

• *Référé-conservatoire.* Procédure permettant au *juge des référés* administratif, en cas d'urgence, d'ordonner toute mesure utile, à la demande de l'Administration ou d'un administré, sans faire obstacle à l'exécution d'une décision administrative. Exemple : ordonner la cessation de travaux présentant des risques graves et immédiats pour un élément du domaine public limitrophe.

CJA, art. L. 521-3.

GACA nº 16.

• *Référé-constatation.* Procédure permettant au *juge des référés* administratif de désigner un expert pour constater sans délai des faits susceptibles de donner lieu à un litige devant la juridiction.

CJA, art. R. 531-1.

GACA nº 19.

• *Référé-contractuel.* Procédure de référé permettant la saisine du juge dans le mois qui suit la publication de l'avis d'attribution d'un marché.

CJA, art. R. 551-7.

• *Référé-instruction.* Procédure permettant au *juge des référés* administratif d'ordonner toute mesure utile d'expertise ou d'instruction. Exemple : demande du propriétaire d'un immeuble riverain d'une voie publique de constater l'état de cet immeuble s'il estime que des *travaux publics* effectués à proximité risquent de l'endommager.

CJA, art. R. 532-1.

GACA nº 19.

• *Référé-liberté.* Procédure permettant au *juge des référés* administratif, en cas d'urgence, d'ordonner les mesures nécessaires à la sauvegarde d'une liberté fondamentale à laquelle une collectivité publique (ou un organisme chargé d'une mission de *service public*) aurait porté une atteinte grave et manifestement illégale dans l'exercice d'un de ses pouvoirs. Cette atteinte peut être représentée aussi bien par un simple comportement que par une décision juridique.

CJA, art. L. 521-2.

GAJA nº 107; GACA nº 15.

• *Référé-précontractuel.* Procédure permettant de saisir le président du *tribunal administratif* en cas de violation des obligations de publicité et de mise en concurrence applicables à la passation des *marchés publics* et des *délégations de service public*. Le magistrat peut ordonner à l'auteur du manquement de se conformer à ses obligations, et décider pour cela la suspension de la signature de l'acte ou l'annulation de certaines de ses clauses.

CJA, art. L. 551-1.

GACA nº 17.

• *Référé-provision.* Procédure permettant au *juge des référés* administratif d'accorder à un créancier de l'Administration une *provision*, même si une *instance* n'a pas encore été engagée sur le *fond* de l'affaire, lorsque l'existence de l'*obligation* n'est pas sérieusement contestable.

CJA, art. R. 541-1.

GACA nº 18.

• *Référé-suspension.* Procédure permettant au *juge des référés* administratif, en cas d'urgence, quand une décision administrative fait l'objet d'un recours en annulation ou en *réformation*, d'en suspendre l'exécution quand il est invoqué contre elle un *moyen* propre à créer un doute sérieux quant à sa légalité.

CJA, art. L. 521-1.

GAJA nº 107; GACA nº 10.

→ *Sursis à exécution.*

Référé civil

[Procédure civile]

Procédure contradictoire et accélérée grâce à laquelle une partie peut, dans certains cas, obtenir d'un magistrat unique une décision provisoire, qui ne se heurte à aucune contestation sérieuse ou que justifie l'existence d'un différend.

Le juge des référés peut, même en présence d'une contestation sérieuse, autoriser des *mesures conservatoires* ou ordonner des remises en état, afin de prévenir un dommage imminent ou de faire cesser un trouble manifestement contraire à la loi.

Lorsque l'existence de l'obligation n'est pas sérieusement contestable, le juge des référés peut accorder au créancier une *provision*. Il peut prononcer des condamnations à des *astreintes* et aux *dépens*.

Le juge des référés peut ordonner l'exécution en nature d'une obligation, même s'il s'agit d'une obligation de faire, dès lors que l'obligation n'est pas sérieusement contestable.

La décision prise en référé est provisoire : elle n'a pas l'autorité de chose jugée au principal. En revanche, elle possède l'autorité de chose jugée au provisoire : elle ne peut être modifiée par le juge des référés qu'en cas de circonstances nouvelles.

→ *Injonction de faire, Juridiction provisoire, Protection juridictionnelle provisoire.*

CPC, art. 484 s., 808 s., 848 s., 872 s., 893 s. et 956; C. trav., art. R. 1455-5 s. et 1457.

Dans certaines procédures, il est dit que la procédure suivie sera en la forme des référés. Il s'agit d'un simple emprunt formel, le juge ayant alors le droit d'examiner le fond du débat.

→ *Juge des référés.*

Référé de la Cour des comptes

[Droit financier ou fiscal]

Communication adressée par la Cour des comptes à un ministre, pour appeler solennellement son attention sur des irrégularités d'une certaine importance commises par ses services, et découvertes par la Cour dans l'exercice de ses fonctions administratives de contrôle sur les ordonnateurs.

Référé fiscal

[Droit financier ou fiscal]

En matière de recouvrement de l'impôt, procédure permettant au contribuable qui a formé une réclamation relative à l'assiette de l'impôt assortie d'une demande de sursis de paiement de faire apprécier, par un juge du tribunal administratif, que les garanties qu'il a offertes en sûreté de sa dette, et qui ont été refusées par le comptable, répondaient en réalité aux conditions fixées par les textes.

LPF, art. L. 277, 279 et 279 A.

Référé pénal

[Procédure pénale]

• *Référé-détention.* Procédure permettant au procureur de la République de s'opposer à l'exécution d'une ordonnance de mise en liberté d'une personne placée en détention provisoire, rendue contrairement à ses réquisitions. Le procureur de la République dispose de 4 heures pendant lesquelles l'ordonnance ne peut être exécutée, pour, s'il l'estime nécessaire, en même temps qu'il interjette l'appel, saisir d'un référé le premier président de la cour d'appel. Ce dernier doit statuer, au plus tard, le deuxième jour ouvrable suivant la demande. La remise en liberté est alors suspendue jusqu'à cette décision et le cas échéant jusqu'à la comparution devant la chambre de l'instruction si le maintien en détention est estimé manifestement nécessaire par le magistrat statuant sur le référé.

C. pr. pén., art. 148-1-1 et 187-3.

• *Référé-liberté.* Procédure permettant à une personne, mise en examen et faisant l'objet d'un placement en détention provisoire, d'obtenir d'un magistrat (Président de la chambre de l'instruction en principe) le sursis à exécution de la décision jusqu'à ce que la chambre de l'instruction ait statué sur l'appel au fond nécessairement interjeté par ailleurs.

C. pr. pén., art. 187-1.

Référé perquisition

[Procédure pénale]

Procédure permettant de s'opposer à la saisie de certains documents ou objets dans le cadre d'une perquisition, lorsqu'elle est opérée dans certains locaux liés à la profession d'avocat pour préserver les droits de la défense ou à celle de journaliste pour préserver le secret des sources et d'une manière générale assurer le libre exercice de ces professions. Dans le premier cas on parle parfois de référé bâtonnier. Ce dernier, s'il estime une saisie irrégulière, l'indique au magistrat effectuant la perquisition qui doit alors placer l'objet litigieux sous scellé fermé et établir un procès- verbal relatant les objections formulées. Dans le cas des journalistes l'objection est exposée par le maitre des lieux perquisitionnés. La procédure suivie est identique.

Dans les 2 hypothèses le litige sera, en principe, réglé par le juge des libertés et de la détention dans un délai de 5 jours. Il statuera, par ordonnance motivée insusceptible de recours, après avoir entendu les personnes intéressées par la contestation lors d'un débat contradictoire (magistrat bâtonnier, avocat dans le premier cas, magistrat, maitre des lieux, journaliste dans le second cas). Le juge des libertés et de la détention peut soit décider de la non-validité de la saisie (l'objet est restitué et le procès-verbal détruit) soit de sa validité (le scellé et le procès-verbal sont joints à la procédure en cours).

C. pr. pén., art. 56-2 et 56-3.

Référendum

[Droit constitutionnel]

Procédé de la démocratie semi-directe par lequel le peuple collabore à l'élaboration de la loi, qui ne devient parfaite qu'avec son consentement.

1° *Référendum constituant* : celui qui porte sur l'adoption ou la révision d'une Constitution.

→ *Loi référendaire.*

2° *Référendum de consultation* : celui qui porte à titre d'enquête sur le principe d'une mesure envisagée, afin de tenir lieu de directive pour les gouvernants.

3° *Référendum de ratification* : celui qui porte sur un texte complet, qui n'acquerra valeur juridique qu'après l'approbation populaire.

4° *Référendum facultatif* : celui auquel il est procédé à la demande des gouvernants ou sur pétition d'un certain nombre de citoyens.

5° *Référendum législatif* : celui qui s'applique à une loi ordinaire.

6° *Référendum obligatoire* : celui que la Constitution impose dans certains cas.

7° La révision constitutionnelle du 23 juillet 2008 (L. n° 2008-724) ouvre l'initiative d'un référendum sur une proposition de loi par demande d'1/5e des membres du Parlement soutenue par 1/10e des électeurs inscrits sur les listes électorales.

[Droit international public]

→ *Plébiscite.*

Référendum local

[Droit administratif]

Dans les collectivités territoriales, après la révision constitutionnelle de 2003, il a été ajouté au référendum consultatif existant (très peu pratiqué) la possibilité d'un référendum décisionnel en vue de l'adoption de projets d'actes relevant de leur compétence.

Const., art. 72-1; CGCT, art. LO 1112-1 s. et L. 1112-15.

Reformatio in pejus

[Procédure pénale]

Principe de procédure pénale selon lequel la cour d'appel ne peut, sur le seul appel du prévenu, du civilement responsable, de la partie civile ou de l'assureur de l'une de ces personnes aggraver le sort de l'appelant. Cette règle a été étendue au pourvoi en cassation par la jurisprudence.

C. pr. pén., art. 515, al. 2.

Réformation

[Procédure civile]

Modification partielle ou totale d'une décision judiciaire par la juridiction du second degré.

CPC, art. 542.

→ *Confirmation, Émender, Infirmation.*

Refoulement

[Droit administratif]

En matière de police des étrangers, refus d'entrée en France opposé à un étranger se présentant à la frontière ou sur un aéroport et ne remplissant pas les conditions légales pour pénétrer sur le territoire. Cette décision administrative est susceptible de recours devant le juge administratif.

→ *Zone d'attente.*

Réfragable

[Droit civil]

Qui tolère la preuve contraire.

→ *Présomption.*

Réfugié

[Droit international privé et public]

Personne qui, craignant d'être persécutée du fait de son origine ethnique, de sa religion, de son appartenance à un certain groupe social ou de ses opinions politiques, se trouve hors du pays dont elle a la nationalité et ne peut ou ne veut pas se réclamer de la protection de ce pays.

Convention de Genève du 28 juill. 1951 relative au statut des réfugiés; CESEDA, L. 711-1 s.; 713-1 s.; 721-2 et R. 721-1 s.

Refus de vente

[Droit commercial/Droit pénal]

Fait pour un professionnel, et en particulier un commerçant, de refuser de satisfaire la demande de produit ou de prestation de service d'un client. Si cette demande est formulée par un consommateur, le refus de vente peut constituer une infraction pénale.

C. consom., art. L. 122-1 et R. 121-13 2°.

Lorsque la demande émane d'un professionnel le refus de vente n'est plus sanctionné que par l'application des règles du droit commun en matière de responsabilité civile ou de pratiques anticoncurrentielles.

C. civ., art. 1382; C. com., art. L. 420-1 et 420-2.

Refus du dépôt

[Droit civil/Procédure civile]

Fait pour le *conservateur des hypothèques* de repousser intégralement le dossier qui concerne une formalité dont la publicité est requise, lorsqu'il constate, après un examen sommaire et immédiat de ce dossier, qu'il existe des irrégularités ou des manquements très graves. Après régularisation, la publication ne prendra rang qu'à la date du nouveau dépôt.

C. civ., art. 2428, 2430 et 2452.

→ *Rejet de la formalité.*

Régence

[Droit constitutionnel]

Dans un régime monarchique, on confie le pouvoir à la mère d'un roi trop jeune pour gouverner, ou à un conseil, jusqu'à la majorité du souverain.

Régie

[Droit administratif]

Terme susceptible d'acceptions différentes :

1° *Exécution en régie* : expression désignant l'exécution d'une activité par les services propres de la personne publique considérée.

2° *Régies industrielles et commerciales* : l'exploitation d'activités industrielles ou commerciales peut être organisée par l'État ou les collectivités territoriales sous la forme de régies qui peuvent être de 2 sortes : il peut s'agir de simples services de ces collectivités (v. *le sens précédent*) ; il peut s'agir d'organismes dotés de la personnalité juridique et qui sont alors, malgré leur nom, des établissements publics. La pratique administrative les appelle souvent régies personnalisées.

3° *Régie intéressée* : malgré le nom de régie, mode de gestion d'un service public par une personne privée, qui ne supporte pas les pertes éventuelles du service et qui est rémunérée par la collectivité publique sous la forme d'une participation au chiffre d'affaires ou aux bénéfices, la collectivité bénéficiant du reste des bénéfices.

Régie d'avances, de recettes

[Droit financier ou fiscal]

Assouplissement à l'exclusivité de compétence des comptables publics en matière de maniement des deniers publics, dans lequel des agents dépendant d'un ordonnateur sont habilités à effectuer certaines opérations de dépenses (régie d'avances) ou de recettes (régie de recettes) pour le compte et sous le contrôle et la responsabilité d'un comptable public.

→ *Régisseur de greffe.*

Régime (d'une notion)

[Droit général]

En théorie du droit, désigne l'ensemble des règles applicables à une notion.

→ *Qualification.*

Régime communautaire

[Droit civil]

→ *Communauté.*

Régime conventionnel

[Droit constitutionnel]

Régime politique dans lequel l'exécutif procède de l'assemblée qui le tient en sujétion sans qu'il puisse la dissoudre ni même menacer de démissionner (ex. : Constitution de 1793 et gouvernement de la Convention de 1792 à 1795 ; les régimes de la Suisse et naguère de l'URSS, théoriquement conformes au schéma du régime conventionnel, s'en écartent en fait par leur fonctionnement).

Régime dotal

[Droit civil]

Régime matrimonial de type séparatiste, caractérisé par l'existence de 2 masses de biens appartenant à la femme, l'une composée de biens dotaux, qui est administrée par le mari mais est inaliénable, l'autre composée de biens paraphernaux, qui est administrée par la femme et est aliénable.

Ce régime est prohibé pour l'avenir par la loi du 13 juillet 1965.

Régime matrimonial

[Droit civil]

Statut qui gouverne les intérêts pécuniaires des époux, dans leurs rapports entre eux, et dans leurs rapports avec les tiers et dont l'objet est de régler le sort des biens actifs et passifs des époux pendant le mariage et à sa dissolution.

C. civ., art. 1387 s.

→ *Changement de régime matrimonial.*

Régime matrimonial primaire

[Droit civil]

Statut impératif de base, applicable à tous les époux quel que soit leur régime matrimonial, fixant les règles économiques de l'association conjugale (charges du mariage, dettes ménagères, logement familial) tout en assurant l'indépendance de chaque membre du couple (liberté professionnelle, présomptions de pouvoir). La plupart de ces règles sont d'ordre public.

C. civ., art. 214 s.

GAJC, t. 1, nº 88 et 89.

Régime parlementaire

[Droit constitutionnel]

Régime de collaboration équilibrée des pouvoirs, où le gouvernement et le Parlement ont des domaines d'action communs (ex. : initiative des lois) et des moyens d'action réciproques, le Parlement pouvant mettre en jeu la responsabilité politique du gouvernement (le chef de l'État étant, lui, irresponsable) et le gouvernement prononcer la dissolution du Parlement.

1° *Régime parlementaire dualiste (ou orléaniste)* : du fait de son fonctionnement en France sous la monarchie de Juillet avec la branche des Orléans : variété de régime parlementaire caractérisé par le rôle actif joué par le chef de l'État et la double responsabilité du gouvernement, à la fois devant le chef de l'État et devant le Parlement. Transition historique entre la monarchie limitée et le régime parlementaire moniste.

2° *Régime parlementaire moniste* : celui dans lequel le gouvernement n'est plus responsable que devant le seul Parlement par suite de l'effacement du chef de l'État.

→ *Parlementarisme.*

Régime politique

[Droit constitutionnel]

Mode de gouvernement d'un État.

Le régime politique résulte de la combinaison de multiples éléments, les uns juridiques (cadre constitutionnel, qui forme le régime politique au sens étroit de l'expression), les autres extrajuridiques (système de partis, personnalisation du pouvoir, idéologie, etc.).

Régime présidentiel

[Droit constitutionnel]

Régime où l'équilibre des pouvoirs est obtenu par leur séparation (à la fois organique et fonctionnelle) : le pouvoir exécutif est détenu en totalité par un président élu par le peuple et irresponsable devant le Parlement qui, de son côté, ne peut être dissous par le président.

Régime primaire impératif

[Droit civil]

→ *Régime matrimonial primaire.*

Régime séparatiste

[Droit civil]

→ *Séparation de biens.*

Régime social des indépendants

[Sécurité sociale]

Régime regroupant les artisans commerçant et industriels dans le domaine de l'assurance-maladie et vieillesse et les professions libérales pour la maladie uniquement.

Régimes additifs

[Sécurité sociale]

Régimes dans lesquels l'entreprise garantit un niveau de retraite exprimé soit en valeur relative par rapport au dernier salaire, soit en valeur absolue, indépendant de l'évolution des autres régimes. À l'opposé d'un *régime « différentiel »* l'engagement de l'entreprise dépend uniquement de l'ancienneté et de la rémunération du salarié concerné.

→ *Régimes de retraite à prestations définies.*

Régimes complémentaires

[Sécurité sociale]

Régimes de retraite et de prévoyance accordant des prestations qui viennent s'ajouter à celles accordées par les régimes de base. Il existe des régimes complémentaires pour les salariés cadres et non cadres, de l'industrie et du commerce qui relèvent du régime général, des régimes complémentaires pour les salariés agricoles, des régimes complémentaires pour les professions non salariées non agricoles.

CSS, art. L. 921-1.

Régimes de retraite à cotisations définies

[Sécurité sociale]

Contrats dans le cadre desquels le montant de la retraite dépend des cotisations versées et capitalisées dans le compte de chaque salarié.

Régimes de retraite à prestations définies

[Sécurité sociale]

Contrats destinés à garantir à une catégorie de salariés un pourcentage convenu de leur rémunération de fin de carrière ou un niveau de retraite déterminé. Souvent appelés régimes de « retraite chapeau ».

Régimes différentiels

[Sécurité sociale]

Régimes dans lesquels l'entreprise garantit un niveau global de prestation de retraite, tous régimes confondus. Le régime est « différentiel » car il vient combler la différence pouvant exister entre le taux global de retraite garantie et les prestations qui résultent des autres régimes.

La garantie de retraite peut être exprimée en pourcentage du dernier salaire ou en valeur absolue. Ces régimes sont communément appelés « régimes chapeau » sans doute parce qu'ils viennent coiffer la construction d'ensemble constituée par les autres régimes de retraite.

→ *Régimes de retraite à prestations définies.*

Région

[Droit administratif]

Fraction du territoire qui représente à la fois :

- une collectivité territoriale décentralisée, intermédiaire entre le département et l'État, disposant des seules compétences énoncées par la loi. Bien qu'importantes, elles sont principalement circonscrites aux secteurs économique, sanitaire, social et culturel, et généralement limitées aux équipements;

- l'aire géographique de compétence du *préfet de région*.

Il existe 22 régions en métropole; chacun des 5 *départements d'outre-mer* constitue également une région.

CGCT, art. L. 4111-1.

→ *Comité de l'administration régionale, Conseil économique et social régional, Préfet de région.*

Régionalisation du budget de l'État

[Droit administratif/Droit financier ou fiscal]

Présentation des crédits budgétaires d'investissement selon une ventilation par *région*.

Régisseur de greffe

[Procédure civile]

Auprès de chaque greffe (de la Cour de cassation, des cours d'appel, des tribunaux de grande instance), il est institué une régie d'avances et une régie des recettes tenues par un fonctionnaire du greffe (autre que le directeur de greffe, en principe) pour le compte des comptables directs du Trésor. Le régisseur est habilité à payer les frais de justice criminelle énumérés aux articles R. 92 et R. 93 du Code de procédure pénale, et à encaisser de nombreuses recettes telles

les consignations de parties civiles et les provisions pour expertise.

COJ, art. R. 123-20 s.

→ *Régie d'avances, de recettes.*

Registre d'audience

[Procédure civile]

Registre tenu dans chaque chambre devant les tribunaux de droit commun et d'exception. Signé par le président et par le greffier après chaque audience, il relate tout ce qui s'est passé à une audience déterminée.

Le registre d'audience peut être numérisé.

CPC, art. 728 et 729-1.

→ *Dossier, Mention au dossier, Répertoire général.*

Registre des dépôts

[Droit civil]

Registre chronologique qui est tenu dans chaque conservation des hypothèques et sur lequel sont inscrites, au jour le jour, par ordre numérique et selon des règles minutieusement prévues par le législateur, toutes les remises de documents déposés, en vue de l'exécution d'une formalité de publicité.

C. civ., art. 2453.

Registre d'état civil

[Droit civil]

Registre tenu dans chaque commune par l'officier de l'état civil (en principe le maire) sur lequel sont enregistrés les événements intéressant l'état de la personne, soit sous la forme d'un acte originaire (acte de naissance, de mariage, de décès), soit sous la forme d'une mention en marge d'un acte préexistant (divorce, PACS...).

C. civ., art. 51 s.

→ *Répertoire civil.*

Registre du commerce et des sociétés

[Droit commercial]

Registre tenu par le greffier du tribunal de commerce, ou du tribunal de grande instance ayant compétence commerciale, permettant de dénombrer les commerçants, les sociétés et les groupements d'intérêt économique installés dans le ressort de ce tribunal. Chaque personne assujettie reçoit un numéro. Un registre national centralise à Paris tous les renseignements existant dans les registres locaux.

C. com., art. L. 123-1.

Registre du rôle

[Procédure civile]

→ *Répertoire général.*

Registre national des brevets

[Droit commercial]

Tenu par l'Institut national de la propriété industrielle, le registre national des brevets répertorie les brevets délivrés et assure la publication des actes transmettant ou modifiant les droits qui y sont attachés.

CPI, art. L. 613-9.

Registre national des dessins et modèles

[Droit commercial]

Tenu par l'Institut national de la propriété industrielle, le registre national des dessins et modèles répertorie les dessins et modèles déposés et assure la publication des actes transmettant ou modifiant les droits qui y sont attachés.

CPI, art. L. 512-4.

Registre national des marques

[Droit commercial]

Tenu par l'Institut national de la propriété industrielle, le registre national des marques répertorie les marques enregistrées et assure la publication des actes transmettant ou modifiant les droits qui y sont attachés.

CPI, art. L. 714-7.

Règle de conflit de lois

[Droit international privé]

→ *Conflit de lois.*

Règle de droit ou règle juridique

[Droit général]

Règle de conduite dans les rapports sociaux, générale, abstraite et obligatoire, dont la sanction est assurée par la puissance publique.

→ *Droit, Norme.*

Règle proportionnelle

[Droit des assurances]

• *De capitaux* : règle dont l'application aux seules assurances de dommages conduit à réduire l'indemnité de sinistre accordée à l'assuré pour sanctionner l'insuffisance des capitaux assurés par rapport aux capitaux existants.

C. assur., art. L. 121-5.

• *De prime* : règle applicable aux assurances de dommages et aux assurances de personnes et dont l'application conduit à réduire l'indemnité de sinistre en proportion du taux des primes qui auraient été dues si les risques avaient été complètement et exactement déclarés. Elle suppose la mauvaise foi de l'assuré dans l'omission ou les inexactitudes de la déclaration du risque.

C. assur., art. L. 113-9.

Règlement

[Droit constitutionnel]

Acte de portée générale et impersonnelle édicté par les autorités exécutives compétentes. La Constitution de 1958 confie le pouvoir réglementaire général au Premier ministre : article 21 ; mais le chef de l'État signe les décrets que la Constitution réserve à sa compétence et ceux qui ont été délibérés en Conseil des ministres.

→ *Acte-règle, Décret.*

• *Règlement d'application* : règlement destiné à assurer l'exécution d'une loi. Il s'appuie sur une loi et ne peut l'enfreindre.

• *Règlement autonome* : règlement pris spontanément et à titre exclusif dans les matières autres que celles réservées à la loi. Il est donc directement subordonné à la Constitution et aux principes généraux du droit, mais non à la loi. En restreignant le domaine de la loi, la Constitution de 1958 a considérablement étendu celui du règlement autonome, jusque-là limité à la police et à l'organisation des services publics.

GAJF n° 8.

[Droit européen]

Dans le droit communautaire (aujourd'hui de l'Union européenne), acte de portée générale, obligatoire dans tous ses éléments et directement applicable dans tout État membre, invocable devant les juridictions nationales (dans l'ex CECA : « décision générale »).

→ *Communautés européennes.*

Règlement amiable

[Droit commercial]

Cette procédure visait, par la nomination d'un conciliateur, à résoudre les difficultés d'une entreprise qui ne se trouvait pas en état de cessation des paiements, dans le but d'éviter son dépôt de bilan.

La procédure de conciliation s'est aujourd'hui substituée à la procédure du règlement amiable, sauf en matière agricole.

Une procédure de règlement amiable applicable à toutes les personnes physiques ou morales de droit privé exerçant une activité agricole a été instituée par la loi n° 88-1202 du 30 décembre 1988. Toutefois, les sociétés commerciales exerçant une activité agricole restent soumises à la loi du 1er mars 1984.

C. rur., art. L. 351-1 s.

La procédure applicable en cas de surendettement des particuliers (notamment le *plan conventionnel de redressement*), n'est pas applicable lorsque le débiteur relève des procédures de règlement amiable instituées par la loi du 1er mars 1984 et par la loi du 30 décembre 1988.

Règlement d'administration publique

[Droit administratif/Droit constitutionnel]

Décret pris sur l'invitation du législateur après consultation de l'Assemblée générale du Conseil d'État, en vue de pourvoir à l'exécution d'une loi.

Jadis catégorie particulièrement majestueuse de règlement, le RAP avait perdu sa spécificité juridique; il a été supprimé en 1980 et est désormais remplacé par le *décret en Conseil d'État*, qui avait pris une importance croissante.

GAJA n° 18.

Règlement d'atelier

[Droit du travail]

→ *Règlement intérieur, Droit du travail.*

Règlement de copropriété

[Droit civil]

Règlement conventionnel définissant, d'une part, les droits et les obligations de chaque copropriétaire, d'autre part, les règles de fonctionnement de la collectivité. Il indique, notamment, quelles sont les *parties privatives* et les *parties communes* avec précision de la quote-part incombant à chaque lot dans les différentes catégories de charges.

→ *Copropriété.*

Règlement de juges

[Procédure civile]

Dénomination – abandonnée depuis 1972 – de la procédure par laquelle était tranchée un conflit de compétence entre 2 juridictions se déclarant l'une et l'autre compétentes pour connaître de la même affaire (conflit positif) ou, au contraire, incompétentes (conflit négatif).

Des règles contenues dans le Code de procédure civile s'appliquent en matière de *connexité* et de *litispendance*.

→ *Conflit.*

[Procédure pénale]

Procédure par laquelle une juridiction supérieure, la chambre criminelle de la Cour de cassation en principe, détermine en cas de conflit de compétence celle des juridictions qui est exclusivement compétente pour connaître d'un litige.

C. pr. pén., art. 657 s.

[Procédure administrative]

Ancienne procédure prétorienne permettant au Conseil d'État de régler les conflits négatifs de compétence au sein de l'ordre juridictionnel administratif. Un décret du 19 avril 2002 prévient la survenance de ces conflits, en organisant, à l'initiative des juridictions qui s'estiment saisies à tort, l'affectation des dossiers aux juridictions compétentes, notamment grâce à l'intervention du président de la section du contentieux du Conseil d'État.

CJA, art. R. 351-1 s.

GACA n° 1.

Règlement de procédure

[Droit européen]

Les règlements de procédure de la Cour de justice et du Tribunal de l'Union européenne contiennent toutes dispositions en vue d'appliquer et de compléter le statut de la Cour.

Règlement des petits litiges

[Droit européen/Droit international privé]

→ *Procédure européenne de règlement des petits litiges.*

Règlement intérieur

[Droit constitutionnel]

Résolution par laquelle une assemblée fixe les règles de son organisation interne et de son fonctionnement.

Les règlements des assemblées parlementaires sont obligatoirement soumis à l'examen du Conseil constitutionnel (Const., art. 61).

GDCC n° 2 et 34.

[Droit du travail]

Document écrit, émanant du chef d'entreprise, qui contient exclusivement les mesures d'application de la réglementation en matière d'hygiène et de sécurité, les règles générales et permanentes relatives à la discipline et notamment la nature et l'échelle des sanctions, les dispositions relatives aux droits de la défense des salariés susceptibles d'être sanctionnés, les dispositions légales du Code du travail relatives au harcèlement sexuel et au harcèlement moral.

C. trav., art. L. 1311-1 s. et R. 1321-1 s.

GADT n° 177.

→ *Sanctions disciplinaires.*

Règlement pacifique des conflits

[Droit international public]

Règlement des *conflits internationaux* par des procédés exclusifs de tout recours à la force.

1° *Règlement arbitral* : mode de règlement juridique consistant dans le recours des parties à des juges de leur choix chargés de régler le conflit par une décision obligatoire.

2° *Règlement judiciaire* : mode de règlement juridique consistant dans le recours des parties à un tribunal préconstitué statuant par une décision obligatoire.

3° *Règlement juridique* : règlement d'un conflit entre États, sur la base du droit, par une décision arbitrale ou judiciaire obligatoire pour les parties (V. *1° et 2°*).

4° *Règlement politique* : règlement d'un conflit entre États au moyen de procédures diplomatiques ou politiques qui visent, sans aboutir à une décision obligatoire pour les parties, à concilier leurs intérêts opposés.

→ *Bons offices, Conciliation, Enquête, Médiation, Négociation.*

Regroupement familial

[Droit administratif]

Droit reconnu sous certaines conditions légales à un étranger séjournant légalement en France depuis un temps déterminé d'y être rejoint par son conjoint et ses enfants mineurs, afin de lui permettre de mener une vie familiale normale (en accord avec l'art. 8 de la *Convention européenne des droits de l'Homme*).

GAJA n° 88; GDCC n° 36.

Régularisation

[Droit civil/Droit commercial/Procédure civile]

Mise en conformité d'un acte juridique ou d'un acte de procédure avec les prescriptions légales, opérant validation de l'acte originairement entaché de nullité. Lorsqu'il s'agit d'un acte de procédure, la régularisation exige qu'aucune forclusion ne soit intervenue et qu'il ne subsiste aucun grief.

CPC, art. 115 et 121; C. civ., art. 1839 et 1844-11.

[Sécurité sociale]

Opération qui consiste à calculer la différence éventuelle entre le montant des cotisations dues pour l'année et le montant de celles qui ont été versées à chaque échéance au cours de l'année de référence.

CSS, art. 43-10 s.

Régulation

[Droit administratif]

Afin d'éviter que la privatisation de certains *services publics* industriels ou commerciaux, ou de certaines *entreprises publiques*, assurant la satisfaction de besoins collectifs essentiels – par exemple en matière d'énergie, de télécommunications – ne risque de livrer ces activités aux aléas d'une concurrence désordonnée, ou pour garantir le respect de certains principes ou libertés fondamentaux – par exemple en matière audiovisuelle – l'État a mis en place un encadrement juridique dont la mise en œuvre a été confiée, pour en garantir l'impartialité et la souplesse, à des *autorités administratives indépendantes*, spécialisées par activité.

Pour distinguer cette pratique moderne du procédé classique de la réglementation appliquée directement par les services de l'État, elle a été qualifiée de régulation. On relèvera que le terme anglais *regulation* signifie règlement, et non régulation.

Régulation budgétaire

[Droit financier ou fiscal]

Technique de gestion des crédits budgétaires, de l'État, consistant à moduler les dépenses en cours d'année, soit à des fins budgétaires (pour ne pas accroître excessivement le *découvert*), soit à des fins économiques pour tenir compte de l'état de la conjoncture. Elle peut s'opérer *a priori*, en bloquant des crédits dès le début de l'exercice budgétaire pour les débloquer ultérieurement, soit en cours d'exercice, par un simple échelonnement de la consommation des crédits ouverts.

Réhabilitation

[Droit commercial]

Institution permettant de relever un débiteur, qui a été déclaré en état de cessation des paiements, des déchéances découlant d'une faillite personnelle ou de l'interdiction de diriger, gérer, administrer une entreprise commerciale; cette réhabilitation peut être de droit ou facultative.

[Droit pénal]

Institution qui permet de faire disparaître une condamnation pénale ainsi que ses conséquences à l'exception cependant, d'une prise en compte en cas de nouvelles poursuites pour l'application de la récidive légale. La réhabilitation peut être légale c'est-à-dire acquise de plein droit après l'écoulement d'un certain délai porté au double pour les faits commis en état de récidive, ou judiciaire c'est-à-dire accordée par une juridiction.

C. pén., art. 133-12.

Réintégrande

[Droit civil/Procédure civile]

Action possessoire accordée au possesseur ou au détenteur victime d'une voie de fait de dépossession, accompagnée ou non de violence, et tendant à la récupération de la jouissance perdue. Les textes ont substitué au terme de réintégrande celui de réintégration.

CPC, art. 1264; C. civ., art. 2278 et 2279.

→ *Action possessoire, Complainte, Dénonciation de nouvel œuvre.*

Réintégration

[Droit du travail]

Au sens strict, restitution de son emploi à un salarié qui avait juridiquement cessé de l'occuper; c'est ainsi que, sous certaines conditions, le salarié dont le contrat a été rompu du fait de ses obligations militaires peut être réintégré dans l'entreprise.

Au sens large, restitution de son emploi à un salarié dont le licenciement est déclaré nul (ex. : réintégration d'un représentant du personnel licencié sans autorisation administrative, réintégration d'un salarié gréviste licencié alors qu'il n'a pas commis de faute lourde).

C. trav., art. L. 2422-1 s.

Réitération

[Droit pénal]

Situation d'un délinquant qui ayant déjà fait l'objet d'une condamnation pénale définitive pour crime ou délit, commet une nouvelle infraction qui ne répond pas aux exigences de la récidive légale, la règle de la spécialité par exemple. Dans une telle hypothèse les peines prononcées pour la seconde infraction se cumulent intégralement, sans possibilité de confusion, avec celles prononcées lors de la première condamnation.

C. pén., art. 132-16-7.

Réitération des enchères

[Procédure civile]

Remise en vente d'un immeuble précédemment adjugé faute pour l'adjudicataire d'avoir payé le prix ou les frais taxés ou les droits de mutation dans les délais prescrits. L'adjudicataire défaillant est tenu au paiement de la différence entre son enchère et le prix de la revente, si celui-ci est moindre, et conserve à sa charge les frais de la vente initiale.

C. civ., art. 2212.

→ *Folle enchère.*

Rejet (Arrêt de)

[Procédure civile]

Arrêt par lequel la Cour de cassation déclare le pourvoi irrecevable ou le dit mal-fondé. Ce type d'arrêt se reconnaît, dès les premiers termes, au défaut de visa du texte en cause et à l'absence d'attendu de principe.

CPC, art. 628.

Rejet de la formalité

[Droit civil/Procédure civile]

Fait pour le *conservateur des hypothèques* de ne pas insérer dans le registre des formalités un document dont le dépôt avait été accepté mais dont le conservateur constate, postérieurement à ce dépôt l'omission d'une des mentions prescrites ou une discordance relative à l'identité des parties, à la désignation des immeubles ou à la créance garantie. Si une régularisation intervient dans le délai d'un mois qui suit la notification du rejet de la formalité à celui qui avait déposé le dossier, la publication produit effet à la date du dépôt initial.

C. civ., art. 2428 et 2452.

→ *Refus du dépôt.*

Relais

[Droit civil]

→ *Lais et relais.*

Relation de serment

[Procédure civile]

Acte par lequel le plaideur à qui a été déféré le *serment* refuse de le prêter, et intervertissant les rôles, demande à son adversaire de jurer que le fait allégué par lui est bien exact.

C. civ., art. 1361 s.; CPC, art. 319.

→ *Délation de serment.*

Relations diplomatiques

[Droit international public]

Rapports officiels que 2 États établissent entre eux et qu'ils entretiennent par l'intermédiaire de missions permanentes.

→ *Mission diplomatique.*

Relativité

[Droit privé]

→ *Chose jugée, Effet relatif des conventions.*

Relativité des traités

[Droit international public]

Principe selon lequel les traités ne produisent effet qu'entre les parties contractantes et ne peuvent nuire ni profiter aux tiers.

Principe que la pratique internationale s'est efforcée d'assouplir, un traité pouvant énoncer des règles générales utiles à la société internationale tout entière.

➜ *Adhésion, Clause de la nation la plus favorisée, Traité-loi.*

Relaxe

[Procédure pénale]

Décision d'une juridiction répressive autre que la cour d'assises, déclarant non coupable le prévenu traduit devant elle.

Relevé de forclusion

[Procédure civile]

Lorsqu'un jugement est réputé contradictoire ou rendu par défaut, le défendeur peut être relevé de la forclusion qui l'atteint, par suite de l'expiration du délai d'appel ou d'opposition, lorsque, sans faute de sa part, il n'a pas eu connaissance du jugement ou s'est trouvé dans l'impossibilité d'agir dans le délai de la voie de recours.

CPC, art. 540 et 541.

Relevé d'identité

[Procédure pénale]

Possibilité accordée à certains agents de police judiciaire adjoints de recueillir, sans possibilité de contrainte, l'identité des contrevenants pour dresser les procès-verbaux des infractions qu'ils ont la possibilité de constater. Cette possibilité existe également pour les agents assermentés des exploitants des services publics de transports terrestres, pour les infractions qu'ils peuvent constater, lorsque le contrevenant refuse de s'acquitter de l'amende forfaitaire.

C. pr. pén., art. 78-6, 529-4 et R. 49-8-10.

Relevé d'office des moyens

[Procédure civile]

Pour un juge, soulever de sa propre initiative un moyen de droit omis par la partie ou se substituant à celui invoqué par elle.

S'il s'agit d'un *moyen de pur droit*, le juge a le pouvoir et le devoir de le relever d'office, car il entre dans sa mission de traduire en droit les faits expressément invoqués par les plaideurs. Au contraire, le juge n'est pas tenu de relever d'office les *moyens mélangés de fait et de droit*, car il serait excessif de lui imposer une élaboration juridique requérant une appréciation factuelle des autres éléments du débat.

Des dispositions particulières sont inscrites au Code de procédure civile, telle l'obligation de relever d'office les exceptions de nullité et les fins de non-recevoir ayant un caractère d'ordre public, telle la simple faculté de relever d'office les fins de non-recevoir tirée du défaut d'intérêt, du défaut de qualité ou de la chose jugée ainsi que, parfois, les exceptions d'incompétence et de litispendance. De son côté, le Code de la consommation dispose à l'article L. 141-4 que « le juge peut soulever d'office toutes les dispositions du présent Code dans les litiges nés de son application ».

Par ailleurs, la Cour de justice de l'Union européenne fait obligation au juge national d'apprécier d'office le caractère abusif d'une clause contractuelle dès qu'il dispose des éléments de droit et de fait nécessaires à cet effet.

CPC, art. 92, 93, 100, 120, 125 et 1015.

➜ *Incompétence d'attribution, Incompétence territoriale, Moyens, Office (Mesures prises d'), Ordre public, Qualification, Requalification.*

[Procédure administrative]

Le juge administratif doit relever d'office les moyens d'ordre public; si le premier juge saisi d'une affaire ne le fait pas, sa décision pourra être ultérieurement annulée.

GACA nº 51.

Relèvement

[Droit pénal]

Possibilité reconnue au juge de neutraliser tout ou partie des interdictions, déchéances, incapacités ou mesures de publication résultant de plein droit d'une condamnation ou prononcées à titre de peine complémentaire.

Dans le premier cas, le relèvement peut être demandé au moment du jugement ou après celui-ci. Dans le second cas, à l'issue d'un délai de 6 mois après la décision de condamnation. Les juridictions de l'application des peines peuvent également décider d'un relèvement dans le cadre d'un aménagement de peine,

C. pén., art. 132-21, al. 2; C. pr. pén., art. 702-1, 703 et 712-22.

Relèvement du nom

[Droit civil]

Faculté reconnue au plus proche successible (à défaut, aux autres successibles dans l'ordre légal jusqu'au sixième degré) du dernier représentant d'une famille (dans l'ordre de la descendance) mort à l'ennemi sans postérité, d'ajouter à son nom celui du décédé.

Le dernier descendant de la famille peut, en prévision du cas où il serait tué à l'ennemi sans postérité, transmettre son nom de famille à l'un de ses parents au degré successible par disposition testamentaire.

Remembrement

[Droit rural]

Ancien mode d'aménagement foncier par redistribution, échange et regroupement de parcelles en vue de l'amélioration des conditions d'exploitation qui relève d'une procédure administrative à caractère contraignant dans un but d'intérêt général.

L'Aménagement foncier agricole et forestier est la procédure qui s'est substituée au remembrement rural.

→ *Aménagement foncier.*

Réméré

[Droit civil]

Clause d'un contrat de vente, par laquelle le vendeur se réserve le droit de racheter la chose dans un délai maximum de 5 ans, en remboursant à l'acquéreur le prix, le coût du contrat, les réparations nécessaires et celles qui ont augmenté la valeur du fonds.

La loi du 12 mai 2009 de simplification et de clarification du droit remplace le vocable « réméré » par celui de « rachat ».

C. civ., art. 1659 s.

Remise de cause

[Procédure pénale]

Décision judiciaire au terme de laquelle une affaire est renvoyée à une audience ultérieure.

C. pr. pén., art. 461.

Remise de dettes

[Droit civil]

Acte par lequel un créancier accorde une réduction partielle ou une décharge totale de la dette à son débiteur.

Dénommée remise de débet lorsque le créancier est une *personne publique*.

C. civ., art. 1283 s.

Remise de peine

[Droit pénal]

→ *Grâce.*

Remisier

[Droit commercial]

Commerçant qui reçoit de ses clients des ordres de bourse, les transmet à un prestataire de services et en surveille l'exécution, moyennant une rémunération de la part du donneur d'ordre et une « remise », c'est-à-dire un pourcentage sur le montant du courtage.

La profession de remisier est aujourd'hui intégrée dans une profession unique exerçant sous forme de société de gestion de portefeuilles.

Rémission

[Droit international privé]

Renvoi à la loi du for ; transmission au second degré.

Remploi

[Droit civil]

Achat d'un bien avec des capitaux provenant de la vente d'un autre bien ou de l'indemnité représentative de sa valeur (indemnité d'assurance, indemnité d'expropriation). Il joue un rôle important dans les régimes matrimoniaux : le bien acquis avec les deniers provenant de la vente d'un bien propre à l'un des époux sera lui-même propre, sous certaines conditions.

C. civ., art. 501, 1406, 1434 s. et 1541.

→ *Emploi, Subrogation.*

Rémunération mensuelle minimum

[Droit du travail]

Tout salarié embauché à temps complet a droit à une rémunération qui, en cas de chômage partiel, ne peut être inférieure au produit du SMIC horaire par le nombre d'heures correspondant à la durée légale du travail pour le mois considéré.

C. trav., art. L. 3232-1 s.

Rendant

[Droit privé]

→ *Reddition de compte.*

Rendez-vous judiciaire

[Procédure pénale]

→ *Convocation par procès-verbal.*

Renonciation

[Droit civil]

Acte de disposition par lequel une personne renonce à invoquer un *droit substantiel* (renonciation à un usufruit, à une hypothèque, à une mitoyenneté), à exercer une *action en justice* (abandon d'une demande en révocation d'une donation pour survenance d'enfant), à se prévaloir d'un moyen de défense (prescription, exception de nullité).

La renonciation est valable dès l'instant qu'elle intervient après la naissance du droit, la loi en cause serait-elle d'ordre public (à certaines exceptions près, dont les actions relatives à la filiation, indisponibles). Elle est illicite quand elle a lieu par anticipation, privant à l'avance l'individu d'une prérogative dont il pourrait avoir besoin le moment venu.

C. civ., art. 323, 622, 656, 965, 2250 s., 2298, 2303 et 2488-2°.

GAJC nº 101.

→ *Déguerpissement, Délaissement.*

Renonciation à l'action en réduction

[Droit civil]

Dérogation à la prohibition des *pactes sur succession future* et au caractère normalement impératif de la réserve. Tout héritier *réservataire* présomptif peut renoncer à exercer une action en réduction dans une succession non ouverte. Ce qui confère au disposant plus de liberté dans la transmission de son patrimoine, lui offrant ainsi la possibilité de régler des situations particulières (survie de l'entreprise, protection de l'enfant handicapé).

La renonciation exige l'acceptation de celui dont le renonçant a vocation à hériter ; elle peut porter sur la totalité de la *réserve* ou une quote-part ou un bien déterminé; elle est établie par acte authentique.

Elle ne constitue pas une libéralité.

C. civ., art. 929 à 930-5.

→ *Pacte de famille, Pacte sur succession future.*

Renonciation à succession

[Droit civil]

Déclaration formaliste par laquelle un héritier refuse la succession à laquelle il est appelé. Le renonçant n'est pas tenu au paiement des dettes et charges de la succession, à l'exception des frais funéraires de l'ascendant ou du descendant à la succession duquel il renonce.

C. civ., art. 804 s.; CPC, art. 1339 et 1340.

→ *Acceptation à concurrence de l'actif net, Acceptation pure et simple.*

Renouvellement

[Droit du travail]

Terme qui marque le report d'une échéance convenue, en matière d'essai ou de *contrat de travail* à durée déterminée par exemple. Le renouvellement permet ainsi, lorsque les conditions de validité sont respectées (notamment l'accord des parties sur le renouvellement pendant la période initiale), de prolonger le régime juridique en vigueur au moment du renouvellement jusqu'à un nouveau terme convenu par les cocontractants. Dans la mesure où il s'agit d'une même période qui se prolonge, il est essentiel de distinguer, notamment pour les contrats de travail à durée déterminée, le renouvellement de la succession, dans laquelle les relations de travail sont régies dans des cadres juridiquement différents (ainsi la succession de contrats à durée déterminée obéit à des règles spécifiques).

C. trav., art. L. 1243-13 et 1221-21.

Rénovation urbaine

[Droit administratif]

Opération complexe d'urbanisme tendant à moderniser et à remodeler les quartiers urbains anciens insalubres, ou ne répondant plus aux normes actuelles d'occupation des sols. La conduite de ces opérations de démolition, de mise en état des sols et de construction peut être confiée à des organismes variés, qui, dans la pratique, sont souvent des sociétés locales d'*économie mixte*.

Afin d'éviter l'éloignement systématique des anciens propriétaires et commerçants, il doit leur être proposé de conserver des droits sur les immeubles nouveaux, moyennant la cession amiable de ceux qu'ils occupaient; en fait, la rénovation urbaine a généralement provoqué, jusqu'ici, une profonde transformation de la structure sociale de la population qu'elle a affectée.

Rente

[Droit civil]

Arrérages versés au crédirentier par le débirentier en échange d'un capital reçu. La rente est viagère, lorsque l'obligation de verser les arrérages cesse à la mort du crédit-rentier ou d'une tierce personne; elle est perpétuelle lorsque le débirentier ne peut se libérer qu'en remboursant le capital.

C. civ., art. 759, 766, 1909 s. et 1977 s.

[Sécurité sociale]

Allocation régulière versée au titre de la législation sur les accidents du travail.

CSS, art. L. 434-2 s.

Rente sur l'État

[Droit financier ou fiscal]

Synonyme d'emprunt du Trésor à moyen ou long terme.

→ *Dette publique.*

Renvoi

[Droit européen]

En vertu de l'article 267 TFUE, renvoi préjudiciel décidé par une juridiction nationale saisissant la Cour de justice de l'Union européenne d'une demande d'interprétation des traités ou d'appréciation de validité et d'interprétation des actes de droit dérivé. La Cour de justice rendra un « arrêt préjudiciel » qui permettra à la juridiction nationale de trancher le litige dont elle était elle-même saisie. Ces renvois, en raison de leur nombre et du fait qu'ils ont permis à la Cour d'élaborer ses grandes jurisprudences (primauté, droits fondamentaux...), tendent à faire d'elle une sorte de Cour suprême.

→ *Dit pour droit, Question préjudicielle.*

[Droit international privé]

Lorsque, en matière de conflits de lois, la loi étrangère désignée par la règle du conflit du for décline sa compétence et déclare applicable une autre loi, soit celle du for (renvoi au premier degré) soit une loi tierce (renvoi au deuxième degré), on parle de renvoi de la loi initialement désignée à celle finalement déclarée applicable.

GADIP n° 7, 8, 16 et 51.

[Procédure civile]

Décision par laquelle un tribunal désigne une autre juridiction pour connaître d'une affaire.

Renvoi après cassation : lorsque la Cour de cassation casse un jugement ou un arrêt, elle renvoie devant une juridiction du même ordre, de même nature, de même degré que celle dont émane le jugement ou l'arrêt cassé, ou devant la même juridiction composée d'autres magistrats.

CPC, art. 626; COJ, art. L. 431-4.

→ *Juridiction de renvoi.*

Renvoi en matière de compétence, de litispendance ou de connexité : la cour d'appel, dans certaines hypothèses, et parfois même le juge du premier degré, renvoie l'affaire devant la juridiction qu'il estime compétente.

CPC, art. 86, 97, 101 et 104.

Renvois divers : dans la procédure ordinaire devant les tribunaux de droit commun, le président, à l'audience de fixation, décide si l'affaire sera simplement renvoyée à l'audience ou fera l'objet d'une instruction par l'intermédiaire du magistrat de la mise en état.

CPC, art. 760 s.

→ *Appel des causes, Audience des plaidoiries.*

Le juge des référés, le juge unique, le juge de proximité peuvent décider de renvoyer la difficulté qui leur est soumise à la formation collégiale de leur juridiction.

CPC, art. 487; COJ, art. L. 212-2 et 231-5.

Un plaideur peut, dans certains cas (suspicion légitime, sûreté publique, cause de récusation contre plusieurs juges), demander le renvoi du procès devant une autre juridiction que celle qui est saisie.

CPC, art. 356, 364 et 365; COJ, art. L. 111-8.

→ *Récusation.*

[Procédure pénale]

En matière pénale le renvoi devant une autre juridiction que celle qui est normalement compétente peut être décidé par la chambre criminelle, sur demande du ministère public ou des parties, en cas de suspicion légitime.

Il peut être également ordonné par cette juridiction pour cause de sûreté publique, sur requête du procureur général près la Cour de cassation, soit dans l'intérêt d'une bonne administration de la justice, éventuellement sur initiative des parties ou encore lorsque la juridiction normalement compétente ne peut être composée ou si le cours de la justice se trouve autrement interrompu.

Un renvoi peut également être décidé devant une juridiction limitrophe par le premier président d'une cour d'appel lorsque la juridiction compétente ne peut être composée en raison d'incompatibilités prévues par la loi,

C. pr. pén., art, 662, 665, 665-1 et 667-1.

→ *Suspicion légitime.*

Renvoi à mieux se pourvoir

[Procédure civile]

Décision par laquelle le juge civil qui considère que l'affaire relève d'une juridiction répressive, administrative, arbitrale ou étrangère, se borne à déclarer son incompétence sans désigner la juridiction qu'il estime qualifiée.

CPC, art. 96.

Réouverture des débats

[Procédure civile]

Mesure rapportant la mise en délibéré et appelant l'affaire à une nouvelle audience en vue d'un débat complémentaire, que le président est libre de prescrire en fonction des circonstances de la cause. Mais le président doit l'ordonner lorsque les parties n'ont pas été à même de s'expliquer contradictoirement sur les éclaircissements de droit ou de fait qui leur avaient été demandés.

CPC, art. 444, al. 1.

Réparation intégrale (Principe de)

[Droit civil]

Principe de la responsabilité civile, dit indemnitaire, en vertu duquel le dédommagement dû par le responsable doit couvrir tout le dommage et uniquement le dommage, sans qu'il en résulte ni appauvrissement, ni enrichissement de la victime. C'est pourquoi l'indemnité est calculée sur la valeur au jour du jugement, permettant ainsi de tenir compte de la variation intrinsèque du dommage, de la hausse du coût de la vie ou de la dépréciation de la monnaie survenues depuis le jour du dommage.

GAJC, t. 2, n° 189.

Réparations locatives

[Droit civil]

Réparations à la charge du locataire relatives à l'entretien courant du logement et des équipements mentionnés au contrat, « ainsi que l'ensemble des réparations locatives définies par décret du Conseil d'État (Décr. 26 août 1987), sauf si elles sont occasionnées par vétusté, malfaçon, vice de construction, cas fortuit ou force majeure » (L. n° 462 du 6 juill. 1989, art. 7 d).

Dans le bail à loyer du Code civil, il s'agit de réparations de menu entretien, comme le remplacement de vitres cassées à moins qu'elles ne le soient par la grêle.

C. civ., art. 1754.

Répartition

[Sécurité sociale]

Système consistant à utiliser, chaque année, les contributions des *participants* en activité pour verser des allocations aux personnes à la retraite. Dans ce système, les cotisations des actifs financent les pensions des inactifs.

→ *Capitalisation.*

Repenti

[Droit pénal]

Terme générique désignant un délinquant qui, collaborant avec les autorités administratives ou judiciaires, permet d'éviter une activité criminelle, d'en réduire les conséquences ou d'en identifier les auteurs ou complices. Cette solution valable pour certaines infractions seulement (ex. : terrorisme, trafic de stupéfiants, vol en bande organisée) conduit à une exemption ou à une diminution de peine. Ces personnes peuvent bénéficier d'une protection destinée à assurer leur sécurité, de même que les membres de leurs familles ou leurs proches.

C. pén., art. 132-78; C. pr. pén., art. 706-63-1.

Repentir

[Droit civil]

→ *Droit de repentir.*

Repentir actif

[Droit pénal]

Fait pour un délinquant, qui a consommé une infraction, d'en réparer, dans la mesure du possible, les conséquences dommageables. Cette réparation est sans incidence sur la responsabilité pénale de l'auteur, ce dernier pouvant seulement espérer que la peine prononcée sera réduite. Ainsi en est-il pour la restitution, avant poursuite, de sommes escroquées,

GADPG nº 31.

Répertoire civil

[Procédure civile]

Registre, tenu par le greffier du tribunal de grande instance, où sont consignés, jour par jour et par ordre numérique, l'ensemble des extraits des demandes, actes et jugements affectant les pouvoirs des personnes majeures, à la suite de changements survenus dans leur capacité ou dans leur régime matrimonial (mise en tutelle, retrait de pouvoirs entre époux, rejet d'une demande de séparation de biens, etc.).

Ce mode de publicité, destiné à informer les tiers, est complété par un système de mentions en marge de l'acte de naissance comportant une référence numérique audit répertoire.

CPC, art. 1057 s. et 1233.

→ *Incapacité.*

Répertoire de métiers et de l'artisanat

[Droit commercial]

→ *Artisan.*

Répertoire général

[Procédure civile]

Registre unique tenu au greffe des tribunaux de droit commun et d'exception, sur lequel sont inscrites à leur date, avec un numéro d'arrivée, toutes les affaires introduites devant la juridiction concernée, ainsi que la nature et la date des décisions intervenues.

Le répertoire général peut être tenu sur support électronique, étant précisé que le système de traitement des informations doit en garantir l'intégrité et la confidentialité et permettre d'en assurer la conservation.

CPC, art. 726, 729-1, 825 et 970.

→ *Mise au rôle.*

ACTU

Répertoire national d'identification des personnes physiques

[Droit civil]

Fichier tenu par l'Institut national de la statistique et des études économiques (INSEE), recensant toute personne née en France, qu'elle soit française ou étrangère, avec précision de ses nom et prénoms, lieu et date de naissance, sexe, du numéro de l'acte de naissance et de l'acte de décès… Ce répertoire permet la vérification de l'*état civil* pour les organismes de Sécurité sociale, l'administration fiscale, la Banque de France, ainsi que la gestion du fichier électoral.

Répétition de l'indu

[Droit civil]

Remboursement de ce qui a été payé sans cause soit parce que la dette n'existait pas du tout (indu objectif), soit parce que la dette a été annulée ou résolue (indu *a posteriori*), soit parce qu'il n'y avait pas de rapport de débiteur à créancier entre *solvens* et *accipiens* (indu subjectif).

La loi du 12 mai 2009 sur la simplification du droit (n° 2009-527) remplace le terme « répétition » par celui de « restitution ».

C. civ., art. 1235 et 1376 s.

GAJC, t. 2, n° 238.

→ *Quasi-contrat.*

Réplique

[Droit administratif]

Dans la procédure administrative, qui est écrite et se déroule sous forme d'échange de mémoires, la personne publique en cause répond à la requête introductive d'instance par un mémoire en défense (par des « observations » s'il s'agit d'un ministre pour l'État), auquel répond le requérant par un mémoire en réplique puis, au stade suivant, éventuellement, par un mémoire en duplique.

[Procédure civile/Droit européen]

Conclusions du demandeur ou plaidoirie de son avocat présentées en réponse aux conclusions du défendeur ou à la plaidoirie de son avocat.

Report en bourse

[Droit commercial]

Procédé utilisé sur le marché à terme consistant à remettre à une liquidation ultérieure la réalisation d'une opération de bourse.

On parle aujourd'hui de prorogation des ordres.

Repos compensateur

[Droit du travail]

Temps de repos, payé comme temps de travail, accordé aux travailleurs qui ont accompli un certain nombre d'heures supplémentaires. La loi n° 2008-596 a prévu que l'existence et les modalités de cette contrepartie en repos (l'expression « repos compensateur » n'est pas reprise et les articles du Code du travail qui y étaient relatifs sont abrogés) seront fixées par voie conventionnelle pour les heures supplémentaires effectuées dans le cadre du contingent annuel. Pour les heures supplémentaires accomplies au-delà du contingent, le Conseil constitutionnel a exigé que le législateur fixe les règles minimales relatives à ce repos.

→ *Heures supplémentaires.*

Repos hebdomadaire

[Droit du travail]

Repos d'au moins 24 heures consécutives qui doit être accordé chaque semaine à tout salarié. Le repos hebdomadaire est donné en principe le dimanche. C'est le repos dominical.

C. trav., art. L. 3132-1 s. et R. 3132-1 s.

Représailles

[Droit international public]

Mesures de contrainte illicites prises par un État pour répondre à des actes également illicites commis à son préjudice par un autre État, et obtenir ainsi la cessation et la réparation du dommage (ex. : internement des étrangers, saisie de leurs biens, etc.).

Représentant de commerce

[Droit du travail]

Intermédiaire travaillant de façon permanente pour une ou plusieurs personnes, pour le compte desquelles il se charge de solliciter la clientèle, de préparer ou conclure des ventes, sans s'engager personnellement.

C. trav., art. L. 7311-1 s. et D. 7312-1 s.

→ *Indemnité de clientèle.*

Représentant de la section syndicale

[Droit du travail]

Salarié qui représente au sein d'une entreprise ou d'un établissement une organisation syndicale, non représentative dans cette entreprise ou cet établissement, ayant constitué une section syndicale. Il dispose des mêmes prérogatives qu'un délégué syndical à l'exception du pouvoir de négocier des conventions ou accords collectifs de travail. Il peut néanmoins, dans certains cas, être désigné comme salarié mandaté pour négocier avec l'employeur.

C. trav., art. L. 2142-1-1 s.

→ *Délégué syndical, Salarié mandaté.*

Représentant des créanciers

[Droit commercial]

Mandataire judiciaire au redressement et à la liquidation des entreprises désigné par le tribunal dans le jugement d'ouverture, il a pour fonction la vérification des créances lors de la période d'observation, en vue de l'évaluation du passif de l'entreprise. Il a seul qualité pour agir au nom et dans l'intérêt collectif des créanciers qu'il représente.

La représentation collective des créanciers était assurée, avant la loi n° 85-99 du 25 janvier 1985, par le *syndic de faillite*, supprimé depuis cette date.

C. com., art. L. 621-43 s. et 812-1 s.

Représentant syndical

[Droit du travail]

Au sens strict, et par opposition au *délégué syndical*, membre d'un syndicat représentatif et désigné par lui en vue de siéger au comité d'entreprise ou d'établissement avec voix consultative.

C. trav., art. L. 2324-2.

Représentants du personnel

[Droit du travail]

Expression qui désigne les représentants élus des salariés dans l'entreprise (délégués du personnel, membres des comités d'entreprise et des comités d'hygiène et de sécurité des conditions de travail). Les délégués syndicaux, qui sont juridiquement les représentants des syndicats dans l'entreprise, sont parfois qualifiés abusivement de représentants du personnel.

C. trav., art. L. 2311-1 s. et 2321-1 s.

GADT n° 136 à 138.

Représentation

[Droit civil]

1° Procédé juridique par lequel une personne, appelée représentant, agit au nom et pour le compte d'une autre personne, appelée représenté. Les effets de l'acte passé par le représentant se produisent directement sur la tête du représenté. La représentation peut être légale (tuteur représentant le mineur), conventionnelle (mandat) ou judiciaire (autorisation accordée à un époux d'agir au nom de l'autre).

La représentation a ses limites. Il est des actes qui ne peuvent jamais donner lieu à représentation parce que leur nature implique un consentement strictement personnel, tels une reconnaissance d'enfant ou les actes de l'autorité parentale.

C. civ., art. 113, 218, 219, 389-3, 408, 458, 496, 1372, 1984 et 1998.

2° Fiction juridique qui a pour effet d'appeler à la succession les représentants aux droits du représenté. La représentation a lieu à l'infini dans la ligne directe descendante ; en ligne collatérale, elle est admise en faveur des enfants et descendants de frères ou sœurs du défunt ; elle a été étendue aux descendants d'un successible indigne, même vivant, et aux descendants d'un renonçant.

C. civ., art. 751 s.

→ *Souche, Tête (Par).*

Représentation conjointe (Action en)

[Procédure civile]

→ *Action en représentation conjointe.*

Représentation des intérêts

[Droit constitutionnel]

Système consistant à assurer la représentation des groupes, comme complément ou à la place de la représentation des individus. 3 modalités possibles : assemblée simplement consultative (ex. : Conseil économique, social et environnemental de la Constitution de 1958), chambre économique et sociale intégrée au parlement (ex. : Yougoslavie), chambre corporative unique.

Représentation en justice des plaideurs

[Procédure civile]

• *Devant les tribunaux d'exception*, la représentation en justice des plaideurs est, sauf devant le tribunal de commerce, strictement réglementée, une situation privilégiée étant faite à l'avocat. Aujourd'hui, devant ces juridictions, la partie peut être représentée, outre son conjoint ou un membre de sa famille, par son concubin ou la personne avec laquelle elle a conclu un pacte civil de solidarité.

CPC, art. 18, 751, 828, 853, 884, 899; C. trav., art. R. 1453-2.

• *Devant les tribunaux de droit commun*, les parties ne peuvent comparaître en personne; elles doivent se faire représenter par un avocat en première instance, par un avoué devant la cour d'appel.

CPC, art. 751, 973; CSS, art. L. 144-3.

→ *Assistance des plaideurs, Mandat de représentation en justice, Ministère d'avocat, Pouvoir.*

Représentation proportionnelle

[Droit constitutionnel]

Mode de scrutin qui répartit les sièges entre les listes au prorata du nombre de voix qu'elles ont recueillies.

1° *Représentation proportionnelle approchée* : celle qui répartit les restes à l'intérieur des circonscriptions, ce qui entraîne, pour les listes, des voix non représentées dans toutes les circonscriptions où elles ont été en compétition.

2° *Représentation proportionnelle intégrale* : celle qui opère la répartition des restes au plan national, de sorte que chaque liste a, pour l'ensemble du pays, un nombre de voix non représentées négligeable (inférieur au *quotient électoral*).

Représentativité des syndicats

[Droit du travail]

→ *Syndicats représentatifs.*

Reprise (des propres)

[Droit civil]

Opération effectuée pendant la liquidation de la communauté, par laquelle chaque époux reprend, avant le partage des biens communs, ses biens propres qui se retrouvent en nature lors de la dissolution, ou les biens qui y ont été subrogés.

C. civ., art. 1467.

GAJC, t. 1, n° 94.

Reprise (Droit de)

[Droit civil]

1° *Bail d'habitation* : la loi n° 89 du 6 juillet 1989 (art. 15) autorise le propriétaire à recouvrer la jouissance du bien loué pour son habitation personnelle ou celle de personnes déterminées (conjoint, pacsé, concubin notoire depuis un an, ascendants, descendants, et ceux de son conjoint), pour vendre le logement, pour motif sérieux et légitime.

2° *Bail rural* : droit accordé au bailleur de refuser le renouvellement du bail en vue d'une exploitation directe du bien loué, soit par le bailleur en personne, soit par son conjoint, soit par le partenaire auquel il est lié par un PACS, soit par un descendant majeur ou mineur émancipé.

C. rur., art. L. 411-58.

[Droit commercial]

Droit de résiliation conventionnel permettant au bailleur d'exercer, à la fin de chaque période triennale du bail originaire ou renouvelé, la reprise du fonds afin de construire, de reconstruire l'immeuble existant, de le surélever ou d'exécuter certains travaux. La loi prévoit, en outre, le refus de renouvellement du bail des locaux d'habitation accessoires aux locaux commerciaux, pour l'habitation du bailleur lui-même, de son conjoint, des ses ascendants, de ses descendants ou de ceux de son conjoint, à condition que le bénéficiaire de la reprise ne dispose pas d'un logement correspondant à ses besoins normaux.

C. com., art. L. 145-18, 145-21 et 145-22.

[Droit financier ou fiscal]

Droit que possède le fisc pendant un certain délai (« délai de reprise ») de réparer les erreurs ou les omissions qu'il a constatées dans l'assiette ou le calcul (dit *liquidation*) de l'impôt.

Reprise des débats

[Procédure civile]

Recommencement de l'audience de jugement rendue nécessaire par le changement survenu dans la composition de la juridiction; les débats sont repris dans leur intégralité, alors que les débats réouverts se limitent en général à quelques explications complémentaires ou éclaircissements nouveaux.

CPC, art. 444, al. 2.

→ *Réouverture des débats.*

Reprise d'instance

[Procédure civile]

Remise en marche d'une instance interrompue, soit amiablement par acte d'avocat, soit sur citation en justice de la partie adverse.

CPC, art. 373 s.

→ *Interruption.*

Reproche

[Procédure civile]

Allégation de certains faits de nature à rendre suspecte la déposition d'un témoin. Les textes sur le reproche d'un témoin ont été abrogés en 1958.

République

[Droit constitutionnel]

Régime politique où le pouvoir est chose publique (*res publica*), ce qui implique que ses détenteurs l'exercent non en vertu d'un droit propre (droit divin, hérédité), mais en vertu d'un mandat conféré par le corps social. Ainsi définie, la république s'oppose à la monarchie ou royauté, mais elle ne se confond pas avec la démocratie : une monarchie peut être démocratique (ex. : Grande-Bretagne), une république peut ne pas l'être (ex. : Grèce « des colonels » et Républiques populaires); en fait, les mots république et démocratie sont souvent employés indifféremment.

Selon l'article 89 de la Constitution de 1958, la forme républicaine du gouvernement ne peut faire l'objet d'une révision.

République française

[Droit constitutionnel]

Ensemble constitué par la France métropolitaine, les *départements d'outre-mer* et les ex-*territoires d'outre-mer*.

Réputé non écrit

[Droit civil]

→ *Non écrit.*

Requalification

[Procédure civile]

Requalifier consiste pour le juge à substituer sa propre qualification à celle des parties, par exemple, pour un fait, à juger que l'erreur est en réalité une violence, que le licenciement individuel est un licenciement économique, ou, pour un acte, à considérer que le contrat de vente recouvre un contrat de prêt, que le contrat en cause n'est pas un contrat d'entreprise mais un contrat de mandat.

D'après l'Assemblée plénière de la Cour de cassation (21 déc. 2007), le juge est *obligé* de restituer leur exacte qualification aux faits et actes litigieux invoqués par les parties au soutien de leurs prétentions; mais c'est une simple *faculté* pour lui, sauf règles particulières, que de changer la dénomination ou le fondement juridique de leurs demandes.

Le devoir ou le pouvoir de requalification postule que la requalification s'appuie sur les faits du débat et n'opère pas modification de l'objet des prétentions; il suppose, aussi, le respect du principe du contradictoire.

Il n'y a pas lieu à requalification lorsque les parties ont donné au juge la mission de statuer comme amiables compositeurs.

CPC, art. 7, 12, 16 et 57-1.

[Procédure pénale]

Les juridictions, tant d'instruction que de jugement, étant saisies *in rem*, c'est-à-dire d'un fait, la requalification, sauf exception textuelle (presse par ex.), est donc pour le juge à la fois un droit et un devoir. Cependant ce pouvoir trouve ses limites dans la protection des droits de la défense qui implique, selon la Cour européenne des droits de l'Homme, que l'accusé connaisse en détail l'accusation portée contre lui. Il en résulte que 2 restrictions sont apportées au principe de la liberté de requalification. En premier lieu, si le juge est conduit à s'emparer de faits distincts, elle exige l'acceptation expresse du prévenu. En second lieu, si, sans intégrer un fait nouveau, elle ajoute néanmoins à la prévention une circonstance qui n'était pas mentionnée initialement, il faut que le prévenu ait été mis en demeure de s'expliquer,

→ *Amiable compositeur, Moyen de pur droit, Moyens, Qualification, Relevé d'office des moyens.*

Requérant

[Droit administratif]

Dans la procédure contentieuse administrative, qui est écrite, terme général désignant l'auteur de la requête introductive d'instance, c'est-à-dire le demandeur à l'instance.

[Procédure civile]

Auteur d'une requête opérant saisine de la juridiction sans que l'adversaire en ait été préalablement informé, à l'opposé de l'*assignation*.

[Droit européen]

Désignation du justiciable portant sa cause devant la Cour de justice de l'Union européenne ou devant la Cour européenne des droits de l'Homme.

Requête

[Procédure civile]

Demande écrite adressée directement à un magistrat, sans mise en cause d'un adversaire, dans les cas où la « situation à régler est urgente et où la nécessité commande qu'il soit procédé non contradictoirement ». Il y est répondu par une ordonnance de caractère provisoire, exécutoire sur minute et susceptible de rétractation.

CPC, art. 58 s., 494, 812, 851, 897.

→ *Procédure gracieuse.*

Requête civile

[Procédure civile]

Voie de recours extraordinaire, naguère ouverte dans 11 cas, remplacée par le recours en révision.

Requête conjointe

[Procédure civile]

Mode d'introduction de l'instance contentieuse autorisé en toutes matières devant le tribunal de grande instance, la cour d'appel, le tribunal d'instance, le tribunal de commerce. Elle consiste en la remise au secrétariat-greffe d'un document signé par les avocats des 2 parties, dans lequel se trouvent exposées les prétentions respectives, les points (de fait et de droit) litigieux ainsi que les moyens invoqués, et qui porte énumération des pièces produites par chacun des requérants.

Cette requête entraîne la saisine de la juridiction et vaut conclusions.

CPC, art. 57, 57-1, 793, 845, 859, 900, 926.

Réquisition

[Droit administratif]

Procédé permettant à l'Administration, moyennant indemnisation, de contraindre les particuliers à lui accorder leurs services, l'usage de meubles ou d'immeubles, la propriété de meubles, dans des hypothèses énumérées par les textes mais dont le nombre est allé croissant.

[Droit du travail]

Ordre de reprendre le travail, donné par les autorités administratives aux travailleurs en grève, lorsque l'ordre public paraît menacé.

Réquisition de paiement

[Droit financier ou fiscal]

Droit accordé aux ordonnateurs de surmonter le refus de paiement du comptable dont la responsabilité est alors dégagée, lors du contrôle par celui-ci de la régularité des dépenses publiques à payer. Il est écarté dans certains cas où l'irrégularité apparaît manifeste. L'ordonnateur engage par la réquisition la responsabilité prévue à son égard par les textes qui le concernent.

Réquisitions

[Procédure civile/Procédure pénale]

Conclusions présentées par le *ministère public* devant toutes les catégories de juridictions de l'ordre judiciaire. En matière civile (le terme de conclusions est préféré) le ministère public intervient lorsqu'une affaire lui est communiquée ou qu'il estime avoir le devoir de faire connaître son avis.

CPC, art. 424 s. et 431; C. pr. pén., art. 33.

→ *Communication au ministère public, Partie jointe.*

Réquisitoire

[Procédure pénale]

Introductif : pièce de la procédure écrite par laquelle le ministère public saisit le juge d'instruction écartant par là la *citation directe*.

C. pr. pén., art. 80, 82 et 86.

Définitif : pièce de la procédure écrite par laquelle le ministère public décide, à la fin de l'instruction, de la suite qu'il entend donner au dossier. Devant les juridictions de jugement, le réquisitoire est présenté oralement.

C. pr. pén., art. 175.

Supplétif : réquisitoire complémentaire pris, en général, à la demande du magistrat instructeur, lui permettant d'informer sur des faits non visés dans le réquisitoire introductif et découverts en cours d'instruction.

C. pr. pén., art. 80, al. 3 et 82, al. 1er.

Res

[Droit civil]

Mot latin signifiant chose.

Rescindant, Rescisoire

[Procédure civile]

Termes désignant les 2 phases successives de l'ancienne requête civile : la première concernait la recevabilité et l'admission de la requête; au cours de la seconde, l'affaire était à nouveau examinée et jugée.

Rescision

[Droit civil]

Terme désignant l'annulation, par décision judiciaire, d'un acte lésionnaire. Par exception, la lésion de plus du quart subie par un copartageant ne donne lieu qu'à une action en complément de part, complément qui est fourni, au choix du défendeur, soit en numéraire, soit en nature.

La rescision n'est pas subordonnée à la preuve d'une contrainte morale qu'aurait subie la personne lésée.

C. civ., art. 435, 488, 889, 1118, 1304, 1313, 1674, 1681 et 2052.

GAJC, t. 2, nº 261.

→ *Annulation, Lésion, Nullité, Résiliation, Résolution.*

Rescrit fiscal

[Droit fiscal]

Expression désignant la garantie créée au profit des contribuables, inspirée de la pratique américaine du *ruling*, représentée par le droit donné à ceux-ci, dans des cas énumérés, de demander à l'Administration fiscale de prendre position sur une question d'application de la loi fiscale, en lui présentant de bonne foi tous les éléments d'appréciation utiles.

En l'absence de réponse négative de l'Administration, celle-ci ne pourra pas ultérieurement remettre en cause la situation fiscale qui lui avait été présentée, ou appliquer la procédure de l'abus de droit.

LPF, art. L. 64 B et 80 B.

Rescrit social (Procédure)

[Sécurité sociale]

Procédure qui consiste à interroger l'Urssaf sur un problème d'assujettissement ou de cotisation. L'Urssaf est liée par sa réponse ou son absence de réponse.

CSS, art. L. 243-6-3 et 311-11.

Res derelictae

[Droit civil]

Choses abandonnées par leur propriétaire et susceptibles d'être acquises par un tiers par *occupation* (déchets domestiques, objets vétustes).

C. civ., art. 539 et 713; C. pén., art. R. 635-8.

→ *Derelictio.*

Réseau ferré de France

[Droit administratif]

Établissement public à caractère industriel et commercial, né en 1997 de la réorganisation de la Société nationale des chemins de fer (SNCF) appelée par le droit communautaire, auquel a été transférée la propriété des voies ferrées et d'immeubles annexes en vue de les gérer. La SNCF – dotée du même statut juridique – n'est désormais chargée que d'exploiter les moyens de transport utilisant ces infrastructures, sous réserve d'ailleurs du droit d'accès futur des transporteurs ferroviaires des autres États membres de l'Union européenne.

Réseau privé virtuel avocats (RPVA)

[Procédure civile]

→ *Téléprocédures.*

Réseau privé virtuel justice (RPVJ)

[Procédure civile]

→ *Téléprocédures.*

Réservataire

[Droit civil]

Héritier qui a nécessairement droit à une part de la succession. Sont héritiers réservataires tous les descendants du défunt quelle que soit la nature de leur filiation et le conjoint survivant non divorcé lorsqu'il est appelé à la succession à défaut de descendant.

C. civ., art. 913 et 914-1.

→ *Renonciation à l'action en réduction, Réserve.*

Réserve

[Droit international public]

Déclaration par laquelle un État partie à un traité multilatéral exclut de son engagement certaines dispositions de ce traité ou précise le sens qu'il leur attribue.

Réserve (Obligation de)

[Procédure (principes généraux)]

→ *Obligation de réserve.*

ACTU

Réserve civile de la police nationale

[Droit pénal/Procédure pénale]

Destinée à des missions de soutien aux forces de sécurité intérieure et des missions de solidarité, en France et à l'étranger, à l'exception des missions de maintien et de rétablissement de l'ordre public, elle se compose de retraités des corps actifs de la police nationale, dégagés de leur lien avec le service, mais aussi de volontaires.

L. n° 2003-239, 18 mars 2003, art. 4 à 7, réd. L. n° 2011-267, 14 mars 2011.

ACTU

Réserve civile pénitentiaire

[Droit pénal]

Personnels volontaires retraités issus du corps de l'administration pénitentiaire pouvant assurer des missions de renforcement de la sécurité relevant du ministère de la Justice, de formation des personnels, de coopération internationale ou encore d'assistance des personnels des services pénitentiaires d'insertion et de probation dans l'exercice de leurs fonctions de probation.

Cet engagement contractuel de soutien aux services, d'une durée maximale de 150 jours par an, limité à une période de 5 années à compter de la fin du lien avec le service, est souscrit pour une durée minimale d'un an renouvelable. Les périodes d'emploi du réserviste sont indemnisées.

L. n° 2009-1436 du 24 nov. 2009 pénitentiaire, art. 17 s.

Réserve de propriété

[Droit civil]

Sûreté en vertu de laquelle la propriété d'un bien peut être retenue par l'effet d'une clause, dite de réserve de propriété, qui suspend l'effet translatif d'un contrat jusqu'au complet paiement de l'obligation qui en constitue la contrepartie. La retenue de la propriété se reporte, en cas de revente, sur la créance du débiteur à l'égard du sous-acquéreur et, en cas de perte, sur l'indemnité d'assurance subrogée au bien.

C. civ., art. 2329, 2367 s. et 2373.

→ *Clause de réserve de propriété.*

Réserve héréditaire

[Droit civil]

Part des biens et droits successoraux dont la loi assure la dévolution libre de charge à certains héritiers dits réservataires, s'ils sont appelés à la succession et s'ils l'acceptent. Aucune *libéralité* du *de cujus* ne peut l'entamer. Son importance varie en fonction de la qualité et du nombre des héritiers; ainsi, 1 enfant est réservataire de la moitié du patrimoine de chacun de ses père et mère, 2 des 2/3 et 3 et plus, des 3/4.

C. civ., art. 912 s.

→ *Quotité disponible.*

ACTU

Réserve judiciaire

[Procédure civile]

Créée par la loi n° 2010-1657 du 29 décembre 2010, elle se compose de 2 fractions :

- des magistrats à la retraite, âgés au plus de 75 ans, volontaires pour effectuer des activités non juridictionnelles dans les juridictions auprès desquelles ils seront affectés;

- des greffiers en chef et greffiers des services judiciaires, âgés au plus de 75 ans, volontaires pour effectuer des missions d'assistance, de formation et d'études dans les juridictions auprès desquelles ils seront affectés.

Réserves

[Droit commercial]

Prélèvements effectués sur les bénéfices réalisés par une société avant qu'ils ne soient distribués aux associés, dans un but de prévoyance. Les réserves permettront de faire face plus tard à certains risques, ou de faciliter l'extension de l'affaire.

Ces prélèvements, qui figurent au passif du bilan, sont obligatoirement prévus par la loi dans les sociétés par actions et les SARL (« réserves légales ») : ils peuvent être prévus par les statuts (« réserves statutaires ») ou décidés librement par les associés en assemblées ordinaires (« réserves facultatives ou libres »).

Réserves d'interprétation

[Droit constitutionnel]

Permettent au Conseil constitutionnel de signifier dans quelle mesure une disposition législative doit être comprise pour être conforme. Il y a des réserves « limitatives » (écartent telle interprétation), « neutralisantes » (soulignent certains effets juridiques inconstitutionnels), « protectrices » (apportent une garantie) ou « constructives » (précisent le sens ou la portée).

GDCC n° 43.

Résidence

[Droit civil]

Lieu où se trouve en fait une personne. On oppose la résidence au domicile qui est le lieu où elle est située en droit. Toutefois, la résidence séparée des époux, au cours de la procédure de divorce ou de séparation de corps, entraîne de plein droit domicile distinct.

C. civ., art. 108-1, 215, 255 et 373-2-9; CPC, art. 43.

GAJF n° 11.

→ *Demeure, Domicile.*

Résidence forcée

[Droit international privé]

→ *Assignation à résidence.*

Résident

[Droit international public]

Individu habitant durablement dans un État autre que celui dont il a la nationalité, qualité reconnue par la délivrance d'une carte et répondant à un régime juridique précis déterminé par le pays d'accueil.

[Droit financier ou fiscal]

Résident fiscal : en droit fiscal international, personne physique ou morale considérée, en vertu de la loi interne ou de conventions internationales, comme ayant son domicile fiscal dans le pays, et ainsi soumise à la fiscalité générale de celui-ci (à la différence des « non-résidents »).

Résiliation

[Droit civil]

Anéantissement pour l'avenir d'un *contrat successif*, en raison de l'inexécution par l'une des parties de ses obligations. La résiliation est une résolution non rétroactive s'appliquant aux contrats à exécution successive.

Le terme désigne aussi la dissolution d'un contrat par décision volontaire, soit à l'initiative d'une seule partie (résiliation unilatérale d'un contrat de travail à durée indéterminée), soit d'un commun accord (résiliation conventionnelle).

C. civ., art. 1722.

→ *Annulation, Nullité, Rescision, Résolution.*

Res inter alios acta alliis nec prodesse nec nocere potest

[Droit civil]

Ce qui a été fait entre certaines personnes ne nuit ni ne profite aux autres.

Ainsi, un contrat passé entre 2 personnes ne rend pas des tiers débiteurs ou créanciers. C'est le principe de la relativité des contrats.

C. civ., art. 1121 et 1165.

→ *Effet relatif des contrats.*

Res inter alios judicata aliis nec prodesse nec nocere potest

[Procédure (principes généraux)]

La chose jugée entre les uns ne peut ni profiter ni nuire aux autres : les décisions de justice ne créent de droits et d'obligations qu'entre les parties et non à l'égard des tiers, auxquels elles sont toutefois opposables. Les tiers peuvent faire valoir la relativité des jugements rendus en dehors d'eux, soit de façon défensive, en invoquant la fin de non-recevoir tirée de la relativité de la chose jugée, soit de façon offensive, en introduisant le recours de la tierce opposition.

C. civ., art. 1351; CPC, art. 122 et 583.

→ *Effet relatif des conventions, Opposabilité, Tierce opposition.*

Res judicata pro veritate habetur

[Procédure civile]

La chose jugée est tenue pour vérité.

C. civ., art. 1350, 3° et 1351; C. pr. pén., art. 6, al. 1.

Res mobilis, res vilis

[Droit général]

Chose mobilière, chose sans valeur.

Adage que le développement moderne de la fortune mobilière a singulièrement contredit.

Res nullius

[Droit civil]

Choses qui n'appartiennent à personne, et qui sont donc susceptibles d'appropriation, tel le gibier.

C. civ., art. 714 s.

Résolution

[Droit civil]

Sanction consistant dans l'effacement rétroactif des obligations nées d'un contrat synallagmatique, lorsque l'une des parties n'exécute pas ses prestations.

Comme la *nullité*, la résolution a un effet rétroactif, mais, à la différence de la première, elle sanctionne un défaut d'exécution et non pas un vice existant lors de la formation du contrat.

En cas d'inexécution partielle, les juges du fond apprécient souverainement si cette inexécution a assez d'importance pour entraîner la résolution ou si elle ne sera pas suffisamment réparée par l'allocation de dommages-intérêts.

La résolution est en principe judiciaire. Toutefois, la gravité du comportement d'une partie au contrat peut justifier que l'autre partie y mette fin de façon unilatérale à ses risques et périls.

C. civ., art. 1184.

GAJC, t. 2, nº 179 et 180.

→ *Annulation, Nullité, Rescision, Résiliation.*

Résolution ou Motion

[Droit constitutionnel/Droit international public]

Texte voté par un organe délibérant (assemblée parlementaire, organe international) et qui a trait à son fonctionnement intérieur ou exprime son opinion ou sa volonté sur un point déterminé.

La résolution votée par une assemblée parlementaire se distingue de la loi en ce qu'elle ne comporte pas d'intervention de l'autre assemblée en régime bicaméral et n'est pas soumise à promulgation.

Const. 1958, art. 34-1 et 88-4.

Res perit creditori

[Droit civil]

La perte de la chose est supportée par le créancier de la livraison; cette règle est exceptionnelle.

→ *Risque, Théorie des risques.*

Res perit debitori

[Droit civil]

Les risques de destruction de la chose sont supportés par le débiteur de la livraison.

C. civ., art. 1722, 1788 et 1790.

→ *Risque, Théorie des risques.*

Res perit domino

[Droit civil]

Lorsqu'une chose périt, c'est en principe son propriétaire qui supporte cette perte.

C. civ., art. 1138.

Responsabilité civile

[Droit civil]

Obligation de réparer le préjudice résultant soit de l'inexécution d'un contrat (responsabilité contractuelle), soit de la violation du devoir général de ne causer aucun dommage à autrui par son fait personnel, ou du fait des choses dont on a la *garde*, ou du fait des personnes dont on répond (*responsabilité du fait d'autrui*); lorsque la responsabilité n'est pas contractuelle, elle est dite délictuelle ou quasi délictuelle.

C. civ., art. 1147 et 1382 s.

GAJC, t. 2, nº 166, 167, 117, 181 et 182.

→ *Délit, Garantie (Théorie de la), Garde, Produits défectueux, Quasi-délit, Responsabilité du fait d'autrui, Responsabilité du fait des choses.*

Responsabilité collective

[Droit pénal]

Règles d'incrimination qui seraient applicables à une personne en raison de son appartenance à un groupe pour les agissements délictueux de ce groupe. Le principe de la personnalité des peines exclut la responsabilité collective.

C. pén., art. 121-1.

→ *Participation à un groupe formé dans une perspective délictueuse.*

Responsabilité de la puissance publique

[Droit administratif]

Les personnes morales de droit public peuvent voir leur responsabilité engagée à l'égard des particuliers ou d'autres collectivités publiques soit pour *faute*, soit sans faute. Dans ce cas, la responsabilité sera fondée essentiellement sur les notions de *risque* ou de rupture de l'égalité des citoyens devant les charges publiques, et ne sera en

général établie qu'en présence d'un préjudice anormal et spécial.
Dans l'exercice de ses fonctions législative et juridictionnelle, l'État bénéficie en jurisprudence d'une assez large irresponsabilité.

GAJA n° 1.

Responsabilité des agents publics

[Droit administratif/Procédure (principes généraux)]

L'agent public est pécuniairement responsable des dommages qu'il a causés aux administrés ou à l'Administration en cas de *faute personnelle*, il ne l'est pas s'il a commis une *faute de service*.

Responsabilité du fait d'autrui

[Droit civil]

Responsabilité délictuelle que la loi fait peser sur les père et mère du fait de leurs enfants mineurs, sur les commettants du fait de leurs préposés, sur les instituteurs et artisans du fait de leurs élèves et apprentis. À côté de ces cas légaux, la jurisprudence a posé un principe général de responsabilité à la charge de la personne ou de l'organisme dont le devoir est d'organiser, de diriger et de contrôler l'activité de l'auteur du dommage.

C. civ., art. 1384, al. 1, 4, 5 et 6.

GAJC, t. 2, n° 215-217 et 218-229.

→ *Responsabilité.*

Responsabilité du fait des choses

[Droit civil]

Responsabilité délictuelle objective (indépendante de toute faute) du fait des choses que l'on a sous sa garde. La jurisprudence a découvert dans l'article 1384, alinéa 1er, du Code civil, une présomption de responsabilité à l'encontre du gardien de la chose.

C. civ., art. 1384, al. 1er, 1385 et 1386.

GAJC, t. 2, n° 196-214 et 220-233.

→ *Responsabilité, Garde.*

Responsabilité du fait des produits défectueux

[Droit civil]

→ *Produits défectueux.*

Responsabilité du fait des lois

[Droit administratif]

En cas de dommage grave et spécial causé par une loi, la victime peut obtenir réparation sur le fondement de la rupture de l'égalité des citoyens devant les charges publiques (CE, 14 janv. 1938).
Toutefois, tout dommage causé par une loi violant une convention internationale ou le droit dérivé de l'Union européenne doit être réparé (CE, 8 févr. 2007, *Gardelieu*).
La responsabilité du fait des lois relève de la compétence exclusive de la juridiction administrative (TC, 31 mars 2008).

GAJA n° 51.

Responsabilité du fait du fonctionnement défectueux de la justice

[Droit administratif/Procédure civile/Procédure pénale]

L'État est tenu de réparer les dommages causés à un usager du service public de la justice (ou à une victime par ricochet), par le fonctionnement défectueux de la justice civile ou pénale (faute de service). Mais sa responsabilité n'est engagée que dans la mesure où un magistrat ou une juridiction collégiale a commis une faute lourde ou un *déni de justice*. Une faute légère n'entraînerait pas une responsabilité de l'État; mais la Cour de cassation a assoupli la notion de faute lourde, désormais constituée par « toute déficience caractérisée par un fait ou une série de faits traduisant l'inaptitude du service public de la justice à remplir la mission dont il est investi ».
De son côté le Conseil d'État admet que la responsabilité de la puissance publique

puisse être engagée, pour faute lourde, du fait de l'exercice de la fonction juridictionnelle par une juridiction administrative. Et une faute simple suffit lorsque l'action en responsabilité contre l'État est fondée sur la durée excessive de la procédure. Par ailleurs, il est admis que l'État est responsable du fait de l'exercice, par la Cour des comptes, de ses compétences juridictionnelles sur le fondement d'une faute lourde, mais qu'il est responsable en cas de faute simple quand cette même juridiction exerce sa mission d'établissement d'un rapport public.

Chaque année, le gouvernement remet au Parlement un rapport faisant état des actions en responsabilité engagées contre l'État, des décisions de condamnation rendues et du versement des indemnités qui en découlent.

Lorsqu'une faute personnelle se rattachant au service a été commise par un magistrat, l'État peut, en théorie, exercer contre lui une *action récursoire* (portée devant une des chambres civiles de la Cour de cassation).

COJ, art. L. 141-1 et 141-2; CJA, art. R. 311-1.

GAJA n° 113.

→ *Détention provisoire, Prise à partie, Saisine par un justiciable du Conseil supérieur de la magistrature.*

Responsabilité pénale

[Droit constitutionnel]

En France, le chef de l'État n'est pas responsable pénalement pour les actes accomplis en cette qualité (sauf poursuite devant la Cour pénale internationale); pour les actes accomplis en dehors des fonctions, des poursuites peuvent être entamées ou reprises après la fin du mandat.

Les ministres sont pénalement responsables, devant la Cour de justice de la République, pour les actes accomplis dans l'exercice de leurs fonctions; sinon, devant la juridiction ordinaire.

Les parlementaires ne bénéficient que d'immunités relativement peu protectrices.

[Droit pénal]

Obligation de répondre de ses actes délictueux en subissant une sanction pénale dans les conditions et selon les formes prescrites par la loi. Plus spécialement, cette expression est utilisée à propos de certaines personnes en raison d'une qualité qui leur est propre (ex. : responsabilité pénale de l'instigateur).

Responsabilité pénale des personnes morales

[Droit pénal]

Règles d'incrimination aux termes desquelles toutes les personnes morales de droit public comme de droit privé à l'exception de l'État, à l'image des personnes physiques, ont l'obligation de répondre de leurs actes comme auteurs ou complices, en subissant une sanction pénale, des infractions commises pour leur compte par leurs organes ou représentants. L'infraction imputée à la personne morale doit être caractérisée en tous ses éléments à l'encontre de l'organe ou du représentant sans qu'il soit toujours nécessaire, selon la Cour de cassation, qui a, sur ce point, rejeté une question prioritaire de constitutionnalité, que la personne physique soit précisément identifiée.

C. pén., art. 121-1.

GADPG n° 38.

Responsabilité pénale du chef d'entreprise

[Droit pénal/Droit du travail]

Règles d'incrimination applicables au chef d'entreprise en raison de sa qualité.

Outre la responsabilité pénale de droit commun, le chef d'entreprise supporte la responsabilité des infractions aux règles, d'hygiène et de sécurité commises dans l'entreprise si elles sont dues à sa faute personnelle. La responsabilité pénale peut naître du fait d'autrui lorsque certaines obligations légales imposent d'exercer une action directe sur les faits d'un subordonné. Il ne peut s'en exonérer qu'en démontrant qu'elles se sont produites dans des services dont il avait délégué la direction à des gérants ou préposés investis par lui et pourvus de la compétence de l'autorité et des moyens nécessaires pour veiller efficacement à l'application de la loi.

C. trav., art. L. 4741-1.

GADPG n° 37.

Par ailleurs, en cas d'accident du travail dû à l'inobservation des règles d'hygiène et de sécurité, le tribunal peut mettre à la charge de l'employeur tout ou partie des amendes prononcées contre le préposé coupable d'homicide ou de blessures involontaires. Cette solution peut également être applicable pour les infractions au Code de la route commises par un préposé.

C. trav., art. L. 4741-2; C. route, art. L. 121-1.

Responsabilité pénale « en cascade »

[Droit pénal]

Système de responsabilité pénale particulière applicable à toute une série de d'infractions, lorsqu'elles ont été commises par la voie de la presse écrite ou audiovisuelle. Il conduit à établir une liste ordonnée des personnes automatiquement considérées comme auteurs principaux de ces infractions. Le législateur incrimine d'abord le directeur de publication ou l'éditeur, à défaut l'auteur, à défaut de cet auteur l'imprimeur (pour la presse écrite) ou le producteur (pour la presse audiovisuelle) à défaut de l'imprimeur, les vendeurs, distributeurs afficheurs (pour la presse écrite) d'où l'expression « en cascade ». Les auteurs pourront être poursuivis comme complices lorsque les éditeurs ou producteurs seront mis en cause. Cette responsabilité de plein droit n'a pas été jugée contraire à la présomption d'innocence.

L. 29 juill. 1881, art. 42 et 43; L. 29 juill. 1983, art. 93-3.

Responsabilité pénale pour autrui

[Droit pénal]

Obligation pour une personne de répondre devant les juridictions répressives des actes délictueux d'autrui. Le principe de la personnalité des peines exclut en droit français ce type de responsabilité.

C. pén., art. 121-1.

Responsabilité politique

[Droit constitutionnel]

Obligation pour le titulaire d'un mandat politique de répondre de son exercice (actes, paroles, écrits) devant celui ou ceux de qui il le tient.

Responsabilité politique du gouvernement devant le Parlement : obligation pour le gouvernement, en régime parlementaire, de jouir de la confiance du Parlement qui, en la lui refusant, le contraint à démissionner.

→ *Motion de censure, Question de confiance.*

Ressort

[Procédure (principes généraux)]

1° Le ressort précise l'étendue de la compétence d'une juridiction, soit au point de vue géographique, soit en ce qui concerne la valeur du litige.

On parle de ressort, également, pour préciser dans quelle condition une voie de recours peut être formée. Une décision peut être en premier ressort, en premier et dernier ressort, en dernier ressort.

CPC, art. 34; COJ, art. L. 231-3, D. 211-1, 211-5 s., R. 221-3 s., 221-23 s. et 221-37 s.;

C. trav., art. R. 1462-1; C. com., art. L. 721-3 s.; C. rur., art. L. 491-1; CSS, art. R. 142-25.

→ *À charge d'appel, Jugement en dernier ressort, Jugement en premier ressort.*

2° Circonscription territoriale à l'intérieur de laquelle peut instrumenter un officier ministériel (notaire, huissier de justice par ex.), peut postuler le représentant d'un plaideur (avocat).

Ressortissant

[Droit international privé et public]

Individu lié à un État dont il n'a pas, cependant, la nationalité (ex. : les sujets de certains États africains ont été, jusqu'au jour de l'accession de ces États à une complète autonomie, des ressortissants français).

En pratique, il est fait souvent confusion des termes « national » et « ressortissant », ce dernier mot ayant pourtant un sens beaucoup plus large.

Ressources propres

[Droit européen]

Appellation désignant, depuis la réforme de 1970 qui a conféré à la CEE l'autonomie de ses ressources en mettant fin au système traditionnel des contributions acquittées par chaque État membre, l'ensemble des recettes propres dont elle dispose, essentiellement représentées par les prélèvements agricoles, les droits de douane sur les importations en provenance d'États tiers, une fraction de la TVA perçue dans chaque État membre, enfin, la « quatrième ressource » créée en 1988 qui est fondée sur le PNB. Le plafond de l'ensemble des ressources propres a été fixé à 1,27 % du PNB en 2000, mais les crédits de paiement restent pour l'heure à 1 % du PNB.

La CECA percevait depuis l'origine un impôt levé sur les entreprises sidérurgiques et minières (« prélèvement CECA »), aujourd'hui intégré aux recettes de l'Union. Nécessiteraient une réforme profonde comme l'a montré l'accord difficile en décembre 2005 sur les orientations budgétaires pour 2007-2013.

TFUE, art. 311 s.

ACTU

Reste à vivre

[Droit civil]

Dans le cadre du plan d'apurement des dettes d'un débiteur surendetté, partie des ressources qui lui est réservée par priorité pour qu'il puisse faire face à ses dépenses de nourriture, de logement, de chauffage, etc. Ce reste à vivre, fixé par la Commission de surendettement, ne peut être inférieur au montant du RSA majoré de 50 %, dans le cas d'un ménage.

C. consom., art. L. 331-2, 332-3 et R. 331-15-1.

[Procédure civile]

La notion de reste à vivre intervient également en cas de mesures d'exécution sur comptes bancaires : *saisie-attribution, saisie conservatoire des créances, avis à tiers détenteur, saisie à tiers détenteur*, procédure de paiement direct de pension alimentaire. Une somme égale au montant forfaitaire du revenu garanti par le dispositif du *Revenu de solidarité active* (RSA) est laissée à la disposition du saisi (454,63 € pour un allocataire seul) automatiquement, sans qu'il soit nécessaire d'en faire la demande auprès du banquier. On la dénomme « solde bancaire insaisissable ».

Lorsque le débiteur est un entrepreneur individuel à responsabilité limitée, le reste à vivre ne s'applique qu'à la saisie des comptes afférents à son patrimoine non affecté.

CASF, art. L. 262-2; L. n° 650 du 9 juill. 1991, art. 47-1.

Restes

[Droit constitutionnel]

Dans la *représentation proportionnelle*, sièges non répartis au *quotient électoral*, et voix non représentées correspondant à ces sièges. Diverses méthodes permettent d'utiliser les restes dans le cadre des circonscriptions électorales (systèmes de la plus forte moyenne et des plus forts restes) ou dans le cadre national.

Restitutio in integrum

[Droit civil/Procédure civile]

« Restitution en entier. »

Conséquence normale de l'annulation d'un contrat (quand la restitution est possible), de la réparation en nature d'un dommage, de la réintégration par exemple d'un salarié congédié irrégulièrement.

C. civ., art. 555; C. trav., art. L. 2422-1, 2422-2 et 2422-4.

Restitutions

[Procédure pénale]

Au sens strict, remise à leurs propriétaires d'objets volés, détournés ou saisis comme pièces à conviction. Au sens large, mesures tendant à rétablir la situation antérieure à une infraction ou à faire cesser un état délictueux.

C. pr. pén., art. 99, 373, 478 et 543.

Rétablissement

[Procédure civile]

Rétablir une pièce de procédure consiste à la replacer dans le dépôt d'où elle avait été extraite. Par exemple, en cas d'inscription de faux, le tribunal décide si l'acte dont il constate la falsification sera à nouveau placé au rang des minutes du notaire (rétablissement), ou au contraire conservé dans les archives du secrétariat de la juridiction.

CPC, art. 310.

Rétablir une affaire, c'est réitérer son enregistrement au greffe du tribunal, nouvel enregistrement rendu nécessaire par la radiation de la demande du rôle des affaires en cours pour défaut de diligence des parties.

CPC, art. 383.

ACTU

Rétablissement personnel (Procédure de)

[Droit civil]

Procédure judiciaire menée initialement par le *juge de l'exécution* et aujourd'hui par le juge du tribunal d'instance dans le cadre du surendettement des particuliers. Lorsqu'un débiteur se trouve dans une situation irrémédiablement compromise caractérisée par l'impossibilité manifeste de mettre en œuvre les mesures de traitement visées à l'article L. 330-1, C. consom., *la commission départementale de surendettement* des particuliers peut :

1° Soit recommander un rétablissement personnel sans liquidation judiciaire si elle constate que le débiteur ne possède que des biens meublants nécessaires à la vie courante et des biens non professionnels indispensables à l'exercice de son activité professionnelle, ou que l'actif n'est constitué que de biens dépourvus de valeur marchande ou dont les frais de vente seraient manifestement disproportionnés au regard de leur valeur vénale;

2° Soit saisir, avec l'accord du débiteur, le juge du tribunal d'instance aux fins d'ouverture d'une procédure de rétablissement personnel avec liquidation judiciaire, si elle constate que le débiteur n'est pas dans la situation mentionnée au 1°. Si l'actif réalisé est suffisant pour désintéresser les créanciers, la procédure est close. Dans le cas contraire, le juge prononce la clôture pour insuffisance d'actif. La clôture produit alors effacement rétroactif de toutes les dettes non professionnelles du débiteur, à l'exclusion de celles résultant des paiements effectués, au lieu et place du débiteur, par une caution ou un coobligé.

C. consom., art. L. 330-1 s.; R. 331-1 s.

→ *Commission départementale de surendettement des particuliers, Mandataire judiciaire au rétablissement personnel des particuliers, Plan conventionnel de redressement, Redressement judiciaire.*

Rétention

[Droit civil]

Droit reconnu à un créancier de ne pas restituer un bien appartenant à son débiteur tant qu'il n'a pas été désintéressé de ce qui lui est dû. Peut se prévaloir de ce droit sur la chose :

1° celui à qui la chose a été remise jusqu'au paiement de sa créance (gage, dépôt);

2° celui dont la créance impayée résulte du contrat qui l'oblige à la livrer;

3° celui dont la créance est née à l'occasion de la détention de la chose (travaux, frais);

4° celui qui bénéficie d'un gage sans dépossession.

Le droit de rétention est un droit réel opposable à tous, y compris aux tiers non tenus de la dette.

C. civ., art. 571, 862, 1612, 1885, 1948 et 2286.

[Droit administratif]

Dans le cadre d'une procédure de *reconduite à la frontière*, possibilité donnée à l'Administration de placer pendant une durée limitée l'étranger en cause, s'il ne peut être immédiatement expulsé, dans des locaux surveillés, mais qui ne peuvent relever de l'Administration pénitentiaire.

Rétention des mineurs

[Procédure pénale]

Mesure spécifique de retenue des mineurs de 13 ans, décidée par un officier de police judiciaire, en raison de l'impossibilité d'utiliser la procédure de garde à vue. Nécessairement autorisée par un magistrat, s'il existe des indices graves ou concordants de commission d'un crime ou d'un délit puni d'au moins 5 ans d'emprisonnement, elle est d'une durée maximale de 12 heures, exceptionnellement prolongeable par le même magistrat et pour la même durée.

Ord. 2 févr. 1945, art. 2, al. 1er.

Rétention de sûreté

[Droit pénal]

Mesure de sûreté se traduisant par le placement dans un centre médico-judiciaire de sûreté, de certains condamnés, à l'expiration de leur peine, lorsqu'ils présentent une particulière dangerosité, caractérisée par une probabilité très élevée de récidive parce qu'ils souffrent d'un trouble grave de la personnalité.

Cette mesure vise les condamnés à une peine égale ou supérieure à 15 ans de réclusion criminelle pour certains crimes commis contre les mineurs (assassinat, meurtre, tortures, viol, etc. de même que certaines infractions simples commises en récidive) ou les majeurs (assassinat ou meurtre aggravé, tortures ou actes de barbarie aggravés, viol aggravé, etc.) à condition que la cour d'assises ait prévu cette possibilité dans l'arrêt de condamnation. La décision sera prise par une juridiction spéciale, la juridiction régionale de la rétention de sûreté, à la suite d'une proposition de la commission pluridisciplinaire des mesures de sûreté qui, par avis motivé, a conclu à la particulière dangerosité du condamné. La commission comme la juridiction doivent vérifier que la personne condamnée a bénéficié pendant l'exécution de sa peine, d'une prise en charge médicale, sociale et psychologique adaptée au trouble de la personnalité dont elle souffre. La mesure est prise pour un an, renouvelable sans limite pour la même durée si les conditions de son application demeurent réunies. Dans le cas contraire, la juridiction régionale peut ordonner d'office qu'il soit mis fin à la retenue de la personne.

C. pr. pén., art. 706-53-13 s.

→ *Juridiction de la rétention de sûreté, Surveillance de sûreté.*

Rétention douanière

[Procédure pénale]

Mesure de retenue spécifique exercée par les agents des douanes contre le prévenu, d'une infraction douanière, capturé à la suite d'un flagrant délit. Elle est de 24 heures, prolongeable pour la même durée sur autorisation du procureur de la République. Cette mesure a été déclarée inconstitutionnelle, à la suite d'une question prioritaire de constitutionnalité et devra, à l'image de la garde à vue, être réformée.

C. douanes, art. 323.

Rétention policière

[Procédure pénale]

Possibilité de retenir une personne, dans un local de police ou de gendarmerie, pendant 24 heures aux fins de vérification de son identité, de sa situation pénale ou personnelle lorsqu'elle a été arrêtée en vertu d'une décision judiciaire la condamnant à une peine d'emprisonnement ou de réclusion. Le parquet doit être informé dès le début de la mesure.

C. pr. pén., art. 716-5.

Retenue à la source

[Droit financier ou fiscal]

Technique de perception de l'impôt sur le revenu, consistant à obliger le débiteur d'une somme qui est imposable chez le contribuable (salaire, intérêts, dividendes par ex.) à opérer sur celle-ci une retenue qu'il versera lui-même au fisc.

→ *Prélèvement libératoire.*

Réticence

[Droit civil]

Silence gardé volontairement par une personne sur un point qu'elle devrait révéler. Dans certaines circonstances la réticence émanant d'un cocontractant est constitutive de *dol*.

Retirement

[Droit civil]

Nom donné, dans les ventes mobilières, à l'obligation qui pèse sur l'acheteur de prendre livraison de la chose vendue avant l'expiration du terme convenu, faute de quoi la résolution de la vente a lieu de plein droit et sans sommation.

C. civ., art. 1657.

Rétorsion

[Droit international public]

Moyen de contrainte consistant dans le fait pour un État de répondre par un usage rigoureux de son droit à des actes eux-mêmes licites mais inamicaux, commis à son égard par un autre État (ex. : expulsion réciproque d'agents diplomatiques ou limitation de leur déplacement dans un rayon déterminé).

Retour (Droit de)

[Droit civil]

Droit en vertu duquel une chose, transmise à titre gratuit à une personne, retourne par voie successorale à celui qui l'avait transmise, ou à ses descendants.

Lorsque la donation prévoit, par une clause, le retour du bien au donateur, le retour est conventionnel; il est légal s'il résulte du seul effet de la loi (c'est un cas de succession anomale).

Un droit de retour légal existe au profit des ascendants, sur les biens que le défunt avait reçus d'eux par donation, lorsqu'il n'a pas de postérité; au profit des frères et sœurs du défunt, ou de leurs descendants, quand le défunt ne laisse ni descendants, ni père et mère; au profit de l'adoptant dans le cas où l'adopté décédé ne laisse ni descendants ni conjoint survivant.

L'effet du droit de retour est de résoudre les aliénations antérieures et de faire revenir les biens et droits donnés libres de toutes charges et hypothèques.

C. civ., art. 368-1, 738-2, 757-3, 951 et 952.

→ *Succession.*

Retour à meilleure fortune (Clause de)

[Droit civil]

Clause prévoyant que l'emprunteur remboursera quand il pourra ou quand il en aura les moyens. Cette clause n'est pas une condition potestative affectant l'existence de l'obligation; elle n'a d'incidence que sur la date du remboursement qu'elle fait dépendre de l'amélioration des finances du débiteur, circonstance qu'apprécie le juge pour fixer un terme de paiement.

C. civ., art. 1901.

Rétractation

[Droit civil/Droit commercial]

→ *Droit de repentir.*

[Procédure civile]

1° Qualification donnée aux voies de recours qui saisissent la juridiction même qui a rendu la décision critiquée pour lui demander de la rapporter et de statuer à nouveau en fait et en droit. Relèvent de cette catégorie l'*opposition*, le *recours en révision* et la *tierce opposition* principale.

CPC, art. 571, 572, 582, 587, 595.

2° Anéantissement de sa décision par le juge qui l'a prononcée dans les hypothèses où il a statué à l'insu de la partie adverse, la demande en rétractation permettant d'assurer *a posteriori* le respect du principe de la contradiction. Tel est le cas en présence d'une ordonnance sur requête susceptible de modification ou de rétractation même si le juge du fond est saisi de l'affaire (référé-rétractation). Tel est le cas des ordonnances du *juge de l'exécution* quand il décide, par exemple, la *suspension des procédures d'exécution* à l'encontre d'un débiteur surendetté, un recours en rétractation étant ouvert à toute partie intéressée « qui n'a pas été mise en mesure de s'opposer à la demande ».

CPC, art. 497; C. consom., art. R. 331-9-2, 331-11-1.

Retrait

[Droit administratif]

Mise à néant d'un acte administratif unilatéral par son auteur. Du point de vue du régime juridique applicable, il convient de distinguer :

- le retrait proprement dit, dont la portée est rétroactive;
- l'abrogation, dont les effets ne se produisent que du jour de son intervention.

GAJA nº 109.

[Droit civil]

Faculté accordée à une personne de se substituer à une autre et de s'approprier le bénéfice d'une opération lorsqu'elle a été conclue. Se distingue de la préemption, laquelle s'exerce avant la passation du contrat et permet à un tiers de prendre la place du candidat acquéreur.

En matière littéraire, le terme retrait désigne le droit de l'auteur de mettre un terme au contrat d'exploitation déjà conclu, et ce même postérieurement à la publication. Ce droit de repentir est un attribut du droit moral, ne pouvant reposer que sur des raisons d'ordre intellectuel.

CPI, art. L. 121-4 et 121-7.

→ *Préemption.*

[Droit du travail]

→ *Droit de retrait.*

Retrait d'autorité parentale

[Droit civil]

Privation des attributs de l'autorité parentale prononcée par le tribunal de grande instance à l'encontre des père et mère qui, par leur comportement, mettent en danger la sécurité, la santé ou la moralité de l'enfant.

Le retrait peut être partiel, limité aux attributs spécifiés par le juge.

C. civ., art. 378-1 s.

→ *Assistance éducative, Contrat de responsabilité parentale.*

Retrait d'indivision

[Droit civil]

Faculté reconnue à la femme mariée de se substituer à son mari, lorsque celui-ci acquiert pour lui-même une part indivise d'un immeuble dont elle était copropriétaire.

Le retrait d'indivision a été supprimé pour l'avenir par la loi du 13 juillet 1965.

Retrait du rôle

[Procédure civile]

Suppression de l'affaire du rang des affaires en cours ordonnée lorsque toutes les parties en font la demande écrite et motivée. Le *rétablissement* de l'affaire est possible à la demande de l'une des parties.

CPC, art. 382 et 383.

→ *Radiation du rôle.*

Retrait litigieux

[Droit civil]

Faculté accordée par la loi au débiteur d'une créance contestée de se substituer à l'acquéreur, lorsque le créancier cède son droit, moyennant remboursement du prix de cession (toujours inférieur au montant nominal de la créance) et paiement des frais et intérêts.

C. civ., art. 1699 s.

→ *Droits litigieux.*

Retrait obligatoire

[Droit commercial]

→ *Offre publique de retrait.*

Retrait successoral

[Droit civil]

Faculté reconnue par la loi aux cohéritiers de se substituer à l'acquéreur, lorsque l'un d'eux cède sa part indivise à un tiers non successible du défunt.

Ce retrait a été remplacé par le droit de préemption qui appartient à tout indivisaire en cas de cession des droits indivis à une personne étrangère à l'indivision.

C. civ., art. 815-14.

Retraite

[Droit du travail]

Situation d'un ancien salarié qui, en raison de son âge, n'est plus en activité. Le législateur distingue la « mise à la retraite » qui résulte de la décision de l'employeur, et le « départ à la retraite » qui résulte de la volonté du salarié; ces 2 modes de rupture du contrat de travail ne se confondent ni avec le licenciement ni avec la démission. La clause conventionnelle (dite : clause guillotine) prévoyant une cessation automatique des relations de travail le jour où le salarié atteint un certain âge est nulle.

C. trav., art. L. 1237-4 s.

GADT nº 95 à 97.

Retraite agricole

[Sécurité sociale]

La pension de retraite personnelle des associés non salariés agricoles est composée de 2 éléments :

- la retraite forfaitaire qui est la contrepartie de la cotisation d'assurance vieillesse individuelle,

- la retraite proportionnelle qui est la contrepartie de l'assurance vieillesse agricole.

Retraite anticipée

[Sécurité sociale]

Possibilité pour des assurés ayant commencé à travailler avant 17 ans de partir en retraite avant 60 ans, tout en bénéficiant du taux plein s'ils justifient d'une certaine durée d'assurance.

CSS, art. L. 351-1-1 et D. 351-1-1.

Retraite chapeau

[Sécurité sociale]

Régimes différentiels où le total des sommes perçues doit être égal à un pourcentage du dernier salaire (70 % par ex.). La pension supplémentaire comble la différence entre ce montant et les prestations résultant du régime de base et des régimes complémentaires obligatoires, l'employeur supportant alors le risque d'une dégradation des résultats des régimes qu'il complète.

Retraite complémentaire

[Sécurité sociale]

Retraite conventionnelle s'ajoutant à la retraite légale de l'assurance vieillesse du régime général en vertu de *l'adhésion obligatoire* des salariés du régime général et du régime agricole à un régime complémentaire de retraite.

Au sens large, toute retraite d'origine conventionnelle s'ajoutant aux prestations légales d'assurance vieillesse.

Retraite progressive

[Sécurité sociale]

Possibilité donnée à des assurés qui remplissent les conditions pour bénéficier d'une retraite à taux plein soit 40 années d'assurance de continuer à exercer une activité réduite et de percevoir une fraction de la pension de base qui leur est acquise.

CSS, art. L. 351-15.

Retranchement

[Droit civil]

Qualifie l'action ouverte aux enfants d'un autre lit dont l'objet est de faire réduire les avantages matrimoniaux, dont bénéficie l'actuel conjoint, à la quotité disponible entre époux.

C. civ., art. 1527.

→ *Réduction des libéralités excessives.*

Retranchement (Par)

[Procédure civile]

Désigne la cassation partielle d'une décision non suivie de renvoi devant les juges du fond. La légalité est rétablie du seul fait de la suppression, dans la décision attaquée, de la seule disposition illégale. Ainsi, la Cour de cassation procède par voie de retranchement lorsqu'elle annule le chef du dispositif d'un jugement condamnant une partie aux frais, alors que la matière litigieuse est de celles où la loi a établi la gratuité (Sécurité sociale).

Rétroactivité

[Droit civil]

Caractère d'un acte ou d'un fait produisant ses effets dans le passé, à une date antérieure à son accomplissement ou à sa survenance (ainsi rétroactivité d'un jugement, d'une condition).

La rétroactivité est parfois provoquée par les parties et décidée par le juge. Par exemple, en matière de divorce, le juge, à la demande de l'un des époux, peut fixer les effets du jugement à la date à laquelle ils ont cessé de cohabiter et de collaborer.

C. civ., art. 262-1, 1179, 1183 et 1442.

→ *Condition, Effet déclaratif, Jugement déclaratif.*

Rétroactivité de la loi

[Droit général]

Une loi nouvelle est rétroactive lorsqu'elle régit la validité et les effets passés des situations juridiques nées avant sa promulgation. En principe, la loi n'est pas rétroactive. Mais cette règle ne lie pas le législateur qui peut déclarer rétroactive une loi nouvelle, sauf si celle-ci inflige des peines ou des sanctions.

C. civ., art. 2; C. pén., art. 112-1 s.

GDCC, nº 40; GAJA nº 61; GAJC, t. 1, nº 4-9; GADPG nº 9-14.

→ *Conflit de lois dans le temps, Effet immédiat de la loi, Droit acquis, Loi de validation, Loi interprétative, Non-rétroactivité, Sécurité juridique.*

Rétroactivité *in mitius*

[Droit pénal]

Application d'une loi pénale plus douce à des faits commis avant sa promulgation et non définitivement jugés. Ainsi en est-il d'une loi qui diminue une pénalité.

C. pén., art. 112-1, al. 3.

GADPG nº 9.

→ *Non-rétroactivité.*

Reus in excipiendo fit actor

[Procédure civile]

Si le défendeur soulève une exception il devient, pour son exception, comme un demandeur soumis à la charge de la preuve.

C. civ., art. 1315, al. 2; CPC, art. 9.

→ *Actori incumbit probatio.*

Revendication

[Droit civil]

Action en justice accordée à tout propriétaire pour faire reconnaître son titre. Cette action peut être tenue en échec par la preuve que le défendeur a prescrit pendant 30 ans, en exerçant sur le bien en cause une possession continue, paisible, publique, non équivoque, à titre de propriétaire.

C. civ., art. 2261, 2276 et 2277.

→ *Action en revendication.*

ACTU

Revenu de solidarité active (RSA)

[Sécurité sociale]

Entré en vigueur le 1er juin 2009 en France métropolitaine. Remplace le revenu minimum d'insertion et l'allocation de parent isolé. C'est une allocation différentielle versée aux bénéficiaires du revenu minimum d'activité ou de l'allocation de parent isolé reprenant ou augmentant leur activité professionnelle. Il est conçu pour procurer à son bénéficiaire un surcroît de revenus, suffisant pour qu'il ait un intérêt financier à quitter l'assistance.

ACTU

Revirement de jurisprudence

[Droit général]

Changement du tout au tout de la solution précédemment retenue par les tribunaux. La décision juridictionnelle, étant interprétative, s'intègre au texte normatif interprété et s'applique logiquement dès l'entrée en vigueur de ce texte dont elle fait application à l'espèce; la jurisprudence opère donc rétroactivement. Il en va de même du revirement de jurisprudence qui régit les situations antérieures à l'énoncé de la nouvelle norme jurisprudentielle. Toutefois, la Cour de cassation, comme le Conseil d'État, s'autorise à écarter l'application immédiate de ses revirements lorsque la nouvelle interprétation aboutirait à supprimer le droit au recours du justiciable ou à méconnaître gravement la sécurité des relations juridiques.

Par ailleurs, selon la Cour européenne des droits de l'Homme (14 janv. 2010, n° 36815/03), la juridiction suprême a l'obligation, en présence d'une jurisprudence établie, de donner des raisons substantielles pour expliquer son revirement de jurisprudence, sinon il y aurait méconnaissance du droit pour tout justiciable d'obtenir une décision suffisamment motivée.

GAJC, t. 1, n° 11.

→ *Jurisprudence, Rétroactivité, Sécurité juridique.*

Révision

[Droit constitutionnel]

Modification de la constitution par le titulaire du pouvoir constituant dérivé.

La révision constitutionnelle du 23 juillet 2008 (L. n° 2008-724) est à signaler tout particulièrement du fait de son importance qualitative (nombre de dispositions nouvelles modifient substantiellement certains équilibres) et quantitative (plus d'un tiers du texte de la Constitution est concerné). Notons aussi le nombre élevé de révisions du texte de 1958 fondant la Ve République. Jamais une constitution française n'avait autant été modifiée (déjà 22 révisions dont 8 depuis 2002).

→ *Loi constitutionnelle.*

[Droit privé/Droit administratif]

Procédé de technique juridique par lequel un acte (loi, contrat…) est modifié dans sa forme ou plus fréquemment dans son contenu. En principe, la révision ne peut intervenir que dans les formes qui ont été nécessaires pour son établissement; c'est ainsi qu'une convention ne peut être révisée que par l'accord des parties; exceptionnellement, le juge a le pouvoir de réviser les contrats sur demande unilatérale (ex. : bail commercial).

→ *Imprévision (Théorie de l'), Réfection.*

[Procédure pénale]

Procédure particulière permettant de passer outre au caractère définitif d'une décision de condamnation afin de faire rejuger l'affaire, notamment lorsque vient à se produire ou à se révéler un fait nouveau ou un élément inconnu de la juridiction au jour du procès, de nature à faire naître un doute sur la culpabilité du condamné.

C. pr. pén., art. 622 s.

[Procédure civile/Procédure administrative]

→ *Recours en révision.*

Révision des traités

[Droit international public]

Modification des dispositions d'un traité en vue de l'adapter à des conditions nouvelles. Le Pacte de la SDN (art. 19) prévoyait que l'Assemblée pouvait inviter les États membres à « procéder à un nouvel examen des traités devenus inapplicables » (sorte de soupape de sûreté). Au contraire, la Charte de l'ONU n'aborde pas le problème de la révision des traités.

Révocation

[Droit administratif]

Terme susceptible de 2 acceptions :

1° Licenciement d'un agent public pour raison disciplinaire.

2° Mise à néant d'un acte administratif par son auteur, synonyme tantôt de retrait, tantôt d'abrogation.

[Droit civil]

Suppression d'un acte par effet de la loi ou par décision judiciaire ou à la demande d'une partie, pour des causes diverses : changement de volonté (testament), inexécution des conditions, survenance d'enfants ou ingratitude pour une donation, etc.

Ce terme désigne également le fait, pour une personne, de retirer les pouvoirs accordés à une autre.

C. civ., art. 953, 1035, 1096, 1134, al. 2 et 2003.

Révocation populaire

[Droit constitutionnel]

Procédé de la démocratie semi-directe permettant au peuple de mettre fin à un mandat électif, avant le terme légal. La révocation peut être individuelle (ex. : le *recall* en vigueur dans certains États des États-Unis) ou collective (dissolution populaire d'une assemblée en vigueur dans quelques cantons suisses).

Révolution

[Droit constitutionnel]

Soulèvement populaire qui abat le régime établi.

Rigidité constitutionnelle

[Droit constitutionnel]

Expression employée pour signifier qu'une Constitution ne peut être modifiée que selon une procédure spéciale, différente de la procédure des lois ordinaires. En conséquence, la constitution dite rigide a une valeur juridique supérieure à celle des lois ordinaires.

→ *Constitution, Supraconstitutionnalité.*

Risque

[Droit administratif]

Type de responsabilité de la puissance publique se caractérisant par le fait que la victime n'aura pas à prouver de faute pour obtenir une indemnisation, mais seulement à établir le lien de causalité et un dommage d'une certaine gravité. S'applique à un ensemble assez diversifié d'activités de la puissance publique, généralement sur une base jurisprudentielle (risque anormal de voisinage, dommages subis par les collaborateurs occasionnels de l'Administration...).

GAJA n° 6 et 34.

→ *Responsabilité de la puissance publique.*

[Droit civil]

1° *Théorie du risque* (droit de la responsabilité).

Système fondant la responsabilité civile sur le fait que celui qui tire un avantage matériel ou moral d'une activité doit en supporter les conséquences dommageables pour les tiers; cette théorie rejette la faute comme condition de la responsabilité civile.

2° *Théorie des risques* (droit des contrats). Lorsque, dans un contrat synallagmatique, l'une des parties est exonérée en raison d'un événement de force majeure qui l'a empêchée de fournir sa prestation, la théorie des risques permet de désigner celui des contractants qui supportera les conséquences de l'inexécution; en règle générale, le débiteur exonéré ne peut recevoir la contrepartie de ce qu'il n'a pu accomplir : le débiteur supporte les risques.

→ *Res perit debitori, Res perit domino.*

[Droit civil/Droit commercial]

Événement éventuel, incertain, dont la réalisation ne dépend pas exclusivement de la volonté des parties et pouvant causer un dommage.

[Sécurité sociale]

Événement susceptible de supprimer ou de diminuer la capacité de gain d'un assuré social (maladie, invalidité, vieillesse), ou encore d'augmenter ses charges (maternité) et dont les conséquences sont palliées par la Sécurité sociale.

Risque de développement

[Droit civil]

Cause d'exonération de la responsabilité du fait des produits défectueux résidant dans cette circonstance que, au moment où le produit a été mis en circulation, l'état des connaissances scientifiques et techniques n'a pas permis de déceler l'existence du défaut.

C. civ., art. 1386-11 et 1386-12.

→ *Produits défectueux.*

Risque professionnel

[Droit du travail]

Risque inhérent à l'exercice d'une profession. Le risque professionnel a été le fondement de la réparation des accidents du travail par l'employeur, avant l'institution de la Sécurité sociale.

Risques causés à autrui (Délit de)

[Droit pénal]

Infraction de mise en péril d'une personne résultant de la violation manifestement délibérée d'une obligation particulière de sécurité ou de prudence imposée par la loi ou le règlement. La violation qui, par hypothèse, n'a produit aucun résultat préjudiciable, a cependant exposé autrui, c'est-à-dire toute personne, à un risque très grave, la mort ou une blessure de nature à entraîner une mutilation ou une infirmité permanente.

C. pén., art. 223-1.

→ *Mise en danger.*

Risques naturels

[Droit de l'environnement]

Éventualités d'événements dommageables ayant pour cause l'intensité anormale d'un agent naturel : affaissement de terrain, avalanche, crue, incendie de forêt, cyclone, séisme. Les risques naturels sont pris en compte de plusieurs manières : organisation des secours (plan ORSEC), zonage des risques (plan de prévention des risques naturels prévisibles, PPR), indemnisation (assurance des risques de catastrophes naturelles), expropriation pour cause de sécurité publique (droit de délaissement).

C. envir., art. L. 561-1 s.; CCH, art. 112-1, 126-1; CGCT, art. L. 2212-2, 2212-4; C. assur., art. L. 125-1.

Risques sanitaires

[Droit civil]

Terme générique désignant l'accident médical, l'affection iatrogène ou l'infection nosocomiale dont les conséquences préjudiciables pour le patient sont réparées au titre de la solidarité nationale, à condition d'entraîner un taux d'incapacité permanente d'une certaine gravité.

CSP, art. L. 1142-1.

→ *Aléa thérapeutique, ONIAM.*

Risques technologiques majeurs

[Droit de l'environnement]

Le risque technologique suppose une installation utilisant des substances ou recourant à des procédés susceptibles de provoquer un phénomène dangereux par libération d'énergie ou de substance (émission de gaz toxique, explosion), engendrant des effets dommageables pour l'homme et l'environnement. Le risque est qualifié majeur parce que l'accident possible serait d'une gravité exceptionnelle.

Une réglementation touffue vise à prévenir l'accident majeur ou à en limiter les conséquences au moyen de plans d'urgence.

C. envir., art. L. 125-2, 125-5, 551-1 s.

Riverain d'une voie publique

[Droit administratif]

Occupant d'un immeuble limitrophe d'une voie publique, qui bénéficie à ce titre de

droits particuliers sur le domaine public terrestre.
→ *Aisances de voirie.*

Riveraineté (Droit de)

[Droit civil]

Ensemble de prérogatives appartenant au riverain d'un cours d'eau non domanial : droit de se servir de l'eau pour irriguer ses terres, propriété de la moitié du lit, droit de prendre dans cette partie du lit tous les produits naturels et d'en extraire de la vase, du sable et des pierres, droit de pêche, etc.

En contrepartie, le propriétaire riverain a l'obligation d'entretenir régulièrement le cours d'eau pour le maintenir dans son profil d'équilibre et son bon état écologique, en procédant à l'enlèvement des embâcles et atterrissements ainsi qu'à l'élagage ou le recépage de la végétation des rives.

C. civ., art. 644; C. envir., art. L. 215-1 et 215-14.

→ *Cours d'eau.*

Robe noire

[Procédure civile]

Celle que portent les magistrats des tribunaux siégeant en audience ordinaire. Les avocats n'ont pas d'autre costume que la robe noire.

→ *Costume judiciaire.*

Robe rouge

[Procédure civile]

Robe que revêtent les magistrats des cours (Cour de cassation, cours d'appel) quand ils se réunissent en *audience solennelle*.

→ *Costume judiciaire.*

Rôle

[Droit financier ou fiscal]

Sorte de répertoire des contribuables assujettis pour une année donnée à des impôts directs comme l'*impôt sur le revenu* ou les impôts locaux (*taxe d'habitation*, *taxes foncières*, *taxe professionnelle*), avec indication du montant de leur imposition individuelle. Établi par la DGFIP et ayant force exécutoire le rôle est transmis aux comptables du Trésor (ex-*percepteurs*) chargés de percevoir ces impôts.

[Procédure civile]

→ *Mise au rôle, Répertoire général.*

Rome I

[Droit européen/Droit international privé]

Appellation désignant le règlement 593/2008 du Parlement européen et du Conseil du 17 juin 2008 sur la loi applicable aux obligations contractuelles. Ce règlement se substitue depuis le 17 décembre 2009 à la convention de Rome de 1980 portant sur le même objet.

Rome II

[Droit européen/Droit international privé]

Appellation désignant le règlement 864/2007 du Parlement européen et du Conseil du 11 juillet 2007 sur la loi applicable aux obligations extracontractuelles. Ce texte, entré en vigueur le 11 janvier 2009, est le premier instrument communautaire ayant pour objet l'harmonisation des règles de conflit de lois dans un domaine donné.

ACTU

Rome III

[Droit international privé]

Appellation désignant le règlement (UE) n° 1259/2010 du Conseil du 20 décembre 2010 mettant en œuvre une coopération renforcée dans le domaine de la loi applicable au divorce et à la séparation de corps. Ce règlement s'appliquera à compter du 21 juin 2012. La coopération renforcée constitue un mécanisme permettant à certains États d'aller plus loin dans l'intégration européenne. Ces États sont : la Belgique, la Bulgarie, l'Allemagne, l'Espagne, la France, l'Italie, la Lettonie, le Luxembourg, la Hongrie, Malte, l'Autriche, le Portugal, la Roumanie et la Slovénie.

Royalties

[Droit commercial]

→ *Contrat de licence.*

Rupture du contrat de travail

[Droit du travail]

Cessation du contrat de travail en dehors du cas de cessation par l'arrivée du terme.

• *Prise d'acte de la rupture* : mode de rupture, d'origine prétorienne, à l'initiative du salarié qui estime le contrat de travail rompu du fait de l'employeur, en raison d'une faute commise par celui-ci. Le fait pour le salarié de prendre acte opère une rupture immédiate du contrat de travail imputable à l'employeur et produit les effets d'un licenciement sans cause réelle et sérieuse. Ce mode de rupture est risqué pour le salarié : si à l'issue d'un contentieux judiciaire les juges estiment la faute de l'employeur insuffisante pour justifier la rupture du contrat, cette dernière restera acquise mais produira les effets d'une démission et exposera le salarié à devoir indemniser l'employeur.

La Cour de cassation n'accorde plus de place en droit positif à la prise d'acte de la rupture du contrat de travail par l'employeur, qui est assimilée dans ses effets à un licenciement sans cause réelle et sérieuse.

GADT n° 88.

• *Rupture abusive* : faisant application de la théorie de l'abus du droit, la jurisprudence a qualifié de ruptures abusives, les ruptures du contrat de travail à durée indéterminée inspirées par des motifs blâmables (intention de nuire, légèreté blâmable) ou contrevenant aux dispositions légales ou conventionnelles particulières à certains licenciements. Elle a ainsi apporté un frein à la liberté de rupture des contrats à durée indéterminée. La loi du 13 juillet 1973, d'une part en décidant que le licenciement individuel du salarié lié par contrat de travail à durée indéterminée doit avoir une cause réelle et sérieuse et respecter une procédure, et, d'autre part, en assortissant ces obligations de sanctions précises, a restreint le champ d'application de la rupture abusive. L'abus du droit trouve encore application en cas de rupture du fait du salarié, et dans les quelques cas où la rupture du fait de l'employeur échappe aux dispositions de la loi du 13 juillet 1973.

C. trav., art. L. 1235-5.

• *Rupture d'un commun accord* : mode de rupture du contrat de travail, distinct du licenciement et de la démission, et encadré par la loi n° 2008-596 du 25 juin 2008. Celle-ci a prévu une procédure inspirée en partie par la procédure de licenciement (entretiens préalables, assistance possible des parties) pour l'établissement d'une convention de rupture qui, à l'issue d'un délai de rétractation, est soumise à homologation de l'autorité administrative pour assurer sa validité, l'homologation étant acquise en cas de passivité de cette autorité dans le délai imparti par la loi. La rupture d'un commun accord donne lieu au versement d'une indemnité dont le montant ne peut être inférieur à celui de l'indemnité légale de licenciement.

C. trav., art. L. 1237-11 s.

S

Sabotage

[Droit pénal]

Infraction résultant du fait de détruire, détériorer ou détourner des documents, matériels, constructions, équipements, installations, dispositifs techniques ou systèmes de traitement automatique des données, lorsqu'un tel fait est de nature à porter atteinte aux intérêts fondamentaux de la nation.

C. pén., art. 411-9.

Sachant

[Procédure civile]

Personne bien informée que le technicien commis par le juge peut entendre au cours de ses investigations, en dehors des formes prescrites pour l'enquête.

CPC, art. 242.

→ *Sapiteur.*

Sacramentel

[Droit civil]

Qui doit être exprimé à la lettre, selon la formulation prescrite par la loi, à peine de nullité. Par exemple, la personne physique qui s'engage par acte sous seing privé en qualité de caution envers un créancier professionnel doit faire précéder sa signature de la mention manuscrite énoncée à l'article L. 341-2 du Code de la consommation « et uniquement de celle-ci », sinon son engagement est nul.

Saint-Siège

[Droit international public]

Gouvernement central de l'Église catholique, dont le siège est à la Cité du Vatican.

Saisie

[Procédure civile]

Voie d'exécution forcée par laquelle un créancier fait mettre sous main de justice les biens de son débiteur, en vue de les faire vendre aux enchères publiques et de se payer sur le prix. La *saisie* peut n'être que *conservatoire.*

[Procédure pénale]

Placement sous *main de justice* de tout objet, document ou données informatiques (support ou copie) nécessaires à la manifestation de la vérité, c'est-à-dire de toutes *pièces à conviction*, afin d'éviter la disparition ou le dépérissement d'un élément de preuve. Les objets saisis sont inventoriés et placés sous *scellés*. La saisie est le plus souvent le prolongement d'une *perquisition* réalisée lors d'une *enquête* ou d'une *commission rogatoire* mais peut aussi être effectuée dans un autre cadre (transport sur les lieux par ex.). Des règles spécifiques existent pour protéger le secret professionnel (avocat, médecin, notaire, huissier) ou le secret des sources des journalistes. Elle ne peut être réalisée que par un officier de police judiciaire ou un juge d'instruction.

C. pr. pén., art., 56 à 56-3, 76, 96 et 97.

Saisie-appréhension

[Procédure civile]

Forme de saisie (art. 56, L. n° 650 du 9 juill. 1991, art. 140 à 154, Décr. n° 755 du 31 juill. 1992). Elle permet à un créancier bénéficiant d'une *obligation de faire* (livrer ou restituer un meuble corporel), de l'appréhender entre les mains du débiteur de l'obligation, ou même entre celles d'un tiers qui détient l'objet (qui sera parfois gagé).

Si le créancier est muni d'un titre exécutoire, l'huissier adressera au débiteur un commandement lui accordant un délai de 8 jours pour exécuter spontanément. S'il ne le fait pas, l'huissier appréhende l'objet pour le remettre au créancier. Il est dressé un acte de la remise volontaire ou de l'appréhension du bien, acte qui contient un état détaillé de celui-ci avec, éventuellement, sa photographie en annexe.

Si le créancier ne possède pas de titre exécutoire, il demande au juge de l'exécution du domicile du débiteur de lui remettre une injonction de livrer ou de restituer l'objet de la saisie dans le délai de 15 jours; à l'expiration de ce délai, l'appréhension sera effectuée par l'huissier.

Saisie-arrêt

[Procédure civile]

Voie d'exécution existant avant la réforme des saisies (L. n° 650 du 9 juill. 1991, Décr. n° 755 du 31 juill. 1992). Par une saisie-arrêt, le créancier bloquait entre les mains d'un tiers (le tiers-saisi) les sommes dues et même les meubles corporels appartenant à son débiteur, en vue de se faire payer sur ces sommes ou sur le prix des objets mobiliers.

L'acte de saisie ne procurait au créancier aucun privilège sur les sommes ou sur les biens saisis.

La saisie-arrêt a été remplacée par la *saisie-attribution*, pour les sommes d'argent, par la *saisie-vente* et la *saisie-appréhension* pour les meubles corporels détenus par un tiers.

Des règles nouvelles existent pour la *saisie des rémunérations du travail* et pour la saisie effectuée par un époux contre son conjoint, pour le recouvrement des pensions alimentaires, des amendes et de certaines condamnations pénales, à caractère pécuniaire, pour la saisie pratiquée entre les mains d'une personne morale de droit public.

→ *Créance.*

Saisie à tiers détenteur

[Procédure/Droit financier]

Dénomination donnée à la *saisie-attribution* pratiquée pour le recouvrement des créances de l'État qui font l'objet d'un titre de perception. Les personnes physiques ou morales qui détiennent des fonds pour le compte du débiteur doivent se libérer des sommes saisies dans les 30 jours suivant la réception de la saisie.

Dans le cas où le débiteur fait déjà l'objet d'une saisie des rémunérations, la saisie à tiers détenteur, comme l'opposition à tiers détenteur, est assimilée à une intervention ouvrant un concours avec les autres saisissants, malgré l'effet attributif immédiat de la saisie.

LPF, art. L. 273A.

Saisie-attribution

[Procédure civile]

Forme nouvelle de la *saisie-arrêt* instituée par la loi n° 650 du 9 juillet 1991 et réglementée par le Décr. n° 755 du 31 juillet 1992, (art. 55 s.) qui simplifient la procédure et accroissent son efficacité.

Elle ne peut porter que sur une *somme d'argent* entre les mains d'un *tiers.*

Pratiquée par le porteur d'un titre exécutoire, recourant à un huissier de justice, elle interrompt la prescription de la créance du débiteur à l'égard du tiers saisi, elle entraîne l'interdiction faite au tiers saisi de se libérer de sa propre dette entre les mains du débiteur saisi et l'impossibilité pour le débiteur saisi de disposer de sa créance; elle emporte, à concurrence des sommes pour lesquelles elle est opérée, attribution immédiate au profit du saisissant de la créance saisie disponible entre les mains du tiers saisi ainsi que de tous ses accessoires (art. 42 à 47-1 de la loi).

En cas de saisie d'un compte bancaire, le tiers saisi doit laisser à la disposition du débiteur personne physique, une somme à caractère alimentaire égale au montant forfaitaire du revenu de solidarité active.

→ *Avis à tiers-détenteur, Reste à vivre.*

ACTU

Saisie aux fins de garantir une confiscation (Saisies spéciales)

[Procédure pénale]

Placement sous main de justice de biens afin de garantir l'exécution de la peine complémentaire de confiscation lorsqu'elle est prévue par l'article 131-21 du Code pénal. La saisie peut porter sur tout ou partie des biens d'une personne (patrimoine) sur un bien immobilier, un bien ou un droit mobilier incorporel ou une créance et peut être réalisée sans dépossession. La décision de saisie est prise au cours d'une enquête préliminaire ou de flagrance, sur requête du ministère public, par le juge des libertés et de la détention par ordonnance motivée, susceptible d'appel, aux frais avancés du Trésor et au cours d'une instruction préparatoire, dans les mêmes conditions, par le juge d'instruction. Les saisies spéciales sont soumises à des règles juridiques communes notamment concernant la situation du bien saisi ainsi que les obligations du propriétaire ou des tiers ayant des droits sur le bien et à des règles spécifiques à chaque type de biens.

Afin de lutter contre le blanchiment et toutes les formes de délinquance générant des profits le législateur a décidé d'appliquer ces règles aux demandes d'entraide émanant d'autorités étrangères tendant à de telles saisies, lorsque le bien parait un produit direct ou indirect d'une infraction ou dont la valeur correspond au produit de cette infraction. On note qu'une *agence de gestion et de recouvrement des avoirs saisis et confisqués* a été créée pour traiter des questions découlant de cette nouvelle législation.

C. pr. pén., art., 694-10 s. et 706-141 à 706-158.

Saisie-brandon

[Procédure civile]

Saisie des fruits pendants par branches et par racines. Remplacée par la *saisie des récoltes sur pied*.

Saisie conservatoire

[Procédure civile]

Une saisie conservatoire est une procédure dont l'objectif est de placer sous main de justice des biens du débiteur, afin que celui-ci n'en dispose pas ou ne les fasse pas disparaître.

Certaines étaient très anciennes (ainsi la *saisie foraine*, la *saisie-gagerie*, la saisie conservatoire commerciale). Une loi du 12 novembre 1955 avait institué une saisie conservatoire générale, mais sans faire disparaître les procédures traditionnelles.

La loi n° 650 du 9 juillet 1991 et son décret d'application n° 755 du 31 juillet 1992 ont fait disparaître les saisies conservatoires spéciales et ont posé des règles ayant une portée générale, ainsi que des dispositions de portée plus étroite.

→ *Saisie de biens placés dans un coffre-fort de banque, Saisie conservatoire de droit commun, Saisie des droits incorporels, Saisie de navire, Saisie-revendication.*

Saisie conservatoire de droit commun

[Procédure civile]

Cette procédure tend uniquement à provoquer l'indisponibilité de certains biens mobiliers du débiteur. Elle ne peut porter que sur des biens *meubles* (meubles corporels ou créances) de ce débiteur (L. 9 juill. 1991, art. 67 s., Décr. 31 juill. 1992, art. 220 s.).

Si le créancier ne possède pas de titre exécutoire, il est obligé d'obtenir une autorisation du juge de l'exécution en prouvant que la créance paraît fondée en son principe. La saisie peut également être effectuée entre les mains d'un tiers.

3 éventualités doivent être distinguées :

- La créance du saisissant consiste en une *somme d'argent* (cette saisie ne peut pas concerner une obligation de faire). La procédure rend les biens indisponibles.

- La procédure peut porter aussi sur des *meubles corporels*; elle sera éventuellement convertie en saisie-vente si le créancier obtient le titre exécutoire qui lui faisait défaut.

- La saisie peut également porter sur des *créances se trouvant entre les mains d'un tiers*; elle les rendra indisponibles et entraînera attribution immédiate au créancier des sommes consignées, avec privilège du créancier gagiste. Un acte de conversion sera alors signifié au tiers, lorsque le créancier aura obtenu un titre exécutoire et opérera alors comme dans le cas d'une *saisie-appréhension*.

→ *Mesures conservatoires.*

Saisie-contrefaçon

[Droit commercial/Procédure civile]

Procédure destinée à faire la preuve d'une *contrefaçon*, qu'il s'agisse de propriétés littéraire, artistique ou industrielle. Elle se présente sous 2 aspects : la saisie réelle de l'objet contrefaisant (saisie des exemplaires d'un livre constituant une reproduction illicite) ou la saisie-description qui décrit le produit contrefait ou le procédé contrefaisant.

CPI, art. L. 332-1, 332-4, 521-1, 615-5, 623-27, 716-7 et R. 615-1.

Saisie d'aéronef

[Procédure civile]

Procédure qui, après notification d'un commandement de payer et établissement d'un procès-verbal de saisie, conduit à la vente de l'aéronef à l'audience des criées du tribunal de grande instance.

C. aviat., art. R. 123-2 s.

Des saisies conservatoires sont également possibles. D'une part, en cas de non-paiement des redevances aéroportuaires et autres redevances (redevance de route, redevance pour services terminaux), l'exploitant d'aérodrome ou l'autorité administrative peuvent requérir la saisie conservatoire de l'aéronef du redevable auprès du juge de l'exécution aux fins d'immobilisation de l'appareil. D'autre part, lorsque le propriétaire de l'aéronef n'est pas domicilié en France ou que l'aéronef est de nationalité étrangère, tout créancier a le droit de pratiquer une saisie conservatoire avec l'autorisation du juge d'instance du lieu où l'appareil a atterri. Toutefois, les aéronefs (français ou étrangers) affectés à un service d'État ou à des transports publics ne peuvent faire l'objet d'une ordonnance de saisie conservatoire que pour paiement de leur prix d'acquisition ou des sommes dues en vertu de contrats de formation ou de maintenance liés à leur exploitation.

C. aviat., art. R. 123-9; C. transp., art. L. 6123-1, 6123-2.

Saisie de biens placés dans un coffre-fort de banque

[Procédure civile]

Les articles 266 et suivants du décret n° 755 du 31 juillet 1992 comblent une lacune des textes anciens. Ils prévoient que le débiteur qui possède un coffre-fort dans une banque peut être l'objet de 3 procédures distinctes :

- Une *saisie-vente* peut être signifiée au tiers chez lequel se trouve le coffre. Un commandement est alors adressé à la banque, suivi de l'ouverture du coffre à l'expiration d'un délai de 15 jours, en présence du débiteur ou de son préposé. Ce débiteur peut proposer une vente amiable des titres et objets saisis, ainsi que des ventes partielles et successives.

- Le créancier peut aussi déclencher une *saisie-appréhension*, aux fins de remise de tels ou tels objets situés dans le coffre. Dans une première phase, il est fait interdiction à l'intéressé d'accéder à son coffre si ce n'est en présence de l'huissier de justice. Dans une seconde phase, intervient un commandement de remettre les biens réclamés avant la date fixée pour l'ouverture du coffre ou d'assister à son ouverture aux fins d'enlèvement desdits biens; à défaut le coffre est ouvert par la force.

- Enfin, une simple *saisie conservatoire* est également possible. Le débiteur, à tout moment, peut demander l'ouverture du coffre en présence de l'huissier de justice, lequel procède à l'inventaire des biens saisis à titre conservatoire et les place sous sa garde ou celle d'un séquestre.

L'ensemble de ce régime procédural n'est pas applicable lorsque le coffre-fort se trouve chez le débiteur lui-même, car l'huissier habilité à pénétrer dans les locaux du débiteur est habilité à ouvrir tous les meubles les garnissant.

Saisie de navire

[Droit maritime/Procédure civile]

Toute personne dont la créance paraît fondée en son principe peut solliciter du juge de l'exécution l'autorisation de pratiquer une saisie conservatoire d'un navire. Quant à la saisie exécution, elle implique la signification d'un commandement de payer et le prononcé d'un jugement ordonnant la vente et fixant la mise à prix.

Le navire, objet d'une saisie, ne peut quitter le port sauf autorisation du juge pour un ou plusieurs voyages déterminés et fourniture d'une garantie suffisante.

C. transp., art. L. 5114-21 à 5114-29.

Saisie des droits incorporels

[Procédure civile]

La loi n° 650 du 9 juillet 1991 (art. 59) innove en précisant dans quelles conditions peuvent être saisis et réalisés en faveur du créancier les droits incorporels appartenant au débiteur, tels que titres nominatifs ou au porteur, parts de sociétés se trouvant entre les mains du mandataire ou de l'intermédiaire agréé pour la gestion d'un portefeuille de titres.

La vente des différents types de parts sociales et de valeurs mobilières est aménagée par le décret n° 755 du 31 juillet 1992 (art. 178 s.). Des dispositions spéciales prévoient aussi la *saisie conservatoire* des droits d'associés et des valeurs mobilières, avec l'autorisation du juge de l'exécution. La saisie est pratiquée contre un tiers (la société pour les parts sociales, le teneur de compte pour les valeurs mobilières) ; le débiteur a la faculté de procéder lui-même à la vente, faute de quoi il est recouru à une vente forcée.

→ *Mesures conservatoires, Sûretés judiciaires.*

Saisie des récoltes sur pied

[Droit civil]

Saisie des fruits naturels et industriels non encore récoltés (Décr. n° 755 du 31 juill. 1992, art. 134 s.), par conséquent immeubles par nature, auxquels on applique les règles de la saisie mobilière (saisie-vente); la saisie est possible 6 semaines avant l'époque habituelle de la maturité, mais la vente aux enchères n'a lieu qu'après la récolte), par anticipation de leur séparation ultérieure de la terre. Cette procédure a remplacé la *saisie-brandon*.

Saisie des rémunérations du travail dues par un employeur

[Droit du travail/Procédure civile]

La loi n° 650 du 9 juillet 1991 a maintenu dans le Code du travail les règles concernant la saisie des rémunérations du travail.

Une portion du salaire reste totalement insaisissable; elle correspond au revenu minimum d'insertion, remplacé par le *Revenu de solidarité active* (RSA).

Les salaires et leurs accessoires ne peuvent être saisis que dans les limites de tranches de salaire (tranches dont le taux est précisé chaque année en fonction de certains indices) et selon une proportion progressive : vingtième, dixième, cinquième, quart…

Une procédure spéciale se déroule devant le juge d'instance (et non pas devant le juge de l'exécution, mais le juge d'instance exerce alors les pouvoirs du juge de l'exécution), précédée d'une tentative de conciliation.

Toute saisie simplement conservatoire est interdite.

C. trav., art. L. et R. 3252-1 s.; COJ, art. L. 221-8.

Saisie des véhicules terrestres à moteur

[Procédure civile]

Mesure d'exécution consistant soit à rendre le véhicule indisponible juridiquement par une déclaration à la préfecture qui ne peut plus délivrer un nouveau certificat d'immatriculation, soit à empêcher son utilisation matérielle au moyen d'un dispositif approprié en vue de prévenir son détournement (*saisie par immobilisation*) (L. n° 650 du 9 juill. 1991, art. 57 et 58; Décr. n° 755 du 31 juill. 1992, art. 164 à 177).

Saisie-exécution

[Procédure civile]

Ancienne saisie des meubles corporels se trouvant entre les mains du débiteur, qui exigeait la possession d'un titre exécutoire. Elle est remplacée par la *saisie-vente*.

Saisie foraine

[Procédure civile]

Saisie conservatoire pratiquée naguère, avec l'autorisation du juge, sur les meubles qu'un débiteur de passage apporte avec lui (voyageur débiteur d'un hôtelier, d'un garagiste). Elle a été remplacée par la *saisie conservatoire de droit commun*.

Saisie-gagerie

[Procédure civile]

Saisie conservatoire pratiquée naguère par le bailleur et portant sur les meubles garnissant les lieux loués et pouvant être pratiquée sans autorisation préalable du juge, après un commandement et même sans aucun délai (mais alors avec la permission du juge). Cette saisie a été remplacée par la *saisie conservatoire de droit commun*.

Saisie immobilière

[Procédure civile]

Procédure d'exécution forcée permettant à un créancier muni d'un titre exécutoire constatant une créance liquide et exigible de saisir un immeuble appartenant à son débiteur, ou à un tiers détenteur quand le créancier, bénéficiant d'une hypothèque ou d'un privilège, exerce son droit de suite contre lui.

La procédure est engagée par la délivrance d'un commandement de payer valant saisie, rendant l'immeuble indisponible et restreignant les droits de jouissance et d'administration du débiteur. Puis le débiteur est assigné à comparaître à une audience d'orientation au cours de laquelle le juge de l'exécution autorise la vente amiable de l'immeuble ou ordonne sa vente forcée.

Les enchères sont arrêtées lorsque 90 secondes se sont écoulées depuis la dernière enchère, ce temps étant décompté par tout moyen visuel ou sonore qui signale au public chaque seconde écoulée.

Seuls sont admis à participer à la distribution du prix le créancier poursuivant, les créanciers inscrits sur l'immeuble ainsi que les créanciers privilégiés dispensés de toute inscription.

C. civ., art. 2190 à 2216 et 2464; Décr. n° 936 du 27 juill. 2006.

Saisies mobilières

[Procédure civile]

Saisies pratiquées sur un objet mobilier, sur une créance ou sur une valeur mobilière. Elle peut n'avoir qu'un caractère conservatoire ou viser à la vente forcée des biens saisis.

La refonte des textes de l'ancien Code de procédure civile par la loi n° 650 du 9 juillet 1991 et le décret n° 755 du 31 juillet 1992 s'est accompagnée d'un renouvellement important du vocabulaire et des règles applicables aux nouvelles procédures de saisie.

La saisie-exécution est devenue la *saisie-vente*; la saisie-arrêt la *saisie-attribution*. Les saisies conservatoires spéciales (saisie foraine, saisie-gagerie) ont disparu et ont été remplacées par des *saisies conservatoires* mieux adaptées et complétées par la *saisie-appréhension*.

Saisie-revendication

[Procédure civile]

Procédure conservatoire remplaçant les dispositions antérieures (art. 155 à 163 du décr. n° 755 du 31 juill. 1992).

Elle permet à celui qui est fondé à requérir la *délivrance* ou la *restitution* d'un meuble corporel de rendre celui-ci indisponible en attendant sa remise à celui qui la réclame. Elle est ouverte, outre le propriétaire, à l'usufruitier, au créancier gagiste qui a perdu la possession de son gage, au bailleur d'immeuble quand les objets garnissant les lieux loués ont été déplacés, au vendeur impayé qui veut empêcher la revente de la chose vendue.

La procédure suppose que le demandeur possède un titre exécutoire; à son défaut, une autorisation sera sollicitée du juge, par requête.

Il peut être recouru à cette saisie en tout lieu et entre les mains de tout détenteur du meuble, une autorisation judiciaire spéciale étant exigée lorsque le meuble est situé dans le local d'habitation d'un tiers.

Il sera procédé, après règlement éventuel d'incidents, à l'appréhension du bien devenu indisponible suivant les règles nouvelles des saisies conservatoires (art. 221 à 223 du décret).

C. civ., art. 2102, 1° et 4°.

→ *Saisie-appréhension.*

Saisie-vente

[Procédure civile]

Forme de saisie des *meubles corporels*. Elle remplace la saisie-exécution contre le débiteur et la saisie-arrêt d'objets corporels entre les mains d'un tiers. Elle suppose un titre exécutoire et exige le préalable d'un commandement de payer (L. n° 650 du 9 juill. 1991, art. 50 s.; Décr. n° 755 du 31 juill. 1992, art. 81 s.).

Lorsque la saisie-vente porte sur des biens se trouvant dans un local servant à l'*habitation du débiteur* (principale ou secondaire), elle ne peut être pratiquée que pour assurer le recouvrement d'une créance autre qu'alimentaire dont le montant n'excède pas une certaine somme et si ce recouvrement n'est pas possible par voie de saisie d'un compte de dépôt ou des rémunérations du travail. De plus, elle exige une autorisation du juge de l'exécution et le commandement précédant la saisie doit contenir injonction au débiteur de communiquer les nom et adresse de son employeur et les références de ses comptes bancaires, ou l'un de ces éléments seulement. Ces exigences visent à préserver le cadre de vie du débiteur et de sa famille.

Lorsque la saisie-vente porte sur des meubles détenus dans le local d'*habitation d'un tiers*, elle doit être autorisée par le juge de l'exécution.

Saisine

[Droit civil]

Prérogative reconnue à l'*héritier* de se mettre en possession des biens successoraux et d'exercer les droits et actions du défunt, sans qu'il ait besoin de solliciter une autorisation préalable. Le légataire universel est, également, saisi de plein droit par la mort du testateur lorsqu'il n'existe, au décès, aucun héritier réservataire.

C. civ., art. 724, 1004 et 1006.

→ *Envoi en possession.*

[Procédure civile]

Formalité par laquelle un plaideur porte son différend devant une juridiction afin que celle-ci examine la recevabilité et le caractère fondé de ses prétentions. La saisine est normalement provoquée par le dépôt au greffe d'une copie de l'*assignation* ou d'une *requête conjointe*, ou par *requête* ou déclaration au secrétariat de la juridiction. La présentation volontaire des adversaires devant le juge emporte parfois saisine de celui-ci.

CPC, art. 54, 757, 791, 795, 838, 857, 860 et 885; C. trav., art. R. 1452-1.

[Droit administratif/Procédure administrative]

La saisine du juge administratif est réalisée par le dépôt au greffe de la requête introductive d'instance.

ACTU

Saisine par un justiciable du Conseil supérieur de la magistrature (CSM)

[Procédure civile]

La loi organique n° 2010-830 du 22 juillet 2010 réglemente l'accès direct du citoyen au CSM, accès institué par le nouvel article 65 de la Constitution. Tout justiciable qui estime, qu'à l'occasion d'une procédure judiciaire le concernant, le comportement d'un magistrat dans l'exercice de ses fonctions est susceptible de recevoir une qualification disciplinaire peut saisir le Conseil supérieur de la magistrature.

Pour écarter ou limiter le risque de déstabilisation des juges et celui du blocage des procédures, un régime procédural strict est prévu : 1° la plainte est préalablement examinée par une commission d'admission des requêtes; 2° la saisine du CSM ne constitue pas une cause de récusation du magistrat; 3° à peine d'irrecevabilité, la plainte ne peut être dirigée contre un magistrat qui demeure saisi de la procédure; 4° la plainte ne peut être présentée plus d'un an après une décision irrévocable mettant fin au procès; 5° la commission sollicite du chef de cour dont dépend le magistrat mis en cause toutes informations utiles; 6° en cas d'admission de la requête, la commission renvoie l'examen de la plainte au conseil de discipline du CSM ; 7° la décision qui rejette la plainte est insusceptible de recours.

Ord. n° 58-1270 du 22 déc. 1958 (rédaction LO n° 2010-830 du 22 juill. 2010), art. 50-3 et 63.

→ *Conseil supérieur de la magistrature (CSM).*

Saisine pour avis de la Cour de cassation

[Procédure civile]

→ *Avis contentieux, Cour de cassation.*

Saisissable

[Procédure civile]

S'applique aux biens susceptibles d'être valablement saisis. Sauf exception, les saisies peuvent porter sur tous les biens appartenant au débiteur alors même qu'ils seraient détenus par des tiers, ainsi que sur les créances conditionnelles, à terme ou à exécution successive, à condition que le créancier saisissant respecte les modalités propres à ces obligations.

→ *Biens saisissables, Insaisissabilité.*

Salaire

[Droit du travail]

Prestation versée par l'employeur au salarié en contrepartie de sa mise à disposition pour effectuer le travail convenu.

C. trav., art. L. 3211-1 s. et R. 3221-1 s.

• *Salaire de base* : partie généralement fixe du salaire déterminée par le contrat ou la convention collective, plus rarement par la loi (SMIC). Souvent s'ajoutent au salaire de base des compléments tels les primes et les gratifications.

• *Salaire différé* : salaire fictif de l'enfant ou du conjoint d'un exploitant agricole qui a travaillé à l'exploitation sans être rémunéré, lui valant indemnisation lors du décès de l'agriculteur.

C. rur., art. 321-13 et 321-21-1.

• *Salaire indirect* : substituts du salaire touchés en cas d'inactivité.

• *Salaire au rendement* : salaire proportionnel à la production réalisée soit individuellement, soit en équipe.

• *Salaire au temps* : salaire proportionnel à la durée du travail, indépendant d'une production quantitativement déterminée.

[Sécurité sociale]

• *Salaire brut* : salaire avant déduction des cotisations salariales de Sécurité sociale.

• *Salaire journalier de base* : salaires et gains servant à déterminer le montant des indemnités journalières et des rentes d'accident du travail.

• *Salaire net* : salaire après déduction des cotisations salariales de Sécurité sociale.

• *Salaire de base* : salaire servant de base de calcul à certaines prestations : indemnités journalières d'assurance-maladie ou maternité, rente accident de travail, pension d'invalidité ou de vieillesse.

Salaire de référence

[Sécurité sociale]

Montant de la cotisation qui donne droit, au cours d'une année à l'acquisition d'un point de retraite (prix d'achat du point).

Le salaire de référence est fixé chaque année par le conseil d'administration de chaque régime complémentaire en fonction de l'évolution des salaires moyens de l'ensemble des cotisants à ce régime.

Salaire différé

[Droit civil]

→ *Salaire.*

Salaire minimum interprofessionnel de croissance (SMIC)

[Droit du travail]

Salaire horaire minimal institué par la loi du 2 janvier 1970 en remplacement du salaire minimum interprofessionnel garanti « pour assurer aux salariés dont les rémunérations sont les plus faibles la garantie de leur pouvoir d'achat et une participation au développement économique ».

Le salaire minimum de croissance est indexé sur le niveau général des prix à la consommation et fait l'objet d'une révision annuelle pour tenir compte des conditions économiques.

C. trav., art. L. 3231-1 s. et R. 3231-1 s.

Salaire minimum interprofessionnel garanti (SMIG)

[Droit du travail]

Salaire horaire minimal commun à toutes les professions, institué en 1950 au moment de la remise en vigueur du régime de la liberté des salaires. Le SMIG était censé correspondre aux besoins élémentaires du travailleur.

Il a été remplacé en 1970 par le « *salaire minimum interprofessionnel de croissance* ».

Salarié mandaté

[Droit du travail]

Salarié qui a été investi d'un mandat, émanant d'une organisation syndicale représentative de salariés dans la branche professionnelle, en vue de négocier, dans certaines hypothèses et à la demande d'un employeur, une convention ou un accord collectif de travail. Le mandatement n'est possible que dans les entreprises dépourvues de délégué syndical et lorsque l'employeur a régulièrement constaté l'absence de représentants du personnel dans un procès-verbal de carence. C'est l'employeur qui fait connaître aux organisations syndicales représentatives dans la branche sa décision d'engager des négociations. Le salarié mandaté, une fois désigné, bénéficie, pendant l'exercice de son mandat et pendant les 12 mois qui suivent celui-ci, de la même protection qu'un délégué syndical. Le texte conventionnel qui serait signé ne produit pas d'effet par lui-même. Il doit, pour entrer en application, être approuvé par les salariés à la majorité des suffrages exprimés.

C. trav., art. L. 2232-24 s.

→ *Convention collective, Représentants du personnel.*

Sanction des lois

[Droit constitutionnel]

Dans les monarchies constitutionnelles, acte par lequel le roi participe à l'œuvre législative, sa volonté étant aussi indispensable à la formation de la loi que celle du Parlement.

→ *Promulgation.*

Sanction disciplinaire

[Droit du travail]

Toute mesure autre que les observations verbales prise par l'employeur à la suite d'un agissement du salarié considéré par l'employeur comme fautif, que cette mesure soit de nature à affecter immédiatement ou non la présence du salarié dans l'entreprise, sa fonction, sa carrière ou sa rémunération. Ce qui est donc déterminant est cette forme de lien de causalité avec ce que l'employeur considère être une *faute* professionnelle. L'adoption d'une sanction à l'encontre d'un salarié doit respecter les règles, notamment de procédure, du droit disciplinaire. La nature et l'échelle des sanctions que l'employeur peut prendre font partie des dispositions qui doivent figurer dans tout *règlement intérieur* (ex. : avertissement, blâme, mise à pied, licenciement…).

C. trav., art. L. 1331-1 s.

GADT n° 67.

→ *Pouvoir disciplinaire.*

Sanction éducative

[Droit pénal]

Sanction intermédiaire entre la peine et la mesure de sûreté, prononcée par le tribunal pour enfants ou la cour d'assises des mineurs à l'encontre des mineurs de 10 à 18 ans reconnus coupables d'un crime ou d'un délit. Ces mesures, outre la confiscation de l'objet ayant servi à commettre l'infraction, concernent des interdictions ou des obligations mises à la charge des mineurs et qui, en cas de non-respect, peuvent entraîner une mesure de placement dans un établissement spécialisé. L'inscription de ces sanctions au casier judiciaire tend à les rapprocher de la catégorie des peines.

Sanction-réparation

[Droit pénal]

Peine applicable, tant en matière délictuelle que pour les contraventions de 5e classe, à l'encontre des personnes physiques comme des personnes morales, soit à titre de peine de substitution à l'emprisonnement ou à l'amende soit à titre de peine complémentaire, consistant dans l'obligation pour le condamné de procéder à l'indemnisation du préjudice de la victime dans le délai et selon les modalités fixées par la juridiction. La réparation en cas d'accord du prévenu et de la victime peut être réalisée en nature et prend alors la forme d'une remise en état du bien endommagé.

C. pén., art. 131-3, 131-8-1, 131-12, 131-15-1, 131-37, 131-39-1, 131-40 et 131-44-1.

Sanctions administratives

[Droit administratif]

Véritables « punitions » infligées par l'Administration, dont la diversité va croissant. L'exemple le plus connu est celui des sanctions fiscales. Sous l'influence de la jurisprudence de la *Cour européenne des droits de l'Homme* et du Conseil constitutionnel, la tendance est à rapprocher leur régime de celui des sanctions pénales, afin de mieux garantir les droits des personnes sanctionnées.

Sans préjudice de

[Droit général]

Formule souvent employée dans des textes ou dans des *conventions* (*1er sens*), signifiant : sans faire obstacle à. Par exemple, une disposition X applicable *sans préjudice de* la disposition Y signifie que les 2 dispositions sont cumulativement applicables à l'espèce en cause.

Sapiteur

[Procédure civile]

Terme vieilli désignant la personne qui est au fait des réalités locales et que le technicien désigné par le juge est autorisé à consulter d'office.

→ *Sachant.*

Satisfaction équitable

[Droit européen]

Sanction de la violation de la *Convention européenne des droits de l'Homme* ou de ses protocoles (prononcée par la Cour EDH) dans le cas où le droit interne ne permet d'effacer qu'imparfaitement les conséquences de cette violation. La satisfaction équitable prend la forme de l'allocation d'une indemnité ou d'un remboursement des frais de justice; elle peut être d'un autre ordre, comme la suppression d'une condamnation du casier judiciaire, ou même être purement morale, le constat de la violation constituant en lui-même la satisfaction équitable.

Conv. EDH, art. 41.

Sauvegarde (Procédure de)

[Droit commercial]

La procédure de sauvegarde est ouverte sur la demande d'une personne exerçant une profession commerciale, artisanale, agricole ou une activité professionnelle indépendante, ainsi que de toute personne morale de droit privé qui, sans être en *cessation des paiements*, justifie de difficultés qu'elle n'est pas en mesure de surmonter.

Cette procédure est destinée à faciliter la réorganisation de l'entreprise afin de permettre la poursuite de l'activité économique, le maintien de l'emploi et l'apurement du passif.

Cette procédure, qui ne peut donc être appliquée en cas de cessation des paiements, donne lieu à l'arrêté d'un plan destiné à permettre le redressement de l'entreprise.

La loi n° 2010-1249 du 22 octobre 2010 crée une nouvelle procédure de sauvegarde financière accélérée; cette procédure réservée aux entreprises éligibles à une procédure de sauvegarde entraînant constitution obligatoire de comités de créanciers suppose un recours préalable à la conciliation et n'affecte que les droits des créanciers financiers.

C. com., art. L. 620-1 s.

→ *Plan de sauvegarde.*

Sauvegarde de justice

[Droit civil]

Régime de protection applicable, d'une part, aux personnes majeures qui, en raison d'une certaine altération de leurs facultés personnelles, ont besoin ou d'une protection juridique temporaire ou d'être représentées pour l'accomplissement de certains actes déterminés, d'autre part, aux personnes faisant l'objet d'une demande de *curatelle* ou de *tutelle* pendant la durée de l'instance. À côté de cette mesure judiciaire, il existe une sauvegarde de justice *médicale* procédant d'une déclaration adressée par le médecin au procureur de la République accompagnée de l'avis conforme d'un psychiatre. L'une et l'autre deviennent caduques après une année, sauf renouvellement (unique) pour une même durée.

La sauvegarde de justice ne prive pas la personne de l'exercice de ses droits; mais elle ouvre la possibilité d'agir en *rescision* pour lésion ou en *réduction pour excès* relativement aux actes passés, lors même que ces actes ne pourraient être annulés pour insanité d'esprit.

C. civ., art. 433 à 439; CSP, art. L. 3211-6; CPC, art. 1248 s.

Savoir-faire

[Droit commercial]

Connaissances dont l'objet concerne la fabrication des produits, la commercialisation des produits ou services ainsi que le financement des entreprises qui s'y consacrent, fruit de la recherche ou de l'expérience, non protégées par brevet, non immédiatement accessibles au public et transmissibles par contrat.

Sceau

[Droit général]

Cachet officiel détenu par un représentant de la puissance publique et dont l'empreinte sert à authentifier un acte ou à sceller un objet.

→ *Authentification, Scellés.*

Scellés

[Procédure civile/Droit pénal/Procédure pénale]

Bande de papier ou d'étoffe fixée par un cachet de cire marqué d'un sceau par le greffier en chef du tribunal d'instance, afin d'empêcher provisoirement l'ouverture d'un appartement, d'une pièce ou d'un meuble. Plus généralement, tout dispositif permettant au juge répressif d'avoir la certitude que l'objet ou document annexé à la procédure est bien celui qui a été saisi par un officier de police judiciaire ou un juge d'instruction. Les scellés sont dits fermés ou ouverts selon que l'examen de l'objet ou la consultation du document saisi peut être réalisé ou non sans porter atteinte au dispositif d'authentification.

CPC, art. 1304 s.; C. civ., art. 257.

→ *Levée des scellés.*

Le bris de scellés (ou sa tentative) est un délit puni d'emprisonnement et d'amende. On lui assimile tout détournement d'objet placé sous scellés ou sous main de justice.

C. pén., art. 434-22.

Schéma départemental de coopération intercommunale

[Droit administratif]

Prévoit, dans chaque *département*, une couverture intégrale du territoire par des *établissements publics de coopération intercommunale*.

CGCT, art. L. 5210-1.

Schéma directeur d'aménagement et d'urbanisme (SDAU)

[Droit administratif]

Dénomination avant la loi du 7 janvier 1983, du schéma directeur.

→ *Schémas de cohérence territoriale.*

Schéma directeur départemental des structures agricoles

[Droit rural]

Document déterminant les priorités de la politique d'aménagement des structures d'exploitation et permettant de transposer les objectifs des politiques publiques agricoles à l'échelon départemental en tenant compte des caractéristiques et priorités locales.

C. rur., art. L. 312-1.

Schémas de cohérence territoriale

[Droit administratif]

Documents de planification stratégique établis à l'échelle d'une agglomération par un *établissement public de coopération intercommunale*, qui définissent le projet global d'aménagement et de développement durable de l'espace sur lequel elle s'étend, et qui déterminent et mettent en cohérence les politiques d'urbanisme, d'habitat, d'équipements commerciaux ainsi que de déplacement des personnes et des biens dans cette aire.

Soumis à une révision décennale, ils succèdent aux anciens schémas directeurs, limités pour l'essentiel à l'utilisation des sols. Celle-ci est actuellement déterminée par les *plans locaux d'urbanisme*.

C. urb., art. L. 122-1 s.

Schengen (Accords de)

[Droit européen]

Accords qui suppriment les contrôles de personnes à l'intérieur des États membres. Un premier accord signé le 14 juin 1985 à Schengen (Luxembourg) liait le Benelux, l'Allemagne et la France. Il a été complété par une convention d'application signée le 19 juin 1990. Sont aujourd'hui concernés tous les États appartenant à l'Union européenne (sauf Chypre à cause du problème de partition de l'Île, la Bulgarie et la Roumanie entrés dans l'Union seulement le 1er janv. 2007, l'Irlande comme le Royaume-Uni qui n'ont pas voulu adhérer) plus l'Islande, la Norvège et la Suisse. Le transfert des contrôles aux frontières extérieures a entraîné l'adoption de règles communes sur les visas, l'asile et les modalités mêmes du contrôle aux frontières.

Scission

[Droit commercial]

Disparition d'une société par transmission de la totalité de son patrimoine social à des sociétés nouvelles ou préexistantes (« fusion-scission »), moyennant attribution aux associés de la société scindée de parts ou actions des sociétés issues de la scission.

C. com., art. L. 236-1 ; C. civ., art. 1844-4.

Scrutin

[Droit administratif/Droit constitutionnel]

Ensemble des opérations de vote.

1° *Mode de scrutin* : modalités selon lesquelles est aménagé l'exercice du vote ou suffrage, et particulièrement modalités de calcul des résultats électoraux.

2° *Scrutin de liste* : celui dans lequel l'électeur est appelé à voter, dans chaque circonscription, pour plusieurs candidats groupés par listes constituées par affinités politiques.

3° *Scrutin majoritaire* : celui dans lequel est déclaré élu le candidat ou la liste qui a obtenu la majorité des voix :

- scrutin majoritaire à un tour : est immédiatement élu le candidat (ou la liste) arrivé en tête ;

- scrutin majoritaire à 2 tours : est élu le candidat (ou la liste) qui a obtenu la majorité absolue au premier tour ou, à défaut, la majorité relative au second tour.

4° *Scrutin plurinominal* : celui dans lequel l'électeur est appelé à voter, dans chaque circonscription, pour plusieurs candidats. On confond souvent scrutin plurinominal et scrutin de liste, mais si le scrutin de liste est nécessairement plurinominal, en revanche le scrutin plurinominal n'est pas à proprement parler un scrutin de liste dans le cas où les candidats, se présentant isolément, les électeurs composent eux-mêmes leurs bulletins comme ils l'entendent.

5° *Scrutin uninominal* : celui dans lequel l'électeur est appelé à voter pour un seul candidat dans chaque circonscription.

→ *Majorité.*

Séance

[Droit constitutionnel/Droit international public]

Réunion d'une assemblée pendant une session.

Second original

[Procédure civile]

Second exemplaire d'un acte établi en double original ayant même valeur que le premier.

→ *Double (Formalité du).*

Secours (Devoir de)

[Droit civil]

Devoir né du mariage obligeant les époux à se fournir réciproquement de quoi subvenir aux besoins de la vie commune. Le devoir de secours se confond avec la contribution aux charges du mariage tant qu'il y a cohabitation et se distingue ainsi du devoir d'*assistance*, qui est un devoir d'aide et de soins sans consonance pécuniaire. Il prend la forme d'une simple pension alimentaire dans les circonstances critiques telles que séparation de corps, instance en divorce, décès.

C. civ., art. 212, 255, 303 et 767.

Secret de fabrique

[Droit du travail]

Procédé de fabrication qui n'est pas connu de tous. Sa divulgation par un salarié de l'entreprise est un délit.

C. trav., art. L. 1227-1.

Secret-défense

[Droit administratif]

Les documents relevant du secret de la défense sont classés en 3 niveaux : Très secret-défense; Secret-défense; Confidentiel-défense (Décr. du 21 juin 2010).

La Commission consultative du secret de la défense nationale est une autorité administrative indépendante, chargée de donner un avis, à la demande d'une juridiction française, sur la déclassification et la communication de tels documents (L. du 29 juill. 2009).

Secret des délibérations

[Procédure civile]

Interdiction faite au juge de révéler quoi que ce soit de la discussion ayant précédé l'adoption de la solution et d'indiquer dans quel sens les membres de la juridiction se sont prononcés. Le secret du délibéré est un principe général qui a pour objet d'assurer l'indépendance des juges.

CPC, art. 448.

Secret des sources

[Droit civil/Droit pénal]

Droit pour le journaliste de ne pas révéler l'origine des informations qu'il a recueillies dans l'exercice de son activité (L. du 29 juill. 1881 sur la liberté de la presse, art. 2). La protection du secret des sources explique le régime particulier des perquisitions, des témoignages et des correspondances dans lesquelles un journaliste est impliqué.

C. pr. pén., art. 56-2, 100-5 et 437.

Secret médical

[Sécurité sociale]

Variante du secret professionnel, institué dans l'intérêt des patients, s'impose à tout médecin. Le secret couvre tout ce qui est venu à la connaissance du médecin dans l'exercice de sa profession, c'est-à-dire non seulement ce qui lui a été confié, mais aussi ce qu'il a vu, entendu ou compris

CSP, art. R. 4127-4.

Secret professionnel

[Droit pénal]

Obligation dont le respect est sanctionné par la loi pénale, imposant à certains professionnels de taire les confidences recueillies au cours de l'exercice de leur profession.

C. pén., art. 226-13.

→ *Obligation de discrétion professionnelle.*

[Procédure civile]

La confidentialité des informations reçues par l'avocat dans l'exercice de ses fonctions est entendue largement par le législateur : le secret professionnel couvre les consultations adressées par un avocat à son client, les correspondances échangées entre eux ou entre l'avocat et ses confrères, les notes d'entretien et toutes les pièces du dossier (L. n° 1130 du 31 déc. 1971, art. 66-5).

Secrétaire d'État

[Droit constitutionnel]

1° Membre du gouvernement venant après les ministres dans la hiérarchie ministérielle. Assiste un ministre auquel il est rattaché ou assure la gestion autonome de certains services. Il ne participe pas de plein droit au Conseil des ministres.

2° Aux États-Unis, ministre des Affaires étrangères; au Vatican, remplit auprès du pape des fonctions comparables à celles d'un Premier ministre.

Secrétariat

[Droit international public]

Organe administratif permanent d'une organisation internationale, composé de fonctionnaires internationaux indépendants de leur État d'origine, et chargé de préparer et de mettre en œuvre les décisions des organes délibérants (cependant le Secrétaire général des Nations unies joue aussi un rôle politique).

Secrétariat général du gouvernement

[Droit constitutionnel]

Organisme administratif placé auprès du Premier ministre pour l'aider dans la direction de l'ensemble de l'activité gouvernementale (centralisation de l'action du gouvernement dans l'élaboration des lois et des règlements, secrétariat du Conseil des ministres et des autres conseils, direction des services de documentation).

Secrétariat-greffe

[Procédure civile/Procédure pénale]

Des décrets de 2004, 2006 et 2008 ont remplacé les mots « secrétariat-greffe » par le mot « greffe ». Désormais, on trouve un greffe auprès de la Cour de cassation, des cours d'appel, des tribunaux de grande instance, des tribunaux d'instance, des juridictions de proximité, des conseils des prud'hommes, des tribunaux paritaires des baux ruraux, des juridictions de l'expropriation et des tribunaux de commerce. En revanche, on parle encore de secrétariat-greffe pour les tribunaux des affaires de Sécurité sociale et les tribunaux de l'incapacité.

Un greffe comprend l'ensemble des services administratifs du siège et du parquet, à l'exception de certaines juridictions qui sont dotées d'un secrétariat de parquet autonome (Cour de cassation, tribunal de grande instance de Paris). Il est dirigé par un *directeur de greffe*, assisté de *greffiers*.

Le chef et les membres d'un greffe possèdent la qualité de fonctionnaire.

Ils assistent les magistrats à l'audience, dressent les actes du greffe. Le directeur de greffe est dépositaire des minutes et archives. Il délivre expédition des jugements, il a des attributions financières et comptables importantes.

Le *greffier du tribunal de commerce* est encore un officier ministériel.

Le greffe du tribunal de grande instance conserve le double des *registres de l'état civil*. Il tient aussi le *répertoire civil*.

COJ, art. L. 123-1, R. 123-1 s., 212-16, 216-17, 222-5 s., D. 222-7, R. 312-19, 434-1 et 434-2; CPC, art. 726 s., 821 s. et 966 s.; C. trav., art. R. 1423-36 s.

[Droit administratif]

Chaque tribunal administratif et cour administrative d'appel comporte un greffe; le Conseil d'État comporte un secrétariat du contentieux qui assure les fonctions d'un greffe.

COJ, art. L. 123-1 et R. 811-1 s.; CPC, art. 726 s., 821 s. et 966 s.; CJA, art. R. 226-1 s. et R. 413-1 s.

Secte

[Droit civil]

Personne morale d'inspiration spiritualiste qui poursuit des activités ayant pour but ou pour effet de créer, de maintenir ou d'exploiter la sujétion psychologique ou physique des adeptes participant à ces activités. La dissolution d'une telle communauté peut être prononcée lorsque la personne morale elle-même ou ses dirigeants de droit ou de fait ont été pénalement condamnés pour l'une des infractions suivantes : atteinte à la vie, à l'intégrité physique ou psychique, aux libertés, à la dignité…, exercice illégal de la médecine ou de la pharmacie, publicité mensongère ou fraude ou falsification (L. n° 504 du 12 juin 2001).

Secteur

[Droit international public]

Procédé de répartition des terres polaires selon lequel l'État possédant un littoral sur l'océan glacial arctique est souverain des régions comprises dans un triangle ayant pour base ce littoral, pour sommet le pôle

Nord et pour côté les méridiens passant par les extrémités Est et Ouest de ce littoral.

Section

[Procédure (principes généraux)]

1° Subdivision d'une chambre de juridiction conduisant à multiplier les formations d'audience connaissant des contentieux attribués à la chambre, siégeant séparément, et permettant ainsi l'accélération de la justice. À la Cour de cassation, par exemple, la 1re chambre civile comporte 2 sections, la chambre sociale en comporte 3, la chambre criminelle 4.

Le Conseil d'État est organisé en plusieurs sections, les sections administratives (des finances; de l'intérieur; sociale; de l'administration, créée par un décret du 6 mars 2008; du rapport et des études) et la section du contentieux. Dans sa fonction juridictionnelle, cette dernière est divisée en 10 sous-sections; les affaires les plus importantes peuvent cependant être jugées en « section », voire en « assemblée », formations particulières de jugement.

2° Division de certaines juridictions en formation de jugement dotée d'une compétence propre, tel le conseil de prud'hommes qui est divisé en 5 sections autonomes; par exemple, les ouvriers et employés de l'industrie relèvent de la section de l'industrie. Au sein d'une même section, plusieurs chambres peuvent être constituées.

CJA, art. L. 122-1; C. trav., art. L. et R. 1423-1; C. rur., art. L. 492-1; COJ, art. R. 421-3 et 431-2.

→ *Tribunal paritaire des baux ruraux.*

Section de commune

[Droit administratif]

Partie d'une commune possédant, souvent pour des raisons historiques, un patrimoine distinct de celui de la commune.

En vue de sa gestion, la section de commune est dotée d'une personnalité juridique propre.

CGCT, art. L. 2411-1.

Section syndicale d'entreprise

[Droit du travail]

Dans l'entreprise, antenne d'un syndicat représentatif. La reconnaissance par la loi du 27 décembre 1968 de la section syndicale marque l'entrée du syndicat dans l'entreprise. La loi n° 2008-789 du 20 août 2008 précise que les organisations syndicales représentatives dans l'entreprise de même qu'un syndicat affilié à une organisation syndicale représentative au niveau national peuvent créer une section syndicale dans l'entreprise. Cette possibilité est étendue par le même texte aux organisations qui satisfont aux critères de respect des valeurs républicaines et d'indépendance, sont légalement constituées depuis au moins 2 ans et dont le champ professionnel et géographique couvre l'entreprise concernée. La section syndicale peut, sous certaines conditions, disposer d'un local et organiser des réunions dans l'établissement.

C. trav., art. L. 2142-1.

Sections locales

[Sécurité sociale]

Organismes chargés d'effectuer pour le compte d'une caisse primaire la constitution des dossiers des assurés. Ils liquident les prestations et en effectuent le paiement.

CSS, art. L. 211-3.

Sécurisation des parcours professionnels

[Sécurité sociale]

Système visant à sécuriser le travail non dans le cadre d'un emploi ou d'une entreprise, mais à sécuriser le travailleur dans le cadre de sa vie, de son parcours professionnel.

Sécurité (Obligation de)

[Droit civil]

→ *Obligation de sécurité.*

ACTU

Sécurité juridique (Principe de)

[Droit européen]

Principe de droit communautaire (aujourd'hui de l'Union européenne) selon lequel les particuliers et les entreprises doivent pouvoir compter sur une stabilité minimale des règles de droit et des situations juridiques. Il en découle un certain nombre de règles de *droit positif*, comme la non-rétroactivité des textes européens, ou le principe de *confiance légitime*.

[Droit administratif]

En droit administratif, même si l'idée de sécurité juridique inspirait depuis longtemps certaines règles jurisprudentielles, le principe de sécurité juridique n'a été reconnu explicitement en tant que tel par le Conseil d'État qu'à partir de 2006 (24 mars, *KPMG*). Il s'oppose par exemple à ce que la modification avec effet immédiat d'un texte réglementaire portant une atteinte excessive à une situation contractuelle en cours puisse légalement intervenir sans que des mesures transitoires soient prévues. Son contenu précis apparaîtra au fil des arrêts qui en feront application.

[Droit civil]

En droit civil, le principe n'est pas reconnu par la Cour de cassation qui refuse de considérer qu'il existe un droit à ne pas voir ses prévisions remises en cause par un *revirement de jurisprudence*. Dans 2 arrêts du 11 juin 2009 la 1re chambre civile, renouvelant sa position antérieure, décide que « la sécurité juridique, invoquée sur le fondement du droit à un procès équitable pour contester l'application immédiate d'une loi nouvelle résultant d'une évolution de la jurisprudence, ne saurait consacrer un droit acquis à une jurisprudence figée, dès lors que la partie qui s'en prévaut n'est pas privée du droit à l'accès au juge ».

GDCC n° 45; GAJC, t. 1, n° 11; GAJF n° 9.

→ *Conflit de lois dans le temps, Effet immédiat de la loi, Droit acquis, Loi de validation, Loi interprétative, Non-rétroactivité, Rétroactivité de la loi.*

Sécurité sociale

[Sécurité sociale]

Ensemble des régimes assurant la protection de l'ensemble de la population contre les différents risques sociaux : maladie, maternité, invalidité, vieillesse, décès, accidents du travail et maladies professionnelles, charges familiales.

La Sécurité sociale est composée des régimes de base obligatoires : régime général dont relèvent les travailleurs dépendants, régime agricole dont relèvent les exploitants et les salariés agricoles, régime social des indépendants (*professions artisanales, industrielles et commerciales, libérales*), régimes spéciaux : marins, fonctionnaires, SNCF; régimes annexes : étudiants; régimes facultatifs : assurance volontaire; régimes complémentaires.

Sécurité syndicale

[Droit du travail]

→ *Clause de sécurité syndicale.*

Séduction

[Droit civil]

Attitude d'un homme ayant conduit une femme à se donner à lui.

Lorsque la séduction résulte de manœuvres fautives, ou lorsqu'elle est accompagnée d'une *promesse de mariage*, elle est source de responsabilité.

Semi-liberté

[Droit pénal]

Mode d'exécution des peines privatives de liberté aux termes duquel le condamné l'établissement est autorisé à quitter l'établissement pénitentiaire pour accomplir les activités qui lui ont permis d'obtenir le bénéfice de cette mesure, tout autre temps disponible étant nécessairement passé à l'intérieur de la prison.

Cette mesure peut être décidée *ab initio* par la juridiction de jugement pour toute peine égale ou inférieure à 2 ans d'emprisonnement, y compris dans le cadre d'un sursis partiel, durée ramenée à un an en cas de récidive si le condamné justifie d'une activité professionnelle ou d'une assiduité au suivi d'un stage, d'un enseignement, d'une formation professionnelle, de la recherche d'un emploi (1er), de sa participation essentielle à la vie de sa famille (2e), de la nécessité de suivre un traitement médical (3e), de l'existence d'efforts sérieux de réadaptation sociale résultant d'un engagement durable dans un projet d'insertion (4e).

Le juge de l'application des peines peut également décider de cette mesure dans le cadre de l'aménagement des peines pour des sanctions de même durée ou comme préalable à une mesure de libération conditionnelle. Ce magistrat est chargé dans tous les cas de la mise en œuvre de cette mesure dont il peut en modifier les conditions d'application ou décider du retrait.

C. pén., art. 132-25 s. ; C. pr. pén., art. 723-1 et 723-2.

Sénat

[Droit constitutionnel]

Nom de la seconde chambre du Parlement. En France, depuis la IIIe République, le Sénat est élu au suffrage indirect et assure la représentation des collectivités territoriales. Le Sénat de la Ve République participe au pouvoir législatif (mais s'il est en désaccord avec l'Assemblée nationale le gouvernement peut donner le dernier mot à cette dernière) et possède des pouvoirs de contrôle (questions, enquêtes), mais sans pouvoir mettre en jeu la responsabilité politique du gouvernement. En revanche, il ne peut être dissous.

→ *Assemblée nationale.*

Sentence

[Procédure civile]

Nom encore donné aux jugements rendus par les tribunaux d'instance et par les conseils de prud'hommes, ainsi que par les arbitres.

→ *Aphorisme (Adage, Brocard).*

Sentence arbitrale

[Procédure civile]

Nom donné à la décision rendue par un arbitre ou un tribunal arbitral. La sentence arbitrale a, dès qu'elle est rendue, l'autorité de la chose jugée relativement à la contestation qu'elle tranche, mais n'est susceptible d'exécution forcée qu'après *exequatur* par le tribunal de grande instance.

CPC, art. 1478 s.

→ *Arbitrage.*

Séparation de biens

[Droit civil]

Régime matrimonial caractérisé par l'absence de biens communs aux 2 époux et la libre disposition par chacun d'eux de leurs biens personnels. La séparation de biens est soit conventionnelle, stipulée dans le contrat de mariage, soit judiciaire, résultant d'une décision intervenant lorsque le désordre des affaires d'un époux, sa mauvaise administration ou son inconduite met en péril les intérêts de l'autre conjoint.

C. civ., art. 1443 et 1536 s.

Séparation de corps

[Droit civil]

Simple relâchement du lien conjugal, consistant essentiellement dans la dispense du devoir de cohabitation, alors que les devoirs de fidélité et d'assistance demeurent; la séparation de corps est prononcée par un jugement et résulte des mêmes causes que le divorce. Le conjoint séparé de corps est un *conjoint successible*.

C. civ., art. 296 s.

Séparation de fait

[Droit civil]

Situation de 2 époux qui vivent séparément sans y avoir été autorisés par un jugement de divorce ou de séparation de corps.

La loi, d'ailleurs, déclare, que le mari et la femme peuvent avoir un domicile distinct sans qu'il soit pour autant porté atteinte aux règles relatives à la communauté de vie. Cette situation de pur fait est parfois prise en considération par le droit. Ainsi le juge peut fixer les effets du jugement de divorce ou de la dissolution de la communauté à la date à laquelle les époux ont cessé de cohabiter et de collaborer. Et la loi dispose que la cessation de la communauté de vie entre époux, lorsqu'elle a duré 2 ans, caractérise l'altération définitive du lien conjugal, cause de divorce.

C. civ., art. 108, 238, 262-1 et 1442.

→ *Cohabitation, Communauté de vie.*

Séparation des patrimoines

[Droit civil]

Faveur qui permet aux créanciers de la succession, en cas d'acceptation pure et simple de celle-ci, de se faire payer, par préférence aux créanciers personnels de l'héritier, sur les biens successoraux.

Ce privilège a été bilatéralisé, en ce sens que, réciproquement, les créanciers personnels de l'héritier peuvent demander à être préférés à tout créancier du défunt sur les biens de l'héritier non recueillis au titre de la succession. Ainsi est évitée la confusion juridique de la succession avec le patrimoine de l'héritier.

C. civ., art. 878, 2374-6°, 2383 et 2425.

GAJC, t. 1, n° 105-107.

→ *Acceptation sous bénéfice d'inventaire.*

Séparation des pouvoirs

[Droit constitutionnel]

Principe qui tend à prévenir les abus du pouvoir en confiant l'exercice de celui-ci non à un organe unique, mais à plusieurs organes, chargés chacun d'une fonction différente et en mesure de se faire mutuellement contrepoids. Principe formulé par Locke et surtout par Montesquieu (*Esprit des lois*, Livre XI, chap. 6), à qui l'on fait remonter la distinction classique des pouvoirs législatif, exécutif et judiciaire. La séparation des pouvoirs peut être rigide (indépendance des pouvoirs caractéristiques du régime présidentiel) ou souple (collaboration des pouvoirs caractéristique du régime parlementaire).

En France, règle juridique de valeur constitutionnelle (DDHC, art. 16).

[Procédure civile]

Principe affirmé au moment de la Révolution et interdisant à l'autorité judiciaire de s'ingérer dans les domaines du législatif et de l'administratif, et lui reconnaissant en retour une indépendance à l'égard des pouvoirs politiques (L. des 16-24 août 1790 sur l'organisation judiciaire, art. 10, 12, 13).

GDCC n° 32 et 33.

Septennat

[Droit constitutionnel]

Durée du mandat (7 ans) du président de la République en France sous les IIIe, IVe et Ve Républiques, jusqu'à l'élection présidentielle de 1995. Depuis 2002, le *quinquennat* a été substitué au septennat, par le référendum constituant du 24 septembre 2000.

Sépulture

[Droit civil/Droit administratif]

Lieu où est déposé le corps d'un mort. La sépulture *en terrain commun* dans le cimetière communal est gratuite, bénéficiant à tout défunt domicilié dans la commune ou décédé dans celle-ci; elle a un caractère individuel et ne dure en principe que 5 ans. La sépulture *en terrain concédé* est, au contraire, onéreuse; elle offre un emplacement à l'inhumation des membres de la famille du défunt; elle peut être perpétuelle.

CGCT, art. L. 2223-1 s. et R. 2223-1 s.

→ *Concession funéraire.*

Sépulture (Violation ou profanation de)

[Droit pénal]

Délit constitué par tout acte matériel visant le lieu où est déposé le corps d'un défunt (pierre tombale, cercueil, ensemble des ornements funéraires placés sur les tombes) et qui objectivement est de nature à porter atteinte au respect dû aux morts.

L'atteinte à l'intégrité du cadavre ainsi que celle concernant les monuments édifiés à la mémoire des morts sont, aujourd'hui, également réprimées.

C. pén., art. 225-17.

Séquestre

[Procédure civile/Droit civil]

Personne désignée par la justice ou par des particuliers pour assurer la conservation d'un bien qui est l'objet d'un procès ou d'une voie d'exécution.

C. civ., art. 1955 s. et 2198; CPC, art. 1281-1 et 1282.

→ *Administrateur-séquestre.*

Serment probatoire

[Procédure civile/Droit civil]

Procédure d'instruction par laquelle une partie demande à l'autre d'affirmer, en prêtant serment à la barre du tribunal, la véracité de ses affirmations.

Le serment est indivisible.

On distingue : le serment *décisoire* déféré par une partie à l'autre et dont la prestation ou le refus termine la contestation; le serment *supplétoire*, laissé à la discrétion du juge qui n'a pas pour effet de lier celui-ci lorsqu'il a été déféré ou refusé.

C. civ., art. 1357 s.; CPC, art. 317 s.

→ *Délation de serment, Relation de serment, Témoin.*

Serment promissoire

[Procédure civile]

Engagement solennel, donné selon les formes et devant l'autorité qualifiée, de remplir au mieux sa mission (magistrats, experts, jurés, garde champêtre...) ou de révéler, en toute objectivité, ce que l'on sait des circonstances de la cause (témoins). L'avocat, par exemple, jure « d'exercer la défense et le conseil avec dignité, conscience, indépendance et humanité », le témoin de dire la vérité... À la différence du *serment probatoire*, le serment promissoire émane d'un tiers et non d'une partie au procès.

CPC, art. 211; COJ, art. R. 212-2 et 221-44.

Service administratif régional

[Procédure civile]

Service assistant, dans le ressort d'une cour d'appel, le premier président et le procureur général en matière d'administration des services judiciaires (gestion administrative du personnel, préparation et exécution des budgets, gestion des équipements et du patrimoine immobilier).

COJ, art. R. 312-70 s.

A C T U

Service civique

[Droit social/Droit administratif]

La loi n° 2010-241 du 10 mars 2010 relative au service civique vient remodeler les formes préexistantes de service civil volontaire.

Le service civique a pour objet de renforcer la cohésion nationale et la mixité sociale.

Il peut être accompli dans le cadre de missions à caractère éducatif, environnemental, scientifique, social, humanitaire, sportif, de défense et de sécurité civile… auprès de personnes morales agréées, publiques ou privées.

Dans sa modalité principale, il est ouvert aux personnes âgées de 16 à 25 ans pour une durée de 6 à 12 mois; le contrat de service civique donne lieu au paiement d'une indemnité. Il existe aussi, entre autres, un volontariat international. Une attestation de service civique est délivrée par l'État. L'ensemble du dispositif est piloté par l'*Agence du service civique*.

→ *Service national.*

Service de documentation et d'études

[Procédure civile]

Service de la Cour de cassation assuré par des auditeurs de justice, sous la direction d'un président de chambre à la Cour de cassation. Il a pour fonction principale de tenir une base de données rassemblant, sous une même nomenclature, d'une part, les décisions et avis de la Cour de cassation, d'autre part, les décisions judiciaires présentant un intérêt particulier rendues par les autres juridictions de l'ordre judiciaire. Cette base de données est accessible au public dans les conditions applicables au service public de la diffusion du droit par Internet.

Il tient également une base de données distincte, rassemblant l'ensemble des arrêts rendus par les cours d'appel et des décisions juridictionnelles prises par les premiers présidents de ces cours.

Le service de documentation et d'études établit 2 bulletins mensuels, l'un pour les chambres civiles, l'autre pour la chambre criminelle, dans lesquels sont mentionnés les décisions et avis dont la publication a été décidée par le président de la formation qui les a rendus.

COJ, art. R. 433-1 à R. 433-4.

Service des impôts

[Droit fiscal]

À la suite de la fusion de la Direction générale des impôts et de la Direction générale de la comptabilité publique décidée en 2008, les divers services fiscaux sont regroupés et structurés territorialement en services des impôts dont le nombre est amené à être réduit de façon significative. La simplification opérée conduit à créer 2 types de services : le Service des impôts aux entreprises (SIE) et le Service des impôts aux particuliers (SIP). Il peut aussi exister un service unique (SIEP). Ces services assurent des missions d'assiette, de recouvrement, de contrôle et de contentieux, s'agissant en particulier des impôts directs.

→ *Administrateur (général) des finances publiques.*

Service d'intérêt économique général

[Droit européen]

La notion de service d'intérêt économique général (SIEG) fait l'objet de controverses pour savoir dans quelle mesure les entreprises concernées peuvent ou non prétendre à certaines exceptions aux règles de concurrence en vigueur dans l'Union européenne comme au régime des aides d'État. Ne correspond pas au principe du service public tel que le définit le droit français mais plutôt aux services publics industriels et commerciaux. Recouvre 4 éléments : la qualité d'entreprise, la nature économique de l'activité, la création par un acte de puissance publique, la mission d'intérêt général.

Service fait (Règle du)

[Droit financier ou fiscal]

Règle de la comptabilité publique interdisant aux *personnes publiques* de procéder à un paiement avant exécution de la prestation correspondante, sauf exceptions prévues par les textes.

→ *Trentième indivisible.*

Service minimum

[Droit administratif]

La volonté de concilier le droit de *grève* et le principe de continuité du *service public*, tous 2 dotés en France d'une valeur constitutionnelle, peut amener le législateur à établir un service minimum, notamment dans les transports publics, au moins aux heures de pointe. Ainsi, la loi nº 2007-1224 du 21 août 2007 exige des salariés qu'ils fassent connaître 2 jours à l'avance leur intention de faire grève, de façon que les entreprises puissent organiser ce service minimum; pour le reste, sa mise en œuvre est laissée aux accords passés entre les entreprises et les syndicats.

D'inspiration comparable, la loi nº 2008-790 du 20 août 2008 institue un droit d'accueil au profit des élèves de l'enseignement primaire pendant le temps scolaire, à organiser par les municipalités, souvent réticentes.

Service national

[Droit administratif]

Sujétion imposée aux citoyens français de sexe masculin et dont le service militaire actif, concourant à la défense de la nation, était la forme la plus connue (avec le service de coopération technique au profit des départements et territoires d'outre-mer et des États en voie de développement). Le choix d'un système d'armée professionnelle a conduit à suspendre l'appel sous les drapeaux pour les Français nés après le 31 décembre 1978; il pourrait être rétabli à tout moment par voie législative.

→ *Service civique.*

Service pénitentiaire d'insertion et de probation (SPIP)

[Droit pénal]

Service déconcentré de l'administration pénitentiaire regroupant l'ensemble des travailleurs sociaux, intervenant tant en milieu fermé qu'en milieu ouvert et dont la mission essentielle est d'assurer la réinsertion sociale des personnes condamnées. Au-delà de cette attribution générale ce service assure également des missions d'instruction et d'enquête ainsi que des activités de suivi et de contrôle pour veiller au respect des obligations imposées aux condamnés exécutant leur sanction en milieu libre (sursis avec mise à l'épreuve, suivi sociojudiciaire, travail d'intérêt général, libération conditionnelle, etc.).

C. pr. pén., art. D. 572 s.

Service public

[Droit administratif]

Une des notions clés du droit administratif français, ce concept est largement ignoré ailleurs dans l'Union européenne, où l'idée de reconnaître des « services publics européens » suscite des controverses parfois passionnelles.

1° *Au sens matériel*, toute activité destinée à satisfaire à un besoin d'intérêt général et qui, en tant que telle, doit être assurée ou contrôlée par l'Administration, parce que la satisfaction continue de ce besoin ne peut être garantie que par elle. Objet de nombreuses controverses doctrinales, cette notion n'en est pas moins pour la jurisprudence, aujourd'hui encore, l'un des éléments servant à définir le champ d'application du droit administratif.

2° *Au sens formel*, ces termes désignent un ensemble organisé de moyens matériels et humains mis en œuvre par l'État ou une autre collectivité publique, en vue de l'exécution de ses tâches. Dans cette acception, les termes de service public sont synonymes d'Administration au sens formel.

Mission de service public : notion dégagée par la jurisprudence du Conseil d'État dans la première moitié du siècle, mais d'appellation beaucoup plus récente, et dont on trouve des manifestations aussi bien, par exemple, en matière de travaux publics, de fonction publique, que de contrats administratifs ou d'actes unilatéraux. Cette qualification est décernée de manière prétorienne par le juge à des activités présentant un caractère d'intérêt général, assumées même par des organismes privés ou des particuliers. Le juge veut élargir le champ d'application du droit et du contentieux administratifs à ceux des aspects de l'organisation et du fonctionnement de cette activité qu'il estime techniquement inopportun de soumettre aux règles du droit privé.

Service public pénitentiaire

[Procédure pénale]

Ensemble des moyens matériels et humains mis en œuvre par l'État en matière d'exécution des décisions pénales. Il a pour objectif l'insertion ou la réinsertion des personnes confiées par l'autorité judiciaire, la prévention de la récidive et la sécurité publique dans le respect des intérêts de la société, des droits des victimes et des personnes détenues. Il est organisé de manière à assurer l'individualisation et l'aménagement des peines des personnes condamnées. Ce service est réalisé, sous l'autorité du garde des Sceaux, ministre de la Justice, par l'administration pénitentiaire avec le concours des autres services de l'État, des collectivités territoriales, des associations et d'autres personnes publiques ou privées. Les fonctions de direction, de surveillance et de greffe des établissements pénitentiaires sont réservées à l'administration pénitentiaire.

L. n° 2009-1436 du 24 nov. 2009 pénitentiaire, art. 1 et 2.

GAJA n° 11 et 36.

→ *Administration pénitentiaire.*

Service universel

[Droit européen]

Exigences auxquelles doivent répondre certaines activités d'intérêt général quel que soit leur mode de gestion dans chaque pays membre de l'Union européenne, gestion sous la forme des services publics « à la française » ou par une entreprise relevant du secteur concurrentiel.

Service volontaire citoyen de la police nationale

[Droit général]

Dans le but de renforcer le lien entre la nation et la police nationale, composé de volontaires âgés de 17 ans au moins, ce service est destiné à accomplir des missions de solidarité, de médiation sociale et de sensibilisation au respect de la loi, à l'exclusion de l'exercice de toutes prérogatives de puissance publique.

→ *Service civique.*

Services déconcentrés de l'État

[Droit administratif]

Expression désignant, par opposition aux services centraux constituant les ministères, les services fonctionnant en dehors de ceux-ci et notamment sur toute l'étendue du territoire. Numériquement les plus importants, ils sont chargés en pratique de la majeure partie des tâches relevant de chaque ministère. Autrefois dénommés : services extérieurs.

Services de paiement

[Droit civil/Droit commercial]

Services permettant le versement ou le retrait d'espèces sur un compte de paiement, l'exécution des opérations de paiement par prélèvement, carte ou virement, même associées à une ouverture de crédit, l'émission d'instruments de paiement et/ou l'acquisition d'ordres de paiement, les services de transmission de fonds. En sont exclues, notamment, les opérations fondées sur un chèque de voyage ou un mandat postal sur support papier.

C. mon. fin., art. L. 314-1.

→ *Prestataires de services de paiement.*

Services extérieurs

[Droit administratif]

Ancienne dénomination des *services déconcentrés de l'État*.

Services sociaux

[Droit du travail/Sécurité sociale]

Tous services relevant d'organismes publics ou privés, qui, à titre principal ou accessoire, exercent une activité sociale auprès des individus, des familles ou des collectivités, par l'intermédiaire des assistants, assistantes ou auxiliaires de service social.

Services votés

[Droit financier ou fiscal]

Avant 2005, dans le projet de loi de finances, moyens financiers que le gouvernement jugeait indispensable pour poursuivre l'exécution des services publics dans les conditions approuvées l'année précédente par le Parlement. Constituaient les 4/5e du montant du budget général, ils étaient adoptés selon une procédure accélérée (un seul vote pour les services votés du budget général).

L'autre partie des demandes de crédits, qui correspondait à des décisions nouvelles entraînant augmentation (ou diminution, éventuellement) des services votés, portait le nom de mesures nouvelles.

Désormais, cette distinction entre services votés et mesures nouvelles étant supprimée, les parlementaires examinent le projet « au premier euro ».

Servitude

[Droit administratif]

On entend par servitudes administratives de nombreuses obligations grevant les propriétés privées au profit du domaine public ou dans un but d'intérêt général.

[Droit civil]

Charge imposée à un immeuble, bâti ou non bâti (le *fonds servant*), au profit d'un autre immeuble appartenant à un propriétaire distinct (le *fonds dominant*). La servitude établit une sorte de rapport juridique entre 2 fonds, s'imposant ou bénéficiant à tous les propriétaires successifs du même fonds. Elle est un droit réel principal attaché au fonds auquel elle profite. Elle est apparente lorsqu'un signe extérieur la révèle. Elle est continue lorsqu'elle s'exerce sans l'intervention de l'homme. Elle est positive lorsqu'elle confère au propriétaire du fonds dominant le droit de faire un acte positif sur le fonds servant (droit de passage par ex.).

Quant à son origine, la servitude dérive ou de la situation naturelle des lieux (écoulement des eaux), ou des obligations imposées par la loi (marchepied), ou des conventions entre propriétaires (passage).

C. civ., art. 637 s.; C. rur., art. L. 152-1 s.; COJ, art. R. 221-8.

→ *Droit réel, Tour d'échelle.*

Servitudes prédiales

[Droit civil]

Expression synonyme de servitudes réelles et qui est utilisée pour mieux les distinguer des anciennes servitudes féodales et par opposition aux servitudes personnelles, celles-ci étant désignées habituellement par leurs noms particuliers d'usufruit et d'usage. L'utilisation du qualificatif « prédiales » se fait de plus en plus rare.

C. civ., art. 637 s.

Session

[Droit constitutionnel/Droit international public]

Période de l'année pendant laquelle une assemblée est en droit de siéger.
Dans l'intervalle des sessions ordinaires, une assemblée peut se réunir en session extraordinaire, dans les conditions fixées par les textes. Ne pas confondre session et *séance*.

Const., art. 28 et 29.

[Procédure civile/Procédure pénale]

Période pendant laquelle siègent certaines juridictions non permanentes : cour d'assises, tribunal paritaire des baux ruraux.

C. pr. pén., art. 236.

Sévices

[Droit civil]

Mauvais traitements physiques exercés sur quelqu'un. Entre époux, les sévices constituent l'une des fautes justifiant un éventuel *divorce* (divorce-sanction); entre les parties à une libéralité, ils sont une cause de révocation de la donation pour ingratitude.

C. civ., art. 955.

Siège

[Procédure (principes généraux)]

Le siège d'une juridiction est le lieu où elle fonctionne et tient ses audiences. Lorsque la continuité du service de la justice ne peut plus être assurée au sein du bâtiment où siège la juridiction dans des conditions satisfaisantes pour la sécurité des personnes et des biens, le premier président de la Cour d'appel prend, par ordonnance, une décision de transfert total ou partiel des services de la juridiction.

COJ, art. R. 121-1, 124-1 et 212-1; CJA, art. R. 221-3 et 221-7.

Les *magistrats* du siège, par opposition à ceux du parquet, sont les magistrats qui reçoivent la mission de juger.

COJ, art. D. 211-1, 221-1, 231-1, 311-1; C. com., art. L. 721-2; C. trav., art. R. 1422-1; C. rur., art. L. 491-123.

→ *Magistrature, Ministère public, Parquet.*

Siège social

[Droit commercial]

Lieu précisé dans les *statuts* d'une société, qui constitue son domicile et qui détermine la loi applicable et la nationalité de la société.

C. civ., art. 1837.

GAJC, t. 1, n° 24.

Signature

[Droit privé]

Paraphe manuscrit ou, lorsqu'elle est électronique, procédé fiable d'identification, garantissant son lien avec l'acte auquel elle s'attache. Elle constitue une condition de validité d'un acte juridique en identifiant celui qui l'appose, en manifestant son consentement aux obligations qui en découlent et en conférant l'authenticité à l'acte quand elle est apposée par un officier public.
La mention « lu et approuvé » précédant la signature d'un acte sous seing privé est dépourvue de toute portée juridique.

C. civ., art. 1316-4.

→ *Signature électronique.*

Signature des traités

[Droit international public]

Formalité qui constate l'accord intervenu au terme de la négociation sur le texte d'un traité, mais qui, sauf exceptions, ne lie pas normalement l'État.

→ *Accord en forme simplifiée, Ratification.*

Signature électronique

[Droit civil/Droit commercial]

À l'opposé de la signature manuscrite qui est réalisée par l'apposition du nom de famille, éventuellement du prénom, sur un support tangible (papier, toile), la signature électronique « consiste en l'usage d'un procédé fiable d'identification garantissant son lien avec l'acte auquel elle s'attache ». Il s'agit d'un code personnel comprenant des lettres, chiffres ou logos installé sur une carte à puce qu'il suffit à l'internaute d'insérer dans un lecteur connecté à un ordinateur pour opérer signature.

La fiabilité du procédé doit être attestée par une autorité de certification.

C. civ., art. 1316-4; CPC, art. 287 et 288-1.

Signature électronique sécurisée

[Droit civil/Droit commercial]

Signature électronique propre au signataire, qui doit être créée par des moyens sur lesquels le signataire exerce un contrôle exclusif et qui garantit, avec l'acte auquel elle s'attache, un lien tel que toute modification ultérieure de l'acte soit détectable (Décr. nº 2001-272 du 30 mars 2001, art. 1er, 2).

Signification

[Procédure civile]

Formalité par laquelle un plaideur porte à la connaissance de son adversaire un acte de procédure (assignation, conclusions) ou un jugement. Elle est toujours effectuée par un huissier de justice et délivrée au lieu où demeure le destinataire, à son lieu de travail, le cas échéant à son domicile élu.

L'acte judiciaire ou extrajudiciaire destiné à être notifié à une personne résidant habituellement à l'étranger est remis au parquet. Le procureur de la République fait parvenir sans délai les copies de l'acte au ministère de la justice aux fins de transmission.

CPC, art. 651 s., 683 s., 671 s.

[Procédure pénale]

En matière pénale la signification n'est utilisée que lorsque les jugements sont rendus en l'absence du prévenu (jugement par défaut ou réputé contradictoire en son absence). Elle est réalisée, à la requête du parquet, par huissier de justice. Afin d'améliorer l'efficacité des significations, l'huissier qui n'a pas pu délivrer l'exploit à son destinataire doit s'efforcer de faire connaître la décision en utilisant les autres moyens prévus par les textes (lettre recommandée avec accusé de réception, lettre simple, avis de passage).

C. pr. pén., art. 550 s.

→ *Notification.*

Silence

[Droit civil]

Fait de ne pas répondre à une offre de contrat.

En principe dépourvu de conséquences juridiques, il peut valoir acceptation en raison des circonstances : relations antérieures, usages de la profession, offre dans l'intérêt exclusif du destinataire.

GAJC, t. 2, nº 146.

Silence de l'Administration

[Droit administratif]

→ *Décision implicite de rejet, Décision implicite d'acceptation.*

Simulation

[Droit civil]

Accord entre contractants tendant à faire croire à l'existence d'une convention apparente ou simulée ne correspondant pas à

leur volonté véritable, exprimée par un acte tenu secret, dénommé contre-lettre.
Si la simulation porte sur l'existence même de l'acte apparent, elle rend le contrat fictif; si elle sert à en maquiller la nature juridique, il y a un déguisement; si elle a pour objet d'en déplacer les effets, elle réalise une *interposition de personne*.
La contre-lettre, obligatoire entre les parties, est inopposable aux tiers, à moins que ceux-ci trouvent intérêt à s'en prévaloir en agissant en déclaration de simulation.

C. civ., art. 1321.

GAJC, t. 2, n° 169 et 170.

→ *Acte apparent, Acte déguisé, Acte fictif, Acte secret, Apparence, Contre-lettre, Déguisement, Dissimulation, Prête-nom.*

Simulation d'enfant

[Droit pénal]

Infraction qui consiste, pour une femme qui n'a pas accouché, à se faire néanmoins reconnaître comme la mère d'un enfant. La dissimulation de sa maternité par la mère biologique est également incriminée.

C. pén., art. 227-13.

Ces 2 comportements, complémentaires dans la plupart des cas, étaient réprimés dans le Code pénal de 1810 sous la qualification de supposition d'enfant.

→ *Atteintes à la filiation, Part (Le).*

Sincérité budgétaire (Principe de)

[Droit financier ou fiscal]

Principe de valeur constitutionnelle, inspiré de la comptabilité commerciale, selon lequel les diverses catégories de *lois de finances* doivent présenter l'ensemble des ressources et des charges de l'État de manière complète, exacte et cohérente compte tenu des informations disponibles et des prévisions qui peuvent raisonnablement en découler lors de leur adoption, sans intention de fausser les grandes lignes de leur solde. Le Conseil constitutionnel se reconnaît seulement le droit de sanctionner les erreurs manifestes pouvant affecter le respect du principe. En matière de lois de règlement, le principe emporte en outre l'obligation de respecter l'exactitude des comptes qu'elles présentent.

Sine die

[Droit général]

Littéralement : « sans fixer de jour ». La locution, qui exprime l'indétermination temporelle, est surtout employée dans la langue diplomatique pour qualifier l'ajournement d'une conférence à une date qui n'est pas précisée, et dans le langage du palais lorsque, la juridiction ne statuant pas sur le siège, le jugement est renvoyé à plus tard, sans que soit précisé le jour où il sera prononcé, contrairement aux prescriptions du Code de procédure civile.

C. civ., art. 1901; CPC, art. 450.

Sionisme

[Droit constitutionnel]

Mouvement visant à la constitution d'un État juif en Palestine.

Sirene (Système informatique pour le répertoire des entreprises et des établissements)

[Sécurité sociale]

Système qui permet l'attribution à chaque entreprise ou établissement d'un numéro d'immatriculation.

→ *Siret.*

Siret

[Sécurité sociale]

Numéro comportant 14 chiffres se décomposant en un numéro d'identification de la personne (physique ou morale) qui gère l'entreprise (dit numéro *Sirene*) et en un numéro d'identification de l'établissement (dit numéro interne de classement NIC). Le numéro Sirene comporte 9 chiffres : les 8 premiers sont pris par l'INSEE dans une série unique au plan national, allant de 0 à 99 999 999; le 9e chiffre est une clé de contrôle. Le NIC comprend 5 chiffres. Les 4 premiers sont pris dans une série unique propre à l'entreprise pouvant aller de 0 à 9 999; le 5e chiffre est une clé de contrôle. Si l'entreprise ne comprend qu'un seul établissement, le NIC est 00001. Chaque établissement d'une même entreprise a donc un numéro Siret différent.

Situation juridique

[École civiliste]

On oppose souvent le *droit objectif* et les *droits subjectifs*. Il est plus juste d'opposer *la règle de droit*, générale et abstraite et les *situations juridiques* individuelles et concrètes.

On parle de situation juridique pour exprimer la situation dans laquelle se trouve une personne vis-à-vis des autres sujets de droit, sur le fondement des règles de droit.

Ainsi, un fait (accident, mort), un état (époux, enfant), un acte juridique (vente, donation), favorisent la naissance d'un faisceau de droits et de devoirs, de prérogatives et de charges au profit ou à l'encontre de la personne.

→ *Prérogatives et charges, Situations juridiques objectives, Situations juridiques subjectives.*

Situations juridiques objectives

[École civiliste]

Une situation juridique possède un caractère objectif toutes les fois qu'elle confère à ceux qui en sont investis davantage de devoirs que de droits; ainsi en va-t-il pour la situation résultant d'un mariage, d'une filiation, d'une incapacité (tutelle, curatelle).

Ces situations sont plus fréquentes en droit public et en droit pénal qu'en droit privé civil ou commercial.

[École publiciste]

Dans l'analyse du doyen Duguit : situations juridiques procédant directement de la norme juridique légale ou réglementaire, soit immédiatement, soit après intervention d'un *acte-condition*. Ces situations juridiques sont générales quant à leurs titulaires et permanentes. On les rencontre aussi bien en droit public (situation de l'électeur par ex.), qu'en droit privé (situation d'époux par ex.).

Situations juridiques subjectives

[École civiliste]

Les situations juridiques subjectives sont des situations d'où découlent pour leurs bénéficiaires des prérogatives qui sont à leur avantage et auxquels ils peuvent en principe renoncer.

Ces situations sont établies soit par un acte volontaire (un contrat par ex.), soit par la loi (ainsi l'usufruit légal, le droit de l'héritier).

Les situations subjectives correspondent aux droits réels, aux droits de créance, aux droits d'entreprise et de clientèle, aux droits universels portant sur l'ensemble d'un patrimoine, à certains droits extrapatrimoniaux, tels que le droit de réponse ou le droit moral sur une œuvre.

Les droits de la personnalité ne sont pas des droits subjectifs.

[École publiciste]

Dans l'analyse du doyen Duguit : situations juridiques procédant d'un acte à portée individuelle, qui peut être aussi bien un acte unilatéral qu'un contrat. Elles sont spéciales quant à leurs titulaires, et en règle générale, temporaires : après exécution des devoirs ou des droits qu'elles renferment, elles disparaissent (ex. : bénéficiaire d'un permis de construire).

Sociétaire

[Droit civil]

Membre d'une association (et non pas d'une société).

→ *Associé.*

Societas europea

[Droit commercial]

→ *Société européenne.*

Société

[Droit civil/Droit commercial]

Acte juridique par lequel 2 ou plusieurs personnes décident de mettre en commun des biens ou leur industrie (activité, compétence…) dans le but de partager les bénéfices, les économies ou les pertes qui pourront en résulter. Exceptionnellement, la création d'une société peut être le fait d'une seule personne.

→ *Société unipersonnelle.*

Ce mot désigne aussi la personne morale créée par ce contrat et dont le patrimoine est constitué par les biens apportés par chaque associé.

C. civ., art. 1832 s.; C. com., art. L. 210-1 s.

→ *Affectio societatis.*

Société à capital variable

[Droit commercial]

Société dont le capital n'est pas intangible. La variabilité du capital permet l'admission de nouveaux associés et la souscription de nouveaux apports, le retrait d'associés et la reprise de leurs apports.

→ *Capital social.*

Société anonyme (SA)

[Droit commercial]

Société commerciale dont le capital est constitué, par voie de souscription d'actions et dont les associés ne sont responsables du paiement des dettes sociales qu'à concurrence de leurs apports.

La société anonyme est une société par actions et une société de capitaux qui doit réunir au moins 7 personnes.

La société anonyme peut offrir des titres financiers au public.

C. com., art. L. 225-1 s.

Société à participation ouvrière

[Droit commercial]

Variante de société anonyme dans laquelle les salariés sont associés à la fois aux bénéfices et à la gestion de l'entreprise; les salariés reçoivent des actions et sont regroupés en une coopérative; ils participent par leurs représentants au conseil d'administration de la société, mais ils ne sont pas majoritaires, à la différence des coopératives ouvrières de production. Prévue par une loi de 1917, modifiée depuis, cette forme de société ne s'est pas développée.

C. com., art. L. 225-258 s.

Société à responsabilité limitée (SARL)

[Droit commercial]

Société commerciale dans laquelle la responsabilité pécuniaire des associés est limitée au montant de leurs apports.

Ceux-ci sont représentés par des parts sociales qui ne sont pas négociables et ne sont cessibles qu'à certaines conditions.

La SARL peut être créée par un seul associé (on l'appelle alors une EURL) et ne peut réunir plus de 100 associés.

C. com, art. L 223-1 s.

Société civile

[Droit civil/Droit commercial]

La société est civile lorsque la loi ne lui attribue pas un autre caractère à raison de sa forme, de sa nature, ou de son objet.

La société civile est une personne morale et doit être immatriculée au *Registre du commerce et des sociétés*. Les associés, à l'égard des tiers, répondent indéfiniment des dettes sociales à proportion de leur part dans le capital social à la date de l'exigibilité ou au jour de la cessation des paiements.

La société civile peut être seulement une société de moyens.

C. civ., art. 1845 s.

→ *Société civile professionnelle.*

Société civile de placement immobilier (SCPI)

[Droit civil]

Société dont l'objet exclusif est l'acquisition et la gestion d'un patrimoine immobilier locatif. La responsabilité des associés ne peut être mis en cause que si la société a été préalablement et vainement poursuivie et chaque associé n'engage sa responsabilité qu'à hauteur de sa part dans le capital social dans la limite de 2 fois cette part.

C. mon. fin., art. L. 214-50 s.

Société civile professionnelle (SCP)

[Droit civil/Droit commercial/Procédure civile]

Depuis la loi n° 879 du 29 novembre 1966, l'activité de certaines professions libérales (avocats, notaires, huissiers de justice, médecins, architectes) peut être exercée dans le cadre de sociétés civiles professionnelles dont les parts sont cessibles sous certaines conditions. Dans cette forme de société, les associés répondent indéfiniment des dettes sociales à l'égard des tiers à proportion de leur part dans le capital social.

La société civile professionnelle est caractérisée par la mise en commun de la clientèle, qui est en principe la clientèle de la société, et par la rémunération des associés qui ont seulement droit au partage des bénéfices tel qu'il est organisé par les statuts.

Pour les offices publics ou ministériels, la société peut, soit regrouper plusieurs professionnels, soit être titulaire de l'office.

Société commerciale de capitaux ou par actions

[Droit commercial]

Société constituée en considération des capitaux apportés, dans laquelle les parts d'associés appelées actions sont négociables et peuvent être librement transmises entre vifs et à cause de mort. Les actionnaires ne sont tenus du passif social que jusqu'à concurrence de leurs apports.

Sont des sociétés de capitaux la société anonyme, la société en commandite par actions et la société européenne.

C. com., art. L. 224-1 s.

Société commerciale de personnes ou par intérêt

[Droit commercial]

Société constituée *intuitu personae* c'est-à-dire en considération de la personne des associés, dans laquelle la part de chaque associé, appelée part d'intérêt, est en principe personnelle à l'associé et n'est pas cessible entre vifs ou ne l'est que dans certaines conditions (ex. : société en nom collectif, société en commandite simple).

Société coopérative

[Droit commercial]

Société civile ou commerciale dont les associés ont la qualité de salarié ou de client de cette société.

Société coopérative ouvrière de production

[Droit du travail]

→ *Coopérative ouvrière de production.*

Société créée de fait

[Droit civil/Droit commercial]

Société résultant du comportement de personnes qui ont participé ensemble à une œuvre économique commune dont elles ont partagé les profits et supporté les pertes, et se sont en définitive conduites comme des associés sans en avoir pleine conscience. Son régime est celui de la société en participation.

C. civ., art. 1873.

→ *Société de fait.*

Société d'acquêts

[Droit civil]

Clause parfois incluse dans un régime de séparation de biens et dont l'effet est de créer une masse commune administrée par le mari, composée des économies réalisées par les époux et partagée entre eux à la dissolution du régime.

Société d'aménagement foncier et d'établissement rural (SAFER)

[Droit rural]

Personne morale de droit privé à objet public et d'intérêt général dont la mission originelle était la mise en valeur des sols, aujourd'hui, acteur « multi-compétent » d'aménagement et de développement du territoire rural et forestier, participant également à la protection de l'environnement.

C. rur., art. L. 141-1 s. et R. 141-1 s.

Société d'attribution d'immeubles en jouissance à temps partagé

[Droit civil]

Société permettant à ses membres d'avoir une jouissance exclusive et successive sur un appartement pour une période limitée de l'année. Les associés n'acquièrent aucun droit de propriété ou autre droit réel en contrepartie de leurs apports ; ils sont seulement titulaires d'un droit personnel de séjour.

La société qui sert de cadre juridique à ce droit de jouissance périodique est régie par les règles de droit commun des sociétés civiles indépendamment des dispositions spécifiques de la loi n° 18 du 6 janvier 1986 (modifiée par la loi n° 888 du 22 juill. 2009 de modernisation des services touristiques), parmi lesquelles la limitation de la responsabilité des associés au montant de leur apport et la possibilité de se retirer de la société moyennant l'accord unanime des associés ou l'autorisation du juge pour justes motifs.

C. consom., art. L. 121-60.

→ *Jouissance à temps partagé.*

Société d'économie mixte (SEM)

[Droit administratif]

Société fondée sous un statut commercial et soumise aux règles du droit des affaires, mais associant dans des proportions très variables des capitaux d'origine publique toujours majoritaires (État, collectivités locales, établissements publics) et d'origine privée, et dont l'activité diffère profondément des unes aux autres.

Dans le secteur local, où elles servent souvent à réaliser des opérations d'aménagement de l'espace ou de construction immobilière, des dérives de l'institution ont été constatées, les SEM ayant parfois été utilisées pour faire délibérément échapper ces opérations aux règles – protectrices de l'intérêt public – de la comptabilité publique et des marchés publics, ce qui a provoqué une réaction du législateur.

CGCT, art. L. 1521-1 s.

Société de développement régional (SDR)

[Droit administratif]

Établissement à capitaux mixtes, créé sous forme de société anonyme, en vue de pallier l'insuffisance de financement d'entreprises régionales, notamment nouvelles, n'ayant pas une dimension suffisante pour accéder efficacement au marché financier.

La SDR octroie sa garantie aux emprunts lancés par les entreprises.

CGCT, art. L. 4253-3.

Société de fait

[Droit civil/Droit commercial]

Une société de fait est une société qui a fonctionné en dépit d'une cause de nullité qui menaçait son existence.

On emploie également cette expression, mais à tort, lorsque 2 ou plusieurs personnes, sans avoir fondé entre elles une société, se comportent en fait comme des associés : il s'agit en réalité d'une *société créée de fait*.

Société civile de moyens (SCM)

[Droit civil/Procédure civile]

Société constituée entre des personnes physiques ou morales exerçant des professions libérales, notamment les officiers publics et ministériels, dont l'objet exclusif est de faciliter à chacun de leurs membres l'exercice de son activité par la mise en commun de moyens utiles à la pratique de leur profession, sans que la société puisse exercer celle-ci (L. n° 879 du 29 nov. 1966, art. 36).

Les associés sont indéfiniment responsables des dettes sociales, mais conjointement, non solidairement, à la différence des associés des sociétés civiles professionnelles.

Société de participations financières de professions libérales

[Procédure civile]

Société ayant pour objet la détention des parts ou d'actions de sociétés d'exercice libéral d'une même profession, ainsi que la participation à tout groupement de droit étranger visant à l'exercice de la même profession. Une telle société peut être constituée entre personnes physiques ou morales exerçant une ou plusieurs professions libérales soumises à un statut législatif ou réglementaire ou dont le titre est protégé.

Plus de la moitié du capital et des droits de vote doit être détenue par des personnes exerçant la même profession que celle exercée par la société faisant l'objet de la détention des parts ou actions (L. n° 90-1258 du 31 déc. 1990, art. 31-1).

Société de perception et de répartition des droits d'auteur

[Droit civil]

Société civile constituée entre des auteurs, des artistes-interprètes, des producteurs de phonogrammes ou de vidéogrammes, des éditeurs, ou leur ayant droit en vue d'une gestion collective des droits d'auteur et des droits voisins.

CPI, art. L. 321-1 s.

Société de ventes volontaires de meubles aux enchères publiques

[Droit civil/Procédure civile]

Société de forme commerciale devant être agréée par le *Conseil des ventes volontaires de meubles aux enchères publiques*, ayant pour objet exclusif l'estimation de biens mobiliers, l'organisation et la réalisation de ventes volontaires aux enchères publiques des meubles d'occasion vendus au détail ou par lot, mais pouvant proposer au vendeur de procéder à une vente de gré à gré lorsque le bien n'a pas trouvé d'acquéreur lors de l'adjudication. Elle agit comme mandataire du propriétaire du bien et n'est pas habilitée à acheter ou à vendre directement ou indirectement pour son propre compte des biens meubles proposés à la vente aux enchères publiques. Elle doit comprendre parmi ses associés, dirigeants ou salariés, au moins une personne habilitée à diriger les ventes.

C. com., art. L. 321-4 s.

→ *Commissaire-priseur habilité, Vente aux enchères.*

Société des Nations

[Droit international public]

Organisation internationale à vocation universelle créée à la fin de la Guerre de 14-18 en vue d'assurer la sécurité collective (limitation du recours à la guerre, désarmement, règlement pacifique des conflits, sanctions en cas d'agression). Siégeait à Genève. Dissoute en 1946.

→ *Organisation des Nations Unies.*

Société d'exercice libéral (SEL)

[Droit civil/Droit commercial/Procédure civile]

La loi n° 1258 du 31 décembre 1990 a autorisé la création de sociétés d'exercice libéral pour les professions soumises à un statut législatif ou réglementaire, ou dont le titre est protégé (ainsi celles d'avocat, d'officier public ou ministériel, de médecin, d'architecte).

Ces sociétés groupent en principe des membres d'une même profession, mais il est possible qu'une telle société réunisse des membres de professions libérales distinctes, mais appartenant à la même famille (activités juridiques, par ex., ou médicales).

Ces sociétés peuvent être de 2 types différents :

1° sociétés d'exercice libéral *inspirées de certaines formes de sociétés commerciales.* Il en existe 4 catégories : sociétés à responsabilité limitée (SELARL), sociétés à forme anonyme (SELAFA), sociétés en commandite par actions (SELCA) ou société par actions simplifiée (SELAS). Des précautions sont prises pour conserver, sur le plan financier, la maîtrise des professionnels (conditions spécifiques de détention du capital et de cession des droits d'associés) et pour que la nature de la société soit mentionnée dans tous les écrits qui émanent de ses membres.

2° Sociétés *inspirées du droit civil.* Il peut être constitué une *société en participation* dans laquelle les associés sont tenus solidairement et indéfiniment vis-à-vis des tiers des engagements pris par chacun d'eux en qualité d'associés.

Société d'intérêt collectif agricole (SICA)

[Droit rural]

Société agricole coopérative dérogatoire au droit commun des coopératives dont le but est de permettre l'association d'intérêts agricoles et d'intérêts industriels et commerciaux dans une même structure en vue de développer des projets agroalimentaires.

C. rur., art. L. 531-1 s.

Société d'investissement

[Droit commercial]

Société dont l'objet est de gérer un portefeuille de valeurs mobilières, composé de titres émanant de multiples sociétés, en respectant le principe de division des risques. Elle peut être constituée à capital variable (SICAV).

C. mon. et fin., art. L. 214-1 s.

Société en commandite par actions (SCA)

[Droit commercial]

Société de capitaux comprenant 2 catégories d'associés : les commandités, considérés comme des associés en nom collectif, et les commanditaires, dont la situation peut être assimilée à celle des actionnaires de société anonyme.

C. com., art. L. 226-1 s.

→ *Actionnaire.*

Société en commandite simple (SCS)

[Droit commercial]

Société de personnes composée de 2 groupes d'associés : les commandités, assimilables à des associés en nom collectif (commerçants, personnellement et solidairement responsables de tout le passif social); les commanditaires, qui ne sont pas commerçants et ne sont responsables que dans la limite de leurs apports, et dont les parts sociales sont rarement cessibles et transmissibles, en raison de l'*intuitus personae*.

C. com., art. L. 222-1 s.

Société en nom collectif (SNC)

[Droit commercial]

Société constituée entre 2 ou plusieurs personnes ayant la qualité de commerçantes, tenues personnellement et solidairement de toutes les dettes sociales et auxquelles sont attribuées des parts d'intérêts qui ne peuvent être cédées qu'avec le consentement de tous les associés.

La société en nom collectif est une société commerciale par la forme.

C. com., art. L. 221-1 s.

Société en participation

[Droit civil/Droit commercial/Procédure civile]

La société en participation est un mode de collaboration économique par création d'une société sans personnalité morale, non soumise à publicité et pouvant demeurer occulte.

La loi n° 1258 du 31 décembre 1990 a autorisé cette forme pour les *sociétés d'exercice libéral* (art. 22 et 23). Mais, dans ce domaine particulier, la société doit avoir une dénomination et être publiée.

C. civ., art. 1871 à 1872-2.

→ *Société d'exercice libéral (SEL).*

Société entre époux

[Droit civil/Droit commercial]

Société comprenant parmi ses associés 2 conjoints. La société entre époux fut longtemps réglementée en raison des dangers qu'elle comporte; cette réglementation restrictive a aujourd'hui disparu.

C. civ., art. 1832-1 et 1832-2.

Société européenne

[Droit commercial]

Forme particulière de société par actions, rattachée à l'ordre juridique communautaire et susceptible d'être domiciliée dans l'un quelconque des États membres.

Cette société, dénommée *societas europaea*, peut être constituée par fusion de 2 ou plusieurs sociétés anonymes, création d'une société holding, création d'une filiale commune, ou transformation d'une ou plusieurs sociétés anonymes en société européenne.

C. com., art. L. 229-1 s.

Société financière internationale

[Droit international public]

Institution spécialisée des Nations unies (filiale de la BIRD), créée en 1956 en vue de contribuer au développement économique en investissant des fonds sans garantie gouvernementale dans des entreprises privées de régions sous-développées. *Siège :* Washington.

Société mixte d'intérêt agricole (SMIA)

[Droit rural]

Société agricole, de forme commerciale, cherchant à associer des intérêts agricoles et commerciaux, et ayant pour objet la préservation des intérêts agricoles dans la filière agroalimentaire.

C. rur., art. L. 541-1 s.

Société par actions

[Droit commercial]

→ *Société commerciale de capitaux ou par actions.*

Société par actions simplifiée (SAS)

[Droit commercial]

Société par actions susceptible d'être constituée par une ou plusieurs personnes qui n'engagent leur responsabilité qu'à hauteur de leur apport. L'originalité de la SAS réside dans l'extrême liberté d'organisation octroyée aux associés : c'est une société-contrat qui confère à ce groupement la nature d'une société de personnes.

La SAS ne peut pas offrir ses titres financiers au public, sauf si ses offres sont réservées à des investisseurs qualifiés ou à un cercle restreint d'investisseurs, ou portent sur des titres exclus du champ des offres de titres financiers au public.

C. com., art. L. 227-1 s.

Société politique

[Droit constitutionnel]

Ensemble des groupes sociaux (familles, entreprises, etc.) et dans lequel le destin des hommes est envisagé globalement.

Les sociétés politiques ont revêtu diverses formes (cité, seigneurie, empire...). Aujourd'hui la forme dominante est l'État-nation.

Société publique locale

[Droit administratif/Droit commercial]

Type de société introduit par une loi du 28 mai 2010 pour faciliter, dans une perspective d'harmonisation européenne, l'action des collectivités territoriales.

Société anonyme créée par des collectivités ou groupements de collectivités afin notamment de réaliser une opération d'aménagement ou d'exploiter un service public industriel et commercial.

Société unipersonnelle

[Droit civil/Droit commercial]

Une société peut parfois résulter de la volonté d'une seule personne : tel est le cas de l'*entreprise unipersonnelle à responsabilité limitée (EURL)*, de la *société par action simplifiée (SAS)* et de l'*entreprise agricole à responsabilité limitée (EARL)*.

C. civ., art. 1832, al. 2 et 1844-5; C. rur., art. L. 324-1 s.; C. com., art. L. 227-1.

Sociologie juridique (ou Sociologie du droit)

Branche de la sociologie qui prend les phénomènes juridiques pour objet d'étude.

Socrates

[Droit européen]

Nom du programme européen en matière d'éducation favorisant la coopération, les échanges et la mobilité entre établissements, enseignants et jeunes. A remplacé le programme Érasmus au 1er janvier 1995.

Soins palliatifs

[Droit civil]

Soins actifs et continus pratiqués par une équipe interdisciplinaire en institution ou à domicile et qui visent à soulager la douleur, à apaiser la souffrance psychique, à sauvegarder la dignité de la personne malade, le plus souvent en fin de vie, et à soutenir son entourage.

CSP, art. L. 1110-10.

→ *Affection grave et incurable, Atteinte à la dignité de la personne, Corps humain, Fin de vie, Inviolabilité du corps humain.*

Soit-communiqué (Ordonnance de)

[Procédure pénale]

Acte par lequel le juge d'instruction transfère le dossier d'une affaire au procureur de la République, afin d'obtenir de lui ses réquisitions.

C. pr. pén., art. 86 et 175.

Soldes

[Droit commercial]

Ventes accompagnées ou précédées de publicité et annoncées comme tendant, par une réduction de prix, à l'écoulement accéléré de marchandises en stock. Ces ventes ne peuvent être réalisées qu'au cours d'une période déterminée par le préfet, 2 fois par an pendant une durée de 6 semaines.

C. com., art. L. 310-3.

Solennel (Acte)

[Droit civil]

→ *Acte solennel.*

Solidarité

[Droit civil]

On distingue la solidarité active et la solidarité passive.

Il y a *solidarité active* lorsque l'un quelconque des créanciers d'un même débiteur peut exiger de ce dernier le paiement de la totalité de la créance, sans avoir reçu mandat des autres, le bénéfice de l'obligation étant partageable entre les divers créanciers.

C. civ., art. 1197.

Il y a *solidarité* passive lorsque le créancier peut exiger de l'un quelconque de ses débiteurs le paiement de la totalité de sa créance, sauf le recours entre les débiteurs.

C. civ., art. 220, 389-5, 575-4 et 1200 s.

→ *Obligation solidaire.*

[Procédure civile]

En cas de solidarité entre plusieurs parties, l'appel formé par l'une d'elles, dans les délais, conserve le droit d'appel des autres; mais celles-ci doivent se joindre à l'instance.

L'appel dirigé contre un codébiteur solidaire, dans les délais, réserve à l'appelant la faculté d'appeler à l'instance les autres codébiteurs.

La cour peut ordonner d'office la mise en cause de tous les co-intéressés.

CPC, art. 529 et 552.

Solidarité ministérielle

[Droit constitutionnel]

Principe du régime parlementaire qui veut que, les décisions importantes étant délibérées en commun par les ministres, chacun d'eux supporte la responsabilité des décisions arrêtées par le gouvernement (même s'il les a combattues) et ne peut l'éluder qu'en démissionnant.

Solidarité pénale

[Droit pénal]

Règle selon laquelle les participants à une infraction (crime-délit-contravention de cinquième classe) sont tenus de plein droit, chacun pour la totalité, des conséquences civiles (dommages et intérêts, restitutions) de leurs agissements délictueux. Les amendes pénales restent personnelles.

Néanmoins, la juridiction répressive peut par décision spécialement motivée décider qu'il y aura solidarité pour les amendes lorsque le prévenu s'est entouré de coauteurs ou de complices insolvables.

C. pr. pén., art. 375-2, 480-1 et 543.

Solvabilité

[Droit civil]

→ *Insolvabilité.*

Solvens

[Droit civil]

Celui qui effectue le paiement d'une obligation.

→ *Accipiens.*

Sommation

[Procédure civile]

Acte d'*huissier de justice* enjoignant à un débiteur de payer ce qu'il doit ou d'accomplir l'acte auquel il s'est obligé, mais ne reposant pas sur un titre exécutoire.

→ *Commandement.*

Sommation interpellative

[Procédure civile]

À la différence de la simple *sommation* qui a pour finalité l'exécution d'une obligation, la sommation interpellative vise à la constitution d'une preuve. L'huissier interroge soit la partie adverse pour lui faire préciser certains faits avec l'espoir d'obtenir un aveu, soit un tiers dont les déclarations peuvent être de nature à établir la véracité des faits allégués. La réponse faite à l'interpellation est consignée dans un procès-verbal.

Somme isolée

[Sécurité sociale]

Toute rémunération autre que la rémunération habituelle qui est versée au bénéficiaire du régime de retraite des cadres le jour de son départ de l'entreprise ou postérieurement.

Sommier de police technique

[Procédure pénale]

Fichier central de la police nationale tenu par le ministre de l'Intérieur constitué par l'ensemble des fiches du casier judiciaire constatant une condamnation à une peine privative de liberté pour crime ou délit, adressée par le greffier de la juridiction ayant prononcé la sanction.

C. pr. pén., art. 773-1 et R. 75-1.

Sondage

[Droit constitutionnel]

Enquête d'opinion permettant au moyen d'un échantillon représentatif de connaître la position des citoyens sur telle question ou telle personnalité. Les sondages deviennent si fréquents qu'ils exercent une influence très forte sur les décisions des gouvernants (république des sondages, démocratie d'opinion) reconstituant les conditions d'une permanente agora.

Sonorisations et fixations d'images de certains lieux ou véhicules

[Procédure pénale]

Mesure d'instruction consistant dans la mise en place dans un lieu privé ou dans un véhicule d'un dispositif technique, sans le consentement des intéressés, destiné à capter, fixer, transmettre ou enregistrer les paroles prononcées par les personnes se trouvant dans ces lieux ou l'image de ces personnes. La mesure qui ne concerne que la délinquance organisée est prise par ordonnance motivée du juge d'instruction et sous son contrôle notamment pour l'installation du dispositif.

C. pr. pén., art. 706-96 s.

GAPP n° 17.

Souche

[Droit civil]

Auteur commun à plusieurs personnes dans le droit des successions. En cas de *représentation* (droit civil, 2e *sens*), les représentants d'un même héritier prédécédé qui constitue la souche recueillent collectivement sa part. À l'intérieur d'une souche, le partage se fait par tête.

C. civ., art. 753 et 827.

→ *Tête (Par).*

Soulte

[Droit civil]

Somme d'argent que doit verser un copartageant ou un échangiste aux autres parties, lorsque les lots ou les biens échangés sont inégaux en valeur.

C. civ., art. 826, 828, 832-4 et 1407.

Sources du droit

[Droit général]

Terme générique, souvent employé, désignant l'ensemble des règles juridiques applicables dans un État à un moment donné. Dans nos pays de droit écrit, les principales sont des textes, tels que les traités internationaux, les constitutions, les lois, les règlements; mais d'autres, telles que la coutume, les principes généraux du droit consacrés par la jurisprudence – parfois inspirée par la doctrine des auteurs – jouent un rôle plus ou moins grand selon la matière.

GAJC, t. 1, n° 1.

Souscription

[Droit commercial]

Acte juridique de nature controversée par lequel une personne s'engage à faire partie d'une société en apportant une somme en principe égale au montant nominal de son titre.

Souscription d'actions

[Droit commercial]

Acte juridique par lequel une personne s'engage, pour faire partie d'une société, à apporter une somme en principe égale au montant nominal de son titre.

La libération, c'est-à-dire le versement effectif de l'apport promis, fera suite à la souscription.

C. com., art. L. 225-3.

→ *Libération d'actions.*

Sous-location

[Droit civil]

Contrat par lequel le locataire d'un immeuble le donne à bail à un tiers appelé sous-locataire; le premier preneur est dit locataire principal. Dans le bail d'habitation de la loi n° 462 du 6 juillet 1989, le locataire ne peut pas sous-louer le logement sauf l'accord écrit du bailleur, alors que dans le droit commun du louage de choses, le preneur a le droit de sous-louer si cette faculté ne lui pas été interdite.

C. civ., art. 1717.

GAJC, t. 2, n° 273.

Sous-ordre

[Procédure civile]

Procédure par laquelle les créanciers d'une personne bénéficiaire d'une collocation dans un ordre, se partagent le montant de cette somme.

Sous-préfet

[Droit administratif]

Fonctionnaire d'État en fonction dans chaque *arrondissement* (*sens n° 1*) autre que celui du chef-lieu du département, le sous-préfet exerce sous l'autorité du préfet dont il peut recevoir des *délégations de signature* – un rôle de coordination de l'action des *services déconcentrés de l'État*, en même temps qu'il joue à l'égard des communes un double rôle de conseil et de *contrôle de légalité*.

Soustraction de mineurs

[Droit pénal]

Infraction consistant dans le fait de soustraire un enfant mineur des mains de ceux qui exercent l'autorité parentale ou auxquels il a été confié ou chez qui il a sa résidence habituelle. Le fait est moins sévèrement réprimé lorsqu'il est réalisé par un ascendant.

C. pén., art. 227-7 et 8.

Sous-traitance

[Droit commercial]

Opération par laquelle un entrepreneur (donneur d'ordre) recourt à un tiers (sous-traitant) pour réaliser, sur ses ordres et spécifications, tout ou partie des biens, objets ou marchandises qu'il doit fournir ou vendre à ses propres clients.

GAJC, t. 2, n° 275.

[Droit du travail]

Technique de production ou de fourniture de services par laquelle une entreprise principale conclut un contrat avec un sous-entrepreneur ou sous-traitant, qui s'engage à effectuer tout ou partie de la prestation avec une main-d'œuvre qu'il recrute. Afin d'éviter certains abus au préjudice des salariés, le Code du travail réglemente la sous-traitance et parfois la sanctionne par assimilation au *marchandage*.

Souvenirs de famille

[Droit civil]

Objets divers (décorations, portraits et photographies d'ancêtres, armes, manuscrits, bijoux) dont la valeur est essentiellement morale et qui font partie d'une sorte de copropriété indivise familiale. Ils échappent aux règles de dévolution successorale, n'étant confiés à l'un des parents qu'à titre de dépôt, non de propriété; ils doivent être exceptés de l'aliénation du mobilier que le juge des tutelles peut autoriser en cas de besoin; ils sont déclarés insaisissables; et, dans les rapports entre époux, leur remise n'est faite qu'à titre de prêt à usage, obligeant à restitution à la famille en cas de divorce.

C. civ., art. 426.

GAJC, t. 1, n° 92 et 98.

→ *Biens de famille.*

Souveraineté de l'État

[Droit constitutionnel/Droit international public]

1° *Sens initial* : caractère suprême du pouvoir étatique.

2° *Sens dérivé* : le pouvoir étatique lui-même, pouvoir de droit (en raison de son institutionnalisation) originaire (c'est-à-dire ne dérivant d'aucun autre pouvoir) et suprême (en ce sens qu'il n'a pas d'égal dans l'ordre interne ni de supérieur dans l'ordre international, où il n'est limité que par ses propres engagements et par le droit international). La doctrine classique, aujourd'hui contestée, fait de la souveraineté le critère de l'État.

Souveraineté nationale

[Droit constitutionnel]

Souveraineté dont le titulaire est la nation, entité collective indivisible et donc distincte des individus qui la composent. Conception consacrée par la Révolution de 1789 dans le but de restreindre le rôle des citoyens, mal préparés à la vie politique : ne détenant comme tels aucune parcelle de la souveraineté, ils n'ont aucun droit propre à participer à son exercice (possibilité d'établir le suffrage restreint, condamnation du mandat impératif).

→ *Électorat, Mandat politique.*

Souveraineté populaire

[Droit constitutionnel]

Souveraineté dont le titulaire est le peuple considéré comme la totalité concrète des citoyens, qui en détiennent chacun une fraction. Conception formulée par J.-J. Rousseau dans le *Contrat social*, et dont les conséquences sont le suffrage-droit (nécessairement universel) et la démocratie directe (l'élection de députés n'étant qu'un pis-aller qui doit être corrigé par l'admission du mandat impératif et le recours aux procédés de la démocratie semi-directe).

→ *Électorat, Mandat politique.*

Soviet

[Droit constitutionnel]

Terme russe pour désigner une assemblée.

Speaker

[Droit constitutionnel]

Nom donné aux présidents des assemblées parlementaires en Grande-Bretagne et au président de la Chambre des représentants aux États-Unis.

→ *Whip.*

Specialia generalibus derogant

[Droit général]

Les lois spéciales dérogent aux lois qui ont une portée générale.

→ *Generalia specialibus non derogant.*

Spécialité (Principe de)

[Droit administratif]

Principe selon lequel les personnes publiques autres que l'État n'ont vocation à prendre en charge que les activités en vue desquelles elles ont été créées.

Ce principe est interprété souplement pour les *collectivités territoriales*, et beaucoup plus étroitement pour les *établissements publics*, d'ailleurs qualifiés parfois de « personnes morales spéciales ».

[Droit financier ou fiscal]

Principe du droit budgétaire recouvrant une double exigence : les crédits budgétaires ne peuvent être utilisés que pour exécuter les dépenses en vue desquelles ils ont été ouverts par le budget (spécialité d'objet) et qui se rattachent à l'année budgétaire en cours (spécialité temporelle, ou d'*exercice*).

Spécification

[Droit civil]

Création d'une chose nouvelle par le travail d'un artisan appliqué à une matière qui ne lui appartient pas. La chose nouvelle est attribuée, par accession, au propriétaire de la matière, à charge pour lui de rembourser le prix de la main-d'œuvre; à moins que la valeur de la main-d'œuvre ne dépasse de beaucoup celle de la matière employée, auquel cas c'est l'ouvrier qui devient propriétaire moyennant remboursement du prix de la matière.

C. civ., art. 570 et 571.

→ *Accession.*

Spoliatus ante omnia restituendus

[Droit civil/Procédure civile]

Celui qui a été spolié, dépouillé, doit, avant tout, être remis en possession.

CPC, art. 1264.

→ *Réintégrande.*

Sponsor

[Droit privé]

→ *Sponsorisme ou sponsoring.*

Sponsorisme ou *Sponsoring*

[Droit privé]

Contrat par lequel un industriel – le *sponsor* – finance une activité principalement sportive mais aussi culturelle, artistique ou scientifique en échange d'une prestation publicitaire accomplie par le *sponsoré* pour le compte de sa marque. Le financement peut revêtir différentes modalités (fourniture de matériel, versements forfaitaires ou périodiques…) comme la publicité, différentes formes (outre le port de la marque sur tous les équipements, participation aux actions de promotion à la radiotélévision, à telle ou telle épreuve ou manifestation correspondant à l'activité…). Le sponsorisme à l'étymologie latine (*sponsor* = caution, garant) est une technique de publicité importée des États-Unis, qui se distingue du mécénat et du simple patronage.

Stabilité (Programme de)

[Droit financier ou fiscal/Droit européen]

Programme, couvrant une période de 3 ans, que chaque État de l'Union européenne ayant accédé à l'usage de l'*euro* doit présenter en début d'année à la *Commission européenne* pour exposer, dans le cadre de ses projections économiques nationales, la stratégie qu'il se propose de suivre en matière de finances publiques globales (État, collectivités territoriales, régimes sociaux) pour respecter les objectifs du *Pacte de stabilité et de croissance*.

Si le contenu de ce programme, ou son exécution, s'éloigne des exigences du Pacte, le *Conseil* peut adresser à l'État des avis ou des recommandations pour que celui-ci prenne des mesures correctrices.

Stage

[Droit du travail]

Période pendant laquelle une personne est accueillie en entreprise en vue de compléter sa formation professionnelle. Le stagiaire n'est pas, en tant que tel, titulaire d'un contrat de travail. L'Éducation nationale, par le contenu de certains diplômes, favorise la conclusion des stages en entreprise.

Stage de citoyenneté

[Droit pénal]

Peine correctionnelle consistant, pour le condamné, à accomplir un stage dont l'objet est de lui rappeler les valeurs républicaines de tolérance et de respect de la dignité humaine sur lesquelles est fondée la société, de lui faire prendre conscience de sa responsabilité pénale et civile et des devoirs qu'implique la vie en société, tout en visant à favoriser son insertion sociale. Ce stage doit être accepté par le prévenu. Il peut être financé par lui, si la juridiction le précise, pour un coût qui ne peut excéder le montant de l'amende contraventionnelle de 3e classe.

C. pén., art. 131-5-1 et R. 131-35.

Stage de formation civique

[Droit pénal]

Sanction éducative prononcée par le tribunal pour enfants et visant les mineurs de 10 à 18 ans, se traduisant par l'obligation de suivre un stage d'une durée maximale d'un mois, dont le but est de rappeler à ces mineurs les obligations résultant de la loi, prendre conscience de leur responsabilité pénale et civile et les devoirs qu'implique la vie en société.

Stage de responsabilité parentale

[Droit pénal]

Peine complémentaire ayant pour objet de rappeler au condamné les obligations juridiques, économiques, sociales et morales qu'implique l'éducation d'un enfant. Les frais de stage peuvent être mis à la charge du condamné sans que le montant ne puisse excéder l'amende encourue pour les contraventions de troisième classe.

C. pén., art. 131-35-1 et R. 131-48 s.

Stage de sensibilisation à la sécurité routière

[Droit pénal]

Peine complémentaire dont l'objet est d'éviter la réitération des comportements dangereux sur la route. Il consiste en une formation qui porte sur les facteurs généraux de l'insécurité routière et l'analyse de situations ou de facteurs générateurs d'accidents de la route. Les frais de stage sont à la charge du condamné sans que le montant ne puisse excéder l'amende encourue pour les contraventions de troisième classe.

C. pén., art. 131-35-1; C. route, art. R. 223-5 s.

Stage de sensibilisation aux dangers de l'usage de produits stupéfiants

[Droit pénal]

Peine complémentaire ayant pour objet de faire prendre conscience au condamné, des conséquences dommageables pour la santé humaine et pour la société, de l'usage de tels produits. Les frais de stage peuvent être mis à la charge du condamné sans que le montant ne puisse excéder l'amende encourue pour les contraventions de troisième classe.

C. pén., art. 131-35-1 et R. 131-46 s.

Stagflation

[Droit financier ou fiscal]

Situation de déséquilibre économique et monétaire dans laquelle l'inflation s'accompagne d'une stagnation économique (faiblesse, voire baisse, de la production et de l'emploi).

Standards juridiques

[Droit général]

Termes difficiles à définir avec précision, issus du vocabulaire juridique anglo-saxon, désignant le renvoi fait – notamment dans certains textes – à un comportement considéré correspondre à ce qui est communément admis en la matière par le groupe social à un moment donné (ex. : les *bonnes mœurs*, la *bonne foi*, le *bon père de famille*, les règles de l'art dans l'exécution d'un travail). En cas de litige, ce comportement type servira de référence au juge pour apprécier le comportement effectif qu'a eu la personne mise en cause devant lui. Le caractère flou et évolutif de ce concept confère de la souplesse à l'application de ces textes, en laissant aux juges une assez grande liberté d'appréciation dans les affaires qui leur sont soumises.

Staries

[Droit maritime]

Nombre de jours stipulés dans la convention passée entre un fréteur et un affréteur pour le chargement et le déchargement de marchandises, au-delà desquels l'affréteur devra verser au fréteur une indemnité par jour de retard : les *surestaries*.

Statu quo

[Droit général]

Raccourci de *in statu quo ante* (dans l'état où les choses étaient auparavant), utilisé pour désigner soit le maintien de la situation actuelle, soit le rétablissement de la situation préexistante.

Statut (fonction publique)

[Droit administratif]

Dans le droit de la *fonction publique*, ensemble des règles définissant les droits et obligations de l'ensemble des *fonctionnaires* (sous certaines exceptions) ou de certaines catégories d'entre eux. On distingue essentiellement un statut général et des statuts particuliers, ceux-ci pouvant contenir des dispositions dérogatoires à celui-là.

Statut consultatif

[Droit international public]

Statut conféré par une organisation intergouvernementale (ONU et institutions spécialisées notamment) à une *organisation non gouvernementale* qu'elle veut associer à titre consultatif à ses travaux.

Statut de la Cour de justice

[Droit européen]

Protocole annexé aux traités, détaillant les règles d'organisation et de fonctionnement de la Cour de justice. À l'exception de son titre I (statut des juges et des avocats généraux) et du régime linguistique, il peut être modifié par le Conseil et le Parlement.

→ *Cour de justice de l'Union européenne, Règlement de procédure.*

Statut personnel

[Droit international privé]

Ensemble des règles juridiques concernant l'état et la capacité des personnes.

C. civ., art. 3, al. 3.

GADIP n° 1, 5, 12, 28 et 38-39.

Statut réel

[Droit international privé]

Ensemble de règles juridiques régissant la condition des biens.

C. civ., art. 3, al. 2.

GADIP n° 3, 14, 18 et 48.

Statuts

[Droit civil/Droit commercial]

Acte constitutif d'une société ou d'une association rédigé par écrit comportant un certain nombre de mentions obligatoires qui posent les objectifs ainsi que les règles de fonctionnement de la société ou de l'association.

C. civ., art. 1835; C. com., art. L. 210-2 et 210-7.

Stellionat

[Droit civil]

Fraude consistant à vendre un immeuble dont on n'est plus propriétaire, ou à l'hypothéquer une seconde fois à l'insu du créancier précédent, ou encore à le présenter comme libre d'hypothèque alors qu'il en est grevé. Ce délit civil a perdu tout intérêt depuis l'instauration d'une publicité obligatoire pour les aliénations immobilières et les constitutions d'hypothèque.

Stimson (Doctrine de)

[Droit international public]

Du nom de son promoteur, Secrétaire d'État des États-Unis. Doctrine préconisant la non-reconnaissance des situations de fait établies contrairement au droit international. Formulée en 1932 lors de la création du Mandchoukouo par le Japon au cours de la guerre sino-japonaise et approuvée par la SDN, la doctrine Stimson s'est dans l'ensemble soldée par un échec.

Stipulation

[Droit privé]

Expression de la volonté énoncée dans une convention. Le législateur *dispose* et les parties *stipulent*.

Stipulation *post mortem*

→ *Promesse post mortem.*

Stipulation pour autrui

[Droit civil]

Contrat par lequel une personne, appelée stipulant, obtient d'une autre, le promettant, qu'elle exécute une prestation au profit d'une troisième appelée tiers bénéficiaire. La stipulation devient irrévocable par l'acceptation du bénéficiaire qui dispose à partir de ce moment d'un droit direct contre le promettant.

Dans l'assurance sur la vie, l'acceptation est faite par un avenant signé de l'entreprise d'assurance, du stipulant et du bénéficiaire.

C. civ., art. 1121.

GAJC, t. 2, n° 171, 172 et 277-279.

Stock-options

[Droit commercial]

→ *Options de souscription ou d'achat d'actions.*

Stricto sensu

« Au sens étroit ».

Utilisation stricte et littérale d'une disposition légale, réglementaire, conventionnelle ou d'un mot.

→ *Lato sensu.*

Stupéfiants (Trafic et usage de)

[Droit pénal]

Infractions résultant de différentes activités relatives à des substances ou plantes classées comme stupéfiants et plus communément nommées drogues.

CSP, art. L. 5131-1 à 5131-9.

Sont ainsi réprimés et qualifiés crimes : la direction ou l'organisation de groupements ayant pour objet le trafic, la production ou la fabrication illicites des stupéfiants, l'importation ou l'exportation illicites en bande organisée; qualifiés délits : l'importation, l'exportation, le transport, la détention, l'offre, la cession, l'acquisition ou l'emploi illicites, la facilitation de l'usage illicite, la provocation de mineur à l'usage illicite, l'obtention ou la délivrance des mêmes produits par des ordonnances fictives, le blanchiment par tout moyen du produit du trafic, la provocation à l'usage ou au trafic de stupéfiants, la cession ou l'offre pour la consommation personnelle, l'usage aux fins de toxicomanie. Cette dernière infraction obéit à un régime de poursuite particulier destiné à favoriser mesures thérapeutiques et surveillances médicales et ainsi à échapper à toute sanction.

C. pén., art. 222-34 s.; CSP, art. L. 3421-1.

Subordination

[Droit du travail]

En tant que critère du contrat de travail, la subordination est un état caractérisé par un travail sous l'autorité d'un employeur qui a le pouvoir de donner des ordres et des directives, d'en contrôler l'exécution et de sanctionner les manquements de son subordonné. En droit positif, le travail au sein d'un service organisé a été reconnu comme un indice possible de la subordination lorsque l'employeur détermine unilatéralement les conditions d'exécution du travail. Constituant une catégorie juridique, la subordination se distingue de la *dépendance économique* qui repose sur une autre analyse des relations interpersonnelles. La subordination est aussi un effet du contrat de travail et caractérise alors le lien existant entre l'employeur et le salarié dans l'exécution du contrat, conférant à l'employeur un pouvoir juridique de direction.

GADT n° 2-3.

Subornation de témoin

[Procédure civile/Procédure pénale]

Actions diverses exercées sur autrui, au cours d'une procédure ou en vue d'une demande ou défense en justice, pour le déterminer, soit à faire ou délivrer une déposition, une déclaration ou une attestation mensongère, soit à s'abstenir d'une telle activité. La subornation est une infraction pénale qu'elle soit ou non suivie d'effet.

C. pén., art. 434-15.

Subrogation

[Droit civil]

Opération qui substitue une personne ou une chose à une autre (subrogation personnelle et subrogation réelle), le sujet ou l'objet obéissant au même régime juridique que l'élément qu'il remplace.

C. civ., art. 815-10, 855, al. 2, 860, 922, 1249 s., 1406, al. 2, 1434, 1435, 1469 et 2306; C. assur., art. L. 121-12 et 121-13.

GAJC, t. 2, n° 253.

→ *Emploi, Remploi.*

Subrogation des poursuites

[Procédure civile]

Procédure permettant, en cas de *saisie-vente* ou de *saisie immobilière* au créancier qui a saisi après le premier poursuivant, d'obtenir de remplacer ce dernier lorsqu'il est négligent, afin de mener à sa place, l'opération commencée.

Décr. n° 755 du 31 juill. 1992, art. 123; Décr. n° 936 du 27 juill. 2006, art. 10.

Subrogé curateur

[Droit civil]

Parent ou allié de la personne mise en curatelle, à défaut *mandataire judiciaire à la protection des majeurs*, dont le rôle est de surveiller les actes passés par le curateur et d'informer le juge des fautes par lui commises, d'assister la personne protégée lorsque les intérêts de celle-ci sont en opposition avec ceux du curateur ou lorsque le curateur ne peut intervenir en raison des limitations de sa mission, de provoquer le remplacement du curateur en cas de cessation de ses fonctions.

C. civ., art. 454.

→ *Curatelle.*

Subrogé tuteur

[Droit civil]

Personne chargée de surveiller les actes passés par le tuteur en cette qualité et de dénoncer au juge des tutelles les fautes commises dans l'exercice de la mission tutélaire. Le subrogé tuteur est consulté avant tout acte important accompli par le tuteur; il représente la personne protégée lorsqu'il y a conflit d'intérêts entre elle et le tuteur; il est tenu, en cas de vacance, de provoquer la nomination d'un nouveau tuteur.

C. civ., art. 410 et 454.

→ *Tuteur.*

Subsides

[Droit civil]

→ *Action à fins de subsides.*

Subsidiarité

[Droit européen]

→ *Principe de subsidiarité.*

Substantiel

[Droit général]

1° Appliqué au droit, désigne le droit subjectif par opposition au droit d'action. Par exemple, dans une action confessoire, le droit de servitude, d'usufruit ou d'usage constitue le droit substantiel déduit en justice.

2° Appliqué aux relations internationales, la règle substantielle est celle qui régit directement le fond du droit, à la différence de la règle conflictuelle, qui détermine seulement la loi applicable d'après le système juridique propre à l'État saisi (loi du for ou loi étrangère).

→ *Droit processuel.*

Substitut, Substitut général

[Procédure civile]

→ *Procureur général, Procureur de la République.*

Substitution (Pouvoir de)

[Droit administratif]

Pouvoir conféré aux autorités hiérarchiques ou de tutelle de prendre certaines mesures à la place et pour le compte des autorités qui leur sont soumises, et qui en demeurent responsables.

Substitution d'enfant

[Droit pénal]

Infraction qui résulte du remplacement physique d'un enfant né d'une femme par celui né d'une autre femme.

C. pén., art. 227-13.

→ *Atteintes à la filiation, Part (Le).*

Substitution de motifs

[Procédure civile]

La Cour de cassation a la faculté, pour justifier une décision attaquée devant elle, de substituer à un motif erroné un motif de pur droit. Mais ce motif substitué doit avoir été implicitement invoqué, en raison de la manière dont les prétentions des parties ont été exposées en fait et en droit.

CPC, art. 620.

→ *Moyen de pur droit, Moyens.*

Substitution fidéicommissaire

[Droit civil]

Disposition par laquelle l'auteur d'une libéralité impose à la personne gratifiée (le grevé), l'obligation de conserver sa vie durant les biens donnés ou légués, afin de les transmettre à sa mort à une seconde personne nommément désignée (l'appelé). Elle est en principe prohibée. Jusqu'à la loi du 23 juin 2006, elle n'était licite que si elle grevait les descendants du disposant ou, à défaut de descendance, ses frères et sœurs, au profit de leurs propres enfants nés ou à naître.

Désormais, la substitution fidéicommissaire, sous la nouvelle dénomination de *libéralité graduelle*, est ouverte à toute personne, qu'il existe ou non des liens de parenté entre le disposant, le grevé et l'appelé. Si le grevé est héritier réservataire du disposant, la charge de conserver et de transmettre ne peut être imposée que sur la quotité disponible, à moins que le donataire n'accepte que la charge ne grève tout ou partie de sa réserve.

C. civ., art. 1048 s.

→ *Fidéicommis.*

Substitution vulgaire

[Droit civil]

À la différence de la substitution fidéicommissaire, la substitution vulgaire n'implique pas 2 libéralités devant produire successivement leur effet. Elle n'est qu'une institution en sous-ordre permettant au second légataire, en cas de défaillance du légataire gratifié en première ligne, de recueillir le bénéfice du legs.

Successeur

[Droit civil]

Personne appelée à une succession ouverte, que ce soit à titre d'héritier ou à titre de légataire.

C. civ., art. 724.

Successible

[Droit civil]

Aptitude à recueillir une succession non encore ouverte (être parent au degré successible).

C. civ., art. 725 s.

→ *Conjoint successible.*

Succession

[Droit civil]

Dans un premier sens, transmission des biens d'une personne décédée. Dans un second sens, le patrimoine transmis.

• *La succession ab intestat* est celle qui est réglée par la loi en l'absence de testament, voire contre la volonté du défunt.

C. civ., art. 721 s.

• *La succession testamentaire* est celle qui est dévolue selon la volonté du défunt, volonté exprimée dans un testament.

C. civ., art. 967 s.

• *La succession anomale* est celle dans laquelle certains biens du défunt sont dévolus en fonction de leur origine, contrairement à la règle de l'unité de la succession.

→ *Ab intestat, Retour (Droit de), Testament.*

Succession d'États

[Droit international public]

1° Substitution d'un État à un autre sur un territoire à la suite d'une annexion ou de la création d'un État nouveau.

2° Substitution d'un État dans les droits et obligation de l'autre résultant de cette situation.

Succombance

[Procédure civile]

Fait d'avoir perdu son procès, d'où découle, en principe, la condamnation du succombant aux dépens.

CPC, art. 696.

Succursale

[Droit commercial]

Établissement commercial créé par une entreprise ou une société, qui jouit d'une certaine autonomie par rapport à l'entreprise ou à la société créatrice, sans en être juridiquement distinct.

Suffrage

[Droit constitutionnel]

Vote.

1° *Suffrage censitaire* : suffrage subordonné à des conditions de fortunes.

2° *Suffrage direct* : celui par lequel les citoyens élisent eux-mêmes, sans intermédiaires, leurs représentants.

3° *Suffrage égal* : celui qui confère à chaque électeur le même pouvoir électoral : un homme, une voix.

4° *Suffrage indirect* : celui qui comporte 2 ou plusieurs degrés d'élection, les citoyens élisant certains d'entre eux qui éliront eux-mêmes les représentants.

5° *Suffrage individuel* : celui qui appartient au citoyen en tant que tel, et non en tant que membre d'un groupe.

6° *Suffrage familial* : système de vote qui accorde au chef de famille un nombre de voix correspondant à l'importance de cette dernière.

7° *Suffrage multiple* : celui qui permet aux électeurs remplissant certaines conditions de voter dans plusieurs circonscriptions lors d'une même consultation (en vigueur en Grande-Bretagne jusqu'en 1951).

8° *Suffrage plural* : celui qui confère une ou plusieurs voix supplémentaires aux électeurs qui ont un intérêt spécial dans les affaires de l'État (diplômés, propriétaires, chefs de famille, etc.).

9° *Suffrage restreint* : celui qui n'est reconnu qu'à certains citoyens sélectionnés au moyen de divers critères (fortune, race, etc.).

10° *Suffrage social* : celui qui appartient au citoyen en tant que membre d'un groupe économique ou social.

11° *Suffrage universel* : celui qui est reconnu à tous les citoyens, sous les seules conditions d'usage concernant l'attachement à la chose publique (âge, nationalité, capacité, mentale).

Suffrages exprimés

[Droit constitutionnel]

Votes valablement émis. Leur nombre est égal au nombre des votants moins les *bulletins blancs* et *nuls*.

Suicide

[Droit civil/Droit pénal]

Le suicide, qui est la manifestation suprême de la liberté individuelle, ne fait l'objet d'aucune incrimination pénale directe, la répression ne visant que le témoin qui s'abstient volontairement de porter secours à la personne en péril ou les tiers qui provoquent au geste fatal ou font de la publicité en faveur des objets, produits ou méthodes habiles à se donner la mort. Le suicide ne déclenche pas, non plus, la responsabilité civile du sujet puisque cette responsabilité suppose un dommage causé à autrui.

Pour autant, le suicide n'est pas dépourvu de conséquences juridiques :

- l'assurance en cas de décès est de nul effet si l'assuré se donne volontairement la mort au cours de la première année du contrat;
- la monomanie du suicide peut être considérée comme la maladie dont la per-

sonne était précédemment atteinte et dont elle est morte dans les 20 jours du contrat de rente viagère, lequel se trouve ainsi privé de tout effet;

- le suicide d'un malade survenant dans un établissement hospitalier spécialisé en psychiatrie engage plus facilement la responsabilité de cet établissement, tenu d'une obligation de surveillance renforcée du fait de l'état dépressif du patient;

- le détenu qui se livre à une grève de la faim prolongée peut être soumis à une alimentation forcée contre son gré, dès lors que le traitement est médicalement nécessaire, sans qu'on y voit une mesure inhumaine ou dégradante, estime la Cour européenne des droits de l'Homme.

C. civ., art. 1975; C. assur., art. L. 132-7; C. pén., art. 223-6, 223-13 et 223-14; C. pr. pén., art. D. 364; CSP, art. R. 4127-10.

→ *Euthanasie.*

Sui generis

[Droit général]

« De son propre genre ».

Qualification d'une situation juridique dont la nature singulière empêche de la classer dans une catégorie déjà connue.

Suivi judiciaire

[Droit pénal]

Principe d'individualisation des peines au terme duquel le retour progressif du détenu à la liberté, qui doit être favorisé, implique néanmoins une surveillance judiciaire de cette remise en liberté au besoin en imposant certaines obligations ou interdictions du régime de la mise à l'épreuve afin d'éviter tout incident.

C. pr. pén., art. 707.

Suivi socio-judiciaire

[Droit pénal]

Mesure de sûreté fonctionnant comme une peine complémentaire initialement prévue contre les auteurs d'agressions sexuelles visant les mineurs.

Elle concerne aujourd'hui les criminels violents dont les infractions, précisément énumérées, peuvent porter atteinte à la vie, à l'intégrité des personnes ou à leur liberté.

Elle entraîne l'obligation pour les condamnés de se soumettre pendant une durée de 10 ans pour les délits et 20 ans pour les crimes qui peut être portée à 20 ans en matière correctionnelle par décision motivée, à 30 ans pour les crimes punis de 30 ans de réclusion criminelle et sans limitation de durée pour les crimes punis de la réclusion criminelle à perpétuité, à des obligations de surveillance et d'assistance destinées à prévenir la récidive. Ces mesures, dont l'inobservation est sanctionnée d'une peine d'emprisonnement, dont la durée est fixée dans la décision de condamnation, sont celles prévues pour le sursis avec mise à l'épreuve auxquelles s'ajoute, sauf décision contraire de la juridiction, une injonction de soins, sur la base d'une expertise médicale établissant que l'individu peut faire l'objet d'un traitement. Un placement sous surveillance électronique mobile peut également être décidé. Le prononcé de ces mesures implique le consentement du condamné. Une assignation à domicile pour les condamnés à une réclusion criminelle égale ou supérieure à 15 ans peut être imposée.

C. pén., art. 131-36-1 à 131-36-8; C. pr. pén., art. 763-1 s.

Sujet de droit

[Droit civil]

→ *Personne juridique.*

Summum jus, summa injuria

[Droit général]

« Droit extrême, extrême injustice. »

Poussé jusqu'au bout, le droit peut entraîner les injustices les plus graves.

Superficie (Droit de)

[Droit civil]

→ *Droit de superficie.*

Superficies solo cedit

[Droit civil]

« La surface le cède au sol » : tout ce qui s'incorpore à un immeuble (végétaux, bâtiments) est censé en faire partie et appartient au propriétaire.

C. civ., art. 551 s.

Suppléance

[Procédure civile/Procédure pénale]

Remplacement provisoire d'un *magistrat*, d'un *officier public* ou d'un *officier ministériel*.

• *Magistrats* : certains magistrats sont, pendant 2 ans, placés auprès des chefs de la cour d'appel (siège et parquet), pour pourvoir au remplacement temporaire des magistrats bénéficiant d'un congé de maladie, de maternité, d'un congé annuel, ou encore d'un stage de formation.

Pour remplacer un magistrat empêché de participer à une audience (si aucun magistrat ne peut le suppléer), on fait appel au plus ancien des avocats présents à la *barre*.

COJ, art. L. 212-4.

• *Officier public ou ministériel* : le remplacement temporaire d'un officier public ou ministériel est réglé par des textes spéciaux (empêchement découlant d'un cas de force majeure, absence volontaire de courte durée). Les *huissiers de justice* peuvent se suppléer entre eux dans leur ressort territorial et être suppléés, pour certains actes, par des clercs assermentés.

Suppléant

[Droit constitutionnel]

Personne élue en même temps qu'un parlementaire qu'elle est appelée à remplacer dans certains cas de vacance du siège : décès, désignation du parlementaire comme membre du gouvernement ou du Conseil constitutionnel, prolongation au-delà de 6 mois d'une mission temporaire confiée par le gouvernement.

Supplément d'information

[Procédure pénale]

Mesure par laquelle est ordonné, par une juridiction répressive autre que la juridiction d'instruction du premier degré (juge d'instruction), tout acte d'investigation complémentaire jugé utile à la manifestation de la vérité.

C. pr. pén., art. 201 et 283 s.

Supplétif

[Droit général]

Qualifie la règle qui s'applique par défaut, en raison du silence de la loi ou des parties.

Supposition d'enfant

[Droit pénal]

→ *Part (Le), Simulation d'enfant.*

Suppression de part

[Droit pénal]

→ *Part (Le).*

Supraconstitutionnalité

[Droit constitutionnel]

Conception selon laquelle certaines dispositions de la Constitution ont une valeur juridique supérieure et ne sont donc pas révisables. La limitation du *pouvoir constituant* implique alors l'organisation d'un contrôle des lois constitutionnelles.

GDCC n° 7.

Supranationalité

[Droit international public]

→ *Organisation internationale, Union européenne.*

Surcote

[Sécurité sociale]

Majoration du montant de la pension des assurés de plus de 60 ans justifiant déjà du taux plein, c'est-à-dire de 160 trimestres.

CSS, art. L. 351-1-2.

Surenchère

[Procédure civile]

Incident de la saisie immobilière. Toute personne peut faire une surenchère du dixième au moins du principal de la vente dans les 10 jours suivant l'adjudication. Si cette surenchère n'est pas couverte, le surenchérisseur est déclaré adjudicataire (Décr. n° 2006-936 du 27 juill. 2006, art. 67, 68, 94 s.).

Une surenchère est également possible dans le cadre d'une vente judiciaire des immeubles et des fonds de commerce appartenant à des mineurs ou à des majeurs en tutelle.

CPC, art. 1279, 1280.

Surendettement

[Droit civil]

Qualification législative d'une situation caractérisée, pour les personnes physiques, par l'impossibilité manifeste pour le débiteur de bonne foi de faire face à l'ensemble de ses dettes non professionnelles exigibles et à échoir, ainsi qu'à l'engagement qu'il a donné de cautionner ou d'acquitter solidairement la dette d'un entrepreneur individuel ou d'une société dès lors qu'il n'a pas été, en droit ou en fait, le dirigeant de celle-ci. Elle entraîne l'ouverture, devant une *commission départementale de surendettement des particuliers*, mais sous le contrôle d'un juge du tribunal d'instance, soit d'un *plan conventionnel de redressement* si les ressources ou l'actif réalisable du débiteur le permettent, soit d'une procédure de *rétablissement personnel* si le débiteur se trouve dans une situation irrémédiablement compromise caractérisée par l'impossibilité manifeste de mettre en œuvre de telles mesures de traitement.

C. consom., art. L. 330-1 s. et 331-1 s.

→ *Déconfiture, Insolvabilité.*

Surestaries

[Droit maritime]

Indemnité due par l'affréteur au fréteur pour chacun des jours dépassant les *staries*, lors du chargement ou du déchargement des marchandises.

Sûreté

[Droit administratif]

Ancienne direction du ministère de l'Intérieur, chargée de l'information et de la surveillance policière.

[Droit civil]

Garantie accordée au créancier pour le recouvrement de sa créance.

• *Sûreté personnelle* : la garantie résulte de l'engagement d'une autre personne au côté du débiteur. Il s'agit du *cautionnement*, de la *garantie autonome*, de la *lettre d'intention*.

C. civ., art. 2287-1.

→ *Caution, Solidarité.*

• *Sûreté réelle* : la sûreté est réelle lorsque certains biens du débiteur garantissant le paiement, de sorte que, en cas de défaillance, le produit de la vente de ces biens est remis au créancier par préférence aux *créanciers chirographaires*. Les sûretés sur les meubles sont les privilèges mobiliers, le *gage* de meubles corporels, le *nantissement* de meubles incorporels, la propriété retenue à titre de garantie. Les sûretés sur les immeubles sont les *privilèges*, le *gage immobilier* (anciennement l'antichrèse) et les *hypothèques*.

C. civ., art. 2329 et 2373.

GAJC, t. 2, n° 299.

→ *Clause de réserve de propriété, Sûretés judiciaires.*

[Droit constitutionnel]

L'un des droits naturels et imprescriptibles de l'homme énumérés dans les déclarations des droits de la Révolution française.

Sûreté publique

[Procédure civile]

Le *renvoi* par la Cour de cassation d'un procès devant une autre juridiction que celle qui est normalement compétente peut être demandé lorsqu'on craint que le procès ne soit localement la cause ou le prétexte de troubles publics.

CPC, art. 365.

Sûretés judiciaires

[Droit civil/Droit commercial/Procédure civile]

Mesures conservatoires pouvant, avec l'autorisation du juge, porter sur un immeuble, un fonds de commerce, des actions, des parts sociales ou des valeurs mobilières (L. nº 91-650 du 9 juill. 1991, art. 77).

Le créancier doit être possesseur d'un titre exécutoire.

L'opposabilité de la mesure est réalisée par une publicité.

Les biens, objets de la sûreté judiciaire demeurent aliénables, le créancier étant alors payé sur le prix de vente.

→ *Hypothèque, Nantissement, Saisie des droits incorporels.*

Surface minimum d'installation (SMI)

[Droit rural]

Référence historique créée pour la mise en œuvre de la politique des structures correspondant à la surface d'une exploitation viable permettant de rémunérer le travail de 2 travailleurs. Les SMI départementales sont établies par référence à une SMI nationale par nature de culture au niveau de chaque région naturelle. La création de l'*unité de référence* pouvait laisser croire que la SMI disparaîtrait mais elle reste une référence pour l'application de nombreuses dispositions rurales. Les SMI sont révisées périodiquement.

C. rur., art. L. 312-6.

→ *Unité de référence.*

Surnom

[Droit civil]

Vocable de fantaisie donné à une personne par un tiers; encore appelé sobriquet.

→ *Nom, Prénom, Pseudonyme.*

Surnuméraire

[Droit civil]

En surnombre. Dans le cadre de la *procréation médicalement assistée*, les 2 membres du couple ayant pu décider que sera tentée la fécondation d'un nombre d'ovocytes rendant nécessaire la conservation d'*embryons* dans l'intention de réaliser leur demande parentale dans un délai de 5 ans, passé ce délai il existe, généralement, des embryons surnuméraires dont il faut déterminer le devenir.

Si les membres du couple n'ont plus de projet parental (ils sont consultés chaque année sur ce point), ils peuvent consentir à ce que leurs embryons soient accueillis par un autre couple ou à ce qu'ils fassent l'objet d'une recherche. Il en va de même en cas de décès, du consentement du survivant.

Lorsqu'il y a désaccord entre les intéressés ou non-réponse de l'un d'eux, il est mis fin à la conservation des embryons si la durée de celle-ci est au moins égal à 5 ans.

CSP, art. L. 2141-3 s. et 2151-5.

→ *Accueil de l'embryon, Embryon humain, Fœtus.*

Sursis

[Droit administratif]

Mesure que peuvent prononcer les juridictions administratives pour retarder jusqu'à la décision au fond l'exécution d'un acte administratif attaqué devant elles, quand cette exécution aurait des conséquences difficilement réparables. Le Conseil d'État et les cours administratives d'appel peuvent sous la même condition ordonner en outre le sursis à l'exécution des jugements ou arrêts qui leur sont déférés lorsque certaines conditions sont remplies.

CJA, R. 811-15 s. et R. 821-5 s.

GACA n° 25.

→ *Référé-suspension.*

Sursis assorti de l'obligation d'accomplir un travail d'intérêt général

[Droit pénal]

Nouvelle forme de sursis à l'exécution d'une peine, fonctionnant sur le modèle du sursis probatoire, l'exécution d'un travail général au profit d'une personne morale de droit public d'une personne morale de droit privé chargée d'une mission de service public ou d'une association habilitées dans les conditions du droit commun de cette institution constituant l'obligation essentielle du condamné.

C. pén., art. 132-54 s.

→ *Travail d'intérêt général.*

Sursis à statuer

[Procédure (principes généraux)]

Décision du juge opérant suspension provisoire du cours de l'instance. Par exemple, si un incident de faux est soulevé devant une juridiction autre que le tribunal de grande instance ou la cour d'appel, il est sursis à statuer jusqu'au jugement sur le faux.

Le sursis à statuer ne dessaisit pas la juridiction; il peut être révoqué ou réduit dans sa durée.

CPC, art. 378 s.

→ *Suspension de l'instance.*

Sursis avec mise à l'épreuve

[Droit pénal]

Mesure de suspension, totale ou partielle, de l'exécution d'une peine d'emprisonnement de 5 ans au plus, combinée avec certaines obligations consistant pour le condamné à respecter diverses contraintes (contrôle, obligations particulières) tout en pouvant obtenir certaines aides destinées à favoriser son reclassement social. Le bénéfice de ce sursis est susceptible de révocation, tant en cas de nouvelles condamnations à certaines peines pendant le délai d'épreuve, qu'en cas de non-respect des obligations imposées.

C. pén., art. 132-40 s.

Sursis simple

[Droit pénal]

Mesure de suspension, totale ou partielle, de l'exécution d'une peine pouvant être décidée par le juge à l'égard de délinquants n'ayant pas fait l'objet de certaines mesures répressives dans les 5 ans ayant précédé les faits et dont le bénéfice est soumis à révocation en cas de nouvelles condamnations à certaines peines dans le même délai. Initialement appliqué à l'emprisonnement et à l'amende ce système est aujourd'hui étendu d'une part, à la plupart des peines privatives ou restrictives de droit à l'exception des sanctions à caractère réel, d'autre part, à certaines peines prononcées contre les personnes morales.

C. pén., art. 132-29 s.

Surveillance de sûreté

[Droit pénal]

Mesure de sûreté complémentaire de la rétention de sûreté, prononcée par la juridiction régionale de la rétention de sûreté, lorsqu'elle décide de mettre fin à une rétention ou de ne pas renouveler cette mesure mais qu'elle estime, qu'il subsiste néanmoins des risques que la personne concernée commette à nouveau une infraction permettant le prononcé d'une rétention.

Cette mesure, d'une durée de 2 ans, renouvelable sans limite pour la même durée, dont la main levée peut être sollicitée au bout de 3 mois, comprend des obligations identiques à celles de la surveillance judiciaire, prévues par l'article 723-30 du Code de procédure pénale notamment une injonction de soins et un placement sous surveillance électronique mobile. La mesure peut également être prononcée pour des personnes condamnées à un suivi socio-judiciaire ou soumises à la surveillance judiciaire des personnes dangereuses pour l'une des infractions pouvant entraîner une rétention de sûreté. Elle a alors pour objet de prolonger la surveillance du condamné, au-delà de la durée prévue par la juridiction de jugement ou des limites fixées par le législateur. La durée est de 2 ans. Elle peut être renouvelée. Elle peut encore être décidée pour un condamné soumis à une surveillance judiciaire à l'encontre duquel toutes les réductions de peine ont été retirées pour manquement à ses obligations. Elle prendra effet à la fin de la période de réincarcération.

La méconnaissance des obligations imposées, notamment le refus de commencer ou de poursuivre le traitement prescrit par le médecin traitant dans le cadre d'une injonction de soins, lorsqu'elle fait apparaître une particulière dangerosité et une forte probabilité de commettre à nouveau une des infractions entraînant une rétention de sûreté, peut conduire le président de la juridiction de rétention de sûreté à ordonner, en urgence, le placement provisoire de la personne surveillée dans un centre médico-judiciaire de sûreté, mesure que la juridiction elle-même, devra confirmer, dans les conditions du droit commun, dans un délai de 3 mois maximum. Cette décision ne peut être ordonnée qu'à la condition que le renforcement des mesures de surveillance paraisse insuffisant pour prévenir une récidive.

C. pr. pén., art. 706-53-19, 723-37, al. 2 à 5 et 763-8.

→ *Rétention de sûreté.*

Surveillance judiciaire des personnes dangereuses

[Droit pénal]

Mesure de sûreté post-carcérale applicable à des personnes condamnées à une peine privative de liberté égale ou supérieure à 10 ans pour des infractions pour lesquelles le suivi socio-judiciaire est encouru, afin de prévenir une récidive dont le risque paraît avéré.

La mesure, prise par le tribunal de l'application des peines après une expertise médicale ayant fait apparaître la dangerosité du condamné, est ordonnée pour une durée qui ne peut excéder celle correspondant à la totalité des réductions de peine dont il a bénéficié. La surveillance peut, pour des condamnations à une peine de réclusion criminelle égale ou supérieure à 15 ans pour des infractions pouvant entraîner une rétention de sûreté, être prolongée dans le cadre d'une surveillance de sûreté prononcée par la juridiction régionale de la rétention de sûreté.

Les obligations auxquelles est soumis le condamné sont celles prévues pour le sursis avec mise à l'épreuve aux articles 132-44 et 132-45 du Code de procédure pénale. On trouve également la surveillance électronique et l'injonction de soins, qui impliquent le consentement du condamné. Elles sont fixées dans le jugement.

Leur inobservation peut entraîner une réincarcération pour une durée qui ne peut pas excéder la totalité des réductions de peine préalablement obtenues. Elle est décidée par le juge de l'application des peines ou par une juridiction de jugement en cas de condamnation de la personne placée sous surveillance judiciaire.

Les personnes condamnées à une peine de réclusion criminelle égale ou supérieure à 15 ans peuvent, en outre, faire l'objet d'une assignation à domicile.

C. pr. pén., art. 723-29 s.

Suscription

[Droit civil]

Dans les actes juridiques, partie de l'acte où la personne qui l'a rédigé indique son nom, ses titres et qualités.

Acte par lequel le notaire constate, sur le papier d'un testament mystique à lui remis par le testateur, ou sur l'enveloppe qui le contient, les circonstances et les conditions de la remise de ce document (date, lieu, description du pli, mention des formalités, etc.).

C. civ., art. 976.

Suspect

[Procédure pénale]

Terme générique désignant une personne soupçonnée d'avoir participé à la commission d'une infraction et qui n'est pas encore poursuivie. Lorsqu'il existe des indices de cette participation, le suspect peut être placé en garde à vue.

C. pr. pén., art. préliminaire, art. 63 et 77.

Suspensif

[Droit civil]

Qui reporte à une date ultérieure l'exigibilité de l'obligation (terme suspensif) ou qui subordonne la naissance de l'obligation à un événement futur et incertain (condition suspensive).

→ *Condition, Terme.*

[Procédure civile]

Caractéristique des voies de recours ordinaires (*appel*, *opposition*) dont le délai ou l'exercice fait obstacle à l'exécution du jugement rendu.

CPC, art. 539.

→ *Effet suspensif des voies de recours.*

Suspension

[Droit administratif/Droit civil/ Procédure pénale]

Incident qui, en matière de *prescription*, arrête le cours du délai sans anéantir rétroactivement le temps déjà accompli, de telle sorte que si, après cet incident, la prescription recommence à courir, il sera possible de tenir compte du temps déjà écoulé.

Les causes de suspension sont multiples. Citons l'impossibilité d'agir par suite d'un empêchement résultant de la loi, de la convention ou de la force majeure, la minorité, l'état d'époux ou de partenaires liés par un pacte civil de solidarité…

C. civ., art. 2230 et 2234 s.

→ *Interruption.*

[Droit du travail]

Interruption momentanée des effets du contrat de travail, sans qu'il y ait rupture. La grève, la maladie de courte durée, la maternité, le service national, les congés, suspendent le contrat de travail.

GADT n° 74 à 82.

[Procédure civile/Procédure pénale]

Sanction disciplinaire.

→ *Poursuite disciplinaire.*

Suspension (Pouvoir de)

[Droit administratif]

Pouvoir accordé à des autorités administratives soit de différer temporairement l'exécution d'un acte juridique pris par une autre autorité, soit de priver provisoirement de leurs fonctions certains agents ou autorités.

Suspension de l'exécution des peines

[Droit pénal]

Mesure exceptionnelle d'individualisation judiciaire de la sanction permettant de différer l'exécution d'une peine correctionnelle ou de police lorsqu'il y a des motifs graves d'ordre médical, professionnel, familial ou social.

Il existe également une suspension médicale spécifique lorsque le condamné est atteint d'une pathologie engageant le pronostic vital ou que son état de santé est durablement incompatible avec le maintien en détention. Elle est décidée, sauf urgence, sur la base de 2 expertises. Encore faut-il qu'il n'y ait pas un risque grave de renouvellement de l'infraction.

C. pr. pén., art. 708 et 720-1 et 720-1-1.

Suspension de l'instance

[Procédure civile]

Obstacle momentané à la poursuite de l'instance ayant sa source dans le jeu d'une exception (d'incompétence ou de nullité, par ex.), dans l'existence d'une question préjudicielle, dans une *radiation de l'affaire* ou son *retrait du rôle*. Une fois l'incident réglé, la procédure peut être continuée sans formalités particulières. L'instance peut aussi être suspendue par une décision de *sursis à statuer*.

CPC, art. 108 s. et 377 s.

→ *Exception, Question préjudicielle, Sursis à statuer.*

Suspension des poursuites individuelles

[Droit commercial]

Conséquence de l'ouverture d'une procédure de sauvegarde, de redressement ou de liquidation judiciaire, cette mesure d'ordre public ordonnée par le jugement d'ouverture, interdit ou suspend toute action des créanciers – dont la créance est antérieure audit jugement – tendant à la condamnation du débiteur au paiement d'une somme d'argent, ou à la résolution d'un contrat pour défaut de paiement d'une somme d'argent. Le jugement d'ouverture provoque également une suspension des délais impartis et interdit ou suspend toute voie d'exécution portant sur des meubles ou immeubles du débiteur.

La suspension des poursuites individuelles, maintenue pendant toute la période d'observation, permet ainsi de préserver l'égalité des créanciers en empêchant le paiement « sauvage » de certaines sommes d'argent, et à assurer la recherche sereine d'une solution pour la poursuite de l'activité de l'entreprise.

C. com., art. L. 621-40.

Suspension des procédures d'exécution

[Droit civil/Procédure civile]

La décision de recevabilité de la demande de traitement de la situation de *surendettement* rendue par la commission de surendettement des particuliers emporte suspension (et interdiction) des procédures d'exécution diligentées à l'encontre des biens du débiteur, ainsi que des cessions de rémunération consenties par celui-ci et portant sur des dettes autres qu'alimentaires. Selon les cas, il y a suspension ou interdiction jusqu'à l'approbation du *plan conventionnel de redressement* ou jusqu'à la décision imposant les mesures de traitement ou jusqu'au jugement d'ouverture d'une procédure de *rétablissement personnel* avec liquidation judiciaire, sans pouvoir en tout cas excéder un an. Dans les mêmes circonstances, le juge de l'exécution peut prononcer la suspension des mesures d'expulsion du logement du débiteur, à l'exception de celles fondées sur un jugement d'adjudication en matière de saisie immobilière.

C. consom., art. L. 331-3-1, 331-3-2, R. 331-11, 331-11-1331-11-2.

Suspension provisoire des poursuites

[Droit civil/Droit commercial]

Dans le cadre de l'ancienne procédure de règlement amiable, la suspension provisoire des poursuites pouvait être décidée par le président du tribunal; elle interdisait momentanément toute action en justice des créanciers.

Une procédure similaire existe dans le cadre du règlement amiable des exploitations agricoles. La suspension provisoire des poursuites ne peut pas alors excéder 2 mois.

C. rur., art. L. 351-5.

Dans le cadre de la procédure devant les commissions de surendettement des particuliers, le juge de l'exécution peut, si la situation du débiteur l'exige, prononcer la suspension provisoire des procédures d'exécution. Cette suspension ne saurait cependant excéder un an. Par ailleurs la saisine du juge aux fins de rétablissement personnel emporte suspension des voies d'exécution, y compris des mesures d'expulsion du logement du débiteur, jusqu'au jugement d'ouverture.

C. consom., art. L. 331-3-1, 331-5 et R. 331-14 s.; C. com., art. L. 611-3 et L. 611-4.

→ *Règlement amiable, Surendettement.*

Suspicion légitime

[Procédure civile]

Un plaideur qui a des motifs sérieux de penser que ses juges ne sont pas en situation de se prononcer avec impartialité, en raison de leurs tendances ou de leurs intérêts, peut demander que l'affaire soit renvoyée devant une autre juridiction.

CPC, art. 356 s.; COJ, art. L. 111-8.

→ *Récusation, Renvoi.*

[Procédure pénale]

Le doute concernant l'impartialité des juges peut également concerner une juridiction pénale d'instruction ou de jugement. Le dessaisissement de la juridiction, sollicité soit par les parties soit par le ministère public, ne peut être décidé que par la chambre criminelle de la Cour de cassation.

C. pr. pén., art. 662.

GAPP n° 3.

Swap

[Droit commercial]

Opération d'échange de taux d'intérêt et de devises. Née de la pratique financière, cette opération est utilisée pour la couverture d'opérations de crédit.

Synallagmatique

[Droit civil]

Se dit d'un contrat qui fait naître à la charge des parties des prestations réciproques.

C. civ., art. 1102.

Syndic de copropriété

[Droit civil]

Dans le droit de la *copropriété* des immeubles bâtis, mandataire du syndicat de copropriétaires chargé d'exécuter ses décisions, de le représenter dans tous les actes civils, et de façon générale d'administrer l'immeuble (L. n° 65-557 du 10 juill. 1965, art. 18).

Syndic de faillite

[Droit commercial/Procédure civile]

Auxiliaire de justice qui, dans les anciennes procédures de règlement judiciaire et de liquidation de biens (actuellement remplacées par les procédures de redressement et de liquidation judiciaires des entreprises), était chargé de représenter la *masse des créanciers*, d'assister ou de représenter le débiteur.

Cette profession a été supprimée au profit des nouvelles professions d'administrateur judiciaire et de mandataire judiciaire.

➜ *Administrateur judiciaire, Mandataire judiciaire.*

Syndicat d'agglomération nouvelle

[Droit administratif]

Syndicat de communes administré par un comité composé de membres élus par les conseils municipaux des communes composant l'agglomération nouvelle.

CGCT, art. L. 5332-1.

Syndicat de communes

[Droit administratif]

Établissement public pouvant être créé par des communes pour gérer en commun une (syndicat intercommunal à vocation unique : SIVU) ou plusieurs (syndicat intercommunal à vocation multiple : SIVOM) tâches de leur compétence.

Cette forme, la plus ancienne de coopération intercommunale a connu, et connaît encore, des applications nombreuses et fructueuses. Elle a notamment permis en milieu rural le développement des adductions d'eau et d'électricité.

CGCT, art. L. 5212-1 s.

➜ *Intercommunalité.*

Syndicat de copropriétaires

[Droit civil]

Organisme collectif ayant la personnalité civile et chargé de la conservation de l'immeuble, de sa défense, et de l'administration des parties communes (L. 10 juill. 1965, art. 14).

➜ *Copropriété.*

Syndicat de fonctionnaires

[Droit administratif]

Groupement de même nature, dans les faits, que les syndicats professionnels, dont la légalité fut longtemps contestée en droit administratif (accordée depuis la loi du 19 oct. 1946). Certains fonctionnaires n'ont pas le droit syndical, ni le droit de grève.

➜ *Associations.*

Syndicat mixte

[Droit administratif]

Établissement public pouvant regrouper des collectivités territoriales, des établissements de coopération intercommunale et d'autres personnes morales (chambres de commerce et d'industrie…).

CGCT, art. L. 5721-1.

Syndicat professionnel

[Droit civil/Droit du travail]

Groupement constitué par des personnes exerçant une même profession, ou des professions connexes ou similaires, pour l'étude et la défense des droits ainsi que des intérêts matériels et moraux, tant collectifs qu'individuels des personnes visées par les statuts. Le syndicat jouit de la personnalité civile.

C. trav., art. 2131-1 s.

• *Fédération de syndicats* : groupement de syndicats représentant le même métier ou la même branche d'industrie.

Union de syndicats : groupement des syndicats d'un même lieu (union locale, union départementale).

C. trav., art. L. 2131-1 s.

• *Syndicat représentatif* : syndicat répondant à 7 critères légaux cumulatifs qui lui garantissent une certaine légitimité (respect des valeurs républicaines, indépendance, transparence financière, une ancienneté minimale de 2 ans, une audience électorale minimale (variable selon les niveaux de négociation), influence et enfin effectifs et cotisations) et jouissant de prérogatives exorbitantes du droit commun syndical. La loi nº 2008-789 organise la disparition à terme de la notion de représentativité présumée par affiliation à une organisation syndicale déclarée représentative à l'échelle nationale. À l'avenir toute représentativité devra être prouvée dans le champ du texte conventionnel négocié.

C. trav., art. L. 2231-1.

GADT nº 129.

• *Syndicat majoritaire* : le ou les syndicats qui ont recueilli les voix de plus de la moitié des suffrages exprimés lors des dernières élections professionnelles (en principe le premier tour des élections des représentants du personnel titulaires au comité d'entreprise ou à la délégation unique du personnel ou, à défaut, des élections des délégués du personnel) ou lors d'une consultation *ad hoc*. Ils peuvent s'opposer à l'entrée en vigueur d'une convention ou d'un accord de branche ou d'entreprise (ou d'un avenant) qu'ils n'ont pas signé.

C. trav., art. L. 2232-2, 2232-6 et 2232-12.

→ *Droit d'opposition.*

Système d'acquisition dynamique

[Droit administratif]

Procédure entièrement électronique de passation de *marchés publics*, utilisable pour l'acquisition de fournitures courantes, modelée sur le système de l'*appel d'offres ouvert*.

C. marchés, art. 78.

Système européen des banques centrales (SEBC)

[Droit financier ou fiscal]

Ensemble formé par la *Banque centrale européenne (BCE)* et les banques centrales des pays de l'*Union européenne* qui ont adopté l'euro comme monnaie commune. Il est entré en vigueur le 1er janvier 1999.

Système monétaire européen (SME)

[Droit européen]

Mis en place en mars 1979, il a été une étape essentielle dans la voie de l'établissement d'une union monétaire entre les États membres des Communautés européennes (aujourd'hui de l'Union européenne). Cherchait à stabiliser les relations de change entre les monnaies et prévoyait pour ce faire divers mécanismes d'intervention. A longtemps souffert de la faiblesse de certaines monnaies comme de l'absence de la Livre Sterling. A été l'objet d'une relance en 1989 dans l'optique de la réalisation de l'Union monétaire, ce qui permettra l'entrée dans le SME des monnaies des pays membres encore à l'écart. Malgré certains soubresauts monétaires, a pu préparer la mise en place de l'Union monétaire.

T

Tableau de l'ordre

[Procédure civile]

Liste des personnes autorisées à exercer la profession d'avocat comprenant la section des personnes physiques et la section des personnes morales et comportant, à la suite, le nom des avocats n'ayant qu'un bureau secondaire dans le ressort, le nom des avocats étrangers habilités à exercer sous leur titre d'origine, le nom des avocats honoraires.

→ *Barreau, Ordre des avocats.*

Tacite

[Droit civil]

1° Ce qui est inexprimé, informulé, mais se déduit de données de fait révélatrices d'une intention : offre tacite, acceptation tacite, renonciation tacite.

2° Ce qui est sous-entendu, telles les clauses d'usage dans tel type de contrat auxquelles les parties sont censées s'être référées implicitement.

Tacite reconduction

[Droit civil]

Renouvellement d'un contrat entre les parties à l'arrivée du terme, sans qu'il soit besoin d'un écrit ou de paroles expresses, du seul fait de la poursuite ou du maintien des relations contractuelles préexistantes.

Toutefois le professionnel prestataire de services doit informer le consommateur par écrit, au plus tard un mois avant le terme, de la possibilité de ne pas reconduire le contrat. À défaut, le consommateur peut y mettre fin gratuitement, à tout moment à compter de la date de reconduction. Et en matière d'assurances couvrant les personnes physiques, la date limite d'exercice par l'assuré du droit à dénonciation du contrat doit être rappelée à chaque avis d'échéance annuelle de prime ou de cotisation.

C. civ., art. 1738 et 1759; C. consom., art. L. 136-1; C. assur., art. L. 113-12 et 113-15-1; CSS, art. L. 932-21-1; C. mut., art. L. 221-10-1.

Tags

[Droit pénal]

Nom donné à une forme particulière de dégradation réprimée par la loi pénale consistant à tracer, sans autorisation préalable, des inscriptions ou dessins (on parle aussi de graffitis) sur les façades, les véhicules, les voies publiques ou le mobilier urbain, entraînant ainsi un dommage pour ces biens.

C. pén., art. 322-1, al. 2.

Tantièmes

[Droit commercial]

Somme variable prélevée sur les bénéfices nets réalisés par une société et allouée aux administrateurs de sociétés anonymes en rémunération de leurs fonctions. Supprimés par la loi du 31 décembre 1975.

Tantum appellatum quantum judicatum

[Procédure civile]

Il ne peut être appelé que dans la mesure où il a été jugé. L'acte d'appel ne peut pas porter sur des points qui n'ont pas été soumis aux premiers juges. Mais la prohibition des prétentions nouvelles en appel connaît de nombreuses exceptions (recevabilité des prétentions tendant à opposer la compensation ou nées de l'intervention d'un tiers…) et reçoit une interprétation très restrictive (il n'y a pas nouveauté quand la finalité poursuivie est la même). De plus, le pouvoir d'évocation permet à la Cour, dans certains cas, d'attraire à elle l'ensemble du litige quoiqu'elle ne soit saisie d'un appel que sur un point particulier.

CPC, art. 564, 565.

→ *Demande nouvelle.*

Tantum devolutum quantum appellatum

[Procédure civile]

L'effet dévolutif de l'*appel* ne se produit que dans la mesure de l'acte d'appel, la cour ne connaissant que des chefs de jugement qu'il critique expressément ou implicitement ainsi que de ceux qui en dépendent. La dévolution, toutefois, est totale lorsque l'appel tend à l'annulation du jugement ou que l'objet du litige est indivisible.

CPC, art. 562.

→ *Effet dévolutif des voies de recours.*

Tantum devolutum quantum judicatum

[Procédure civile]

Il n'est dévolu qu'autant qu'il a été jugé.

→ *Tantum appellatum quantum judicatum.*

Tarde venientibus ossa

[Droit civil]

À ceux qui ne sont pas vigilants, il ne reste que les os. Il faut être vigilant pour conserver ses droits (*jura vigilantibus, tarde…*).

Tarif

[Droit administratif]

Disposition réglementaire fixant le montant de la redevance payée par le particulier usager d'un service public.

[Droit financier ou fiscal]

Barème de calcul d'un impôt.

Tarif de frais et dépens

[Procédure civile]

→ *Dépens, Taxes.*

Tarif douanier commun

[Droit européen]

Distingue l'union douanière de la zone de libre-échange car non seulement il y a suppression des droits de douane entre les États membres mais des droits communs (le tarif douanier commun) sont appliqués aux marchandises en provenance des pays tiers, perçus lors de l'entrée dans l'Union, et constituent l'une des *ressources propres* du budget européen (art. 28 TFUE).

Tarification collective

[Sécurité sociale]

Mode de tarification des accidents du travail applicable aux entreprises occupant habituellement moins de 10 salariés. Le taux varie selon le risque afférent à l'activité exercée (taux collectif).

CSS, art. D. 242-6-6.

Tarification individuelle

[Sécurité sociale]

Mode de tarification des accidents du travail applicable aux entreprises occupant au moins 200 salariés. Le taux se calcule à partir de la valeur du risque professionnel propre à l'entreprise ou l'établissement.

CSS, art. D. 242-6-7.

Tarification mixte

[Sécurité sociale]

Mode de tarification des accidents du travail applicable aux entreprises occupant entre 10 et 199 salariés. Le taux se calcule en additionnant une fraction du taux collectif (*tarification collective*) et une fraction du taux net propre à l'établissement (*tarification individuelle*).

CSS, art. D. 242-6-9.

Tarifs

[Sécurité sociale]

1° *Tarif d'autorité* : pour les praticiens non conventionnés (*médecins*), les tarifs servant de base au remboursement des honoraires sont fixés par arrêtés interministériels. Les tarifs de remboursement des frais d'hospitalisation dans les établissements privés non conventionnés sont fixés par la caisse de Sécurité sociale. Ces tarifs sont inférieurs aux prix pratiqués, ce qui entraîne pour l'associé un remboursement relativement faible par rapport à sa dépense réelle.

2° *Tarifs conventionnels* : les tarifs des honoraires et frais accessoires dus aux médecins, chirurgiens-dentistes, sages-femmes, auxiliaires médicaux et biologistes sont fixés par des *conventions*. Toutefois, pour les praticiens non conventionnés, les tarifs servant de base aux remboursements sont les tarifs d'autorité.

Les tarifs d'hospitalisation dans les établissements privés peuvent être également fixés par des conventions entre les caisses de Sécurité sociale et ces établissements. À défaut de convention le tarif de remboursement est fixé d'autorité par la caisse de Sécurité sociale.

3° *Tarifs de responsabilité* : servent de base au remboursement des frais de santé exposés par les assurés. Ces tarifs peuvent être des tarifs conventionnels ou des tarifs d'autorité.

Taux

[Droit civil/Droit commercial/Droit financier ou fiscal]

Montant du revenu produit par une somme d'argent pendant une période déterminée. Le taux de l'*intérêt* est fixé soit par la loi, soit par la convention.

C. civ., art. 1907; C. mon. fin., art. L. 313-2 et 313-3.

GAJC, t. 2, n° 285.

→ *Intérêt conventionnel, Intérêt légal.*

Prix d'une valeur mobilière (ex. : taux de la rente) ou d'une monnaie étrangère (taux de change).

Taux contractuel Sécurité sociale

[Sécurité sociale]

Taux des cotisations sur lequel sont calculés les droits dans les régimes de retraite complémentaires.

→ *Taux d'appel.*

Taux d'appel

[Sécurité sociale]

Cotisation supplémentaire dans les régimes complémentaires qui permet d'assurer l'équilibre financier du régime et qui ne donne pas lieu à attribution de *points*.

Taux de compétence

[Procédure civile]

Chiffre fondé sur le montant de l'intérêt litigieux au-delà duquel une juridiction cesse d'être compétente. Exemple : le tribunal d'instance est incompétent, en matière personnelle, au-delà de 10 000 €, le juge de proximité connaît des actions personnelles ou mobilières jusqu'à la valeur de 4 000 €.

Lorsque plusieurs prétentions sont émises contre le même adversaire, la compétence est déterminée par la valeur totale de ces prétentions lorsqu'elles sont connexes ou fondées sur les mêmes faits.

COJ, art. L. 221-4, 231-3, R. 221-3 s. et 231-4; CPC, art. 35 s.; C. trav., art. R. 1462-1.

→ *Taux du ressort.*

Taux de l'impôt

[Droit financier ou fiscal]

Pourcentage à appliquer à la base d'imposition (base de calcul, dite : assiette) pour trouver le montant de l'impôt dû au fisc.

Taux du ressort

[Procédure civile]

Chiffre, fondé sur le montant de l'intérêt litigieux, en deçà duquel la voie de l'appel est fermée. Exemple : le conseil de prud'hommes est compétent en dernier ressort jusqu'à la valeur de 4 000 €.

COJ, art. R. 221-23 s. et 221-37 s.; C. trav., art. R. 1462-1 et D. 1462-3; C. com., art. 721-6.

→ *À charge d'appel, Jugement en dernier ressort, Jugement en premier ressort, Taux de compétence.*

Si la demande est indéterminée, le jugement est, sauf disposition contraire, susceptible d'appel. En cas de pluralité de prétentions fondées sur des faits différents et non connexes, le taux du ressort est déterminé par la valeur de chaque prétention considérée isolément. En ce qui concerne les demandes incidentes, si aucune d'elles n'est supérieure au taux du dernier ressort, le jugement n'est pas susceptible d'appel.

CPC, art. 35, 39, 40.

[Procédure (principes généraux)]

→ *Ressort.*

Taux effectif global (TEG)

[Droit civil]

Taux incluant, outre les intérêts proprement dits, les frais, commissions ou rémunérations de toute nature, directs ou indirects, y compris ceux destinés à des intermédiaires intervenus dans l'octroi du prêt. Ce taux assorti des charges est le seul auquel on se réfère pour apprécier s'il y a dépassement du seuil usuraire. Il doit être mentionné dans tout écrit constatant un prêt; son omission étant sanctionnée par la nullité de la stipulation du taux de l'intérêt conventionnel.

C. consom., art. L. 313-1 et 313-2.

→ *Usure.*

Taux unique

[Sécurité sociale]

Possibilité pour une entreprise relevant soit de la tarification individuelle, soit de la tarification mixte en matière d'accidents du travail, d'opter pour un taux unique pour l'ensemble de ses établissements appartenant à la même catégorie de risques.

CSS, art. D. 242-6-1, al. 2.

Taux usuraire

[Droit civil]

Taux effectif global d'un prêt conventionnel ou d'un crédit dans une vente à tempérament qui excède de plus du tiers le taux moyen pratiqué au cours du trimestre précédent par les établissements de crédit pour des opérations de même nature comportant des risques analogues.

C. consom., art. L. 313-3.

→ *Taux effectif global (TEG), Usure.*

Taxation d'office

[Droit financier ou fiscal]

Droit de l'administration fiscale, dans les cas où le redevable n'a pas déposé dans les délais la déclaration de ses revenus, de son chiffre d'affaires ou d'une autre base d'imposition, d'en évaluer unilatéralement le montant à partir des informations dont elle dispose et d'établir l'imposition correspondante. Elle est prévue également dans des cas où le redevable n'a pas répondu à certaines demandes d'informations du fisc.

LPF, art. 65 s.

[Sécurité sociale]

Fixation du montant des cotisations lorsque la comptabilité de l'employeur ne permet pas d'établir le montant exact des salaires devant donner lieu au calcul des cotisations. Ce forfait est établi compte tenu des conventions collectives ou, à défaut, des salaires pratiqués dans la profession ou la région considérée. La durée de l'emploi est déterminée d'après les déclarations des intéressés ou par tout autre moyen de preuve.

CSS, art. R. 242-5.

Taxation provisionnelle

[Sécurité sociale]

Fixation à titre provisionnel du montant des cotisations en fonction des précédents versements lorsque l'employeur n'a pas versé les cotisations dans les délais prescrits, ni fourni les éléments permettant de calculer celles-ci.

CSS, art. R. 242-5.

ACTU

Taxe carbone

[Droit financier ou fiscal/ Droit de l'environnement]

Dispositif fiscal, existant dans certains pays, destiné à lutter contre le réchauffement climatique, par la taxation de la production, tant par les ménages que par les entreprises, de *gaz à effet de serre*, dans le but de modifier les comportements et de limiter cette production.

En France, son instauration en 2009 a été invalidée par le Conseil constitutionnel puis différée *sine die* par le gouvernement (mars 2010).

Taxe d'effet équivalent

[Droit européen/Droit douanier]

L'interdiction de telles taxes vise à compléter la suppression des droits de douane entre les États membres de l'Union européenne en prohibant toutes mesures qui auraient les mêmes effets (art. 28 TFUE).

Taxe d'habitation

[Droit financier ou fiscal]

Impôt direct perçu, depuis 1974, au profit des collectivités territoriales, sur toute personne non indigente disposant à un titre quelconque de locaux d'habitations meublés. Son montant est établi en fonction de leur valeur locative estimée, selon des taux variant de commune à commune; il est modulé, dans une certaine mesure, en fonction des revenus de l'occupant.

CGI, art. 1407 s.

→ *Mobilière.*

Taxe professionnelle

[Droit financier ou fiscal]

Impôt direct perçu, depuis 1975 (à la suite de l'ancienne « patente ») au profit des collectivités territoriales, sur les personnes morales ou physiques exerçant à titre habituel une activité professionnelle non salariée (industrielle, commerciale, libérale ou artisanale). Son *assiette* était normalement représentée pour chaque assujetti par la valeur locative de ses immobilisations corporelles (c'est-à-dire de ses locaux et matériels), par une fraction des recettes pour ce qui est des titulaires de bénéfices non commerciaux, et sur la valeur locative des immobilisations passibles des taxes foncières. Contestée depuis longtemps en raison de son caractère antiéconomique, la taxe professionnelle a été supprimée au 1er janvier 2010, et remplacée par une *contribution économique territoriale*.

Taxe sur la valeur ajoutée (TVA)

[Droit financier ou fiscal]

Impôt indirect général sur la dépense inclus dans les prix, frappant selon des taux différenciés toutes les ventes de biens et toutes les prestations de services – sauf exonérations légales. Grâce au mécanisme de la déduction de la TVA ayant grevé en amont les différents éléments du prix de revient de ces biens et services, la TVA ne grève en réalité que la valeur monétaire ajoutée à chaque stade de leur production. Perçue dans tous les États membres de l'Union européenne, la TVA représente également pour celle-ci l'une de ses « *ressources propres* ». Elle représente actuellement le seul impôt important largement harmonisé à l'échelle de l'Union européenne.

CGI, art. 256-0 s.

Taxes

[Droit financier ou fiscal]

Qualification donnée aux perceptions opérées par une collectivité publique à l'occasion de la fourniture à l'administré d'une contrepartie individualisable, à la différence de l'*impôt* qui couvre globalement l'ensemble des charges occasionnées par le fonctionnement des services publics. Suivant leurs caractères, les taxes peuvent présenter un caractère fiscal (elles ne peuvent alors être créées que par une loi) ou administratif.

L'intitulé des diverses perceptions opérées par les collectivités publiques ne donne pas d'indication décisive sur leur nature juridique (la *taxe sur la valeur ajoutée* est un impôt, et non une taxe).

[Procédure civile]

Les différents actes accomplis par un officier ministériel ou par un avocat pour le compte d'un plaideur sont tarifés.

Pour chaque profession, un texte fournit, par type d'acte, la tarification. Le juge vérifie l'état des frais dressé par l'avocat ou par l'avoué (en appel).

CPC, art. 695 et 708.

En matière d'enquête, la taxe désigne l'indemnité à laquelle peut prétendre le témoin.

→ *Honoraires.*

Taxes foncières

[Droit financier ou fiscal]

Impôts directs locaux perçus au profit des *collectivités territoriales* selon des taux qu'elles déterminent. La taxe foncière sur les propriétés bâties et la taxe foncière sur les propriétés non bâties, établies en fonction de leur valeur locative estimée, sont dues par le propriétaire des biens.

CGI, art. 1380 s.

Taxes sur le chiffre d'affaires

[Droit financier ou fiscal]

Appellation générique désignant, dans son sens large, un ensemble d'impôts indirects présentant le double caractère commun d'être calculés en pourcentage du prix des produits et des services vendus par l'entreprise (chiffre d'affaires) et d'être répercutés sur leur consommateur. La TVA en est le plus important.

Employé au singulier, le terme est parfois employé dans les milieux d'affaires comme synonyme de la TVA elle-même.

→ *Taxe sur la valeur ajoutée (TVA).*

Taxes sur les contrats de prévoyance

[Sécurité sociale]

Taxes perçues sur les contributions des employeurs et des organismes de représentation collective du personnel destinées à financer des prestations de prévoyance complémentaire à celles versées par les régimes de base.

CSS, art. L. 137-1.

Technicien

[Procédure civile]

Simple particulier (indépendant ou présenté par une personne morale) chargé par un juge ou par un tribunal de procéder à des *constatations*, de donner une *consultation* ou de fournir un avis technique dans le cadre d'une expertise lorsque l'analyse des faits du procès requiert le recours aux connaissances d'un spécialiste.

CPC, art. 232.

→ *Expertise.*

Technique juridique ou législative

[Droit général]

Ensemble des moyens permettant de réaliser les options de la politique législative, se rapportant à la manière de présenter les textes (plan, divisions, titres) et d'énoncer leur contenu (énumération ou formule générale, fiction, présomption…). Le choix des outils techniques est dicté par la finalité poursuivie.

→ *Légistique, Politique juridique ou législative.*

Technocratie

[Droit constitutionnel]

Régime où les techniciens et fonctionnaires supplantent en fait ou en droit les hommes politiques dans l'exercice du pouvoir.

Télé-achat

[Droit civil]

→ *Vente à distance.*

Télépaiement

[Droit civil/Droit commercial]

Paiement par télécommunication, comme celui réalisé par l'introduction de sa carte bancaire dans un terminal après avoir saisi son code confidentiel.

Téléprocédures

[Procédure civile]

Qualificatif des procédures consistant en l'échange, entre les juridictions et les cabinets d'avocats, des données du déroulement de l'instance par le canal de l'informatique. Les téléprocédures reposent sur les techniques de numérisation (conversion de documents papier en documents électroniques) et de dématérialisation (circulation des dits documents sous forme électronique).

L'arrêté du 25 septembre 2008, prolongeant le décret du 28 décembre 2005 consacrant le recours à la *communication électronique*, désignait 68 tribunaux de grande instance appelés à déployer une telle communication. Un arrêté du 7 avril 2009 a procédé à l'extension géographique de la voie électronique à tous les tribunaux de grande instance.

Le système met en place une interconnexion (www.e.barreau) entre :

- le *Réseau privé virtuel justice (RPVJ)*, module de communication électronique, doté d'une messagerie automatisée dénommée « ComCI TGI », composante de l'application informatique de gestion des procédures civiles « WinCI TGI » ;
- et le *Réseau privé virtuel avocats (RPVA)* auquel la connexion se fait par une clé cryptographique livrée avec le barreau-pack, réseau assurant toute garantie de fiabilité et de confidentialité des données échangées.

Un réseau électronique fonctionne également dans le cadre des juridictions administratives sous l'appellation « Sagace » ; les téléprocédures sont, alors, dénommées télérecours.

→ *Courrier électronique, Dossier, Répertoire général, Registre d'audience.*

Témoignage

[Procédure (principes généraux)]

Acte par lequel une personne atteste l'existence d'un fait dont elle a eu personnelle-

ment connaissance, et non indirectement par ouï-dire.
➜ *Acte de notoriété, Commune renommée.*

Témoignage anonyme

[Procédure pénale]

Système permettant à une personne auditionnée comme témoin dans le cadre d'une instruction portant sur une infraction punie de 3 ans d'emprisonnement au moins, d'être entendue sans que son identité n'apparaisse dans le dossier de la procédure lorsque son audition serait susceptible de mettre gravement en danger sa vie, son intégrité physique ou celle d'un de ses proches. L'autorisation est accordée par le juge des libertés et de la détention. L'audition très strictement réglementée peut être contestée par le mis en examen.

Le témoignage ne peut à lui seul fonder une condamnation.

C. pr. pén., art. 706-58 s.

Témoin

[Procédure civile/Procédure pénale/Droit pénal]

Simple particulier invité à déposer, dans le cadre d'une enquête ou sous la forme écrite d'une attestation, sur les faits dont il a eu personnellement connaissance, après avoir prêté serment de dire la vérité.

Les personnes frappées d'une incapacité de témoigner peuvent cependant être entendues mais sans prestation de serment.

Les témoins doivent faire connaître s'il y a lieu, leur lien de parenté ou d'alliance avec les parties, de subordination à leur égard, de collaboration ou de communauté d'intérêts avec elles.

CPC, art. 205 et 210.

Constitue une infraction le refus de comparaître, de prêter serment, de déposer, lorsqu'un témoin est cité devant un juge d'instruction ou un officier de police judiciaire dans le cadre d'une commission rogatoire.

C. pr. pén., art. 434-15-1.

Témoin assisté

[Procédure pénale]

Personne *mise en cause* à l'ouverture d'une instruction ou pendant celle-ci par le procureur de la République, la victime, le témoin ou le juge d'instruction lui-même et qu'il n'est pas possible ou qu'il n'apparaît pas opportun de mettre en examen.

Ce statut est obligatoirement applicable à la personne nommément désignée dans un réquisitoire introductif ou supplétif et, lorsque la demande en est faite, pour toute personne nommément visée dans une plainte ou mise en cause par une victime. Il peut être accordé par le juge d'instruction à la personne mise en cause par un témoin ou contre laquelle il existe des indices rendant vraisemblable sa participation comme auteur ou complice à la commission d'une infraction.

Ce statut est intermédiaire entre celui du mis en examen et celui du témoin (assistance d'un avocat et absence de prestation de serment mais obligation de déposer et impossibilité d'une détention provisoire ou d'un contrôle judiciaire par ex.).

La situation de témoin assisté peut aujourd'hui être considérée comme le droit commun pour une personne mise en cause dans le cadre d'une instruction. En effet, le magistrat instructeur ne pourra décider d'une *mise en examen* que s'il estime ne pas pouvoir recourir à la solution du témoin assisté.

C. pr. pén., art. 113-1 s. et 80-1.

Témoin instrumentaire

[Droit civil]

Personne qui assiste un officier public dans la passation des actes dont la validité requiert la présence et la signature de témoins, tels que mariage, testament authentique, testament mystique. La fonction du témoin instrumentaire est multiple : assurer l'indépendance des parties, attester l'existence et la véracité de l'acte auquel il concourt, lui conférer une certaine solennité.

Tout témoin instrumentaire doit être majeur et avoir la jouissance de ses droits civils.

C. civ., art. 37,71, 74-1, 971, 976 et 979; Décr. n° 71-941 du 26 nov. 1971, art. 4.

Temps de travail

[Droit du travail]

→ *Durée du travail.*

Temps législatif programmé

[Droit constitutionnel]

Afin d'améliorer l'organisation des débats et d'éviter certaines formes d'obstruction, procédure permettant de fixer des délais pour l'examen des textes en séance.

Const., art. 44; LO n° 2009-403 du 15 avr. 2009; art. 49 et 55 du règlement de l'Assemblée nationale.

Temps réel (Traitement des affaires en)

[Procédure pénale]

Pratique mise en place par certains parquets (Lyon par ex.) et aujourd'hui assez fréquente consistant pour les officiers de police judiciaire à informer téléphoniquement le parquet (substitut de permanence) de toutes les affaires délictuelles et contraventionnelles de 5e classe élucidées, avant le départ du mis en cause des locaux de l'enquête. Le représentant du parquet, sur la base des informations fournies, choisira alors le mode de traitement qui lui paraîtra le meilleur (poursuite de l'enquête, remise en liberté, présentation au parquet, classement sous condition, etc.).

La réponse judiciaire du parquet, transmise par le même canal, est notifiée à l'auteur des faits et à la victime qui connaissent, en temps réel, la suite donnée à l'affaire.

Tempus

[Droit européen]

Programme de l'Union européenne destiné à promouvoir des échanges d'étudiants et d'enseignants, comme une politique plus générale de coopération universitaire, avec les établissements d'enseignement supérieur des pays d'Europe centrale et orientale.

→ *Socrates.*

Tenants

[Droit civil]

Terres qui bordent un fonds sur ses grands côtés, par opposition aux *aboutissants*.

Tènement

[Droit civil]

Ensemble de terres d'un seul tenant, par opposition à des parcelles isolées.

Tentative

[Droit pénal]

Activité tendant à la perpétration d'une infraction caractérisée par un commencement d'exécution et non suspendue par un désistement volontaire.

C. pén., art. 121-5.

GADPG n° 30.

Terme

[Droit civil]

Modalité d'un acte juridique faisant dépendre l'exécution ou l'extinction d'un droit d'un événement futur dont la réalisation est certaine.

C. civ., art. 1185 s., 1737, 1758 et 1774 s.

→ *Condition, Délai, Échéance.*

Terme de grâce : synonyme de *délai de grâce*.

Territoire d'outre-mer (TOM)

[Droit administratif]

Naguère, catégorie peu homogène de collectivités territoriales, prévue à l'article 72 de la Constitution, regroupant toutes celles d'outre-mer ne bénéficiant pas du statut départemental : les TOM s'opposaient ainsi aux DOM.

La Nouvelle-Calédonie avait cependant été dotée en 1998 d'un statut spécifique (art. 76 et 77). Puis, la révision constitutionnelle du 28 mars 2003 a fait disparaître les TOM, au profit des *collectivités d'outre-mer* dont chacune, par exemple la Polynésie française ou Wallis et Futuna, dispose d'un statut propre.

Territoire non autonome

[Droit international public]

Territoire dont la population ne s'administre pas encore complètement elle-même et à l'égard duquel la puissance administrante a des obligations définies par le chapitre XI de la Charte de l'ONU.

Terrorisme

[Droit pénal]

Ensemble d'infractions limitativement énumérées dans le Code pénal, qualifiées ainsi, lorsqu'elles sont en relation avec une entreprise individuelle ou collective ayant pour but de troubler gravement l'ordre public par l'intimidation et la terreur. L'effet essentiel de cette qualification est, d'une part, d'augmenter d'un degré dans l'échelle des peines les sanctions privatives de liberté encourues, d'autre part, de soumettre ces infractions à des règles de procédure particulières.

C. pén., art. 421-1; C. pr. pén., art. 706-16 s.

Terrorisme écologique

[Droit pénal/Droit de l'environnement]

Fait d'introduire dans l'atmosphère, sur le sol, ou dans le sol ou les eaux une substance de nature à nuire à l'homme ou aux animaux lorsque cette action est en relation avec une entreprise individuelle ou collective ayant pour but de troubler gravement l'ordre public par l'intimidation ou la terreur. L'introduction des mêmes substances dans les éléments ou les composants alimentaires est également punissable.

C. pén., art. 421-2.

Testament

[Droit civil]

Acte juridique unilatéral par lequel une personne, le testateur, exprime ses dernières volontés et dispose de ses biens pour le temps qui suivra sa mort.

• Le testament *authentique* est celui qui est reçu par 2 notaires ou un notaire et 2 témoins.

C. civ., art. 971 s.

• Le testament *mystique* ou secret est celui qui est écrit par le testateur ou un tiers, signé par le testateur, présenté clos et scellé à un notaire qui dresse un acte de suscription en présence de 2 témoins.

C. civ., art. 976.

• Le testament *olographe* est celui qui est entièrement écrit, daté et signé de la main du testateur. La signature doit être nécessairement apposée à la suite des dispositions de dernières volontés à peine de nullité du testament.

C. civ., art. 970.

GAJC, t. 1, n° 124 et 125.

• Il existe aussi un testament dit *international* réglementé par la loi matérielle uniforme annexée à la Convention de Washington du 28 octobre 1973.

→ *Conjonctif, Legs, Libéralité, Libéralité graduelle, Libéralité résiduelle.*

Testament de vie

[Droit civil]

Dénomination donnée aux directives anticipées de la personne majeure indiquant, pour le cas où elle serait un jour hors d'état de manifester sa volonté, ses souhaits relatifs à sa fin de vie. Dès l'instant qu'elles ont été exprimées moins de 3 ans avant l'état d'inconscience, le médecin doit en tenir compte pour toute décision d'investigation, d'intervention ou de traitement.

CSP, art. L 1111-11.

Testament-partage

[Droit civil]

Mode de partage d'une succession que toute personne peut faire entre ses héritiers présomptifs, ce qui permet à une personne sans enfant de distribuer et de partager ses biens entre ses frères et sœurs, ses neveux et nièces, éventuellement ses cousins et cousines. Le disposant a toute liberté pour composer comme il l'entend les lots de chacun sous la seule condition de ne pas porter atteinte à la réserve héréditaire; sinon le bénéficiaire qui n'a pas reçu un lot égal à sa part de réserve peut exercer l'action en réduction.

C. civ., art. 1079 et 1080.

→ *Donation-partage, Libéralité-partage, Partage conjonctif, Partage d'ascendant.*

Testing (Procédé du)

[Droit pénal]

Technique permettant d'établir la réalité de pratiques discriminatoires sanctionnées par la loi pénale en sollicitant d'une personne l'un des biens, actes, services ou contrats qu'elle offre, dans le seul but de démontrer l'existence d'un comportement discriminatoire. Si la preuve de la discrimination est établie, l'infraction réalisée dans ce contexte est constituée.

C. pén., art. 225-3-1.

Tête (Par)

[Droit civil]

Genre de partage dans lequel tous les héritiers prennent des parts égales, parce qu'ils viennent à la succession de leur chef. S'oppose au partage par *souche* qui ne permet aux représentants d'un successible précédé que de prétendre ensemble à la part de celui-ci, constituant une seule unité de compte quel que soit leur nombre.

C. civ., art. 744, 748, 750 et 827.

Thalweg

[Droit international public]

Mot d'origine allemande. Délimitation d'une frontière entre 2 États par recours à la ligne médiane de plus grande profondeur d'un cours d'eau.

Thesaurus

[Droit général]

Dictionnaire destiné à faciliter la recherche en informatique juridique et contenant, pour chaque mot-clé de la nomenclature, les expressions apparentées par similitude, synonymie ou analogie.

Ticket modérateur

[Sécurité sociale]

Fraction des frais médicaux, pharmaceutiques ou chirurgicaux qui reste à la charge de l'assuré. Le ticket modérateur est supprimé dans certains cas : maternité, accident du travail par exemple. Il peut être pris en charge par des mutuelles.

CSS, art. L. 322-2 s.

Ticket-restaurant

[Droit du travail]

→ *Titre-restaurant.*

Tierce opposition

[Procédure (principes généraux)]

Voie de recours extraordinaire, de rétractation ou de réformation, ouverte aux personnes qui n'ont été ni parties ni représentées dans une instance et leur permettant d'attaquer une décision qui leur fait grief et de faire déclarer qu'elle leur est inopposable.

CPC, art. 582 s.; CJA, art. R. 832-1 s.

GAJA n° 26.

→ *Chose jugée, Mise en cause, Opposabilité.*

Tierce personne

[Sécurité sociale]

Personne assistant un invalide incapable d'accomplir seul les actes de la vie courante. Le recours nécessaire à l'assistance d'une tierce personne est une cause de majoration de la pension d'invalidité ou de vieillesse.

CSS, art. L. 341-4.

Tiers

[Droit civil]

Personne n'ayant été ni partie ni représentée à un acte ou à un jugement, par conséquent non liée par son effet obligatoire. Ce terme désigne non seulement les « *penitus extranei* », mais aussi, selon les cas, les *ayants cause à titre particulier* et les *créanciers chirographaires*.

C. civ., art. 1165.

→ *Effet obligatoire des contrats, Erga omnes, Partie.*

[Procédure civile]

Une personne est un tiers par rapport à un procès lorsqu'elle n'est ni demanderesse ni défenderesse. Un tiers peut cependant être introduit dans l'instance par la voie de l'intervention.

CPC, art. 331.

→ *Demande en intervention, Tierce opposition.*

Un tiers peut être sollicité aussi, sur requête d'une partie, de fournir une *attestation* écrite ou un *témoignage* ou de communiquer des documents nécessaires à la connaissance des faits litigieux, à la condition qu'il n'existe pas d'empêchement légitime.

CPC, art. 138 et 199.

Tiers arbitre

[Procédure civile]

Arbitre nommé naguère en cas de partage des voix entre les arbitres en nombre pair pour faire prévaloir l'une des opinions. A disparu dans la nouvelle procédure, le tribunal arbitral étant obligatoirement composé d'arbitres en nombre impair, ou d'un seul arbitre.

CPC, art. 1451.

Tiers détenteur

[Droit civil]

Acquéreur ou donataire d'un immeuble grevé d'une hypothèque ou d'un privilège, non personnellement obligé à la dette, mais tenu comme détenteur ou de payer tous les intérêts et capitaux exigibles quel que soit leur montant, ou de délaisser l'immeuble sans aucune réserve, à moins de procéder à la purge qui limite le droit de poursuite des créanciers hypothécaires au prix payé ou à la valeur de l'immeuble.

C. civ., art. 2462 s.

[Droit financier ou fiscal]

→ *Avis à tiers-détenteur, Déguerpissement, Délaissement, Propter rem.*

Tiers-monde

[Droit international public]

Néologisme désignant l'ensemble des États en voie de développement, la plupart issus du mouvement de décolonisation consécutif à la Seconde Guerre mondiale et représentant environ les 2/3 de la population mondiale.

Le tiers-monde, dont les représentants occupent par leur nombre une place importante à l'ONU, a cherché à affirmer une individualité propre, mais sans grand succès.

→ *Neutralisme, Pays (ou États) en voie de développement.*

Tiers payant

[Sécurité sociale]

Paiement direct par la caisse de Sécurité sociale des sommes dues par l'assuré. Le système du tiers payant est utilisé pour la réparation des accidents du travail.

CSS, art. L. 432-1.

Tiers-payeur

[Droit civil]

Désigne les organismes sociaux, les collectivités publiques ou les personnes privées qui ont versé des prestations à la victime d'un accident corporel et qui disposent d'une action récursoire contre le responsable. Le recours subrogatoire s'exerce poste par poste sur les seules indemnités qui réparent des préjudices que le tiers payeur a pris en charge, à l'exclusion des préjudices à caractère personnel.

CSS, art. L. 376-1.

Tiers provisionnels

[Droit financier ou fiscal]

Appellation courante des 2 acomptes que doivent verser en cours d'année les assujettis à l'impôt sur le revenu qui n'ont pas opté pour la *mensualisation*. Chaque acompte représente le tiers de l'impôt payé l'année précédente et s'impute sur l'impôt dû pour l'année en cours.

Timbre (Droits de)

[Droit financier ou fiscal]

Catégorie d'impôts extrêmement hétérogènes auxquels il n'est pas possible de découvrir un dénominateur commun, l'ancienne caractéristique, représentée par le fait matériel que l'impôt donnait lieu à délivrance d'une vignette ou d'une feuille de papier, ou à l'apposition d'une empreinte, ayant disparu avec le paiement sur états.

Quand l'impôt du timbre est perçu à l'occasion d'un acte juridique et de l'écrit qui le constate, il ne confère pas date certaine à cet acte, à la différence de l'enregistrement; de plus, sauf exception législative, l'omission du timbre entraîne des pénalités mais n'est pas une cause de nullité de l'acte.

Le timbre de dimension, perçu sur des actes juridiques énumérés par la loi, a été supprimé à compter du 1er janvier 2006.

Time-charter

[Droit maritime]

Reprise d'un navire, pour un certain temps, à un affréteur qui l'exploitera lui-même.

Time sharing

[Droit civil]

→ *Jouissance à temps partagé, Société d'attribution d'immeubles en jouissance à temps partagé.*

Tiré

[Droit commercial]

Personne contre qui est émise une *lettre de change* ou un *chèque*.

C. com., art. L. 511-1 s.; C. mon. fin., art. L. 131-2 et 134-1.

Tireur

[Droit commercial]

Personne qui émet une *lettre de change* ou un *chèque*.

C. com., art. L. 511-1 s.; C. mon. fin., art. L. 131-2 et 134-1.

Titre

[Droit civil]

Écrit constatant un *acte juridique* ou un acte matériel producteur d'effets juridiques, équivalent du terme : *instrumentum*. En ce sens on parle de titre de créance, de titre de propriété, de titre de transport.

C. civ., art. 1282, 1332 et 1335.

GAJC, t. 1, n° 82-84.

Se dit, également, de l'acte juridique lui-même (*negotium*) en tant qu'il désigne le fondement du droit invoqué : titre conventionnel, juste titre.

C. civ., art. 691, 1689, 2258 et 2272.

Titre (Juste)

[Droit civil]

Acte juridique dont la finalité est de faire acquérir la propriété d'un immeuble, comme une vente, une donation, un échange, mais qui n'a pu la transférer faute d'émaner du véritable propriétaire.

GAJC, t. 1, n° 81.

→ *Titre putatif.*

Le juste titre permet l'*usucapion* abrégée par le possesseur de bonne foi au bout de 10 ans.

C. civ., art. 2272.

Titre au porteur

[Droit commercial]

Titre ou valeur mobilière ne mentionnant pas le nom de son titulaire, mais portant simplement un numéro d'ordre. Un tel titre est considéré comme une chose incorporelle mobilière dont la négociation s'effectue par la *tradition*.

C. mon. fin., art. L. 228-1.

Titre de perception

[Droit administratif]

Document établissant le montant et la nature d'une créance de l'État ou d'une collectivité territoriale (ou d'un établissement public), émis par l'*ordonnateur* de la personne publique et auquel celui-ci, par application du *privilège du préalable*, a conféré force exécutoire pour permettre au besoin l'engagement de voies d'exécution (dites ici « poursuites ») contre le débiteur récalcitrant.

→ *Titres exécutoires 6°.*

Titre d'identité républicain

[Droit international privé]

Titre d'identité et de voyage accordé, sur présentation du livret de famille, à tout mineur né en France de parents étrangers titulaires d'un titre de séjour.

CESEDA, art. L. 321-3 et D. 321-9 s.

Titre emploi service entreprise

[Sécurité sociale]

Titre utilisé par les entreprises dont l'effectif n'excède pas 9 salariés ou employant des salariés dont l'activité dans la même entreprise n'excède pas 100 jours par année civile pour accomplir certaines formalités au regard du droit social.

CSS, art. L. 133-5-2; C. trav., art. L. 1273-1 s.

Titre exécutoire européen

[Procédure générale/Droit européen]

Création du règlement du Parlement européen et du Conseil du 21 avril 2004 destinée à assurer la libre circulation des décisions, des transactions judiciaires et des actes authentiques dans tous les États membres,

sans qu'il soit nécessaire de recourir à une procédure intermédiaire (*exequatur* ou déclaration de force exécutoire) dans l'État membre d'exécution.
Ce règlement s'applique en matière civile et commerciale, excluant les matières fiscales, douanières, administratives, la responsabilité de l'État pour des actes ou des omissions commis dans l'exercice de la puissance publique et divers domaines (état des personnes, succession, faillite, Sécurité sociale). Il exige, d'une part une créance incontestée, d'autre part une procédure de certification du titre en tant que titre exécutoire par l'État membre d'origine en vue de vérifier que les « normes minimales » de procédure ont bien été respectées.

CPC, art. 509-1 s.

→ *Reconnaissance transfrontalière.*

Titre gratuit (À)

[Droit civil]

→ *Acte à titre gratuit.*

Titre médecin

[Sécurité sociale]

Titre de paiement utilisé par les assurés pour le règlement de certains actes de chirurgie, de biologie ou de radiologie qui les dispense de faire l'avance des frais.

Titre nobiliaire

[Droit civil]

Distinction conférant la *noblesse* et attribuée par un souverain. Cet accessoire honorifique du nom (prince, duc, marquis…) se transmet selon des règles spéciales soumises au contrôle du ministère de la Justice.

Titre nominatif

[Droit commercial]

Titre qui mentionne le nom de son titulaire, et dont la négociation s'effectue par la formalité dite du *transfert* sur les registres de la société.

Titre onéreux (À)

[Droit civil]

→ *Acte à titre onéreux.*

Titre participatif

[Droit commercial]

Titre négociable à revenu variable, susceptible d'être émis par les sociétés par actions du secteur public et les sociétés anonymes coopératives.

C. mon. fin., art. L. 228-36.

Titre putatif

[Droit civil]

Titre qui n'existe que dans la croyance du possesseur d'un bien, tel un testament dont on découvre plus tard qu'il a été révoqué.
Il ne permet pas la prescription abrégée, mais il suffit pour l'acquisition des fruits par le possesseur de bonne foi.

→ *Titre (Juste).*

Titre recognitif

[Droit civil]

→ *Acte recognitif.*

Titre-restaurant

[Droit du travail]

Bon de paiement émis par l'employeur ou par une entreprise spécialisée grâce auquel l'employeur s'acquitte de l'indemnité de repas due aux salariés. Sous certaines conditions, le titre restaurant est exonéré des charges fiscales et sociales. On dit aussi « chèque restaurant ».

Titres de créances négociables

[Droit commercial]

Titres émis au gré de l'émetteur, négociables sur un marché réglementé, qui représentent chacun un droit de créance pour une durée déterminée; ils sont stipulés au porteur et inscrits en compte chez un intermédiaire habilité.

C. mon. fin., art. L. 213-1 s.

Titres exécutoires

[Droit civil/Procédure (principes généraux)/ Droit financier ou fiscal]

Titres permettant de recourir à l'exécution forcée.

La liste de ces titres est contenue dans l'article 3 de la loi n° 650 du 9 juillet 1991. Elle comprend :

1° Les décisions des juridictions de l'ordre judiciaire ou de l'ordre administratif ainsi que les transactions soumises au président du tribunal de grande instance lorsqu'elles ont *force exécutoire*;

2° Les actes et les jugements étrangers ainsi que les sentences arbitrales déclarées exécutoires;

3° Les extraits de procès-verbaux de conciliation signés par le juge et les parties;

4° Les actes notariés revêtus de la formule exécutoire;

5° Le titre délivré par l'huissier en cas de non-paiement d'un chèque;

6° Les décisions auxquelles la loi attache les effets d'un jugement, ainsi que les titres délivrés par les personnes morales de droit public qualifiés comme tels par la loi. Aux termes de l'article 98 de la loi n° 92-1476 du 31 décembre 1992, « constituent des titres exécutoires les arrêtés, états, rôles, avis de mise en recouvrement, titres de perception ou de recettes que l'État, les collectivités territoriales ou les établissements publics dotés d'un comptable public délivrent pour le recouvrement des recettes de toute nature qu'ils sont habilités à recevoir ».

→ *Contrainte judiciaire, Formule exécutoire, Manu militari.*

Titres financiers

[Droit commercial]

Les titres financiers, dématérialisés et négociables, constituent, avec les contrats financiers, non dématérialisés, la catégorie des *instruments financiers*.

Les titres de capital et de créances, les parts ou actions d'organismes de placements collectifs et un certain nombre d'autres instruments financiers équivalents, sont les titres financiers.

C. mon. fin., art. L. 211-1.

Titrisation

[Droit civil/Droit commercial]

Conversion en titres négociables des créances de prêt détenues par un établissement de crédit ou la *Caisse des dépôts et consignations* au moyen de leur cession à un *fonds commun de créance* qui émet, en contrepartie, des parts représentatives desdites créances; ces parts sont offertes aux investisseurs comme valeurs mobilières sur le marché financier.

Tobar (Doctrine de)

[Droit international public]

Doctrine formulée en 1907 par le ministre des Affaires étrangères de l'Équateur, selon laquelle un État devrait refuser de reconnaître un nouveau gouvernement formé inconstitutionnellement. Quelques applications en Amérique centrale.

Tolérance (Acte de simple)

[Droit civil]

Acte accompli sur le fonds d'autrui, mais avec la permission expresse ou tacite du propriétaire qui peut y mettre fin à tout moment. Un tel acte ne peut fonder ni possession, ni prescription, spécialement en matière de servitudes.

C. civ., art. 2262.

→ *Actes de pure faculté.*

Tontine

[Droit civil]

Opération par laquelle plusieurs personnes constituent, par des versements, un fonds commun qui sera capitalisé pendant un certain nombre d'années et réparti, à l'échéance convenue, entre les survivants, déduction faite des frais de gestion de la société qui s'est chargée de cette opération (société tontinière). Ainsi entendue, elle constitue l'ébauche de l'assurance-vie.

C. assur., art. R. 322-139 s.

Dans la pratique notariale, la tontine, encore appelée clause d'accroissement ou de réversion, est un pacte conclu entre plusieurs personnes lors de l'acquisition d'un bien en commun et en vertu duquel seul le survivant de tous sera considéré comme propriétaire, chaque acquéreur conservant la jouissance du bien sa vie durant. Les biens recueillis en vertu de cette clause sont fiscalement réputés transmis à titre gratuit à chacun des bénéficiaires de l'*accroissement*.

CGI, art. 754 A.

La tontine désigne enfin une pratique coutumière (en Afrique et en Asie notamment) par laquelle chaque membre d'un groupement verse périodiquement une certaine somme d'argent, le capital ainsi réuni étant utilisable à tour de rôle par chacun des membres.

Tortures et actes de barbarie

[Droit pénal]

Violente souffrance physique que l'on fait subir à autrui et tous autres traitements cruels inhumains ou dégradants. Ces faits constituent aujourd'hui, dans le Code pénal, une infraction autonome.

C. pén., art. 222-1 s.

Totalitarisme

[Droit constitutionnel]

Système dans lequel l'État établit son emprise sur la totalité des activités humaines (politiques, économiques, sociales, culturelles, religieuses, etc.), l'individu étant entièrement subordonné à l'idéal exclusif formulé par le pouvoir.

→ *Démocratie populaire.*

Tour d'échelle

[Droit civil]

Droit de pénétrer sur le terrain d'un voisin pour y placer des échelles aux fins d'entretenir un bâtiment personnel situé sur la ligne séparative des fonds. Ce droit ne peut constituer une servitude que s'il a été établi par un titre.

Tour extérieur

[Droit administratif]

Mode de nomination dérogatoire au droit commun de la *fonction publique*, permettant à l'exécutif de recruter directement certaines personnes à des emplois de la haute fonction publique de l'État. Ces nominations sont limitées en nombre et depuis 1994, en raison d'abus, sont soumises à des avis destinés à éclairer sur l'aptitude des intéressés à remplir convenablement leurs fonctions.

Toxicomanie

[Droit pénal]

Habitude de consommation de certains produits pouvant procurer des sensations agréables mais susceptibles d'entraîner un état de dépendance physique ou psychique.

→ *Stupéfiants.*

Tracfin (Traitement du renseignement et action contre les circuits financiers)

[Droit financier ou fiscal/Procédure pénale]

Sigle désignant une cellule de coordination, placée auprès du ministre des Finances, chargée du traitement des renseignements et de l'action contre les circuits financiers clandestins. Ce service a pour objectif de lutter contre les opérations de blanchiment de capitaux d'origine délictueuse (drogue, fraude fiscale, par ex.) notamment en informant le parquet.

Tractatus

[Droit civil]

→ *Possession d'état.*

Trade Unions

[Droit constitutionnel]

Les syndicats au Royaume-Uni.

Traditio

[Droit civil]

Mot latin qui désigne la remise de la chose faisant l'objet d'un contrat. On dit également tradition.

La loi sur la simplification du droit n° 2009-527, 12 mai 2009, remplace l'expression « tradition réelle » par celle de « remise de la chose ».

C. civ., art. 1138, 1606, 1607, 1919 et 2337.

→ *Contrat réel, Délivrance.*

Tradition

[Droit civil]

→ *Traditio.*

[Droit commercial]

Avant la dématérialisation des valeurs mobilières, mode de transmission propre aux titres au porteur s'effectuant par la simple remise matérielle du titre de la main à la main. Aujourd'hui, le titre au porteur est cédé de la même façon que le titre nominatif par virement de compte à compte.

Tradition républicaine

[Droit constitutionnel]

Ne peut être invoquée pour soutenir qu'une loi est contraire à la Constitution que si cette tradition a donné naissance à un principe fondamental reconnu par les lois de la République avant le Préambule de la Constitution de 1946 (déc. Cons. const. du 20 juill. 1988). S'appuie aussi sur les grands textes législatifs de la IIIe République.

Trafic d'influence

[Droit pénal]

Infraction consistant dans le fait de solliciter ou d'agréer des offres, dons, promesses, *présents ou avantages quelconques pour soi-même ou autrui*, pour abuser d'une influence réelle ou supposée dans le but de faire obtenir, d'une autorité ou d'une administration publique, des distinctions, des emplois, des marchés ou toute autre décision favorable. Le fait est plus sévèrement réprimé lorsqu'il est accompli par une personne exerçant une fonction publique.

C. pén., art. 432-11 et 433-2.

Trahison

[Droit pénal]

Ensemble d'infractions commises par un Français ou un militaire au service de la France dont la caractéristique commune est qu'elles constituent une atteinte aux intérêts fondamentaux de la nation, le plus souvent au profit d'une puissance étrangère.

C. pén., art. 411-1 s.

→ *Espionnage.*

Traite

[Droit commercial]

→ *Lettre de change.*

Traité

[Droit international public]

Accord conclu entre États ou autre sujets de la société internationale (comme le Saint-Siège ou les organisations internationales) en vue de produire des effets de droit dans leurs relations mutuelles.

Termes pratiquement synonymes : convention, pacte, accord, arrangement, protocole…

1° Traité bilatéral : résultant de l'accord de 2 contractants seulement.

2° Traité-contrat : générateur de situations juridiques subjectives, les contractants stipulant des prestations réciproques, comme dans un contrat privé (ex. : traité de commerce).

3° Traité-loi (ou traité normatif) : généralement multilatéral, dont l'objet est de poser une règle de droit, c'est-à-dire d'établir une situation juridique impersonnelle et objective (par ex. : un mode d'organisation de la société internationale, un statut territorial, etc.).

4° Traité multilatéral (ou collectif) : résultant de l'accord de plus de 2 contractants.

GDCC n° 44; GAJC, t. 1, n° 1 et 3; GADPG n° 5; GAJF n° 4.

ACTU

Traité de Lisbonne

[Droit européen]

Signé à Lisbonne le 13 décembre 2007 pour pallier l'échec du projet de *Constitution* européenne. Conserve, pour l'essentiel, les dispositions institutionnelles de cette Constitution (sa partie I). N'intègre pas le texte de la *Charte des droits fondamentaux*, partie II de la Constitution, même si un renvoi lui confère la même valeur juridique que les traités (TUE, art. 6, § 1) sauf pour le Royaume-Uni, la Pologne et la Tchéquie. Ne reprend pas la 3e partie sur les politiques communes. Il modifie les 2 traités fondamentaux que sont le Traité sur l'Union européenne (TUE) et le Traité instituant la Communauté européenne qui devient le Traité sur le fonctionnement de l'Union européenne (TFUE).

Après 2 référendums en Irlande et une ultime tentative de blocage du Président tchèque, est finalement entré en vigueur le 1er décembre 2009.

Traite des êtres humains

[Droit pénal]

Forme de convention aux termes de laquelle une personne, victime de l'infraction, est, contre rémunération, avantage ou promesse de rémunération ou d'avantage, mise à disposition de tiers afin qu'elle subisse ou commette des crimes ou des délits. Constitue la traite, au sens de l'incrimination, le recrutement, le transport, le transfert, l'hébergement ou l'accueil. Les qualifications qui constituent la traite lorsqu'elles sont subies sont le proxénétisme, les agressions ou atteintes sexuelles, l'exploitation de la mendicité, l'imposition de conditions de travail ou d'hébergement contraires à la dignité. En revanche celles qu'elle peut être contrainte de commettre sont tous les crimes et délits.

C. pén., art. 225-4-1.

Traitement budgétaire

[Droit administratif]

Élément principal de la rémunération d'un fonctionnaire correspondant à son indice de traitement, et sur lequel est calculée sa pension de retraite lors de la fin de ses fonctions. Il est assorti de différents compléments, notamment de primes aux noms divers et souvent mal connues, très inégales suivant les Administrations et qui contribuent largement à fausser les comparaisons entre les rémunérations des différents fonctionnaires, généralement pratiquées à partir de leur traitement budgétaire.

Traitement inhibiteur de la libido

[Droit pénal]

Souvent appelé castration chimique, il consiste dans l'administration de médicaments, dont la liste est fixée par arrêté du ministre de la Santé, qui a pour objectif de diminuer la libido (désir sexuel). Si, s'agissant des condamnés à la réclusion criminelle à perpétuité pour des crimes faisant encourir le suivi sociojudiciaire, l'avis de 2 experts doit être sollicité sur l'opportunité de ce traitement avant toute libération conditionnelle, la seule personne habilitée pour le prescrire est le médecin traitant qui doit signaler, au médecin coordonnateur, tout refus ou interruption de traitement intervenant contre sa volonté.

C. pr. pén., art. 729, al. 10; CSP, art. L. 3711-3.

Traités inégaux

[Droit international public]

Traités reflétant le déséquilibre des rapports de force entre les États signataires, l'une des parties ayant profité de la faiblesse de l'autre pour lui imposer des clauses désavantageuses (ex. : la Chine se plaint de subir les conséquences des traités inégaux conclus avec l'URSS et réclame une rectification équitable de la frontière sino-soviétique).

ACTU

Trame verte, trame bleue

[Droit de l'environnement]

Géographie des espaces qui ont pour objectif d'enrayer la perte de biodiversités en veillant à la préservation et à la remise en bon état des continuités écologiques, tout en prenant en compte les activités humaines, notamment agricoles, en milieu rural.

La trame verte comprend des espaces protégés, des corridors écologiques permettant de relier ces espaces, les surfaces mentionnées au 5 de l'article L. 211-14 du Code de l'environnement.

La trame bleue englobe les cours d'eau, parties de cours d'eau ou canaux figurant sur des listes ministérielles et tout ou partie des zones humides dont la bonne gestion contribue à la réalisation des objectifs de restauration de la biodiversité.

C. envir., art. L. 371-1 s.

Transaction

[Droit administratif]

Les personnes publiques peuvent être amenées à transiger, par exemple en matière d'infractions au droit de la concurrence et de la consommation, ou encore dans le cadre de l'exécution d'un *contrat administratif*.

C. cons., art. L. 141-2.

GACA n° 74.

[Droit civil]

Contrat par lequel les parties terminent ou préviennent une contestation en se consentant des concessions réciproques.

C. civ., art. 2044.

Ce mot est aussi utilisé dans le langage courant pour désigner une opération commerciale.

[Procédure civile]

La transaction intervenue entre 2 personnes a la même valeur qu'une décision passée en force de chose jugée. En présence d'une transaction extrajudiciaire, le président du tribunal de grande instance, saisi par requête de l'une des parties, peut lui conférer force exécutoire.

C. civ., art. 2052; CPC, art. 1441-4.

[Procédure pénale]

Procédure par laquelle certaines administrations (contributions indirectes – douanes, etc.) peuvent proposer aux délinquants l'abandon des poursuites pénales en contrepartie de l'aveu de l'infraction et du versement d'une somme d'argent dont elles fixent elles-mêmes le montant. Cette procédure d'application restrictive entraîne l'extinction de l'action publique. Une procédure du même type est également applicable, pour certaines contraventions en matière de transports terrestres, entre le contrevenant et l'exploitant.

Les maires pour les contraventions constatées par la police municipale et la HALDE (Haute autorité de lutte contre les discriminations et pour l'égalité) pour des infractions de discrimination, disposent également d'une telle possibilité.

C. pr. pén., art. 6, 529-3 s., 44-1 et D. 1-1.

Transcription

[Droit civil]

Formalité de publicité de certains actes juridiques, qui consiste à recopier totalement ou partiellement l'acte sur un registre officiel. – Terme désignant, avant 1955, les opérations de *publicité foncière*.

C. civ., art. 80, 91 et 1336.

Transfèrement

[Droit pénal]

Au sens large translation d'une personne détenue d'un établissement pénitentiaire à un autre. Il peut être judiciaire ou administratif. Dans un sens plus précis le transfèrement s'entend de l'opération consistant, sur la base d'une convention internationale à transférer, sur le territoire national, une personne détenue dans un autre État en exécution d'une condamnation prononcée par une juridiction étrangère afin qu'elle accomplisse la partie de peine restant à subir dans un établissement pénitentiaire français et conformément aux règles d'exécution applicables en France.

C. pr. pén., art. 728-2 s. et D. 290 s.

Transfert

[Droit commercial]

Mode de transmission des titres nominatifs qui s'effectue par l'inscription sur un registre tenu par le débiteur du titre (en l'espèce la société émettrice ou la collectivité publique) du nom du cessionnaire, cette inscription étant accompagnée de la radiation du nom du cédant.

[Droit du travail]

Situation d'un salarié dont le contrat de travail avec son employeur est rompu et qui passe au service d'un autre employeur par convention conclue par les 3 parties intéressées.

→ *Mutation, Détachement.*

Transfert de propriété

[Droit civil]

Opération par laquelle l'acquéreur devient propriétaire en lieu et place de son prédécesseur.

Transit

[Droit commercial]

Passage d'une marchandise à travers un État sans être dédouanée.

Transit international routier (TIR)

[Droit administratif]

→ *Transports sous douane.*

Transitaire

[Droit commercial]

Commissionnaire spécialisé dans l'importation et l'exportation des marchandises, qu'elles circulent ou non en transit. Il effectue les formalités matérielles et juridiques de la douane (transitaire en douane).

Transitoire (Droit)

[Droit civil]

Ensemble des règles déterminant le domaine respectif d'application de la loi ancienne et de la loi nouvelle.

→ *Conflits de lois dans le temps, Droit acquis, Effet immédiat de la loi (Principe de l'), Non-rétroactivité, Rétroactivité de la loi.*

Translatif

[Droit civil]

Qui opère déplacement d'un droit, spécialement du droit de propriété, d'un patrimoine à un autre (vente, donation…).

→ *Acte translatif.*

Transmission à titre particulier

[Droit général]

Transmission d'un ou plusieurs biens déterminés ou déterminables.

C. civ., art. 1014.

→ *Ayant cause à titre particulier.*

Transmission à titre universel

[Droit général]

Transmission d'une quote-part de biens.

C. civ., art. 1010.

→ *Ayant cause à titre universel.*

Transmission universelle

[Droit général]

Transmission de tout le patrimoine d'une personne (actif et passif). Elle ne peut se réaliser que pour cause de mort, ou, en matière commerciale, pour cause de fusion de sociétés.

C. civ., art. 1003.

→ *Ayant cause universel.*

Transparence fiscale

[Droit financier ou fiscal]

Néologisme désignant une manifestation particulière de l'autonomie du droit fiscal, selon laquelle celui-ci accepte d'ignorer la personnalité juridique de certaines sociétés. Celles-ci ne sont, alors, pas assujetties à l'impôt sur les bénéfices des sociétés, leurs profits étant imposés dans la personne de leurs associés au titre de l'impôt sur le revenu comme s'ils avaient été réalisés directement par eux et non par la société. La charge fiscale globale est ainsi allégée du montant de l'impôt sur les bénéfices qu'aurait eu à payer la société si elle n'avait pas été fiscalement « transparente ».

Transport sous douane

[Droit financier ou fiscal]

Institution fiscale permettant soit de traverser le territoire douanier français, soit d'acheminer les importations vers des entrepôts de douane ou des centres de dédouanement dans l'intérieur du territoire sans remplir à la frontière les formalités de dédouanement, pour tenir compte de l'accroissement des échanges internationaux, notamment par transports routiers.

Le Transit international routier (TIR) en est l'une des modalités.

Transport sur les lieux

[Procédure civile]

Mesure d'instruction consistant pour le juge à aller sur place pour procéder aux constatations, évaluations, appréciations ou reconstitutions qu'il estime nécessaires à la manifestation de la vérité.

CPC, art. 179.

→ *Vérifications personnelles du juge.*

[Procédure pénale]

Mesure de l'enquête ou de l'instruction conduisant un magistrat ou une formation de jugement d'une juridiction à se rendre sur les lieux où s'est déroulée une infraction pour y effectuer des constatations matérielles.

C. pr. pén., art. 92 s., 456 et 536.

Transsexuel

[Droit civil]

Personne qui, à la suite d'un traitement médical et/ou d'une opération chirurgicale, ne possède plus tous les caractères de son sexe d'origine et a pris une apparence physique la rapprochant de l'autre sexe, auquel correspond son comportement social. Si le traitement a eu lieu dans un but thérapeutique, la Cour de cassation considère que le principe du respect dû à la vie privée justifie que l'état civil de cette personne indique désormais le sexe dont elle a l'apparence et que le principe de l'indisponibilité de l'état des personnes ne fait pas obstacle à une telle modification.

GAJC, t. 1, nº 26.

Travail

[Droit du travail]

• *Travail par équipes* : pratiqué dans un établissement de façon continue ou prolongée et assuré par des équipes successives.

→ *Travail par roulement.*

• *Travail dissimulé* : aux termes de la loi du 11 mars 1997, le travail dissimulé est un concept plus large que ce que le législateur dénommait antérieurement par l'expression « travail clandestin ». Il peut y avoir dissimulation d'entreprise ou dissimulation de salariés. Dans le premier cas, c'est le fait, pour une personne ou une entreprise, de se livrer à une activité commerciale, artisanale ou agricole sans respecter l'obligation d'obtenir l'inscription aux registres prévus par la loi ou sans établir les déclarations fiscales ou sociales exigées par la réglementation; dans le second cas, c'est le fait pour un employeur, tout en exerçant une activité au grand jour, de ne pas déclarer les salariés aux organismes de protection sociale, de ne pas délivrer de bulletins de paie ou de ne pas y mentionner l'intégralité des heures de travail accomplies par un salarié. Le travail dissimulé est pénalement sanctionné.

C. trav., art. L. 8221-1 s., R. 8221-1 s. et L. 8224-1 s.

GAJC, t. 2, nº 188.

• *Travail intermittent* : emplois permanents qui, par nature, comportent une alternance de périodes travaillées et de périodes non travaillées. Ces emplois sont définis par convention ou accord collectif étendu ou par convention ou accord d'entreprise ou d'établissement. Le contrat de travail intermittent est un contrat à durée indéterminée écrit qui doit comporter un certain nombre de mentions obligatoires. Le travail intermittent a été réintroduit dans le Code du travail par la loi du 19 janvier 2000 après son abrogation par la loi dite « quinquennale » du 20 décembre 1993.

C. trav., art. L. 3123-31 s.

• *Travail de nuit* : en principe entre 21 heures et 6 heures, donc à cheval sur 2 journées civiles. Le recours à ce type de travail est exceptionnel et soumis à un régime juridique spécifique qui doit notamment prévoir des contreparties sous forme de repos compensateur et, le cas échéant, sous forme pécuniaire.

C. trav., art. L. 3122-29 s.

• *Travail par roulement* : organisation du travail dans laquelle les travailleurs d'un même établissement, n'appartenant pas à des équipes successives, n'accomplissent pas tous leur travail et ne prennent pas tous leur repos aux mêmes heures.

• *Travail à temps partagé* : exerce un travail à temps partagé toute personne physique ou morale constituée en entreprise, dont l'activité exclusive consiste à mettre à disposition d'entreprises clientes du personnel qualifié que ces dernières ne peuvent recruter elles-mêmes en raison de leur taille ou de leurs moyens. Le travail à temps partagé donne lieu à la conclusion de 2 contrats : un entre l'entreprise utilisatrice et l'entreprise de travail à temps partagé, et un contrat de travail, réputé à durée indéterminée, entre l'entreprise de travail à temps partagé et le salarié mis à disposition. Le travail à temps partagé s'inscrit ainsi en dérogation aux dispositions prohibant le prêt exclusif de main-d'œuvre et constitue une modalité particulière de travail temporaire. Les entreprises de travail temporaire, dont le caractère exclusif de l'activité n'est pas remis en cause, peuvent d'ailleurs pratiquer le travail à temps partagé.

C. trav., art. L. 1252-1 s.

• *Travail à temps partiel* : dont la durée est inférieure à la durée légale du travail ou, lorsque ces durées sont inférieures à la durée légale, à la durée fixée conventionnellement pour la branche ou pour l'entreprise ou aux durées applicables dans l'établissement (cette définition résulte de la loi dite « Aubry II » du 19 janv. 2000, qui a permis sur ce point la mise en conformité du droit français aux textes de la directive communautaire n° 97/81 du 15 déc. 1997 et de la convention internationale du travail n° 177). Le travail à temps partiel peut aussi être organisé dans le cadre d'une durée du travail mensuelle ou annuelle, dont la modulation est possible. Il nécessite dans tous les cas l'établissement d'un contrat de travail écrit spécifique avec des mentions obligatoires.

C. trav., art. L. 3123-1 s.

Travail d'intérêt général

[Droit pénal]

Peine pouvant se substituer à un emprisonnement à titre de sanction principale lorsque le juge estime opportun de prononcer une telle mesure. Le condamné, qui doit accepter ce type de sanction, effectuera, au profit d'une personne morale de droit public, d'une personne morale de droit privé chargée d'une mission de service public ou d'une association habilitées, un travail d'une durée comprise entre 20 et 210 heures dans un délai qui ne peut excéder 18 mois.

Cette mesure peut également être utilisée comme peine complémentaire pour une contravention de 5ᵉ classe ou comme modalité d'exécution du sursis.

C. pén., art. 131-8, 131-22 et R. 131-12; C. pr. pén., art. 747-1 s.

→ *Sursis assorti de l'obligation d'accomplir un travail d'intérêt général.*

Travail en commun

[Sécurité sociale]

Situation dans laquelle les salariés de plusieurs entreprises, bien que se livrant à des tâches différentes, travaillent simultanément pour un objet et un intérêt commun sous une direction unique. Lorsque le travail en commun est caractérisé, les recours respectifs de la victime et de la Sécurité sociale sont exclus. La victime ne peut prétendre qu'aux réparations forfaitaires assurées par la Sécurité sociale, sauf faute inexcusable ou intentionnelle.

Travail temporaire

[Droit du travail]

→ *Contrat de travail.*

Travailleur

[Droit du travail]

• *À domicile* : toute personne qui exécute, moyennant une rémunération forfaitaire, pour le compte d'un ou plusieurs établissements, un travail qui lui est confié soit directement, soit par un intermédiaire. Ce peut être aussi celui qui exécute, soit seul, soit avec son conjoint, partenaire lié par un PACS, concubin ou avec ses enfants ses enfants à charge ou avec un auxiliaire, le travail confié par un donneur d'ouvrage lui procurant les matières premières, moyennant une rémunération forfaitaire. Le travailleur à domicile est assimilé au salarié par la loi.

C. trav., art. L. 7412-1 s. et R. 7413-1 s.

• *Handicapé* : celui dont les possibilités d'acquérir ou de conserver un emploi sont effectivement réduites, par suite de l'altération d'une ou plusieurs fonctions physiques, sensorielles, mentales ou psychiques.

C. trav., art. L. 5213-1 s. et R. 5213-1 s.

Travailleur migrant

[Droit européen]

Le droit européen organise la libre circulation des travailleurs (art. 45 TFUE), par opposition aux professions indépendantes qui bénéficient du droit d'établissement et de la libre prestation de services.

[Sécurité sociale]

Travailleur exerçant son activité dans un État autre que celui dont il est ressortissant ou dans lequel il réside, ou exerçant son activité dans un État autre que celui dans lequel il travaille habituellement ou dans lequel est situé son employeur.

Travailleur social

[Droit pénal]

Personne dont le rôle est de s'assurer que les délinquants placés sous le régime de la mise à l'épreuve (sursis, ajournement), ou qui exécutent leur peine en milieu libre (condamnés à un travail d'intérêt général, libérés conditionnels...), se soumettent aux mesures de contrôle et respectent les obligations qui leur sont imposées. On parlait d'*agent de probation* avant la loi n° 2000-516 du 15 juin 2000 renforçant la protection de la présomption d'innocence et les droits des victimes.

C. pén., art. 132-44 et 132-55.

Travaux forcés

[Droit pénal]

Peine criminelle temporaire ou perpétuelle qui n'a été abrogée qu'en 1939. Ceux qui la subissaient étaient des forçats. Les travaux forcés ont été remplacés par la *réclusion criminelle*.

Travaux préparatoires

[Droit constitutionnel]

Ensemble des documents officiels (rapports des commissions spécialisées, procès-verbaux des débats au sein des assemblées, communiqué du Conseil des ministres...) qui précèdent l'établissement de la règle de droit écrit et qui permettent de mieux connaître la volonté du pouvoir qui a posé la norme.

Travaux publics

[Droit administratif]

Travaux exécutés sur un immeuble, dans un but d'utilité générale, soit pour le compte d'une personne publique quel qu'en soit le maître d'œuvre, soit plus rarement pour le compte d'une personne privée, s'ils sont effectués par une personne publique agissant dans le cadre d'une mission de service public. Au singulier (travail public) le terme désigne aussi l'ouvrage qui en est le résultat.

GAJA n° 37 et 71.

Tréfoncier

[Droit civil]

Propriétaire du sous-sol (tréfonds), par opposition au foncier, propriétaire du sol, et au superficiaire, propriétaire de ce qui est situé au-dessus du sol (constructions, plantations). En principe, la propriété du sol emporte la propriété du dessus et du dessous.

C. minier, art. 36, 55; C. civ., art. 552 al. 1.

Tréfonds

[Droit civil]

Ce qui est situé au-dessous d'un terrain. Le propriétaire du sol peut faire au-dessous toutes les constructions et fouilles qu'il juge à propos et en tirer tous produits, ainsi que s'opposer aux empiétements des tiers. Mais certaines richesses du tréfonds sont détachées de la propriété du sol en raison de leur intérêt général et appartiennent à l'État, tels les gisements miniers et les vestiges archéologiques.

C. civ., art. 552, al. 3; C. patr., art. L. 541-1; C. min., art. 21.

→ *Droit de superficie.*

Trentième indivisible

[Droit financier ou fiscal]

Règle de comptabilité publique selon laquelle la fraction indivisible du *traitement budgétaire* mensuel des personnels de l'État et de ses établissements publics administratifs est égale au trentième de celui-ci. En conséquence, en l'absence de « service fait » (c'est-à-dire d'exécution des fonctions) pendant une durée inférieure à une journée, notamment en cas de grève de très courte durée, la retenue sur traitement est égale à la rémunération d'une journée entière.

Trésor

[Droit civil]

Chose cachée ou enfouie sur laquelle personne ne peut justifier d'un droit de propriété, et qui est découverte par le pur effet du hasard.

Le trésor appartient à celui qui le découvre dans son propre fonds; s'il est trouvé dans le fonds d'autrui, il appartient pour moitié à l'inventeur et au propriétaire.

C. civ., art. 716.

Trésor public

[Droit financier ou fiscal]

Expression utilisée pour désigner un ensemble de services de l'État rattachés, au ministère des Finances, à la direction générale du Trésor et de la prévision économique. Cette dernière a abandonné en 2010 la dénomination qui lui avait été donnée en 2004, lors de la fusion de la Direction du trésor et de la prévision. Elle est devenue la Direction générale du trésor (arrêté du 15 avr. 2010). L'étendue de ses missions, très vaste dans les quelques décennies ayant suivi la fin de la Seconde Guerre mondiale (1945) durant lesquelles le Trésor a joué un rôle central dans le financement de l'économie et la tutelle de l'État sur le marché monétaire et le système bancaire, s'est restreinte avec la disparition de l'« économie administrée ». Les principales – et importantes – fonctions actuelles du Trésor sont de nature financière. Il tient la caisse de l'État, ainsi que des *collectivités territoriales* et des *établissements publics* dont les disponibilités sont en principe déposées auprès de lui (principe de l'unité de trésorerie des personnes publiques) sur le compte unique du Trésor à la *Banque de France*. Il doit financer les déficits de trésorerie de l'État nés du déficit budgétaire ou du désajustement dans le temps de ses recettes et de ses dépenses, en recherchant des ressources de trésorerie.

→ *Agence France Trésor, Dette publique.*

Trésorerie

[Droit financier ou fiscal]

Dénomination actuelle du poste comptable du trésor naguère appelé : perception. Ce dernier terme, traditionnel, est encore très souvent utilisé dans la langue courante.

→ *Percepteur.*

Trésorier-payeur général

[Droit financier ou fiscal]

Haut fonctionnaire du ministère des Finances en fonction dans chaque département (Paris a une organisation particulière). Le trésorier-payeur général est le seul comptable principal de l'État dans chaque département – c'est-à-dire rendant un *compte de gestion* à la *Cour des comptes*, après avoir intégré dans ses écritures celles d'un grand nombre d'autres comptables publics. Il est chargé de centraliser dans ses comptes les impôts directs (recouvrés par les « *trésore-*

ries ») et un grand nombre de produits non fiscaux de l'État, et de suivre le contentieux de leur recouvrement. Il contrôle la mise en paiement des dépenses de l'État et procède au règlement des créanciers.

Il joue un rôle important de conseiller financier auprès du *préfet de région* en matière d'économie et d'investissements publics régionaux.

Il apure également les comptes des communes de moins de 3 500 habitants dont le montant des recettes ordinaires est inférieur à 750 000 €, qui représentent plus des 9/10e des communes, étant observé que seules les *chambres régionales des comptes* sont compétentes pour mettre leurs comptables en *débet*.

Suite à la création de la Direction générale des finances publiques, les trésoriers payeurs généraux et les directeurs des services fiscaux sont progressivement fusionnés – d'ici 2012 – et deviennent les Directeurs régionaux ou départementaux des finances publiques.

→ *Administrateur (général) des finances publiques, Apurement des comptes, Contrôle financier déconcentré.*

Trêve hivernale

[Droit civil]

Période s'étendant du 1er novembre au 15 mars pendant laquelle il est sursis à toute mesure d'expulsion malgré une décision judiciaire en ce sens passée en force de chose jugée. La trêve est écartée si le relogement des intéressés est suffisamment assuré, s'il y a eu entrée dans les locaux par voie de fait, si l'immeuble fait l'objet d'un arrêté de péril.

CCH, art. 613-3.

Tribunal administratif

[Droit administratif]

Juridiction administrative de droit commun, dont le ressort comprend un nombre variable de départements, et qui rend des jugements normalement susceptibles d'appel devant la cour administrative d'appel dont il relève. Il existe 42 tribunaux administratifs (dont 31 en métropole).

Tribunal administratif international

[Droit international public]

Tribunal chargé de statuer sur les litiges concernant la situation des fonctionnaires des organisations internationales (Tribunaux administratifs de l'ONU, de l'OIT et des institutions spécialisées).

Tribunal arbitral

[Procédure civile]

→ *Arbitrage, Arbitre, Clause compromissoire, Compromis, Juge d'appui, Sentence arbitrale.*

Tribunal aux armées

[Procédure pénale]

Juridiction militaire d'exception, composée de magistrats professionnels, compétente pour juger, en temps de paix, les infractions de toute nature commises hors du territoire de la République par les membres des forces armées ou les personnes à la suite de l'armée. Elle remplace les tribunaux aux armées qui pouvaient jusqu'alors être établis lorsque des troupes stationnaient hors du territoire de la République. Son siège, fixé par décret, est actuellement Paris.

CJM, art. L. 1er, L. 111-1 et 121-1 s.

Tribunal correctionnel

[Procédure pénale]

Formation du tribunal de grande instance compétente en matière de délit pénal.

C. pr. pén., art. 381 s.

Tribunal de commerce

[Procédure civile]

Juridiction composée de juges élus par les *délégués consulaires* et chargée de statuer :

1° sur les contestations relatives aux engagements entre commerçants, entre établissements de crédit ou entre eux;

2° sur celles relatives aux sociétés commerciales;
3° sur celles relatives aux actes de commerce entre toutes personnes;
4° sur celles relatives aux billets à ordre portant en même temps des signatures de commerçants et de non-commerçants.
5° sur les procédures de *mandat ad hoc*, de conciliation, de sauvegarde, de redressement et de liquidation judiciaires concernant les personnes exerçant une activité commerciale ou une activité artisanale.
On appelle souvent ce tribunal la juridiction consulaire. Il en existe 135.

C. com., art. L. 611-3 s., 621-2, 631-1, 641-1, 721-1 s., D. 442-3.

→ *Tribunal mixte de commerce.*

ACTU

Tribunal de grande instance

[Procédure civile]

Juridiction de droit commun en matière civile, connaissant à charge d'appel de toutes les questions pour lesquelles compétence n'est pas attribuée expressément à une autre juridiction en raison de la nature de l'affaire ou du montant de la demande, et ayant reçu compétence exclusive dans certaines matières (mariage, filiation, succession, actions possessoires et pétitoires, droits d'enregistrement, taxe de publicité foncière, droit de timbre et contributions indirectes, baux professionnels et conventions d'occupation précaire en matière commerciale...) sur lesquelles il statue en dernier ressort lorsque le montant de la demande est inférieur ou égal à 4 000 €.
Certains tribunaux de grande instance ont une compétence particulière, par exemple celui de Paris connaît seul des actions en matière de marques, dessins et modèles du droit européen, celui de Nantes des actions en identification du demandeur de visa par ses empreintes génétiques.
Par ailleurs, seuls quelques tribunaux de grande instance ont compétence pour connaître des actions en matière de propriété littéraire et artistique, de dessins et modèles, de marques et d'indications géographiques ou pour statuer en matière d'adoption internationale ou de contestation sur la nationalité française ou étrangère des personnes physiques.
Suite à la refonte de la carte judiciaire engagée en 2008, il existe 161 TGI au 1er avril 2011 (avec celui créé à Mayotte à cette date); la suppression de 2 TGI et la création d'un autre d'ici à 2014, portera ce nombre à 160 à cette date.

COJ, art. L. 211-1 s., 211-13, R. 211-3 s.; CPI, art. D. 521-6, 716-12 et 722-6.

→ *Carte judiciaire.*

Tribunal de la fonction publique de l'Union européenne

[Droit européen]

Créé en 2004, en vertu du traité de Nice, en tant que *Chambre juridictionnelle*, le TFPUE a été confirmé par le traité de Lisbonne en tant que tribunal spécialisé de l'Union européenne.
Il a pour mission de trancher les litiges entre les fonctionnaires de l'Union et les institutions dont ils dépendent, notamment la Commission, sous réserve d'un pourvoi auprès du tribunal et, à titre exceptionnel, d'un réexamen par la Cour de justice.

→ *Cour de justice de l'Union européenne.*

Tribunal de l'application des peines

[Procédure pénale]

Juridiction chargée de fixer certaines modalités de l'exécution des peines privatives de liberté (période de sûreté, libération conditionnelle, suspension de peines), lorsqu'elles échappent à la compétence du juge de l'application des peines. Composée d'un président et de 2 assesseurs juges de l'application des peines, établie dans le ressort de chaque cour d'appel, sa compétence territoriale fixée par décret correspond à celle d'un ou plusieurs tribunaux de grande instance.

C. pén., art. 712-1, 712-3 et 712-7.

ACTU

Tribunal de l'Union européenne (ex-TPI)

[Droit européen]

Créé en 1988 en application de l'*Acte unique européen* et installé en 1989 à Luxembourg, le Tribunal de première instance avait pour objet d'alléger le rôle de la Cour de justice, devenu trop chargé. Ses compétences ont été progressivement étendues. Le traité de Nice (2003) lui reconnaît une compétence de principe pour tous les recours directs à l'exception de ceux attribués aux *chambres juridictionnelles* et ceux réservés à la Cour (par ex. les recours en manquement). Il est possible de former un pourvoi limité aux questions de droit devant la Cour de justice contre ses décisions.

Le traité de Lisbonne (entré en vigueur le 1er décembre 2009), qui le dénomme sobrement « le Tribunal », en fait l'une des 3 composantes du système juridictionnel de l'Union européenne désormais appelé *Cour de justice de l'Union européenne*, aux côtés de la Cour de justice (ex-CJCE) et du *Tribunal de la fonction publique*.

Tribunal de police

[Procédure pénale]

Formation du tribunal d'instance compétente en matière de contravention. Il a été créé à Paris, à Lyon et à Marseille, un tribunal de police qui n'a que des attributions pénales.

C. pr. pén., art. 521 s.

Tribunal des affaires de Sécurité sociale

[Procédure civile/Sécurité sociale]

Juridiction compétente pour tout litige relatif à l'application du droit de la Sécurité sociale. Elle est présidée par un juge magistrat du siège du tribunal de grande instance avec un assesseur représentant les travailleurs salariés et un assesseur représentant les travailleurs non salariés (un employeur ou un travailleur indépendant); lorsque le litige est relatif à la législation applicable aux professions agricoles, les assesseurs sont choisis parmi les membres de ces professions. Il en existe 116 au 1er avril 2011, avec celui de Mayotte créé à cette date.

CSS, art. L. et R. 142-1 s.

Tribunal des conflits

[Droit administratif/Procédure civile/Procédure pénale]

Juridiction la plus haute après le Conseil constitutionnel, placée au-dessus des 2 ordres pour juger les *conflits* de compétence entre les 2 ordres de juridictions et, aussi, pour régler les contrariétés de jugements rendus à propos de la même affaire par un juge judiciaire et un juge administratif (L. 24 mai 1872, art. 25).

Le Tribunal des conflits est composé paritairement de membres du Conseil d'État et de la Cour de cassation et présidée par le ministre de la Justice. En pratique celui-ci siège seulement dans les cas où il faut départager des opinions qui s'opposent en nombre égal (« vider le conflit »).

Tribunal d'instance

[Procédure civile]

Juridiction à juge unique (475 tribunaux) ayant en général pour ressort l'arrondissement, statuant en matière civile, et sous réserve de la compétence de la *juridiction de proximité*, sur toutes les actions personnelles ou mobilières jusqu'à la valeur de 10 000 €. Il existe 306 tribunaux d'instance au 1er avril 2011, avec celui de Mayotte créé à cette date.

Il a aussi de multiples compétences exclusives. Il a une compétence à *charge d'appel* en matière d'expulsion des occupants sans droit ni titre des immeubles d'habitation, de funérailles, de bornage, de dommages aux champs et aux récoltes, de vices rédhibitoires des animaux domestiques, de créances recouvrées par l'administration des douanes… Il a une compétence *en dernier ressort*, principalement, pour les contestations relatives à l'électorat, l'éligibilité, la régularité des opérations électorales dans les domaines les plus divers : tribunal de commerce, conseil de prud'hommes, chambre de commerce et d'industrie, comité d'entreprise. Enfin, il a une compétence à charge d'appel ou en dernier ressort selon le montant de la demande pour les actions dont un contrat de louage d'immeuble à usage d'habitation ou un contrat portant sur l'occupation d'un logement est l'objet, la cause ou l'occasion et les actions se rapportant au fichier des incidents de remboursement des crédits.

COJ, art. L. 221-1, 221-4, R. 221-3 s.

Tribunal du contentieux de l'incapacité

[Sécurité sociale]

« Ex-commission régionale d'invalidité et d'incapacité permanente ».

Juridiction compétente pour examiner les contestations relatives à l'état d'incapacité permanente du travail et notamment au taux de cette incapacité en matière d'accidents du travail et de maladies professionnelles.

CSS, art. L. 143-2.

ACTU

Tribunal maritime commercial

[Procédure pénale]

Juridiction répressive d'exception qui était compétente pour juger certains délits relatifs à la police des navires et à la navigation marchande (abandon de navire, refus d'assistance en cas d'abordage par ex.). Cette juridiction, composée de 5 membres, était présidée par un magistrat du tribunal de grande instance du ressort, assisté de 4 assesseurs, professionnels de la navigation maritime, l'un d'entre eux étant choisi en fonction de la qualité du prévenu. La composition de cette juridiction a été déclarée inconstitutionnelle à la suite d'une question prioritaire de constitutionnalité. Le conseil a précisé qu'à compter de sa décision (2 juill. 2010), ces juridictions « siégeront dans la composition des juridictions pénales de droit commun ».

Ancien art. 90, Code disciplinaire et pénal de la marine marchande (abrogé).

Tribunal militaire aux armées

[Procédure pénale]

Juridiction militaire d'exception créée en temps de guerre lorsque des armées stationnent ou opèrent en dehors du territoire de la République ou sur le territoire de celle-ci. Composé de 5 membres, un président et 4 juges militaires, il est compétent pour juger les infractions commises par les membres des forces armées et les auteurs ou complices d'infractions réalisées contre les forces armées françaises, leurs établissements et matériels.

CJM, art. L. 1er, 112-27 s. et 121-1 s.

Tribunal militaire international

[Droit international public]

Tribunal institué après la Seconde Guerre mondiale pour juger les dirigeants allemands (tribunal de Nuremberg) et japonais (tribunal de Tokyo) responsables de crimes de guerre contre l'humanité. Consécration d'une responsabilité pénale des individus par le droit international.

Tribunal mixte de commerce

[Procédure civile]

Tribunal de commerce établi dans les départements et régions d'outre-mer et dont l'originalité est d'être composé du président du tribunal de grande instance et de 3 juges élus. Il existe 9 tribunaux mixtes de commerce au 1er avril 2011 avec celui de Mayotte créé à cette date.

Dans les circonscriptions où il n'est pas établi de tribunal mixte de commerce, le tribunal de grande instance connaît des matières attribuées aux tribunaux mixtes de commerce.

C. com., art. L. 732-1 s.

→ *Tribunal de commerce.*

Tribunal paritaire des baux ruraux

[Procédure civile/Droit rural]

Tribunal échevinal d'exception, présidé par le juge d'instance assisté de 2 assesseurs représentant les bailleurs et de 2 assesseurs représentant les preneurs (fermiers ou métayers) assesseurs élus. Cette juridiction est compétente en matière de bail rural et statue en dernier ressort jusqu'à une valeur de 4 000 €.

Le ministre de la Justice détermine par arrêté les tribunaux paritaires qui comportent 2 sections : une section du fermage, une section du métayage.

Le tribunal paritaire des baux ruraux ne se réunit pas de façon continue comme les autres juridictions civiles, commerciales ou sociales, mais siège par sessions selon une fréquence dépendant de l'importance du contentieux à juger. Il en existe 306 au 1er avril 2011, avec celui créé à Mayotte à cette date (autant que de tribunaux d'instance).

C. rur., art. L. 491-1 et R. 491-1 s.

→ *Bail à ferme, Session.*

Tribunal pénal international

[Droit international public/Procédure pénale]

Tribunal créé à la suite d'un conflit où les droits fondamentaux de la personne ont été particulièrement ignorés et le crime de génocide incriminé. Juridiction internationale jugeant des individus. Après le Tribunal de Nuremberg et celui de Tokyo créés au lendemain de la Seconde Guerre mondiale pour juger les criminels de guerre allemands et japonais, le Conseil de sécurité a institué le Tribunal de La Haye pour connaître des crimes commis dans le cadre du conflit né en ex-Yougoslavie (1993) et celui d'Arusha pour ceux perpétrés au Rwanda (1994).

→ *Tribunal militaire international.*

Tribunal prévotal

[Procédure pénale]

Juridiction militaire instaurée en temps de guerre lorsqu'un tribunal aux armées est établi, pour juger les contraventions des 4 premières classes. Elle est composée d'un magistrat mobilisé en qualité d'assimilé spécial du service de justice militaire.

CJM, art. L. 13 et L. 421-1 s.

Tribunal territorial des forces armées

[Procédure pénale]

Juridiction répressive d'exception créée en temps de guerre, composée de 5 juges (2 juges civils et 3 juges militaires) compétente pour juger les infractions commises par les membres des forces armées, les nationaux ennemis ou ceux qui servent les intérêts ennemis, pour les infractions réalisées à l'encontre d'un national ou de ses biens ainsi que d'une manière générale les crimes et délits commis contre les intérêts fondamentaux de la nation, de même que les infractions qui leur sont connexes.

CJM, art. L. 1er, 112-1 s. et 122-1.

Troïka

[Droit européen]

Appellation donnée à l'association informelle des représentants de l'État assurant momentanément la présidence du Conseil, de l'État qui l'a précédé et de celui qui lui succédera, en vue d'assurer une plus grande continuité de l'action de l'Union européenne.

Peut désigner d'autres associations, par exemple les présidents du Conseil européen et du Conseil des ministres des Affaires étrangères.

Trouble de voisinage

[Droit civil]

Désagrément causé par un voisin, auteur de nuisances diverses (bruits, odeurs, fumées, privation de vue, privation de lumière...), devant dépasser la mesure coutumière des obligations ordinaires du voisinage pour être source de responsabilité. Cette responsabilité est engagée sans faute et alors même que le trouble proviendrait d'une exploitation licite.

GAJC, t. 1, n° 79-80.

Trouble psychique ou neuropsychique

[Droit pénal]

Formule générique utilisée par le législateur pour désigner, en droit pénal, toutes les formes d'aliénation mentale. Selon que ces troubles auront aboli le discernement ou le contrôle des actes de la personne qui en est atteinte, ou simplement altéré ces mêmes facultés, elle sera reconnue irresponsable ou bénéficiera simplement d'un allégement ou d'un aménagement de la peine.

C. pén., art. 122-1.

Turpitude

[Droit civil]

Comportement gravement immoral conduisant à déclarer irrecevable la demande en restitution consécutive à l'annulation d'un contrat.

→ *Nemo auditur propriam turpitudinem allegans.*

Tutelle

[Droit administratif]

Avant 1982, terme désignant le contrôle exercé par l'État sur les *collectivités territoriales*, moins dans leur intérêt qu'en vue de sauvegarder l'intérêt général et la légalité. Elle comportait des pouvoirs sur leurs organes et sur leurs actes, notamment des pouvoirs d'approbation et d'annulation administratives.

La tutelle a cédé la place au *contrôle de légalité*, plus respectueux de l'autonomie locale, lors de l'extension de la *décentralisation* en 1982.

Un contrôle comparable est exercé par l'État sur les *établissements publics*, par exemple par le recteur sur la légalité des actes des *universités*. Il existe également une forme de tutelle de l'État sur les associations, fondations et congrégations, essentiellement en matière de libéralités à leur profit et d'acquisitions immobilières.

GAJA n° 57.

[Droit civil]

Institution permettant de protéger, par la voie d'une représentation continue dans les actes de la vie civile, certains mineurs, notamment ceux dont le père et la mère sont tous 2 décédés ou privés de l'exercice de l'autorité parentale, ainsi que les majeurs dont les facultés mentales ou corporelles sont altérées.

La tutelle est un mécanisme de protection personnelle autant que de protection patrimoniale; d'ailleurs, pour les mineurs, l'exercice de la tutelle peut être divisé entre un tuteur chargé de la personne du pupille et un tuteur chargé de la gestion de ses biens.

C. civ., art. 390 s., 405, 408, 415 s., 440; CPC, art. 1211 s. et 1243 s.

GAJC, t. 1, n° 64.

→ *Curatelle, Protection des majeurs, Sauvegarde de justice.*

Tutelle (Territoire sous)

[Droit international public]

Territoire confié à l'administration d'un État, sous le contrôle de l'ONU, afin d'assurer son développement et de le faire évoluer vers l'autonomie interne ou l'indépendance. Simple adaptation du régime des *mandats*, le régime de tutelle a été appliqué aux territoires encore sous mandat à la fin de la Seconde Guerre mondiale et à la Somalie (détachée d'un État vaincu en 1945). Tous les territoires sous tutelle sont devenus des États indépendants, sauf les îles du Pacifique (Carolines, Marshall, Mariannes sous tutelle des États-Unis).

→ *Conseil de tutelle.*

Tutelle stratégique : régime spécial de tutelle pour un territoire ayant le caractère de zone stratégique (existence de bases militaires); le contrôle de l'ONU est confié au Conseil de sécurité. Une seule application : les îles du Pacifique sous tutelle des États-Unis (Carolines, Marshall, Mariannes).

Tutelle aux prestations sociales

[Sécurité sociale]

Désignation d'un tiers pour recevoir les prestations sociales lorsque l'attributaire normal ne les utilise pas conformément à leur fin. Cette tutelle a d'abord existé pour les prestations familiales; elle a été étendue aux allocations d'aide sociale, aux avantages de vieillesse, à l'allocation supplémentaire. C'est le juge des enfants dans le premier cas, le juge d'instance dans le second qui décide de la tutelle.

CSS, art. L. 167-1 s.

Tutelle des organismes

[Sécurité sociale]

Contrôle exercé par l'État sur le fonctionnement des caisses de Sécurité sociale (contrôle des décisions, agrément donné à la nomination des directeurs des caisses locales). Il est justifié par le fait que si les caisses – à l'exception des caisses nationales – sont des organismes privés, elles gèrent un service public.

Tuteur

[Droit civil]

Personne chargée de représenter un mineur ou un majeur placé sous le régime de la tutelle.

Le tuteur accomplit seul les actes conservatoires et les actes d'administration nécessaires à la gestion du patrimoine de la personne protégée; il agit seul en justice pour faire valoir ses droits patrimoniaux. Mais il doit obtenir l'autorisation du *conseil de famille* ou, à défaut, du juge pour faire des *actes de disposition*.

La personne en tutelle, en principe représentée dans tous les actes de la vie civile, peut recevoir du juge la capacité de faire seule, ou avec l'assistance de son tuteur, certains actes que le juge énumère dans le jugement d'ouverture. Par ailleurs elle peut consentir des donations moyennant autorisation du juge ou du conseil de famille et assistance (ou représentation au besoin) du tuteur; il lui faut la même autorisation pour faire son testament, sans qu'il lui soit besoin pour cet acte d'être assistée ou représentée par son tuteur.

C. civ., art. 446 s. et 503 s.

→ *Acte d'administration, Tuteur ad hoc.*

Tuteur *ad hoc*

[Droit civil]

Personne désignée par le juge ou le conseil de famille à la demande du tuteur, du procureur de la République, de l'intéressé ou d'office, lorsque, en l'absence de subrogé tuteur, le tuteur ne peut agir pour le compte de la personne protégée en raison des limitations de sa mission ou de l'opposition d'intérêts existant entre lui et la personne protégée à l'occasion d'un acte ou d'une série d'actes.

L'expression tuteur *ad hoc* est supplantée, de nos jours, par celle d'administrateur *ad hoc.*

C. civ., art. 388-2, 389-3 et 455.

→ *Curateur ad hoc.*

Tyrannie

[Droit constitutionnel]

Gouvernement monocratique arbitraire : « un seul, sans loi et sans règle, entraîne tout par sa volonté et par ses caprices » (Montesquieu).

U

Ubi lex non distinguit, nec nos distinguere debemus

[Droit général]

Il n'y a pas lieu de distinguer lorsque la loi ne distingue pas.

Ultra petita

[Procédure civile]

Au-delà de la demande.

Le tribunal statue *ultra petita* lorsqu'il accorde plus qu'il n'a été demandé ou juge des points qui ne lui ont pas été soumis. Dans cette dernière hypothèse, on parle plutôt de décision *extra petita*.

L'inobservation de la règle selon laquelle le juge doit se prononcer « seulement sur ce qui est demandé » donne ouverture à une requête en *rectification de jugement*.

CPC, art. 5 et 464.

→ *Infra petita.*

Ultra vires

[Droit civil/Droit commercial]

Expression signifiant qu'un individu (héritier, légataire, associé) est tenu de payer des dettes au-delà de ce qu'il recueille ou possède dans l'actif correspondant (succession, régime matrimonial, société).

C. civ., art. 785, 1482 et 1857.

GAJC, t. 1, n° 104.

→ *Intra vires.*

Unanimité

[Droit civil]

Réunion de la totalité des voix d'un organe délibérant pour l'adoption d'une résolution portant sur une question d'importance. Par exemple, l'assemblée des copropriétaires d'un immeuble doit se prononcer à l'unanimité sur la modification de la répartition des charges de copropriété.

En matière d'indivision, le consentement de tous les indivisaires est en principe requis pour effectuer tout acte qui ne ressortit pas à l'exploitation normale des *biens indivis*.

[Droit européen]

Les traités de l'Union européenne ne prévoient plus le vote du Conseil à l'unanimité que dans un nombre limité d'hypothèses (par ex. en matière d'harmonisation de la fiscalité indirecte).

Le lien entre unanimité et souveraineté est ambigu. L'exigence d'unanimité protège la souveraineté des États membres lors de l'adoption initiale d'une mesure; par contre, lorsqu'un État souhaite la modification d'une mesure adoptée à l'unanimité, il doit obtenir l'accord de chacun des autres États membres.

→ *Majorité qualifiée, Veto.*

Unesco (Organisation des Nations unies pour l'éducation, la science et la culture)

[Droit international public]

Institution spécialisée des Nations unies fondée en 1946, en vue de contribuer au maintien de la paix et de la sécurité internationales en resserrant, par l'éducation, la science et la culture, la collaboration entre les nations et en favorisant leur compréhension mutuelle. *Siège* : Paris.

Unicité de l'instance

[Procédure civile]

Principe de concentration des demandes régissant la matière prud'homale : toutes les demandes dérivant du contrat de travail entre les mêmes parties doivent, à peine d'*irrecevabilité*, faire l'objet d'une seule instance, qu'elles émanent du demandeur ou du défendeur, à moins que le fondement des prétentions ne soit né ou ne soit révélé que postérieurement à la saisine du conseil de prud'hommes.

C. trav., art. R. 1452-6.

→ *Principe de concentration des moyens.*

Unidroit (Institut international pour l'unification du droit privé)

[Droit privé]

Organisme intergouvernemental composé d'experts dont la mission est d'élaborer les principes d'un droit privé transnational pour répondre aux exigences du commerce international (la globalisation de l'économie appelant un espace juridique universel). Ces principes d'un droit uniforme étant de source privée ne s'appliquent que par la volonté des contractants.

Unilatéral

[Droit civil/Droit public]

→ *Acte unilatéral.*

Union

[Droit du travail]

→ *Syndicat professionnel.*

Union administrative

[Droit international public]

Nom générique désignant les organisations internationales non politiques qui se sont développées dans la deuxième moitié du XIXe siècle, sous l'influence des progrès techniques, pour coordonner les services des différents États dans des domaines divers (communications et transports, intérêts économiques, sociaux, scientifiques, etc.) (ex. : Union télégraphique universelle, Union internationale pour la protection de la propriété industrielle, etc.).

Union civile

[Droit civil]

Statut juridique de 2 personnes non mariées entre elles et éventuellement du même sexe, visant à régler leurs relations juridiques patrimoniales de leur vivant et après leur mort. L'union civile, non légalement reconnue en général, est prise en considération par le droit de la Sécurité sociale qui attribue la qualité d'ayant droit, pour les prestations en nature des assurances maladie et maternité, à la personne qui vit depuis 12 mois consécutifs avec un assuré social et se trouve à sa charge effective, totale et permanente.

CSS, art. L. 161-14 et R. 161-8-1.

→ *Concubinage, Mariage, Pacte civil de solidarité (PACS).*

Union de l'Europe occidentale

[Droit international public]

Organisation internationale créée en 1954 comme solution de rechange après l'échec de la CED (*Communauté européenne de défense*) pour être d'abord le cadre du contrôle des limitations imposées à l'Allemagne en matière d'armement.

États membres à sa création : France, Grande-Bretagne, République fédérale d'Allemagne, Italie, Belgique, Pays-Bas, Luxembourg. *Siège* : Londres.

Longtemps en sommeil, la politique étrangère et de sécurité commune mise en place par l'*Union européenne* avec les traités de Maastricht et d'Amsterdam indique que l'UEO « fait partie intégrante du développement de l'Union ». Élargie progressivement à 28 États associés, les pays membres de l'Union européenne ont décidé en 1999 la disparition de l'UEO qui devient un mécanisme propre à l'UE.

Union de recouvrement

[Sécurité sociale]

Organisme chargé du recouvrement des cotisations de Sécurité sociale et d'allocations familiales dans une circonscription correspondant à celle d'une ou de plusieurs caisses de Sécurité sociale. Les unions de recouvrement sont coiffées par l'Agence centrale des organismes de Sécurité sociale.

CSS, art. L. 213-1 s.

Union douanière

[Droit international public]

Groupement d'États qui ont convenu de supprimer entre eux les barrières douanières pour ne former qu'un seul territoire douanier, et d'établir vis-à-vis des États tiers un tarif extérieur commun.

→ *Zone de libre-échange.*

Union économique

[Droit international public]

Groupement d'États qui ont convenu d'unifier leurs politiques économiques en les soumettant à des institutions et à une législation communes.

Union économique et monétaire

[Droit européen]

Objectif majeur de l'Union européenne défini dès la fin des années 60 après la réalisation de l'union douanière (Plans Barre en 1969 et Werner en 1971). Suppose des politiques économiques concertées (nécessité d'une convergence économique, y compris des politiques budgétaires) et une monnaie unique. Prévue par le traité de Maastricht, s'est mise en place le 1er janvier 1999 avec l'institution de la monnaie unique, l'*euro*.

Union européenne

[Droit européen]

Objectif défini dans le cadre des Communautés européennes en 1972 visant à l'établissement d'une forme d'union politique entre les États membres. Longtemps restée lettre morte, elle est officiellement instituée par le traité de *Maastricht*, « traité sur l'Union européenne ». Le concept rassemble aussi bien les objectifs d'*union économique et monétaire* que, sur le plan politique, la coopération en matière de politique étrangère et de défense, ou de sécurité intérieure et de justice.

→ *Traité de Lisbonne.*

Union française

[Droit constitutionnel]

Système succédant à l'Empire et prévu par la Constitution de la IVe République pour organiser les relations de la France avec ses colonies. Voulait se fonder sur le principe d'association et non de subordination (mais la sécession n'était pas possible). Cette formule n'a pu empêcher de graves crises (Indochine, Algérie). Remplacée en 1958 par la *Communauté*.

Union libre

[Droit civil]

→ *Concubinage, Mariage, Pacte civil de solidarité (PACS), Union civile.*

Union personnelle

[Droit international public]

Union de 2 États qui, tout en restant distincts et indépendants l'un de l'autre, se trouvent avoir, à la suite d'un hasard politique (coïncidence des lois de succession monarchique), le même souverain (ex. : Union personnelle de l'Angleterre et de Hanovre de 1714 à 1837).

Union postale universelle

[Droit international public]

Organisation internationale créée en 1874, aujourd'hui institution spécialisée des Nations unies. A pour tâche d'améliorer par la collaboration internationale le fonctionnement des services postaux internationaux. *Siège :* Berne.

Union réelle

[Droit international public]

Union de 2 États consistant non seulement dans l'unité de chef d'État, mais aussi dans l'existence d'organes communs (départements ministériels, etc.) chargés de la gestion d'affaires communes (politique étrangère, défense nationale, finances) (ex. : Union réelle austro-hongroise de 1867 à 1918).

Unipersonnel

[Droit civil/Droit commercial]

→ *Société unipersonnelle.*

Unité

[Droit financier ou fiscal]

Principe de droit budgétaire dont la portée est double :

- comme règle de fond, il exige que soit soumise à l'approbation du Parlement la totalité des ressources et des charges prévisibles de l'État pour l'année à venir;

- comme règle de forme, il postule qu'elles lui soient toutes présentées simultanément, afin qu'il puisse arrêter ses options en pleine connaissance de cause, et qu'elles soient groupées dans un même document afin qu'il puisse apprécier l'équilibre ou le déséquilibre réel de leurs masses.

Unité de formation et de recherche (UFR)

[Droit administratif]

Nom générique de l'une des principales composantes des universités. Dans les sciences sociales et humaines, ont souvent pris la suite des *facultés* de l'ancienne organisation universitaire. Associant des départements d'enseignement et des centres de recherche elles doivent, au regard des textes, correspondre à un projet éducatif et à un programme de recherche. Elles sont gérées par un Conseil élu composé de représentants des enseignants, des étudiants et des personnels, ainsi que de personnalités extérieures, et elles sont dirigées par un directeur élu par ce Conseil pour une durée de 5 ans renouvelable une fois. Les UFR peuvent se donner la dénomination de leur choix; quand elles choisissent celle de faculté, leur directeur prend habituellement le nom de doyen.

C. éduc., art. L. 713-1 et L. 713-3.

Unité des justices pénale et civile (Principe de l')

[Procédure civile/Procédure pénale]

Principe selon lequel les juges judiciaires ne sont pas organiquement spécialisés et peuvent donc siéger aussi bien dans les instances civiles que dans les instances pénales. Ce principe n'exclut pas pour autant une certaine spécialisation fonctionnelle (juge des enfants par ex.).

Unité de référence

[Droit rural]

Référence du contrôle des structures mise en place lors de la réforme du contrôle des structures dans la Loi d'orientation agricole de 1999. Elle a été créée pour fixer la taille d'une exploitation viable déterminée en fonction de la nature des activités par région naturelle. Elle se substitue partiellement à la *Surface minimum d'installation (SMI).*

C. rur., art. L. 312-5.

Unité économique et sociale

[Droit du travail]

Regroupement en un seul organisme socio-économique d'entreprises juridiquement distinctes, pour l'application de certaines dispositions du droit du travail, tout spécialement celles qui ont trait à la mise en place des institutions représentatives du personnel ou des syndicats. Cette qualification est subordonnée à la triple condition que soient constatées une unicité de direction, l'existence d'activités complémentaires ou connexes et celle d'une communauté de travailleurs.

C. trav., art. L. 2322-4.

GADT n° 131 et 133.

Unité opérationnelle de programme

[Droit financier]

En matière budgétaire, nom donné à l'ensemble des services de l'État concourant à la mise en œuvre d'un *Budget opérationnel de programme* (BOP). Chaque unité a, à sa tête, un responsable d'unité (qui peut être le responsable de ce BOP).

Universalité

[Droit financier ou fiscal]

Principe de droit budgétaire possédant, dans son acception la plus compréhensive, une double portée :

- d'un point de vue comptable, il interdit toute compensation entre les ressources et les charges de l'État en vue de faire apparaître seulement le solde d'une opération génératrice de recette ou de dépense (règle du produit brut) ;

- d'un point de vue juridique, il s'oppose à ce qu'une ressource soit affectée au financement privilégié d'une charge particulière (règle de la non-affectation).

Universalité de droit

[Droit civil]

Ensemble d'éléments composés de droits et d'obligations et qui sont soumis à un système juridique global, en ce sens que l'actif et le passif sont indissolublement liés.

GAJC, t. 1, n° 77.

Université

[Droit administratif]

Dans l'organisation de l'enseignement supérieur antérieure à 1968, établissement public regroupant des *facultés* d'une même *académie*, mais qui ne jouait qu'un rôle effacé dans leur fonctionnement.

Dans l'organisation actuelle, *établissement public* à caractère scientifique, culturel et professionnel composé essentiellement d'*unités de formation et de recherche (UFR)*, d'instituts et de centres (ou laboratoires) de recherche. Les universités sont juridiquement autonomes, mais elles exercent leurs missions dans le cadre d'une réglementation nationale et sont soumises au contrôle administratif et financier de l'État, qui leur assure l'essentiel de leurs moyens en personnels et financement. Les universités sont gérées par un conseil d'administration, de 20 à 30 membres, qui en est l'organe délibérant, par un conseil scientifique et par un conseil des études et de la vie universitaire qui ont un pouvoir d'avis et de proposition, et par un président qui les dirige, élu pour 4 ans par le conseil d'administration et immédiatement rééligible une fois. Les conseils sont composés de représentants des personnels enseignants et non enseignants, et des étudiants; ils comprennent également des personnalités extérieures à l'université.

La loi du 10 août 2007 relative aux libertés et responsabilités des universités (« loi Pécresse ») y accentue à la fois la présidentialisation et l'autonomie, notamment en matière budgétaire et de gestion des ressources humaines.

C. éduc., art. L. 712-1 s.

→ *Recteur.*

Urbanisme

[Droit administratif]

Ensemble des mesures juridiques et des opérations matérielles qui tendent à réaliser un développement ordonné des agglomérations en fonction des différentes sortes de besoins auxquels elles doivent satisfaire.

Urgence

[Procédure administrative]

L'urgence joue un rôle en procédure administrative (*référé*, *sursis* à exécution) dans les cas où elle est constatée.

GACA n° 11 et 12.

→ *État d'urgence, Nécessité.*

[Procédure civile]

Circonstance de fait permettant de demander au juge une décision par la procédure de référé ou par la *procédure à jour fixe*.

L'urgence justifiera parfois une exécution provisoire du jugement, une autorisation de signifier un acte ou d'exécuter en dehors des *heures légales* et des jours ouvrables. L'urgence suppose que tout retard entraînerait un grave préjudice pour celui qui s'en prévaut.

CPC, art. 484, 664, 788, 808, 848, 872, 917, 956.

→ *Jours de fêtes légales, Juridiction provisoire, Mesures provisoires, Nécessité, Référé civil.*

[Procédure pénale]

La circonstance d'urgence est quelquefois prise en considération en matière répressive. Elle l'est notamment dans le cadre de l'enquête de flagrance pour permettre à certaines autorités, policières ou judiciaires, d'agir en dehors du cadre de leur compétence ordinaire, territoriale essentiellement. Il en va de même pour l'exécution d'une commission rogatoire. L'urgence peut également conduire à réduire les délais de procédure afin de mieux protéger les libertés individuelles, dans le domaine de la détention provisoire par exemple, jusqu'à l'organisation d'une procédure de référé particulière dite *référé-liberté*.

Usage

[Droit civil]

1° *Usages conventionnels.* Règles que les particuliers suivent habituellement dans leurs actes juridiques et auxquelles ils sont censés s'être tacitement référés parce que ces règles dérivent de clauses de style devenues sous-entendues.

C. civ., art. 1135, 1159, 1160, 1754, 1759 et 1777.

2° *Usages fonciers.* Pratiques particulières à une région auxquelles renvoie le législateur pour régler certains rapports de voisinage (distance à respecter pour la plantation des arbres, le creusement d'un puits…) ou la jouissance du fonds de terre (ordre et quotité des coupes de bois taillis).

C. civ., art. 590, 663, 671 et 674.

3° Utilisation d'une chose.

→ *Usage (Droit d'), Usus.*

[Droit du travail]

Pratique professionnelle ancienne et constante, qui, dans l'esprit de ceux qui l'observent, correspond à une obligation. À côté de ces usages professionnels, de plus en plus rares en raison du développement des conventions collectives de branche, il existe des usages d'entreprise qui reposent essentiellement sur un élément matériel. La pratique en question doit alors présenter un triple caractère de constance, de généralité et de fixité pour être qualifiée d'usage.

La loi se réfère parfois aux usages. Il en est ainsi pour le délai de préavis (surtout le préavis de démission).

GADT n° 178.

Usage (Droit d')

[Droit civil]

Droit réel principal portant sur le bien d'autrui, qui confère à son titulaire, l'usager, le droit d'utiliser la chose et d'en percevoir les fruits mais dans les limites de ses besoins et de ceux de sa famille.

C. civ., art. 625 s.

→ *Habitation (Droit d').*

Usage de faux

[Droit pénal]

Utilisation en connaissance de cause d'un écrit falsifié en vue de permettre l'obtention du résultat auquel tend normalement sa production.

C. pén., art. 441 s.

→ *Faux.*

Usage irrégulier de qualité

[Droit pénal]

Incrimination pénale résultant du seul fait pour le fondateur ou un dirigeant d'une entreprise poursuivant un but lucratif, de faire figurer ou de laisser figurer, dans une publicité en faveur de l'entreprise qu'il fonde ou dirige, le nom avec mention de la qualité de membres du gouvernement, de parlementaires ou membres de certaines juridictions ou institutions, précisément énumérées, d'un magistrat, fonctionnaire, officier public ou ministériel avec sa fonction ou de toute personne avec mention d'une décoration qui lui a été décernée.

C. pén., art. 433-18.

Usucapion

[Droit civil]

Synonyme de prescription acquisitive.

→ *Prescription civile.*

Usufructuaire

[Droit civil]

Relatif à l'usufruit. Les charges usufructuaires sont celles qu'il est d'usage de payer sur les revenus, telles les réparations d'entretien de l'immeuble donné en usufruit.

C. civ., art. 608 s.

Usufruit

[Droit civil]

Droit réel principal, qui confère à son titulaire le droit d'utiliser une chose (*usus*) dont une autre personne est propriétaire et d'en percevoir les fruits (*fructus*), mais non celui d'en disposer (*abusus*), lequel appartient au *nu-propriétaire*. En revanche, l'usufruitier peut disposer de son propre droit : il peut ainsi céder son usufruit.

C. civ., art. 578 et 582 s.

GAJC, t. 1, n° 74-77.

→ *Droit réel, Nue-propriété.*

Usufruit légal

[Droit civil]

→ *Conjoint survivant, Jouissance légale.*

Usufruit locatif

[Droit civil]

Démembrement temporaire de la propriété : le propriétaire d'un logement ou d'un ensemble de logements (neufs ou anciens) en cède l'usufruit, en contre partie d'un capital, à un bailleur social ou à une association agréée qui en assure la location, la gestion et l'entretien courant. La convention d'usufruit est établie pour une durée minimale de 15 ans et maximale de 30 ans; pour l'acquisition de l'usufruit, il est recouru au prêt destiné aux financements des logements les plus sociaux.

CCH, art. L. 253-1 s.

Usure

[Droit civil/Droit commercial/Droit pénal]

Intérêt excessif rattaché à une somme faisant l'objet d'un prêt ou d'un contrat similaire. Les perceptions excessives sont imputées de plein droit sur les intérêts normaux et subsidiairement sur le capital de la créance. En cas d'extinction de la créance, les sommes indûment perçues doivent être restituées avec intérêts légaux du jour où elles auront été payées.

L'usure est un délit pénal exposant à une peine d'amende de 45 000 € et/ou à un emprisonnement de 2 ans. Son champ d'application a été réduit par le législateur, ne s'appliquant plus à l'emprunteur personne physique agissant pour ses besoins professionnels, ni à l'emprunteur personne morale se livrant à une activité industrielle, commerciale, artisanale, agricole ou professionnelle non commerciale.

C. consom., art. L. 313-3 à L. 313-5 et D. 313-6 s.; C. mon. fin., art. L. 313-5 s.

→ *Intérêt conventionnel, Taux effectif global.*

Usurpations

[Droit pénal]

Ensemble d'infractions consistant à s'approprier sans droit des fonctions, signes, titres ou qualités dans le but, assez général, d'entraîner une confusion entre des activités privées et celles réservées à l'administration publique ou exercées sous son contrôle.

C. pén., art. 433-12, 433-14, 433-17, etc.

Usus

[Droit civil]

Parmi les prérogatives attachées à la propriété, droit de détenir et d'utiliser une chose sans en percevoir les fruits.

→ *Abusus, Fructus, Habitation (Droit d'), Usage.*

Ut singuli, ut universi

[Droit général]

Ut singuli : en tant que chacun en particulier (littéralement).

Ut universi : en tant que tous ensemble (littéralement).

Lorsque l'on considère une personne, un bien, l'exercice d'une action en justice, à titre individuel, on emploie l'expression *ut singuli*. En revanche, l'expression *ut universi* indique que l'on envisage des biens ou des actions dans le cadre d'une universalité (ainsi d'une succession).

Utérins

[Droit civil]

Se dit des frères et sœurs qui sont nés de la même mère mais qui n'ont pas le même père.

→ *Consanguins, Germains.*

V

Vacance

[Droit civil]

Vide juridique créé par l'inexistence ou le refus des personnes appelées à occuper telle situation et dont la conséquence est la prise en charge par l'État. C'est ce qui par exemple se produit pour la succession qui n'est réclamée par personne, que les héritiers soient inconnus ou que les héritiers connus y aient renoncé ou n'aient pas opté dans les 6 mois. État provisoire prenant fin, soit par la représentation d'un héritier acceptant, soit par la liquidation du patrimoine au profit des créanciers, l'éventuel surplus allant à l'État.

C. civ., art. 809 s.

Le plus souvent, le bien est vacant quand il est sans propriétaire (abandon) ou sans possesseur (perte ou vol).

C. civ., art. 539 et 713.

→ *Biens sans maître, Déshérence.*

[Droit constitutionnel]

Temps pendant lequel une fonction reste sans titulaire (ex. : vacance de la présidence de la République par suite du décès du président, de sa démission ou de sa destitution par la Haute cour).

→ *Intérim.*

Vacation

[Procédure civile]

Au singulier, période de temps au cours de laquelle un professionnel (notaire, expert) exerce ses fonctions. Au pluriel, honoraires correspondant à cette période.

On dénommait, naguère, « chambre des vacations » la formation de jugement qui statuait sur les affaires urgentes pendant la période des vacances judiciaires au cours de laquelle la tenue de la plupart des audiences était suspendue.

Vagabonds

[Droit pénal]

Individus sans domicile certain, sans moyens de subsistance, n'exerçant habituellement ni métier ni profession, naguère punissables de ce seul fait de peines correctionnelles, ou susceptibles d'être pris en charge, avec leur consentement, par le service de l'aide sociale. Aujourd'hui, cette situation n'est plus une infraction pénale.

Vaine pâture (Droit de)

[Droit rural]

Droit ancestral incessible appartenant à la généralité des habitants d'une commune de faire paître leurs animaux sur les champs de chacun après récolte et jusqu'à ensemencement sur les terrains non clos à l'exception des prairies artificielles. Les conseils municipaux peuvent réglementer ce droit.

C. rur., art. L. 651-1 s.; C. civ., art. 648.

Valeur de remplacement

[Droit civil]

Valeur prise en compte en cas de sinistre total de la chose assurée. Cette valeur correspond au prix que l'assuré devra débourser pour se procurer une chose de même nature, de même état et de même utilité.

C. assur., art. L. 121-1.

Valeur fournie

[Droit commercial]

Créance que possède le bénéficiaire contre le tireur.

Valeur nominale

[Droit commercial]

Valeur d'une action ou d'une obligation résultant de la division du montant total de l'émission par le nombre de titres émis.

Valeur résiduelle

[Droit civil/Droit commercial]

Prix que doit acquitter le crédit-preneur lorsqu'il décide, à la fin de la période de location contractuellement prévue, d'acquérir le bien loué en levant l'option d'achat. La valeur résiduelle varie en fonction de la durée effective de la location, mais reste toujours inférieure à la valeur marchande du bien, puisque le prix convenu tient compte, au moins pour partie, des versements effectués à titre de loyers.

C. mon. fin., art. L. 313-7.

Valeur sociale protégée

[Droit pénal]

Donnée fondamentale d'une société, objet d'une protection particulière au titre de la politique d'incrimination (vie, intégrité physique, honneur, propriété, foi publique, sécurité...).

Valeur vénale

[Droit civil]

Prix auquel un bien peut être vendu d'après l'état du marché. Sert de référence en cas de destruction ou de détérioration d'une chose pour évaluer le montant de l'indemnité due par le responsable ou l'assureur.

Pour la liquidation des droits de mutation à titre gratuit et de l'impôt de solidarité sur la fortune, l'estimation des immeubles se fait par référence à leur valeur vénale à la date de la transmission ou à la date du 1er janvier.

CGI, art. 761 et 885 s.

Valeurs du Trésor

[Droit financier ou fiscal]

Terme employé par le ministère des Finances pour désigner l'ensemble formé par les obligations assimilables du Trésor, les *bons du Trésor* dits BTF et BTAN, qui représente près des 9/10e de la dette de l'État.

Valeurs mobilières

[Droit civil/Droit commercial]

Titres émis par des personnes morales, publiques ou privées, transmissibles par inscription en compte ou *tradition*, qui confèrent des droits identiques par catégorie et donnent accès soit à une quotité du capital de la personne morale émettrice (par ex. les *actions*), soit à un droit de créance général sur son patrimoine (par ex. les *obligations*).

Constituent des valeurs mobilières les actions et obligations, les parts de fonds communs de placement (FCP) et de *fonds communs de créance*.

C. com., art. 228-1 s.

Validation

[Sécurité sociale]

Prise en compte de certaines périodes, par exemple période de service militaire et de guerre, pour déterminer les droits d'un assuré à pension.

CSS, art. L. 351-3.

[Droit constitutionnel/Droit administratif]

→ *Loi de validation.*

Validité

[Droit civil]

Caractère d'un acte qui remplit les conditions légales pour produire son plein effet.

Valise diplomatique

[Droit international public]

Mode de transport du courrier diplomatique, qui le soustrait à toute inquisition douanière ou policière.

→ *Immunités diplomatiques et consulaires.*

Valorisme monétaire

[Droit civil]

Conception qui combat le principe du *nominalisme monétaire* et qui considère que le créancier d'une somme d'argent a droit, à l'échéance, à une quantité d'unités monétaires réajustée, tenant compte de la perte du pouvoir d'achat de la monnaie.

C. mon. fin., art. L. 112-1.

→ *Clause d'échelle mobile, Indexation, Nominalisme monétaire.*

Vassalité

[Droit international public]

Rapport de hiérarchie de type féodal entre 2 États, l'État vassal devant tribut et assistance à l'État suzerain qui, de son côté, assure sa protection militaire et diplomatique.

Ce régime, devenu anachronique, a été appliqué dans la deuxième moitié du XIXe siècle à des provinces détachées à l'Empire ottoman (Serbie, Roumanie, Bulgarie, Égypte), pour lesquelles il a été une étape vers l'indépendance.

Vatican

[Droit international public]

Territoire de 0,44 km² dans la ville de Rome (comprenant essentiellement la place Saint-Pierre, la Basilique, le palais et les jardins qui s'étagent sur les pentes de la colline du Vatican), sur lequel le *Saint-Siège* exerce une autorité exclusive et une juridiction souveraine (traité du Latran du 11 févr. 1929).

Vénalité

[Droit civil/Procédure civile]

Caractéristique essentielle d'un office ministériel qui consiste pour le titulaire d'une charge à se faire payer un prix de cession par la personne qu'il propose pour nomination au garde des Sceaux en rémunération de cette présentation.

→ *Officier ministériel, Officier public.*

Vente

[Droit civil]

Contrat par lequel une personne, le vendeur, transfère ou s'engage à transférer un bien à une autre personne, l'acheteur, qui a l'obligation d'en verser le prix en argent.

C. civ., art. 1582 s.; C. com., art. L. 441-1; C. consom., art. L. 113-3; Convention de Vienne, 11 avr. 1980.

GAJC, t. 2, n° 178 et 263.

Lorsque le droit transféré est un droit personnel, on parle généralement de cession (ex. : cession de créance).

C. civ., art. 1689 s.

Vente à crédit

[Droit civil]

Vente dans laquelle la chose est livrable immédiatement, mais le prix payable à terme.

C. consom. L. 311-1 à L. 311-37.

→ *Taux usuraire.*

Vente à distance

[Droit civil]

Vente procédant d'une commande passée par télématique, téléphone, vidéotransmission ou voie postale, permettant à l'acheteur de faire retour du produit au vendeur, pour échange ou remboursement, durant un délai de 7 jours francs à compter de la livraison.

Ce droit de rétractation s'exerce sans avoir à justifier de motifs ni à payer de pénalités; il concerne toute vente d'un bien ou toute fourniture d'une prestation de service, sauf quelques exceptions : ventes aux enchères publiques, service financier, distributeur automatique.

C. consom., art. L. 121-16 à L. 121-20.

Vente à domicile

[Droit civil]

Vente résultant de la sollicitation d'un démarcheur opérant au domicile de l'acquéreur, à sa résidence ou à son lieu de travail, soumis à un formalisme particulier et à laquelle le client peut renoncer discrétionnairement dans les 7 jours suivant la commande ou l'engagement d'achat.

C. consom., art. 121-21 s.

Vente à la boule de neige

[Droit privé]

Vente pratiquée par un procédé consistant à offrir des marchandises au public en lui faisant espérer l'obtention gratuite ou avantageuse de ces marchandises et en subordonnant cette vente au placement de bons ou tickets à des tiers ou à la collecte d'adhésions ou inscriptions. Ce procédé est interdit et réprimé pénalement.

C. consom., art. L. 122-6 et L. 122-7.

Vente à la découpe

[Droit civil]

Procédé consistant à vendre, en une seule fois, la totalité d'un immeuble d'habitation ou mixte (professionnel/habitation) de plus de 10 logements. Pour protéger les locataires de cet immeuble, le législateur a mis en place, à leur profit, un *droit de préemption* si l'acquéreur ne s'est pas engagé à proroger (pendant 6 ans) les baux d'habitation en cours à la date de conclusion de la vente (L. n° 2006-685, 13 juin 2006 ayant inséré un article 10-1 dans la loi n° 75-1351 du 31 déc. 1975).

Vente à la dégustation

[Droit civil]

Vente d'une chose qu'il est d'usage de goûter avant de l'acheter (vin, huile, etc.) et qui, de ce fait, n'est parfaite qu'après que l'acheteur ait agréé la chose après l'avoir goûtée.

C. civ., art. 1587.

→ *Agréage.*

Vente à l'encan

[Droit civil/Procédure civile]

Vente aux enchères publiques.

Vente à l'essai

[Droit civil/Droit commercial]

Contrat de vente par lequel le transfert de propriété ne devient effectif qu'après que l'essai de la chose vendue a donné satisfaction; ce n'est qu'à cette date que l'acheteur supporte les risques de perte de la chose.

C. civ., art. 1588.

Vente amiable

[Procédure civile]

Issue possible d'une *saisie-vente* ou d'une *saisie immobilière*. Pour éviter les inconvénients d'une vente forcée aux enchères publiques (lourdeur de la procédure, vileté du prix), le débiteur peut être autorisé à vendre volontairement le bien saisi pour en affecter le prix au paiement de ses créanciers. La vente amiable produit les effets d'une vente volontaire, mais elle ne peut donner lieu à rescision pour lésion.

C. civ., art. 2201 et 2202.

→ *Audience d'orientation.*

Vente à perte

[Droit commercial/Droit pénal]

Fait pour un commerçant de revendre un produit en l'état, à un prix inférieur à son prix d'achat effectif.

Le prix d'achat effectif est le prix unitaire net figurant sur la facture d'achat minoré d'un certain nombre d'éléments déterminés par le législateur.

La vente à perte constitue un délit correctionnel.

C. com., art. L. 442-2.

Vente à prime

[Droit civil/Droit commercial]

Vente ou prestation de services à l'occasion de laquelle est remise gratuitement au client une prime consistant elle-même en marchandises ou en une prestation de services. La remise peut être immédiate ou différée.

Cette pratique est interdite dans les rapports entre professionnels et consommateurs sous réserve de quelques exceptions concernant les menus objets ou services de faible valeur et les échantillons.

C. consom., art. 121-35.

Vente à réméré

[Droit civil]

→ *Réméré.*

Vente à tempérament

[Droit civil]

Variété de vente à crédit dans laquelle le paiement du prix est fractionné en plusieurs versements échelonnés sur une certaine durée. Cette vente est assimilée à une opération de crédit.

C. consom., art. L. 311-2 s.

Vente au déballage

[Droit civil/Droit commercial]

Vente de marchandises effectuée dans des locaux ou sur des emplacements non destinés à la vente au public de ces marchandises, ainsi qu'à partir de véhicules spécialement aménagés à cet effet. Ces ventes doivent faire l'objet d'une déclaration préalable auprès du maire de la commune du lieu de vente.

C. com., art. L. 310-2.

Vente aux enchères

[Droit civil]

Forme de vente caractérisée par son ouverture au public et par l'adjudication du bien au plus offrant. La loi n° 642 du 10 juillet 2000 réglemente les ventes *volontaires* de meubles aux *enchères* (à l'exclusion des ventes en gros) en les confiant à des sociétés de forme commerciale et à objet civil dénommées « *sociétés de ventes volontaires de meubles aux enchères publiques* ». La vente aux enchères publiques à distance par voie électronique est autorisée et réglementée (C. com., art. L. 321-3) : intervention d'un mandataire du propriétaire (qui doit être une *société de ventes volontaires de meubles aux enchères publiques*) et adjudication du bien par ce représentant, au mieux-disant.

Pour les ventes *forcées* de meubles, les *commissaires-priseurs judiciaires* conservent leur statut d'officier ministériel.

Quant aux ventes judiciaires d'immeubles, elles ont lieu à l'audience des criées, les enchères sont portées par l'intermédiaire d'un avocat; elles sont arrêtées lorsque 3 minutes se sont écoulées depuis la dernière enchère, ce temps étant décompté par tout moyen visuel ou sonore qui signale au public chaque minute écoulée (Décr. n° 2006-936 du 27 juill. 2006, art. 78).

C. com., art. L. 320-1 s. et L. 322-1 s.

→ *Adjudicataire, Commissaire-priseur habilité, Surenchère.*

Vente CAF

[Droit commercial]

Type de vente dans lequel le vendeur, pour le compte de l'acheteur, assure le transport

et fait assurer la marchandise pour un prix global qui comprend : le *coût* de la marchandise (C), le prix de l'*assurance* (A) et le montant du fret (F). On dit aussi vente CIF.
→ *Vente FOB.*

Vente d'immeuble à construire

[Droit civil]

Contrat par lequel le vendeur s'oblige à édifier un immeuble dans un certain délai. Il est susceptible de 2 modalités :

- dans la *vente à terme*, le prix est payé lors de la livraison, le transfert de propriété s'effectue au moment où l'état d'achèvement de l'immeuble est constaté par acte authentique et rétroagit au jour du contrat;

- dans la *vente en l'état futur d'achèvement*, le prix est payé au fur et à mesure de l'exécution des travaux; la propriété du sol est immédiatement transférée à l'acquéreur, celle des constructions à venir au fur et à mesure de leur exécution.

C. civ., art. 1601-1 s. et 2380; CCH, art. L. 261-1 et R. 261-1 s.

→ *Promotion immobilière (Contrat de).*

Vente FOB (*Free on board*)

[Droit commercial]

Type de vente dans lequel la livraison de la marchandise a lieu à bord du navire (*free on board*). En conséquence le vendeur ne s'occupe ni de l'assurance, ni du transport de la marchandise, et le prix ne comprend que le coût de la marchandise et les frais de mise à bord.

→ *Vente CAF.*

Vente liée (ou subordonnée)

[Droit civil/Droit commercial]

Vente d'un produit subordonné à l'achat d'une quantité imposée ou à l'achat concomitant d'un autre produit. Pratique illicite punie pénalement.

C. consom., art. L. 122-1 et R. 121-13.

Ventilation

[Droit civil]

Opération consistant, lorsque plusieurs biens sont vendus pour un prix unique (plusieurs immeubles, tous les éléments d'un fonds de commerce), à déterminer la partie du prix total correspondant à chacun d'eux. La détermination de cette valeur est indispensable en cas de perte partielle ou d'éviction partielle de la chose vendue.

C. civ., art. 1601 et 1637.

Verba volant, scripta manent

[Droit civil]

Les paroles s'envolent (il n'en reste aucune trace); les écrits restent et font preuve.

Verdict

[Procédure pénale]

Réponses données par la cour et le jury d'assises aux questions posées à la suite des débats.

Verdissement

[Droit fiscal/Droit de l'environnement]

Fait de subordonner le bénéfice d'un avantage fiscal préexistant au respect de conditions environnementales.

Vérification d'écriture

[Procédure civile]

Incident provoqué par la dénégation ou la méconnaissance d'écriture ou de signature d'un acte sous seing privé, et qui oblige la partie désireuse d'utiliser dans un procès l'acte désavoué ou méconnu à établir qu'il émane bien de celui à qui elle l'oppose ou de l'auteur auquel l'adversaire succède.

Il est possible d'introduire une action principale aux mêmes fins, en dehors de tout procès actuel.

CPC, art. 287 s.; C. civ., art. 1323 et 1324.

→ *Faux, Signature.*

Vérification des dépens

[Procédure civile]

La vérification des *dépens*, lorsqu'elle est nécessaire, est effectuée par le greffier de la juridiction devant laquelle ces dépens ont été exposés. Le greffier délivre au plaideur un certificat de vérifications des dépens.

Si ce certificat n'est pas accepté, une *ordonnance de taxe* est demandée au président de la juridiction.

CPC, art. 704 s.

→ *Liquidation des dépens.*

Vérification des pouvoirs

[Droit constitutionnel]

Contrôle par les assemblées parlementaires de la régularité de l'élection de leurs membres (validation ou invalidation).

Système en vigueur en France jusqu'à la Constitution de 1958, qui a transféré cette compétence au Conseil constitutionnel.

[Droit international public]

Procédure par laquelle un organe d'une organisation internationale ou une conférence internationale s'assure de la représentativité des personnes se présentant pour représenter l'un de ses membres. En principe formelle, peut être utilisée pour exclure de fait un État.

Vérification d'identité

[Procédure pénale]

Recherche coercitive, effectuée par un *officier de police judiciaire*, de l'identité d'une personne qui ne peut ou ne veut en justifier lors d'un contrôle. Elle implique la rétention de l'intéressé sur les lieux dudit contrôle ou dans un service de police ou de gendarmerie.

C. pr. pén., art. 78-3 et 78-4.

→ *Contrôle d'identité, Identité judiciaire.*

Vérifications personnelles du juge

[Procédure civile]

Procédure de preuve. À cette fin, le juge, les parties présentes ou appelées, se transportent éventuellement avec le secrétaire-greffier sur les lieux où se trouve l'objet du litige et procède aux constatations, évaluations, appréciations ou reconstitutions qu'il estime nécessaires.

CPC, art. 179 s.

→ *Descente sur les lieux.*

Versement de transport

[Sécurité sociale]

Participation des employeurs occupant plus de 9 salariés au financement des transports en commun.

Verts budgétaires

[Droit financier ou fiscal]

Après l'adoption de la loi de finances par le Parlement, le détail des crédits est donné pour chaque ministère dans des fascicules à la couverture verte – d'où leur nom.

→ *Bleus budgétaires, Jaunes budgétaires, Lois de finances, Oranges budgétaires.*

Veto

[Droit constitutionnel]

1° *Veto royal ou présidentiel* : pouvoir reconnu au chef de l'État (roi ou président de la République), dans certains régimes, de s'opposer aux lois votées par l'assemblée législative.

2° *Veto populaire* (ou référendum facultatif) : procédé de la démocratie semi-directe qui permet au peuple, sur pétition formulée dans un certain délai par un nombre déterminé de citoyens, d'opposer son refus à une loi régulièrement votée par le Parlement. À défaut d'opposition populaire dans le délai imparti, la loi entre en vigueur.

[Droit international public]
Dans les organisations internationales :
- faculté, pour l'un quelconque des États membres, lorsqu'une décision doit être prise à l'unanimité, d'y faire obstacle par un vote négatif;
- privilège de chacun des 5 États membres permanents du Conseil de sécurité de l'ONU de paralyser les décisions de cet organe portant sur des questions autres que des questions de procédure (privilège découlant de la règle selon laquelle la majorité requise pour ces décisions – 9 voix sur 15 – doit comprendre les voix de tous les membres permanents du Conseil).

Viabilité

[Droit civil]
Se dit d'un enfant qui au moment de sa *naissance* est apte à vivre.

C. civ., art. 725 et 906.

→ *Être humain.*

Viager

[Droit civil]
Se dit d'un droit dont on a la jouissance durant sa vie, mais dont le bénéfice ne passe pas aux héritiers (rente viagère, par ex.).

C. civ., art. 617 et 1979.

ACTU

Vice-bâtonnier

[Procédure civile]
Avocat élu par l'assemblée générale de l'Ordre sur présentation du candidat au bâtonnat, exerçant les pouvoirs que lui délègue le *bâtonnier*.

Vice caché

[Droit civil]
Défaut de la chose vendue qui ne se révèle pas à premier examen et qui la rend impropre à l'usage auquel elle est destinée, ou qui diminue tellement cet usage que l'acheteur ne l'aurait pas acquise, ou n'en aurait donné qu'un moindre prix, s'il l'avait connu.

C. civ., art. 1641 s. et 1721; C. consom., art. L. 211-13.

GAJC, t. 2, n° 264-268.

→ *Action estimatoire, Action rédhibitoire, Destination, Garantie.*

Vice de forme

[Droit administratif]
Dans le cadre du *recours* pour excès de pouvoir, l'inobservation d'une formalité substantielle constitue l'un des 4 cas d'annulation des actes administratifs (hors compétence liée ou circonstances exceptionnelles).

[Procédure civile]
Vice affectant la validité d'un acte de procédure pour inobservation d'une formalité requise pour son établissement. L'annulation d'un tel acte suppose que la nullité ait été expressément prévue par la loi (sauf en cas d'inobservation d'une formalité substantielle ou d'ordre public) et que le vice invoqué ait causé un grief à la partie qui l'invoque. Cette partie doit faire valoir tous ses moyens de nullité au même moment et avant toute défense au fond ou fin de non-recevoir.

CPC, art. 112 à 116.

→ *Pas de nullité sans grief, Pas de nullité sans texte.*

Vice du consentement

[Droit civil]
Fait de nature à entraîner l'altération du consentement et, par voie de conséquence, la nullité de l'acte juridique. Les vices du consentement sont : l'*erreur*, le *dol*, la *violence*.

C. civ., art. 146, 180, 1109 et 1844-16.

→ *Vice caché.*

Vice rédhibitoire

[Droit civil]

Synonyme de *vice caché* dont l'existence donne lieu à garantie, laquelle débouche sur la résolution de la vente ou la diminution du prix.

Le Code rural donne une liste des défauts ou maladies réputés vices rédhibitoires donnant seuls ouverture aux actions en *garantie* dans les ventes ou échanges d'animaux d'élevage ou de compagnie.

C. civ., art. 1641 et 1721; C. rur., art. L. 213-1 s.

Victime

[Droit pénal]

À l'origine personne offerte en sacrifice aux dieux, la victime, au sens général commun s'entend de toute personne qui souffre d'une atteinte qu'elle qu'en soit l'origine, portée à ses droits, ses intérêts ou son bien-être. Dans un sens plus restreint c'est une personne qui a été tuée ou blessée. Curieusement, le droit criminel ne donne aucune définition de la victime. C'est une décision–cadre du Conseil de l'Union européenne qui la définit au sens pénal comme « la personne qui a subi un préjudice, y compris une atteinte à son intégrité physique ou mentale, une souffrance morale ou une perte matérielle, directement causé par des actes ou omissions qui enfreignent, la législation d'un État membre ».

La victime pénale est donc celle qui dispose d'une action pénale en réparation de son préjudice parce qu'elle a personnellement souffert du dommage directement causé par l'infraction. Toute l'évolution récente du droit français a conduit à améliorer les droits des victimes en en faisant de véritables parties au procès pénal et en s'efforçant de garantir leur indemnisation.

C. pr. pén., art. prél. II et art. 2.

→ *Juge délégué aux victimes, Partie civile.*

Victime par ricochet

[Droit civil]

Tiers subissant un préjudice matériel ou moral du fait des dommages causés à la victime directe, tel un fils privé de subsides à la suite du décès de son père tué accidentellement.

Vidéoconférence (Système de)

[Procédure administrative]

Ce système est également utilisé, en vue de tenir des « vidéoaudiences » dans les *tribunaux administratifs* d'outre-mer, qui ne comportent pas un ensemble de magistrats propre à chacun.

[Procédure civile]

Le président de la formation de jugement peut décider, d'office ou à la demande d'une partie mais avec le consentement de toutes les parties, que les audiences se dérouleront dans plusieurs salles reliées directement par un moyen de télécommunication audiovisuelle, assurant une transmission fidèle, loyale et confidentielle. Pour la tenue des débats en audience publique, chacune des salles d'audience est ouverte au public; si les débats ont lieu en chambre du conseil, il est procédé hors la présence du public dans chacune des salles d'audience.

Les prises de vue et les prises de son ne peuvent faire l'objet d'aucun enregistrement ni d'aucune fixation, sauf s'il s'agit de constituer des archives de la justice à des fins historiques ou scientifiques.

COJ, art. L. 111-12 et R. 111-7; C. patr., art. L. 221-1.

[Procédure pénale]

Possibilité d'utiliser, lorsque les nécessités de l'enquête ou de l'instruction le justifient, des moyens de télécommunication sonores ou audiovisuels, garantissant la confidentialité, qui permettent de réaliser un acte de la procédure (audition, interrogatoire, confrontation, prolongation de garde à vue, débat contradictoire préalable à une détention provisoire d'une personne déjà détenue) alors que les personnes concernées se trouvent en différents points du territoire de la République. Le procédé est également utilisable devant une juridiction de jugement pour l'audition des témoins, parties civiles ou experts.

C. pr. pén., art. 706-71 et R. 53-33.

Victimologie

[Droit pénal]

Branche de la criminologie regroupant l'ensemble des études scientifiques pluridisciplinaires concernant les victimes. Au sens premier cette discipline s'inscrivait dans l'étude de l'explication de l'acte infractionnel par l'analyse des rapports du criminel et de sa victime. Aujourd'hui c'est plus globalement l'étude des victimes envisagées comme catégorie sociale. À côté de la criminologie victimologique qui s'intéresse à la victime pénale, il y a la victimologie générale qui s'étend aux victimes d'accidents fortuits ou de catastrophes naturelles.

→ *Archives audiovisuelles de la justice.*

ACTU

Vidéosurveillance

[Droit pénal]

Système d'enregistrement et de transmission d'images, prises sur la voie publique, dans un but de protection de bâtiments ou d'installations, de régulation du trafic routier, de constatation des infractions à la circulation ou plus généralement de prévention des atteintes à la sécurité des personnes et des biens ainsi que des actes de terrorisme. Toute installation est subordonnée à une autorisation du préfet, après avis d'une commission départementale présidée par un magistrat. Cette autorisation précise les conditions dans lesquelles le système est exploité tel le délai maximal de destruction des enregistrements. L'installation sans autorisation de même que le non-respect de certaines conditions, précisément énumérées par la loi, constituent un délit passible de 3 ans d'emprisonnement et de 45 000 € d'amende.

Viduité

[Droit civil]

→ *Délai de viduité.*

Vie personnelle

[Droit du travail]

Expression du langage des juristes utilisée par la Chambre sociale de la Cour de cassation à partir de 1997 pour désigner tous les aspects de la vie du salarié à l'exclusion de ce qui a trait à l'exécution de son contrat de travail. Plus large que la *vie privée*, la vie personnelle englobe des aspects de vie publique (activités dans une association, autre activité professionnelle, exercice d'un mandat politique...). Elle marque un champ à l'abri des pouvoirs de l'employeur, qui ne peuvent s'exercer que dans le cadre de l'exécution du contrat de travail.

GADT, n° 66.

Vie privée

[Droit civil]

Désigne, par opposition à la vie publique, la sphère des activités de la personne qui relèvent de l'intimité et qui doivent rester à l'abri du regard d'autrui : vie sentimentale, mœurs, état de santé, pratique religieuse, loisirs, etc. La loi proclame le droit au respect de la vie privée, la seule constatation de l'atteinte à la vie privée ouvrant droit à réparation.

C. civ., art. 9; C. pén., art. 226-1 s.

GAJC, t. 1, n° 20.

→ *Atteinte à la vie privée, État des personnes.*

Vif

[Droit civil]

Personne vivante. Le terme est surtout employé dans l'expression *entre vifs* pour caractériser l'opération qui se réalise du vivant des parties, par exemple donation entre vifs.

C. civ., art. 893 et 894.

→ *À cause de mort.*

Vignette

[Sécurité sociale]

Timbre apposé sur les emballages des médicaments que les assurés doivent coller sur la feuille de soins pour obtenir le remboursement de leurs frais pharmaceutiques.

Vigueur

[Droit général]

Force obligatoire. Mot décrivant l'autorité d'un texte dans les expressions suivantes :

• *en vigueur* : en application actuellement. Une loi en vigueur est une loi qui est publiée et qui n'est pas abrogée.

• *entrée en vigueur* : moment où le texte devient obligatoire. Les lois entrent en vigueur à la date qu'elles fixent ou, à défaut, le lendemain de leur publication au *Journal officiel*.

C. civ., art. 1er.

Vil

[Droit civil]

Se dit d'un prix dérisoire, tellement insignifiant qu'il équivaut à une absence de prix provoquant la *nullité* absolue du contrat.

Viol

[Droit pénal]

Acte de pénétration sexuelle, de quelque nature qu'il soit, commis sur la personne d'autrui par violence, contrainte, menace ou surprise. L'état vulnérable de la personne (grossesse, maladie, infirmité, déficience mentale), la minorité de 15 ans de la victime, la menace par arme, la commission en réunion, la qualité d'ascendant de la victime de l'auteur, la survenance d'une infirmité permanente ou d'une mutilation, constituent des circonstances aggravantes.

C. pén., art. 222-23 s.

Violation de domicile

[Droit pénal]

Délit qui consiste, pour une personne dépositaire de l'autorité publique ou chargée d'une mission de service public, agissant dans l'exercice ou à l'occasion de l'exercice de ses fonctions ou de sa mission, or les cas prévus par la loi, ou pour un particulier, à s'introduire dans le domicile d'un citoyen contre le gré de celui-ci. S'agissant de l'infraction commise par un particulier, le maintien dans les lieux est également incriminé mais il faut que l'introduction soit effectuée à l'aide de manœuvres, menaces, voies de fait ou contraintes.

C. pén., art. 432-8 et 226-4 s.

Violation de la loi

[Droit administratif]

La violation de la loi, l'un des 4 cas d'ouverture du *recours* pour excès de pouvoir, consiste soit en une contradiction entre l'acte attaqué et un acte de valeur juridique supérieure, soit en une illégalité tenant aux motifs pour lesquels l'Administration l'a adopté.

→ *Contrôle juridictionnel.*

[Prcédure civile]

Principale cause d'ouverture à cassation réalisée, soit par refus d'application (ne pas appliquer un texte clair à la situation qu'il devait régir), soit par fausse application (s'appuyer sur une loi qui était hors de cause), soit par fausse interprétation (adopter une interprétation du texte non conforme à son sens réel).

Violence

[Droit civil]

Fait de nature à inspirer une crainte telle que la victime donne son consentement à un acte que, sans cela, elle n'aurait pas accepté.

C. civ., art. 1112 s.

→ *Abus de faiblesse, Vices du consentement.*

Violences

[Droit pénal]

Terme générique qui, dans le Code pénal, désigne l'ensemble des infractions constituant une atteinte à l'intégrité des personnes.

C. pén., art. 222-7 s. et R. 625-1.

ACTU

Violences au sein des couples

[Droit civil]

Pour l'ensemble des couples, mariés, pacsés ou vivant en union libre, la loi n° 2010-769, 9 juillet 2010 permet au juge aux affaires familiales de délivrer en urgence une ordonnance de protection en cas de violences exercées au sein d'un couple ou par un ancien conjoint, un ancien partenaire pacsé ou un ancien concubin. 4 mesures civiles sont prévues : l'éloignement de l'auteur des violences de la victime ou de ses proches; l'attribution au bénéfice de la victime du logement commun; l'exercice de l'autorité parentale en cas d'enfants communs; des interdictions de sortie du territoire, soit des enfants, soit du membre du couple menacé de violence.

C. civ., art. 515-9 à 515-13; CPC, art. 1136-3 à 1136-13.

→ *Mariage forcé.*

[Droit pénal]

Circonstance aggravante résultant de l'existence d'une relation de couple entre l'auteur et la victime de certaines infractions prévues par la loi. L'aggravation concerne la situation de conjoint, concubin ou partenaire d'un pacte civil de solidarité même après disparition de la situation de couple (ancien conjoint par ex.) lorsque l'infraction est commise en raison des relations ayant existé entre l'auteur des faits et la victime.

C. pén., art. 132-80.

ACTU

Violences psychologiques

[Droit pénal]

Forme particulière de violences, punissables lorsqu'elles sont exercées dans le cadre des couples (conjoints, partenaires d'un pacte civil de solidarité, concubins, actuels ou anciens) et qu'elles ont conduit à une altération de la santé physique ou mentale de celui qui en est la victime. Elles se caractérisent par un harcèlement, c'est-à-dire une répétition d'agissements de nature diverse pouvant agir sur le psychisme de l'individu et qui ont pour effet ou pour objet une dégradation des conditions de vie de celui qui les subit. La peine varie selon que l'incapacité totale de travail est inférieure ou supérieure à 8 jours.

C. pén., art. 222-33-1.

Virement

[Droit commercial]

Technique permettant de transférer une somme d'argent d'un compte sur un autre par un simple jeu d'écritures.

Visa

[Droit international public]

Mention portée sur un acte par l'autorité compétente à l'effet de lui reconnaître certains effets (ex. : visa d'un passeport, autorisant le titulaire à entrer dans le pays dont un fonctionnaire a délivré le visa, ou à en sortir).

[Procédure civile]

Simple mention apposée, avec l'indication de sa date, sur l'original et sur la copie d'un acte de procédure ou d'une pièce ou document communiqué, attestant qu'une formalité exigée par les textes a bien été accomplie.

CPC, art. 672 et 821.

Dans un jugement, le visa désigne le texte sur lequel il s'appuie, ou l'acte de procédure qui lui sert de support. Dans un arrêt de cassation, c'est la règle de droit et non plus le texte de loi qui est visée.

CPC, art. 1020.

Visa en matière de chèque

[Droit commercial]

Procédé par lequel le tiré, en apposant sa signature au recto ou au verso du chèque sous les mots « visé » ou « visa » pour la somme de…, atteste l'existence et la disponibilité de la provision à la date de la signature.

C. mon. fin., art. L. 131-5.

Visite domiciliaire

[Procédure pénale]

Au sens strict cette expression désigne l'entrée dans un lieu privé aux fins de constat ou de vérification. Aujourd'hui cette mesure est soumise aux règles de la *perquisition*.

C. pr. pén., art. 56 s. et 76.

Visiteurs de prisons

[Droit pénal]

Personnes, agréées par un directeur régional de l'administration pénitentiaire, aux fins d'accès auprès des détenus d'un ou plusieurs établissements déterminés, qui contribuent, bénévolement et en fonction de leurs aptitudes particulières, à la prise en charge des détenus signalés par le service pénitentiaire d'insertion et de probation, en vue de préparer la réinsertion de ces détenus et de leur apporter aide et soutien pendant leur incarcération. Ils interviennent en collaboration avec le service pénitentiaire d'insertion et de probation. Ils rencontrent les détenus dans un local aménagé, en dehors de la présence d'un surveillant et peuvent correspondre avec eux.

C. pr. pén., art. D. 472 s.

Vœu

[Droit administratif]

Nom donné, pour les opposer aux délibérations, aux simples manifestations d'opinion comportant un souhait, émises sous forme de votes par les assemblées des collectivités territoriales. Les vœux politiques leur sont interdits.

[Droit civil]

Disposition contenue dans une *libéralité* par laquelle le disposant souhaite seulement que le bénéficiaire accomplisse une prestation, sans la lui imposer en droit.

→ *Précatif.*

Voie de circulation

[Droit général]

Subdivision de la *chaussée* ayant une largeur suffisante pour permettre la circulation d'une file de véhicules.

C. route, art. R. 110-2.

Voie de fait

[Droit administratif]

Théorie d'origine jurisprudentielle, protectrice des droits des administrés en ce qu'elle entraîne pour l'Administration la perte de la majeure partie de ses privilèges traditionnels. Il y a voie de fait si l'Administration accomplit un acte matériel représentant une irrégularité manifeste soit parce qu'elle exécute une décision ne se rattachant pas à un pouvoir qui lui appartient (comme une décision grossièrement illégale, ou annulée par une juridiction), soit parce qu'elle exécute selon une procédure grossièrement illégale une décision même légale, et à condition que cet agissement porte atteinte à la propriété mobilière ou immobilière ou à une *liberté publique*. Les juges judiciaires deviennent alors compétents pour connaître de cette irrégularité, à titre exclusif en matière d'action en responsabilité, et concurremment avec les juges administratifs pour prononcer l'annulation de l'acte.

GAJA n° 48.

[Procédure civile]

Tout comportement portant ouvertement atteinte à des droits personnels ou méconnaissant à l'évidence une disposition législative ou réglementaire et justifiant, de ce fait, le recours à la procédure de référé en vue de faire cesser ce trouble manifestement illicite. La seule constatation d'une voie de fait ouvre droit à réparation.

CPC, art. 809, 849, 873.

→ *Référé civil.*

Voie parée

[Droit civil]

Clause par laquelle un créancier gagiste ou hypothécaire obtient de son débiteur l'autorisation de vendre la chose gagée ou hypothéquée sans observer les formalités requises par la loi (du latin *via parata*, voie d'exécution préparée à l'avance). Une telle stipulation est illicite comme étant contraire au caractère impératif des dispositions relatives à la réalisation des sûretés.

C. civ., art. 2201, al. 2, 2346 et 2458.

→ *Pacte commissoire.*

Voie verte

[Droit général/Droit de l'environnement]

Route exclusivement réservée à la circulation des véhicules non motorisés, des piétons et des cavaliers.

C. route, art. R. 110-2.

Voies d'exécution

[Procédure civile]

Ensemble de procédures permettant à un particulier d'obtenir, par la force, l'exécution des actes et des jugements qui lui reconnaissent des prérogatives ou des droits.

→ *Distribution des deniers, Expulsion, Saisie, Saisie-appréhension, Saisie-attribution, Saisie immobilière, Saisie mobilière, Saisie-vente.*

Voies de nullité n'ont lieu contre les jugements

[Procédure civile]

Adage signifiant qu'un acte juridictionnel ne peut être critiqué que par une *voie de recours*.

CPC, art. 460.

→ *Acte juridictionnel, Nullité.*

Voies de recours

[Procédure (principes généraux)]

Moyens expressément mis à la disposition des plaideurs pour leur permettre d'obtenir un nouvel examen du procès (ou d'une partie de celui-ci) ou de faire valoir les irrégularités observées dans le déroulement de la procédure. On distingue voies de recours ordinaires (*opposition* et *appel*) et voies de recours extraordinaires (*tierce opposition*, *recours en révision*, *pourvoi en cassation*), voies de rétractation (opposition, recours en révision) et voies de réformation (appel).

CPC, art. 527 s.; 538, 579; CJA, art. L. 811-1 et R. 811-1 s.; C. pr. pén., art. 496 s., 549 s. et 567 s.

→ *Effet dévolutif des voies de recours, Effet suspensif des voies de recours.*

Voirie

[Droit administratif]

Dépendance du *domaine public* comprenant principalement les voies et places publiques, mais aussi les arbres qui les bordent et les égouts. La voirie fait l'objet d'un régime juridique très détaillé, tendant à concilier les intérêts de ses usagers avec les prérogatives de la *puissance publique*.

→ *Aisances de voirie, Concession de voirie, Permission de voirie.*

Voisinage

[Droit civil]

→ *Trouble de voisinage.*

Voix délibérative, consultative

[Procédure (Principes généraux)/ Droit administratif]

Avoir voix délibérative : pour un magistrat lors du *délibéré* d'un jugement, ou pour un membre d'un conseil, avoir le droit de prendre part à la décision (de voter, si un vote est requis), par opposition à la voix consultative, qui permet seulement d'exprimer un avis durant la discussion.

Vol

[Droit pénal]

Soustraction frauduleuse de la chose d'autrui.

C. pén., art. 311-1 s.

→ *Immunités.*

Volenti non fit injuria

[Droit civil]

Il n'est pas fait de tort à celui qui a consenti.

Voluptuaire

[Droit civil]

Qualificatif appliqué aux dépenses correspondant à des travaux d'embellissement; quand ces dépenses sont effectuées par une personne autre que le propriétaire, elles ne lui sont pas remboursées au moment de la restitution de l'immeuble, car elles n'étaient ni nécessaires, ni utiles, ni source de plus-value.

→ *Impenses.*

Votants

[Droit constitutionnel]

Électeurs qui, ayant le droit de voter, ont effectivement pris part à un scrutin. Le pourcentage des votants par rapport aux *électeurs inscrits* est l'indice de la participation électorale.

Votation

[Droit constitutionnel]

Délibération directe des citoyens sur un problème déterminé.

→ *Démocratie directe, Démocratie semi-directe.*

Vote

[Droit constitutionnel]

Acte par lequel un citoyen participe, en se prononçant dans un sens déterminé, au choix de ses représentants ou à la prise d'une décision.

→ *Suffrage.*

1° *Vote facultatif* : vote que le citoyen est libre d'émettre ou de ne pas émettre.

2° *Vote obligatoire* : vote imposé par la loi, sous peine de sanction en cas d'abstention.

3° *Vote par correspondance* (supprimé en France par la loi du 31 déc. 1975).

4° *Vote par procuration* : vote par l'intermédiaire d'une personne désignée par l'électeur. Admis en France pour diverses catégories d'électeurs.

5° *Vote préférentiel* : faculté pour l'électeur de modifier l'ordre de présentation des candidats sur une liste.

6° *Vote public* : celui dans lequel le sens du vote émis par chacun est connu de tous.

7° *Vote secret* : celui qui est organisé de manière que le choix de chacun soit ignoré tant des autorités que des autres électeurs (enveloppe, isoloir, interdiction des signes sur les bulletins). Le secret du vote est la garantie de son indépendance.

Vote bloqué

[Droit constitutionnel]

Procédure qui permet au gouvernement d'obliger l'Assemblée à se prononcer par un seul vote sur tout ou partie du texte en discussion, en ne retenant que les amendements proposés ou acceptés par lui.

Const., art. 44, al. 3.

Vote par délégation

[Droit constitutionnel]

→ *Délégation.*

Voyageurs, Représentants, Placiers (VRP)

[Droit du travail]

→ *Représentant de commerce.*

Vu

[Droit civil]

Formule du *visa* qui précède les raisons d'une décision ou les références à un acte, à un texte, ou à une règle de droit.
Employé seul, constate l'accomplissement d'une formalité.

Vues et jours

[Droit civil]

Ouvertures qui peuvent être pratiquées dans les murs séparant 2 fonds.
Les jours sont des ouvertures pratiquées dans un mur séparatif qui n'appartient qu'à un seul des propriétaires voisins, et qui doivent laisser passer la lumière sans qu'il soit possible de voir au-dehors. C'est pourquoi ces ouvertures doivent être « à fer maillé et à verre dormant » et être situées à une certaine hauteur au-dessus du plancher.
Les vues sont des ouvertures qui, laissant passer le regard, ne peuvent être pratiquées que dans des murs situés à une certaine distance du fonds voisin.

C. civ., art. 675 s.

W

Warrant

[Droit commercial]

Billet à ordre, transmissible par *endossement*, souscrit par un commerçant et garanti par des marchandises déposées dans un magasin général ou qu'il s'engage à conserver chez lui.

C. com., art. L. 522-24 s.

→ *Entiercement, Gage, Récépissé-Warrant.*

Warrant agricole

[Droit rural]

Sûreté réelle conventionnelle mobilière permettant un gage sans dépossession sur les biens affectés à l'exploitation agricole.

C. rur., art. L. 342-1 s.

Warrant hôtelier

[Droit commercial]

Gage sans dépossession consenti par l'exploitant d'un hôtel en garantie d'un emprunt, portant sur le mobilier commercial, le matériel et l'outillage servant à l'exploitation. L'hôtelier emprunteur est responsable desdits objets qui demeurent confiés à ses soins.

C. com., art. L. 523-1 s.

Warrant pétrolier

[Droit commercial]

Sûreté conçue pour favoriser la constitution de stocks de pétrole en assurant du crédit aux importateurs. Les détenteurs de stocks de pétrole brut ou de produits pétroliers peuvent warranter des stocks en garantie de leurs emprunts, tout en conservant la garde de leurs usines ou dépôts, les produits warrantés restant le gage du porteur du warrant.

La particularité de ce warrant est qu'il porte, non sur un corps certain, mais sur une certaine quantité de pétrole d'une qualité spécifiée à prendre dans un stock.

C. com., art. L. 524-1 s.

Whip

[Droit constitutionnel]

Terme anglais (*whip* : fouet) pour désigner les personnes chargées au Parlement de faire respecter la discipline de vote dans un groupe.

Z

Zone agricole

[Droit administratif]

Zone dénommée zone « A » englobant des secteurs de la commune à protéger en raison du potentiel agronomique, biologique ou économique des terres agricoles. Cette zone est frappée d'inconstructibilité, à l'exception des bâtiments relatifs à l'exploitation agricole et des installations nécessaires aux services publics.

C. urb., art. L. 123-3-1, R. 123-7, 123-12.

Zone à urbaniser par priorité (ZUP)

[Droit administratif]

Zone foncière délimitée par l'Administration en vue de la construction d'immeubles d'habitation, et assortie de règles facilitant la concentration sur elle des principales constructions à réaliser dans la commune. Cette institution a disparu, et a été remplacée par celle de la *Zone d'aménagement concerté (ZAC)*. On lui a notamment reproché d'avoir favorisé, par l'urbanisation trop dense qu'elle a permise, la construction de « grands ensembles » dont une partie des habitants connaît de graves difficultés psychologiques et sociales.

Zone contiguë

[Droit international public]

Bande maritime s'étendant au-delà de la mer territoriale sur laquelle l'État côtier exerce certains droits justifiés par sa protection douanière, fiscale, sanitaire ou militaire. Fixée par la Convention de Montego Bay du 10 décembre 1982 à 12 milles au-delà de la mer territoriale (alors qu'auparavant mer territoriale plus zone contiguë, ne pouvaient ensemble dépasser 12 milles).

Zone d'aménagement concerté (ZAC)

[Droit administratif]

Zone foncière à l'intérieur de laquelle une personne publique intervient en vue d'aménager et d'équiper les terrains pour y réaliser des constructions et/ou des équipements collectifs ou privés, soit afin de les utiliser elle-même, soit afin de les rétrocéder après équipement à des constructeurs publics ou privés.

C. urb., art. L. 311-1.

Zone d'aménagement différé (ZAD)

[Droit administratif]

Zone généralement située en secteur périurbain, à l'intérieur de laquelle existe un droit de préemption au profit d'une personne publique ou d'une société d'économie mixte d'aménagement permettant, en cas d'aliénation d'immeubles bâtis ou non bâtis, de payer seulement le prix du bien un an avant la création de la ZAD. Cette institution a pour but de prévenir la spéculation foncière sur des secteurs urbains à créer ou sur des zones d'activité à équiper.

C. urb., art. L. 212-1 s. et L. 213-4.

Zone d'attente

[Droit administratif]

En matière de police des étrangers, locaux situés dans un port, un aéroport ou une gare internationale, dans lesquels les étrangers se présentant à ces frontières sans titre d'entrée en France valable peuvent être placés pour un bref délai, en attendant soit leur *refoulement* effectif hors du territoire, soit leur admission au moins provisoire sur celui-ci (demandeurs d'asile).

Zone de libre-échange

[Droit international public]

Zone comprenant le territoire de plusieurs États, qui ont supprimé entre eux les barrières douanières mais ont conservé chacun la liberté de leur tarif douanier vis-à-vis des pays tiers (à la différence de l'union douanière, qui comporte un tarif extérieur commun).

Zone de protection du patrimoine architectural, urbain et paysager

[Droit administratif/Droit de l'environnement]

Zone instituée, par décision du maire ou du président de l'établissement public de coopération intercommunal, autour des monuments historiques et dans les quartiers, sites et espaces à protéger ou à mettre en valeur pour des motifs d'ordre esthétique, historique et culturel. Tous travaux (construction, démolition, déboisement…) sont soumis à autorisation administrative après avis conforme de l'architecte des Bâtiments de France.

C. patr., art. L. 642-1 s.

Zone de redynamisation rurale

[Sécurité sociale]

Zone permettant aux entreprises qui y sont installées de bénéficier d'une exonération de cotisations patronales et d'une exonération de cotisations assurance-maladie des non-salariés.

CSS, art. L. 131-4-2.

Zone de redynamisation urbaine

[Sécurité sociale]

Zone permettant aux entreprises qui y sont installées de bénéficier d'une exonération de cotisations patronales de Sécurité sociale et d'une exonération de cotisations assurance-maladie des non-salariés.

CSS, art. L. 131-4-2.

Zone de restructuration de la défense

[Sécurité sociale]

Zone permettant aux entreprises qui y sont installées d'être exonérées de cotisations patronales de Sécurité sociale.

Zone des cinquante pas géométriques

[Droit public/Droit de l'environnement]

Dans les départements de la Guadeloupe, de la Guyane, de la Martinique, de la Réunion et de Mayotte, bande littorale comprise entre le rivage de la mer et la limite supérieure de la réserve domaniale dite des cinquante pas géométriques (d'une largeur de 81,20 mètres à compter de la limite haute du rivage). Cette zone est soumise à des règles particulières d'aménagement et d'urbanisme : préservation des plages, espaces boisés et jardins publics; réservation des espaces non urbanisés à l'installation des services publics, des activités économiques ou des équipements collectifs liés à l'usage de la mer; imposition de coupures d'urbanisation dans les zones urbanisables, etc.

C. urb., art. L. 156-2 et 156-3; CGPPP, art. L. 5111-1 et 5111-2.

Zone d'influence

[Droit international public]

Zone réservée par traité à l'influence politique exclusive d'un État déterminé.

Pratique liée à l'expansion coloniale (particulièrement en Afrique à la fin du XIXe siècle) ou à l'impérialisme dans le cadre de la politique des blocs (ex. : l'Europe de l'Est faisait partie de la zone d'influence soviétique depuis les accords de Potsdam et de Yalta en 1945).

Zone d'intervention foncière (ZIF)

[Droit administratif]

Zone urbaine et zones d'urbanisation future dans lesquelles les communes dotées d'un plan d'occupation des sols rendu public ou d'un plan d'urbanisme, peuvent instituer un droit de préemption urbain, en vue, notamment, de limiter l'urbanisation des territoires exposés à un risque technologique, de maîtriser la pression foncière, de créer des espaces de protection rapprochée de prélèvement d'eau destinée à l'alimentation des collectivités humaines.

C. urb., art. L. 211-1.

Zone économique exclusive

[Droit international public]

Née par décision unilatérale de certains États revendiquant l'exercice de droits souverains sur les ressources d'une zone s'étendant jusqu'à 200 milles de ses côtes, a été consacrée par la Convention de Montego Bay du 10 décembre 1982. L'État côtier reçoit en exclusivité tous les droits de nature proprement économique pouvant s'exercer dans cette zone.

Zone euro

[Droit européen]

→ *Euro.*

Zone Franc

[Droit financier ou fiscal]

Ensemble de pays regroupant autour de la République française (Métropole, *Département d'outre-mer*, *Territoires d'outre-mer*) 14 États africains (jadis Territoires d'outre-mer français, sauf la Guinée Bissau) et les Comores. L'unité de cet ensemble d'États fondé sur des accords de coopération monétaire est réalisée par la convertibilité réciproque illimitée de leurs monnaies à des taux de parité fixes, par la liberté de transfert des capitaux d'un État à l'autre et par la centralisation, auprès du Trésor français, de la majorité de leurs réserves de change (avoirs en *devises*). Une décision du Conseil de l'*Union européenne* (23 nov. 1998) a confirmé que le passage à l'*euro* n'affectait pas les accords de coopération monétaire liant les États de la Zone, qui conservent ainsi le droit de modifier librement la parité entre l'euro et le franc CFA (ou le franc comorien).

Zone franche

[Droit financier ou fiscal]

Au sens propre du terme, la zone franche est une institution du droit douanier. Elle correspond à une fraction du territoire national physiquement clôturée, pouvant être réduite à une ville portuaire (port franc) soustraite, en vue de favoriser le négoce ou la transformation de produits étrangers normalement destinés à être réexportés, à l'application des droits de douane; des exonérations d'impôts nationaux sont parfois accordées à titre d'encouragement. Ce régime existe à l'étranger (ex. : Hambourg, Shannon) mais ne fonctionne pas en France, encore qu'une loi du 31 décembre 1986 ait ouvert la possibilité d'en créer dans les DOM.

Ce que l'on appelle actuellement en France zone franche correspond à des territoires peu étendus (ex. : Pays de Gex, à la frontière franco-suisse) où certains produits originaires ou à destination d'un État limitrophe bénéficient d'un régime douanier privilégié. De façon imagée et abusive, l'expression zone franche est aujourd'hui souvent employée pour désigner des portions de territoire où, pour des raisons diverses, des entreprises bénéficient temporairement d'exonérations ou d'allégements d'impôts nationaux.

→ *Zone franche urbaine.*

Zone franche urbaine

[Droit financier ou fiscal]

Appellation donnée à certains secteurs urbains (quartiers dits « sensibles », connaissant de graves problèmes sociaux) à l'intérieur desquels les entreprises qui créent ou maintiennent des activités génératrices d'emplois bénéficient d'une exonération temporaire d'impôt sur une partie de leurs profits.

[Sécurité sociale]

Zone permettant à des travailleurs non salariés qui sont installés de bénéficier d'exonérations de cotisations.

Zone urbaine sensible

[Sécurité sociale]

Zone permettant à des associations qui s'y implantent de bénéficier d'exonérations de cotisations de Sécurité sociale.

Sigles[1]

AAH	*Allocation aux adultes handicapés*.
AARPI	Association d'avocats à responsabilité professionnelle individuelle.
ACAI	*Autorité centrale pour l'adoption internationale*.
ACCORD	Application coordonnée de comptabilisation, d'ordonnancement et de règlement de la dépense de l'État.
ACOSS	Agence centrale des organismes de Sécurité sociale.
ADAPEI	Union départementale des associations de parents d'enfants inadaptés.
ADEME	Agence de l'environnement et de la maîtrise de l'énergie.
ADIL	Association départementale pour l'information et le logement.
ADSEA	Association départementale de sauvegarde de l'enfance et de l'adolescence.
AELE	*Association européenne de libre-échange* (Genève).
AEMO	Action éducative en milieu ouvert.
AFA	*Agence française pour l'adoption*.
AFB	Association française des banques.
Afeama	Aide à la famille pour l'emploi d'une assistance maternelle agréée
AFL-CIO	American federation of labor-congress of industrial organisations.
AFNOR	Association française de normalisation.
AFP	Agence france-presse.
AFPA	Association pour la formation professionnelle des adultes.
AFSEA	Association française pour la sauvegarde de l'enfance et de l'adolescence.
AGEJ	Allocation d'une garde d'un enfant à domicile.
AGESSA	Association pour la gestion de la Sécurité sociale des auteurs.
AGFF	Association pour la gestion du fonds de financement de l'AGIRC et de l'ARRCO.
AGIRA	Association de gestion des informations sur le risque en assurance.
AGIRC	Association générale des institutions de retraite des cadres.
AGS	Association pour la gestion du régime d'assurance des créances des salariés.
AI	Allocation d'insertion.
AID	*Association internationale de développement* (Washington).
AIDA	Association internationale du droit de l'assurance.
AIEA	*Agence internationale de l'énergie atomique* (Vienne).

1. Seuls ont été retenus les sigles les plus usuels. Ceux-ci ne sont cependant pas tous repris dans le Lexique, en raison de leur très grande diversité qui déborde le cadre d'un vocabulaire intentionnellement sommaire. Seuls ceux indiqués en rouge sont repris dans le lexique.

AIPPI	Association internationale pour la protection de la propriété industrielle.
ALENA	Accord de libre-échange nord-américain.
AMEXA	Assurance-maladie des exploitants agricoles.
AMF	*Autorité des marchés financiers*.
AMP	Assistance médicale à la procréation.
ANAH	Agence nationale pour l'amélioration de l'habitat.
ANDAFAR	Association nationale pour le développement de l'aménagement foncier agricole et rural.
ANVAR	Agence nationale de valorisation de la recherche.
AOC	Appellation d'origine contrôlée.
AP	*Assistance publique*.
APA	*Allocation personnalisée d'autonomie*.
APCA	Assemblée permanente des chambres d'agriculture.
APCM	Assemblée permanente des chambres des métiers.
APE	Allocation parentale d'éducation.
API	Allocation de parent isolé.
APJ	*Agent de police judiciaire*.
APL	*Aide personnalisée au logement*.
APUL	Administrations publiques locales (collectivités territoriales).
ARAF	*Aide à la reprise d'activité des femmes*.
ARJEL	Autorité de régulation des jeux en ligne.
ARH	Agence régionale de l'hospitalisation.
ARIA	Retraite complémentaire facultative des artisans.
ARJEL	*Autorité de régulation des jeux en ligne*.
ARRCO	*Association des régimes de retraites complémentaires*.
ART	*Autorité de régulation des télécommunications*.
ASEAN	Association des nations du sud-est asiatique.
ASE	Aide sociale à l'enfance.
ASF	Association pour la structure financière.
ASI	Allocation supplémentaire d'invalidité.
ASPA	Allocation de solidarité aux personnes âgées.
ASS	Allocation spécifique de solidarité.
AT	*Accident du travail*.
ATD	*Avis à tiers-détenteur*.
ATEXA	Assurance des accidents du travail des exploitants agricoles.
ATR (loi)	Loi du 6 février 1992 relative à l'administration territoriale de la République.
AUE	*Acte unique européen*.
AUPELF	Association des universités partiellement ou entièrement de langue française.

AVS	Auxiliaire de vie scolaire.
AVTS	Allocation aux vieux travailleurs salariés.
BALO	Bulletin des annonces légales obligatoires.
BAPSA	Budget annexe des prestations sociales agricoles.
BAS	*Bureau d'aide sociale*.
BAT	Bureau de l'assistance technique (ONU, New York).
BCE	*Banque centrale européenne* (Francfort).
BENELUX	Union économique : Belgique, Nederland, Luxembourg.
BEP	Brevet d'études professionnelles.
BERD	*Banque européenne pour la reconstruction et le développement* (Londres).
BIC	Bénéfices industriels et commerciaux.
BIMA	Bulletin d'information du ministère de l'Agriculture.
BIRD	*Banque internationale pour la reconstruction et le développement* (Washington).
BIT	*Bureau international du travail* (Genève).
BNC	Bénéfices non commerciaux.
BNF	Bibliothèque nationale de France.
BOCC	Bulletin officiel de la concurrence et de la consommation.
BODACC	Bulletin officiel des annonces civiles et commerciales.
BOPI	Bulletin officiel de la propriété industrielle.
BRC	Bordereau récapitulatif de cotisation.
BRI	Banque des règlements internationaux (Bâle).
BRIC	Brésil, Russie, Inde, Chine.
BRP	Bureau de recherche des pétroles.
BTAN	*Bons du Trésor* à taux fixe et intérêt annuel.
CAA	*Cour administrative d'appel*.
CAC 40	Cotation assistée en continu 40 (indice de la Bourse de Paris).
CADA	*Commission d'accès aux documents administratifs*.
CAF	Caisse d'allocations familiales.
CAF	Vente de marchandise à un prix global comprenant le coût, (en anglais CIF)l'assurance et le fret.
CANAM	Caisse nationale d'assurance-maladie et maternité des travailleurs non salariés des professions non agricoles.
CANSSM	Caisse autonome nationale de la Sécurité sociale dans les mines.
CAP	Certificat d'aptitude professionnelle.
CAPA	Certificat d'aptitude à la profession d'avocat.
CAPES	Certificat d'aptitude au professorat de l'enseignement secondaire.
CAPET	Certificat d'aptitude professionnelle à l'enseignement technique.
CAR	*Comité de l'administration régionale*.
CARPA	Caisse autonome des règlements pécuniaires des avocats.

CARSAT	Caisse d'assurance retraite et de la santé au travail.
CAT	*Centre d'aide par le travail*.
CCAS	*Centre communal d'aide sociale*.
CCDVT	Caisse centrale de dépôts et de virements de titres.
CCI	Chambre de commerce internationale (Paris).
CCP	*Compte-courant postal*.
CCVRP	Caisse de Sécurité sociale des représentants multicartes.
CDAPH	Commission des droits et de l'autonomie des personnes handicapées.
CDBF	*Cour de discipline budgétaire et financière*.
CDC	*Caisse des dépôts et consignations*.
CDCI	Commission départementale de la coopération intercommunale.
CDD	*Contrat (de travail)* à durée déterminée.
CDI	*Contrat (de travail)* à durée indéterminée.
CDI	*Centre des impôts*.
CDI	Conseil départemental d'insertion.
CE	*Communautés européennes*.
CE	*Conseil d'État*.
CEA	Centre de l'énergie atomique.
CEA	Compte d'épargne en actions.
CECA	Communauté européenne du charbon et de l'acier (a expiré en juillet 2002).
CECOS	Centre d'étude et de conservation du sperme.
CED	*Communauté européenne de défense*.
CEDEX	Courrier d'entreprise à distribution exceptionnelle. *CIDEX*.
CEE	Communauté économique européenne (Bruxelles) ou marché commun. Aujourd'hui CE.
CEEA	Communauté européenne de l'énergie atomique (Bruxelles) ou EURATOM.
CEF	*Centre éducatif fermé*.
CEJ	*Contrat emploi-jeune*.
CEPEJ	Commission européenne pour l'efficacité de la justice.
CERC	*Conseil de l'emploi, des revenus et de la cohésion sociale*.
CERN	*Centre européen pour la recherche nucléaire* (Genève).
CES	Comité économique et social (de la région).
CES	Contrat emploi-solidarité.
CESU	*Chèque emploi service universel*.
CET	*Compte épargne-temps*.
CFA (Franc)	*(Franc) Communauté financière africaine*.
CFDT	Confédération française démocratique du travail.
CFE	*Caisse des français à l'étranger*.
CFE-CGC	Confédération française de l'encadrement – Confédération générale des cadres.

CFP (Franc)	*(Franc) Change franc Pacifique*.
CFT	Confédération française du travail.
CFTC	Confédération française des travailleurs chrétiens.
CGA	Confédération générale de l'agriculture.
CGC	Confédération générale des cadres. *CFE-CGC*.
CGI	Code général des impôts.
CGPME	Confédération générale des petites et moyennes entreprises.
CGT	Confédération générale du travail.
CGT	Compagnie générale transatlantique.
CGT-FO	Confédération générale du travail – force ouvrière.
CHSCT	*Comité d'hygiène, de sécurité et des conditions de travail*.
CHU	Centre hospitalier universitaire.
CIA	Central intelligence agency.
CIAT	Comité interministériel d'aménagement du territoire.
CICAS	Centre d'information conseil et accueil des salariés.
CIDE	Convention internationale relative aux droits de l'enfant.
CICR	Comité international de la Croix Rouge (Genève).
CIDEX	Courrier individuel à distribution exceptionnelle. *CEDEX*.
CIDJ	Centre d'information et de documentation de la jeunesse.
CIE	*Contrat initiative-emploi*.
CIF	Commission des infractions fiscales
CIF	Congé individuel de formation.
CIJ	*Cour internationale de justice* (La Haye).
CIL	Comité interprofessionnel pour le logement.
CIO	Centre d'information et d'orientation.
CIRA	Centre interministériel de renseignements administratifs.
CIRDI	Centre international pour le règlement des litiges en matière d'investissements.
CIRI	Comité interministériel de restructuration industrielle.
CISC	Confédération internationale des syndicats chrétiens.
CISL	Confédération internationale des syndicats libres.
CIVETTE	Culture *in vitro* et transport embryonnaire.
CIVI	*Commission (nationale) d'indemnisation des victimes d'infractions (pénales)*.
CJCE	Cour de justice des Communautés européennes.
CJUE	*Cour de justice de l'Union européenne*.
CJP	Centre des jeunes patrons.
CMU	*Couverture maladie universelle*.
CNAF	Caisse nationale d'allocations familiales.
CNAMed	*Commission nationale des accidents médicaux*.
CNAM	Conservatoire national des arts et métiers.

CNAM ou CNAMTS	Caisse nationale d'assurance-maladie des travailleurs salariés.
CNAR	Confédération nationale pour l'aménagement rural.
CNASEA	Centre national pour l'aménagement des structures agricoles.
CNAV ou CNAVTS	Caisse nationale d'assurance vieillesse des travailleurs salariés.
CNBF	Caisse nationale des barreaux français.
CNC	Conseil national de la cinématographie.
CNC	Conseil national du crédit et du titre.
CNCL	Commission nationale de la communication et des libertés.
CNDP	*Commission nationale du débat public*.
CNE	Caisse nationale d'épargne.
CNE	*Contrat nouvelle embauche*.
CNES	Centre nationale d'études spatiales.
CNESER	Conseil national de l'enseignement supérieur et de la recherche.
CNET	Centre national d'étude des télécommunications.
CNEXO	Centre national pour l'exploitation des océans.
CNFPT	*Centre national de la fonction publique territoriale*.
CNIJ	Centre national d'informatique juridique.
CNIL	*Commission nationale de l'informatique et des libertés*.
CNJA	Centre national des jeunes agriculteurs.
CNPF	Conseil national du patronat français (remplacé par le MEDEF).
CNRS	Centre national de la recherche scientifique.
CNOUS	Centre national des œuvres universitaires et scolaires.
CNU	Conseil national des universités.
CNUCED	Conférence des Nations unies sur le commerce et le développement (Sigle anglais UNCTAD).
CODEFI	Comité départemental d'examen des problèmes de financement des entreprises.
CODEVI	Compte pour le développement industriel (Absorbé en 2007 par le Livret de développement durable).
COFACE	*Compagnie française d'assurance pour le commerce extérieur*.
COM	*Collectivité d'outre-mer*.
COMECON	Conseil d'assistance économique mutuelle (Moscou).
CORRI	Comité régional de restructuration industrielle.
COS	*Coefficient d'occupation des sols*.
COSLA	Comité d'orientation pour la simplification du langage administratif.
COTOREP	Remplacée depuis 2006 par la Commission des droits et de l'autonomie des personnes handicapées.
CPAG	*Centre de préparation à l'Administration générale*.
CPAM	Caisse primaire d'assurance-maladie.
CPER	*Contrats de plan État-régions*.

CPI	*Cour pénale internationale.*
CRC	*Chambre régionale des comptes.*
CRCI	Commission régionale de conciliation et d'indemnisation.
CRDS	*Contribution pour le remboursement de la dette sociale.*
CREAI	Centre régional pour l'enfance et l'adolescence inadaptées.
CREDOC	Centre de recherches, d'études et de documentation sur la consommation.
CRFPA	*Centre régional de formation professionnelle des avocats.*
CRIDON	Centre de recherches, d'information et de documentation notariales.
CRS	*Compagnie républicaine de sécurité.*
CROUS	Centre régional des œuvres universitaires et scolaires.
CSA	*Conseil supérieur de l'audiovisuel.*
CSERC	*Conseil supérieur de l'emploi, des revenus et des coûts.*
CSG	*Contribution sociale généralisée.*
CSM	*Conseil supérieur de la magistrature.*
CSMF	Confédération syndicale des médecins de France.
CUCS	*Contrat urbain de cohésion sociale.*
CUMA	Coopérative d'utilisation de matériel agricole.
CV	*Curriculum vitae.*
CVIM	Convention (des Nations unies) sur les contrats de vente internationale des marchandises.
DAB	Distributeur automatique de billets.
DADS	Déclaration annuelle des données sociales.
DAS	Direction de l'action sociale.
DATAR	Délégation à l'aménagement du territoire et à l'attractivité régionale.
DDAF	Direction départementale de l'agriculture et des forêts.
DDASS	Direction départementale des affaires sanitaires et sociales.
DDE	Direction départementale de l'équipement.
DDHC	Déclaration des droits de l'Homme et du citoyen.
DDISS	Direction départementale des interventions sanitaires et sociales.
DDOS (loi)	Dispositions diverses d'ordre social.
DDTE	Direction départementale du travail et de l'emploi.
DEA	Diplôme d'études approfondies.
DESS	Diplôme d'études supérieures spécialisées.
DEUG	Diplôme d'études universitaires générales.
DEUST	Diplôme d'études universitaires scientifiques et techniques.
DGCCRF	Direction générale de la concurrence, de la consommation et de la répression des fraudes.
DGDDI	Direction générale des douanes et droits indirects.
DGF	*Dotation globale de fonctionnement.*
DGFIP	*Direction générale des finances publiques.*

DGI	Direction générale des impôts.
DGS	Direction générale de la santé.
DGSE	Direction générale de la sécurité extérieure.
DILA	*Direction de l'information légale administrative*.
DIF	Droit individuel à la formation.
DOM	Département d'outre-mer.
DPLG	Diplômé par le gouvernement.
DRAC	Direction régionale des affaires culturelles.
DRASS	Direction régionale des affaires sanitaires et sociales.
DRH	Directeur des ressources humaines.
DSQ	Développement social des quartiers.
DST	Direction de la surveillance du territoire.
DTS	Droits de tirage spéciaux.
DU	Déclaration unique d'embauche.
DUCS	Déclaration unifiée des cotisations sociales.
DUDH	*Déclaration universelle des droits de l'Homme*.
DUP	*Déclaration d'utilité publique*.
DUT	Diplôme universitaire de technologie.
EARL	*Entreprise agricole à responsabilité limitée*.
ECESFP	*Examen contradictoire de l'ensemble de la situation fiscale personnelle*.
ECU	*European currency unit* (Unité de compte européenne); remplacé par l'euro.
EMO	Éducation en milieu ouvert.
ENA	*École nationale d'Administration*.
ENAP	École nationale de l'administration pénitentiaire.
ENG	École nationale des greffes.
ENI	École nationale des impôts.
ENM	*École nationale de la magistrature*.
ENPJJ	École nationale de la protection de la jeunesse.
EN3S	École nationale supérieure de Sécurité sociale.
ENS	École normale supérieure.
ENSI	École nationale supérieure d'ingénieurs.
ENSP	École nationale de la santé publique.
ENSSIB	École nationale supérieure des sciences de l'information et des bibliothèques.
EPCI	*Établissement public de coopération intercommunale*.
EPIC	Établissement public à caractère industriel et commercial.
ERA	Équipe de recherche associée.
ERASMUS	European Community Action Scheme for the Mobility of University Students (Programme d'action de la Communauté européenne pour la mobilité des étudiants d'université).
ESCAE	École supérieure de commerce et d'administration des entreprises.

ESRO	European spatial research organization. *OERS*.
ESSEC	École supérieure des sciences économiques et commerciales.
EURATOM	*CEEA*.
EURL	*Entreprise unipersonnelle à responsabilité limitée*.
FAF	*Fonds d'assurance formation*.
FAO	Food and agriculture organization. *OAA*.
FAS	Fonds d'action sociale.
FASASA	Fonds d'action sociale pour l'aménagement des structures agricoles.
FBI	Federal bureau of investigation (Washington).
FCC	Fichier central des chèques.
FCP	*Fonds commun de placement*.
FCTVA	Fonds de compensation pour la TVA.
FDES	Fonds de développement économique et social.
FEADER	*Fonds européen agricole pour le développement rural*.
FEAGA	*Fonds européen agricole de garantie*.
FED	*Fonds européen de développement*.
FEN	Fédération de l'Éducation nationale.
FEOGA	*Fonds européen d'orientation et de garantie agricoles*.
FGA	*Fonds de garantie automobile*.
FGAO	Fonds de garantie des assurances obligatoires de dommages.
FGEN	Fédération générale de l'Éducation nationale.
FGVTI	Fonds de garantie des victimes d'actes de terrorisme et d'autres infractions.
FICP	*Fichier national des incidents de remboursement des crédits aux particuliers*.
FICOBA	Fichier des comptes bancaires et assimilés.
FIDA	Fonds international de développement agricole.
FIJAIS	Fichier judiciaire automatisé des auteurs d'infractions sexuelles.
FINUL	Force intérimaire des Nations unies au Liban.
FISE	Fonds international des Nations unies pour le secours de l'enfance (New York). (Sigle anglais : UNICEF.)
FIVA	*Fonds d'indemnisation des victimes de l'amiante*.
FIVETE	Fécondation *in vitro* et transfert d'embryon.
FMI	*Fonds monétaire international* (Washington).
FNAL	Fonds national d'aide au logement.
FNAS	Fonds national d'action sociale.
FNASS	Fonds national d'action sanitaire et sociale.
FNCTVA	Fonds national de compensation de la TVA.
FNE	*Fonds national pour l'emploi*.
FNS	Fonds national de solidarité.
FNSEA	Fédération nationale des syndicats d'exploitants agricoles.

FOB	(Free On Board ou Franco bord). Livraison sans frais par le vendeur des marchandises vendues à bord du navire qui les transportera.
FONGECIF	Fonds pour la gestion du congé individuel de formation.
FOR	Free on rail (franco sur wagon).
FORMA	Fonds d'organisation et de régularisation des marchés agricoles.
FPA	Formation professionnelle des adultes.
FSM	Fédération syndicale mondiale.
FUNU	*Force d'urgence des Nations unies*.
G 20	*Groupe des 20*.
GAEC	*Groupement agricole d'exploitation en commun*.
GAFI	Groupe d'action financière sur le blanchiment des capitaux.
GAM	Groupement d'action municipale.
GATT	General agreement on tariffs and trade (en français : Accord général sur les tarifs douaniers et le commerce. Genève) (obsolète). *GATT*.
GEIE	*Groupement européen d'intérêt économique*.
GES	*Gaz à effet de serre*.
GFA	*Groupement foncier agricole*.
GIC	Grand invalide civil.
GIE	*Groupement d'intérêt économique*.
GIEE	Groupement d'intérêt économique européen.
GIG	Grand invalide de guerre.
GIGN	Groupement d'intervention de la gendarmerie nationale.
GIP	Groupement d'intérêt public.
HADOPI	*Haute autorité pour la diffusion des œuvres et la protection des droits sur Internet*.
HALDE	*Haute autorité de lutte contre les discriminations et pour l'égalité*.
HBM	Habitation à bon marché.
HC	*Hors cadre*.
HCR	Haut commissariat des Nations unies pour les réfugiés.
HE	Hors échelle (pour un fonctionnaire).
HEC	Hautes études commerciales (École des).
HLM	Habitation à loyer modéré.
HT	Hors taxes. *TTC*.
IAD	*Insémination artificielle avec donneur*.
IAE	Institut d'administration des entreprises.
IATA	Association internationale des transports aériens.
ICC	Indice du coût de la construction.
IDI	Institut de développement industriel.
IEJ	Institut d'études judiciaires.
IEP	Institut d'études politiques.
IFOP	Institut français d'opinion publique.

IFP	Institut français du pétrole.
IGF	Impôt sur les grandes fortunes (supprimé en 1986). *ISF*.
IGN	Institut géographique national.
IGPN	Inspection générale de la police nationale.
IGREF	Ingénieurs du génie rural, des eaux et forêts.
ILC	Indice des loyers commerciaux.
IME	Institut médico-éducatif.
IMP	Institut médico-pédagogique.
IMP	Institut médico-professionnel.
INA	Institut national de l'audiovisuel.
INALCO	Institut national des langues et civilisations orientales.
INAO	Institut national de l'origine et de la qualité.
INC	Institut national de la consommation.
INED	Institut national d'études démographiques.
INSEP	Institut national du sport, de l'expertise et de la performance.
INPI	*Institut national de la propriété industrielle*.
INRA	Institut national de la recherche agronomique.
INS	Institut national des sports.
INSEE	Institut national de la statistique et des études économiques.
INSERM	Institut national de la santé et la recherche médicale.
INTELSAT	Organisation internationale des télécommunications par satellites.
Interpol	*OIPC*.
IP	Internet protocole.
IPAG	*Institut de préparation à l'Administration générale*.
IPP	Incapacité de travail partielle permanente.
IR	*Impôt sur le revenu* des personnes physiques.
IRA	*Institut régional d'Administration*.
IRCANTEC	Institution de retraite complémentaire des agents non titulaires de l'État et collectivités locales.
IREPS	Institut régional d'éducation physique et sportive.
IRL	Indice de référence des loyers.
IS	*Impôt sur les sociétés*.
ISF	*Impôt de solidarité sur la fortune*.
ISO	International Standardization Organisation.
ITP	Incapacité (de travail) temporaire partielle.
ITT	*Incapacité temporaire totale (de travail)*.
IUFM	Institut universitaire pour la formation des maîtres.
IUP	Institut universitaire professionnalisé.
IUT	Institut universitaire de technologie.
IVG	*Interruption volontaire de grossesse*.
JAF	*Juge aux affaires familiales*.
JAP	*Juge de l'application des peines*.

JEX	*Juge de l'exécution*.
JME	*Juge de la mise en état*.
JO	*Journal officiel*.
JOCE	Journal officiel des communautés européennes.
JOUE	Journal officiel de l'Union européenne.
LDD	Livret de développement durable (ex-CODEVI).
LMD	Licence, Master, Doctorat.
LOLF	Loi organique relative aux lois de finances (1er août 2001).
MARC	*Modes alternatifs de règlement des conflits*.
MATIF	Marché à terme international de France.
MDPH	Maison départementale des personnes handicapées.
MEDEF	Mouvement des entreprises de France.
MGEN	Mutuelle générale de l'Éducation nationale.
MICEN	Minutier central électronique.
MIN	*Marché d'intérêt national*.
MIVILUDES	Mission interministérielle de vigilance et de lutte contre les dérives sectaires.
MJC	Maison des jeunes et de la culture.
MODEF	Mouvement de défense des exploitations familiales.
MRAP	Mouvement contre le racisme, l'antisémitisme et pour la paix.
MSA	Mutualité sociale agricole.
NAF	Nomenclature des activités françaises.
NASA	National aeronautics and space organization. Organisation nationale de l'aéronautique et de l'espace (États-Unis).
NASDAQ	National association of securities dealers automated quotation, Cotation automatisée de l'association nationale des marchands de titres (indice boursier des valeurs technologiques, New York).
NATO	North atlantic treaty organization. *OTAN*.
OAA	Organisation des Nations unies pour l'alimentation et l'agriculture (Rome).
OACI	*Organisation de l'aviation civile internationale* (Montréal).
OAT	*Obligation assimilable du Trésor*.
OCAM	Organisation commune africaine et malgache.
OCDE	*Organisation de coopération et de développement économique* (Paris).
OEA	Organisation des États américains (Washington).
OEB	Office européen des brevets.
OERS	Organisation européenne de recherches spatiales. Sigle anglais : ESRO.
OGAF	Opérations groupées d'aménagement foncier.
OGM	Organisme génétiquement modifié.

OIT	*Organisation internationale du travail* (Genève).
OJD	Office de la justification de la diffusion (journaux).
OMC	*Organisation mondiale du commerce*.
OMI	Organisation maritime internationale (Londres).
OMM	Organisation météorologique mondiale (Genève).
OMO	Observation en milieu ouvert.
OMPI	Organisation mondiale de la propriété intellectuelle.
OMS	Organisation mondiale de la santé (Genève).
ONC	Office national de la chasse (et de la faune sauvage).
ONDAM	Objectif national des dépenses d'assurance-maladie.
ONF	Office national des forêts.
ONG	*Organisation non gouvernementale*.
ONIAM	*Office national d'indemnisation des accidents médicaux*.
ONISEP	Office national d'information sur les enseignements et les professions.
ONN	Office national de la navigation.
ONPI	Office national de la propriété industrielle.
ONU	*Organisation des Nations unies* (New York).
ONUDI	Organisation des Nations unies pour le développement industriel (Vienne).
OOA	Organisation des Nations unies pour l'alimentation et l'agriculture.
OP	*Ouvrier* professionnel.
OPA	*Offre publique d'achat*.
OPAC	Office public d'aménagement et de construction (obsolète). *OPH*.
OPCVM	Organisme de placement collectif en valeurs mobilières.
OPE	*Offre publique d'échange*.
OPEP	Organisation des pays exportateurs de pétrole.
OPH	*Office public de l'habitat*.
OPHLM	Office public d'habitation à loyer modéré (obsolète). *OPH*.
OPJ	*Officier de police judiciaire*.
OPV	Offre publique de vente.
ORGECO	Organisation générale des consommateurs.
ORSEC	Organisation des secours. Après 2004, *Organisation de la réponse de sécurité civile*.
ORSTOM	Office de la recherche scientifique et technique d'outre-mer.
OS	Ouvrier spécialisé.
OTAN	*Organisation du traité de l'Atlantique Nord* (Bruxelles). Sigle anglais : NATO.
OUA	*Organisation de l'unité africaine* (Addis-Abéba).

PAC	*Politique agricole commune*.
PACS	*Pacte civil de solidarité*.
PACT	Protection, amélioration, conservation, transformation de l'habitat.

PAH	Prime à l'amélioration de l'habitat.
PAIO	Permanence d'accueil, d'information et d'orientation.
PAJE	*Prestation d'accueil du jeune enfant*.
PALULOS	Prime à l'amélioration des logements à usage locatif et d'occupation sociale.
PAP	Projets annuels de performance.
PARE	*Plan d'aide au retour à l'emploi*.
PAZ	Plan d'aménagement de zone.
PDG	*Président directeur général*.
PDU	Plan de déplacements urbains.
PEA	Plan d'épargne en actions.
PEE	*Plan d'épargne entreprise*.
PEI	Plan d'épargne interentreprise.
PEP	Plan d'épargne populaire.
PERCO	Plan d'épargne pour la retraite collectif.
PERP	Plan d'épargne retraite populaire.
PESC	*Politique étrangère et de sécurité commune* (Union européenne).
PG	*Procureur général*.
PIB	*Produit intérieur brut*.
PIC	Prêts immobiliers conventionnés.
PIL	Programme d'insertion locale.
PJ	Police judiciaire.
PLA	Prêt locatif aidé.
PLD	*Plafond légal de densité*.
PLM (loi)	Loi du 31 décembre 1982 relative à l'organisation administrative de Paris, Lyon, Marseille.
PLU	*Plan local d'urbanisme*.
PMA	*Procréation médicalement assistée*.
PME	Petites et moyennes entreprises. *CGPME*.
PMI	Petites et moyennes industries.
PMI	Protection maternelle et infantile.
PMU	Pari mutuel urbain.
PNB	Produit national brut.
PNUD	Programme des Nations unies pour le développement.
POS	*Plan d'occupation des sols* *(obsolète)*. *PLU*.
PPP	Partenariat public-privé. *Contrat de partenariat*.
PPRT	Plan de prévention des risques technologiques.
PRES	Pôle de recherche et d'enseignement supérieur.
PUCE	Périmètre d'usage de consommation exceptionnelle.
PUD	Plan d'urbanisme de détail.
PVD	*Pays en voie de développement*.

QCM	Questionnaire à choix multiple.
QHS	Quartier de haute sécurité.
RAP	Rapports annuels de performance.
RATP	Régie autonome des transports parisiens.
RC	*Répertoire civil*.
RCB	*Rationalisation des choix budgétaires*.
RER	Réseau express régional.
RG	Renseignements généraux.
RGPP	Révision générale des politiques publiques.
RIB	Relevé d'identification bancaire.
RMA	Revenu minimum d'activité.
RNIPP	Répertoire national d'identification des personnes physiques.
ROM	Région d'outre-mer.
RPVA	Réseau privé virtuel avocats.
RTLN	Réunion des théâtres lyriques nationaux.
RTT	Réduction du temps de travail.
RSA	*Revenu de solidarité active*.
RSI	Régime social des indépendants
SA	*Société anonyme*.
SACEM	Société des auteurs, compositeurs et éditeurs de musique.
SAFER	*Société d'aménagement foncier et d'établissement rural*.
SARL	*Société à responsabilité limitée*.
SALT	Négociations sur la limitation des armements stratégiques.
SAMU	Service d'aide médicale urgente.
SAS	*Société par actions simplifiée*.
SASU	Société par actions simplifiée unipersonnelle.
SCI	Société civile immobilière.
SCM	Société civile de moyens.
SCOP	Société coopérative ouvrière de production.
SCP	*Société civile professionnelle*.
SCPI	*Société civile de placement immobilier*.
SDDS	Schéma départemental des structures agricoles.
SDECE	Service de documentation extérieure et de contre-espionnage.
SDI	Schéma départemental de coopération intercommunal.
SDF	Sans domicile fixe.
SDN	*Société des nations* (obsolète).
SDR	*Société de développement régional*.
SE	*Société européenne*.
SEBC	*Système européen de banques centrales*.

SEITA	Service d'exploitation industrielle des tabacs et allumettes. Devenu aujourd'hui : Société nationale d'exploitation industrielle des tabacs et allumettes.
SEL	*Société d'exercice libéral*.
SELAFA	Société d'exercice libéral à forme anonyme.
SELARL	Société d'exercice libéral à responsabilité limitée.
SELAS	Société d'exercice libéral par actions simplifiée.
SELCA	Société d'exercice libéral en commandite par actions.
SELURL	Société d'exercice libérale unipersonnelle à responsabilité limitée.
SEM	*Société d'économie mixte*.
SERNAM	Service national des messageries.
SFI	*Société financière internationale* (Washington).
SGAR	Secrétariat général pour les affaires régionales.
SGDG	Sans garantie du gouvernement.
SHAPE	Supreme Headquarter of Allied Powers in Europe : État-major des forces de l'OTAN en Europe.
SICA	*Société d'intérêt collectif agricole*.
SICAV	Société d'investissement à capital variable.
SICOMI	Société immobilière pour le commerce et l'industrie.
SICOVAM	Société interprofessionnelle pour la compensation des valeurs mobilières.
SIRENE	Système informatique pour le répertoire des entreprises et établissements.
SIRET	Système informatique pour le répertoire des établissements.
SIVOM	Syndicat intercommunal à vocations multiples.
SIVU	Syndicat intercommunal à vocation unique.
SMAG	Salaire minimum agricole garanti.
SME	*Système monétaire européen*.
SMI	*Surface minimum d'installation*.
SMIA	*Société mixte d'intérêt agricole*.
SMIC	Salaire minimum interprofessionnel de croissance.
SMIG	*Salaire minimum interprofessionnel garanti*.
SNC	*Société en nom collectif*.
SNCF	Société nationale des chemins de fer français.
SNEP	Société nationale des entreprises de presse.
SNIAS	Société nationale industrielle aérospatiale.
SNPA	Société nationale des pétroles d'Aquitaine.
SOFIRAD	Société financière de radiodiffusion.
SOFRES	Société française d'enquête par sondage.
SRPJ	Service de recherche de la police judiciaire.
SRU (Loi)	Loi du 13 décembre 2000 relative à la solidarité et au renouvellement urbains.

TA	*Tribunal administratif*.
TASS	*Tribunal des affaires de Sécurité sociale*.
TC	*Tribunal des conflits*.
TEG	*Taux effectif global*.
TESE	*Titre emploi service entreprise*.
TFUE	Traité sur le fonctionnement de l'Union européenne.
TFPUE	*Tribunal de la fonction publique de l'Union européenne*.
TGI	*Tribunal de grande instance*.
TI	*Tribunal d'instance*.
TIG	*Travail d'intérêt général*.
TIP	Titre interbancaire de paiement.
TIR	*Transit international routier*.
TNP	Théâtre national populaire.
TOM	*Territoire d'outre-mer*.
TPG	*Trésorier-payeur général*.
TPI	*Tribunal pénal international*.
TPI	Tribunal de première instance (UE).
TRACFIN	Traitement du renseignement et action contre les circuits financiers.
TT	Immatriculation des véhicules en transit temporaire.
TTC (prix)	(Prix) Toutes taxes comprises.
TUC	Travaux d'utilité collective.
TUE	Traité sur l'Union européenne.
TUP	Titre universel de paiement.
TVA	*Taxe sur la valeur ajoutée*.
UCANSS	Union des caisses nationales de Sécurité sociale.
UE	*Union européenne*.
UEM	*Union économique et monétaire*.
UEMOA	Union économique et monétaire de l'Afrique de l'Ouest.
UEO	*Union de l'Europe occidentale* (obsolète).
UFR	*Unité de formation et de recherche*.
UIPPI	Union internationale pour la protection de la propriété industrielle (Paris Union).
UIT	Union internationale des télécommunications (Genève).
UNAF	Union nationale des associations familiales.
UNAPEI	Union nationale des associations de parents d'enfants inadaptés.
UNAPL	Union nationale des associations de professions libérales.
UNCAC	Union nationale des coopératives agricoles de céréales.
UNCAF	Union nationale des caisses d'allocations familiales.
UNCTAD	United nations conference on trade and development. *CNUCED*.
UNEDIC	Union nationale pour l'emploi dans l'industrie et le commerce (Fédération des ASSEDIC).

UNESCO	Organisation des Nations unies pour l'éducation, la science et la culture (Paris). United nations educational, scientific and cultural organization.
UNICEF	United nations international children's emergency fund (New York). *FISE*.
UNIOPSS	Union nationale interfédérale des œuvres et organismes privés sanitaires.
UNIRS	Union nationale des institutions de retraite des salariés.
UNRRA	Administration des Nations unies pour le secours et le relèvement.
UPU	Union postale universelle (Berne).
URCAM	Union régionale de caisse d'assurance-maladie.
URIOPSS	Union régionale des œuvres et organismes privés sanitaires et sociaux.
URSS	Union des Républiques Socialistes Soviétiques (obsolète).
URSSAF	Union pour le recouvrement de la Sécurité sociale et des allocations familiales.
UTA	Union des transports aériens.
UV	Unité de valeur.
VAE	Validation des acquis de l'expérience.
VASFE	*Vérification approfondie de situation fiscale d'ensemble*.
VDQS	Vin délimité de qualité supérieure.
VRP	*Voyageurs, représentants, placiers*.
ZAC	*Zone d'aménagement concerté*.
ZAD	*Zone d'aménagement différé*.
ZAN	Zone d'agglomération nouvelle.
ZAR	Zone d'action rurale.
ZEP	Zone d'éducation prioritaire.
ZIF	*Zone d'intervention foncière*.
ZRR	Zone de revitalisation rurale.
ZRU	Zone de revitalisation urbaine.
ZUP	Zone à urbaniser par priorité (obsolète).

Achevé d'imprimer sur les presses de
LTV
LA TIPOGRAFICA VARESE
Società per Azioni
Italie
Dépôt légal : juin 2011
710762-(I)-(44) - OSB- T 60g - SCM-(HCH)
Imprimé en Italie